中国社会科学院创新工程学术出版资助项目

中国社会科学院马克思主义理论
学科建设与理论研究系列丛书

马克思 恩格斯 列宁 斯大林 论文艺与文化（上）

LUN WENYI YU WENHUA

本卷主编：刘方喜　陈定家　丁国旗

中国社会科学出版社

图书在版编目(CIP)数据

马克思、恩格斯、列宁、斯大林论文艺与文化／刘方喜，陈定家，丁国旗主编．—北京：中国社会科学出版社，2012.12
ISBN 978-7-5161-2046-0

Ⅰ.①马…　Ⅱ.①刘…②陈…③丁…　Ⅲ.①马列著作-文艺理论　Ⅳ.①A569.1

中国版本图书馆 CIP 数据核字（2013）第 002344 号

出 版 人	赵剑英
责任编辑	赵　丽　徐　申
责任校对	徐　楠
责任印制	李　建

出　　版	中国社会科学出版社
社　　址	北京鼓楼西大街甲 158 号（邮编 100720）
网　　址	http：//www.csspw.cn
	中文域名：中国社科网　　010-64070619
发 行 部	010-84083685
门 市 部	010-84029450
经　　销	新华书店及其他书店

印　　刷	北京奥隆印刷厂
装　　订	北京市兴怀印刷厂
版　　次	2012 年 12 月第 1 版
印　　次	2012 年 12 月第 1 次印刷

开　　本	710×1000　1/16
印　　张	81.25
插　　页	2
字　　数	1322 千字
定　　价	185.00 元（上下册）

凡购买中国社会科学出版社图书，如有质量问题请与本社联系调换
电话：010-64009791
版权所有　　侵权必究

"马克思主义经典作家专题摘编"编委会

编委会主任	李慎明
编委会副主任	侯惠勤　程恩富　李汉林
编委会成员	王伟光　武　寅　王苏粤　杨　扬
	陆建德　党圣元　卜宪群　步　平
	张顺洪　谢地坤　卓新平　吴太昌
	金　碚　张晓山　张世生　李　林
	房　宁　郝时远　李培林　尹韵公
	张宇燕　吴恩远　罗京辉　崔建民
	郑秉文　李向阳　黄　平　孙　新
	高　翔　刘迎秋　张星星
本卷主编	刘方喜　陈定家　丁国旗

前　言

以毛泽东、邓小平、江泽民为核心的党的三代领导集体和以胡锦涛同志为总书记的党中央始终高度重视党的理论工作，重视全党对马克思主义经典著作的学习和研究工作。

2004年1月，《中共中央关于进一步繁荣发展哲学社会科学的意见》下发，并决定实施马克思主义理论研究和建设工程。

为贯彻落实党中央关于把中国社会科学院努力建设成为马克思主义坚强阵地、党和国家的思想库智囊团、哲学社会科学的最高殿堂的要求，中国社会科学院党组采取了一系列重要措施。2009年初又决定把加强马克思主义理论学科建设与理论研究作为一项重要工作来抓，并成立中国社会科学院马克思主义理论学科建设与理论研究工作领导小组。小组成立后，一方面注重抓好马克思主义理论学科组织机构的建设，设立马克思主义理论类别的研究室和中心等；同时又注重马克思主义基础理论研究，安排了马克思主义经典作家在28个相关领域的"专题摘编"及基础理论专题研究。

中国社会科学院推出的"马克思主义经典作家专题摘编"丛书的出版，对我国学术界马克思主义理论学科建设本身，对深化我国学术界相关科研工作，对相关部门的工作人员和广大干部群众的学习也将提供便利并会产生一定的促进作用。

中国社会科学院
"马克思主义经典作家专题摘编"编委会
二〇一〇年十二月

编撰体例说明

　　《马克思、恩格斯、列宁、斯大林论文艺与文化》较系统、完整地编入了马克思、恩格斯、列宁、斯大林对文艺与文化的有关论述，编选自他们的著作、笔记、书信等内容。论述发表时限为19世纪中后期至20世纪上半期。有关马克思、恩格斯、列宁、斯大林论文学艺术的主题摘编已有不少选本，我们对这些选本已作初步调研。本书定位为大型选本，在马克思、恩格斯著作方面，我们重点参照了两种大型选本：一是前苏联学者里夫希茨主编的《马克思恩格斯论艺术》，1933年初版，1937年重编，1957年、1967年和1976年三次再版，人民文学出版社自1960年起开始出中文版，分为四册，中文约100多万字；二是国内学者陆梅林辑注《马克思恩格斯论文学和艺术》（一、二），人民文学出版社1982年第1版，后被收入"教育部全国高等学校中文学科教学指导委员会指定书目"丛书，全书计63万多字。列宁、斯大林著作方面，主要参考了中国社会科学院文学研究所文艺理论研究室编《列宁论文学与艺术》（人民文学出版社1983年版）等。已有各种选本在主题、结构编排等方面不尽相同，本书在主题、结构编排上主要注意两点：一是把文艺、文化理论方面的文献充分置于历史唯物主义理论体系中来编排，尤其上编"文艺与文化理论的哲学基础"部分，先编排了有关马克思主义基本原理及基本方法论方面的文献，然后编排了历史唯物主义有关物质生产、社会关系、自然关系等方面的理论文献，在此基础上再分别按"文艺与政治"、"文艺与经济"、"文艺与自由"等主题编排相关文献，最后再回到历史唯物主义关于人类社会历史发展框架中的文艺问题来编排相关文献，如此结构设置，有利于读者更清晰、完整地了解马克思主义文艺与文化理论的基本思想脉络及马克思有关文艺与文化的哲学思想在当代依然具有的指导作用。二是重视当代新的社会现实，注意吸收当代相关研究成果：如文艺、文化与经济交融，就是当代社会生活中的一个重要现象，已有各种选本基本上较少涉及这一主题，本书则专门单列出"文艺、审美与经济"这一条目，选录了马克思政治经济学著作中大量相关文献；再如与文艺、文化发展相关的"自由时间"范畴，在中外相关当代研究中越来越受到重视，本书也单列出一个条目对马克思的相关文献进行了编排。总之，本书力图在充分重视原始文献的基础上，通过新的主题、结构编排，突出马克思主义经典理论对当代文艺、文化研究等依然具有重要指导作用。

关于编撰体例作如下说明：

1. 本书分为上编、下编。"上编"为"文艺与文化理论的哲学基础"，"下编"为"论文艺与文化及其发展"。"编"以下的一级标题为重大主题，二级标题为分类专题，三级标题为论述的关键词句。本书不按著作发表的时间顺序，而主要按理论逻辑顺序编排，而且同一主题的文献，尽量把马克思主义经典作家成熟著作中的相关论述放在前面。

2. 为确保译文的权威性并便于读者查阅原文，本书摘编马克思恩格斯著作所引用的版本为：（1）《马克思恩格斯文集》十卷本；（2）《马克思恩格斯全集》第1版（总计50卷）。凡《马克思恩格斯文集》"节选"、"摘录"的著作如《神圣家族》、《德意志意识形态》等，均仍以《马克思恩格斯全集》中文第1版为引用版本，以避免出现如下情况：一部分摘编出自《马克思恩格斯文集》，而《马克思恩格斯文集》未收录的部分又从《马克思恩格斯全集》第1版中摘录。列宁著作摘编以《列宁全集》第2版（总计60卷）为引用版本；斯大林著作摘编以《斯大林全集》第1版（总计13卷）为引用版本。

3. 每一篇目均设有主题句。主题句摘录的原则是遵从原文，尽量引用马克思主义经典作家的原话，而"上编"较大部分的主题句则经编者提炼，取其要义，以凸显相关主题的逻辑脉络。本书注重所选论述与前后文的内在逻辑，努力保持所摘选论述原意的完整和全面，避免断章取义或产生歧义。摘选的正文后标有原文著者、篇名或著作名、写作时间、卷次、版别、页码等信息，以便增加读者对所选言论相关信息的了解。

4. 为保持论述原貌，文中的黑体字或着重号之处及其他各种符号均同所摘选的原文保持一致；脚注中的注释，凡为马克思主义经典作家原文原注均不标注者；凡标"编者注"、"译者注"者均为马克思主义经典作家中文译著所原有的；这两方面注释尽量保留，但为控制篇幅，也酌情删减一些不妨碍理解原文意思的注释，而原著中一些重要注释也有少部分作为正文来编排的；此外，加有少量的"本书编者注"。

5. 由于译者、出版年代的不同，本书中有时会出现同一人却有不同译名的现象，为保留原译文，编者没有进行统一。

6. 本选本整体编排结构、主题设置等由刘方喜统筹安排，其中刘方喜负责马克思文献的选编，陈定家负责恩格斯文献的选编，丁国旗负责列宁、斯大林文献的选编。

目 录

上编　文艺与文化理论的哲学基础

一　马克思主义基本原理总论 …………………………………… (3)
  （一）关于费尔巴哈的提纲 ………………………………………… (3)
  （二）《政治经济学批判》序言 …………………………………… (5)
  （三）《政治经济学批判》导言 …………………………………… (8)
  （四）在马克思墓前的讲话 ……………………………………… (30)
  （五）马克思主义的三个来源和三个组成部分 ……………… (32)

二　唯物的、历史的、辩证的方法论 ……………………………… (36)
  （一）历史的、唯物的方法与经济的决定作用论 ……………… (36)
   1. 历史观与唯物主义、唯心主义：关于历史发展动力，"旧唯物主义在历史领域内自己背叛了自己"，黑格尔所代表的历史哲学则"从哲学的意识形态把这种动力输入历史" ……… (36)
   2. 马克思的历史观"结束了历史领域内的哲学"，"正如辩证的自然观使一切自然哲学都成为不必要的和不可能的一样" …… (37)
   3. 历史发展的目的性：在社会历史领域内，任何事情的发生都有自觉的意图，都有预期的目的 ………………………… (37)
   4. 历史发展阶段的暂时性：历史上的一切社会制度都只是人类社会发展过程中的暂时阶段 ……………………………… (38)
   5. 社会历史发展的规律性："在表面上是偶然性在起作用的地方，这种偶然性始终是受内部的隐蔽着的规律支配的，而问题只是在于发现这些规律" ……………………………… (39)
   6. 现代唯物主义的任务就在于发现人类发展过程的运动规律 … (40)
   7. 对社会发展规律的认识与社会发展实际过程的关系："它还是既不能跳过也不能用法令取消自然的发展阶段。但是它能缩短和减轻分娩的痛苦" ………………………………… (40)

8. 马克思在整个世界史观上实现了变革:"人们首先必须吃、喝、住、穿,然后才能争取统治,从事政治、宗教和哲学等等" … (41)
9. 社会经济形态的发展是一种自然历史过程 …………………… (41)
10. 通过各种偶然性来为自己开辟道路的必然性,归根到底仍然是经济的必然性 ……………………………………………… (48)
11. "政治优势"不是"以自身为基础的东西" ……………………… (49)
12. 思想领域也反过来对物质条件起作用,然而是第二性的作用 …… (49)
13. 历史评价中"个人"与"社会关系"的关系 …………………… (49)

(二)唯物主义与认识论 ………………………………………………… (50)
1. 全部哲学,特别是近代哲学的重大的基本问题,是思维和存在的关系问题 ……………………………………………………… (50)
2. 思维的至上性是在一系列非常不至上地思维着的人中实现的 …………………………………………………………………… (52)
3. 任何自然科学,任何唯物主义,如果没有坚实的哲学论据,是无法对资产阶级思想的侵袭和资产阶级世界观的复辟坚持斗争的 ………………………………………………………… (53)
4. 我坚决反对把盎格鲁撒克逊人和日尔曼人的市侩习气以及罗马人的无政府主义归咎于唯物主义 ……………………… (55)
5. 尼·加·车尔尼雪夫斯基是从哪一边批判康德主义的? …… (56)
6. 应当把它叫作唯心主义和不可知论 ……………………………… (58)
7. 马克思主义者应该从以下四个角度来评价经验批判主义 …… (59)
8. 马赫主义者反对唯物主义的论据 ……………………………… (60)
9. 亚·亚·波格丹诺夫在"无产阶级文化"的幌子下贩运资产阶级的反动的观点 ……………………………………………… (62)
10. 探索那些在马克思主义的幌子下发表一种非常混乱、含糊而又反动的言论的人是在什么地方失足的 ……………………… (62)
11. 《路标》所攻击的只是代表民主运动的知识分子,而且仅仅因为他们真正参加了这个运动 ……………………………… (64)
12. 这些先生在他们的杂志上总是以真正"人民之友"的思想和策略的表达者自居,其实他们是社会民主党最凶恶的敌人 ……………………………………………………………… (65)

13. 问题不在于您主观上"想"把这种要求"理解"成什么。问题在于爱情上的阶级关系的客观逻辑 ……………… (66)
(三)辩证法与认识论 ……………………………………… (67)
  1. 辩证法与唯物主义:"概念的辩证法本身就变成只是现实世界的辩证运动的自觉的反映,从而黑格尔的辩证法就被倒转过来了,或者宁可说,不是用头立地而是重新用脚立地了" ……………………………………………………… (67)
  2. 辩证法也就是(黑格尔和)马克思主义的认识论 ………… (71)
  3. 辩证法是活生生的、多方面的(方面的数目永远增加着的)认识 …………………………………………………………… (73)
  4. 自然界的一切归根到底是辩证地而不是形而上学地发生的 … (74)
  5. 一切都在流动,都在不断地变化,不断地产生和消失 …… (76)
  6. 以前的一切现实的东西都会成为不现实的,都会丧失自己的必然性 …………………………………………………… (77)
  7. 普遍性的形式是自我完成的形式,因而是无限性的形式 … (77)
  8. 真理和谬误,正如一切在两极对立中运动的逻辑范畴一样,只是在非常有限的领域内才具有绝对的意义 ……………… (78)
(四)马克思政治经济学批判对历史唯物辩证法的运用 ……… (79)
  1. 马克思政治经济学批判运用唯物辩证法的意义"不亚于唯物主义基本观点的成果" ……………………………………… (79)
  2. 唯物主义历史观和通过剩余价值揭破资本主义生产的秘密,都应当归功于马克思 ………………………………… (79)
  3. 自从《资本论》问世以来,唯物主义历史观已经不是假设,而是科学地证明了的原理 ………………………………… (80)
  4. 马克思的政治经济学研究与辩证法 ……………………… (81)
  5. 我的阐述方法不是黑格尔的阐述方法,因为我是唯物主义者,黑格尔是唯心主义者 ………………………………… (82)
  6.《资本论》与"批判的和革命的"辩证法 ………………… (83)
(五)反对把历史唯物主义及经济的决定作用论教条化、庸俗化 …… (88)
  1. 共产主义不是教义,而是运动 …………………………… (88)
  2. 马克思的整个世界观不是教义,而是方法 ……………… (89)

3. 要把唯物主义方法当作研究历史的指南,而不应把它当作现成的公式 …………………………………………………………… (89)
4. "我们的历史观首先是进行研究工作的指南,并不是按照黑格尔学派的方式构造体系的方法","正象马克思关于七十年代末的法国'马克思主义者'所曾经说过的:'我只知道我自己不是马克思主义者。'" ……………………………………… (91)
5. 整个伟大的发展过程是在相互作用的形式中进行的 ………… (93)
6. 经济因素不是唯一决定性的因素:"如果有人在这里加以歪曲,说经济因素是唯一决定性的因素,那末他就是把这个命题变成毫无内容的、抽象的、荒诞无稽的空话" ……………… (93)
7. 相同的经济基础由于自然条件,种族关系,各种从外部发生作用的历史影响等等,而在现象上显示出无穷无尽的变异和色彩差异 ……………………………………………………… (94)
8. 经济运动会为自己开辟道路,但是它也必定要经受政治运动的反作用 ………………………………………………………… (95)
9. 应超越"各个不同领域的意识形态观念的独立历史的这种外观":"一种历史因素一旦被其他的、归根到底是经济的原因造成了,它也就起作用,就能够对它的环境,甚至对产生它的原因发生反作用" ……………………………………………… (96)
10. 反对"过分看重经济方面":"只要问题一关系到描述某个历史时期,即关系到实际的应用,就不容许有任何错误" …… (97)
11. 重视对具体经济活动的研究 ……………………………………… (97)
12. 这种历史哲学理论的最大长处就在于它是超历史的 ………… (98)
13. 重视对具体的社会状况的研究 …………………………………… (99)
14. 对人类生活形式的思索,从而对它的科学分析,总是采取同实际发展相反的道路 ……………………………………… (99)
15. 一门科学提出的每一种新见解都包含这门科学的术语的革命 ………………………………………………………………… (100)
16. 把某个作者实际上提供的东西和只是他自认为提供的东西区分开来 …………………………………………………………… (101)
17. 不能拘泥于日常经验 ……………………………………………… (102)

三 "物质生产"及其所包含的"自然关系"与"社会关系"总论 …… (102)

(一)物质生产及其所包含的关系论述片段摘录 …………… (102)
1. 任何解放都是使人的世界即人的关系回归于人自身 ……… (102)
2. 物质生产和它所包含的关系是社会生活的基础 ……………… (103)
3. 马克思《剩余价值理论》相关论述片段 ……………………… (105)
4. 马克思《经济学手稿(1857—1858年)》相关论述片段 …… (105)
5. 马克思、恩格斯《德意志意识形态》相关论述片段 ………… (106)
6. 马克思《1844年经济学哲学手稿》相关论述片段 ………… (108)

(二)直接的物质生产是历史唯物主义的出发点、基本立足点 …… (109)
1. 在劳动发展史中找到了理解全部社会史的锁钥 …………… (109)
2. 物质生活的生产方式制约着整个社会生活、政治生活和精神生活的过程 ………………………………………………… (109)
3. 历史不过是追求着自己目的的人的活动而已 ……………… (111)
4. 生产本身有两种:一方面是生活资料的生产,另一方面是人自身的生产 ……………………………………………………… (111)
5. 任何一个民族,如果停止劳动,不用说一年,就是几个星期,也要灭亡 ………………………………………………………… (111)
6. 没有一个生产者阶级,社会就不能生存 …………………… (112)
7. 整个所谓世界历史不外是人通过人的劳动而诞生的过程 …… (113)
8. 劳动是人的能力的实现 ……………………………………… (113)
9. 工业是"一本打开了的关于人的本质力量的书" …………… (114)
10. "活动"比"物"更重要:"劳动是活的、塑造形象的火",物化劳动的使用价值通过新的活劳动而得到保存 ……………… (114)
11. 个人与"物质生产"的关系 …………………………………… (121)
12. 以流通、分配、消费等非直接物质生产领域为出发点的研究的不足 ………………………………………………………… (122)
13. 改造资本主义经济制度必须重视对"生产"的改造 ……… (125)

(三)忽视"社会关系"或忽视"自然关系"皆不符合历史唯物主义基本原则 ……………………………………………………… (127)
1. 人的本质与人的"关系" ……………………………………… (127)
2. 人的关系与劳动 ……………………………………………… (127)

3. 一方面,人的本质是"一切社会关系的总和" …………… (128)
4. 另一方面,"生产力的总和"是人的本质的现实基础 ………… (128)
5. 生产力和社会关系——这二者是社会的个人发展的不同方面 … (128)
6. 个人只有同时通过社会关系的"联合"与对"生产力总和"的占有才能真正解放自己 ……………………………………… (129)
7. 人的自然关系(生产力)与社会关系(交往形式)的相互作用 …… (131)
8. 费尔巴哈的问题在于割裂"人与人之间的关系"跟"人和自然之间的关系"的相互联系 ………………………………… (131)
9. 对忽视人的现实的"自然关系"的历史唯心主义的批判:"把人对自然界的关系从历史中排除出去了" …………………… (134)
10. 对忽视人的现实的"社会关系"的自然主义的批判 ………… (136)

(四)"社会"、"自然"是个人关系的纽带 ……………………………… (137)
1. 人类史与自然史 ……………………………………………… (137)
2. "社会"是"建立在人们的现实差别基础上的人与人的统一" …… (138)
3. "自然界"是"人与人联系的纽带" …………………………… (140)
4. 社会是人与自然之间的中介 ………………………………… (140)

(五)人的"自然关系"的现实形态:"人与自然之间的物质变换" …… (141)
1. 对人与劳动的历史研究跟一般研究的结合 ………………… (141)
2. 人的关系的两大现实形态:"社会物质变换(社会交往)"与"人与自然之间的物质变换(自然交往)" …………………… (142)
3. 马克思《资本论》对劳动是"人和自然之间的物质变换"的经典论述 ……………………………………………………… (143)
4. 作为"人和自然之间的物质变换"的劳动创造"使用价值" … (148)
5. 主体性、目的性使"人和自然之间的物质变换"不同于单纯的"自然的物质变换" ……………………………………… (149)

(六)人的"社会关系"的现实形态:人与人之间社会的物质变换 … (150)
1. "社会的物质变换"与人的本质的关系:"国民经济学以交换和贸易的形式来探讨人们的社会联系或他们的积极实现着的人的本质" ……………………………………………… (150)
2. "物"的交换中产生的"实际关系"构成"法"的形式等的"内容" ……………………………………………………………… (151)

3. 马克思《资本论》对"社会的物质变换"的经典论述 ………… (152)
4. "社会物质变换"与"社会关系"的关系:"没有这种客体(商品)的媒介,他们彼此就不会有任何关系" ……………… (153)
5. 流动资本是工人之间物质变换的媒介 ……………………… (155)
6. 货币"不过是社会的物质变换所借以实现的形式变换的表现" …………………………………………………………………… (155)
7. 货币"作为阶级对立的最高表现","抹杀和掩盖了阶级性质" …………………………………………………………………… (156)
8. 货币作为物质变换手段的积极作用:"它使财富具有普遍性,并把交换的范围扩展到整个地球" ……………………… (157)

(七)"劳动的物的条件":自然关系与社会关系在物质生产中的统一 ……………………………………………………………………… (159)
1. 个人是什么样的,这取决于他们进行生产的物质条件 …… (159)
2. 资产阶级统治权威来自"同劳动相对立的劳动条件的人格化",不同于以前的政治的、神权政体的权威 ……………… (160)
3. 资本作为"劳动条件"既体现了"社会关系"("这些物借以表现为资本的一定的特殊形式")也体现了"自然关系"("它们作为物以及作为一切劳动过程的简单因素") ……… (160)
4. 为资本服务的机器,既是资本主义劳动的"工艺条件",也是其"社会条件" ……………………………………………………… (161)
5. 停留于"简单流通"的考察会掩盖资本主义社会关系(生产关系)的对抗性 ………………………………………………… (163)
6. 资本家对工人的统治关系只有在"实际生产过程"中才能实现 …………………………………………………………………… (164)
7. 资本主义人与人之间的"货币(金钱)关系"也必须首先从"生产"而非"交易"来审视 ……………………………………… (166)
8. "劳动和它的物的条件之间"的分离,是资本主义"社会关系"的基础 ………………………………………………………… (168)
9. "劳动能力与劳动的物的条件相对立",是"根本性的和决定性的第一种关系" ………………………………………………… (169)
10. 在实际的劳动过程中工人与"劳动的物的条件"发生不以

社会形式为转移的"自然的关系" ……………………………… (170)

11. 资本天生地是"劳动的物的条件",但"劳动的物的条件"不一定天生地是资本 ………………………………………… (172)

12. 认为"劳动的物的条件"天生地是资本的观念掩盖了资本主义的历史性 ……………………………………………… (173)

13. 一方面,资本作为"劳动的物的条件"体现了人(主体、主观、活劳动等)与物(客体、客观、物化劳动)之间的对抗:"劳动的物的条件——劳动材料、劳动资料(以及生活资料)——也不是从属于工人,相反,是工人从属于它们。不是工人使用它们,而是它们使用工人" ……………………… (175)

14. 另一方面,资本作为"劳动的物的条件"又是"社会生产关系的体现者":"如果劳动产品不属于工人,并作为一种异己的力量同工人相对立,那么这只能是由于产品属于工人之外的他人" ……………………………………………… (176)

15. "关键不在于物化,而在于异化",扬弃异化,"劳动的物的条件"就是"个人借以再生产自身"的"有机的社会躯体" … (180)

四 "社会关系"的物质性与观念性:"经济基础—上层建筑(意识形态)"与文艺 ………………………………………………… (182)

(一)艺术的意识形态特性及艺术与物质生产的多重关系 ……… (182)

1. 艺术作为"意识形态(观念的上层建筑)"是对现实"社会关系"的观念反映 ………………………………………… (182)

2. 作为商品生产的艺术不同于观念的意识形态活动:"作家所以是生产劳动者,并不是因为他生产出观念" …………… (182)

3. 艺术和诗歌既是"意识形态"活动,也可以是"自由的精神生产" ………………………………………………………… (183)

(二)"生产力—生产关系"与"自然关系—社会关系" ……………… (183)

1. 政治关系等都是建立在"对自然界的一定关系"上,而"一切生产力都归结为自然界" ………………………………… (183)

2. 劳动生产率的提高即劳动生产力的更高程度的发展与自然力的利用密切相关 ……………………………………… (184)

3. 劳动生产率提高的全部区别,——生产力的整个发展,——

涉及的是使用价值,而不是交换价值,但会使经济关系和交换价值关系本身发生变化和变形 ……………………………… (187)

4. 生产力因素与生产关系的不同:机器不是"经济范畴","生产关系"不是"直接的生产工具" ……………………………… (187)
5. 劳动资料是"劳动借以进行的社会关系的指示器" ………… (189)
6. 自然关系、科技、机器等对社会关系及精神活动的影响 …… (189)
7. "自然因素的应用","是同科学作为生产过程的独立因素的发展相一致的" ……………………………………………… (192)
8. "资本主义生产过程的结果不仅是商品和剩余价值,而且是这种关系本身的再生产","这种生产关系,实际上是这个过程的比其物质结果更为重要的结果" ……………………… (193)
9. 生产力决定生产关系 ………………………………………… (193)
10. 一切历史冲突都根源于生产力和交往形式(生产关系)之间的矛盾 …………………………………………………… (195)
11. "私有制"是"资产阶级生产关系的总和" …………………… (196)
12. 资本主义生产关系是历史性的,而非自然性的 …………… (196)
13. 生产力的发展导致社会革命和进步 ………………………… (197)
14. 表现为工艺革命的生产力革命,还实现着生产关系的革命 … (198)
15. 现代工业的技术基础是革命的,而所有以往的生产方式的技术基础本质上是保守的 …………………………………… (199)
16. 生产关系与生产力矛盾的扬弃:"只有在共产主义关系下,工艺学上已经达到的真理方能在实践中实现" ……………… (201)

(三)资产阶级社会条件下社会关系的物化及理论矛盾 ……………… (201)
1. 资产阶级社会条件下社会关系的物化:"物是人们互相间的物化的关系","物的依赖关系无非是与外表上独立的个人相对立的独立的社会关系,也就是与这些个人本身相对立而独立化的、他们互相间的生产关系" ……………………… (201)
2. 资本主义使"人和人之间的社会关系"颠倒为"物和物之间的社会关系" ……………………………………………………… (203)
3. "人的关系"变成"物的关系":"拜物教"的形成 ……………… (207)
4. 历史唯心主义将人的现实的"社会关系"观念化 …………… (208)

5. "仅仅限于在感情范围内"等理解人的"社会关系"也是历史唯心主义的观念 ………………………………………… (210)
6. 扬弃对抗性的"社会关系"只有在"全面发展的个人"的"自由的生活活动"中才能建立 ……………………………… (211)

(四)"社会关系"的物质性与观念性 ……………………………… (213)
1. 观念与现实、物质的一般关系:"观念的东西不外是移入人的头脑并在人的头脑中改造过的物质的东西而已" ………… (213)
2. 物质关系的观念、理论表现:"蒲鲁东先生混淆了思想和事物","适应自己的物质生产水平而生产出社会关系的人,也生产出各种观念、范畴,即恰恰是这些社会关系的抽象的、观念的表现" …………………………………………………… (214)
3. 人们是自己的观念、思想等等的生产者,但这里所说的人们是现实的、从事活动的人们,他们受着自己的生产力的一定发展以及与这种发展相适应的交往(直到它的最遥远的形式)的制约 ………………………………………………………… (219)
4. 占统治地位的思想不过是占统治地位的物质关系在观念上的表现 ……………………………………………………………… (221)
5. 资本中被歪曲的、主客体颠倒的关系"必然在生产过程中产生出相应的被歪曲的观念,颠倒了的意识" ……………… (223)
6. 观念、范畴及其所反映的社会关系,都是历史的暂时的 ……… (224)
7. 思想观念对物质生活的反作用:"理论一经掌握群众,也会变成物质力量" ………………………………………………… (225)
8. 在上层建筑内部,"对哲学发生最大的直接影响的,则是政治的、法律的和道德的反映" ……………………………… (225)

(五)"社会关系"与"经济基础—上层建筑" ……………………… (227)
1. 每一历史时代主要的经济生产方式和交换方式,是时代政治的和精神的历史所赖以确立的基础 ………………………… (227)
2. "经济基础—上层建筑"总论 …………………………………… (228)
3. 经济及经济基础的巨大力量 …………………………………… (229)
4. "生产归根到底是决定性的东西"、"经济运动是更有力得多的、最原始的、最有决定性的"及上层建筑(国家、法律等等)

  对生产的反作用 …………………………………………… (230)
 5. 不同特性的生产劳动方式,构成不同的社会形态及其上层
  建筑的基础 ……………………………………………… (233)
 6. 上层建筑(意识形态)所反映的最基本的物质关系,就是直
  接的物质生产中的关系(生产关系) …………………… (233)
 7. "生产关系(经济条件、物质条件)"决定政治 ……………… (234)
 8. 经济关系决定着统治和被奴役的关系,决定着国家、政治、
  法等等 …………………………………………………… (235)
 9. 任何政治斗争,归根到底都是围绕着经济解放进行的 …… (235)
 10. 一切政治权力起先都是以某种经济的、社会的职能为基础的 … (236)
 11. 政治、法律的上层建筑(国家等)与意识形态(宗教等)会掩
   盖经济基础而使其模糊 ………………………………… (237)
 12. 政治、法律的上层建筑与经济基础:"这些人只注意国家的
   政治形式,而不能理解作为政治上层建筑的基础的社会组
   织的意义" ……………………………………………… (238)
 13. 经济关系反映为法的原则,同样必然是一种头足倒置的反
   映 ………………………………………………………… (240)
 14. 首先应当"同经济基础而不是同它的法律的上层建筑作斗
   争" ……………………………………………………… (240)
 15. 交易所、股份制等经济制度的进步性与革命性 …………… (243)
 16. "信用"、经济政策等也是上层建筑 ………………………… (244)
(六)文艺与意识形态 …………………………………………… (245)
 1. 意识形态是人的现实的"社会关系"的观念表现和征兆 …… (245)
 2. 资本主义的劳动方式是其意识形态的现实基础 …………… (245)
 3. 由各个意识形态阶层构成的上层建筑 ……………………… (246)
 4. 意识形态是由所谓的思想家有意识地、但是以虚假的意识
  完成的过程 ……………………………………………… (247)
 5. 任何意识形态一经产生,就同现有的观念材料相结合而发
  展起来 …………………………………………………… (248)
 6. 观念、思想的上层建筑 ……………………………………… (249)
五 "自然关系"与精神生产的物质性:文艺、审美与经济论 ………… (250)

(一) 作为商品生产的艺术活动不同于意识形态活动:"作家所以
　　 是生产劳动者,并不是因为他生产出观念" ………………… (250)
(二) 人与自然关系中的艺术、精神活动、文学 ……………………… (251)
　　 1. 自然界可以是"艺术的对象"、"精神食粮" ………………… (251)
　　 2. "精神生产资料"与"精神生产力"及其对物质生产的作用 … (251)
　　 3. 文学也与生产力相关 ………………………………………… (253)
(三) "自然关系"及精神生产的"物质性"、工具(技术)与文艺 …… (253)
　　 1. 不同于单纯"想像"、"观念"活动的精神生产的"物质性"与
　　　　客观的"时间"有关 ………………………………………… (253)
　　 2. 精神生产的"物质性"跟脑力(智力)与体力的结合有关 …… (254)
　　 3. 缺乏物质对象、物质推动力的生产活动,最多只是一种可能
　　　　性的、观念、想象活动 ……………………………………… (254)
　　 4. 人与自然的两种联系:主观的、理论的、幻想的联系与现实
　　　　的、实践的"劳动的联系" …………………………………… (256)
　　 5. 工艺学会揭示出人对自然的能动关系 …………………… (258)
　　 6. 劳动资料或者生产工具,是人与自然之间的"传导体",是劳
　　　　动的"器官" …………………………………………………… (259)
　　 7. "社会实践的直接器官(实际的财富)"不同于"知识的形式
　　　　(观念的财富)","技术"不同于"科学" ……………………… (261)
　　 8. 艺术家受到以前的"艺术所达到的技术成就"的制约 ……… (262)
(四) "使用价值—交换价值"及"自然关系—社会关系"与艺术、
　　 审美 ……………………………………………………………… (262)
　　 1. 使用价值—交换价值:体现在商品中的劳动的二重性 ……… (262)
　　 2. "使用价值"反映的是"个人对自然的关系"中的"自然属
　　　　性","交换价值"反映的是"个人的社会关系"中的"超自然
　　　　属性" ………………………………………………………… (263)
　　 3. "使用价值—交换价值"与"质—量":"作为使用价值,商品
　　　　首先有质的差别;作为交换价值,商品只能有量的差别" …… (266)
　　 4. 资本主义生产商品的目的是为了"交换价值(剩余价值)"
　　　　而非"使用价值" ……………………………………………… (266)
　　 5. 使用价值既表示物"对人有用"的属性,也表示物可以"使人

愉快"的属性等 ………………………………………………… (269)
6. "美的享受"、"审美的需要"、"真正自由的劳动"与劳动的
   "物质内容"、"使用价值"相关 ………………………………… (269)
7. 商品的"价值(交换价值)"代表物的"超自然属性"而与其
   "物质属性"无关 ………………………………………………… (272)
8. 当交换价值本身固定化在货币上的时候,使用价值就只是
   作为抽象的浑沌与交换价值相对立 …………………………… (273)
9. 作为使用价值,财富的物质内容、油画的自然属性、作家生
   产出的观念,与作为社会关系形式的交换价值无必然关联 … (273)
10. 资本家暴发户购买精美的奢侈品与其审美能力无关 ……… (275)
11. 一切产品皆商品化使"资产阶级的趣味变得极为低下" …… (275)

(五)贵金属的"美学属性"、货币的观念性与资本的虚拟化 ………… (276)
1. 金银激发包括"色彩的感觉"在内的"美感"的美学属性,属于其
   "使用价值",这种"美学属性"使其可以成为炫耀财富的形式 … (276)
2. 一方面贵金属具有"美学属性",另一方面,"贵金属表现为
   天然的价值实体"而不同于"价值符号" ………………………… (285)
3. 贵金属美学属性与货币属性的冲突:"那些仍然被贵金属的
   感性光辉照得眼花缭乱,因而仍然是金属货币的拜物教徒
   的民族,还不是完全的货币民族" ……………………………… (287)
4. 商品的"价值实体"是劳动(时间)的抽象化 …………………… (287)
5. 商品本身就具有符号性:"每个商品都是一个符号,因为它
   作为价值只是耗费在它上面的人类劳动的物质外壳" ……… (289)
6. "价值"本身就具有符号性:"价值还把每个劳动产品变成社
   会的象形文字" ………………………………………………… (289)
7. 作为"价值的纯粹象征性表现"的"价值符号","货币"掩盖
   了"价值实体(劳动时间)" ……………………………………… (290)
8. 价值符号化的基础:流通中价值的观念性、象征性 ………… (290)
9. 价值的符号化:铸币、纸币 …………………………………… (292)
10. 信用货币、信贷、证券等使价值实体进一步虚拟化 ………… (296)
11. "信用货币的自然根源是货币作为支付手段的职能"而不
    同于生产资本 ………………………………………………… (298)

12. 信用制度的二重性质 ·· (300)
13. 信用货币对商业交易的积极作用 ······································ (300)
14. 信用制度不断通过运用"各种操作、方法和技术设施"影响现实生产 ·· (301)
15. 资本主义劳动、流通的矛盾为"虚假交易"、投机等提供了发展的可能性:"财政炼金术" ··· (303)
16. 信用制度对人本身的影响:"在信贷关系中,不是货币被人取消,而是人本身变成货币" ··· (304)

(六)"非生产劳动—生产劳动"与文艺创作 ···························· (307)
1. 文艺创作与"生产劳动"对资本的特殊"使用价值":创造剩余价值 ··· (307)
2. 关于一切职业(包括文艺创作)都具有生产性的辩护 ············ (309)
3. 个人服务是生产性雇佣劳动的对立面 ······························· (311)

(七)剩余价值流转中的虚拟资本、非生产劳动:对剩余价值的"分割"、"扣除" ··· (316)
1. 一切财富的"源泉":"劳动和自然界" ······························· (316)
2. 体现"经营资本家和雇佣工人"关系的"直接生产过程",是"剩余价值(交换价值)"的"原始源泉" ····················· (317)
3. "土地—地租"、"资本—利润"、"劳动—工资"的三位一体公式,以"最富有拜物教性质的形式"并且是仅仅在其外观上反映出了资本主义的生产关系 ································· (318)
4. 利润、利息、地租等"实质上都是无酬劳动时间的化身"、是剩余价值的"扣除"、"分割"、"转移" ······························· (319)
5. 资本增殖本身存在"虚拟化"而脱离"生产过程"的趋向:"一切资本主义生产方式的国家,都周期地患一种狂想病,企图不用生产过程作媒介而赚到钱" ····························· (322)
6. 金融贵族,不论就其发财致富的方式来说还是就其享乐的性质来说,都不过是流氓无产阶级在资产阶级社会上层的再生罢了 ··· (323)
7. 利息、虚拟资本、"信用货币属于社会生产过程的较高阶段"而掩盖"资本现实增殖过程"及其中的剥削关系 ············ (324)

8. 流通、作为流通手段的货币、商人资本已开始对剩余价值进行"扣除"、"分割" ……………………………………………（326）
9. 信用通过"缩短流通时间"、加快周转时间来"增大"一定时间内的剩余价值总额,同时又是对已经创造出来的剩余价值所作的进一步的"扣除"、"分割" ………………………（329）
10. 信用、虚拟化对资本的"放大" ……………………………（330）
11. 生产力的极度提高使"非生产劳动"阶层不断扩大 …………（330）
12. "非生产劳动者"的收入、消费是对已创造出的剩余价值、剩余产品的一种"扣除" ………………………………………（331）

（八）艺术品的"价格"、艺术劳动的"价值"与商品及其生产的不同 …………………………………………………………………（333）
1. 资本主义使艺术劳动等都变成了交易的对象 ……………（333）
2. 市场交换对艺术活动的支配 …………………………………（336）
3. "稿费"等"不取决于关系本身,而取决于所提供的服务的自然特性" ……………………………………………………（336）
4. 在劳动商品交换中,画匠劳动及其作品的价值,不取决于其"质"而取决于"量(货币)" ……………………………………（336）
5. 资本主义使精神文化活动与物质活动趋同："校董不把他的资本投入香肠工厂,而投入教育工厂,这并不使事情有任何改变" ……………………………………………………………（337）
6. 物品、使用价值、价值、劳动的多重复杂关系 ………………（339）
7. "价值和价格可能不一致"："没有价值的东西在形式上可以具有价格" ………………………………………………………（339）
8. 有"价值"的事物可以被无偿占有 ……………………………（341）
9. "简单劳动"与"复杂劳动"的"价值"与"价格" ………………（342）
10. 产品的"价值(劳动量、生产时间)"与"使用价值(社会效用)"统一:如果"花费在某种物品生产上的时间将由这种物品的社会效用大小来确定","劳动时间的社会的有计划的分配,调节着各种劳动职能同各种需要的适当的比例" …（344）
11. 采用"交换价值"形式的商品及其生产,使"价值(劳动时间)"与"使用价值"相分离、对立,从而形成商品"交换价

值"与"使用价值"的二重性 …………………………………… (346)
12. 商品价值及其生产的二重性,使其价值由"简单劳动"、"生产所必要的时间的最低额"确定,而与商品的"使用价值(社会效用)"没有直接关系 …………………………… (349)
13. 商品价值由"生产所必要的时间的最低额"确定,使资本家通过压缩必要劳动时间以获得更多剩余价值 ……………… (351)
14. 以"工资(雇佣劳动时间)"来衡量精神生产及其产品的价值,体现了资本主义的异化 ………………………………… (352)
15. 艺术家等的劳动及作品的"实际使用价值"完全不取决于"劳动价格"而"不能按照它们的有用程度把它们作为交换价值来估价":"物品的价值和该物品所给予别人的东西是两件完全不同的事物" ……………………………………… (352)
16. 艺术劳动及其产品的"价格","可以由一些结合在一起的非常偶然的情况来决定" …………………………………… (354)
17. "从事各种科学或艺术的生产的人","同真正的资本主义生产方式无关" ……………………………………………… (356)
18. 对脑力劳动的产物——科学——的估价,总是比它的价值低得多 ……………………………………………………… (357)
19. "自由的精神生产"与资本主义生产"相敌对":可以"不加入商品生产"而"不以生产商品为目的" ………………… (357)
(九)《剩余价值理论》第四章"关于生产劳动和非生产劳动的理论"节录 ……………………………………………………… (359)

六 "自然关系"与自由:文艺与"自由的精神生产"论 ………… (381)
(一)"人对自然的一定关系"与"自由的精神生产" ……………… (381)
1. 精神生产既决定于"社会结构",也决定于"人对自然的一定关系" ………………………………………………………… (381)
2. 艺术和诗歌等既是"意识形态"活动,也可以是"自由的精神生产" ……………………………………………………… (381)
(二)"自然的必然性"与人的两种基本自由:自然关系与社会关系中的自由 ……………………………………………………… (382)
1. "自由意志"不能顶替"人本身" ………………………………… (382)

2. "自由"是相对于"自然的必然性"而言的 ……………………（382）
　　3. 两种"自然必然性"：自然(力量)支配人与社会(力量)支配人 ……………………………………………………………………（383）
　　4. 资本主义社会关系表现为外在的、"自然的必然性(必要性)"而支配个人 ……………………………………………………（384）
　　5. 人在社会关系中的自由："一个人在另一个人面前享有的自由"，劳动产品、能力和活动的"自由交换" ………………………（389）
　　6. 人在自然关系中的自由："自由是在于根据对自然界的必然性的认识来支配我们自己和外部自然界" ………………………（390）
　　7. 人在支配"自然"与"社会"中实现双重自由而进入自由王国 ……（390）
　　8. 资产阶级社会生产关系体系中的简单商品流通。资产阶级的平等和资产阶级的自由 ……………………………………（392）
　　9. 建立在私有财产、交换价值上的"自由"存在于人与人之间"社会关系"中 …………………………………………………（402）
　　10. 作为"社会关系"范畴的"自由"与"集权"相对 ………………（404）
　　11. 建立在交换价值上的自由就是与利益相关的"金钱自由" ……（405）
　　12. 资本主义建立在金钱基础上的自由、平等的进步性 …………（408）
　　13. 资本主义制度下工人阶级的劳动自由只是一种"形式上"的自由 …………………………………………………………（409）
　(三)人与物自然关系中人的需要、欲望 …………………………（411）
　　1. 人的"需要"的意义 ………………………………………………（411）
　　2. 人们实际上首先是占有外界物作为满足自己本身需要的资料 ……………………………………………………………………（412）
　　3. 通过改变人与自然的关系(征服自然)，人扩大享受、使需求日益丰富 …………………………………………………………（413）
　　4. 人的欲求冲突不在精神与肉体的矛盾，而在欲望与满足欲望的物质生活条件的矛盾 ……………………………………（416）
　　5. 人的欲望、需求的片面性与全面性，决定于现实的社会关系、发展材料 ……………………………………………………（419）
　(四)生存资料、享受资料、发展资料与人的消费性自由、生产性自由 …………………………………………………………………（420）

1. 满足三种需要的三种物质资料：生存资料、享受资料、发展资料 ………………………………………………………………… (420)
2. 马克思《1844年经济学哲学手稿》有关"生存资料"、"活动资料"的论述摘录 ………………………………………………… (423)
3. 满足人的"自然需要"的"生存资料"的消费是"必需的"，体现了人的存在的自然必然性 …………………………………… (425)
4. 人的"自然需要"与道德、文明状况相关 …………………… (426)
5. 人的两种"奢侈（自由）"："被动的享受（对产品的享受、享受的对象、消费产品、消费性自由）"和"能动的表现（生产的乐趣、活动的对象、自由活动、生产性自由）" …………… (427)
6. "奢侈是自然必要性的对立面"：满足人的奢侈、享乐需要的"享受资料"的消费是"非必需的"，超越了"自然必然性"，体现了人的消费性自由 …………………………………… (428)
7. 与"生存资料（必需品）—享受资料（奢侈品）"对应的劳动："必要劳动—剩余劳动" ………………………………………… (430)
8. "为了维持和再生产自己的生命"的"必要劳动"是"必需的"，"始终是一个必然王国"，体现了人的存在的自然必然性 …………………………………………………………………… (431)
9. 耗费"发展资料（自由时间）"的自由活动（劳动）是"非必需的"，超越了直接的物质生产的自然必然性，体现了人的生产性自由 ……………………………………………………… (432)
10. 人的消费、生产活动的自由与"必需"（自然必然性）并不永远"处于抽象对立中" ………………………………………… (433)
11. 资本主义"货币工资制"较之"实物工资制"有可能使工人在消费中获得一定自由 …………………………………… (435)
12. 工人作为"消费者（商品的买者）"不同于"生产当事人"而有可能获得一定的消费自由 ………………………………… (436)

（五）人与物自然关系中"享受资料（奢侈品）"与人的消费性需要、欲望 …………………………………………………………… (438)
1. 满足人的需要的是物的使用价值 …………………………… (438)
2. 商品或服务的使用价值所满足的需要既可以是"现实的"也

  可以是"想象的" ··· (439)
 3. 奢侈消费与"满足最令人厌恶的、最可鄙的欲望与幻想等的
  产品（使用价值）" ··· (441)
 4. 决定资本主义消费品生产的不是"物品的社会效用",而是
  "经济取得了胜利" ··· (443)
 5. 人的需要、享受的社会性 ··· (444)
 6. 人的需要的文化性 ··· (444)
 7. 人的需要、享受的相对性："因为我们的需要和享受具有社
  会性质,所以它们具有相对的性质" ····································· (445)
 8. 消费音乐就比消费香槟酒高尚 ··· (448)
 9. 只拥有"生活资料"的工人的"享受资料"被剥夺 ······················· (448)
 10. 在资本主义市场交换中,工人是无法靠"勤劳"来"致富"的 ······ (451)
 11. "按需分配"的真正含义与"按劳（能力）分配"的历史局限
  性、不平等性 ·· (458)
 12. 资本家作为人格化的资本所追求的首先也不是"享受资
  料" ··· (459)
 13. 资本主义"在产生财富的那些关系中也产生贫困" ··············· (461)
 14. 工人的生存问题不仅在"贫困",而且也在"生活的无保障" ······ (464)
（六）必需品、奢侈品、剩余产品（剩余价值）之间的关系 ··············· (464)
 1. 社会生产的两个部类 ··· (464)
 2. 资本家对剩余价值的"分割"："个人消费基金"与"积累基
  金" ··· (465)
 3. 第Ⅱ部类内部的交换。必要生活资料和奢侈品 ······················· (465)
 4. 在"第Ⅱ部类内部的交换"中,"必要生活资料和奢侈品"生
  产之间的平衡 ·· (468)
 5. 必要劳动和剩余劳动之比 ··· (472)
 6. 资本主义剩余财富对必要财富的挤压："在我们这个时代
  中,多余的东西要比必需的东西更容易生产" ······················· (475)
 7. 一方面是生产过剩的危机,另一方面是"生产得太少" ············ (477)
 8. 资本主义消费的奢侈与贫困的内在联系 ···························· (479)
 9. "知识"也可以成为"奢侈品" ·· (481)

（七）资本主义生产的目的与人的需要、欲望 ……………………（482）
 1. 私有财产和人的需要 ………………………………………（482）
 2. 资本主义社会中人的享乐 …………………………………（485）
 3. "积累欲(财富欲)"与"享受欲(消费欲)"的冲突 …………（486）
 4. "为生产而生产"：资本主义生产的目的是"发展资料" ………（489）
 5. "一方面是为生产而生产，与此相对，另一方面必定是为消
  费而消费" ……………………………………………………（491）
 6. "积累欲(财富欲)"与"享受欲(消费欲)"的统一：未来的、
  想象的、抽象的享受欲 ………………………………………（494）
 7. "积累欲"也是一种"统治欲" ………………………………（497）
 8. 投机、信用事业的发展与奢侈品需求的增长 ……………（497）

（八）人与物自然关系中人的生产性需求、欲望、享受与艺术享受 ……（498）
 1. 关于享乐的合理性等等的唯物主义学说，同共产主义和社
  会主义之间有着必然的联系 …………………………………（498）
 2. 在人与自然的关系中，人满足发挥自身生命力的"欲望"而
  获得"享受" ……………………………………………………（501）
 3. 劳动本身也是人的一种需要、需求 ………………………（503）
 4. 劳动、生产本身也能产生快乐、乐趣、愉快而成为"享受" ……（505）
 5. 自愿的生产活动是我们所知道的最高的享受 ……………（508）
 6. 资产阶级及其理论家把"贫困"视为工人劳动活动的推动力 ……（510）
 7. 构成生活享受的最内在核心的正是艺术享受 ……………（511）
 8. 私有财产所造成的人的感性需要的异化和共产主义对"有
  音乐感的耳朵、能感受形式美的眼睛"等的感觉、享受的解
  放 ………………………………………………………………（513）

（九）人与物自然关系中"发展资料"与人的生产性自由 …………（516）
 1. 在人与自然关系中充分发挥体力和智力的自由 …………（516）
 2. 在人与自然关系中劳动的"自由"的规定性：不是为了"外在
  目的" …………………………………………………………（518）
 3. 作家写作的"自由"的规定性："作品就是目的本身" ………（518）
 4. 资本主义劳动"不自由"的表现："为了某种纯粹外在的目的
  而牺牲自己的目的本身" ……………………………………（518）

  5. 离开"物"的"自由活动"只是抽象的"纯粹思维" …………… (519)
  6. 自由与"对现实需要的满足"及个人能力有关………………… (520)
  7. 发展资料是供"生产"中满足"一切体力和智力"也即"个人
    的发达的生产力"发展需要的资料 ………………………… (521)
  8. 资本主义的"发展资料"是供"社会"生产力而非"个人"生
    产力发展的资料 …………………………………………………… (522)
  9. 资本主义生产方式剥夺了工人发展和表现一切体力和智力
    活动的"发展材料" ……………………………………………… (525)
  10. 把这个阶级排斥于发展之外的另一阶级在智力方面也有
     局限性 ………………………………………………………… (526)
  11. 包括文艺在内的个人全面自由发展活动又决定于现实的
     "社会关系" …………………………………………………… (528)
 (十)剥削的社会中劳动的对抗性质、共产主义制度下真正自由
   的劳动与艺术 ……………………………………………………… (530)
  1. 包括艺术在内的"自由的精神生产"与资本主义生产相敌对 …… (530)
  2. 剥削的社会中劳动的对抗性质、共产主义制度下真正自由
    的劳动与艺术 ……………………………………………………… (534)
  3. 前资本主义物质生产方式的"半艺术"性质…………………… (538)
  4. 前资本主义物质生产方式的"半艺术"性质与自主活动中自
    由个性的发展有关 ………………………………………………… (543)
  5. 货币尺度与艺术个性的冲突 …………………………………… (544)
七 物质生产及自然关系、社会关系的对抗及其扬弃与文艺论 ……… (545)
 (一)社会关系发展的三大历史阶段:"人的依赖关系"—"物的依
   赖性"—"自由个性(自由人联合体)" ……………………………… (545)
  1. "自由人联合体" ………………………………………………… (545)
  2. 资本主义与"自由人联合体" …………………………………… (546)
  3. 在"前商品生产者的社会"—"商品生产者的社会"—"自由
    人联合体"三种社会形态中,"人与人之间和人与自然之间"
    关系的历史变化 …………………………………………………… (548)
  4. 资本主义为发展人类交往关系的社会性、普遍性创造物质
    基础 ………………………………………………………………… (551)

5. "社会"对资本的约束、限制 …………………………………… (552)
6. 社会关系发展的三大历史阶段:"人的依赖关系"—"物的依赖性"—"自由个性" ……………………………………… (552)
7. 资产阶级社会中生产的社会性和共产主义制度下生产的社会性的区别 ……………………………………………………… (555)

(二)"虚幻的共同体"、"政治的共同体"与"货币共同体" ………… (562)
1. 在私有制(分工)条件下,"国家"是"虚幻共同体"、"社会身上的赘瘤" …………………………………………………… (562)
2. "人的真正的共同体"不同于"政治的共同体","社会革命"不同于"政治革命" ……………………………………………… (566)
3. "货币共同体":资本主义的货币、金钱关系取代封建主义的人身、宗法关系 …………………………………………… (568)
4. "如果取消货币","人们或者会倒退到生产的较低的阶段,或者前进到更高的阶段" ……………………………………… (570)

(三)资本主义造成人各种活动、关系的分离 …………………… (570)
1. 资本主义造成人的诸多关系的分离 ……………………… (570)
2. 货币是建立人的关系的"媒介(纽带)",同时也分离人的各种关系:既是"黏合剂",也是"分离剂" ……………………… (571)
3. 人与人的分离:一方面是自由与平等、"把各个个人汇集在一起",一方面是"彼此漠不关心"、"彼此孤立起来" ………… (577)
4. 人(主观)与物(客观)之间的分离 ……………………… (579)
5. 股份公司使生产资料与实际的生产者更彻底地分离 ……… (581)
6. 分工和体力与智力、劳动与知识、物质与精神的分离 ……… (582)

(四)资本主义生产不仅造成社会关系的对抗,也造成"人与物自然关系"的对抗 ………………………………………………… (586)
1. 自然界对人类的报复 ……………………………………… (586)
2. 我们必须时时记住:我们统治自然界,决不象征服者统治异族人那样 …………………………………………………… (587)
3. 人是自然界的一部分 ……………………………………… (588)
4. 资本主义生产发展也破坏了"一切财富的源泉——土地和工人","破坏着人和土地之间的物质变换,也就是使人以衣

食形式消费掉的土地的组成部分不能回归土地,从而破坏土地持久肥力的永恒的自然条件" ······(588)

5. 资本主义产业与经营对森林的破坏从来就起很大的作用 ······(592)

6. "私有财产不仅夺去人的个性,而且也夺去物的个性"及其"诗意的感性光辉" ······(593)

7. "自然崇拜"的落后性 ······(596)

8. 与"资产阶级对人民群众做大规模的商业性实验"相比,资产阶级倡导动物保护的伪善性 ······(598)

(五)资本主义社会关系、自然关系的对抗集中表现在物质生产活动中 ······(599)

1. 人的"共同体"与物质生产劳动密切相关 ······(599)

2. 资本主义"货币共同体""以劳动与其客观条件相分离为前提,而且也产生这种分离" ······(600)

3. 劳动的抽象化、机械化 ······(601)

4. 生产过程支配人而人还没有支配生产过程 ······(602)

5. 过去的、物化的、客体化、在空间上存在的死劳动,支配、统治现在的、人的、主体的、在时间上存在的活劳动 ······(602)

6. 作为过去劳动的机器、科学等对活动的统治 ······(604)

7. "资产者和政治经济学家们对过去劳动的功绩赞扬备至"及霍吉斯金的批驳 ······(605)

8. 偶然性支配个性 ······(608)

9. 手段与目的关系的颠倒 ······(611)

(六)"自由王国"与"个性的劳动(人的生产)"中社会关系、自然关系对抗的扬弃 ······(613)

1. 私有财产(货币)所造成的人的各种关系的分离、对抗及其扬弃 ······(613)

2. 共产主义。——交往形式本身的生产 ······(616)

3. "对自然的关系以及他们互相之间的关系"的对抗形式的扬弃与"自由王国" ······(622)

4. 工人阶级征服了自然,而现在它应当去征服人了 ······(624)

5. 分工(私有制)造成人的活动的分裂及其扬弃 ······(625)

  6. "个性的劳动" ……………………………………………… (626)

(七) 人对物"占有"方式与社会关系之间的相互影响 …………… (627)
  1. 人对物的"占有"关系同时也是"人对人的社会关系" ……… (627)
  2. 现实的"占有"不同于发生在"想象的关系"中的"思想上的占有" ………………………………………………………… (629)
  3. 人对财富的"个人的"占有不同于"资本主义的"占有 …… (630)
  4. 人"占有"物的两种不同活动:"生产"与"消费" ………… (630)
  5. 人"占有"物的消费活动"再生产出他们的社会存在" ……… (630)
  6. 人对物的"占有"首先是通过"生产"而非"流通"、"消费"实现的 …………………………………………………………… (631)
  7. 个人在生产中对物的"占有":"为了占有自然就必需劳动" …… (632)
  8. 个人在生产中占有物就是把物"变为自己的主体活动的条件" …………………………………………………………………… (632)
  9. 人在生产中对物的"占有"意味着对自身生产力(劳动能力)的"占有"和发挥 …………………………………… (633)
  10. 社会个人在"自己的自由的生活活动"中的全面发展,意味着人在生产中对生产力的"占有" …………………………… (633)
  11. 个人自由占有自身生产力的条件是占有生产资料 ………… (634)
  12. 人在生产中的自由发展是通过对"自由时间"的"占有"来实现的 …………………………………………………………… (634)
  13. 问题不在"占有",而在占有的"方式":"个性的""感性的占有"不同于对"抽象财富(货币)"的"偶然的""机械的"占有 ……………………………………………………………… (635)
  14. 对物(产品)"个性的""感性的占有"的意义:"以全部感觉在对象世界中肯定自己"同时"别人的感觉和享受也成了我自己的占有" ………………………………………………… (639)
  15. 人对物(自然界)的感觉是由"劳动"创造出来的 ………… (639)
  16. 对物(自然、本质的对象)的"感性的占有"是对物的真正本体论的肯定,同时也是人的合乎人性的享受 …………… (639)
  17. 对艺术"占有"的两种不同方式 ……………………………… (640)

(八)"生产者—产品—消费者"关系模式中人与物、人与人关系

的对抗及扬弃与艺术 ……………………………………… (640)
1. 历史所创造的自然界——人的产品 ……………………… (640)
2. 资本主义生产体系内以交换(价值)为媒介的生产与消费的
   分离 ……………………………………………………… (641)
3. 通过物品(自然)所建立的人与人之间自由的社会关系的意义:
   "在我个人的生命表现中,我直接创造了你的生命表现" ……… (647)
4. 通过自由创造所建立的人与物之间自然关系的意义:"在他
   所创造的世界中直观自身" ……………………………… (648)
5. 在异化劳动中,人与物(自然界、产品等)、人与人("类"等)
   之间形成多重对抗 ……………………………………… (649)
6. 在"我们作为人进行生产"、"自由的生命表现"的劳动中,
   人与物(产品)、人与人之间关系的双重对抗被扬弃 ………… (655)

上　编

文艺与文化理论的哲学基础

一 马克思主义基本原理总论

(一) 关于费尔巴哈的提纲

一

从前的一切唯物主义——包括费尔巴哈的唯物主义——的主要缺点是：对对象、现实、感性，只是从**客体**的或者**直观**的形式去理解，而不是把它们当做**人的感性活动**，当做**实践**去理解，不是从主体方面去理解。因此，结果竟是这样，和唯物主义相反，唯心主义却把**能动的**方面发展了，但只是抽象地发展了，因为唯心主义当然是不知道现实的、感性的活动本身的。费尔巴哈想要研究跟思想客体确实不同的感性客体，但是他没有把人的活动本身理解为**对象性的**〔gegenständliche〕活动。因此，他在《基督教的本质》中仅仅把理论的活动看做是真正人的活动，而对于实践则只是从它的卑污的犹太人的表现形式去理解和确定。因此，他不了解"革命的"、"实践批判的"活动的意义。

二

人的思维是否具有客观的〔gegenständliche〕真理性，这不是一个理论的问题，而是一个**实践**的问题。人应该在实践中证明自己思维的真理性，即自己思维的现实性和力量，自己思维的此岸性。关于离开实践的思维的现实性或非现实性的争论，是一个**纯粹经院哲学**的问题。

三

有一种唯物主义学说，认为人是环境和教育的产物，因而认为改变了的人是另一种环境和改变了的教育的产物，——这种学说忘记了：环境正是由人来改变的，而教育者本人一定是受教育的。因此，这种学说必然会把社会分成两部分，其中一部分高出于社会之上（例如，在罗伯特·欧文那里就是如此）。

环境的改变和人的活动的一致，只能被看做是并合理地理解为**变革的实践**。

四

费尔巴哈是从宗教上的"自我异化"，从世界被二重化为宗教的、想象的世界和现实的世界这一事实出发的。他做的工作是把宗教世界归结于它的世俗基础。他没有注意到，在做完这一工作之后，主要的事情还没有做。因为，世俗基础使自己从自身中分离出去，并在云霄中固定为一个独立王国，这一事实，只能用这个世俗基础的自我分裂和自我矛盾来说明。因此，对于世俗基础本身首先应当从它的矛盾中去理解，然后用排除这种矛盾的方法在实践中使之发生革命。因此，例如，自从发现神圣家族的秘密在世俗家庭之后，对于世俗家庭本身就应当从理论上进行批判，并在实践中加以变革。

五

费尔巴哈不满意**抽象的思维**而诉诸**感性的直观**；但是他把感性不是看做**实践的**、人的感性的活动。

六

费尔巴哈把宗教的本质归结于**人**的本质。但是，人的本质不是单个人所固有的抽象物，在其现实性上，它是一切社会关系的总和。

费尔巴哈没有对这种现实的本质进行批判，所以他不得不：

（1）撇开历史的进程，把宗教感情固定为独立的东西，并假定有一种抽象的——**孤立的**——人的个体；

（2）因此，他只能把人的本质理解为"类"，理解为一种内在的、无声的、把许多个人纯粹**自然地**联系起来的普遍性。

七

因此，费尔巴哈没有看到，"宗教感情"本身是**社会的产物**，而他所分析的抽象的个人，实际上是属于一定的社会形式的。

八

社会生活在本质上是**实践的**。凡是把理论诱入神秘主义的神秘东西，都能在人的实践中以及对这种实践的理解中得到合理的解决。

九

直观的唯物主义，即不是把感性理解为实践活动的唯物主义，至多也只能做到对"市民社会"的单个人的直观。

十

旧唯物主义的立脚点是"**市民**"社会；新唯物主义的立脚点则是**人类**社会或社会化的人类。

十一

哲学家们只是用不同的方式**解释**世界,而问题在于**改变**世界。

马克思:《关于费尔巴哈的提纲》(1845年春),摘自《马克思恩格斯文集》第1卷,人民出版社2009年12月第1版,第503—506页。

(二)《政治经济学批判》序言

我考察资产阶级经济制度是按照以下的顺序:**资本、土地所有制、雇佣劳动;国家、对外贸易、世界市场**。在前三项下,我研究现代资产阶级社会分成的三大阶级的经济生活条件;其他三项的相互联系是一目了然的。第一册论述资本,(1) 其第一篇由下列各章组成:商品;货币或简单流通;资本一般。前两章构成本分册的内容。我 (2) (3) 面前的全部材料形式上都是专题论文,它们是在相隔很久的几个时期内写成的,目的不是为了付印,而是为了自己弄清问题,至于能否按照上述计划对它们进行系统整理,就要看环境如何了。

我把已经起草的一篇总的导言压下了,因为仔细想来,我觉得预先说出正要证明的结论总是有妨害的,读者如果真想跟着我走,就要下定决心,从个别上升到一般。不过在这里倒不妨谈一下我自己研究政治经济学的经过。

我学的专业本来是法律,但我只是把它排在哲学和历史之次当做辅助学科来研究。1842—1843 年间,我作为《莱茵报》的编辑,第一次遇到要对所谓物质利益发表意见的难事。莱茵省议会关于林木盗窃和地产析分的讨论,当时的莱茵省总督冯·沙培尔先生就摩泽尔农民状况同《莱茵报》展开的官方论战,最后,关于自由贸易和保护关税的辩论,是促使我去研究经济问题的最初动因。另一方面,在善良的"前进"愿望大大超过实际知识的当时,在《莱茵报》上可以听到法国社会主义和共产主义的带着微弱哲学色彩的回声。我曾表示反对这种肤浅言论,但是同时在和奥格斯堡《总汇报》的一次争论中坦率承认,我以往的研究还不容许我对法兰西思潮的内容本身妄加评判。我倒非常乐意利用《莱茵报》发行人以为把报纸的态度放温和些就可以使那已经落在该报头上的死刑判决撤销的幻想,以便从社会舞台退回书房。

为了解决使我苦恼的疑问,我写的第一部著作是对黑格尔法哲学的批判性的分析，这部著作的导言曾发表在1844年巴黎出版的《德法年鉴》上。我的研究得出这样一个结果：法的关系正像国家的形式一样，既不能从它们本身来理解，也不能从所谓人类精神的一般发展来理解，相反，它们根源于物质的生活关系，这种物质的生活关系的总和，黑格尔按照18世纪的英国人和法国人的先例，概括为"市民社会"，而对市民社会的解剖应该到政治经济学中去寻求。我在巴黎开始研究政治经济学，后来因基佐先生下令驱逐而移居布鲁塞尔，在那里继续进行研究。我所得到的，并且一经得到就用于指导我的研究工作的总的结果，可以简要地表述如下：人们在自己生活的社会生产中发生一定的、必然的、不以他们的意志为转移的关系，即同他们的物质生产力的一定发展阶段相适合的生产关系。这些生产关系的总和构成社会的经济结构，即有法律的和政治的上层建筑竖立其上并有一定的社会意识形式与之相适应的现实基础。物质生活的生产方式制约着整个社会生活、政治生活和精神生活的过程。不是人们的意识决定人们的存在，相反，是人们的社会存在决定人们的意识。社会的物质生产力发展到一定阶段，便同它们一直在其中运动的现存生产关系或财产关系（这只是生产关系的法律用语）发生矛盾。于是这些关系便由生产力的发展形式变成生产力的桎梏。那时社会革命的时代就到来了。随着经济基础的变更，全部庞大的上层建筑也或慢或快地发生变革。在考察这些变革时，必须时刻把下面两者区别开来：一种是生产的经济条件方面所发生的物质的、可以用自然科学的精确性指明的变革，一种是人们借以意识到这个冲突并力求把它克服的那些法律的、政治的、宗教的、艺术的或哲学的，简言之，意识形态的形式。我们判断一个人不能以他对自己的看法为根据，同样，我们判断这样一个变革时代也不能以它的意识为根据；相反，这个意识必须从物质生活的矛盾中，从社会生产力和生产关系之间的现存冲突中去解释。无论哪一个社会形态，在它所能容纳的全部生产力发挥出来以前，是决不会灭亡的；而新的更高的生产关系，在它的物质存在条件在旧社会的胎胞里成熟以前，是决不会出现的。所以人类始终只提出自己能够解决的任务，因为只要仔细考察就可以发现，任务本身，只有在解决它的物质条件已经存在或者至少是在生成过程中的时候，才会产生。大体说来，亚细亚的、古希腊罗马的、封建的和现代资产阶级的生产方式可以看做是经济的社会形态演进的几个时代。资产阶级的生产关系是社会生产过程的最后一个对抗形式，这里所说的对抗，不是指个人的对抗，而是指从个人的社会生活条件中生长出来的对抗；但是，在资产阶级社会的胎胞里发展的生产力，同时又创造着解决这种对抗的物质条件。因此，人类社会的史前时期就以这种社会形态而告终。

自从弗里德里希·恩格斯批判经济学范畴的天才大纲①（在《德法年鉴》上）发表以后，我同他不断通信交换意见，他从另一条道路（参看他的《英国工人阶级状况》）得出同我一样的结果。当1845年春他也住在布鲁塞尔时，我们决定共同阐明我们的见解与德国哲学的意识形态的见解的对立，实际上是把我们从前的哲学信仰清算一下。这个心愿是以批判黑格尔以后的哲学的形式来实现的。两厚册八开本的原稿②早已送到威斯特伐利亚的出版所，后来我们才接到通知说，由于情况改变，不能付印。既然我们已经达到了我们的主要目的——自己弄清问题，我们就情愿让原稿留给老鼠的牙齿去批判了。在我们当时从这方面或那方面向公众表达我们见解的各种著作中，我只提出恩格斯与我合著的《共产党宣言》和我自己发表的《关于自由贸易的演说》。我们见解中有决定意义的论点，在我的1847年出版的为反对蒲鲁东而写的著作《哲学的贫困》中第一次作了科学的、虽然只是论战性的概述。我用德文写的关于《雇佣劳动》③一书，汇集了我在布鲁塞尔德意志工人协会上对于这个问题的讲演，这本书的印刷由于二月革命和我因此被迫离开比利时而中断。

1848年和1849年《新莱茵报》的出版以及随后发生的一些事变，打断了我的经济研究工作，到1850年我才能在伦敦重新进行这一工作。英国博物馆中堆积着政治经济学史的大量资料，伦敦对于考察资产阶级社会是一个方便的地点，最后，随着加利福尼亚和澳大利亚金矿的发现，资产阶级社会看来进入了新的发展阶段，这一切决定我再从头开始，批判地仔细钻研新的材料。这些研究一部分自然要涉及似乎完全属于本题之外的学科，在这方面不得不多少费些时间。但是使我所能够支配的时间特别受到限制

---

① 指恩格斯的《国民经济学批判大纲》，见《马克思恩格斯文集》第1卷，人民出版社2009年12月第1版。——编者注
② 指马克思和恩格斯的《德意志意识形态》手稿。——编者注
③ 即《雇佣劳动与资本》，见《马克思恩格斯文集》第1卷，人民出版社2009年12月第1版。——编者注

的，是谋生的迫切需要。八年来，我一直为第一流的美国英文报纸《纽约每日论坛报》撰稿（写作真正的报纸通讯在我只是例外），这使我的研究工作必然时时间断。然而，由于评论英国和大陆突出经济事件的论文在我的投稿中占很大部分，我不得不去熟悉政治经济学这门科学本身范围以外的实际的细节。

我以上简短地叙述了自己在政治经济学领域进行研究的经过，这只是要证明，我的见解，不管人们对它怎样评论，不管它多么不合乎统治阶级的自私的偏见，却是多年诚实研究的结果。但是在科学的入口处，正像在地狱的入口处一样，必须提出这样的要求：

"这里必须根绝一切犹豫；
这里任何怯懦都无济于事。"①

马克思：《〈政治经济学批判〉序言》（1859年1月），摘自《马克思恩格斯文集》第2卷，人民出版社2009年12月第1版，第588—594页。

（三）《政治经济学批判》导言

I. 生产、消费、分配、交换（流通）

1. 生产

（α）摆在面前的对象，首先是**物质生产**。

在社会中进行生产的个人，——因而，这些个人的一定社会性质的生产，当然是出发点。被斯密和李嘉图当做出发点的单个的孤立的猎人和渔夫，属于18世纪的缺乏想象力的虚构。这是鲁滨逊一类的故事，这类故事决不像文化史家想象的那样，仅仅表示对过度文明的反动和要回到被误解了的自然生活中去。同样，卢梭的通过契约来建立天生独立的主体之间的关系和联系的"社会契约"，也不是以这种自然主义为基础的。这是假象，只是大大小小的鲁滨逊一类故事所造成的美学上的假象。其实，这是对于16世纪以来就作了准备、而在18世纪大踏步走向成熟的"市民社会"的预感。在这个自由竞争的社会里，单个的人表现为摆脱了自然联系等等，

---

① 但丁《神曲·地狱篇》第3部第14—15行。——编者注

而在过去的历史时代，自然联系等等使他成为一定的狭隘人群的附属物。这种18世纪的个人，一方面是封建社会形式解体的产物，另一方面是16世纪以来新兴生产力的产物，而在18世纪的预言家看来（斯密和李嘉图还完全以这些预言家为依据），这种个人是曾在过去存在过的理想；在他们看来，这种个人不是历史的结果，而是历史的起点。因为按照他们关于人性的观念，这种合乎自然的个人并不是从历史中产生的，而是由自然造成的。这样的错觉是到现在为止的每个新时代所具有的。斯图亚特在许多方面同18世纪对立并作为贵族比较多地站在历史基础上，从而避免了这种局限性。

我们越往前追溯历史，个人，从而也是进行生产的个人，就越表现为不独立，从属于一个较大的整体；最初还是十分自然地在家庭和扩大成为氏族的家庭中；后来是在由氏族间的冲突和融合而产生的各种形式的公社中。只有到18世纪，在"市民社会"中，社会联系的各种形式，对个人说来，才表现为只是达到他私人目的的手段，才表现为外在的必然性。但是，产生这种孤立个人的观点的时代，正是具有迄今为止最发达的社会关系（从这种观点看来是一般关系）的时代。人是最名副其实的政治动物，不仅是一种合群的动物，而且是只有在社会中［M—2］才能独立的动物。孤立的一个人在社会之外进行生产——这是罕见的事，在已经内在地具有社会力量的文明人偶然落到荒野时，可能会发生这种事情——就像许多个人不在一起生活和彼此交谈而竟有语言发展一样，是不可思议的。在这方面无须多说。18世纪的人们有这种荒诞无稽的看法是可以理解的，如果不是巴师夏、凯里和蒲鲁东等人又把这种看法郑重其事地引进最新的经济学中来，这一点本来可以完全不提。蒲鲁东等人自然乐于用编造神话的办法，来对一种他不知道历史来源的经济关系的起源作历史哲学的说明，说什么亚当或普罗米修斯已经有了现成的想法，后来这种想法就被实行了等等。再没有比这类想入非非的陈词滥调更加枯燥乏味的了。

因此，说到生产，总是指在一定社会发展阶段上的生产——社会个人的生产。因而，好像只要一说到生产，我们或者就要把历史发展过程在它的各个阶段上一一加以研究，或者一开始就要声明，我们指的是某个一定的历史时代，例如，是现代资产阶级生产——这种生产事实上是我们研究的本题。可是，生产的一切时代有某些共同标志，共同规定。**生产一般**是一个抽象，但是只要它真正把共同点提出来，定下来，免得我们重复，它就是一个合理的抽象。不过，这个**一般**，或者说，经过比较而抽出来的共同点，本身就是有许多组成部分的、分为不同规定的东西。其中有些属于一切时代，另一些是几个时代共有的。[有些]规定是最新时代和最古时代共有的。没有它们，任何生产都无从设想；但是，如果说最发达的语言和最不发达的语言共同具有一些规律和规定，那么，构成语言发展的恰恰是有别于这个一般和共同点的差别。对生产一般适用的种种规定所以要抽出来，也正是为了不致因为有了统一（主体是人，客体是自然，这总是一样的，这里已经出现了统一）而忘记本质的差别。那些证明现存社会关系永存与和谐的现代经济学家的全部智慧，就在于忘记这种差别。例如，没有生产工具，哪怕这种生产工具不过是手，任何生产都不可能。没有过去的、积累的劳动，哪怕这种劳动不过是由于反复［M—3］操作而积聚在野蛮人手上的技巧，任何生产都不可能。资本，别的不说，也是生产工具，也是过去的、客体化了的劳动。可见资本是一种一般的、永存的自然关系；这样说是因为恰好抛开了正是使"生产工具"、"积累的劳动"成为资本的那个特殊。因此，生产关系的全部历史，例如在凯里看来，是历代政府的恶意篡改。

如果没有生产一般，也就没有一般的生产。生产总是一个个**特殊的生产部门**——如农业、畜牧业、制造业等，或者生产是**总体**。可是，政治经济学不是工艺学。生产的一般规定在一定社会阶段上对特殊生产形式的关系，留待别处（后面）再说。

最后，生产也不只是特殊的生产，而始终是一定的社会体即社会的主体在或广或窄的由各生产部门组成的总体中活动着。科学的叙述对现实运动的关系，也还不是这里所要说的。生产一般。特殊生产部门。生产的总体。

现在时髦的做法，是在经济学的开头摆上一个总论部分——就是标题为《生产》的那部分（参看约·斯·穆勒的著作），用来论述一切生产的**一般条件**。

这个总论部分包括或者据说应当包括：

（1）进行生产所必不可缺少的条件。因此，这实际上不过是摆出一切生产的基本要素。可是，我们将会知道，这些要素实际上归纳起来不过是几个十分简单的规定，而这些规定却扩展成浅薄的同义反复。

（2）或多或少促进生产的条件，如像亚当·斯密所说的前进的和停滞的社会状态。要把这些在亚·斯密那里作为提示而具有价值的东西提到科学意义上来，就得研究在各个民族的发展过程中各个时期的**生产率程度**——这种研究超出本题的范围，而这种研究同本题有关的方面，应在叙述竞争、积累等等时来谈。照一般的提法，答案总是这样一个一般的说法：一个工业民族，当它一般地达到它的历史高峰的时候，也就达到它的生产高峰。实际上，一个民族的工业高峰是在这个民族的主要任务还不是维护利润，而是谋取利润的时候达到的。就这一点来说，美国人胜过英国人。或者是这样的说法：例如，某些种族素质，气候，自然环境如离海的远近，土地肥沃程度等等，比另外一些更有利于生产。这又是同义反复，即财富的主客观因素越是在更高的程度上具备，财富就越容易创造。

[M—4] 但是，这一切并不是经济学家在这个总论部分所真正要说的。相反，他们所要说的是，生产不同于分配等等（参看穆勒的著作），应当被描写成局限在与历史无关的永恒自然规律之内的事情，于是**资产阶级**关系就被乘机当做社会一般的颠扑不破的自然规律偷偷地塞了进来。这是整套手法的多少有意识的目的。在分配上，他们则相反地认为，人们事实上可以随心所欲。即使根本不谈生产和分配的这种粗暴割裂以及生产和分配的现实关系，总应该从一开始就清楚地看到：无论在不同社会阶段上分配方式如何不同，总是可以像在生产中那样提出一些共同的规定来，可以把一切历史差别混合或融化在**一般人类**规律之中。例如，奴隶、农奴、雇佣工人都得到一定量的食物，使他们能够作为奴隶、农奴和雇佣工人来生存。靠贡赋生活的征服者，靠税收生活的官吏，靠地租生活的土地所有者，靠施舍生活的僧侣，靠什一税生活的教士，都得到一份社会产品，而决定这一份产品的规律不同于决定奴隶等等的那一份产品的规律。一切经济学家在这个项目下提出的两个要点是：（1）财产，（2）司法、警察等等对财产的保护。对此要极简短地答复一下：

关于第一点。一切生产都是个人在一定社会形式中并借这种社会形式而进行的对自然的占有。在这个意义上，说财产（占有）是生产的一个条件，那是同义反复。但是，可笑的是从这里一步就跳到财产的一定形式，如私有财产。（而且还以对立的形式即**无财产**作为前提条件。）历史却表明，共同财产（如印度人、斯拉夫人、古凯尔特人等等那里的共同财产）

是原始形式，这种形式还以公社财产形式长期起着显著的作用。至于财富在这种还是那种财产形式下能更好地发展的问题，还根本不是这里所要谈的。可是，如果说在任何财产形式都不存在的地方，就谈不到任何生产，因此也就谈不到任何社会，那么，这是同义反复。什么也不占有的占有，是自相矛盾。

关于第二点。对既得物的保护等等。如果把这些滥调还原为它们的实际内容，它们所表示的就比它们的说教者所知道的还多。就是说，每种生产形式都产生出它所特有的法的关系、统治形式等等。粗率和无知之处正在于把有机地〔M—5〕联系着的东西看成是彼此偶然发生关系的、纯粹反思联系中的东西。资产阶级经济学家只是感到，在现代警察制度下，比在例如强权下能更好地进行生产。他们只是忘记了，强权也是一种法，而且强者的权利也以另一种形式继续存在于他们的"法治国家"中。

当与生产的一定阶段相应的社会状态刚刚产生或者已经衰亡的时候，自然会出现生产上的紊乱，虽然程度和影响有所不同。

总之，一切生产阶段所共有的、被思维当做一般规定而确定下来的规定，是存在的，但是所谓一切生产的**一般条件**，不过是这些抽象要素，用这些要素不可能理解任何一个现实的历史的生产阶段。

2. 生产与分配、交换、消费的一般关系

在进一步分析生产之前，必须考察一下经济学家拿来与生产并列的几个项目。

肤浅的表象是：在生产中，社会成员占有（开发、改造）自然产品供人类需要；分配决定个人分取这些产品的比例；交换给个人带来他想用分配给他的一份去换取的那些特殊产品；最后，在消费中，产品变成享受的对象，个人占有的对象。生产制造出适合需要的对象；分配依照社会规律把它们分配；交换依照个人需要把已经分配的东西再分配；最后，在消费中，产品脱离这种社会运动，直接变成个人需要的对象和仆役，供个人享受而满足个人需要。因而，生产表现为起点，消费表现为终点，分配和交换表现为中间环节，这中间环节又是二重的，分配被规定为从社会出发的要素，交换被规定为从个人出发的要素。在生产中，人客体化，在消费①

---

① 原手稿中是"人"。——编者注

中，物主体化；在分配中，社会以一般的、占统治地位的规定的形式，担任生产和消费之间的中介；在交换中，生产和消费由个人的偶然的规定性来中介。

分配决定产品归个人的比例（数量）；交换决定个人拿分配给自己的一份［M—5］所要求的产品。

生产、分配、交换、消费因此形成一个正规的三段论法：生产是一般，分配和交换是特殊，消费是个别，全体由此结合在一起。这当然是一种联系，然而是一种肤浅的联系。生产决定于一般的自然规律；分配决定于社会的偶然情况，因此它能够或多或少地对生产起促进作用；交换作为形式上的社会运动介于两者之间；而消费这个不仅被看成终点而且被看成最后目的的结束行为，除了它又会反过来作用于起点并重新引起整个过程之外，本来不属于经济学的范围。

反对政治经济学家的人们——不论这些反对者是不是他们的同行——责备他们把联系着的东西粗野地割裂了，这些反对者或者同他们处于同一水平，或者低于他们。最庸俗不过的责备就是，说政治经济学家过于重视生产，把它当做目的本身。说分配也是同样重要的。这种责备的立足点恰恰是这样一种经济观点，即把分配当做与生产并列的独立自主的领域。或者是这样的责备，说没有把这些要素放在其统一中来考察。好像这种割裂不是从现实进到教科书中去的，而相反的是从教科书进到现实中去的，好像这里的问题是要对概念作辩证的平衡，而不是解释现实的关系！

（a）［生产和消费］

生产直接也是消费。双重的消费，主体的和客体的。［第一，］个人在生产过程中发展自己的能力，也在生产行为中支出、消耗这种能力，这同自然的生殖是生命力的一种消费完全一样。第二，生产资料的消费，生产资料被使用、被消耗、一部分（如在燃烧中）重新分解为一般元素。原料的消费也是这样，原料不再保持自己的自然形状和自然特性，而是丧失了这种形状和特性。因此，生产行为本身就它的一切要素来说也是消费行为。不过，这一点是经济学家所承认的。他们把直接与消费同一的生产，直接与生产合一的消费，称作**生产的消费**。生产和消费的这种同一性，归结为斯宾诺莎的命题："规定就是否定"。

［M—7］但是，提出生产的消费这个规定，只是为了把与生产同一的

消费跟原来意义上的消费区别开来，后面这种消费被理解为起消灭作用的与生产相对的对立面。现在我们来考察一下这个原来意义上的消费。

消费直接也是生产，正如在自然界中元素和化学物质的消费是植物的生产一样。例如，在吃喝这一种消费形式中，人生产自己的身体，这是明显的事。而对于以这种或那种方式从某一方面来生产人的其他任何消费方式也都可以这样说。消费的生产。可是，经济学却说，这种与消费同一的生产是第二种生产，是靠消灭第一种生产的产品引起的。在第一种生产中，生产者物化，在第二种生产中，生产者所创造的物人化。因此，这种消费的生产——虽然它是生产和消费的直接统一——是与原来意义上的生产根本不同的。生产同消费合一和消费同生产合一的这种直接统一，并不排斥它们直接是两个东西。

可见，生产直接是消费，消费直接是生产。每一方直接是它的对方。可是同时在两者之间存在着一种中介运动。生产中介着消费，它创造出消费的材料，没有生产，消费就没有对象。但是消费也中介着生产，因为正是消费替产品创造了主体，产品对这个主体才是产品。产品在消费中才得到最后完成。一条铁路，如果没有通车、不被磨损、不被消费，它只是可能性的铁路，不是现实的铁路。没有生产，就没有消费；但是，没有消费，也就没有生产，因为如果没有消费，生产就没有目的。消费从两方面生产着生产：

（1）因为产品只是在消费中才成为现实的产品，例如，一件衣服由于穿的行为才现实地成为衣服；一间房屋无人居住，事实上就不成其为现实的房屋；因此，产品不同于单纯的自然对象，它在消费中才证实自己是产品，才**成为**产品。消费是在把产品消灭的时候才使产品最后完成，因为产品之所以是产品，不在于它是物化了的活动，而只是在于它是活动着的主体的对象。

（2）因为消费创造出**新的**生产的需要，也就是创造出生产的观念上的内在动机，后者是生产的前提。消费创造出生产的动力；它也创造出在生产中作为决定目的的东西而发生作用的对象。如果说，生产在外部提供消费的对象是显而易见的，那么，［M—8］同样显而易见的是，消费**在观念上提出**生产的对象，把它作为内心的图像、作为需要、作为动力和目的提出来。消费创造出还是在主观形式上的生产对象。没有需要，就没有生产。

而消费则把需要再生产出来。

与此相应，就生产方面来说：

（1）它为消费提供材料，对象。消费而无对象，不成其为消费；因而在这方面生产创造出、生产出消费。

（2）但是，生产为消费创造的不只是对象。它也给予消费以消费的规定性、消费的性质，使消费得以完成。正如消费使产品得以完成其为产品一样，生产使消费得以完成。**首先**，对象不是一般的对象，而是一定的对象，是必须用一定的而又是由生产本身所中介的方式来消费的。饥饿总是饥饿，但是用刀叉吃熟肉来解除的饥饿不同于用手、指甲和牙齿啃生肉来解除的饥饿。因此，不仅消费的对象，而且消费的方式，不仅在客体方面，而且在主体方面，都是生产所生产的。所以，生产创造消费者。

（3）生产不仅为需要提供材料，而且它也为材料提供需要。一旦消费脱离了它最初的自然粗野状态和直接状态——如果消费停留在这种状态，那也是生产停滞在自然粗野状态的结果——，那么消费本身作为动力就靠对象来作中介。消费对于对象所感到的需要，是对于对象的知觉所创造的。艺术对象创造出懂得艺术和具有审美能力的大众，——任何其他产品也都是这样。因此，生产不仅为主体生产对象，而且也为对象生产主体。

因此，生产生产着消费：（1）是由于生产为消费创造材料；（2）是由于生产决定消费的方式；（3）是由于生产通过它起初当做对象生产出来的产品在消费者身上引起需要。因而，它生产出消费的对象，消费的方式，消费的动力。同样，消费生产出生产者的**素质**，因为它在生产者身上引起追求一定目的的需要。

因此，消费和生产之间的同一性表现在三方面：

（1）**直接的同一性**：生产是消费；消费是生产。消费的生产。生产的消费。国民经济学家把两者都称为［M—9］生产的消费，可是还作了一个区别。前者表现为再生产；后者表现为生产的消费。关于前者的一切研究是关于生产的劳动或非生产的劳动的研究；关于后者的研究是关于生产的消费或非生产的消费的研究。

（2）每一方表现为对方的手段；以对方为中介；这表现为它们的相互依存；这是一个运动，它们通过这个运动彼此发生关系，表现为互不可缺，但又各自处于对方之外。生产为消费创造作为外在对象的材料；消费为生产创造作为内在对象，作为目的的需要。没有生产就没有消费，没有消费就没有生产。这一点在经济学中是以多种形式出现的。

（3）生产不仅直接是消费，消费不仅直接是生产；生产也不仅是消费的手段，消费也不仅是生产的目的，就是说，每一方都为对方提供对象，生产为消费提供外在的对象，消费为生产提供想象的对象；两者的每一方不仅直接就是对方，不仅中介着对方，而且，两者的每一方由于自己的实现才创造对方；每一方是把自己当做对方创造出来。消费完成生产行为，只是由于消费使产品最后完成其为产品，只是由于消费把它消灭，把它的独立的物体形式消耗掉；只是由于消费使得在最初生产行为中发展起来的素质通过反复的需要上升为熟练技巧；所以，消费不仅是使产品成为产品的终结行为，而且也是使生产者成为生产者的终结行为。另一方面，生产生产出消费，是由于生产创造出消费的一定方式，其次是由于生产把消费的动力，消费能力本身当做需要创造出来。这第三项所说的这个最后的同一性，在经济学中常常是以需求和供给、对象和需要、社会创造的需要和自然需要的关系来说明的。

这样看来，对于一个黑格尔主义者来说，把生产和消费等同起来，是最简单不过的事。不仅社会主义美文学家这样做过，而且平庸的经济学家也这样做过。例如，萨伊说，就一个民族来说，它的生产也就是它的消费。或者就人类一般来说也是如此。施托尔希指出过萨伊的错误，他说，例如一个民族不是把自己的产品全部消费掉，而是还要创造生产资料等等，固定资本等等。此外，把社会当做一个单一的主体来考察，是对它作了不正确的考察；思辨式的考察。就一个主体来说，生产和消费表现为一个行为的两个要素。这里要强调的主要之点［M—9'］是：无论我们把生产和消费看做一个主体的活动或者许多个人的活动，它们总是表现为一个过程的两个要素，在这个过程中，生产是实际的起点，因而也是起支配作用的要素。消费，作为必需，作为需要，本身就是生产活动的一个内在要素。但是生产活动是实现的起点，因而也是实现的起支配作用的要素，是整个过程借以重新进行的行为。个人生产出一个对象和通过消费这个对象返回自身，然而，他是作为生产的个人和自我再生产的个人。所以，消费表现为生产的要素。

但是，在社会中，产品一经完成，生产者对产品的关系就是一种外在的关系,产品回到主体,取决于主体对其他个人的关系。他不是直接获得产品。如果说他是在社会中生产,那么直接占有产品也不是他的目的。在生产者和产品之间出现了**分配**,分配借社会规律决定生产者在产品世界中的份额,因而出现在生产和消费之间。

那么,分配是否作为独立的领域,和生产并列,处于生产之外呢?

(b) [生产和分配]

如果看看普通的经济学著作,首先令人注目的是,在这些著作里什么都被提出两次。举例来说,在分配上出现的是地租、工资、利息和利润,而在生产上作为主产要素出现的是土地、劳动、资本。说到资本,一开始就清楚,它被提出了两次:(1)作为生产要素;(2)作为收入源泉,作为决定一定的分配形式的东西。因此,利息和利润本身,就它们作为资本增长和扩大的形式,因而作为资本生产本身的要素来说,也出现在生产中。利息和利润作为分配形式,是以资本作为生产要素为前提的。它们是以资本作为生产要素为前提的分配方式。它们又是资本的再生产方式。

同样,工资是在另一个项目中被考察的雇佣劳动:在雇佣劳动的场合劳动作为生产要素所具有的规定性,在工资的场合表现为分配的规定。如果劳动不是规定为雇佣劳动,那么,劳动参与产品分配的方式,也就不表现为工资,如在奴隶制度下就是这样。最后,地租——我们直接来看地产参与产品分配的最发达的分配形式[M—10]——的前提,是作为生产要素的大地产(其实是大农业),而不是土地一般,就像工资的前提不是劳动一般一样。所以,分配关系和分配方式只是表现为生产要素的背面。个人以雇佣劳动的形式参与生产,就以工资形式参与产品、生产成果的分配。分配的结构完全决定于生产的结构。分配本身是生产的产物,不仅就对象说是如此,而且就形式说也是如此。就对象说,能分配的只是生产的成果,就形式说,参与生产的一定方式决定分配的特殊形式,决定参与分配的形式。把土地放在生产上来谈,把地租放在分配上来谈,等等,这完全是幻觉。

因此,像李嘉图那样一些经常被人责备为只看到生产的经济学家,却专门把分配规定为经济学的对象,因为他们直觉地把分配形式看成是一定社会中的生产各要素借以得到确定的最确切的表现。

在单个的个人面前,分配自然表现为一种社会规律,这种规律决定他在生产中的地位，他在这个地位上生产，因而分配先于生产。这个个人一开始就没有资本，没有地产。他一出生就由社会分配指定从事雇佣劳动。但是这种指定本身是资本、地产作为独立的生产要素存在的结果。

就整个社会来看，分配似乎还从一方面先于生产，并且决定生产；似乎是先于经济的事实。一个征服民族在征服者之间分配土地，因而造成了地产的一定的分配和形式；由此决定了生产。或者，它使被征服的民族成为奴隶，于是使奴隶劳动成为生产的基础。或者，一个民族经过革命把大地产分割成小块土地，从而通过这种新的分配使生产有了一种新的性质。或者，立法使地产永久属于一定的家庭，或者，把劳动〔当做〕世袭的特权来分配，因而把劳动像社会等级一样地固定下来。在所有这些历史上有过的情况下，似乎不是生产安排和决定分配，而相反的是分配安排和决定生产。

〔M—11〕照最浅薄的理解，分配表现为产品的分配，因此它离开生产很远，似乎对生产是独立的。但是，在分配是产品的分配之前，它是（1）生产工具的分配，（2）社会成员在各类生产之间的分配（个人从属于一定的生产关系）——这是同一关系的进一步规定。这种分配包含在生产过程本身中并且决定生产的结构，产品的分配显然只是这种分配的结果。如果在考察生产时把包含在其中的这种分配撇开，生产显然是一个空洞的抽象；相反，有了这种本来构成生产的一个要素的分配，产品的分配自然也就确定了。正因为如此，力求在一定的社会结构中来理解现代生产并且主要是研究生产的经济学家李嘉图，不是把生产而是把分配说成现代经济学的本题。从这里，又一次显出了那些把生产当做永恒真理来论述而把历史限制在分配范围之内的经济学家是多么荒诞无稽。

这种决定生产本身的分配究竟和生产处于怎样的关系，这显然是属于生产本身内部的问题。如果有人说，既然生产必须从生产工具的一定的分配出发，至少在这个意义上分配先于生产，成为生产的前提，那么就应该答复他说，生产实际上有它的条件和前提，这些条件和前提构成生产的要素。这些要素最初可能表现为自然发生的东西。通过生产过程本身，它们就从自然发生的东西变成历史的东西，并且对于这一个时期表现为生产的自然前提，对于前一个时期就是生产的历史结果。它们在生产本身内部被不断地改变。例如，机器的应用既改变了生产工具的分配，也改变了产品的分配。现代大地产本身既是现代商业和现代工业的结果，也是现代工业在农业上应用的结果。

上面提出的一些问题，归根到底就是：一般历史条件在生产上是怎样起作用的，生产和一般历史运动的关系又是怎样的。这个问题显然属于对生产本身的讨论和阐述。

［M—12］然而，这些问题即使照上面那样平庸的提法，同样也可以给予简短的回答。所有的征服有三种可能。征服民族把自己的生产方式强加于被征服的民族（例如，英国人本世纪在爱尔兰所做的，部分地在印度所做的）；或者是征服民族让旧生产方式维持下去，自己满足于征收贡赋（如土耳其人和罗马人）；或者是发生一种相互作用，产生一种新的、综合的东西（日耳曼人的征服中一部分就是这样）。在所有的情况下，生产方式，不论是征服民族的，被征服民族的，还是两者混合形成的，总是决定新出现的分配。因此，虽然这种分配对于新的生产时期表现为前提，但它本身又是生产的产物，不仅是一般历史生产的产物，而且是一定历史生产的产物。

例如，蒙古人根据他们生产即放牧的特点把俄罗斯弄成一片荒凉，因为大片无人居住的地带是放牧的主要条件。在日耳曼蛮族，用农奴耕作是传统的生产，过的是乡村的孤独生活，他们能够非常容易地让罗马各行省服从这些条件，因为那里发生的地产的积聚已经完全推翻了旧的农业关系。

有一种传统的看法，认为在某些时期人们只靠掠夺生活。但是要能够掠夺，就要有可以掠夺的东西，因此就要有生产。而掠夺的方式本身又决定于生产的方式。例如，掠夺一个从事证券投机的民族就不能同掠夺一个游牧民族一样。

在奴隶的场合，生产工具直接被掠夺。但在这种情况下，掠夺奴隶的国家的生产必须安排得容许使用奴隶劳动，或者必须建立一种适于使用奴隶的生产方式（如在南美等）。

法律可以使一种生产资料，例如土地，永远属于一定家庭。这些法律，只有当大地产同社会生产处于和谐中的时候，如像在英国那样，才有经济意义。在法国，尽管有大地产，但经营的是小规模农业，因而大地产就被革命打碎了。但是，土地分成小块的状态是否例如通过法律永远固定下来了呢？尽管有这种法律，财产却又积聚起来了。法律在巩固分配关系方面的影响和它们由此对生产发生的作用,要专门加以规定。

[M—13](c)最后,交换和流通

流通本身只是交换的一定要素,或者也是从交换总体上看的交换。

既然**交换**只是生产和由生产决定的分配一方同消费一方之间的中介要素,而消费本身又表现为生产的一个要素,交换显然也就作为生产的要素包含在生产之内。

第一,很明显,在生产本身中发生的各种活动和各种能力的交换,直接属于生产,并且从本质上组成生产。第二,这同样适用于产品交换,只要产品交换是用来制造供直接消费的成品的手段。在这个限度内,交换本身是包含在生产之中的行为。第三,所谓实业家之间的交换,不仅从它的组织方面看完全决定于生产,而且本身也是生产活动。只有在最后阶段上,当产品直接为了消费而交换的时候,交换才表现为独立于生产之旁,与生产漠不相干。但是,(1)如果没有分工,不论这种分工是自然发生的或者本身已经是历史的结果,也就没有交换;(2)私人交换以私人生产为前提;(3)交换的深度、广度和方式都是由生产的发展和结构决定的。例如,城乡之间的交换,乡村中的交换,城市中的交换等等。可见,交换就其一切要素来说,或者是直接包含在生产之中,或者是由生产决定。

我们得到的结论并不是说,生产、分配、交换、消费是同一的东西,而是说,它们构成一个总体的各个环节,一个统一体内部的差别。生产既支配着与其他要素相对而言的生产自身,也支配着其他要素。过程总是从生产重新开始。交换和消费不能是起支配作用的东西,这是不言而喻的。分配,作为产品的分配,也是这样。而作为生产要素的分配,它本身就是生产的一个要素。因此,一定的生产决定一定的消费、分配、交换和**这些不同要素相互间的一定关系**。当然,**生产就其单方面形式来说**也决定于其他要素。例如,当市场扩大,即交换范围扩大时,生产的规模也就增大,生产也就分得更细。随着分配的变动,例如,随着资本的积聚,随着城乡人口的不同的分配等等,生产也就发生变动。最后,消费的需要决定着生产。不同要素之间存在着相互作用。每一个有机整体都是这样。

[M—14] 3.政治经济学的方法

当我们从政治经济学的角度考察某一国家的时候,我们从该国的人口,人口的阶级划分,人口在城乡、海洋、在不同生产部门的分布,输出和输入，全年的生产和消费，商品价格等等开始。

从实在和具体开始，从现实的前提开始，因而，例如在经济学上从作为全部社会生产行为的基础和主体的人口开始，似乎是正确的。但是，更仔细地考察起来，这是错误的。如果我，例如，抛开构成人口的阶级，人口就是一个抽象。如果我不知道这些阶级所依据的因素，如雇佣劳动、资本等等，阶级又是一句空话。而这些因素是以交换、分工、价格等等为前提的。比如资本，如果没有雇佣劳动、价值、货币、价格等等，它就什么也不是。因此，如果我从人口着手，那么，这就是关于整体的一个混沌的表象，并且通过更切近的规定我就会在分析中达到越来越简单的概念：从表象中的具体达到越来越稀薄的抽象，直到我达到一些最简单的规定。于是行程又得从那里回过头来，直到我最后又回到人口，但是这回人口已不是关于整体的一个混沌的表象，而是一个具有许多规定和关系的丰富的总体了。

第一条道路是经济学在它产生时期在历史上走过的道路。例如，17世纪的经济学家总是从生动的整体，从人口、民族、国家、若干国家等等开始；但是他们最后总是从分析中找出一些有决定意义的抽象的一般的关系，如分工、货币、价值等等。这些个别要素一旦多少确定下来和抽象出来，从劳动、分工、需要、交换价值等等这些简单的东西上升到国家、国际交换和世界市场的各种经济学体系就开始出现了。

后一种方法显然是科学上正确的方法。具体之所以具体，因为它是许多规定的综合，因而是多样性的统一。因此它在思维中表现为综合的过程，表现为结果，而不是表现为起点，虽然它是现实的起点，因而也是直观和表象的起点。在第一条道路上，完整的表象蒸发为抽象的规定；在第二条道路上，抽象的规定在思维行程中导致具体的再现。

因此，黑格尔陷入幻觉，把实在理解为自我综合、自我深化和自我运动的思维的结果，其实，从抽象上升到具体的方法，只是思维用来掌握具体、把它当做一个精神上的具体再现出来的方式。但决不是具体本身的产生过程。举例来说，最简单的经济范畴，如交换价值，是以人口即在一定关系中进行生产的人口为前提的；也是以［M—15］某种家庭、公社或国家等为前提的。交换价值只能作为一个具体的、生动的既定整体的抽象的单方面的关系而存在。相反，作为范畴，交换价值却有一种洪水期前的存在。因此，在意识看来（而哲学意识就是被这样规定的：在它看来，正在理解着的思维是现实的人，而被理解了的世界本身才是现实的世界），范畴的运动表现为现实的生产行为（只可惜它从外界取得一种推动），而世界是这种生产行为的结果；这——不过又是一个同义反复——只有在下面这个限度内才是正确的：具体总体作为思想总体、作为思想具体，事实上是思维的、理解的产物；但是，决不是处于直观和表象之外或驾于其上而思维着的、自我产生着的概念的产物，而是把直观和表象加工成概念这一过程的产物。整体，当它在头脑中作为思想整体而出现时，是思维着的头脑的产物，这个头脑用它所专有的方式掌握世界，而这种方式是不同于对于世界的艺术精神的，宗教精神的，实践精神的掌握的。实在主体仍然是在头脑之外保持着它的独立性；只要这个头脑还仅仅是思辨地、理论地活动着。因此，就是在理论方法上，主体，即社会，也必须始终作为前提浮现在表象面前。

　　但是，这些简单的范畴在比较具体的范畴以前是否也有一种独立的历史存在或自然存在呢？要看情况而定。例如，黑格尔论法哲学，是从占有开始，把占有看作主体的最简单的法的关系，这是对的。但是，在家庭或主奴关系这些具体得多的关系之前，占有并不存在。相反，如果说存在着还只是**占有**，而没有**所有权**的家庭和部落整体，这倒是对的。所以，同所有权相比，这种比较简单的范畴，表现为比较简单的家庭团体或部落团体的关系。它在比较高级的社会中表现为一个发达的组织的比较简单的关系。但是那个以占有为关系的比较具体的基础总是前提。可以设想有一个孤独的野人占有东西。但是在这种情况下，占有并不是法的关系。说占有在历史上发展为家庭，是错误的。占有倒总是以这个"比较具体的法的范畴"为前提的。但是，不管怎样总可以说，简单范畴是这样一些关系的表现，在这些关系中，较不发展的具体可以已经实现，而那些通过较具体的范畴在精神上表现出来的较多方面的联系或关系还没有产生，而比较发展的具体则把这个范畴当做一种从属关系保存下来。在资本存在之前，银行存在之前，雇佣劳动等等存在之前，货币能够存在，而且在历史上存在过。因此，从这一方面看来，可以说，比较简单的范畴可以表现一个比较不发展的整体的处于支配地位的关系或者一个比较发展的整体的从属关系，这些关系在整体向着以一个比较具体的范畴表现出来的方面发展之前，在历史上已经存在。在这个限度内，从最简单上升到复杂这个抽象思维的进程符合现实的［M—16］历史过程。

另一方面，可以说，有一些十分发展的、但在历史上还不成熟的社会形式，其中有最高级的经济形式，如协作、发达的分工等等，却不存在任何货币，秘鲁就是一个例子。就在斯拉夫公社中，货币以及作为货币的条件的交换，也不是或者很少是出现在各个公社内部，而是出现在它们的边界上，出现在与其他公社的交往中，因此，把同一公社内部的交换当做原始构成因素，是完全错误的。相反地，与其说它起初发生在同一公社内部的成员间，不如说它发生在不同公社的相互关系中。其次，虽然货币很早就全面地发生作用，但是在古代它只是在片面发展的民族即商业民族中才是处于支配地位的因素。甚至在最文明的古代，在希腊人和罗马人那里，货币的充分发展——在现代的资产阶级社会中这是前提——只是出现在他们解体的时期。因此，这个十分简单的范畴，在历史上只有在最发达的社会状态下才表现出它的充分的力量。它决没有历尽一切经济关系。例如，在罗马帝国，在它最发达的时期，实物税和实物租仍然是基础。那里，货币制度原来只是在军队中得到充分发展。它也从来没有掌握劳动的整个领域。

可见，比较简单的范畴，虽然在历史上可以在比较具体的范畴之前存在，但是，它在深度和广度上的充分发展恰恰只能属于一个复杂的社会形式，而比较具体的范畴在一个比较不发展的社会形式中有过比较充分的发展。

劳动似乎是一个十分简单的范畴。它在这种一般性上——作为劳动一般——的表象也是古老的。但是，在经济学上从这种简单性上来把握的"劳动"，和产生这个简单抽象的那些关系一样，是现代的范畴。例如，货币主义把财富看成还是完全客观的东西，看成自身之外的物，存在于货币中。同这个观点相比，重工主义或重商主义把财富的源泉从对象转到主体的活动——商业劳动和工业劳动，已经是很大的进步，但是，他们仍然只是把这种活动本身理解为局限于取得货币的活动。同这个主义相对立的重农主义把劳动的一定形式——农业——看做创造财富的劳动，不再把对象本身看做裹在货币的外衣之中，而是看做产品一般，看做劳动的一般成果了。这种产品还与活动的局限性相应而仍然被看做自然规定的产品——农业的产品，主要是土地的产品。

[M—17] 亚当·斯密大大地前进了一步，他抛开了创造财富的活动的一切规定性，——干脆就是劳动，既不是工业劳动，又不是商业劳动，也不是农业劳动，而既是这种劳动，又是那种劳动。有了创造财富的活动的抽象一般性，也就有了被规定为财富的对象的一般性，这就是产品一般，或者说又是劳动一般，然而是作为过去的、对象化的劳动。这一步跨得多么艰难，多么巨大，只要看看连亚当·斯密本人还时时要回到重农主义，就可想见了。这也许会造成一种看法，好像由此只是替人——不论在哪种社会形式下——作为生产者在其中出现的那种最简单、最原始的关系找到了一个抽象表现。从一方面看来这是对的。从另一方面看来就不是这样。

　　对任何种类劳动的同样看待，以各种现实劳动组成的一个十分发达的总体为前提，在这些劳动中，任何一种劳动都不再是支配一切的劳动。所以，最一般的抽象总只是产生在最丰富的具体发展的场合，在那里，一种东西为许多东西所共有，为一切所共有。这样一来，它就不再只是在特殊形式上才能加以思考了。另一方面，劳动一般这个抽象，不仅仅是各种劳动组成的一个具体总体的精神结果。对任何种类劳动的同样看待，适合于这样一种社会形式，在这种社会形式中，个人很容易从一种劳动转到另一种劳动，一定种类的劳动对他们说来是偶然的，因而是无差别的。这里，劳动不仅在范畴上，而且在现实中都成了创造财富一般的手段，它不再是同具有某种特殊性的个人结合在一起的规定了。在资产阶级社会的最现代的存在形式——美国，这种情况最为发达。所以，在这里，"劳动"、"劳动一般"、直截了当的劳动这个范畴的抽象，这个现代经济学的起点，才成为实际上真实的东西。所以，这个被现代经济学提到首位的、表现出一种古老而适用于一切社会形式的关系的最简单的抽象，只有作为最现代的社会的范畴，才在这种抽象中表现为实际上真实的东西。人们也许会说，在美国表现为历史产物的东西——对任何劳动同样看待——，例如在俄罗斯人那里，就表现为天生的素质。但是，首先，是野蛮人具有能被使用于一切的素质，还是文明人自动去从事一切，是大有区别的。其次，在俄罗斯人那里，实际上同对任何种类劳动同样看待这一点相适应的，是传统地固定在一种十分确定的劳动上，他们只是由于外来的影响才从这种状态中解脱出来。

　　[M—18] 劳动这个例子令人信服地表明，哪怕是最抽象的范畴，虽然

正是由于它们的抽象而适用于一切时代,但是就这个抽象的规定性本身来说,同样是历史条件的产物,而且只有对于这些条件并在这些条件之内才具有充分的适用性。

资产阶级社会是最发达的和最多样性的历史的生产组织。因此,那些表现它的各种关系的范畴以及对于它的结构的理解,同时也能使我们透视一切已经覆灭的社会形式的结构和生产关系。资产阶级社会借这些社会形式的残片和因素建立起来,其中一部分是还未克服的遗物,继续在这里存留着,一部分原来只是征兆的东西,发展到具有充分意义,等等。人体解剖对于猴体解剖是一把钥匙。反过来说,低等动物身上表露的高等动物的征兆,只有在高等动物本身已被认识之后才能理解。因此,资产阶级经济为古代经济等等提供了钥匙。但是,决不是像那些抹杀一切历史差别、把一切社会形式都看成资产阶级社会形式的经济学家所理解的那样。人们认识了地租,就能理解代役租、什一税等等。但是不应当把它们等同起来。

其次,因为资产阶级社会本身只是发展的一种对立的形式,所以,那些早期形式的各种关系,在它里面常常只以十分萎缩的或者完全歪曲的形式出现。公社所有制就是个例子。因此,如果说资产阶级经济的范畴适用于一切其他社会形式这种说法是对的,那么,这也只能在一定意义上来理解。这些范畴可以在发展了的、萎缩了的、漫画式的种种形式上,总是在有本质区别的形式上,包含着这些社会形式。所说的历史发展总是建立在这样的基础上的:最后的形式总是把过去的形式看成是向着自己发展的各个阶段,并且因为它很少而且只是在特定条件下才能够进行自我批判——这里当然不是指作为崩溃时期出现的那样的历史时期——,所以总是对过去的形式作片面的理解。基督教只有在它的自我批判在一定程度上,可说是在可能范围内完成时,才有助于对早期神话作客观的理解。同样,资产阶级经济学只有在资产阶级社会的自我批判已经开始时,才能理解封建的、古代的和东方的经济。在资产阶级经济学没有用编造神话的办法把自己同过去的经济完全等同起来时,它对于以前的经济,特别是它曾经还不得不与之直接斗争的封建经济的批判,是与基督教对异教的批判或者新教对旧教的批判相似的。

[M—19] 在研究经济范畴的发展时,正如在研究任何历史科学、社会科学时一样,应当时刻把握住:无论在现实中或在头脑中,主体——这里

是现代资产阶级社会——都是既定的；因而范畴表现这个一定社会即这个主体的存在形式、存在规定、常常只是个别的侧面；因此，这个一定社会**在科学上**也决不是在**把它当做这样一个社会**来谈论的时候才开始存在的。这必须把握住，因为这对于分篇直接具有决定的意义。

例如，从地租开始，从土地所有制开始，似乎是再自然不过的了，因为它是同土地，即同一切生产和一切存在的源泉结合着的，并且它又是同一切多少固定的社会的最初的生产形式即同农业结合着的。但是，这是最错误不过的了。在一切社会形式中都有一种一定的生产决定其他一切生产的地位和影响，因而它的关系也决定其他一切关系的地位和影响。这是一种普照的光，它掩盖了一切其他色彩，改变着它们的特点。这是一种特殊的以太，它决定着它里面显露出来的一切存在的比重。

以游牧民族为例（纯粹的渔猎民族还没有达到真正发展的起点）。他们偶尔从事某种形式的耕作。这样就规定了土地所有制。它是共同的，这种形式按照这些民族保持传统的程度而或多或少地保留下来，斯拉夫人中的公社所有制就是个例子。在从事定居耕作（这种定居已是一大进步），而且这种耕作像在古代社会和封建社会中那样处于支配地位的民族那里，连工业、工业的组织以及与工业相应的所有制形式都多少带着土地所有制的性质；或者像在古代罗马人中那样工业完全附属于耕作；或者像在中世纪那样工业在城市中和在城市的各种关系上模仿着乡村的组织。在中世纪，甚至资本——不是指纯粹的货币资本——作为传统的手工工具等等，也具有这种土地所有制的性质。

在资产阶级社会中情况则相反。农业越来越变成仅仅是一个工业部门，完全由资本支配。地租也是如此。在土地所有制处于支配地位的一切社会形式中，自然联系还占优势。在资本处于支配地位的社会形式中，社会、历史所创造的因素占优势。不懂资本便不能懂地租。不懂地租却完全可以懂资本。资本是资产阶级社会的支配一切的经济权力。它必须成为起点又成为终点，必须放在土地所有制之前来说明。分别考察了两者之后，必须考察它们的相互关系。

[M—20] 因此，把经济范畴按它们在历史上起决定作用的先后次序来排列是不行的，错误的。它们的次序倒是由它们在现代资产阶级社会中的相互关系决定的，这种关系同表现出来的它们的自然次序或者符合历史发

展的次序恰好相反。问题不在于各种经济关系在不同社会形式的相继更替的序列中在历史上占有什么地位。更不在于它们在"观念上"（蒲鲁东）（在关于历史运动的一个模糊的表象中）的顺序。而在于它们在现代资产阶级社会内部的结构。

古代世界中商业民族——腓尼基人、迦太基人——表现的单纯性（抽象规定性），正是由农业民族占优势这种情况本身决定的。作为商业资本和货币资本的资本，在资本还没有成为社会的支配因素的地方，正是在这种抽象中表现出来。伦巴第人和犹太人对于经营农业的中世纪社会，也是处于这种地位。

还有一个例子，说明同一些范畴在不同的社会阶段有不同的地位，这就是资产阶级社会的最新形式之一：**股份公司**。但是，它还在资产阶级社会初期就以拥有特权和垄断权的大商业公司的形式出现。

17世纪经济学家无形中是这样接受国民财富这个概念的，即认为财富的创造仅仅是为了国家，而国家的实力是与这种财富成比例的，——这种观念在18世纪的经济学家中还部分地保留着。这是一种还不自觉的伪善形式，通过这种形式，财富本身和财富的生产被宣布为现代国家的目的，而现代国家被看成只是生产财富的手段。

显然，应当这样来分篇：（1）一般的抽象的规定，因此它们或多或少属于一切社会形式，不过是在上面所阐述的意义上。（2）形成资产阶级社会内部结构并且成为基本阶级的依据的范畴。资本、雇佣劳动、土地所有制。它们的相互关系。城市和乡村。三大社会阶级。它们之间的交换。流通。信用事业（私人的）。（3）资产阶级社会在国家形式上的概括。就它本身来考察。"非生产"阶级。税。国债。公共信用。人口。殖民地。向国外移民。（4）生产的国际关系。国际分工。国际交换。输出和输入。汇率。（5）世界市场和危机。

［M—21］4. 生产。

生产资料和生产关系。

生产关系和交往关系。

国家形式和意识形式同生产关系和

交往关系的关系。

法的关系。家庭关系

注意：应该在这里提到而不该忘记的各点：

（1）**战争**比和平发达得早；某些经济关系，如雇佣劳动、机器等等，怎样在战争和军队等等中比在资产阶级社会内部发展得早。生产力和交往关系的关系在军队中也特别显著。

（2）**历来的观念的历史叙述同现实的历史叙述的关系。特别是所谓的文化史**①，这所谓的文化史全部是宗教史和政治史。（顺便也可以说一下历来的历史叙述的各种不同方式。所谓客观的、主观的（伦理的等等）。哲学的。）

（3）**第二级的和第三级的东西，总之，派生的、转移来的**、非原生的生产关系。国际关系在这里的影响。

（4）**对这种见解中的唯物主义的种种非难。同自然主义的唯物主义的关系**。

（5）**生产力（生产资料）的概念和生产关系的概念的辩证法**，这样一种辩证法，它的界限应当确定，它不抹杀现实差别。

（6）**物质生产的发展例如同艺术发展的不平衡关系**。进步这个概念决不能在通常的抽象意义上去理解。就艺术等等而言，理解这种不平衡还不像理解实际社会关系本身内部的不平衡那样重要和那样困难。例如教育。**美国**同欧洲的关系。可是，这里要说明的真正困难之点是：生产关系作为法的关系怎样进入了不平衡的发展。例如罗马私法（在刑法和公法中这种情形较少）同现代生产的关系。

（7）**这种见解表现为必然的发展**。但承认偶然。怎样。（对自由等也是如此。）（交通工具的影响。世界史不是过去一直存在的；作为世界史的历史是结果。）

（8）**出发点当然是自然规定性**；主观地和客观地。部落、种族等。

（1）② 关于艺术，大家知道，它的一定的繁盛时期决不是同社会的一

---

① 从马克思的《伦敦笔记》来看，他在1852—1853年期间阅读并在他的第ⅩⅨ、ⅩⅩ和ⅩⅪ笔记本中做了摘录的至少有三部文化史：（1）威·瓦克斯穆特《文化通史》1850年莱比锡版第1部，1851年莱比锡版第2部；（2）威·德鲁曼《文化史大纲》1847年柯尼斯堡版；（3）古·克列姆《人类文化通史》1847年莱比锡版第6卷，1849年莱比锡版第7卷。——编者注

② 这个（1）的内容没有写完，马克思还打算在其中谈莎士比亚同现代的关系，但未能实现。在写完对希腊艺术的评论以后，马克思随即中断了《导言》的写作，因而也没有写以后各点。——编者注

般发展成比例的，因而也决不是同仿佛是社会组织的骨骼的物质基础的一般发展成比例的。例如，拿希腊人或莎士比亚同现代人相比。就某些艺术形式，例如史诗来说，甚至谁都承认：当艺术生产一旦作为艺术生产出现，它们就再不能以那种在世界史上划时代的、古典的形式创造出来；因此，在艺术本身的领域内，某些有重大意义的艺术形式只有在艺术发展的不发达阶段上才是可能的。如果说在艺术本身的领域内部的不同艺术种类的关系中有这种情形，那么，在整个艺术领域同社会一般发展的关系上有这种情形，就不足为奇了。困难只在于对这些矛盾作一般的表述。一旦它们的特殊性被确定了，它们也就被解释明白了。

[M—22] 我们例如先说希腊艺术同现代的关系，再说莎士比亚同现代的关系。大家知道，希腊神话不只是希腊艺术的武库，而且是它的土壤。成为希腊人的幻想的基础、从而成为希腊 [艺术] 的基础的那种对自然的观点和对社会关系的观点，能够同走锭精纺机、铁道、机车和电报并存吗？在罗伯茨公司面前，武尔坎又在哪里？在避雷针面前，丘必特又在哪里？在动产信用公司面前，海尔梅斯又在哪里？任何神话都是用想象和借助想象以征服自然力，支配自然力，把自然力加以形象化；因而，随着这些自然力实际上被支配，神话也就消失了。在印刷所广场旁边，法玛还成什么？希腊艺术的前提是希腊神话，也就是已经通过人民的幻想用一种不自觉的艺术方式加工过的自然和社会形式本身。这是希腊艺术的素材。不是随便一种神话，就是说，不是对自然（这里指一切对象的东西，包括社会在内）的随便一种不自觉的艺术加工。埃及神话决不能成为希腊艺术的土壤或母胎。但是无论如何总得是**一种**神话。因此，决不是这样一种社会发展，这种发展排斥一切对自然的神话态度，一切把自然神话化的态度；因而要求艺术家具备一种与神话无关的幻想。

从另一方面看：阿基里斯能够同火药和铅弹并存吗？或者，《伊利亚特》能够同活字盘甚至印刷机并存吗？随着印刷机的出现，歌谣、传说和诗神缪斯岂不是必然要绝迹，因而史诗的必要条件岂不是要消失吗？

但是，困难不在于理解希腊艺术和史诗同一定社会发展形式结合在一起。困难的是，它们何以仍然能够给我们以艺术享受，而且就某方面说还是一种规范和高不可及的范本。

一个成人不能再变成儿童，否则就变得稚气了。但是，儿童的天真不使成人感到愉快吗？他自己不该努力在一个更高的阶梯上把儿童的真实再现出来吗？在每一个时代，它固有的性格不是以其纯真性又活跃在儿童的天性中吗？为什么历史上的人类童年时代，在它发展得最完美的地方，不该作为永不复返的阶段而显示出永久的魅力呢？有粗野的儿童和早熟的儿童。古代民族中有许多是属于这一类的。希腊人是正常的儿童。他们的艺术对我们所产生的魅力，同这种艺术在其中生长的那个不发达的社会阶段并不矛盾。这种艺术倒是这个社会阶段的结果，并且是同这种艺术在其中产生而且只能在其中产生的那些未成熟的社会条件永远不能复返这一点分不开的。

马克思：《〈政治经济学批判〉导言》（1857年8月下旬），摘自《马克思恩格斯文集》第8卷，人民出版社2009年12月第1版，第5—36页。

（四）在马克思墓前的讲话

3月14日下午两点三刻，当代最伟大的思想家停止思想了。让他一个人留在房间里不过两分钟，等我们再进去的时候，便发现他在安乐椅上安静地睡着了——但已经是永远地睡着了。

这个人的逝世，对于欧美战斗着的无产阶级，对于历史科学，都是不可估量的损失。这位巨人逝世以后所形成的空白，不久就会使人感觉到。

正像达尔文发现有机界的发展规律一样，马克思发现了人类历史的发展规律，即历来为纷繁芜杂的意识形态所掩盖着的一个简单事实：人们首先必须吃、喝、住、穿，然后才能从事政治、科学、艺术、宗教等等。所以，直接的物质的生活资料的生产，从而一个民族或一个时代的一定的经济发展阶段，便构成基础；人们的国家制度，法的观点，艺术以至宗教观念，就是从这个基础上发展起来的。因而，也必须由这个基础来解释，而不是像过去那样做得相反。

不仅如此。马克思还发现了现代资本主义生产方式和它所产生的资产阶级社会的特殊的运动规律。由于剩余价值的发现，而先前无论资产阶级经济学家或社会主义批评家所做的一切都只是在黑暗中摸索。

一生中能有这样两个发现，该是很够了，即使只要能作出一个这样的发现，也已经是幸福的了。但马克思在他所研究的每一个领域（甚至在数学领域）都有独到的发现，这样的领域是很多的，而且其中任何一个领域他都不是肤浅地研究的。

他作为科学家就是这样。但是这在他身上远不是主要的。在马克思看来，科学是一种在历史上起推动作用的、革命的力量。任何一门理论科学中的每一个新发现，即使它的实际应用也许还无法预见——都使马克思感到衷心喜悦。但是当有了立即会对工业、对一般历史发展产生革命影响的发现的时候，他的喜悦就完全不同了。例如，他曾经密切地注意电学方面各种发现的发展情况，不久以前，他还注意了马赛尔·德普勒的发现。

因为马克思首先是一个革命家。他毕生的真正使命，就是以这种或那种方式参加推翻资本主义社会及其所建立的国家设施的事业，参加现代无产阶级的解放事业，正是他第一次使现代无产阶级意识到自身的地位和需要，意识到自身解放的条件，——这实际上就是他毕生的使命。斗争是他的生命要素。很少有人像他那样满腔热情、坚韧不拔和卓有成效地进行斗争。最早的《莱茵报》（1842年），巴黎的《前进报》（1844年），《德意志—布鲁塞尔报》（1847年），《新莱茵报》（1848—1849年），《纽约每日论坛报》（1852—1861年），以及许多富有战斗性的小册子，在巴黎、布鲁塞尔和伦敦各组织中的工作，最后，作为全部活动的顶峰，创立伟大的国际工人协会，——老实说，协会的这位创始人即使别的什么也没有做，也可以为这一结果自豪。

正因为这样，所以马克思是当代最遭嫉恨和最受诬蔑的人。各国政府——无论专制或共和政府——都驱逐他；资产者——无论保守派或极端民主派——都竞相诽谤他，诅咒他。他对这一切毫不在意，把它们当作蛛丝一样轻轻抹去，只是在万分必要时才给予答复。现在他逝世了，在整个欧洲和美洲，从西伯利亚矿井到加利福尼亚，千百万革命战友无不对他表示尊敬、爱戴和悼念。而我敢大胆地说：他可能有过许多敌人，但未必有一个私敌。

他的英名和事业将永垂不朽！

恩格斯：《在马克思墓前的讲话》（1883年3月18日左右），摘自《马克思恩格斯全集》第19卷，人民出版社1963年12月第1版，第376页。

（五）马克思主义的三个来源和三个组成部分[①]

（1913年3月）

马克思学说在整个文明世界中引起全部资产阶级科学（官方科学和自由派科学）极大的仇视和憎恨，这种科学把马克思主义看作某种"有害的宗派"。也不能期望有别的态度，因为建筑在阶级斗争上的社会是不可能有"公正的"社会科学的。**全部**官方的和自由的科学都这样或那样地为雇佣奴隶制**辩护**，而马克思主义则对这种奴隶制宣布了无情的战争。期望在雇佣奴隶制的社会里有公正的科学，正像期望厂主在应不应该减少利润来增加工人工资问题上会采取公正态度一样，是愚蠢可笑的。

不仅如此，哲学史和社会科学史都十分清楚地表明：马克思主义同"宗派主义"毫无相似之处，它绝不是**离开**世界文明发展大道而产生的一种固步自封、僵化不变的学说。恰恰相反，马克思的全部天才正是在于他回答了人类先进思想已经提出的种种问题。他的学说的产生正是哲学、政治经济学和社会主义极伟大的代表人物的学说的直接**继续**。

马克思学说具有无限力量，就是因为它正确。它完备而严密，它给人们提供了决不同任何迷信、任何反动势力、任何为资产阶级压迫所作的辩护相妥协的完整的世界观。马克思学说是人类在19世纪所创造的优秀成果——德国的哲学、英国的政治经济学和法国的社会主义的当然继承者。

现在我们就来简短的说明一下马克思主义的这三个来源以及它的三个组成部分。

一

马克思主义的哲学就是**唯物主义**。在欧洲全部近代史中，特别是18世纪末叶，在同一切中世纪废物、同农奴制和农奴制思想展开决战的法国，唯物主义成了唯一彻底的科学，它忠于一切自然科学学说，仇视迷信、伪善行为及其它等等。因此，民主的敌人便竭尽全力来"驳倒"、败坏和诋毁唯物主义，维护那些不管怎样总是为宗教辩护或支持宗教的各种哲学唯心主义。

[①] 《马克思主义的三个来源和三个组成部分》一文是为纪念马克思逝世三十周年而写的，发表于1913年3月《启蒙》杂志第3期。——编者注

马克思和恩格斯最坚决地捍卫了哲学唯物主义，并且多次说明，一切离开这个基础的倾向都是极端错误的。在恩格斯的著作《路德维希·费尔巴哈》和《反杜林论》里最明确最详尽地阐述了他们的观点，这两部著作同《共产党宣言》一样，都是每个觉悟工人必读的书籍。

但是，马克思并没有停止在18世纪的唯物主义上，而是把哲学向前推进了。他用德国古典哲学的成果，特别是用黑格尔体系（它又导致了费尔巴哈的唯物主义）的成果丰富了哲学。这些成果中主要的就是**辩证法**，即最完备最深刻最无片面性的关于发展的学说，这种学说认为反映永恒发展的物质的人类知识是相对的。不管那些"重新"回到陈腐的唯心主义那里去的资产阶级哲学家的学说怎样说，自然科学的最新发现，如镭、电子、元素转化，都出色地证实了马克思的辩证唯物主义。

马克思加深和发展了哲学唯物主义，而且把它贯彻到底，把它对自然界的认识推广到对**人类社会**的认识。马克思的**历史唯物主义**是科学思想中的最大成果。过去在历史观和政治观方面占支配地位的那种混乱和随意性，被一种极其完整严密的科学理论所代替，这种科学理论说明，由于生产力的发展，如何从一种社会结构中发展出另一种更高级的结构，例如农奴制中生长出资本主义。

正如人的认识反映不依赖于它而存在的自然界即发展着的物质那样，人的**社会认识**（即哲学、宗教、政治等等的不同观点和学说）反映社会的**经济制度**。政治设施①是经济基础的上层建筑。我们看到，例如现代欧洲各国的各种政治形式，都是为巩固资产阶级对无产阶级的统治服务的。

马克思的哲学是完备的哲学唯物主义，它把伟大的认识工具给了人类，特别是给了工人阶级。

二

马克思认为经济制度是政治上层建筑借以树立起来的基础，所以他特别注意研究这个经济制度。马克思的主要著作《资本论》就是专门研究现代社会即资本主义社会的经济制度的。

马克思以前的古典经济学是在最发达的资本主义国家英国形成的。亚当·斯密和大卫·李嘉图通过对经济制度的研究奠定了**劳动价值论**的基础。

---

① 原文为"учреждеине"，是指和一定理论观点相适应的制度、组织和机构。——编者注

马克思继续了他们的事业。他严密地论证了并且彻底地发展了这个理论。他证明：任何一个商品的价值，都是由生产这个商品所消耗的社会必要劳动时间的数量决定的。

凡是资产阶级经济学家看到物与物之间的关系（商品交换商品）的地方，马克思都揭示了**人与人之间的关系**。商品交换表现着各个生产者之间通过市场发生的联系。**货币**意味着这一联系愈来愈密切，把各个生产者的全部经济生活不可分割地联结成一个整体。**资本**意味着这一联系进一步发展：人的劳动力变成了商品。雇佣工人把自己的劳动力出卖给土地、工厂和劳动工具的占有者。工人用工作日的一部分来抵偿维持本人及其家庭生活的开支（工资），工作日的另一部分则是无报酬地劳动，为资本家创造**剩余价值**，这也就是利润的来源，资本家阶级财富的来源。

剩余价值学说是马克思经济理论的基石。

工人的劳动所创造的资本压迫工人，使小业主破产，造成失业大军。大生产在工业中的胜利是一眼就能看到的，但是在农业中我们也看到同样的现象：资本主义大农业的优势日益扩大，采用机器愈来愈广泛，农民经济纷纷落入货币资本的绞索，由于技术落后而日益衰败和破产。在农业方面，小生产的衰败的形式虽然不同，但是它的衰败也是无可争辩的事实。

资本打击小生产，同时使劳动生产率不断提高，并且造成大资本家同盟的垄断地位。生产本身日益社会化，使几十万以至几百万工人联结成一个有条不紊的经济机体，而共同劳动的产品却被一小撮资本家所占有。生产的无政府状态愈来愈严重，危机日益加深，争夺市场的斗争愈来愈疯狂，人民群众的生活愈来愈没有保障。

资本主义制度在使工人愈来愈依赖资本的同时，创造着联合劳动的伟大力量。

马克思考察了资本主义的发展过程，从商品经济的最初萌芽，从简单的交换一直到资本主义的高级形式，到大生产。

一切资本主义国家（无论老的或新的）的经验，使工人一年比一年多的人清楚地看到了马克思这一学说的正确性。

资本主义在全世界获得了胜利，但是这一胜利不过是劳动对资本的胜利的前阶。

三

当农奴制度被推翻，"**自由**"资本主义社会出现的时候，一下子暴露出这种自由意味着压迫和剥削劳动者的一种新制度。于是反映这种压迫和反对这种压迫的各种社会主义学说就立刻产生了。但是最初的社会主义是**空想**的社会主义。这种社会主义批判资本主义社会，谴责它，咒骂它，幻想消灭它，臆想较好的制度，劝富人相信剥削是不道德的。

但是空想社会主义没有能够指出真正的出路。它既不会阐明资本主义制度下雇佣奴隶制的本质，又不会发现资本主义发展的规律，也不会找到能够成为新社会的创造者的**社会力量**。

然而，在欧洲各国，特别是在法国，导致封建制度即农奴制崩溃的汹涌澎湃的革命，却日益明显地揭示了**阶级斗争**是整个发展的基础和动力。

战胜农奴主阶级而赢得政治自由，没有一次不遇到拼命的反抗。没有一个资本主义国家，不是经过资本主义社会各阶级间你死我活的斗争，才在比较自由和民主的基础上建立起来。

马克思的天才就在于他最先从这里得出了全世界历史所提示的结论，并且彻底地贯彻了这个结论。这个结论就是**阶级斗争**学说。

只要人们还没有学会透过任何有关道德、宗教、政治和社会的言论、声明、诺言，揭示出这些或那些阶级的**利益**，那他们始终是而且会永远是政治上受人欺骗和自己欺骗自己的愚蠢的牺牲品。只要那些主张改良和改善的人还不懂得，任何一个旧设施，不管它怎样荒谬和腐败，都由某些统治阶级的势力在支撑着，那他们总是会受旧事物拥护者的愚弄。要粉碎这些阶级的反抗，**只有一个**办法，就是必须在我们所处的社会中找出一种力量，教育它和组织它去进行斗争，这种力量可以（而且按它的社会地位来说应当）成为能够除旧立新的力量。

只有马克思主义的哲学唯物主义，才给无产阶级指明了如何摆脱一切被压迫阶级至今深受其害的精神奴役的出路。只有马克思的经济理论，才阐明了无产阶级在整个资本主义制度中的真正地位。

在全世界，从美洲到日本，从瑞典到南非，无产阶级的独立组织正在不断增加。无产阶级一面进行阶级斗争，一面受到启发和教育，他们逐渐摆脱资产阶级社会的偏见，日益紧密地团结起来并且学习怎样衡量自己的成绩,他们正在锻炼自己的力量并且在不可遏制地成长壮大。

列宁:《马克思主义的三个来源和三个组成部分》(1913年3月),摘自《列宁全集》第23卷,人民出版社1990年4月第2版,第41—48页。

二 唯物的、历史的、辩证的方法论

(一) 历史的、唯物的方法与经济的决定作用论

1. 历史观与唯物主义、唯心主义:关于历史发展动力,"旧唯物主义在历史领域内自己背叛了自己",黑格尔所代表的历史哲学则"从哲学的意识形态把这种动力输入历史"

无论历史的结局如何,人们总是通过每一个人追求他自己的、自觉预期的目的来创造他们的历史,而这许多按不同方向活动的愿望及其对外部世界的各种各样作用的合力,就是历史。因此,问题也在于,这许多单个的人所预期的是什么。愿望是由激情或思虑来决定的。而直接决定激情或思虑的杠杆是各式各样的。有的可能是外界的事物,有的可能是精神方面的动机,如功名心、"对真理和正义的热忱"、个人的憎恶,或者甚至是各种纯粹个人的怪想。但是,一方面,我们已经看到,在历史上活动的许多单个愿望在大多数场合下所得到的完全不是预期的结果,往往是恰恰相反的结果,因而它们的动机对全部结果来说同样地只有从属的意义。另一方面,又产生了一个新的问题:在这些动机背后隐藏着的又是什么样的动力?在行动者的头脑中以这些动机的形式出现的历史原因又是什么?

旧唯物主义从来没有给自己提出过这样的问题。因此,它的历史观——如果它有某种历史观的话——本质上也是实用主义的,它按照行动的动机来判断一切,把历史人物分为君子和小人,并且照例认为君子是受骗者,而小人是得胜者。旧唯物主义由此得出的结论是,在历史的研究中不能得到很多有教益的东西;而我们由此得出的结论是,旧唯物主义在历史领域内自己背叛了自己,因为它认为在历史领域中起作用的精神的动力是最终原因,而不去研究隐藏在这些动力后面的是什么,这些动力的动力是什么。不彻底的地方并不在于承认**精神**的动力,而在于不从这些动力进一步追溯到它的动因。相反,历史哲学,特别是黑格尔所代表的历史哲学,

认为历史人物的表面动机和真实动机都决不是历史事变的最终原因,认为这些动机后面还有应当加以探究的别的动力;但是它不在历史本身中寻找这种动力,反而从外面,从哲学的意识形态把这种动力输入历史。例如黑格尔,他不从古希腊历史本身的内在联系去说明古希腊的历史,而只是简单地断言,古希腊的历史无非是"美好的个性形式"的制定,是"艺术作品"本身的实现①。在这里,黑格尔关于古希腊人作了许多精彩而深刻的论述,但是这并不妨碍我们今天对那些纯属空谈的说明表示不满。

> 恩格斯:《路德维希·费尔巴哈和德国古典哲学的终结》(1886年初),摘自《马克思恩格斯文集》第4卷,人民出版社2009年12月第1版,第302—303页。

2. 马克思的历史观"结束了历史领域内的哲学","正如辩证的自然观使一切自然哲学都成为不必要的和不可能的一样"

上面的叙述只能是对马克思的历史观的一个概述,至多还加了一些例证。证明只能由历史本身提供;而在这里我可以说,在其他著作中这种证明已经提供得很充分了。但是,这种历史观结束了历史领域内的哲学,正如辩证的自然观使一切自然哲学都成为不必要的和不可能的一样。现在无论在哪一个领域,都不再是要从头脑中想出联系,而是要从事实中发现联系了。这样,对于已经从自然界和历史中被驱逐出去的哲学来说,要是还留下什么的话,那就只留下一个纯粹思想的领域:关于思维过程本身的规律的学说,即逻辑和辩证法。

> 恩格斯:《路德维希·费尔巴哈和德国古典哲学的终结》(1886年初),摘自《马克思恩格斯文集》第4卷,人民出版社2009年12月第1版,第312页。

3. 历史发展的目的性:在社会历史领域内,任何事情的发生都有自觉的意图,都有预期的目的

但是,社会发展史却有一点是和自然发展史根本不相同的。在自然界中(如果我们把人对自然界的反作用撇开不谈)全是不自觉的、盲目的动力,这些动力彼此发生作用,而一般规律就表现在这些动力的相互作用中。在所发生的任何事情中,无论在外表上看得出的无数表面的偶然性中,或

---

① 参看黑格尔《历史哲学讲演录》第2部第2篇。——编者注

者在可以证实这些偶然性内部的规律性的最终结果中，都没有任何事情是作为预期的自觉的目的发生的。反之，在社会历史领域内进行活动的，全是具有意识的、经过思虑或凭激情行动的、追求某种目的的人；任何事情的发生都不是没有自觉的意图，没有预期的目的的。但是，不管这个差别对历史研究，尤其是对个别时代和个别事变的历史研究如何重要，它丝毫不能改变这样一个事实：历史进程是受内在的一般规律支配的。因为在这一领域内，尽管各个人都有自觉预期的目的，总的说来在表面上好像也是偶然性在支配着。人们所预期的东西很少如愿以偿，许多预期的目的在大多数场合都互相干扰，彼此冲突，或者是这些目的本身一开始就是实现不了的，或者是缺乏实现的手段的。这样，无数的单个愿望和单个行动的冲突，在历史领域内造成了一种同没有意识的自然界中占统治地位的状况完全相似的状况。行动的目的是预期的，但是行动实际产生的结果并不是预期的，或者这种结果起初似乎还和预期的目的相符合，而到了最后却完全不是预期的结果。这样，历史事件似乎总的说来同样是由偶然性支配着的。但是，在表面上是偶然性在起作用的地方，这种偶然性始终是受内部的隐蔽着的规律支配的，而问题只是在于发现这些规律。

恩格斯：《路德维希·费尔巴哈和德国古典哲学的终结》（1886年初），摘自《马克思恩格斯文集》第4卷，人民出版社2009年12月第1版，第301—302页。

4. 历史发展阶段的暂时性：历史上的一切社会制度都只是人类社会发展过程中的暂时阶段

但是，黑格尔哲学（我们在这里只限于考察这种作为从康德以来的整个运动的顶峰的哲学）的真实意义和革命性质，正是在于它永远结束了以为人的思维和行动的一切结果具有最终性质的看法。哲学所应当认识的真理，在黑格尔看来，不再是一堆现成的、一经发现就只要熟读死记的教条了；现在，真理是包含在认识过程本身中，包含在科学的长期的历史发展中，而科学从认识的较低阶段上升到较高阶段，愈升愈高，但是永远不能通过所谓绝对真理的发现而达到这样一点，在这一点上它再也不能前进一步，除了袖手一旁惊愕地望着这个已经获得的绝对真理出神，就再也无事可做了。这不仅在哲学认识的领域中是如此，就是在任何其他的认识领域中以及在实践行动的领域中也是如此。历史同认识一样，永远不会把人类的某种完美的理想状态看做尽善尽美的；完美的社会、完美的"国家"是只有在幻想中才能存在的东西；反之，历史上依次更替的一切社会制度都只是人类社会由低级到高级的无穷发展过程中的一些暂时阶段。每一个阶段都是必然的，因此，对它所由发生的时代和条件说来，都有它存在的理由；但是对它自己内部逐渐发展起来的新的、更高的条件来说，它就变成过时的和没有存在的理由了；它不得不让位于更高的阶段，而这个更高的阶段也同样是走向衰落和灭亡的。正如资产阶级依靠大工业、竞争和世界市场在实践中推翻了一切稳固的、历来受人尊崇的制度一样，这种辩证哲学推翻了一切关于最终的绝对真理相与之相应的人类绝对状态的想法。在它面前，不存在任何最终的、绝对的、神圣的东西；它指出所有一切事物的暂时性；在它面前，除了发生和消灭、无止境地由低级上升到高级的不断的过程，什么都不存在。它本身也不过是这一过程在思维着的头脑中的反映而已。诚然，它也有保守的方面：它承认认识和社会的每一个阶段对自己的时间和条件来说都有存在的理由，但也不过如此而已。这种看法的保守性是相对的，它的革命性质是绝对的——这就是辩证哲学所承认的唯一绝对的东西。

恩格斯：《路德维希·费尔巴哈和德国古典哲学的终结》(1886年初)，摘自《马克思恩格斯文集》第4卷，人民出版社2009年12月第1版，第71—70页。

5. 社会历史发展的规律性："在表面上是偶然性在起作用的地方，这种偶然性始终是受内部的隐蔽着的规律支配的，而问题只是在于发现这些规律"

但是，社会发展史却有一点是和自然发展史根本不相同的。在自然界中（如果我们把人对自然界的反作用撇开不谈）全是没有意识的、盲目的动力，这些动力彼此发生作用，而一般规律就表现在这些动力的相互作用中。在所发生的任何事情中，无论在外表上看得出的无数表面的偶然性中，或者在可以证实这些偶然性内部的规律性的最终结果中，都没有任何事情是作为预期的自觉的目的发生的。相反，在社会历史领域内进行活动的，全是具有意识的、经过思虑或凭激情行动的、追求某种目的的人；任何事情的发生都不是没有自觉的意图，没有预期的目的的。但是，不管这个差别对历史研究，尤其是对各个时代和各个事变的历史研究如何重要，它丝毫不能改变这样一个事实：历史进程是受内在的一般规律支配的。因为在这一领域内，尽管各个人都有自觉预期的目的，总的说来好像也是偶然性在支配着。人们所预期的东西很少如愿以偿，许多预期的目的在大多数场合都互相干扰，彼此冲突，或者是这些目的本身一开始就是实现不了的，或者是缺乏实现的手段的。这样，无数的单个愿望和单个行动的冲突，在历史领域内造成了一种同没有意识的自然界中占统治地位的状况完全相似的状况。行动的目的是预期的，但是行动实际产生的结果并不是预期的，或者这种结果起初似乎还和预期的目的相符合，而到了最后却完全不是预期的结果。这样，历史事件似乎总的说来同样是由偶然性支配着的。但是，在表面上是偶然性在起作用的地方，这种偶然性始终是受内部的隐蔽着的规律支配的，而问题只是在于发现这些规律。

恩格斯：《路德维希·费尔巴哈和德国古典哲学的终结》（1886 年初），摘自《马克思恩格斯文集》第 4 卷，人民出版社 2009 年 12 月第 1 版，第 301—302 页。

6. 现代唯物主义的任务就在于发现人类发展过程的运动规律

一旦了解以往的德国唯心主义是完全荒谬的，那就必然会导致唯物主义，但是要注意，并不是导致 18 世纪的纯形而上学的、完全机械的唯物主义。和那种以天真的革命精神简单地抛弃以往的全部历史的做法相反，现代唯物主义把历史看做人类的发展过程，而它的任务就在于发现这个过程的运动规律。

恩格斯：《反杜林论》（1876 年 9 月—1878 年 6 月），摘自《马克思恩格斯文集》第 9 卷，人民出版社 2009 年 12 月第 1 版，第 28 页。

7. 对社会发展规律的认识与社会发展实际过程的关系："它还是既不能跳过也不能用法令取消自然的发展阶段。但是它能缩短和减轻分娩的痛苦"

正像 18 世纪美国独立战争给欧洲中产阶级敲起了警钟一样，19 世纪美国南北战争又给欧洲工人阶级敲起了警钟。在英国，变革过程已经十分明显。它达到一定程度后，一定会波及大陆。在那里，它将采取较残酷的还是较人道的形式，那要看工人阶级自身的发展程度而定。所以，现在的统治阶级，撇开其较高尚的动机不说，他们的切身利益也迫使他们除掉一切可以由法律控制的、妨害工人阶级发展的障碍。因此，我在本卷中用了很大的篇幅来叙述英国工厂法的历史、内容和结果。一个国家应该而且可以向其他国家学习。一个社会即使探索到了本身运动的自然规律，——本书的最终目的就是揭示现代社会的经济运动规律，——它还是既不能跳过也不能用法令取消自然的发展阶段。但是它能缩短和减轻分娩的痛苦。

马克思：《〈资本论〉第一版序言》（1867 年 7 月 25 日），摘自《马克思恩格斯全集》第 5 卷，人民出版社 1958 年 11 月第 1 版，第 9—10 页。

8. 马克思在整个世界史观上实现了变革："人们首先必须吃、喝、住、穿，然后才能争取统治，从事政治、宗教和哲学等等"

在马克思使自己的名字永垂于科学史册的许多重要发现中，这里我们只能谈两点。

第一点就是他在整个世界史观上实现了变革。① 以前所有的历史观，都以下述观念为基础：一切历史变动的最终原因，应当到人们变动着的思想中去寻求，并且在一切历史变动中，最重要的、决定全部历史的又是政治变动。……从这个观点来看，在充分认识了该阶段社会经济状况（而我们那些历史编纂学家当然完全没有这种认识）的条件下，一切历史现象都可以用最简单的方法来说明，同样，每一历史时期的观念和思想也可以极其简单地由这一时期的经济的生活条件以及由这些条件决定的社会关系和政治关系来说明。历史破天荒第一次被置于它的真正基础上；一个很明显的而以前完全被人忽略的事实，即人们首先必须吃、喝、住、穿，就是说首先必须**劳动**，然后才能争取统治，从事政治、宗教和哲学等等，——这一很明显的事实在历史上的应有之义此时终于获得了承认。

恩格斯：《卡尔·马克思》（1877 年），摘自《马克思恩格斯全集》第 3 卷，人民出版社 1960 年 12 月第 1 版，第 457—459 页。

9. 社会经济形态的发展是一种自然历史过程

尼·米海洛夫斯基先生最注意马克思主义的理论根据，因此专门对唯物主义历史观作了分析。在概略地叙述了阐明这个学说的大量马克思主义文献的内容以后，米海洛夫斯基先生就用这样一大段话开始了他的批判。

他说："首先自然产生这样一个问题：马克思在哪一部著作中叙述了自

---

① 恩格斯在《马克思〈路易·波拿巴的雾月十八日〉第三版序言》中又说："正是马克思最先发现了伟大的历史运动规律。"列宁在《什么是"人民之友"以及他们如何攻击社会民主主义者？》一书中指出，唯物史观"并不象米海洛夫斯基先生所想的那样，'多半是科学的历史观'，而是唯一的科学的历史观"。——编者注

己的唯物主义历史观呢？他的《资本论》给我们提供了一个把逻辑力量同渊博学识、同对全部经济学文献和有关事实的细心研究结合起来的范例。他把那些早被遗忘或现在谁也不知道的经济学理论家搬出来，他对工厂视察员在各种报告中或专家在各种专门委员会上所陈述的证词中极其琐碎的细节也没有忽视；总之，他翻遍了数量惊人的实际材料，一部分用来论证，一部分用来说明他的经济理论。如果说他创立了'崭新的'历史过程观，用新的观点说明了人类的全部过去，总结了至今有过的一切历史哲学理论，那他当然会同样竭尽心力地做到这一点的，也就是说，他会真正重新审查并批判地分析一切关于历史过程的著名理论，研究世界历史的大量事实。同达尔文比较一下——在马克思主义文献中经常作这样的比较——就会更加确信这种看法。达尔文的全部著作是什么呢？就是把堆积如山的实际材料总结为几点概括性的、彼此紧相联系的思想。马克思的相称著作究竟在哪里呢？这样的著作是没有的。不仅马克思没有这样的著作，而且在全部马克思主义文献中也没有这样的著作，虽然这种文献数量很大，传播很广。"

这一大段话清楚地说明人们多么不理解《资本论》和马克思。他们被马克思论述中的巨大论证力量所折服，只得奉承他，称赞他，同时却完全忽视学说的基本内容，若无其事地继续弹着"主观社会学"的老调。由此不禁令人想起考茨基在他的一本论马克思经济学说的著作中所选用的一段很恰当的题词：

谁不称赞克洛普施托克的美名？

可是，会不会人人都读他的作品？不会。

但愿人们少恭维我们，

阅读我们的作品时多用心！①

正是这样！米海洛夫斯基先生应当少称赞马克思，多用心阅读他的著作，或者最好是更认真思索自己所读的东西。

米海洛夫斯基先生说，"马克思的《资本论》给我们提供了一个把逻辑力量同渊博学识结合起来的范例"。一个马克思主义者指出：米海洛夫斯基先生的这句话，给我们提供了一个把光辉词句和空洞内容结合起来的范

---

① 见戈·埃·莱辛《致读者格言诗》。——编者注

例。这个评语是十分公正的。马克思的这种逻辑力量究竟表现在什么地方呢?它产生了什么样的结果呢?读了米海洛夫斯基先生的上述那一大段话,会以为这全部力量不过是用于最狭义的"经济理论"而已。为了更加渲染马克思表现自己逻辑力量的范围是狭小的,米海洛夫斯基先生还着重指出"极其琐碎的细节"、"细心"、"谁也不知道的理论家"等等。这样一来,似乎马克思对于建立这些理论的方法,并没有提出任何值得一提的实质性的新东西,似乎他使经济学仍然停留在过去经济学家原有的范围以内,并没有将它扩大,并没有对这门科学本身提出"崭新的"见解。然而凡是读过《资本论》的人,都知道这完全不符合事实。由此不禁令人想起米海洛夫斯基先生 16 年前同一个庸俗的资产阶级先生尤·茹柯夫斯基进行论战时对马克思的评论[①]。那时,也许是时代不同,也许是感觉比较新鲜,不管怎样,米海洛夫斯基先生的那篇文章,无论在笔调上或内容上,都是完全不同的。

"'本书的最终目的就是揭示现代社会的发展规律〈原文是 Das okonomische Bewegungsgesetz——经济运动规律〉',卡·马克思曾这样谈到他的《资本论》并严格地坚持了他的主旨",——1877 年米海洛夫斯基先生就是这样评论的。我们更仔细地来考察一下这个批评家也承认是严格地坚持了的主旨吧。这个主旨就是"揭示现代社会的经济发展规律"。

这句话本身就使我们碰到几个需要加以说明的问题。既然马克思以前的所有经济学家都谈论一般社会,为什么马克思却说"现代(modern)"社会呢?他在什么意义上使用"现代"一词,按什么标志来特别划出这个现代社会呢?其次,社会的经济运动规律是什么意思呢?我们总是听见经济学家说:只有财富的生产才完全受经济规律支配,而分配则以政治为转移,以政权和知识界等等对社会的影响如何为转移——而这也就是《俄国财富》所属的那个圈子里的政论家和经济学家们喜爱的思想之一。马克思谈到社会的经济运动规律,并把这个规律叫作 Naturgesetz——自然规律,这究竟是什么意思呢?我国如此众多的社会学家写了大堆大堆的著作,说社会现象领域根本不同于自然历史现象领域,因此,研究前者必须采用十

[①] 指尼·康·米海洛夫斯基写的《卡·马克思在尤·茹柯夫斯基先生的法庭上》一文,载于 1877 年 10 月《祖国纪事》杂志第 10 期。——编者注

分特别的"社会学中的主观方法"。既然如此,那对马克思的话又怎样理解呢?

发生这些疑问是自然的,必然的;当然,只有完全无知的人,才会在谈到《资本论》时回避这些疑问。为了弄清这些问题,我们且先从《资本论》的同一序言中再引一句话,这句话就在上述那句话的稍后几行。

马克思说:"我的观点是:社会经济形态的发展是一种自然历史过程。"只要把序言里引来的这两句话简单地对照一下,就可以看出《资本论》的基本思想就在于此,而这个思想,正象我们听说的那样,是以罕见的逻辑力量严格地坚持了的。说到这里,我们首先要指出两个情况。马克思说的只是一个"社会经济形态",即资本主义社会经济形态,也就是他说的,他研究的只是这个形态而不是别的形态的发展规律,这是第一。第二,我们还得指出马克思得出他的结论的方法,这些方法,象我们刚才听到米海洛夫斯基先生所说的那样,就是"对有关事实的细心研究"。

现在我们来分析《资本论》的这一基本思想,它是我们这位主观哲学家如此狡猾地企图加以回避的。社会经济形态这一概念指的究竟是什么呢?怎样才可以而且必须把这种形态的发展看作是自然历史过程呢?这就是现在摆在我们面前的问题。我已经指出,从旧的(对俄国说来不是旧的)经济学家和社会学家的观点看来,社会经济形态这一概念完全是多余的,因为他们谈论的是一般社会,他们同斯宾塞们争论的是一般社会是什么,一般社会的目的和实质是什么等等。在这种议论中,这些主观社会学家所依靠的是如下这类论据:社会的目的是为社会全体成员谋利益,因此,正义要求有一种组织,凡不合乎这种理想的("社会学应从某种空想开始",——主观方法的首创者之一米海洛夫斯基先生的这句话绝妙地说明了他们的方法的实质)组织的制度都是不正常的,应该取消的。例如,米海洛夫斯基先生说:"社会学的根本任务是阐明那些使人的本性的这种或那种需要得到满足的社会条件。"可以看出,这位社会学家感兴趣的只是使人的本性得到满足的社会,而完全不是什么社会形态,何况这些社会形态还可能是以少数人奴役多数人这种不合乎"人的本性"的现象为基础的。同样可以看出,在这位社会学家看来,根本谈不上把社会发展看作自然历史过程。("社会学家既然认为事物有合乎心愿的,有不合乎心愿的,他就应当找到实现合乎心愿的事物,消除不合乎心愿的事物的条件",即"找到实现如此这般理想的条件"，——这也是同一个米海洛夫斯基先生说的。）不仅如此，甚至谈不上什么发展，而只能谈由于……由于人们不聪明，不善于很好了解人的本性的要求，不善于找到实现这种合理制度的条件而在历史上发生过的种种违背"心愿"的偏向，"缺陷"。显而易见，马克思关于社会经济形态发展的自然历史过程这一基本思想，从根本上摧毁了这种以社会学自命的幼稚说教。马克思究竟是怎样得出这个基本思想的呢？他做到这一点所用的方法，就是从社会生活的各种领域中划分出经济领域，从一切社会关系中划分出**生产关系**，即决定其余一切关系的基本的原始的关系。马克思自己曾这样描写过他对这个问题的推论过程：

"为了解决使我苦恼的疑问，我写的第一部著作是对黑格尔法哲学的批判性的分析……我的研究得出这样一个结果：法的关系正象国家的形式一样，既不能从它们本身来理解，也不能从所谓人类精神的一般发展来理解，相反，它们根源于物质的生活关系，这种物质的生活关系的总和，黑格尔按照18世纪的英国人和法国人的先例，称之为'市民社会'，而对市民社会的解剖应该到政治经济学中去寻求。我研究政治经济学所得到的结果，可以简要地表述如下：人们在自己生活的社会生产中发生一定的……关系，即同他们的物质生产力的一定发展阶段相适应的**生产关系**。这些生产关系的总和构成社会的经济结构，即有法律的和政治的上层建筑竖立其上并有一定的社会意识形式与之相适应的现实基础。物质生活的生产方式制约着整个社会生活、政治生活和精神生活的过程。不是人们的意识决定人们的存在，相反，是人们的社会存在决定人们的意识。社会的物质生产力发展到一定阶段，便同它们一直在其中运动的现存生产关系或财产关系（这只是生产关系的法律用语）发生矛盾。这些关系便由生产力的发展形式变成生产力的桎梏。那时社会革命的时代就到来了。随着经济基础的变更，全部庞大的上层建筑也或慢或快地发生变革。在考察这样的变革时，必须时刻把下面两者区别开来：一种是生产的经济条件方面所发生的物质的、可以象自然科学那样精确地确定的变革，一种是人们借以意识到这个冲突并力求把它解决的那些法律的、政治的、宗教的、艺术的或哲学的，简言之，意识形态的形式。我们判断一个人不能以他对自己的看法为根据，同样，我们判断这样一个变革时代也不能以它的意识为根据；相反，这个意识必须从物质生活的矛盾中，从社会生产力和生产关系之间的现存冲突中去解释。……大体说来，亚细亚的、古代的、封建的和现代资产阶级的生产方式可以看作是社会经济形态演进的几个时代。"

社会学中这种唯物主义思想本身已经是天才的思想。当然，这在那时**暂且**还只是一个假设，但是，是一个第一次使人们有可能以严格的科学态度对待历史问题和社会问题的假设。在这以前，社会学家不善于往下探究象生产关系这样简单和这样原始的关系，而直接着手探讨和研究政治法律形式，一碰到这些形式是由当时人类某种思想产生的事实，就停了下来；这样一来，似乎社会关系是由人们自觉地建立起来的。但这个充分表现在《社会契约论》思想（这种思想的痕迹，在一切空想社会主义体系中都是很明显的）中的结论，是和一切历史观察完全矛盾的。社会成员把他们生活于其中的社会关系的总和，看作一个由某种原则所贯串的一定的完整的东西，这是从来没有过而且现在也没有的事情；恰恰相反，大众是不自觉地适应这些关系的，而且根本不了解这些关系是特殊的历史的社会关系，例如人们在其中生活了很多世纪的交换关系，只是在最近才得到了解释。唯物主义继续深入分析，发现了人的这些社会思想本身的起源，也就消除了这个矛盾；因此，唯物主义关于思想进程取决于事物进程的结论，是唯一可与科学的心理学相容的。其次，再从另一方面说，这个假设第一次把社会学提高到科学的水平。在这以前，社会学家在错综复杂的社会现象中总是难于分清重要现象和不重要现象（这就是社会学中主观主义的根源），找不到这种划分的客观标准。唯物主义提供了一个完全客观的标准，它把**生产关系**划为社会结构，并使人有可能把主观主义者认为不能应用到社会学上来的重复性这个一般科学标准，应用到这些关系上来。当他们还局限于思想的社会关系（即通过人们的意识①而形成的社会关系）时，他们不能发现各国社会现象中的重复性和常规性，他们的科学至多不过是记载这些现象，收集素材。一分析物质的社会关系（即不通过人们的意识而形成的社会关系：人们在交换产品时彼此发生生产关系，甚至都没有意识到这里存在着社会生产关系），立刻就有可能看出重复性和常规性，把各国制度概括为**社会形态**这个基本概念。只有这种概括才使人有可能从记载（和从理想的观点来评价）社会现象进而以严格的科学态度去分析社会现象，譬

---

① 当然，这里说的始终是**社会**关系的意识，而不是其他什么关系的意识。

如说，划分出一个资本主义国家和另一个资本主义国家的不同之处，研究一切资本主义国家的共同之处。

最后，这个假设之所以第一次使**科学**的社会学的出现成为可能，还由于只有把社会关系归结于生产关系，把生产关系归结于生产力的水平，才能有可靠的根据把社会形态的发展看作自然历史过程。不言而喻，没有这种观点，也就不会有社会科学。（例如，主观主义者虽然承认历史现象的规律性，但不能把这些现象的演进看作自然历史过程，这是因为他们只限于指出人的社会思想和目的，而不善于把这些思想和目的归结于物质的社会关系。）

马克思在40年代提出这个假设后，就着手实际地（请注意这点）研究材料。他从各个社会经济形态中取出一个形态（即商品经济体系）加以研究，并根据大量材料（他花了不下25年的工夫来研究这些材料）对这个形态的活动规律和发展规律作了极其详尽的分析。这个分析仅限于社会成员之间的生产关系。马克思一次也没有利用这些生产关系以外的任何因素来说明问题，同时却使人们有可能看到商品社会经济组织怎样发展，怎样变成资本主义社会经济组织而造成资产阶级和无产阶级这两个对抗的（这已经是在生产关系范围内）阶级，怎样提高社会劳动生产率，从而带进一个与这一资本主义组织本身的基础处于不可调和的矛盾地位的因素。

《资本论》的**骨骼**就是如此。可是全部问题在于马克思并不以这个骨骼为满足，并不仅以通常意义的"经济理论"为限；虽然他完全用生产关系来**说明**该社会形态的构成和发展。但又随时随地地探究与这种生产关系相适应的上层建筑，使骨骼有血有肉。《资本论》的成就之所以如此之大，是由于"德国经济学家"的这部书使读者看到整个资本主义社会形态是个活生生的形态：有它的日常生活的各个方面，有它的生产关系所固有的阶级对抗的实际社会表现，有维护资本家阶级统治的资产阶级政治上层建筑，有资产阶级的自由平等之类的思想，有资产阶级的家庭关系。现在可以看出，把马克思同达尔文相比是完全恰当的：《资本论》不是别的，正是"把堆积如山的实际材料总结为几点概括性的、彼此紧相联系的思想"。如果谁读了《资本论》，竟看不出这些概括性的思想，那就怪不得马克思了，因为我们知道，马克思甚至在序言中就已指出这些思想。而且这种比较不仅从外表方面（不知为什么，这一方面使米海洛夫斯基先生特别感兴趣）看是正确的，就是从内容方面看也是正确的。达尔文推翻了那种把动植物物种看作彼此毫无联系的、偶然的、"神造的"、不变的东西的观点，探明了物种的变异性和承续性，第一次把生物学放在完全科学的基础之上。同样，马克思也推翻了那种把社会看作可按长官意志（或者说按社会意志和政府意志，反正都一样）随便改变的、偶然产生和变化的、机械的个人结合体的观点，探明了作为一定生产关系总和的社会经济形态这个概念，探明了这种形态的发展是自然历史过程，从而第一次把社会学放在科学的基础之上。

列宁：《什么是"人民之友"以及他们如何攻击社会民主党人？》（答《俄国财富》杂志反对马克思主义者的几篇文章）（1894年春夏），摘自《列宁全集》第1卷，人民出版社1984年10月第2版，第102—112页。

10. 通过各种偶然性来为自己开辟道路的必然性，归根到底仍然是经济的必然性

人们自己创造自己的历史，但是到现在为止，他们并不是按照共同的意志，根据一个共同的计划，甚至不是在一个有明确界限的既定社会内来创造自己的历史。他们的意向是相互交错的，正因为如此，在所有这样的社会里，都是那种以偶然性为其补充和表现形式的必然性占统治地位。在这里通过各种偶然性来为自己开辟道路的必然性，归根到底仍然是经济的必然性。这里我们就来谈谈所谓伟大人物问题。恰巧某个伟大人物在一定时间出现于某一国家，这当然纯粹是一种偶然现象。但是，如果我们把这个人去掉，那时就会需要有另外一个人来代替他，并且这个代替者是会出现的，不论好一些或差一些，但是最终总是会出现的。恰巧拿破仑这个科西嘉人做了被本身的战争弄得精疲力竭的法兰西共和国所需要的军事独裁者，这是个偶然现象。但是，假如没有拿破仑这个人，他的角色就会由另一个人来扮演。这一点可以由下面的事实来证明：每当需要有这样一个人的时候，他就会出现，如凯撒、奥古斯都、克伦威尔等等。如果说马克思发现了唯物史观，那么梯叶里、米涅、基佐以及1850年以前英国所有的历史编纂学家则表明，人们已经在这方面作过努力，而摩尔根对于同一观点的发现表明，发现这一观点的时机已经成熟了，这一观点必定被发现。

历史上所有其他的偶然现象和表面的偶然现象都是如此。我们所研究的领域越是远离经济，越是接近于纯粹抽象的意识形态，我们就越是发现它在自己的发展中表现为偶然现象，它的曲线就越是曲折。如果您划出曲线的中轴线,您就会发现,所考察的时期越长,所考察的范围越广,这个轴线就越是接近经济发展的轴线,就越是同后者平行而进。

恩格斯:《恩格斯致瓦·博尔吉乌斯》(1894年1月25日),摘自《马克思恩格斯全集》第10卷,人民出版社1962年4月第1版,第669页。

11. "政治优势"不是"以自身为基础的东西"

|〔基本错误不在于此,而在于把**政治优势**——不管它的具体形式如何或者它的各种因素的总和如何——当作某种驾于社会之上的、**以自身为基础的东西**。〕|……|〔例如,**较好的武装**就已经是直接以**生产工具**(这些工具,例如在狩猎和捕鱼中,直接就同时是**破坏的工具**,战争的工具)**的进步**为基础的因素〕|

马克思:《亨利·萨姆纳·梅恩〈古代法制史讲演录〉一书摘要》(1881年4—6月),摘自《马克思恩格斯全集》第45卷,人民出版社1985年第1版,第647页。

12. 思想领域也反过来对物质条件起作用,然而是第二性的作用

如果摩里茨这家伙正确地引用了巴尔特的一段话,在这段话中,巴尔特说他在马克思的一切著作中所能找到的哲学等等依赖于物质生活条件的唯一的例子,就是笛卡儿宣称动物是机器,那末我就只好为这个人竟能写出这样的东西感到遗憾了。既然这个人还没有发现,虽然物质生活条件是原始的起因,但是这并不排斥思想领域也反过来对这些物质条件起作用,然而是第二性的作用,那末,他就决不能了解他所谈论的那个问题了。

恩格斯:《恩格斯致康拉德·施米特》(1890年8月5日),摘自《马克思恩格斯全集》第37卷,人民出版社1971年6月第1版,第430页。

13. 历史评价中"个人"与"社会关系"的关系

诚然,资本家的**愿望**是获取尽量多的东西。但是,我们的任务不是要谈论他的**愿望**,而是要研究他的**力量**。研究那股力量的界限以及那些界限的性质。

马克思:《工资、价格和利润》(1865年5月20日—6月24日之间),摘自《马克思恩格斯全集》第3卷,人民出版社1960年12月第1版,第28页。

为了避免可能产生的误解,要说明一下。我决不用玫瑰色描绘资本家和地主的面貌。不过这里涉及到的人,只是经济范畴的人格化,是一定的阶级关系和利益的承担者。我的观点是:社会经济形态的发展是一种自然历史过程。不管个人在主观上怎样超脱各种关系,他在社会意义上总是这

些关系的产物。同其他任何观点比起来,我的观点是更不能要个人对这些关系负责的。

马克思:《〈资本论〉第一版序言》(1867年7月25日),摘自《马克思恩格斯文集》第5卷,人民出版社1958年11月第1版,第10页。

在每次证券投机中,每个人都知道暴风雨总有一天会到来,但是每个人都希望暴风雨在自己发了大财并把钱藏好以后,落到邻人的头上。我死后哪怕洪水滔天!这就是每个资本家和每个资本家国家的口号。因此,资本是根本不关心工人的健康和寿命的,除非社会迫使它去关心。人们为体力和智力的衰退、夭折、过度劳动的折磨而愤愤不平,资本却回答说:既然这种痛苦会增加我们的快乐(利润),我们又何必为此苦恼呢?不过总的说来,这也并不取决于个别资本家的善意或恶意。自由竞争使资本主义生产的内在规律作为外在的强制规律对每个资本家起作用。

马克思:《资本论》第1卷,摘自《马克思恩格斯全集》第5卷,人民出版社1958年11月第1版,第311—312页。

(二) 唯物主义与认识论

1. 全部哲学,特别是近代哲学的重大的基本问题,是思维和存在的关系问题

全部哲学,特别是近代哲学的重大的基本问题,是思维和存在的关系问题。在远古时代,人们还完全不知道自己身体的构造,并且受梦中景象的影响①,于是就产生一种观念:他们的思维和感觉不是他们身体的活动,而是一种独特的、寓于这个身体之中而在人死亡时就离开身体的灵魂的活动。从这个时候起,人们不得不思考这种灵魂对外部世界的关系。如果灵魂在人死时离开肉体而继续活着,那就没有任何理由去设想它本身还会死亡;这样就产生了灵魂不死的观念,这种观念在那个发展阶段出现决不是一种安慰,而是一种不可抗拒的命运,并且往往是一种真正的不幸,例如在希腊人那里就是这样。关于个人不死的无聊臆想之所以普遍产生,不是因为宗教上的安慰的需要,而是因为人们在普遍愚昧的情况下不知道对已

---

① 在蒙昧人和低级野蛮人中间,现在还流行着这样一种观念:梦中出现的人的形象是暂时离开肉体的灵魂;因而现实的人要对自己出现于他人梦中时针对做梦者而采取的行为负责。例如伊姆·特恩于1884年在圭亚那的印第安人中就发现了这种情形。

经被认为存在的灵魂在肉体死后究竟该怎么办。由于十分相似的原因，通过自然力的人格化，产生了最初的神。随着各种宗教的进一步发展，这些神越来越具有了超世界的形象，直到最后，由于智力发展中自然发生的抽象化过程——几乎可以说是蒸馏过程，在人们的头脑中，从或多或少有限的和互相限制的许多神中产生了一神教的唯一的神的观念。

因此，思维对存在、精神对自然界的关系问题，全部哲学的最高问题，像一切宗教一样，其根源在于蒙昧时代的愚昧无知的观念。但是，这个问题，只是在欧洲人从基督教中世纪的长期冬眠中觉醒以后，才被十分清楚地提了出来，才获得了它的完全的意义。思维对存在的地位问题，这个在中世纪的经院哲学中也起过巨大作用的问题：什么是本原的，是精神，还是自然界？——这个问题以尖锐的形式针对着教会提了出来：世界是神创造的呢，还是从来就有的？

哲学家依照他们如何回答这个问题而分成了两大阵营。凡是断定精神对自然界说来是本原的，从而归根到底承认某种创世说的人（而创世说在哲学家那里，例如在黑格尔那里，往往比在基督教那里还要繁杂和荒唐得多），组成唯心主义阵营。凡是认为自然界是本原的，则属于唯物主义的各种学派。

除此之外，唯心主义和唯物主义这两个用语本来没有任何别的意思，它们在这里也不是在别的意义上使用的。下面我们可以看到，如果给它们加上别的意义，就会造成怎样的混乱。

但是，思维和存在的关系问题还有另一个方面：我们关于我们周围世界的思想对这个世界本身的关系是怎样的？我们的思维能不能认识现实世界？我们能不能在我们关于现实世界的表象和概念中正确地反映现实？用哲学的语言来说，这个问题叫做思维和存在的同一性问题，绝大多数哲学家对这个问题都作了肯定的回答。例如在黑格尔那里，对这个问题的肯定回答是不言而喻的，因为我们在现实世界中所认识的，正是这个世界的思想内容，也就是那种使世界成为绝对观念的逐渐实现的东西，这个绝对观念是从来就存在的，是不依赖于世界并且先于世界而在某处存在的；但是思维能够认识那一开始就已经是思想内容的内容，这是十分明显的。同样明显的是，在这里，要证明的东西已经默默地包含在前提里面了。但是，这决不妨碍黑格尔从他的思维和存在的同一性的论证中做出进一步的结论：他的哲学因为对他的思维来说是正确的，所以也就是唯一正确的；而思维和存在的同一性要得到证实,人类就要马上把他的哲学从理论转移到实践中去,并按照黑格尔的原则来改造整个世界。这是他和几乎所有的哲学家所共有的幻想。

但是,此外,还有其他一些哲学家否认认识世界的可能性,或者至少是否认彻底认识世界的可能性。在近代哲学家中,休谟和康德就属于这一类,而他们在哲学的发展上是起过很重要的作用的。对驳斥这一观点具有决定性的东西,凡是从唯心主义观点出发所能说的,黑格尔都已经说了;费尔巴哈所增加的唯物主义的东西,与其说是深刻的,不如说是机智的。对这些以及其他一切哲学上的怪论的最令人信服的驳斥是实践,即实验和工业。既然我们自己能够制造出某一自然过程,按照它的条件把它生产出来,并使它为我们的目的服务,从而证明我们对这一过程的理解是正确的,那么康德的不可捉摸的"自在之物"就完结了。……

但是,在从笛卡儿到黑格尔和从霍布斯到费尔巴哈这一长时期内,推动哲学家前进的,决不像他们所想象的那样,只是纯粹思想的力量。恰恰相反,真正推动他们前进的,主要是自然科学和工业的强大而日益迅速的进步。在唯物主义者那里,这已经是一目了然的了,而唯心主义体系也愈来愈加进了唯物主义的内容,力图用泛神论的来调和精神和物质的对立;因此,归根到底,黑格尔的体系只是一种就方法和内容来说唯心主义地倒置过来的唯物主义。

由此可以明白,为什么施达克在他对费尔巴哈的评述中,首先研究费尔巴哈对思维和存在的关系这个基本问题的立场。在简短的导言里,作者对以前的、特别是从康德以来的哲学家的见解,都是用不必要的晦涩难懂的哲学语言来阐述的,并且由于过分形式主义地拘泥于黑格尔著作中的个别词句而大大贬低了黑格尔。

恩格斯:《路德维希·费尔巴哈和德国古典哲学的终结》(1886年初),摘自《马克思恩格斯文集》第4卷,人民出版社2009年12月第1版,第277—280页。

2. 思维的至上性是在一系列非常不至上地思维着的人中实现的

人的思维是至上的吗?在我们回答"是"或"不是"以前,我们必须先研究一下:什么是人的思维。它是单个人的思维吗?不是。但是,它只是作为无数亿过去、现在和未来的人的个人思维而存在。如果我现在说,这种概括于我的观念中的所有这些人（包括未来的人）的思维是至上的，是能够认识现存世界的，只要人类足够长久地延续下去，只要在认识器官和认识对象中没有给这种认识规定界限，那么，我只是说了些相当陈腐而又相当无聊的空话。因为最可贵的结果就是使得我们对我们现在的认识极不信任，因为很可能我们还差不多处在人类历史的开端，而将来会纠正我们的错误的后代，大概比我们有可能经常以十分轻蔑的态度纠正其认识错误的前代要多得多。

杜林先生本人宣布下面这一点是一种必然性：意识，因而也包括思维和认识，都只能表现在一系列的个人中。我们能够说这些个人中的每一个人的思维具有至上性，这只是就这样一点而言的，即我们不知道有任何一种力量能够强制处在健康清醒状态的每一个人接受某种思想。但是，至于说到每一个人的思维所达到的认识的至上意义，那么我们大家都知道，它是根本谈不上的，而且根据到目前为止的一切经验看来，这些认识所包含的需要改善的东西，无例外地总是要比不需要改善的或正确的东西多得多。

换句话说，思维的至上性是在一系列非常不至上地思维着的人中实现的；拥有无条件的真理权的认识是在一系列相对的谬误中实现的；二者都只有通过人类生活的无限延续才能完全实现。

在这里，我们又遇到了在上面已经遇到过的矛盾：一方面，人的思维的性质必然被看作是绝对的，另一方面，人的思维又是在完全有限地思维着的个人中实现的。这个矛盾只有在无限的前进过程中，在至少对我们来说实际上是无止境的人类世代更迭中才能得到解决。从这个意义来说，人的思维是至上的，同样又是不至上的，它的认识能力是无限的，同样又是有限的。按它的本性、使命、可能和历史的终极目的来说，是至上的和无限的；按它的个别实现情况和每次的现实来说，又是不至上的和有限的。

恩格斯：《反杜林论》（1876年9月—1878年6月），《马克思恩格斯文集》第9卷，人民出版社2009年12月第1版，第91—92页。

3. 任何自然科学，任何唯物主义，如果没有坚实的哲学论据，是无法对资产阶级思想的侵袭和资产阶级世界观的复辟坚持斗争的

战斗唯物主义为了完成应当进行的工作，除了同没有加入共产党的彻底唯物主义者结成联盟以外，同样重要甚至更重要的是同现代自然科学家结成联盟，这些人倾向于唯物主义，敢于捍卫和宣传唯物主义，反对盛行于所谓"有教养社会"的唯心主义和怀疑论的时髦的哲学倾向。

《在马克思主义旗帜下》杂志第 1—2 期合刊上登了阿·季米里亚捷夫论爱因斯坦相对论的文章，由此可以期待，这个杂志也能实现这后一种联盟。必须更多地注意这个联盟。必须记住，正因为现代自然科学经历着急剧的变革，所以往往会产生一些大大小小的反动的哲学学派和流派。因此，现在的任务就是要注意自然科学领域最新的革命所提出的种种问题，并吸收自然科学家参加哲学杂志所进行的这一工作，不解决这个任务，战斗唯物主义决不可能是战斗的，也决不可能是唯物主义。季米里亚捷夫在杂志第 1 期上不得不声明，各国已有一大批资产阶级知识分子抓住了爱因斯坦的理论，而爱因斯坦本人，用季米里亚捷夫的话来说，并没有对唯物主义原理进行任何主动的攻击。这不仅是爱因斯坦一人的遭遇，也是 19 世纪末以来自然科学的许多大革新家，甚至是多数大革新家的遭遇。

为了避免不自觉地对待此类现象，我们必须懂得，任何自然科学，任何唯物主义，如果没有坚实的哲学论据，是无法对资产阶级思想的侵袭和资产阶级世界观的复辟坚持斗争的。为了坚持这个斗争，为了把它进行到底并取得完全胜利，自然科学家就应该做一个现代唯物主义者，做一个以马克思为代表的唯物主义的自觉拥护者，也就是说，应当做一个辩证唯物主义者。为了达到这个目的，《在马克思主义旗帜下》杂志的撰稿人就应该组织从唯物主义观点出发对黑格尔辩证法作系统研究，即研究马克思在他的《资本论》及各种历史和政治著作中实际运用的辩证法，马克思把这个辩证法运用得非常成功，现在东方（日本、印度、中国）的新兴阶级，即占世界人口大多数但因其历史上无所作为和历史上沉睡不醒而使欧洲许多先进国家至今仍处于停滞和腐朽状态的数亿人民日益觉醒奋起斗争的事实，新兴民族和新兴阶级日益觉醒的事实，愈来愈证明马克思主义的正确性。

当然，这样来研究、解释和宣传黑格尔辩证法是非常困难的，因此，这方面的初步尝试不免要犯一些错误。但是，只有什么事也不做的人才不会犯错误。根据马克思怎样运用从唯物主义来理解的黑格尔辩证法的例子，我们能够而且应该从各方面来深入探讨这个辩证法，在杂志上登载黑格尔主要著作的节录，用唯物主义观点加以解释，举马克思运用辩证法的实例，以及现代史尤其是现代帝国主义战争和革命提供得非常之多的经济关系和政治关系方面辩证法的实例予以说明。依我看，《在马克思主义旗帜下》

杂志的编辑和撰稿人这个集体应该是一种"黑格尔辩证法唯物主义之友协会"。现代的自然科学家从作了唯物主义解释的黑格尔辩证法中可以找到（只要他们善于去找，只要我们能学会帮助他们）自然科学革命所提出的种种哲学问题的解答，崇拜资产阶级时髦的知识分子在这些哲学问题上往往"跌入"反动的泥坑。

唯物主义如果不给自己提出这样的任务并不断地完成这个任务，它就不能成为战斗的唯物主义。用谢德林的话来说，它与其说是战斗，不如说是挨揍。不这样做，大自然科学家在作哲学结论和概括时，就会和以前一样常常感到束手无策。因为，自然科学进步神速，正处于各个领域都发生深刻的革命性变革的时期，这使得自然科学无论如何离不了哲学结论。

列宁：《论战斗唯物主义的意义》（1922年3月12日），摘自《列宁全集》第43卷，人民出版社1987年10月第2版，第28—30页。

4. 我坚决反对把盎格鲁撒克逊人和日尔曼人的市侩习气以及罗马人的无政府主义归咎于唯物主义

在您提出来的有关我们的分歧的问题中，我认为有些纯粹是误解。例如，我并没有象愚蠢的工团主义者那样想"驱逐知识分子"，或者否认他们在工人运动中的重要作用。在所有**这些**问题上，我们之间**不可能**有分歧；这一点我是深信不疑的，我们既然现在无法开会，就需要马上一起工作。通过工作我们就会轻而易举地顺利地最终取得一致。

您打算为《无产者报》写点小东西（预告已寄给您了），我十分高兴。不过，您既然有重要的工作，**也不要打断**。

关于托洛茨基，我上次就想答复您，但是忘记了。我们（指这里的《无产者报》编辑部，包括亚历·亚历·、我和"英诺"，他是俄国布尔什维克的优秀工作人员）一开始就决定邀他参加《无产者报》的工作。我们曾写信给他，并给他拟好了一个题目。我们**一致同意**以"《无产者报》编辑部"的名义署名，希望把事情放在集体的基础上（例如我个人就和托洛茨基有过很大的争论，那是在1903—1905年他还是孟什维克的时候发生的一场相当激烈的争吵）。托洛茨基是不是不高兴这种形式我不知道，不过他寄来了一封信，不是他亲自写的，说"托洛茨基同志嘱托"通知《无产者报》编辑部，他很忙，不能写稿。

我看这是装腔作势。在伦敦代表大会上他也是装腔作势。我不知道他是否愿意和布尔什维克携手……

孟什维克在这里发出了出版《社会民主党人呼声报》①（月刊）的预告，在预告上署名的有：普列汉诺夫、阿克雪里罗得、唐恩、马尔托夫、马尔丁诺夫。我弄到这个刊物后当即寄给您。斗争可能尖锐化。而托洛茨基却想"超越正在斗争的两派"……

关于作为世界观的唯物主义，我想我和您的意见在实质上是不一致的。这里说的不是"唯物主义历史观"（我们的"经验……"者②也不否认这点），而是哲学唯物主义。我坚决反对把盎格鲁撒克逊人和日尔曼人的市侩习气以及罗马人的无政府主义归咎于唯物主义。作为哲学的唯物主义，**在他们那里处处遭到卑视**。最稳健高明的机关刊物《新时代》杂志对哲学漠不关心，它从来就不是哲学唯物主义的热烈拥护者，而在最近竟不加任何说明就刊登了经验批判主义者的文章。有人说，从马克思和恩格斯教导我们的**那种**唯物主义中可以产生僵死的市侩习气，这是胡说八道！社会民主党中所有的小市民派别都是首先反对哲学唯物主义，而倾向于康德、新康德主义和批判的哲学。恩格斯在《反杜林论》中所论证的哲学，决不会容纳市侩习气。普列汉诺夫把**这方面的**斗争和派别斗争拉扯在一起，这有害于这种哲学。然而任何一个俄国社会民主党人都不应当把今天的普列汉诺夫和昔日的普列汉诺夫混同起来。

列宁：《列宁致阿·马·高尔基》（1908年2月13日），摘自《列宁全集》第45卷，人民出版社1990年10月第2版，第175—176页。

5. 尼·加·车尔尼雪夫斯基是从哪一边批判康德主义的？③

在第四章第1节里，我们已经详细地说明，唯物主义者过去和现在批

---

① 《社会民主党人呼声报》（《ГолосСоциал-Демократа》）是俄国孟什维克的国外机关报，1908年2月—1911年12月先后在日内瓦和巴黎出版，共出了26号。由于《社会民主党人呼声报》公开为取消派辩护，格·瓦·普列汉诺夫于1908年12月与该报实际决裂，1909年5月正式退出来该报编辑部。此后该报就彻底成为取消派的思想中心。——编者注

② 指经验批判主义者和经验一元论者亚·亚·波格丹诺夫、弗·亚·巴扎罗夫和阿·瓦·卢那察尔斯基。——编者注

③ 《尼·加·车尔尼雪夫斯基是从哪一边批判康德主义的？》的手稿，是列宁在1909年3月下半月寄给安·伊·乌里扬诺娃—叶利扎罗娃的，当时《唯物主义和经验批判主义》一书已付印。列宁在1909年3月10日（23日）或11日（24日）给她的信里说："寄上补充一则。不必因它而耽误出版。不过，要是时间来得及，可用另一种字体（如用8点铅字）印在卷末，放在结论后面。我认为把车尔尼雪夫斯基同马赫主义者对照一下是极为重要的。"（见《列宁全集》第2版第53卷第186号文献）——编者注

判康德的角度是同马赫、阿芬那留斯批判康德的角度完全相反的。我们认为，在这里哪怕是简略地补充说明一下俄国伟大的黑格尔主义者和唯物主义者尼·加·车尔尼雪夫斯基的认识论立场，也是必要的。

在费尔巴哈的德国学生阿尔布雷希特·劳批判康德之后没有多久，俄国的伟大著作家尼·加·车尔尼雪夫斯基（他也是费尔巴哈的学生）第一次试图公开地表明他对费尔巴哈和康德的态度。早在上一世纪50年代，尼·加·车尔尼雪夫斯基就作为费尔巴哈的信徒出现在俄国文坛上了，可是俄国的书报检查机关甚至连费尔巴哈的名字也不许他提到。1888年，尼·加·车尔尼雪夫斯基在准备付印的《艺术对现实的审美关系》第3版序言中，试图直接指出费尔巴哈，可是书报检查机关即使在这一年也不准引证一下费尔巴哈！这篇序言直到1906年才和读者见面（见《车尔尼雪夫斯基全集》第10卷第2册第190—197页）。在这篇《序言》里，尼·加·车尔尼雪夫斯基用了半页篇幅来批判康德和那些在自己的哲学结论中追随康德的自然科学家。

请看尼·加·车尔尼雪夫斯基在1888年的精彩论述：

"那些自以为是无所不包的理论的创造者的自然科学家们，事实上仍不过是建立了形而上学体系的古代思想家的学生，而且往往是那些被谢林部分地破坏了而又被黑格尔彻底地破坏了体系的思想家的学生，而且往往是些拙劣的学生。只要提一提下面的事实就够了：大多数企图建立关于人类思想活动规律的广泛理论的自然科学家，都在重复康德关于我们知识的主观性的形而上学理论〈告诉那些把什么都搞乱的俄国马赫主义者：车尔尼雪夫斯基是落后于恩格斯的，因为他在用语上把唯物主义和唯心主义的对立同形而上学思维和辩证思维的对立混淆起来了；但是车尔尼雪夫斯基完全保持恩格斯的水平，因为他不是责备康德的实在论，而是责备康德的不可知论和主观主义，不是责备康德承认'自在之物'，而是责备康德不能够从这个客观的泉源引出我们的知识。〉，都照着康德的话说：我们感性知觉的形式同对象的真实存在的形式没有相似之处〈告诉那些把什么都搞乱的俄国马赫主义者：车尔尼雪夫斯基对康德的批判同阿芬那留斯和马赫以及内在论者对康德的批判完全相反，因为在车尔尼雪夫斯基看来，就象在任何一个唯物主义者看来一样，我们感性知觉的形式和对象的真实的即客观实在的存在的形式有相似之处。〉，因此，真实存在的对象、它们的真实的质以及它们之间的真实的关系,是我们不可认识的〈告诉那些把什么都搞乱的俄国马赫主义者:在车尔尼雪夫斯基看来,就象在任何一个唯物主义者看来一样,对象——用康德的过分矫饰的话来说就是'自在之物'——是**真实**存在的,是我们**完全**可以认识的;不论是它们的存在,或是它们的质,或是它们之间的真实的关系,都是可以认识的。〉,即使它们是可以认识的,它们也不能成为我们思维的对象,因为我们的思维把一切知识材料放到了和真实存在的形式完全不同的形式中;思维规律本身也只有主观的意义〈告诉糊涂人马赫主义者:在车尔尼雪夫斯基看来,就象在任何一个唯物主义者看来一样,思维规律不是只有主观的意义,也就是说,思维规律反映对象的真实存在的形式,和这些形式完全相似,而不是不同。〉;在现实中,根本没有我们以为是因果联系的东西,因为既没有先行的,也没有后继的,既没有全体,也没有部分,等等〈告诉糊涂人马赫主义者:在车尔尼雪夫斯基看来,就象在任何一个唯物主义者看来一样,在现实中,有着我们以为是因果联系的东西,有着自然界的客观的因果性或必然性。〉。当自然科学家不再说诸如此类的形而上学的胡言乱语的时候,他们就能够而且一定会在自然科学的基础上创立出比费尔巴哈提出的概念体系更加精确完备的概念体系〈告诉糊涂人马赫主义者:车尔尼雪夫斯基把**一切**背弃唯物主义而走向唯心主义和不可知论的言论都叫作形而上学的胡言乱语。〉。然而目前对有关所谓人的求知欲的基本问题的科学概念的叙述,仍然是费尔巴哈作得最好。"(第195—196页)车尔尼雪夫斯基所谓人的求知欲的基本问题,用现在的话来说,就是认识论的基本问题。车尔尼雪夫斯基是唯一真正伟大的俄国著作家,他从50年代起直到1888年,始终保持着完整的哲学唯物主义的水平,能够摈弃新康德主义者、实证论者、马赫主义者以及其他糊涂人的无聊的胡言乱语。但是车尔尼雪夫斯基没有上升到,更确切些说,由于俄国生活的落后,不能够上升到马克思和恩格斯的辩证唯物主义。

列宁:《唯物主义和经验批判主义 对一种反动哲学的批判》(1908年2—10月),摘自《列宁全集》第18卷,人民出版社1988年10月第2版,第376—379页。

6. 应当把它叫作唯心主义和不可知论

关于物质及其构造的学说,我完全同意您的看法:关于这个问题应当写些文章，这是一剂良药，可以为"俄国的不定型的灵魂所吞服的毒素"解毒。不过您把这种毒素叫作"形而上学"是不恰当的。应当把它叫作**唯心主义**和不可知论。

要知道，马赫主义者把唯物主义叫作形而上学！而现在恰好又有**一群**现代十分著名的物理学家，**针对**镭和电子等等的"奇迹"的出现，抬出了**神**——最粗陋的神，但又是最精巧的神，即哲学唯心主义。

列宁：《列宁致阿·马·高尔基》（1913 年 2 月 14 日和 25 日之间），摘自《列宁全集》第 46 卷，人民出版社 1990 年 10 月第 2 版，第 242—243 页。

7. 马克思主义者应该从以下四个角度来评价经验批判主义

第一，首先必须把这种哲学的理论基础和辩证唯物主义的理论基础加以比较。本书前三章所作的这种比较，从认识论问题的**各方面**揭露了用新的怪论、字眼和花招来掩饰**唯心主义和不可知论**旧错误的经验批判主义的**十足反动性**。只有那些根本不懂得什么是一般哲学唯物主义，什么是马克思和恩格斯的辩证方法的人，才会侈谈经验批判主义和马克思主义的"结合"。

第二，必须确定经验批判主义这个哲学专家们的小学派在现代其他哲学学派中的地位。马赫和阿芬那留斯都是从康德开始可是他们并没有从他走向唯物主义，而是朝着相反的方向走向休谟和贝克莱。阿芬那留斯以为自己全盘地"清洗经验"，其实他只是把康德主义从不可知论中清洗出去。马赫和阿芬那留斯的整个学派愈来愈明确地走向唯心主义，它和最反动的唯心主义学派之一，即所谓内在论派密切结合起来了。

第三，必须注意到，马赫主义与现代自然科学的一个门类中的一个学派有着无可怀疑的联系。一般自然科学家以及物理学这一特别门类中的自然科学家，极大多数都始终不渝地站在唯物主义方面。但是也有少数新物理学家，在近年来伟大发现所引起的旧理论的崩溃的影响下，在特别明显地表明我们知识的相对性的新物理学危机的影响下，由于不懂得辩证法，就经过相对主义而陷入了唯心主义。现今流行的物理学唯心主义，就象不久以前流行过的生理学唯心主义一样，是一种反动的并且使人一时迷惑的东西。

第四，在经验批判主义认识论的烦琐语句后面，不能不看到哲学上的党派斗争，这种斗争归根到底表现着现代社会中敌对阶级的倾向和思想体系。最新的哲学象在 2000 年前一样，也是有党性的。唯物主义和唯心主义按实质来说，是两个斗争着的党派，而这种实质被冒牌学者的新名词或愚蠢的无党性所掩盖。唯心主义，不过是信仰主义的一种精巧圆滑的形态，信仰主义全副武装，它拥有庞大的组织，继续不断地影响群众，并利用哲学思想上的最微小的动摇来为自己服务。经验批判主义的客观的、阶级的作用完全是在于替信仰主义者效劳，帮助他们反对一般唯物主义，特别是反对历史唯物主义。

  列宁：《唯物主义和经验批判主义　对一种反动哲学的批判》（1908年2—10月），摘自《列宁全集》第18卷，人民出版社1988年10月第2版，第374—375页。

8. 马赫主义者反对唯物主义的论据

凡是多少读过一些哲学著作的人都应该知道，未必能找到一个不直接或间接地驳斥唯物主义的现代哲学（以及神学）教授。他们曾经一百次、一千次地宣告唯物主义已被驳倒，可是直到现在，他们还在一百零一次、一千零一次地继续驳斥它。我们的修正主义者全都在驳斥唯物主义，同时又装出一副样子，好像他们驳斥的本来只是唯物主义者普列汉诺夫，而不是唯物主义者恩格斯，不是唯物主义者费尔巴哈，不是约·狄慈根的唯物主义观点，并且他们是从"最新的"、"现代的"实证论①、自然科学等等角度来驳斥唯物主义的。我不引证他们的话了，谁只要愿意，都可以从前

---

  ① 实证论是19世纪30年代产生于法国的哲学流派，是对18世纪法国唯物主义和无神论的反动。实证论者自命为"科学的哲学家"，只承认"实证的"、"确实的"事实，实际是只承认主观经验，认为科学只是主观经验的描写。实证论的创始人奥·孔德把实证论等同于科学的思维，而科学思维的任务，在他看来，就是描述和简化经验材料的联系。孔德反对神学，但同时又认为必须有"新的宗教"。他把所有承认客观现实的存在和可知性的理论都宣布为"形而上学"，企图证明实证论既"高于"唯物主义也"高于"唯心主义。实证论在英国传播甚广，其主要代表人物是约·斯·穆勒和赫·斯宾塞。穆勒的著作突出地表现了实证论哲学的经验主义，表现了这一哲学拒绝对现实作哲学的解释。斯宾塞用大量自然科学材料来论证实证论。他认为进化是万物的最高法则，但他形而上学地理解进化，否认自然和社会中质的飞跃的可能性，认为进化的目标是确立普遍的"力量均衡"。在社会学方面斯宾塞主张"社会有机论"，宣称各个社会集团类似生物机体的不同器官，各自担任严格规定的职能，而为社会的不平等作辩护。在19世纪下半期，实证论在欧洲其他国家和美洲也相当流行。

  恩·马赫和理·阿芬那留斯的经验批判主义是实证论的进一步发展。马赫主义者同早期实证论者有所不同的是更露骨地宣扬主观唯心主义。他们的共同点是反对唯物主义，主张一种"摆脱了形而上学"（即摆脱了唯物主义）的"纯粹经验"的哲学。

  20世纪20年代产生的新实证论是实证论发展的新阶段。新实证论宣称哲学的基本问题是"妄命题"，而哲学科学的任务只是对科学语言作"句法的"和"语义的"分析。——编者注

面提到的著作中引证几百段话。我只提一提巴扎罗夫、波格丹诺夫、尤什凯维奇、瓦连廷诺夫、切尔诺夫①以及其他马赫主义者用来攻击唯物主义的那些论据。马赫主义者这个名词比较简短,而且在俄国的著作中已经通用,我将到处把它作为"经验批判主义者"的同义语来使用。恩斯特·马赫是现在最有名望的经验批判主义的代表,这在哲学著作中是公认的②;至于波格丹诺夫和尤什凯维奇同"纯粹的"马赫主义背离之处则完全是次要的,这一点将在后面说明。

这些人对我们说,唯物主义者承认某种不可想象的和不可认识的东西——"自在之物",即"经验之外的"、我们认识之外的物质。唯物主义者由于承认彼岸的、在"经验"和认识范围之外的某种东西而陷入了真正的神秘主义。当唯物主义者说什么物质作用于我们的感官而产生感觉的时候,他们是以"未知的东西"、"无"作为基础的,因为他们自己就声明我们的感觉是认识的唯一泉源。唯物主义者陷入了"康德主义"(普列汉诺夫就是这样,他承认"自在之物"即在我们意识之外的物的存在),他们把世界"二重化",宣扬"二元论",因为他们认为在现象后面还有自在之物,在直接的感觉材料后面还有某种其他的东西、某种物神、"偶像"、绝对者、"形而上学"的泉源、宗教的孪生兄弟(如巴扎罗夫所说的"神圣的物质")。

这就是上述那些著作家用各种不同的调子一再重复的马赫主义者反对唯物主义的论据。

为了考证这些论据是不是新颖的,它们是不是真的只反对一个"陷入康德主义"的俄国唯物主义者,我们来详细地引证一下一个老牌唯心主义者乔治·贝克莱的著作。由于马赫主义者不正确地陈述了马赫和贝克莱的关系以及贝克莱的哲学路线的实质,而我们在后面又不得不屡次提到贝克莱及其哲学流派,所以在这篇绪论中作这种历史考证就更有必要了。

> 列宁:《唯物主义和经验批判主义 对一种反动哲学的批判》(1908年2—10月),摘自《列宁全集》第18卷,人民出版社1988年10月第2版,第13—14页。

---

① 维·切尔诺夫《哲学和社会学论文集》1907年莫斯科版。作者象巴扎罗夫之流一样,是阿芬那留斯的热诚的信徒和辩证唯物主义的敌人。

② 例如,见理查·赫尼格斯瓦尔德博士《休谟关于外部世界的实在性的学说》1904年柏林版第26页。

9. 亚·亚·波格丹诺夫在"无产阶级文化"的幌子下贩运资产阶级的反动的观点

本版除了个别文字上的修改，和第一版没有什么不同。尽管这是一本和俄国"马赫主义者"进行论战的著作，可是我希望，它作为一本介绍马克思主义哲学即辩证唯物主义以及介绍从自然科学的最新发现中所得出的哲学结论的参考书，将有所裨益。至于亚·亚·波格丹诺夫的一些近作，我没有机会阅读，书末附载的弗·伊·涅夫斯基同志的文章提出了必要的意见①。弗·伊·涅夫斯基同志不仅是一位宣传家，而且特别是一位党校工作者，因此，他有充分的可能确信，亚·亚·波格丹诺夫在"无产阶级文化"②的幌子下贩运资产阶级的反动的观点。

> 列宁：《唯物主义和经验批判主义 对一种反动哲学的批判》（1908年2—10月），摘自《列宁全集》第18卷，人民出版社1988年10月第2版，第11页。

10. 探索那些在马克思主义的幌子下发表一种非常混乱、含糊而又反动的言论的人是在什么地方失足的

许多想当马克思主义者的著作家，今年在我们这里对马克思主义哲学进行了真正的讨伐。不到半年就出版了四本书，这四本书主要是并且几乎完全是攻击辩证唯物主义的。其中，首先是1908年在圣彼得堡出版

---

① 指弗·伊·涅夫斯基的《辩证唯物主义和僵死反动派的哲学》一文（见本卷第381—395页）。这篇文章是涅夫斯基受列宁委托而写的，曾作为附录载入《唯物主义和经验批判主义》一书第2版（1920年）。《列宁全集》俄文第2、3版第13卷《附录》也收载了此文，但《列宁全集》俄文第4版和第5版均未收载。涅夫斯基当时是斯维尔德洛夫共产主义大学校长。——编者注

② "无产阶级文化"是亚·亚·波格丹诺夫早在1909年提出的一种错误理论，基本主张是无产阶级必须创造一种和旧文化完全对立的"自己的"文化，首先是"自己的"哲学。这一理论，波格丹诺夫及其拥护者曾在意大利的卡普里岛（1909年）和博洛尼亚（1910—1911年）为俄国工人开办的学校里加以散布。十月社会主义革命胜利后，波格丹诺夫及其拥护者继续鼓吹这种观点，并通过无产阶级文化协会的活动加以贯彻。他们否认以往的文化遗产的意义，企图通过脱离实际生活的"实验室的道路"来创造"纯粹无产阶级的"文化。波格丹诺夫口头上承认马克思主义，实际上鼓吹马赫主义这种主观唯心主义哲学。

列宁对无产阶级文化协会的思想家们的反马克思主义观点进行了始终不渝的斗争。他在《关于无产阶级文化》这一决议草案中写道："马克思主义这一革命无产阶级的思想体系赢得了世界历史性的意义，是因为它并没有抛弃资产阶级时代最宝贵的成就，相反却吸收和改造了两千多年来人类思想和文化发展中一切有价值的东西，只有在这个基础上，按照这个方向，在无产阶级专政（这是无产阶级反对一切剥削的最后的斗争）的实际经验的鼓舞下继续进行工作，才能认为是发展真正的无产阶级文化。"（见《列宁全集》第2版第39卷第332页）——编者注

的巴扎罗夫、波格丹诺夫、卢那察尔斯基、别尔曼、格尔方德、尤什凯维奇、苏沃洛夫的论文集《关于〈？应当说是：反对〉马克思主义哲学的论丛》，其次是尤什凯维奇的《唯物主义和批判实在论》、别尔曼的《从现代认识论来看辩证法》和瓦连廷诺夫的《马克思主义的哲学体系》。

所有这些人都不会不知道，马克思和恩格斯几十次地把自己的哲学观点叫作辩证唯物主义。然而所有这些因敌视辩证唯物主义而联合起来的人（尽管政治观点截然不同）在哲学上又自命为马克思主义者！别尔曼说，恩格斯的辩证法是"神秘主义"。恩格斯的观点"过时了"，——巴扎罗夫随便一说，好像这是不言而喻的。唯物主义看来被我们的勇士们驳倒了，他们自豪地引证"现代认识论"，引证"最新哲学"（或"最新实证论"），引证"现代自然科学的哲学"，或者甚至引证"20世纪的自然科学的哲学"。我们的这些要把辩证唯物主义消灭的人，以所有这些所谓最新的学说为依据，竟肆无忌惮地谈起公开的信仰主义来了（卢那察尔斯基最为明显，但决不只是他一个人！[①]），可是到了要对马克思和恩格斯明确表态时，他们的全部勇气和对自己信念的任何尊重都立即消失了。在事实上，他们完全背弃了辩证唯物主义即马克思主义。在口头上，他们却百般狡辩，企图避开问题的实质，掩饰他们的背弃行为，用某一个唯物主义者来代替整个唯物主义，根本不去直接分析马克思和恩格斯的无数唯物主义言论。按照一位马克思主义者的公正说法，这真是"跪着造反"。这是典型的哲学上的修正主义，因为只有修正主义者违背马克思主义的基本观点，而又不敢或者是没有能力公开、直率、坚决、明确地"清算"被他们抛弃的观点，

[①] 这里说的是在俄国1905—1907年革命失败后俄国社会民主工党内一部分知识分子中产生的一种宗教哲学思潮——造神说。这一思潮的主要代表人物是阿·瓦·卢那察尔斯基·弗·亚·巴扎罗夫等人。造神派主张把马克思主义和宗教调和起来，使科学社会主义带有宗教信仰的性质，鼓吹创立一种"无神的"新宗教，即"劳动宗教"。他们认为马克思主义的整个哲学就是宗教哲学，社会民主运动本身是"新的伟大的宗教力量"，无产者应成为"新宗教的代表"。马·高尔基也曾一度追随造神派。
1909年6月召开的《无产者报》扩大编辑部会议谴责了造神说，指出它是一种背离马克思主义原理的思潮，声明布尔什维克派同这种对科学社会主义的歪曲毫无共同之处。列宁在本书以及1908年2—4月、1913年11—12月间给高尔基的信中揭露了造神说的反马克思主义本质。——编者注

才获得了这种不好的名声。正统派在反对马克思的过时见解（例如梅林反对某些历史论点①）时，总是把话说得非常明确。非常详细，从来没有人在这类论著中找到过一点模棱两可的地方。

不过，在《"关于"马克思主义哲学的论丛》中也有一句近似真理的话。那句话是卢那察尔斯基说的："也许我们〈显然就是《论丛》的全体撰稿人〉错了，但我们是在探索。"（第161页）这句话的前半句包含着绝对真理，后半句包含着相对真理，这一点我将在本书中力求详尽地指出来。现在我只指出一点：如果我们的哲学家不是用马克思主义的名义，而是用几个"正在探索的"马克思主义者的名义讲话，那么，他们对自己和对马克思主义就显得尊重些了。

至于我自己，也是哲学上的一个"探索者"。这就是说，我在本书中给自己提出的任务是：探索那些在马克思主义的幌子下发表一种非常混乱、含糊而又反动的言论的人是在什么地方失足的。

列宁：《唯物主义和经验批判主义　对一种反动哲学的批判》（1908年2—10月），摘自《列宁全集》第18卷，人民出版社1988年10月第2版，第7—9页。

11.《路标》所攻击的只是代表民主运动的知识分子，而且仅仅因为他们真正参加了这个运动

实际上，《路标》所攻击的只是代表民主运动的知识分子，而且仅仅因为他们真正参加了这个运动。《路标》疯狂地攻击知识分子，正是因为这"一小股地下派别公开露了面，获得了众多的追随者，并且一时成了思想权威，甚至成了现实的巨大力量"（第176页）。当"知识分子"**只不过是一小股地下派别，还没有获得众多的追随者，还没有成为现实的巨大力量的时候**，自由派曾经同情过他们，有时还暗中帮助过他们；这就是说，当民主派还没有使真正的群众行动起来的时候，自由派是同情

---

① 看来是指弗·梅林给马克思和恩格斯发表在《新莱茵报》和《新莱茵报·政治经济评论》上的文章所写的注释（见《马克思和恩格斯在德国革命时代（1848—1850年）》文集1926年俄文版第3—86、287—289、293—307、511—512页）。梅林在1902年（即过50多年以后）注释马克思和恩格斯的这些文章时，指出其中的一些论点没有得到历史的证实。例如他说："1850年2月，马克思和恩格斯曾预料巴黎无产阶级会举行起义，或者反动的东方大国会侵犯法国的首都，1850年4月，他们曾预料新的商业危机会到来，这两次他们都大错特错了。"——编者注

民主派的，因为不发动群众，民主派就只能为自由派的自私目的效劳，只能帮助自由派资产阶级的上层人物去逐步掌握政权。当民主派把业已开始实现**自己的**任务，捍卫**自己的**利益的群众吸引过来时，自由派就同民主派分道扬镳了。在反对民主派"知识分子"的叫嚣的掩护下，**立宪民主党所攻击的实际上是群众的民主运动**。《路标》中明显地揭露这一点的地方不胜枚举，其中一处就是：他们宣布法国18世纪末伟大的社会运动是"相当持久的知识分子革命的典范，而且这种革命精神的潜力充分表现出来了"（第57页）。

说得真好啊，不是吗？请看，法国18世纪末的运动不是最深刻最广泛的群众民主运动的样板，而是"知识分子"革命的样板！世界上无论什么地方和什么时候实现民主任务从来都离不开与之相同类型的运动，因此十分明显，自由派的思想领袖正是在同民主派决裂。

列宁：《论〈路标〉》（1909年12月13日〔26日〕），摘自《列宁全集》第19卷，人民出版社1989年10月第2版，第170—171页。

12. 这些先生在他们的杂志上总是以真正"人民之友"的思想和策略的表达者自居，其实他们是社会民主党最凶恶的敌人

《俄国财富》[①] 对社会民主党人发动进攻了。这个杂志的头目之一尼·米海洛夫斯基先生，还在去年第10期上就宣布要对"我国所谓的马克思主义者或社会民主党人"进行一场"论战"。随后出现了谢·克里文柯先生的《论文化孤士》一文（第12期）和尼·米海洛夫斯基先生的《文学和生活》一文（1894年《俄国财富》第1期和第2期）。至于杂志本身对我国经济现实的看法，谢·尤沙柯夫先生在《俄国经济发展问题》一文（第11期和第12期）中已作了最充分的叙述。这些先生在他们的杂志上总是以真正"人民之友"的思想和策略的表达者自居，其实他们是社会民主党最凶恶的敌人。现在我们就把这些"人民之友"，把他们对马克思主义的批判、他们的思想、他们的策略仔细考察一下。

[①] 《俄国财富》杂志（《Русское Богатство》）是俄国科学、文学和政治刊物。1876年创办于莫斯科，同年年中迁至彼得堡。1879年以前为旬刊，以后为月刊。1879年起成为自由主义民粹派的刊物。1892年以后由尼·康·米海洛夫斯基和谢·亚·柯罗连科领导，成为自由主义民粹派的中心。在1893年以后的几年中，曾同马克思主义者展开理论上的争论。为该杂志撰稿的也有一些现实主义作家。1914—1917年3月以《俄国纪事》为刊名出版。1918年被查封。——编者注

列宁：《什么是"人民之友"以及他们如何攻击社会民主党人?》（答《俄国财富》杂志反对马克思主义者的几篇文章）（1894年春夏），摘自《列宁全集》第1卷，人民出版社1984年10月第2版，第102页。

13. 问题不在于您主观上"想"把这种要求"理解"成什么。问题在于爱情上的阶级关系的客观逻辑

亲爱的朋友：恳切建议您把小册子的提纲①写得详细些。不然，很多地方意思不明确。

有一个意见现在就应该提出来：建议把第3节"（妇女）要求恋爱自由"全部删掉。

这的确不是无产阶级的要求，而是资产阶级的要求。

实际上，您是怎样理解这个要求的呢？这个要求可以理解成什么呢？

1. 在爱情上**摆脱**物质上的（钱财上的）考虑？
2. 同时**摆脱**物质上的操心？
3. 摆脱宗教偏见？
4. 摆脱父母等等的限制？
5. 摆脱"社会"的偏见？
6. 摆脱（农民或者小市民或者资产阶级知识分子的）小天地？
7. 摆脱法律、法院和警察的束缚？
8. 摆脱爱情上的严肃态度？
9. 摆脱生育子女的义务？
10. 通奸的自由？等等。

我列举了许多（当然不是全部）不同的理解。您所理解的当然不是第8—10点，而是第1—7点，或者**类似**第1—7点的东西。

但是，如果是指第1—7点，那就应当选择另一种说法，因为恋爱自由这种说法不能确切地表达这个意思。

小册子的广大读者**必然**会把"恋爱自由"理解为类似第8—10点的东西，以至**违背您的本意**。

正因为在现代社会里那些最能说会道、爱吵爱闹、"高高在上"的阶

---

① 指伊·费·阿尔曼德当时打算为女工写得一本小册子的提纲。这本小册子没有出版——编者注

级所理解的"恋爱自由"是第 8—10 点,所以这不是无产阶级的要求,而是资产阶级的要求。

对于无产阶级说来,最重要的是第 1 点和第 2 点,其次是第 1—7 点;其实这并不是"恋爱自由"。

问题不在于您**主观**上"想"把这种要求"理解"成什么。问题在于爱情上的阶级关系的**客观逻辑**。

> 列宁:《列宁致伊·费·阿尔曼德》(1915 年 1 月 17 日),摘自《列宁全集》第 47 卷,人民出版社 1990 年 10 月第 2 版,第 69—70 页。

(三)辩证法与认识论

1. 辩证法与唯物主义:"概念的辩证法本身就变成只是现实世界的辩证运动的自觉的反映,从而黑格尔的辩证法就被倒转过来了,或者宁可说,不是用头立地而是重新用脚立地了"

施特劳斯、鲍威尔、施蒂纳、费尔巴哈,就他们没有离开哲学的这块土地来说,都是黑格尔哲学的分支。施特劳斯写了《耶稣传》和《教义学》①以后,就只从事写作勒南式的哲学和教会史的美文学作品;鲍威尔只是在基督教起源史方面做了一些事情,虽然他在这里所做的也是重要的;施蒂纳甚至在巴枯宁把他同蒲鲁东混合起来并且把这个混合物命名为"无政府主义"以后,依然是一个怪物;唯有费尔巴哈是个杰出的哲学家。但是,哲学,这一似乎凌驾于一切专门科学之上并把它们包罗在内的科学的科学,对他来说,仍然是不可逾越的屏障,不可侵犯的圣物,而且作为一个哲学家,他也停留在半路上,他下半截是唯物主义者,上半截是唯心主义者;他没有批判地克服黑格尔,而是简单地把黑格尔当做无用的东西抛在一边,同时,与黑格尔体系的百科全书式的丰富内容相比,他本人除了矫揉造作的爱的宗教和贫乏无力的道德以外,拿不出什么积极的东西。

但是,从黑格尔学派的解体过程中产生了另一个派别,唯一真正结出

---

① 指大弗施特劳斯《基督教教理的历史发展及其和现代科学的斗争》,1840—1841 年杜宾根和斯图加特版,第 1、2 卷;这部著作的第 2 部,根据它的主要内容,名为《基督教教理的物质内容(教义学)》。——编者注

果实的派别。这个派别主要是同马克思的名字联系在一起的。①

同黑格尔哲学的分离在这里也是由于返回到唯物主义观点而发生的。这就是说，人们在理解现实世界（自然界和历史）时按照它本身在每一个不以先入为主的唯心主义怪想来对待它的人面前所呈现的那样来理解；他们决意毫不怜惜地抛弃一切同事实（从事实本身的联系而不是从幻想的联系来把握的事实）不相符合的唯心主义怪想。除此以外，唯物主义并没有别的意义。只是在这里第一次对唯物主义世界观采取了真正严肃的态度，把这个世界观彻底地（至少在主要方面）运用到所研究的一切知识领域里去了。

黑格尔不是简单地被放在一边，恰恰相反，上面所阐述的他的革命方面即辩证方法被接过来了。但是这个方法在黑格尔的形式中是无用的。在黑格尔那里，辩证法是概念的自我发展。绝对概念不仅是从来就存在的（不知在哪里？），而且是全部现存世界的真正的活的灵魂。它通过在"逻辑学"中详细探讨过并且完全包含在它自身中的一切预备阶段而向自身发展；然后它使自己"外化"，转化为自然界，它在自然界中并没有意识到它自己，而是采取自然必然性的形式，经过新的发展，最后在人身上重新达到自我意识，这个自我意识，在历史中又从粗糙的形式中挣脱出来，直到绝对概念终于在黑格尔哲学中又完全地达到自身为止。因此，在自然界中和历史上所显露出来的辩证的发展，即经过一切迂回曲折和暂时退步而由低级到高级的前进运动的因果联系，在黑格尔那里，只是概念的自己运动的翻版，而这种概念的自己运动是从来就有的、不知道在什么地方发生的，但无论如何是同任何能思维的人脑无关的。这种意识形态的颠倒是应该消除的。我们重新唯物地把我们头脑中的概念看做现实事物的反映，而不是把现实事物看做绝对概念的某一阶段的反映。这样，辩证法就归结为

---

① 请允许我在这里作一点个人的说明。近来人们不止一次地提到我参加了制定这一理论的工作，因此，我在这里不得不说几句话，把这个问题澄清。我不能否认，我和马克思共同工作40年，在这以前和这个期间，我在一定程度上独立地参加了这一理论的创立，特别是对这一理论的阐发。但是，绝大部分基本指导思想（特别是在经济和历史领域内），尤其是对这些指导思想的最后的明确的表述，都是属于马克思的。我所提供的，马克思没有我也能很容易地做到，至多有几个专门的领域除外。至于马克思所做到的，我却做不到。马克思比我们大家都站得高些，看得远些，观察得多些和快些。马克思是天才，我们至多是能手。没有马克思，我们的理论远不会是现在这个样子。所以，这个理论用他的名字命名是理所应当的。

关于外部世界和人类思维的运动的一般规律的科学,这两个系列的规律在本质上是同一的,但是在表现上是不同的,这是因为人的头脑可以自觉地应用这些规律,而在自然界中这些规律是不自觉地、以外部必然性的形式、在无穷无尽的表面的偶然性中为自己开辟道路的,而且到现在为止在人类历史上大部分也是如此。这样,概念的辩证法本身就变成只是现实世界的辩证运动的自觉的反映,从而黑格尔的辩证法就被倒转过来了,或者宁可说,不是用头立地而是重新用脚立地了。而且值得注意的是,不仅我们发现了这个多年来已成为我们最好的劳动工具和最锐利的武器的唯物主义辩证法,而且德国工人约瑟夫·狄慈根不依靠我们,甚至不依靠黑格尔也发现了它。①

而这样一来,黑格尔哲学的革命方面就恢复了,同时也摆脱了那些曾经在黑格尔那里阻碍它贯彻到底的唯心主义装饰。一个伟大的基本思想,即认为世界不是一成不变的事物的集合体,而是过程的集合体,其中各个似乎稳定的事物以及它们在我们头脑中的思想映象即概念,都处在生成和灭亡的不断变化中,在这种变化中,前进的发展,不管一切表面的偶然性,也不管一切暂时的倒退,终究会给自己开辟出道路,——这个伟大的基本思想,特别是从黑格尔以来,已经如此深入一般人的意识,以致它在这种一般形式中未必会遭到反对了。但是,口头上承认这个思想是一回事,把这个思想具体地实际运用于每一个研究领域,又是一回事。如果人们在研究工作中始终从这个观点出发,那末关于最终解决和永恒真理的要求就永远不会提出了;人们就始终会意识到他们所获得的一切知识必然具有的局限性,意识到他们在获得知识时所处的环境对这些知识的制约性;人们也不再敬重还在不断流行的旧形而上学所不能克服的对立,即真理和谬误、善和恶、同一和差别、必然和偶然之间的对立了;人们知道:这些对立只有相对的意义;今天被认为是合乎真理的认识都有它隐蔽着的、以后会显露出来的错误的方面,同样,今天已经被认为是错误的认识也有它合乎真理的方面,因而它从前才能被认为是合乎真理的;被断定为必然的东西,是由纯粹的偶然性构成的,而所谓偶然的东西,是一种有必然性隐藏在里面的形式,如此等等。

---

① 见《人脑活动的实质。一个手艺人的描述》,汉堡迈斯纳出版社。

旧的研究方法和思维方法，黑格尔称之为"形而上学的"方法，主要是把**事物**当作一成不变的东西去研究，它的残余还牢牢地盘踞在人们的头脑中，这种方法在当时是有重大的历史根据的。必须先研究事物，而后才能研究过程。必须先知道一个事物是什么，而后才能觉察这个事物中所发生的变化。自然科学中的情形正是这样。认为事物是既成的东西的旧形而上学，是从那种把非生物和生物当作既成事物来研究的自然科学中产生的。而当这种研究已经进展到可以向前迈出决定性的一步，即可以过渡到系统地研究这些事物在自然界本身中所发生的变化的时候，在哲学领域内也就响起了旧形而上学的丧钟。事实上，直到上一世纪末，自然科学主要是搜集材料的科学，关于既成事物的科学，但是在本世纪，自然科学本质上是整理材料的科学，关于过程、关于这些事物的发生和发展以及关于把这些自然过程结合为一个伟大整体的联系的科学。研究植物机体和动物机体中的过程的生理学，研究单个机体从胚胎到成熟的发育过程的胚胎学，研究地壳逐渐形成过程的地质学，——所有这些科学都是我们这个世纪的产儿。

但是，首先是三大发现使我们对自然过程的相互联系的认识大踏步地前进了：第一是发现了细胞，发现细胞是这样一种单位，整个植物体和动物体都是从它的繁殖和分化中发育起来的。由于这一发现，我们不仅知道一切高等有机体都是按照一个共同规律发育和生长的，而且通过细胞的变异能力指出了使有机体能改变自己的物种并从而能实现一个比个体发育更高的发育的道路。——第二是能量转化，它向我们表明了一切首先在无机自然界中起作用的所谓力，即机械力及其补充，所谓位能、热、辐射（光或辐射热）、电、磁、化学能，都是普遍运动的各种表现形式，这些运动形式按照一定的度量关系由一种转变为另一种，因此，当一种形式的量消失时，就有另一种形式的一定的量代之出现，因此，自然界中的一切运动都可以归结为一种形式向另一种形式不断转化的过程。——最后，达尔文第一次从联系中证明了，今天存在于我们周围的有机自然物，包括人在内，都是少数原始单细胞胚胎的长期发育过程的产物，而这些胚胎又是由那些通过化学途径产生的原生质或蛋白质形成的。

由于这三大发现和自然科学的其他巨大进步，我们现在不仅能够指出自然界中各个领域内的过程之间的联系，而且总的说来也能指出各个领域之间的联系了，这样，我们就能够依靠经验自然科学本身所提供的事实，以近乎系统的形式描绘出一幅自然界联系的清晰图画。描绘这样一幅总的图画，在以前是所谓自然哲学的任务。而自然哲学只能这样来描绘：用理想的、幻想的联系来代替尚未知道的现实的联系，用想象来补充缺少的事实，用纯粹的臆想来填补现实的空白。它在这样做的时候提出了一些天才的思想，预测到一些后来的发现，但是也说出了十分荒唐的见解，这在当时是不可能不这样的。今天，当人们对自然研究的结果只是辩证地即从它们自身的联系进行考察，就可以制成一个在我们这个时代是令人满意的"自然体系"的时候，当这种联系的辩证性质，甚至迫使自然哲学家的受过形而上学训练的头脑违背他们的意志而不得不接受的时候，自然哲学就最终被清除了。任何使它复活的企图不仅是多余的，而且**是倒退**。

恩格斯：《路德维希·费尔巴哈和德国古典哲学的终结》（1886年初），摘自《马克思恩格斯文集》第4卷，人民出版社2009年12月第1版，第296—301页。

2. 辩证法也就是（黑格尔和）马克思主义的认识论

统一物之分为两个部分以及对它的矛盾着的部分的认识（参看拉萨尔的《赫拉克利特》一书第3篇（《论认识》）开头所引的斐洛关于赫拉克利特的一段话），是辩证法的**实质**（是辩证法的"本质"之一，是它的基本的特点或特征之一，甚至可说是它的基本的特点或特征）。黑格尔也正是这样提问题的（亚里士多德在其著作《形而上学》中经常为此绞尽脑汁，并跟赫拉克利特即跟赫拉克利特的思想作斗争[①]）。

辩证法内容的这一方面的正确性必须由科学史来检验。对于辩证法的这一方面，通常（例如在普列汉诺夫那里）没有予以足够的注意：对立面的同一被当作**实例**的总和["例如种子"；"例如原始共产主义"。恩格斯也这样做过。但这是"为了通俗化"……]，而不是当作**认识的规律**（以及客观世界的规律）。

在数学中，＋和－，微分和积分。

在力学中，作用和反作用。

在物理学中，正电和负电。

在化学中，原子的化合和分解。

[①] 见列宁《亚里士多德〈形而上学〉一书摘要》。——编者注

在社会科学中，阶级斗争。

对立面的同一（它们的"统一"，也许这样说更正确些？虽然同一和统一这两个术语的差别在这里并不特别重要。在一定意义上二者都是正确的），就是承认（发现）自然界的（也**包括精神的和社会的**）**一切**现象和过程具有矛盾着的、**相互排斥的**、对立的倾向。要认识在"**自己运动**"中、自生发展中和蓬勃生活中的世界一切过程，就要把这些过程当作对立面的统一来认识。发展是对立面的"斗争"。有两种基本的（或两种可能的？或两种在历史上常见的？）发展（进化）观点：认为发展是减少和增加，是重复；**以及**认为发展是对立面的统一（统一物之分为两个互相排斥的对立面以及它们之间的相互关系）。

按第一种运动观点，**自己**运动，它的**动力**、它的泉源、它的动因都被忽视了（或者这个泉源被移到**外部**——移到上帝、主体等等那里去了）；按第二种观点，主要的注意力正是放在认识"**自己**"运动的**泉源**上。

第一种观点是僵死的、平庸的、枯燥的。第二种观点是活生生的。**只有**第二种观点才提供理解一切现存事物的"自己运动"的钥匙，才提供理解"飞跃"、"渐进过程的中断"、"向对立面的转化"、旧东西的消灭和新东西的产生的钥匙。

对立面的统一（一致、同一、均势）是有条件的、暂时的、易逝的、相对的。相互排斥的对立面的斗争是绝对的，正如发展、运动是绝对的一样。

[注意：顺便说一下，主观主义（怀疑论和诡辩论等等）和辩证法的区别在于：在（客观）辩证法中，相对和绝对的差别也是相对的。对于客观辩证法说来，相对中有绝对。对于主观主义和诡辩论说来，相对只是相对，因而排斥绝对。]

马克思在《资本论》中首先分析资产阶级社会（商品社会）里最简单、最普通、最基本、最常见、最平凡、碰到过亿万次的**关系：**商品交换。这一分析从这个最简单的现象中（从资产阶级社会的这个"细胞"中）揭示出现代社会的**一切**矛盾（或**一切**矛盾的萌芽）。往后的叙述向我们表明这些矛盾和这个社会——在这个社会的各个部分的总和中、从这个社会的开始到终结——的发展（**既是**生长**又是**运动）。

一般辩证法的阐述（以及研究）方法也应当如此（因为资产阶级社会

的辩证法在马克思看来只是辩证法的局部情况)。从最简单、最普通、最常见的等等东西开始;**从任何一个命题**开始,如树叶是绿的,伊万是人,茹奇卡是狗等等。在这里(正如黑格尔天才地指出过的)就已经有**辩证法:个别就是一般**(参看亚里士多德《形而上学》,施韦格勒译,第2卷第40页,第3篇第4章第8—9节:"因为当然不能设想:在个别的房屋之外还存在着一般房屋。"——"οὐ ϱὰϱ ἄν ϑειημεν εἰναι τινα οἰχἰαν παϱὰ τὸς τινὸς οἰχἱας.")。这就是说,对立面(个别跟一般相对立)是同一的:个别一定与一般相联而存在。一般只能在个别中存在,只能通过个别而存在。任何个别(不论怎样)都是一般。任何一般都是个别的(一部分,或一方面,或本质)。任何一般只是大致地包括一切个别事物。任何个别都不能完全地包括在一般之中,如此等等。任何个别经过千万次的过渡而与另**一类**的个别(事物、现象、过程)相联系,如此等等。**这里已经有**自然界的**必然性**、客观联系等概念的因素、胚芽了。这里已经有偶然和必然、现象和本质,因为我们在说伊万是人,茹奇卡是狗,**这**是树叶等等时,就把许多特征作为**偶然的东西抛掉**,把本质和现象分开,并把二者对立起来。

可见,在**任何**一个命题中,很像在一个"单位"("细胞")中一样,都可以(而且应当)发现辩证法**一切**要素的胚芽,这就表明辩证法本来是人类的全部认识所固有的。而自然科学则向我们揭明(这又是要用**任何极简单的实例来**揭明)客观自然界也具有同样的性质,揭明个别向一般的转变,偶然向必然的转变,对立面的过渡、转化、相互联系。辩证法**也就是**(黑格尔和)马克思主义的认识论:正是问题的这一"方面"(这不是问题的一个"方面",而是问题的**实质**)普列汉诺夫没有注意到,至于其他的马克思主义者就更不用说了。

列宁:《谈谈辩证法问题》(1915年),摘自《列宁全集》第55卷,人民出版社1990年12月第2版,第305—308页。

3. 辩证法是活生生的、多方面的(方面的数目永远增加着的)认识

辩证法是**活生生的**、多方面的(方面的数目永远增加着的)认识,其中包含着无数的各式各样观察现实、接近现实的成分(包含着从每个成分发展成整体的哲学体系),——这就是它比起"形而上学的"唯物主义来所具有的无比丰富的内容,而形而上学的唯物主义的根本**缺陷**就是不能把辩证法应用于反映论，应用于认识的过程和发展。

从粗陋的、简单的、形而上学的唯物主义的观点看来，哲学唯心主义**不过是**胡说。相反地，从**辩证**唯物主义的观点看来，哲学唯心主义是把认识的某一特征、某一方面、某一侧面，**片面地**、夸大地、überschwengliches（狄慈根）发展（膨胀、扩大）为**脱离了物质**、**脱离了自然的**、神化了的绝对。唯心主义就是僧侣主义。这是对的。但（"**更确切些**"和"**除此而外**"）哲学唯心主义是**经过**人的无限复杂的（辩证的）**认识的一个成分**而通向僧侣主义的**道路**。

人的认识不是直线（也就是说，不是沿着直线进行的），而是无限地近似于一串圆圈、近似于螺旋的曲线。这一曲线的任何一个片断、碎片、小段都能被变成（被片面地变成）独立的完整的直线，而这条直线能把人们（如果只见树木不见森林的话）引到泥坑里去，引到僧侣主义那里去（在那里统治阶级的阶级利益就会把它**巩固起来**）。直线性和片面性，死板和僵化，主观主义和主观盲目性就是唯心主义的认识论根源。而僧侣主义（＝哲学唯心主义）当然有**认识论**的根源，它不是没有根基的，它无疑是**一朵无实花**，然而却是生长在活生生的、结果实的、真实的、强大的、全能的、客观的、绝对的人类认识这棵活树上的一朵无实花。

列宁：《谈谈辩证法问题》（1915年），摘自《列宁全集》第55卷，人民出版社1990年12月第2版，第308—311页。

4. 自然界的一切归根到底是辩证地而不是形而上学地发生的

在形而上学者看来，事物及其在思想上的反映即概念，是孤立的、应当逐个地和分别地加以考察的、固定的、僵硬的、一成不变的研究对象。他们在绝对不相容的对立中思维；他们的说法是："是就是，不是就不是；除此以外，都是鬼话。"① 在他们看来，一个事物要么存在，要么就不存在；同样，一个事物不能同时是自身又是别的东西。正和负是绝对互相排斥的；原因和结果也同样是处于僵硬的相互对立中。初看起来，这种思维方式对我们来说似乎是极为可信的，因为它是合乎所谓常识的。然而，常识在它自己的日常活动范围内虽然是极可尊敬的东西，但它一跨入广阔的研究领域，就会碰到极为惊人的变故。形而上学的思维方式，虽然在相当

---

① 参看《新约全书·马太福音》第5章第37节。——编者注

广泛的、各依对象性质而大小不同的领域中是合理的，甚至必要的，可是它每一次迟早都要达到一个界限，一超过这个界限，它就要变成片面的、狭隘的、抽象的，并且陷入不可解决的矛盾，因为它看到一个一个的事物，忘了它们互相间的联系；看到它们的存在，忘了它们的产生和消逝；看到它们的静止，忘了它们的运动；因为它只见树木，不见森林。例如，在日常生活中，我们知道并且可以肯定地说，某一动物存在还是不存在；但是，在进行较精确的研究时，我们就发现，这有时是极其复杂的事情。这一点法学家们知道得很清楚，他们为了判定在子宫内杀死胎儿是否算是谋杀，曾绞尽脑汁去寻找一条合理的界限，结果总是徒劳。同样，要确定死的那一刻也是不可能的，因为生理学证明，死并不是突然的、一瞬间的事情，而是一个很长的过程。同样，任何一个有机体，在每一瞬间既是它本身，又不是它本身；在每一瞬间，它消化着外界供给的物质，并排泄出其他物质；在每一瞬间，它的机体中都有细胞在死亡，也有新的细胞在形成；经过或长或短的一段时间，这个机体的物质便完全更新了，由其他物质的原子代替了，所以每个有机体永远是它本身，同时又是别的东西。在进行较精确的考察时，我们也发现，某种对立的两极，例如正和负，是彼此不可分离的，而且不管它们如何对立，它们总是互相渗透的；同样，原因和结果这两个概念，只有在应用于个别场合时才有其本来的意义；可是只要我们把这种个别场合放在它同宇宙的总体联系中来考察，这两个概念就交汇起来，融合在普遍相互作用的看法中，而在这种相互作用中，原因和结果经常交换位置；在此时或此地是结果，在彼时或彼地就成了原因，反之亦然。

　　所有这些过程和思维方法都是形而上学思维方法的框子所容纳不下的。相反，对辩证法来说，上述过程正好证明它的方法是正确的，因为辩证法在考察事物及其在观念上的反映时，本质上是从它们的联系、它们的联接、它们的运动、它们的产生和消逝方面去考察的。自然界是检验辩证法的试金石，而且我们必须说，现代自然科学为这种检验提供了极其丰富的、与日俱增的材料，并从而证明了，自然界的一切归根到底是辩证地而不是形而上学地发生的。可是，因为学会辩证地思维的自然科学家到现在还屈指可数，所以，现在理论自然科学中普遍存在的并使教师和学生、作者和读者都同样感到绝望的那种无限混乱的状态，完全可以从已经发现的成果和传统的思维方式之间的这个冲突中得到说明。

因此，要精确地描绘宇宙、宇宙的发展和人类的发展，以及这种发展在人们头脑中的反映，就只有用辩证的方法，只有不断注意产生和消失之间、前进的变化和后退的变化之间的普遍相互作用才能做到。

恩格斯：《反杜林论》（1876年9月—1878年6月），摘自《马克思恩格斯文集》第9卷，人民出版社2009年12月第1版，第24—26页。

5. 一切都在流动，都在不断地变化；不断地产生和消失

当我们通过思维来考察自然界或人类历史或我们自己的精神活动的时候，首先呈现在我们眼前的，是一幅由种种联系和相互作用无穷无尽地交织起来的画面，其中没有任何东西是不动的和不变的，而是一切都在运动、变化、产生和消失。这个原始的、素朴的但实质上正确的世界观是古希腊哲学的世界观，而且是由赫拉克利特最先明白地表述出来的：一切都存在，而又不存在，因为一切都在**流动**，都在不断地变化，不断地产生和消逝。但是，这种观点虽然正确地把握了现象的总画面的一般性质，却不足以说明构成这幅总画面的各个细节；而我们要是不知道这些细节，就看不清总画面。为了认识这些细节，我们不得不把它们从自然的或历史的联系中抽出来，从它们的特性、它们的特殊的原因和结果等等方面来逐个地加以研究。这首先是自然科学和历史研究的任务；而这些科学部门，由于十分明显的原因，在古典时代的希腊人那里只占有从属的地位，因为他们首先必须搜集材料。精确的自然研究只是在亚历山大里亚时期[①]的希腊人那里才开始，而后来在中世纪由阿拉伯人继续发展下去；可是真正的自然科学只是从十五世纪下半叶才开始，从这时起它就获得了日益迅速的进展。把自然界分解为各个部分，把自然界的各种过程和事物分成一定的门类，对有机体的内部按其多种多样的解剖形态进行研究，这是最近400年来在认识自然界方面获得巨大进展的基本条件。但是，这种做法也给我们留下了一种习惯：把各种自然物和自然过程孤立起来，撇开宏大的总的联系去进行考察，因此就不是运动的状态，而是从静止的状态去考察；不是把它们看

[①] 科学发展的亚历山大时期是指公元前三世纪到公元七世纪的时期。这个时期因埃及的亚历山大里亚（位于地中海沿岸）这个城市为当时国际经济关系最大中心之一而得名。在亚历山大里亚时期，许多科学，如数学和力学（欧几里得和阿基米德）、地理学、天文学、解剖学、生理学等等，都获得了很大的发展。——编者注

做本质上变化的东西，而是看做固定不变东西；不是从活的状态，而是从死的状态去考察。这种考察方式被培根和洛克从自然科学中移到哲学中以后，就造成了最近几个世纪所特有的局限性，即形而上学的思维方式。

> 恩格斯：《反杜林论》（1876年9月—1878年6月），摘自《马克思恩格斯文集》第9卷，人民出版社2009年12月第1版，第23—24页。

6. 以前的一切现实的东西都会成为不现实的，都会丧失自己的必然性

这样，在发展的进程中，以前的一切现实的东西都会成为不现实的，都会丧失自己的必然性、自己存在的权利、自己的合理性；一种新的、富有生命力的现实的东西就会起来代替正在衰亡的现实的东西，——如果旧的东西足够理智，不加抵抗即行死亡，那就和平地代替；如果旧的东西抵抗这种必然性，那就通过暴力来代替。这样一来，黑格尔的这个命题，由于黑格尔的辩证法本身，就转化为自己的反面：凡在人类历史领域中是现实的，随着时间的推移，都会成为不合理的，因而按其本性来说已经是不合理的，一开始就包含着不合理性；凡在人们头脑中是合理的，都注定要成为现实的，不管它和现存的、表面的现实多么矛盾。按照黑格尔的思维方法的一切规则，凡是现实的都是合理的这个命题，就变为另一个命题：凡是现存的，都是应当灭亡的。

> 恩格斯：《路德维希·费尔巴哈和德国古典哲学的终结》（1886年初），摘自《马克思恩格斯文集》第4卷，人民出版社2009年12月第1版，第269页。

7. 普遍性的形式是自我完成的形式，因而是无限性的形式

事实上，一切真实的、详尽无遗的认识都只在于：我们在思想中把个别的东西从个别性提高到特殊性，然后再从特殊性提高到普遍性；我们从有限中找到无限，从暂时中找到永久，并且使之确定起来。然而普遍性的形式是自我完成的形式，因而是无限性的形式；它是把许多有限的东西综合为无限的东西。我们知道：氯和氢在一定的压力和温度之下受到光的作用就会爆炸而化合成氯化氢；而且只要我们知道这一点，我们也就知道：只要具备上述条件，这件事情**随时随地**都可以发生，至于是否只发生过一次或者重复了一百万次，以及在多少天体上发生过，这都是无关紧要的。自然界中的普遍性的形式就是**规律**，而关于**自然规律的永恒性**，谁也没有自然科学家谈得多。因此，耐格里说，人们如果不愿意只研究有限的东西

而把永恒的东西和它混在一起，就会把有限的东西弄得不可理解，这表明，他不是否认了自然规律的可认识性，便是否认了它们的永恒性。对自然界的一切真实的认识，都是对永恒的东西、对无限的东西的认识，因而本质上是绝对的。

但是，这种绝对的认识有一个重大的障碍。正如可认识的物质的无限性，是由纯粹有限的东西所组成一样，绝对地进行认识的思维的无限性，是由无限多的有限的人脑所组成的，而人脑是一个挨一个地和一个跟一个地从事这种无限的认识，常做实践上的和理论上的蠢事，从歪曲的、片面的、错误的前提出发，循着错误的、弯曲的、不可靠的途径行进，往往当真理碰到鼻尖上的时候还是没有得到真理（普利斯特列）。因此，对无限的东西的认识是被双重的困难围困着，就其本性来说，它只能在一个无限的渐近的进步过程中实现。这已经使我们有足够的理由说：无限的东西既可以认识，又不可以认识，而这就是我们所需要的一切。

恩格斯：《自然辩证法》（1873—1886年），《马克思恩格斯全集》第20卷，人民出版社1971年3月第1版，第577—578页。

8. 真理和谬误，正如一切在两极对立中运动的逻辑范畴一样，只是在非常有限的领域内才具有绝对的意义

但是认识就其本性而言，或者对漫长的世代系列来说是相对的而且必然是逐步趋于完善的，或者就像在天体演化学、地质学和人类历史中一样，由于历史材料不足，甚至永远是有缺陷的和不完善的，而谁要以真正的、不变的、最后的终极的真理的标准来衡量它，那么，他只是证明他自己的无知和荒谬，即使真正的动机并不像在这里那样是要求承认个人不会犯错误。真理和谬误，正如一切在两极对立中运动的逻辑范畴一样，只是在非常有限的领域内才具有绝对的意义；这一点我们刚才已经看到了，即使是杜林先生，只要他稍微知道一点正是说明一切两极对立的不充分性的辩证法的初步知识，他也会知道的。只要我们在上面指出的狭窄的领域之外应用真理和谬误的对立，这种对立就变成相对的，因而对精确的科学的表达方式来说就是无用的；但是，如果我们企图在这一领域之外把这种对立当作绝对有效的东西来应用，那我们就会完全遭到失败；对立的两极都向自己的对立面转化，真理变成谬误，谬误变成真理。

恩格斯：《反杜林论》（1876年9月—1878年6月），《马克思恩格斯文集》第9卷，人民出版社2009年12月第1版，第96页。

（四）马克思政治经济学批判对历史唯物辩证法的运用

1. 马克思政治经济学批判运用唯物辩证法的意义"不亚于唯物主义基本观点的成果"

马克思过去和现在都是唯一能够担当起这样一件工作的人，这就是从黑格尔逻辑学中把包含着黑格尔在这方面的真正发现的内核剥出来，使辩证方法摆脱它的唯心主义的外壳并把辩证方法在使它成为唯一正确的思想发展方式的简单形式上建立起来。马克思对于政治经济学的批判就是以这个方法作基础的，这个方法的制定，在我们看来是一个其意义不亚于唯物主义基本观点的成果。

<blockquote>恩格斯：《卡尔·马克思〈政治经济学批判。第一分册〉》（1859年8月3日—15日），摘自《马克思恩格斯文集》第2卷，人民出版社2009年12月第1版，第602—603页。</blockquote>

2. 唯物主义历史观和通过剩余价值揭破资本主义生产的秘密，都应当归功于马克思

新的事实迫使人们对以往的**全部**历史作一番新的研究，结果发现：以往的全部历史，除原始状态外，都是阶级斗争的历史；这些互相斗争的社会阶级在任何时候都是生产关系和交换关系的产物，一句话，都是自己时代的经济关系的产物；因而每一时代的社会经济结构形成现实基础，每一个历史时期由法的设施和政治设施以及宗教的、哲学的和其他的观念形式所构成的全部上层建筑，归根到底都是应由这个基础来说明的。黑格尔把历史观从形而上学中解放了出来，使它成为辩证的，可是他的历史观本质上是唯心主义的。现在，唯心主义从它的最后的避难所即历史观中被驱逐出来了，唯物主义历史观被提出来了，用人们的存在说明他们的意识而不是像以往那样用人们的意识说明他们的存在这样一条道路已经找到了。

因此，社会主义现在已经不再被看做某个天才头脑的偶然发现，而被看做两个历史地产生的阶级即无产阶级和资产阶级间斗争的必然产物。它的任务不再是构想出一个尽可能完善的社会制度，而是研究必然产生这两个阶级及其相互斗争的那种历史的经济的过程；并在由此造成的经济状况中找出解决冲突的手段。可是，以往的社会主义同这种唯物主义观点是不相容的，正如法国唯物主义的自然观同辩证法和近代自然科学不相容一样。以往的社会主义固然批判了现存的资本主义生产方式及其后果，但是，它不能说明这个生产方式，因而也就不能对付这个生产方式；它只能简单地把它当做坏东西抛弃掉。它越是激烈地反对同这种生产方式密不可分的对工人阶级的剥削，就越是不能明白指出，这种剥削是怎么回事，它是怎样产生的。但是，问题在于：一方面应当说明资本主义生产方式的历史联系和它在一定历史时期存在的必然性，从而说明它灭亡的必然性，另一方面应当揭露这种生产方式的一直还隐蔽着的内在性质。这已经由于**剩余价值**的发现而完成了。已经证明，无偿劳动的占有是资本主义生产方式和通过这种生产方式对工人进行的剥削的基本形式；即使资本家按照劳动力作为商品在商品市场上所具有的全部价值来购买他的工人的劳动力，他从这劳动力榨取的价值仍然比他对这种劳动力的支付要多；这种剩余价值归根到底构成了有产阶级手中日益增加的资本量由以积累而成的价值量。这样就说明了资本主义生产和资本生产的过程。

这两个伟大的发现——唯物主义历史观和通过剩余价值揭开资本主义生产的秘密，都应当归功于**马克思**。由于这两个发现，社会主义变成了科学，现在首先要做的是对这门科学的一切细节和联系作进一步的探讨。

> 恩格斯：《社会主义从空想到科学发展》（1880年1月—3月上半月），摘自《马克思恩格斯文集》第3卷，人民出版社2009年12月第1版，第544—546页。

3. 自从《资本论》问世以来，唯物主义历史观已经不是假设，而是科学地证明了的原理

任何对政治经济学、工业、工人状况、文化史和社会立法感兴趣的人，无论他抱什么观点，都不能不读这本书（《资本论》）。

> 恩格斯：《卡·马克思"资本论"第一卷书评——为"新巴登报"作》（1868年3月2日和13日之间），摘自《马克思恩格斯全集》第16卷，人民出版社1964年2月第1版，第262页。

现在，自从《资本论》问世以来，唯物主义历史观已经不是假设，而是科学地证明了的原理。在我们还没有看见另一种科学地解释某种社会形态（正是社会形态，而不是什么国家或民族甚至阶级等等的生活方式）的活动和发展的尝试以前，没有看见另一种象唯物主义那样能把"有关事实"整理得井然有序,能对某一社会形态作出严格的科学解释并给以生动描绘的尝试以前,唯物主义历史观始终是社会科学的同义词。唯物主义并不象米海洛夫斯基先生所想的那样,"多半是科学的历史观",而是唯一科学的历史观。

现在有人读了《资本论》,竟在那里找不到唯物主义,还有比这更可笑的怪事吗!唯物主义在哪里呢?——米海洛夫斯基先生带着实在莫名其妙的神情问道。

他读了《共产党宣言》,竟看不出那里对现代制度(法律制度、政治制度、家庭制度、宗教制度和哲学体系)的解释是唯物主义的,看不出那里甚至对种种社会主义和共产主义理论的批判也是在某种生产关系中寻找并找到这些理论的根源的。

他读了《哲学的贫困》,竟看不出那里对蒲鲁东社会学的剖析,是从唯物主义观点出发的,看不出对蒲鲁东所提出的解决各种历史问题的办法的批判,是从唯物主义原则出发的,看不出作者本人谈到应该在哪里寻找材料来解决这些问题时,总是举出生产关系。

他读了《资本论》,竟看不出这是用唯物主义方法科学地分析一个(而且是最复杂的一个)社会形态的范例,是大家公认的无与伦比的范例。于是他坐下来拼命思索这个深奥的问题;"马克思在哪一部著作中叙述了自己的唯物主义历史观呢?"

凡熟悉马克思的人,都会反问他:马克思在哪一部著作中没有叙述过自己的唯物主义历史观呢?米海洛夫斯基先生大概只有等到某个卡列耶夫的某本玄奥的历史著作在"经济唯物主义"这个条目内,用相应的号码标明马克思的唯物主义著作的时候,才会知道这些著作吧。

列宁:《什么是"人民之友"以及他们如何攻击社会民主党人?》(答《俄国财富》杂志反对马克思主义者的几篇文章)(1894 年春夏),摘自《列宁全集》第 1 卷,人民出版社 1984 年 10 月第 2 版,第 112—113 页。

4. 马克思的政治经济学研究与辩证法

经济学家们毫无例外地都忽略了这样一个简单的事实:既然商品是二重物——使用价值和交换价值,那么,体现在商品中的劳动也必然具有二重性,而像斯密、李嘉图等人那样只是单纯地分析劳动本身,就必然处处都碰到不能解释的现象。实际上,对问题的批判性理解的全部秘密就在此。

马克思：《马克思致恩格斯》（1868年1月8日），摘自《马克思恩格斯全集》第10卷，人民出版社1962年4月第1版，第276页。

朗格极其天真地说，我在经验的材料中"以罕见的自由运动着"。他根本没有想到，这种"材料中的自由运动"只不过是对一种处理材料的**方法**——即**辩证方法**——的诠释而已。

马克思：《马克思致路·库格曼》（1870年6月27日），摘自《马克思恩格斯全集》第10卷，人民出版社1962年4月第1版，第338页。

在那里，我指出了，他对科学辩证法的秘密了解得多么肤浅，另一方面他又是多么赞同思辨哲学的幻想，因为他**不是把经济范畴看做历史的、与物质生产的一定发展阶段相适应的生产关系的理论表现**，而是荒谬地把它看做预先存在的、永恒的观念，并且指出了，他是如何通过这种迂回的道路又回到资产阶级经济学的立场上去。

马克思：《论蒲鲁东》（1865年1月24日），摘自《马克思恩格斯全集》第3卷，人民出版社2009年12月第1版，第19页。

5. 我的阐述方法不是黑格尔的阐述方法，因为我是唯物主义者，黑格尔是唯心主义者

我现在能够理解杜林先生的评论中的那种异常尴尬的语调了。就是说，这是一个往常极为傲慢无礼的家伙，他俨然以政治经济学中的革命者自居。他做过两件事。首先，他出版过一本（以凯里的观点为出发点）《国民经济学说批判基础》（约500页），其次出版过一本新的《自然辩证法》（反对黑格尔辩证法的）。我的书（《资本论》第一卷）在这两方面都把他埋葬了。他是由于憎恨罗雪尔等人才来评论我的书的。此外，他在进行欺骗，这一半是出自本意，一半是由于无知。他十分清楚地知道，我的阐述方法**不是**黑格尔的阐述方法，因为我是唯物主义者，黑格尔是唯心主义者。黑格尔的辩证法是一切辩证法的基本形式，但是，只有**在剥去它的神秘的形式之后**才是这样，而这恰好就是**我的**方法的特点。至于说到李嘉图，使杜林先生感到不自在的，正是在我的论述中**没有**凯里以及他以前的成百人曾用来反对李嘉图的那些弱点。因此，他恶意地企图把李嘉图的局限性强加到我身上。

马克思：《马克思致路·库格曼》（1868年3月6日），摘自《马克思恩格斯文集》第10卷，人民出版社2009年12月第1版，第280—281页。

6.《资本论》与"批判的和革命的"辩证法

从 1848 年起,资本主义生产在德国迅速地发展起来,现在正是它的欺诈盛行的时期。但是我们的专家还是命运不好。当他们能够不偏不倚地研究政治经济学时,在德国的现实中没有现代的经济关系。而当这种关系出现时,他们所处的境况已经不再容许他们在资产阶级的视野之内进行不偏不倚的研究了。只要政治经济学是资产阶级的政治经济学,就是说,只要它把资本主义制度不是看做历史上过渡的发展阶段,而是看做社会生产的绝对的最后的形式,那就只有在阶级斗争处于潜伏状态或只是在个别的现象上表现出来的时候,它还能够是科学。

拿英国来说。英国古典政治经济学是属于阶级斗争不发展的时期的。它的最后的伟大的代表李嘉图,终于有意识地把阶级利益的对立、工资和利润的对立、利润和地租的对立当做他的研究的出发点,因为他天真地把这种对立看做社会的自然规律。这样,资产阶级的经济科学也就达到了它的不可逾越的界限。还在李嘉图活着的时候,就有一个和他对立的人西斯蒙第批判资产阶级的经济科学了。

随后一个时期,从 1820 年到 1830 年,在英国,政治经济学方面的科学活动极为活跃。这是李嘉图的理论庸俗化和传播的时期,同时也是他的理论同旧的学派进行斗争的时期。这是一场出色的比赛。当时的情况,欧洲大陆知道得很少,因为论战大部分是分散在杂志论文、关于时事问题的著作和抨击性小册子上。这一论战的不偏不倚的性质——虽然李嘉图的理论也例外地被用做攻击资产阶级经济的武器——可由当时的情况来说明。一方面,大工业本身刚刚脱离幼年时期;大工业只是从 1825 年的危机才开始它的现代生活的周期循环,就证明了这一点。另一方面,资本和劳动之间的阶级斗争被推到后面:在政治方面是由于纠合在神圣同盟周围的政府和封建主同资产阶级所领导的人民大众之间发生了纠纷;在经济方面是由于工业资本和贵族土地所有权之间发生了纷争。这种纷争在法国是隐藏在小块土地所有制和大土地所有制的对立后面,在英国则在谷物法颁布后公开爆发出来。这个时期英国的政治经济学文献,使人想起魁奈医生逝世后法国经济学的狂飙时期,但这只是像晚秋晴日使人想起春天一样。1830 年,最终决定一切的危机发生了。

资产阶级在法国和英国夺得了政权。从那时起,阶级斗争在实践方面和理论方面采取了日益鲜明的和带有威胁性的形式。它敲响了科学的资产阶级经济学的丧钟。现在问题不再是这个或那个原理是否正确，而是它对资本有利还是有害，方便还是不方便，违背警章还是不违背警章。无私的研究让位于豢养的文丐的争斗，不偏不倚的科学探讨让位于辩护士的坏心恶意。甚至以工厂主科布顿和布莱特为首的反谷物法同盟抛出的强迫人接受的小册子，由于对地主贵族展开了论战，即使没有科学的意义，毕竟也有历史的意义。但是从罗伯特·皮尔爵士执政以来的自由贸易的立法，也把庸俗经济学的最后这根刺拔掉了。

1848年大陆的革命也在英国产生了反应。那些还要求有科学地位、不愿单纯充当统治阶级的诡辩家和献媚者的人，力图使资本的政治经济学同这时已不容忽视的无产阶级的要求调和起来。于是，以约翰·斯图亚特·穆勒为最著名代表的平淡无味的混合主义产生了。这宣告了"资产阶级"经济学的破产，关于这一点，俄国的伟大学者和批评家尼·车尔尼雪夫斯基在他的《穆勒政治经济学概述》中已作了出色的说明。

可见，在资本主义生产方式的对抗性质在法国和英国通过历史斗争而明显地暴露出来以后，资本主义生产方式才在德国成熟起来，同时，德国无产阶级比德国资产阶级在理论上已经有了更明确的阶级意识。因此，当资产阶级政治经济学作为一门科学看来在德国有可能产生的时候，它又成为不可能了。

在这种情况下，资产阶级政治经济学的代表人物分成了两派。一派是精明的、贪利的实践家，他们聚集在庸俗经济学辩护论的最浅薄的因而也是最成功的代表巴师夏的旗帜下；另一派是以经济学教授资望自负的人，他们追随约·斯·穆勒，企图调和不能调和的东西。德国人在资产阶级经济学衰落时期，也同在它的古典时期一样，始终只是学生、盲从者和模仿者，是外国大商行的小贩。

所以，德国社会特殊的历史发展，排除了"资产阶级"经济学在德国取得任何独创的成就的可能性，但是没有排除对它进行批判的可能性。就这种批判代表一个阶级而论，它能代表的只是这样一个阶级，这个阶级的历史使命是推翻资本主义生产方式和最后消灭阶级。这个阶级就是无产阶级。

德国资产阶级的博学的和不学无术的代言人，最初企图像他们在对付我以前的著作时曾经得逞那样，用沉默置《资本论》于死地。当这种策略已经不再适合形势的时候，他们就借口批评我的书，开了一些药方来"镇静资产阶级的意识"，但是他们在工人报刊上（例如约瑟夫·狄慈根在《人民国家报》上发表的文章）遇到了强有力的对手，至今还没有对这些对手作出答复。

1872 年春，彼得堡出版了《资本论》的优秀的俄译本。初版 3000 册现在几乎已售卖一空。1871 年，基辅大学政治经济学教授尼·季别尔先生在他的《李嘉图的价值和资本的理论》一书中就已经证明，我的价值、货币和资本的理论就其要点来说是斯密—李嘉图学说的必然的发展。使西欧读者在阅读他的这本出色的著作时感到惊异的，是纯理论观点的始终一贯。

人们对《资本论》中应用的方法理解得很差，这已经由对这一方法的各种互相矛盾的评论所证明。

例如，巴黎的《实证论者评论》一方面责备我形而上学地研究经济学，另一方面责备我——你们猜猜看！——只限于批判地分析既成的事实，而没有为未来的食堂开出调味单（孔德主义的吗？）。关于形而上学的责备，季别尔教授指出：

"就理论本身来说，马克思的方法是整个英国学派的演绎法，其优点和缺点是一切最优秀的理论经济学家所共有的。"

莫·布洛克先生在《德国的社会主义理论家》（摘自 1872 年 7 月和 8 月《经济学家杂志》）一文中，指出我的方法是分析的方法，他说：

"马克思先生通过这部著作而成为一个最出色的具有分析能力的思想家。"

德国的评论家当然大叫什么黑格尔的诡辩。彼得堡的《欧洲通报》在专谈《资本论》的方法的文章（1872 年 5 月号第 427—436 页）中，认为我的研究方法是严格的实在论的，而叙述方法不幸是德国辩证法的。作者写道：

"如果从外表的叙述形式来判断，那么最初看来，马克思是最大的唯心主义哲学家，而且是德国的极坏的唯心主义哲学家。而实际上，在经济学的批判方面，他是他的所有前辈都无法比拟的实在论者……决不能把他称为唯心主义者。"

我回答这位作者先生的最好的办法，是从他自己的批评中摘出几段话来，这几段话也会使某些不懂俄文原文的读者感到兴趣。

这位作者先生从我的《政治经济学批判》序言（1859年柏林版第4—7页，在那里我说明了我的方法的唯物主义基础）中摘引一段话后说：

"在马克思看来，只有一件事情是重要的，那就是发现他所研究的那些现象的规律。而且他认为重要的，不仅是在这些现象具有完成形式和处于一定时期内可见到的联系中的时候支配着它们的那种规律。在他看来，除此而外，最重要的是这些现象变化的规律，这些现象发展的规律，即它们由一种形式过渡到另一种形式，由一种联系秩序过渡到另一种联系秩序的规律。他一发现了这个规律，就详细地来考察这个规律在社会生活中表现出来的各种后果……所以马克思竭力去做的只是一件事：通过准确的科学研究来证明社会关系的一定秩序的必然性，同时尽可能完善地指出那些作为他的出发点和根据的事实。为了这个目的，只要证明现有秩序的必然性，同时证明这种秩序不可避免地要过渡到另一种秩序的必然性就完全够了，而不管人们相信或不相信，意识到或没有意识到这种过渡。马克思把社会运动看做受一定规律支配的自然史过程，这些规律不仅不以人的意志、意识和意图为转移，反而决定人的意志、意识和意图……既然意识要素在文化史上只起这种从属作用，那么不言而喻，以文化本身为对象的批判，比任何事情更不能以意识的某种形式或某种结果为依据。这就是说，作为这种批判的出发点的不能是观念，而只能是外部的现象。批判将不是把事实和观念比较对照，而是把一种事实同另一种事实比较对照。对这种批判唯一重要的是，对两种事实进行尽量准确的研究，使之真正形成相互不同的发展阶段，但尤其重要的是，对各种秩序的序列、对这些发展阶段所表现出来的顺序和联系进行同样准确的研究……但是有人会说，经济生活的一般规律，不管是应用于现在或过去，都是一样的。马克思否认的正是这一点。在他看来，这样的抽象规律是不存在的……根据他的意见，恰恰相反，每个历史时期都有它自己的规律……一旦生活经过了一定的发展时期，由一定阶段进入另一阶段时，它就开始受另外的规律支配。总之，经济生活呈现出的现象和生物学的其他领域的发展史颇相类似……旧经济学家不懂得经济规律的性质，他们把经济规律同物理学定律和化学定律相比拟……对现象所作的更深刻的分析证明，各种社会机体像动植物机体一样，彼此根本不同……由于这些有机体的整个结构不同，它们的各个器官有差别，以及器官借以发生作用的条件不一样等等,同一个现象就受完全不同的规律支配。例如,马克思否认人口规律在任何时候在任何地方都是一样的。相反地,他断言每个发展阶段有它自己的人口规律……生产力的发展水平不同,生产关系和支配生产关系的规律也就不同。马克思给自己提出的目的是,从这个观点出发去研究和说明资本主义经济制度,这样,他只不过是极其科学地表述了任何对经济生活进行准确的研究必须具有的目的……这种研究的科学价值在于阐明了支配着一定社会有机体的产生、生存、发展和死亡以及为另一更高的有机体所代替的特殊规律。马克思的这本书确实具有这种价值"。

这位作者先生把他称为我的实际方法的东西描述得这样恰当,并且在考察我个人对这种方法的运用时又抱着这样的好感,那他所描述的不正是辩证方法吗?

当然,在形式上,叙述方法必须与研究方法不同。研究必须充分地占有材料,分析它的各种发展形式,探寻这些形式的内在联系。只有这项工作完成以后,现实的运动才能适当地叙述出来。这点一旦做到,材料的生命一旦观念地反映出来,呈现在我们面前的就好像是一个先验的结构了。

我的辩证方法,从根本上来说,不仅和黑格尔的辩证方法不同,而且和它截然相反。在黑格尔看来,思维过程,即甚至被他在观念这一名称下转化为独立主体的思维过程,是现实事物的创造主,而现实事物只是思维过程的外部表现。我的看法则相反,观念的东西不外是移入人的头脑并在人的头脑中改造过的物质的东西而已。

将近30年以前,当黑格尔辩证法还很流行的时候,我就批判过黑格尔辩证法的神秘方面。但是,正当我写《资本论》第一卷时,今天在德国知识界发号施令的、愤懑的、自负的、平庸的模仿者们,却已高兴地像莱辛时代大胆的莫泽斯·门德尔森对待斯宾诺莎那样对待黑格尔,即把他当做一条"死狗"了。因此,我要公开承认我是这位大思想家的学生,并且在关于价值理论的一章中,有些地方我甚至卖弄起黑格尔特有的表达方式。辩证法在黑格尔手中神秘化了,但这决不妨碍他第一个全面地有意识地叙述了辩证法的一般运动形式。在他那里,辩证法是倒立着的。必须把它倒过来,以便发现神秘外壳中的合理内核。

辩证法,在其神秘形式上,成了德国的时髦东西,因为它似乎使现存事物显得光彩。辩证法，在其合理形态上，引起资产阶级及其空论主义的代言人的恼怒和恐怖，因为辩证法在对现存事物的肯定的理解中同时包含对现存事物的否定的理解，即对现存事物的必然灭亡的理解；辩证法对每一种既成的形式都是从不断的运动中，因而也是从它的暂时性方面去理解；辩证法不崇拜任何东西，按其本质来说，它是批判的和革命的。

使实际的资产者最深切地感到资本主义社会充满矛盾的运动的，是现代工业所经历的周期循环的各个变动，而这种变动的顶点就是普遍危机。这个危机又要临头了，虽然它还处于预备阶段；由于它的舞台的广阔和它的作用的强烈，它甚至会把辩证法灌进新的神圣普鲁士德意志帝国的暴发户们的头脑里去。

马克思：《〈资本论〉第二版跋》（1873年1月24日），摘自《马克思恩格斯文集》第5卷，人民出版社2009年12月第1版，第15—23页。

（五）反对把历史唯物主义及经济的决定作用论教条化、庸俗化

1. 共产主义不是教义，而是运动

共产主义对我们说来不是应当确立的状况，不是现实应当与之相适应的理想。我们所称为共产主义的是那种消灭现存状况的现实的运动。这个运动的条件是由现有的前提产生的。此外，有许许多多人仅仅依靠自己劳动为生，有大量劳动力与资本隔绝或者甚至连有限地满足自己的需要的可能性都被剥夺，因而它们已经不仅暂时失去作为有保障的生活来源的工作本身，而是一概处于完全不稳定的地位，——所有这一切，都由于竞争的关系而以世界市场的存在为前提。所以无产阶级只有在世界历史意义上才能存在，就像它的事业——共产主义一般只有作为"世界历史性的"存在才有可能实现一样。而各个个人的世界历史性的存在就意味着他们的存在是与世界历史直接联系的。

马克思、恩格斯：《德意志意识形态》（1845—1846年），摘自《马克思恩格斯全集》第3卷，人民出版社1960年12月第1版，第40页。

共产主义不是教义，而是运动。它不是从原则出发，而是从事实出发。共产主义者不是把某种哲学作为前提，而是把迄今为止的全部历史，特别是这一历史目前在文明各国造成的实际结果作为前提。

恩格斯：《共产主义者和卡尔·海因岑》（1847年9月27日前和10月3日），摘自《马克思恩格斯文集》第1卷，人民出版社2009年12月第1版，第672页。

2. 马克思的整个世界观不是教义，而是方法

……马克思的整个世界观不是教义，而是方法。它提供的不是现成的教条，而是进一步研究的出发点和供这种研究使用的方法。

恩格斯：《恩格斯致桑巴特》（1895年3月11日），摘自《马克思恩格斯文集》第10卷，人民出版社2009年12月第1版，第691页。

3. 要把唯物主义方法当作研究历史的指南，而不应把它当作现成的公式

很遗憾，我不能满足您的请求而给您写一封您可以用来反对巴尔先生的信。① 这会使我卷入同他的公开争论，而我根本没有这个时间。因此，我给您写的东西只供您个人参考。

况且我完全不了解您所谓的北方妇女运动。我只看过易卜生的几出戏剧，因此根本不知道，资产阶级和小市民中追名逐利的妇女们有点歇斯底里地彻夜读书，这是否要由易卜生负什么责任。

可是，人们习惯于叫做妇女问题的范围很广，在一封信里要把它讲透彻或者哪怕是讲得少许令人满意是不可能的。但是，有一点是毫无疑问的：马克思决不会"采取"巴尔先生强加于他的"观点"。他不可能得出如此荒谬的东西。

至于谈到您用唯物主义方法处理问题的尝试，那末，首先我必须说明：如果不把唯物主义方法当作研究历史的指南，而把它当作现成的公式，按照它来剪裁各种历史事实，那末它就会转变为自己的对立物。如果巴尔先生认为他抓住了您的这种错误，我看他是有一点道理的。

您把整个挪威和那里所发生的一切都归入小市民阶层的范畴，接着您

---

① 鉴于1890年9月16日《人民呼声报》上发表了恩斯特的文章，他歪曲恩格斯的意见，企图把恩格斯说成和"青年派"持有一致的观点，恩格斯写了《答保尔·恩斯特先生》一文（见《马克思恩格斯全集》中文版第22卷第93—99页），其中附有他1890年6月5日给恩斯特的信的一部分。——第409、491页。保·恩斯特在1890年5月31日的信中请恩格斯在他同海·巴尔的争论中予以援助，因为海·巴尔在1890年5月28日《现代生活自由论坛》（《Freie Bühne fürmodernes Leben》杂志第17期）上发表了一篇针对恩斯特《妇女问题和社会问题》一文（载于1890年5月14日《自由论坛》第15期）的文章《妇女问题。马克思主义的模仿者》。——编者注

又毫不迟疑地把您对德国小市民阶层的看法硬加在这一挪威小市民阶层身上。这样一来就有两个事实使您寸步难行。

第一、当对拿破仑的胜利在整个欧洲成了反动派对革命的胜利的时候，当革命还仅仅在自己的法兰西祖国引起这样多的恐惧，使复辟的正统王朝不得不颁布一个资产阶级自由主义宪法的时候，挪威已经找到机会争得一个比当时欧洲的任何一个宪法都要民主得多的宪法。

第二、挪威在最近二十年中所出现的文学繁荣，在这一时期，除了俄国以外没有一个国家能与之媲美。这些人无论是不是小市民，他们创作的东西要比其他的人所创作的多得多，而且他们还给包括德国文学在内的其他各国的文学打上了他们的印记。

在我看来，这些事实使我们有必要把挪威小市民阶层的特性作一定程度的研究。

在这里，您也许会发现一个极其重大的区别。在德国，小市民阶层是遭到了失败的革命的产物，是被打断了和延缓了的发展的产物；由于经历了三十年战争和战后时期，德国的小市民阶层具有胆怯、狭隘、束手无策、毫无首创能力这样一些畸形发展的特殊性格，而正是在这个时候，几乎所有的其他大民族都在蓬勃发展。后来，当德国再次被卷入历史的运动的时候，德国的小市民阶层还保留着这种性格；这种性格十分顽强，在我国的工人阶级最后打破这种狭窄的框框以前，它都作为一种普遍的德国典型，也给德国的所有其他社会阶级或多或少地打上它的烙印。德国工人"没有祖国"，这一点正是最强烈地表现在他们已经完全扔掉了德国小市民阶层的狭隘性。

可见，德国的小市民阶层并不是一个正常的历史阶段，而是一幅夸张到了极点的漫画，是一种退化，正如波兰的犹太人是犹太人的漫画一样。英法等国的小资产者决不是和德国的小资产者处于同一水平的。

相反地，在挪威的小农和小资产阶级中间稍稍掺杂着一些中等资产阶级（大致和十七世纪时英法两国的情形一样），这在好几个世纪以来都是正常的社会状态。在挪威，谈不上由于遭到了失败的伟大运动和三十年战争而被迫退回到过时的状态中去。这个国家由于它的隔离状态和自然条件而落后，可是，它的状况是完全适合它的生产条件的，因而是正常的。只是直到最近，这个国家才零零散散地出现了一些大工业的萌芽，可是在那里并没有资本集聚的最强有力的杠杆——交易所，此外，海外贸易的猛力扩展也正好产生了保守的影响。因为在其他各地汽船都在排挤帆船的时候，挪威却在大规模地扩大帆船航行，它所拥有的帆船队即使不是世界上最大的，无疑也是世界上第二个最大的，而这些船只大部分都为中小船主所有，就象1720年左右的英国那样。但是这样一来，多年来处于停滞状况的运动毕竟开始了，这种运动也表现在文学的繁荣上。

挪威的农民从来都不是农奴，这使得全部发展（加斯梯里亚的情形也是这样）具有一种完全不同的背景。挪威的小资产者是自由农民之子，在这种情况下，他们比起堕落的德国小市民来是真正的人。同时，挪威的小资产阶级妇女比起德国的小市民妇女来，也简直是相隔天壤。例如易卜生的戏剧不管有怎样的缺点，它们却反映了一个即使是中小资产阶级的但是比起德国的来却有天渊之别的世界；在这个世界里，人们还有自己的性格以及首创的和独立的精神，即使在外国人看来往往有些奇怪。因此，在我对这类东西作出判断以前，我是宁愿把它们彻底研究一番的。

现在再回到我们开头谈的，即巴尔先生的问题，我必须说，使我感到惊奇的是，在德国，人们彼此相处非常庄重。看来，俏皮和幽默现在比任何时候都更加受到严格禁止，而沉闷却成了公民的义务。否则，您无疑会稍微细致地考察一下巴尔先生的失掉一切"历史发展"特点的"妇女"的。妇女的皮肤是历史的发展，因为它必定是白色或黑色、黄色、棕色或红色的，——因此，她不会有人类的皮肤。妇女的头发是历史的发展——是卷的或波纹的、弯的或直的；是黑色、红黄色或淡黄色的。因此，她也不可能有人类的头发。如果把她身上一切历史形成的东西同皮肤和头发一起统统去掉，"在我们面前呈现的原来的妇女"还剩下什么东西呢？干脆地说，这就是雌的类人猿。那就让巴尔先生把这个"容易感触到和看清楚的"雌类人猿，连同其一切"自然本能"抱进自己的被窝里去吧。

> 恩格斯：《恩格斯致恩斯特》（1890年6月5日），摘自《马克思恩格斯全集》第37卷，人民出版社1971年6月第1版，第409—412页。

4. "我们的历史观首先是进行研究工作的指南，并不是按照黑格尔学派的方式构造体系的方法"，"正象马克思关于七十年代末的法国'马克思主义者'所曾经说过的：'我只知道我自己不是马克思主义者。'"

……唯物史观现在也有许多朋友，而这些朋友是把它当作不研究历史的借口的。正象马克思关于七十年代末的法国"马克思主义者"所曾经说过的："我只知道我自己不是马克思主义者。"

在《人民论坛》上也发生了关于未来社会中的产品分配问题的辩论：是按照劳动量分配呢，还是按照其他方式分配。人们对于这个问题，是一反某些关于公平原则的唯心主义空话而处理得非常"唯物主义"的。但奇怪的是谁也没有想到，分配方式本质上毕竟要取决于可分配的产品的**数量**，而这个数量当然随着生产和社会组织的进步而改变，从而分配方式也应当改变。但是，在所有参加辩论的人看来，"社会主义社会"并不是不断改变、不断进步的东西，而是稳定的、一成不变的东西，所以它应当也有个一成不变的分配方式。但是，合理的辩论只能是：（1）设法发现将来由以**开始**的分配方式，（2）尽力找出进一步的发展将循以进行的**总方向**。可是，在整个辩论中，我没有发现一句话是关于这方面的。

无论如何，对德国的许多青年作家来说，"唯物主义的"这个词只是一个套语，他们把这个套语当作标签贴到各种事物上去，再不签贴上去，就以为问题作进一步的研究，就是说，他们一把这个标签贴上去，就以为问题已经解决了。但是我们的历史观首先是进行研究工作的指南，并不是按照黑格尔学派的方式构造体系的方法。必须重新研究全部历史，必须详细研究各种社会形态存在的条件，然后设法从这些条件中找出相应的政治、私法、美学、哲学、宗教等等的观点。在这方面，到现在为止只做出了很少的一点成绩，因为只有很少的人认真地这样做过。在这方面，我们需要很大的帮助，这个领域无限广阔，谁肯认真地工作，谁就能做出许多成绩，就能超群出众。但是，许多年轻的德国人却不是这样，他们只是用历史唯物主义的套语（一切都可能变成套语）来把自己的相当贫乏的历史知识（经济史还处在襁褓之中呢！）尽速构成体系，于是就自以为非常了不起了。那时就可能有一个巴尔特挺身而出，甚至可能抓住在他那一流人中间确实已经退化为空话的东西。

但是所有这一切都是会好转的。我们在德国现在已经强大到足以经得起许多变故的程度。反社会党人法给予我们一种极大的好处，就是它使我们摆脱了那些染有社会主义色彩的德国"大学生"的纠缠。现在我们已经强大得足以消化掉这些重又趾高气扬的德国"大学生"。您自己确实已经做出了一些事情，您一定会注意到，在依附于党的青年文学家中间，是很少有人下一番功夫去钻研经济学、经济学史、商业史、工业史、农业史和社会形态发展史的。有多少人除知道毛勒的名字之外，还对他有更多的认识呢！在这里新闻工作者的自命不凡必定支配一切，而结果也正好与此相称。这些先生们往往以为一切东西对工人来说都是足够好的。他们竟不知道马克思认为自己的最好的东西对工人来说也还不够好，他认为给工人提供不是最好的东西，那就是犯罪！

对于从1878年以来出色地经受住了考验的我们的工人，而且仅仅对他们，我抱有绝对的信任。和所有大党一样，他们在发展过程中难免会犯某些错误，甚至可能犯大错误。群众只能从自己所犯错误的后果中学习，只有通过亲身体会取得经验。但是这一切都将被克服，我们这里比任何地方都更容易克服，因为我们的青年人确实是坚韧不拔的，此外，还因为柏林这个未必能很快摆脱它特有的习气的城市，和伦敦一样，在我国不过是形式上的中心，而不象巴黎在法国那样。我常常生法国和英国工人的气，虽然我了解他们犯错误的原因，而从1870年起，从来没有生德国人的气，对代表他们说话的个别人确实生过气，但是对又走上轨道的群众却从来没有过。而且我敢打赌，我永远不会对他们生气。

> 恩格斯：《恩格斯致康拉德·施米特》（1890年8月5日），摘自《马克思恩格斯全集》第37卷，人民出版社1971年6月第1版，第432—434页。

5. 整个伟大的发展过程是在相互作用的形式中进行的

所有这些先生们所缺少的东西就是辩证法。他们总是只在这里看到原因，在那里看到结果。他们从来看不到：这是一种空洞的抽象，这种形而上学的两极对立在现实世界只存在于危机中，而整个伟大的发展过程是在相互作用的形式中进行的（虽然相互作用的力量很不相等：其中经济运动是最强有力的、最本原的、最有决定性的），这里没有什么是绝对的，一切都是相对的。对他们说来，黑格尔是不存在的……

> 恩格斯：《恩格斯致康拉德·施米特》（1890年10月27日），摘自《马克思恩格斯全集》第37卷，人民出版社1971年6月第1版，第484页。

6. 经济因素不是唯一决定性的因素："如果有人在这里加以歪曲，说经济因素是唯一决定性的因素，那末他就是把这个命题变成毫无内容的、抽象的、荒诞无稽的空话"

关于第二个问题。我是这样来判定您的第一个主要论据的：根据唯物史观,历史过程中的决定性因素归根到底是现实生活的生产和再生产。无论马克思或我都从来没有肯定过比这更多的东西。如果有人在这里加以歪曲,说经济因素是唯一决定性的因素,那末他就是把这个命题变成毫无内容的、抽象的、荒诞无稽的空话。经济状况是基础,但是对历史斗争的进程发生影响并且在许多情况下主要是决定着这一斗争的形式的,还有上层建筑的各种因素:阶级斗争的各种政治形式和这个斗争的成果——由胜利了的阶级在获胜以后建立的宪法等等,各种法权形式以及所有这些实际斗争在参加者头脑中的反映,政治的、法律的和哲学的理论,宗教的观点以及它们向教义体系的进一步发展。这里表现出这一切因素间的交互作用,而在这种交互作用中归根到底是经济运动作为必然的东西通过无穷无尽的偶然事件(即这样一些事物,它们的内部联系是如此疏远或者是如此难于确定,以致我们可以忘掉这种联系,认为这种联系并不存在)向前发展。否则把理论应用于任何历史时期,就会比解一个最简单的一次方程式更容易了。

我们自己创造着我们的历史,但是第一,我们是在十分确定的前提和条件下创造的。其中经济的前提和条件归根到底是决定性的。但是政治等等的前提和条件,甚至那些萦回于人们头脑中的传统,也起着一定的作用,虽然不是决定性的作用。普鲁士国家也是由于历史的、归根到底是经济的原因而产生出来和发展起来的。

恩格斯:《恩格斯致约·布洛赫》(1890 年 9 月 21—22 日),摘自《马克思恩格斯全集》第 37 卷,人民出版社 1971 年 6 月第 1 版,第 460—461 页。

7. 相同的经济基础由于自然条件,种族关系,各种从外部发生作用的历史影响等等,而在现象上显示出无穷无尽的变异和色彩差异

从直接生产者身上榨取无酬剩余劳动的独特经济形式,决定了统治和从属的关系,这种关系是直接从生产本身中生长出来的,而又对生产发生决定性的反作用。但是,这种从生产关系本身中生长出来的经济共同体的全部结构,从而这种共同体的独特的政治结构,都是建立在上述的经济形式上的。任何时候,我们总是要在生产条件的所有者同直接生产者的直接关系——这种关系的任何当时的形式总是同劳动方式和劳动社会生产力的一定的发展阶段相适应——当中,为整个社会结构,从而也为主权和依附关系的政治形式，总之，为任何当时的独特的国家形式，发现最隐蔽的秘密，发现隐藏着的基础。不过，这并不妨碍相同的经济基础——按主要条件来说相同——可以由于无数不同的经验的事实，自然条件，种族关系，各种从外部发生作用的历史影响等等，而在现象上显示出无穷无尽的变异和色彩差异，这些变异和差异只有通过对这些经验上已存在的情况进行分析才可以理解。

马克思、恩格斯：《资本论》第 3 卷，摘自《马克思恩格斯文集》第 7 卷，人民出版社 2009 年 12 月第 1 版，第 894—895 页。

8. 经济运动会为自己开辟道路，但是它也必定要经受政治运动的反作用

在上述关于我对生产和商品贸易的关系以及两者和货币贸易的关系的见解的几点说明中，我基本上也已经回答了您关于历史唯物主义本身的问题。从分工的观点来看问题最容易理解。社会产生它不能缺少的某些共同职能。被指定执行这种职能的人，形成社会内部分工的一个新部门。这样，他们也获得了同授权给他们的人相对立的特殊利益，他们同这些人相对立而独立起来，于是就出现了国家。然后便发生像在商品贸易中和后来在货币贸易中发生的那种情形：新的独立的力量总的说来固然应当尾随生产的运动，然而由于它本身具有的、即它一经获得便逐渐向前发展的相对独立性，它又对生产的条件和进程发生反作用。这是两种不相等的力量的相互作用：一方面是经济运动，另一方面是追求尽可能大的独立性并且一经确立也就有了自己的运动的新的政治权力。总的说来，经济运动会为自己开辟道路，但是它也必定要经受它自己所确立的并且具有相对独立性的政治运动的反作用，即国家权力的以及和它同时产生的反对派的运动的反作用。正如在货币市场中，总的说来，并且在上述条件之下，是反映出，当然是头足倒置地反映出工业市场的运动一样，在政府和反对派之间的斗争中也反映出先前已经存在着并且正在斗争着的各个阶级的斗争，但是这个斗争同样是头足倒置地、不再是直接地、而是间接地、不是作为阶级斗争、而是作为维护各种政治原则的斗争反映出来的，并且是这样头足倒置起来，以致需要经过上千年我们才终于把它的真相识破。

国家权力对于经济发展的反作用可以有三种：它可以沿着同一方向起作用，在这种情况下就会发展得比较快；它可以沿着相反方向起作用，在这种情况下，像现在每个大民族的情况那样，它经过一定的时期都要崩溃；或者是它可以阻止经济发展沿着既定的方向走，而给它规定另外的方向——这种情况归根到底还是归结为前两种情况中的一种。但是很明显，在第二和第三种情况下，政治权力会给经济发展带来巨大的损害，并造成人力和物力的大量浪费。

> 恩格斯：《恩格斯致康拉德·施米特》（1890年10月27日），摘自《马克思恩格斯全集》第37卷，人民出版社1971年6月第1版，第486—487页。

9. 应超越"各个不同领域的意识形态观念的独立历史的这种外观"："一种历史因素一旦被其他的、归根到底是经济的原因造成了，它也就起作用，就能够对它的环境，甚至对产生它的原因发生反作用"

此外，只有一点还没有谈到，这一点在马克思和我的著作中通常也强调得不够，在这方面我们大家都有同样的过错。这就是说，我们大家首先是把重点放在从基本经济事实中引出政治的、法的和其他意识形态的观念以及以这些观念为中介的行动，而且**必须这样做**。但是我们这样做的时候为了内容而忽略了形式方面，即这些观念等等是由什么样的方式和方法产生的。这就给了敌人以称心的理由来进行曲解和歪曲，保尔·巴尔特就是个明显的例子。

……

历史方面的意识形态家（历史在这里应当是政治、法律、哲学、神学，总之，一切属于社会而不是单纯属于自然界的领域的简单概括）在每一科学领域中都有一定的材料，这些材料是从以前的各代人的思维中独立形成的，并且在这些世代相继的人们的头脑中经过了自己的独立的发展道路。当然，属于本领域或其他领域的外部事实对这种发展可能共同起决定性的作用，但是这种事实本身又被默认为只是思维过程的果实，于是我们便始终停留在纯粹思维的范围之中，这种思维仿佛顺利地消化甚至最顽强的事实。

正是国家制度、法的体系、各个不同领域的意识形态观念的独立历史的这种外观，首先蒙蔽了大多数人。如果说，路德和加尔文"克服了"官方的天主教，黑格尔"克服了"费希特和康德，卢梭以其共和主义的《社会契约论》间接地"克服了"立宪主义者孟德斯鸠，那么，这仍然是神学、哲学、政治学内部的一个过程，它表现为这些思维领域历史中的一个阶段，完全不越出思维领域。而自从出现了关于资本主义生产永恒不变和绝对完善的资产阶级幻想以后，甚至重农主义者和亚当·斯密克服重商主义者，也被看做纯粹的思想胜利；不是被看做改变了的经济事实在思想上的反映，而是被看做对始终普遍存在的实际条件最终达到的真正理解。如果狮心理查和菲力浦-奥古斯特实行了贸易自由，而不是卷入了十字军征讨，那就可以避免500年的贫穷和愚昧。

……

与此有关的还有意识形态家们的一个愚蠢观念，这就是：因为我们否认在历史中起作用的各种意识形态领域有独立的历史发展，所以我们也否认它们对**历史**有任何**影响**。这是由于通常把原因和结果非辩证地看做僵硬对立的两极，完全忘记了相互作用。这些先生常常几乎是故意忘记，一种历史因素一旦被其他的、归根到底是经济的原因造成了，它也就起作用，就能够对它的环境，甚至对产生它的原因发生反作用。

恩格斯：《恩格斯致弗·梅林》（1893年7月14日），摘自《马克思恩格斯文集》第10卷，人民出版社2009年12月第1版，第658—659页。

10. 反对"过分看重经济方面"："只要问题一关系到描述某个历史时期，即关系到实际的应用，就不容许有任何错误"

青年们有时过分看重经济方面，这有一部分是马克思和我应当负责的。我们在反驳我们的论敌时，常常不得不强调被他们否认的主要原则，并且不是始终都有时间、地点和机会来给其他参与相互作用的因素以应有的重视。但是，只要问题一关系到描述某个历史时期，即关系到实际的应用，那情况就不同了，这里就不容许有任何错误了。可惜人们往往以为，只要掌握了主要原理——而且还并不总是掌握得正确，那就算已经充分地理解了新理论并且立刻就能够应用它了。在这方面，我是可以责备许多最新的"马克思主义者"的；而他们也的确造成过惊人的混乱……

恩格斯：《恩格斯致约瑟夫·布洛赫》（1890年9月21日），摘自《马克思恩格斯全集》第37卷，人民出版社1971年6月第1版，第459页。

11. 重视对具体经济活动的研究

我现在刚刚抽出空来给您写回信。我认为，如果您接受《苏黎世邮报》的聘请，那将是做得很对的。在那里，您总可以在经济方面学到许多东西，特别是如果您随时注意，苏黎世毕竟只是第三等的金融和投机市场，因而在那里得到的印象都是由于双重的和三重的反映而被削弱、或者被故意歪曲了的。但是您在实践中会熟悉全部机构，并且会不得不注意从伦敦、纽约、巴黎、柏林、维也纳收到的第一手的交易所行情报告，这样，您就会看到反映为金融和证券市场的世界市场。经济的、政治的和其他的反映同人眼睛中的反映是完全一样的，它们都通过聚光镜，因而都表现为倒立的影像——头足倒置。这里只缺少一个使它们在我们的观念中又正立起来的神经器官。金融市场上的人所看到的工业和世界市场的运动，恰好只是金融和证券市场的倒置的反映，所以在他们看来结果就变成了原因。这种情况我早在四十年代就在曼彻斯特看到过：伦敦的交易所行情报告对于认识工业的发展进程以及周期性的最高限度和最低限度是绝对无用的，因为这些先生们想用金融市场的危机来解释一切，而这些危机本身多半只是一种征候而已。当时问题是在于要否认工业危机来源于暂时的生产过剩，所以问题同时还有促使进行歪曲的倾向性方面。现在，这一点至少对我们来说已经永远消失，而且下述情况的的确确是事实：金融市场也会有自己的危机，工业中的直接的紊乱对这种危机只起从属的作用，或者甚至根本不起作用。在这里，还需要确定和研究一些东西，特别是要根据近二十年的历史来加以确定和研究。

恩格斯：《恩格斯致康拉德·施米特》（1890年10月27日），摘自《马克思恩格斯全集》第37卷，人民出版社1971年6月第1版，第484—485页。

12. 这种历史哲学理论的最大长处就在于它是超历史的

他（尼·康·米海洛夫斯基）一定要把我关于西欧资本主义起源的历史概述彻底变成一般发展道路的历史哲学理论，一切民族，不管它们所处的历史环境如何，都注定要走这条道路，——以便最后都达到在保证社会劳动生产力高度发展的同时又保证每个生产者个人最全面的发展的这样一种经济形态。但是我要请他原谅。（他这样做，会给我过多的荣誉，同时也会给我过多的侮辱。）……使用一般历史哲学理论这一把万能钥匙，那是永远达不到这种目的的，这种历史哲学理论的最大长处就在于它是超历史的。

马克思：《给〈祖国纪事〉杂志编辑部的信》（1877年10—11月），摘自《马克思恩格斯文集》第3卷，人民出版社2009年12月第1版，第466—467页。

13. 重视对具体的社会状况的研究

没有人比马克思在《**资本论**》中更加"接近一定的具体的社会状况"了。他用了 25 年工夫来从各方面研究社会状况，而且他的批判工作的结果总是包含有一些现今一般可能实现的所谓解决办法的萌芽。但是朋友米尔柏格不满足于此。这都是抽象的社会主义，死板的抽象的公式。朋友米尔柏格不去研究"一定的具体的社会状况"，却满足于阅读蒲鲁东的几卷著作，这几卷东西在关于一定的具体的社会状况方面虽然没有给他提供任何东西，可是却给他提供了消除一切社会祸害的明确具体的神奇药方。

恩格斯：《论住宅问题》（1872 年 5 月—1873 年 1 月），摘自《马克思恩格斯文集》第 3 卷，人民出版社 2009 年 12 月第 1 版，第 333 页。

14. 对人类生活形式的思索，从而对它的科学分析，总是采取同实际发展相反的道路

对人类生活形式的思索，从而对它的科学分析，总是采取同实际发展相反的道路。这种思索是从事后开始的，就是说，是从发展过程的完成的结果开始的。给劳动产品打上商品烙印，因而成为商品流通的前提的那些形式，在人们试图了解它们的内容而不是了解它们的历史性质（这些形式在人们看来已经是不变的了）以前，就已经取得了社会生活的自然形式的固定性。因此，只有商品价格的分析才导致价值量的决定，只有商品共同的货币表现才导致商品的价值性质的确定。但是，正是商品世界的这个完成的形式——货币形式，用物的形式掩盖了私人劳动的社会性质以及私人劳动者的社会关系，而不是把它们揭示出来。如果我说，上衣、皮靴等等把麻布当做抽象的人类劳动的一般化身而同它发生关系，这种说法的荒谬是一目了然的。但是当上衣、皮靴等等的生产者使这些商品同作为一般等价物的麻布（或者金银，这丝毫不改变问题的性质）发生关系时，他们的私人劳动同社会总劳动的关系正是通过这种荒谬形式呈现在他们面前。

这种种形式恰好形成资产阶级经济学的各种范畴。对于这个历史上一定的社会生产方式即商品生产的生产关系来说，这些范畴是有社会效力的，因而是客观的思维形式。因此，一旦我们逃到其他的生产形式中去，商品世界的全部神秘性，在商品生产的基础上笼罩着劳动产品的一切魔法妖术，就立刻消失了。

马克思：《资本论》第 1 卷，摘自《马克思恩格斯文集》第 5 卷，人民出版社2009年12月第1版,第93页。

15. 一门科学提出的每一种新见解都包含这门科学的术语的革命

可是,有一个困难是我们无法为读者解除的。这就是:某些术语的应用,不仅同它们在日常生活中的含义不同,而且和它们在普通政治经济学中的含义也不同。但这是不可避免的。一门科学提出的每一种新见解都包含这门科学的术语的革命。化学是最好的例证,它的全部术语大约每20年就彻底变换一次,几乎很难找到一种有机化合物不是先后拥有一系列不同的名称的。政治经济学通常满足于照搬工商业生活上的术语并运用这些术语,完全看不到这样做会使自己局限于这些术语所表达的观念的狭小范围。例如,古典政治经济学虽然完全知道,利润和地租都不过是工人必须向自己雇主提供的产品中无酬部分(雇主是这部分产品的第一个占有者,但不是它的最后的唯一的所有者)的一部分、一份,但即使这样,它也从来没有超出通常关于利润和地租的概念,从来没有把产品中这个无酬部分(马克思称它为剩余产品),就其总和即当做一个整体来研究过,因此,也从来没有对它的起源和性质,对制约着它的价值的以后分配的那些规律有一个清楚的理解。同样,一切产业,除了农业和手工业以外,都一概被包括在制造业(manufacture)这个术语中,这样,经济史上两个重大的、本质不同的时期即以手工分工为基础的真正工场手工业时期和以使用机器为基础的现代工业时期的区别,就被抹杀了。不言而喻,把现代资本主义生产只看做是人类经济史上一个暂时阶段的理论所使用的术语,和把这种生产形式看做是永恒的最终阶段的那些作者所惯用的术语,必然是不同的。

恩格斯:《〈资本论〉英文版序言》(1886年11月5日),摘自《马克思恩格斯文集》第5卷,人民出版社2009年12月第1版,第32—33页。

在剩余价值理论方面,马克思与他的前人的关系,正如拉瓦锡与普利斯特列和舍勒的关系一样。在马克思以前很久,人们就已经确定我们现在称为剩余价值的那部分产品价值的存在;同样也有人已经多少明确地说过,这部分价值是由什么构成的,也就是说,是由占有者不付等价物的那种劳动的产品构成的。但是到这里人们就止步不前了。其中有些人,即资产阶级古典经济学家,至多只研究了劳动产品在工人和生产资料所有者之间分配的数量比例。另一些人,即社会主义者,则发现这种分配不公平,并寻求乌托邦的手段来消除这种不公平现象。这两种人都为既有的经济范畴所束缚。

于是，马克思发表意见了，他的意见是和所有他的前人直接对立的。在前人认为已有**答案**的地方，他却认为只是**问题**所在。他认为，这里摆在他面前的不是无燃素气体，也不是火气，而是氧气；这里的问题不是在于要简单地确认一种经济事实，也不是在于这种事实与永恒公平和真正道德相冲突，而是在于这样一种事实，这种事实必定要使全部经济学发生革命，并且把理解全部资本主义生产的钥匙交给那个知道怎样使用它的人。根据这种事实，他研究了全部既有的经济范畴，正象拉瓦锡根据氧气研究了燃素说化学的各种既有的范畴一样……

……但马克思和拉瓦锡的做法相反，他不屑于说，剩余价值存在的**事实**是他最早发现的。

恩格斯：《〈资本论〉第二卷序言》（1885 年 5 月 5 日），摘自《马克思恩格斯文集》第 6 卷，人民出版社 2009 年 12 月第 1 版，第 21—23 页。

16. 把某个作者实际上提供的东西和只是他自认为提供的东西区分开来

卡列也夫先生的著作非常好。只是我不完全同意他对重农学派的观点。我主张资本的理论，即现代社会结构的理论。从配第开始到休谟为止，这个理论只是根据作者生活的那个时代的需要，一部分一部分地——零零碎碎地——发展起来的。魁奈第一个把政治经济学建立在它的真正的即资本主义的基础上，而非常有趣的是，他在这样做的时候看起来却象是土地占有者的一个租户。卡列也夫先生根本不对，他说重农学派只是把一种社会职业即农业和其他社会职业即工业和商业对立起来，但是他们却从来没有象斯密那样把社会各阶级对立起来。如果卡列也夫先生还记得李嘉图给他的名著所写的序言中的主要思想（在序言中他分析了国家的三个阶级：土地占有者、资本家和耕种土地的工人），那么他就会相信，只有在农业体系里才能首先发现经济领域里的三个阶级及其相互关系，正象魁奈所做的那样。此外，对一个著作家来说，把某个作者实际上提供的东西和只是他自认为提供的东西区分开来，是十分必要的。这甚至对哲学体系也是适用的：例如，斯宾诺莎认为是自己体系的基石的东西和实际上构成这种基石的东西，两者完全不同。因此，毫不奇怪，魁奈的某些拥护者，如里维埃尔的迈尔西埃之流，认为妻的动产是整个体系的实质，而 1798 年从事写作的英国重农学派却与亚·斯密相反，根据魁奈的学说第一次证明了消灭土地私有制的必要性。

> 马克思：《马克思致马·马·柯瓦列夫斯基》（1878年10月3日），摘自《马克思恩格斯全集》第34卷，人民出版社1972年6月第1版，第343—344页。

17. 不能拘泥于日常经验

日常经验只能抓住事物诱人的外观，如果根据这种经验来判断，科学的真理就会总是奇谈怪论了。

> 马克思：《工资、价格和利润》（1865年5月20日—6月24日之间），摘自《马克思恩格斯文集》第3卷，人民出版社2009年12月第1版，第53页。

在这里，首先引人注目的，是关于利润的粗浅的经验主义的观念，这种观念是从普通资本家的看法中得出来的，是和亚当·斯密自己的较为深刻的内在的见解完全矛盾的。

> 马克思、恩格斯：《资本论》第2卷，摘自《马克思恩格斯文集》第6卷，人民出版社2009年12月第1版，第221页。

三　"物质生产"及其所包含的"自然关系"与"社会关系"总论

（一）物质生产及其所包含的关系论述片段摘录

1. 任何解放都是使人的世界即人的关系回归于人自身

任何解放都是使人的世界即人的关系**回归于人自身**。

政治解放一方面把人归结为市民社会的成员，归结为**利己的、独立的个体**，另一方面把人归结为**公民**，归结为法人。

只有当现实的个人把抽象的公民复归于自身，并且作为个人，在自己的经验生活、自己的个体劳动、自己的个体关系中间，成为**类存在物**的时候，只有当人认识到自身"固有的力量"是**社会**力量，并把这种力量组织起来因而不再把社会力量以**政治**力量的形式同自身分离的时候，只有到了那个时候，人的解放才能完成。

> 马克思：《论犹太人问题》（1843年10月中—12月中），摘自《马克思恩

格斯文集》第1卷，人民出版社2009年12月第1版，第46页。

2. 物质生产和它所包含的关系是社会生活的基础

物质生产和它所包含的关系是社会生活的基础，这种社会生活只有在它一旦表现为自由结合、自觉活动并且控制自己的社会运动的人们的产物时，它才会把神秘的纱幕揭掉。

马克思：《〈资本论〉第一卷法文版片断》（著者亲自修订）（1872年9月—1875年11月），摘自《马克思恩格斯全集》第49卷，人民出版社1982年12月第1版，第195页。

这些古老的社会生产有机体比资产阶级的社会生产有机体简单明了得多，但它们或者以个人尚未成熟，尚未脱掉同他人的自然血缘联系的脐带为基础，或者以直接的统治和服从的关系为基础。它们存在的条件是：劳动生产力处于低级发展阶段，与此相应，人们在物质生活生产过程内部的关系，即他们彼此之间以及他们同自然之间的关系是很狭隘的。这种实际的狭隘性，观念地反映在古代的自然宗教和民间宗教中。只有当实际日常生活的关系，在人们面前表现为人与人之间和人与自然之间极明白而合理的关系的时候，现实世界的宗教反映才会消失。只有当社会生活过程即物质生产过程的形态，作为自由联合的人的产物，处于人的有意识有计划的控制之下的时候，它才会把自己的神秘的纱幕揭掉。

马克思：《资本论》第1卷，摘自《马克思恩格斯文集》第5卷，人民出版社2009年12月第1版，第97页。

社会生产过程既是人类生活的物质生存条件的生产过程，又是一个在特殊的、历史的和经济的生产关系中进行的过程，是生产和再生产着这些生产关系本身，因而生产和再生产着这个过程的承担者、他们的物质生存条件和他们的互相关系即他们的一定的经济的社会形式的过程。因为，这种生产的承担者对自然的关系以及他们互相之间的关系，他们借以进行生产的各种关系的总体，就是从社会经济结构方面来看的社会。

马克思、恩格斯：《资本论》第3卷，摘自《马克思恩格斯文集》第7卷，人民出版社2009年12月第1版，第927页。

人们在生产中不仅仅影响自然界，而且也互相影响[①]。他们只有以一

---

① 在《新莱茵报》上发表时不是"不仅仅影响自然界，而且也互相影响"，而是"不仅仅同自然界发生关系"。——编者注

定的方式共同活动和互相交换其活动，才能进行生产。为了进行生产，人们相互之间便发生一定的联系和关系；只有在这些社会联系和社会关系的范围内，才会有他们对自然界的影响①，对自然界的关系，才会有生产。

生产者相互发生的这些社会关系，他们借以相互交换其活动和参与全部生产活动的条件，当然依照生产资料的性质而有所不同。

马克思：《雇佣劳动与资本》（1847年12月下半月），摘自《马克思恩格斯文集》第1卷，人民出版社2009年12月第1版，第724页。

摆在面前的对象，首先是**物质生产**。

在社会中进行生产的个人，——因而，这些个人的一定社会性质的生产，自然是出发点。（第5页）

一切生产都是个人在一定社会形式中并借这种社会形式而进行的对自然的占有。（第11页）

成为希腊人的幻想的基础、从而成为希腊［艺术］的基础的那种对自然的观点和对社会关系的观点，能够同走锭精纺机、铁道、机车和电报并存吗？（第35页）

马克思：《〈政治经济学批判〉导言》（1857年8月下旬），摘自《马克思恩格斯文集》第8卷，人民出版社2009年12月第1版。

小农人数众多，他们的生活条件相同，但是彼此间并没有发生多种多样的关系。他们的生产方式不是使他们互相交往，而是使他们互相隔离。这种隔离状态由于法国的交通不便和农民的贫困而更为加强了。他们进行生产的地盘，即小块土地，不容许在耕作时进行分工，应用科学，因而也就没有任何多种多样的发展，没有各种不同的才能，没有丰富的社会关系。每一个农户差不多都是自给自足的，都是直接生产自己的大部分消费品，因而他们取得生活资料多半是靠与自然交换，而不是靠与社会交往。

马克思：《路易·波拿巴的雾月十八日》（约1851年12月中—1852年3月25日），摘自《马克思恩格斯文集》第2卷，人民出版社2009年12月第1版，第566页。

然而，经济学家自己也不知道他在为什么服务。他不知道，他的全部利己的论辩只不过构成人类普遍进步的链条中的一环。他不知道，他瓦解

---

① 在《新莱茵报》上发表时不是"对自然界的影响"，而是"对自然界的关系"。——编者注

一切私人利益只不过替我们这个世纪面临的大转变，即人类与自然的和解以及人类本身的和解开辟道路。

    恩格斯：《国民经济学批判大纲》（约 1843 年 9 月底或 10 月初—1844 年 1 月中），摘自《马克思恩格斯文集》第 1 卷，人民出版社 2009 年 12 月第 1 版，第 63 页。

3. 马克思《剩余价值理论》相关论述片段

  因为重农学派的功绩和特征在于，它不是从流通中而是从生产中引出价值和剩余价值，所以它同货币主义和重商主义体系相反，必然从这样的生产部门开始，这个生产部门一般可以同流通、交换脱离开来单独考察，并且是不以人和人之间的交换为前提，而只以人和自然之间的交换为前提的。（第 1 册第 23 页）

  从物质生产的一定形式产生：第一，一定的社会结构；第二，人对自然的一定关系。人们的国家制度和人们的精神方式由这两者决定，因而人们的精神生产的性质也由这两者决定。（第 1 册第 296 页）

  如果说城市工人比农村工人发展，这只是由于他的劳动方式使他生活在**社会**之中，而土地耕种者的劳动方式则使他直接和**自然**打交道。（第 2 册第 260 页）

  使用价值表示物和人之间的自然关系，实际上是表示物为人而存在。**交换价值**则代表由于创造交换价值的社会发展后来被加在 Wert（＝使用价值）这个词上的意义。这是物的**社会**存在。（第 3 册第 326—327 页）

  最初的动物状态一终止，人对他周围的自然界的所有权，就总是事先通过他作为公社、家庭、氏族等等的成员的存在，通过他与其他人的关系（这种关系决定他和自然界的关系）间接地表现出来。（第 3 册第 416—417 页）

  对动物和植物来说，这种前提就是它们外部的自然界，——因而既包括无机的自然界，也包括它们同其他动植物的关系。在社会上从事生产的人，也同样遇到一个已经发生变化的自然界（特别是已经转化为他自己活动的工具的自然要素）以及生产者彼此间的一定关系。（第 3 册第 325 页）

    马克思：《剩余价值理论》，摘自《马克思恩格斯全集》第 26 卷第 1、2、3 册，人民出版社 1972 年版，1973 年版，1974 年版。

4. 马克思《经济学手稿（1857—1858 年）》相关论述片段

  价值的第一个形式是**使用价值**，是反映个人对自然的关系的日用品；

价值的第二个形式是与使用价值并存的交换价值,是个人支配他人的使用价值的权力,是个人的社会关系……(第124—125页)

只有资本才创造出资产阶级社会,并创造出社会成员对自然界和社会联系本身的普遍占有。由此产生了资本的伟大的文明作用;它创造了这样一个社会阶段,与这个社会阶段相比,以前的一切社会阶段都只表现为人类的**地方性发展和对自然的崇拜**。只有在资本主义制度下自然界才不过是人的对象,不过是有用物;它不再被认为是自为的力量;而对自然界的独立规律的理论认识本身不过表现为狡猾,其目的是使自然界(不管是作为消费品,还是作为生产资料)服从于人的需要。(第393页)

共同体(部落体)的特殊形式和与它相联系的对自然界的所有这二者的原始统一,或者说,把生产的客观条件当作自然存在,当作以公社为媒介的单个人的客观存在这样一种关系,——这种统一,一方面表现为一种特殊的财产形式,——在一定的**生产方式**本身中具有其活生生的现实性;这种生产方式既表现为个人之间的相互关系,又表现为他们对无机自然界的一定的实际的关系,表现为一定的劳动方式(这种劳动方式总是表现为家庭劳动,常常表现为公社劳动)。共同体本身作为第一个伟大的生产力而出现;特殊的生产条件(例如畜牧业、农业)发展起特殊的生产方式和特殊的生产力,既有表现为个人特性的主观的生产力,也有客观的生产力。

劳动主体所组成的共同体,以及以此共同体为基础的财产,归根到底归结为劳动主体的生产力发展的一定阶段,而和该阶段相适应的是劳动主体相互间的一定关系和他们对自然界的一定关系。(第495—496页)

马克思:《经济学手稿》(1857—1858年),摘自《马克思恩格斯全集》第46卷上册,人民出版社1979年7月第1版。

5. 马克思、恩格斯《德意志意识形态》相关论述片段

任何人类历史的第一个前提无疑是有生命的个人的存在。因此第一个需要确定的具体事实就是这些个人的肉体组织,以及受肉体组织制约的他们与自然界的关系。(第23页)

这些个人所产生的观念,是关于他们同自然界的关系,或者是关于他们之间的关系,或者是关于他们自己的肉体组织的观念。显然,在这几种情况下,这些观念都是他们的现实关系和活动、他们的生产、他们的交往、他们的社会政治组织的有意识的表现(不管这种表现是真实的还是虚幻

的)。相反的假设只有在除了真正的、受物质制约的个人的精神以外还假定有某种特殊的精神的情况下才能成立。如果这些个人的现实关系的有意识的表现是虚幻的,如果他们在自己的观念中把自己的现实颠倒过来,那末这还是由他们的物质活动方式的局限性以及由此而来的他们狭隘的社会关系所造成的。(第29页注释①)

生活的生产——无论是自己生活的生产(通过劳动)或他人生活的生产(通过生育)——立即表现为双重关系:一方面是自然关系,另一方面是社会关系;社会关系的含义是指许多个人的合作,至于这种合作是在什么条件下、用什么方式和为了什么目的进行的,则是无关紧要的。由此可见,一定的生产方式或一定的工业阶段始终是与一定的共同活动的方式或一定的社会阶段联系着的,而这种共同活动方式本身就是"生产力";由此可见,人们所达到的生产力的总和决定着社会状况,因而,始终必须把"人类的历史"同工业和交换的历史联系起来研究和探讨。但是,这样的历史在德国是写不出来的,这一点也很明显,因为对于德国人说来,要做到这一点不仅缺乏理解能力和材料,而且还缺乏"可靠的感性";而在莱茵河彼岸也没有关于这类事情的任何经验可供参考,因为那里再没有什么历史。由此可见,一开始就表明了人们之间是有物质联系的。这种联系是由需要和生产方式决定的,它的历史和人的历史一样长久;这种联系不断采取新的形式,因而就呈现出"历史",它完全不需要似乎还把人们联合起来的任何政治的或宗教的呓语存在。(第33—34页)

人们对自然界的狭隘的关系制约着他们之间的狭隘的关系,而他们之间的狭隘的关系又制约着他们对自然界的狭隘的关系,这正是因为自然界几乎还没有被历史的进程所改变;但是,另一方面,意识到必须和周围的人们来往,也就是开始意识到人一般地是生活在社会中的。(第35页)

到现在为止,我们只是主要考察了人类活动的一个方面——人们对自然的作用。另一方面,是人对人的作用……(第41页注释①)

历史的每一阶段都遇到有一定的物质结果、一定数量的生产力总和,人和自然以及人与人之间在历史上形成的关系……(第43页)

这种活动、这种连续不断的感性劳动和创造、这种生产,是整个现存感性世界的非常深刻的基础,只要它哪怕只停顿一年,费尔巴哈就会看到,不仅在自然界将发生巨大的变化,而且整个人类世界以及他(费尔巴哈)

的直观能力，甚至他本身的存在也就没有了。（第 50 页）

在前一种情况下，交换主要是人和自然之间的交换，即以人的劳动换取自然的产品，而在后一种情况下，主要是人与人之间所进行的交换。（第 73 页）

生产力与交往形式的关系就是交往形式与个人的行动或活动的关系。（这种活动的基本形式当然是物质活动，它决定一切其他的活动，如脑力活动、政治活动、宗教活动等……）（第 80 页）

至于说到这段话的**内容**，那末不清楚为什么劳动并不从来就是它应当成为的东西，为什么它现在就应当成为这样的东西，或者说为什么它应当成为那种直到现在都由于必然性而还没有成为的东西。诚然，直到现在，人的本质同人和自然界之间的两极对立，还没有得到解释。（第 571 页）

马克思、恩格斯：《德意志意识形态》（1845—1846 年），摘自《马克思恩格斯全集》第 3 卷，人民出版社 1960 年 12 第 1 版。

6. 马克思《1844 年经济学哲学手稿》相关论述片段

从费尔巴哈起才开始了**实证的人道主义和自然主义的批判**。（第 112 页）

人同自身以及自然界的任何自我异化，都表现在他使自身、使自然界跟另一些与他不同的人发生的关系上。（第 165 页）

人对人的直接的、自然的、必然的关系是**男人**对**女人的关系**。在这种**自然的**类关系中，人对自然的关系直接就是人对人的关系，正像人对人的关系直接就是人对自然的关系，就是他自己的**自然的**规定。（第 184 页）

这种共产主义，作为完成了的自然主义，等于人道主义，而作为完成了的人道主义，等于自然主义，它是人和自然界之间、人和人之间的矛盾的**真正解决**……（第 185 页）

因为只有在社会中，自然界对人说来才是人与人**联系的纽带**，才是他为别人的存在和别人为他的存在，只有在社会中，自然界才是人自己的**合乎人性的**存在的**基础**，才是人的现实的生活要素。（第 187 页）

如果**货币**是把我同**人的**生活，同社会，同自然界和人联结起来的纽带，那么货币难道不是一切**纽带**的纽带吗？（第 245 页）

你对人和对自然界的一切关系，都必须是你的**现实的个人**生活的、与

你的意志的对象相符合的**特定表现**。(第 247 页)

> 马克思:《1844 年经济学哲学手稿》(1844 年 4—8 月),摘自《马克思恩格斯文集》第 1 卷,人民出版社 2009 年 12 月第 1 版。

(二) 直接的物质生产是历史唯物主义的出发点、基本立足点

1. 在劳动发展史中找到了理解全部社会史的锁钥

在劳动发展史中找到了理解全部社会史的锁钥的新派别,一开始就主要是面向工人阶级的,并且从工人阶级那里得到了同情,这种同情是它在官方科学那里既没有寻找也没有期望过的。德国的工人运动是德国古典哲学的继承者。

> 恩格斯:《路德维希·费尔巴哈和德国古典哲学的终结》(1886 年初),摘自《马克思恩格斯文集》第 4 卷,人民出版社 2009 年 12 月第 1 版,第 313 页。

2. 物质生活的生产方式制约着整个社会生活、政治生活和精神生活的过程

当德国的资产阶级、学究和官僚把英法经济学的初步原理当作不可侵犯的教条死记硬背,力求多少有些了解的时候,德国无产阶级的政党出现了。它的全部理论内容来自对政治经济学的研究,它一出现,科学的、独立的、德国的经济学也就产生了。这种德国的经济学本质上是建立在唯物主义历史观的基础上的,后者的要点,在本书的序言中已经作了扼要的阐述①。这篇序言的主要部分已经在《人民报》上刊载过,因此我们请读者去参看一下。下面这个原理,不仅对于经济学,而且对于一切历史科学(凡不是自然科学的科学都是历史科学)都是一个具有革命意义的发现:"物质生活的生产方式制约着整个社会生活、政治生活和精神生活的过程",在历史上出现的一切社会关系和国家关系,一切宗教制度和法律制度,一切理论观点,只有理解了每一个与之相应的时代的物质生活条件,并且从这些物质条件中被引申出来的时候,才能理解。"不是人们的意识决定人们的存在,相反,是人们的社会存在决定人们的意识。"这个原理非常

---

① 指马克思《〈政治经济学批判〉序言》。——编者注

简单，它对于没有被唯心主义的欺骗束缚住的人来说是不言自明的。但是，这个事实不仅对于理论，而且对于实践都是最革命的结论。"社会的物质生产力发展到一定阶段，便同它们一直在其中运动的现存生产关系或财产关系（这只是生产关系的法律用语）发生矛盾。于是这些关系便由生产力的发展形式变成生产力的桎梏。那时社会革命的时代就到来了。随着经济基础的变更，全部庞大的上层建筑也或慢或快地发生变革……资产阶级的生产关系是社会生产过程的最后一个对抗形式，这里所说的对抗，不是指个人的对抗，而是指从个人的社会生活条件中生长出来的对抗；但是，在资产阶级社会的胎胞里发展的生产力，同时又创造着解决这种对抗的物质条件。"由此可见，只要进一步发挥我们的唯物主义论点，并且把它应用于现时代，一个强大的、一切时代中最强大的革命远景就会立即展现在我们的面前。

人们的意识决定于人们的存在而不是相反，这个原理看来很简单，但是仔细考察一下也会立即发现，这个原理的最初结论就给一切唯心主义，甚至给最隐蔽的唯心主义当头一棒。关于一切历史的东西的全部传统的和习惯的观点都被这个原理否定了。政治论证的全部传统方式崩溃了；爱国的义勇精神愤慨地起来反对这种无礼的观点。因此，新的世界观不仅必然遭到资产阶级代表人物的反对，而且也必然遭到一群想靠自由、平等、博爱的符咒来翻转世界的法国社会主义者的反对。这种世界观激起了德国庸俗的民主主义空喊家极大的愤怒。尽管如此，他们还是力图剽窃新的思想，然而对这些思想又极端无知。

即使只是在一个单独的历史事例上发展唯物主义的观点，也是一项要求多年冷静钻研的科学工作，因为很明显，在这里只说空话是无济于事的，只有靠大量的、批判地审查过的、充分地掌握了的历史资料，才能解决这样的任务。二月革命把我们党推上了政治舞台，因此使它不可能进行纯科学的探讨。虽然如此，这个基本观点却像一根红线贯穿着党的一切文献。在所有这些文献中，每个场合都证明，每次行动怎样从直接的物质动因产生，而不是从伴随着物质动因的词句产生，相反地，政治词句和法律词句正像政治行动及其结果一样，倒是从物质动因产生的。

1848—1849年革命失败之后，这样一个时期到来了，在这个时期从国外来影响德国越来越不可能了，我们党把流亡者之间争吵——因为这成了唯一可能的行动——的场所让给了庸俗民主派。他们心满意足地热衷于争吵，今天大吵大闹，明天握手言欢，后天又公开自己的丑事，他们在美洲到处行乞，接着立刻在瓜分几文讨来的银钱上重新出丑，在这个时候，我们党却因为重新得到了几分宁静从事研究工作而高兴。我们党有个很大的优点，就是有一个新的科学的观点作为理论的基础，研究这个观点已经够忙了，单是这一点，我们党就不可能堕落到像流亡中的"大人物"那样深的程度。

> 恩格斯：《卡尔·马克思〈政治经济学批判〉》（1859年8月3日—15日），摘自《马克思恩格斯全集》第13卷，人民出版社1962年11月第1版，第525—526页。

3. 历史不过是追求着自己目的的人的活动而已

历史什么事情也没有做，它"并不拥有任何无穷尽的丰富性"，它并"**没有在任何战斗中作战**"！创造这一切、拥有这一切并为这一切而斗争的，不是"历史"，而正是**人**，现实的、活生生的人。"历史"并不是把人当做达**到自**己目的的工具来利用的某种特殊的人格。历史**不过是**追求着自己目的的人的活动而已。

> 马克思、恩格斯：《神圣家族》（1844年9—11月），摘自《马克思恩格斯全集》第2卷，人民出版社1957年12月第1版，第118页。

4. 生产本身有两种：一方面是生活资料的生产，另一方面是人自身的生产

根据唯物主义观点，历史中的决定性因素，归根结底是直接生活的生产和再生产。但是，生产本身又有两种。一方面是生活资料即食物、衣服、住房以及为此所必需的工具的生产；另一方面是人自身的生产，即种的繁衍。

> 恩格斯：《〈家庭、私有制和国家的起源〉第一版序言》（1884年），摘自《马克思恩格斯文集》第4卷，人民出版社2009年12月第1版，第15—16页。

5. 任何一个民族，如果停止劳动，不用说一年，就是几个星期，也要灭亡

任何一个民族，如果停止劳动，不用说一年，就是几个星期，也要灭亡，这是每一个小孩都知道的。小孩子同样知道，要想得到与各种不同的需要量相适应的产品量，就要付出各种不同的和一定数量的社会总劳动量。

这种按一定比例**分配**社会劳动的**必要性**，决不可能被社会生产的**一定形式**所取消，而可能改变的只是**它的表现形式**，这是不言而喻的。自然规律是根本不能取消的。在不同的历史条件下能够发生变化的，只是这些规律借以实现的**形式**。而在社会劳动的联系体现为个人劳动产品的**私人交换的**社会制度下，这种劳动按比例分配劳动所借以实现的形式，正是这些产品的**交换价值**。

马克思：《马克思致路·库格曼》（1868 年 7 月 11 日），摘自《马克思恩格斯全集》第 10 卷，人民出版社 1962 年 4 月第 1 版，第 289 页。

这种活动、这种连续不断的感性劳动和创造、这种生产，是整个现存感性世界的非常深刻的基础，只要它哪怕只停顿一年，费尔巴哈就会看到，不仅在自然界将发生巨大的变化，而且整个人类世界以及他（费尔巴哈）的直观能力，甚至他本身的存在也就没有了。

马克思、恩格斯：《德意志意识形态》（1845—1846 年），摘自《马克思恩格斯全集》第 3 卷，人民出版社 1960 年 12 月第 1 版，第 50 页。

6. 没有一个生产者阶级，社会就不能生存

常常有人问：社会上不同的阶级，在什么程度上是有用的或者甚至是必要的呢？回答自然因每个不同的历史时期而不同。无疑，曾经有过一个时期，土地贵族是社会的一个不可避免的和必要的成分。不过，那是很久很久以前的事了。然后又有一个时期，资本主义中等阶级（法国人把它叫做**资产阶级**）以同样不可避免的必要性产生了，它们与土地贵族进行斗争，摧毁他们的政权，自己在经济上和政治上取得了统治。但是，自从阶级产生以来，从来没有过一个时期社会上可以没有劳动阶级而存在的。这个阶级的名称、社会地位改变了，农奴代替了奴隶，而他自己又被自由工人所代替，所谓自由，是摆脱了奴隶地位的自由，但也除了他自己的劳动力以外一无所有的自由。但是有一件事是很明显的，无论不从事生产的社会上层发生什么变化，没有一个生产者阶级，社会就不能生存。因此，这个阶级在任何情况下都是必要的，虽然会有一天它将不再是一个阶级，而是包括整个社会。

恩格斯：《必要的和多余的社会阶级》（1881 年 8 月 1—2 日），摘自《马克思恩格斯全集》第 19 卷，人民出版社 1963 年 12 月第 1 版，第 315 页。

只要社会还没有围绕着劳动这个太阳旋转，它就绝不可能达到均衡。

马克思:《"揭露科伦共产党人案件"一书第二版跋》(1875年1月8日),摘自《马克思恩格斯全集》第18卷,人民出版社1964年10月第1版,第627页。

7. 整个所谓世界历史不外是人通过人的劳动而诞生的过程

整个所谓世界历史不外是人通过人的劳动而诞生的过程,是自然界对人来说的生成过程,所以关于他通过自身而**诞生**、关于他的**形成过程**,他有直观的、无可辩驳的证明。

马克思:《1844年经济学哲学手稿》(1844年4—8月),摘自《马克思恩格斯文集》第1卷,人民出版社2009年12月第1版,第196页。

8. 劳动是人的能力的实现

李嘉图,象所有值得提到的经济学家一样,象亚·斯密一样(虽然斯密有一次出于幽默把牛称为生产劳动者),强调指出劳动是**人的**、而且是社会规定的**人的活动**,是价值的唯一源泉。李嘉图和其他经济学家不同的地方,恰恰在于他前后一贯地把商品的价值看作仅仅是社会规定的劳动的"体现"。所有这些经济学家都多少懂得(李嘉图更懂得)应该把**物**的交换价值看作仅仅是人的生产活动的表现,人的生产活动的特殊的社会形式,看作一种和物及其作为物在生产消费或非生产消费中的使用完全不同的东西。在他们看来,价值实际上不过是以物表现出来的、人的生产活动即人的各种劳动的相互关系。李嘉图引用德斯杜特·德·特拉西的下面一段话来反驳萨伊,这段话,正如他明确地声明的那样,也表达了他本人的见解:

"很清楚,我们的体力和智力是我们唯一的原始的财富,因此,这些能力〈人的能力〉**的运用,某种劳动**〈可见,劳动是**人的**能力的实现〉,是我们唯一的原始的财宝;凡是我们称为财富的东西,总是由这些能力的运用创造出来的……此外,**这一切**东西确实**只代表创造它们的劳动**,如果它们有**价值**,或者甚至有两种不同的价值,那也只能来源于……创造它们的劳动的价值。"(**李嘉图**,同上第334页)

由此可见,商品所以有价值,一般说,物所以有价值,仅仅由于它们是人的[848]劳动的**表现**——不是因为它们本身是物,而是因为它们是社会劳动的化身。

马克思:《剩余价值理论》,摘自《马克思恩格斯全集》第26卷第3册,人民出版社1974年12月第1版,第197—198页。

9. 工业是"一本打开了的关于人的本质力量的书"

//我们看到，工业的历史和工业的已经生成的**对象性**的存在，是一本**打开了的关于人的本质力量**的书，是感性地摆在我们面前的人的**心理学**；对这种心理学人们至今还没有从它同人的**本质**的联系上，而总是仅仅从外在的有用性这种关系来理解，因为在异化范围内活动的人们仅仅把人的普遍存在，宗教，或者具有抽象普遍本质的历史，如政治、艺术和文学等等［IX］，理解为人的本质力量的现实性和**人的类活动**。在**通常的、物质的工业**中（人们可以把这种工业理解为上述普遍运动的一部分，正像可以把这个运动本身理解为工业的一个**特殊**部分一样，因为全部人的活动迄今都是劳动，也就是工业，就是同自身相异化的活动），人的**对象化的本质力量**以**感性的、异己的、有用的对象**的形式，以异化的形式呈现在我们面前。如果心理学还没有打开这本书即历史的这个恰恰最容易感知的、最容易理解的部分，那么这种心理学就不能成为内容确实丰富的和**真正的**科学。//如果科学从人的活动的如此广泛的丰富性中只知道那种可以用"需要"、"一般需要！"的话来表达的东西，那么人们对于这种**高傲地撇开人的劳动**的这一巨大部分而不感觉自身不足的科学究竟应该怎样想呢？

马克思：《1844年经济学哲学手稿》（1844年4—8月），摘自《马克思恩格斯文集》第1卷，人民出版社2009年12月第1版，第192—193页。

10. "活动"比"物"更重要："劳动是活的、塑造形象的火"，物化劳动的使用价值通过新的活劳动而得到保存

在李嘉图那里重要的是，虽然甚至亚·斯密和萨伊也还把劳动的某种**一定产品**看作［价值的］调节者，但他却到处把劳动、活动即生产本身，也就是说，不是把产品，而是把生产即创造的行为［当作调节者］。由此而来的是资产阶级生产的整个时代。在亚·斯密那里，活动还没有解放，还不是自由的，还没有摆脱自然的束缚，还没有摆脱物。在李嘉图那里，人处处要和自己的生产率打交道，在亚·斯密那里，人还在崇拜自己的创造物，所谈的还是某种一定的物，在他活动之外的物。

马克思：《关于大·李嘉图〈政治经济学和赋税原理〉》，摘自《马克思恩格斯全集》第44卷，人民出版社1982年5月第1版，第115页。

［V—175a］劳动的富有活力的自然力的表现就在于，它利用、消耗材料和工具时，以某种形式把它们保存下来，从而把物化在其中的劳动，它

们的交换价值也保存下来；正象不是过去劳动的产物或不是要重复进行的过去劳动的产物的劳动的一切自然力或社会力一样，劳动的这种自然力（例如工人的历史发展等）是**资本的力量**，而不是劳动的力量。因此，资本是不给它报酬的，正象资本并不因工人会思考而付给他报酬一样。

马克思：《经济学手稿》（1861—1863年），摘自《马克思恩格斯全集》第47卷，人民出版社1979年10月第1版，第514—515页。

[（b）不变资本的使用价值通过新的
活劳动而得到保存]

……

活的劳动时间再生产出来的，只是物化劳动时间（资本）的这样一部分，这一部分表现为对活劳动能力的支配权的等价物，因而，作为等价物，它必须补偿物化在劳动能力中的劳动时间，也就是补偿活的劳动能力的生产费用，换句话说，必须维持工人作为工人的生活。活的劳动时间在此之外生产的，不是再生产，而是新的创造，并且是新的价值创造，因为这是新的劳动时间在一个使用价值中的物化。至于原料和工具所包含的劳动时间与此同时被保存下来，这种情况并**不是劳动的量**的结果，而是劳动作为劳动的**质**的结果；而且劳动的一般的质，并不是劳动的特殊技能，不是特别规定的劳动，而在于**劳动乃是作为劳动的那种劳动**，——这种质是不用特别支付报酬的，因为资本在同工人的交换中已经购买了**这种质**。

然而，这种质（劳动的特有使用价值）的等价物，却是单纯用生产这种特有使用价值的劳动时间的**量**来计量的。工人把工具当作工具使用，赋予原料以形式，从而首先给原料和工具的价值追加上和他的工资中所包含的劳动时间相等的新劳动量；此外工人所追加的，就是剩余劳动时间，剩余价值。但是，由于这样一种简单的关系，即工具被用作工具，原料成为劳动的原料；由于这样一种简单的过程，即工具和原料同劳动接触，成为劳动的手段和对象，从而成为活劳动的物化，成为劳动本身的要素；——由于这种情况，原料和工具就不是在形式上而是在实体上被保存下来，而从经济学的角度来看，它们的实体就是物化劳动时间。物化[在原料和工具中的]劳动时间不再以片面的物的形式存在，从而不再作为单纯的物受到化学等等过程的破坏，这是因为物化劳动时间成了活劳动的物质存在方式——手段和对象。

从单纯物化劳动时间，发展起来了物质对于形式的漠不相关性；因为在物化劳动时间的物的存在中，劳动已只是消失了的东西，只是这种物化劳动时间的自然实体的**外在形式**（这种形式对于这种实体本身来说是外在的，例如桌子的形式对于木头来说是外在的，轴的形式对于铁来说是外在的），劳动已只是存在于物质的东西的外在形式中的东西。物化劳动时间保存它的这种形式，并不象例如树木保存它的树木形式那样是由于再生产的活的内在规律造成的（木头所以在一定形式上作为树木保存自己，是因为这种形式是木头的形式；而桌子的形式对于木头来说则是偶然的，不是它的实体的内在形式），物化劳动时间在这里只是作为物质的东西的外在形式而存在，或者说，它本身只是物质地存在着。因此，它的物质遭到的破坏，也会使形式遭到破坏。可是，当原料和工具成为活劳动的条件时，它们本身又复活了。物化劳动不再以死的东西在物质中作为外在的、无关的形式而存在，因为物化劳动本身又表现为活劳动的要素，表现为活劳动对处在某种物质材料中的自身的关系，表现为活劳动的**对象性**（作为手段和对象）（活劳动的**物**的条件）。

这样，活劳动通过把自己实现在材料中而改变材料本身，——这种改变是由劳动的目的和劳动的有目的的活动决定的（这种改变不象在死的物中那样是创造物质的外在形式，创造物质存在的仅仅转瞬即逝的外表），——因此，材料在一定形式中保存下来，物质的形式变换服从于劳动的目的。劳动是活的、塑造形象的火；是物的易逝性，物的暂时性，这种易逝性和暂时性［III—41］表现为这些物通过活的时间而被赋予形式。在简单生产过程中——撇开价值增殖过程不谈——物的形式的易逝性被用来造成物的有用性。

如果棉花变成纱，纱变成布，布变成印染布等，印染布再变成比如说衣服，那么，（1）棉花的实体在所有这些形式中都得到了保存（在化学过程中，在由劳动调节的物质变换中，到处都是等价物（自然的）相交换等等）；（2）在所有这些连续的过程中，物质取得越来越有用的形式，因为它取得越来越适合于消费的形式；直到最后，物质取得使它能够直接成为消费品的形式，这时物质的消耗和它的形式的扬弃成了人的享受，物质的变化就是物质的使用本身。

棉花的物质在所有这些过程中都得到了保存，它在一种使用价值上消失，是为了**进入更高级的形式，直到物品成为直接的消费品**。但是，当棉花变成纱的时候，棉花就被置于同下一种劳动的一定关系之中。如果下一步劳动不进行，那么，不仅已经赋予棉花的形式没有用处，也就是说，以前的劳动没有得到新劳动的确认，而且连物质也要腐坏，因为这种物质在纱的形式中只有再经加工才有使用价值：只有被下一步劳动使用，它才是使用价值；只有它的纱的形式被扬弃而代之以布的形式，它才是使用价值；而棉花在作为棉花的存在中却可以无止境地被使用。

可见，如果没有下一步劳动，棉花和纱的使用价值，材料和形式，就会损坏，这种使用价值就会被消灭，而不是被生产出来。材料和形式，物质和形式由于下一步劳动而被保存，——作为使用价值被保存，——直到它们取得这样一种使用价值形态，这种使用价值的使用就是消费。因而，简单生产过程的情形就是：生产的前一阶段由生产的后一阶段保存下来；旧的使用价值由于创造出更高的使用价值而保存下来，或者说，旧的使用价值只是从它作为使用价值被提高这个意义上来说才发生了变化。正是活劳动由于使未完成的劳动产品成为下一步劳动的材料，才保存了这种产品的使用价值。但是，活劳动保存这种产品，也就是说，使它免于报废和毁灭，只是由于按照劳动的目的对它进行了加工，总之，使它成了新的活劳动的对象。

旧使用价值的这种保存，并不是在用新劳动提高旧使用价值或完成旧使用价值之外发生的过程，而是由提高使用价值的这一新劳动本身来实现的。由于织布劳动把纱变成布，也就是把纱当作织布（一种特殊的活劳动）的原料（而且纱只有用来织布才有使用价值），织布劳动就保存了棉花本身所具有的并且在棉纱这种特殊形式中所保存的使用价值。织布劳动由于把劳动产品变成新劳动的原料而保存了这种产品，但是，它（1）没有为此追加新劳动；（2）顺便以另一种劳动保存了原料的使用价值。**织布劳动通过把纱织成布而保存了棉花作为纱的有用性**。（所有这些已经属于**论述一般生产**的第一章的内容。）织布劳动通过织布保存棉花。作为产品的劳动的这种保存，或者说，劳动产品的使用价值由于产品成为新劳动的原料，即重新被当作有目的的活劳动的物质对象性而被保存，这在简单生产过程中就已存在。就使用价值来说，劳动具有下面这样的属性：它保存现有使用价值，是由于它提高现有使用价值，而它提高现有使用价值，是由于它把现有使用价值变成了一种由最终目的决定的新的劳动的对象,即把现有使用价值从毫无关系的存在形式重新变成劳动的物质材料形式,变成劳动的躯体形式。

(**工具的情况也是这样**。纱锭只有用于纺纱,才能作为使用价值来保存。否则,由于铁和木头在这里所具有的一定形式,无论是创造这种形式的劳动,还是劳动为之创造这种形式的物质,就都会毁坏而不能使用。只是由于纱锭成为活劳动的手段,成为活劳动的生命力的一个物质存在要素,木材和铁的使用价值以及它们的形式才得以保存。纱锭作为劳动工具的使命,就是要被消耗,但要在纺纱过程中被消耗。纱锭赋予劳动的更高的生产率,会创造出更多的使用价值,从而会补偿工具被消费时所消耗掉的使用价值。这种情况在农业中表现得最明显,因为在农业中〔产品〕最容易(因为最早)直接表现为生活资料和使用价值,表现为不同于交换价值的使用价值。如果一个农民使用锄头获得的粮食比不用锄头时多一倍,那么他生产锄头本身所需的时间就比较少;他有足够的粮食来置备一个新锄头。)

现在,在价值增殖过程中,资本价值的各个组成部分——其中一部分以材料形式存在,另一部分以工具形式存在——对于工人,即对于活劳动来说(因为工人在这个过程中只是作为活劳动而存在),不是表现为价值,而是表现为生产过程的简单要素,表现为供劳动用的使用价值,表现为劳动发挥作用的物的条件,或者说表现为劳动的物的要素。至于工人把工具当作工具来使用,赋予原料〔III—42〕以更高形式的使用价值,从而把工具和原料保存下来,这是劳动本身的性质。但是,这样保存下来的劳动的使用价值,作为资本的组成部分是交换价值;而它们作为这种交换价值,是由它们所包含的生产费用,即它们所包含的物化劳动的量决定的。(同使用价值有关的,只是已经物化的劳动的**质**。)**物化劳动**的量被保存下来,是由于物化劳动通过同活劳动相接触,它的**作为下一步劳动的使用价值的质**被保存下来。

棉花的使用价值以及棉花作为纱的使用价值被保存下来,是由于棉花作为纱被织成布,是由于棉花〔作为纱〕在织布时是物的要素之一(此外还有纺车)。**因此棉花和棉纱所包含的劳动时间量也就被保存下来**。同一种情况,**在简单生产过程中表现为过去劳动的质的保存,因而表现为体现过**

去劳动的那种材料的保存，在价值增殖过程中则表现为已经物化的劳动的量的保存。**对于资本来说**，这是物化劳动量**通过生产过程**而得到的保存，对于**活劳动**本身来说，这只是已经存在的、为劳动而存在的使用价值的保存。

活劳动追加一个**新的劳动量**，但是它保存已经物化的劳动量并不是由于这种**量的追加**，而是由于它作为**活劳动的质**，或者说，是由于它作为劳动同那些包含过去劳动的使用价值发生关系。但是，活劳动被支付报酬，也并不是由于它作为活劳动具有的这种质，——如果它不是活劳动，根本就不会有人购买它，——而是由于它自身包含的劳动**量**。象其他一切商品一样，得到支付的，只是劳动的使用价值的**价格**。活劳动具有特殊的质，即通过在已经物化的劳动量上追加新的劳动量，同时把物化劳动在其物化劳动的质中保存下来，这种质是不被支付报酬的，而且也不花费工人什么，因为这是工人劳动能力的自然属性。

在生产过程中，劳动同它的物质存在要素——工具和材料——的分离**被扬弃了**。资本和雇佣劳动的存在就是以这种分离为基础的。**对于这种分离在生产过程中实际上被扬弃**，——因为不扬弃就根本不能进行劳动，——**资本并不支付报酬**。（这种扬弃并不是通过同工人的交换来实现的，而是**通过生产过程中的劳动本身**来实现的。但是，作为这种**现存的劳动**，劳动本身已经被并入资本，成了资本的一个要素。因而，劳动的这种保存力表现为资本的**自我保存力**。工人只是追加了新劳动；过去的劳动——只要资本存在——作为价值具有永恒的存在，完全不以价值的物质存在为转移。对资本和工人来说，事情就是如此。）如果资本对于这种分离被扬弃，也必须支付报酬，那么资本就不成其为资本了。这种扬弃完全有赖于劳动按其性质在生产过程中所起的物质作用，有赖于劳动的使用价值。

但是，劳动作为使用价值属于资本家；作为单纯的交换价值属于工人。劳动在生产过程本身中的活的质，即通过把物化劳动时间变成活劳动的物质存在方式来保存物化劳动时间的这种质，同工人毫不相干。**在生产过程本身中**，活劳动把**工具和材料**变成自己灵魂的躯体，从而使它们起死回生，——**这种占有**，事实上同下述情况相矛盾：劳动是无对象的，或者说，劳动只有在工人身上作为直接的生命力才是现实的；而劳动材料和劳动工具却在资本中作为自为存在的东西存在着。（这一点我们以后再谈。）

资本的价值增殖过程通过简单生产过程并在简单生产过程中实现，是由于活劳动同它的物质存在要素发生合乎自然的关系，但是，只要活劳动进入这种关系，这种关系就不是为活劳动本身而存在，而是为资本而存在；活劳动本身已经是资本的要素。

由此可见，资本家通过同工人的交换过程，——事实上由于资本家为包含在工人劳动能力中的生产费用向工人支付了等价物，也就是说，给了工人维持他的劳动能力的资料，资本家就占有了活劳动，——他无偿地得到了两种东西：第一，得到了增加他的资本价值的剩余劳动，第二，同时得到了活劳动的质，这种质使物化在资本的各个组成部分中的过去劳动得到保存，从而使原有的资本的价值得到保存。但是，这种保存并不是由于**活劳动增大了物化劳动的量**，创造了价值，而只是由于活劳动在追加新劳动量时作为**活劳动而存在**，同劳动材料和劳动工具处于一种由生产过程决定的内在关系之中，也就是说，由于它作为活劳动的质。而作为这样的质，活劳动本身是简单生产过程的一个要素，它不要资本家花费什么，就象纱和纱锭除了它们的价格以外，并不由于它们也是生产过程的要素而要资本家再花费什么一样。

例如在商业等等的停滞时期，如果工厂停工，事实上就可以看到，机器和纱一旦中断了同活劳动的关系，机器就会生锈，纱就会成为无用的赘物，而且还会腐坏。如果说资本家让工人劳动只是［Ⅲ—43］为了创造剩余价值，——为了创造还不存在的价值，——那么我们就可以看到，只要资本家不再让工人劳动，就连他的已有的资本也会丧失价值，可见，活劳动不仅追加新价值，而且通过在旧价值上追加新价值这同一行为，也保存了旧价值，使其永久化。

（由此可以明显地看出，人们指责李嘉图，说他只把利润和工资看作生产费用的必要组成部分，而不把原料和工具中包含的资本部分也看作生产费用的必要组成部分，这种指责是十分愚蠢的。

因为原料和工具中的原有价值只是被保存，所以就不会形成新的生产费用。至于谈到这些原有价值本身，那么它们又全部归结为物化劳动——必要劳动和剩余劳动——工资和利润。单纯的自然物质，只要**没有**人类劳动物化在其中，也就是说，只要它是不依赖人类劳动而存在的单纯物质，它就没有**价值**，因为价值只不过是物化劳动；它就象一般元素一样没有价值。）

因此，原有资本通过增殖其价值的劳动而被保存下来，这并不花费资本什么，因而不计入生产费用。虽然原有的价值保存在产品中，因而在交换时这些价值也必须得到等价物，但是在产品中**保存这些价值**，并没有花费资本分文，因而也不能被列入生产费用。这些价值也不用劳动来补偿，因为它们没有被消费，它们被消费的仅仅是同劳动无关的、处于劳动之外的存在方式，也就是说，被劳动**消费的**（被扬弃的）恰恰是它们的**易逝性**。真正被消费的只是工资。

马克思：《经济学手稿》（1857—1858 年），摘自《马克思恩格斯全集》第 46 卷上册，人民出版社 1979 年 7 月第 1 版，第 329—337 页。

11. 个人与"物质生产"的关系

任何人类历史的第一个前提无疑是有生命的个人的存在。因此第一个需要确定的具体事实就是这些个人的肉体组织，以及受肉体组织制约的他们与自然界的关系。当然，我们在这里既不能深入研究人们自身的生理特性，也不能深入研究各种自然条件——地质条件、地理条件、气候条件以及人们所遇到的其他条件。任何历史记载都应当从这些自然基础以及它们在历史进程中由于人们的活动而发生的变更出发。

可以根据意识、宗教或随便别的什么来区别人和动物。一当人们自己开始**生产**他们所必需的生活资料的时候（这一步是由他们的肉体组织所决定的），他们就开始把自己和动物区别开来。人们生产他们所必需的生活资料，同时也就间接地生产着他们的物质生活本身。

人们用以生产自己必需的生活资料的方式，首先取决于他们得到的现成的和需要再生产的生活资料本身的特性。这种生产方式不仅应当从它是个人肉体存在的再生产这方面来加以考察。它在更大程度上是这些个人的一定的活动方式、表现他们生活的一定形式、他们的一定的**生活方式**。个人怎样表现自己的生活，他们自己也就怎样。因此，他们是什么样的，这同他们的生产是一致的——既和他们生产**什么**一致，又和他们怎样生产一致。因而，个人是什么样的，这取决于他们进行生产的物质条件。（第 23—24 页）

以一定的方式进行生产活动的一定的个人，发生一定的社会关系和政治关系。经验的观察在任何情况下都应当根据经验来揭示社会结构和政治结构同生产的联系，而不应当带有任何神秘和思辨的色彩。社会结构和国家经常是从一定个人的生活过程中产生的。但这里所说的个人不是他们自己或别人想像中的那种个人，而是**现实中的**个人，也就是说，这些个人是从事活动的，进行物质生产的，因而是在一定的物质的、不受他们任意支配的界限、前提和条件下能动地表现自己的。（第28—29页）

我们遇到的是一些没有任何前提的德国人，所以我们首先应当确定一切人类生存的第一个前提也就是一切历史的第一个前提，这个前提就是：人们为了能够"创造历史"，必须能够生活。但是为了生活，首先就需要衣、食、住以及其他东西。因此第一个历史活动就是生产满足这些需要的资料，即生产物质生活本身。同时这也是人们仅仅为了能够生活就必须每日每时都要进行的（现在也和几千年前一样）一种历史活动，即一切历史的一种基本条件。即使感性在圣布鲁诺那里被归结为像一根棍子那样微不足道的东西，但它仍须以生产这根棍子的活动为前提。因此任何历史观的第一件事情就是必须注意上述基本事实的全部意义和全部范围，并给予应有的重视。（第31—32页）

马克思、恩格斯：《德意志意识形态》（1845—1846年），摘自《马克思恩格斯全集》第3卷，人民出版社1960年12月第1版。

12. 以流通、分配、消费等非直接物质生产领域为出发点的研究的不足

消费资料的任何一种分配，都不过是生产条件本身分配的结果；而生产条件的分配，则表现生产方式本身的性质。例如，资本主义生产方式的基础是：生产的物质条件以资本和地产的形式掌握在非劳动者手中，而人民大众所有的只是生产的人身条件，即劳动力。既然生产的要素是这样分配的，那么自然就产生现在这样的消费资料的分配。如果生产的物质条件是劳动者自己的集体财产，那么同样要产生一种和现在不同的消费资料的分配。

马克思：《哥达纲领批判》（约1875年4月底—5月7日），摘自《马克思恩格斯文集》第3卷，人民出版社2009年12月第1版，第436页。

更有学识、更有批判意识的人们，虽然承认分配关系的历史发展性质[①]，但同时却更加固执地认为，生产关系本身具有不变的、从人类本性

[①] 约·斯图亚特·穆勒《略论政治经济学的某些有待解决的问题》1844年伦敦版。

产生出来的，因而与一切历史发展无关的性质。

相反，对资本主义生产方式的科学分析却证明：资本主义生产方式是一种特殊的、具有独特历史规定性的生产方式；它和任何其他一定的生产方式一样，把社会生产力及其发展形式的一个既定阶段作为自己的历史条件，而这个条件又是一个先行过程的历史结果和产物，并且是新的生产方式由以产生的既定基础；同这种独特的、历史地规定的生产方式相适应的生产关系，——即人们在他们的社会生活过程中、在他们的社会生活的生产中所处的各种关系，——具有一种独特的、历史的和暂时的性质；最后，分配关系本质上和生产关系是同一的，是生产关系的反面，所以二者都具有同样的历史的暂时的性质。（第994页）

当然，可以说，资本（以及资本作为自身的对立物而包括进来的土地所有权）本身已经以这样一种分配为前提：劳动者被剥夺了劳动条件，这些条件集中在少数个人手中，另外一些个人拥有土地排他的所有权，总之，就是在论原始积累的那一部分（第一册第二十四章）已经说明过的全部关系。但是，这种分配完全不同于人们把分配关系和生产关系对立起来而赋予它以一种历史性质时所理解的分配关系。人们谈到这种分配关系，指的是对产品中归个人消费的部分的各种索取权。相反，前面所说的分配关系，却是在生产关系本身范围内部由生产关系的一定当事人在同直接生产者的对立中所执行的那些特殊社会职能的基础。这种分配关系赋予生产条件本身及其代表以特殊的社会性质。它们决定着生产的全部性质和全部运动。（第995页）

工资以雇佣劳动为前提，利润以资本为前提。因此，这些一定的分配形式是以生产条件的一定的社会性质和生产当事人之间的一定的社会关系为前提的。因此，一定的分配关系只是历史地规定的生产关系的表现。（第998页）

只把分配关系看做历史的东西而不把生产关系看做历史的东西的见解，一方面，只是对资产阶级经济学刚开始进行还带有局限性的批判时的见解。另一方面，这种见解建立在一种混同上面，这就是，把社会的生产过程，同反常的孤立的人没有任何社会帮助的情况下也必须完成的简单劳动过程相混同。就劳动过程只是人和自然之间的单纯过程来说，劳动过程的简单要素是这个过程的一切社会发展形式共有的。但劳动过程的每个一定的历史形式，都会进一步发展这个过程的物质基础和社会形式。这个一定的历史形式达到一定的成熟阶段就会被抛弃，并让位给较高级的形式。分配关系，从而与之相适应的生产关系的一定的历史形式，同生产力，即生产能力及其要素的发展这两个方面之间的矛盾和对立一旦有了广度和深度，就表明这样的危机时刻已经到来。这时，在生产的物质发展和它的社会形式之间就发生冲突。（第1000页）

马克思、恩格斯：《资本论》第3卷，摘自《马克思恩格斯文集》第7卷，人民出版社2009年12月第1版。

从货币或商品这两个点上开始的过程，它的反复并不是交换本身的条件造成的。这一行为只能反复到交换完成时为止，也就是交换价值总额完成交换时为止。它不能由它自己重新发动起来。**因此，流通本身不包含自我更新的原理。流通的要素先于流通而存在**，而不是由流通本身创造出来的。商品必须不断地从外面重新投入流通，就象燃料被投入火中一样。否则，流通就会失去作用而消失。流通会在货币这个失去作用的结果上消失；货币只要不再和商品、价格、流通发生关系，就不再是货币，不再表现生产关系；货币所留下来的，只有它的金属存在，而它的经济存在则消灭了。所以，流通这个表现为直接存在于资产阶级社会表面上的东西，只有不断通过媒介才能存在。就流通本身来看，它是预先存在的两极的媒介。但是它不会创造这两极。因此，流通不仅在它的每一个要素上，而且作为媒介的整体，作为全部过程本身，都必须通过媒介才存在。因而流通的直接存在是纯粹的假象。**流通是在流通背后进行的一种过程的表面现象**。

现在，流通在它的每一个要素上——作为商品，作为货币，而且作为两者之间的关系，作为两者之间的简单交换和简单流通——都被否定了。如果说最初是社会生产行为表现为交换价值的设定过程，而交换价值的设定过程在自己进一步的发展中又表现为流通，——表现为各交换价值彼此之间的充分发展了的运动，——那么，现在是流通本身返回到设定或生产交换价值的活动。流通返回到这种活动，就是返回到自己的基础。流通的前提是商品（不管是特殊形式的商品，还是货币这种一般形式的商品），而商品是一定劳动时间的体现，它作为这种体现是价值；因而流通的前提既是通过劳动进行的商品的生产，又是作为交换价值的商品的生产。这是流通的出发点，流通通过本身的运动返回到创造交换价值的生产，返回到它的结果。

这样，我们又到达出发点，到达设定即创造交换价值的生产。

但是，这一次是这样的生产：**它事先把流通当作发展了的要素**，并且表现为引起流通又不断地从流通返回到自身以便重新引起流通的不断的过程。因而，设定交换价值的运动，在这里现在以复杂得多的形式出现，因为它不再只是作为前提的交换价值的运动，或者在形式上使交换价值设定为价格的运动，而且同时是把交换价值作为前提创造出来，生产出来的运动。生产本身在这里不再先于自己的结果而存在，也就是不再作为前提而存在，而是表现为自身同时产生这些结果的生产。但是它产生这些结果，已不再象在最初阶段那样只是作为导致流通的生产，而是作为在自己的过程中同时还以流通，以发达的流通为前提的生产。（流通实际上只是把交换价值一次表现在商品规定上，另一次表现在货币规定上的形式过程。）

> 马克思：《经济学手稿》（1857—1858 年），摘自《马克思恩格斯全集》第 46 卷上册，人民出版社 1979 年 7 月第 1 版，第 208—210 页。

这里表明，分配关系本身是由生产关系产生的，并且是从另一个角度代表生产关系本身的。其次还表明，生产同消费的关系是由生产本身造成的。（第 279 页）

工人丧失所有权，而物化劳动拥有对活劳动的所有权，或者说资本占有他人劳动，——两者只是在对立的两极上表现了同一关系，——这是资产阶级生产方式的基本条件，而决不是同这种生产方式毫不相干的偶然现象。这种分配方式就是生产关系本身，不过是从分配角度来看罢了。（第 361 页）

> 马克思：《经济学手稿》（1857—1858 年），摘自《马克思恩格斯全集》第 46 卷下册，人民出版社 1980 年 8 月第 1 版。

13. 改造资本主义经济制度必须重视对"生产"的改造

如果共产主义想消灭市民的"操心"和无产者的贫困，那末，不言而喻，不消灭产生这二者的原因，即不消灭"劳动"，这一点它是不能做到的。

> 马克思、恩格斯：《德意志意识形态》（1845—1846 年），摘自《马克思恩格斯全集》第 3 卷，人民出版社 1960 年 12 月第 1 版，第 241 页。

（a）我们认为，合作运动是改造以阶级对抗为基础的现代社会的各种力量之一。这个运动的重大功绩在于：它用事实证明了那种专制的、产生赤贫现象的、使**劳动附属于**资本的现代制度将被共和的、带来繁荣的、**自由平等的生产者联合**的制度所代替的可能性。

(b) 但是，合作制度限于单个的雇佣劳动奴隶通过自己的努力所能创造的这种狭小形式，决不能改造资本主义社会。为了把社会生产变为一种广泛的、和谐的自由合作劳动的制度，必须进行**全面的社会变革，社会制度基础的变革**，而这种变革只有把社会的有组织的力量即国家政权从资本家和大地主手中转移到生产者本人的手中才能实现。

(c) 我们建议工人们与其从事**合作贸易**，不如从事**合作生产**。前者只触及现代经济制度的表面，而后者却动摇它的基础。

马克思：《临时中央委员会就若干问题给代表的指示》（1866 年 8 月底），摘自《马克思恩格斯全集》第 16 卷，人民出版社 1964 年 2 月第 1 版，第 219 页。

工人阶级知道，他们必须经历阶级斗争的几个不同阶段。他们知道，以自由的联合的劳动条件去代替劳动受奴役的经济条件，需要相当一段时间才能逐步完成（这是经济改造）；这里不仅需要改变分配方法，而且需要一种新的生产组织，或者勿宁说是使目前（现代工业所造成的）有组织的劳动中存在着的各种生产社会形式摆脱掉（解除掉）奴役的锁链和它们的目前的阶级性质，还需要在全国范围内和国际范围内进行协调的合作。他们知道，这个复兴事业将不断地遭到既得利益和阶级自私的反抗，因而被延续、被阻挠。他们知道，目前"资本和土地所有权的自然规律的自发作用"只有经过新条件的漫长发展过程才能被"自由的、联合的劳动的社会经济规律的自发作用"所代替，正如过去"奴隶制经济规律的自发作用"和"农奴制经济规律的自发作用"之被代替一样。

马克思：《法兰西内战"初稿"》（1871 年 4—5 月），摘自《马克思恩格斯全集》第 17 卷，人民出版社 1963 年 11 月第 1 版，第 594 页。

从科兰算起，所有这些"社会主义者"都有一个共同点：他们不触动**雇佣劳动**，也就是不触动**资本主义生产**，想以此哄骗自己或世人，说什么把地租变成交给国家的赋税，资本主义生产的一切弊端就一定会自行消灭。可见，所有这一切无非是企图在社会主义的伪装下**挽救资本家的统治**，并且实际上是要在比现在**更广泛的基础上来重新巩固**资本家的统治。

马克思:《马克思致弗·阿·左尔格》(1881年6月20日),摘自《马克思恩格斯文集》第10卷,人民出版社2009年12月第1版,第463页。

(三) 忽视"社会关系"或忽视"自然关系"皆不符合历史唯物主义基本原则

1. 人的本质与人的"关系"

凡是有某种关系存在的地方,这种关系都是为我而存在的;动物不对什么东西发生"**关系**",而且根本没有"**关系**";对于动物说来,它对他物的关系不是作为关系存在的。因而,意识一开始就是社会的产物,而且只要人们还存在着,它就仍然是这种产物。当然,意识起初只是对**周围**的可感知的环境的一种意识,是对处于开始意识到自身的个人以外的其他人和其他物的狭隘联系的一种意识。同时,它也是对自然界的一种意识,自然界起初是作为一种完全异己的、有无限威力的和不可制服的力量与人们对立的,人们同它的关系完全像动物同它的关系一样,人们就像牲畜一样服从它的权力,因而,这是对自然界的一种纯粹动物式的意识(自然宗教)。(第34—35页)

他在"评注"第184页上十分庄严肃穆而又洋洋自得地说,**他不会由于日本天皇吃东西而感觉到饱**,因为他的胃和日本天皇的胃都是"唯一的"、"无比的胃",也就是说它们**不是同一的胃**。如果桑乔认为,这样就消灭了现存的社会关系,或者只消灭了自然规律,那末未免太天真了,他所以会这样天真只是因为:哲学家们把社会关系不是看成这些与自身同一的个人之间的相互关系,而且把自然规律不是看成这些一定物体之间的相互关系。(第520页)

马克思、恩格斯:《德意志意识形态》(1845—1846年),摘自《马克思恩格斯全集》第3卷,人民出版社1960年12月版。

2. 人的关系与劳动

"人"?如果这里指的是"一般的人"这个范畴,那末他根本没有"任何"需要;如果指的是孤立地站在自然面前的人,那末他应该被看做是一种非群居的动物;如果这是一个生活在不论哪种社会形式中的人,——瓦格纳先生就是这样假设的,因为他的"人",虽然没有受大学教育,但至少会说话,——那末出发点是,应该具有社会人的一定性质,即他所生活的那个社会的一定性质，因为在这里，生产，即他**获取生活资料的过程**，已经具有这样或那样的社会……他们在生产过程中，即在占有这些物的过程中，经常相互之间和同这些物之间保持着劳动的联系，并且也很快必须为了这些物而同其他的人进行斗争。

马克思：《评阿·瓦格纳的"政治经济学教科书"》（1879年下半年—1880年11月），摘自《马克思恩格斯全集》第19卷，人民出版社1963年12月第1版，第405页。

3. 一方面，人的本质是"一切社会关系的总和"

人的本质不是单个人所固有的抽象物，在其现实性上，它是一切社会关系的总和。

马克思：《关于费尔巴哈的提纲》（1845年春），摘自《马克思恩格斯文集》第1卷，人民出版社2009年12月第1版，第505页。

4. 另一方面，"生产力的总和"是人的本质的现实基础

人本身单纯作为劳动力的存在来看，也是自然对象，是物，不过是活的有意识的物，而劳动本身则是这种力在物上的表现。

马克思：《资本论》第1卷，摘自《马克思恩格斯文集》第5卷，人民出版社2009年12月第1版，第235页。

历史并不是作为"产生于精神的精神"消融在"自我意识"中，历史的每一阶段都遇到有一定的物质结果、一定数量的生产力总和，人和自然以及人与人之间在历史上形成的关系，都遇到由前一代传给后一代的大量生产力、资金和环境，尽管一方面这些生产力、资金和环境为新的一代所改变，但另一方面，它们也预先规定新的一代的生活条件，使它得到一定的发展和具有特殊的性质。由此可见，这种观点表明：人创造环境，同样环境也创造人。每个个人和每一代当作现成的东西承受下来的生产力、资金和社会交往形式的总和，是哲学家们想像为"实体"和"人的本质"的东西的现实基础，是他们神化了的并与之作斗争的东西的现实基础，这种基础尽管遭到以"自我意识"和"唯一者"的身分出现的哲学家们的反抗，但它对人们的发展所起的作用和影响却丝毫也不因此而有所削弱。

马克思、恩格斯：《德意志意识形态》（1845—1846年），摘自《马克思恩格斯全集》第3卷，人民出版社1960年12月第1版，第43页。

5. 生产力和社会关系——这二者是社会的个人发展的不同方面

一方面，资本调动科学和自然界的一切力量，同样也调动社会结合和

社会交往的力量，以便使财富的创造不取决于（相对地）耗费在这种创造上的劳动时间。另一方面，资本想用劳动时间去衡量这样造出来的巨大的社会力量，并把这些力量限制在为了把已经创造的价值作为价值来保存所需要的限度之内。生产力和社会关系——这二者是社会的个人发展的不同方面——对于资本来说仅仅表现为手段，仅仅是资本用来从它的有限的基础出发进行生产的手段。但是，实际上它们是炸毁这个基础的物质条件。

马克思：《经济学手稿》（1857—1858 年），摘自《马克思恩格斯全集》第 46 卷下册，人民出版社 1980 年 8 月第 1 版，第 219 页。

6. 个人只有同时通过社会关系的"联合"与对"生产力总和"的占有才能真正解放自己

因此，这里显露出两个事实。第一，生产力表现为一种完全不依赖于各个个人并与他们分离的东西，它是与各个个人同时存在的特殊世界，其原因是，个人（他们的力量就是生产力）是分散的和彼此对立的，而这些力量从自己方面来说只有在这些个人的交往和相互联系中才能成为真正的力量。因此，一方面是生产力的总和，这种生产力好像具有一种物的形式，并且对个人本身说来它们已经不是个人的力量，而是私有制的力量，因此，生产力只有在个人成为私有者的情况下才是个人的力量；在过去任何一个时期生产力都没有采取过这种对于**作为**个人的个人的交往漠不关心的形式，因为他们的交往本身还是很狭隘的。另一方面是和这些生产力相对立的大多数个人，这些生产力是和他们分离的，因此这些个人丧失了一切现实生活内容，成了抽象的个人，然而正因为这样，他们才有可能**作为**个人彼此发生联系。

他们同生产力和自身存在还保持着的唯一联系，即劳动，在他们那里已经失去了任何自主活动的假象，它只是用摧残生命的东西来维持他们的生命。而在过去，自主活动和物质生活的生产是分开的，这是因为它们是不同人的命运，同时物质生活的生产，由于个人本身的局限性，还被认为是自主活动的次要形式，——现在它们互相分离竟达到这般地步，以致物质生活一般都表现为目的，而这种物质生活的生产即劳动（它现在是自主活动的唯一可能的形式，然而正如我们所看见的，也是自主活动的否定的形式）则表现为手段。

这样一来，现在情况就变成了这样：个人必须占有现有的生产力总和，这不仅是为了达到自主活动，而且一般说来是为了保证自己的生存。这种占有首先受到必须占有的对象所制约，受自己发展为一定总和并且只有在普遍交往的范围里才存在的生产力所制约。仅仅由于这一点，占有就必须带有适应生产力和交往的普遍性质。对这些力量的占有本身不外是同物质生产工具相适应的个人才能的发挥。仅仅因为这个缘故，对生产工具的一定总和的占有，也就是个人本身的才能的一定总和的发挥。其次，这种占有受到占有的个人的制约。只有完全失去了自主活动的现代无产者，才能够获得自己的充分的、不再受限制的自主活动，这种自主活动就是对生产力总和的占有以及由此而来的才能总和的发挥。过去的一切革命的占有都是有局限性的；个人的自主活动受到有限的生产工具和有限的交往的束缚，他们所占有的是这种有限的生产工具，因此他们只达到了新的局限性。他们的生产工具成了他们的财产，但是他们本身始终屈从于分工和自己所有的生产工具。在过去的一切占有制下，许多个人屈从于某种唯一的生产工具；在无产阶级的占有制下，许多生产工具应当受每一个个人支配，而财产则受所有的个人支配。现代的普遍交往不可能通过任何其他的途径受一个个人支配，只有通过受全部个人支配的途径。

其次，占有还受实现占有所必须采取的方式的制约。占有只有通过联合才能得到实现，由于无产阶级所固有的本性，这种联合只能是普遍性的，而且占有也只有通过革命才能得到实现，在革命中一方面旧生产方式和旧交往方式的权力以及旧社会结构的权力被打倒，另一方面无产阶级的普遍性质以及无产阶级为实现这种占有所必需的毅力得到发展，同时无产阶级将抛弃旧的社会地位所遗留给它的一切东西。

只有在这个阶段上，自主活动才同物质生活一致起来，而这点又是同个人向完整的个人的发展以及一切自发性的消除相适应的。同样，劳动转化为自主活动，同过去的被迫交往转化为所有个人作为真正个人参加的交往，也是相互适应的。联合起来的个人对全部生产力总和的占有，消灭着私有制。但是过去，在历史上，这种或那种特殊的条件总是偶然的，而在现在，各个个人的孤独活动，即某一个个人所从事的特殊的私人活动，才是偶然的。

马克思、恩格斯：《德意志意识形态》（1845—1846 年），摘自《马克思恩格斯全集》第 3 卷，人民出版社 1960 年 12 月第 1 版，第 75—77 页。

7. 人的自然关系（生产力）与社会关系（交往形式）的相互作用

由于生产效率的提高、需要的增长以及作为前二者基础的人口的增多，这种绵羊的、或部落的意识获得了进一步的发展。与此同时分工也发展起来。分工起初只是性交方面的分工，后来是由于天赋（例如体力）、需要、偶然性等等而自发地或"自然地产生的"分工。分工只是从物质劳动和精神劳动分离的时候起才开始成为真实的分工。从这时候起意识才能真实地这样想像：它是同对现存实践的意识不同的某种其他的东西；它不想像某种**真实的**东西而能够真实地想像某种东西。从这时候起，意识才能摆脱世界而去构造"纯粹的"理论、神学、哲学、道德等等。但是，如果这种理论、神学、哲学、道德等等和现存的关系发生矛盾，那末，这仅仅是因为现存的社会关系和现存的生产力发生了矛盾。不过，在一定民族的各种关系的范围内，这种现象的出现也可能不是由于现在该民族范围内出现了矛盾，而是由于在该民族的意识和其他民族的实践之间，亦即在某一民族的民族意识和一般意识之间出现了矛盾（如像目前德国的情形那样）。

但是，意识本身究竟采取什么形式，这是完全无关紧要的。我们从这一大堆赘述中只能得出一个结论，那就是，上述三个因素——生产力、社会状况和意识——彼此之间可能而且一定会发生矛盾，因为**分工**不仅使物质活动和精神活动、享受和劳动、生产和消费由各种不同的人来分担这种情况成为可能，而且成为现实。要使这三个因素彼此不发生矛盾，只有消灭分工。此外，不言而喻，"怪影"、"枷锁"、"最高存在物"、"概念"、"怀疑"只是假想中孤立的个人的唯心的、精神的表现，只是他的观念，即关于经验的束缚和界限的观念；生活的生产方式以及与之相联系的交往形式是在这些束缚和界限的范围内运动着的。

马克思、恩格斯：《德意志意识形态》（1845—1846 年），摘自《马克思恩格斯全集》第 3 卷，人民出版社 1960 年 12 月第 1 版，第 35—36 页。

8. 费尔巴哈的问题在于割裂"人与人之间的关系"跟"人和自然之间的关系"的相互联系

（费尔巴哈的伟大功绩在于）创立了**真正的唯物主义**和**实在的科学**，因为费尔巴哈使社会关系即"人与人之间的"关系也同样成为理论的基本原则。

马克思：《1844 年经济学哲学手稿》（1844 年 4—8 月），摘自《马克思恩格斯文集》第1卷，人民出版社2009年12月第1版，第200页。

费尔巴哈在关于人与人之间的关系问题上的全部推论无非是要证明：人们是互相需要的，并且**过去一直是**互相需要的。他希望加强对这一事实的理解，也就是说，和其他的理论家一样，只是希望达到对**现存**事实的正确理解，然而一个真正的共产主义者的任务却在于推翻这种现存的东西。不过，我们完全承认，费尔巴哈在力图理解**这一**事实的时候，达到了理论家一般可能达到的地步，但他还是一位理论家和哲学家。然而值得注意的是：圣布鲁诺和圣麦克斯立即用费尔巴哈关于共产主义者的观念来代替真正的共产主义者，这样做的目的多少是为了使他们能够像同"产生于精神的精神"、同哲学范畴、同势均力敌的敌人作斗争那样来同共产主义作斗争，而对圣布鲁诺来说，这样做还为了实际的利益。我们举出"未来哲学"中的一个地方作为例子来说明承认现存的东西同时又不了解现存的东西——这也是费尔巴哈和我们的敌人的共同之点。费尔巴哈在这些地方证明：某物或某人的存在同时也就是某物或某人的本质；一个动物或一个人的一定生存条件、生活方式和活动，就是使这个动物或人的"本质"感到满足的东西。任何例外在这里都被肯定地看作是不幸事件，是不能改变的反常现象。

……

实际上和对**实践的**唯物主义者，即**共产主义者**说来，全部问题都在于使现存世界革命化，实际地反对和改变事物的现状。如果在费尔巴哈那里有时也遇见类似的观点，那末它们始终不过是一些零星的猜测，对费尔巴哈的总的世界观的影响是微不足道的，只能把它们看作仅仅是具有发展能力的萌芽。费尔巴哈对感性世界的"理解"一方面仅仅局限于对这一世界的单纯的直观，另一方面仅仅局限于单纯的感觉：费尔巴哈谈到的是"人自身"，而不是"现实的历史的人"。"人自身"实际上是"德国人"。在前一种情况下，在对感性世界的直观中，他不可避免地碰到与他的意识和感觉相矛盾的东西，这些东西破坏着他所假定的感性世界一切部分的和谐，特别是人与自然界的和谐。为了消灭这个障碍，他不得不求助于某种二重性的直观，这种直观介于仅仅看到"眼前"的东西的普通直观和看出事物的"真正本质"的高级的哲学直观之间。他没有看到，他周围的感性世界决不是某种开天辟地以来就已存在的、始终如一的东西，而是工业和社会状况的产物,是历史的产物,是世世代代活动的结果,其中每一代都在前一代所达到的基础上继续发展前一代的工业和交往方式,并随着需要的改变而改变它的社会制度。甚至连最简单的"可靠的感性"的对象也只是由于社会发展、由于工业和商业往来才提供给他的。大家知道,樱桃树和几乎所有的果树一样,只是在数世纪以前依靠**商业**的结果才在我们这个地区出现。由此可见,樱桃树只是**依靠**一定的社会在一定时期的这种活动才为费尔巴哈的"可靠的感性"所感知。

只要按照事物的本来面目及其产生根源来理解事物,任何深奥的哲学问题(后面将对这一点作更清楚的说明)都会被简单地归结为某种经验的事实。例如,关于人对自然的关系这一重要问题(或者如布鲁诺所说的(第110页),关于"自然和历史的对立"问题,好像这是两种互不相干的"东西",好像人们面前始终不会有历史的自然和自然的历史)就是这样。这是一个产生了关于"实体"和"自我意识"的一切"高深莫测的创造物"的问题。然而如果考虑到,在工业中向来就有那个很著名的"人和自然的统一性",而且这种统一性在每一个时代都随着工业或快或慢的发展而不断改变,就像人与自然的"斗争"促进生产力在相应基础上的发展一样,那末上述问题自然也就不存在了。工业和商业、生活必需品的生产和交换,一方面制约着不同社会阶级的分配和彼此的界限,同时它们在自己的运动形式上又受着后者的制约。这样一来,打个比方说,费尔巴哈在曼彻斯特只看见一些工厂和机器,而一百年以前在那里却只能看见脚踏纺车和织布机;或者他在罗马的康帕尼亚只发现一些牧场和沼泽,而奥古斯都时代在那里却只能发现到处都是罗马资本家的茂密的葡萄园和讲究的别墅。费尔巴哈特别谈到自然科学的直观,提到一些秘密只有物理学家和化学家的眼睛才能识破,但是如果没有工业和商业,自然科学会成为什么样子呢?甚至这个"纯粹的"自然科学也只是由于商业和工业,由于人们的感性活动才达到自己的目的和获得材料的。这种活动、这种连续不断的感性劳动和创造、这种生产,是整个现存感性世界的非常深刻的基础,只要它哪怕只停顿一年,费尔巴哈就会看到,不仅自然界将发生巨大的变化,而且整个人类世界以及他(费尔巴哈)的直观能力,甚至他本身的存在也就没有了。当然,在这种情况下外部自然界的优先地位仍然保存着,而这一切当然不适用于原始的、通过 generationaequivoca[自然发生]的途径产生的人们。但是，这种区别只有在人被看作是某种与自然界不同的东西时才有意义。此外，这种先于人类历史而存在的自然界，不是费尔巴哈在其中生活的那个自然界，也不是那个除去在澳洲新出现的一些珊瑚岛以外今天在任何地方都不再存在的、因而对于费尔巴哈说来也是不存在的自然界。

诚然，费尔巴哈比"纯粹的"唯物主义者有巨大的优越性：他也承认人是"感性的对象"。但是，毋庸讳言，他把人只看作是"感性的对象"，而不是"感性的活动"，因为他在这里也仍然停留在理论的领域内，而没有从人们现有的社会联系，从那些使人们成为现在这种样子的周围生活条件来观察人们；因此毋庸讳言，费尔巴哈从来没有看到真实存在着的、活动的人，而是停留在抽象的"人"上，并且仅仅限于在感情范围内承认"现实的、单独的、肉体的人"，也就是说，除了爱与友情，而且是理想化了的爱与友情以外，他不知道"人与人之间"还有什么其他的"人的关系"。他没有批判现在的生活关系，因而他从来没有把感性世界理解为构成这一世界的个人的共同的、活生生的、感性的**活动**，因此，比方说，当他看到的是大批患瘰疬病的、积劳成疾的和患肺病的贫民而不是健康人的时候，便不得不诉诸"最高的直观"和理想的"类的平等化"，这就是说，正是在共产主义的唯物主义者看到改造工业和社会制度的必要性和条件的地方，他却重新陷入唯心主义。

当费尔巴哈是一个唯物主义者的时候，历史在他的视野之外；当他去探讨历史的时候，他决不是一个唯物主义者。在他那里，唯物主义和历史是彼此完全脱离的。

马克思、恩格斯：《德意志意识形态》（1845—1846年），摘自《马克思恩格斯全集》第3卷，人民出版社1960年12月第1版，第47—51页。

9. 对忽视人的现实的"自然关系"的历史唯心主义的批判："把人对自然界的关系从历史中排除出去了"

由此可见，这种历史观就在于：从直接生活的物质生产出发来考察现实的生产过程，并把与该生产方式相联系的、它所产生的交往形式，即各个不同阶段上的市民社会，理解为整个历史的基础；然后必须在国家生活的范围内描述市民社会的活动，同时从市民社会出发来阐明各种不同的理论产物和意识形式，如宗教、哲学、道德等等，并在这个基础上追溯它们产生的过程。这样做当然就能够完整地描述全部过程（因而也就能够描述这个过程的各个不同方面之间的相互作用)了。这种历史观和唯心主义历史观不同,它不是在每个时代中寻找某种范畴,而是始终站在现实历史的**基础**上,不是从观念出发来解释实践,而是从物质实践出发来解释观念的东西,由此还可得出下述结论:意识的一切形式和产物不是可以用精神的批判来消灭的,也不是可以通过把它们消融在"自我意识"中或化为"幽灵"、"怪影"、"怪想"等等来消灭的,而只有实际地推翻这一切唯心主义谬论所由产生的现实的社会关系,才能把它们消灭;历史的动力以及宗教、哲学和任何其他理论的动力是革命,而不是批判。这种观点表明:历史并不是作为"产生于精神的精神"消融在"自我意识"中,历史的每一阶段都遇到有一定的物质结果、一定数量的生产力总和,人和自然以及人与人之间在历史上形成的关系,都遇到有前一代传给后一代的大量生产力、资金和环境,尽管一方面这些生产力、资金和环境为新的一代所改变,但另一方面,它们也预先规定新的一代的生活条件,使它得到一定的发展和具有特殊的性质。由此可见,这种观点表明:人创造环境,同样环境也创造人。每个个人和每一代当作现成的东西承受下来的生产力、资金和社会交往形式的总和,是哲学家们想像为"实体"和"人的本质"的东西的现实基础,是他们神化了的并与之作斗争的东西的现实基础,这种基础尽管遭到以"自我意识"和"**唯一者**"的身分出现的哲学家们的反抗,但它对人们的发展所起的作用和影响却丝毫也不因此而有所削弱。……

过去的一切历史观不是完全忽视了历史的这一现实基础,就是把它仅仅看成与历史过程没有任何联系的附带因素。根据这种观点,历史总是遵照在它之外的某种尺度来编写的;现实的生活生产被描述成某种史前的东西,而历史的东西则被说成是某种脱离日常生活的东西,某种处于世界之外和超乎世界之上的东西。这样就把人对自然界的关系从历史中排除出去了,因而造成了自然界和历史之间的对立。因此这种观点只能在历史上看到元首和国家的丰功伟绩,看到宗教的、一般理论的斗争,而且在每次描述某一历史时代的时候,它都不得不**赞同这一时代的幻想**。例如,假使某一时代设想自己是由纯粹"政治的"或"宗教的"动因所决定的,那末它的历史家就会接受这个意见,尽管"宗教"和"政治"只是时代的现实动因的形式。这些特定的人关于自己的真正实践的"想像"、"观念"变成一种支配和决定他们的实践的唯一起决定作用的和积极的力量。

>马克思、恩格斯：《德意志意识形态》（1845—1846年），摘自《马克思恩格斯全集》第3卷，人民出版社1960年12月第1版，第43—44页。

难道批判的批判以为，只要它从历史运动中排除掉人对自然界的理论关系和实践关系，排除掉自然科学和工业，它就能达到即使是才**开始**的对历史现实的认识吗？难道批判的批判以为，它不去认识（比如说）某一历史时期的工业和生活本身的直接的生产方式，它就能真正地认识这个历史时期吗？诚然，唯灵论的、**神学**的批判的批判仅仅知道（至少它在自己的想像中知道）历史上的政治、文学和神学方面的重大事件。正像批判的批判把思维和感觉、灵魂和肉体、自身和世界分开一样，它也把历史同自然科学和工业分开，认为历史的发源地不在尘世的粗糙的**物质**生产中，而是在天上的云雾中。

>马克思、恩格斯：《神圣家族》（1844年9—11月），摘自《马克思恩格斯全集》第2卷，人民出版社1957年12月第1版，第191页。

自然科学和哲学一样，直到今天还完全忽视了人的活动对他的思维的影响；它们一个只知道自然界，另一个又只知道思想。但是，人的思维的最本质和最切近的基础，正是**人所引起的自然界的变化**，而不单独是自然界本身；人的智力是按照人如何学会改变自然界而发展的。因此，自然主义的历史观（例如，德莱柏和其他一些自然科学家都或多或少有这种见解）是片面的，它认为只是自然界作用于人，只是自然条件到处在决定人的历史发展，它忘记了人也反作用于自然界，改变自然界，为自己创造新的生存条件。日耳曼民族移入时期的德意志"自然界"，现在只剩下很少很少了。地球的表面、气候、植物界、动物界以及人类本身都不断地变化，而且这一切都是由于人的活动，可是德意志自然界在这个时期中没有人的干预而发生的变化，实在是微乎其微的。

>恩格斯：《自然辩证法》（1873年—1886年），摘自《马克思恩格斯全集》第20卷，人民出版社1971年3月第1版，第573—574页。

10. 对忽视人的现实的"社会关系"的自然主义的批判

在社会中进行生产的个人，——因而，这些个人的一定社会性质的生产，当然是出发点。被斯密和李嘉图当做出发点的单个的孤立的猎人和渔夫，属于18世纪的缺乏想象力的虚构。这是鲁滨逊一类的故事，这类故事决不像文化史家想象的那样,仅仅表示对过度文明的反动和要回到被误解了的自然生活中去。同样,卢梭的通过契约来建立天生独立的主体之间的关系和联系的"社会契约",也不是以这种自然主义为基础的。这是假象,只是大大小小的鲁滨逊一类故事所造成的美学上的假象。其实,这是对于16世纪以来就作了准备、而在18世纪大踏步走向成熟的"市民社会"的预感。在这个自由竞争的社会里,单个的人表现为摆脱了自然联系等等,而在过去的历史时代,自然联系等等使他成为一定的狭隘人群的附属物。这种18世纪的个人,一方面是封建社会形式解体的产物,另一方面是16世纪以来新兴生产力的产物……

> 马克思:《〈政治经济学批判〉导言》(1857年8月下旬),摘自《马克思恩格斯文集》第8卷,人民出版社2009年12月第1版,第5页。

但是,把生产分解为两个因素,即作为劳动的体现者的人和作为劳动对象的土地(其实就是自然),这也完全是抽象的。因为人最初不是作为劳动者,而是作为所有者与自然相对立,因而,这不是作为个体的人,而如果要谈到这个个体的人的存在,那么,这是民族的人、部落的人、家庭的人等等。

> 马克思:《经济学手稿》(1861—1863年),摘自《马克思恩格斯全集》第47卷,人民出版社1979年10月第1版,第106页。

(四)"社会"、"自然"是个人关系的纽带

1. 人类史与自然史

历史本身是自然史的一个现实部分,即自然界生成为人这一过程的现实部分。自然科学往后将包括关于人的科学,正像关于人的科学包括自然科学一样:这将是一门科学。(第194页)

正像一切自然物必须形成一样,人也有自己的形成过程即历史,但历史对人来说是被认识到历史,因而它作为形成过程是一种有意识地扬弃自身的形成过程。历史是人的真正的自然史……(第211页)

> 马克思:《1844年经济学哲学手稿》(1844年4—8月),摘自《马克思恩格斯文集》第1卷,人民出版社2009年12月第1版。

我们仅仅知道一门唯一的科学,即历史科学。历史可以从两方面来考察,可以把它划分为自然史和人类史。但这两方面是密切相联的;只要有

人存在，自然史和人类史就彼此相互制约。自然史，即所谓自然科学，我们在这里不谈；我们所需要研究的是人类史，因为几乎整个意识形态不是曲解人类史，就是完全撇开人类史。意识形态本身只不过是人类史的一个方面。

马克思、恩格斯：《德意志意识形态》（1845—1846年），摘自《马克思恩格斯全集》第3卷，人民出版社1960年12月第1版，第20页注释①。

真无限性已经被黑格尔正确地安置在**充实了的**空间和时间中，安置在自然过程和历史中。今天整个自然界也溶解在历史中了，而历史和自然史的不同，仅仅在于前者是**有自我意识的**机体的发展过程。

恩格斯：《自然辩证法》（1873年—1886年），摘自《马克思恩格斯全集》第20卷，人民出版社1971年3月第1版，第580页。

2．"社会"是"建立在人们的现实差别基础上的人与人的统一"

建立在人们的现实差别基础上的人与人的统一，从抽象的天上下降到现实的地上的人类概念，——如果不是**社会**的概念，那是什么呢！

马克思：《马克思致路·费尔巴哈》（1844年8月11日），摘自《马克思恩格斯全集》第27卷，人民出版社1972年6月第1版，第450页。

对于各个个人来说，出发点总是他们自己，当然是在一定历史条件和关系中的个人，而不是思想家们所理解的"纯粹的"个人。然而在历史发展进程中，在每一个人的个人生活同他的屈从于某一劳动部门和与之相关的各种条件的生活之间出现了差别，——这正是由于在分工条件下社会关系必然变成某种独立的东西。（这不应当理解为，似乎像食利者和资本家等等已不再是有个性的个人了，而应当理解为，他们的个性是受非常具体的阶级关系所制约和决定的，上述差别只是在他们与另一阶级的对立中才出现的，而对他们本身说来只是在他们破产之后才产生的。）在等级中（尤其是在部落中）这种现象还是隐蔽的：例如，贵族总是贵族，roturier〔平民〕总是 roturier，不管他们其他的生活条件如何；这是一种与他们的个性不可分割的品质。有个性的个人与阶级的个人的差别，个人生活条件的偶然性，只是随着那个自身是资产阶级产物的阶级的出现才出现的。只有个人相互之间的竞争和斗争才产生和发展了这种偶然性。因此，在资产阶级的统治下个人似乎要比先前更自由些，因为他们的生活条件对他们说来是偶然的；然而事实上，他们当然更不自由，因为他们更加受到物的力量的统治。和等级不同的地方特别显著地表现在资产阶级与无产阶级的对立中。当市民等级、同业公会等等起来反对土地贵族的时候，它们的生存条件，即在其与封建体系割断联系以前就潜在地存在着的动产和手艺，看起来是一种与封建土地所有制相对立的积极的东西，因此不久以后也具有了一种封建形式。无论如何，逃亡农奴认为他们先前的农奴地位对他们的个性来说是某种偶然的东西。而在这方面他们所做的像每一个挣脱了枷锁的阶级所做的一样，而且他们不是作为一个阶级解放出来的，而是单独地解放出来的。其次，他们并没有越出等级制度的范围，而只是构成了一个新的等级，在新的环境中保存了他们过去的劳动方式，并且使它摆脱已经和他们所达到的发展阶段不相适应的桎梏，从而使它进一步发展。（第87页）

人们丝毫没有建立一个社会的意图，但他们的所作所为正是使社会发展起来，因为他们总是想作为孤独的人发展自身，因此他们也就只有在社会中并通过社会来获得他们自己的发展。（第235页）

个人利益总是违反个人的意志而发展为阶级利益，发展为共同利益，后者脱离单独的个人而获得独立性，并在独立化过程中取得**普遍**利益的形式，作为普遍利益又与真正的个人发生矛盾，而在这个矛盾中既然被确定为**普遍**利益，就可以由意识想像成为**理想的**，甚至是宗教的、神圣的利益，这是怎么回事呢？在个人利益变为阶级利益而获得独立存在的这个过程中，个人的行为不可避免地受到物化、异化，同时又表现为不依赖于个人的、通过交往而形成的力量，从而个人的行为转化为社会关系，转化为某些力量，决定着和管制着个人，因此这些力量在观念中就成为"神圣的"力量，这是怎么回事呢？如果桑乔哪怕有一天懂得这样一件事实，就是在一定的、当然不以意志为转移的**生产方式内**，总有某些异己的、不仅不以分散的个人而且也不以他们的总和为转移的实际力量统治着人们，——只要他领会到这一点，那末至于把这一事实作为宗教去想像，还是在那个把统治着自己的力量都归结为观念的利己主义者的想像中被歪曲为无在他之上统治着他，他就可以比较无所谓地对待了。那末一般说来，桑乔就会从思辨的王国中降临到现实的王国中来；就会从人们设想什么回到人们实际是什么，从他们想像什么回到他们怎样行动并在一定的条件下必须行动的问题上来。他也就会把他觉得是**思维**的产物的东西理解为**生活**的产物。那时他就不会走到与他相称的那种荒诞粗鄙的地步——用人们对于个人利益和普遍利益的分裂**也**以宗教形式去想像以及用自己是这样的或那样的**觉得**（这只是用另一词代替"想像"），作为对这种分裂的说明。

但是，即使根据桑乔从中体会个人利益和普遍利益的矛盾的那种荒诞粗鄙的德国小资产阶级的形式，他也应当看到，个人总是并且也不可能不是从自己本身出发的，因此桑乔指出的两个方面就是个人发展的两个方面，这两个方面同样是个人生活的经验条件所产生的，它们不过是人们的**同一种**个人发展的表现，所以它们仅仅在**表面上**是对立的。（第273—274页）

马克思、恩格斯：《德意志意识形态》（1845—1846年），摘自《马克思恩格斯全集》第3卷，人民出版社1971年3月第1版。

3. "自然界"是"人与人联系的纽带"

自然界的**人**的本质只有对**社会**的人来说才是存在的；因为只有在社会中，自然界对人来说才是人与人联系的纽带，才是他为别人的存在和别人为他的存在，自然界才是人自己的**合乎人性**的存在的**基础**，才是人的现实的生活要素。

马克思：《1844年经济学哲学手稿》（1844年4—8月），摘自《马克思恩格斯文集》第1卷，人民出版社2009年12月第1版，第187页。

4. 社会是人与自然之间的中介

在这个转变中，表现为生产和财富的宏大基石的，既不是人本身完成的直接劳动，也不是人从事劳动的时间，而是对人本身的一般生产力的占有，是人对自然界的了解和通过人作为社会体的存在来对自然界的统治，总之，是社会个人的发展。

马克思：《经济学手稿》（1857—1858年），摘自《马克思恩格斯全集》第46卷下册，人民出版社1980年8月第1版，第218页。

交换价值作为整个生产制度的客观基础这一前提，从一开始就已经包含着对个人的强制，个人的直接产品不是为个人的产品，只有在社会过程中它才成为这样的产品，因而必须采取这种一般的并且诚然是表面的形式；个人只有作为交换价值的生产者才能存在，而这种情况就已经包含着对个人的自然存在的完全否定，因而个人完全是由社会所决定的……

马克思：《经济学手稿》（1857—1858年），摘自《马克思恩格斯全集》第46卷上册，人民出版社1979年7月第1版，第200页。

（五）人的"自然关系"的现实形态："人与自然之间的物质变换"

1. 对人与劳动的历史研究跟一般研究的结合

如果我们想把这一原则运用到人身上来，想根据效用原则来评价人的一切行为、运动和关系等等，就首先要研究人的一般本性，然后要研究在每个时代历史的发生了变化的人的本性。

> 马克思：《资本论》第 1 卷，摘自《马克思恩格斯文集》第 5 卷，人民出版社 2009 年 12 月第 1 版，第 704 页注释（63）。

朗格先生有一个伟大的发现：全部历史可以纳入一个唯一的伟大的自然规律。这个自然规律就是"struggle for life"，即"生存斗争"这**一句话**（达尔文的说法这样应用就变成了一句空话），而这句话的内容就是马尔萨斯的人口规律，或者更确切些说，人口过剩规律。这样一来，就可以不去分析"生存斗争"如何在各种不同的社会形式中历史地表现出来，而只要把每一个具体的斗争都变成"生存斗争"这句话，并且把这句话变成马尔萨斯关于"人口的狂想"就行了。必须承认，这对于那些华而不实、假冒科学、高傲无知和思想懒惰的人说来倒是一种很有说服力的方法。

> 马克思：《马克思致路·库格曼》（1870 年 6 月 27 日），摘自《马克思恩格斯文集》第 10 卷，人民出版社 2009 年 12 月第 1 版，第 338 页。

既然实在劳动创造使用价值，是为了人类的需求（不管这种需求是生产的需求还是个人消费的需求）而占有自然物，那么，实在劳动是自然和人之间的物质变换的一般条件，并且作为这种人类生活的自然条件，它不依赖于人类生活的所有的一定的社会形式，它是所有社会形式所共有的。这也适用于一般形式的劳动过程，这种劳动过程一般只是活劳动，并分解为自己特殊的要素，而这些要素的统一就是劳动过程本身，就是劳动通过劳动资料作用于劳动材料。因此，劳动过程本身从它的一般形式来看，还**不具有特殊的经济规定性**。从中显示出的不是人类在其社会生活的生产中发生的一定的历史的（社会的）生产关系，而是劳动为了作为劳动起作用在一切社会生产方式中都必须分解成的一般形式和一般要素。

这里考察的劳动过程的形式，只是它的抽象形式，脱离了所有一定的历史属性，并且，不管人类在劳动过程中相互间可能发生的社会关系如何，这种形式对各种劳动过程都适用。根据小麦的味道，我们尝不出它究竟是俄国农奴还是法国农民种的，同样，根据一般形式的劳动过程（即这种劳动过程的一般形式），我们看不出劳动过程是在奴隶监工的鞭子下，还是在产业资本家的监督下进行的，或者是由用弓箭射杀野兽的野蛮人来进行的。

马克思：《经济学手稿》（1861—1863年），摘自《马克思恩格斯全集》第47卷，人民出版社1979年10月第1版，第65—66页。

2. 人的关系的两大现实形态："社会物质变换（社会交往）"与"人与自然之间的物质变换（自然交往）"

第82页上"解释｛某个经济的｝财物总量（实物的）组成部分的变换"｛瓦格纳又称之为"财物变换"，谢夫莱称之为"社会物质变换"｝。｛这至少是后者的一个场合：在说明生产的"自然"过程时我也使用了这个名称，指人与自然之间的物质变换｝的那一段话，是从我这里抄袭去的，那里在分析 W—G—W〔商品—货币—商品〕时，第一次出现了物质变换，而以后形式变换的中断，也是作为物质变换的中断来说明的。

马克思：《评阿·瓦格纳的"政治经济学教科书"》（1879年下半年—1880年11月），摘自《马克思恩格斯全集》第19卷，人民出版社1963年12月第1版，第422页。

因为重农学派的功绩和特征在于，它不是从流通中而是从生产中引出价值和剩余价值，所以它同货币主义和重商主义体系相反，必然从这样的生产部门开始，这个生产部门一般可以同流通、交换脱离开来单独考察，并且是不以人和人之间的交换为前提，而只以人和自然之间的交换为前提的。

马克思：《剩余价值理论》，摘自《马克思恩格斯全集》第26卷第1册，人民出版社1972年6月第1版，第23页。

在前一种情况（指前资本主义时代——本书编者注）下，交换主要是人和自然之间的交换，即以人的劳动换取自然的产品，而在后一种情况（指资本主义时代——本书编者注）下，主要是人与人之间所进行的交换。

马克思、恩格斯：《德意志意识形态》（1845—1846年），摘自《马克思恩格斯全集》第3卷，人民出版社1960年12月第1版，第73页。

如果说城市工人比农村工人发展，这只是由于他的劳动方式使他生活在**社会**之中，而土地耕种者的劳动方式则使他直接和**自然**打交道。

马克思：《剩余价值理论》，摘自《马克思恩格斯全集》第26卷第2册，人民出版社1973年7月第1版，第260页。

3. 马克思《资本论》对劳动是"人和自然之间的物质变换"的经典论述

劳动力的使用就是劳动本身。劳动力的买者消费劳动力，就是叫劳动力的卖者劳动。劳动力的卖者也就由此在实际上成为发挥作用的劳动力，成为工人，而在此以前，他只不过在可能性上是工人。为了把自己的劳动表现在商品中，他必须首先把它表现在使用价值中，表现在能满足某种需要的物中。因此，资本家要工人制造的是某种特殊的使用价值，是一定的物品。虽然使用价值或财物的生产是为了资本家，并且是在资本家的监督下进行的，但是这并不改变这种生产的一般性质。所以，劳动过程首先要撇开各种特定的社会形式来加以考察。

劳动首先是人和自然之间的过程，是人以自身的活动来中介、调整和控制人和自然之间的物质变换的过程。人自身作为一种自然力与自然物质相对立。为了在对自身生活有用的形式上占有自然物质，人就使他身上的自然力——臂和腿、头和手运动起来。当他通过这种运动作用于他身外的自然并改变自然时，也就同时改变他自身的自然。他使自身的自然中蕴涵着的潜力发挥出来，并且使这种力的活动受他自己控制。在这里，我们不谈最初的动物式的本能的劳动形式。现在，工人是作为他自己的劳动力的卖者出现在商品市场上。对于这种状态来说，人类劳动尚未摆脱最初的本能形式的状态已经是太古时代的事了。我们要考察的是专属于人的那种形式的劳动。蜘蛛的活动与织工的活动相似，蜜蜂建筑蜂房的本领使人间的许多建筑师感到惭愧。但是，最蹩脚的建筑师从一开始就比最灵巧的蜜蜂高明的地方，是他在用蜂蜡建筑蜂房以前，已经在自己的头脑中把它建成了。劳动过程结束时得到的结果，在这个过程开始时就已经在劳动者的表象中存在着，即已经观念地存在着。他不仅使自然物发生形式变化，同时他还在自然物中实现自己的目的，这个目的是他所知道的，是作为规律决定着他的活动的方式和方法的，他必须使他的意志服从这个目的。但是这种服从不是孤立的行为。除了从事劳动的那些器官紧张之外，在整个劳动时间内还需要有作为注意力表现出来的有目的的意志，而且，劳动的内容及其方式和方法越是不能吸引劳动者，劳动者越是不能把劳动当作他自己体力和智力的活动来享受，就越需要这种意志。

劳动过程的简单要素是：有目的的活动或劳动本身，劳动对象和劳动资料。

土地（在经济学上也包括水）最初以食物，现成的生活资料供给人类①，它未经人的协助，就作为人类劳动的一般对象而存在。所有那些通过劳动只是同土地脱离直接联系的东西，都是天然存在的劳动对象。例如从鱼的生活要素即水中分离出来的即捕获的鱼，在原始森林中砍伐的树木，从地下矿藏中开采的矿石。相反，已经被以前的劳动可以说滤过的劳动对象，我们称为原料。例如，已经开采出来正在洗的矿石。一切原料都是劳动对象，但并非任何劳动对象都是原料。劳动对象只有在它已经通过劳动而发生变化的情况下，才是原料。

……

广义地说，除了那些把劳动的作用传达到劳动对象，因而以这种或那种方式充当活动的传导体的物以外，劳动过程的进行所需要的一切物质条件也都算做劳动过程的资料。它们不直接加入劳动过程，但是没有它们，劳动过程就不能进行，或者只能不完全地进行。土地本身又是这类一般的劳动资料，因为它给劳动者提供立足之地，给他的过程提供活动场所。这类劳动资料中有的已经经过劳动的改造，例如厂房、运河、道路等等。

可见，在劳动过程中，人的活动借助劳动资料使劳动对象发生预定的变化。过程消失在产品中。它的产品是使用价值，是经过形式变化而适合人的需要的自然物质。劳动与劳动对象结合在一起。劳动对象化了，而对象被加工了。在劳动者方面曾以动的形式表现出来的东西，现在在产品方面作为静的属性，以存在的形式表现出来。劳动者纺纱，产品就是纺成品。

如果整个过程从其结果的角度，从产品的角度加以考察，那么劳动资料和劳动对象二者表现为生产资料②，劳动本身则表现为生产劳动③。

当一个使用价值作为产品退出劳动过程的时候，另一些使用价值，以前的劳动过程的产品，则作为生产资料进入劳动过程。同一个使用价值，

---

① "土地的自然产品，数量很小，并且完全不取决于人，自然提供这点产品，正像给一个青年一点钱，使他走上勤劳致富的道路一样。"（詹姆斯·斯图亚特《政治经济学原理》1770年都柏林版第1卷第116页）

② 例如，把尚未捕获的鱼叫做渔业的生产资料，好象是奇谈怪论。但是至今还没有发明一种技术，能在没有鱼的水中捕鱼。

③ 这个从简单劳动过程的观点得出的生产劳动的定义，对于资本主义生产过程是绝对不够的。

既是这种劳动的产品，又是那种劳动的生产资料。所以，产品不仅是劳动过程的结果，同时还是劳动过程的条件。

在采掘工业中，劳动对象是天然存在的，例如采矿业、狩猎业、捕鱼业等等中的情况就是这样（在农业中，只是在最初开垦处女地时才是这样）：除采掘工业以外，一切产业部门所处理的对象都是原料，即已被劳动滤过的劳动对象，本身已经是劳动产品。例如，农业中的种子就是这样。动物和植物通常被看作自然的产物，实际上它们不仅可能是上年度劳动的产品，而且它们现在的形式也是经过许多世代、在人的控制下、借助人的劳动不断发生变化的产物。尤其是说到劳动资料，那么就是最肤浅的眼光也会发现，它们绝大多数都有过去劳动的痕迹。

……

可见，一个使用价值究竟表现为原料、劳动资料还是产品，完全取决于它在劳动过程中所起的特定的作用，取决于它在劳动过程中所处的地位，随着地位的改变，这些规定也就改变。

因此，产品作为生产资料进入新的劳动过程，也就丧失产品的性质。它们只是作为活劳动的物质因素起作用。在纺纱者看来，纱锭只是纺纱用的手段，亚麻只是纺纱的对象。当然，没有纺纱材料和纱锭是不能纺纱的。因此，在纺纱开始时，必须先有这两种产品。但是，亚麻和纱锭是过去劳动的产品这件事，对这个过程本身来说是没有关系的，正如面包是农民、磨面者、面包师等等过去劳动的产品这件事，对营养作用来说是没有关系的一样。相反，如果生产资料在劳动过程中显示出它是过去劳动的产品这种性质，那是由于它有缺点。不能切东西的刀，经常断头的纱等等，使人强烈地想起制刀匠 A 和纺纱人 E。如果产品很好，它的使用属性由过去劳动创造这一点就看不出来了。

机器不在劳动过程中服务就没有用。不仅如此，它还会受到自然的物质变换的破坏力的影响。铁会生锈，木会腐朽。纱不用来织或编，会成为废棉。活劳动必须抓住这些东西，使它们由死复生，使它们从仅仅是可能的使用价值变为现实的和起作用的使用价值。它们被劳动的火焰笼罩着，被劳动当做自己的躯体加以同化，被赋予活力以在劳动过程中执行与它们的概念和使命相适合的职能，它们虽然被消费掉，然而是有目的地，作为形成新使用价值，新产品的要素被消费掉，而这些新使用价值，新产品或者可以作为生活资料进入个人消费领域，或者可以作为生产资料进入新的劳动过程。

因此，如果说，现有的产品不仅是劳动过程的结果，而且是劳动过程的存在条件，那么另一方面，它们投入劳动过程，从而与活劳动相接触，则是使这些过去劳动的产品当做使用价值来保存和实现的唯一手段。

劳动消费它自己的物质要素，即劳动对象和劳动资料，把它们吞食掉，因而是消费过程。这种生产消费与个人消费的区别在于：后者把产品当做活的个人的生活资料来消费，而前者把产品当做劳动即活的个人发挥作用的劳动力的生活资料来消费。因此，个人消费的产物是消费者本身，生产消费的结果是与消费者不同的产品。

只要劳动资料和劳动对象本身已经是产品，劳动就是为创造产品而消耗产品，或者说，是把产品当作产品的生产资料来使用。但是，正如劳动过程最初只是发生在人和未经人的协助就已存在的土地之间一样，现在在劳动过程中也仍然有这样的生产资料，它们是天然存在的，不是自然物质和人类劳动的结合。

劳动过程，就我们在上面①把它描述为它的简单的、抽象的要素来说，是制造使用价值的有目的的活动，是为了人类的需要而对自然物的占有，是人和自然之间的物质变换的一般条件，是人类生活的永恒的自然条件，因此，它不以人类生活的任何形式为转移，倒不如说，它是人类生活的一切社会形式所共有的。因此，我们不必来叙述一个劳动者与其他劳动者的关系。一边是人及其劳动，另一边是自然及其物质，这就够了。根据小麦的味道，我们尝不出它是谁种的，同样，根据劳动过程，我们看不出它是在什么条件下进行的：是在奴隶监工的残酷的鞭子下，还是在资本家的严酷的目光下；是在辛辛纳图斯耕种自己的几亩土地的情况下，还是在野蛮人用石头击杀野兽的情况下。②

---

① 见《马克思恩格斯文集》第5卷，人民出版社2009年12月第1版，第207—211页。——编者注

② 根据这种非常合乎逻辑的理由，托伦斯上校在野蛮人用的石头上发现了资本的起源。"在野蛮人用来投掷他所追逐的野兽的第一块石头上，在他用来打落他用手摘不到的果实的第一根棍子上，我们看到占有一物以取得另一物的情形，这样我们就发现了资本的起源。"（罗·托伦斯《论财富的生产》第70、71页）根据那第一根棍子［Stock］也许还可以说明，为什么在英语中stock和资本是同义词。

马克思：《资本论》第 1 卷，摘自《马克思恩格斯文集》第 5 卷，人民出版社 2009 年 12 月第 1 版，第 207—215 页。

对上衣来说，无论是裁缝自己穿还是他的顾客穿，都是一样的。在这两种场合，它都是起使用价值的作用。同样，上衣和生产上衣的劳动之间的关系，也并不因为裁缝劳动成为专门职业，成为社会分工的一个独立的部分就有所改变。在有穿衣需要的地方，在有人当裁缝以前，人已经缝了几千年的衣服。但是，上衣、麻布以及任何一种不是天然存在的物质财富要素，总是必须通过某种专门的、使特殊的自然物质适合于特殊的人类需要的、有目的的生产活动创造出来。因此，劳动作为使用价值的创造者，作为有用劳动，是不以一切社会形式为转移的人类生存条件，是人和自然之间的物质变换即人类生活得以实现的永恒的自然必然性。

上衣、麻布等等使用价值，简言之，种种商品体，是自然物质和劳动这两种要素的结合。如果把上衣、麻布等等包含的各种不同的有用劳动的总和除外，总还剩有一种不借人力而天然存在的物质基质。人在生产中只能像自然本身那样发挥作用，就是说，只能改变物质的形式。[①] 不仅如此，他在这种改变形态的劳动中还要经常依靠自然力的帮助。因此，劳动并不是它所生产的使用价值即物质财富的唯一源泉。正象威廉·配第所说，劳动是财富之父，土地是财富之母。[②]

马克思：《资本论》第 1 卷，摘自《马克思恩格斯文集》第 5 卷，人民出版社 2009 年 12 月第 1 版，第 56—57 页。

最后，作为其中的第三个同盟者的，只是一个幽灵——劳动，这只不

[①] "宇宙的一切现象，不论是由人手创造的，还是由自然的一般规律引起的，都不是真正的新创造，而只是物质的形态变化。结合和分离是人的智慧在分析再生产的观念时一再发现的唯一要素；价值〈指使用价值，尽管韦里在这里同重农学派论战时自己也不清楚说的是哪一种价值〉和财富的再生产，如土地、空气和水在田地上变成小麦，或者昆虫的分泌物经过人的手变成丝绸，或者一些金属片被装配成钟表，也是这样。"（彼得罗·韦里《政治经济学研究》1771 年初版，载于库斯托第《意大利政治经济学名家文集·现代部分》第 15 卷第 21、22 页）

[②] 威廉·配第所说"劳动是财富之父，土地是财富之母"，见他的《赋税论》1677 年伦敦版第 47 页。马克思在 1857—1858 年经济学手稿中引用了配第的这句话（见《马克思恩格斯全集》中文第 2 版第 31 卷第 333、428 页）；他在 1875 年 4—5 月写的《德国工人党纲领批注》（《马克思恩格斯文集》第 3 卷，人民出版社 2009 年 12 月第 1 版）中，批评了劳动是一切财富的源泉的观点。——编者注

过是一个抽象，就它本身来说，是根本不存在的；或者，如果我们就……[这里字迹不清]来说①，只是指人借以实现人和自然之间的物质变换的人类一般生产活动，它不仅已经摆脱一切社会形式和性质规定，而且甚至在它的单纯的自然存在上，不以社会为转移，超乎一切社会之上，并且作为生命的表现和证实，是尚属非社会的人和已经有某种社会规定的人所共同具有的。

马克思、恩格斯：《资本论》第3卷，摘自《马克思恩格斯文集》第7卷，人民出版社2009年12月第1版，第923页。

4. 作为"人和自然之间的物质变换"的劳动创造"使用价值"

生产交换价值的劳动实现在作为一般等价物的商品的相同性上，而作为有目的的生产活动的劳动实现在商品的使用价值的无限多样性上。生产交换价值的劳动是**抽象一般的和相同的**劳动，而生产使用价值的劳动是具体的和特殊的劳动，它按照形式和材料分为无限多的不同的劳动方式。

如果认为，劳动就它创造使用价值来说，是它所创造的东西即物质财富的唯一源泉，那就错了。既然它是使物质适应于某种目的的活动，它就要有物质作为前提。在不同的使用价值中，劳动和自然物质之间的比例是大不相同的，但是使用价值总得有一个自然的基础。劳动作为以某种形式占有自然物的有目的的活动，是人类生存的自然条件，是同一切社会形式无关的、人和自然之间的物质变换的条件。生产交换价值的劳动则相反，它是劳动的一种特殊的社会形式。以裁缝的劳动为例，就它作为一种特殊的生产活动的物质规定性来说，它生产衣服，但不生产衣服的交换价值。它生产后者时不是作为裁缝劳动，而是作为抽象一般劳动，而抽象一般劳动属于一种社会关系，这种关系不是由裁缝缝出来的。在古代家庭工业中，妇女生产衣服，但不生产衣服的交换价值。作为物质财富的源泉之一的劳动，立法者摩西同税吏亚当·斯密同样熟悉。

马克思：《政治经济学批判》（1858—1859年），摘自《马克思恩格斯全集》第13卷，人民出版社1962年11月第1版，第24—25页。

---

① 根据辨认，这里是"如果我们就它在这里所表示的意思来说"。——编者注

5. 主体性、目的性使"人和自然之间的物质变换"不同于单纯的"自然的物质变换"

价值作为主体出现。劳动是合乎目的的活动，因而，从物质方面来看已经事先确定：在生产过程中劳动工具是实际用来达到某种目的的手段，而原料无论是由于化学的物质变换还是由于机械的变化，它在变成产品时取得了比它原有的使用价值更高的使用价值。（第271页）

从形式来说，资本不是由劳动对象和劳动构成的，而是由价值构成的，更确切地说，是由价格构成的。至于资本的各价值要素在生产过程中有着各种实体，这同它们作为价值的规定毫无关系；它们并不因此而有所改变。如果说它们从非静止的——过程的——形式开始，到过程结束时又在产品上结合成静止的、客体的形态，那么就价值来说，这仍然不过是物质变换，并不会使价值有所改变。固然，这些实体本身是被破坏了，但并不是化为乌有，而是变成其他形式的实体。（第272页）

马克思：《经济学手稿》（1857—1858年），摘自《马克思恩格斯全集》第46卷上册，人民出版社1979年7月第1版。

在货币总量变为生产过程的要素之前，产品中包含的劳动时间不会多于现存的货币量中的劳动时间。这里并没有增加新价值，但同过去一样，棉花和纱锭的价值在棉纱中得到保存。纺之所以使棉花的价值得到增加，是因为它化为一般社会的等同的劳动，化为劳动的这种抽象形式，它追加的价值量不取决于它作为纺的内容，而取决于它时间的长短。**因此，纺纱者不需要两种劳动时间，一种劳动时间使棉花和纱锭的价值得到保存，另一种劳动时间给它们增加新价值。**相反，他把棉花纺成棉纱，使它成为新的劳动时间的物化，给它加上新的价值，从而把棉花和被消耗的纱锭在进入劳动过程之前就有的价值保存下来。**由于纯粹地追加新价值，即新的劳动时间，他就保存了已经包含在劳动材料和劳动资料中的旧价值、劳动时间。**但是，纺纱是作为纺纱，不是作为一般劳动，不是作为劳动时间使价值得到保存，纺纱是在它的物质规定性上，通过它作为这种特殊的、活的实际劳动的性质使价值得到保存，这种劳动在劳动过程中作为有目的的、活的活动，使棉花和纱锭这些使用价值与它们的无差别的对象性相脱离，不是使它们作为无差别的对象发生自然的物质变换，而是使它们成为劳动过程的实际要素。

马克思：《经济学手稿》（1861—1863年），摘自《马克思恩格斯全集》第47卷，人民出版社1979年10月第1版，第82页。

在商品形式中，价值同包含着价值的使用价值一起消失，使用价值是暂时的东西，它本身仅仅通过自然的物质变换就会被消灭。（第34页）

机器不在劳动过程中使用就没有用，就是废铁和废木。不仅如此，它还会遭受自然力的破坏性的作用、也就是发生一般的物质变换，铁会生锈，木会腐朽。纱不用来纺或织等等，只能成为废棉，也不能另作他用，而它过去的原料棉花还有其他用途。……只是通过劳动过程来避免一般物质变换的破坏……（第64页）

因而，从一方面来看，如果现存的产品，即过去劳动的结果是作为活劳动的物的条件使活劳动得以实现的媒介，那么，[从另一方面来看，]活劳动就是使这些产品作为使用价值，作为产品得以实现的媒介，使这些产品保存下来，赋予它们作为某种"新的形式"的要素以生命，使它们得以避免自然界的一般物质变换。（第65页）

马克思：《经济学手稿》（1861—1863年），摘自《马克思恩格斯全集》第47卷，人民出版社1979年10月第1版。

（六）人的"社会关系"的现实形态：人与人之间社会的物质变换

1. "社会的物质变换"与人的本质的关系："国民经济学以交换和贸易的形式来探讨人们的社会联系或他们的积极实现着的人的本质"

不论是生产本身中人的活动的**交换**，还是**人的产品的交换**，其意义都相当于**类活动**和类精神——它们的真实的、有意识的、真正的存在是**社会的活动和社会的享受**。因为**人的本质**是人的**真正的社会联系**，所以人在积极实现自己**本质**的过程中**创造**、生产人的**社会联系**、社会本质，而社会本质不是一种同单个人相对立的抽象的一般的力量，而是每一个单个人的本质，是他自己的活动，他自己的生活，他自己的享受，他自己的财富。因此，上面提到的**真正的社会联系**并不是由反思产生的，它是由于有了个人的**需要**和**利己主义**才出现的，也就是个人在积极实现其存在时的直接产物。有没有这种社会联系，是不以人为转移的；但是，只要人不承认自己是人，因而不按照人的样子来组织世界，这种**社会联系**就以**异化**的形式出现。因为这种社会联系的**主体**，即人，是自身异化的存在物。人们——不是抽象概念，而是作为现实的、活生生的、特殊的个人——**就是**这种存在物。这些个人**是怎样的**，这种社会联系本身就是怎样的。因此，以下论点是相同的：人自身异化了以及这个异化的人的社会是一幅描绘他**现实的社会联系**，描绘他的真正的类生活的讽刺画；他的活动由此而表现为苦难，他个人的创造物表现为异己的力量，他的财富表现为他的贫穷，把他同别人结合起来的**本质的联系**表现为非本质的联系，相反，他同别人的分离表现为他的真正的存在；他的生命表现为他的生命的牺牲，他的本质的现实化表现为他的生命的失去现实性，他的生产表现为他的非存在的生产，他支配物的权力表现为物支配他的权力，而他本身，即他的创造物的主人，则表现为这个创造物的奴隶。

国民经济学以**交换**和**贸易**的形式来探讨**人们的社会联系**或他们的积极实现着的**人的**本质，探讨他们在类生活中、在真正的人的生活中的相互补充。

德斯杜特·德·特拉西说："**社会是一系列的相互交换**……它恰好也是这个相互结合的运动。"亚当·斯密说："**社会是一个商业社会。它的每一个成员都是商人。**"

我们看到，国民经济学把社会交往的**异化**形式作为**本质**的和**最初**的形式、作为同人的本性相适应的形式**确定**下来了。

<blockquote>马克思：《詹姆斯·穆勒〈政治经济学原理〉一书摘要·媒介》（1844年上半年），摘自《马克思恩格斯全集》第42卷，人民出版社1979年9月第1版，第24—25页。</blockquote>

2. "物"的交换中产生的"实际关系"构成"法"的形式等的"内容"

我在分析商品流通时就指出，还在不发达的物物交换情况下，参加交换的个人就已经默认彼此是平等的个人，是他们用来交换的财物的所有者；他们还在彼此提供自己的财物，相互进行交易的时候，就已经**做到**这一点了。这种通过交换和在交换中才产生的**实际关系**，后来获得了契约这样的**法的形式**，等等，但是这一形式既不构成自己的内容，即交换，也不构成存在于这一形式中的**人们的相互关系**，而是相反。

> 马克思：《评阿·瓦格纳的"政治经济学教科书"》（1879年下半年—1880年11月），摘自《马克思恩格斯全集》第19卷，人民出版社1963年12月第1版，第423页。

3. 马克思《资本论》对"社会的物质变换"的经典论述

交换过程使商品从把它们当做非使用价值的人手里转到把它们当做使用价值的人手里，就这一点说，这个过程是一种社会的物质变换。一种有用劳动方式的产品代替另一种有用劳动方式的产品。商品一到它充当使用价值的地方，就从商品交换领域转入消费领域。在这里，我们感兴趣的只是商品交换领域。因此，我们只是从形式方面考察全部过程，就是说，只是考察为社会的物质变换作中介的商品形式变换或商品形态变化。（第125页）

因此，商品的交换过程是在下列的形式变换中完成的：

商品—货币—商品

W—G—W

从物质内容来说，这个运动是W—W，是商品换商品，是社会劳动的物质变换，这种物质变换的结果一经达到，过程本身也就结束。（第127页）

到这里，我们还只知道人与人之间的一种经济关系，即商品占有者之间的关系，在这种关系中，商品占有者只是由于让出自己的劳动产品，才占有别人的劳动产品。（第130页）

在这里，一方面，我们看到，商品交换怎样打破了直接的产品交换的个人的和地方的限制，发展了人类劳动的物质变换。另一方面，又有整整一系列不受当事人控制的天然的社会联系发展起来了。（第134页）

> 马克思：《资本论》第1卷，摘自《马克思恩格斯文集》第5卷，人民出版社2009年12月第1版。

W—G—W，作为资本的流通形式，包含一种职能上确定的物质变换。（第85页）

社会劳动的物质变换，是在资本循环和构成这个循环的一个阶段的商品形态变化中完成的。这种物质变换要求产品发生场所的变换，即产品由一个地方到另一个地方的实际运动。但是，没有商品的物理运动，商品也可以流通；没有商品流通，甚至没有直接的产品交换，产品也可以运输。（第167页）

> 马克思、恩格斯：《资本论》第 2 卷，摘自《马克思恩格斯文集》第 6 卷，人民出版社 2009 年 12 月第 1 版。

商品经营资本，——撇开可以和它结合在一起的一切异质的职能，如保管、发送、运输、分类、分装等，只说它的真正的为卖而买的职能，——既不创造价值，也不创造剩余价值，它只是对它们的实现起中介作用，因而同时也对商品的实际交换，对商品从一个人手里到另一个人手里的转让，对社会的物质变换起中介作用。（第 314 页）

因此，资本已经变成了一种非常神秘的东西，因为劳动的一切社会生产力，都好像不为劳动本身所有，而为资本所有，都好像是从资本自身生长出来的力量。然后流通过程插进来了。资本的甚至农业资本的一切部分，都会随着这种独特的资本主义生产方式的发展，被卷入流通过程的物质变换和形式变换中去。这是原始价值生产的关系完全退居次要地位的一个领域。（第 937 页）

在这个十分独特的价值形式上，一方面，劳动只作为社会劳动起作用；另一方面，这个社会劳动的分配，它的产品的互相补充，它的产品的物质变换，它从属于和被纳入社会的传动机构，这一切却听任资本主义生产者个人偶然的、互相抵消的冲动去摆布。因为这些人不过作为商品占有者互相对立，每个人都企图尽可能以高价出售商品（甚至生产本身似乎也只是由他们任意调节的），所以，内在规律只有通过他们之间的竞争，他们互相施加的压力来实现，正是通过这种竞争和压力，各种偏离得以互相抵消。在这里，价值规律不过作为内在规律，对单个当事人作为盲目的自然规律起作用，并且是在生产的偶然变动中，实现着生产的社会平衡。（第 996 页）

> 马克思、恩格斯：《资本论》第 3 卷，摘自《马克思恩格斯文集》第 7 卷，人民出版社 2009 年 12 月第 1 版。

4. "社会物质变换"与"社会关系"的关系："没有这种客体（商品）的媒介，他们彼此就不会有任何关系"

以交换价值为基础的社会物质变换的完全物化和外部化，明显地表现在一切社会关系都取决于金属自然产物的生产费用这一点上，而这种金属自然产物从充当生产工具，充当创造财富的要素来看是毫无意义的。（第 434 页）

个人只是作为交换价值的所有者互相对立，作为各自用自己的产品即商品为对方提供某种物的存在的所有者互相对立。从在流通中发生的社会的物质变换的观点来看，没有这种客体的媒介，他们彼此就不会有任何关系。他们只是物质上彼此为对方存在，这种情况在货币关系中才得到进一步发展，在这种关系中，他们的共同体本身对一切人来说表现为外在的、因而是偶然的东西。通过独立的个人的接触而形成的社会联系，对于他们既表现为物的必然性，同时又表现为外在的联系，这一点正好表现出他们的独立性，对于这种独立性来说，社会存在固然是必然性，但只是手段，因此，对个人本身来说表现为某种外在的东西，而在货币形式上甚至表现为某种可以捉摸的东西。他们是作为社会的个人，在社会里生产并为社会而生产，但同时这仅仅表现为使他们的个性物化的手段。因为他们既不从属于某一自然发生的共同体，另一方面又不是作为自觉的共同体成员使共同体从属于自己，所以这种共同体必然作为同样是独立的、外在的、偶然的、物的东西同他们这些独立的主体相对立而存在。这正是他们作为独立的私人同时又发生某种社会关系的条件。

因此，由于分工（个人借以生产交换价值的那些社会生产条件可以概括在分工中）在简单的交换过程中，在流通中仅仅表现为：（1）个人本身，个人的直接劳动不生产直接生活资料；（2）一般社会劳动作为自然发生的总体而存在，这个总体分成一系列的特殊，也就是说，流通的主体占有互相补充的商品，每个主体都满足个人的社会总需要的某一个方面，而从这种特定的分工中所产生的经济关系本身则消失了，——正是由于这些情况，我们在阐述交换价值时没有进一步去说明分工，而仅仅把它看作同交换价值是一回事，其实分工只是在活动的形式上、通过劳动的特殊化来表现商品的各种使用价值（而没有使用价值就不会有交换，也不会有交换价值）以物的形式表现的东西。实际上，亚·斯密象他以前的其他一些经济学家配第、布阿吉尔贝尔、意大利人一样，在把分工说成是与交换价值相关联的东西时，就是这样做的。斯图亚特则最先把分工和交换价值的生产看作一回事，并且他不同于其他经济学家而值得称赞的是，他把这一点看作社会生产和社会物质变换的以特殊历史过程为媒介的形式。（第469—471页）

马克思：《经济学手稿》（1857—1858年），摘自《马克思恩格斯全集》

第46卷下册，人民出版社1980年8月第1版。

5. 流动资本是工人之间物质变换的媒介

工人在生产期间能够实现他的消费所必需的物质变换这件事，表现为转到工人手里的那一部分流动资本的属性，并表现为一般流动资本的属性。这一情况不是表现为同时并存的劳动力之间的物质变换，而是表现为资本的物质变换，表现为流动资本的存在。于是，劳动的一切力量都转化为资本的力量。在固定资本中体现着劳动的生产力，这种生产力存在于劳动之外，并且（客观地）不以劳动为转移而存在着。而在流动资本中，一方面，工人本身有了重复自己劳动的前提条件，另一方面，工人的这种劳动的交换以其他工人的并存劳动为媒介，——这种情况表现为，资本对工人实行预付，另一方面资本又造成各个劳动部门的同时并存。（后面这两个规定其实属于积累。）在流动资本的形式中，资本表现为不同工人之间的媒介。（第213页）

固定资本的价值被固定在一定的使用价值上；而流动资本的价值则采取各种不同的使用价值的形式，同样，它也可以采取不属于任何特定的使用价值的形式（货币形式），并且不断地抛弃这些形式；因此经常发生物质变换和形式变换。（第244页）

马克思：《经济学手稿》（1857—1858年），摘自《马克思恩格斯全集》第46卷下册，人民出版社1980年8月第1版。

6. 货币"不过是社会的物质变换所借以实现的形式变换的表现"

李嘉图认为，商品形式对于产品是无关紧要的，其次，商品流通只是在形式上不同于物物交换，交换价值在这里只是物质变换的转瞬即逝的形式，因而货币只是形式上的流通手段。

马克思：《剩余价值理论》，摘自《马克思恩格斯全集》第26卷第2册，人民出版社1973年7月第1版，第602页。

在社会的物质变换发生动荡的时期，甚至在发达的资产阶级社会中，货币也会作为贮藏货币而窖藏起来。社会联系（对于商品所有者来说，这个社会联系在于商品，而商品的最适当的存在是货币）在其坚固的形式上从社会的运动中被救了出来。社会的 nervusrerum[①] 和它所依附的肉体一起

[①] 直译是：物的神经；转意是：万物的动力。——编者注

被埋葬了。（第121页）

我们已经知道，货币流通不过是商品形态变化的表现，或者说，不过是社会的物质变换所借以实现的形式变换的表现。（第126页）

实际上，货币在流通过程中所取得的各种形式规定性，不过是商品本身的结晶了的形式变换，而这种形式变换又不过是商品所有者借以完成其物质变换的那种变化着的社会关系的物化表现。在流通过程中产生了新的交往关系，而商品所有者作为这种改变了的关系的承担者，就获得了新的经济身分。（第128—129页）

> 马克思：《政治经济学批判》（1858—1859年），摘自《马克思恩格斯全集》第13卷，人民出版社1962年11月第1版。

7. 货币"作为阶级对立的最高表现"，"抹杀和掩盖了阶级性质"

在货币的形式上，在金银或银行券的形式上，收入当然已经不能让人看出，它所归属的个人，只是作为属于某一阶级的个人，只是作为阶级的个人，只要个人不是靠行乞或偷窃获得这种收入，因而，毕竟只要不是从这种形式的收入中侵吞这种收入并以相当强制的方式成为某一阶级个人的代表。［收入］转化为金银，抹杀和掩盖了阶级性质。由此造成了资产阶级社会中的表面上的平等——撇开货币不谈。另一方面，在货币制度充分发达的社会中，由此事实上造成了个人的实际的资产阶级平等——就他们拥有货币，而不管这种收入的来源而言。这里已经不是象古代社会那样，只有特权人物才能交换这个或那个，而是所有的人都能够获得一切，每个人都能够按照他的收入转化成的货币的数量来进行任何的物质变换。娼妓、科学、庇护权、勋章、地租、阿谀者，一切都完全象咖啡、糖、鲱鱼一样成为交换物。在等级的范围内，个人的享受，个人的物质变换，取决于个人所从属的一定的分工。在阶级的范围内，则只取决于个人所能占有的一般交换手段。在前一种情况下，个人作为受社会限制的主体，进入由他的社会地位所限制的交换。在后一种情况下，个人作为一般交换手段的所有者，进入同社会为万物的这一代表者所能提供的一切东西的交换。

在货币同商品的交换中，在实业家和消费者之间的这种贸易中，当工厂主从店铺老板那里购买时，他象他的工人一样是消费者，仆人和主人都是用同一货币价值得到同一商品。因此，在这种交换行为中，转化成货币的收入的特性消失了［VII—52］，一切阶级的个人都变得模糊而消失在买者的范畴中，他们在这里同卖者相对立。这就产生了一种假象，即在这种买卖的行为中看到的不是阶级的个人，而是没有阶级性的单纯进行购买的个人。

马克思：《反思》（1851年3月），摘自《马克思恩格斯全集》第44卷，
人民出版社1982年5月第1版，第161—162页。

如果分析一下特殊的分工形式、作为分工基础的生产条件、这种条件所导致的社会成员的经济关系，那就会看出，要使交换价值在社会表面上表现为简单的出发点，而在简单流通中所呈现出来的那种交换过程表现为简单的、但囊括整个生产和消费的社会物质变换，就要有资产阶级生产的整个体系作为前提。由此可见，要使个人作为发生简单买卖关系的自由私人生产者在流通过程中相对立，作为流通过程的独立的主体发挥作用，已经要有另外的更为复杂的并且同个人的自由和独立或多或少发生冲突的生产关系即他们的经济关系作为前提。但是，从简单流通的观点来看，这种关系消失了。如果就简单流通本身来考察，那么在这一流通中分工实际上只是作为下述结果（即流通的前提）而出现的：交换的主体生产各种不同的商品，以适应各种不同的需要；如果说每个人依赖于一切人的生产，那么一切人则依赖于每个人的生产，他们由此而互相补充；因此，单个人的产品，按照个人占有的价值的大小，通过流通过程而成为参加社会总生产[B′—20]的手段。

马克思：《经济学手稿》（1857—1858年），摘自《马克思恩格斯全集》
第46卷下册，人民出版社1980年8月第1版，第468页。

8. 货币作为物质变换手段的积极作用："它使财富具有普遍性，并把交换的范围扩展到整个地球"

在货币不是来自流通而是在实体形式上被发现的地方，如在西班牙，国家变穷了；可是为了从西班牙人那里取得货币而不得不进行劳动的那些国家，则开辟了财富的源泉，因而真正富裕起来了。在新大陆和新的地区勘探和发现金矿，在革命的历史上起了巨大的作用，因为在那里，殖民活动蓬勃展开，就象在温室里生长起来的一样。

到各地追逐黄金使一些地区被发现，使新的国家形成；首先使进入流通的商品的范围扩大，这些商品引起新的需要，把遥远的大陆卷进交换和物质变换的过程。因此，从这个方面来看，作为财富的一般代表，作为个体化的交换价值，货币也是一种双重手段，它使财富具有普遍性，并把交换的范围扩展到整个地球；这样就在物质上和在空间上创造了交换价值的真正一般性。但是，在这里所阐述的货币的规定中，隐藏着关于货币性质的幻想，——也就是说，死抱住货币的一种抽象规定，而无视这种规定中所包含的矛盾，——这种幻想在个人的背后赋予货币以这种确实神奇的意义。

实际上，货币由于这种自相矛盾的、因而是幻想的规定，由于货币的这种抽象，便在社会生产力的实际发展中成为如此强大的［Ⅱ—33］[①]工具。

马克思：《经济学手稿》（1857—1858年），摘自《马克思恩格斯全集》第46卷上册，人民出版社1979年7月第1版，第175页。

作为贮藏货币和一般支付手段，货币变为世界市场上的一般交换手段；不仅从概念上来说，而且从存在方式来说，它变为一般商品。货币在执行铸币职能时获得的特殊民族形式，在它作为货币而存在时丧失了。货币本身是世界主义的。[②] 由于金银这种满足致富需要的使用价值，这种抽象的、同特殊需要相独立的财富的介入，甚至只要一个国家［B′—4］直接需要另一个国家的使用价值，便会发生某种社会物质变换，正因为这样，金银会在开辟世界市场方面，在使社会物质变换超越一切地方的、宗教的、政治的和种族的区别方面成为异常有力的因素。（第435页）

意大利最早的政治经济学传播者们所赞扬的，恰恰是这种美好的发现[③]，它使社会的普遍物质变换不通过社会成员的个人接触就可以进行。货币作为铸币具有民族的、地方的性质。货币要作为金银充当国际交换手段，就必须重新熔化，或者，如果货币以铸币的形式存在，那么这种形式将是无关紧要的，铸币将被完全还原为重量。在最发达的国际交换制度中，金银又完全以它早在原始物物交换中发挥作用时所具有的那种形式出现。

---

① 在本页右上角有马克思的如下批注："物物交换、买卖、商业——交换的三个阶段（斯图亚特）"。——编者注

② 货币的这种世界性引起古代人的注视。"他来自哪个国家，哪个民族？他是个富翁。"（——看来是借用歌德的诗《神圣的》开头一句话："愿人们是高贵的。"——编者注

③ 马克思在手稿同一页左上角补写的一句话也许同这个地方有关，这句话是："（货币在这里实际上表现为他们［社会成员］的共同体，这种共同体以物的形式存在于他们自身之外）"。——编者注

金银作为交换手段，正象交换本身一样，最初不是出现在某个社会共同体的狭小范围内部，而是出现在共同体的尽头，在它的边界，在它同别的共同体接触的少数地点上。因此，金银成为商品本身，成为在一切地方都保持着财富性质的普遍商品。由于这一形式规定，金银在一切地方都通用。所以金银是一般财富的物质代表。因此在重商主义看来，金银是各个共同体的权力的尺度。（第437—438页）

马克思：《经济学手稿》（1857—1858年），摘自《马克思恩格斯全集》第46卷下册，人民出版社1980年8月第1版。

（七）"劳动的物的条件"：自然关系与社会关系在物质生产中的统一

1. 个人是什么样的，这取决于他们进行生产的物质条件

人并没有创造物质本身。甚至人创造物质的这种或那种生产能力，也只是在物质本身预先存在的条件下才能进行。

马克思、恩格斯：《神圣家族》（1844年9—11月），摘自《马克思恩格斯全集》第2卷，人民出版社1957年12月第1版，第58页。

人们用以生产自己必需的生活资料的方式，首先取决于他们得到的现成的和需要再生产的生活资料本身的特性。这种生产方式不仅应当从它是个人肉体存在的再生产这方面来加以考察。它在更大程度上是这些个人的一定的活动方式、表现他们生活的一定形式、他们的一定的**生活方式**。个人怎样表现自己的生活，他们自己也就怎样。因此，他们是什么样的，这同他们的生产是一致的——既和他们生产**什么**一致，又和他们怎样生产一致。因而，个人是什么样的，这取决于他们进行生产的物质条件。（第24页）

但这里所说的个人不是他们自己或别人想像中的那种个人，而是**现实中**的个人，也就是说，这些个人是从事活动的，进行物质生产的，因而是在一定的物质的、不受他们任意支配的界限、前提和条件下能动地表现自己的。（第29页）

马克思、恩格斯：《德意志意识形态》（1845—1846年），摘自《马克思恩格斯全集》第3卷，人民出版社1960年12月第1版。

劳动者的劳动的社会规定性，和劳动条件——特别是土地、自然界，

因为这个关系包括其他一切关系——对劳动者所采取的形式相适应。

> 马克思:《剩余价值理论》,摘自《马克思恩格斯全集》第26卷第3册,人民出版社1974年12月第1版,第457页。

2. 资产阶级统治权威来自"同劳动相对立的劳动条件的人格化",不同于以前的政治的、神权政体的权威

尽管在资本主义生产的基础上,对于直接生产者大众来说,他们的生产的社会性质是以实行严格管理的权威的形式,并且是以劳动过程的完全按等级组织的社会机制的形式出现的,——这种权威的承担者,只是作为同劳动相对立的劳动条件的人格化,而不是像在以前的各种生产形式中那样,是作为政治的统治者或神权政体上的统治者得到这种权威的,——但是,在这种权威的承担者中间,在只是作为商品占有者互相对立的资本家本身中间,占统治地位的却是极端无政府状态,在这种状态中,生产的社会联系只是表现为对于个人随意性起压倒作用的自然规律。

> 马克思、恩格斯:《资本论》第3卷,摘自《马克思恩格斯文集》第7卷,人民出版社2009年12月第1版,第997—998页。

3. 资本作为"劳动条件"既体现了"社会关系"("这些物借以表现为资本的一定的特殊形式")也体现了"自然关系"("它们作为物以及作为一切劳动过程的简单因素")

只有在劳动条件和实际生活条件,在人们面前表现为人与人之间和人与自然之间的明白而合理的关系时,现实世界的宗教反映才会消失。

> 马克思:《〈资本论〉第一卷法文版片断》(著者亲自修订)(1872年9月—1875年11月),摘自《马克思恩格斯全集》第49卷,人民出版社1982年12月第1版,第195页。

一切生产都是个人在一定社会形式中并借这种社会形式而进行的对自然的占有。

> 马克思:《经济学手稿》(1857—1858年),摘自《马克思恩格斯全集》第46卷上册,人民出版社1979年7月第1版,第24页。

政治经济学家们经常把这些物借以表现为资本的一定的特殊形式同它们作为物以及作为一切劳动过程的简单因素的属性混为一谈。作为**"劳动的使用者"**的资本所含的奥妙,他们却没有说明,他们只是不断无意识地把这种奥妙说成是某种同资本的物的性质不可分离的东西。

> 马克思:《剩余价值理论》,摘自《马克思恩格斯全集》第26卷第3册,

人民出版社 1974 年 12 月第 1 版，第 292 页。

如果说资本是"作为手段被用于新劳动〈生产〉的那种积累的〈已实现的〉劳动〈确切地说，**物化**劳动〉"，那就是只看到了资本的物质，而忽视了使资本成为资本的形式规定。这无非是说，资本就是生产工具，因为从最广泛的意义来说，任何东西，甚至纯粹由自然提供的物，例如石头，也必须先通过某种活动被占有，然后才能用作工具，用作生产资料。按照这种说法，资本存在于一切社会形式中，成了某种完全非历史的东西。按照这种说法，人体的四肢也是资本，因为要使它们能发挥器官的作用，就必须通过活动，通过劳动来使它们发育，以及使它们取得营养，把它们再生产出来。在这个意义上，臂，尤其是手，都是资本。这样，资本就只是一个同人类一样古老的事物的新名称了，因为任何一种劳动，甚至最原始的劳动，如狩猎、捕鱼等等，都要有一个前提，就是把过去劳动的产品用作直接的活劳动的手段。

上述定义中所包含的进一步的规定是：产品的物质材料完全被抽掉了，过去的劳动本身被看作是产品的唯一内容（材料）；同样，这个产品现在应再作为手段来实现的那种一定的、特殊的目的，也被抽掉了，相反，作为目的的，只是一般的生产。所有这一切似乎只是抽象的产物，而这种抽象据说对一切社会状态都同样是真实的，并且和往常的作法比起来，只会使分析更彻底，使定义更抽象（更一般）。

如果这样抽掉资本的特定形式，只强调**内容**，而**资本作为这种内容是一切劳动的一种必要要素，那么，要证明资本是一切人类生产的必要条件，自然就是再容易不过的事情了**。抽掉了使资本成为人类生产某一特殊发展的历史阶段的要素的那些特殊规定，恰好就得出这一证明。要害在于：如果说一切资本都是作为手段被用于新生产的物化劳动，那么，并非所有作为手段被用于新生产的物化劳动都是资本。**资本被理解为物，而没有被理解为关系。**

马克思：《经济学手稿》（1857—1858 年），摘自《马克思恩格斯全集》第 46 卷上册，人民出版社 1979 年 7 月第 1 版，第 211—212 页。

4. 为资本服务的机器，既是资本主义劳动的"工艺条件"，也是其"社会条件"

在这里，过去劳动——在自动机和由自动机推动的机器上——似乎是独立的、不依赖于［活］劳动的；它不受活劳动支配，而是使［活］劳动受它支配；铁人起来反对有血有肉的人。工人的劳动受资本支配，资本吸吮工人的劳动，这种包括在资本主义生产概念中的东西，在这里表现为工艺上的事实。（第567页）

因此，在这种形式中，从劳动的**社会生产力**中产生的、并由劳动本身创造的劳动的**社会条件**，不仅完全成为对于工人来说异己的、属于**资本**的权力，而且完全成为敌视工人、镇压工人、为了资本家的利益而反对每个工人的权力。同时我们看到，资本主义生产方式不仅引起形式上的变化，而且使劳动过程的全部社会条件和工艺条件发生变革；资本在这里不仅表现为**不属于**工人的劳动物质条件，即原材料和劳动资料，而且表现为同每一单个工人相对立的**社会力**和他同其他工人共同完成的劳动**形式**的**化身**。（第566—567页）

过去劳动对活劳动的统治，同机器体系一起，——以及同以机器体系为基础的机械工厂一起，——不仅成为表现在资本家和工人之间的关系上的社会真实，而且还成为可以说是**工艺上**的真实。

……

大生产——应用机器的大规模协作——第一次使**自然力**，即风、水、蒸汽、电大规模地从属于直接的生产过程，使自然力变成**社会劳动的因素**。（在农业中，在其资本主义前的形式中，人类劳动只不过是它所不能控制的自然过程的助手。）这些自然力本身**没有价值**。它们不是人类劳动的产物。但是，只有借助机器才能**占有**自然力，而机器是有价值的，它本身是过去劳动的产物。因此，自然力作为劳动过程的因素，只有借助机器才能占有，并且只有机器的主人才能占有。

由于这些自然因素没有价值，所以，它们进入劳动过程，却并不进入价值形成过程。它们使劳动具有更高的生产能力，但并不提高**产品的价值**，不增加商品的价值。相反，它们**减少**单个商品的［价值］，因为它们增加了**同一劳动时间**内生产的商品量，因而减少了这个商品量中每一相应部分的**价值**。只要这些商品参与劳动力的再生产，劳动力的价值就减少了，或者说，再生产工资所必需的劳动时间就缩短了，而剩余劳动则增加了。可见，资本之所以占有自然力本身，并不是因为它们提高商品价值，而是因为它们降低商品价值，因为它们进入劳动过程，而并不进入价值形成过程。

只有在大规模地应用机器,从而工人相应地集结,以及这些受资本支配的工人相应地实行协作的地方,才有可能大规模地应用自然力。(第568—570页)

马克思:《经济学手稿》(1861—1863年),摘自《马克思恩格斯全集》第47卷,人民出版社1979年10月第1版。

5. 停留于"简单流通"的考察会掩盖资本主义社会关系(生产关系)的对抗性

在这里,经济学辩护者的方法有两个特征。第一,简单地抽去商品流通和直接的产品交换之间的区别,把二者等同起来。第二,企图把资本主义生产当事人之间的关系,归结为商品流通所产生的简单关系,从而否认资本主义生产过程的矛盾。但商品生产和商品流通是极不相同的生产方式都具有的现象,尽管它们在范围和作用方面各不相同。因此,只知道这些生产方式所共有的、抽象的商品流通的范畴,还是根本不能了解这些生产方式的不同特征,也不能对这些生产方式作出判断。(第136页注释(73))

生产工人的概念决不只包含活动和效果之间的关系,工人和劳动产品之间的关系,而且还包含一种特殊社会的、历史地产生的生产关系。这种生产关系把工人变成资本增殖的直接手段。所以,成为生产工人不是一种幸福,而是一种不幸。(第582页)

马克思:《资本论》第1卷,摘自《马克思恩格斯文集》第5卷,人民出版社2009年12月第1版。

从工人方面看:他的劳动力,只有通过出卖而和生产资料相结合的时候,才可能从事生产活动。因此,在出卖之前,劳动力是和生产资料,和它的活动的物的条件相分离的。在这种分离状态中,它既不能直接用来为它的所有者生产使用价值,也不能用来生产商品,使它的所有者能够依靠这种商品的出售而维持生活。但是,劳动力一经出卖而和生产资料相结合,它就同生产资料一样,成了它的买者的生产资本的一个组成部分。

因此,虽然在 G—A 行为中,货币占有者和劳动力占有者仅仅作为买者和卖者互相发生关系,仅仅作为货币占有者和商品占有者互相对立,因而就这方面来说,他们互相之间只是处在单纯的货币关系中,但是,买者一开始就同时是生产资料的占有者,而生产资料是劳动力的占有者对自己劳动力实行生产耗费的物的条件。换句话说，这种生产资料是作为他人的财产而和劳动力的占有者相对立的。另一方面，劳动的卖者是作为他人的劳动力而和它的买者相对立的。这种劳动力只有归它的买者支配，和买者的资本合并，才能使这种资本真正地作为生产资本来活动。因此，资本家和雇佣工人的阶级关系，当他们在 G—A（从工人方面看是 A—G）行为中互相对立时，就已经存在了，就已经作为前提肯定了。这是买和卖，是货币关系，但这种买和卖的前提是：买者是资本家，卖者是雇佣工人。而这种关系所以会发生，是因为劳动力实现的条件——生活资料和生产资料——已经作为他人的财产而和劳动力的占有者相分离了。

我们这里不谈这种分离是怎样产生的。在 G—A 进行的时候，这种分离已经存在了。我们这里关心的是，G—A 表现为货币资本的一种职能，或者说，货币在这里表现为资本的存在形式，这决不只是因为货币在这里充当一种有用的人类活动或服务的支付手段，就是说，决不是因为货币有支付手段的职能。货币能以这样的形式支出，只是因为劳动力处在和它的生产资料（包括作为劳动力本身的生产资料的生活资料）分离的状态中，而要消除这种分离状态，就得把劳动力卖给生产资料的占有者，因而也使劳动力的使用权归属于买者。而使用这种劳动力的界限，和劳动力本身价格的再生产所必需的劳动量的界限，又决不是一致的。资本关系所以会在生产过程中出现，只是因为这种关系在流通行为中，在买者和卖者互相对立的不同的基本经济条件中，在他们的阶级关系中本来就已经存在。不是由于货币的性质产生了这种关系；相反，正是由于这种关系的存在，单纯的货币职能才能转化为资本职能。……货币要执行这种职能，例如这里完成 G—A 行为，需要一定的社会条件，而这种社会条件在简单商品流通和相应的货币流通中是根本不存在的。

马克思、恩格斯：《资本论》第 2 卷，摘自《马克思恩格斯文集》第 6 卷，人民出版社 2009 年 12 月第 1 版，第 37—39 页。

6. 资本家对工人的统治关系只有在"实际生产过程"中才能实现

货币和劳动之间或者说资本和劳动之间的最初的、形式上的交换行为，仅仅**从可能性来说**是通过物化劳动对别人的活劳动的占有。实际的占有过程只是在实际的生产过程中才完成的，对这个生产过程说来，资本家和工人**单纯作为商品所有者**相互对立、作为买者和卖者彼此发生关系的那种最初的、形式上的交易，已经是过去的阶段了。因此，一切庸俗经济学家，例如巴师夏，都只停留在这种最初的、形式上的交易上，其目的正是要用欺骗手法摆脱特殊的资本主义关系。

马克思：《剩余价值理论》，摘自《马克思恩格斯全集》第 26 卷第 1 册，人民出版社 1972 年 6 月第 1 版，第 438 页。

商人资本的独立发展与资本主义生产的发展程度成反比例……（第 366 页）

荷兰作为一个占统治地位的商业国家走向衰落的历史，就是一部商业资本从属于工业资本的历史。（第 372 页）

在现实的运动中，资本并不是在流通过程中，而只是在生产过程中，在剥削劳动力的过程中，才作为资本存在。（第 384 页）

高利贷资本有资本的剥削方式，但没有资本的生产方式。（第 676 页）

这种生产方式的主要当事人，资本家和雇佣工人，本身不过是资本和雇佣劳动的体现者，人格化，是由社会生产过程加在个人身上的一定的社会性质，是这些一定的社会生产关系的产物。（第 996 页）

马克思、恩格斯：《资本论》第 3 卷，摘自《马克思恩格斯文集》第 7 卷，人民出版社 2009 年 12 月第 1 版。

生产过程和价值增殖过程的结果，首先是**资本和劳动的关系本身**的，**资本家和工人的关系本身**的再生产和新生产。这种社会关系，生产关系，实际上是这个过程的比其物质结果更为重要的结果。这就是说，在这个过程中工人把他本身作为劳动能力生产出来，也生产出同他相对立的资本，同样另一方面，资本家把他本身作为资本生产出来，也生产出同他相对立的活劳动能力。每一方都由于再生产对方，再生产自己的否定而再生产自己本身。资本家生产的劳动是他人的劳动；劳动生产的产品是他人的产品。资本家生产工人，而工人生产资本家，等等。（第 454—455 页）

既然财产仅仅是有意识地把生产条件看作是**自己所有**这样一种关系（对于单个的人来说，这种关系是由共同体造成、在共同体中被宣布为法律并由共同体保证的），也就是说，既然生产者的存在表现为一种**在属于他所有的客观条件中**的存在，那么，财产就只是通过生产本身而实现的。实际的占有，从一开始就不是发生在对这些条件的想象的关系中，而是发生在对这些条件的能动的、现实的关系中，也就是实际上把这些条件变为自己

的主体活动的条件。(第493页)

    马克思:《经济学手稿》(1857—1858年),摘自《马克思恩格斯全集》
    第46卷上册,人民出版社1979年7月第1版。

  一旦货币与活劳动能力,同时也与实现这种能力的物的条件(劳动材料和劳动资料)相交换而转化为资本,实际的生产过程就开始进行。这个生产过程是劳动过程和价值增殖过程的统一,正如这一过程的结果即商品是使用价值和交换价值的统一一样。

    马克思:《经济学手稿》(1861—1863年),摘自《马克思恩格斯全集》
    第47卷,人民出版社1979年10月第1版,第99页。

7. 资本主义人与人之间的"货币(金钱)关系"也必须首先从"生产"而非"交易"来审视

  在资本家和雇佣工人的关系上,货币关系,买者和卖者的关系,成了生产本身所固有的关系。但是,这种关系的基础是生产的社会性质,而不是交易方式的社会性质;相反,后者是由前者产生的。然而,不是把生产方式的性质看做和生产方式相适应的交易方式的基础,而是反过来,这是和资产阶级眼界相符合的,在资产阶级眼界内,满脑袋都是生意经。

    马克思、恩格斯:《资本论》第2卷,摘自《马克思恩格斯文集》第6
    卷,人民出版社2009年12月第1版,第133页。

  如果从生产的总体上来考察生产,货币关系本身就是生产关系。(第165页)

  存在于货币形式上的财富,只是由于劳动的客观条件同劳动本身相分离,而且只有当它们同劳动相分离的时候,才可能转化为劳动的客观条件。(第507页)

  既然我们看到,货币转化为资本,是以劳动客观条件与劳动者相分离、相独立的那个历史过程为前提的,那么,从另一方面说,资本一旦产生出来并发展下去,就将使所有生产服从自己,并到处发展和实现劳动与财产之间、劳动与劳动的客观条件之间的分离。(第516页)

    马克思:《经济学手稿》(1857—1858年),摘自《马克思恩格斯全集》
    第46卷上册,人民出版社1979年7月第1版。

  货币为转化为资本所经历的全部运动可以分为两个完全不同的过程:第一个过程是简单流通行为,一方是买,另一方是卖;第二个过程是买者消费买来的商品,这是在流通范围以外、在流通背后发生的行为。在这里,由于所买商品的特殊性质，消费本身形成某种经济关系。买者和卖者在这个消费过程中彼此发生了一种同时是**生产关系**的新的关系。（第114页）

可见，这种关系的全部内容，正如与劳动相异化的工人劳动条件的表现方式一样，处于［II—69］它们的纯粹的经济形式中，在这里，没有任何政治的、宗教的和其他的伪装。这是纯粹的货币关系。资本家和工人之间的关系。物化劳动和活的劳动能力之间的关系。不是主人和奴仆，教士和僧侣，封建主和陪臣，师傅和帮工等等之间的关系。在一切社会制度中，占统治地位的阶级（或一些阶级）总是占有劳动的物的条件的阶级，因此，这些条件的承担者，即使在他们劳动的场合，他们也不是作为劳动者，而是作为所有者从事劳动，而仆役阶级总是这样一个阶级，它或者作为劳动能力本身是所有者的财产（奴隶），或者只是支配自己的劳动能力（这种情况甚至会以这样的方式出现，例如在印度、埃及等等，他们［劳动者］占有土地，但是土地的所有者却是国王或某个种姓等等）。但是，所有这些关系不同于资本的地方在于，在这些关系中，上述［劳动和它的物的条件之间的］关系看不见了，而表现为主人与奴仆，自由民和奴隶，半仙和凡人等等之间的关系，而且在双方的意识中就是作为这样的关系存在着。只是在资本中，这种关系才被剥掉了一切政治的、宗教的和其他观念的伪装。这种关系——在双方的意识中——被归结为单纯的买和卖的关系。劳动条件本身以赤裸裸的形式与劳动相对立，它们作为**物化劳动、价值、货币**与劳动相对立，作为把自身仅仅理解为劳动本身的形式并且只是为了作为**物化劳动**保存和增殖自身而与劳动相交换的货币。因此，这种关系纯粹表现为单纯的生产关系——纯粹的经济关系。但是，随着统治关系在这种［资本主义］基础上的发展，就会明白，这种关系仅仅产生于买者即劳动条件的代表同卖者即劳动能力的所有者相互对立的关系。（第146—147页）

    马克思：《经济学手稿》（1861—1863年），摘自《马克思恩格斯全集》
    第47卷，人民出版社1979年10月第1版。

资本家和工人之间的——买和卖的——**货币关系**掩盖着**无酬劳动**，而在奴隶劳动的情况下，奴隶和他的主人之间的所有权关系掩盖着为**自己的劳动**。

    马克思：《经济学手稿》（1861—1863年），摘自《马克思恩格斯全集》

第 48 卷，人民出版社 1985 年 2 月第 1 版，第 11 页。

8. "劳动和它的物的条件之间"的分离，是资本主义"社会关系"的基础

研究这个问题，就是研究经济学家所谓的**预先积累**或**原始积累**，实际上应该称做原始剥夺。我们一定会发现，这种所谓原始积累不过是一连串使劳动者与其劳动资料之间的**原始统一被破坏**的历史过程。可是，这样的研究，就超出了目前这个题目的范围。劳动的人**脱离**劳动工具的现象一旦成为事实，就会继续保持下去，还会以不断扩大的规模再产生出来，直到生产方式方面的一种新的、根本的革命把它消灭，并以新的历史形式再恢复这种原始的统一为止。

> 马克思：《工资、价格和利润》（1865 年 5 月 20 日—6 月 24 日之间），摘自《马克思恩格斯文集》第 3 卷，人民出版社 2009 年 12 月第 1 版，第 55 页。

我们在第四章已经看到，要使货币转化为资本，只有商品生产和商品流通的存在还是不够的。为此首先必须有下列双方作为买者和卖者相对立：一方是价值或货币的所有者，另一方是创造价值的实体的占有者；一方是生产资料和生活资料的所有者，另一方是除了劳动力以外一无所有的占有者。所以，劳动产品和劳动本身的分离，客观劳动条件和主观劳动力的分离，是资本主义生产过程事实上的基础或起点。

> 马克思：《资本论》第 1 卷，摘自《马克思恩格斯文集》第 5 卷，人民出版社 2009 年 12 月第 1 版，第 658 页。

所以，象我指出的那样，原始积累无非是那些作为同劳动和工人对立的独立力量的劳动条件的分离。历史的过程使这种分离成为社会发展的因素。既然资本已经存在，那末，这种分离的保持和再生产就从资本主义生产方式本身中以越来越大的规模发展起来，直到发生历史变革。

使资本家成为资本家的不是对货币的占有。要使货币转化为资本，必须具备资本主义生产的前提，上述分离就是资本主义生产的第一个历史前提。在资本主义生产本身的范围内，这种分离，因而作为资本的劳动条件的存在，是既定的；这是生产本身的不断再生产出来和不断扩大的基础。

积累现在通过把利润，或者说剩余产品，再转化为资本而成为经常的过程，因此，数量已经增加了的、同时是劳动的客观条件、再生产条件的

劳动产品，经常作为**资本**，作为从劳动异化出来的、支配劳动的和在资本家身上个性化了的力量同劳动相对立。但是这样一来，积累，即把一部分剩余产品再转化为劳动条件，就成了资本家的特殊职能。（第299页）

资本的原始积累。包括劳动条件的集中。它是劳动条件对工人和劳动本身的独立化。它的历史活动就是资本产生的历史活动——把劳动条件转化为资本、劳动转化为雇佣劳动的**历史的**分离过程。这样就提供了资本主义生产的基础。

在资本本身基础上、因而也是在资本和雇佣劳动关系基础上的**资本积累**。它以越来越大的规模再生产出物质财富同劳动的分离和独立。（第348页）

马克思：《剩余价值理论》，摘自《马克思恩格斯全集》第26卷第3册，人民出版社1974年12月第1版。

如果说雇佣劳动的前提和资本的历史条件之一，是自由劳动以及这种自由劳动同货币相交换，以便再生产货币并增殖其价值，也就是说，使这种自由劳动不是作为用于享受的使用价值，而是作为用于获取货币的使用价值，而被货币所消耗；那么，另一个前提就是自由劳动同实现自由劳动的客观条件相分离，即同劳动资料和劳动材料相分离。可见，首要的是，劳动者同他的天然的实验场即土地相脱离，从而自由的小土地所有制解体，以及以东方公社为基础的公共土地所有制解体。

而在这两种形式中，劳动者把自己劳动的客观条件看作自己的财产；这就是劳动同劳动的物质前提的天然统一。因此，劳动者［甚至］不依赖劳动就拥有客观的存在。个人把自己看作所有者，看作自己现实条件的主人［IV—51］。

马克思：《经济学手稿》（1857—1858年），摘自《马克思恩格斯全集》第46卷下册，人民出版社1980年8月第1版，第470—471页。

9. "劳动能力与劳动的物的条件相对立"，是"根本性的和决定性的第一种关系"

但是，事情总是要归结到这样一个问题：工人不能一直等到产品的出售。换句话说，他除了自己的劳动本身外，没有别的**商品**可出售。如果工人有**商品**可供出售，那么，这个前提就已经意味着他要作为商品出售者而存在，——因为他不能靠那些对他本人来说不是使用价值的产品生活，——他就必须始终拥有足够的货币形式的商品储备，以便用以生活，购买生活资料，直到他的新商品完成并出售为止。这又是第一个行为［工人和资本家之间的关系］中的那个前提，即他作为单纯的劳动能力与劳动的物的条件相对立，这些物的条件不仅包括工人的生活资料（他在劳动期间的生活手段），而且也包括实现劳动本身的条件。表面上是为了摆脱这种根本性的和决定性的第一种关系，可是这种关系却以上述方式重新恢复了。（第119—120页）

如果说生产资料**集中**在相对地较少数人——与劳动群众相比——的手里，是资本主义生产的条件和前提，因为没有这种集中，生产资料就不会与生产者分离，因而，这些生产者就不会转化为雇佣工人，那么，这种集中也是发展资本主义生产方式，同时也是发展社会生产力的技术条件。简单说来，这种集中是大规模生产的**物的条件**。（第191页）

    马克思：《经济学手稿》（1861—1863年），摘自《马克思恩格斯全集》第47卷，人民出版社1979年10月第1版。

生产的原始条件……不是活的和活动的人同他们与自然界进行物质变换的自然无机条件之间的**统一**，以及他们因此对自然界的占有；而是人类存在的这些无机条件同这种活动的存在之间的**分离**，这种分离只是在雇佣劳动与资本的关系中才得到完全的发展。

    马克思：《经济学手稿》（1857—1858年），摘自《马克思恩格斯全集》第46卷上册，人民出版社1979年7月第1版，第488页。

因为琼斯本人所叙述的是这样的社会状况，在这种社会状况下，事情还不是这个样子，当时［劳动者和劳动条件之间］还存在着统一，所以他自然必须把上述的"**分离**"当作资本真正的形成过程提出来。一旦有了这种"**分离**"，资本的形成过程自然就会发生，——它将继续并且扩大，——因为工人的剩余劳动现在总是作为别人的收入同工人相对立，也只有通过这种收入的"积蓄"才能发生财富的积累和生产规模的扩大。

    马克思：《剩余价值理论》，摘自《马克思恩格斯全集》第26卷第3册，人民出版社1974年12月第1版，第465页。

10. 在实际的劳动过程中工人与"劳动的物的条件"发生不以社会形式为转移的"自然的关系"

劳动过程的各种一般要素，例如，劳动的物的条件在它们同工人本身的活的活动的关系中分为劳动的材料和资料等等，与生产过程的任何历史性质和特殊社会性质无关；对于生产过程的一切可能的发展形式来说，它们是同样正确的规定，它们实际上是**人类劳动的不变的自然条件**。这一点我们从下述事实中就可以明显地看到：劳动过程的各种一般要素同样也适用于那些在生产中独立地劳动，不和社会进行交换而仅仅和自然进行交换的人，例如鲁滨逊等等。因此，这一点实际上是人类劳动一旦脱离纯粹动物的性质就具有的绝对规定。

马克思：《〈资本论〉第一册〈第六章。直接生产过程的结果〉（手稿）》（1863年7月—1864年6月），摘自《马克思恩格斯全集》第49卷，人民出版社1982年12月第1版，第81页。

我们感兴趣的只不过是劳动过程分解成的，作为劳动过程所固有的最一般的环节。不言而喻，这些一般的环节必然产生于劳动本身的性质。在工人出卖对他的劳动能力的支配权之前，他不可能把劳动能力作为劳动发挥作用，不可能使劳动能力实现，因为劳动能力与自己活动的**物的条件**相分离。在实际劳动过程中，这种分离消除了。劳动能力现在之所以起作用，是因为它自然就具有自己的物的条件。这种劳动能力之所以发挥作用，是因为它与物的因素处于接触、过程和联系中，没有这些因素，劳动能力就不可能实现。可以把这些因素统称为**劳动资料**。然而劳动资料本身有必要分为被加工的对象——我们把它叫做**劳动材料**——和真正的**劳动资料**，即这样一种对象（这种对象无须是一种工具，它可以是例如化学过程），人类劳动、活动把它作为手段置于自己和劳动材料之间用来传导人的活动。（第56—57页）

我吃的麦子，不论是买的还是自己生产的，在这两种情况下都按照它的自然规定性在营养过程中起作用。同样，不论我是用自己的劳动材料和劳动工具为自己劳动，还是为暂时购买我的劳动能力的货币所有者劳动，一般形式的劳动过程不会发生任何变化，也就是说，劳动过程的抽象要素完全不会有任何变化。这种劳动能力的消费，实际上就是它作为劳动力[Arbeitskraft]起作用，这种实际劳动**本身是一个使活动与物发生某种关系的过程，它仍然同过去一样**并以同样的一般形式来进行。工人在出卖自己的劳动能力之前与物的条件相分离，而工人又只有在这种物的条件下才能使他的劳动能力发挥作用和从事劳动，劳动过程或实际劳动正是意味着这

种分离现象已经消失，工人现在作为工人与自己劳动的物的条件发生自然的关系，进入劳动过程。（第66—67页）

马克思：《经济学手稿》（1861—1863年），摘自《马克思恩格斯全集》第47卷，人民出版社1979年10月第1版。

11. 资本天生地是"劳动的物的条件"，但"劳动的物的条件"不一定天生地是资本

现在社会劳动的生产力和社会劳动的特殊形式，表现为资本的生产力和形式，即物化劳动的，劳动的物的条件（它们作为这种独立的要素，人格化为资本家，同活劳动相对立）的生产力和形式。

马克思：《剩余价值理论》，摘自《马克思恩格斯全集》第26卷第1册，人民出版社1972年6月第1版，第418页。

固然，在政治经济学家的头脑里，也和在资本家的头脑里一样，这些物在同劳动的关系上所采取的一定的社会形式，是和它们作为劳动过程的因素的实际特性交织在一起，并且彼此不可分割地结合在一起的。但是，政治经济学家们一到着手分析劳动过程的时候，他们便不得不把"资本"这个用语完全抛开，而去谈论**劳动材料、劳动资料和生活资料**。但是在产品作为材料、工具和工人的生活资料这种特性中所反映的只是它们作为**物的条件同劳动的关系**；劳动本身在这里表现为支配它们的活动。在这方面绝对没有劳动和资本的关系，而只有人类合乎目的的活动在再生产过程中同它自己的产品的关系。它们仍然是劳动产品，仍然不过是劳动自由支配的对象。它们只是表示一种关系，在这种关系的范围内，劳动把它本身所创造的，至少是在这种形式上所创造的物的世界占为己有；但是，除了表示活动必须和它的材料相适应外，它们决不表示**这些物对劳动的任何其他支配权**，否则它就不是合乎目的的活动，就不是劳动了。

只有把资本看作一定的社会生产关系的表现，才能谈资本的**生产性**。但是如果这样来看资本，那末这种关系的历史暂时性质就会立刻显露出来，对这种关系的一般认识，是同它的继续不断的存在不相容的，这种关系本身为自己的灭亡创造了手段。

马克思：《剩余价值理论》，摘自《马克思恩格斯全集》第26卷第3册，人民出版社1974年12月第1版，第291页。

（这里的意思不就是说劳动的物的条件之一即生活资料可以不采取资本

的形式吗？在这里已经承认了一点：生产的这些物的条件**本身**不是资本，只有当它们表现为一定的社会生产关系时才成为资本。）

（生活资料必定是生活资料，同样，它们也必定是生产的必要条件；但是它们不一定是**资本**。）

> 马克思：《经济学手稿》（1861—1863年），摘自《马克思恩格斯全集》第47卷，人民出版社1979年10月第1版，第155页。

12. 认为"劳动的物的条件"天生地是资本的观念掩盖了资本主义的历史性

附带说说，货币所有者和劳动力所有者的关系，不是自然关系，也不是一切时代所共有的社会关系，而是一种**历史**的关系，是许多经济变革的产物。

> 恩格斯：《卡·马克思"资本论"第一卷提纲》（1868年），摘自《马克思恩格斯全集》第16卷，人民出版社1964年2月第1版，第293页。

劳动的客观条件在工人方面作为跟他相分离的东西、作为**资本**出现，和**工人**在资本家方面作为丧失财产者、作为抽象工人出现，以及价值同活劳动之间发生的交换，是以一个**历史过程**为前提的（虽然资本和雇佣劳动这两者本身再生产着这种关系，并且在它客观的广度上以及深度上都发展着这种关系），而这种历史过程正如我们所看到的，就是资本与雇佣劳动的起源史。（第487页）

资本的原始形成，完全不是象人们所想象的那样，似乎是资本**积累了**生活资料、劳动工具和原料，一句话，**积累了**同土地相分离的、而且本身早已将人类劳动吸收在内的劳动的**客观**条件。决不是资本创造出劳动的客观条件。相反，**资本的原始形成**只不过是这样发生的：作为**货币财富**而存在的价值，由于先前的生产方式解体的历史过程，一方面能买到劳动的客观条件，另一方面也能用货币从已经自由的工人那里换到**活**劳动本身。

所有这一切因素都已具备了。它们的分离本身是一个历史过程，解体过程，正是**这一个过程**使货币能够转化为**资本**。就货币在历史上也起促进作用来说，只有当货币本身作为最有力的分离手段加入这个过程的时候，而且只有当货币促使**被剥夺光的**、丧失生存的客观条件的**自由工人**形成的时候，货币才起促进作用。但是，这当然不是由于货币为这些工人**创造**他们生存的客观条件，而是由于货币加速这些工人同这些条件的分离，即促

使他们丧失一切财产。(第509—510页)

> 马克思:《经济学手稿》(1857—1858年),摘自《马克思恩格斯全集》第46卷上册,人民出版社1979年7月第1版。

这些现代经济学家却敢于对"什么是资本?"这个问题回答说:"资本就是棉花"。他们所说的正是这样的意思,因为他们断言,劳动材料和劳动资料,生产资料或用于新生产的产品,简言之,**劳动的物的条件**,都天生是**资本**;既然并且因为它们借助于自己的物质属性在劳动过程中充当使用价值,它们就是资本。……劳动过程的最本质的因素就是工人本身,而在古代的劳动过程中这种劳动者是奴隶。同样不能由此得出结论说,劳动者天生就是**奴隶**(虽然**亚里士多德**也不能完全摆脱这个观点),正如不能由于纱锭和棉花现在在劳动过程中是被**雇佣工人**消费的,就说纱锭和棉花天生是**资本**一样。把表现在物中的一定的**社会生产关系**当作这些物本身的物质自然属性,这是我们在打开随便一本优秀的经济学指南时一眼就可以看到的一种颠倒,我们在第一页上就可以读到这样的话:生产过程的要素,归结到它的最一般的形式,就是土地、**资本**和劳动。同样也可以说,生产过程的要素就是**土地所有权**、刀子、剪子、纱锭、棉花、谷物,简言之,**劳动材料和劳动资料**,以及**雇佣劳动**。一方面,我们说这样一些劳动过程的要素:这些要素同它们在一定**历史**发展阶段上所具有的**特殊社会性质**结合在一起;另一方面,我们又加入这样一种要素:这种要素属于同所有一定社会形式无关的、作为人与自然之间的永恒过程的劳动过程。下面我们会进一步看到,经济学家的这种幻想——把资本对劳动过程的占有这件事同劳动过程本身混淆起来,从而把单纯劳动过程的**物的要素**转化为资本,因为资本在其中也转化为劳动过程的物的要素,——是从资本主义生产过程的性质本身中产生出来的;这种幻想,在古典经济学家们那里只是当他们专门从劳动过程的观点考察资本主义生产过程的时候才保留着,因而他们在进一步的叙述中就改正了。但是我们立刻就可以看出:这种幻想是证明资本主义生产方式的永恒性或**证明**资本是人类生产本身**不朽的自然要素**的非常方便的方法。……断言资本无非是劳动材料和劳动资料,或者断言劳动过程的物的要素天生就是资本,当然是与下述回答相对立的:人需要的是资本,而不是资本家,换句话说,资本不外是为了欺骗群众而发明的名称。

马克思：《〈资本论〉第一册〈第六章。直接生产过程的结果〉（手稿）》（1863年7月—1864年6月），摘自《马克思恩格斯全集》第49卷，人民出版社1982年12月第1版，第55—57页。

13. 一方面，资本作为"劳动的物的条件"体现了人（主体、主观、活劳动等）与物（客体、客观、物化劳动）之间的对抗："劳动的物的条件——劳动材料、劳动资料（以及生活资料）——也不是从属于工人，相反，是工人从属于它们。不是工人使用它们，而是它们使用工人"

即使考察这种纯粹形式上的关系，考察资本主义生产的较不发达阶段和较为发达阶段所共有的**一般**形式，**生产资料**，劳动的物的条件——劳动材料、劳动资料（以及生活资料）——也不是从属于工人，相反，是工人从属于它们。不是工人使用它们，而是它们使用工人。正因为这样，它们才是资本。"资本**使用**劳动。"对工人来说，它们不是生产产品的手段，不论这些产品采取直接生存资料的形式，还是采取交换手段，商品的形式。相反，工人对它们来说倒是一个手段，它们依靠这个手段，一方面保存自己的价值，另一方面使自己的价值转化为资本，也就是说，吸收剩余劳动，使自己的价值增殖。（第419页）

资本主义生产第一次大规模地发展了劳动过程的物的条件和主观条件，把这些条件同单个的独立的劳动者分割开来，但是资本是把这些条件作为**统治**单个工人的、对单个工人来说是**异己**的力量来发展的。（第422页）

马克思：《剩余价值理论》，摘自《马克思恩格斯全集》第26卷第1册，人民出版社1972年6月第1版。

重大的差别就在于：是现有的生产资料作为资本同工人相对立，从而它们**只有**在工人必须为他们的雇主增加剩余价值和剩余产品的情况下才能被工人所使用，是这些生产资料使用**他们**工人，还是工人作为主体使用生产资料这个客体来为自己生产财富。

马克思：《剩余价值理论》，摘自《马克思恩格斯全集》第26卷第2册，人民出版社1973年7月第1版，第661页。

只要劳动的**物的条件**，即劳动材料和劳动资料在劳动过程中直接发挥作用，它们就会被工人所使用。但这不是劳动使用资本，而是资本使用劳动。价值对劳动能力，过去的物化劳动对现在的活劳动，劳动条件对劳动本身所占有的特殊地位恰恰是资本的特殊的性质。（第103页）

……因此，过去的物化劳动就统治现在的活劳动。主体和客体的关系颠倒了。如果实现工人的劳动能力的物的条件，从而现实劳动的物的条件，即工具、材料、生活资料，在工人面前表现为异己的、独立的、反过来把活劳动当作保存并增殖自身（工具、材料、生活资料之所以交给劳动，只是为了吸收更多的劳动）的权力，如果这种情况已经作为前提条件而存在，那么，这种［主体和客体之间的关系的］颠倒就会在［生产过程的］结果上更多地表现出来。劳动的物的条件本身就是劳动的产品，而如果从交换价值方面来考察这些条件，它们就只是物化形式的劳动时间。

因此，从两方面来看，劳动的物的条件都是劳动本身的结果，即它**自身的物化**，而劳动的这种自身的物化，即作为劳动的结果的劳动自身，则**作为异己的、独立的权力**与劳动相对立，而和这种权力相对立，劳动始终处于同样的无对象性中，只是劳动能力。（第 124 页）

马克思：《经济学手稿》（1861—1863 年），摘自《马克思恩格斯全集》第 47 卷，人民出版社 1979 年 10 月第 1 版。

14. 另一方面，资本作为"劳动的物的条件"又是"社会生产关系的体现者"："如果劳动产品不属于工人，并作为一种异己的力量同工人相对立，那么这只能是由于产品属于工人之外的他人"

如果劳动产品不属于工人，并作为一种异己的力量同工人相对立，那么这只能是由于产品属于**工人之外的他人**。如果工人的活动对他本身来说是一种痛苦，那么，这种活动就必然给他人带来**享受**和生活乐趣。不是神也不是自然界，只有人本身才能成为统治人的异己力量。……如果人把他自己的活动看做一种不自由的活动，那么他是把这种活动看做替他人服务的、受他人支配的、处于他人的强迫和压制之下的活动。

人同自身以及同自然界的任何自我异化，都表现为他使自身、使自然界跟另一些与他不同的人所发生的关系上。……通过异化劳动，人不仅生产出他对异己的、敌对的力量的生产对象和生产行为的关系，而且还生产出他人对他的生产和他的产品的关系，以及他对这些他人的关系。

马克思：《1844 年经济学哲学手稿》（1844 年 4—8 月），摘自《马克思恩格斯文集》第 1 卷，人民出版社 2009 年 12 月第 1 版，第 165 页。

资本，土地，劳动！但资本不是物，而是一定的、社会的、属于一定历史社会形态的生产关系，后者体现在一个物上，并赋予这个物以独特的

社会性质。(第922页)

生产出来的劳动条件和劳动产品总是作为资本同直接生产者相对立这个事实,从一开始就意味着:物质劳动条件和工人相对立而具有一定的社会性质,因而在生产本身中,工人同劳动条件的所有者之间,并且工人彼此之间,是处在一定的关系中。这些劳动条件转化为资本这个事实,又意味着直接生产者被剥夺了土地,因而存在着一定的土地所有权形式。(第995页)

<blockquote>马克思、恩格斯:《资本论》第3卷,摘自《马克思恩格斯全集》第7卷,人民出版社2009年12月第1版。</blockquote>

不论工业还是农业本身,要形成雇佣劳动者阶级(最初,一切从事工业的人只表现为"土地耕种者—土地所有者"的雇工,即雇佣劳动者),劳动条件必须同劳动能力分离,而这种分离的基础是,土地本身表现为社会上一部分人的私有财产,以致社会上另一部分人失去了借以运用自己劳动的这个物质条件。(第30页)

资本主义生产是在劳动条件归一个阶级所有,而另一个阶级仅仅支配劳动能力的时刻开始的。劳动和劳动条件的这种分离成为资本主义生产的前提。(第56页)

由此可见,在资本主义生产体系中,**生产劳动**是给使用劳动的人生产**剩余价值**的劳动,或者说,是把客观劳动条件转化为资本、把客观劳动条件的所有者转化为资本家的劳动,所以,这是把自己的产品作为资本生产出来的劳动。

在资本主义生产中,生产资料(它们表现一定的**生产关系**)所具有的**社会规定性**同生产资料本身的物质存在是这样地结合在一起,而在资产阶级社会的观念中,这种社会规定性同这种物质存在是这样地不可分离,以致这种社会规定性(即范畴的规定性)甚至也被用到同它直接矛盾的那些关系上去了。生产资料只有当它独立化,作为独立的力量来反对劳动的时候,才成为资本。(第440页)

<blockquote>马克思:《剩余价值理论》,摘自《马克思恩格斯全集》第26卷第1册,人民出版社1972年6月第1版。</blockquote>

劳动者丧失劳动条件表现为这些劳动条件作为资本离开劳动者而获得独立,或者说,表现为资本家支配这些劳动条件。

马克思:《剩余价值理论》，摘自《马克思恩格斯全集》第26卷第2册，人民出版社1973年7月第1版，第299页。

不作为过程的结果，而作为过程的前提来考察的资本是什么呢？是什么使它在进入过程之前就成为资本，从而过程只是使它的内在性质得到发展呢？是它借以存在的社会规定性：过去劳动同活劳动相对立，产品同活动相对立，物同人相对立，劳动本身的物的条件作为别人的、独立的、自我孤立的主体或人格化，一句话，作为**别人的所有物**，而且在这个形式上作为劳动本身的"使用者"和"支配者"（它们占有劳动而不是被劳动占有）同劳动相对立。价值（无论它是作为货币还是作为商品而存在），而在进一步的发展中则是劳动条件，作为**别人的所有物**，作为自我的所有物，同劳动者相对立，这无非是说，它们是作为非劳动者的**所有物**同劳动者相对立，或者至少是说，在劳动条件的所有者是资本家的情况下，他也不是作为劳动者，而是作为价值等等的**所有者**，作为**主体**（这些物就是在这个主体上具有自己的意志，自己属于自己，人格化为独立的力量）同这些劳动条件相对立。**资本**，作为生产的前提，资本，在它不是从生产过程中出来，而是在它进入生产过程之前的形式上，是一种对立性，在这种对立性中，劳动作为别人的劳动同资本相对立，资本本身作为别人的所有物同劳动相对立。在这里表现出来的，是离开过程本身的、已表现为**资本所有权本身**的那种对立的社会性质。

马克思：《剩余价值理论》，摘自《马克思恩格斯全集》第26卷第3册，人民出版社1974年12月第1版，第527—528页。

如果我们现在首先考察已经形成的关系，考察变成资本的价值和只是作为同资本相对立的使用价值的活劳动（因而，活劳动只不过是这样一种手段，它使物化的死的劳动增殖价值，赋予死劳动以活的灵魂，但与此同时也丧失了它自己的灵魂，结果，一方面把已创造的财富变成了他人的财富，另一方面只是把活劳动能力的贫穷留给自己），那么，问题简单表现为，活劳动的现实的物的条件（即用来增殖价值的那些材料，用来增殖价值的那些工具，[IV—47] 以及为了煽起活劳动能力的劳动火焰，为了防止这种火焰熄灭而为活劳动能力的生命过程提供必要物质的那些生活资料），在过程中和通过过程本身，成为他人的独立的存在或**他人的人格**的存在方式，成为自在地同活劳动能力（而活劳动能力也脱离了这些物的条件并作为主体而存在）相对立的某种东西，成为坚持独立的、自为存在的价值，因而成为这样的价值，这种价值构成同活劳动能力相对立的他人的财富，资本家的财富。

活劳动的客观条件对于作为主观存在的活劳动能力来说，表现为**分离的、独立的**价值，因而活劳动能力对于客观条件来说，也只是表现为**另一种价值**（它不是作为价值，而是作为使用价值来同客观条件相区别）。这种分离一旦成为前提，生产过程就只能新生产，再生产这种分离，而且是在更大规模上再生产这种分离。生产过程怎样生产这种分离，我们已经看到了。活劳动能力的客观条件作为与活劳动能力相对立的独立存在，作为不同于活劳动能力并且与之相对立的主体的客观性而成为前提；因此，这些**客观条件**的再生产和它们的**价值增殖**，即它们的扩大，同时就是这些条件作为与劳动能力无关的并与之相对立而独立的他人的主体的财富所进行的再生产和新生产。再生产和新生产出来的，不仅是活劳动的这些客观条件的**存在**，而且是这些条件作为**独立的**价值，**即属于他人的主体的价值，而同这种活劳动能力相对立的存在**。

劳动的客观条件取得了与活劳动能力相对立的主观的存在——从资本变成资本家。另一方面，劳动能力与它自己的条件相对立的单纯主观的存在，使劳动能力具有对于这些条件来说只是无所谓的客观形式——劳动能力只是具有特殊使用价值的**价值**，而与实现它自身的条件本身，即与具有别种使用价值的**各价值相并列**。因此，并不是这些条件在生产过程中作为劳动能力的实现条件来实现，而是劳动能力仅仅作为增殖和保存**这些条件的价值**（与劳动能力相对立的自为存在的价值）的条件从生产过程中出来。

劳动能力加工的材料是**他人的**材料；同样工具是**他人的**工具；工人的劳动只表现为材料和工具这些实体的附属品，因而物化在不属于**他**的物中。甚至活劳动本身也表现为**他人的**东西而与活劳动能力相对立（虽然活劳动就是活劳动能力的劳动，就是活劳动能力自己的生命的表现），因为活劳动为换取物化劳动，为换取劳动自身的产品已经出让给资本了。劳动能力把活劳动看作他人的东西，如果资本愿意向劳动能力支付报酬而**不让它劳动**，劳动能力是会乐意进行这种交易的。可见，劳动能力自身的劳动对劳动能力来说，就象材料和工具一样是他人的（从对劳动的管理等方面来看，劳动对劳动能力来说也是他人的）。因此，对劳动能力来说，产品也表现为他人的材料、他人的工具和他人的劳动的结合，即**他人的财产**，而劳动能力在生产结束后，由于消耗了生命力而变得更加贫穷，然而又总是作为与自己的生活条件相分离的单纯主观的劳动能力而重新开始自己的苦工。

马克思：《经济学手稿》（1857—1858年），摘自《马克思恩格斯全集》
第46卷上册，人民出版社1979年7月第1版，第458—460页。

15. "关键不在于物化，而在于异化"，扬弃异化，"劳动的物的条件"就是"个人借以再生产自身"的"有机的社会躯体"

生产条件同时又是工人的生存条件和生活条件。

马克思、恩格斯：《资本论》第3卷，摘自《马克思恩格斯文集》第7
卷，人民出版社2009年12月第1版，第102页。

原始积累无非是那些作为同劳动和工人对立的独立力量的劳动条件的分离。历史的过程使这种分离成为社会发展的因素。既然资本已经存在，那末，这种分离的保持和再生产就从资本主义生产方式本身中以越来越大的规模发展起来，直到发生历史变革。使资本家成为资本家的不是对货币的占有。要使货币转化为资本，必须具备资本主义生产的前提，上述分离就是资本主义生产的第一个历史前提。在资本主义生产本身的范围内，这种分离，因而作为资本的劳动条件的存在，是既定的；这是生产本身的不断再生产出来和不断扩大的基础。

……

政治经济学家们为资本主义生产代理人的观念所束缚，陷入了双重的、但是互为条件的概念的混淆。

一方面，他们把资本从一种关系变成一种物，变成"商品储备"（这时他们已经忘掉商品本身不单纯是物），这些商品由于被用作新劳动的生产条件而被称为资本，并按其再生产方式被称为流动资本。

另一方面，他们又把物变成资本，即把表现在物上并通过物表现的社会关系，看成物本身只要作为要素加入劳动过程或工艺过程就具有的属性。

……

在他们看来，如果生活资料和劳动资料不具有成为资本的属性，如果构成劳动条件的劳动产品不消费劳动本身，如果过去劳动不消费活劳动，如果这些物属于工人而不属于自己本身或受委托的资本家，那末，这些生活资料和劳动资料就不会作为生产的客观条件起作用。

如果劳动条件属于联合起来的工人，如果这些工人同劳动条件的关系，就象同自然的劳动条件的关系一样，也就是象同他们自己的产品和他们自己活动的物的要素的关系一样，那末，分工似乎就不是同样可能的（虽然分工在历史上不可能从一开始就以它只有作为资本主义生产发展的结果才能表现出来的那种形式出现）。

马克思：《剩余价值理论》，摘自《马克思恩格斯全集》第 26 卷第 3 册，人民出版社 1974 年 12 月第 1 版，第 299—300 页。

在劳动生产力发展的过程中，劳动的物的条件即物化劳动，同活劳动相比必然增长，——这其实是一个同义反复的命题，因为，劳动生产力的增长无非是使用较少的直接劳动创造较多的产品，从而社会财富越来越表现为劳动本身创造的劳动条件，——这一事实，从资本的观点看来，不是社会活动的一个要素（物化劳动）成为另一个要素（主体的、活的劳动）的越来越庞大的躯体，而是（这对雇佣劳动是重要的）劳动的客观条件对活劳动具有越来越巨大的独立性（这种独立性就通过这些客观条件的规模而表现出来），而社会财富的越来越巨大的部分作为异己的和统治的权力同劳动相对立。关键不在于**物化**，而在于**异化**，外化，外在化，在于巨大的物的权力不归工人所有，而归人格化的生产条件即资本所有，这种物的权力把社会劳动本身当作自身的一个要素而置于同自己相对立的地位。

从资本和雇佣劳动的角度来看，活动的这种物的躯体的创造是在同直接的劳动能力的对立中实现的，这个物化过程实际上从工人方面来说表现为劳动的异化过程，从资本方面来说，则表现为对他人劳动的占有，——就这一点来说，这种错乱和颠倒是**真实的，而不单是想象的**，不单是存在于工人和资本家的观念中。但是很明显，这种颠倒的过程不过是**历史的**必然性，不过是从一定的历史出发点或基础出发的生产力发展的必然性，但决不是生产的某种**绝对**必然性，倒是一种暂时的必然性，而这一过程的结果和目的（内在的）是扬弃这个基础本身以及过程的这种形式。

资产阶级经济学家受一定的社会历史发展阶段的观念的严重束缚，在他们看来，劳动的社会权力**物化**的必然性是跟这些权力同活劳动相**异化**的必然性分不开的。但是随着作为单纯单个劳动或者单纯内部的或单纯外部的一般劳动的活劳动的**直接**性质被扬弃，随着个人的活动被确立为直接的一般活动或**社会**活动，生产的物的要素也就摆脱这种异化形式；这样一来，这些物的要素就变成作为单个人的个人，不过是作为社会的单个人的个人借以再生产自身的财产，即有机的社会躯体。使个人在他们的生命的再生产过程中，在他们的生产性的生命过程中处于上述状况的那些条件，只有通过历史的经济过程本身才能创造出来；这些条件既有客观的条件，也有主观的条件，它们只不过是同一些条件的两种不同的形式。

马克思：《经济学手稿》（1857—1858 年），摘自《马克思恩格斯全集》第 46 卷下册，人民出版社 1980 年 8 月第 1 版，第 360—362 页。

四 "社会关系"的物质性与观念性："经济基础—上层建筑（意识形态）"与文艺

（一）艺术的意识形态特性及艺术与物质生产的多重关系

1. 艺术作为"意识形态（观念的上层建筑）"是对现实"社会关系"的观念反映

人们按照自己的物质生产的发展建立相应的社会关系，正是这些人又按照自己的社会关系创造了相应的原理、观念和范畴。所以，这些观念、范畴也同它们所表现的关系一样，不是永恒的。它们是**历史的暂时的产物**。

马克思：《哲学的贫困》（1847 年上半年），摘自《马克思恩格斯全集》第 4 卷，人民出版社 1958 年 8 月第 1 版，第 143—144 页。

在第三类科学中，即在按历史顺序和现今结果来研究人的生活条件、社会关系、法的形式和国家形式及其由哲学、宗教、艺术等等组成的观念上层建筑的历史科学中，永恒真理的情况还更糟。

恩格斯：《反杜林论》（1876 年 9 月—1978 年 6 月），摘自《马克思恩格斯文集》第 9 卷，人民出版社 2009 年 12 月第 1 版，第 94 页。

2. 作为商品生产的艺术不同于观念的意识形态活动："作家所以是生产劳动者，并不是因为他生产出观念"

作家所以是生产劳动者，并不是因为他生产出观念，而是因为他使出版他的著作的书商发财，也就是说，只有在他作为某一资本家的雇佣劳动

者的时候，他才是生产的。……（第150页）

如果我们把劳动能力本身撇开不谈，生产劳动就可以归结为生产商品、生产物质产品的劳动，而商品、物质产品的生产，要花费一定量的劳动或劳动时间。一切艺术和科学的产品，书籍、绘画、雕塑等等，只要它们表现为物，就都包括在这些物质产品中。（第164—165页）

> 马克思：《剩余价值理论》，摘自《马克思恩格斯全集》第26卷第1册，人民出版社1972年6月第1版。

3. 艺术和诗歌既是"意识形态"活动，也可以是"自由的精神生产"

只有在这种基础（物质生产）上，才能够既理解统治阶级的意识形态组成部分，也理解一定社会形态下自由的精神生产。他没有能够超出泛泛的毫无内容的空谈。而且，这种关系本身也完全不象他原先设想的那样简单。例如资本主义生产就同某些精神生产部门如艺术和诗歌相敌对。

> 马克思：《剩余价值理论》，摘自《马克思恩格斯全集》第26卷第1册，人民出版社1972年6月第1版，第296页。

（二）"生产力—生产关系"与"自然关系—社会关系"

1. 政治关系等都是建立在"对自然界的一定关系"上，而"一切生产力都归结为自然界"

随着财富的发展，因而也就是随着新的力量和不断扩大的个人交往的发展，那些成为共同体的基础的经济条件，那些与共同体相适应的共同体各不同组成部分的政治关系，以理想的方式来对共同体进行直观的宗教（这二者又都是建立在对自然界的一定关系上的，而一切生产力都归结为自然界），个人的性格、观点等等，也都解体了。

> 马克思：《经济学手稿》（1857—1858年），摘自《马克思恩格斯全集》第46卷下册，人民出版社1980年8月第1版，第34页。

撇开社会生产的形态的发展程度不说，劳动生产率是同自然条件相联系的。这些自然条件都可以归结为人本身的自然（如人种等等）和人的周围的自然。

> 马克思：《资本论》第1卷，摘自《马克思恩格斯文集》第5卷，人民出版社2009年12月第1版，第586页。

除了各个人的先天的能力和后天获得的生产技能的区别，劳动生产力主要应当取决于：

首先，劳动的**自然**条件，如土地的肥沃程度、矿山的丰富程度等等；

其次，**劳动的社会力量**的日益改进，引起这种改进是：大规模的生产，资本的积聚，劳动的结合，分工，机器，改良的方法，化学力和其他自然力的应用，利用交通和运输工具而达到的时间和空间的缩短，以及其他各种发明，科学就是靠这些发明来驱使自然力为劳动服务，劳动的社会性质或协作性质也是由于这些发明而得以发展。

马克思：《工资、价格和利润》（1865年5月20日—6月24日之间），摘自《马克思恩格斯文集》第3卷，人民出版社2009年12月第1版，第50—51页。

2. 劳动生产率的提高即劳动生产力的更高程度的发展与自然力的利用密切相关

如果我们考察社会总资本，也就是说，考察同工人阶级相对立的整个资本家阶级，那么就可以清楚地看到，在没有延长总工作日和减少正常工资的情况下，资本家阶级所以能增加剩余价值，只是因为劳动生产率的提高即劳动生产力的更高程度的发展，使人们有可能用较少的劳动来维持整个工人阶级的生活，较便宜地生产出工人阶级的全部生活资料，从而减少工人阶级再生产自己的工资所必需的总劳动时间量。

马克思：《经济学手稿》（1861—1863年），摘自《马克思恩格斯全集》第47卷，人民出版社1979年10月第1版，第269页。

劳动生产率也是和自然条件联系在一起的，这些自然条件的丰饶度往往随着社会条件所决定的生产率的提高而相应地减低。（第289页）

在当前考察的场合，工厂主能够取得超额利润，即由一般利润率来调节的生产价格对他个人提供的余额，应该归功于什么呢？

首先应该归功于一种自然力，瀑布的推动力……利用蒸汽机进行生产的工厂主，也利用那些不费他分文就会增加劳动生产率的自然力，而且，只要这样会使工人必需的生活资料的生产变便宜，这些自然力就会增加剩余价值，从而也增加利润；因此，这些自然力，和由协作、分工等引起的劳动的社会的自然力完全一样，是被资本垄断的。工厂主要对煤炭进行支付，但是对于水改变物态，变成蒸汽的能力，对于蒸汽的压力等等，却不需要进行支付。对自然力这种垄断，也就是对这种由自然力促成的劳动生产力的提高实行的垄断，是一切用蒸汽机进行生产的资本的共同特点。这种垄断可以增加代表剩余价值的劳动产品部分，而相对减少转化为工资的劳动产品部分。只要它发生这样的作用，它就会提高一般利润率，可是没有创造超额利润，因为超额利润正好是个别利润超过平均利润的余额。因此，如果说一种自然力如瀑布的利用，在这里创造出超额利润，那么，这不可能只是由于这样一种事实：在这里一种自然力的利用引起了劳动生产力的提高。这里还必须有进一步的引起变化的情况。

自然力在工业上的单纯利用所以会影响一般利润率的水平，是因为它会影响生产必要生活资料所需要的劳动量。（第724—725页）

使用过去的劳动多于活劳动，这意味着社会劳动生产率的提高和社会财富的增加。（第780页）

> 马克思、恩格斯：《资本论》第3卷，摘自《马克思恩格斯文集》第7卷，人民出版社2009年12月第1版。

一切剩余价值，不仅相对剩余价值，而且绝对剩余价值，都是以一定的劳动生产率为基础的。如果劳动生产率只达到这样的发展程度：一个人的劳动时间只够维持他本人的生活，只够生产和再生产他本人的生活资料，那就没有任何剩余劳动和任何剩余价值，就根本没有劳动能力的价值和这个劳动能力所创造的价值之间的差额了。因此，剩余劳动和剩余价值的可能性要以一定的劳动生产率为条件，这个生产率使劳动能力能够创造出超过本身价值的新价值，能够生产比维持生活过程所必需的更多的东西。而且，正象我们在**第二点**已经看到的，这个生产率，这个作为出发前提的生产率阶段，必定首先存在于农业劳动中，因而表现为**自然的赐予，自然的生产力**。在这里，在农业中，自然力的协助——通过运用和开发自动发生作用的自然力来提高人的劳动力，从一开始就具有广大的规模。在工业中，自然力的这种大规模的利用是随着大工业的发展才出现的。

> 马克思：《剩余价值理论》，摘自《马克思恩格斯全集》第26卷第1册，人民出版社1972年6月第1版，第22—23页。

因为生产力的发展在各个工业部门中（这些部门生产直接或间接进入工人消费的生活资料）极不平衡，不仅不平衡，方向还常常相反，因为劳动生产率也同自然条件息息相关，而自然条件可能降低[总]生产率

[XVI—161]，虽然劳动生产率提高了｛整个说来，研究自然条件在怎样的程度上影响劳动生产率，而不管社会生产率的发展如何，并且往往同这种发展相反——，这种研究属于对地租的考察｝，所以得出的结论是，这种平均剩余价值必定大大低于按照个别（最重要的）工业部门中生产力的发展来看所能期待的那种水平。（第324页）

土地的自然生产率。

在资本主义生产发达的地方，自然生产率的差别——土壤、气候以及一切有关的东西——造成所使用资本的相对生产率的差别，因为劳动的自然生产率也完全和它的社会生产率一样，表现为**资本的生产率**，所以，这一生产率的程度表现为资本生产率的程度。但是，并**不是这一自然生产率**促进资本的发展或引起资本对自身关系方面的发展。这一点使我们能深刻地理解**剩余价值**（即剩余劳动）的性质，从而立即发现重农学派（部分地是斯密）的臆造以及马尔萨斯为土地所有权辩护的观点，即似乎**剩余价值**是自然界的某种恩赐。假定某一个国家有很多野兽。如果猎人满足于猎获或者捕获他所遇到的野兽，他便不会生产剩余的野兽。如果人都满足于从丰富的自然界取得他所必要的东西，那么他便不会生产出资本。土地的肥沃会使他少劳动并把自己的劳动用在1/40英亩的面积上。在这种场合，他生产的剩余不比他整日劳动去耕种40英亩贫瘠的土地多。生产无论在哪里都不是从资本开始。资本开始于其他生产方式下——无论它们是怎样的生产方式——工业人口已经发展了的地方。这取决于自然需要的量，从而取决于对劳动的自然推动。这种推动同土地的自然生产率成反比，取决于**行动**的必要性，取决于必须克服的障碍。当然，如果土壤和气候过于恶劣，那结果就象它们过于肥沃的情况一样。

"我觉得，对于一个民族来说，最大的不幸莫过于他们所居住的地方**天然**就能**生产出**大部分**生活资料**和**食物**。"

｛也就是说，这些东西不是劳动的结果，不是推动人类［XXI—1335］活动发展的结果｝……（第475—476页）

马克思：《经济学手稿》（1861—1863年），摘自《马克思恩格斯全集》第48卷，人民出版社1985年2月第1版。

3. 劳动生产率提高的全部区别，——生产力的整个发展，——涉及的是使用价值，而不是交换价值，但会使经济关系和交换价值关系本身发生变化和变形

劳动过程和价值增殖过程：使用价值和交换价值。

开始时已经指出，劳动过程和价值增殖过程之间的区别具有决定性的重要意义，因为这是不变资本和可变资本之间的区别的基础，因为这是全部资本理论（剩余价值，利润等等）的基础。

但是还发现与这种区别有关的另外一些十分重要的关系。

首先，在考察固定资本时我们看到，固定资本全部加入劳动过程，但只是部分地，按照损耗的程度，作为损耗加入价值形成过程。这是通过使用机器来使商品变便宜的巨大杠杆之一，从而在一定程度上也是增加相对剩余价值的手段。同时也是利润率下降的原因。

但是撇开固定资本不谈，不花费任何代价的一切生产力，即来自分工、协作、机器的一切生产力（所谓不花费任何代价，例如指的是水、风等等动力，或由于工厂的社会环境所产生的好处）；还有自然力——自然力的应用不需要任何费用，或者至少在自然力的应用不需要任何费用的限度内——加入劳动过程而不加入价值形成过程。

这里又发现另一个方面：最初我们所看到的只是充当经济关系的物质基质的**使用价值**，现在对经济范畴怎样起决定性的影响。……

劳动过程与价值增殖过程之间的全部区别，从而在劳动时间保持不变时，劳动生产率提高的全部区别，——生产力的整个发展，——涉及的是使用价值，而不是交换价值，但会使经济关系和交换价值关系本身发生变化和变形。

马克思：《经济学手稿》（1861—1863 年），摘自《马克思恩格斯全集》第 48 卷，人民出版社 1985 年 2 月第 1 版，第 340—341 页。

4. 生产力因素与生产关系的不同：机器不是"经济范畴"，"生产关系"不是"直接的生产工具"

机器正象拖犁的牛一样，并不是一个经济范畴。机器只是一种生产力。以应用机器为基础的现代工厂才是生产上的社会关系，才是经济范畴。

马克思：《哲学的贫困》（1847 年上半年），摘自《马克思恩格斯全集》第 4 卷，人民出版社 1958 年 8 月第 1 版，第 163—164 页。

工人要学会把机器和机器的资本主义应用区别开来，从而学会把自己的攻击从物质生产资料本身转向物质生产资料的社会使用形式，是需要时间和经验的。（第493页）

一个毫无疑问的事实是：机器本身对于把工人从生活资料中"游离"出来是没有责任的。机器使它所占领的那个部门的产品便宜，产量增加，而且最初也没有使其他工业部门生产的生活资料的数量发生变化。因此，完全撇开年产品中被非劳动者挥霍掉的巨大部分不说，在应用机器以后，社会拥有的可供被解雇的工人用的生活资料同以前一样多，或者更多。而这正是经济学辩护论的主要点！同机器的资本主义应用不可分离的矛盾和对抗是不存在的，因为这些矛盾和对抗不是从机器本身产生的，而是从机器的资本主义应用产生的！因为机器就其本身来说缩短劳动时间，而它的资本主义应用延长工作日；因为机器本身减轻劳动，而它的资本主义应用提高劳动强度；因为机器本身是人对自然力的胜利，而它的资本主义应用使人受自然力奴役；因为机器本身增加生产者的财富，而它的资本主义应用使生产者变成需要救济的贫民，如此等等，所以资产阶级经济学家就简单地宣称，对机器本身的考察确切地证明，所有这些显而易见的矛盾都不过是平凡现实的假象，而就这些矛盾本身来说，因而从理论上来说，都是根本不存在的。于是，他们就用不着再动脑筋了，并且还指责他们的反对者愚蠢，说这些人不是反对机器的资本主义应用，而是反对机器本身。

资产阶级经济学家绝不否认，在机器的资本主义应用中也出现短暂的不便；但是哪个徽章没有反面呢！对他们说来，机器除了资本主义的利用以外不可能有别的利用。因此，在他们看来，机器使用工人和工人使用机器是一回事。所以，谁要是揭露机器的资本主义应用的真相，谁就是根本不愿意有机器的应用，就是社会进步的敌人！（第508—509页）

    马克思：《资本论》第1卷，摘自《马克思恩格斯文集》第5卷，人民出版社2009年12月第1版。

（蒲鲁东）把**机器**说成一种同分工、竞争、信贷等等并列的经济范畴，这根本就是极其荒谬的。

机器不是经济范畴，正像拉犁的牛不是经济范畴一样。现代**运用**机器一事是我们的现代经济制度的关系之一，但是利用机器的方式和机器本身完全是两回事。火药无论是用来伤害一个人，或者是用来给这个人医治创伤,它终究还是火药。

<blockquote>马克思:《马克思致帕·瓦·安年科夫》(1846年12月28日),摘自《马克思恩格斯文集》第10卷,人民出版社2009年12月第1版,第46页。</blockquote>

生产关系(始终是作为整体来看的生产中的个人的社会关系)"**不是直接的生产工具**"。

<blockquote>马克思:《经济学手稿》(1861—1863年),摘自《马克思恩格斯全集》第47卷,人民出版社1979年10月第1版,第166页。</blockquote>

5. 劳动资料是"劳动借以进行的社会关系的指示器"

各种经济时代的区别,不在于生产什么,而在于怎样生产,用什么劳动资料生产。劳动资料不仅是人类劳动力发展的测量器,而且是劳动借以进行的社会关系的指示器。

<blockquote>马克思:《资本论》第1卷,《马克思恩格斯文集》第1卷,人民出版社2009年12月第1版,第210页。</blockquote>

6. 自然关系、科技、机器等对社会关系及精神活动的影响

火药、指南针、印刷术——这是预告资产阶级社会到来的三大发明。火药把骑士阶层炸得粉碎,指南针打开了世界市场并建立了殖民地,而印刷术则变成新教的工具,总的来说变成科学复兴的手段,变成对精神发展创造必要前提的最强大的杠杆。(第427页)

"机械发明"。它引起"生产方式上的改变",并且由此引起生产关系上的改变,因而引起社会关系上的改变,"并且归根到底"引起"工人的生活方式上"的改变。(第501页)

<blockquote>马克思:《经济学手稿》(1861—1863年),摘自《马克思恩格斯全集》第47卷,人民出版社1979年10月第1版。</blockquote>

蒸汽、电力和自动走锭纺纱机甚至是比巴尔贝斯、拉斯拜尔和布朗基诸位公民更危险万分的革命家。

<blockquote>马克思:《在〈人民报〉创刊纪念会上的演说》(1856年4月14日),摘自《马克思恩格斯文集》第2卷,人民出版社2009年12月第1版,第579页。</blockquote>

你知道——或许还不知道,因为事情本身无关紧要——,在**机器和工具**有什么区别这个问题上有很大的争论。英国的(数学)力学家,以他们那种粗率的方式称工具为简单的机器,而称机器为复杂的工具。但是比较注意经济方面的英国工艺学家们认为(英国经济学家中有许多人,甚至是

大多数人都跟着他们走），二者的区别在于：一个的动力是人，而另一个的动力是自然力。德国的蠢驴们在这类小事情上是够伟大的，他们由此得出结论说，例如**犁**是机器，而极其复杂的"珍妮机"等等，既然是用手转动的，就不是机器。但是，如果我们看一看机器的**基本**形式，那就毫无疑问，工业革命并不始于**动力**，而是始于英国人称为**工作机**的那部分机器，就是说，并不是始于比如说转动纺车的脚被水或蒸汽所代替，而是始于直接的纺纱过程本身的改变和人的一部分劳动被排除，而人的这部分劳动不是指单纯的力的使用（比如踩动轮子），而是同加工、同对所加工的材料的直接作用有关的。另一方面，同样没有疑问的是，一当问题不再涉及到机器的**历史**发展，而是涉及到在当前生产方式基础上的机器，**工作机**（例如在缝纫机上）就是唯一有决定意义的，因为现在谁都知道，一旦这一过程实现了机械化，就可以根据机械的大小，用手、水或蒸汽来使机械转动。

对纯粹的数学家来说，这些问题是无关紧要的，但是，在问题涉及证明人们的社会关系和这些物质生产方式的发展之间的联系时，它们则变得非常重要。

重读了我的关于工艺史的摘录之后，我产生了这样一种看法：撇开火药、指南针和印刷术的发明不谈——这些都是资产阶级发展的必要前提，——从16世纪到18世纪中叶这段时间，即从由手工业自身发展起来的工场手工业一直到真正的大工业这一时期，在工场手工业内部为机器工业做好准备的有两种物质基础，即**钟表**和**磨**（最初是磨谷物的磨，而且是水磨），二者都是从古代流传下来的。（水磨是在尤利乌斯·凯撒时代从小亚细亚传入罗马的。）钟表是第一个应用于实际目的的自动机；匀速运动生产的全部理论就是在它的基础上发展起来的。按其性质来说，它本身是以半艺术性的手工业和直接的理论的结合为基础的。例如，卡尔达诺曾写过关于钟表构造的书（并且提出了实际的制法）。16世纪的德国著作家把钟表制造业叫作"有学问的（非行会的）手工业"；从钟表的发展可以证明，在手工业基础上的学识和实践之间的关系，同比如大工业中这二者之间的关系，是多么地不同。同样也毫无疑问的是，在18世纪把自动机器（由发条发动的）应用到生产上去的第一个想法，是由钟表引起的。从历史上可以证明，**沃康松**在这方面的尝试对英国发明家的想象力有极大的影响。

......

磨的情况和压力机、机锤、犁等等的情况完全一样，即使动力是人力或畜力，但是打、压、磨、粉碎等等真正的作业，从一开始就**不需要人的劳动**。所以，这类机械至少从它的起源来看是很古老的，它最早使用了真正的机械动力。因此，它也几乎是工场手工业时期出现的唯一的机械。一旦机械应用于自古以来都必须通过人的劳动才能取得最后成果的地方，就是说，不是应用于如上述工具那样**从一开始就根本**不需要人的手加工原料的地方，而是应用于按事物的性质来说，人不是从一开始就只作为简单的**力**起作用的地方，**工业革命**就开始了。如果人们愿意和德国的蠢驴一样，把使用畜力（也就是完全和人的运动一样的**随意运动**）叫作使用**机器**，那么，使用这种发动机无论如何要比使用最简单的手工业工具古老得多。

> 马克思：《马克思致恩格斯》（1863年1月28日），摘自《马克思恩格斯文集》第10卷，人民出版社2009年12月第1版，第199—202页。

铁路首先是作为"实业之冠"出现在那些**现代化工业最发达**的国家，如英国、美国、比利时、法国等。我把它叫做"实业之冠"，不仅是因为它终于（同远洋轮船和电报一起）成了和现代生产资料相适应的**交通联络工具**，而且也因为它给巨大的股份公司提供了基础，同时形成了从股份银行开始的**其他各种**股份公司的一个新的起点。总之，它给**资本的积聚**以一种从未预料到的推动力，而且也加速了和大大扩大了**借贷资本的世界性活动**，从而使整个世界陷入金融欺诈和相互**借贷**——资本主义形式的"国际"博爱——的罗网之中。

另一方面，铁路网在居主导地位的资本主义国家的出现，促使甚至迫使那些资本主义还局限在社会的少数点面上的国家在最短期间建立起它们的资本主义的**上层建筑**，并把这种上层建筑扩大到同主要生产仍以传统方式进行的社会机体的躯干完全不相称的地步。因此，毫无疑问，铁路的铺设在这些国家里加速了社会的和政治的解体，就像在比较先进的国家中加速了资本主义生产的最终发展，从而加速了资本主义生产的彻底变革一样。……

> 马克思：《马克思致尼·弗·丹尼尔逊》（1879年4月10日），摘自《马克思恩格斯文集》第10卷，人民出版社2009年12月第1版，第433—434页。

尽管蒸汽机在社会领域中实现了巨大的解放性的变革——这一变革还

没有完成一半——，但是毫无疑问，就世界性的解放作用而言，摩擦生火还是超过了蒸汽机，因为摩擦生火第一次使人支配了一种自然力，从而最终把人同动物界分开。蒸汽机永远不能在人类的发展中引起如此巨大的飞跃，尽管在我们看来，蒸汽机确实是所有那些以它为依靠的巨大生产力的代表，唯有借助于这些生产力，才有可能去实现这样一种社会状态，在这里不再有任何阶级差别，不再有任何对个人生活资料的忧虑，并且第一次能够谈到真正的人的自由，谈到那种同已被认识的自然规律相和谐一致的生活。

> 恩格斯：《反杜林论》（1876 年 9 月—1878 年 6 月），摘自《马克思恩格斯文集》第 9 卷，人民出版社 2009 年 12 月第 1 版，第 121 页。

7. "自然因素的应用"，"是同科学作为生产过程的独立因素的发展相一致的"

自然因素的应用——在一定程度上自然因素被列入资本的组成部分——是同**科学**作为生产过程的独立因素的发展相一致的。生产过程成了**科学的应用**，而科学反过来成了生产过程的因素即所谓职能。每一项发现都成了新的发明或生产方法的新的改进的基础。只有资本主义生产方式才第一次使自然科学〔XX—1262〕为直接的生产过程服务，同时，生产的发展反过来又为从理论上征服自然提供了手段。科学获得的使命是：成为生产财富的手段，成为致富的手段。

只有在这种生产方式下，才第一次产生了只有用科学方法才能解决的实际问题。只有现在，实验和观察——以及生产过程本身的迫切需要——才第一次达到使科学的应用成为可能和必要的那样一种规模。现在，**科学**，人类理论的进步，得到了**利用**。资本不创造科学，但是它为了生产过程的需要，利用科学，占有科学。……（第 570 页）

〔XX—1263〕另一方面，下述两种情况也是明显的：自然科学本身｛自然科学是一切知识的基础｝的发展，也象与生产过程有关的一切知识的发展一样，它本身仍然是在资本主义生产的基础上进行的，这种资本主义生产第一次在相当大的程度上为自然科学创造了进行研究、观察、实验的物质手段。由于自然科学被资本用作致富手段，从而科学本身也成为那些发展科学的人的致富手段，所以，搞科学的人为了探索科学的**实际应用**而互相竞争。另一方面，**发明**成了一种特殊的职业。因此，随着资本主义生产的扩展，**科学因素**第一次被有意识地和广泛地加以发展、应用并体现在生活中，其规模是以往的时代根本想象不到的。（第 572 页）

马克思：《经济学手稿》（1861—1863 年），摘自《马克思恩格斯全集》第 47 卷，人民出版社 1979 年 10 月第 1 版。

8. "资本主义生产过程的结果不仅是商品和剩余价值，而且是这种关系本身的再生产"，"这种生产关系，实际上是这个过程的比其物质结果更为重要的结果"

资本主义生产过程的结果不仅是商品和剩余价值，而且是**这种关系本身的再生产**（我们在以后将会看到，这种关系的再生产规模会越来越大）。（第 127 页）

从整体上考察资本主义生产，就可以得出结论：作为这个过程的真正产品，应考察的不只是**商品**（尤其不只是商品的**使用价值**，即**产品**）；也不只是**剩余价值**；虽然剩余价值是结果，它表现为整个生产过程的目的并决定着这个过程的性质。不仅是生产一个东西——商品，即比原来预付的资本具有更大价值的商品，而且是生产资本和雇佣劳动；换言之，是再生产［劳动和资本之间的］关系，并使之永存。（第 178 页）

马克思：《经济学手稿》（1861—1863 年），摘自《马克思恩格斯全集》第 47 卷，人民出版社 1979 年 10 月第 1 版。

生产过程和价值增殖过程的结果，首先是**资本和劳动的关系本身**的，**资本家和工人的关系本身**的不断扩大规模的**再生产**。因此，随着资本量的增长，失去生存资料的、贫困的劳动能力即"劳动贫民"的数量也增加，并且反过来看也是一样。伊登、查默斯等人就指出过这种**对抗性的**关系。

这种生产关系（主体在其中表现为生产当事人的社会交往关系），实际上是这个过程的比其物质结果更为重要的结果。

马克思：《经济学手稿》（1861—1863 年），摘自《马克思恩格斯全集》第 48 卷，人民出版社 1985 年 2 月第 1 版，第 161—162 页。

9. 生产力决定生产关系

各民族之间的相互关系取决于每一个民族的生产力、分工和内部交往的发展程度。这个原理是公认的。然而不仅一个民族与其他民族的关系，而且一个民族本身的整个内部结构都取决于它的生产以及内部和外部的交往的发展程度。一个民族的生产力发展的水平，最明显地表现在该民族分工的发展程度上。任何新的生产力都会引起分工的进一步发展，因为它不仅仅是现有生产力的量的增加（例如开垦新的土地）。（第24页）

分工发展的各个不同阶段，同时也就是所有制的各种不同形式。这就是说，分工的每一个阶段还根据个人与劳动的材料、工具和产品的关系决定他们相互之间的关系。（第25页）

马克思、恩格斯：《德意志意识形态》（1845—1846年），摘自《马克思恩格斯全集》第3卷，人民出版社1960年12月第1版。

资产阶级得势以后，也就谈不到封建主义的好的方面和坏的方面了。资产阶级把它在封建主义统治下发展起来的生产力掌握起来。一切旧的经济形式、一切与之相适应的市民关系以及作为旧日市民社会的正式表现的政治制度都被粉碎了。

这样，为了正确地判断封建的生产，必须把它当做以对抗为基础的生产方式来考察。必须指出，财富怎样在这种对抗中间形成，生产力怎样和阶级对抗同时发展，这些阶级中一个代表着社会上坏的、否定的方面的阶级怎样不断地成长，直到它求得解放的物质条件最后成熟。这难道不是说，生产方式、生产力在其中发展的那些关系并不是永恒的规律，而是同人们及其生产力发展的一定水平相适应的东西，人们生产力的一切变化必然引起他们的生产关系的变化吗？由于最重要的是不使文明的果实（已经获得的生产力）被剥夺，所以必须粉碎生产力在其中产生的那些传统形式。从此以后，从前的革命阶级将成为保守阶级。

马克思：《哲学的贫困》（1847年上半年），摘自《马克思恩格斯全集》第4卷，人民出版社1958年8月第1版，第154—155页。

因此，各个人借以进行生产的社会关系，即社会生产关系，是随着物质生产资料、生产力的变化和发展而变化和改变的。生产关系总合起来就构成为所谓社会关系，构成为所谓社会，并且是构成一个处于一定历史发展阶段上的社会，具有独特的特征的社会。古典古代社会、封建社会和资产阶级社会都是这样的生产关系的总和，而其中每一个生产关系的总和同时又标志着人类历史发展中的一个特殊阶段。

马克思：《雇佣劳动与资本》（1847年12月下半月），摘自《马克思恩格斯文集》第1卷，人民出版社2009年12月第1版，第724页。

10. 一切历史冲突都根源于生产力和交往形式（生产关系）之间的矛盾

生产力与交往形式的关系就是交往形式与个人的行动或活动的关系。（这种活动的基本形式当然是物质活动，它决定一切其他的活动，如脑力活动、政治活动、宗教活动等。……）（第 80 页）

因此，按照我们的观点，一切历史冲突都根源于生产力和交往形式之间的矛盾。（第 83 页）

马克思、恩格斯：《德意志意识形态》（1845—1846 年），摘自《马克思恩格斯全集》第 3 卷，人民出版社 1960 年 12 月第 1 版。

新的生产力已经超过了这种生产力的资产阶级利用形式；生产力和生产方式之间的这种冲突，并不是像人的原罪和神的正义的冲突那样产生于人的头脑中，而是存在于事实中，客观地、在我们之外、甚至不依赖于引起这种冲突的那些人的意志或行动而存在着。现代社会主义不过是这种实际冲突在思想上的反映，是它在头脑中，首先是在那个直接吃到它的苦头的阶级即工人阶级的头脑中的观念上的反映。

恩格斯：《社会主义从空想到科学的发展》（1880 年 1 月—3 月上半月），摘自《马克思恩格斯文集》第 3 卷，人民出版社 2009 年 12 月第 1 版，第 548 页。

这里有一件可以作为我们 19 世纪特征的伟大事实，一件任何政党都不敢否认的事实。一方面产生了以往人类历史上任何一个时代都不能想像的工业和科学的力量；而另一方面却显露出衰颓的征兆，这种衰颓远远超过罗马帝国末期那一切载诸史册的可怕情景。

在我们这个时代，每一种事物好像都包含有自己的反面。我们看到，机器具有减少人类劳动和使劳动更有成效的神奇力量，然而却引起了饥饿和过度的疲劳。财富的新源泉，由于某种奇怪的、不可思议的魔力而变成贫困的源泉。技术的胜利，似乎是以道德的败坏为代价换来的。随着人类愈益控制自然，个人却似乎愈益成为别人的奴隶或自身的卑劣行为的奴隶。甚至科学的纯洁光辉仿佛也只能在愚昧无知的黑暗背景上闪耀。我们的一切发现和进步，似乎结果是使物质力量成为智慧的生命，而人的生命则化为愚钝的物质力量。现代工业和科学为一方与现代贫困和衰颓为另一方的这种对抗，我们时代的生产力与社会关系之间的这种对抗，是显而易见的、不可避免的和无庸争辩的事实。

> 马克思：《在〈人民报〉创刊纪念会上的演说》（1856年4月14日），摘自《马克思恩格斯文集》第2卷，人民出版社2009年12月第1版，第579—560页。

11. "私有制"是"资产阶级生产关系的总和"

例如，**私有制**不是一种简单的关系，也绝不是什么抽象概念或原理，而是**资产阶级**生产关系的总和（不是指从属的、已趋没落的，而正是指现存的资产阶级私有制）。既然所有这些资产阶级生产关系都是阶级关系，（这是亚当·斯密或李嘉图的每一个学生都应当知道的，）那末，这些关系当然只有在各阶级本身和他们的相互关系发生变化以后才能发生变化或根本消灭；而阶级间的关系的变化就是历史的变化，是整个社会活动的产物，总之，是一定"历史运动"的产物。著作家可以献身于这个历史运动，成为它的表现者，但是，不言而喻，他不能创造运动。

> 马克思：《道德化的批评和批评化的道德》，摘自《马克思恩格斯全集》第4卷，人民出版社1958年8月第1版，第352页。

总之，地租、利润等这些私有财产的现实存在形式是与生产的一定阶段相适应的**社会关系**，只有当这些关系还没有成为现有生产力的桎梏时，它们才是"**个人的**"。

> 马克思、恩格斯：《德意志意识形态》（1845—1846年），摘自《马克思恩格斯全集》第3卷，人民出版社1960年12月第1版，第255页。

12. 资本主义生产关系是历史性的，而非自然性的

经济学家们在论断中采用的方式是非常奇怪的。他们认为只有两种制度：一种是人为的，一种是天然的。封建制度是人为的，资产阶级制度是天然的。在这方面，经济学家很象那些把宗教也分为两类的神学家。一切异教都是人们臆造的，而他们自己的教则是神的启示。经济学家所以说现存的关系（资产阶级生产关系）是天然的，是想以此说明，这些关系正是使生产财富和发展生产力得以按照自然规律进行的那些关系。因此，这些关系是不受时间影响的自然规律。这是应当永远支配社会的永恒规律。于是，以前是有历史的，现在再也没有历史了。以前所以有历史，是由于有过封建制度，由于在这些封建制度中有一种和经济学家称为自然的、因而是永恒的资产阶级社会生产关系完全不同的生产关系。

> 马克思：《哲学的贫困》（1847年上半年），摘自《马克思恩格斯全集》

第 4 卷，人民出版社 1958 年 8 月第 1 版，第 153—154 页。

如果我们回想一下马尔萨斯，那末现代政治经济学的全部秘密就暴露在我们面前了。这个秘密不过就在于把一个特定的历史时代独有的、适应当时物质生产水平的暂时的社会关系，变为永恒的、普遍的、不可动摇的规律，经济学家们称之为自然规律。社会关系的根本改造取决于物质生产过程中的革命和进化，而这种改造却被经济学家们认为是纯粹的空想。他们的眼光超不出当前时代的经济界限，因而不懂得这些界限本身具有局限性，它们是历史发展造成的，同样它们必然要在历史发展的进程中消失。

马克思：《战争问题。——英国的人口和商业报告书。——议会动态》（1853 年 8 月 12 日），摘自《马克思恩格斯全集》第 9 卷，人民出版社 1961 年 12 月第 1 版，第 280 页。

13. 生产力的发展导致社会革命和进步

社会所拥有的生产力已经不能再促进资产阶级文明和资产阶级所有制关系的发展；相反，生产力已经强大到这种关系所不能适应的地步，它已经受到这种关系的阻碍；而它一着手克服这种障碍，就使整个资产阶级社会陷入混乱，就使资产阶级的所有制的存在受到威胁。资产阶级的关系已经太狭窄了，再容纳不了它们本身所造成的财富了。资产阶级用什么办法来克服这种危机呢？一方面不得不消灭大量生产力，另一方面夺取新的市场，更加彻底地利用旧的市场。这究竟是怎样的一种办法呢？这不过是资产阶级准备更全面更猛烈的危机的办法，不过是使防止危机的手段愈来愈少的一种办法。

资产阶级用来推翻封建制度的武器，现在却对准了资产阶级自己了。

马克思、恩格斯：《共产党宣言》（1847 年 12 月—1848 年 1 月底），摘自《马克思恩格斯文集》第 2 卷，人民出版社 2009 年 12 月第 1 版，第 37 页。

被压迫阶级的存在就是每一个以阶级对抗为基础的社会的必要条件。因此，被压迫阶级的解放必然意味着新社会的建立。要使被压迫阶级能够解放自己，就必须使既得的生产力和现存的社会关系不再继续并存。在一切生产工具中，最强大的一种生产力是革命阶级本身。革命因素之组成为阶级，是以旧社会的怀抱中所能产生的全部生产力的存在为前提的。

马克思：《哲学的贫困》（1847 年上半年），摘自《马克思恩格斯全集》第 4 卷，人民出版社 1958 年 8 月第 1 版，第 197 页。

正是生产率，从而这种生产方式所增加的产量、人口量以及过剩人口量，同游离出来的资本和游离出来的劳动一道，不断造成新的经济部门，在这些部门中，资本又能够以小的规模活动，并且重新经过不同的发展阶段，直至在这些新的经济部门中，随着资本主义生产的发展，劳动将以社会规模得到使用，与此相适应，资本将表现为大量社会生产资料在一些人手中的集中。这一过程具有始终不渝的性质。

随着劳动在实际上从属于资本，在生产方式本身中，在劳动生产率中，在资本家和工人之间——在生产内部——的关系中，以及在双方彼此的社会关系中，都发生完全的革命。

马克思：《经济学手稿》（1861—1863年），摘自《马克思恩格斯全集》第48卷，人民出版社1985年2月第1版，第20页。

14. 表现为工艺革命的生产力革命，还实现着生产关系的革命

在这里，起作用的普遍规律在于：后一个［生产］形式的物质可能性——不论是工艺条件，还是与其相适应的企业经济结构——都是在前一个形式的范围内创造出来的。机器劳动这一革命因素是直接由于需求超过了用以前的生产手段来满足这种需求的可能性而引起的。而需求超过［供给］这件事本身，是由于还在手工业基础上就已作出的那些发明而产生的，并且是作为在工场手工业占统治地位的时期所建立的殖民体系和在一定程度上由这个体系所创造的世界市场的结果而产生的。随着一旦已经发生的、表现为工艺革命的生产力革命，还实现着生产关系的革命。

只要机器由工场手工业使用，机器的制造也就同手工业生产或以分工为基础的工场手工业生产相适应。一旦机器生产成为占统治地位的生产，它的生产资料（它所使用的机器和工具）本身就应当是用机器生产的。（第472—473页）

回顾历史，我们发现，公会和行会在同皇帝和封建主政权斗争时总是遭到失败，又总是一次又一次地起来反对它。只有在行会组织的物质基础、工艺基础不再占优势，因此丧失了自己的革命性和进步性，不再适应自己的时代，并且一面与工场手工业，而稍后又同大工业斗争之后，——它才作为反动因素而得到反动政府和与其有联系的阶层的支持。（第475页）

马克思：《经济学手稿》（1861—1863年），摘自《马克思恩格斯全集》第47卷，人民出版社1979年10月第1版。

15. 现代工业的技术基础是革命的，而所有以往的生产方式的技术基础本质上是保守的

只要手工业和工场手工业构成社会生产的普遍基础，生产者对专一生产部门的隶属，他的职业的原有多样性的破坏，就成为发展的必要因素。在这一基础上，每一个特殊的生产部门都通过经验找到适合于自己的技术形式，慢慢地使它完善，而一当达到一定的成熟程度，就迅速地使它固定下来。除商业提供的新的劳动材料外，劳动工具的逐渐改变也会不时地引起变化。一旦从经验中取得适合的形式，工具就固定不变了；工具往往世代相传达千年之久的事实，就证明了这一点。很能说明问题的是，各种特殊的手艺直到18世纪还称为：mysteries（mystères）［秘诀］，只有经验丰富的内行才能洞悉其中的奥妙。这层帷幕在人们面前掩盖起他们自己的社会生产过程，使各种自然形成的分门别类的生产部门彼此成为哑谜，甚至对每个部门的内行都成为哑谜。大工业撕碎了这层帷幕。大工业的原则是，首先不管人的手怎样，把每一个生产过程本身分解成各个构成要素，从而创立了工艺学这门完全现代的科学。社会生产过程的五光十色的、似无联系的和已经固定化的形态，分解成为自然科学的自觉按计划的和为取得预期有用效果而系统分类的应用。工艺学揭示了为数不多的重大的基本运动形式，尽管所使用的工具多么复杂，人体的一切生产活动必然在这些形式中进行，正像机器虽然异常复杂，力学仍会看出它们不过是简单机械力的不断重复一样。现代工业从来不把某一生产过程的现存形式看成和当做最后的形式。因此，现代工业的技术基础是革命的，而所有以往的生产方式的技术基础本质上是保守的。现代工业通过机器、化学过程和其他方法，使工人的职能和劳动过程的社会结合不断地随着生产的技术基础发生变革。这样，它也同样不断地使社会内部的分工发生革命，不断地把大量资本和大批工人从一个生产部门投到另一个生产部门。因此，大工业的本性决定了劳动的变换、职能的更动和工人的全面流动性。另一方面，大工业在它的资本主义形式上再生产出旧的分工及其固定化的专业。我们已经看到，这个绝对的矛盾怎样破坏着工人生活的一切安宁、稳定和保障，使工人面临这样的威胁：在劳动资料被夺走的同时，生活资料也不断被夺走，在他的局部职能变成过剩的同时，他本身也变成过剩的东西；这个矛盾怎样通过工人阶级的不断牺牲、劳动力的无限度的浪费以及社会无政府状态造成的灾难而放纵地表现出来。这是消极的方面。但是，如果说劳动的变换现在只是作为不可克服的自然规律并且带着自然规律在任何地方遇到障碍时都有的那种盲目破坏作用而为自己开辟道路，那么，大工业又通过它的灾难本身使下面这一点成为生死攸关的问题：承认劳动的变换，从而承认工人尽可能多方面的发展是社会生产的普遍规律，并且使各种关系适应于这个规律的正常实现。大工业还使下面这一点成为生死攸关的问题：用适应于不断变动的劳动需求而可以随意支配的人，来代替那些适应于资本的不断变动的剥削需要而处于后备状态的、可供支配的、大量的贫穷工人人口；用那种把不同社会职能当做互相交替的活动方式的全面发展的个人，来代替只是承担一种社会局部职能的局部个人。综合技术学校和农业学校是这种变革过程在大工业基础上自然发展起来的一个要素；职业学校是另一个要素，在这种学校里，工人的子女受到一些有关工艺学和各种生产工具的实际操作的教育。如果说工厂立法作为从资本那里争取来的最初的微小让步，只是把初等教育同工厂劳动结合起来，那么毫无疑问，工人阶级在不可避免地夺取政权之后，将使理论的和实践的工艺教育在工人学校中占据应有的位置。同样毫无疑问，生产的资本主义形式和与之相适应的工人的经济关系，是同这种变革酵母及其目的——消灭旧分工——直接矛盾的。但是，一种历史生产形式的矛盾的发展，是这种形式瓦解和改造的唯一的历史道路。"鞋匠，管你自己的事吧！"——手工业智慧的这一"顶峰"，在钟表匠瓦特发明蒸汽机，理发师阿克莱发明经线织机，宝石工人富尔顿发明轮船以来，已成为一种可怕的愚蠢了。①

马克思：《资本论》第1卷，摘自《马克思恩格斯文集》第5卷，人民出版社2009年12月第1版，第558—562页。

---

① 政治经济学史上一个真正非凡的人物约翰·贝勒斯，早在17世纪末就非常清楚地懂得，必须废除现行的教育和分工，因为这种教育和分工按照相反的方向在社会的两极上造成一端肥胖，一端枯瘦。他说得很好："游手好闲的学习并不比学习游手好闲好……体力劳动是上帝原本安排的……劳动对于身体健康犹如吃饭对于生命那样必要，因为游手好闲固然使人免掉痛苦，但疾病又会给他带来痛苦……劳动给生命之灯添油，而思想把灯点燃……愚笨的儿童劳动〈这是对巴泽多夫及其现代模仿者们的充满预感的反驳〉会使儿童的心灵愚笨。"（《关于创办一所一切有用的手工业和农业的劳动学院的建议》1696年伦敦版第12、14、16、18页。）

16. 生产关系与生产力矛盾的扬弃:"只有在共产主义关系下,工艺学上已经达到的真理方能在实践中实现"

……共产主义者应当指出,只有在共产主义关系下,工艺学上已经达到的真理方能在实践中实现……

<blockquote>马克思:《马克思致罗兰特·丹尼尔斯》(1851 年 5 月),摘自《马克思恩格斯全集》第 27 卷,人民出版社 1972 年 6 月第 1 版,第 575 页。</blockquote>

(三) 资产阶级社会条件下社会关系的物化及理论矛盾

1. 资产阶级社会条件下社会关系的物化:"物是人们互相间的物化的关系","物的依赖关系无非是与外表上独立的个人相对立的独立的社会关系,也就是与这些个人本身相对立而独立化的、他们互相间的生产关系"

\{关于货币的一种形式——指货币充当交换**手段**(而不是交换价值的**尺度**)——经济学家们都清楚,货币存在的前提是社会联系的物化;这里指的是货币表现为**抵押品**,一个人为了从别人那里获得商品,他就必须把这种抵押品留在别人手里。在这种场合,经济学家自己就说,人们信赖的是物(货币),而不是作为人的自身。但为什么人们信赖物呢? 显然,仅仅是因为这种物是人们互相间的**物化的关系**,是物化的交换价值,而交换价值无非是人们互相间生产活动的关系。任何别的抵押品本身都可以直接对抵押品持有者有用,而货币只是作为**"社会的抵押品"**才对他有用,但货币所以是这种抵押品,只是由于它具有社会的(象征性的)属性;货币所以能拥有社会的属性,只是因为各个人让他们自己的社会关系作为物同他们自己相异化。\}

在一切价值都用货币来计量的**行情表**中,一方面显示出,物的社会性离开人而独立,另一方面显示出,在整个生产关系和交往关系对于个人,对于所有个人所表现出来的异己性的这种基础上,商业的活动又使这些物从属于个人。(第 106—107 页)

\{一切产品、活动、关系可以同第三者,同**物的东西**相交换,而这第三者又可以**无差别地**同一切相交换,就是说,交换价值(以及货币关系)的发展,同普遍贿赂,普遍收买是一回事。普遍卖淫现象,表现为人的素质、能力、才能、活动的社会性质发展的一个必然阶段。说得文雅一点就是:普遍的效用关系和适用关系。使不同的东西等同起来,莎士比亚对货币就曾有过这样中肯的理解。没有货币，就不可能有致富的欲望本身；其他的一切积累和积累欲望，表现为原始的、有限的、一方面受需求、另一方面受产品的有限性制约的东西（万恶的求金欲）。

（货币制度的发展，显然已经以其他的一般发展为前提。）

如果考察的是产生不发达的交换、交换价值和货币制度的那种社会关系，或者有这种制度的不发展程度与之相适应的那种社会关系，那么一开始就很清楚，虽然个人之间的关系表现为较明显的人的关系，但他们只是作为具有某种［社会］规定性的个人而互相交往，如封建主和臣仆、地主和农奴等等，或作为种姓成员等等，或属于某个等级等等。在货币关系中，在发达的交换制度中（而这种表面现象使民主主义受到迷惑），人的依赖纽带、血统差别、教育差别等等事实上都被打破了，被粉碎了（一切人身纽带至少都表现为**人的**关系）；各个人**看起来似乎**独立地（这种独立一般只不过是幻想，确切些说，可叫作——在彼此关系冷漠的意义上——彼此漠不关心）自由地互相接触并在这种自由中互相交换；但是，只有在那些不考虑个人互相接触的**条件**即不考虑**生存条件**的人看来（而这些条件又不依赖于个人而存在，它们尽管由社会产生出来，却表现为**自然条件**，即不受个人控制的条件），各个人才显得是这样的。

［I—24］在前一场合表现为人的限制即个人受他人限制的那种规定性，在后一场合则在发达的形态上表现为物的限制即个人受不以他为转移并独立存在的关系的限制。（因为单个人不能摆脱自己的人的规定性，但可以克服和控制外部关系，所以在第二个场合他**看起来**享有更大的自由。但是，对这种外部关系或这些条件的进一步考察表明，属于一个阶级等等的各个人作为全体来说如果不消灭这些关系或条件，就不能克服它们。个别人偶尔能战胜它们；受它们控制的大量人却不能，因为它们的存在本身就表明，各个人从属于而且必然从属于它们。）这些外部关系决不是"依赖关系"的消除，它们只是使这种关系变成普遍的形式；不如说它们为人的依赖关系造成普遍的**基础**。

个人在这里也只是作为一定的个人互相发生关系。这种**与人的**依赖关系相对立的**物的**依赖关系也表现出这样的情形（物的依赖关系无非是与外表上独立的个人相对立的独立的社会关系，也就是与这些个人本身相对立而独立化的、他们互相间的生产关系）：个人现在受**抽象**统治，而他们以前是互相依赖的。但是，抽象或观念，无非是那些统治个人的物质关系的理论表现。关系当然只能表现在观念中，因此哲学家们认为新时代的特征就是新时代受观念统治，从而把推翻这种观念统治同创造自由个性看成一回事。从意识形态角度来看更容易犯这种错误，因为上述关系的统治（上述物的依赖关系，不用说，又会转变为摆脱一切幻想的、一定的、人的依赖关系）在个人本身的意识中表现为观念的统治，而关于这种观念的永恒性即上述物的依赖关系的永恒性的信念，统治阶级自然会千方百计地来加强、扶植和灌输。

（当然，对于封建时代等等的"纯粹人的关系"的幻想，一刻也不能忘记：（1）这种关系本身在自己的范围内，在一定的阶段上具有物的性质，例如，从纯粹军事隶属关系到土地所有制关系的发展就表明这一点；但是（2）这种关系转变成的物的关系，其本身具有狭隘的、为自然所决定的性质，因而**表现为人**的关系，而在现代世界中，人的关系则表现为生产关系和交换关系的纯粹产物。）（第109—111页）

马克思：《经济学手稿》（1857—1858年），摘自《马克思恩格斯全集》第46卷上册，人民出版社1979年7月第1版。

2. 资本主义使"人和人之间的社会关系"颠倒为"物和物之间的社会关系"

在商品生产的基础上，私人劳动表现为一般的社会劳动；人与人的关系表现为物与物的关系并表现为物。

马克思：《剩余价值理论》，摘自《马克思恩格斯全集》第26卷第2册，人民出版社1973年7月第1版，第147页。

首先，韦克菲尔德在殖民地发现，拥有货币、生活资料、机器以及其他生产资料，而没有雇佣工人这个补充物，没有被迫自愿出卖自己的人，还不能使一个人成为资本家。他发现，资本不是一种物，而是一种以物为中介的人和人之间的社会关系。①（第877—878页）

在生产者面前，他们的私人劳动的社会关系就表现为现在这个样子，

---

① "黑人就是黑人。只有在一定的关系下，他才成为奴隶。纺纱机是纺棉花的机器。只有在一定的关系下，它才成为资本。脱离了这种关系，它也就不是资本了，就象黄金本身并不是货币，砂糖并不是砂糖的价格一样……资本是一种社会生产关系。它是一种历史的生产关系。"（卡尔·马克思《雇佣劳动与资本》，载于1849年4月7日《新莱茵报》第266号）

就是说，不是表现为人们在自己劳动中的直接的社会关系，而是表现为人们之间的物的关系和物之间的社会关系。（第90页）

马克思：《资本论》第1卷，摘自《马克思恩格斯文集》第5卷，人民出版社2009年12月第1版。

在论述资本主义生产方式甚至商品生产的最简单的范畴时，在论述商品和货币时，我们已经指出了一种神秘性质，它把在生产中由财富的各种物质要素充当承担者的社会关系，变成这些物本身的属性（商品），并且更直截了当地把生产关系本身变成物（货币）。一切已经有商品生产和货币流通的社会形式，都有这种颠倒。但是，在资本主义生产方式下和在构成其占统治地位的范畴，构成其起决定作用的生产关系的资本那里，这种着了魔的颠倒的世界就会更厉害得多地发展起来。如果我们首先在直接生产过程中考察资本，把它看作是剩余劳动的吸取者，那么，这种关系还是非常简单的，实际的联系会强加于这个过程的承担者即资本家本身，并且还被他们意识到。为了工作日的界限而进行的激烈斗争，就有力地证明了这一点。但是，甚至在这个没有中介的领域内，在劳动和资本之间的直接过程的领域内，事情也不会如此简单。随着相对剩余价值在真正的独特的资本主义生产方式下的发展，——与此同时劳动的社会生产力也发展了，——这些生产力以及劳动在直接劳动过程中的社会联系，都好像由劳动转移到资本身上了。因此，资本已经变成了一种非常神秘的东西，因为劳动的一切社会生产力，都好像不为劳动本身所有，而为资本所有，都好像是从资本自身生长出来的力量。然后流通过程插进来了。资本甚至农业资本的一切部分，都会随着这种独特的资本主义生产方式的发展，被卷入流通过程的物质变换和形式变换中去。这是原始的价值生产的关系完全退居次要地位的一个领域。早在直接生产过程中，资本家就已经同时作为商品生产者，作为商品生产的指挥者进行活动。因此，对他来说，这个生产过程决不单纯表现为剩余价值的生产过程。但是，不管资本在直接生产过程中所吸取的并体现在商品中的剩余价值究竟如何，商品中包含的价值和剩余价值都必须在流通过程中才能得到实现。于是，生产上预付的价值的收回，特别是商品中包含的剩余价值，似乎不是单纯在流通中实现，而是从流通中产生出来的；这个假象特别由于以下两个情况而更加强化：首先是让渡的利润，这种利润取决于欺诈、狡猾、知情、机灵以及市场行情的千变万化；其次是这样一个情况，即除了劳动时间以外，在这里又出现了第二个决定的要素，即流通时间。流通时间虽然只是对价值和剩余价值的形成起消极限制的作用，但是它具有一种假象，好像它和劳动本身一样是一个积极的原因，好像它会带来一个从资本的本性中产生的、不以劳动为转移的规定。在第二册中，我们对于这个流通领域当然只能就它所产生的各种形式规定进行说明，论证资本的形态在流通领域内的继续发展。但是事实上，这个领域是一个竞争的领域，就每一个别情况来看，这个领域中是偶然性占统治地位。因此，在这个领域中，通过这些偶然性来为自己开辟道路并调节着这些偶然性的内部规律，只有在对这些偶然性进行大量概括的基础上才能看到。因此，对单个的生产当事人本身来说，这种内部规律仍然是看不出来，不能理解的。此外，现实的生产过程，作为直接生产过程和流通过程的统一，又产生出种种新的形态，在这些形态中，内部联系的线索越来越消失，各种生产关系越来越互相独立，各种价值组成部分越来越硬化为互相独立的形式。（第936—938页）

  在资本—利润（或者，更恰当地说是资本—利息），土地—地租，劳动—工资中，在这个表示价值和财富一般的各个组成部分同其各种源泉的联系的经济三位一体中，资本主义生产方式的神秘化，社会关系的物化，物质的生产关系和它的历史社会规定性直接融合已经完成：这是一个着了魔的、颠倒的、倒立着的世界。在这个世界里，资本先生和土地太太，作为社会的人物，同时又直接作为单纯的物，在兴妖作怪。古典经济学把利息归结为利润的一部分，把地租归结为超过平均利润的余额，使这二者以剩余价值的形式一致起来；此外，把流通过程当做单纯的形式变化来说明；最后，在直接生产过程中把商品的价值和剩余价值归结为劳动；这样，它就把上面那些虚伪的假象和错觉，把财富的不同社会要素互相间的这种独立化和硬化，把这种物的人格化和生产关系的物化，把日常生活中的这个宗教揭穿了。这是古典经济学的伟大功绩。然而，甚至古典经济学的最优秀的代表，——从资产阶级的观点出发，只能是这样，——也还或多或少地被束缚在他们曾批判地予以揭穿的假象世界里，因而，都或多或少地陷入不彻底性、半途而废状态和没有解决的矛盾中。另一方面，实际的生产当事人对资本—利息，土地—地租，劳动—工资这些异化的不合理的形式，感到很自在，这也同样是自然的事情，因为他们就是在这些假象的形态中活动的，他们每天都要和这些形态打交道。庸俗经济学无非是对实际的生产当事人的日常观念进行教学式的、或多或少教义式的翻译，把这些观念安排在某种合理的秩序中。因此，它会在这个消灭了一切内部联系的三位一体中，为自己的浅薄的妄自尊大，找到自然的不容怀疑的基础，这也同样是自然的事情。同时，这个公式也是符合统治阶级的利益的，因为它宣布统治阶级的收入源泉具有自然的必然性和永恒的合理性，并把这个观点推崇为教条。

在叙述生产关系的物化和生产关系对生产当事人的独立化时，我们没有谈到，这些联系由于世界市场，世界市场行情，市场价格的变动，信用的期限，工商业的周期，繁荣和危机的交替，会以怎样的方式对生产当事人表现为压倒的、不可抗拒地统治着他们的自然规律，并且在他们面前作为盲目的必然性发生作用。我们没有谈到这些问题，是因为竞争的实际运动在我们的计划范围之外，我们只需要把资本主义生产方式的内部组织，在它的可说是理想的平均形式中叙述出来。（第940—941页）

> 马克思、恩格斯：《资本论》第3卷，摘自《马克思恩格斯文集》第7卷，人民出版社2009年12月第1版。

我们就中世纪的徭役和实物租来看。在这里，成为社会纽带的，是个人一定的、自然形式的劳动，是劳动的特殊性，而不是劳动的一般性。

……

最后，生产交换价值的劳动还有一个特征：人和人之间的社会关系可以说是颠倒地表现出来的，就是说，表现为物和物之间的社会关系。只有在一个使用价值作为交换价值同别的使用价值发生关系时，不同个人的劳动才作为相同的一般的劳动相互发生关系。

因此，如果交换价值是人和人之间的关系这种说法正确的话，那末必须补充说：它是隐蔽在物的外壳之下的关系。1磅铁和1磅金，虽然具有不同的物理和化学属性，却代表同一重量，同样，两个包含**同一**劳动时间的商品的使用价值，也代表**同一交换价值**。因此，交换价值表现为使用价值的社会的自然规定性，表现为作为物的使用价值所固有的规定性，由于这种规定性，使用价值在交换过程中按一定比例相互替换，成为等价物，正如简单的化学物质按一定比例化合而形成化学当量一样。一种社会生产关系采取了一种物的形式，以致人和人在他们的劳动中的关系倒表现为物与物彼此之间的和物与人的关系，这种现象只是由于在日常生活中看惯了，才认为是平凡的、不言自明的事情。在商品上这种神秘化还是很简单的。大家多少总感觉到，作为交换价值的商品之间的关系，不过是人们与他们相互进行的生产活动的关系。在比较高级的生产关系中，这种简单的外貌就消失了。货币主义的一切错觉的根源，就在于看不出货币代表着一种社会生产关系，却又采取了具有一定属性的自然物的形式。嘲笑货币主义错觉的现代经济学家，一到处理比较高级的经济范畴如资本的时候，就陷入同样的错觉。他们刚想拙劣地断定是物的东西，突然表现为社会关系，他们刚刚确定为社会关系的东西，却又表现为物来嘲弄他们，这时候，同样的错觉就在他们的天真的惊异中暴露出来了。（第21—23页）

如果说商品在交换过程内部只有解脱了一切形式规定性，以直接的物质形态彼此发生关系，才变成互为**使用价值**，那末，它们为了彼此表现为**交换价值**就必须采取新的形式规定性，必须发展成货币。货币不是符号，正如一个使用价值作为商品的存在不是符号一样。一种社会生产关系表现为一个存在于个人之外的物，这些个人在社会生活的生产过程中所发生的一定关系表现为一个物品的特殊属性，这种颠倒，这种不是想像的而是平凡实在的神秘化，是生产交换价值的劳动的一切社会形式的特点。在货币上，它不过比在商品上表现得更加夺目而已。（第38页）

马克思：《政治经济学批判》（1858—1859年），摘自《马克思恩格斯全集》第13卷，人民出版社1962年11月第1版。

3. "人的关系"变成"物的关系"："拜物教"的形成

商品形式的奥秘不过在于：商品形式在人们面前把人们本身劳动的社会性质反映成劳动产品本身的物的性质，反映成这些物的天然的社会属性，从而把生产者同总劳动的社会关系反映成存在于生产者之外的物与物之间的社会关系。由于这种转换，劳动产品成了商品，成了可感觉而又超感觉的物或社会的物。正如一物在视神经中留下的光的印象，不是表现为视神经本身的主观兴奋，而是表现为眼睛外面的物的客观形式。但是在视觉活动中，光确实从一物射到另一物，即从外界对象射入眼睛。这是物理的物之间的一种物理关系。相反，商品形式和它借以得到表现的劳动产品的价值关系，是同劳动产品的物理性质以及由此产生的物的关系完全无关的。这只是人们自己的一定的社会关系，但它在人们面前采取了物与物的关系的虚幻形式。因此，要找一个比喻，我们就得逃到宗教世界的幻境中去。在那里，人脑的产物表现为赋有生命的、彼此发生关系并同人发生关系的独立存在的东西。在商品世界里，人手的产物也是这样。我把这叫做拜物教。劳动产品一旦作为商品来生产，就带上拜物教性质，因此拜物教是同商品生产分不开的。

商品世界的这种拜物教性质，像以上分析已经表明的，是来源于生产商品的劳动所特有的社会性质。

使用物品成为商品，只是因为它们是彼此独立进行的私人劳动的产品。这种私人劳动的总和形成社会总劳动。因为生产者只有通过交换他们的劳动产品才发生社会接触，所以，他们的私人劳动的独特的社会性质也只有在这种交换中才表现出来。换句话说，私人劳动在事实上证实为社会总劳动的一部分，只是由于交换使劳动产品之间、从而使生产者之间发生了关系。因此，在生产者面前，他们的私人劳动的社会关系就表现为现在这个样子，就是说，不是表现为人们在自己劳动中的直接的社会关系，而是表现为人们之间的物的关系和物之间的社会关系。

> 马克思：《资本论》第 1 卷，摘自《马克思恩格斯文集》第 5 卷，人民出版社 2009 年 12 月第 1 版，第 89—90 页。

这样，在这两种剩余价值形式上，剩余价值的性质、资本的实质以及资本主义生产的性质，不仅完全消失了，而且转到了自己的反面。但是，由于物的主体化、主体的物化、因果的颠倒、宗教般的概念混淆、资本的单纯形式 $G—G'$ 在这里被荒诞地、不经过任何中介过程地展示和表现出来，资本的性质和形态也就完成了。同样，各种关系的硬化以及它们表现为人同具有一定社会性质的物的关系，在这里也以完全不同于商品的简单神秘化和货币的已经比较复杂的神秘化的方式表达出来了。变体和拜物教在这里彻底完成了。

> 马克思：《剩余价值理论》，摘自《马克思恩格斯全集》第 26 卷第 3 册，人民出版社 1974 年 12 月第 1 版，第 548 页。

4. 历史唯心主义将人的现实的"社会关系"观念化

照批判的批判的意见，一切祸害都只在工人们的"**思维**"中。的确，英国和法国的工人组织了各种团体，在这些团体中，工人们所议论的话题不仅有他们作为**工人**所应有的直接需要，而且也有他们作为人所应有的各种需要。工人们组织这些团体，就表明他们非常彻底而广泛地理解从他们的合作中所产生的那种"豆大的"、"不可比拟的"力量。但是这些**群众**的共产主义的工人，例如在曼彻斯特和里昂的工场中做工的人，并不认为用**"纯粹的思维"**即单靠一些议论就可以摆脱自己的主人和自己实际上所处的屈辱地位。他们非常痛苦地感觉到**存在**和**思维**、**意识**和**生活**之间的**差别**。他们知道，财产、资本、金钱、雇佣劳动以及诸如此类的东西远不是想像中的幻影，而是工人自我异化的十分实际、十分具体的产物，因此也必须用实际的和具体的方式来消灭它们，以便使人不仅能在**思维**中、**意识**中，而且也能在群众的**存在**中、**生活**中真正成其为人。而批判的批判却相反，它教导工人们说，只要他们在思想中消除了雇佣劳动的想法，只要他们在思想上不再认为自己是雇佣工人，并且按照这种过于丰富的想像，不再设想自己是作为单个的人来支取工钱的，那末他们就会真的不再是雇佣工人了。从这以后，作为绝对的唯心主义者，作为以太的生物，他们自然就可以靠纯思维的以太来生活了。批判的批判教导工人们说，只要他们在思想上铲除了资本这个范畴，他们也就消除了真正的资本；只要他们在自己的意识中改变自己这个**"抽象的我"**，并把**真正**改变自己的现实的生存、改变自己生存的现实条件、即改变自己这个**现实的"我"**的任何行动当做非批判的行为加以鄙弃，他们就会**真正**发生变化并转化为现实的人。把实在的现实只看做一些范畴的**"精神"**，当然要把人的一切活动和实践统统归结为批判的批判的辩证思维过程。**它**的社会主义同**群众**的社会主义和共产主义的区别也就在这里。

  马克思、恩格斯：《神圣家族》（1844 年 9—11 月），摘自《马克思恩格斯全集》第 2 卷，人民出版社 1957 年 12 月第 1 版，第 66—67 页。

  "在哲学家们看来**关系就等于观念**。他们只知道'人'对自身的关系，因此在他们看来一切真实的关系都成了观念。"（第 72 页注释①）

  现实的自然界和现实存在的社会关系都非实有，实有的只是这些关系的一切哲学范畴或名称归结而成的赤裸裸的哲学词句，即**实体**；因为布鲁诺同所有哲学家和思想家一起，错误地把思想、观念、现存世界在思想上的独立化了的表现当作这个现存世界的基础。不言而喻，用这两个已变得毫无意义和毫无内容的抽象，他就能够变各式各样的戏法，而对现实的人及其各种关系则一无所知。（第 93 页）

不言而喻，人们的观念和思想是关于自己和关于人们的各种关系的观念和思想，是人们关于**自身**的意识，关于**一般**人们的意识（因为这不是仅仅单个人的意识，而是同整个社会联系着的单个人的意识），关于人们生活于其中的整个社会的意识。人们在其中生产自己生活的并且不以他们为转移的条件，与这些条件相联系的必然的交往形式以及由这一切所决定的个人的关系和社会的关系，当它们以思想表现出来的时候，就不能不采取观念条件和必然关系的形式，即在意识中表现为从一般人的概念中、从人的本质中、从人的本性中、从人**自身**中产生的规定。人们是什么，人们的关系是什么，这种情况反映在意识中就是关于人**自身**、关于人的生存方式或关于人的最切近的逻辑规定的观念。于是，在思想家们假定观念和思想支配着迄今的历史，假定这些观念和思想的历史就是迄今存在的唯一的历史之后，在他们设想现实的关系要顺应人**自身**及其观念的关系，亦即顺应逻辑规定之后，在他们根本把人们关于自身的意识的历史变为人们的现实历史的基础之后，——在所有这一切之后，把意识、观念、**圣物**、固定观念的历史称为"人"的历史并用这种历史来偷换现实的历史，这是最容易不过的了。（第199—200页）

人们由于现实的生活条件而与自身或与他人发生的冲突，在我们这位教书匠看来，就是人们同关于"人"的生活的观念之间的冲突，而这些观念不是人们自己塞进自己头脑中的，就是他们让教书匠塞进自己头脑中的。如果他们把这些观念从头脑中挤出去，那末"这些苦命人"就能够"生活得多么幸福"，他们就能够做出什么样的"成绩"！（第492—493页）

桑乔所以获得胜利还因为他是所有哲学家中对现实关系知道得最少的一个，因而哲学范畴在他那里失去了和现实界联系的最后一点残余，因而也就是说失去了最后一点意义。（第529页）

马克思、恩格斯：《德意志意识形态》（1845—1846年），摘自《马克思恩格斯全集》第3卷，人民出版社1960年12月第1版。

5. "仅仅限于在感情范围内"等理解人的"社会关系"也是历史唯心主义的观念

诚然，费尔巴哈比"纯粹的"唯物主义者有巨大的优越性：他也承认人是"感性的对象"。但是，毋庸讳言，他把人只看作是"感性的对象"，而不是"感性的活动"，因为他在这里也仍然停留在理论的领域内，而没有从人们现有的社会联系，从那些使人们成为现在这种样子的周围生活条件来观察人们；因此毋庸讳言，费尔巴哈从来没有看到真实存在着的、活动的人，而是停留在抽象的"人"上，并且仅仅限于在感情范围内承认"现实的、单独的、肉体的人"，也就是说，除了爱与友情，而且是理想化了的爱与友情以外，他不知道"人与人之间"还有什么其他的"人的关系"。他没有批判现在的生活关系，因而他从来没有把感性世界理解为构成这一世界的个人的共同的、活生生的、感性的活动，因此，比方说，当他看到的是大批患瘰疬病的、积劳成疾和患肺病的贫民而不是健康人的时候，便不得不诉诸"最高的直观"和理想的"类的平等化"，这就是说，正是在共产主义的唯物主义者看到改造工业和社会制度的必要性和条件的地方，他却重新陷入唯心主义。

当费尔巴哈是一个唯物主义者的时候，历史在他的视野之外；当他去探讨历史的时候，他决不是一个唯物主义者。在他那里，唯物主义和历史是彼此完全脱离的。这一点从上面所说的看来已经非常明显了。

> 马克思、恩格斯：《德意志意识形态》（1845—1846年），摘自《马克思恩格斯全集》第3卷，人民出版社1960年12月第1版，第50—51页。

6. 扬弃对抗性的"社会关系"只有在"全面发展的个人"的"自由的生活活动"中才能建立

对我们这位圣者来说，**共产主义**简直是不能理解的，因为共产主义者既不拿利己主义来反对自我牺牲，也不拿自我牺牲来反对利己主义，理论上既不是从那情感的形式，也不是从那夸张的思想形式去领会这个对立，而是在于揭示这个对立的物质根源，随着物质根源的消失，这种对立自然而然也就消灭。共产主义者根本不进行任何**道德**说教，施蒂纳却大量地进行道德的说教。共产主义者不向人们提出道德上的要求，例如你们应该彼此互爱呀，不要做利己主义者呀等等；相反，他们清楚地知道，无论利己主义还是自我牺牲，都是一定条件下个人自我实现的一种必要形式。（第275页）

个人的全面发展，只有到了外部世界对个人才能的实际发展所起的推动作用为个人本身所驾驭的时候，才不再是理想、职责等等，这也正是共产主义者所向往的。（第330页）

在任何情况下，个人总是"**从自己出发的**"，但由于从他们彼此不需要发生任何联系这个意义上来说他们不是**唯一**的，由于他们的需要即他们的本性，以及他们求得满足的方式，把他们联系起来（两性关系、交换、分工），所以他们**必然要**发生相互关系。但由于他们相互间不是作为纯粹的**我**，而是作为处在生产力和需要的一定发展阶段上的个人而发生交往的，同时由于这种交往又决定着生产和需要，所以正是个人相互间的这种私人的个人的关系、他们作为个人的相互关系，创立了——并且每天都在重新创立着——现存的关系。他们是以他们曾是的样子而互相交往的，他们是如他们曾是的样子而"从自己"出发的，至于他们曾有什么样子的"人生观"，则是无所谓的。这种"人生观"——即使是被哲学家所曲解的——当然总是由他们的现实生活决定的。显然，由此可以得出结论：一个人的发展取决于和他直接或间接进行交往的其他一切人的发展；彼此发生关系的个人的世世代代是相互联系的，后代的肉体的存在是由他们的前代决定的，后代继承着前代积累起来的生产力和交往形式，这就决定了他们这一代的相互关系。总之，我们可以看到，发展不断地进行着，单个人的历史决不能脱离他以前的或同时代的个人的历史，而是由这种历史决定的。

个人关系向它的对立面即向纯粹的物的关系的转变，个人自己对个性和偶然性的区分，这正如我们已经指出的，是一个历史过程，它在发展的不同阶段上具有不同的、日益尖锐的和普遍的形式。在现代，物的关系对个人的统治、偶然性对个性的压抑，已具有最尖锐最普遍的形式，这样就给现有的个人提出了十分明确的任务。这种情况向他们提出了这样的任务：确立个人对偶然性和关系的统治，以之代替关系和偶然性对个人的统治。这种情况并没有像桑乔所想像的那样要求"**我**发展**自身**"（没有桑乔的忠告每个人一直也是这样做的），而是严正地要求摆脱一种十分明确的发展方式。这个由现代关系提出的任务和按共产主义原则组织社会的任务是一致的。我们在前面已经指出，要消灭关系对个人的独立化、个性对偶然性的屈从、个人的私人关系对共同的阶级关系的屈从等等，归根到底都要取决于分工的消灭。我们也曾指出，只有交往和生产力已经发展到这样普遍的程度，以致私有制和分工变成了它们的桎梏的时候，分工才会消灭。我们还曾指出，私有制只有在个人得到全面发展的条件下才能消灭，因为现存的交往形式和生产力是全面的，所以只有全面发展的个人才可能占有它们，即才可能使它们变成自己的自由的生活活动。我们也曾指出，现代的个人必须去消灭私有制，因为生产力和交往形式已经发展到这样的程度，以致它们在私有制的统治下竟成了破坏力量，同时还因为阶级对立达到了极点。最后，我们曾指出，私有制和分工的消灭同时也就是个人在现代生产力和世界交往所建立的基础上的联合。

在共产主义社会中，即在个人的独创的和自由的发展不再是一句空话的唯一的社会中，这种发展正是取决于个人间的联系，而这种个人间的联系则表现在下列三个方面，即经济前提，一切人的自由发展的必要的团结一致以及在现有生产力基础上的个人的共同活动方式。因此，这里谈的是一定历史发展阶段上的个人，而决不是任何偶然的个人，至于不可避免的共产主义革命就更不用说了，因为它本身就是个人自由发展的共同条件。当然，个人关于个人间的相互关系的意识也将完全是另外一回事，因此，它既不会是"爱的原则"或 dévouement〔自我牺牲精神〕，也不会是利己主义。（第514—516页）

马克思、恩格斯：《德意志意识形态》（1845—1846年），摘自《马克思恩格斯全集》第3卷，人民出版社1960年12月第1版。

（四）"社会关系"的物质性与观念性

1. 观念与现实、物质的一般关系："观念的东西不外是移入人的头脑并在人的头脑中改造过的物质的东西而已"

个人利益总是违反个人的意志而发展为阶级利益，发展为共同利益，后者脱离单独的个人而获得独立性，并在独立化过程中取得**普遍**利益的形式，作为普遍利益又与真正的个人发生矛盾，而在这个矛盾中既然被确定为**普遍**利益，就可以由意识想像成为**理想的**，甚至是宗教的、神圣的利益，这是怎么回事呢？在个人利益变为阶级利益而获得独立存在的这个过程中，个人的行为不可避免地受到物化、异化，同时又表现为不依赖于个人的、通过交往而形成的力量，从而个人的行为转化为社会关系，转化为某些力量，决定着和管制着个人，因此这些力量在观念中就成为"神圣的"力量，这是怎么回事呢？如果桑乔哪怕有一天懂得这样一件事实，就是在一定的、当然不以意志为转移的**生产方式内**，总有某些异己的、不仅不以分散的个人而且也不以他们的总和为转移的实际力量统治着人们，——只要他领会到这一点，那末至于把这一事实作为宗教去想像，还是在那个把统治着自己的力量都归结为观念的利己主义者的想像中被歪曲为无在他之上统治着他，他就可以比较无所谓地对待了。那末一般说来，桑乔就会从思辨的王国中降临到现实的王国中来；就会从人们设想什么回到人们实际是什么，从他们想像什么回到他们怎样行动并在一定的条件下必须行动的问题上来。他也就会把他觉得是**思维**的产物的东西理解为**生活**的产物。

马克思、恩格斯：《德意志意识形态》（1845—1846 年），摘自《马克思恩格斯全集》第 3 卷，人民出版社 1960 年 12 月第 1 版，第 273—274 页。

我的辩证方法，从根本上来说，不仅和黑格尔的辩证方法不同，而且和它截然相反。在黑格尔看来，思维过程，即甚至被他在观念这一名称下转化为独立主体的思维过程，是现实事物的创造主，而现实事物只是思维过程的外部表现。我的看法则相反，观念的东西不外是移入人的头脑并在人的头脑中改造过的物质的东西而已。

马克思：《〈资本论〉第二版跋》（1873 年 1 月 24 日），摘自《马克思恩格斯文集》第 5 卷，人民出版社 2009 年 12 月第 1 版，第 22 页。

2. 物质关系的观念、理论表现："蒲鲁东先生混淆了思想和事物"，"适应自己的物质生产水平而生产出社会关系的人，也生产出各种观念、范畴，即恰恰是这些社会关系的抽象的、观念的表现"

社会——不管其形式如何——究竟是什么呢？是人们交互活动的产物。人们能否自由选择某一社会形式呢？决不能。在人们的生产力发展的一定状况下，就会有一定的交换［commerce］和消费形式。在生产、交换和消费发展的一定阶段上，就会有相应的社会制度形式、相应的家庭、等级或阶级组织，一句话，就会有相应的市民社会。有一定的市民社会，就会有不过是市民社会的正式表现的相应的政治国家。这就是蒲鲁东先生永远不会了解的东西，因为，当他从诉诸国家转而诉诸市民社会，即从诉诸社会的正式表现转而诉诸正式社会的时候，他竟认为他是在完成一桩伟业。

这里不必再补充说，人们不能自由选择**自己的生产力**——这是他们的全部历史的基础，因为任何生产力都是一种既得的力量，是以往的活动的产物。可见，生产力是人们应用能力的结果，但是这种能力本身决定于人们所处的条件，决定于先前已经获得的生产力，决定于在他们以前已经存在、不是由他们创立而是由前一代人创立的社会形式。后来的每一代人都得到前一代人已经取得的生产力并当做原料来为自己新的生产服务，由于这一简单的事实，就形成人们的历史中的联系，就形成人类的历史，这个历史随着人们的生产力以及人们的社会关系的愈益发展而愈益成为人类的历史。由此就必然得出一个结论：人们的社会历史始终只是他们的个体发展的历史，而不管他们是否意识到这一点。他们的物质关系形成他们的一切关系的基础。这种物质关系不过是他们的物质的和个体的活动所借以实现的必然形式罢了。

蒲鲁东先生混淆了思想和事物。人们永远不会放弃他们已经获得的东西，然而这并不是说，他们永远不会放弃他们在其中获得一定生产力的那种社会形式。恰恰相反。为了不致丧失已经取得的成果，为了不致失掉文明的果实，人们在他们的交往［commerce］方式不再适合于既得的生产力时，就不得不改变他们继承下来的一切社会形式。——我在这里使用"commerce"一词是就它的最广泛的意义而言，就像德文中使用"Verkehr"一词那样。例如：各种特权、行会和公会的制度、中世纪的全部规则，曾是唯一适应于既得的生产力和产生这些制度的先前存在的社会状况的社会关系。在行会制度及各种规则的保护下逐渐积累了资本，发展了海上贸易，建立了殖民地，而人们如果想把这些果实赖以成熟起来的那些形式保存下去，他们就会失去这一切果实。于是就爆发了两次霹雳般的震动，即1640年和1688年的革命。一切旧的经济形式、一切和这些形式相适应的社会关系、曾经是旧市民社会的正式表现的政治国家，当时在英国都被破坏了。可见，人们借以进行生产、消费和交换的经济形式是**暂时的和历史性的**形式。随着新的生产力的获得，人们便改变自己的生产方式，而随着生产方式的改变，他们便改变所有不过是这一特定生产方式的必然关系的经济关系。

......

永恒理性的一系列经济进化是从分工开始的。在蒲鲁东先生看来，分工是一件非常简单的事情。但是，难道种姓制度不是某种分工吗？难道行会制度不是另一种分工吗？难道在英国开始于17世纪中叶而结束于18世纪末叶的工场手工业时期的分工不是又和大工业即现代工业中的分工截然不同吗？

蒲鲁东先生离开真理竟是这样遥远，竟然忘记了连普通经济学家都会做的事情。他谈分工时，竟没有感到必须谈世界**市场**。真行！难道14世纪和15世纪的分工,即在还没有殖民地、美洲对欧洲说来还不存在以及同东亚来往只有通过君士坦丁堡的那个时代的分工,不是一定与已经存在充分发展的殖民地的17世纪时的分工有根本的不同吗?

但是还不止于此。难道各族人民的整个内部组织、他们的一切国际关系不都是某种分工的表现吗?难道这一切不是一定要随着分工的改变而改变吗?

蒲鲁东先生竟如此不懂得分工问题,甚至没有提到例如在德国于9到12世纪发生的城市和乡村的分离。这样,在蒲鲁东先生看来,这种分离必然成为永恒的规律,因为他既不知道这种分离的来源,也不知道这种分离的发展。他在他的整本书中都这样论述,仿佛这个一定生产方式的产物一直会存在到世界末日似的。蒲鲁东先生就分工问题所说的一切,最多不过是亚当·斯密和其他成百上千的人在他以前说过的东西的归纳,并且是个很表面、很不完备的归纳。

……

最后,**所有权**形成蒲鲁东先生的体系中的最后一个范畴。在现实世界中,情形恰恰相反:蒲鲁东先生的分工和所有其他范畴都是社会关系,这些关系的总合构成现在称之为**所有权**的东西;在这些关系之外,资产阶级所有权不过是形而上学的或法学的幻想。另一时代的所有权,封建所有权,是在完全不同的社会关系中发展起来的。蒲鲁东先生把所有权规定为独立的关系,就不只是犯了方法上的错误:他清楚地表明自己没有理解把**资产阶级**生产所具有的各种形式结合起来的纽带,他不懂得一定时代中各种生产形式的**历史的和暂时的**性质。蒲鲁东先生看不到现代种种社会制度是历史的产物,既不懂得它们的起源,也不懂得它们的发展,所以他只能对它们作教条式的批判。

……人们在发展其生产力时,即在生活时,也发展着一定的相互关系;这些关系的形式必然随着这些生产力的改变和发展而改变。他没有看到:**经济范畴**只是这些现实关系的**抽象**,它们仅仅在这些关系存在的时候才是真实的。这样他就陷入了资产阶级经济学家的错误之中,这些经济学家把这些经济范畴看做永恒的规律,而不是看做历史性的规律——只是适于一定的历史发展阶段、一定的生产力发展阶段的规律。所以,蒲鲁东先生不把政治经济学范畴看做实在的、暂时的、历史性的社会关系的抽象,而是神秘地颠倒黑白，把实在的关系只看做这些抽象的体现。这些抽象本身竟是从世界开始存在时起就存在于天父心怀中的公式。

……

在现代经济生活中，您不仅可以看到竞争和垄断，而且可以看到它们的综合，这个综合并不是**公式**，而是**运动**。垄断产生竞争，竞争产生垄断。但是，这个方程式远不像资产阶级经济学家所想象的那样能消除现代状况的困难，反而会造成更困难、更混乱的状况。因此，如果改变现代经济关系赖以存在的基础，消灭现代的生产**方式**，那就不仅会消灭竞争、垄断以及它们的对抗，而且还会消灭它们的统一、它们的综合，亦即消灭使竞争和垄断达到真正平衡的运动。

……

蒲鲁东先生很清楚地了解，人们生产呢子、麻布、丝绸——了解这么点东西确是一个大功劳！可是，蒲鲁东先生不了解，人们还适应自己的生产力而生产出他们在其中生产呢子和麻布的**社会关系**。蒲鲁东先生更不了解，适应自己的物质生产水平而生产出社会关系的人，也生产出**各种观念、范畴**，即恰恰是这些社会关系的抽象的、观念的表现。所以，范畴也和它们所表现的关系一样不是永恒的。它们是历史的和暂时的产物。而在蒲鲁东先生看来却完全相反，抽象、范畴是始因。根据他的意见，创造历史的，正是抽象、范畴，而不是人。**抽象、范畴就其本身来说**，即把它同人们及其物质活动分离开来，自然是不朽的、不变的、不动的。它不过是一种纯粹理性的存在物，这干脆就是说，抽象就其本身来说是抽象的。多么美妙的**同义反复**！

这样，当做范畴形式来看的经济关系，对于蒲鲁东先生说来，是既无起源又无发展的永恒的公式。

换个方式说：蒲鲁东先生不是直接肯定**资产阶级生活**对他说来是**永恒的真理**。他间接地说出了这一点，因为他神化了以观念形式表现资产阶级关系的范畴。既然资产阶级社会的产物被他想象为范畴形式、观念形式，他就把这些产物视为自行产生的、具有自己的生命的、永恒的东西。可见，他并没有超出资产阶级的视野。由于他谈到资产阶级的观念时，认为它们是永恒真理，所以他就寻找这些观念的综合，寻求它们的平衡，而没有看到，现在它们达到平衡的方式是唯一可能的方式。

其实，他所做的是一切好心的资产者所做的事情。他们都说，竞争、垄断等等在原则上，即如果把它们看做抽象的观念，是生活的唯一的基础，但是它们在实践中还得大加改善。他们全都希望有竞争而没有竞争的悲惨后果。他们全都希望有一种不可能的事情，即希望有资产阶级生活的条件而没有这些条件的必然后果。他们全都不了解，资产阶级生产形式是一种历史的和暂时的形式，也正像封建形式的情况一样。他们之所以犯这个错误，是由于在他们看来作为资产者的人是一切社会的唯一基础，是由于他们不能想象会有这样一种社会制度：在那里人不再是资产者。

所以，蒲鲁东先生必然是一个**空论家**。变革现代世界的历史运动，对他来说不过是要发现两种资产阶级思想的正确的平衡、综合的问题。于是这个机灵的家伙就借用他的敏锐感觉来发现上帝的隐秘思想，发现两个孤独思想的统一，而这两个思想所以是孤独的，仅仅是因为蒲鲁东先生把它们从实际生活中孤立出来，把它们从现代生产即作为这两个思想所表现的种种现实的结合物的现代生产中孤立出来。蒲鲁东先生用自己头脑中奇妙的运动，代替了由于人们既得的生产力和他们的不再与此种生产力相适应的社会关系相互冲突而产生的伟大历史运动，代替了一个民族内各个阶级间以及各个民族彼此间酝酿着的可怕的战争，代替了唯一能解决这种冲突的群众的实践和暴力的行动，总之，代替了这一广阔的、持久的和复杂的运动。可见，历史是由学者，即由有本事从上帝那里窃取隐秘思想的人们创造的。平凡的人只需应用他们所泄露的天机。

您现在就可以了解，为什么蒲鲁东先生十分强烈地敌视一切政治运动。在他看来，现代各种问题不是解决于社会行动，而是解决于他头脑中的辩证的旋转运动。由于在他看来范畴是动力，所以要改变范畴，是不必改变现实生活的。完全相反。范畴必须改变，而结果就会是现存社会的改变。

蒲鲁东先生一心想调和矛盾，因而完全避开了一个问题：是不是必须把这些矛盾的基础本身推翻呢？他完全像一个的空论的政治家，想把国王、众议院、贵族院一并当做社会生活的构成部分，当做永恒的范畴。他只是寻求一个新公式，以便把这些力量平衡起来，而这些力量的平衡正是建立在现代运动的基础上，在这个运动中，各种力量时而取胜时而失败。同样，在18世纪，许多平庸的人物都曾努力发现一个真正的公式，以便把各个社会等级、贵族、国王、议会等等平衡起来，而一夜之间无论国王、议会、或贵族都消失了。这一对抗的真正平衡是推翻一切社会关系——这些封建体制和这些封建体制的对抗的基础。

由于蒲鲁东先生把永恒观念、纯粹理性范畴放在一边，而把人和他们那种在他看来是这些范畴的运用的实践生活放在另一边，所以他自始就保持着生活和观念之间、灵魂和肉体之间的**二元论**——以许多形式重复表现出来的二元论。您现在可以看到，这个对抗不过是表明蒲鲁东先生不能了解他所神化了的各种范畴的世俗的起源和平凡的历史罢了。

<blockquote>马克思：《马克思致帕·瓦·安年科夫》（1846年12月28日），摘自《马克思恩格斯文集》第10卷，人民出版社2009年12月第1版，第42—52页。</blockquote>

3. 人们是自己的观念、思想等等的生产者，但这里所说的人们是现实的，从事活动的人们，他们受着自己的生产力的一定发展以及与这种发展相适应的交往（直到它的最遥远的形式）的制约

以一定的方式进行生产活动的一定的个人，发生一定的社会关系和政治关系。经验的观察在任何情况下都应当根据经验来揭示社会结构和政治结构同生产的联系，而不应当带有任何神秘和思辨的色彩。社会结构和国家经常是从一定个人的生活过程中产生的。但这里所说的个人不是他们自己或别人想像中的那种个人，而是**现实中的**个人，也就是说，这些个人是从事活动的，进行物质生产的，因而是在一定的物质的、不受他们任意支配的界限、前提和条件下能动地表现自己的。

思想、观念、意识的生产最初是直接与人们的物质活动，与人们的物质交往，与现实生活的语言交织在一起的。观念、思维、人们的精神交往在这里还是人们物质关系的直接产物。表现在某一民族的政治、法律、道德、宗教、形而上学等的语言中的精神生产也是这样。人们是自己的观念、思想等的生产者，但这里所说的人们是现实的，从事活动的人们，他们受着自己的生产力的一定发展以及与这种发展相适应的交往（直到它的最遥远的形式）的制约。意识在任何时候都只能是被意识到了的存在，而人们的存在就是他们的实际生活过程。如果在全部意识形态中人们和他们的关系就像在照像机中一样是倒现着的，那末这种现象也是从人们生活的历史过程中产生的，正如物象在眼网膜上的倒影是直接从人们生活的物理过程中产生的一样。

德国哲学从天上降到地上；和它完全相反，这里我们是从地上升到天上，就是说，我们不是从人们所说的、所想像的、所设想的东西出发，也不是从只存在于口头上所说的、思考出来的、想像出来的、设想出来的人出发，去理解真正的人。我们的出发点是从事实际活动的人，而且从他们的现实生活过程中我们还可以揭示出这一生活过程在意识形态上的反射和回声的发展。甚至人们头脑中模糊的东西也是他们的可以通过经验来确定的、与物质前提相联系的物质生活过程的必然升华物。因此，道德、宗教、形而上学和其他意识形态，以及与它们相适应的意识形式便失去独立性的外观。

它们没有历史，没有发展；那些发展着自己的物质生产和物质交往的人们，在改变自己的这个现实的同时也改变着自己的思维和思维的产物。不是意识决定生活，而是生活决定意识。前一种观察方法从意识出发，把意识看作是有生命的个人。符合实际生活的第二种观察方法则是从现实的、有生命的个人本身出发，把意识仅仅看作是他们的意识。这种观察方法并不是没有前提的。它从现实的前提出发，而且一刻也不离开这种前提。它的前提是人，但不是某种处在幻想的与世隔绝、离群索居状态的人，而是处在一定条件下进行的、现实的、可以通过经验观察到的发展过程中的人。只要描绘出这个能动的生活过程，历史就不再像那些本身还是抽象的经验论者所认为的那样，是一些僵死事实的搜集，也不再像唯心主义者所认为的那样，是想像的主体的想像的活动。

思辨终止的地方，即在现实生活面前，正是描述人们的实践活动和实际发展过程的真正实证的科学开始的地方。关于意识的空话将销声匿迹，它们一定为真正的知识所代替。对现实的描述会使独立的哲学失去生存环境，能够取而代之的充其量不过是从对人类历史发展的观察中抽象出来的最一般的结果的综合。这些抽象本身离开了现实的历史就没有任何价值。它们只能对整理历史资料提供某些方便，指出历史资料的各个层次间的连贯性。但是这些抽象与哲学不同，它们绝不提供适用于各个历史时代的药方或公式。相反，只是在人们着手考察和整理资料（不管是有关过去的还是有关现代的）的时候，在实际阐述资料的时候，困难才开始出现。这些困难的克服受到种种前提的制约，这些前提在这里根本是不可能提供出来的，而只是从对每个时代的个人的实际生活过程和活动的研究中得出的。

马克思、恩格斯：《德意志意识形态》(1845—1846年)，摘自《马克思恩格斯全集》第3卷，人民出版社1960年12月第1版，第28—31页。

4. 占统治地位的思想不过是占统治地位的物质关系在观念上的表现

统治阶级的思想在每一时代都是占统治地位的思想。这就是说，一个阶级是社会上占统治地位的**物质**力量，同时也是社会上占统治地位的**精神**力量。支配着物质生产资料的阶级，同时也支配着精神生产的资料，因此，那些没有精神生产资料的人的思想，一般地是受统治阶级支配的。占统治地位的思想不过是占统治地位的物质关系在观念上的表现，不过是表现为思想的占统治地位的物质关系；因而，这就是那些使某一个阶级成为统治阶级的各种关系的表现，因而这也就是这个阶级的统治的思想。此外，构成统治阶级的各个个人也都具有意识，因而他们也会思维；既然他们正是作为一个阶级而进行统治，并且决定着某一历史时代的整个面貌，不言而喻，他们在这个历史时代的一切领域中也会这样做，就是说，他们还作为思维着的人，作为思想的生产者而进行统治，他们调节着自己时代的思想的生产和分配；而这就意味着他们的思想是一个时代的占统治地位的思想。例如，在某一国家里，某个时期王权、贵族和资产阶级争夺统治，因而，在那里统治是分享的，那里占统治地位的思想就会是关于分权的学说，人们把分权当作"永恒的规律"来谈论。

我们在上面（第［35—39］页）已经说明分工是先前历史的主要力量之一，现在，分工也以精神劳动和物质劳动的分工的形式出现在统治阶级中间，因为在这个阶级内部，一部分人是作为该阶级的思想家而出现的（他们是这一阶级的积极的、有概括能力的思想家，他们把编造这一阶级关于自身的幻想当作谋生的主要泉源），而另一些人对于这些思想和幻想则采取比较消极的态度，他们准备接受这些思想和幻想，因为实际上该阶级的这些代表才是它的积极成员，所以他们很少有时间来编造关于自身的幻想和思想。在这一阶级内部，这种分裂甚至可以发展成为这两部分人之间的某种程度上的对立和敌视，但是一旦发生任何实际冲突，当阶级本身受到威胁，甚至占统治地位的思想好像不是统治阶级的思想这种假象、它们拥有的权力好像和这一阶级的权力不同这种假象也趋于消失的时候，这种敌视便会自行消失。一定时代的革命思想的存在是以革命阶级的存在为前提的，关于这个革命阶级的前提所必须讲的，在前面（第［37—41］页）已经讲过了。

然而，在考察历史运动时，如果把统治阶级的思想和统治阶级本身分割开来，使这些思想独立化，如果不顾生产这些思想的条件和它们的生产者而硬说该时代占统治地位的是这些或那些思想，也就是说，如果完全不考虑这些思想的基础——个人和历史环境，那就可以这样说：例如，在贵族统治时期占统治地位的是忠诚信义等等概念，而在资产阶级统治时期占统治地位的则是自由平等等等概念。总之，统治阶级自己为自己编造出诸如此类的幻想。所有历史学家（主要是18世纪以来的）所固有的这种历史观必然会碰到这样一种现象：占统治地位的将是愈来愈抽象的思想，即愈来愈具有普遍性形式的思想。事情是这样的，每一个企图代替旧统治阶级的地位的新阶级，就是为了达到自己的目的而不得不把自己的利益说成是社会全体成员的共同利益，抽象地讲，就是赋予自己的思想以普遍性的形式，把它们描绘成唯一合理的、有普遍意义的思想。进行革命的阶级，仅就它对抗另一个阶级这一点来说，从一开始就不是作为一个阶级，而是作为全社会的代表出现的；它俨然以社会全体群众的姿态反对唯一的统治阶级。它之所以能这样做，是因为它的利益在开始时的确同其余一切非统治阶级的共同利益还多少有一些联系，在当时存在的那些关系的压力下还来不及发展为特殊阶级的特殊利益。因此，这一阶级的胜利对于其他未能争得统治的阶级中的许多个人说来也是有利的，但这只是就这种胜利使这些个人有可能上升到统治阶级行列这一点讲的。当法国资产阶级推翻了贵族的统治之后，在许多无产者面前由此出现了升到无产阶级之上的可能性，但是只有当他们变成资产者的时候才达到这一点。由此可见，每一个新阶级赖以建立自己统治的基础，比它以前的统治阶级所依赖的基础要宽广一些；可是后来，非统治阶级和取得统治的阶级之间的对立也发展得更尖锐和更深刻。这两种情况使得非统治阶级反对新统治阶级的斗争在否定旧社会制度方面，又比起过去一切争得统治的阶级要更加坚决、更加激进。

只要阶级的统治完全不再是社会制度的形式，也就是说，只要那种把特殊利益说成是普遍利益，或者把"普遍的东西"说成是统治的东西的必要性消失了，那末，一定阶级的统治似乎只是某种思想的统治这种假象当然也就会完全自行消失。

马克思、恩格斯：《德意志意识形态》（1845—1846年），摘自《马克思恩格斯全集》第3卷，人民出版社1960年12月第1版，第52—55页。

你们的观念本身是资产阶级的生产关系和所有制关系的产物，正像你们的法不过是被奉为法律的你们的这个阶级的意志一样，而这种意志的内容是由你们这个阶级的物质生产条件来决定的。

……

从宗教的、哲学的和一切意识形态的观点对共产主义提出的种种责难，都不值得仔细讨论了。

人们的观念、观点和概念，一句话，人们的意识，随着人们的生活条件、人们的社会关系、人们的社会存在的改变而改变，这难道需要经过深思才能了解吗？

思想的历史除了证明精神生产随着物质生产的改造而改造，还证明了什么？任何一个时代的统治思想始终都不过是统治阶级的思想。

……

但是，不管阶级对立具有什么样的形式，社会上的一部分人对另一部分人的剥削却是过去各个世纪所共有的事实。因此，毫不奇怪，各个世纪的社会意识，尽管形形色色、千差万别，总是在某些共同的形式中演进的，这些形式，这些意识形式，只有当阶级对立完全消失的时候才会完全消失。

共产主义革命就是同传统的所有制关系实行最彻底的决裂；毫不奇怪，它在自己的发展进程中要同传统的观念实行最彻底的决裂。

马克思、恩格斯：《共产党宣言》（1847年12月—1848年1月底），摘自《马克思恩格斯文集》第2卷，人民出版社2009年12月第1版，第48—52页。

5. 资本中被歪曲的、主客体颠倒的关系"必然在生产过程中产生出相应的被歪曲的观念，颠倒了的意识"

在作为关系的资本中——即使撇开资本的流通过程来考察这种关系——实质上具有特征的是，这种关系被神秘化了，被歪曲了，在其中主客体是颠倒过来的，就象在货币上所表现出来的那样。由于这种被歪曲的关系，必然在生产过程中产生出相应的被歪曲的观念，颠倒了的意识，而这些东西由于流通过程本身的变形和变态而完成了。然而资本家作为资本家，无非是资本本身的这种运动。他在现实中是怎样的，他在意识中也是怎样的。因为他体现着关系的肯定的统治的一方，所以这些矛盾并不使他不安，相反，只有处在这些矛盾中间，他才感到很美好，而受这同一种被歪曲了的观念束缚的雇佣工人,则只是处在这种关系的另一极上,是被压迫的一方,实践迫使他反对所有这种关系,从而反对与这种关系相适应的观念、概念和思维方式。

马克思:《经济学手稿》(1861—1863年),摘自《马克思恩格斯全集》第48卷,人民出版社1985年2月第1版,第257—258页。

6. 观念、范畴及其所反映的社会关系,都是历史的暂时的

经济范畴只不过是生产方面社会关系的理论表现,即其抽象。真正的哲学家蒲鲁东先生对事物的理解是颠倒的,他认为现实关系只是睡在"人类的无人身的理性"怀抱里(正如这位哲学家蒲鲁东先生告诉我们的)的一些原理和范畴的化身。

经济学家蒲鲁东先生非常明白,人们是在一定的生产关系范围内制造呢绒、麻布和丝织品的。但是他不明白,这些一定的社会关系同麻布、亚麻等一样,也是人们生产出来的。社会关系和生产力密切相联。随着新生产力的获得,人们改变自己的生产方式,随着生产方式即保证自己生活的方式的改变,人们也就会改变自己的一切社会关系。手工磨产生的是封建主为首的社会,蒸汽磨产生的是工业资本家为首的社会。

人们按照自己的物质生产的发展建立相应的社会关系,正是这些人又按照自己的社会关系创造了相应的原理、观念和范畴。所以,这些观念、范畴也同它们所表现的关系一样,不是永恒的。它们是**历史的暂时的产物**。

生产力的增长、社会关系的破坏、思想的产生都是不断变动的,只有运动的抽象即"不死的死"才是停滞不动的。

马克思:《哲学的贫困》(1847年上半年),摘自《马克思恩格斯全集》第4卷,人民出版社1958年8月第1版,第143—144页。

经济学家们都把分工、信用、货币等资产阶级生产关系说成是固定不变的、永恒的范畴。蒲鲁东先生有了这些完全形成的范畴,他想给我们说明所有这些范畴、原理、规律、观念、思想的形成情况和来历。经济学家们向我们解释了生产怎样在上述关系下进行,但是没有说明这些关系本身是怎样产生的,也就是说,没有说明产生这些关系的历史运动。由于蒲鲁东先生把这些关系看成原理、范畴和抽象的思想,所以他只要把这些思想(它们在每一篇政治经济学论文末尾已经按字母表排好)编一下**次序**就行了。经济学家的材料是人的生动活泼的生活;蒲鲁东先生的材料则是经济学家的教条。但是,既然我们忽略

了生产关系（范畴只是它在理论上的表现）的历史发展，既然我们只希望在这些范畴中看到观念、不依赖实际关系而自生的思想，那末，我们就只得到纯理性的运动中去找寻这些思想的来历了。纯粹的、永恒的、无人身的理性怎样产生这些思想呢？它是怎样造成这些思想的呢？

> 马克思：《哲学的贫困》（1847年上半年），摘自《马克思恩格斯全集》第4卷，人民出版社1958年8月第1版，第139—140页。

7. 思想观念对物质生活的反作用："理论一经掌握群众，也会变成物质力量"

你们不使哲学成为现实，就不能够消灭哲学。（第10页）

批判的武器当然不能代替武器的批判，物质的力量只能用物质力量来摧毁；但理论一经掌握群众，也会变成物质力量。理论只要说服人［ad hominem］，就能掌握群众；而理论只要彻底，就能说服人［ad hominem］。所谓彻底，就是抓住事物的根本。而人的根本就是人本身。德国理论的彻底性的明证，亦即它的实践能力的明证，就在于德国理论是从坚决**积极**废除宗教出发的。对宗教的批判最后归结为**人是人的最高本质**这样一个学说，从而也归结为这样的**绝对命令**：必须**推翻**使人成为被侮辱、被遗弃和被蔑视的东西的**一切关系**……（第11页）

哲学不消灭无产阶级，就不能成为现实；无产阶级不把哲学变成现实，就不可能消灭自身。（第18页）

> 马克思：《〈黑格尔法哲学批判〉导言》（约1843年10月中—12月中），《马克思恩格斯文集》第1卷，人民出版社2009年12月第1版。

他们并不想知道，他们称为理论、意识形态或者天晓得是什么的那些东西，早已成为人民的血肉，而且有一部分已经进入生活了；他们并不想知道，在这个问题上，不是我们，而是他们徘徊于理论的乌托邦中。因为，在半个世纪以前的确还曾经是理论的东西，自从革命以来就发展成为国家有机体中的独立因素了。

> 恩格斯：《恩斯特·莫里茨·阿伦特》（1840年12月），摘自《马克思恩格斯全集》第41卷，人民出版社1982年12月第1版，第154页。

8. 在上层建筑内部，"对哲学发生最大的直接影响的，则是政治的、法律的和道德的反映"

至于那些更高地悬浮于空中的思想领域，即宗教、哲学等等，那末它们都有它们的被历史时期所发现和接受的史前内容，即目前我们不免要称之为谬论的内容。这些关于自然界、关于人本身的本质，关于灵魂、魔力等等的形形色色的虚假观念，大都只有否定性的经济基础；史前时期的低级经济发展有关于自然界的虚假观念作为自己的补充，但是有时也作为条件，甚至作为原因。虽然经济上的需要曾经是，而且愈来愈是对自然界的认识进展的主要动力，但是，要给这一切原始谬论寻找经济上的原因，那就的确太迂腐了。科学史就是把这种谬论逐渐消除或是更换为新的、但终归是比较不荒诞的谬论的历史。从事于这件事情的人们又属于分工的特殊部门，而且他们自以为他们是在处理一个独立的领域。

只要他们形成社会分工之内的独立集团，他们的产物，包括他们的错误在内，就要反过来影响全部社会发展，甚至影响经济发展。

但是，尽管如此，他们本身又处于经济发展的起支配作用的影响之下。例如在哲学上，拿资产阶级时期来说这种情形是最容易证明的。霍布斯是第一个近代唯物主义者（十八世纪意义上的），但是当君主专制在整个欧洲处于全盛时代，并在英国开始和人民进行斗争的时候，他是专制制度的拥护者。洛克在宗教上就象在政治上一样，是1688年的阶级妥协的产儿。英国自然神论者和他们的更彻底的继承者法国唯物主义者，都是真正的资产阶级哲学家，法国人甚至是资产阶级革命的哲学家。在从康德到黑格尔的德国哲学中，德国庸人的面孔有时从肯定方面表现出来，有时又从否定方面表现出来。但是，每一个时代的哲学作为分工的一个特定的领域，都具有由它的先驱者传给它而它便由以出发的特定的思想资料作为前提。因此，经济上落后的国家在哲学上仍然能够演奏第一提琴：十八世纪的法国对英国（而英国哲学是法国人引为依据的）来说是如此，后来的德国对英法两国来说也是如此。但是，不论在法国或是在德国，哲学和那个时代的文学的普遍繁荣一样，都是经济高涨的结果。经济发展对这些领域的最终的支配作用，在我看来是无疑的，但是这种支配作用是发生在各该领域本身所限定的那些条件的范围内：例如在哲学中，它是发生在这样一种作用所限定的条件的范围内，这种作用就是各种经济影响（这些经济影响多半又只是在它的政治等的外衣下起作用）对先驱者所提供的现有哲学资料发生的作用。经济在这里并不重新创造出任何东西，但是它决定着现有思想资料的改变和进一步发展的方式，而且这一作用多半也是间接发生的，而对哲学发生最大的直接影响的，则是政治的、法律的和道德的反映。

关于宗教，我在论费尔巴哈的那本小册子的最后一章里已经把最必要的东西说过了。

恩格斯：《恩格斯致康·施米特》（1890年10月27日），摘自《马克思恩格斯全集》第37卷，人民出版社1971年6月第1版，第489—490页。

（五）"社会关系"与"经济基础—上层建筑"

1. 每一历史时代主要的经济生产方式和交换方式，是时代政治的和精神的历史所赖以确立的基础

虽然《宣言》是我们两人共同的作品，但我认为自己有责任指出，构成《宣言》核心的基本思想是属于马克思的。这个思想就是：每一历史时代主要的经济生产方式和交换方式以及必然由此产生的社会结构，是该时代政治的和精神的历史所赖以确立的基础，并且只有从这一基础出发，这一历史才能得到说明；因此人类的全部历史（从土地公有的原始氏族社会解体以来）都是阶级斗争的历史，即剥削阶级和被剥削阶级之间、统治阶级和被压迫阶级之间斗争的历史；这个阶级斗争的历史包括有一系列发展阶段，现在已经达到这样一个阶段，即被剥削被压迫的阶级（无产阶级），如果不同时使整个社会一劳永逸地摆脱一切剥削、压迫以及阶级差别和阶级斗争，就不能使自己从进行剥削和统治的那个阶级（资产阶级）的奴役下解放出来。

在我看来这一思想对历史学必定会起到像达尔文学说对生物学所起的那样的作用，我们两人早在1845年前的几年中就已经逐渐接近了这个思想。当时我个人独自在这方面达到什么程度，我的《英国工人阶级状况》[①]一书就是最好的说明。但是到1845年春我在布鲁塞尔再次见到马克思时，他已经把这个思想考虑成熟，并且用几乎像我在上面所用的那样明晰的语句向我说明了。

恩格斯：《〈共产党宣言〉1888年英文版序言》（1888年1月30日），摘自《马克思恩格斯文集》第2卷，人民出版社2009年12月第1版，第14—15页。

[①]《1844年的英国工人阶级状况》，弗里德里希·恩格斯著，弗洛伦斯·凯利—威士涅威茨基译，1888年纽约—伦敦拉弗尔出版社，威·里夫斯发行。

2. "经济基础—上层建筑"总论

正是马克思最先发现了伟大的历史运动规律。根据这个规律,一切历史上的斗争,无论是在政治、宗教、哲学的领域中进行的,还是在任何其他意识形态领域中进行的,实际上只是或多或少明显地表现了各社会阶级的斗争,而这些阶级的存在以及它们之间的冲突,又为它们的经济状况的发展程度、生产的性质和方式以及由生产所决定的交换的性质和方式所制约。这个规律对于历史,同能量转化定律对于自然科学具有同样的意义。

> 恩格斯:《〈路易·波拿巴的雾月十八日〉德文第三版序言》(1885年),摘自《马克思恩格斯文集》第2卷,人民出版社2009年12月第1版,第469页。

我们视为社会历史的决定性基础的经济关系,是指一定社会的人们用以生产生活资料和彼此交换产品(在有分工的条件下)的方式说的。因此,这里面也包括生产和运输的全部技术装备。这种技术装备,照我们的观点看来,同时决定着产品的交换方式,以及分配方式,从而在氏族社会解体后也决定着阶级的划分,决定着统治和从属的关系,决定着国家、政治、法律等等。此外,包括在经济关系中的还有这些关系赖以发展的地理基础和事实上由过去沿袭下来的先前各经济发展阶段的残余(这些残余往往只是由于传统或惰力才继续保存下来),当然还有围绕着这一社会形式的外部环境。……我们认为,经济条件归根到底制约着历史的发展。

> 恩格斯:《恩格斯致瓦·博尔吉乌斯》(1894年1月25日),摘自《马克思恩格斯全集》第39卷,人民出版社1974年11月第1版,第198—199页。

在所有这些作者身上都可以发现两重性的东西:

(1)在经济上,他们都反对以劳动为基础的私有制,证明对群众的剥夺的优越性和资本主义生产方式的优越性;

(2)在意识形态和法律上,他们把以劳动为基础的私有制的意识形态硬搬到以剥夺直接生产者为基础的所有制上来。

> 马克思:《〈资本论〉第一册〈第六章。直接生产过程的结果〉(手稿)》(1863年7月—1864年6月),摘自《马克思恩格斯全集》第49卷,人民出版社1982年12月第1版,第144页。

旧的、还没有被排除掉的唯心主义历史观不知道任何基于物质利益的阶级斗争,而且根本不知道任何物质利益;生产和一切经济关系,在它那里只是被当做"文化史"的从属因素顺便提到过。

新的事实迫使人们对以往的全部历史作一番新的研究，结果发现：以往的全部历史，都是阶级斗争的历史；这些互相斗争的社会阶级在任何时候都是生产关系和交换关系的产物，一句话，都是自己时代的经济关系的产物；因而每一时代的社会经济结构形成现实基础，每一个历史时期由法的设施和政治设施以及宗教的、哲学的和其他的观念形式所构成的全部上层建筑，归根到底都应由这个基础来说明。这样一来，唯心主义从它的最后的避难所中即从历史观中被驱逐出来了，唯物主义历史观被提出来了，用人们的存在说明他们的意识，而不是像以往那样用人们的意识说明他们的存在这样一条道路已经找到了。

> 恩格斯：《反杜林论》（1876年9月—1878年6月），摘自《马克思恩格斯文集》第9卷，人民出版社2009年12月第1版，第29页。

3. 经济及经济基础的巨大力量

然而，不是亲权的滥用造成了资本对未成熟劳动力的直接或间接的剥削，相反，正是资本主义的剥削方式通过消灭与亲权相适应的经济基础，造成了亲权的滥用。不论旧家庭制度在资本主义制度内部的解体表现得多么可怕和可厌，但是由于大工业使妇女、男女少年和儿童在家庭范围以外，在社会地组织起来的生产过程中起着决定性的作用，它也就为家庭和两性关系的更高级的形式创造了新的经济基础。当然，把基督教日耳曼家庭形式看成绝对的东西，就像把古罗马家庭形式、古希腊家庭形式和东方家庭形式看成绝对的东西一样，都是荒谬的。这些形式依次构成一个历史的发展序列。同样很明白，由各种年龄的男女组成的结合劳动人员这一事实，尽管在其自发的、野蛮的、资本主义的形式中，也就是在工人为生产过程而存在，不是生产过程为工人而存在的那种形式中，是造成毁灭和奴役的祸根，但在适当的条件下，必然会反过来转变成人道发展的源泉。

> 马克思：《资本论》第1卷，摘自《马克思恩格斯文集》第5卷，人民出版社2009年12月第1版，第563页。

寡头政治无论如何都不能理解下面这一简单事实：政治权力只是经济权力的产物；使寡头政治让出经济权力的那个阶级必然也会争得政治权力。

> 马克思：《君士坦丁堡的乱子。——德国的招魂术。——预算》（1853年4月22日），摘自《马克思恩格斯全集》第9卷，人民出版社1961年12

月第 1 版，第 80 页。

就算**武器**能帮助反革命在全欧洲复活，**金钱**也会促使它在全欧洲死亡。欧洲的**破产，国家的破产**，注定要把它的胜利化为乌有。刺刀尖碰上了尖锐的"经济"问题会变得象软绵绵的灯蕊一样。

马克思：《反革命在维也纳的胜利》（1848 年 11 月 6 日），摘自《马克思恩格斯全集》第 5 卷，人民出版社 1958 年 11 月第 1 版，第 542—543 页。

4. "生产归根到底是决定性的东西"、"经济运动是更有力得多的、最原始的、最有决定性的"及上层建筑（国家、法律等等）对生产的反作用

不是历史创造原理，而是原理创造历史。但是，如果为了顾全原理和历史我们再进一步自问一下，为什么该原理出现在 11 世纪或者 18 世纪，而不出现在其他某一世纪，我们就必然要仔细研究一下：11 世纪的人们是怎样的，18 世纪的人们是怎样的，在每个世纪中，人们的需求、生产力、生产方式以及生产中使用的原料是怎样的；最后，由这一切生存条件所产生的人与人之间的关系是怎样的。难道探讨这一切问题不就是研究每个世纪中人们的现实的、世俗的历史，不就是把这些人既当成剧作者又当成剧中人物吗？但是，只要你们把人们当成他们本身历史的剧中人物和剧作者，你们就是迂回曲折地回到真正的出发点，因为你们抛弃了最初作为出发点的永恒的原理。

马克思：《哲学的贫困》（1847 年上半年），摘自《马克思恩格斯全集》第 4 卷，人民出版社 1958 年 8 月第 1 版，第 148—149 页。

那些决不依个人"意志"为转移的个人的物质生活，即他们的相互制约的生产方式和交往形式，是国家的现实基础，而且在一切还必需有分工和私有制的阶段上，都是完全不依个人的意志为转移的。这些现实的关系决不是国家政权创造出来的，相反地，它们本身就是创造国家政权的力量。在这种关系中占统治地位的个人除了必须以**国家**的形式组织自己的力量外，他们还必须给予他们自己的由这些特定关系所决定的意志以**国家**意志即法律的一般表现形式。……只要生产力还没有发展到足以使竞争成为多余的东西，因而还这样或那样地不断产生竞争，那末，尽管被统治阶级有消灭竞争、消灭国家和法律的"意志"，然而它们所想的毕竟是一种不可能的事。

马克思、恩格斯：《德意志意识形态》（1845—1846 年），摘自《马克思恩格斯全集》第3卷，人民出版社 1960 年 12 月第 1 版，第 377—378 页。

凡是存在着社会规模的分工的地方，单独的劳动过程就成为相互独立的。生产归根到底是决定性的东西。但是，产品贸易一旦离开生产本身而独立起来，它就会循着本身的运动方向运行，这一运动总的说来是受生产运动支配的，但是在单个的情况下和在这个总的隶属关系以内，它毕竟还是循着这个新因素的本性所固有的规律运行的，这个运动有自己的阶段，并且也反过来对生产运动起作用。……

金融市场也是如此。金融贸易和商品贸易一分离，它就有了——在生产和商品贸易所决定的一定条件下和在这一范围内——它自己的发展，它自己的本性所决定的特殊的规律和阶段。加之金融贸易在这种进一步的发展中扩大到证券贸易，这些证券不仅是国家证券，而且也包括工业和运输业的股票，因而总的说来支配着金融贸易的生产，有一部分就为金融贸易所直接支配，这样金融贸易对于生产的反作用就变得更为厉害而复杂了。金融家是铁路、矿山、铁工厂等的占有者。这些生产资料获得了双重的性质：它们的经营应当时而适合于直接生产的利益，时而适合于股东（就他们同时是金融家而言）的需要。……

在上述关于我对生产和商品贸易的关系以及两者和金融贸易的关系的见解的几点说明中，我基本上也已经回答了您关于整个的历史唯物主义的问题。问题从分工的观点来看是最容易理解的。

社会产生着它所不能缺少的某些共同职能。被指定去执行这种职能的人，就形成**社会内部**分工的一个新部门。这样，他们就获得了也和授权给他们的人相对立的特殊利益，他们在对这些人的关系上成为独立的人，于是就出现了国家。然后便发生象在商品贸易中和后来在金融贸易中的那种情形：这新的独立的力量总的说来固然应当尾随生产的运动，然而它由于它本来具有的、即它一经获得便逐渐向前发展了的相对独立性，又反过来对生产的条件和进程发生影响。这是两种不相等的力量的交互作用：一方面是经济运动，另一方面是追求尽可能多的独立性并且一经产生也就有了自己的运动的新的政治权力。总的说来，经济运动会替自己开辟道路，但是它也必定要经受它自己所造成的并具有相对独立性的政治运动的反作用，即国家权力的以及和它同时产生的反对派的运动的反作用。正如在金融市场中，总的说来，并且在上述条件之下，是反映出，而且当然是**头足倒置**

地反映出工业市场的运动一样，在政府和反对派之间的斗争中也反映出先前已经存在着并且在斗争着的各个阶级的斗争，但是这个斗争同样是头足倒置地、不再是直接地、而是间接地、不是作为阶级斗争、而是作为维护各种政治原则的斗争反映出来的，并且是这样头足倒置起来，以致需要经过几千年我们才终于把它的真相识破。

国家权力对于经济发展的反作用可能有三种：它可以沿着同一方向起作用，在这种情况下就会发展得比较快；它可以沿着相反方向起作用，在这种情况下它现在在每个大民族中经过一定的时期就都要遭到崩溃；或者是它可以阻碍经济发展沿着某些方向走，而推动它沿着另一种方向走，这第三种情况归根到底还是归结为前两种情况中的一种。但是很明显，在第二和第三种情况下，政治权力能给经济发展造成巨大的损害，并能引起大量的人力和物力的浪费。

此外，还有侵占和粗暴地毁灭经济资源这样的情况；由于这种情况，从前在一定的环境下某一地方和某一民族的全部经济发展可能完全被毁灭。现在，这种事情大部分都有相反的作用，至少在各大民族中间是如此：战败者最终在经济上、政治上和道义上赢得的东西往往比胜利者更多。

……

因此，如果巴尔特认为我们否认经济运动的政治等等反映对这个运动本身的任何反作用，那他就简直是跟风车作斗争了。他只须看看马克思的《雾月十八日》，那里谈到的几乎都是政治斗争和政治事件所起的**特殊**作用，当然是在它们**普遍**依赖于经济条件的范围内。或者看看《资本论》，例如关于工作日的那一篇，那里表明，肯定是政治行动的立法起着多么重大的作用。或者看看关于资产阶级的历史的那一篇（第二十四章）。如果政治权力在经济上是无能为力的，那末我们又为什么要为无产阶级的政治专政而斗争呢？暴力（即国家权力）也是一种经济力量！

但是我现在没有时间来批评这本书了。首先必需出版第三卷，而且我相信，例如伯恩施坦就可以把这件事情很好地完成。所有这些先生们所缺少的东西就是辩证法。他们总是只在这里看到原因，在那里看到结果。他们从来看不到：这是一种空洞的抽象，这种形而上学的两极对立在现实世界中只是在危机时期才有，整个伟大的发展过程是在相互作用的形式中进行的（虽然相互作用的力量很不均衡：其中经济运动是更有力得多的、最原始的、最有决定性的），这里没有任何绝对的东西，一切都是相对的。对他们说来，黑格尔是不存在的。

> 恩格斯：《恩格斯致康·施米特》（1890年10月27日），摘自《马克思恩格斯全集》第37卷，人民出版社1971年6月第1版，第485—491页。

5. 不同特性的生产劳动方式，构成不同的社会形态及其上层建筑的基础

资本并没有发明剩余劳动。凡是社会上一部分人享有生产资料垄断权的地方，劳动者，无论是自由的或不自由的，都必须在维持自身生活所必需的劳动时间以外，追加超额的劳动时间来为生产资料的所有者生产生活资料，不论这些所有者是雅典的贵族，伊特鲁里亚的神权政治首领，罗马的市民，诺曼的男爵，美国的奴隶主，瓦拉几亚的领主，现代的地主，还是资本家。但是很明显，如果在一个社会经济形态中占优势的不是产品的交换价值，而是产品的使用价值，剩余劳动就受到或大或小的需求范围的限制，而生产本身的性质就不会造成对剩余劳动的无限制的需求。

> 马克思：《资本论》第1卷，摘自《马克思恩格斯文集》第5卷，人民出版社2009年12月第1版，第272页。

只要存在着一些人不劳动（不直接参加使用价值的生产）而生活的社会，那么，很清楚，这个社会的整个上层建筑就把工人的剩余劳动作为生存条件。

> 马克思：《经济学手稿》（1861—1863年），摘自《马克思恩格斯全集》第47卷，人民出版社1979年10月第1版，第215页。

随着这种按照财富把自由人分成各个阶级的划分，奴隶的人数特别是在希腊便大大增加起来，奴隶的强制性劳动构成了整个社会的上层建筑所赖以建立的基础。

> 恩格斯：《家庭、私有制和国家的起源》（1844年3月底—5月底），摘自《马克思恩格斯文集》第4卷，人民出版社2009年12月第1版，第187页。

6. 上层建筑（意识形态）所反映的最基本的物质关系，就是直接的物质生产中的关系（生产关系）

换句话说，所有权的**非经济起源**不外是资产阶级生产形式的**历史起源**，而这些形式则在政治经济学的范畴中获得理论的或观念的表现。资产阶级以前的历史以及这一历史的每一阶段，同样也有自己的经济和自身运动的

经济基础，不过这种情形实际上可归结为这样一种简单的同义反复：自古以来人的生活［XXXIII—1463］就以生产为基础，而人一旦摆脱纯粹的动物状态，人的生活就开始以各种**社会生产**为基础，正是这种社会生产关系，我们也称之为**经济**关系。（第122页）

如果有人说，所使用的劳动量取决于现存资本量，那么，这种说法只在下述情况下才是正确的（绝对地说）：这是绝对的**同义反复**，这种同义反复所以**不表现为同义反复**，只因为在**资本主义生产方式**下，从而在**资本主义的意识形态**中，劳动的各要素表现为**独立的**、**异己的**和相互**独立的**要素。（第568页）

马克思：《经济学手稿》（1861—1863年），摘自《马克思恩格斯全集》第48卷，人民出版社1985年2月第1版。

因此资本家对工人的统治，就是物对人的统治，死劳动对活劳动的统治，产品对生产者的统治，因为变成统治工人的手段（但只是作为**资本本身统治的手段**）的商品，实际上只是生产过程的结果，是生产过程的产物。这是物质生产中，现实社会生活过程（因为它就是生产过程）中与意识形态领域内表现于**宗教**中的那种关系完全同样的关系，即把主体颠倒为客体以及反过来的情形。**从历史上看**，这种颠倒是靠牺牲多数来强制地创造财富本身，即创造无限的社会劳动生产力的必经之点，只有这种无限的社会劳动生产力才能构成自由人类社会的物质基础。这种对立的形式是必须经过的，正象人起初必须以宗教的形式把自己的精神力量作为一种独立的力量来与自己相对立完全一样。这是人本身的劳动的**异化过程**。

马克思：《〈资本论〉第一册〈第六章。直接生产过程的结果〉（手稿）》（1863年7月—1864年6月），摘自《马克思恩格斯全集》第49卷，人民出版社1982年12月第1版，第48—49页。

7．"生产关系（经济条件、物质条件）"决定政治

其实，如果资产阶级从政治上即利用国家权力来"维持财产关系上的不公平"，它是不会**成功**的。"财产关系上的不公平"以现代分工、租代交换形式、竞争、积聚等等为前提，决不是来自资产阶级的阶级政治统治，相反，资产阶级的阶级政治统治倒是来自这些被资产阶级经济学家宣布为必然规律和永恒规律的现代生产关系。因此，当使资产阶级生产方式必然消灭、从而也使资产阶级的政治统治必然颠覆的物质条件尚未在历史进程

中、尚未在历史的"运动"中形成以前，即使无产阶级推翻了资产阶级的政治统治，它的胜利也只能是暂时的，只能是**资产阶级革命**本身的辅助因素（如1794年时就是这样）。所以，法国的恐怖统治所能起的作用，只是通过自己的猛烈锤击，象施法术一样把全部封建遗迹从法国地面上一扫而光。这样的事情是懦怯的资产阶级在几十年中也办不到的。因此，人民的流血牺牲只是给资产阶级扫清了道路。同样，如果资产阶级实行阶级统治的经济条件没有充分成熟，要推翻君主专制也只能是暂时的。人们为自己建造新世界，不是如**粗俗之徒的**成见所臆断的靠"地上的财富"，而是靠他们垂死的世界上所有的历来自己创置的产业。他们在自己的发展进程中首先必须创造新社会的**物质条件**，任何强大的思想或意志力量都不能使他们摆脱这个命运。

马克思：《道德化的批评和批评化的道德》（1847年10月底），摘自《马克思恩格斯全集》第4卷，人民出版社1958年8月第1版，第331—332页。

8. 经济关系决定着统治和被奴役的关系，决定着国家、政治、法等等

我们视之为社会历史的决定性基础的经济关系，是指一定社会的人们生产生活资料和彼此交换产品（在有分工的条件下）的方式。因此，这里包括生产和运输的全部技术。这种技术，照我们的观点看来，也决定着产品的交换方式以及分配方式，从而在氏族社会解体后也决定着阶级的划分，决定着统治和被奴役的关系，决定着国家、政治、法等等。此外，包括在经济关系中的还有这些关系赖以发展的地理基础和事实上由过去沿袭下来的先前各经济发展阶段的残余（这些残余往往只是由于传统或惰性才继续保存着），当然还有围绕着这一社会形式的外部环境。

恩格斯：《恩格斯致瓦·博尔吉乌斯》（1894年1月25日），摘自《马克思恩格斯全集》第39卷，人民出版社1974年11月第1版，第198页。

9. 任何政治斗争，归根到底都是围绕着经济解放进行的

因此，在现代历史中至少已经证明：任何政治斗争都是阶级斗争，而任何争取解放的阶级斗争，尽管它必然地具有政治的形式（因为任何阶级斗争都是政治斗争），归根到底都是围绕着经济解放进行的。因此，至少在这里，国家，政治制度是从属的东西，而市民社会，经济关系的领域是决定性的因素。从传统的观点看来（这种观点也是黑格尔所尊崇的），国家

是决定性的因素,市民社会是被国家决定的因素。表面现象是和这种看法符合的。就个别人说,他的行动的一切动力,都一定要通过他的头脑,一定要转变为他的愿望的动机,才能使他行动起来,同样,市民社会的一切要求(不管当时是哪一个阶级统治着),也一定要通过国家的愿望,才能以法律形式取得普遍效力。这是问题的形式方面,这方面是不言而喻的;不过要问一下,这个仅仅是形式上的愿望(不论是个别人的或国家的)有什么内容呢?这一内容是从哪里来的呢?为什么人们所期望的正是这个而不是别的呢?在寻求这个问题的答案时,我们就发现,在现代历史中,国家的愿望总的说来是由市民社会的不断变化的需要,是由某个阶级的优势地位,归根到底,是由生产力和交换关系的发展决定的。

但是,既然甚至在拥有巨量生产资料和交通工具的现代,国家都不是一个具有独立发展的独立领域,而它的存在和发展归根到底都应该从社会的经济生活条件中得到解释,那末,以前的一切时期就必然更是这样了,那时人们物质生活的生产还没有使用这样丰富的辅助手段来进行,因而这种生产的必要性必不可免地在更大程度上支配着人们。既然在今天这个大工业和铁路的时代,国家总的说来还只是以集中的形式反映了支配着生产的阶级的经济需要,那末,在以前的时代,国家就必然更加是这样了,那时每一代人都要比我们今天更多得多地耗费一生中的时间来满足自己的物质需要,因而要比我们今天更多地依赖于这种物质需要。对从前各个时代的历史的研究,只要在这方面是认真进行的,都会最充分地证实这一点;但是,在这里不能进行这种研究了。

恩格斯:《路德维希·费尔巴哈和德国古典哲学的终结》(1886 年初),摘自《马克思恩格斯文集》第 4 卷,人民出版社 2009 年 12 月第 1 版,第 306—307 页。

10. 一切政治权力起先都是以某种经济的、社会的职能为基础的

由此可以清楚地看到,对于经济的发展,暴力在历史中起着什么样的作用。第一,一切政治权力起先都是以某种经济的、社会的职能为基础的,随着社会成员由于原始公社的瓦解而变为私人生产者,因而和社会公共职能的执行者更加疏远,这种权力不断得到加强。第二,政治权力在对社会独立起来并且从公仆变为主人以后,可以朝两个方向起作用。或者按照合乎规律的经济发展的精神和方向去起作用,在这种情况下,它和经济发展

之间没有任何冲突，经济发展加快速度。或者违反经济发展而起作用，在这种情况下，除去少数例外，它照例总是在经济发展的压力下陷于崩溃。

<blockquote>恩格斯：《反杜林论》（1876 年 9 月—1878 年 6 月），摘自《马克思恩格斯全集》第 9 卷，人民出版社 2009 年 12 月第 1 版，第 190 页。</blockquote>

11. 政治、法律的上层建筑（国家等）与意识形态（宗教等）会掩盖经济基础而使其模糊

人们的政治关系同人们在其中相处的一切关系一样自然也是社会的、公共的关系。因此，凡是有关人与人的相互关系问题都是社会问题。

<blockquote>马克思：《道德化的批评和批评化的道德》（1847 年 10 月底），摘自《马克思恩格斯全集》第 4 卷，人民出版社 1958 年 8 月第 1 版，第 334 页。</blockquote>

国家作为第一个支配人的意识形态力量出现在我们面前。社会创立一个机关来保护自己的共同利益，免遭内部和外部的侵犯。这种机关就是国家政权。它刚一产生，对社会来说就是独立的，而且它越是成为某个阶级的机关，越是直接地实现这一阶级的统治，它就越独立。被压迫阶级反对统治阶级的斗争必然要变成政治的斗争，变成首先是反对这一阶级的政治统治的斗争；对这一政治斗争同它的经济基础的联系的认识，就日益模糊起来，并且会完全消失。……

但是，国家一旦成了对社会的独立力量，马上就产生了另外的意识形态。这就是说，在职业政治家那里，在公法理论家和私法法学家那里，同经济事实的联系就完全消失了。因为经济事实要以法律的形式获得确认，必须在每一个别场合下采取法律动机的形式，而且，因为在这里，不言而喻地要考虑到现行的整个法律体系，所以，现在法律形式就是一切，而经济内容则什么也不是。公法和私法被看做两个独立的领域，它们各有自己的独立的历史发展，它们本身都可以系统地加以说明，并需要通过彻底根除一切内部矛盾来作出这种说明。

更高的即更远离物质经济基础的意识形态，采取了哲学和宗教的形式。在这里，观念同自己的物质存在条件的联系，越来越错综复杂，越来越被一些中间环节弄模糊了。但是这一联系是存在着的。……

现在我们再简略地谈谈宗教，因为宗教离开物质生活最远，而且好像是同物质生活最不相干。宗教是在最原始的时代从人们关于他们自身的自然和周围的外部自然的错误的、最原始的观念中产生的。但是，任何意识

形态一经产生，就同现有的观念材料相结合而发展起来，并对这些材料作进一步的加工；不然，它就不是意识形态了，就是说，它就不是把思想当做独立地发展的、仅仅服从自身规律的独立存在的东西来对待了。人们头脑中发生这一思想过程，归根到底是由人们的物质生活条件决定的，这一事实，对这些人来说必然是没有意识到的，否则，全部意识形态就完结了。……（第307—309页）

这样，我们看到，宗教一旦形成，总要包含某些传统的材料，因为在一切意识形态领域内传统都是一种巨大的保守力量。但是，这些材料所发生的变化是由造成这种变化的人们的阶级关系即经济关系引起的。在这里只说这一点就够了。（第312页）

恩格斯：《路德维希费尔巴哈和德国古典哲学的终结》（1886年初），摘自《马克思恩格斯文集》第4卷，人民出版社2009年12月第1版。

12. 政治、法律的上层建筑与经济基础："这些人只注意国家的政治形式，而不能理解作为政治上层建筑的基础的社会组织的意义"

这些人只注意国家的政治形式，而不能理解作为政治上层建筑的基础的社会组织的意义。他们以其虚伪的理想主义自豪，认为研究经济现实有损自己的尊严。代别人去做个理想主义者是最容易不过的事情。肚子胀得饱饱的人很容易嘲笑饿着肚子的人们不要崇高思想而要普通面包的实际主义。听任康帕尼亚农民处于比他们罗马帝国时代的祖先更悲惨的奴隶境地的1848年罗马共和国的三执政，当然不难大谈其农村居民的低下精神水平。

现代历史著述方面的一切真正进步，都是当历史学家从政治形式的外表深入到社会生活的深处时才取得的。杜罗·德·拉·马尔以探究古罗马土地所有制的各个不同发展阶段，为了解这个曾经征服过世界的城市的命运提供了一把钥匙，——与此相较，孟德斯鸠关于罗马盛衰的论述差不多就像是小学生的作业。年高德劭的列列韦尔由于细心研究了使波兰农民从自由民变为农奴的经济条件，在阐明他的祖国被奴役的原因方面比一大群全部货色仅仅是诅咒俄国的著作家做出了远为更大的贡献。现在马志尼先生也不认为注意社会实际、注意不同阶级的利益、注意出口和进口、注意生活必需品的价格、房租以及诸如此类的庸俗东西有损自己的尊严了，这也许是由于他亲眼看到了使第二帝国遭到强大的、甚至是致命的打击的，不是各民主委员会的宣言，而是那由纽约开始之后波及到全世界的经济震荡。但愿马志尼不要就此止步，不屈服于虚伪的自尊心，而进一步按照经济科学来改造自己的全部政治纲领。

    马克思：《马志尼和拿破仑》（1858年3月30日），摘自《马克思恩格斯全集》第12卷，人民出版社1962年8月第1版，第450—451页。

  封建制度本身以纯粹经验的关系作为自己的基础。教阶制以及它和封建制度的斗争（某一阶级的思想家反对本阶级的斗争）只是封建制度以及在封建制度内部展开的斗争（也包括在封建主义国家之间的斗争）在思想上的表现。教阶制是封建制度的观念形式；封建制度是中世纪的生产和交往关系的政治形式。因而，要把封建制度反对教阶制的斗争解释清楚，只有阐明这些实际的物质关系；而这些关系阐明以后，所有以往盲目相信中世纪幻想特别是皇帝和教皇在相互斗争中所提出的幻想的历史观就站不住脚了。（第191页）

  对于施蒂纳，法不是从人们的物质关系以及人们由此而产生的互相斗争中产生，而是从人们"头脑中挤出来"的自己的观念的斗争中产生的。（第363页）

    马克思、恩格斯：《德意志意识形态》（1845—1846年），摘自《马克思恩格斯全集》第3卷，人民出版社1960年12月第1版。

  以给现代资产阶级社会提供自由发展的充分地盘为任务的第一次法国革命，必须把地方的、区域的、城镇的、外省的一切封建制度堡垒都扫除净尽，为中央集权的国家政权这一上层建筑准备社会基地。（第642页）

  这些政治上层建筑所依据的社会机体已经消逝，这些制度只可能在如今已过时的那些条件下、在法国社会的那些过去的阶段中一度存在；法国社会现在只能容许或者是作为其腐烂状态的帝国制度，或者是作为其新生状态的劳动共和国。他们看不到，政治形式的更替只是社会本身经历的现实变化的政治表现。（第650页）

    马克思：《法兰西内战二稿》（1871年4—5月），摘自《马克思恩格斯全集》第17卷，人民出版社1963年11月第1版。

  选举的性质并不取决于这些名称，而是取决于经济基础，取决于选民之间的经济联系……

    马克思：《巴枯宁"国家制度和无政府状态"一书摘要》（1874年—1875年初），摘自《马克思恩格斯全集》第18卷，人民出版社1964年10月第

1版，第699页。

13. 经济关系反映为法的原则，同样必然是一种头足倒置的反映

法也与此相似：产生了职业法学家的新分工一旦成为必要，就又开辟了一个新的独立领域，这个领域虽然一般地依赖于生产和贸易，但是它仍然具有对这两个领域起反作用的特殊能力。在现代国家中，法不仅必须适应于总的经济状况，不仅必须是它的表现，而且还必须是不因内在矛盾而自相抵触的一种内部和谐一致的表现。而为了达到这一点，经济关系的忠实反映便日益受到破坏。法典越是不把一个阶级的统治鲜明地、不加缓和地、不加歪曲地表现出来（否则就违反了"法的概念"），这种现象就越常见。1792—1796年时期革命资产阶级的纯粹而彻底的法的概念，在许多方面已经在拿破仑法典中被歪曲了，而就它在这个法典中的体现来说，它必定由于无产阶级的不断增长的力量而每天遭到各种削弱。但是这并不妨碍拿破仑法典成为世界各地编纂一切新法典时当作基础来使用的法典。这样，"法的发展"的进程大部分只在于首先设法消除那些由于将经济关系直接翻译成法律原则而产生的矛盾，建立和谐的法的体系，然后是经济进一步发展的影响和强制力又一再突破这个体系，并使它陷入新的矛盾（这里我暂时只谈民法）。

经济关系反映为法的原则，同样必然是一种头足倒置的反映。这种反映是在活动者没有意识到的情况下发生的；法学家以为他是凭着先验的原理来活动的，然而这只不过是经济的反映而已。这样一来，一切都头足倒置了。而这种颠倒——在它没有被认识以前构成我们称之为意识形态观点的那种东西——又对经济基础发生反作用，并且能在某种限度内改变经济基础，我认为这是不言而喻的。以家庭的同一发展阶段为前提，继承法的基础是经济的。尽管如此，很难证明：例如在英国立遗嘱的绝对自由，在法国对这种自由的严格限制，在一切细节上都只是出于经济的原因。但是二者都对经济起着很大的反作用，因为二者都对财产分配有影响。

恩格斯：《恩格斯致康·施米特》（1890年10月27日），摘自《马克思恩格斯全集》第37卷，人民出版社1971年6月第1版，第488页。

14. 首先应当"同经济基础而不是同它的法律的上层建筑作斗争"

这全部货色来源于一种陈旧的唯心主义，它认为现在的法学是我们经济状况的基础，而不是把我们经济状况看做我们法学的基础和根源！

>马克思：《马克思致保·拉法格和劳·拉法格》（1870年4月19日），摘自《马克思恩格斯文集》第10卷，人民出版社2009年12月第1版，第333页。

我们应当同原因而不是同结果作斗争，同经济基础而不是同它的法律的上层建筑作斗争。假定生产资料从私有转变为社会所有，那么继承权（就它有某种社会意义来说）就会自行消亡，因为一个人死后留下的只能是他生前所有的东西。因此我们的伟大目标应当是消灭那些使某些**人生前**具有攫取许多人的劳动果实的经济权力的制度。……**继承权的消亡**将是废除生产资料私有制的社会改造的自然结果；但是**废除继承权**决不是这种社会改造的**起点**。……有关继承权的一切措施，只能**适用于社会的过渡**状态，在那种状态下，一方面，现今社会的经济基础尚未得到改造，另一方面，工人群众已经积蓄了足够的力量来推行旨在最终实现社会的彻底改造的过**渡性措施**。

>马克思：《总委员会关于继承权的报告》（1869年8月2—3日），摘自《马克思恩格斯文集》第3卷，人民出版社2009年12月第1版，第88—89页。

"改革报"刚才承认了阶级对立的存在。但是，阶级对立是建立在经济基础上的，是建立在迄今存在的物质生产方式和由这种方式所决定的交换关系上的。而"改革报"认为改变和消灭这种对立的最好的手段，莫过于使自己的视线离开阶级对立的现实基础，就是说离开这些物质关系，而回头奔向共和国思想的虚幻高空，即奔向富有诗意的二月时期，因为六月事变用暴力把它从这个时期中揪了出来。（第533页）

资产阶级同无产阶级之间的对立是由这两个阶级的思想产生的了。但这种思想是从哪里产生的呢？是从社会关系中产生的。而这种关系又是从哪里产生的呢？是从敌对阶级的物质的、经济的生活条件中产生的。在"改革报"看来，如果这两个阶级**不再意识到**自己的真正状况和自己的真正对立，并用1793年那种"爱国的"情感和漂亮话做鸦片来麻醉自己，对它们会有好处的。多么软弱无力呵！（第534页）

>马克思：《巴黎"改革报"论法国状况》（1848年11月2日），摘自《马克思恩格斯全集》第5卷，人民出版社1958年11月第1版。

无产阶级要做的事就是改变这种有组织的劳动和这些集中的劳动资料目前所具有的资本主义性质，把它们从阶级统治和阶级剥削的手段改变为自由联合的劳动形式和社会的生产资料。另一方面,农民的劳动则是孤立的,他们的生产资料是零星分散的。在这些经济差异的基础上,作为上层建筑,建立起来了一整套迥然不同的社会政治观点。(第597页)

(工人)竟敢宣布他们决心破坏这种为了自己的利益而运用着社会的有组织的国家力量的阶级专制的经济基础!(第603页)

  马克思:《"法兰西内战"初稿》(1871年4—5月),摘自《马克思恩格斯全集》第17卷,人民出版社1963年11月第1版。

土地国有化将彻底改变劳动和资本之间的关系,并最终消灭工业和农业中的资本主义生产方式。只有到那时,阶级差别和各种特权才会随着它们赖以存在的经济基础一同消失①。靠他人的劳动而生活将成为往事。同社会相对立的政府或国家政权将不复存在!农业、矿业、工业,总之,一切生产部门将用最合理的方式逐渐组织起来。**生产资料的全国性的集中**将成为由自由平等的生产者的联合体所构成的社会的**全国性**②的基础,这些生产者将按照共同的合理的计划进行社会劳动。这就是19世纪的伟大经济运动所追求的人道③目标。

  马克思:《论土地国有化》,摘自《马克思恩格斯文集》第3卷,人民出版社2009年12月第1版,第233页。

工人对反抗他们的旧世界各个阶层的**阶级统治**必须延续到阶级存在的经济基础被消灭的时候为止。

  马克思:《巴枯宁"国家制度和无政府状态"一书摘要》(1874年—1875年初),摘自《马克思恩格斯全集》第18卷,人民出版社1964年10月第1版,第701页。

我们现在所谈到的这些消灭卖淫现象的努力全都是徒劳的,主要错误在于不想抓祸害的根源;而这种祸害**主要**是产生**道德问题**的**经济问题**,只要人们还靠行政的措施、警察的镇压、某个法律条文的修改或是感情用事的声明来铲除这个祸害,它就还会继续存在,因为它的根源照旧继续存在。应该善于干预,而且要大胆地干预现在在所有制和劳动方面普遍存在的经

---

 ① 手稿中不是"随着它们赖以存在的经济基础一同消失",而是"随着它们所由产生的经济基础一同消失,而社会将变成自由生产者的联合体"。——编者注
 ② 手稿中不是"全国性",而是"自然"。——编者注
 ③ 手稿中"人道"一词被划掉。——编者注

济混乱，对它们进行整顿，把它们加以改造，使任何人都不丧失生产工具，使有保证的生产劳动最终成为人们早就在寻求的正义和道德的基础｛ma-no｝。

恩格斯：《英国女工状况》（1877年11月8日），摘自《马克思恩格斯全集》第45卷，人民出版社1985年12月第1版，第184页。

在桌子开始跳舞以前不久，在中国，在这块活的化石上，就开始闹革命了①。这种现象本身并不是什么特殊的东西，因为在东方各国，我们经常看到社会基础不动而夺取到政治上层建筑的人物和种族不断更迭的情形。

马克思：《中国纪事》（1862年6月下半月—7月初），摘自《马克思恩格斯全集》第15卷，人民出版社1963年12月第1版，第545页。

要解放被压迫阶级而不损害靠压迫它过活的阶级，而不同时摧毁建立在这种阴暗社会基础上的国家全部上层建筑，是不可能的。

马克思：《关于俄国废除农奴制的问题》（1858年10月1日），摘自《马克思恩格斯全集》第12卷，人民出版社1962年8月第1版，第628页。

15. 交易所、股份制等经济制度的进步性与革命性

您把反对交易所的嚎叫称作小资产阶级的行为，这是很对的。交易所只改变着从工人中**已经窃得**的剩余价值的**分配**，而这种分配是如何进行的，这一点对于工人，作为工人而言，起初也许是根本无所谓的。但交易所朝着集中的方向改变分配，大大加速资本的积聚，因此这是象蒸汽机那样的革命的因素。

征收出自道德目的的课税，这也纯粹是小资产阶级的想法——只有征收啤酒税和白酒税还勉强有理由可说。这种主张真是可笑之极和反动透顶。如果交易所不在美国造成巨大财富，在这个农民国家里怎能产生大工业和社会运动呢？

恩格斯：《恩格斯致爱·伯恩施坦》（1883年2月8日），摘自《马克思恩格斯全集》第35卷，人民出版社1971年6月第1版，第427—428页。

再来谈谈交易所税，我们完全用不着去否定交易所的"不道德行为"和诈骗行为，我们甚至可以一针见血地把它如实地描绘成资本主义赢利的顶峰，在那里所有权完全直接变成了盗窃；不过还应当做出进一步的结论：

---

① 指太平天国革命。——编者注

摧毁现代经济的这个表现得最清楚的顶峰,绝对不利于无产阶级,而相反地应当让它充分地自由发展,以便使最蠢的人也开始明白,现代经济会造成什么后果。有些人尽管不是交易所的经纪人,却贪得无厌地搞证券投机,因此必然成为掠夺的牺牲品,我们让这些人去表示义愤吧。当交易所和"实力雄厚的实业界"互相角斗的时候,当那些也企图进行证券投机并由于这种投机而不可避免地被抢劫一空的地主,在剥削阶级这三个主要组成部分互相斗争中成为第三方的时候,——那时候,我们就将成为第四方:欢笑的一方。

恩格斯:《恩格斯致卡·考茨基》(1883年2月10日),摘自《马克思恩格斯全集》第35卷,人民出版社1971年6月第1版,第429—430页。

委员会报告中这两个揭露的实例,给股份企业的道德原则和一切事务投上了相当阴暗的影子。显然,这些制度——它们对国民经济的迅速增长的影响恐怕估价再高也不为过的——还远没有为自己创造出适当的结构。它们是发展现代社会生产力的强大杠杆,但是它们还没有像中世纪的帮会那样,形成自己团体的良心,来代替它们那由于组织本身的缘故而摆脱了的个人责任感。

马克思:《英国的贸易和金融》(1858年9月14日),摘自《马克思恩格斯全集》第12卷,人民出版社1962年8月第1版,第609—610页。

16. "信用"、经济政策等也是上层建筑

信用为单个资本家或被当做资本家的人,提供在一定界限内绝对支配他人的资本,他人的财产,从而他人的劳动的权利。对社会资本而不是对自己的资本的支配权,使他取得了对社会劳动的支配权。因此,一个人实际拥有的或公众认为他拥有的资本本身,只是成为信用这个上层建筑的基础。

马克思、恩格斯:《资本论》第3卷,摘自《马克思恩格斯文集》第7卷,人民出版社2009年12月第1版,第497—498页。

显然,资产阶级贸易政策的两个方面,即自由贸易和保护关税政策,都同样地无力消除那些作为资产阶级社会经济基础的必然的和自然的结果的现象。

马克思:《贫困和贸易自由。——日益迫近的商业危机》(1852年10月12日),摘自《马克思恩格斯全集》第8卷,人民出版社1961年10月第1版,第419页。

（六）文艺与意识形态

1. 意识形态是人的现实的"社会关系"的观念表现和征兆

适应自己的物质生产水平而生产出社会关系的人，也生产出**各种观念**、**范畴**，即恰恰是这些社会关系的抽象的、观念的表现。

> 马克思：《马克思致帕·瓦·安年科夫》（1846年12月28日），摘自《马克思恩格斯文集》第10卷，人民出版社2009年12月第1版，第49页。

农民的劳动则是孤立的，他们的生产资料是零星分散的。在这些经济差异的基础上，作为上层建筑，建立起来了一整套迥然不同的社会政治观点。

> 马克思：《法兰西内战初稿》（1871年4—5月），摘自《马克思恩格斯全集》第17卷，人民出版社1963年11月第1版，第597页。

我们在这里简单地重复一下，"使命、职责、任务、理想"或者是

（1）关于物质条件所决定的某一被压迫阶级的革命任务的观念；或者是

（2）对于通过分工而分到各种不同行业中去的那些个人的活动方式的简单的唯心的解释或相应的有意识的表达；或者是

（3）对个人、阶级、民族随时都必须通过某种完全确定的活动去巩固自己地位的这种必要性的有意识的表达；或者是

（4）以观念形式表现在法律、道德等等中的统治阶级的存在条件（受以前的生产发展所限制的条件），统治阶级的思想家或多或少有意识地从理论上把它们变成某种独立自在的东西，在统治阶级的个人的意识中把它们设想为使命等等；统治阶级为了反对被压迫阶级的个人，把它们提出来作为生活准则，一则是作为对自己统治的粉饰或意识，一则是作为这种统治的道德手段。这里像通常一样，关于这些思想家应当指出，他们必然会把事物本末倒置，他们认为自己的思想是一切社会关系的创造力和目的，其实他们的思想只是这些社会关系的表现和征兆。

> 马克思、恩格斯：《德意志意识形态》（1845—1846年），摘自《马克思恩格斯全集》第3卷，人民出版社1960年12月第1版，第491—492页。

2. 资本主义的劳动方式是其意识形态的现实基础

李嘉图的价值定义，尽管有不祥之兆，但是也有使善良的资产者喜爱

和珍贵的一面。它以不可抗拒的威力诉诸他们的公平感。权利的公平和平等，是十八、十九世纪的资产者打算在封建制的不公平、不平等和特权的废墟上建立他们的社会大厦的基石。劳动决定商品价值，劳动产品按照这个价值尺度在权利平等的商品所有者之间自由交换，这些——正如马克思已经证明的——就是现代资产阶级全部政治的、法律的和哲学的意识形态建立于其上的现实基础。

恩格斯：《马克思和洛贝尔图斯：〈卡·马克思"哲学的贫困"一书德文第一版序言〉》(1884年10月23日)，摘自《马克思恩格斯全集》第21卷，人民出版社1965年9月第1版，第210页。

3. 由各个意识形态阶层构成的上层建筑

对这个社会阿谀奉承的人，尤其是对这个社会的上层阶级阿谀奉承的人，他们的首要业务就是，在理论上甚至为这些"非生产劳动者"中纯粹寄生的部分恢复地位，或者为其中不可缺少的部分的过分要求提供根据。事实上这就宣告了意识形态阶级等等是**依附于资本家**的。（第168—169页）

物质生产领域中的对立，使得由各个意识形态阶层构成的上层建筑成为必要，这些阶层的活动不管是好是坏，因为是必要的，所以总是好的……（第298页）

这是还具有革命性的资产阶级说的话，那时它还没有把整个社会、国家等等置于自己支配之下。所有这些卓越的历来受人尊敬的职业——君主、法官、军官、教士等等，所有由这些职业产生的各个旧的意识形态阶层，所有属于这些阶层的学者、学士、教士……**在经济学上被放在与他们自己的、由资产阶级以及有闲财富的代表（土地贵族和有闲资本家）豢养的大批仆从和丑角同样的地位。他们不过是社会的仆人**，就象别人是他们的仆人一样。他们靠别人劳动的产品生活。（第314页）

一旦资产阶级占领了地盘，一方面自己掌握国家，一方面又同以前掌握国家的人妥协；一旦资产阶级把意识形态阶层看作自己的亲骨肉，到处按照自己的本性把他们改造成为自己的伙计；一旦资产阶级自己不再作为生产劳动的代表来同这些人对立，而真正的生产工人起来反对资产阶级，并且同样说它是靠别人劳动生活的；一旦资产阶级有了足够的教养，不是一心一意从事生产，而是也想从事"有教养的"消费；一旦连精神劳动本身也愈来愈为资产阶级**服务**，为资本主义生产服务；——一旦发生了这些情况，事情就反过来了。这时资产阶级从自己的立场出发，力求"在经济学上"证明它从前批判过的东西是合理的。加尔涅等人就是资产阶级在这方面的代言人和良心安慰者。此外，这些经济学家（他们本人就是教士、教授等等）也热衷于证明自己"在生产上的"有用性，"在经济学上"证明自己的薪金的合理性。（第315页）

马克思：《剩余价值理论》，摘自《马克思恩格斯全集》第26卷第1册，人民出版社1972年6月第1版。

至于出现两种不同的贸易形式中的**货币**，即在真正贸易中的流通手段和在收入同商品即一部分资本相交换中的流通手段，那么，只确认它们之间的分离是不够的，问题在于它们的联系和相互作用。私人的货币，消费者的货币，第一是所有政治和意识形态阶层的货币，第二是地租获得者的货币，第三是所谓资本家（非工业资本家）、国债债权人等等的货币，甚至工人的货币（在储蓄银行中），简言之，也就是居民中不从事贸易的各阶级的收入超过他们的日常开支，以及超过他们认为必须始终由自己支配、也就是作为个人储备来保存（贮藏）的那部分货币以上的**余额**，这种余额是**存款**的主要来源，而存款又成为**商业货币**的主要基础。

马克思：《反思》（1851年3月），摘自《马克思恩格斯全集》第44卷，人民出版社1982年5月第1版，第156页。

4. 意识形态是由所谓的思想家有意识地、但是以虚假的意识完成的过程

意识形态是由所谓的思想家通过意识、但是通过虚假的意识完成的过程。推动他的真正动力始终是他所不知道的，否则这就不是意识形态的过程了。因此，他想象出虚假的或表面的动力。因为这是思维过程，所以它的内容和形式都是他从纯粹的思维中——或者从他自己的思维中，或者从他的先辈的思维中引出的。他只和思想材料打交道，他毫不迟疑地认为这种材料是由思维产生的，而不去进一步研究这些材料的较远的、不从属于思维的根源。而且他认为这是不言而喻的，因为在他看来，一切行动既然都以思维为**中介**，最终似乎都以思维为**基础**。

恩格斯：《恩格斯致弗·梅林》（1893年7月14日），摘自《马克思恩格斯文集》第 10 卷，人民出版社 2009 年 12 月第 1 版，第 657—658 页。

资产者的假仁假义的虚伪的意识形态用歪曲的形式把自己的特殊利益冒充为普遍的利益，这位具有移山信念的乡下佬雅各却认为这种歪曲形式是资本主义世界的现实的世俗的基础。为什么这种意识形态的欺骗在我们的圣者那里正是获得了这种形式，我们在谈到"政治自由主义"时将会知道。（第 195 页）

在"施蒂纳"那里，连这种意识也"全部完了"，他真正相信意识形态的各种抽象思想统治着现代世界，他深信他在其反对"宾词"、反对概念的斗争中攻击的已不是幻想，而是统治世界的现实力量。由此可以看出他的头脚倒置的手法，由此可以看出他的无限的轻信，竟把资产阶级的一切虚伪的幻想、一切伪善的保证信以为真。（第 263 页）

由于这些"真正的社会主义者"当了德意志意识形态的俘虏，因而看不清楚现实的关系。（第 535 页）

马克思、恩格斯：《德意志意识形态》（1845—1846 年），摘自《马克思恩格斯全集》第 3 卷，人民出版社 1960 年 12 月第 1 版。

关系当然只能表现在观念中，因此哲学家们认为新时代的特征就是新时代受观念统治，从而把推翻这种观念统治同创造自由个性看成一回事。从意识形态角度来看更容易犯这种错误，因为上述关系的统治（上述物的依赖关系，不用说，又会转变为摆脱一切幻想的、一定的、人的依赖关系）在个人本身的意识中表现为观念的统治，而关于这种观念的永恒性即上述物的依赖关系的永恒性的信念，统治阶级自然会千方百计地来加强、扶植和灌输。

马克思：《经济学手稿》（1857—1858 年），摘自《马克思恩格斯全集》第 46 卷上 111）。

事实越是明显地反对政治经济学家的意识形态，政治经济学家就越是热心地起劲地把资本主义以前世界的法权观念和所有权观念应用到这个已经完成的资本世界。

马克思：《资本论》第 1 卷，摘自《马克思恩格斯文集》第 5 卷，人民出版社 2009 年 12 月第 1 版，第 876 页。

5. 任何意识形态一经产生，就同现有的观念材料相结合而发展起来

任何意识形态一经产生，就同现有的观念材料相结合而发展起来，并对这些材料作进一步的加工；不然，它就不是意识形态了，就是说，它就不是把思想当做独立地发展的、仅仅服从自身规律的独立本身来处理了。头脑中发生这一思想过程的人们的物质生活条件，归根到底决定着这一思想过程的进行，这一事实，对这些人来说必然是没有意识到的，否则，全部意识形态就完结了。

> 恩格斯：《路德维希·费尔巴哈和德国古典哲学的终结》（1886年初），摘自《马克思恩格斯文集》第4卷，人民出版社2009年12月第1版，第309页。

6. 观念、思想的上层建筑

市民社会包括各个个人在生产力发展的一定阶段上的一切物质交往。它包括该阶段上的整个商业生活和工业生活，因此它超出了国家和民族的范围，尽管另一方面它对外仍然需要以民族的姿态出现，对内仍然需要组成国家的形式。"市民社会"这一用语是在18世纪产生的，当时财产关系已经摆脱了古代的和中世纪的共同体。真正的资产阶级社会只是随同资产阶级发展起来的；但是这一名称始终标志着直接从生产和交往中发展起来的社会组织，这种社会组织在一切时代都构成国家的基础以及任何其他的观念的上层建筑的基础。（第41页）

竞争所引起的伟大的社会变革把资产者之间的相互关系以及他们对无产者的关系变为纯粹的金钱关系，而把上述一切"神圣化的财富"变成买卖对象，并把无产者的一切自然形成的和传统的关系，例如家庭关系和政治关系，都和它们的整个思想上层建筑一起摧毁了，这种剧烈的革命当然不是起源于德国。（第432页）

以观念形式表现在法律、道德等等中的统治阶级的存在条件（受以前的生产发展所限制的条件），统治阶级的思想家或多或少有意识地从理论上把它们变成某种独立自在的东西，在统治阶级的个人的意识中把它们设想为使命等等；统治阶级为了反对被压迫阶级的个人，把它们提出来作为生活准则，一则是作为对自己统治的粉饰或意识，一则是作为这种统治的道德手段。这里像通常一样，关于这些思想家应当指出，他们必然会把事物本末倒置，他们认为自己的思想是一切社会关系的创造力和目的，其实他们的思想只是这些社会关系的表现和征兆。（第492页）

> 马克思、恩格斯：《德意志意识形态》（1845—1846年），摘自《马克思恩

格斯全集》第 3 卷，人民出版社 1960 年 12 月第 1 版。

所以，这两个集团彼此分离决不是由于什么所谓的原则，而是由各自的物质生存条件，由于两种不同的财产形式；它们彼此分离是由于城市和农村之间的旧有的对立，由于资本和地产之间的竞争。当然，把它们同某个王朝联结起来的同时还有旧日的回忆、个人的仇怨、忧虑和希望、偏见和幻想、同期和反感、信念、信条和原则，这有谁会否认呢？在不同的财产形式上，在社会生存条件上，耸立着由各种不同的，表现独特的情感、幻想、思想方式和人生观构成的整个上层建筑。整个阶级在其物质条件和相应的社会关系的基础上创造和构成这一切。通过传统和教育承受了这些情感和观点的个人，会以为这些情感和观点就是他的行为的真实动机和出发点。如果新奥尔良派和正统派这两个集团中的每一个集团，都是硬要自己和别人相信它们彼此分离是由于它们对两个不同王朝的忠诚，那么后来的事实所证明的却恰恰相反，正是它们利益的对立才使得这两个王朝不能合二为一。正如在日常生活中应当把一个人对自己的想法和品评同他实际人品和实际行动区别开来一样，在历史的斗争中更应该把各个党派的言辞和幻想同它们的本来面目和实际利益区别开来，把它们对自己的看法同它们的真实本质区别开来。

马克思：《路易·波拿巴的雾月十八日》（约 1851 年 12 月中—1852 年 3 月 25 日），摘自《马克思恩格斯文集》第 2 卷，人民出版社 2009 年 12 月第 1 版，第 498—499 页。

五 "自然关系"与精神生产的物质性：文艺、审美与经济论

（一）作为商品生产的艺术活动不同于意识形态活动："作家所以是生产劳动者，并不是因为他生产出观念"

作家所以是生产劳动者，并不是因为他生产出观念，而是因为他使出版他的著作的书商发财，也就是说，只有在他作为某一资本家的雇佣劳动者的时候，他才是生产的。……（第 150 页）

如果我们把劳动能力本身撇开不谈，生产劳动就可以归结为生产商品、

生产物质产品的劳动，而商品、物质产品的生产，要花费一定量的劳动或劳动时间。一切艺术和科学的产品，书籍、绘画、雕塑等等，只要它们表现为物，就都包括在这些物质产品中。（第 164—165 页）

马克思：《剩余价值理论》，摘自《马克思恩格斯全集》第 26 卷第 1 册，人民出版社 1972 年 6 月第 1 版。

（二）人与自然关系中的艺术、精神活动、文学

1. 自然界可以是"艺术的对象"、"精神食粮"

无论是在人那里还是在动物那里，类生活从肉体方面说来就在于：人（和动物一样）靠无机界生活，而人和动物相比越有普遍性，人赖以生活的无机界的范围就越广阔。从理论领域来说，植物、动物、石头、空气、光等等，一方面作为自然科学的对象，一方面作为艺术的对象，都是人的意识的一部分，是人的精神的无机界，是人必须事先进行加工以便享用和消化的精神食粮；同样，从实践领域说来，这些东西也是人的生活和人的活动的一部分。

马克思：《1844 年经济学哲学手稿》（1844 年 4—8 月），摘自《马克思恩格斯文集》第 1 卷，人民出版社 2009 年 12 月第 1 版，第 161 页。

2. "精神生产资料"与"精神生产力"及其对物质生产的作用

一个生产部门，例如铁、煤、机器的生产或建筑业等等的劳动生产力的发展，——这种发展部分地又可以和精神生产领域内的进步，特别是和自然科学及其应用方面的进步联系在一起，——在这里是**另一些**产业部门（例如纺织工业或农业）的生产资料的价值减少，从而费用减少的条件。……生产力的这种发展，最终总是归结为发挥作用的劳动的社会性质，归结为社会内部的分工，归结为脑力劳动特别是自然科学的发展。（第 96 页）

应该把一般劳动和共同劳动区别开来。二者都在生产过程中起着自己的作用，并相互转化，但二者也有区别。一般劳动是一切科学劳动，一切发现，一切发明。它部分地以今人的协作为条件，部分地又以前人劳动的利用为条件。共同劳动以个人之间的直接协作为前提。……从人类精神的一般劳动的一切新发展中，以及这种新发展通过结合劳动所取得的社会应用中，获得最大利润的，大多数是最无用和最可鄙的货币资本家。

（第119页）

> 马克思、恩格斯：《资本论》第3卷，摘自《马克思恩格斯文集》第7卷，人民出版社2009年12月第1版。

货币的简单规定本身表明，货币作为发达的生产要素，只能存在于**雇佣劳动**存在的地方；因此，只能存在于这样的地方，在那里，货币不但决不会使社会形式瓦解，反而是社会形式发展的条件和发展一切生产力即物质生产力和精神生产力的主动轮。

> 马克思：《经济学手稿》（1857—1858年），摘自《马克思恩格斯全集》第46卷上册，人民出版社1979年7月第1版，第173页。

支配着物质生产资料的阶级，同时也支配着精神生产的资料，因此，那些没有精神生产资料的人的思想，一般地是受统治阶级支配的。

> 马克思、恩格斯：《德意志意识形态》（1845—1846年），摘自《马克思恩格斯全集》第3卷，人民出版社1960年12月第1版，第52页。

在经济学家看来，商品的生产费用由以下三个要素组成：生产原料所必需的土地的地租，资本及其利润，生产和加工所需要的劳动的报酬。但人们立即就发现，资本和劳动是同一个东西，因为经济学家自己就承认资本是"积蓄的劳动"[①]。这样，我们这里剩下的就只有两个方面，自然的、客观的方面即土地和人的、主观方面即劳动。劳动包括资本，并且除资本之外还包括经济学家没有想到的第三要素，我指的是简单劳动这一肉体要素以外的发明和思想这一精神要素。经济学家与发明的精神有什么关系呢？难道没有他参与的一切发明就不会落到他手里吗？有哪**一件**发明曾经使他花费过什么？因此，他在计算他的生产费用时为什么要为这些发明操心呢？在他看来，财富的条件就是土地、资本、劳动，除此之外，他什么也不需要。科学是与他无关的。尽管科学通过贝托莱、戴维、李比希、瓦特、卡特莱特等人送了许多礼物给他，把他本人和他的生产都提高到空前未有的高度，可是这与他有何相干呢？他不懂得重视这些东西，科学的进步超出了他的计算。但是，在一个超越利益的分裂——正如在经济学家那里发生的那样——的合理状态下，精神要素自然会列入生产要素，并且会在经济学的生产费用项目中找到自己位置。到那时，我们自然会满意地看到，扶

[①] 亚当·斯密《国民财富的性质和原因的研究》1828年爱丁堡版第2卷第94页。——编者注

持科学的工作也在物质上得到报偿，会看到，仅仅詹姆斯·瓦特的蒸汽机这样一项科学成果，在它存在的头 50 年中给世界带来的东西就比世界从一开始为扶植科学所付出的代价还要多。

这样，我们就有了两个生产要素——自然和人，而后者还包括他的肉体活动和精神活动。

> 恩格斯：《国民经济学批判大纲》（约 1843 年 9 月底或 10 月初—1844 年 1 月中），摘自《马克思恩格斯文集》第 1 卷，人民出版社 2009 年 12 月第 1 版，第 67 页。

3. 文学也与生产力相关

平原和山区的差别、沿河流域、气候、土壤、煤、铁、**已经获得的生产力**（物质方面的和精神方面的）、语言、文学、技术能力等等呢？傅立叶在这里比较英勇地克服了均等化（第 139—142 页）。

> 马克思：《巴枯宁"国家制度和无政府状态"一书》（1874 年—1875 年初），摘自《马克思恩格斯全集》第 18 卷，人民出版社 1964 年 10 月第 1 版，第 682 页。

（三）"自然关系"及精神生产的"物质性"、工具（技术）与文艺

1. 不同于单纯"想像"、"观念"活动的精神生产的"物质性"与客观的"时间"有关

在直接的物质生产领域中，某物品是否应当生产的问题即物品的价值问题的解决，本质上取决于生产该物品所需要的劳动时间。因为社会是否有时间来实现真正人类的发展，就是以这种时间的多寡为转移的。

甚至**精神生产**的领域也是如此。如果想合理地行动，难道在确定精神作品的规模、结构和布局时就不需要考虑生产该作品所必需的时间吗？否则，我至少会冒这样的危险：我思想中存在的事物永远不会变为现实中的事物，因而它也就只能具有想像中的事物的价值，也就是只有**想像的价值**。

以政治经济学的观点对政治经济学所进行的批判，承认人类活动的一切本质规定，但只是在异化、外化的形式中来承认。例如，在这里它们时间对**人的劳动**的意义变为时间对**工资**、对雇佣劳动的意义。

> 马克思、恩格斯：《神圣家族》（1844 年 9—11 月），摘自《马克思恩格斯全集》第 2 卷，人民出版社 1957 年 12 月第 1 版，第 62 页。

2. 精神生产的"物质性"跟脑力（智力）与体力的结合有关

手的专门化意味着**工具**的出现，而工具意味着人所特有的活动，意味着人对自然界进行改造的反作用，意味着生产。狭义的动物也有工具，然而这只是它们躯体的四肢，蚂蚁、蜜蜂、海狸就是这样；动物也进行生产，但是它们的生产对周围自然界的作用在自然界面前只等于零。只有人才给自然界打上自己的印记。（第 373 页）

随着对自然规律的知识的迅速增加，人对自然界施加反作用的手段也增加了；如果人的脑不随着手、不和手一起、不部分地借助于手相应地发展起来的话，那末单靠手是永远造不出蒸汽机来的。（第 374 页）

<blockquote>恩格斯：《自然辩证法》，摘自《马克思恩格斯全集》第 20 卷，人民出版社 1971 年 3 月第 1 版。</blockquote>

人创造出产品，使外在物适合自己的需要，在这一行为中，正象在自然机体中手和头缺一不可一样，体力劳动和脑力劳动不可分割地结合在一起了。

<blockquote>马克思：《〈资本论〉第一卷法文版片断》（著者亲自修订）（1872 年 9 月—1875 年 11 月），摘自《马克思恩格斯全集》第 49 卷，人民出版社 1982 年 12 月第 1 版，第 204 页。</blockquote>

3. 缺乏物质对象、物质推动力的生产活动，最多只是一种可能性的、观念、想象活动

工人要向资本提供的使用价值，也就是工人要向他人提供的使用价值，并不是物化在产品中的，它根本不存在于工人之外，因此，不是在实际上而只是在可能性上作为工人的能力存在。这种使用价值只有在资本的要求推动下才能变成现实，因为没有对象的活动，什么也不是，或者最多是一种思想活动，在这里我们不谈它。（第 22 页）

所有权同劳动相分离表现为资本和劳动之间的这种交换的必然规律。作为**非资本**本身的劳动是：

（1）从否定方面看的非对象化［非物化］劳动（本身还是对象的东西；在客观形式上是非对象的东西）。作为这样的东西，劳动是非原料，非劳动工具，非原产品；是同一切劳动资料和劳动对象相分离的，同劳动的全部客观性相分离的劳动。是**抽掉了**劳动的真正现实性的这些要素而存在的活劳动（同样是非价值）；这是劳动的完全被剥夺，缺乏任何客体的、

纯粹主体的存在。是作为**绝对的贫穷**的劳动：这种贫穷不是缺少物质财富，而是完全被排除在物质财富之外。或者也可以说：是作为现存的**非价值**，因而是没有媒介而存在的纯粹对象性的使用价值，这种对象性只能是不脱离人身的，只能是同人的直接肉体结合在一起的对象性。因为这种对象性是纯粹直接的，它也就同样直接是非对象性。换句话说，不是在个人本身的直接存在之外的对象性。

（2）**从肯定方面看的非对象化［非物化］劳动，非价值**，或者说，自己对自己的否定性，劳动是劳动本身的非**对象化**的存在，因而是劳动本身的非对象的，也就是主体的存在。劳动不是作为对象，而是作为活动存在；不是作为**价值**本身，而是作为价值的**活的源泉**存在。劳动这种一般财富同资本相反，资本是作为对象即作为现实性而存在的一般财富，劳动则表现为一般财富的**一般可能性**，这种可能性在活动中得到实现。因而，一方面，**劳动作为对象**是**绝对的贫穷**，另一方面，劳动作为主体，作为活动是财富的**一般可能性**，这两点决不是矛盾的，更确切些说，在每个方面都互相矛盾的这两点是互为条件的，并且是从劳动的下述本质中产生出来的：劳动作为资本的对立物，作为与资本对立的存在，被资本当作**前提**，另一方面，劳动又以资本为前提。（第252—253页）

现在我们来看看过程的第二方面。如果是一般说的**交换**过程，那么资本（或资本家）同工人之间的交换现在是完成了。现在接下去考察资本同作为资本的使用价值的劳动的关系。劳动不仅是同资本相对立的**使用价值**，而且是资本本身的**使用价值**。作为物化价值的价值非存在，劳动是非物化价值的价值存在，是价值的观念存在；它是价值的可能性，并且作为活动是价值的创造。与资本相对立的劳动，是单纯抽象的形式，是创造价值的活动的单纯可能性，这种活动只是作为才能，作为能力，存在于工人的身体中。然而，通过同资本的接触，这种能力成为实际的活动，——它不能自己进行活动，因为它没有对象，——从而成为实际创造价值的生产活动。就资本来说，这种活动只能是资本本身的再生产——保存和增殖资本这种**实际**的和**有效**的价值，而不是象在货币身上表现出来的那样，仅仅是想象的价值。资本通过同工人交换，占有了劳动本身；劳动成了资本的一个要素，它现在作为有生产能力的生命力，对资本现存的、因而是死的对象性发生作用。

资本是货币（自为存在的交换价值），但已不再是存在于同交换价值的其他实体并存的特殊实体中的货币，因而不再是从交换价值的其他实体中排除出来的货币；而是在一切实体中，在物化劳动的任何形式和任何存在方式的交换价值中保持自己观念规定的货币。资本作为存在于物化劳动的一切特殊形式中的货币，只要现在同非物化的、作为过程和行为而存在的活劳动一起进入过程，那么资本首先就是它存在的实体同它现在**又**作为劳动存在的形式之间的这种质的区别。正是在形成和扬弃这种区别的过程中资本本身成为过程。

劳动是酵母，它被投入资本，使资本发酵。一方面，资本借以存在的对象性必须被加工，即被劳动消费；另一方面，作为单纯形式的劳动，其纯粹主体性必须被扬弃，而且劳动必须被物化在资本的物质中。资本（按其内容来说）对劳动的关系，物化劳动对活劳动的关系——在这种关系中，资本在劳动面前表现为某种被动的东西，正是资本的被动存在作为特殊实体同作为造形活动的劳动发生关系——一般只能是劳动对它的对象性的关系，劳动对它的物质的关系（所有这些，在交换价值一章以前研究生产一般的第一章中就应该说明）；物质，物化劳动，对于作为活动的劳动来说只有两种关系：一种是作为**原料**，即无形式的物质，作为劳动的创造形式的、有目的的活动的单纯材料；另一种是作为**劳动工具**，即主体活动用来把某个对象作为自己的传导体置于自己和对象之间的那种物质手段。（第255—256页）

劳动作为使用价值属于资本家；作为单纯的交换价值属于工人。劳动在生产过程本身中的活的质，即通过把物化劳动时间变成活劳动的物质存在方式来保存物化劳动时间的这种质，同工人毫不相干。**在生产过程本身中，活劳动把工具和材料变成自己灵魂的躯体**，从而使它们起死回生，——这种占有，事实上同下述情况相矛盾：劳动是无对象的，或者说，劳动只有在工人身上作为直接的生命力才是现实的；而劳动材料和劳动工具却在资本中作为自为存在的东西存在着。（第335页）

马克思：《经济学手稿》（1857—1858年），摘自《马克思恩格斯全集》第46卷上册，人民出版社1979年7月第1版。

4. 人与自然的两种联系：主观的、理论的、幻想的联系与现实的、实践的"劳动的联系"

工业是自然界对人，因而也是自然科学对人**现实的**历史关系……在人类历史中即在人类社会的形成过程中生成的自然界，是人的**现实的**自然界；因此，通过工业——尽管以**异化**的形式——形成的自然界，是真正的、**人本学**的自然界。

> 马克思：《1844年经济学哲学手稿》（1844年4—8月），摘自《马克思恩格斯文集》第1卷，人民出版社2009年12月第1版，第193页。

费尔巴哈在这个论点中还把宗教的、想象的自然界**幻影**同现实的自然界完全等同起来了。

> 恩格斯：《恩格斯致马克思》（1846年8月19日），摘自《马克思恩格斯全集》第27卷，人民出版社1972年6月第1版，第38页。

批判的批判指责"浪漫主义艺术"的"统一教条"，可是它现在却力求获得"真正统一的整体"、"现实的统一体"，并且抱着这个目的，用虚幻的联系、神秘的主客体来代替世界秩序和世界事件之间的自然的合乎人性的联系，这就像**黑格尔**用那一身兼为整个自然界和全体人类的绝对的主客体——**绝对精神**来代替人和自然界之间的现实的联系一样。

> 马克思、恩格斯：《神圣家族》（1844年9—11月），摘自《马克思恩格斯全集》第2卷，人民出版社1957年12月第1版，第213页。

圣麦克斯只是为了找机会作一些对黑格尔的草率的研究，曾经叙述了他的全部"哲学或时代"的历史，现在他最后又一次重复他的全部唯一的历史。不过，这一次他却转向自然史，向我们提供了关于"唯一的"自然科学的重要知识；这是因为：在他那里，每逢"世界"需要起重要作用时，世界立刻就变为**自然**。"唯一的"自然科学一开始就承认自己的无能为力。它不是考察由工业和自然科学所决定的人对自然的现实关系，而是宣布人对自然的幻想关系。

> 马克思、恩格斯：《德意志意识形态》（1845—1846年），摘自《马克思恩格斯全集》第3卷，人民出版社1960年12月第1版，第202页。

但是在一个学究教授看来，人对自然的关系首先并不是**实践的**即以活动为基础的关系，而是理论的关系；这两种关系在第一句话中就已经混淆不清了。

第一：由于在后面一句话中，"**用来满足他的需要的外部的资料**"或"**外部的财物**"变为"**外界物**"，所以上述关系中的第一种关系就成为这样：人处在一种**对作为**满足他的需要的资料的**外界物的关系**中。但是，人们决不是首先"处在这种对**外界物**的理论关系中"。正如任何动物一样，他们首先是要**吃**、**喝**等等，也就是说，并不"处在"某一种关系中，而是**积极地活动**，通过活动来取得一定的外界物，从而满足自己的需要。（因而，他们是从生产开始的。）由于这一过程的重复，这些物能使人们"满足需要"这一属性，就铭记在他们的头脑中了，人和野兽也就学会"从理论上"把能满足他们需要的外界物同一切其他的外界物区别开来。……可见：人们实际上首先是占有外界物作为满足自己本身需要的资料，如此等等……

马克思《评阿·瓦格纳的"政治经济学教科书"》（1879年下半年—1880年11月），摘自《马克思恩格斯全集》第19卷，人民出版社1963年12月第1版，第405—406页。

5. 工艺学会揭示出人对自然的能动关系

在他（约翰·淮亚特）以前，最早大概在意大利，就已经有人使用机器纺纱了，虽然当时的机器还很不完善。如果有一部考证性的工艺史，就会证明，18世纪的任何发明，很少是属于某一个人的。可是直到现在还没有这样的著作。达尔文注意到自然工艺史，即注意到在动植物的生活中作为生产工具的动植物器官是怎样形成的。社会人的生产器官的形成史，即每一个特殊社会组织的物质基础的形成史，难道不值得同样注意吗？而且，这样一部历史不是更容易写出来吗？因为，如维科所说的那样，人类史同自然史的区别在于，人类史是我们自己创造的，而自然史不是我们自己创造的。工艺学会揭示出人对自然的能动关系，人的生活的直接生产过程，从而人的社会生活关系和由此产生的精神观念的直接生产过程。甚至所有抽象掉这个物质基础的宗教史，都是非批判的。事实上，通过分析找出宗教幻象的世俗核心，比反过来从当时的现实生活关系中引出它的天国形式要容易得多。后面这种方法是唯一的唯物主义的方法，因而也是唯一科学的方法。那种排除历史过程的、抽象的自然科学的唯物主义[①]的缺点，每当它的代表越出自己的专业范围时，就在他们的抽象的和唯心主义的意识

---

① 指19世纪的自然科学的唯物主义，其代表是德国动物学家卡·福格特、荷兰生理学家雅·摩莱肖特和德国医生路·毕希纳。他们力图对人民大众进行无神论和自然科学的教育，但没有阐发关于社会历史的唯物主义观点，也没有阐发辩证的思维方式。由于他们与达尔文主义有紧密关系，他们企图根据达尔文的理论来解释社会的发展。恩格斯在《卡尔·马克思〈政治经济学批判。第一分册〉》（《马克思恩格斯文集》第2卷，人民出版社2009年12月第1版）一文第二部分，在批判毕希纳等人的狭隘庸俗的思维方式的同时，详细介绍了唯物主义历史观。——编者注

形态中显露出来。

<blockquote>马克思：《资本论》第 1 卷，摘自《马克思恩格斯文集》第 5 卷，人民出版社 2009 年 12 月第 1 版，第 428—429 页注释（89）。</blockquote>

6. 劳动资料或者生产工具，是人与自然之间的"传导体"，是劳动的"器官"

劳动资料是劳动者置于自己和劳动对象之间、用来把自己的活动传导到劳动对象上去的物或物的综合体。劳动者利用物的机械的、物理的和化学的属性，以便把这些物当作发挥力量的手段，依照自己的目的作用于其他的物。① 劳动者直接掌握的东西，不是劳动对象，而是劳动资料（这里不谈采集果实之类的现成的生活资料，在这种场合，劳动者身上的器官是唯一的劳动资料）。这样，自然物本身就成为他的活动的器官，他把这种器官加到他身体的器官上，不顾圣经的训诫，延长了他的自然的肢体。② 土地是他的原始的食物仓，也是他的原始的劳动资料库。例如，他用来投、磨、压、切等等的石块就是土地供给的。土地本身是劳动资料，但是它在农业上要起劳动资料的作用，还要以一系列其他的劳动资料和劳动力的较高的发展为前提。③ 一般说来，劳动过程只要稍有一点发展，就已经需要经过加工的劳动资料。在太古人的洞穴中，我们发现了石制工具和石制武器。在人类历史的初期，除了经过加工的石块、木头、骨头和贝壳外，被驯服，也就是被劳动改变的、被饲养的动物，也曾作为劳动资料起着主要的作用。④⑤ 劳动资料的使用和创造，虽然就其萌芽状态来说已为某几种动物所固有，但是这毕竟是人类劳动过程独有的特征，所以富兰克林给人

---

① "理性何等强大，就何等狡猾。理性的狡猾总是在于它的起中介作用的活动，这种活动让对象按照它们本身的性质互相影响，互相作用，它自己并不直接参与这个过程，而只是实现自己的目的。"（黑格尔《哲学全书》，第 1 部《逻辑》，1840 年柏林版第 382 页）

② 《新约全书·马太福音》第 6 章第 23 节和《新约全书·路加福音》第 12 章第 25 节。——编者注

③ 加尼耳的著作《政治经济学理论》（1815 年巴黎版）一般说来是贫乏的，但针对重农学派，却恰当地列举了一系列构成真正的农业的前提的劳动过程。

④ 杜尔哥在《关于财富的形成和分配的考察》（1766 年）一书中，很好地说明了被饲养的动物对于文化初期的重要性。

⑤ 雅·杜尔哥的这一著作写于 1766 年。马克思把这一年作为本书的发表年。其实该书是 1769—1770 年由杜邦·德奈穆尔第一次发表的。马克思引用的是 1844 年欧·德尔在巴黎编辑出版的版本。——编者注

下的定义是"a toolmaking animal"①，制造工具的动物。动物遗骸的结构对于认识已经绝迹的动物的机体有重要的意义，劳动资料的遗骸对于判断已经消亡的经济的社会形态也有同样重要的意义。各种经济时代的区别，不在于生产什么，而在于怎样生产，用什么劳动资料生产。② 劳动资料不仅是人类劳动力发展的测量器，而且是劳动借以进行的社会关系的指示器。在劳动资料本身中，机械性的劳动资料（其总和可称为生产的骨骼系统和肌肉系统）远比只是充当劳动对象的容器的劳动资料（如管、桶、篮、罐等，其总和一般可称为生产的脉管系统）更能显示一个社会生产时代的具有决定意义的特征。后者只是在化学工业上才起着重要的作用。③

马克思：《资本论》第1卷，摘自《马克思恩格斯文集》第5卷，人民出版社2009年12月第1版，第209—211页。

只有在经济发展的最原始的阶段，也就是在资本关系的形成还不可想象的状态下，才会发生劳动工具无须进一步的媒介就存在于自然界的情况。不言而喻，从事物的本性可以得出，人的劳动能力的发展特别表现在**劳动资料**或者说**生产工具**的发展上。正是这种发展表明，人通过在两者之间插入一个为其劳动目的而安排规定的、并作为传导体服从于他的意志的自然物，在多大的程度上加强了他的直接劳动对自然物的影响。（第57页）

实际劳动把工具作为自己的手段来占有，把材料作为自己活动的材料来占有。实际劳动就是把这些对象作为劳动本身的活的机体，劳动本身的器官来占有的过程。在这里，劳动材料表现出劳动的无机性质，劳动资料表现为占有活动本身的器官。（第59页）

劳动过程是工人从事具有一定目的的活动的过程，是他的劳动能力即智力和体力既发生作用、又被支出和消耗的运动（通过这种运动，工人赋

---

① "a toolmaking animal"（制造工具的动物）这一说法，引自托·本特利的著作《关于使用机器缩短工时的益处和政策的书信》1780年伦敦版。马克思在1859—1863年于伦敦所作的第VII的笔记本第155页中，摘录了这一著作第2—3页上的一段话："人们用许多方式对人下定义……a toolmaking animal 或 engineer〈富兰克林〉已被一些人当做人的最好的、最有特定的定义而加以采纳。"——编者注

② 在从工艺上比较各个不同的生产时代时，真正的奢侈品在一切商品中意义最小。

③ 第2版注：尽管直到现在，历史学对物质生产的发展，即对整个社会生活从而整个现实历史的基础，了解得很少，但是，人们至少在自然科学研究的基础上，而不是在所谓历史研究的基础上，按照制造工具和武器的材料，把史前时期划分为石器时代、青铜时代和铁器时代的。

予劳动材料以新的形式,因此,这种运动物化在劳动材料中),——不管这种形式变化是化学的,还是机械的;是通过生理过程本身的控制而发生的,还仅仅是物的位移(它的位置的改变),或者只是物与地球的联系的分离。因此,当劳动在劳动对象中物化时,它就改变了这个对象的形式,并且把劳动资料作为它的器官进行使用和消费。劳动从活动的形式转入存在的形式,转入物的形式。劳动在改变对象的同时,改变了它本身的形式。赋予形式的活动对对象和它自己本身进行消费;它使对象的形式改变,并使自己物化;它在自己的主体形式中作为活动消耗自己,并且消耗对象中的物质的东西,也就是说,消除了对象对于劳动目的漠然无视的态度。最后,劳动消费劳动资料,在这个过程中,劳动资料也由纯粹的可能性转变为现实,因为它已成为劳动的实际传导体。(第60页)

如果完全抽象地来考察劳动过程,那么,可以说,最初出现的只有两个因素——人和自然(劳动和劳动的自然物质)。人的最初的工具是他本身的肢体,不过,这些肢体必定只是他本身占有的。只是有了用于新生产的最初的产品——哪怕只是一块击杀动物的石头——之后,真正的劳动过程才开始。人所占有的最初的工具之一是动物(家畜)。(第105页)

这些工人本身只表现为机器的有自我意识的器官(而不是机器表现为工人的器官),他们同死器官不同的地方是有自我意识,他们和死的器官一起"协调地"和"不间断地"活动,在同样程度上受动力的支配,和死的机器完全一样。(第536页)

马克思:《经济学手稿》(1861—1863年),摘自《马克思恩格斯全集》
第47卷,人民出版社1979年10月第1版。

7. "社会实践的直接器官(实际的财富)"不同于"知识的形式(观念的财富)","技术"不同于"科学"

单是科学——即财富的最可靠的形式,既是财富的产物,又是财富的**生产者**——**的发展**,就足以使这些共同体解体。但是,**科学**这种既是观念的财富同时又是实际的财富的发展,只不过是**人的生产力的发展**即财富的发展所表现的一个方面,一种形式。

马克思:《经济学手稿》(1857—1858年),摘自《马克思恩格斯全集》
第46卷下册,人民出版社1980年8月第1版,第34—35页。

自然界没有制造出任何机器,没有制造出机车、铁路、电报、走锭精纺机等等。它们是人类劳动的产物，是变成了人类意志驾驭自然的器官或人类在自然界活动的器官的自然物质。它们是**人类的手创造出来的人类头脑的器官**；是物化的知识力量。固定资本的发展表明，一般社会知识，已经在多么大的程度上变成了**直接的生产力**，从而社会生活过程的条件本身在多么大的程度上受到一般智力的控制并按照这种智力得到改造。它表明，社会生产力已经在多么大的程度上，不仅以知识的形式，而且作为社会实践的直接器官，作为实际生活过程的直接器官被生产出来。

马克思：《经济学手稿》（1857—1858 年），摘自《马克思恩格斯全集》第 46 卷下册，人民出版社 1980 年 8 月第 1 版，第 219—220 页。

如果象您所断言的，技术在很大程度上依赖于科学状况，那末科学却在更大的程度上依赖于技术的状况和需要。社会一旦有技术上的需要，则这种需要就会比十所大学更能把科学推向前进。整个流体静力学（托里拆利等）是由于十六和十七世纪调节意大利山洪的需要而产生的。关于电，只是在发现它能应用于技术上以后，我们才知道一些理性的东西。在德国，可惜人们写科学史时已惯于把科学看做是从天上掉下来的。

恩格斯：《恩格斯致瓦·博尔吉乌斯》（1894 年 1 月 25 日），摘自《马克思恩格斯全集》第 39 卷，人民出版社 1974 年 11 月第 1 版，第 198—199 页。

8. 艺术家受到以前的"艺术所达到的技术成就"的制约

和其他任何一个艺术家一样，拉斐尔也受到他以前的艺术所达到的技术成就、社会组织、当地的分工以及与当地有交往的世界各国的分工等条件的制约。像拉斐尔这样的个人是否能顺利地发展他的天才，这就完全取决于需要，而这种需要又取决于分工以及由分工产生的人们所受教育的条件。

马克思、恩格斯：《德意志意识形态》（1845—1846 年），摘自《马克思恩格斯全集》第 3 卷，人民出版社 1960 年 12 月第 1 版，第 459 页。

（四）"使用价值—交换价值"及"自然关系—社会关系"与艺术、审美

1. 使用价值—交换价值：体现在商品中的劳动的二重性

对上衣来说，无论是裁缝自己穿还是他的顾客穿，都是一样的。在这两

种场合，它都是起使用价值的作用。同样，上衣和生产上衣的劳动之间的关系本身，也并不因为裁缝劳动成为专门职业，成为社会分工的一个独立的部分就有所改变。在有穿衣需要的地方，在有人当裁缝以前，人已经缝了几千年的衣服。但是，上衣、麻布以及任何一种不是天然存在的物质财富要素，总是必须通过某种专门的、使特殊的自然物质适合于特殊的人类需要的、有目的的生产活动创造出来。因此，劳动作为使用价值的创造者，作为有用劳动，是不以一切社会形式为转移的人类生存条件，是人和自然之间的物质变换即人类生活得以实现的永恒的自然必然性。（第56页）

一切劳动，一方面是人类劳动力在生理学意义上的耗费；就相同的或抽象的人类劳动这个属性来说，它形成商品价值。一切劳动，另一方面是人类劳动力在特殊的有一定目的的形式上的耗费；就具体的有用劳动这个属性来说，它生产使用价值。（第60页）

马克思：《资本论》第1卷，摘自《马克思恩格斯文集》第5卷，人民出版社2009年12月第1版。

如果认为，劳动就它创造使用价值来说，是它所创造的东西即物质财富的**唯一**源泉，那就错了。既然它是使物质适应于某种目的的活动，它就要有物质作为前提。在不同的使用价值中，劳动和自然物质之间的比例是大不相同的，但是使用价值总得有一个自然的基础。劳动作为以某种形式占有自然物的有目的的活动，是人类生存的自然条件，是同一切社会形式无关的、人和自然之间的物质变换的条件。生产交换价值的劳动则相反，它是劳动的一种特殊的社会形式。以裁缝的劳动为例，就它作为一种特殊的生产活动的物质规定性来说，它生产衣服，但不生产衣服的交换价值。它生产后者时不是作为裁缝劳动，而是作为抽象一般劳动，而抽象一般劳动属于一种社会关系，这种关系不是由裁缝缝出来的。在古代家庭工业中，妇女生产衣服，但不生产衣服的交换价值。作为物质财富的源泉之一的劳动，立法者摩西同税吏亚当·斯密同样熟悉。

马克思：《政治经济学批判》（1858—1859年），摘自《马克思恩格斯全集》第13卷，人民出版社1962年11月第1版，第25页。

2. "使用价值"反映的是"个人对自然的关系"中的"自然属性"，"交换价值"反映的是"个人的社会关系"中的"超自然属性"

"任何物的自然worth［价值］都在于它能满足必要的需要，或者给人类生活带来方便。"（约翰·洛克《略论降低利息的后果。1691 年》，载于《约翰·洛克著作集》1777 年伦敦版第 2 卷第 28 页）在 17 世纪，我们还常常看到英国著作家用"worth"表示使用价值，用"value"表示交换价值；这完全符合英语的精神，英语喜欢用日耳曼语源的词表示直接的东西，用罗马语源的词表示被反映的东西。（第 48 页注释（4））

在塔糖的重量表现中，铁代表两个物体共有的自然属性，即它们的重，而在麻布的价值表现中，上衣代表这两种物的超自然属性，即它们的价值，某种纯粹社会的东西。（第 72 页）

> 马克思：《资本论》第 1 卷，摘自《马克思恩格斯文集》第 5 卷，人民出版社 2009 年 12 月第 1 版。

既然商品的**交换价值**不过是这些东西的**社会职能**，与它们的自然属性毫不相关，那么我们首先要问，所有商品共同的**社会实体**是什么呢？这就是**劳动**。

> 马克思：《工资、价格和利润》（1865 年 5 月 20 日—6 月 24 日之间），摘自《马克思恩格斯文集》第 3 卷，人民出版社 2009 年 12 月第 1 版，第 47 页。

货币不是东西，而是一种社会关系。为什么货币所表现的关系也象任何其他经济关系如分工等一样，是一种生产关系呢？如果蒲鲁东先生对这种关系有个明确的概念，那他就不至于把货币当做例外，当做人尚不知或需要确定的系列中分离出来的一个要素。

> 马克思：《哲学的贫困》（1847 年上半年），摘自《马克思恩格斯全集》第 4 卷，人民出版社 1958 年 8 月第 1 版，第 119 页。

因为金作为一种**剩余**是财富最初出现的形式。价值的第一个形式是**使用价值**，是反映个人对自然的关系的日用品；价值的第二个形式是与使用价值**并存**的**交换价值**，是个人支配他人的使用价值的权力，是个人的社会关系：最初它本身又是节日使用的、超出直接需要之外而使用的价值。

> 马克思：《经济学手稿》（1857—1858 年），摘自《马克思恩格斯全集》第 46 卷上册，人民出版社 1979 年 7 月第 1 版，第 124—125 页。

我在任何地方都没有说过"交换价值的共同的社会实体"，而是说，诸交换价值（交换价值只有在至少存在两个交换价值的情况下才存在）代表一种它们共有的、"同它们的使用价值完全无关"（在这里也就是指同它

们的自然形式无关的东西，即"价值"。（第 399 页）

"**价值**"这个普遍的概念是从人们对待满足他们需要的外界物的关系中产生的……（第 406 页）

> 马克思《评阿·瓦格纳的"政治经济学教科书"》（1879 年下半年—1880 年 11 月），摘自《马克思恩格斯全集》第 19 卷，人民出版社 1963 年 12 月第 1 版。

我们这位自作聪明的人陷入了**拜物教**多深，以及他怎样把相对的东西变为某种肯定的东西，下面的话是最清楚的说明：

> **价值**是**物的属性**，**财富**是**人的**属性。从这个意义上说，价值必然包含交换，财富则不然。（同上，第 16 页）

在这里财富是使用价值。当然，使用价值对人来说是财富，但是一物之所以是使用价值，因而对人来说是财富的要素，正是由于它**本身的属性**。如果去掉使葡萄成为葡萄的那些属性，那末它作为葡萄对人的使用价值就消失了；它就不再（作为葡萄）是财富的要素了。作为与使用价值等同的东西的财富，它是人们所利用的并表现了对人的需要的关系的物的属性。相反，在我们的作者看来，"价值"竟是"**物的属性**"！

商品作为价值是**社会的量**，因而，和它们作为"物"的"属性"是绝对不同的。商品作为价值只是代表人们在其生产活动中的关系。价值确实包含交换，但是这种交换是人们之间物的交换；这种交换同物本身是绝对无关的。物不论是在 A 手中还是在 B 手中，都保持同样的"属性"。"价值"概念的确是以产品的"交换"为前提的。在共同劳动的条件下，人们在其社会生产中的关系就不表现为"物"的"价值"。产品作为商品的交换，是劳动的交换以及每个人的劳动对其他人的劳动的依存性的一定形式，是社会劳动或者说社会生产的一定方式。（第 138—139 页）

但是互相可以交换的物品的这个统一体是什么呢？这种交换不是物品作为自然物互相保持的关系。它也不是物品作为自然物同人的需要的关系，因为不是物品的效用程度决定物品互相交换的量。（第 155 页）

> 马克思：《剩余价值理论》，摘自《马克思恩格斯全集》第 26 卷第 3 册，人民出版社 1974 年 12 月第 1 版。

3. "使用价值—交换价值"与"质—量":"作为使用价值,商品首先有质的差别;作为交换价值,商品只能有量的差别"

从产品具有一定的质,作为一种特殊的物而存在,作为具有一定自然属性的产品,作为需要的实体来说,它同它自身作为价值只在**物化劳动**形式上具有的那种实体相矛盾。

马克思:《经济学手稿》(1857—1858年),摘自《马克思恩格斯全集》第46卷上册,人民出版社1979年7月第1版,第388页。

作为使用价值,商品首先有质的差别;作为交换价值,商品只能有量的差别,因而不包含任何一个使用价值的原子。(第50页)

因此,就使用价值说,有意义的只是商品中包含的劳动的质,就价值量说,有意义的只是商品中包含的劳动的量,不过这种劳动已经化为没有进一步的质的区别的人类劳动。在前一种情况下,是怎样劳动,什么劳动的问题,在后一种情况下,是劳动多少,劳动时间多长的问题。既然商品的价值量只是表示商品中包含的劳动量,那么,在一定的比例上,各种商品应该总是等量的价值。(第59页)

马克思:《资本论》第1卷,摘自《马克思恩格斯文集》第5卷,人民出版社2009年12月第1版。

4. 资本主义生产商品的目的是为了"交换价值(剩余价值)"而非"使用价值"

资本主义生产本身并不关心它所生产的商品具有什么样的使用价值,不关心它所生产的商品具有什么样的特殊性质。在每个生产部门中,它所关心的只是生产剩余价值,在劳动产品中占有一定量的无酬劳动。同样,从属于资本的雇佣劳动,按它的性质来说,也不关心它的劳动的特殊性质,它必须按照资本的需要让人们变来变去,让人们把它从一个生产部门抛到另一个生产部门。

马克思、恩格斯:《资本论》第3卷,摘自《马克思恩格斯文集》第7卷,人民出版社2009年12月第1版,第217页。

李嘉图只在**概念**上去分清价值与财富的区别,他消除不了困难。资产阶级的财富和资产阶级全部生产的目的是**交换价值**,而不是满足需要。要增加这种交换价值,只有——且不谈互相欺骗,——增加产品,更多地生产,此外没有其他办法。要增加生产,就得提高生产力。但是,随着一定量劳动——一定数量的资本和劳动——的生产力的提高，产品的交换价值就会相应地降低，因而加倍的产量只有这个产量的一半从前具有的**价值**。现在我们完全不谈贬值，留待以后再来考察。如果［产品的增长］是均匀地发生的，那么，价值就永远不会变动，因而资产阶级生产就没有任何刺激了。正因为这不是均匀地发生的，所以一切冲突就发生了，但同时也就有了资产阶级的进步。商品生产的增长从来不是资产阶级生产的目的，**价值**生产的增长才是它的目的。生产力和商品生产的实际增长，是违背资产阶级生产的目的而进行的，**价值增长**在自己的运动中扬弃自己，转变为产品的增长，这种价值增长所产生的矛盾，是一切危机等等的基础。资产阶级的生产就是经常在这样的矛盾中打转的。

马克思：《关于大·李嘉图〈政治经济学和赋税原理〉》（1850年12月），摘自《马克思恩格斯全集》第44卷，人民出版社1982年5月第1版，第109—110页。

重要的是应当指出，财富本身，即资产阶级财富，当它表现为媒介，表现为交换价值和使用价值这两极间的**媒介**时，总是在最高次方上表现为交换价值。这个中项总是表现为完成的经济关系，因为它把两个对立面综合在一起，并且，归根到底，这个中项对于两极本身来说总是表现为片面的较高次方的东西，因为**最初**在两极间起媒介作用的运动或关系，按照辩证法必然会导致这样的结果，即这种关系表现为它自己的媒介，表现为主体，两极只是这个主体的要素，它扬弃这两极的独立的存在，以便通过这两极的扬弃本身来把自己确立为唯一独立的东西。在宗教领域内也是这样，耶稣，即上帝与人之间的媒介——两者之间的单纯流通工具——变成了二者的统一体，变成了神人，而且作为神人变得比上帝更重要；圣徒比耶稣更重要；牧师比圣徒更重要。（第295页）

在所有这些解体的过程中，只要更详尽地考察便可发现，在发生解体的生产关系中占优势的是使用价值，是以直接使用为目的的生产。交换价值及其生产，是以另一种形式占优势为前提的；因此，在所有这些关系中，实物贡赋和劳役比货币支付和货币税占优势。但这只是顺便提一下而已。只要更仔细地考察，同样可以发现，所有这些关系的解体，只有在物质的（因而还有精神的）生产力发展到一定水平时才有可能。（第505页）

古代人从来不曾超出道地的城市手工艺的范围，因此从未能造成大工业。大工业的首要前提,是把全部农村纳入不是使用价值而是交换价值的生产。玻璃厂、造纸厂、炼铁厂等等,是不能以行会的方式经营的。它们要求大规模的生产、广大市场的销路、操在企业家手中的**货币财富**(这并不是说,企业家创造了条件,他既不创造主观条件,也不创造客观条件,但在以前的所有制关系和以前的生产关系之下,要把这些条件结合起来是不可能的)。(第515页)

马克思:《经济学手稿》(1857—1858年),摘自《马克思恩格斯全集》第46卷上册,人民出版社1979年7月第1版。

表现资产阶级财富的第一个范畴是商品的范畴。商品本身表现为两种规定的统一。商品是**使用价值**,即满足人的某种需要的物。这是商品的物质的方面,这方面在极不相同的生产时期可以是共同的,因此不属于政治经济学的研究范围。使用价值一旦由于现代生产关系而发生形态变化,或者它本身影响现代生产关系并使之发生形态变化,它就属于政治经济学的范围了。在这方面,通常为了严整起见而作的一般论述,都只是老生常谈。这些老生常谈在这门科学最初形成的时候还有一些历史价值,那时人们还在极其艰难地把资产阶级生产的各种社会形式从物质材料上剥离下来并竭力把它们作为独立的考察对象固定下来。然而事实上,商品的使用价值是既定的前提,是某种特定的经济关系借以表现的物质基础。正是这种特定的关系给使用价值打上商品的印记。例如小麦,不管是奴隶、农奴还是自由工人种植的,都具有同样的使用价值。即使它象雪花一样从天上飘下来,也不会失去它的使用价值。(第411页)

因此,农业失去了为使用价值(作为直接的生存资料来源)而劳动的性质,而农业的剩余产品的交换对于农业关系的内部结构来说失去了迄今为止是无关紧要的和外表的性质。在某些地方,农业本身开始完全由流通决定,转变为纯粹设定交换价值的生产。这样一来,不仅生产方式改变了,而且一切与之相适应的旧的、传统的人口关系和生产关系,旧的、传统的经济关系都解体了。可见,在这里,流通的前提是一种仅仅以剩余产品即超过使用价值的多余产品的形式提供交换价值的生产;但是现在这种生产却变成了只与流通相联系的生产,变成了以设定交换价值为直接目的的生产。这是历史上简单流通转化为资本,转化为作为生产统治形式的交换价值的例子。(第485页)

马克思：《经济学手稿》（1857—1858 年），摘自《马克思恩格斯全集》第 46 卷下册，人民出版社 1980 年 8 月第 1 版。

5. 使用价值既表示物"对人有用"的属性，也表示物可以"使人愉快"的属性等

《评政治经济学上若干用语的争论》一书的作者、贝利和其他人指出，"value，valeur"这两个词表示物的一种属性。的确，它们最初无非是表示物对于人的使用价值，表示物的对人有用或使人愉快等等的属性。事实上，"value，valeur，Wert"这些词在词源学上不可能有其他的来源。使用价值表示物和人之间的自然关系，实际上是表示物为人而存在。交换价值则代表由于创造交换价值的社会发展后来被加在 Wert（＝使用价值）这个词上的意义。这是物的社会存在。

马克思：《剩余价值理论》，摘自《马克思恩格斯全集》第 26 卷第 3 册，人民出版社 1974 年 12 月第 1 版，第 326—327 页。

6. "美的享受"、"审美的需要"、"真正自由的劳动"与劳动的"物质内容"、"使用价值"相关

我们只是把同资本相交换，转化为资本并使资本增殖的自由劳动理解为雇佣劳动。因此一切所谓的**服务**都被排除了。不管这些服务有什么其他性质，货币在它们上面是耗费了，而不是作了预付。在这些服务中，货币往往只是一种为了获得某种使用价值而转瞬即逝的交换价值。正如购买商品来消费（不是通过劳动来消费）同生产消费（从资本主义的观点来看）毫不相干一样，资本家作为私人——在商品生产过程之外——消费的那些服务同生产消费也毫不相干。这些服务可能是很有用的等等。但它们的内容在这里是完全无关紧要的。对这些服务本身的评价（在经济上对它们的评价），在资本主义生产的基础上当然不同于在其他的生产关系中。但是，只有说明资本主义生产本身的基本因素，才有可能研究这个问题。

各种服务即使本身可以直接生产商品，例如，裁缝为我缝制裤子，或者士兵保卫着我，法官等等也是一样，或者音乐家给我一种美的享受，我购买他的演奏，或者医生给我治好腿，我付钱给他，但是，这里谈的始终只是劳动的物质内容，劳动的有用性，而至于这些是劳动，那与我完全无关。在创造资本的雇佣劳动的场合，它的内容实际上与我无关。任何一种一定的劳动方式对我有意义的只是在于，它是一般的社会劳动，从而是交

换价值的实体，是货币。因此，上述工人、仆役、从娼妓到教皇，决不会在直接的生产过程中被使用。{不过，最好把关于"生产劳动"的详细论述放到《资本和劳动》这一部分。} 我购买一种劳动而赚钱，购买另一种劳动而花钱。一种劳动使人致富，另一种劳动使人变穷。后一种劳动本身可以是发财致富的条件之一，例如警察、法官、士兵、刽子手的劳动。但是，这样一来，这种劳动往往只是一种"使负担加重的事情"，而同直接的〔生产〕过程完全无关。

马克思：《经济学手稿》（1861—1863年），摘自《马克思恩格斯全集》第47卷，人民出版社1979年10月第1版，第151—152页。

凡是货币直接同不生产资本的劳动即**非生产**劳动相交换的地方，这种劳动都是作为**服务**被购买的。服务这个名词，一般地说，不过是指这种劳动所提供的特殊使用价值，就象其他一切商品也提供自己的特殊使用价值一样；但是，这种劳动的特殊使用价值在这里取得了"服务"这个特殊名称，是因为劳动不是作为**物**，而是作为活动提供服务的，可是，这一点并不使它例如同某种机器（如钟表）有什么区别。（第435页）

可见，如果说单是货币同劳动的交换还不能使劳动转化为**生产劳动**，或者同样可以说，还不能使货币转化为资本，那末，劳动的**内容**、它的具体性质、它的特殊效用，看来最初也是无关紧要的：我们前面已经看到，同一个裁缝的同样的劳动，在一种情况下表现为生产劳动，在另一种情况下却表现为非生产劳动。

某些**服务**，或者说，作为某些活动或劳动的结果的**使用价值**，体现为商品，相反，其他一些服务却不留下任何可以捉摸的、同提供这些服务的**人分开存在**的结果，或者说，其他一些服务的结果不是**可以出卖的商品**。例如，一个歌唱家为我提供的服务，满足了我的审美的需要；但是，我所享受的，只是同歌唱家本身分不开的活动，他的劳动即歌唱一停止，我的享受也就结束；我所享受的是活动本身，是它引起的我的听觉的反应。这些服务本身，同我买的商品一样，可以是确实必要的，或者仅仅看来是必要的，例如士兵、医生和律师的服务，——或者它们可以是给我提供享受的服务。但是，这丝毫不改变它们的经济性质。如果我身体健康，用不着医生，或者我有幸不必去打官司，那我就会象避开瘟疫一样，避免把货币花在医生或律师的服务上。（第436—437页）

马克思:《剩余价值理论》,摘自《马克思恩格斯全集》第 26 卷第 1 册,人民出版社 1972 年 6 月第 1 版。

对资本来说,构成生产劳动的**特殊使用价值**的,不是生产劳动的一定有用性质,也不是物化着生产劳动的产品的特殊有用属性,而是生产劳动作为创造交换价值(剩余价值)的要素的性质。资本主义生产过程不仅是商品的生产。它是吸收无酬劳动的过程,是使生产资料成为吸收无酬劳动的手段的过程。**生产劳动**是劳动的这样一种规定,这种规定本身同劳动的**一定内容**,同劳动的特殊有用性或劳动所借以表现的特殊使用价值绝对没有关系。

[484] 所以,**同一内容的**劳动可以是生产劳动,也可以是非生产劳动。

例如,密尔顿创作《失乐园》,他是非生产劳动者。相反,为书商提供工厂式劳动的作者,则是生产劳动者。密尔顿生产《失乐园》,象蚕生产丝一样,是**他**天性的表现。后来,他把这个产品卖了 5 镑,就此而言他成了商品交易者。但是,在书商指示下生产书籍(例如政治经济学指南)的莱比锡的一位无产作家却近似于生产劳动者,因为他的生产从属于资本,而且只是为了增殖资本而进行的。象鸟一样唱歌的歌女是非生产劳动者。假如她为了货币而出售自己的歌唱,她就因此而成为雇佣劳动者或商品交易者。但是,同一个歌女,被剧院老板雇用,老板为了赚钱而让她去唱歌,她就是生产劳动者,因为她直接**生产**资本。给别人上课的教师不是生产劳动者。但是,如果一个教师同其他人一起作为雇佣劳动者被聘入一个学院,用自己的劳动来为贩卖知识的学院所有者增殖货币,他就是生产劳动者。固然,就形式来看,大多数这样的劳动者几乎还不是在形式上从属于资本,而是属于过渡形式。

整个说来,这样一些劳动同资本主义生产的数量相比是微乎其微的量,这些劳动只能作为服务来享受,不能转化为与劳动者分开的、从而作为独立商品存在于劳动者之外的产品,但是它们可以直接地被**资本主义**利用。所以,可以把它们完全撇开不谈;只有在研究雇佣劳动时,在论及不同时是生产劳动的雇佣劳动的范畴时,才能考察它们。……

[485] 力图用劳动的**物质**内容来确定**生产**劳动和**非生产**劳动的这种企图,有三个来源。

(1)资本主义生产方式所特有的和从资本主义生产方式的本质中产生

出来的拜物教观念：这种观念把**经济**的形式规定性，如**商品，生产**劳动等等，看成是这些形式规定性或范畴的物质承担者本身所固有的属性。

（2）就劳动过程本身来看，只有以**产品**（即物质产品，因为这里只涉及物质财富）为结果的劳动是**生产的**。

（3）在**实际**的再生产过程中，——如果考察它的**现实**要素，——就财富的形成等等来说，表现在再生产性物品中的劳动与仅仅表现在奢侈品中的劳动之间有很大差别。

……

工人也用货币购买**服务**，这是支出的一种方式，但不是把货币转化为资本的一种方式。

没有人会购买医疗的或法律的"服务"作为手段，来把这样支出的货币转化为资本。

很大一部分**服务**属于商品的消费费用，例如女厨师等的服务。**生产劳动**与**非生产劳动**之间的区别仅仅在于：劳动是与**作为货币的货币**相交换，还是**与作为资本的货币**相交换。例如，在我购买独立劳动者、工匠等的**商品**的时候，就根本谈不上这个范畴，因为不是货币和任何种类的劳动直接相交换，而是**货币和商品**直接相交换。

……

因此，**生产劳动**（从而**非生产劳动**，即生产劳动的对立面）的规定是建立在下述基础上的：资本的生产是剩余价值的生产，资本的生产所使用的劳动是生产剩余价值的劳动。

马克思：《〈资本论〉第一册〈第六章。直接生产过程的结果〉（手稿）》（1863年7月—1864年6月），摘自《马克思恩格斯全集》第49卷，人民出版社1982年12月第1版，第105—110页。

7. 商品的"价值（交换价值）"代表物的"超自然属性"而与其"物质属性"无关

在塔糖的重量表现中，铁代表两个物体共有的自然属性，即它们的重，而在麻布的价值表现中，上衣代表这两种物的超自然属性，即它们的价值，某种纯粹社会的东西。（第72页）

直到现在，还没有一个化学家在珍珠或金刚石中发现交换价值。可是那些自以为有深刻的批判力、发现了这种化学物质的经济学家，却发现物的使用价值同它们的物质属性无关,而它们的价值倒是它们作为物所具有的。在这里为他们作证的是这样一种奇怪的情况:物的使用价值对于人来说没有交换就能实现,就是说,在物和人的直接关系中就能实现;相反,物的价值则只能在交换中实现,就是说,只能在一种社会的过程中实现。(第101—102页)

>马克思:《资本论》第1卷,摘自《马克思恩格斯文集》第5卷,人民出版社2009年12月第1版。

8. 当交换价值本身固定化在货币上的时候,使用价值就只是作为抽象的浑沌与交换价值相对立

商品的交换价值所以只具有暂时的意义,是因为它扬弃了片面性,——扬弃了只同一定的个人相联系的、从而**直接**为一定的个人而存在的有用性即使用价值,——但不是扬弃这种使用价值本身;相反,它把使用价值表现为他人的使用价值,以自己为媒介让使用价值成为他人的使用价值,等等。但是,当交换价值本身固定化在货币上的时候,使用价值就只是作为抽象的浑沌与交换价值相对立;并且交换价值正是由于脱离了自己的实体才重归于自身,并离开了简单交换价值(它的最高的运动就是简单流通,它的最高的完成形态就是货币)的领域。但是在这个领域内部,[商品和货币之间]实际上只存在表面上的区别,纯粹是形式上的区别。货币本身在其最高的固定状态下又是商品,它作为这样的商品与其他商品不同的地方只在于:它**更完善地**表现交换价值,但正因为这样,它作为铸币[II—20]丧失了**交换价值**这个内在的规定,变成了**单纯的**使用价值,虽然是用于确定商品价格等等的使用价值。两个规定仍然直接重合同样又直接分离。在它们彼此相独立的场合,**从肯定的意义来说**,就象成为消费品的商品的情形那样,那么这里的规定不再是经济过程的要素;从否定的意义来说,就象货币的情形那样,那么这里的规定变成**错乱的东西**;固然,这种错乱的东西是经济学上的一个要素,并且决定着各民族的实际生活。

>马克思:《经济学手稿》(1857—1858年),摘自《马克思恩格斯全集》第46卷上册,人民出版社1979年7月第1版,第224页。

9. 作为使用价值,财富的物质内容、油画的自然属性、作家生产出的观念,与作为社会关系形式的交换价值无必然关联

不论财富的社会形式如何,使用价值总是构成财富的内容,而这个内

容最初同这种形式无关。我们从小麦的滋味中尝不出种植小麦的人是俄国的农奴，法国的小农，还是英国的资本家。使用价值虽然是社会需要的对象，因而处在社会联系之中，但是并不反映任何社会生产关系。例如，这个商品作为使用价值，是一颗钻石。从钻石本身看不出它是商品。当它作为使用价值时，不论是用在装饰方面还是机械方面，在娼妓胸前还是在玻璃匠手中，它是钻石，不是商品。成为使用价值，对商品来说，看来是必要的前提，而成为商品，对使用价值来说，看来却是无关紧要的规定。同经济上的形式规定像这样无关的使用价值，就是说，作为使用价值的使用价值，不属于政治经济学的研究范围。只有当使用价值本身是形式规定的时候，它才属于后者的研究范围。它直接是表现一定的经济关系即**交换价值**的物质基础。

马克思：《政治经济学批判》（1858—1859年），摘自《马克思恩格斯全集》第13卷，人民出版社1962年11月第1版，第16页。

但是互相可以交换的物品的这个统一体是什么呢？这种交换不是物品作为自然物互相保持的关系。它也不是物品作为自然物同人的需要的关系，因为不是物品的效用程度决定物品互相交换的量。（第115页）

我在我的著作的第一部分曾经谈到，以私人交换为基础的劳动的特征是：劳动的社会性质以歪曲的形式"表现"为物的"属性"；社会关系表现为物（产品，使用价值，商品）互相之间的关系。我们这位拜物教徒把这个**假象**看成为真实的东西，并且事实上相信物的交换价值是由它们作为物的属性决定的，完全是物的自然属性。直到目前为止，还没有一个自然科学家发现，鼻烟和油画由于什么自然属性而彼此按照一定比例成为"等价物"。（第139页）

对产品的交换价值，即对包含在商品里的作为社会劳动的劳动的论述：
"几乎每一个艺术和技能的产品都是**联合劳动和结合劳动的结果**。"
（这是资本主义生产的结果。）（第347页）

马克思：《剩余价值理论》，摘自《马克思恩格斯全集》第26卷第3册，人民出版社1974年12月第1版。

作家所以是生产劳动者，并不是因为他生产出观念，而是因为他使出版他的著作的书商发财，也就是说，只有在他作为某一资本家的雇佣劳动者的时候，他才是生产的。体现生产工人的劳动的商品，其使用价值可能是最微不足道的。劳动的这种物质规定性同劳动作为生产劳动的特性毫无关系，相反，劳动作为生产劳动的特性只表现一定的社会生产关系。我们在这里指的劳动的这种规定性，不是从劳动的内容或劳动的结果产生的，而是从劳动的一定的社会形式产生的。

马克思：《剩余价值理论》，摘自《马克思恩格斯全集》第26卷第1册，人民出版社1972年6月第1版，第149页。

"前者是某种本来就是实在的物。例如，银丝编织品中所含的银。**丝织品、毛织品或亚麻织品的内在价值小于已使用的原始价值，因为除了这类织品的预期的用途而外，几乎已经没有任何别的用处；而使用价值则相反，它必须依照为生产它而耗费的劳动来估计。**为改变形式而耗费的劳动，代表一个人的时间的一定部分，它已经被有效地用来赋予某种物质以形式，使这种物质变得有用，美观，或者简言之，使它成为间接地或直接地对人有用的东西。"（同上，第1卷第361、362页）

（实际的使用价值，就是赋予物质的那种形式。但这种形式本身只不过是静态的劳动。）

马克思：《经济学手稿》（1857—1858年），摘自《马克思恩格斯全集》第46卷下册，人民出版社1980年8月第1版，第303—304页。

10. 资本家暴发户购买精美的奢侈品与其审美能力无关

法国出口的主要是奢侈品；在这个部门中法国货的精美程度直到现在还是无法超过的，但是在全世界这种产品的主要消费者是那些没有受过教育、毫无审美能力的我们当代的资本家暴发户，别人常常把便宜而低劣的德国或英国的假货冒充真正的法国货以极其昂贵的价钱卖给他们，他们也感到十分满意。

恩格斯：《保护关税制度和自由贸易》（1888年4月—5月初），摘自《马克思恩格斯全集》第21卷，人民出版社1965年9月第1版，第426页。

11. 一切产品皆商品化使"资产阶级的趣味变得极为低下"

保尔列举的那些得胜的德国"趣味"的例子，多半是老而又老的。德国的儿童画一般都不错，原因很简单，画这种画已经有五十多年了，主要是在杜塞尔多夫、慕尼黑等地，作画的又都是些年青的、往往是有才华的画家，他们作画为了挣几个钱。可是我记得，四十年前在德国曾经有过法国这一类的画，其中有许多都是那位擅长画马和士兵的画家亚当画的，画面的别致和生动,是德国画无法比拟的。法国画家没有继续干这一行,想来是因为画找不到销路。

说到**玩具**,德国的长处在于:(1)价钱便宜,家庭工业的生活水平极低(不久前埃曼努尔·扎克斯博士在《绍林吉亚的家庭工业》一书中在这方面作了很好的描述);(2)玩具是农民创造的,城里人决不能为儿童想出什么玩艺,尤其是法国的城里人,他们对自己亲生的孩子都讨厌。

关于**家具**,保尔自己说明了原因:法国政府的愚蠢的赋税政策。

花也是同样原因——分工和低工资:就价廉这一点,有谁能竞争得过伦敦东头和德国?总的说来,资产阶级的趣味变得极为低下,连德国人也能有希望满足它了。只要有某一生产部门衰败到拿"价廉质劣"作为它的经营原则,那你可以相信,德国人就会马上插足进去,用强迫本国工人挨饿的办法来战胜所有竞争者。现在这已成为一切生产部门的普遍规律,这也就是德国商品出现在各个部门和各国市场的原因。

恩格斯:《恩格斯致劳·拉法格》(1884年1月14日),摘自《马克思恩格斯全集》第36卷,人民出版社1975年2月第1版,第86—87页。

(五) 贵金属的"美学属性"、货币的观念性与资本的虚拟化

1. 金银激发包括"色彩的感觉"在内的"美感"的美学属性,属于其"使用价值",这种"美学属性"使其可以成为炫耀财富的形式

除直接的贮藏形式以外,还有一种美的贮藏形式,即占有金银制的商品。它是与资产阶级社会的财富一同增长的。"让我们成为富人或外表像富人吧。"(狄德罗)[①] 这样,一方面,形成了一个日益扩大的金银市场,这个市场不以金银的货币职能为转移,另一方面,也形成了一个潜在的货币供应源泉,这个源泉特别在社会大风暴时期涌现出来。

马克思:《资本论》第1卷,摘自《马克思恩格斯文集》第5卷,人民出版社2009年12月第1版,第157页。

经营矿物的商人只看到矿物的商业价值,而看不到矿物的美和特性;他没有矿物学的感觉。

马克思:《1844年经济学哲学手稿》(1844年4—8月),摘自《马克思恩

---

① "让我们成为富人或外表像富人吧。"引自狄德罗《1767年的沙龙》。——编者注

格斯文集》第 1 卷，人民出版社 2009 年 12 月第 1 版，第 192 页。

金银制的商品不管具有什么样的美学属性，既然它们用的材料是货币材料，那就可以转化成货币，就像金币或金条可以转化成这些商品一样。因为金银是抽象财富的材料，所以炫耀财富的最好的方法是把它们用作具体的使用价值，如果商品所有者在一定的生产阶段上把货币藏起来，那末只要安全，他总是力图在别的商品所有者面前以 ricohombre ［大财主］的姿态出现。他把自己和自己的家镀上黄金。在亚洲，特别是在印度，货币贮藏不像在资产阶级经济中那样表现为总生产机构的附属职能，这种形式的财富却总是被当作最后的目的，在那里，金银制的商品实质上不过是贮藏货币的美学形式。在中世纪的英国，由于加在金银制的商品上的那一点粗糙劳动使它们的价值增加得很少，因此在法律上金银制的商品只是被看作贮藏货币的一种形式。它们的目的是重新投入流通，因此它们的成色定得完全同铸币本身的成色一样。用作奢侈品的金银随着财富的增加而增加，这个很简单的事实，在古代人看来，是十分明白的，可是现代经济学家却提出了错误的论点，说金银制的商品的使用不是按照财富增加的比例而增加，而只是按照贵金属价值跌落的比例而增加。因此，他们关于加利福尼亚和澳大利亚金的消费情况的资料，在其他方面虽然确实，但是总有一个缺陷，因为用作原料的金的消费量的增加不是像他们想像的那样有相应的金价值的降低来证明。从 1810 年到 1830 年间，由于美洲殖民地同西班牙的战争以及革命所引起的矿山劳动的停顿，贵金属的平均年产量减少了一半以上。1829 年在欧洲流通的铸币比 1809 年减少了几乎 1/6。可见，虽然产量减少了，生产费用——如果有变动的话——增加了，但是，英国在战时，大陆从巴黎和会时起，用作奢侈品的贵金属的消费量却大大地增加了。它随着一般财富的增加而增加了。作为一般的规律可以这样说：在和平时期，以金银货币变成奢侈品为主，只有在动荡的局面下，才以奢侈品倒过来变成条块或铸币为主。从下面的情况可以看出，以奢侈品形式存在的金银贮藏货币同充当货币的贵金属对比起来占的比例是多么大：在 1829 年，据杰科布说，在英国这个比例是 2∶1，而在整个欧洲和美洲，以奢侈品形式存在的贵金属比以货币形式存在的贵金属多 1/4。（第 124—126 页）

一般金属在直接生产过程中的重大意义是同它们当作生产工具的作用联系在一起的。撇开金银很稀少不谈，仅就它们比铁甚至比铜（指古人所用的硬铜）软而论，这已经使它们不适于这种用途，因此，这在很大程度上使它们丧失了一般金属的使用价值所依以存在的那种属性。它们不仅在直接生产过程中没有什么用处，而且作为生活资料，作为消费对象，它们同样不是必需的。因此，不论把多少金银投入社会流通过程，也不致对直接生产过程和消费过程发生不利的影响。它们本身的使用价值并不与它们的经济职能发生冲突。另外，金银不只是消极意义上的剩余的、即没有也可以过得去的东西，而且它们的美学属性使它们成为满足奢侈、装饰、华丽、炫耀等需要的天然材料，总之，成为剩余和财富的积极形式。它们可以说表现为从地下世界发掘出来的天然的光芒，银反射出一切光线的自然的混合，金则专门反射出最强的色彩红色。而色彩的感觉是一般美感中最大众化的形式。雅科布·格林曾经指出过印度日耳曼语系的各种语言中的贵金属名称与色彩的相互关系的词源联系（见他的"德意志语言史"）。

最后，金银可以从铸币形式变为条块形式，从条块形式变为奢侈品形式，并且也可以变回来，因此，金银比其他商品优越之处是不受一成不变的、一定的使用形式的束缚，这就使它们成为货币的天然材料，因为货币是必须经常从一种形式规定性变为另一种形式规定性的。

自然界并不出产货币，正如自然界并不出产银行家或汇率一样。但是，由于资产阶级生产必须把财富在一种唯一的物的形式上作为物神结晶起来，金银就成了这种财富的相应的化身。金银天然不是货币，但货币天然是金银。（第144—145页）

> 马克思：《政治经济学批判》（1858—1859年），摘自《马克思恩格斯全集》第13卷。

[（6）贵金属作为货币关系的承担者]

从上面的叙述可以得出如下的看法：一种特殊的产品（**商品**）（物质）必须成为当作每一种交换价值的属性而存在的货币的主体。体现这种象征的主体并不是无关紧要的，因为被体现者的条件——概念规定，一定的关系——中包含着对体现者的要求。因此，对于作为货币关系的主体，即货币关系的化身的贵金属的研究，决不是象蒲鲁东所认为的那样超出了政治经济学的范围，就象颜色和大理石的物理性质没有超出绘画和雕刻的范围一样。商品作为交换价值所具有的、商品的自然性质所不相适合的那些属性，反映着对那些主要充当货币材料的商品所提出的要求。在我们直到现在仅仅能够谈到的阶段上,这些要求最完满地实现在贵金属身上。本身作为生产工具的金属比其他商品优越,而在各种金属中,最先被人们在其完整的和纯粹的物理形态上找到的是金;其次是铜,再其次是银和铁。如果用黑格尔的话来说,贵金属又比其他金属能更好地实现**金属**。

"贵金属就其物理性质来说是同一的,所以它们的相同的量必定是完全相同的,以致没有任何根据认为一部分比另一部分好。而同量牲畜和同量谷物的情况就截然不同。"

(a) 金银和其他金属的比较

非贵金属在空气中氧化;贵金属(水银、银、金、白金)在空气中不起变化。

金(Au)。密度=19.5;熔点:1200℃。

"明晃晃的黄金是所有金属中最华美的,因此,早在古代它就被称为金属中的太阳或金属之王。分布很广,但从来都不是大量的,所以比其他金属都贵。通常发现的是纯金,一部分是较大的块状,一部分是散布在其他岩石里的小颗粒。由于岩石风化,形成含金的沙子,随河流冲走,由于金的密度大,可以从含金的沙子里把它淘洗出来。黄金有惊人的延展性;一克冷可以抽成500英尺长的丝,敲打成厚度不到1/200000〔英寸〕的箔。金不受任何单一酸类的腐蚀,只溶解于游离氯(**王水**,硝酸和盐酸的混合物)。镀金。"

银(Ag)。密度=10。熔点=1000℃。光泽明亮;一切金属中最令人喜爱的,洁白和有延展性;可以用于制成精美的制品和抽成细丝。常见的是纯银;通常在银铅矿里和铅混合在一起。

上面讲的是金和银的**化学**性质。(纯金和纯银可以分割和重新熔合,质地均匀,等等,这是人所共知的。)

矿物学性质:

金。确实值得注意的是,金属越贵重,就越单独出现,越和日常出现的物体相分离,表现为和一般金属远离的更高级的自然物。所以,通常我们发现的金是纯的,结晶为不同的立方体或者具有不规则的块状和颗粒,砂状和粉末等各种形式,金以这样一些形式散布在很多岩石,例如花岗岩中,由于这些岩石的碎裂,可以在河沙〔I—29〕和冲积地的卵石里找到。因为在这种状况下,金的密度达19.4,如果用水淘洗含金的沙子，甚至可以得到很细小的金颗粒。从这种沙子里首先沉淀下来的是比重较大的金属，因而正象人们所说的，被淘洗出来。最常见的是银同金合在一起，是含0.16—38.7%银的两种金属的天然合金；结果颜色和密度自然有所不同。

银。银矿种类相当多，是一种比较常见的金属，既有纯银，也有和其他金属混合在一起的，或者同砷和硫化合（氯化银、溴化银、银的碳酸氧化物、铋银矿、硫银铁矿、硫锑铜银矿等等）。

主要的**化学**性质：**一切贵金属**——在空气中不氧化；金（和白金）——不溶解于酸，而金只溶解于氯。在空气中不氧化使它们保持纯洁，不生锈；它们呈现出本来的样子。不受氧的侵蚀——**不朽性**（古代的金银迷如此称颂）。

物理性质：**比重大**，也就是说，很小的体积就有很大的重量；这对流通工具来说特别重要。金：19.5；银：10。**光泽**。金明亮，银洁白。华美。**延展性**。因此，它们很适合于装饰品和美化其他物品。银洁白（它反射出一切光线的自然的混合）；金橙黄（它吸收投射在金上的混合光中的一切有色光线，而只反射红色）。**很难熔化**。**地质性质**：常见于**纯粹**状态（特别是金），和其他物体分离；单独的，个体化的。单个的、对其他元素来说是独立出现的。

关于其他两种贵金属：（1）**白金**：无光泽，暗淡（金属的烟尘）；十分罕见；古代不认识它；只是在美洲发现以后才被认识；十九世纪在乌拉尔也发现过；只受氯腐蚀；总是纯粹状态；比重＝21；极高的温度下也不熔化；科学价值很高。（2）**水银**：呈流123体；可蒸发；气体有毒；可成为流体混合物（汞合金）。（密度＝13.5，沸点＝360℃。）

因此，白金，尤其是水银都不适合于充当货币。

一切贵金属的一个共同的**地质**性质是**稀有性**。稀有性（撇开供求关系不谈）只有在下述意义上才构成价值的要素：那种本身并不稀有、是稀有的否定、是天然物的东西，没有任何价值，因为它不表现为生产的结果。在最初的价值规定中，那种多半同有意识的预计的生产无关的东西，只要存在着需求，倒最有价值。鹅卵石相对地说没有价值，因为它**无须生产**（即使生产也不过是寻找）就已经存在。一种东西要成为交换对象，具有交换价值，就必须是每个人不通过交换就不能得到的，必须不是以这种最初的形式即作为共同财富的形式而出现的。稀有性就这一点来说是交换价值的要素。因此，贵金属的这种性质即使抛开供求的具体关系也是重要的。

如果一般来考察作为生产工具的金属的优越性，那么金所处的地位是有利的：它实质上是**作为金属首先被发现的金属**。而这是由于以下的双重原因：**第一**，它在自然界里是一切金属中最具有金属特色的，最容易区别和识别的金属；**第二**，在准备它的过程中，自然界代替了人工，它的最初发现，既不需要科学，也不需要发达的生产工具，只需要粗笨的劳动。

"毫无疑问，金应当是**人们最先知道的金属**，在人类进步的最初的记录上，它被认为是人类状况的尺度。"〔《对到澳洲去的移民所作的关于金的讲演。在应用地质博物馆的讲话》1852年伦敦版第172页〕

（因为金作为一种**剩余**是财富最初出现的形式。价值的第一个形式是**使用价值**，是反映个人对自然的关系的日用品；价值的第二个形式是与使用价值**并存**的**交换价值**，是个人支配他人的使用价值的权力，是个人的社会关系：最初它本身又是节日使用的、超出直接需要之外而使用的价值。）（第121—125页）

可见，有三种生产金的形式：（1）在河沙里。简单地在表面寻找。**淘洗**。（2）在冲积的河床里。**采掘**。（3）**矿山开采**。所以，金的生产不需要生产力的发展。大自然已经做了其中的大部分工作。

｛金、银等等的**词源**（见格林）；在这里，可以清楚地看到很快就转移到一些词上的关于**色泽、颜色**的一般概念。银——白，金——黄……青铜和金，青铜和铁可以相互交换它们的名称。从前，在德意志人那里，青铜的使用比铁早。在拉丁文里铜和金直接是同一个来源。｝

铜（**青铜**：锡和铜）和金的使用早于银和铁的使用。（第127页）

马克思：《经济学手稿》（1857—1858年），摘自《马克思恩格斯全集》第46卷上册，人民出版社1979年7月第1版。

按照这个规定，咖啡壶是固定资本，而咖啡则是流动资本。经济学家们把人们的社会生产关系和受这些关系支配的物所获得的规定性看作物的**自然属性**，这种粗俗的唯物主义，是一种同样粗俗的唯心主义，甚至是一种拜物教，它把社会关系作为物的内在规定归之于物，从而使物神秘化。（根据某物的自然属性来确定它是固定资本还是流动资本所遇到的困难，在这里使经济学家们例外地想到：物本身既不是固定资本，也不是流动资本，

因而根本不是资本，正象成为货币决不是金的自然属性一样。）（第202—203页）

(4) 贵金属作为货币关系的承担者

资产阶级的生产过程最初所掌握的金属流通是一种现成地移交下来的机构，这个机构虽然逐步经过改造，但是始终保持着它的基本结构。因此，为什么是金银而不是别的商品充当货币的材料，这个问题不属于资产阶级制度的范围。所以，我们只是非常概括地指出几个最重要的观点。答案很简单：贵金属所特有的自然属性，即它的使用价值的属性，适合于这样一些经济职能，因而使它优于所有其他商品而成为货币职能的承担者。

正象劳动时间本身一样，要充当劳动时间的特殊化身的那种物体，必须能够表现纯粹量的差别，因而首先要有质的同一性，均一性。这就是一个商品执行价值尺度职能的第一个条件。如果我用牛、兽皮、谷物等等来计算一切商品的价值，那么实际上我就必须用观念上的平均牛、平均兽皮、平均谷物来计量这些商品的价值，因为牛和牛、谷物和谷物、兽皮和兽皮之间，在质上是不同的，即同种物品的每一份的使用价值是不同的。要求不受时间和地点的限制而具有质的无差别性，从而要求在等量情况下存在等同性，这就是这一方面的第一个要求。

第二个要求也是从表现纯粹量的差别的必要性产生出来的，这就是要便于分为许多部分，并且能够重新合为一体，从而可以按照商品的［B'—14］价值量把一般等价物分为若干部分，而又不因此损害它的使用价值。金银是一种单纯的物体，本身可作纯粹量的分割，因而可以表现为，化为同一成色。质的同一性。可以分割，又可以重新合为一体。

甚至可以说，金是人们知道的最古老的金属，**首先被发现的金属**。自然界本身通过河流这个巨大的淘金器而担负着技术操作，因此，为了找出金子，只需要人的最粗笨的劳动，既不需要科学，也不需要发达的生产工具。（第454—455页）

……淘金和掘金是很简单的劳动，而采矿（从而开采金矿）却是这样一种作业，它要求投资并要求比任何别的工业部门更多地运用有关的科学和技术。（淘洗由自然界来承担。）

交换价值本身要求有共同的实体，并且使一切差别化为单纯量的差别。在货币作为尺度的职能中，一切价值首先都化为计量商品的单纯不同的量。

贵金属就适合于这种情况，所以，这些贵金属表现为交换价值本身的天然实体。（第456页）

……货币所执行的职能的不同，使这些职能具体地显示出货币的各种形式规定性的变换。货币执行不同的职能，它充当一般商品、铸币、奢侈品原料、积累材料等等，与此相适应，金银总是能通过熔化重新化为纯金属状态，并且同样能够从这种状态化为任何别的状态，因此，金银不象其他商品那样，被束缚在它们所取得的一定的使用形式上。金银能够从条块形式转变为铸币等形式，并且可以变回来，而不丧失它们作为原料的价值，[B′—15]无损于生产和消费的过程。

作为**流通手段**，金银比其他商品优越，它们的自然比重大，——可以用小的体积表现较大的重量，——它们在经济上的比重也是与此相应的：一个小的体积包含着（物化着）较多的劳动时间，就是说包含着较大的交换价值。这后一种情况，当然是同金银作为自然物体比较稀少有关。这就使运输，转让等等很方便。一句话，便于进行实际的流通，这对金银执行流通手段这种经济职能来说自然是第一个条件。

最后，作为价值的静止存在，作为货币贮藏的材料，金银不易损坏，耐久，在空气中不氧化（"既不蛀又不锈的永恒的财宝"），难溶解，特别是金，除游离氯（王水，硝酸和盐酸的混合物）外不溶解于其他酸类。最后要指出的一个主要因素是金银的**美学属性**，这种属性使它们成为显示富裕、装饰、奢侈、满足自发的节日需要的直接表现，成为财富本身的直接表现。华丽，有延展性，可以加工为器具，也可以用于颂扬和其他目的。金银可以说表现为从地下世界本身发掘出来的天然的光芒。抛开金银的稀少不谈，仅就它们比铁甚至比铜（指古人所用的硬铜）软得多这一点来说，它们也不适于用作生产工具。而金属的使用价值在很大程度上同它们在直接生产过程中的作用有关。金银根本不是必要的使用对象，所以它们也被排斥在直接生产过程之外。

"货币必须具有直接的〈使用〉价值，但……以人为的需要为基础。货币材料对人的生存不应是绝对必需的，因为用作铸币〈一般货币，也包括贮藏货币〉的全部货币量，决不能由个人占用：这一货币量必须不断地流通。"（**亨·施托尔希**《政治经济学教程》1823年巴黎版第2卷第113—114页）

（作为贮藏货币积累起来的那部分也不能由"个人"占用，因为贮藏货币的积累就在于存而不用。）

因此，正是从这一个方面来看，金银的使用价值的性质就在于它应是**某种多余的东西**，既不作为消费对象来满足直接的需要，又不作为要素加入直接生产过程。就是说，正是从这一方面来看，货币的使用价值不应同它作为贮藏货币（货币）或流通手段的职能发生冲突，也就是把它用作个人使用价值这种需要，不应同从流通即从社会本身所产生的那种把它用作任何一种规定上的货币的需要发生冲突。这只是消极的方面。

因此，那位似乎特别喜欢巧克力的殉道者彼得，在反对货币的论战中，关于也充当过墨西哥货币的袋装可可曾这样说过：

"哦，有福的货币，既供给人类以甜美滋养的饮料，又不会使它的无辜的所有者染上可怕的贪婪病，因为它既不能埋藏，也难于长期保存。"（《新大陆》）

另一方面，金银不只是消极意义上的剩余的，即没有也可以过得去的东西，而且它们的美学属性使它们成为显示奢侈、装饰、华丽的材料，成为剩余的积极的形式，或者说成为满足日常生活和单纯自然需要范围之外的那些需要的手段。因此，除了执行货币职能外，金银本身还具有使用价值。但是，如果说金银是单纯数量关系的天然代表者，——由于它们的质的同一性，——那么它们在被个人使用时则是富裕，从而是财富本身的直接的天然代表者，这既由于它们具有天然的美学属性，又由于它们昂贵。

延展性是金银适于用作装饰材料的属性之一。光泽耀眼。交换价值首先是用于交换的必要使用价值的剩余。这种剩余与剩余物本身即与超出直接需要范围之外的东西相交换；与不同于日常用品的节日用品相交换。使用价值本身首先反映个人对自然的关系；与使用价值并存的交换价值反映个人支配他人的使用价值的权力，反映个人的社会关系：最初它本身又是超出直接消费需要的、节日使用的价值。

银**洁白**，它反射出一切光线的自然的混合；金**橙黄**，它吸收投射在它上面的混合光中的一切有色光线，而只反射红色。

这里要补充的，是前面所谈到的关于采矿国家的情况。（**格林**在他的

《德意志语言史》中指出金银的名称和色泽的联系。)（第 457—460 页）

黄金的美学属性

"黄金，这熊熊燃烧的火焰，

在黑夜里闪闪发光，

在高贵的财富中，

显得无比辉煌。"（品得）（第 516 页）

马克思：《经济学手稿》（1857—1858 年），摘自《马克思恩格斯全集》第 46 卷下册，人民出版社 1980 年 8 月第 1 版。

2. 一方面贵金属具有"美学属性"，另一方面，"贵金属表现为天然的价值实体"而不同于"价值符号"

价值首先要求一个共同的实体，要求把一切差别或比例都化为纯粹量的差别或比例。贵金属就具有这种特点，因此，贵金属表现为天然的价值实体。

马克思：《经济学手稿》（1857—1858 年），摘自《马克思恩格斯全集》第 46 卷下册，人民出版社 1980 年 8 月第 1 版，第 376 页。

依照货币执行的职能的不同，同一块货币可以变换地位。它今天可以是铸币，明天可以是货币即静止的等价物，但用不着改变它的外部存在形式。因此，金银作为货币的具体存在，同在国内流通中可以代替金银的价值符号有本质区别：金银铸币可以熔化成条块并由此保持它们的无差别形式而抛弃它们作为铸币的地方性，或者，当金银作为铸币转化为货币时，它们就只是充当金属重量。这样，金银可以成为奢侈品的原料，或者作为贮藏货币积蓄起来，或者作为国际支付手段输往国外，在那里可以重新变为民族铸币形式，变为任何民族铸币的形式。它们在这些形式的任何一种形式下都保持自己的价值。

价值符号的情况就不是这样。价值符号只有在它被认为是这种符号的地方才是符号，而只有在国家政权为它作后盾的地方，它才被认为是这种符号。因此，它被束缚在流通中，不能再获得这样一种无差别的形式，在这种形式上，金银本身始终是价值，并可以打上任何民族花纹，或者无论带有任何民族花纹都可以以其直接存在方式充当交换手段和货币贮藏的材料，或者也可以变为商品。

金银并没有被束缚在这些形式中的任何一种形式上，而是根据流通过程的需要和趋势，采取其中的每一种形式。只要金银不被当作特殊商品制成奢侈品，它们首先就同流通发生关系，不仅同国内流通，而且同世界流通发生关系，但是同时它们始终处于独立的形式中，而不被流通所吸收。铸币，也就是作为铸币本身即作为单纯的价值符号而孤立存在的铸币，只是由于流通才存在，并且只存在于流通中。它〔价值符号〕即使被积蓄，也只能是作为铸币被积蓄，因为它的权力只限于一国之内。除了那些来自流通过程本身并且实际上只是流通的间歇点的货币贮藏形式之外，即除了准备用于流通的铸币储备或用于可以使用本国铸币进行的支付的储备之外，这里谈不上任何货币贮藏，也谈不上真正的货币贮藏，因为铸币作为价值符号缺少货币贮藏的主要要素——成为不依赖于一定社会联系的独立财富，因为这种财富除了自己的社会职能之外，还是价值本身的直接存在，而不是单纯的象征价值。可见，那些制约着价值符号使之成为这种符号的规律对金属货币并不起制约作用，因为金属货币并不被束缚在铸币职能上。

马克思：《经济学手稿》（1857—1858年），摘自《马克思恩格斯全集》第46卷下册，人民出版社1980年8月第1版，第443—444页。

现在我们对于作为货币的、在静止状态中的商品金从它同其他商品的关系上来略加考察。一切商品在它们的价格上代表一定数额的金，因而它们只是想像的金或想像的货币，只是**金的代表**，正如反过来货币在价值符号上只是商品价格的代表一样。既然一切商品都只是想像的货币，货币就成了唯一实在的商品。商品只是代表着交换价值、一般社会劳动、抽象财富的独立存在，而金与商品相反，**是抽象财富的物质存在**。从使用价值方面看，每种商品通过它们同一种特殊需要的关系，仅仅表现出物质财富的一个要素，财富的个别方面。但是货币能满足任何需要，因为它可以直接转化成任何需要的对象。它所特有的使用价值，在成为它的等价物的种种使用价值的无限系列上实现。在它的坚固的金属实体中，它隐秘地包含着在商品世界中展开的一切物质财富。因此，如果商品在它们的价格上代表着一般等价物或抽象财富——金，那末金在它的使用价值上代表着一切商品的使用价值。金因此是**物质财富的物质代表**。……在作为流通的媒介的形式上，金受到种种虐待，被刮削，甚至被贬低为纯粹象征性的纸片。但是，作为货币，金又恢复了它那金光灿烂的尊严。它从奴仆变成了主人。它从商品的区区帮手变成了商品的上帝。

马克思：《政治经济学批判》（1858—1859），摘自《马克思恩格斯全集》

第13卷，人民出版社1962年11月第1版，第114—115页。

3. 贵金属美学属性与货币属性的冲突："那些仍然被贵金属的感性光辉照得眼花缭乱，因而仍然是金属货币的拜物教徒的民族，还不是完全的货币民族"

那些仍然被贵金属的感性光辉照得眼花缭乱，因而仍然是金属货币的拜物教徒的民族，还不是完全的货币民族。法国和英国之间的对立。——

例如，在**拜物教**上就可看出，理论之谜的解答在何种程度上是实践的任务并以实践为中介，真正的实践在何种程度上是现实的和实证的理论的条件。拜物教徒的感性意识不同于希腊人的感性意识，因为他的感性存在还不同于希腊人的感性存在。只要人对自然界的感觉，自然界的人的感觉，因而也是人的自然感觉还没有被人本身的劳动创造出来，那么感觉和精神之间的抽象的敌对就是必然的。

> 马克思：《1844年经济学哲学手稿》（1844年4—8月），摘自《马克思恩格斯文集》第1卷，人民出版社2009年12月第1版，第230—231页。

4. 商品的"价值实体"是劳动（时间）的抽象化

作为使用价值，商品首先有质的差别；作为交换价值，商品只能有量的差别，因而不包含任何一个使用价值的原子。

如果把商品体的使用价值撇开，商品体就只剩下一个属性，即劳动产品这个属性。可是劳动产品在我们手里也已经起了变化。如果我们把劳动产品的使用价值抽去，那么也就是把那些使劳动产品成为使用价值的物体的组成部分和形式抽去。它们不再是桌子、房屋、纱或别的什么有用物。它们的一切可以感觉到的属性都消失了。它们也不再是木匠劳动、瓦匠劳动、纺纱劳动或其他某种一定的生产劳动的产品了。随着劳动产品的有用性质的消失，体现在劳动产品中的各种劳动的有用性质也消失了，因而这些劳动的各种具体形式也消失了。各种劳动不再有什么差别，全都化为相同的人类劳动，抽象人类劳动。

现在我们来考察劳动产品剩下来的东西。它们剩下的只是同一的幽灵般的对象性，只是无差别的人类劳动的单纯凝结，即不管以哪种形式进行的人类劳动力耗费的单纯凝结。这些物现在只是表示，在它们的生产上耗费了人类劳动力，积累了人类劳动。这些物，作为它们共有的这个社会实体的结晶，就是价值——商品价值。……可见，使用价值或财物具有价值，只是因为有抽象人类劳动对象化或物化在里面。那么，它的价值量是怎样计量的呢？是用它所包含的"形成价值的实体"即劳动的量来计量。劳动本身的量是用劳动的持续时间来计量，而劳动时间又是用一定的时间单位如小时、日等作尺度。

可能会有人这样认为，既然商品的价值由生产商品所耗费的劳动量来决定，那么一个人越懒，越不熟练，他的商品就越有价值，因为他制造商品需要花费的时间越多。但是，形成价值实体的劳动是相同的人类劳动，是同一的人类劳动力的耗费。体现在商品世界全部价值中的社会的全部劳动力，在这里是当做一个同一的人类劳动力，虽然它是由无数单个劳动力构成的。

  马克思：《资本论》第1卷，摘自《马克思恩格斯文集》第5卷，人民出版社2009年12月第1版，第50—53页。

剩余价值的这种占有，或价值生产分为预付价值的再生产和不补偿任何等价物的新价值（剩余价值）的生产，丝毫也不影响价值实体本身和价值生产的性质。价值实体不外是而且始终不外是已经耗费的劳动力——劳动，即和这种劳动的特殊的有用性质无关的劳动——，而价值生产不外就是这种耗费的过程。

  马克思、恩格斯：《资本论》第2卷，摘自《马克思恩格斯文集》第6卷，人民出版社2009年12月第1版，第428页。

作为不等量的交换价值，它们代表较多或较少的、大量或小量的简单的、同样的、抽象一般的劳动，即构成交换价值实体的劳动。（第18页）

现在，商品是作为两重存在而互相对立着，实际上作为使用价值，观念上作为交换价值。现在，它们彼此把自己所包含的劳动的两重形式表现出来了，因为特殊的实在劳动作为它们的使用价值而实际存在着，而一般的抽象劳动时间则在它们的价格上取得想像的存在，在这种存在上，它们是同一价值实体的同样的、只有量的差别的化身。（第58—59页）

  马克思：《政治经济学批判》（1858年8月—1859年1月），摘自《马克思恩格斯全集》第13卷，人民出版社1962年11月第1版。

产品作为**前提**，跟原料和劳动工具没有什么两样，都是对象同劳动的关系，因为原料和劳动工具作为价值实体，本身已经是**物化劳动**，是**产品**了。价值实体决不是特殊的自然实体，而是物化劳动。

马克思：《经济学手稿》（1857—1858年），摘自《马克思恩格斯全集》第46卷上册，人民出版社1979年7月第1版，第256—257页。

5. 商品本身就具有符号性："每个商品都是一个符号，因为它作为价值只是耗费在它上面的人类劳动的物质外壳"

由于货币在某种职能上可以用它本身的单纯的符号来代替，又产生了另一种误解，以为货币是一种单纯符号。但另一方面，在这种误解里面包含了一种预感：物的货币形式是物本身以外的东西，它只是隐藏在物后面的人的关系的表现形式。从这个意义上说，每个商品都是一个符号，因为它作为价值只是耗费在它上面的人类劳动的物质外壳。

马克思：《资本论》第1卷，摘自《马克思恩格斯文集》第5卷，人民出版社2009年12月第1版，第110页。

6."价值"本身就具有符号性："价值还把每个劳动产品变成社会的象形文字"

可见，人们使他们的劳动产品彼此当做价值发生关系，不是因为在他们看来这些物只是同种的人类劳动的物质外壳。恰恰相反，他们在交换中使他们的各种产品作为价值彼此相等，也就使他们的各种劳动作为人类劳动而彼此相等。他们没有意识到这一点，但是他们这样做了。[①] 因此，价值没有在额上写明它是什么。不仅如此，价值还把每个劳动产品变成社会的象形文字。后来，人们竭力要猜出这种象形文字的涵义，要了解他们自己的社会产品的秘密，因为使用物品规定为价值，正像语言一样，是人们的社会产物。后来科学发现，劳动产品作为价值，只是生产它们时所耗费的人类劳动的物的表现，这一发现在人类发展史上划了一个时代，但它决没有消除劳动的社会性质的物的外观。彼此独立的私人劳动的独特的社会性质表现在于它们作为人类劳动而彼此相等，并且采取劳动产品的价值性质的形式——商品生产这种特殊生产形式才具有的这种特点，对受商品生产关系束缚的人们来说，无论在上述发现以前或以后，都是永远不变的，正像空气形态在科学把空气分解为各种元素之后，仍然作为一种物理的物态继续存在一样。

[①] 第2版注：因此，当加利阿尼说价值是人和人之间的一种关系时，他还应当补充一句：这是被物的外壳掩盖着的关系。（加利阿尼《货币论》，载于库斯托第编《意大利政治经济学名家文集·现代部分》，1803年米兰版第3卷第221页）

马克思：《资本论》第1卷，摘自《马克思恩格斯文集》第5卷，人民出版社2009年12月第1版，第91—92页。

7. 作为"价值的纯粹象征性表现"的"价值符号"，"货币"掩盖了"价值实体（劳动时间）"

把价值的纯粹象征性的表现——价值符号撇开，价值只是存在于某种使用价值中，存在于某种物中。（人本身单纯作为劳动力的存在来看，也是自然对象，是物，不过是活的有意识的物，而劳动本身则是这种力的物质表现。）因此，如果使用价值丧失，价值也就丧失。

马克思：《资本论》第1卷，摘自《马克思恩格斯文集》第5卷，人民出版社2009年12月第1版，第235页。

这种按照工作日来计算的办法以及把劳动时间当作唯一的价值实体的现象，在依附农制关系存在的地方，是公开表现出来的，但在资本那里却被货币掩盖起来了。

马克思：《经济学手稿》（1857—1858年），摘自《马克思恩格斯全集》第46卷下册，人民出版社1980年8月第1版，第295页。

8. 价值符号化的基础：流通中价值的观念性、象征性

在货币不断转手的过程中，单有货币的象征存在就够了。货币的职能存在可以说吞掉了它的物质存在。货币作为商品价格的转瞬即逝的客观反映，只是当作它自己的符号来执行职能，因此也能够由符号来代替。[①]

马克思：《资本论》第1卷，摘自《马克思恩格斯文集》第5卷，人民出版社2009年12月第1版，第152页。

正是由于对生产社会性质的信任，才使得产品的货币形式表现为某种转瞬即逝的和观念的东西，表现为单纯想象的东西。（第650页）

货币主义本质上是天主教的；信用主义本质上是基督教的。"苏格兰人讨厌金子"。作为纸币，商品的货币存在只是一种社会存在。**信仰使人得救**。这是对作为商品内在精神的货币价值的信仰，对生产方式及其预定秩

[①] 由于金银作为铸币或只执行流通手段的职能时，变成了它们自己的符号，于是尼古拉·巴尔本就推论说，政府有权"提高货币价值"，就是说，例如，可以替一个名叫格罗申的银量起一个较大银量的名称——塔勒，这样，就可以用格罗申当塔勒来偿还债务。"货币因经常点数而磨损和减轻……在交易中，人们注意的只是货币的名称和通用与否，而不是银的量……国家的权威使金属成为货币。"（尼·巴尔本《新币轻铸论。答洛克先生关于提高货币价值的意见》第29、30、25页）

序的信仰，对只是作为自行增殖的资本的人格化的各个生产当事人的信仰。但是，正如基督教没有从天主教的基础上解放出来一样，信用主义也没有从货币主义的基础上解放出来。（第670页）

> 马克思、恩格斯：《资本论》第3卷，摘自《马克思恩格斯全集》第7卷，人民出版社2009年12月第1版。

金作为流通手段而发生的观念化，会反过来改变金曾借以成为价格标准的法定比例。（第100页）

作为价值尺度，金总是分量十足的，因为它只是当作观念的金来用的。（第101页）

> 马克思：《政治经济学批判》（1858—1859），摘自《马克思恩格斯全集》第13卷。

可见，可兑现性——法定的或不是法定的——始终是对一切这样的货币所提出的要求，这种货币的名称使它成为一个价值符号，也就是说，使它和一定量的第三种商品等同。（第77页）

任何时候，在计算，记账等等时，我们都把商品转化为价值符号，把商品当作单纯交换价值固定下来，而把商品的物质和商品的一切自然属性抽掉。在纸上，在头脑中，这种形态变化是通过纯粹的抽象进行的；但是，在实际的交换中，必须有一种实际的**媒介**，一种手段，来实现这种抽象。商品在其自然属性上，既不是在任何时候可以交换的，也不是和**任何其他商品**可以交换的；它和其他商品可以交换，不在于它和它本身在自然上等同，而是设定为和自身不等同，设定为和自身不同的东西，交换价值。我们首先必须把商品转变为作为交换价值的自身，然后才能把这个交换价值和其他交换价值加以比较和交换。（第86页）

这种象征代表劳动时间的一些可除部分，代表这样一些部分的交换价值：它们通过简单的算术组合，能够表现出各交换价值互相间的一切比例。这种象征，这种交换价值的物质符号，是交换本身的产物，而不是一种先验地形成的观念的实现。（事实上，被用作交换媒介的商品，只是逐渐地转化为货币，转化为一个象征；在发生这样的情况后，这个商品本身就可能被它自己的象征所代替。现在它成了交换价值的被人承认的符号。）（第89页）

交换价值本身只能象征地存在，虽然这个象征——为了能够把它当作

物,而不是只当作观念形式来使用——具有物的存在;不仅是想象的观念,而且通过某种物质方式实际表现出来。(第99页)

马克思:《经济学手稿》(1857—1858年),摘自《马克思恩格斯全集》第46卷上册,人民出版社1979年7月第1版。

如果我们去考察交换价值在货币上的进一步发展,那么就会看到,交换价值在第一个运动[W—G]中只达到它作为观念货币或铸币,作为[计量价值的]单位和[某一单位的]数目的存在。但是,如果我们把两个运动[W—G和G—W]连在一起来研究,就会发现,在价格形式上只是作为观念的计量单位,作为一般劳动的想象材料而存在的货币,在铸币形式上只是作为价值符号,作为价值的抽象的和转瞬即逝的存在,作为物化的表象即象征而存在的货币,最后在它作为货币的形式上首先否定了这两个规定,但也把这两者作为要素包含在内,同时固定在一个对流通保持独立的化身中,即固定在对流通的不变的、虽然是否定的关系中。

马克思:《经济学手稿》(1857—1858年),摘自《马克思恩格斯全集》第46卷下册,人民出版社1980年8月第1版,第490页。

9. 价值的符号化:铸币、纸币

银记号或铜记号的金属含量是由法律任意规定的。它们在流通中比金币磨损得还要快。因此,它们的铸币职能实际上与它们的重量完全无关,就是说,与价值完全无关。金的铸币存在同它的价值实体完全分离了。因此,相对地说没有价值的东西,例如纸票,就能代替金来执行铸币的职能。在金属货币记号上,这种纯粹的象征性质还在一定程度上隐藏着。但在纸币上,这种性质就暴露无遗了。(第149页)

纸币是金的符号或货币符号。纸币同商品价值的关系只不过是:商品价值观念地表现在一个金量上,这个金量则由纸象征地可感觉地体现出来。纸币只有代表金量(金量同其他一切商品量一样,也是价值量),才成为价值符号。(第151页)

马克思:《资本论》第1卷,摘自《马克思恩格斯文集》第5卷,人民出版社2009年12月第1版。

拿**铸币**来说,它起初无非是金的一定的重量部分;后来加上花纹作为保证,作为重量的名称,所以还没有发生什么变化;作为价值的外形即标志的花纹又使价值符号,价值的象征独立化,并通过流通机制本身取代形式而变为实体；在这里出现国家的干涉，因为这种符号必须由社会的独立权力即国家来保障。而实际上货币正是作为货币，作为金银在流通中发挥职能；充当铸币只不过是货币的一种职能。货币在这种职能中自行分立并能升华为纯粹的价值符号，而这种价值符号本身需要法律承认和可依法强制的承认。

马克思：《经济学手稿》（1857—1858年），摘自《马克思恩格斯全集》第46卷下册，人民出版社1980年8月第1版，第439页。

金属铸币的名义含量和金属含量之间最初并不显著的差别可以发展到绝对的分裂。货币的铸币名称离开了货币的实体，而存在于实体之外，存在于没有价值的纸片上。正如商品的交换价值通过商品的交换过程结晶为金货币一样，金货币在流通中升华为它自身的象征，最初采取磨损的金铸币的形式，而后采取金属辅币的形式，最后采取无价值的记号、纸片、单纯的价值符号的形式。

可是，金铸币所以最初产生金属代用品，后来又产生纸代用品，只是因为它尽管损失金属，但仍然执行铸币的职能。它不是由于磨损才流通，而是由于不断流通才磨损成一个象征。只有在流通过程中金货币本身变成了它自己价值的单纯的符号，单纯的价值符号才能够代替它。

只要W—G—W这个运动是直接互相转化的两个因素即W—G和G—W的过程中的统一，或者只要商品是在经历着它的形态变化的全程，商品把自己的交换价值发展成价格和货币，是为了立即再放弃这个形态而再变成商品，或者不如说再变成使用价值。因此，商品达到的是它的交换价值的**仅仅在表面上的独立化**。另一方面我们看到，只要金仅仅作为铸币发生作用或经常处在流通中，金实际上只是商品形态变化的连结，是商品的**仅仅瞬息间的货币存在**；金实现一种商品的价格，只是为了去实现另一种商品的价格，但是无论在哪里，它都不是表现为交换价值的静止的存在，或本身静止的商品。商品的交换价值在这个过程中所得到的和金在它的流通中所表现的现实性，仅仅是闪电一样的现实性。金虽然是实在的金，但只执行虚幻的金的职能，因而在这个职能上可以由它自己的符号来代替。

执行铸币职能的价值符号，如纸片，是用金的铸币名称表示的金量的符号，因此是金的符号。一定量的金本身并不表示一种价值比例，代替它的符号也是如此。只就一定量的金作为物化劳动时间具有一定的价值量而言，金的符号代表价值。可是，它代表的价值量，每一次都决定于它代表的金量的价值。价值符号在商品面前代表**商品价格的现实性**，它是 signum pretii〔价格的符号〕，而只因为商品的价值已经表示在商品的价格上，它才是商品价值的符号。在 W—G—W 过程中，只要这个过程表现为只是两个形态变化的过程中的统一或直接的相互转化，——这个过程在价值符号发生作用的流通领域内就是这样表现的，——商品的交换价值在价格上得到的只是观念的存在，在货币上得到的只是代表性的、象征性的存在。这样，交换价值只是表现为想像的或用物代表的东西，它除了在商品本身中物化着一定量劳动时间以外不具有任何**现实性**。因此，**表面上看来**，价值符号**直接**代表商品的价值，它不表现为金的符号，而表现为在价格上只表示出来、在商品中才实际存在的交换价值的符号。但是，这个表面现象是错误的。价值符号直接地只是**价格的符号**，因而是**金的符号**，它间接地才是商品价值的符号。金不是像彼得·施莱米尔那样出卖自己的影子，而是用自己的影子购买。因此，价值符号起的作用，只是在过程内部对另一个商品代表一个商品的价格，或对每个商品所有者**代表金**。某种相对没有价值的东西，如一块皮、一片纸等等，最初按照习惯变成货币材料的符号，可是，只有在它作为象征的存在得到商品所有者公认的时候，就是说，只有在它取得法定存在而具有强制通用的效力的时候，它才肯定为货币材料的符号。强制通用的国家纸币是**价值符号**的完成形式，是直接从金属流通或简单商品流通本身中产生出来的纸币的唯一形式。**信用货币**属于社会生产过程的较高阶段，它受完全不同的规律支配。象征性的纸币实际上同金属辅币毫无区别，只是流通范围较广。价格标准或造币局价格的纯技术性的发展以及后来把金块铸成金币的成型工作，已经引起国家的干预，并因此使国内流通和普遍商品流通显然分离，而铸币发展成价值符号，就使这种分离最终完成。货币作为单纯的流通手段只有在国内流通的领域内才能独立存在。

我们的叙述已经证明，金的铸币存在，作为与金的实体本身脱离的价值符号，是从流通过程本身中产生，而不是从协议或国家干预中产生的。……

可以把多少令纸切成纸票当作货币来流通呢？这样提出问题是毫无意义的。没有价值的记号，只有在它们在流通过程中代表金的限度内，才成为价值符号，它们又只有在金本身原来就会作为铸币进入流通过程的限度内，才代表金，这个量，在商品交换价值和商品形态变化速度既定的时候，是由金本身的价值决定的。……因此，纸票的量决定于它们在流通中所代表的金货币的量，而因为它们只有代表金货币才成为价值符号，所以它们的价值只是决定于它们的量。可见，流通的金量决定于商品价格，相反，流通的纸票的价值则完全决定于它自身的量。

国家发行强制通用的纸币（我们这里讲的只是这种纸币）这种干预，似乎废除了经济规律。过去国家规定造币局价格只是给金的一定重量起一个教名，而制造铸币只是把自己的印记加在金上，现在国家似乎用自己的印记的魔术点纸成金。因为纸票有强制通用的效力，所以谁也不能阻止国家任意把大量纸票硬塞到流通中去，并在它们上面印上任意的铸币名称，如一镑、五镑、二十镑。纸票一进入流通，就不可能再抛出来，因为不仅国境界碑阻止它们流出，而且它们在流通之外便失去一切价值，不论是使用价值或交换价值。它们离开自己的职能存在，就变成一文不值的废纸。可是，国家的这种权力纯粹是假象。国家固然可以把印有任意的镑币名称的任意数量的纸票投入流通，可是它的控制同这个机械动作一起结束。价值符号或纸币一经为流通所掌握，就受流通的内在规律的支配。

……

在价值符号的流通中，实际货币流通的一切规律都反着表现出来了，颠倒过来了。金因为有价值才流通，而纸票却因为流通才有价值。已知商品的交换价值，流通的金量决定于金自己的价值，而纸票的价值却决定于流通的纸票的数量。流通的金量随着商品价格涨跌而增减，而商品价格却似乎是随着流通中纸票数量的变动而涨跌。商品流通只能吸收一定量的金铸币，因而流通的货币量交替地紧缩和扩张是必然规律，而纸票却似乎不论增加多少都可以进入流通。国家发行的铸币哪怕只少于名义含量1%克冷，就是减低金银铸币的成色，因而破坏它们作为流通手段的职能，而国家发行只具有铸币名称而不包含任何金属的无价值的纸票，却是执行了完全正确的措施。金铸币显然只有在商品价值本身用金计算或表现为价格的时候才代表商品价值，而价值符号却似乎直接代表商品价值。由此可知，那些片面地根据强制通用的纸币流通来研究货币流通现象的观察家为什么必定对货币流通的一切内在规律发生误解。实际上，这些规律在价值符号的流通中不仅颠倒了,并且消失了,因为,当纸币发行数量适当时,纸币完成的并不是它作为价值符号所特有的运动,而它特有的运动不是从商品形态变化直接产生的,而是由于它同金的正确比例遭到破坏产生的。

马克思:《政治经济学批判》(1858—1859),摘自《马克思恩格斯全集》第13卷,人民出版社1962年11月第1版,第104—112页。

10. 信用货币、信贷、证券等使价值实体进一步虚拟化

在考察循环的一般形式时,总的说来,在这整个第二册中,我们所说的货币,是指金属货币,不包括象征性的货币,即只是某些国家所特有的单纯价值符号,也不包括尚未阐明的信用货币。

马克思、恩格斯:《资本论》第2卷,摘自《马克思恩格斯文集》第6卷,人民出版社2009年12月第1版,第129页。

国家对借入资本每年要付给自己的债权人以一定量的利息。……但在这一切场合,这种资本,即把国家付款看成是自己的幼仔(利息)的资本,是幻想的虚拟的资本。这不仅是说贷给国家的金额已经不再存在。这个金额从来不是要作为资本支出的,不是要作为资本投下的,而只有作为资本投下,它才能转化为一个自行保存的价值。……不管这种交易反复进行多少次,国债的资本仍然是纯粹的虚拟资本;一旦债券卖不出去,这个资本的假象就会消失。然而,我们马上就会知道,这种虚拟资本有它的独特的运动。(第527页)

[1844年银行法的暂停执行,使英格兰银行可以发行任何数量的银行券,而不用考虑自己手中有多少金准备可以作为保证;这样,使它可以创造任何数量的纸票形式的虚拟货币资本,从而用来贷给各个银行和各个汇票经纪人,并且通过他们,借给商业界。——[弗·恩·]](第537页注释(5))

英格兰银行不用它的地库内的金属贮藏作准备金而发行银行券时,它创造了一些价值符号,它们不仅是流通手段,而且对英格兰银行来说,它们还按没有准备金的银行券的票面总额,形成了追加的——虽然是虚拟的——资本。并且这一追加的资本,会为它提供追加的利润。(第614页)

即使假定借贷资本存在的形式,只是现实货币即金或银的形式,只是以自己的物质充当价值尺度的商品的形式,那么,这个货币资本的相当大的一部分也必然只是虚拟的,也就是说,完全象价值符号一样,只是对价值的权利证书。当货币在资本循环中执行职能时,它虽然会暂时成为货币资本,但它不会转化为借贷货币资本,而是或者换成生产资本的要素,或者在实现收入时作为流通手段付出去,因此,不可能为它的所有者转化为借贷资本。但是当它转化为借贷资本,并且同一货币反复代表借贷资本时,很清楚,它只是在一点上作为金属货币存在,而在所有其他点上,它只是以资本索取权的形式存在。按照假定,这种索取权的积累是由现实积累,也就是由商品资本等等的价值转化为货币而产生的;虽然如此,这种索取权或权利证书本身的积累,既不同于它由以产生的现实积累,也不同于以贷放的货币为中介而实现的未来积累(新的生产过程)。(第575—576页)

　　货币作为独立的价值形式和商品相对立,或者说,交换价值必须在货币上取得独立形式,这是资本主义生产的基础。而这所以可能,只是因为某种特定的商品成了这样的材料,所有其他商品都用它的价值来衡量,它也因此成了一般的商品,成了一种同一切其他商品相对立的真正意义上的商品。这一点必然会在两方面显示出来;而特别是在资本主义发达的国家更是这样,在那里,货币在很大程度上一方面为信用经营所代替,另一方面为信用货币所代替。[第一]在信用收缩或完全停止的紧迫时期,货币将会突然作为唯一的支付手段和真正的价值存在,绝对地和商品相对立。因此,商品会全面跌价,并且难于甚至不可能转化为货币,就是说,难于甚至不可能转化为它们自己的纯粹幻想的形式。但是,第二,信用货币本身只有在它的名义价值额上绝对代表现实货币时,才是货币。在金流出时,它兑换成货币的可能性,即它和现实的金的同一性,就成问题了。为了保证这种兑换的条件,就采取了各种强制性的措施,例如提高利息率等等。这种做法,可以由于错误的立法或多或少地被导致极端,这种立法是以错误的货币理论为依据,并且为了货币经营者奥维尔斯顿之流的利益而强加于国家的。但是信用货币的这个基础是和生产方式本身的基础一起形成的。信用货币的贬值(当然不用说它的只是幻想的货币资格的丧失)会动摇一切现有的关系。因此,为了保证商品价值在货币上的幻想的、独立的存在,就要牺牲商品的价值。一般说来,只要货币有保证,商品价值作为货币价值就有保证。因此,为了几百万货币,必须牺牲许多百万商品。这种现象在资本主义生产中是不可避免的,并且是它的妙处之一。在以前的生产方式中没有这种现象,因为在它们借以运动的那种狭隘的基础上,信用和信用货币都还没有得到发展。一旦劳动的社会性质表现为商品的货币存在，从而表现为一个处于现实生产之外的东西，货币危机——与现实危机相独立的危机，或作为现实危机尖锐化表现的货币危机，就是不可避免的。另一方面很清楚，只要银行的信用没有动摇，这个银行在这样的情况下通过增加信用货币就会缓和恐慌，但通过收缩信用货币就会加剧恐慌。全部现代产业史都表明，如果国内的生产已经组织起来，事实上只有当国际贸易平衡暂时遭到破坏时，才要求用金属来结算国际贸易。国内现在已经不需要使用金属货币了，这已由所谓国家银行停止兑现的办法所证明。而且每当遇到紧急情况，这个办法总是被作为唯一的救急手段来使用。（第584—585页）

马克思、恩格斯：《资本论》第3卷，摘自《马克思恩格斯文集》第7卷，人民出版社2009年12月第1版。

11. "信用货币的自然根源是货币作为支付手段的职能"而不同于生产资本

这里讲的只是强制流通的国家纸币。这种纸币是直接从金属流通中产生出来的。而信用货币产生的条件，我们从简单商品流通的观点来看还是根本不知道的。但不妨顺便提一下，正如本来意义的纸币是从货币作为流通手段的职能中产生出来一样，信用货币的自然根源是货币作为支付手段的职能。

马克思：《资本论》第1卷，摘自《马克思恩格斯文集》第5卷，人民出版社2009年12月第1版，第149页。

通过信用货币，流通本身起着造币厂的作用。

马克思：《经济学手稿》（1861—1863年），摘自《马克思恩格斯全集》第48卷，人民出版社1985年2月第1版，第197页。

土地的价值不过是支付资本化的地租的价格。因此，这里假定的关系比从商品及其价值的简单考察中乍一看就得出的关系要深刻复杂得多；这正象虚拟资本（这种资本是交易所投机的对象，而且事实上不过是对部分年税的某种权利的买卖）不能用生产资本的简单概念去说明一样。

马克思：《剩余价值理论》，摘自《马克思恩格斯全集》第26卷第3册，人民出版社1974年12月第1版，第118页。

我以前已经指出（第一册第三章第3节b），货币充当支付手段的职能，从而商品生产者和商品经营者之间债权人和债务人的关系，是怎样由简单商品流通而形成的。随着商业和只是着眼于流通而进行生产的资本主义生产方式的发展，信用制度的这个自然基础也在扩大、普遍化和发展。大体说来，货币在这里只是充当支付手段，也就是说，商品不是为取得货币而卖，而是为取得定期支付的凭据而卖。为了简便起见，我们可以把这种支付凭据概括为汇票这个总的范畴。这种汇票直到它们期满，支付日到来之前，本身又会作为支付手段来流通；它们形成真正的商业货币。就这种票据由于债权和债务的平衡而最后互相抵销来说，它们是绝对地作为货币来执行职能的，因为在这种情况下，它们已无须最后转化为货币了。就像生产者和商人的这种互相预付形成信用的真正基础一样，这种预付所用的流通工具，票据，也形成真正的信用货币如银行券等等的基础。真正的信用货币不是以货币流通（不管是金属货币还是国家纸币）为基础，而是以票据流通为基础。（第450—451页）

　　银行家提供的信用，可以采取不同的形式，例如：向其他银行签发汇票、支票，开立同样的信用账户，最后，对拥有钞票发行权的银行来说，是发行本行的银行券。银行券无非是向银行家签发的、持票人随时可以兑现的、由银行家用来代替私人汇票的一种汇票。最后这一种信用形式在外行人看来特别令人注目和重要，首先因为这种信用货币会由单纯的商业流通进入一般的流通，并在那里作为货币执行职能；还因为在大多数国家里，发行银行券的主要银行，作为国家银行和私人银行之间的奇特的混合物，事实上有国家的信用作为后盾，它们的银行券在不同程度上是合法的支付手段；因为在这里可以明显看到的是，银行家经营的是信用本身，而银行券不过是流通的信用符号。但银行家也经营一切其他形式的信用，甚至贷放存在他那里的货币现金。实际上，银行券只形成批发商业的铸币，而对银行来说具有最重要意义的始终是存款。（第454页）

　　商品资本代表可能的货币资本的那种属性，在危机中和一般地说在营业停滞时期，将会大大丧失。虚拟资本，生息的证券，就它们本身作为货币资本在证券交易所内进行流通而言，也是如此。它们的价格随着利息的提高而下降。其次，它们的价格还会由于信用的普遍缺乏而下降，这种信用的缺乏迫使证券所有者在市场上大量抛售这种证券，以便获得货币。最后，就股票来说，它的价格下降，部分地是由于股票有权要求的收入减少了，部分地是由于它们代表的往往是那种带有欺诈性质的企业。在危机时期，这种虚拟的货币资本大大减少，从而它的所有者凭它在市场上获得货币的力量也大大减少。这些有价证券在行情表上的货币名称的减少，虽然和它们所代表的现实资本无关，但是和它们的所有者的支付能力关系极大。（第558—559页）

> 马克思、恩格斯：《资本论》第3卷，摘自《马克思恩格斯文集》第7卷，人民出版社2009年12月第1版。

12. 信用制度的二重性质

信用会引起、加速和扩大资本在个人手中的积聚，就这一点来说，它会促使劳动期间从而周转时间的缩短。

> 马克思、恩格斯：《资本论》第2卷，摘自《马克思恩格斯文集》第6卷，人民出版社2009年12月第1版，第262页。

信用制度加速了生产力的物质上的发展和世界市场的形成；使这二者作为新生产形式的物质基础发展到一定的高度，是资本主义生产方式的历史使命。同时，信用加速了这种矛盾的暴力的爆发，即危机，因而加强了旧生产方式解体的各种要素。

信用制度固有的二重性质是：一方面，把资本主义生产的动力——用剥削别人劳动的办法来发财致富——发展成为最纯粹最巨大的赌博欺诈制度，并且使剥削社会财富的少数人的人数越来越减少；另一方面，造成转到一种新生产方式的过渡形式。（第500页）

在由资本主义的生产方式向联合起来劳动的生产方式过渡时，信用制度会作为有力的杠杆发生作用；但是，它仅仅是和生产方式本身的其他重大的有机变革相联系的一个要素。与此相反，关于信用制度和银行制度的奇迹般的力量的种种幻想所以会被赋予社会主义的意义，是由于对资本主义生产方式和作为它的形式之一的信用制度完全没有认识。只要生产资料不再转化为资本（这里也包括土地私有制的废除），信用本身就不会再有什么意义，而这一点，甚至圣西门主义者也是懂得的。另一方面，只要资本主义生产方式继续存在，生息资本就作为它的形式之一继续存在，并且事实上形成它的信用制度的基础。（第687页）

> 马克思、恩格斯：《资本论》第3卷，摘自《马克思恩格斯文集》第7卷，人民出版社2009年12月第1版。

13. 信用货币对商业交易的积极作用

现代银行制度，一方面把一切闲置的货币准备金集中起来，并把它投入货币市场，从而剥夺了高利贷资本的垄断，另一方面又建立信用货币，从而限制了贵金属本身的垄断。

马克思、恩格斯：《资本论》第 3 卷，摘自《马克思恩格斯文集》第 7 卷，人民出版社 2009 年 12 月第 1 版，第 682 页。

信用货币是直接从货币作为支付手段的职能中产生的。由出售商品得到的债券本身又因债权的转移而流通。另一方面，随着信用事业的扩大，货币作为支付手段的职能也在扩大。作为支付手段的货币取得了它特有的各种存在形式，并以这些形式占据了大规模交易的领域，而金银铸币则主要被挤到小额贸易的领域之内。

马克思：《资本论》第 1 卷，摘自《马克思恩格斯文集》第 5 卷，人民出版社 2009 年 12 月第 1 版，第 163—164 页。

最主要的错误是这样一种假定，即认为如果需要贷款即需要借贷资本，那就意味着需要增加货币的流通资金，而不知道用期票、支票、信用证券、清算和其他一些同货币流通完全无关的信用形式可以做成多得多的商业交易。

马克思：《维也纳照会。——苏姆拉来信。——皮尔的银行法令》（1853 年 9 月 9 日），摘自《马克思恩格斯全集》第 9 卷，人民出版社 1961 年 12 月第 1 版，第 335—336 页。

14. 信用制度不断通过运用"各种操作、方法和技术设施"影响现实生产

一方面，贵金属的追加生产，只要时而增加、时而减少，就会不仅在比较长的时期内，而且在极短的时期内扰乱商品价格。另一方面，整个信用机制不断地通过各种操作、方法和技术设施，把现实的金属流通限制在一个相对地日益缩小的最小限度，这样，整个机制的人为性质以及扰乱正常的进程的机会也会相应地增加。

马克思、恩格斯：《资本论》第 2 卷，摘自《马克思恩格斯文集》第 6 卷，人民出版社 2009 年 12 月第 1 版，第 563 页。

再谈谈集中！那种以所谓国家银行为中心，并且有大的货币贷放者和高利贷者围绕在国家银行周围的信用制度，就是一个巨大的集中，并且它给与这个寄生者阶级一种神话般的权力，使他们不仅能周期地消灭一部分产业资本家，而且用一种非常危险的方法来干涉现实生产——而这伙匪帮既不懂生产，又同生产没有关系。1844 年和 1845 年的法令，就是这伙包

括金融业者和证券投机家的匪帮的权力日益增加的证据。

然而，如果有人怀疑，这伙高贵的匪帮，只是为了生产和被剥削者自身的利益，而对国内和国际的生产进行剥削，那就请他读一读下面这段话，认识一下银行家的高尚的道德品质吧：

"银行制度是宗教的和道德的制度。青年商人不是往往由于害怕被他的银行家的警戒的、非难的眼睛看见而不敢结交吃喝玩乐的朋友吗？他渴望博得银行家的好评，总是表现得规规矩矩！银行家皱皱眉头，也比朋友的忠告对他的作用更大；他总是提心吊胆，怕人说他是在骗人，或者有一点点不老实，以致引起怀疑，因而可能使银行家限制甚至取消对他的贷款！对他来说，银行家的话比牧师的话更为重要。"（苏格兰银行董事乔·贝尔《股份银行业哲学》1840年伦敦版第46、47页）

马克思、恩格斯：《资本论》第3卷，摘自《马克思恩格斯文集》第7卷，人民出版社2009年12月第1版，第618页。

（危机时）至于纯粹的虚拟资本（公债券、股票等）的跌价，只要它不导致国家和股份公司的破产，不因此而动摇持有这类证券的产业资本家的信用，从而不阻碍再生产，那末这种跌价就只是财富从一些人的手里转到另一些人的手里，总的来说对再生产起着有利的影响，因为那些用廉价把这些股票或证券弄到手的暴发户大多数比原来的所有者更有事业心。

马克思：《剩余价值理论》，摘自《马克思恩格斯全集》第26卷第2册，人民出版社1973年7月第1版，第566页。

应当把下面两件事情区别开来。显而易见，我们随意增加纸币或金属货币的数量并不等于增加生产，即增加真正的财富。这正象在玩牌时把筹码的数目增加一倍并不等于把赢牌的数目增加一倍一样。从另一方面来看，也很明显，如果由于缺乏筹码，即缺乏交换手段和货币而妨害生产的发展，那末交换手段的任何增加和获得交换手段的困难的任何减少，都同时意味着生产的增加。期票和银行等都是生产需要的产物。从这个意义上讲，抵押银行也能够促进农业的发展。

马克思：《梯也尔关于采用强制比价证券的全国抵押银行的演说》（1848年10月13日），摘自《马克思恩格斯全集》第5卷，人民出版社1958年11月第1版，第505页。

15. 资本主义劳动、流通的矛盾为"虚假交易"、投机等提供了发展的可能性:"财政炼金术"

由于卖和买的分裂,除了真正的贸易外,有可能在商品生产者和商品消费者之间的最后交换之前造成许多虚假的交易。这样一来,许多寄生者就有可能钻进生产过程并利用这种分裂来牟利。但这仍然只是说,有了作为资产阶级劳动的一般形式的货币,这种劳动的矛盾也就有了发展的**可能性**。

马克思:《政治经济学批判》(1858—1859),摘自《马克思恩格斯全集》第 13 卷,人民出版社 1962 年 11 月第 1 版,第 88 页。

物价上涨,商品从流通中被抽出去。这两件事情使生产紧张到极点,于是出现了"根基不稳的"投机家,他们运用虚拟资本,靠信贷来维持,而如果他们不能把买进的商品迅速地转卖出去,那就得宣告破产。他们大干这种普遍地漫无秩序地追逐利润的勾当,由于自己的贪得无厌,更加加强了混乱和奔忙,这种贪得无厌使他们发疯似地哄抬物价和扩大生产。一种疯狂的竞赛开始了,连最稳重最有经验的人都给迷住了。

恩格斯:《英国工人阶级状况》(1844 年 9 月—1845 年 3 月),摘自《马克思恩格斯全集》第 2 卷,人民出版社 1957 年 12 月第 1 版,第 368 页。

恐怕再也没有什么比所谓财政更带欺骗性了。玩弄这门神秘科学的术士们把有关预算和国债的最简单的业务蒙上一层难懂术语的外衣,掩盖着最普通不过的骗术:发行名目繁多的证券,旧证券换新证券,降低利息而增加基本金额,提高利息而减少基本金额,设立奖金、奖励和优惠存款,规定有偿年金和无偿年金的区别,把转让不同证券的利益人为地分成等级。所有这些令人厌恶的生意经和一大堆不胜其多的烦琐规定,把公众完全给弄糊涂了。但同时,每一次这种财政把戏都为高利贷者造成加紧进行害人的掠夺活动的有利机会,对于这种机会,贪得无厌的高利贷者是不会放过的。另一方面,一个经济学家从这种乍一看来使人眼花撩乱的兑换、调配、折合当中所发现的东西,与其说是属于财政政策方面的东西,还不如说是属于简单算术或者纯粹词句方面的东西。

没有疑问,格莱斯顿先生是玩弄这种财政炼金术的能手……

马克思:《内阁的成就》(1853 年 4 月 12 日),摘自《马克思恩格斯全集》第 9 卷,人民出版社 1961 年 12 月第 1 版,第 62 页。

16. 信用制度对人本身的影响："在信贷关系中，不是货币被人取消，而是人本身变成货币"

现代国民经济学同货币主义，systémenonétaire，的对立之所以不能给前者——尽管它充满智慧——带来决定性胜利，是因为，如果说，人民和政府的粗糙的国民经济学的盲目信仰紧紧抓住**感觉得到、摸得着、看得见的钱袋**不放，并因此而相信贵金属的绝对价值，把对它的占有看作唯一现实的财富；如果说，随后走来一个有见识的、老于世故的国民经济学家，向他们证明：货币是一种同任何其他商品一样的商品，因而它的价值也同任何其他商品的价值一样，取决于生产费用同需求（竞争）和供给的关系，取决于生产费用同其他商品的数量或竞争的关系，——那么，这个国民经济学家得到的公正反驳是：物的**真实**的价值仍然是它的**交换价值**；后者归根到底存在于货币之中，而货币又存在于贵金属之中；可见，货币是物的**真正**的价值，所以货币是最希望获得的物。国民经济学家的学说甚至最终也归结为这种明智的道理，所不同的只是他具有一种抽象能力，使他能在所有的商品形式中看到货币的这种存在，从而不相信货币的官方的金属存在的专有价值。——货币的金属存在仅仅是贯穿在资产阶级社会的一切生产环节和一切运动中的货币灵魂的官方的、可感知的表现。

现代国民经济学同货币主义的对立仅仅在于，现代国民经济学是在货币本质的抽象性和普遍性中把握**货币本质的**，因此，它就摆脱了那种认为货币本质只存在于贵金属之中这种盲目信仰的**感性**形式。它用精致的盲目信仰代替粗糙的盲目信仰。但鉴于两者在本质上有着同一个根源，盲目信仰的文明形式不能够完全排除它的粗糙的感性形式，因为遭到攻击的并不是盲目信仰的本质，而只是这种本质的某个形式。

货币越是抽象，它越是同其他商品没有**自然**关系，它越是更多地作为人的产品同时又作为人的非产品出现，它的存在要素越不是**天然生长的**而是人制造的，用国民经济学的话来表达就是，它的**作为货币的价值**越是同交换价值或者同它存在于其中的物质的货币价值成反比例，那么，货币作为货币——而且不仅仅是作为商品在流通过程或交换过程中内在的、自在的、潜在的相互关系——的**自身**存在就越适合于货币的本质。因此，**纸币和许多纸的货币代表**（象汇票、支票、借据等等）是作为**货币的货币的较为完善的**存在，是货币的进步发展中必要的因素。

在**信用业**——它的完善的表现是**银行业**——中出现一种假象，似乎异己的物质力量的权力被打破了，自我异化的关系被扬弃了，人又重新处在人与人的关系之中。被这种**假象**所迷惑的**圣西门主义者**把货币的发展、汇票、纸币、纸的货币代表、**信贷**、**银行业**看作是逐渐扬弃人同物、资本同劳动、私有财产同货币、货币同人的分离的各个阶段，看作是逐渐扬弃人同人的分离的各个阶段。因此，他们的理想是组织起来的银行业。但是，这种扬弃［XXVI］异化、人向自己因而也向别人**复归**，仅仅是一个**假象**；何况这是**卑劣**的和**极端**的自我异化，非人化，因为它的要素不再是商品、金属、纸币，而是**道德**的存在、**社会**的存在、人自己的**内在生命**，更可恶的是，在人对人的**信任**的假象下面隐藏着极端的**不信任**和完全的异化。

信贷的本质是什么构成的？我们在这里完全不谈信贷的**内容**——这个内容仍然是货币。就是说，我们不谈这种由一个人向另一个人所表示的信任的**内容**：一个人**承认**另一个人，把某种价值贷给他并且——在最好的情况下，不要求为信贷支付利息，就是说他不是一个高利贷者——相信这另一个人不是骗子，而是一个"诚实的"人。在这里，表示信任的人，象夏洛克一样，认为"诚实的"人就是"有支付能力的"人。

信贷在两种关系和两种不同情况下是可以想象的。这两种关系是：一个富人贷款给一个他认为是勤劳和有信用的穷人。这种类型的信贷属于国民经济学的浪漫的、温情的部分，属于它的迷误、过分行为、**例外**，而不属于**常规**。即使假定有这种例外，有这种浪漫的可能性，对富人来说，穷人的生命本身、他的才能和他的努力也都是归还债款的**保证**；也就是说，穷人的全部社会美德，生命活动的全部内容，他的存在本身，在富人看来也都是偿还他的资本连同普通利息的保证。因此，债权人把穷人的死亡看作最坏的事情，因为这是他的资本连同利息的死亡。请想一想，在信贷关系中用**货币**来**估价**一个人是何等的卑鄙！不言而喻，债权人除了有**道德**上的保证以外，还有**法律**强制的保证以及他的债务人方面的或多或少的实际保证。如果债务人自己是富裕的，那么，**信贷**就直接成为便于交换的**媒介**，即被提高到纯粹观念形式的货币本身。

信贷是对一个人的**道德**作出的**国民经济学**的判断。在信贷中，人本身代替了金属或纸币，成为交换的**媒介**，但这里人不是作为人，而是作为**某种资本**和利息的**存在**。这样，交换的媒介物的确从它的物质形式返回和复归到人，不过这只是因为人把自己移到自身之外并成了某种外在的物质形式。在信贷关系中，不是货币被人取消，而是人本身变成**货币**，或者是货币和人**并为一体**。**人的个性**本身、**人的道德**本身既成了买卖的物品，又成了货币存在于其中的**物质**。构成货币灵魂的物质、躯体的，是我自己的个人存在、我的肉体和血液、我的社会美德和声誉，而不是货币、纸币。信贷不再把货币价值放在货币中，而把它放在人的肉体和人的心灵中。虚伪制度内的一切进步和不一贯全都是最大的倒退和始终一贯的卑鄙。

在信用业的范围内，信用业同人相异化的性质在国民经济学对人给予高度承认的假象下得到双重的证实：（1）资本家同工人之间、大资本家同小资本家之间的对立越来越大，因为信贷只提供给已经富裕的人，并且使富人有进行积累的新机会。至于穷人，他认为富人对他的随意判决就是对他的**整个**存在予以肯定或否定，因为他的整个存在完全取决于这种偶然性。（2）尔虞我诈和假仁假义达到了无以复加的程度，以致对一个得不到信贷的人，不仅简单地判决他是贫穷的，而且还在道德上判决他不配得到信任，不配得到承认，因而是社会的贱民，坏人。穷人除了自己的穷困还遭受这样的屈辱：他不得不低三下四地向富人**请求**贷款。[XXVII]（3）由于货币的这种纯观念的存在，**人伪造货币**可以不用任何别的材料，而只用他自己的人格就行了：人不得不把自己变成赝币，以狡诈、谎言等手段来骗取信用，这种信贷关系——不论对表示信任的人来说，还是对需要这种信任的人来说——成了买卖的对象，成了相互欺骗和相互滥用的对象。同时这里还十分清楚地暴露出，这种国民经济学上的信任的基础是**不信任**：疑惑不定地考虑应该还是不应该提供借贷；探察信贷寻求者的私生活的秘密等等；透露这个人的一时困境，使他的信用突然动摇，以便把对方整垮，等等。破产、虚假企业等等的整个体系……在**国家信贷**中，国家地位同上面说到的单个的人的地位完全一样……在公债券的买卖中暴露出国家怎样变成了商人的玩物，等等。

（4）**信用业**最终在**银行业**中完成。银行家所建立的银行在国家中的统治，财产在银行家——国家在国民经济学的**阿雷奥帕格**——手中的集中，可以称得上是货币的完成。

因为在信用业中，**对一个人在道德上的承认**，象对国家等的**信任**一样，采取了**信贷**的形式，所以隐藏在道德上的承认这种虚情假意之中的秘密，这种道德的**不道德**的卑鄙行为,以及对国家的信任中所包含的假仁假义和利己主义也就暴露了出来,并且显出了自己的真实的性质。

> 马克思:《詹姆斯·穆勒〈政治经济学原理〉一书摘要·媒介》(1844年上半年),摘自《马克思恩格斯全集》第42卷,人民出版社1979年9月第1版,第20—24页。

(六)"非生产劳动—生产劳动"与文艺创作

1. 文艺创作与"生产劳动"对资本的特殊"使用价值":创造剩余价值

资本主义生产过程的结果,既不是单纯的产品(使用价值),也不是商品,即具有一定交换价值的使用价值。它的结果,它的产品,是为资本**创造剩余价值**,因而,是货币或商品实际**转化**为资本;而在生产过程之前,货币或商品仅仅从自己的目的来说,从可能性来说,从自己的使命来说,才是资本。生产过程吸收的劳动量,比购买的劳动量大。在生产过程中完成的这种对别人无酬劳动的吸收、[1324]**占有**,是资本主义生产过程的**直接目的**;因为资本本身(因而资本家本身)的任务,既不是生产直接供自己消费的使用价值,也不是生产用来转化为货币再转化为使用价值的商品。资本主义生产的目的是**发财致富**,是**价值的增殖**,是价值的**增大**,因而是保存原有价值并创造剩余价值。资本只有在同劳动交换(这种劳动因而被称为**生产劳动**)之后,才能得到在资本主义生产过程中**生产出来的这种特殊的产品**。(第430页)

用来生产**商品**的劳动必须是有用劳动,必须生产某种**使用价值**,必须表现为某种**使用价值**。所以,只有表现为**商品**、也就是表现为使用价值的劳动,才是同资本交换的劳动。这是不言而喻的前提。但是,不是劳动的这种具体性质,不是劳动的使用价值本身,因而,不是由于劳动是例如裁缝的劳动、鞋匠的劳动、纺工的劳动、织工的劳动等等——不是这一点构成劳动对资本的特殊使用价值,不是这一点使劳动在资本主义生产体系中打上**生产劳动**的印记。构成劳动对资本的**特殊使用价值**的,不是劳动的一定的有用性质,也不是劳动借以物化的产品的特殊有用性质。劳动对资本的使用价值,是由这种劳动作为创造交换价值的因素的性质决定的,是由这种劳动固有的抽象劳动的性质决定的;但是,问题不在于劳动一般地代表着这种一般劳动的一定量，而在于劳动代表着一个比劳动价格即**劳动能力的价值所包含**的抽象劳动量**大**的抽象劳动量。

对资本来说，劳动能力的使用价值，在于劳动能力提供的劳动量超过物化在劳动能力本身因而为再生产劳动能力所需要的劳动量的余额。劳动当然是以它作为特殊的有用劳动（如纺纱劳动、织布劳动等等）所固有的**一定形式**被提供的。但是，劳动的这种使自己能表现为商品的具体性质，不是劳动对资本的**特殊使用价值**。对资本来说，劳动的这种特殊使用价值，在于劳动作为一般劳动所提供的劳动量，并且在于所完成的劳动量**超过**构成劳动报酬的劳动量的余额。

一定的货币额 x 变成资本，是由于它在它的产品中表现为 x + h，也就是由于作为产品的货币额所包含的劳动量，大于这个货币额原来包含的劳动量。而这是货币同生产劳动相交换的结果，换句话说，只有那种在同物化劳动交换时能使物化劳动表现为一个增大了的物化劳动量的劳动，才是**生产劳动**。

因此，资本主义生产过程并不单纯是商品生产。它是一个吸收无酬劳动的过程，是一个使生产资料（材料和劳动资料）变为吸收无酬劳动的手段的过程。

从上述一切可以看出，"生产劳动"是对劳动所下的同劳动的**一定内容**，同劳动的特殊效用或劳动所借以表现的特殊使用价值绝对没有任何直接关系的定义。

同一种劳动可以是**生产劳动**，也可以是**非生产劳动**。

例如，密尔顿创作《失乐园》得到 5 镑，他是**非生产劳动者**。相反，为书商提供工厂式劳动的作家，则是**生产劳动者**。密尔顿出于同春蚕吐丝一样的必要而创作《失乐园》。那是**他的**天性的能动表现。后来，他把作品卖了 5 镑。但是，在书商指示下编写书籍（例如政治经济学大纲）的莱比锡的一位无产者作家却是**生产劳动者**，因为他的产品从一开始就从属于资本，只是为了增加资本的价值才完成的。……（第 431—432 页）

如果一个工人虽然生产了可以出卖的商品，但是，他生产的数额仅仅相当于他自己的劳动能力的价值，因而没有为资本生产出剩余价值，那末，从资本主义生产的观点看来，这种工人**不是生产的**，这一点，从李嘉图的话里已经可以看出来，他说，这种人的存在本身就是一个累赘。（第 438

页）

那些不雇用工人因而不是作为资本家来进行生产的独立的手工业者或农民的情况又怎样呢？他们——这是农民的典型情况｛但是，比方说，我在家里雇用的园丁却不是这样｝——可以是**商品生产者**，而我向他们购买**商品**，至于手工业者按定货供应商品，农民按自己资金的多少供应商品，这些情况并不会使问题有丝毫改变。在这种场合，他们是作为商品的卖者，而不是作为劳动的卖者同我发生一定的关系，所以，这种关系与资本和劳动之间的交换毫无共同之处，因此，在这里也就用不上**生产劳动和非生产劳动**的区分——这种区分的基础在于，劳动是同作为货币的货币相交换，还是同作为资本的货币相交换。因此，农民和手工业者虽然也是商品生产者，却既不属于**生产劳动者**的范畴，又不属于**非生产劳动者**的范畴。但是，他们是自己的生产不从属于资本主义生产方式的商品生产者。（第 439 页）

马克思：《剩余价值理论》，摘自《马克思恩格斯全集》第 26 卷第 1 册，人民出版社 1972 年 6 月第 1 版。

资本主义生产的直接目的不是生产商品，而是生产剩余价值或利润（在其发展的形式上）；不是产品，而是剩余产品。从这一观点出发，劳动本身只有在为资本创造利润或剩余产品的情况下才是生产的。如果工人不创造这种东西，他的劳动就是非生产的。

马克思：《剩余价值理论》，摘自《马克思恩格斯全集》第 26 卷第 2 册，人民出版社 1973 年 7 月第 1 版，第 624 页。

2. 关于一切职业（包括文艺创作）都具有生产性的辩护

哲学家生产观念，诗人生产诗，牧师生产说教，教授生产讲授提纲，等等。罪犯生产罪行。如果我们仔细考察一下最后这个生产部门同整个社会的联系，那就可以摆脱许多偏见。罪犯不仅生产罪行，而且还生产刑法，因而还生产讲授刑法的教授，以及这个教授用来把自己的讲课作为"商品"投到一般商品市场上去的必不可少的讲授提纲。据说这就会使国民财富增加，更不用说象权威证人罗雪尔教授先生所说的，这种讲授提纲的手稿给作者本人带来的个人快乐了。

其次，罪犯生产全体警察和全部刑事司法、侦探、法官、刽子手、陪审官等等，而在所有这些不同职业中，每一种职业都是社会分工中的一定部门，这些不同职业发展着不同的人类精神能力，创造新的需要和满足新需要的新方式。单是刑讯一项就推动了最巧妙的机械的发明，并保证使大量从事刑具生产的可敬的手工业者有工可做。

罪犯生产印象，有时是道德上有教益的印象，有时是悲惨的印象，看情况而定；而且在唤起公众的道德感和审美感这个意义上说也提供一种"服务"。他不仅生产刑法讲授提纲，不仅生产刑法典，因而不仅生产这方面的立法者，而且还生产艺术、文艺——小说，甚至悲剧；不仅缪尔纳的《罪》和席勒的《强盗》，而且《奥狄浦斯王》和《理查三世》都证明了这一点。罪犯打破了资产阶级生活的单调和日常的太平景况。这样，他就防止了资产阶级生活的停滞，造成了令人不安的紧张和动荡，而没有这些东西，连竞争的刺激都会减弱。因此，他就推动了生产力。一方面，犯罪使劳动市场去掉了一部分过剩人口，从而减少了工人之间的竞争，在一定程度上阻止工资降到某种最低额以下；另一方面，反对犯罪的斗争又会吸收另一部分过剩人口。这样一来，罪犯成了一种自然"平衡器"，它可以建立适当的水平并为一系列"有用"职业开辟场所。

罪犯对生产力的发展的影响，可以研究得很细致。如果没有小偷，锁是否能达到今天的完善程度？如果没有［183］伪造钞票的人，银行券的印制是否能象现在这样完善？如果商业中没有欺骗，显微镜是否会应用于通常的商业领域（见拜比吉的书）？应用化学不是也应当把自己取得的成就，象归功于诚实生产者的热情那样，归功于商品的伪造和为发现这种伪造所作的努力吗？犯罪使侵夺财产的手段不断翻新，从而也使保护财产的手段日益更新，这就象罢工推动机器的发明一样，促进了生产。而且，离开私人犯罪的领域来说，如果没有国家的犯罪，能不能产生世界市场？如果没有国家的犯罪，能不能产生民族本身？难道从亚当的时候起，罪恶树不同时就是知善恶树吗？

马克思：《剩余价值理论》，摘自《马克思恩格斯全集》第26卷第1册，人民出版社1972年6月第1版，第415—416页。

亚·斯密关于**生产**劳动和**非生产**劳动的见解**在本质**上是正确的，从资产阶级经济学的观点来看是正确的。其他的经济学家对这个见解提出的反驳，要么纯属胡说八道（如施托尔希，更卑鄙的是西尼耳，等等），他们硬说，任何行动总会产生某种结果，这样他们就把自然意义上的产品同经济意义上的产品混为一谈了；照这样说，小偷也是生产劳动者了，因为他间接地生产出刑事法典；（至少这种推论和下面的说法是同样正确的：法官也可以叫做生产劳动者，因为他防止偷盗）。要么就是现代经济学家向资产者大献殷勤，他们要资产者确信，谁要是替他去捉头上的虱子或者抚摸他的下身，那都是生产劳动，因为例如后一动作会使他的笨脑袋瓜第二天在账房里工作起来娱快些。因此，前后一贯的经济学家认为，例如奢侈品制造厂的工人是生产工人，而消费这些奢侈品的家伙则被断然地斥责为非生产的浪费者，这种看法是完全正确的，同时也是具有特征的。事实是，这些工人就他们增加他们主人的资本来说，的确是生产的；而从他们劳动的物质结果来看，则是非生产的。其实，这个"生产的"工人对他所必须制造的没用东西的关心程度，完全同雇用他的资本家本人一样，资本家对这种废物也是毫不关心的。但是更仔细地来看，事实上生产工人的真正定义是：生产工人是这样的人，他的需要和要求仅限于能够为资本家带来最大程度的利益。所有这些都是闲话。题外之言。不过，关于生产劳动和非生产劳动的问题，还必须回头来更详细地考察。

马克思：《经济学手稿》（1857—1858年），摘自《马克思恩格斯全集》第46卷上册，人民出版社1979年7月第1版，第229—230页。

3. 个人服务是生产性雇佣劳动的对立面

物化劳动同活劳动相交换，一方面还不构成资本，另一方面也还不构成雇佣劳动。整个所谓的服务阶级，从擦皮鞋的到国王，都属于这个范畴。不论在东方公社，还是在由自由土地所有者组成的西方公社，我们到处零散地见到的自由短工也属于这个范畴；这些公社由于人口增长、战俘释放、各种偶然性造成个人贫困和丧失独立劳动的客观条件，以及由于分工等原因，分解成一些单个的要素。

如果A用某一价值或货币，即物化劳动，交换B的某种服务，即活劳动，那么这可能属于：

（1）**简单流通的关系**。双方互相交换的，实际上只是使用价值；一方用来交换的是生活资料，另一方用来交换的是劳动，即他方所希望消费的服务；这或者是直接的个人服务，或者是一方为另一方提供材料等，后者通过自己的劳动，即通过自己劳动的物化，用这些材料等创造出供前者消费的一定的使用价值。例如，过去常有这种情况，农民把一个走乡串里的裁缝领到自己家里，供给他衣料要他为自己做衣服。或者我给一个医生一些钱，要他给我治病。在这些场合，重要的是双方彼此提供服务。在这里，"我给，为了你做"，同"我做，为了你给"，或者同"我给，为了你给"，是完全一样的。

一个人为我缝衣服，为此我向他提供材料，他给我使用价值。但他不是立即以物的形式提供使用价值，而是以活动的形式提供使用价值。我给他一种现成的使用价值，他为我制造另一种使用价值。过去的物化劳动同现在的活劳动之间的差别，在这里仅仅表现为劳动的不同时态的形式上的差别，一个是处于完成时态，另一个是处于现在时态。不论 B 是自己生产他用来维持生存的食品，还是从 A 那里取得这些食品，即他不直接生产食品而生产衣服，用衣服从 A 那里换得食品，这实际上只表现为由分工和交换所引起的形式上的差别。在这两种情况下，他只有付给 A 一种等价物，才能占有属于 A 的使用价值，而这种等价物归根到底就是他自己的活劳动，不论这种活劳动在交换完成以前还是由于这次交换而采取什么样的物化形式。现在衣服不仅包含赋予它以形式——劳动的运动赋予衣料的特定效用形式——的一种特定的劳动，而且还包含一定的劳动量，所以它不仅包含使用价值，而且包含**价值**一般，**价值**本身。但这种价值对 A 来说是不存在的，因为他消费衣服，而不是服装商人。因此，他交换来的劳动并不是**创造价值**的劳动，而是创造效用即使用价值的活动。

[IV—49] 在提供个人服务的情况下，这种使用价值是作为使用价值来消费的，没有从运动形式转变为实物形式。如果象在简单关系中经常发生的那样，提供服务的人得到的不是货币，而是直接的使用价值本身，那么，甚至这样一种假象，即对这种情况下对这一方或另一方来说具有意义的似乎是与使用价值不同的**价值**的假象，也不存在了。但是，即使假定 A 用货币支付服务费，这也不是把他的货币转化为资本，而是把货币当作换取消费品即一定的使用价值的单纯流通手段。因此，这种行为也不是生产财富的行为，反而是消费财富的行为。在这里，对于 A 来说，问题完全不在于［裁缝 B 的］劳动本身，一定的劳动时间，即**价值**客体化于衣料中，而在于满足一定的需要。当 A 把他的货币从价值形式变为使用价值形式时，他知道他的货币并没有**增殖**，反而**丧失**了。劳动在这里不是当作生产价值的使用价值，而是当作一种特殊的使用价值本身，当作供消费的价值交换进来的。A 重复交换的次数越多，他就越穷。这种交换对他来说不是

发财致富的行为，不是**创造价值**的行为，而是使现有的、归他所有的**价值丧失**的行为。A 在这里用来交换活劳动——现实的服务或客体化于某种实物中的服务——的货币不是**资本**，而是**收入**，是为了取得使用价值而被用作流通手段的货币，只具有转瞬即逝的价值形式的货币，不是那种想通过购买劳动来保存自己并且增殖自己价值的货币。

货币作为收入，作为单纯流通手段同活劳动相交换，决不可能使货币变为资本，因而也决不可能使劳动变为经济学意义上的雇佣劳动。

消费（支出）货币不是生产货币，这一点用不着详细解释。在大部分剩余劳动是农业劳动，因而土地所有者既是剩余劳动又是剩余产品的所有者的情况下，正是土地所有者的收入，构成了自由劳动者的劳动基金，构成了与农业劳动者相对立的工业（这里指手工业）劳动者的劳动基金。

同手工业者相交换，是土地所有者的一种消费形式，他的另一部分收入则通过换取个人服务（往往只是服务的假象）直接分给他的一群侍从。在亚洲各社会中，君主是国内剩余产品的唯一所有者，他用他的收入同自由人手（斯图亚特的用语）相交换，结果出现了一批城市，这些城市实际上不过是一些流动的营房。这种关系尽管**可能**而不是**必然**同奴隶制和农奴制相对立，但它同雇佣劳动毫无共同之处，因为它在劳动的社会组织的各种不同形式下总是重复出现。如果这种交换是借助**货币**实现的，那么价格规定对双方都是重要的，但对 A 之所以重要，只是因为 A 不愿意为劳动创造的**使用价值**支付过多，而不是因为他关心劳动创造的**价值**。这种最初多半是习惯造成的和世代沿袭的价格，逐渐由经济来决定，先是由供求之间的比例，最后则由能够创造出这类活服务的出卖者本身所需要的生产费用来决定；这种情况毫不改变关系的本质，因为同以前一样，价格规定对于单纯使用价值的交换来说仍然只是形式上的要素。但是，这种价格规定本身是由其他的关系，由占统治地位的生产方式的一般的、可以说是在这种特殊交换行为背后实现的那些规律以及这种生产方式的自我规定产生的。

军队是古代共同体中最先采用这种发薪饷方法的形式之一。普通士兵的薪饷也被压低到最低限度，只决定于他的再生产所必需的生产费用。但是，他用自己的服务交换来的是国家的收入，而不是**资本**。

……

［IV—50］在货币同劳动或服务相交换以便用于直接消费的情况下，

所发生的总是现实的交换。双方交换一定的**劳动量**，这只具有**形式上**的意义，使双方能够互相衡量劳动的**特殊**效用形式。这只涉及交换的**形式**，而不构成其**内容**。在资本同劳动相交换的情况下，**价值**不是两种使用价值相交换的尺度，而是**交换的内容**本身。

（2）在**资产阶级**前的各种关系解体的时期，零散地出现一些自由劳动者，购买这些人的服务不是为了消费，而是为了**生产**；但是，**第一**，即使规模很大，这也只是为了生产**直接的**使用价值，而不是为了生产**价值**；第二，例如，如果说贵族除了自己的农奴，还使用自由劳动者，并把他们创造的一部分产品又拿去出售，因而自由劳动者为他创造了**价值**，那么这种交换只涉及多余的产品，并且只是为了多余的产品，为了**奢侈品**的消费而进行的；因而这实际上只是为了把他人劳动用于直接消费或用作使用价值而对这种劳动进行的伪装的购买。然而，凡是这种自由劳动者的数量日益增多而且这种关系日益扩展的地方，旧的生产方式，即公社的、家长制的、封建制的生产方式等等，就处于解体之中，并准备了真正雇佣劳动的要素。但这种自由的奴仆，象在波兰等地那样，也可能出现以后又消失，而生产方式并未改变。

为了把资本同雇佣劳动的关系表述为**所有权的关系**或规律，我们只需要把双方在**价值增殖过程**中的关系表述为**占有的过程**。例如，剩余劳动变为资本的剩余价值，这一点意味着：工人并不占有他自己劳动的产品，这个产品对他来说表现为**他人的财产**，反过来说，**他人的劳动**表现为资本的财产。资产阶级所有权的这第二条规律是第一条规律［即对自己劳动的产品拥有所有权的规律］转变来的，并通过继承权等等而长期存在下去，不受单个资本家的易逝性的影响；它同第一条规律一样被承认为规律。第一条是劳动和所有权的同一性；第二条是劳动表现为被否定的所有权，或者说所有权表现为对他人劳动的异己性的否定。

实际上，在资本的生产过程中，正如在进一步考察这一过程时将更加清楚地表明的那样，劳动是一个总体，是各种劳动的结合体，其中的各个组成部分彼此毫不相干，所以，总劳动作为总体不是单个工人的**事情**，而且，即使说它是不同工人的共同的事情，也只是从这样的意义来说的：工人们是被［外力］结合在一起，而不是他们自己互相结合。这种劳动就其结合体来说，服务于他人的意志和他人的智力，并受这种意志和智力的支配——它的**精神的统一**处于自身之外；同样，这种劳动就其物质的统一来说，则从属于**机器**的，固定资本的**物的统一**。这种固定资本象一个**有灵性的怪物**把科学思想客体化了，它实际上是一个联合体，它决不是作为工具同单个工人发生关系，相反，工人却作为有灵性的单个点，作为活的孤立的附属品附属于它。

所以，结合劳动从两个方面来看都是**自在**的结合，这种结合既不表现为共同劳动的个人互相发生的关系，也不表现为这些个人支配其特有的或孤立的职能或支配劳动工具。因此，如果说工人把自己劳动的产品看作是他人的产品，那么他也把结合劳动看作是他人的劳动；同样，他把自己的劳动看作虽然属于他自己，但对他来说却是异己的、被强制的生命活动力，所以亚当·斯密等人把这种生命活动力看成是**辛苦、牺牲**等。正象劳动的产品一样，劳动本身作为**特殊的孤立的劳动者的劳动被否定了**。被否定的孤立劳动，实际上是被肯定的社会劳动或结合劳动。但是，这样被肯定的**社会劳动或结合劳动**，不论是作为活动还是转化为客体的静止形式，同时直接表现为某种与实际存在的单个劳动不同的东西，——既表现为**他人的客体性**（他人的财产），也表现为**他人的主体性**（资本的主体性）。因此，资本作为被否定的孤立劳动者的孤立劳动，从而也作为被否定的孤立劳动者的财产，既代表劳动，也代表劳动的产品。所以，资本是社会劳动的存在，是劳动既作为主体又作为客体的结合，但这一存在是同劳动的现实要素相对立的独立存在，因而它本身作为**特殊的**存在而与这些要素并存。因此，资本从自己方面看来，表现为起支配作用的主体和**他人劳动的**所有者，而资本的关系本身就象雇佣劳动的关系一样，是完全矛盾的关系。

马克思：《经济学手稿》（1857—1858年），摘自《马克思恩格斯全集》第46卷上册，人民出版社1979年7月第1版，第463—470页。

从资本主义的角度来看，凡［创造剩余价值］所不需要的，从而只是再生产工人自身所需要的一切劳动，都是无用劳动，即**非生产**劳动。（第314页）

非生产劳动（这种劳动是纯脑力劳动）。

"**必要的祸害**。"他（**西斯蒙第**）赞扬汉堡，因为在这个城市中人们正是这样解释脑力劳动的。（第517页）

马克思:《经济学手稿》（1861—1863年），摘自《马克思恩格斯全集》第48卷，人民出版社1985年2月第1版。

（七）剩余价值流转中的虚拟资本、非生产劳动：对剩余价值的"分割"、"扣除"

1. 一切财富的"源泉"："劳动和自然界"

正象劳动被理解为交换价值的唯一源泉和使用价值的积极源泉一样，"资本"也被同一些政治经济学家，特别是大卫·李嘉图（在他以后，托伦斯、马尔萨斯、贝利等人更是这样）看作是生产的调节者、财富的源泉和生产的目的……（第284页）

劳动是交换价值的唯一源泉和使用价值的唯一的积极的创造者。你们这样说。另一方面，你们说，**资本**就是一切，而工人算不了什么，或者说，工人仅仅是资本的生产费用的一个项目。你们自己驳倒了自己。资本**不过**是对工人的诈骗。**劳动才是一切**。（第285页）

马克思:《剩余价值理论》，摘自《马克思恩格斯全集》第26卷第3册，人民出版社1974年12月第1版。

政治经济学家说：劳动是一切财富的源泉。其实劳动和自然界一起才是一切财富的源泉，自然界为劳动提供材料，劳动把材料变为财富。

恩格斯:《自然辩证法》（1873年—1886年），摘自《马克思恩格斯全集》第20卷，人民出版社1971年3月第1版，第509页。

劳动**不是**一切财富的源泉。**自然界**同劳动一样也是使用价值（而物质财富本来就是由使用价值构成的！）的源泉，劳动本身不过是一种自然力即人的劳动力的表现。……只有一个人一开始就以所有者的身份来对待自然界这个一切劳动资料和劳动对象的第一源泉，把自然界当做隶属于他的东西来处置，他的劳动才成为使用价值的源泉，因而也成为财富的源泉。资产者有很充分的理由硬给劳动加上一种**超**自然的创造力，因为正是由于劳动的自然制约性产生出如下的情况：一个除自己的劳动力以外没有任何其他财产的人，在任何社会的和文化的状态中，都不得不为另一些已经成了劳动的物质条件的所有者的人做奴隶。他只有得到他们的允许才能劳动，因而只有得到他们的允许才能生存。

马克思:《哥达纲领批判》（约1875年4月底—5月7日），摘自《马克思恩格斯文集》第3卷，人民出版社2009年12月第1版，第428页。

2. 体现"经营资本家和雇佣工人"关系的"直接生产过程",是"剩余价值(交换价值)"的"原始源泉"

说它们是"一切收入的三个原始源泉",这是对的;说它们"也是**一切交换价值**的三个原始源泉",就不对了,因为商品的价值是完全由商品中包含的劳动时间决定的。亚·斯密刚说了地租和利润纯粹是工人加到原料上的价值或劳动中的"扣除部分",怎么可以随后又把它们称为"交换价值的原始源泉"呢?(只有在推动"原始源泉",即强迫工人完成剩余劳动这个意义上说,它们才能起这种作用。)它们只有成为占有一部分价值即一部分物化在商品中的劳动的根据(条件),才是它们的所有者的收入的源泉。但是价值的分配,或者说,价值的占有,决不是被占有的价值的源泉。如果没有这种占有,工人以工资形式得到自己劳动的全部产品,那末,虽然土地所有者和资本家没有来分享,生产出来的商品的价值仍然同从前一样。(第74页)

但德斯杜特先生由此得出的结论是:不应追溯到这些生产工人,而应追溯到使用这些生产工人的资本家。他说:

"实际上正是他们养活有闲者所雇用的雇佣劳动者。"(第246页)

这是不言而喻的。既然他们直接剥削劳动,而有闲资本家只是通过他们作中介来剥削劳动。在这个意义上,把产业资本看作财富的源泉是正确的。(第288—289页)

> 马克思:《剩余价值理论》,摘自《马克思恩格斯全集》第26卷第1册,人民出版社1972年6月第1版。

只有在劳动力已经出卖,并入生产过程之后,就是说,只有在它不再作为商品流通之后,它才成为生产资本的组成部分:作为剩余价值的源泉,它是可变资本,就投在它身上的资本价值的周转来说,它是生产资本的流动组成部分。(第231页)

虽然剩余价值——超过资本家预付价值的等价物而形成的余额——的占有,是由劳动力的买和卖引出的,但这种占有是在生产过程中完成的一种行为,并且是生产过程的一个本质的要素。

形成流通行为的先导行为,即劳动力的买和卖,本身又是建立在先于社会**产品**的分配并作为其前提的生产**要素**的分配的基础上的,也就是建立在作为工人的商品的劳动力和作为非工人的财产的生产资料互相分离的基

础上的。(第 427—428 页)

> 马克思、恩格斯：《资本论》第 2 卷，摘自《马克思恩格斯文集》第 6 卷，人民出版社 2009 年 12 月第 1 版。

直接生产过程本身也只是一个转瞬即逝的要素，它会不断转入流通过程，就像流通过程会不断转入生产过程一样，因此，关于生产过程中所获得的利益的源泉，即关于剩余价值的性质，虽然在生产过程中已经有了一点隐隐约约的感觉，但至多不过表现为一个和下述看法同样合理的要素，按照这种看法，已实现的余额，好像来源于不与生产过程无关而由流通本身产生的运动，也就是属于资本而又与资本对劳动的关系无关的运动。难怪连现代经济学家如拉姆赛、马尔萨斯、西尼耳、托伦斯等人也直接用流通的这些现象来证明：资本在它的单纯物质存在上，与它同劳动的社会关系（正是这种关系使它成为资本）无关，是一个与劳动并列而且与劳动无关的剩余价值的独立源泉。(第 52—53 页)

在不同生产部门，总资本中大小相等各资本，包含着剩余价值的大小不等的源泉，而剩余价值的唯一源泉是活劳动。(第 166—167 页)

> 马克思、恩格斯：《资本论》第 3 卷，摘自《马克思恩格斯文集》第 7 卷，人民出版社 2009 年 12 月第 1 版。

直接向工人榨取这剩余价值的正是经营资本家，不论他最终能把这剩余价值中的哪一部分留归自己。所以，整个雇佣劳动制度，整个现代生产制度，正是建立在经营资本家和雇佣工人的这种关系上的。

> 马克思：《工资、价格和利润》(1865 年 5 月 20 日—6 月 24 日之间)，摘自《马克思恩格斯文集》第 3 卷，人民出版社 2009 年 12 月第 1 版，第 62 页。

3."土地—地租"、"资本—利润"、"劳动—工资"的三位一体公式，以"最富有拜物教性质的形式"并且是仅仅在其外观上反映出了资本主义的生产关系

[XV—891] 收入的形式和收入的源泉以**最富有拜物教性质的形式**表现了资本主义生产关系。这是资本主义生产关系从外表上表现出来的存在，它同潜在的联系以及中介环节是分离的。于是，**土地**成了**地租**的源泉，**资本**成了利润的源泉，**劳动**成了**工资**的源泉。现实的颠倒借以表现的歪曲形式，自然会在这种生产方式的当事人的观念中再现出来。这是一种没有想

象力的虚构方式，是庸人的宗教。庸俗经济学家——应该把他们同我们所批判的经济学研究者严格区别开来——实际上只是［用政治经济学的语言］翻译了受资本主义生产束缚的资本主义生产承担者的观念、动机等等，在这些观念和动机中，资本主义生产仅仅在其外观上反映出来。他们把这些观念、动机翻译成学理主义的语言，但是他们是从［社会的］统治部分即资本家的立场出发的，因此他们的论述不是素朴的和客观的，而是辩护论的。对必然在这种生产方式的承担者那里产生的庸俗观念的偏狭的和学理主义的表述，同诸如重农学派、亚·斯密、李嘉图这样的政治经济学家渴求理解现象的内部联系的愿望，是极不相同的。

马克思：《剩余价值理论》，摘自《马克思恩格斯全集》第 26 卷第 3 册，人民出版社 1974 年 12 月第 1 版，第 499—500 页。

4. 利润、利息、地租等"实质上都是无酬劳动时间的化身"、是剩余价值的"扣除"、"分割"、"转移"

总之，亚·斯密在这里直截了当地把地租和资本的利润称为纯粹是工人产品中的**扣除部分**，或者说，是与工人加到原料上的劳动量相等的产品价值中的**扣除部分**。但是，正如亚·斯密自己在前面证明过的，这个扣除部分只能由工人加到原料上的、超过只支付他的工资或只提供他的工资等价物的劳动量的那部分劳动构成；因而这个扣除部分是由工人的剩余劳动，即工人劳动的无酬部分构成。（因此，顺便指出，利润和地租，或者说，资本和地产，决不可能是"**价值的源泉**"。）

马克思：《剩余价值理论》，摘自《马克思恩格斯全集》第 26 卷第 1 册，人民出版社 1972 年 6 月第 1 版，第 63—64 页。

资本家不得不把他所侵占的一部分剩余劳动或剩余价值再同不劳动的第三者分配的情况，只是后来才出现。扣除作为工资支付出去的产品价值部分和等于不变资本的价值部分之后，全部剩余价值直接从工人手里转到资本家手里，这也是生产的事实。对于工人来说，资本家是全部剩余价值的直接占有者，不管他后来怎样同借贷资本家、土地所有者等分配剩余价值。（第 166 页）

纯收入实际上就是产品（或产品价值）超过它补偿预付资本即不变资本和可变资本的那一部分的余额。因此，纯收入只不过是由利润和地租构成，而地租本身又只是从利润中分割出来、落入一个不同于资本家阶级的

阶级手中的一部分利润。（第624页）

马克思：《剩余价值理论》，摘自《马克思恩格斯全集》第26卷第2册，人民出版社1973年7月第1版。

如果利润率是既定的，利息率的相对高度就取决于利润分割为利息和产业利润的比例；如果这种分割的比例是既定的，利息率的绝对高度（即利息对资本的比例）就取决于利润率。这种分割比例是怎样确定的，这里不打算研究。这是属于对资本的现实运动，亦即对各个资本的现实运动的考察问题，而我们这里涉及的是资本的一般形式。（第522页）

利润分为［产业］利润和利息的这种分割并不表现为偶然的分割，不是取决于偶然的情况（即一个资本家是否实际上要同另一个资本家分割利润，他在这一场合是用自有资本经营还是用别人的资本经营），而是相反，即使他仅仅用自有资本进行生产，他也无论如何都要分裂为资本的单纯所有者和资本的使用者，分裂为生产过程外的资本和生产过程内的资本，分裂为自身提供利息的资本和作为处于［生产］过程中的、提供利润的资本……（第526页）

马克思：《剩余价值理论》，摘自《马克思恩格斯全集》第26卷第3册，人民出版社1974年12月第1版。

因此，资本不仅象亚·斯密所说的那样，是对劳动的支配权。按其本质来说，它是对无酬劳动的支配权。一切剩余价值，不论它后来在利润、利息、地租等等哪种特殊形式上结晶起来，实质上都是无酬劳动时间的物化。资本自行增殖的秘密归结为资本对别人的一定数量的无酬劳动的支配权。（第611页）

不管资本主义生产者自己握有的或分给别人的剩余价值的比例如何，他总是最先占有剩余价值。因此，我们在叙述积累时假定的情况，也就是积累进行中实际发生的情况。另一方面，剩余价值的分割和流通的中介运动模糊了积累过程的简单的基本形式。因此，对积累过程的纯粹的分析，就要求我们暂时抛开掩盖它的机制的内部作用的一切现象。（第652页）

马克思：《资本论》第1卷，摘自《马克思恩格斯文集》第5卷，人民出版社2009年12月第1版。

贷出者和借入者双方都是把同一货币额作为资本支出的。但它只有在后者手中才执行资本的职能。同一货币额作为资本对两个人来说取得了双重的存在，这并不会使利润增加一倍。它所以能对双方都作为资本执行职能，只是由于利润的分割。其中归贷出者的部分叫作利息。（第 395—396 页）

利息归资本家所有，即使他不执行资本家的任何职能，而只是资本的所有者；相反，企业主收入归执行职能的资本家所有，即使他不是他用来执行职能的资本的所有者。由于这种对立，人们完全忘记了：资本家作为资本家，他的职能是生产剩余价值即无酬劳动，而且是在最经济的条件下进行这种生产。由于利润即剩余价值所分成的两个部分的对立形式，人们忘记了，二者不过是剩余价值的不同部分，并且它的分割丝毫不能改变剩余价值的性质、它的起源和它的存在条件。（第 427 页）

甚至"资本—利润"这个说法，在这里也是不正确的。如果仅从资本生产剩余价值这方面来说，也就是，从资本对工人的关系，即资本通过对劳动力即对雇佣工人的强制来榨取剩余劳动的关系来说，那么，这个剩余价值，除了包括利润（企业主收入加上利息）之外，还包括地租，总之，包括全部没有分割的剩余价值。相反，在这里，资本作为收入的源泉，只和归资本家所有的那部分有关。这不是资本榨取的全部剩余价值，而只是资本为资本家榨取的那部分剩余价值。一旦这个公式转化为"资本—利息"的公式，一切联系就更看不出来了。（第 932—933 页）

利润（企业主收入加上利息）和地租，不外是商品剩余价值的各个特殊部分所采取的独特形式。剩余价值的大小，是剩余价值可以分割成的各个部分的总和的界限。（第 943 页）

工资价值、利润率和地租率的变动，不管调节这些部分互相间的比例的各种规律会起什么作用，总只能在新创造的商品价值所划定的界限内进行。只有在地租以垄断价格为基础时，才会产生例外。这不会使规律有丝毫改变，只不过使考察复杂化。因为，在这种场合，如果我们只考察产品本身，不同的就只是剩余价值的分割；但是，如果我们考察它和其他商品比较而言的相对价值，区别就只在于，其他商品里包含的剩余价值，将会有一部分转移到这种特殊的商品上来。（第 969 页）

利润分割为企业主收入和利息，这表现为同一个收入的分配。但这种分割的发生，首先是由于资本作为自行增殖的、生产剩余价值的价值的发展，由于占统治地位的生产过程的这种一定的社会形式的发展。这种分割从它本身发展出了信用和信用制度，因而也发展了生产的形式。在利息上等等，所谓的分配形式是作为决定的生产要素加入价格的。(第999页)

马克思、恩格斯：《资本论》第3卷，摘自《马克思恩格斯文集》第7卷，人民出版社2009年12月第1版。

5. 资本增殖本身存在"虚拟化"而脱离"生产过程"的趋向："一切资本主义生产方式的国家，都周期地患一种狂想病，企图不用生产过程作媒介而赚到钱"

这种循环表现为货币资本的循环，因为产业资本是以它的货币形式即作为货币资本形成自己总过程的出发点和复归点的。公式本身表明，货币在这里不是作为货币花掉，而只是预付，因而只是资本的货币形式，只是货币资本。它还表明，运动的决定目的本身，是交换价值，而不是使用价值。正因为价值的货币形态是价值的独立的可以捉摸的表现形式，所以，以实在货币为起点和终点的流通形式 $G\cdots G'$，最明白地表示出资本主义生产的动机就是赚钱。生产过程只是为了赚钱而不可缺少的中间环节，只是为了赚钱而必须干的倒霉事。[因此，一切资本主义生产方式的国家，都周期地患一种狂想病，企图不用生产过程作媒介而赚到钱。]

马克思、恩格斯：《资本论》第2卷，摘自《马克思恩格斯文集》第6卷，人民出版社2009年12月第1版，第67—68页。

对于要把资本说成是价值和价值创造的独立源泉的庸俗经济学来说，这个形式（生息资本）自然是它求之不得的。在这个形式上，利润的源泉再也看不出来了，资本主义生产过程的结果也离开过程本身而取得了独立的存在。(第442页)

人们把虚拟资本的形成叫作资本化。人们把每一个有规则的会反复取得的收入按平均利息率来计算，把它算做是按这个利息率贷出的资本会提供的收入，这样就把这个收入资本化了；例如，在年收入=100镑，利息率=5%时，100镑就是2000镑的年利息，这2000镑现在就被看成是每年有权取得100镑的法律证书的资本价值。对这个所有权证书的买者来说，这100镑年收入实际代表他所投资本的5%的利息。因此，和资本现实增殖过程的一切联系就彻底消灭干净了。资本是一个自行增殖的自动机的观念就牢固地树立起来了。(第528—529页)

>马克思、恩格斯：《资本论》第 3 卷，摘自《马克思恩格斯文集》第 7 卷，人民出版社 2009 年 4 月第 1 版。

在资本主义生产内，劳动过程对价值增殖过程的关系是，后者表现为目的，前者只表现为手段。因此，当后一个过程不再可能或还不可能时，前一个过程就会停止。另一方面，在所谓的投机行为、投机危机（股票等投机）时期，可以看到：劳动过程（真正的物质生产）只是一种非常麻烦的条件，从而资本主义国家普遍热中于不使用手段（劳动过程）去达到目的（价值增殖过程）。

>马克思：《经济学手稿》（1861—1863 年），摘自《马克思恩格斯全集》第 47 卷，人民出版社 1979 年 10 月第 1 版，第 104 页。

如果说求爱者热中的直接**对象**是妇女，那末，工业竞赛的直接对象就会是生产品，而不是利润。

竞争不是工业竞赛而是商业竞赛。在我们这个时代，工业竞赛只是为了商业而存在。在现代各民族的经济生活中，甚至还有一些时候，大家都患了一种不事生产专谋利润的狂热病。这种周期性的投机狂热，暴露出竞争竭力逃避工业竞赛的必然性的真正性质。

>马克思：《哲学的贫困》（1847 年上半年），摘自《马克思恩格斯全集》第 4 卷，人民出版社 1958 年 8 月第 1 版，第 173 页。

6. 金融贵族，不论就其发财致富的方式来说还是就其享乐的性质来说，都不过是流氓无产阶级在资产阶级社会上层的再生罢了

金融贵族颁布法律，指挥国家行政，支配全部有组织的社会权力机关，而且借助于这些现实状况和报刊来操纵社会舆论，与此同时，在一切地方，上至宫廷，下至最低级的咖啡馆，到处都是一样卖身投靠，一样无耻欺诈，一样贪图不靠生产而靠巧骗他人财产来发财致富；尤其是在资产阶级社会的上层，不健康的和不道德的欲望以毫无节制的、时时都和资产阶级法律本身相抵触的形式出现，在这种形式下，投机得来的财富自然要寻求满足，于是享乐变成放荡，金钱、污秽和鲜血汇为一流。金融贵族，不论就其发财致富的方式来说还是就其享乐的性质来说，都不过是流氓无产阶级在资产阶级社会上层的再生罢了。

>马克思：《1848 年至 1850 年的法兰西阶级斗争》（1849 年底—1850 年 3 月底和 1850 年 10 月—11 月 1 日），摘自《马克思恩格斯文集》第 2 卷，人民出版社 2009 年 12 月第 1 版，第 82—83 页。

7. 利息、虚拟资本、"信用货币属于社会生产过程的较高阶段"而掩盖"资本现实增殖过程"及其中的剥削关系

在以下的研究中要把握住，我们所谈的只是从商品交换直接产生出来的那些货币形式，而不是属于生产过程较高阶段的那些货币形式，如信用货币。（第54页）

强制通用的国家纸币是价值符号的完成形式，是直接从金属流通或简单商品流通本身中产生出来的纸币的唯一形式。信用货币属于社会生产过程的较高阶段，它受完全不同的规律支配。（第106页）

> 马克思：《政治经济学批判》（1858—1859年），摘自《马克思恩格斯全集》第13卷。

利息本身正好表明，劳动条件作为资本而存在，同劳动处于社会对立中，并且转化为同劳动相对立并且支配着劳动的个人权力。利息把单纯的资本所有权表现为占有他人劳动产品的手段。但是，它是把资本的这种性质表现为某种在生产过程之外属于资本的东西，而不是表现为这个生产过程本身的独特的资本主义规定性的结果。它不是把资本的这种性质表现为同劳动直接对立，而是相反地同劳动无关，只是表现为一个资本家对另一个资本家的关系，也就是说，表现为一种存在于资本对劳动本身的关系之外的、与这种关系无关的规定。因此，在利息上，在利润的这个特殊形态上，资本的对立性质固然得到了独立的表现，但是表现成这样：这种对立在其中已经完全消失，完全抽掉。利息是两个资本家之间的关系，不是资本家和工人之间的关系。

……因为资本的异化性质，它同劳动的对立，转移到现实剥削过程之外，即转移到生息资本上，所以这个剥削过程本身也就表现为单纯的劳动过程，在这个过程中，执行职能的资本家与工人相比，不过是在进行另一种劳动。因此，剥削的劳动和被剥削的劳动，二者作为劳动成了同一的东西。剥削的劳动，像被剥削的劳动一样，是劳动。利息成了资本的社会形式，不过被表现在一种中立的、没有差别的形式上；企业主收入成了资本的经济职能，不过这个职能的一定的、资本主义的性质被抽掉了。（第429—430页）

就资本作为生息资本的属性来说，一切能生产出来的财富都属于资本所有，而资本迄今已经获得的一切，不过是对资本的无所不吞的食欲的分

期偿付。按照资本的天生固有的规律，凡是人类所能提供的一切剩余劳动都属于它。（第447页）

马克思、恩格斯：《资本论》第3卷，摘自《马克思恩格斯文集》第7卷，人民出版社2009年4月第1版。

即使在债券——有价证券——不像国债那样代表纯粹幻想的资本的地方，这种证券的资本价值也纯粹是幻想的。我们上面已经讲过，信用制度怎样产生出联合的资本。这种证券就被当做这种资本的所有权证书。铁路、采矿、轮船等公司的股票是代表现实资本，也就是代表在这些企业中投入的并执行职能的资本，或者说，代表股东所预付的、在这些企业中作为资本来用的货币额。这里决不排除股票也只是一种欺诈的东西。但是，这个资本不能有双重存在：一次是作为所有权证书即股票的资本价值，另一次是作为在这些企业中实际已经投入或将要投入的资本。它只存在于后一种形式，股票不过是对这个资本所实现的剩余价值的相应部分的所有权证书。A可以把这个证书卖给B，B可以把它卖给C。这样的交易并不会改变事物的性质。这时，A或B把他的证书转化为资本，而C把他的资本转化为一张对股份资本预期可得的剩余价值的单纯所有权证书。

这些所有权证书——不仅是国家证券，而且是股票——的价值的独立运动，加深了这种假象，好像除了它们可能有权索取的资本或权益之外，它们还形成现实资本。这就是说，它们已经成为商品，而这些商品的价格有独特的运动和决定方法。它们的市场价值，在现实资本的价值不发生变化（即使它的价值已增殖）时，会和它们的名义价值具有不同的决定方法。一方面，它们的市场价值，会随着它们有权索取的收益的大小和可靠程度而发生变化。假定一张股票的名义价值即股票原来代表的投资额是100镑，又假定企业提供的不是5%而是10%，那么，在其他条件不变的情况下，在利息率是5%时，这张股票的市场价值就会提高到200镑，因为这张股票按5%的利息率资本化，现在已经代表200镑的虚拟资本。用200镑购买这张股票的人，会由这个投资得到5%的收入。如果企业的收益减少，情况则相反。这种证券的市场价值部分地有投机的性质，因为它不是由现实的收入决定的，而是由预期得到的、预先计算的收入决定的。……

所有这些证券实际上都只是代表已积累的对于未来生产的索取权或权利证书，它们的货币价值或资本价值，或者像国债那样不代表任何资本，或者完全不决定于它们所代表的现实资本的价值。

在一切进行资本主义生产的国家,都有巨额的所谓生息资本或货币资本(moneyed capital)采取这种形式。货币资本的积累,大部分不外是对生产的索取权的积累,是这种索取权的市场价格即幻想资本价值的积累。

……

在资本主义生产发达的国家,银行的准备金,总是表示贮藏货币的平均量,而这种贮藏货币的一部分本身又是自身没有任何价值的证券,只是对金的支取凭证。因此,银行家资本的最大部分纯粹是虚拟的,是由债权(汇票),国债券(它代表过去的资本)和股票(对未来收益的支取凭证)构成的。在这里,不要忘记,银行家保险箱内的这些证券,即使是对收益的可靠支取凭证(例如国债券),或者是现实资本的所有权证书(例如股票),它们所代表的资本的货币价值也完全是虚拟的,是不以它们至少部分地代表的现实资本的价值为转移的;既然它们只是代表取得收益的权利,并不是代表资本,那么,取得同一收益的要求权就会表现在不断变动的虚拟货币资本上。此外,还要加上这种情况:这种虚拟的银行家资本,大部分并不是代表他自己的资本,而是代表公众在他那里存入的资本——不论有利息,或者没有利息。

马克思、恩格斯:《资本论》第 3 卷,摘自《马克思恩格斯文集》第 7 卷,人民出版社 2009 年 12 月第 1 版,第 529—532 页。

8. 流通、作为流通手段的货币、商人资本已开始对剩余价值进行"扣除"、"分割"

流通费用是从资本的纯粹形式上的形态变化产生的,完全与**空间和时间**中等等的实际流通无关。不论这纯粹观念上的流通的费用怎样,它们也不会给商品增添任何**价值**,相反,它们是商品价值的**扣除**,而因为假定工资等于劳动力的价值,等于最低额,所以它们是**生产出来的剩余价值**的必然扣除。(第 346 页)

商人出售给产业资本家——利润和利息——的东西,在这两个范畴上表现为剩余价值的直接扣除,对于工人就是出售给可变资本。最后是出售给地租获得者。(第 424 页)

地租只是剩余价值的一部分,利息也是剩余价值的一部分,资本家自己没有把它们占为己有;而是把它们支付给别的资本家。这丝毫也不会改

变事物的本质。对资本家来说，它们表现为费用。但它们终究是工人所创造的剩余价值的扣除部分。（第 426 页）

> 马克思：《经济学手稿》（1861—1863 年），摘自《马克思恩格斯全集》第 48 卷，人民出版社 1985 年 2 月第 1 版。

商人资本虽然不参加剩余价值的生产，但参加剩余价值到平均利润的平均化。因此，一般利润率已经意味着从剩余价值中扣除了属于商人资本的部分，也就是说，对产业资本的利润作了一种扣除。

> 马克思、恩格斯：《资本论》第 3 卷，摘自《马克思恩格斯文集》第 7 卷，人民出版社 2009 年 12 月第 1 版，第 319 页。

货币本身［VI—22］由于是由贵金属制成的，或者由于所有货币生产——例如，即使在纸币流通的情况下——都需要费用，就是说，货币本身要花费劳动时间，所以它并不给交换对象——交换价值——添加任何价值；相反，生产货币的费用是对这种价值的扣除，这种扣除要由交换者按比例分担。流通工具，交换工具的耗费所表现的不过是**交换费用**。这种费用不添加价值，而是要占去一部分价值。例如，金币和银币，同**其他价值**（不是货币意义上的价值）**一样**，本身也是价值，因为有劳动物化在其中。但是这些价值充当**流通手段**，就是对现有财富的扣除。

资本流通的生产费用也是这样。资本流通不增加价值。**流通费用**本身**并不创造价值**，而是**实现价值的费用**，是对价值的扣除。**流通表现为**资本所经历的**一系列形态变化**，但是从价值来看，它并不给资本增加任何东西，而是使资本具有价值形式。那种通过流通转化为货币的潜在价值，是作为生产过程的结果而预先存在的。既然上述过程的系列是在时间中进行的，是需要费用，花费劳动时间或物化劳动的，那么，这种**流通费用**就是对价值量的扣除。（第 129—130 页）

资本的必然趋势是**没有流通时间的流通**，而这种趋势又是资本的信用和信用业务的基本规定。另一方面，信用也是这样的一种形式，在这种形式中资本极力使自己区别于个别资本，或者说，个别资本极力使自己表现为区别于自己的数量界限的资本。但是，资本在这上面能够取得的最高成就，一方面是**虚拟资本**，另一方面，信用仅仅表现为**积聚**的新要素，即各个资本被个别实行集中的资本消灭的新要素。

流通时间从一个方面说物化于货币中。信用则企图把货币仅仅规定为形式的要素；这样使货币对形式转化起媒介作用，而本身却不是**资本**，即不是价值。这是**没有流通时间的流通**的一种形式。货币本身是流通的产物。下面将要说明，资本怎样通过信用创造新的流通产物。

但是，如果说资本一方面是力图达到**没有流通时间的流通**，那么另一方面，它又企图通过充当流通时间和流通过程的媒介的各种器官，赋予**流通时间本身以生产时间的价值**，把这一切器官规定为货币，更进一步则规定为资本。这是信用的另一个方面。这一切都出自同一个来源。流通的一切要求：货币、商品转化为货币、货币转化为商品等等，虽然它们采取外表上完全不同的各种形式，但都可以归结为**流通时间**。用来缩短流通时间的那些机器，本身也属于流通。

流通时间是资本的这样一种时间，它可以被看作资本作为资本进行特殊运动的时间，而不同于资本再生产其自身的生产时间，在生产时间里，资本不是作为只能发生形式转化的现成资本而存在，而是作为处在过程中的、创造性的、从劳动中吸取活灵魂的资本而存在。

劳动时间和流通时间的对立，特别是在这里当涉及通货历史等的时候，包含着全部信用学说。当然，以后将会看到，不仅流通时间表现为对可能的生产时间所作的扣除；除此之外，还存在着实际的流通费用，即在流通领域中必须耗费已经实际创造出来的价值。但是，这一切在事实上只是资本为了增大比如说一年内可能的剩余价值总额，即为了增大一定期间内生产时间所占的部分，换句话说，为了缩短流通时间而付出的费用，——这是对已经创造出来的剩余价值所作的扣除。（第169—170页）

从货币在资本流通中所表现的两个方面来看，即作为流通手段和作为已实现的资本价值来看，货币属于流通费用，只要它本身是劳动时间，这种劳动时间一方面用来缩短流通时间，另一方面用来实现流通的一个质的要素——资本再转化为作为自为存在的价值的自身。从这两方面看，货币都没有使价值增加。一方面，货币是一种需要费用即耗费劳动时间，因而是从剩余价值中扣除的价值体现形式。另一方面，货币可以被看作一种机器，它可以节约流通时间，从而腾出生产时间。但是，既然作为这种机器的货币本身需要劳动并且是劳动的产物，所以对资本来说，它是**生产上的非生产费用**。货币属于流通费用。

最初的流通费用是与劳动时间相对立的流通时间本身。现实的流通费用本身是物化的劳动时间，它是为了缩减流通时间的最初的费用而使用的机器。直接形式下的货币属于资本以前的生产历史阶段，对资本来说它表现为流通费用，所以资本力求把货币改变得和它自身相适应，把货币变成不必花费任何劳动时间、本身不是价值的一种流通要素的代表。因此，资本的目的在于扬弃货币的传统的直接现实性，把它变成一种只由资本设定的同时又由资本扬弃的纯观念的东西。因此，不能象施托尔希那样，说货币就是加速资本流通的手段；相反，应当说资本力求把货币变成资本流通的单纯观念的要素，并首先赋予它一种和资本相适应的最适当的形式。扬弃直接形式下的货币，是已成为资本流通要素的货币流通的要求，因为货币在其直接的预先存在的形式下是资本流通的限制。

没有流通时间的流通是资本的趋势，因此，把只用于缩短流通时间的工具变成只由资本设定的形式规定，正如资本在流通中所经历的不同环节一样，都是资本本身形态变化的质的规定。（第183—184页）

马克思：《经济学手稿》（1857—1858年），摘自《马克思恩格斯全集》第46卷下册，人民出版社1980年8月第1版。

9. 信用通过"缩短流通时间"、加快周转时间来"增大"一定时间内的剩余价值总额，同时又是对已经创造出来的剩余价值所作的进一步的"扣除"、"分割"

周转期间，就它由劳动期间的长度决定而言，在其他条件不变的情况下，由生产过程的物质性质决定，因此，不是由这个生成过程的特殊的社会性质决定。但是，在资本主义生产基础上，历时较长范围较广的事业，要求为较长的时间预付较大量的货币资本。所以，这一类领域里的生产取决于单个资本家拥有的货币资本的界限。这个限制被信用制度和与此相连的联合经营（例如股份公司）打破了。因此，货币市场的混乱会使这类企业陷于停顿，而这类企业反过来也会引起货币市场的混乱。

马克思、恩格斯：《资本论》第2卷，摘自《马克思恩格斯文集》第6卷，人民出版社2009年12月第1版，第396页。

虽然商品价值超过它的成本价格的余额是在直接生产过程中产生的，但它只是在流通过程中才得到实现，而且由于这个余额在现实中、在竞争中、在现实市场上是否实现，实现到什么强度，都要取决于市场的状况，因此这个余额更容易造成一种假象，好像它来自流通过程。在这里没有必要说明，如果一个商品高于或低于它的价值出售，这时发生的只是剩余价值的另一种分配；这种不同的分配，即在不同个人之间分割剩余价值的比率的变更，既丝毫不会改变剩余价值的大小，也丝毫不会改变剩余价值的性质。在实际流通过程中，不仅发生着我们在第二册已经考察过的各种转化，而且这些转化还同现实的竞争，同商品高于或低于它的价值的买和卖结合在一起，因此对单个资本家来说，由他本人实现的剩余价值，既取决于对劳动的直接剥削，也取决于互相诈骗的行为。（第51—52页）

借贷资本的这种迅速发展是现实积累的结果，因为它是再生产过程发展的结果，而构成这种货币资本家的积累源泉的利润，只是从事再生产的资本家榨取的剩余价值的一种扣除（同时也是对他人储蓄所得的利息的一部分的占有）。借贷资本靠同时牺牲产业资本家和商业资本家而进行积累。（第568—569页）

于是，认为资本似乎是本人劳动和节约的果实这样一种资本主义制度的最后幻想，也就破灭了。不仅利润来自对他人劳动的占有，而且用来推动和剥削他人劳动的资本也来自他人的财产，这种财产是由货币资本家提供给产业资本家支配的，并且为此货币资本家也剥削产业资本家。（第574—575页）

> 马克思、恩格斯：《资本论》第3卷，摘自《马克思恩格斯文集》第7卷，人民出版社2009年12月第1版。

10. 信用、虚拟化对资本的"放大"

随着生息资本和信用制度的发展，一切资本好像都会增加一倍，有时甚至增加两倍，因为有各种方式使同一资本，甚至同一债权在各种不同的人手里以各种不同的形式出现。这种"货币资本"的最大部分纯粹是虚拟的。全部存款，除了准备金外，只不过是银行账上的结存余款，但它们从来不是作为现金保存在那里。……正如在这种信用制度下一切东西都会增加一倍和两倍，以至变为纯粹幻想的怪物一样，人们以为终究可以从里面抓到一点实在东西的"准备金"也是如此。

> 马克思、恩格斯：《资本论》第3卷，摘自《马克思恩格斯文集》第7卷，人民出版社2009年12月第1版，第533—535页。

11. 生产力的极度提高使"非生产劳动"阶层不断扩大

最后，大工业领域内生产力的极度提高，以及随之而来的所有其他生产部门对劳动力的剥削在内涵和外延两方面的加强，使工人阶级中越来越大的部分有可能被用于非生产劳动，特别是使旧式家庭奴隶在"仆役阶级"（如仆人、使女、侍从等等）的名称下越来越大规模地被再生产出来。根据1861年的人口调查，英格兰和威尔士的总人口为20066224人，其中男子97770259人，妇女1289965人。从中减掉不宜劳动的老幼，所有"非生产的"妇女、少年和儿童，再减掉官吏、牧师、律师、军人等"意识形态的"阶层以及所有专门以地租、利息等形式消费别人劳动的人，最后再减掉需要救济的贫民、流浪者、罪犯等，大致还剩下800万不同年龄的男女，其中包括所有以某种方式在生产、商业和金融等部门供职的资本家。

> 马克思：《资本论》第1卷，摘自《马克思恩格斯文集》第5卷，人民出版社2009年12月第1版，第513页。

12. "非生产劳动者"的收入、消费是对已创造出的剩余价值、剩余产品的一种"扣除"

在资产阶级社会本身，个人服务（也包括为个人消费进行的劳动，烹调、缝纫等，园艺劳动等，直至所有非生产阶级，即官员、医生、律师、学者等等）同收入的一切交换也属于这一类，属于这个范畴。这里包括一切卑贱的奴仆等。所有这一切劳动者，从最卑下的到最高贵的，都通过他们提供的服务——往往是被迫的——分到剩余产品中的一份，分到资本家收入中的一份。但是任何人也不会认为，资本家用自己的收入同这类服务相交换，即通过自己的个人消费，会使自己成为资本。相反，由于这种交换，他会花掉自己资本的果实。收入同这类活劳动相交换的比例本身决定于生产的一般规律，这一点丝毫不改变关系的性质。

> 马克思：《经济学手稿》（1857—1858年），摘自《马克思恩格斯全集》第46卷上册，人民出版社1979年7月第1版，第466—467页。

亚·斯密说：

"工资、利润和地租，是一切收入的三个原始源泉，也是一切交换价值的三个原始源泉。任何其他一种收入，最终地都是从其中某一个派生出来的。"（第1篇第6章第43页）

他这样一说，就把各式各样的混乱堆积在一起了。

1. 一切不直接参加再生产的社会成员，不管劳动与否，首先只能从首先得到产品的那几个阶级，即生产工人、产业资本家和土地所有者的手中，取得自己在年商品产品中的份额,即取得自己的消费资料。就这一点说,他们的收入在物质上是由(生产工人的)工资、利润和地租派生出来的,因此,和那些原始的收入相对而言,表现为派生的收入。但是另一方面,在这个意义上的派生的收入的接受人,是靠他们作为国王、牧师、教授、娼妓、士兵等等的社会职能来取得这种收入的,因此他们可以把自己的这种职能看作是他们的收入的原始源泉。

2.——正是在这里,亚·斯密的可笑错误达到了登峰造极的地步:在首先正确地规定商品价值的各个组成部分和体现在其中的价值产品的总额,然后证明这些组成部分形成同样多的不同的收入源泉之后,在这样从价值引出收入之后,他又反过来,使收入由"组成部分"变为"一切交换价值的原始源泉",——而这在他那里是占主导地位的见解,——这样一来,他就为庸俗经济学大开了方便之门。(第412—413页)

把收入看成是商品价值的源泉,不把商品价值看成是收入的源泉,这是一种颠倒。按照这种颠倒的看法:商品价值好像是由不同种类的收入"构成"的;这各种收入是互不影响地决定的,而商品的总价值是由这些收入的价值量加在一起决定的。(第424—425页)

剩余价值——必然总是首先在产业资本家手中——分成不同的范畴。作为这些范畴的承担者出现的,除产业资本家以外,还有土地所有者(就地租的承担者)、高利贷者(利息的承担者)等等,同时还有政府和它的官吏,食利者等等。这些家伙在产业资本家面前是作为买者出现的,而他们作为买者使产业资本家的商品转化为货币。他们各自也把"货币"投入流通,产业资本家则从他们手中得到这些货币。这时,人们总是忘记,他们最初得到并不断地重新得到的货币的来源是什么。(第469—470页)

如果产业资本家不得不作为地租或利息转让给剩余价值的其他共有者的那部分商品剩余价值,长期不能通过商品本身的出售而实现,那么,地租或利息的支付也就终止。因而土地所有者或食利者也就不能作为解围之神,通过花费地租或利息来使年再生产的一定部分任意转化为货币了。全体所谓非生产劳动者,如官吏、医生、律师等等的支出,以及其他以"公众"的身分"帮助"政治经济学家说明他们所不能说明的问题的那些人的支出,也具有同样的情况。(第510—511页)

马克思:《资本论》第2卷,摘自《马克思恩格斯文集》第6卷,人民出版社 2009 年 12 月第 1 版。

剩余产品表现为具有不同使用价值的产品。部分剩余产品以不进入劳动者阶级**消费**的消费资料形式存在。(通过对外贸易，这部分也可以表现为任何一种使用价值形式，但这里必须完全撇开对外贸易。)这部分产品全部进入剩余产品占有者的消费，并且必须首先从剩余产品中扣除。第二部分剩余产品由可以进入一般消费的消费资料组成。它们之中的一个或大或小的部分直接由剩余产品占有者消费掉，或间接由他们的狗、马、仆人或非生产劳动者消费掉，后者的服务是剩余产品占有者用剩余产品交换来的。因此，剩余产品第二部分的这一［份额］也应当扣除。(第 152—153 页)

社会上存在着拿固定收入的阶级，食利者阶级等等，债权人等等，也就是说，要从剩余价值或利润中扣除硬性规定的扣除额，这种扣除额不会随着利润率的下降或商品价格降低到它们的价值以下而减少。这些阶级能获得双倍的利益。(第 278 页)

马克思：《经济学手稿》(1861—1863 年)，摘自《马克思恩格斯全集》第 48 卷，人民出版社 1985 年 2 月第 1 版。

(八) 艺术品的"价格"、艺术劳动的"价值"与商品及其生产的不同

1. 资本主义使艺术劳动等都变成了交易的对象

因为从货币身上看不出它是由什么东西变成的，所以，一切东西，不论是不是商品，都可以变成货币。一切东西都可以买卖。流通成了巨大的社会蒸馏器，一切东西抛到里面去，再出来时都成为货币的结晶。连圣徒的遗骨也不能抗拒这种炼金术，更不用说那些人间交易范围之外的不那么粗陋的圣物了。① 正如商品的一切质的差别在货币上消灭了一样，货币作为激进的平均主义者把一切差别都消灭了。

马克思：《资本论》第 1 卷，摘自《马克思恩格斯文集》第 5 卷，人民出版社 2009 年 12 月第 1 版，第 155 页。

---

① 法国笃信基督教的国王亨利三世，抢劫了修道院等地的圣物，以便把它们变成银。大家知道，福基斯人抢劫德尔斐神庙的财宝曾在希腊史上起了什么作用。众所周知，古代人把神庙看作商品之神的住所。神庙是"神圣的银行"。以经商为主的民族腓尼基人，认为货币是万物的转换形式。因此，那些在爱神节委身于外来人的少女把作为报酬得来的钱献给女神，是很自然的事。

交换有它自己的历史。它经过各个不同的阶段。

曾经有这样一个时期,例如在中世纪,当时交换的只是剩余品,即生产超过消费的过剩品。也曾经有这样一个时期,当时不仅剩余品,而且一切产品,整个工业活动都处在商业范围之内,当时一切生产完全取决于交换。……最后到了这样一个时期,人们一向认为不能出让的一切东西,这时都成了交换和买卖的对象,都能出让了。这个时期,甚至象德行、爱情、信仰、知识和良心等最后也成了买卖的对象,而在以前,这些东西是只传授不交换,只赠送不出卖,只取得不收买的。这是一个普遍贿赂、普遍买卖的时期,或者用政治经济学的术语来说,是一切精神的或物质的东西都变成交换价值并到市场上去寻找最符合它的真正价值的评价的时期。

> 马克思:《哲学的贫困》(1847年上半年),摘自《马克思恩格斯全集》第4卷,人民出版社1958年8月第1版,第79—80页。

资本主义生产方式的特点,恰恰在于它把各种不同的劳动,因而也把脑力劳动和体力劳动,或者说,把以脑力劳动为主或者以体力劳动为主的各种劳动分离开来,分配给不同的人。但是,这一点并不妨碍物质产品是所有这些人的共同劳动的产品,或者说,并不妨碍他们的共同劳动的产品体现在物质财富中;另一方面,这一分离也丝毫不妨碍:这些人中的每一个人对资本的关系是雇佣劳动者的关系,是在这个特定意义上的生产工人的关系。所有这些人不仅直接从事物质财富的生产,并且用自己的劳动直接同作为资本的货币交换,因而不仅把自己的工资再生产出来,并且还直接为资本家创造剩余价值。他们的劳动是由有酬劳动加无酬的剩余劳动组成的。

> 马克思:《剩余价值理论》,摘自《马克思恩格斯全集》第26卷第1册,人民出版社1972年6月第1版,第444页。

资产阶级抹去了一切向来受人尊崇和令人敬畏的职业的神圣光环。它把医生、律师、教士、诗人和学者变成了受它出钱招雇的雇佣劳动者。

> 马克思、恩格斯:《共产党宣言》(1847年12月—1848年1月底),摘自《马克思恩格斯文集》第2卷,人民出版社2009年12月第1版,第34页。

旧社会的一切关系一般脱去了神圣的外衣,因为它们变成了纯粹的金钱关系。

一切所谓最高尚的劳动——脑力劳动、艺术劳动等都变成了交易的对象，并因此失去了从前的荣誉。全体牧师、医生、律师等，从而宗教、法学等，都只是根据他们的商业价值来估价了，这是多么大的进步呵。

    马克思：《工资》（1847年12月底），摘自《马克思恩格斯全集》第6卷，
    人民出版社1961年8月第1版，第659—660页。

  拜比吉说，"**知识和经验的这种不断进步，是我们的伟大的力量**"。

  这种进步，这种社会的进步属于资本，并为资本所利用。一切先前的所有制形式都使人类较大部分，奴隶，注定成为纯粹的劳动工具。历史的发展、政治的发展、艺术、科学等等是在这些人之上的上层社会内实现的。但是，只有资本才掌握历史的进步来为财富服务。

    马克思：《经济学手稿》（1857—1858年），摘自《马克思恩格斯全集》
    第46卷下册，人民出版社1980年8月第1版，第88页。

  有许多职务与活动过去具有非常神圣的色彩，它们被认为是目的本身，是免费进行或间接支付的（例如英国的一切自由职业者，医生，律师等等；在英国，律师和医生过去不能或者说现在也不能为支付起诉）；现在一方面，直接变成了**雇佣工人**，不管它们的内容和**支付**怎样不同（b）。另一方面，它们——它们的价值确定，这个从娼妓到国王的各种各样活动的**价格**——也受到调节**雇佣劳动价格的同一些规律**的支配。对最后这一点的论述属于有关雇佣劳动和工资的专门著作，而不属于这里。随着资本主义生产的发展，所有的**服务**都转化为**雇佣劳动**，所有服务的执行者都转化为**雇佣工人**，从而都具有这种与生产工人相同的**性质**，——这种现象之所以会引起两者的混同，特别是因为，这是**资本主义生产**所特有的和资本主义生产本身所造成的现象。另一方面，这种现象为辩护论者提供了借口，把生产工人——因为他是雇佣工人——转化为单纯用自己的**服务**（即自己的作为使用价值的劳动）与**货币**相交换的工人。这样一来，就幸运地躲开了这种"生产工人"的特征和资本主义生产的特征——它是作为剩余价值的生产，作为资本的自行增殖过程，而这种过程的单纯合并到自身中来的因素就是活劳动。士兵是雇佣劳动者，雇佣兵，但他并不因此而成为生产工人。

    马克思：《〈资本论〉第一册〈第六章。直接生产过程的结果〉（手稿）》
    （1863年7月—1864年6月），摘自《马克思恩格斯全集》第49卷，人民
    出版社1982年12月第1版，第102—103页。

2. 市场交换对艺术活动的支配

即使资本家只满足于单纯的支配权,而不让工人实际劳动,例如,把工人的劳动作为后备等等,或者为了从他的竞争者手里夺走这种支配权(例如剧院经理购买女歌手一个季度,不是为了让她唱歌,而是为了不让她在竞争者的剧院里唱歌),交换还是完全实现了。

马克思:《经济学手稿》(1857—1858年),摘自《马克思恩格斯全集》
第46卷上册,人民出版社1979年7月第1版,第240—241页。

3. "稿费"等"不取决于关系本身,而取决于所提供的服务的自然特性"

正如我们在货币章已经谈到的,在这里真正确立**价值**的宁可说是提供服务的人;他把一种使用价值——一定种类的劳动、服务等等——换为**价值**,换为**货币**。因此在中世纪,同从事消费的土地贵族相反,从这方面,即从活劳动方面,部分地出现了追求生产和积累货币的人;他们进行了积累,因而有可能在以后某个时期变成资本家。资本家有一部分是由被解放的农奴变成的。

因此,领取报酬的人是得到短工工资,稿费,还是王室费,——而且,他比对他的服务支付报酬的人是显得高贵些还是卑下些,——这不取决于关系本身,而取决于所提供的服务的自然特性。

在资本作为统治权力的前提下,所有这些关系当然多少都会被**玷污**。但这里暂不讨论这些个人服务(不论传统等等赋予它多么崇高的性质)**丧失神圣光彩**的问题。

由此可见,构成资本,从而构成雇佣劳动的,不单纯是**物化劳动**同**活劳动**——这两种劳动从这一角度来看是两种不同的规定,即两种不同形式的使用价值,一种劳动是客观形式上的规定,另一种劳动是主观形式上的规定——之间的交换,而是作为**价值**,作为保持独立的价值的物化劳动同作为**这种物化劳动**的使用价值(不是供某种特定的享用或消费的使用价值,而是用来创造**价值**的使用价值)的活劳动之间的交换。

马克思:《经济学手稿》(1857—1858年),摘自《马克思恩格斯全集》
第46卷上册,人民出版社1979年7月第1版,第467—468页。

4. 在劳动商品交换中,画匠劳动及其作品的价值,不取决于其"质"而取决于"量(货币)"

交换价值首先表现为各种使用价值可以相互交换的量的关系。在这样的关系中，它们成为同一交换量。因此，1卷"普罗佩尔提乌斯歌集"和8盎斯鼻烟可以是同一交换价值，虽然烟草和哀歌的使用价值大不相同。作为交换价值，只要比例适当，一个使用价值和另一个使用价值完全同值。一座宫殿的交换价值可以用一定数量的鞋油表示。反过来，伦敦的鞋油厂主们曾用几座宫殿来表示他们的大批鞋油的交换价值。因此，不论商品的自然存在的样式怎样，不管商品作为使用价值所满足的需要的特殊性质怎样，商品总以一定的数量彼此相等，在交换时相互替代，当作等价物，因而尽管它们的样子形形色色，却代表着同一个统一物。（第16—17页）

既然贸易，比如说，就是鞋匠劳动、矿工劳动、纺工劳动、画匠劳动等等的交换，那末难道鞋的价值用画匠的劳动来估价就是最正确的吗？富兰克林的意思正好相反，他是说，鞋、矿产品、纱、画等等的价值，决定于那种不具有特殊的质、因而只在量上可以衡量的抽象劳动。（第46页）

> 马克思：《政治经济学批判》（1858—1859年），摘自《马克思恩格斯全集》第13卷，人民出版社1960年12月第1版。

5. 资本主义使精神文化活动与物质活动趋同："校董不把他的资本投入香肠工厂，而投入教育工厂，这并不使事情有任何改变"

但是，另一方面，生产劳动的概念缩小了。资本主义生产不仅是商品的生产，它实质上是剩余价值的生产。工人不是为自己生产，而是为资本生产。因此，工人单是进行生产已经不够了。他必须生产剩余价值。只有为资本家生产剩余价值或者为资本的自行增殖服务的工人，才是生产工人。如果可以在物质生产领域以外举一个例子，那么，一个教员只有当他不仅训练孩子的头脑，而且还为校董的发财致富劳碌时，他才是生产工人。校董不把他的资本投入香肠工厂，而投入教育工厂，这并不使事情有任何改变。

> 马克思：《资本论》第1卷，摘自《马克思恩格斯文集》第5卷，人民出版社2009年12月第1版，第582页。

霍普金斯在生产劳动和非生产劳动——或者，照他的说法，首要劳动和次要劳动——之间作了下述区别：

"如果所有劳动者都被用来达到象钻石匠和歌剧演员被用来达到的同一目的的，那末不要很久就将没有**财富**来养活这些人了，因为**那时生产的财富中就没有什么可以再变成资本了**。如果相当大一部分劳动者从事这类劳动，工资就会低，因为生产出来的东西只有比较小的一部分用作资本；但是，如果只有少数劳动者从事这类劳动，因而，几乎所有劳动者都是农夫、鞋匠、织工等等，那末，就会生产出许多资本，工资也会相应地高。"（同上，第84—85页）

"所有为地主或食利者劳动并以工资形式得到他们的一部分收入的人，即所有实际上把自己的劳动限于生产供地主和食利者享乐的东西，并以自己的劳动换得地主的一部分地租或食利者的一部分收入的人，——所有这些人都必须列入钻石匠和歌剧演员一类。这些人都是生产劳动者，但是，他们的全部劳动都是为了把那种以地租和货币资本的收入形式存在的财富变为更能满足地主和食利者需要的其他某种形式，因此，这些劳动者是**次要生产者**。其他一切劳动者是**首要生产者**。"（同上，第85页）

钻石和歌唱——这两者在这里被看作物化劳动——可以象一切商品一样转化为货币，并作为货币转化为资本。但是，在货币向资本的这种转化中要区别两种情况。一切商品都可以转化为货币，并作为货币转化为资本，因为在它们所采取的货币形式中，它们的使用价值和使用价值的特殊自然形式消失了。它们是具有社会形式的物化劳动，在这种社会形式中，这一劳动本身可以同任何实在劳动交换，因而可以转化为任何形式的实在劳动。相反，作为劳动产品的商品本身是否能够重新作为要素进入生产资本，这要看它们的使用价值的性质是否容许它们或者作为劳动的客观条件（生产工具和材料），或者作为劳动的主观条件（工人的生活资料），也就是作为不变资本或可变资本的要素重新进入生产过程。

马克思：《剩余价值理论》，摘自《马克思恩格斯全集》第26卷第2册，人民出版社1973年7月第1版，第147—148页。

商品的价值和商品本身不同。商品仅仅在交换（实际的或想象的）中才是价值（交换价值）：价值不仅是商品的一般交换能力，而且是它的特有的可交换性。价值同时是一种商品交换其他商品的比例的指数，是这种商品在生产中已经换到其他商品（物化劳动时间）的比例的指数；价值是量上一定的［I—13］可交换性。例如，1码棉布和1升油，作为棉布和油来看，自然互不相同，具有不同的属性，要用不同的尺度来计量，是不能通约的。作为价值，一切商品在质上等同而只在量上不同，因此可以互相计量，可以按一定的量的比例相替换（相交换，可以互相兑换）。

价值是商品的社会关系，是商品的经济上的质。一本有一定价值的书和一个有同一价值的面包相交换，它们是同一价值，只是材料不同罢了。作为价值，一种商品按一定的比例同时是其他一切商品的等价物。作为价值，商品是等价物；商品作为等价物，它的一切自然属性都消失了；它不再和其他商品发生任何特殊的质的关系，它既是其他一切商品的一般尺度，也是其他一切商品的一般代表，一般交换手段。作为价值，商品是**货币**。

马克思：《经济学手稿》（1857—1858年），摘自《马克思恩格斯全集》第46卷上册，人民出版社1979年7月第1版，第84—85页。

6. 物品、使用价值、价值、劳动的多重复杂关系

一个物可以是使用价值而不是价值。在这个物并不是以劳动为中介而对人有用的情况下就是这样。例如，空气、处女地、天然草地、野生林等等。一个物可以有用，而且是人类劳动产品，但不是商品。谁用自己的产品来满足自己的需要，他生产的虽然是使用价值，但不是商品。要生产商品，他不仅要生产使用价值，而且要为别人生产使用价值，即生产社会的使用价值。[而且不只是简单为别人。中世纪农民为封建主生产作为代役租的粮食，为神父生产纳什一税的粮食。但不管是作为代役租的粮食，还是纳什一税的粮食，都并不因为是为别人生产的，就成为商品。要成为商品，产品必须通过交换，转到把它当作使用价值使用的人的手里。][1] 最后，没有一个物可以是价值而不是使用物品。如果物没有用，那么其中包含的劳动也就没有用，不能算作劳动，因此不形成价值。

马克思：《资本论》第1卷，摘自《马克思恩格斯文集》第5卷，人民出版社2009年12月第1版，第54页。

7. "价值和价格可能不一致"："没有价值的东西在形式上可以具有价格"

要出售一件东西，唯一需要的是，它可以被独占，并且可以让渡。

马克思、恩格斯：《资本论》第3卷，摘自《马克思恩格斯全集》第7卷，人民出版社2009年12月第1版，第714页。

价格形式不仅可能引起价值量和价格之间即价值量和它的货币表现之间的量的不一致，而且能够包藏一个质的矛盾，以致货币虽然只是商品的

---

[1] 第四版注：我插入了括号里的这段话，因为省去这段话常常会引起误解，好像不是由生产者本人消费产品，马克思都认为是商品。

价值形式，但价格可以完全不是价值的表现。有些东西本身并不是商品，例如良心、名誉等等，但是也可以被它们的占有者出卖以换取金钱，并通过它们的价格，取得商品形式。因此，没有价值的东西在形式上可以具有价格。在这里，价格表现是虚幻的，就像数学中的某些数量一样。另一方面，虚幻的价格形式——如未开垦的土地的价格，这种土地没有价值，因为没有人类劳动对象化在里面——又能掩盖实在的价值关系或由此派生的关系。

> 马克思：《资本论》第 1 卷，摘自《马克思恩格斯文集》第 5 卷，人民出版社 2009 年 12 月第 1 版，第 123 页。

不能归结为**价值**的那种**价格**，只是表现着某种东西同货币之间的偶然的交换，不管是直接表现，还是通过一系列中间环节来表现。因此，那些按照性质来说并不是商品的物品，从而在这种意义上是人们交往以外的物品，可以通过它们同货币的交换而转化为商品。由此就生出了贿赂、收买同货币关系之间的联系。因为货币是商品的转化形式，所以人们从货币身上看不出它是从哪里来的，看不出转化为货币的是什么，是良心，贞操，还是马铃薯。

> 马克思：《政治经济学批判》（1858—1859 年），摘自《马克思恩格斯全集》第 13 卷，人民出版社 1962 年 11 月第 1 版，第 138 页。

价值量，数量关系也得到了表现，就是说，商品表现在具有**同一价值量**的货币的某一数量上，表现在等价物上；——因为这是该商品的价值在某种其他商品的使用价值上的表现，而不是它直接的、不通过任何其他东西作媒介的表现；——因为**价格**包含着这样的意思，即该商品获得转化形式，完成异化过程，先是在思想上，而后是在实际上完成，——所以在这当中已经包含着价值和价格可能不［XXI—1313］一致的情况。例如，如果 1 码麻布值 2 先令，如果它的价格等于 1 先令，那么它的价值量就不表现在它的价格上，它的价格就不是等价物，不是它的价值的完全恰当的货币表现。不过，就包含在商品中的劳动表现为一般社会劳动，表现为货币而言，价格依然是它的价值的**货币表现**——依然是 1 码麻布的**价值表现**。由于价格和价值之间的这种不一致，人们可以直接说某一物的价格，但不能直接说它的价值。无论如何，这首先只涉及商品的**价值量**和表现在它的**价格上**的价值量之间的可能的不一致。但是，**价格**也可以成为**不合理**的表现，即成为**没有任何价值**的物品的货币表现，虽然价格本身是物品在货币形式上的表现，因此**在质上**（如果并不一定也是**在量上**的话）是**在价值**形式上的表现。例如；虚假的誓言可以有价格，虽然它并没有任何价值（从经济上来看；这里不谈使用价值）。因为，如果说货币只是商品交换价值的**转化形式**，是表现为交换价值的交换价值，那么另一方面，它们是一定量的商品（金、银或金银的代表），一切东西可以用一切东西来交换，长子继承权可以用一碗红豆汤来交换。在这里，价格的情况也象代数中的无理式 0/0 等等一样。进一步的研究会发现，在这种不合理的表现后面是否隐藏着某种合理的关系，也就是说，在它的后面是否隐藏着实在的价值比例。因为某一商品，某一物的**货币表现**或**价格**是这样一种表现，其中完全抹掉了物的使用价值，从而抹掉了存在于这一商品的使用价值同它的价值即包含在商品中的、只在交换价值上得到**抽象表现**的劳动之间的联系，所以抽掉了物的使用价值或性质，那么物按其性质是否表现为**价值**，也就是说，它是不是某种包含着和可能包含着物化劳动的使用价值这一点，也就随后被抽掉了。没有价值的物可能有**价格**。但是，如果我们现在继续问，什么**价值关系**构成这一实际表现出来的劳动**价格**的基础，或者象亚·斯密所说的，什么是劳动的自然价格，那么劳动的**调节价格**取决于**劳动能力的价值**，并且无非是劳动能力价值的派生表现。

马克思：《经济学手稿》（1861—1863 年），摘自《马克思恩格斯全集》第 48 卷，人民出版社 1985 年 2 月第 1 版，第 26—28 页。

8. 有"价值"的事物可以被无偿占有

除了剩余产品转化为追加资本时所表现出来的**物化劳动的积累以外**，还有工人个人技能的**不断积累**，其方式是把已获得的技能传授给正在成长的新一代工人。虽然这种**积累**在再生产过程中有极重要的作用，但是资本为此无须花费分文。[XXII—1384] 科学就其被应用于生产的物质过程来说，其积累也与这里的问题有关。这种积累就是规模不断扩大的不断再生产。过去所获得的认识成果被当作认识**要素**传授下来和再生产出来，并作为这种要素由徒弟继续进行研究。在这里，再生产费用同原生产费用完全不成比例。（第 154 页）

人口的自然增长是再生产的结果之一：第一，它本身是积累（人的积累），第二，是积累过程的前提（在一定范围内）。它并不花资本家分文，技能也是一样，工人阶级只是通过实践来积累技能，并把它作为成果（作为劳动特长）

传授给自己的接替者。（见**霍吉斯金**）最后，是**科学**的积累和**再生产**，科学或多或少直接决定物质生产过程。在各种物化劳动中，科学是这样一种物化劳动，在这里再生产，即"占有"这种物化劳动所需要的劳动时间，同原来生产上所要求的劳动时间**相比是最小的**。（第567—568页）

马克思：《经济学手稿》（1861—1863年），摘自《马克思恩格斯全集》第48卷，人民出版社1985年2月第1版。

9. "简单劳动"与"复杂劳动"的"价值"与"价格"

我们在前面指出过，对于价值的增殖过程来说，资本家占有的劳动是简单的、社会的平均劳动，还是较复杂的、比重较高的劳动，是毫无关系的。比社会的平均劳动较高级较复杂的劳动，是这样一种劳动力的表现，这种劳动力比普通劳动力需要较高的教育费用，它的生产要花费较多的劳动时间，因此它具有较高的价值。既然这种劳动力的价值较高，它也就表现为较高级的劳动，也就在同样长的时间内对象化为较多的价值。但是，无论纺纱工人的劳动和珠宝细工的劳动在程度上有多大差别，珠宝细工用来补偿自己的劳动力价值的那一部分劳动，与他用来创造剩余价值的那一部分追加劳动在质上完全没有区别。在这两种场合，剩余价值都只是来源于劳动在量上的剩余，来源于同一个劳动过程——在一种场合是棉纱生产过程，在另一种场合是首饰生产过程——的持续时间的延长。①

另一方面，在每一个价值形成过程中，较高级的劳动总是要化为社会

---

① 较高级劳动和简单劳动，熟练劳动和非熟练劳动之间的区别，有一部分是基于单纯的幻想，或者至少是基于早就不现实的、只是作为传统惯例而存在的区别；有一部分则是基于下面这样的事实：工人阶级的某些阶层处于更加无依无靠的地位，比别人更难于取得自己劳动力的价值。在这方面，偶然的情况起着很大的作用，以致这两种劳动会互换位置。例如，在一切资本主义生产发达的国家中，工人阶级的体质已经孱弱和相当衰竭，因此，一般说来，同很轻巧的细活相比，需要很多力气的粗活常常成为较高级劳动，而细活倒降为简单劳动。如瓦匠的劳动在英国要比锦缎工人的劳动高得多。另一方面，剪毛工人的劳动虽然体力消耗大，而且很不卫生，但仍被看作"简单"劳动。而且，不要以为所谓"熟练劳动"在国民劳动中占着相当大的数量。据兰格计算，英格兰（和威尔士）有1100多万人靠简单劳动为生。当时的人口总数是1800万，其中要减去100万贵族和150万需要救济的贫民、流浪汉、罪犯、娼妓等，还要减去465万中等阶级，其中包括小食利者、官吏、作家、艺术家、教员等等。为了凑足465万的数目，除银行家等等之外，他还把所有工资较高的"工厂工人"列为中等阶级中从事劳动的部分！甚至瓦匠也被列为"复杂劳动者"。这样剩下来的，便是上面说的1100万了。（赛·兰格《国家的贫困，贫困的原因及防止办法》1844年伦敦版［散见第49—52页］）"除自己的普通劳动拿不出任何别的东西来换取食物的一个庞大阶级，占人口的大多数。"（詹姆斯·穆勒《殖民地》，载于《不列颠百科全书》（增补卷）1831年版）

的平均劳动，例如一日较高级的劳动化为 x 日简单的劳动。① 因此，假定资本使用的工人是从事简单的社会的平均劳动，我们就能省却多余的换算而使分析简化。

    马克思：《资本论》第 1 卷，摘自《马克思恩格斯文集》第 5 卷，人民出版社 2009 年 12 月第 1 版，第 230—231 页。

  那种紧张程度较高、比重较大而超过平均水平的复杂劳动又怎样呢？这种劳动可以化为复合的简单劳动，高次方的简单劳动，例如 1 个复杂劳动日等于 3 个简单劳动日。这里还不是研究那些支配这种简化的规律的地方。但是这种简化在进行是很清楚的，因为作为交换价值，复杂劳动的产品在一定比例上是简单平均劳动的产品的等价物，因而等于一定量的这种简单劳动。

    马克思：《政治经济学批判》（1858—1859 年），摘自《马克思恩格斯全集》第 13 卷，人民出版社 1962 年 11 月第 1 版，第 19 页。

  诚然，根据杜林先生的理论，在经济公社中也只能用所耗费的劳动时间来计量经济物品的价值，但是在这里，从一开始就应该认为每个人的劳动时间都是完全相等的，一切劳动时间毫无例外地和在原则上是完全等价的，而且不必先得出一种平均的东西。现在，把这种激进的平等社会主义同马克思的模糊观念比较一下。据说，这种观念认为某个人的劳动时间本身比另一个人的劳动时间有更多的价值，因为其中凝结着更多的平均劳动时间；有教养的阶级的传统的思维方式使马克思拘泥于这种观念，在有教养的阶级看来，承认推小车者的劳动时间和建筑师的劳动时间在经济上完全等价，好像是一件非常奇怪的事情！

  可惜，马克思对前面所引证的《资本论》中的这段话还作了一个简短的注释："读者应当注意，这里指的不是工人得到的一个工作日的工资或价值，而是指工人的一个工作日对象化的商品价值。"马克思在这里好像已经预料到杜林的这种手法，所以就反对别人把他的上述见解应用于今天的社会中对复合劳动所要支付的工资。

    恩格斯：《反杜林论》（1876 年 9 月—1878 年 6 月），摘自《马克思恩格斯文集》第 9 卷，人民出版社 2009 年 12 月第 1 版，第 207 页。

---

  ① "当人们说到作为价值尺度的劳动时，必定指一定种类的劳动……别种劳动对这种劳动的比例，是容易确定的。"（[约·卡泽诺夫]《政治经济学大纲》1832 年伦敦版第 22、23 页）

10. 产品的"价值（劳动量、生产时间）"与"使用价值（社会效用）"统一：如果"花费在某种物品生产上的时间将由这种物品的社会效用大小来确定"，"劳动时间的社会的有计划的分配，调节着各种劳动职能同各种需要的适当的比例"

可见，使用价值或财物具有价值，只是因为有抽象人类劳动对象化或物化在里面。那么，它的价值量是怎样计量的呢？是用它所包含的"形成价值的实体"即劳动的量来计量。劳动本身的量是用劳动的持续时间来计量，而劳动时间又是用一定的时间单位如小时、日等做尺度。……可见，只是社会必要劳动量，或生产使用价值的社会必要劳动时间，决定该使用价值的价值量。……

劳动生产力越高，生产一种物品所需要的劳动时间就越少，凝结在该物品中的劳动量就越小，该物品的价值就越小。相反地，劳动生产力越低，生产一种物品的必要劳动时间就越多，该物品的价值就越大。可见，商品的价值量与体现在商品中的劳动的量成正比地变动，与这一劳动的生产力成反比地变动。（第 51—54 页）

处于流动状态的人类劳动力或人类劳动形成价值，但本身不是价值。它在凝固的状态中，在对象化的形式上才成为价值。要使麻布的价值表现为人类劳动的凝结，就必须使它表现为一种"对象性"，这种对象性与麻布本身的物体不同，同时又是麻布与其他商品所共有的。（第 65—66 页）

最后，让我们换一个方面，设想有一个自由人联合体，他们用公共的生产资料进行劳动，并且自觉地把他们许多个人劳动力当做一个社会劳动力来使用。在那里，鲁滨逊的劳动的一切规定又重演了，不过不是在个人身上，而是在社会范围内重演。鲁滨逊的一切产品只是他个人的产品，因而直接是他的使用物品。这个联合体的总产品是一个社会产品。这个产品的一部分重新用做生产资料。这一部分依旧是社会的。而另一部分则作为生活资料由联合体成员消费。因此，这一部分要在他们之间进行分配。这种分配的方式会随着社会生产机体本身的特殊方式和随着生产者的相应的历史发展程度而改变。仅仅为了同商品生产进行对比，我们假定，每个生产者在生活资料中得到的份额是由他的劳动时间决定的。这样，劳动时间就会起双重作用。劳动时间的社会的有计划的分配，调节着各种劳动职能同各种需要的适当的比例。另一方面，劳动时间又是计量生产者在共同劳动中个人所占份额的尺度，因而也是计量生产者在共同产品的个人可消费部分中所占份额的尺度。在那里，人们同他们的劳动和劳动产品的社会关系，无论在生产上还是在分配上，都是简单明了的。（第96—97页）

马克思：《资本论》第1卷，摘自《马克思恩格斯文集》第5卷，人民出版社2009年12月第1版。

施托尔希下面这段话，也表达了许多其他人的意见。他说：

"形成国民收入的各种可出售的产品，在政治经济学上必须用两种不同的方法来考察：在对个人的关系上应看做价值；在对国民的关系上应看做财富；因为国民的收入，不是像个人的收入那样，按照它的价值来估计，而是按照它的效用，或者说按照它所能满足的需要来估计。"（《论国民收入的性质》第19页）

第一，将一个把自己的生产方式建立在价值基础上，进而按照资本主义方式组织起来的国家，看成是一个单纯为了满足国民需要而工作的总体，这是错误的抽象。

第二，在资本主义生产方式消灭以后，但社会生产依然存在的情况下，价值决定仍会在下述意义上起支配作用：劳动时间的调节和社会劳动在各类不同生产之间的分配，最后，与此有关的簿记，将比以前任何时候都更重要。

马克思、恩格斯：《资本论》第3卷，摘自《马克思恩格斯文集》第7卷，人民出版社2009年12月第1版，第964—965页。

在没有阶级对抗和没有阶级的未来社会中，用途大小就不会再由生产所必要的时间的**最低额**来确定，相反地，花费在某种物品生产上的时间将由这种物品的社会效用大小来确定。

马克思：《哲学的贫困》，摘自《马克思恩格斯全集》第4卷，人民出版社1958年8月第1版，第105页。

实际上，**没有一种**社会形式能够阻止社会所支配的劳动时间以这种或那种方式调节生产。但是，只要这种调节不是通过社会对自己的劳动时间所进行的直接的自觉的控制——这只有在公有制之下才有可能——来实现，而是通过商品价格的变动来实现，那么结局就始终像你在《德法年鉴》中已经十分正确地说过的那样……

马克思：《马克思致恩格斯》（1868年1月8日），摘自《马克思恩格斯文集》第10卷，人民出版社2009年12月第1版，第276页。

11. 采用"交换价值"形式的商品及其生产，使"价值（劳动时间）"与"使用价值"相分离、对立，从而形成商品"交换价值"与"使用价值"的二重性

更仔细地考察一下商品 A 同商品 B 的价值关系中所包含的商品 A 的价值表现，就会知道，在这一关系中商品 A 的自然形式只是充当使用价值的形态，而商品 B 的自然形式只是充当价值形式或价值形态。这样，潜藏在商品中的使用价值和价值的内部对立，就通过外部对立，即通过两个商品的关系表现出来了，在这个关系中，价值要被表现的商品只是直接当做使用价值，而另一个表现价值的商品只是直接当做交换价值。所以，一个商品的简单的价值形式，就是该商品中所包含的使用价值和价值的对立的简单表现形式。

在一切社会状态下，劳动产品都是使用物品，但只是历史上一定的发展时代，也就是使生产一个使用物所耗费的劳动表现为该物的"对象的"属性即它的价值的时代，才使劳动产品转化为商品。（第76—77页）

货币结晶是交换过程的必然产物，在交换过程中，各种不同的劳动产品事实上彼此等同，从而事实上转化为商品。交换的扩大和加深的历史过程，使商品本性中潜伏着的使用价值和价值的对立发展起来。为了交易，需要这一对立在外部表现出来，这就要求商品价值有一个独立的形式，这个需要一直存在，直到由于商品分为商品和货币这种二重化而最终取得这个形式为止。……（第106页）

商品首先是没有镀金，没有蘸糖，以本来面目进入交换过程的。交换过程造成了商品分为商品和货币这种二重化，即造成了商品得以表现自己的使用价值和价值之间的内在对立的一种外部对立。在这种外部对立中，作为使用价值的商品同作为交换价值的货币对立着。另一方面，对立的双方都是商品，也就是说，都是使用价值和价值的统一。但这种差别的统一按相反的方向表现在两极中的每一极上，并且由此同时表现出它们的相互关系。商品实际上是使用价值，它的价值存在只是观念地表现在价格上，价格使商品同对立着的金发生关系，把金当作自己的实际的价值形态。反之，金这种物质只是充当价值的化身，充当货币。因此金实际上是交换价值。（第125页）

商品内在的使用价值和价值的对立，私人劳动同时必须表现为直接社会劳动的对立，特殊的具体的劳动同时只是当做抽象的一般的劳动的对立，物的人格化和人格的物化的对立，——这种内在的矛盾在商品形态变化的对立中取得了发展的运动形式。（第135页）

产品要表现为商品，需要社会内部的分工发展到这样的程度：在直接的物物交换中开始的使用价值和交换价值的分离已经完成。（第197—198页）

> 马克思：《资本论》第1卷，摘自《马克思恩格斯文集》第5卷，人民出版社2009年12月第1版。

我不是从"概念"出发，因而也不是从"价值概念"出发，所以没有任何必要把它"分割开来"。我的出发点是劳动产品在现代社会所表现的最简单的社会形式，这就是"**商品**"。我分析商品，并且最先是在**它所表现的形式上**加以分析。在这里我发现，一方面，商品按其自然形式是**使用物**，或**使用价值**，另一方面，是**交换价值的承担者**，从这个观点来看，它本身就是"交换价值"。对后者的进一步分析向我表明，交换价值只是包含在商品中的**价值**的"表现形式"，独立的表达方式，而后我就来分析价值。因此，我在第二版第36页上写得很清楚："在本章的开头，我们曾经依照通常的说法，说商品是使用价值和交换价值，严格说来，这是不对的。商品是使用价值或使用对象和'价值'。一个商品，只要**它的价值**取得一个特别的、**不同于它的自然形式的表现形式**即**交换价值**形式，就表现为这样的二重物"等等。因而，我不是把**价值**分为使用价值和交换价值，把它们当做"价值"这个抽象分裂成的两个对立物，而是把劳动产品的**具体社会形式**分为这两者；"**商品**"，一方面是使用价值，另一方面是"价值"——不是交换价值，因为单是表现形式不构成其本身的**内容**。（第412页）

现在来谈谈瓦格纳的浮士德①的另一个论点："交换价值只是一定历史时期的社会使用价值的历史外壳和附属物。如果把**交换价值作为逻辑的对立物**同使用价值相对立，那末就使历史概念同逻辑概念处于逻辑的对立，这在逻辑上是不容许的。"（第48页，注释4）瓦格纳在那里洋洋得意地说："这完全正确！"但是究竟谁这样做呢？无疑，洛贝尔图斯是

---

① 即洛贝尔图斯。——编者注

指我，因为据他的助手鲁·迈耶尔说，他写了一本"大部头的反驳'资本论'的手稿"。谁使之处于逻辑的对立呢？是洛贝尔图斯先生，在他看来，无论是"使用价值"或是"交换价值"，就性质来说，两者都仅仅是"概念"。事实上在任何的价目表中，每一种商品都经过这种不合逻辑的过程，它作为**财物**或**使用价值**，作为棉花、纱、铁、粮食等等不同于其他商品，表现为在质上和其他商品完全不同的"财物"，但同时又表现自己的价格，表现为质上相同而量上不同的**同一本质**的东西。对使用它的人来说，它表现为自己的自然形式，而作为**交换价值**，它就表现为同自然形式完互不同的、为它和其他商品所"共有的"**价值形式**。在这里，只有在洛贝尔图斯和他的同类的德国学究教授们那里才有"**逻辑的**"对立，他们不是从"社会物"、"商品"出发，而是从价值的"概念"出发，然后把这个概念本身分裂为二，接着就来争论，在这两个臆想的观念中，哪一个才是真实的！

在这些矫揉造作的词句背后隐藏的只是这样一个不朽的发现：人在任何状态下都要吃、喝等等｛不能再往下说了，什么要穿衣服或要有刀叉，要有床和住房，因为这并不是**在任何状态下都需要的**｝；一句说，他在任何状态下都应该为了满足自己的需要到自然界去寻找现成的外界物，并占有它们，或者用在自然界发现的东西进行制造；因而，人在自己的实际活动中，事实上总是把一定的外界物当做"使用价值"，也就是说把它们当做自己使用的对象。因此，按照洛贝尔图斯的意见，使用价值是一个"逻辑的"概念；从而，由于人需要呼吸，"呼吸"就是一个"逻辑的"概念，而决不是"生理学的"概念。洛贝尔图斯把"逻辑的"概念和"历史的"概念对立起来，就完全暴露出他的肤浅！他把"价值"（经济学上的，和商品的使用价值相对立的）只是理解为它的表现形式，即**交换价值**，但是由于后者只是在那样的地方才出现，在那里，至少有一部分劳动产品即使用对象成为"**商品**"，而这并不是一开始就发生的，而只是在社会发展的一定时期即在历史发展的一定阶段才发生的，所以**交换价值**是一个"**历史的**"概念。

马克思：《评阿·瓦格纳的"政治经济学教科书"》（1879年下半年—1880年11月），摘自《马克思恩格斯全集》第19卷，人民出版社1963年12月第1版，第419—421页。

12. 商品价值及其生产的二重性，使其价值由"简单劳动"、"生产所必要的时间的最低额"确定，而与商品的"使用价值（社会效用）"没有直接关系

据一个美国经济学家的意见，竞争决定着一个复杂劳动日中包含多少简单劳动日。把复杂劳动日化为简单劳动日，这是不是假定把简单劳动当做价值尺度呢？如果只把劳动量当做价值尺度而不问它的质量如何，那也就是假定简单劳动已经成为生产活动的枢纽。这就是假定：由于人隶属于机器或由于极端的分工，各种不同的劳动逐渐趋于一致；劳动把人置于次要地位；钟摆成了两个工人相对活动的精确的尺度，就象它是两个机车的速度的尺度一样。所以不应该说，某人的一个工时和另一个人的一个工时是等值的，更确切的说法是，某人在这一小时中和那个人在同一小时中是等值的。时间就是一切，人不算什么；人至多不过是时间的体现。现在已经不用再谈质量了。只有数量决定一切：时对时，天对天；但是这种劳动的平均化并不是蒲鲁东先生的永恒的公平；这不过是现代工业的一个事实。

马克思：《哲学的贫困》（1847年上半年），摘自《马克思恩格斯全集》第4卷，人民出版社1958年8月第1版，第96—97页。

如果把生产活动的特定性质撇开，从而把劳动的有用性质撇开，生产活动就只剩下一点：它是人类劳动力的耗费。尽管缝和织是不同质的生产活动，但二者都是人的脑、肌肉、神经、手等等的生产耗费，从这个意义上说，二者都是人类劳动。这只是耗费人类劳动力的两种不同的形式。当然，人类劳动力本身必须已有或多或少的发展，才能以这种或那种形式耗费。但是，商品价值体现的是人类劳动本身，是一般人类劳动的耗费。正如在资产阶级社会里，将军或银行家扮演着重要的角色，而人本身则扮演极卑微的角色一样①，人类劳动在这里也是这样。它是每个没有任何专长的普通人的机体平均具有的简单劳动力的耗费。**简单平均劳动**虽然在不同的国家和不同的文化时代具有不同的性质，但在一定的社会里是一定的。比较复杂的劳动只是**自乘的**或不如说**多倍的**简单劳动，因此，少量的复杂劳动等于多量的简单劳动。经验证明，这种简化是经常进行的。一个商品可能是最复杂的劳动的产品，但是它的**价值**使它与简单劳动的产品相等，

---

① 参看黑格尔《法哲学》1840年柏林版第190节。

因而本身只表示一定量的简单劳动。① 各种劳动化为当做它们的计量单位的简单劳动的不同比例,是在生产者背后由社会过程决定的,因而在他们看来,似乎是由习惯确定的。

马克思:《资本论》第 1 卷,摘自《马克思恩格斯文集》第 5 卷,人民出版社 2009 年 12 月第 1 版,第 57—58 页。

为什么棉花、马铃薯和烧酒是资产阶级社会的基石呢?因为生产这些东西需要的劳动最少,因此它们的价格也就最低。为什么价格的最低额决定消费的最高额呢?是不是由于这些物品本身有绝对的效用,由于它们的效用最能满足作为人的工人,而不是作为工人的人的种种需要呢?不,这是因为在建立在**贫困**上的社会中,**最粗劣的**产品就必然具有供给最广大群众使用的特权。……在没有阶级对抗和没有阶级的未来社会中,用途大小就不会再由生产所必要的时间的**最低额**来确定,相反地,花费在某种物品生产上的时间将由这种物品的社会效用大小来确定。

马克思:《哲学的贫困》(1847 年上半年),摘自《马克思恩格斯全集》第 4 卷,人民出版社 1958 年 8 月第 1 版,第 105 页。

劳动时间是直接的货币计量单位的学说,由**约翰·格雷**第一次加以系统地发挥。……既然劳动时间是价值的内在尺度,为什么除了劳动时间之外还有另一种外在尺度呢?为什么交换价值发展成为价格呢?为什么一切商品都用一种分离出来的商品来估计自己的价值,因而使这一商品变成交换价值的最适当的存在,变成货币呢?这是格雷应该解决的问题。他不去解决这个问题,反而去空想商品能够直接当作社会劳动产品而相互发生关系。但是,它们是什么,就只能当作什么来相互发生关系。商品直接是彼此孤立的、互不依赖的私人劳动的产品,这种私人劳动必须在私人交换过程中通过转移来证明是一般社会劳动;或者说,在商品生产基础上的劳动只有通过个人劳动的全面转移才成为社会劳动。但是,既然格雷把商品中所包含的劳动时间**直接**当作**社会**劳动时间,那他就是把这种劳动时间当作**共同的**劳动时间,或直接联合起来的个人的劳动时间。这样一来,实际上,一种特殊的商品,如金和银,就不会当作一般劳动的化身来同其他商品相对立,交换价值就不会变成价格,而使用价

---

① 读者应当注意,这里指的不是工人得到的一个工作日的工资或价值,而是指工人的一个工作日对象化的商品价值。在我们叙述的这个阶段,工资这个范畴根本还不存在。

值也就不会变成交换价值，产品也就不会变成商品，因而资产阶级生产的基础也就会消灭。然而，这决不是格雷的本意。在格雷看来，**产品要当作商品来生产，但不当作商品来交换**。格雷指靠国家银行来实现这个虔诚的愿望。一方面，社会通过银行使个人不依赖私人交换的条件，另一方面，社会又让个人在私人交换的基础上继续生产。因此，这里的内在逻辑迫使格雷一个又一个地废弃资产阶级生产的条件，虽然他只是想把产生于商品交换的货币"改良"一下。

马克思：《政治经济学批判》（1858—1859年），摘自《马克思恩格斯全集》第13卷，人民出版社1962年11月第1版，第73—74页。

13. 商品价值由"生产所必要的时间的最低额"确定，使资本家通过压缩必要劳动时间以获得更多剩余价值

商品的价值与劳动生产力成反比。劳动力的价值也是这样，因为它是由商品价值决定的。相反，相对剩余价值与劳动生产力成正比。它随着生产力提高而提高，随着生产力降低而降低。……商品的绝对价值本身，是生产商品的资本家所不关心的。他关心的只是商品所包含的、在出售时实现的剩余价值。剩余价值的实现自然就包含着预付价值的补偿。因为相对剩余价值的增加和劳动生产力的发展成正比，而商品价值的降低和劳动生产力的发展成反比，也就是说，因为同一过程使商品便宜，并使商品中包含的剩余价值提高，所以就解开了一个谜：为什么只是关心生产交换价值的资本家，总是力求降低商品的交换价值……在资本主义生产条件下，通过发展劳动生产力来节约劳动①，目的绝不是为了缩短工作日。它的目的只是为了缩短生产一定量商品所必要的劳动时间。……在资本主义生产中，发展劳动生产力的目的是为了缩短工人必须为自己劳动的工作日部分，以此来延长工人能够无偿地为资本家劳动的工作日的另一部分。

马克思：《资本论》第1卷，摘自《马克思恩格斯文集》第5卷，人民出版社2009年12月第1版，第371—373页。

---

① "这些投机家非常节约他们必须支付报酬的工人劳动。"（比多《大生产工具引起的工业技术和商业中的垄断》1828年巴黎版第13页）"企业主总是会竭力节省时间和劳动。"（《杜格尔德·斯图亚特全集》，威·汉密尔顿爵士编，1855年爱丁堡版第8卷《政治经济学讲义》第318页）"他们〈资本家〉所关心的是尽可能增大他们所雇用的工人的生产力。他们的注意力集中在，而且几乎完全集中在提高生产力上。"（理·琼斯《国民政治经济学教程》第3卷［第39页］）

14. 以"工资（雇佣劳动时间）"来衡量精神生产及其产品的价值，体现了资本主义的异化

在直接的物质生产领域中，某物品是否应当生产的问题即物品的价值问题的解决，本质上取决于生产该物品所需要的劳动时间。因为社会是否有时间来实现真正人类的发展，就是以这种时间的多寡为转移的。

甚至精神生产的领域也是如此。如果想合理地行动，难道在确定精神作品的规模、结构和布局时就不需要考虑生产该作品所必需的时间吗？否则，我至少会冒这样的危险：我思想中存在的事物永远不会变为现实中的事物，因而它也就只能具有想像中的事物的价值，也就是只有**想像的价值**。

以政治经济学的观点对政治经济学所进行的批判，承认人类活动的一切本质规定，但只是在异化、外化的形式中来承认。例如，在这里它们把时间对**人的劳动**的意义变为时间对工资、对雇佣劳动的意义。

埃德加尔先生继续写道：

"为了强迫有才能的人接受上述的量度，蒲鲁东竟滥用自由交易这个概念，并断言社会和社会的个别成员本来就有否弃有才能的人的作品的权利。"

在**傅立叶主义者**和**圣西门主义者**那里，两只脚继续站在政治经济学基础上的有才能的人，提出了**对稿酬的过高要求**，并把他关于自己是无价之宝的幻想提出来作为确定其作品的**交换价值**的标准。蒲鲁东对有才能的人的这些奢望所做的回答，跟政治经济学对任何企图使价格大大超过所谓自然价格（即物品的生产费用）的野心所做的回答一样，这就是说，他指出自由交易来作为回答。同时，蒲鲁东并没有在政治经济学的意义上**滥用**这种关系，相反地，他把被经济学家看做只是有名无实虚无缥缈的东西，即立约双方的自由，肯定为现实的东西。

马克思、恩格斯：《神圣家族》（1844 年 9—11 月），摘自《马克思恩格斯全集》第 2 卷，人民出版社 1957 年 12 月第 1 版，第 62—63 页。

15. 艺术家等的劳动及作品的"实际使用价值"完全不取决于"劳动价格"而"不能按照它们的有用程度把它们作为交换价值来估价"："物品的价值和该物品所给予别人的东西是两件完全不同的事物"

｜顺便说说，如唱歌、芭蕾舞等这些形式的非生产劳动的价格增长，表明较富的国家在个别产品上的花费可能比较穷的国家要大，同时并不会变穷。｜（第 88 页）

他只是从自己剥削工人的时候起才把货币转化为资本。如果他自己是生产工人，那他所积蓄起来的货币量不会很大。但是，例如获得"资本"的医生、作家、律师等等，他们所以获得它，只是因为资本主义生产方式占统治地位。这些非生产劳动的**报酬**，完全取决于实际当事人——生产参与者的**财富**，因此，他们所完成的劳动的实际使用价值也完全不取决于劳动**价格**。密尔顿写作自己的《失乐园》得到5镑。（第165页）

马克思：《经济学手稿》（1861—1863年），摘自《马克思恩格斯全集》第48卷，人民出版社1985年2月第1版。

我们已经看到，**价值**建立在这样的基础之上，即人们互相把他们的劳动看作是相同的、一般的劳动，在这个形式上就是社会的劳动。如同所有的人的思维一样，这是一种抽象，而只有在人们思维着，并且对可感觉的细节和偶然性具有这种抽象能力的情况下，才可能有人与人之间的社会关系。有些经济学家，他们反对由劳动时间确定价值，理由是两个人（即使是做同一种工作）在同一时间内的劳动不是**绝对一样**的，他们根本就不知道，人的社会关系与动物之间的关系有什么区别。他们本身就是动物，而作为动物，这些家伙很容易忽视这种情况：两种使用价值不会绝对一样（就象**莱布尼茨**所说的，一棵树上的两片树叶不相等），同样，他们更容易忽视另一种情况：互相之间毫无［共同］尺度的使用价值，不能按照**它们的有用程度把它们作为交换价值来估价**。

马克思：《经济学手稿》（1861—1863年），摘自《马克思恩格斯全集》第47卷，人民出版社1979年10月第1版，第255—256页。

批判的**蒲鲁东**自告奋勇地给荷马的"伊利亚特"一诗规定了应付的稿酬，他说：

"我付给荷马的稿酬应当和他所**给予我**的东西相等。可是怎样确定荷马所给予我们的东西的价值呢？"

批判的蒲鲁东的确是过于鄙视政治经济学上的琐事了，所以他不知道物品的**价值**和该物品所给予别人的东西是两件完全不同的事物。真正的蒲鲁东说：

"诗人的稿酬应当和他的产品相等；可是这种产品的价值究竟是怎样的呢？"

真正的蒲鲁东认定"伊利亚特"具有无限大的**价格**（或交换价值，

prix）；批判的蒲鲁东则断定它有无限大的价值。真正的蒲鲁东把"伊利亚特"的价值，即**它的政治经济学**意义下的**价值**（valeur intrinsèque），同它的交换价值（valeur échangeable）加以对比；而批判的蒲鲁东则把"伊利亚特"的"内在价值"，即它作为一首史诗的价值，同它的"为交换的价值"加以对比。

真正的蒲鲁东说：

"物质报酬和才能没有共同的量度。在这方面一切生产者的状况都是相同的。因此，对他们做任何的比较和在按能力给报酬上做任何的分等都是不可能的。"

批判的蒲鲁东则说：

"生产者的状况之相同是**相立的**。才能不能用物质来衡量……对生产者进行任何的比较和任何的外部划分都是不可能的。"

在批判的蒲鲁东那里，

"从事科学工作的人应该**感觉**到自己在社会中是同其他一切人平等的，因为他的才能和他的洞察力都只是社会的洞察力的产物。"

真正的蒲鲁东在任何地方都没有谈到有才能的人的感觉。他说，有才能的人应该降到社会的水平。他决没有断言有才能的人**只是**社会的产物。相反地，他说：

"有才能的人使自己锻炼成一个有用之材……在他身上隐藏着自由的劳动者和积累起来的社会资本。"

批判的蒲鲁东继续说道：

"此外，他应当感谢社会使他摆脱了其他各种工作，使他有可能致力于科学。"

真正的蒲鲁东在任何地方都没有祈求有才能的人的感谢。他说：

"社会让艺术家、学者、诗人专心致志于科学和艺术，仅就这一点而言，他就已经获得了公平的报酬。"

马克思、恩格斯：《神圣家族》（1844年9—11月），摘自《马克思恩格斯全集》第2卷，人民出版社1957年12月第1版，第58—59页。

16. 艺术劳动及其产品的"价格"，"可以由一些结合在一起的非常偶然的情况来决定"

在考察地租的表现形式，即为取得土地的使用权（无论是为生产的目的还是为消费的目的）而以地租名义支付给土地所有者的租金时，必须牢牢记住，那些本身没有任何价值，即不是劳动产品的东西（如土地），或者至少不能由劳动再生产的东西（如古董，某些名家的艺术品等等）的价格，可以由一些结合在一起的非常偶然的情况来决定。要出售一件东西，唯一需要的是，它可以被独占，并且可以让渡。

> 马克思、恩格斯：《资本论》第3卷，摘自《马克思恩格斯文集》第7卷，人民出版社2009年12月第1版，第714页。

关于那个决定桑乔所认为的**唯一者**的劳动（例如舞蹈家、著名医生或律师的劳动）的价格的规律，桑乔可以从亚当·斯密那里找到解释，从美国人库伯那里找到数量方面的表述。现代经济学家根据这一规律来解释他们所谓的 travail improductif〔非生产劳动〕所得的高额工资和从事农业的短工所得的微薄报酬，以及工资方面的一切不平等现象。

> 马克思、恩格斯：《德意志意识形态》（1845—1846年），摘自《马克思恩格斯全集》第3卷，人民出版社1960年12月第1版，第457—458页。

至于"**文人**"，斯密明确地认为，他们由于人数太多而报酬过低，而且他提醒说，在印刷术发明以前，"**大学生和乞丐**"（第276—277页）是一个意思，看来斯密认为，这在一定意义上也适用于文人。

> 马克思：《剩余价值理论》，摘自《马克思恩格斯全集》第26卷第2册，人民出版社1973年7月第1版，第256页。

因为某些财物，特别是国家（一种财物!）及其"**服务**"｛特别是它的政治经济学教授们的服务｝**不是**"**商品**"，所以包含在"**商品**"本身中的对立的性质｛这些性质同样**清楚**地反映在劳动产品的**商品形式**上｝应当互相混淆！不过，瓦格纳及其同伙未必能证明，他们的"服务"，按照其"使用价值"、按照其物的"内容"来"估价"，比按照其"**薪金**"（用瓦格纳的话说是根据"社会限定价格"）即按照其**报酬**来"估价"，会对他们更有利。……｛买主购买商品并不是因为它具有价值，而是因为它是"使用价值"，可用于一定的目的，所以不言而喻：（1）使用价值受到"估价"，也就是说它们的**质量**受到检验（正如它们的**数量**受到度量、衡量等等一样）；（2）当各种商品可以互相代替用于同一消费目的时，其中某种商品会占优先地位，如此等等。｝

> 马克思：《评阿·瓦格纳的"政治经济学教科书"》（1879年下半年—1880年11月），摘自《马克思恩格斯全集》第19卷，人民出版社1963

年12月第1版,第415—416页。

17. "从事各种科学或艺术的生产的人","同真正的资本主义生产方式无关"

撇开真正的艺术家工作不说(按事物的本性来说,这种艺术家工作的考察不属于我们讨论的问题之内),不言而喻,不同生产部门,按照它们的技术特点,需要有不变资本和可变资本的不同比率,所以活劳动在一些部门必然占有较多的位置,而在另一些部门必然占有较少的位置。

马克思、恩格斯:《资本论》第3卷,摘自《马克思恩格斯文集》第7卷,人民出版社2009年12月第1版,第859页。

[(h)非物质生产领域中的资本主义表现]

在非物质生产中,甚至当这种生产纯粹为交换而进行,因而纯粹生产**商品**的时候,也可能有两种情况:

(1)生产的结果是**商品**,是使用价值,它们具有离开生产者和消费者而独立的形式,因而能在生产和消费之间的一段时间内存在,并能在这段时间内作为**可以出卖的商品**而流通,如书、画以及一切脱离艺术家的艺术活动而单独存在的艺术作品。在这里,资本主义生产只是在很有限的规模上被应用,例如,一个作家在编一部集体著作百科全书时,把其他许多作家当作助手来剥削[1330]这里的大多数情况,都还只局限于**向资本主义生产过渡的形式**,就是说,从事各种科学或艺术的生产的人,工匠或行家,为书商的总的商业资本而劳动,这种关系同真正的资本主义生产方式无关,甚至在形式上也还没有从属于它。在这些过渡形式中,恰恰对劳动的剥削最厉害,但这一点并不改变事情的本质。

(2)产品同生产行为不能分离,如一切表演艺术家、演说家、演员、教员、医生、牧师等等的情况。在这里,资本主义生产方式也只是在很小的范围内能够应用,并且就事物的本性来说,只能在某些领域中应用。例如,在学校中,教师对于学校老板,可以是纯粹的雇佣劳动者,这种教育工厂在英国多得很。这些教师对学生来说虽然不是**生产工人**,但是对雇佣他们的老板来说却是生产工人。老板用他的资本交换教师的劳动能力,通过这个过程使自己发财。戏院、娱乐场所等等的老板也是用这种办法发财致富。在这里,演员对观众说来,是艺术家,但是对自己的企业主说来,是**生产工人**。资本主义生产在这个领域中的所有这些表现,同整个生产比起来是微不足道的，因此可以完全置之不理。

马克思：《剩余价值理论》，摘自《马克思恩格斯全集》第 26 卷第 1 册，人民出版社 1972 年 6 月第 1 版，第 442—443 页。

18. 对脑力劳动的产物——科学——的估价，总是比它的价值低得多

霍布斯认为技艺之母是**科学**，而不是**实行者的劳动**：

"对社会有意义的技艺，如修筑要塞、制造兵器和其他战争工具，是一种力量，因为它们有助于防卫和胜利；虽然它们的真正母亲是**科学，即数学**，但由于它们是在工匠手里产生出来的，它们就被看成是工匠的产物，就象老百姓把助产婆叫做母亲一样。"（《利维坦》，载于《托马斯·霍布斯英文著作选》，摩耳斯沃思出版，1839—1844 年伦敦版第 3 卷第 75 页）

对脑力劳动的产物——科学——的估价，总是比它的价值低得多，因为再生产科学所必要的劳动时间，同最初生产科学所需要的劳动时间是无法相比的，例如学生在一小时内就能学会二项式定理。

马克思：《剩余价值理论》，摘自《马克思恩格斯全集》第 26 卷第 1 册，人民出版社 1972 年 6 月第 1 版，第 377 页。

19. "自由的精神生产"与资本主义生产"相敌对"：可以"不加入商品生产"而"不以生产商品为目的"

只有在这种基础（物质生产）上，才能够既理解统治阶级的意识形态组成部分，也理解一定社会形态下自由的精神生产。他没有能够超出泛泛的毫无内容的空谈。而且，这种关系本身也完全不象他原先设想的那样简单。例如资本主义生产就同某些精神生产部门如艺术和诗歌相敌对。

马克思：《剩余价值理论》，摘自《马克思恩格斯全集》第 26 卷第 1 册，人民出版社 1972 年 6 月第 1 版，第 296 页。

冲突就在这里：对我的能力所要求的不是这个能力所能做的；例如，对我的写诗的能力所要求是：我能够把这些诗变成金钱。人们向我的能力要求的完全不是这个特殊能力的特有的产物，而是依赖于异己的、不在我的能力支配下的那些关系的产物。

马克思、恩格斯：《德意志意识形态》（1845—1846 年），摘自《马克思恩格斯全集》第 3 卷，人民出版社 1960 年 12 月第 1 版，第 477 页。

什么是**生产劳动**或非生产劳动，自从**亚当·斯密**作出这一区别以来反复争论过多次的这个问题，必须从对资本本身的不同各方的分析中得出结论。**生产劳动**只是生产**资本**的劳动。

例如西尼耳先生问道（至少是有类似的意思），钢琴制造者要算是**生产劳动者**，而**钢琴演奏者**倒不算，虽然没有钢琴演奏者，钢琴也就成了毫无意义的东西，这不是岂有此理吗？但事实的确如此。

钢琴制造者再生产了**资本**；钢琴演奏者只是用自己的劳动同收入相交换。但钢琴演奏者生产了音乐，满足了我们的音乐感，不是也在某种意义上生产了音乐感吗？事实上他是这样做了：他的劳动是生产了某种东西；但他的劳动并不因此就是**经济**意义上的**生产劳动**；就象生产了幻觉的疯子的劳动不是生产劳动一样。**劳动只有在它生产了它自己的对立面时才是生产劳动**。因此，其他经济学家就把所谓非生产劳动者说成是间接生产劳动者。例如，钢琴演奏者刺激生产；部分地是由于他使我们的个性更加精力充沛，更加生气勃勃，或者在通常的意义上说，他唤起了新的需要，而为了满足这种需要，就要用更大的努力来从事直接的物质生产。这种说法已经承认：只有生产资本的劳动才是生产劳动；因此，没有做到这一点的劳动，无论怎样**有用**，——它也可能有害，——对于资本化来说，不是生产劳动，因而是非生产劳动。

马克思：《经济学手稿》（1857—1858年），摘自《马克思恩格斯全集》第46卷上册，人民出版社1979年7月第1版，第264页。

在亚·斯密看来，生产劳动和非生产劳动的主要区别是，前者直接同资本交换，后者直接同收入交换，——这一区别的意义，只是在琼斯那里才得到充分的阐明。这里指出，第一种劳动说明资本主义生产方式的特征；第二种劳动，在它占统治的地方，属于以前的各种生产方式，而在它只是间或出现的地方，则限于（或者应当限于）那些不直接生产财富的领域。（第469—470页）

琼斯正确地把斯密的生产劳动和非生产劳动还原为它们的本质，即还原为资本主义劳动和非资本主义劳动，因为他正确地运用了斯密关于由资本支付的劳动者和由收入支付的劳动者的区分。但是琼斯自己把**生产劳动**和**非生产**劳动显然理解为加入物质［财富］生产的劳动和不加入这种生产的劳动。这是根据［上面引用过的］那段话［第52页］得出的，琼斯在那里谈到依靠别人花费的收入维持生活的**生产劳动者**。还根据以下的话：

"社会上**不生产物质财富的那一部分，可能是有用的**，也可能是**无用的**。"（第42页）

"我们可以并且有理由认为，在**所生产的商品**没有到达要消费它的人手中以前，**生产行为**并没有结束。"（第35页注）

靠资本生活的劳动者和靠收入生活的劳动者之间的区别，同劳动的形式有关。资本主义生产方式和非资本主义生产方式的全部区别就在这里。相反，如果从较狭窄的意义上来理解生产劳动者和非生产劳动者，那末生产劳动就是一切加入**商品**生产的劳动（这里所说的生产，包括商品从首要生产者到消费者所必须经过的一切行为），不管这个劳动是体力劳动还是非体力劳动（科学方面的劳动）；而非生产劳动就是不加入商品生产的劳动，是不以生产商品为目的的劳动。这种区分决不可忽视，而这样一种情况，即其他一切种类的活动都对物质生产发生影响，物质生产也对其他一切种类的活动发生影响，——也丝毫不能改变这种区分的必要性。

马克思：《剩余价值理论》，摘自《马克思恩格斯全集》第26卷第3册，人民出版社1974年12月第1版，第476—477页。

（九）《剩余价值理论》第四章"关于生产劳动和非生产劳动的理论"节录

这里，从资本主义生产的观点给生产劳动下了定义，亚·斯密在这里触及了问题的本质，抓住了要领。他的巨大科学功绩之一（如马尔萨斯正确指出的，斯密对生产劳动和非生产劳动的区分，仍然是全部资产阶级政治经济学的基础）就在于，他下了生产劳动是**直接同资本交换的劳动**这样一个定义，也就是说，他根据这样一种交换来给生产劳动下定义，只有通过这种交换，劳动的生产条件和一般价值即货币或商品，才转化为资本（而劳动则转化为科学意义上的雇佣劳动）。

什么是**非生产劳动**，因此也绝对地确定下来了。那就是不同资本交换，而**直接**同收入即工资或利润交换的劳动（当然也包括同那些靠资本家的利润存在的不同项目，如利息和地租交换的劳动）。凡是在劳动一部分还是自己支付自己（例如徭役农民的农业劳动），一部分直接同收入交换（例如亚洲城市中的制造业劳动）的地方，不存在资产阶级政治经济学意义上的资本和雇佣劳动。因此，这些定义不是从劳动的物质规定性（不是从劳动产品的性质，不是从劳动作为具体劳动所固有的特性）得出来的，而是从一定的社会形式，从这个劳动借以实现的社会生产关系得出来的。例如一个演员,哪怕是丑角,只要他被资本家(剧院老板)雇用,他偿还给资本家的劳动,多于他以工资形式从资本家那里取得的劳动,那末,他就是生产劳动者;而一个缝补工,他来到资本家家里,给资本家缝补裤子,只为资本家创造使用价值,他就是非生产劳动者。前者的劳动同资本交换,后者的劳动同收入交换。前一种劳动创造剩余价值;后一种劳动消费收入。

这里,生产劳动和非生产劳动始终是**从货币所有者、资本家的角度来区分的**,不是从**劳动者**的角度**来**区分的,而加尼耳等人的荒谬论调正是从这里产生的,他们根本不懂问题的实质,竟然问道:妓女、仆役等等的劳动,或服务,或职能,会不会带来货币?[303]

[304] 作家所以是生产劳动者,并不是因为他生产出观念,而是因为他使出版他的著作的书商发财,也就是说,只有在他作为某一资本家的雇佣劳动者的时候,他才是生产的。

体现生产工人的劳动的商品,其使用价值可能是最微不足道的。劳动的这种物质规定性同劳动作为生产劳动的特性毫无关系,相反,劳动作为生产劳动的特性只表现一定的社会生产关系。我们在这里指的劳动的这种规定性,不是从劳动的内容或劳动的结果产生的,而是从劳动的一定的社会形式产生的。

……对于提供这些服务的生产者来说,服务就是商品。服务有一定的使用价值(想象的或现实的)和一定的交换价值。但是对买者来说,这些服务只是使用价值,只是[305]他借以消费自己收入的对象。这些非生产劳动者并不是不付代价地从收入(工资和利润)中取得自己的一份,从生产劳动创造的商品中取得自己的一份,他们必须购买这一份,但是,他们同这些商品的生产毫无关系。

但在任何情况下,有一点是很清楚的:花在资本所生产的商品上的收入(工资和利润)愈多,能用来购买非生产劳动者的服务的收入就愈少,反过来也是一样。

劳动的物质规定性,从而劳动产品的物质规定性本身,同生产劳动和非生产劳动之间的这种区分毫无关系。例如,饭店里的厨师和侍者是生产劳动者,因为他们的劳动转化为饭店老板的资本。这些人作为家仆,就是非生产劳动者,因为我没有从他们的服务中创造出资本,而是把自己的收入花在这些服务上。但是,事实上,这些人,对我这个消费者来说,即使在饭店里也是非生产劳动者。

……

显然，随着资本日益掌握全部生产，从而随着家庭工业和小工业——总之，为本身消费进行生产而产品不是商品的那种工业——逐渐消失，非生产劳动者，即以服务直接同收入交换的劳动者，绝大部分就只提供**个人**服务，他们中间只有极小部分（例如厨师、女裁缝、缝补工等）生产物质的使用价值。他们不生产**商品**是理所当然的。因为商品本身从来不是直接的消费对象，而是交换价值的承担者。因此，在资本主义生产方式发达的条件下，这些非生产劳动者只有极小部分能够直接参加物质生产。这一部分人只有用自己的服务同收入交换，才参加物质生产。……

[306] 生产劳动者的劳动能力，对他本人来说是商品。非生产劳动者的劳动能力也是这样。但是，生产劳动者为他的劳动能力的买者生产商品。而非生产劳动者为买者生产的只是使用价值，想象的或现实的使用价值，而决不是商品。非生产劳动者的特点是，他不为自己的买者生产商品，却从买者那里获得商品。

"某些最受尊敬的社会阶层的劳动，象家仆的劳动一样，不生产任何价值……例如，君主和他的全部文武官员、全体陆海军，都是非生产劳动者。他们是社会的公仆，靠别人劳动的一部分年产品生活……应当列入这一类的，还有……教士、律师、医生、各种文人；演员、丑角、音乐家、歌唱家、舞蹈家等等。"（同上，第94—95页）

生产劳动和非生产劳动的这种区分本身，正如前面已经说过的，既同劳动独有的特殊性毫无关系，也同劳动的这种特殊性借以体现的特殊使用价值毫无关系。在一种情况下劳动同资本交换，在另一种情况下劳动同收入交换。在一种情况下，劳动转化为资本，并为资本家创造利润；在另一种情况下，它是一种支出，是花费收入的一个项目。例如，钢琴制造厂主的工人是生产劳动者。他的劳动不仅补偿他所消费的工资，而且在他的产品钢琴中，在厂主出售的商品中，除了工资的价值之外，还包含剩余价值。相反，假定我买到制造钢琴所必需的全部材料（或者甚至假定工人自己就有这种材料），我不是到商店去买钢琴，而是请工人到我家里来制造钢琴。在这种情况下，钢琴匠就是非生产劳动者，因为他的劳动直接同我的收入相交换。

然而，有一点是清楚的：随着资本掌握全部生产，——因而一切商品的生产都是为了出卖，而不是为了直接消费，劳动生产率也相应地增长，——生产劳动者和非生产劳动者之间的物质差别也就愈来愈明显地表现出来，因为前一种人，除极少数以外，将仅仅生产商品，而后一种人，也是除极少数以外，将仅仅从事个人服务。因此，第一种人将生产直接的、物质的、由商品构成的财富，生产一切不是由劳动能力本身构成的商品。这就是促使亚·斯密除了作为基本定义的第一种特征以外，又加上另一些特征的理由之一。

……

[309] 第二，亚·斯密说，非生产劳动者的劳动**通常**不是这样。亚·斯密非常清楚地知道，即使资本掌握了物质生产，因而家庭工业基本上消失了，直接到消费者家里为他创造使用价值的小手工业者的劳动消失了，——即使在这种情况下，我叫到家里来缝制衬衣的女裁缝，或修理家具的工人，或清扫、收拾房子等等的仆人，或烹调肉食等等的女厨师，他们也完全和在工厂做工的女裁缝、修理机器的机械师、洗刷机器的工人以及作为资本家的雇佣工人在饭店干活的女厨师一样，把自己的劳动固定在某种物上，并且确实使这些物的价值提高了。他们所生产的使用价值，从可能性来讲，也是商品：衬衣可能拿到当铺去当掉，房子可能卖掉，家具可能拍卖等等。因此，上述人员从可能性来讲，也生产了商品，把价值加到了自己的劳动对象上。但他们是非生产劳动者中极少的一部分人，那些适用于他们的说法，对广大家仆、牧师、政府官吏、士兵、音乐家等等则是不适用的。

然而，不管这些"非生产劳动者"人数有多少，有一点无论如何是清楚的（斯密也承认这一点，他说了一句有限制的话："这些服务**通常**一经提供随即消失"），那就是：使劳动成为"生产的"或"非生产的"劳动的，既不一定是劳动的这种或那种特殊形式，也不是劳动产品的这种或那种表现形式。同一劳动可以是生产的，只要我作为资本家、作为生产者来购买它，为的是用它来为我增加价值；它也可以是非生产的，只要我作为消费者来购买它，只要我花费收入是为了消费它的（劳动的）使用价值，不管这个使用价值是随着劳动能力本身活动的停止而消失，还是物化、固定在某个物中。

......

第三，另一方面，剧院、歌舞场、妓院等等的老板，购买对演员、音乐家、妓女等等的劳动能力的暂时支配权（事实上通过了曲折的途径，这个途径只有从经济形式的观点来看才有意义，它不影响过程的结果）；他们购买这种所谓"非生产劳动"，它的"服务一经提供随即消失"，不固定或不物化在一个"耐久的〈换句话说，"特殊的"〉对象或可以出卖的商品中"（在这些服务本身以外）。把这些服务出卖给公众，就为老板补偿工资并提供利润。他这样买到的这些服务，使他能够重新去购买它们，也就是说，这些服务会自行更新用以支付它们的基金。同样的情况也适用于例如律师事务所的书记的劳动，所不同的只是，书记的服务大部分还体现在十分庞大的"特殊对象"上，即大堆的文件这个形式上。

不错，对老板本身来说，这些服务是由公众的收入支付的。但同样不错的是，一切产品，只要它们用于个人消费，情况也完全是这样。固然，国家不能出口这些服务本身；但它能出口提供这些服务的人。例如，法国出口舞蹈教员、厨师等等，德国出口学校教师。当然，随着舞蹈教员和学校教师的出口，也出口了他们的收入，可是舞鞋和书本的出口，却给国家提供了一笔补偿它们的价值。

因此，从一方面说，所谓非生产劳动有一部分体现在物质的使用价值中，这些使用价值同样可能成为商品（"可以出卖的商品"），从另一方面说，一部分纯粹的服务（它不采取实物的形式，不作为物而离开服务者独立存在，不作为价值组成部分加入某一商品），能够（由**直接**购买劳动的人）用资本来购买，能够补偿自己的工资并提供利润。总之，这些服务的生产有一部分从属于资本，就象体现在有用物品中的劳动有一部分直接用收入来购买，不从属于资本主义生产一样。

......

难道任何时候市场上现有的商品的［总］价值，不是由于有"非生产劳动"而比没有这种劳动时要大吗？难道任何时候市场上除了小麦、肉类等等之外，不是还有妓女、律师、布道、歌舞场、剧院、士兵、政治家等等吗？这帮人得到谷物和其他生存资料或享乐并不是无代价的。为了得到这些东西，他们把自己的服务提供给或强加给别人，这些服务本身有使用价值，由于它们的生产费用，也有交换价值。任何时候，在消费品中，除了以商品形式存在的消费品以外,还包括一定量的以服务形式存在的消费品。

……

因此,如果我们把劳动能力本身撇开不谈,生产劳动就可以归结为生产商品、生产物质产品的劳动,而商品、物质产品的生产,要花费一定量的劳动或劳动时间。一切艺术和科学的产品,书籍、绘画、雕塑等等,只要它们表现为物,就都包括在这些物质产品中。但是,其次,劳动产品必须是这种意义上的**商品**:它是"可以出卖的商品",也就是还需要通过形态变化的第一种形式的商品。(假定一个工厂主买不到一部现成的机器,他可以自己制造一部机器,不是为了出卖,而是为了把它当作使用价值来利用。但是,在这种情况下,他把机器当作自己的不变资本的一部分来使用,因而他是通过由机器协助生产出来的产品的形式一部分一部分地把机器出卖的。)

[314] 可见,虽然家仆的某些劳动完全可能表现为**商品(从可能性来讲)**,从物质方面来看,甚至可能表现为同样的使用价值,但这不是生产劳动,因为实际上他们生产的不是"商品",而是直接"**使用价值**"。而有些劳动,对它们的买者或雇主来说是生产的,例如演员的劳动对剧院老板来说是生产的,但这些劳动看起来象是非生产劳动,因为它们的买者不能以商品的形式,而只能以活动本身的形式把它们卖给观众。

如果把这一点撇开不谈,那末[按照斯密的第二个定义],生产劳动就是生产**商品**的劳动,**非生产劳动**就是生产个人服务的劳动。前一种劳动表现为某种可以出卖的物品;后一种劳动在它进行的时候就要被消费掉。前一种劳动(创造劳动能力本身的劳动除外)包括一切以物的形式存在的物质财富和精神财富,既包括肉,也包括书籍;后一种劳动包括一切满足个人某种想象的或实际的需要的劳动,甚至违背个人意志而强加给个人的劳动。

……

如何给剩余价值下定义,自然取决于所理解的价值本身具有什么形式。因此,剩余价值在货币主义和重商主义体系中,表现为**货币**;在重农学派那里,表现为土地的产品,农产品;最后,在亚·斯密那里,表现为一般**商品**。重农学派只要接触到价值实体,就把价值仅仅归结为使用价值(物质、实物），正如重商学派把价值仅仅归结为价值形式，归结为产品借以**表现**为一般社会劳动的那种形式即货币一样。在亚·斯密那里，商品的两个条件，使用价值和交换价值，合并在一起，所以在他看来，凡是表现在一种使用价值即有用产品中的劳动，都是生产的。表现在有用产品中的劳动就是生产劳动这一观点，就已经包含着这样的意思：这个产品同时等于一定量的一般社会劳动。亚·斯密同重农学派相反，重新提出产品的价值是构成资产阶级财富的实质的东西；但是另一方面，又使价值摆脱了纯粹幻想的形式——金银的形式，即在重商学派看来价值借以表现的形式。任何商品**从可能性来说**就是货币。……

……

有一大批所谓"高级"劳动者，如国家官吏、军人、艺术家、医生、牧师、法官、律师等等，他们的劳动有一部分不仅不是生产的，而且实质上是破坏性的，但他们善于依靠出卖自己的"非物质"商品或把这些商品强加于人，而占有很大部分的"物质"财富。对于这一批人来说，在**经济学**上被列入丑角、家仆一类，被说成靠真正的生产者（更确切地说，靠生产当事人）养活的食客、寄生者，决不是一件愉快的事。这对于那些向来显出灵光、备受膜拜的职务，恰恰是一种非同寻常的亵渎。政治经济学在其古典时期，就象资产阶级本身在其发家时期一样，曾以严格的批判态度对待国家机器等等。后来它理解到——这在它的实践中也表现出来——并且根据经验认识到，这种继承下来的所有这些在某种程度上完全非生产的阶级的社会结合的必要性，就是由资产阶级自己的组织中产生出来的。

如果上述"非生产劳动者"不生产享受，因此对他们的服务的需求不完全取决于生产当事人想如何花掉自己的工资或利润；相反，如果他们成为必要，或自己使自己成为必要，部分地是因为存在肉体上的疾病（如医生）或精神上的虚弱（如牧师），部分地是因为个人利益的冲突和民族利益的冲突（如政治家、一切法学家、警察、士兵）；如果这样，那末，在亚·斯密看来，就象在产业资本家本身和工人阶级看来一样，他们就表现为生产上的非生产费用，因此必须尽可能地把这种非生产费用缩减到最低限度，尽可能地使它便宜。资产阶级社会把它曾经反对过的一切具有封建形式或专制形式的东西，以它自己所特有的形式再生产出来。因此，对这个社会阿谀奉承的人，尤其是对这个社会的上层阶级阿谀奉承的人，他们的首要业务就是，在理论上甚至为这些"非生产劳动者"中纯粹寄生的部分恢复地位，或者为其中不可缺少的部分的过分要求提供根据。事实上这就宣告了意识形态阶级等等是**依附于资本家的**。

……

第三，随着资本的统治的发展，随着那些和创造物质财富没有直接关系的生产领域实际上也日益依附于资本，——尤其是在实证科学（自然科学）被用来为物质生产服务的时候，——政治经济学上的阿谀奉承的侍臣们便认为，对任何一个活动领域都必须加以推崇并给以辩护，说它是同物质财富的生产"联系着"的，说它是生产物质财富的手段；他们对每一个人都表示敬意，说他是"第一种"意义的"生产劳动者"，即为资本服务的、在这一或那一方面对资本家发财致富有用的劳动者，等等。

……

第三，在这里，加尔涅热衷于"道德"。为什么"诱惑我的嗅觉的香水制造者"应当认为是生产劳动者，而"陶醉我的听觉"的音乐家应当是非生产劳动者呢？（第173页）斯密会回答说，因为一个提供物质产品，另一个不提供物质产品。道德和这两个人的"功绩"一样，同这里的区分毫无关系。

第四，认为"提琴制造者、风琴制造者、乐器商人、布景师等等"是生产的，而以他们的劳动为"准备阶段"的那些职业则是非生产的，难道这不是矛盾吗？

"这两种人劳动的最终目的是提供**同一种消费**。如果一种人劳动的最终结果不应当算作社会劳动的产品，那末，为什么偏要对不过是**达到这种结果的手段**另眼看待呢？"（同上，第173页）

如果这样来谈问题，那就会得出结论说：吃粮食的人和生产粮食的人一样，也是生产的。因为，为什么生产粮食呢？就是为了吃。因此，如果吃粮食是非生产劳动，那末，为什么种粮食这种不过是达到这个目的的手段，却是生产的呢？而且，吃粮食的人会生产脑子、肌肉等等，难道这不是象大麦或小麦一样贵重的产品吗？——某位被激怒的人类之友，也许会这样质问亚·斯密。

第一，亚·斯密并不否认非生产劳动者会生产某种产品。否则，他根本就不是劳动者了。第二，开药方的医生不是生产劳动者，而配药的药剂师却是生产劳动者,这看起来好象是奇怪的。同样,制造提琴的乐器制造者是生产劳动者,而演奏提琴的提琴师却不是。这只能证明,某些"生产劳动者"提供的产品,其唯一的目的是充当非生产劳动者的生产资料。但这并不比这样的事实更奇怪:归根到底,一切生产劳动者,第一,提供支付非生产劳动者的资金,第二,提供产品,让**不从事任何劳动**的人消费。

在这些批评意见中,第二点完全符合怎么也忘不了"桥梁和公路"的法国人的精神;第三点归结为道德;第四点,或者是包含一种胡说,即认为消费和生产一样是生产的(这对于资产阶级社会来说是错误的,因为在这个社会里,一种人生产而另一种人消费),或者是说明,生产劳动的一部分只为非生产劳动提供材料,而这一点,亚·斯密从来没有否认过。只有第一点包含着正确的意思,即亚·斯密在他的第二个定义中,把**同一种劳**动既称为生产劳动又称为非生产劳动,[349]或者确切些说,按照他自己的定义,他本来应该把他的"非生产"劳动中的某一个较小的部分称为**生产的**。——可见,这并不是反对**区分**本身,而是反对这种区分**包括的范围**,或者说,反对这种区分**适用的范围**。

提了所有这些批评意见之后,大学者加尔涅终于谈到本题:

"看来在斯密所想象出来的两个阶级之间,能够找到的唯一的总的区别就是:就他所谓的**生产阶级**来说,**物品制造者和物品消费者之间**有或者总会 180 有一个**中介人存在**;而就他所谓的**非生产阶级**来说,**不会有任何中介人存在**,这里**劳动者和消费者之间的关系必然是直接的、没有中介的**。很明显,那些享受医生的经验、外科医师的手术、律师的知识、音乐家或演员的天才以及家仆的服务的人,在所有这些不同的劳动者从事这种劳动时,**必然**同他们发生一种直接的没有中介的关系;相反,在另一个阶级的职业中,**供消费的物品是物质的、可以感觉的**,因此,在它们从制造者手里转到消费者手里之前,**就能够成为一系列中间性交换行为的对象**。"(第174页)

加尔涅无意中用后面几句话表明,在斯密的第一种区分(同资本交换的劳动和同收入交换的劳动)和第二种区分(固定在物质的可以出卖的商品上的劳动和不固定在这种商品上的劳动)之间,存在着多么隐蔽的思想联系。不固定在商品上的种种劳动,按其性质来说,大多数**不能**从属于资本主义生产方式;其他各种劳动,则可能从属于资本主义生产方式。更不用说，在**资本主义生产的基础上**，大部分物质商品，即"物质的、可以感觉的物品"，是在资本的支配下由雇佣工人生产的，那些［非生产］劳动（或服务，无论是妓女的服务，还是罗马教皇的服务），只能由生产工人的工资或他们的雇主（和分享利润的人）的利润来支付；也不必谈这样一个事实，即这些生产工人创造着养活非生产劳动者，因而使他们得以生存的物质基础。但这条饶舌的法国狗有一个特点，他自认为是政治经济学家，即资本主义生产的研究者，却把那种使生产成为资本主义生产的东西（即资本同雇佣劳动相交换，而不是收入同雇佣劳动直接交换，或劳动者自己直接把收入支付给自己）看成是**非本质的东西**。因此，在加尔涅看来，资本主义生产本身是一种非本质的形式，而不是一种发展社会劳动生产力，并使劳动变为社会劳动的必然形式，尽管只是历史的也就是暂时的必然形式。

……

他（加尔涅）接着说：

"其次，不是有许多非生产劳动者，例如演员、音乐家等等，在大多数情况下通过经理来取得自己的工资吗？而这些经理是从投入这类企业的资本中吸取利润的。"（同上，第175—176页）

这个意见是对的。但这不过表明，有一部分劳动者，即亚·斯密按照他的第二个定义称为非生产劳动者的，按照他的第一个定义却应当是生产劳动者。

……

在这个粗制滥造者施马尔茨的作品中，我们还发现，下面这种意见对于了解加尔涅——例如他的消费主义（以及浪费的经济效用）——同重农主义之间的联系，是很重要的……

……

起先，说这些劳动同样都是生产的，是从它们补偿上述总额，即补偿支付它们的价格（它们工资的价值）这一点来说的。但是，加尼耳马上又进一步。他宣称，非物质劳动生产出它本身与之交换的物质产品，以致看起来象是物质劳动生产出非物质劳动的产品。

［362］"一个是制造柜子的工人，用这个柜子换得1舍费耳谷物，另一个是流浪音乐家，用他的劳动也换得1舍费耳谷物；这两个人的劳动没

有任何区别。在这两种情况下都是生产出了 1 舍费耳谷物,在一种情况下,生产出 1 舍费耳谷物是为了支付柜子,在另一种情况下,生产出 1 舍费耳谷物是为了支付流浪音乐家提供的娱乐。诚然,木匠把 1 舍费耳谷物消费以后,留下一个柜子,而音乐家把 1 舍费耳谷物消费以后,什么也没有留下。可是,有多少被认为是生产劳动的劳动都是这样的情况啊!……判断一种劳动是生产的还是不生产的,不能根据消费以后究竟留下什么,而应**当根据交换或根据这种劳动所引起的生产**。因为音乐家的劳动同木匠的劳动一样,都是**生产 1 舍费耳谷物的原因**,所以他们两人劳动的生产性同样**由 1 舍费耳谷物来衡量**,虽然一个人的劳动在干完以后不固定、不物化在某种耐久的对象上,而另一个人的劳动则固定、物化在某种耐久的对象上。"(同上,第 122—123 页)

……

(可见,在这里他自己还是把生产物质产品的劳动和不生产物质产品的劳动区分开来了。)

"生产阶级把自己的产品供给他们,从他们那里换得方便、娱乐、享受,**而为了能够把自己的产品供给他们,生产阶级就不得不生产这些产品**。如果劳动的物质产品不用来支付那些不创造物质产品的劳动,那它们就找不到消费者,它们的**再生产**就要停止。因此,生产娱乐的劳动,**也象那种被认为是最生产的劳动一样有效地参加生产**。"(同上,第 123—124 页)

"他们〈各国人民〉所追求的方便、娱乐或享受,几乎总是**跟在必须用来支付它们的产品后面,而不是走在这些产品前面**。"(同上,第 125 页)

(可见,它们看来与其说是"必须用来支付它们的"那些产品的原因,不如说是那些产品的结果。)

"如果**生产阶级不需要**为娱乐、奢侈或豪华服务的劳动〈可见,在这里加尼耳本人也做了这样的区分〉,而又不得不支付这种劳动,并把自己的需求削减相应的数额,那末情况就不同了。在这种情况下,这样的被迫支付就不会引起产品量的增加。"(第 125 页)"除了这种情况之外……任何劳动都必然是生产的,并在不同程度上有助于整个财富的形成和增长,因为**任何劳动都必然会引起用以支付它的那些产品的生产**。"(同上,第 126 页)

{可见，按照这种说法，"各种非生产劳动"所以是生产的，既不是因为它们有所值，就是说，不是由于它们的交换价值；也不是因为它们生产某种娱乐，就是说，不是由于它们的使用价值；而是因为它们生产生产劳动。}

……

在所有这些反驳亚·斯密的人那里，我们一方面看到他们对物质生产采取高傲态度，另一方面又看到他们力图为非物质生产——甚至根本不是生产，如象仆役的劳动——辩护，把它冒充物质生产。无论"纯收入"的所有者把这种收入花在仆役身上，花在姘妇身上，还是花在油炸馅饼上，那是完全无关紧要的。但是认为为了不使产品的价值去见鬼，余额就必须由仆人来消费，而不能由生产工人本人来消费，这种想法是可笑的。马尔萨斯也就是这样宣扬非生产的消费者存在的必要——一旦余额掌握在"有闲者"手里，实际上也就有这种必要。[364]

……

{假定劳动生产率大大提高，以前是2/3人口直接参加物质生产，现在只要1/3人口参加就行了。以前是2/3人口为3/3人口提供生活资料；现在是1/2人口为3/3人口提供生活资料。以前"纯收入"（和劳动者的收入不同）是1/3；现在是2/3。现在国民——撇开［阶级］对立不谈——应该用在直接生产上的时间，不再是以前的2/3而是1/3。如果平均分配，所有的人就都会有更多的（即2/3的）非生产劳动时间和余暇。但是，在资本主义生产条件下，一切看来都是对抗的，而事实上也是这样。我们的假定并不意味着人口始终是停滞的。因为3/3在增长，1/3也会增长，所以按照**数量**来说，从事生产劳动的人数可能不断增加。但是相对地，按照同总人口的比例来说，他们还是比以前少50%。现在2/3的人口中一部分是利润和地租的所有者，一部分是非生产劳动者（由于竞争，非生产劳动者的报酬也差了），这些非生产劳动者帮助前者把收入吃掉，并且把服务作为等价提供给前者或者（例如政治的非生产劳动者）强加给前者。我们可以设想：除了家仆、士兵、水手、警察、下级官吏等等、姘妇、马夫、小丑和丑角之外，这些非生产劳动者一般会有比以前高的教育程度；并且，特别是报酬菲薄的艺术家、音乐家、律师、医生、学者、教师、发明家等等的人数将会增加。……

......

在加尔涅之后，出版了庸俗的让·巴·萨伊的《论政治经济学》一书。萨伊非难斯密，说他

"不把医生、音乐家、演员等人这类活动的结果叫做产品。他把这些人从事的劳动称为**非生产劳动**"。（第3版第1卷第117页）

斯密完全不否认"这类活动"会产生某种"结果"，某种"产品"。他甚至直接提到：

"国家的安全、安定和保卫"是〈"国家公务人员"〉"年劳动的结果"。（**斯密**的著作第2篇第3章；加尔涅的译本，第2卷第313页）

萨伊也坚持斯密的补充定义：这些"服务"以及它们的产品"通常一经提供，一经生产，随即消失"。（**斯密**，同一章）萨伊先生把这样消费掉的"服务"或它的产品，它的结果，一句话，它的使用价值，称为"非物质产品或一生产出来就被消费掉的价值"。他不把提供这种服务的人叫做"非生产劳动者"，而叫做"生产非物质产品的人"。他用了另一个名称。但是他在下面又说：

"他们不是用来增加国民资本的。"（第1卷第119页）"一个国家有许多音乐家、教士、官吏，可能有很好的娱乐，精通宗教教义，并且治理得井井有条；但不过如此而已。国家的资本不会由于这些人的劳动而有任何直接的增加，因为他们的产品一生产出来就被消费掉。"（同上，第119页）

由此可见，萨伊先生只是从斯密的定义的最有限的意义上把这类劳动称为**非生产劳动**。

......

归根到底，在萨伊的书中，优势是在"非生产劳动者"方面。在一定的生产条件下，人们能准确地知道，做一张桌子，需要多少工人，制成某种产品，需要某种劳动量应多大。许多"非物质产品"的情况却不是这样。这里，达到某种结果所需要的某种劳动量多大，和结果本身一样，要靠猜测。二十个教士在一起对犯罪者的感化，也许是一个教士做不到的；六个医生会诊，能找到的有效药方，也许是一个医生找不到的。一个审判团，也许比一个无人监督的审判官能做出更为公正的裁判。保卫国家需要多少士兵，维持国内秩序需要多少警察，治理好国家需要多少官吏，等等，

所有这些都是大可研究的问题，例如在英国议会中，这些问题就经常引起争论，虽然在英国，人们都很准确地知道，生产1000磅纱所必需的纺工劳动量有多大。至于另一些这类"生产"劳动者，他们的概念本身就包含着这样的意思：他们产生的效用，恰好只取决于他们的人数，只在于他们的人数本身。例如仆役就是这样，他们是他们主人有钱有势的证据。他们人数越多，他们"生产"的效果就越大。因此，萨伊先生始终认为："非生产劳动者"的人数决不会增加到充分的程度。[400]

｛具有真正斯密精神的政治经济学把资本家只看成人格化的资本，看成G—W—G，看成生产当事人。但究竟谁来消费产品呢？工人吗？不，不是工人。资本家自己吗？那他就成了大消费者、"有闲者"，而不是资本家了。土地租金和货币租金的所有者吗？但他们不会把他们消费的东西再生产出来，因而只会损害财富。不过，在这种把资本家只看做现实的货币贮藏者，而不是看做象真正货币贮藏者那样的幻想的货币贮藏者的矛盾看法中，有两点是正确的：（1）资本（从而也就是资本家，资本的人格化）只被看做促使生产力和生产发展的当事人；（2）这里表现了上升的资本主义社会的观点，对这种社会具有意义的不是使用价值，而是交换价值，不是享受，而是财富。当上升的资本主义社会本身还没有学会把剥削和消费结合起来，还没有使享用的财富从属于自己时，享用的财富对它来说，是一种过度的奢侈。｝

……

大多数反驳斯密关于生产劳动和非生产劳动的区分的著作家，都把消费看作对生产的必要刺激。因此，在他们看来，那些靠收入来生活的**雇佣劳动者**，即非生产劳动者（对他们的雇用并不生产财富，而雇用本身却是财富的新的消费），**甚至从创造物质财富的意义来说**，也和生产工人一样是生产劳动者，因为他们扩大物质消费的范围，从而扩大生产的范围。可见，这种看法大部分是从资产阶级经济学观点出发，一方面为有闲的富人和提供服务给富人消费的"非生产劳动者"辩护，另一方面为开支庞大的"强大政府"辩护，为国债的增加，为占有教会和国家的肥缺的人、各种领干薪的人等等辩护。因为所有这些非生产劳动者——他们的服务体现为有闲的富人的一部分支出——都有一个共同点，就是他们**生产"非物质产品"**，但消费**"物质产品"**即生产工人的劳动产品。

另一些政治经济学家，例如马尔萨斯，虽然承认生产劳动者和非生产劳动者有区别，但是又向"产业资本家"证明，甚至就生产物质财富来说，非生产劳动者也象生产劳动者一样对他是必要的。

在这里，说生产和消费是等同的，或者说消费是一切生产的目的或生产是一切消费的前提，都毫无用处。撇开上述倾向不谈，作为全部争论的基础的，倒是下面这些：工人的消费，平均起来只等于他的生产费用，而不等于他的产品。因此，全部余额都是工人为别人生产的，所以工人的这部分产品全是**为别人而生产**。其次，"产业资本家"迫使工人进行这种**剩余生产**（即超过工人本身生活需要的生产），并且运用一切手段来尽量增加这种同必要生产相对立的相对**剩余生产**，直接把剩余产品据为己有。但是，作为人格化的资本，他是为生产而生产，想为发财而发财。既然他是资本职能的单纯执行者，即资本主义生产的承担者，他所关心的就是交换价值和它的增加，而不是使用价值和它的数量的增加。他只关心抽象财富的增加，对别人劳动的愈来愈多的占有。他象货币贮藏者一样，完全受发财的绝对欲望支配，所不同的只是，他并不以形成金银财宝的幻想形式来满足这种欲望，而是以形成资本的形式即实际生产的形式来满足这种欲望。工人的剩余生产是**为别人而生产**，正常的资本家，即"产业资本家"的生产则是**为生产而生产**。当然，他的财富愈增加，他也就愈背弃这种理想而成为挥霍者，哪怕是为了显示一下自己的财富也好。

不过，他始终是昧着良心、怀着精打细算的念头去享用财富。"产业资本家"无论怎样挥霍，他实质上仍然和货币贮藏者一样吝啬。

西斯蒙第说，劳动生产力的发展使工人有可能得到愈来愈多的享受，但这些享受如果给了工人，就使他（作为雇佣工人）不适宜于劳动了。[①] 如果是这样，那末，同样可以正确地说，"产业资本家"一旦成为享用财富的代表，一旦开始追求享受的积累，而不是积累的享受，他就或多或少不能执行自己的职能了。

可见，"产业资本家"也是**剩余生产即为别人而生产**的生产者。一方面有这种剩余生产，与此相对，另一方面必定有剩余消费，一方面是为生

---

① 西斯蒙第说："由于工业和科学的进步，每个工人每天所能生产的远远超过他自己所必需消费的。但在他的劳动生产财富的同时，这种财富如果供他自己消费，就使他不适宜于劳动了。"（《新原理》第1卷，第85页）

产而生产，与此相对，另一方面必定是为消费而消费。"产业资本家"必须交给地租所有者、国家、国债债权人、教会等等只消费收入的人的东西［408］，固然绝对减少他的财富，但是使他发财的贪欲旺盛不衰，从而保存他的资本主义灵魂。如果土地租金和货币租金的所得者等等也把自己的收入花费在生产劳动上，而不花费在非生产劳动上，目的就不会达到。他们自己就会成为"产业资本家"，而不再代表消费的职能。以后我们还会知道，一个李嘉图主义者和一个马尔萨斯主义者之间，曾就这个问题展开过一场极为滑稽的争论。

生产和消费是**内在地**［ansich］不可分离的。由此可以得出结论：因为它们在资本主义生产体系内实际上是分离的，所以它们的统一要通过它们的对立来恢复，就是说，如果 A 必须为 B 生产，B 就必须为 A 消费。正如每个资本家从他这方面说，都希望分享他的收入的人有所浪费一样，整个老重商主义体系也是以这样的观念为根据：一个国家从自己这方面必须节俭，但是必须为别的沉湎于享受的国家生产奢侈品。这里始终是这样的观念：一方是为生产而生产，因此另一方就是消费别国的产品。这种重商主义体系的观念在佩利博士的《道德哲学》一书第二卷第十一章中也表现出来：

"节俭而勤劳的民族，用自己的活动去满足沉湎于奢侈的富有国家的需要。"

……

这些家伙在对斯密的反驳中发表的庸俗的美文学，不过表明他们是"有教养的资本家"的代表，而斯密则是露骨粗鲁的资产者暴发户的**解释者**。有教养的资产者及其代言人非常愚蠢，竟用对钱袋的［411］影响来衡量每一种活动的意义。另一方面，他们又很有教养，连那些同财富的生产毫不相干的职能和活动，也加以**承认**，而且他们之所以加以承认，是因为这些活动会"间接地"使他们的财富增加等等，总之会执行一种对财富"有用的"职能。

人本身是他自己的物质生产的基础，也是他进行的其他各种生产的基础。因此，所有对人这个生产**主体**发生影响的情况，都会在或大或小的程度上改变人的各种职能和活动，从而也会改变人作为物质财富、商品的创造者所执行的各种职能和活动。在这个意义上，确实可以证明，所有人的关系和职能，不管它们以什么形式和在什么地方表现出来，都会影响物质生产，并对物质生产发生或多或少是决定的作用。

"有些国家，没有士兵的守卫便根本不可能耕种土地。可是，按照斯密的分类法，收成并不是扶犁的人和手执武器守卫在他旁边的人共同劳动的产品；照斯密的说法，只有土地耕种者才是生产劳动者，士兵的活动则是非生产的。"（同上，第202页）

第一，这是错误的。斯密会说，士兵的活动生产保卫，但不生产谷物。如果国内建立了秩序，那末土地耕种者就会象以前一样继续生产谷物，但不必另行生产士兵的给养，从而不必生产士兵的生命。士兵象很大一部分非生产劳动者一样，属于生产上的非生产费用，这些非生产劳动者，无论在精神生产领域还是在物质生产领域，都什么也不生产，他们只是由于社会结构的缺陷，才成为有用的和必要的，他们的存在，只能归因于社会的弊端。

但纳骚会说，如果发明一种机器，使20个工人中有19个人成为多余的，那末这19个人也就成了生产上的非生产费用了。但是，尽管**生产的物质条件**、耕作本身的条件保持不变，士兵也可能成为多余的。而19个工人却只有在剩下的那1个工人的劳动的生产能力提高到20倍之后，因而只有在生产的现有物质条件发生革命之后，才能成为多余的。而且**布坎南**已经指出：

"比方说，如果士兵由于他的劳动有助于生产，便应当被称为生产劳动者，那末生产工人就有同样的权利要求得到军人的荣誉了，因为毫无疑问，没有生产工人的协助，任何军队也不能上战场去打仗并取得胜利。"（**大·布坎南**《论斯密博士的〈国民财富的性质和原因的研究〉的内容》1814年爱丁堡版，第132页）

"一个国家的财富不取决于生产**服务**的人和生产**价值**的人之间的人数比例，而取决于这两种人之间最能使每种人的劳动具有最大生产能力的那种比例。"（**西尼耳**，同上第204页）

斯密从来没有否认这一点，因为他想使国家官吏、律师、教士等等这些"必要的"非生产劳动者，减少到非有他们的服务不可的**限度**。无论如何，这也就是他们能使生产工人的劳动具有最大的生产能力的那种"比例"。至于其他的"非生产劳动者"，因为他们的劳动是每一个人为了享用他们的**服务**而**随意**购买的,也就是说,是每一个人把它作为随便挑选的消费品来购买的,所以,就可能出现各种不同的情况。这些靠收入过活的劳动者的人数,同"生产"工人的人数相比可能很多,**第一**,是因为财富一般说来并不很多或者带有片面性,例如,中世纪的贵族及其仆从的情形就是这样。他们和他们的仆从不是消费相当数量的工业品,而是吃掉自己的农产品。当他们不是这样而开始消费工业品的时候,他们的仆从就不得不从事劳动了。靠收入过活的人所以这样多,只是因为有很大一部分年产品不是**为了再生产**而消费。但是,人口的总数并不很多。**第二**,靠收入过活的人数可能很多,是因为生产工人的生产率高,即他们生产的用来养活仆从的剩余产品多。在这种情况下,不是因为有这么多的仆从,生产工人的劳动才是生产的,相反,是因为生产工人的劳动具有这样大的生产能力,所以才有这么多的仆从。

如果两个国家人口相等,劳动生产力的发展水平相同,那就始终有充分的理由可以同亚·斯密一起说:两国的财富应由生产劳动者和非生产劳动者之间的比例来衡量。因为这不过表明,在生产工人人数较多的国家里,有较大量的年收入是为了再生产而消费,因而每年会生产较大量的价值。可见,西尼耳先生只不过是复述〔412〕亚当的论点,并没有提出什么新思想来同亚当相对立。后来,他自己在这里也区分了"服务的生产者"和"价值的生产者",这样一来,他也就和大多数反对斯密的区分的人们一样:他们接受并且自己也采用了他们所反驳的那种区分。

值得注意的是:一切在自己的专业方面毫无创造的"非生产的"经济学家,都反对生产劳动和非生产劳动的区分。但是,对于资产者来说,"非生产的"经济学家们的这种立场,一方面表示阿谀奉承,力图把一切职能都说成是为资产者生产财富服务的职能;另一方面表示力图证明资产阶级世界是最美好的世界,在这个世界中一切都是有用的,而资产者本人又是如此有教养,以致能理解这一点。

对于工人来说,这种看法是要人们确信,非生产人员消费大量产品完全是理所当然的,因为非生产消费者象工人一样能促进财富的生产,不过是以自己特殊的方式罢了。

……

既然整个资本主义生产的基础是:直接购买劳动,以便在生产过程中不经购买而占有所使用的劳动的一部分，然后又以产品形式把这一部分**卖掉**；既然这是资本存在的基础，是资本的实质，那末，生产资本的劳动和不生产资本的劳动二者之间的区分，不就是理解资本主义生产过程的基础吗？斯密并不否认，仆人的劳动对**他**自己来说是生产的。每种服务对它的卖者来说都是生产的。假誓约对那个靠假誓约获得现金的人来说是生产的。伪造文件对那个靠伪造文件赚钱的人来说是生产的。杀人对那个因杀人而得到报酬的人来说是生产的。诬陷者、告密者、食客、寄生者、谄媚者，只要他们的这种"服务"不是无酬的，他们的这些勾当对他们来说就都是生产的。按照罗西的看法，所有这些人都是"生产劳动者"，不仅是财富的生产者，而且是资本的生产者。自己给自己支付报酬的骗子手，——同法官和国家所做的完全一样，——也是"按照一定的方式，使用一种力量，生产一种满足人的需要的结果"[同上，第275页]，就是说，满足盗贼的需要，也许还满足他的妻子儿女的需要。这样说来，如果全部问题只在于生产一种满足"需要"的"结果"，或者说，如果一个人只要出卖自己的"服务"就可以把这种服务算作"生产的"，就象上述情况那样，那末，这个骗子手就是生产劳动者了。

{对此罗西还有一点意见。他在第十二讲（第273页）中说：

"我决不认为只有靠生产棉布或制作靴子生活的人才是生产者。无论哪种劳动我都尊重……但这种尊重不应成为**体力劳动者**独占的特权。"

亚·斯密不是这样看的。他认为从事写作、绘画、作曲、雕塑的人是第二种意义的"生产劳动者"，虽然即兴诗人、演说家、音乐家等等不是这样的劳动者。而"服务"只要是直接加入生产的，亚·斯密就把它看作是物化在产品中的，不管这是体力劳动者的劳动，还是经理、店员、工程师的劳动，甚至学者的劳动（只要这个学者是个发明家，是在工场内或在工场外劳动的工场劳动者）。斯密在谈到分工的时候，曾说明这些业务如何在各种人员之间分配，并指出产品、商品是他们共同劳动的结果，不是其中某一个人劳动的结果。不过，象罗西这样的"精神的"劳动者所关心的，是如何为他们从物质生产中取得的那个巨大的份额辩护。}

……

施托尔希（在前面引用的著作中）所说的那些生产"**余暇**"，因而使人有空闲时间来享乐、从事脑力劳动等等的人们，也属于这类劳动者。警察节约我为自己当宪兵的时间，士兵节约我自卫的时间，政府官吏节约我管理自己的时间，擦皮靴的人节约我自己擦靴子的时间，教士节约思考的时间，等等。

在这个问题上正确的一点是**分工**的思想。每个人除了自己从事生产劳动或对生产劳动进行剥削之外，还必须执行大量非生产的并且部分地加入消费费用的职能。（真正的生产工人必须自己负担这些消费费用，自己替自己完成非生产劳动。）如果这种"服务"是令人愉快的，主人就往往代替奴仆去做，例如初夜权或者早就由主人担任的管理劳动等等，都证明了这一点。但这决没有消除生产劳动和非生产劳动的区分；相反，这种区分本身表现为分工的结果，从而促进一般劳动生产率的发展，因为分工使非生产劳动变成一部分人的专门职能，使生产劳动变成另一部分人的专门职能。

但是罗西断言，就连专门用来使主人摆阔、满足主人虚荣心的那些家仆的"**劳动**"，也"不是非生产劳动"。为什么呢？因为它生产**某种东西**：满足虚荣心，使主人能够吹嘘、摆阔（同上，第277页）。

这里我们又看到了那种胡说八道，好象每种服务都生产某种东西：妓女生产淫欲，杀人犯生产杀人行为等等。而且，据说斯密说过，这些污秽的东西每一种都有自己的**价值**。就差［416］说这些"服务"是无酬的了。问题并不在这里。但是，即使这些服务是无酬的，它们也不会使财富（物质财富）增加一文钱。

然后又是一段美文学式的胡言乱语：

"有人硬说，歌手唱完歌，不给我们留下什么东西。不，他留下回忆！〈妙极了！〉你喝完香槟酒留下了什么呢？……消费是否紧紧跟随生产，消费进行得快还是慢，固然会使经济结果有所不同，但消费这个事实本身无论怎样也不会使产品丧失财富的性质。某些非物质产品比某些物质产品存在更长久。一座宫殿会长期存在，但《**伊利亚特**》是更长久的享受来源。"（第277—278页）

多么荒唐！

从这里罗西所理解的财富的意义，即从使用价值的意义来说，情况甚至是这样的：只有**消费**才使产品成为财富，而不管这种消费是快还是慢

（消费的快慢决定于消费本身的性质和消费品的性质）。使用价值只对消费有意义，而且对消费来说，使用价值的存在，只是作为一种消费品的存在，只是使用价值在消费中的存在。

喝香槟酒虽然生产"头昏"，但不是生产的消费，同样，听音乐虽然留下"回忆"，但也不是生产的消费。如果音乐很好，听者也懂音乐，那末消费音乐就比消费香槟酒高尚，虽然香槟酒的生产是"生产劳动"，而音乐的生产是非生产劳动。

……

再引下面这段话：

"某些最受尊敬的社会阶层的劳动，**象家仆的劳动**一样，**不生产任何价值**｛它有价值，因而值一个等价，但不生产任何价值｝，不固定或不物化在任何耐久的对象或可以出卖的商品中……例如，君主和他的全部文武官员、全体陆海军，都是**非生产劳动者**。他们是社会的**公仆**，**靠别人劳动**的一部分年产品生活……应当列入**这一类的**，还有……教士、律师、医生、各种文人；演员、丑角、音乐家、歌唱家、舞蹈家等等。"（同上，第94—95页）

这是还具有革命性的资产阶级说的话，那时它还没有把整个社会、国家等等置于自己支配之下。所有这些卓越的历来受人尊敬的职业——君主、法官、军官、教士等等，所有由这些职业产生的各个旧的意识形态阶层，所有属于这些阶层的学者、学士、教士……**在经济学上**被放在与他们自己的、由资产阶级以及有闲财富的代表（土地贵族和有闲资本家）豢养的大批仆从和丑角同样的地位。他们不过是社会的**仆人**，就象别人是他们的仆人一样。他们靠**别人劳动**的产品生活。因此，他们的人数必须减到必不可少的最低限度。国家、教会等等，只有在它们是管理和处理生产的资产者的共同利益的委员会这个情况下，才是正当的；这些机构的费用必须缩减到必要的最低限度，因为这些费用本身属于生产上的非生产费用。这种观点具有历史的意义，一方面，它同古代的见解形成尖锐的对立，在古代，物质生产劳动带有奴隶制的烙印，这种劳动被看作仅仅是有闲的市民的立足基石；另一方面，它又同由于中世纪瓦解而产生的专制君主国或贵族君主立宪国的见解形成尖锐的对立，就连孟德斯鸠自己都还拘泥于这种见解，他天真不过地把它表达如下（《论法的精神》第7篇第4章）：

"富人不多花费，穷人就要饿死。"

相反，一旦资产阶级占领了地盘，一方面自己掌握国家，一方面又同以前掌握国家的人妥协；一旦资产阶级把意识形态阶层看作自己的亲骨肉，到处按照自己的本性把他们改造成为自己的伙计；一旦资产阶级自己不再作为生产劳动的代表来同这些人对立，而真正的生产工人起来反对资产阶级，并且同样说它是靠别人劳动生活的；一旦资产阶级有了足够的教养，不是一心一意从事生产，而是也想从事"有教养的"消费；一旦连精神劳动本身也愈来愈为资产阶级**服务**，为资本主义生产服务；——一旦发生了这些情况，事情就反过来了。这时资产阶级从自己的立场出发，力求"在经济学上"证明它从前批判过的东西是合理的。加尔涅等人就是资产阶级在这方面的代言人和良心安慰者。此外，这些经济学家（他们本人就是教士、教授等等）也热衷于证明自己"在生产上的"有用性，"在经济学上"证明自己的薪金的合理性。

……

劳动产品本身的属性是：它作为一个或多或少耐久的、因而可以再让渡出去的使用价值存在，它作为这样一种使用价值存在，即它是可以出卖的有用品，是交换价值的承担者，**是商品**，或者说，实质上是**货币**。非生产劳动者的服务不会再变成**货币**。我对律师、医生、教士、音乐家等等、国家活动家、士兵等等的服务支付了报酬，但是，我既不能用这些服务来还债，也不能用它们来购买商品，也不能用它们来购买创造剩余价值的劳动。这些服务完全象容易消失的消费品一样消失了。

可见，斯密所说的实质上同货币主义所说的一样。货币主义认为，只有生产**货币**，生产金银的劳动，才是生产的。在斯密看来，只有为自己的买者生产**货币**的劳动才是生产的。所不同的只是，斯密在一切商品中都看出了它们具有的货币性质，不管这种性质在商品中怎样隐蔽，而货币主义则只有在作为交换价值的独立存在的商品中才看出这种性质。

这种区分是以资产阶级生产实质本身为基础的，因为财富不等于使用价值，只有**商品**，只有作为交换价值承担者、作为货币的使用价值，才是财富。货币主义不懂得，这些货币的创造和增加，是靠商品的消费，而不是靠商品变为金银，商品以金银的形式结晶为独立的交换价值，但是，商品在金银的形式上不仅丧失了它们的使用价值，而且没有改变它们的**价值量**。

马克思：《剩余价值理论》，摘自《马克思恩格斯全集》第26卷第1册，人民出版社1972年6月第1版，第147—318页。

六 "自然关系"与自由：文艺与"自由的精神生产"论

（一）"人对自然的一定关系"与"自由的精神生产"

1. 精神生产既决定于"社会结构"，也决定于"人对自然的一定关系"

从物质生产的一定形式产生：第一，一定的社会结构；第二，人对自然的一定关系。人们的国家制度和人们的精神方式由这两者决定，因而人们的精神生产的性质也由这两者决定。

马克思：《剩余价值理论》，摘自《马克思恩格斯全集》第26卷第1册，人民出版社1972年6月第1版，第296页。

2. 艺术和诗歌等既是"意识形态"活动，也可以是"自由的精神生产"

因为施托尔希不是历史地考察物质生产本身，他把物质生产当作一般的物质财富的生产来考察，而不是当作这种生产的一定的、历史地发展的和特殊的形式来考察，所以他就失去了理解的基础，而只有在这种基础上，才能够既理解统治阶级的意识形态组成部分，也理解一定社会形态下自由的精神生产。他没有能够超出泛泛的毫无内容的空谈。而且，这种关系本身也完全不象他原先设想的那样简单。例如资本主义生产就同某些精神生产部门如艺术和诗歌相敌对。不考虑这些，就会坠入莱辛巧妙地嘲笑过的十八世纪法国人的幻想。既然我们在力学等等方面已经远远超过了古代人，为什么我们不能也创作出自己的史诗来呢？于是出现了《亨利亚特》来代替《伊利亚特》。

马克思：《剩余价值理论》，摘自《马克思恩格斯全集》第26卷第1册，人民出版社 1972 年 6 月第 1 版,第 296 页。

(二)"自然的必然性"与人的两种基本自由:自然关系与社会关系中的自由

1. "自由意志"不能顶替"人本身"

如果用"自由意志"这个抽象概念来顶替有着行为的现实动机和受着各种社会条件影响的一定的人,如果只用人的许多特性的一个特性来顶替人本身,难道这不是荒谬的吗?

> 马克思:《死刑。——科布顿先生的小册子。——英格兰银行的措施》(1853 年 1 月 28 日),摘自《马克思恩格斯全集》第 8 卷,人民出版社 1961 年 10 月第 1 版,第 579 页。

2. "自由"是相对于"自然的必然性"而言的

按黑格尔的说法,国家是自由的最高定在,是已经意识到自己的理性的定在。如果说在这样的国家里支配一切的不是法律,不是自由的定在,而是一种盲目的自然必然性,那这样说对不对呢?……黑格尔力图到处都把国家说成自由精神的实现,但 re vera〔事实上〕他是通过同自由相对立的自然必然性来摆脱一切难于解决的冲突。(第 314 页)

重要的是在于使自由的东西能自由地实现,使自由不像社会的无意识的自然本能那样支配一切……(第 322 页)

> 马克思:《黑格尔法哲学批判》(1843 年夏天),摘自《马克思恩格斯全集》第 1 卷,人民出版社 1956 年 12 月第 1 版。

那些由于自己的本质而时时刻刻融化在统一的整体中的差别是普鲁士国家精神的自由创造物,而不是盲目的自然的必然性和旧时代的瓦解过程强加给我们时代的原料!

> 马克思:《论普鲁士等级委员会》(1842 年 12 月 10、19 和 30 日),摘自《马克思恩格斯全集》第 40 卷,人民出版社 1982 年 2 月第 1 版,第 334 页。

基督使自己从属于圣父,这是他的自由行动吗?决不可能,——这是自然的必然性。

> 恩格斯:《谢林和启示》(1841 年底—1842 年初),摘自《马克思恩格斯全集》第 41 卷,人民出版社 1982 年 12 月第 1 版,第 256 页。

3. 两种"自然必然性"：自然（力量）支配人与社会（力量）支配人

社会力量完全像自然力一样，在我们还没有认识和考虑到它们的时候，起着盲目的、强制的和破坏的作用。但是，一旦我们认识了它们，理解了它们的活动、方向和影响，那么，要使它们越来越服从我们的意志并利用它们来达到我们的目的，就完全取决于我们了。这一点特别适用于今天的强大的生产力。只要我们固执地拒绝理解这种生产力的本性和性质（而资本主义生产方式及其辩护士正是抗拒这种理解的），它就总是像上面所详细叙述的那样，起违反我们、反对我们的作用，把我们置于它的统治之下。但是，它的本性一旦被理解，它就会在联合起来的生产者手中从魔鬼似的统治者变成顺从的奴仆。这里的区别正像雷电中的电的破坏力同电报机和弧光灯的被驯服的电之间的区别一样，正像火灾同为人服务的火之间的区别一样。当人们按照今天的生产力终于被认识了的本性来对待这种生产力的时候，社会的生产无政府状态就让位于按照全社会总体和每个成员的需要对生产进行的有计划的调节。那时，资本主义的占有方式，即产品起初奴役生产者而后又奴役占有者的占有方式，就让位于那种以现代生产资料的本性为基础的产品占有方式：一方面由社会直接占有，作为维持和扩大生产的资料，另一方面由个人直接占有，作为生活资料和享受资料。（第296页）

但是除自然力量外，不久社会力量也起了作用，这种力量和自然力量本身一样，对人来说是异己的，最初也是不能解释的，它以同样的表面上的自然必然性支配着人。最初仅仅反映自然界的神秘力量的幻象，现在又获得了社会的属性，成为历史力量的代表者。（第333页）

> 恩格斯：《反杜林论》（1876年9月—1878年6月），摘自《马克思恩格斯文集》第9卷，人民出版社2009年12月第1版。

但是，偶然性只是相互依存性的一极，它的另一极叫做必然性。在似乎也是受偶然性支配的自然界中，我们早就证实，在每一个领域内，都有在这种偶然性中去实现自身的内在的必然性和规律性。而适用于自然界的，也适用于社会。一种社会活动，一系列社会过程，越是超出人们的自觉的控制，越是超出他们支配的范围，越是显得受纯粹的偶然性的摆布，它所固有的内在规律就越是以自然的必然性在这种偶然性中去实现自身。这些规律也支配着商品生产和商品交换的偶然性：它们作为异己的、起初甚至是未被认识的、其本性尚待努力研究和探索的力量，同各个生产者和交换的参加者相对立。商品生产的这些经济规律,随这个生产形式的发展阶段的不同而有所变化,但是总的说来,整个文明期都处在这些规律的支配之下。直到今天,产品仍然支配着生产者;直到今天,社会的全部生产仍然不是由共同制定的计划,而是由盲目的规律来调节,这些盲目的规律,以自发的威力,最后在周期性商业危机的风暴中显示着自己的作用。

    恩格斯:《家庭、私有制和国家的起源》(1884年3月底—5月底),摘自《马克思恩格斯文集》第4卷,人民出版社2009年12月第1版,第194—195页。

4. 资本主义社会关系表现为外在的、"自然的必然性(必要性)"而支配个人

  人们在自己的社会生产过程中的单纯原子般的关系,从而,人们自己的生产关系的不受他们控制和不以他们有意识的个人活动为转移的物的形式,首先就是通过他们的劳动产品普遍采取商品形式这一点而表现出来。因此,货币拜物教的谜就是商品拜物教的谜,只不过变得明显了,耀眼了。(第113页)

  在工场内部的分工中预先地、有计划地起作用的规则,在社会内部的分工中只是在事后作为一种内在的、无声的自然必然性起着作用,这种自然必然性只能在市场价格的晴雨表式的变动中觉察出来,并克服着商品生产者的无规则的任意行动。(第412页)

    马克思:《资本论》第1卷,摘自《马克思恩格斯文集》第5卷,人民出版社2009年12月第1版。

  在叙述生产关系的物化和生产关系对生产当事人的独立化时,我们没有谈到,这些联系由于世界市场,世界市场行情,市场价格的变动,信用的期限,工商业的周期,繁荣和危机的交替,会以怎样的方式对生产当事人表现为压倒的、不可抗拒地统治着他们的自然规律,并且在他们面前作为盲目的必然性发生作用。

    马克思、恩格斯:《资本论》第3卷,摘自《马克思恩格斯文集》第7卷,人民出版社2009年12月第1版,第943页。

  重农学派的巨大功绩是,他们把这些形式看成社会的生理形式,即从生产本身的自然必然性产生的,不以意志、政策等等为转移的形式。这是物质规律;错误只在于,他们把社会的一个特定历史阶段的物质规律看成

同样支配着一切社会形式的抽象规律。

  马克思：《剩余价值理论》，摘自《马克思恩格斯全集》第 26 卷第 1 册，人民出版社 1972 年 6 月第 1 版，第 15 页。

  自由这一人权不是建立在人与人相结合的基础上，而是相反，建立在人与人相分隔的基础上。这一权利就是这种分隔的**权利**，是**狭隘的**、局限于自身的个人的权利。

  自由这一人权的实际应用就是**私有财产**这一人权。……这种个人自由和对这种自由的应用构成了市民社会的基础。这种自由使每个人不是把他人看做自己自由的实现，而是看做自己自由的限制……

  平等，在这里就其非政治意义来说，无非是上述自由的平等，就是说，每个人都同样被看成那种独立自在的单子。……

  可见，任何一种所谓的人权都没有超出利己的人，没有超出作为市民社会成员的人，即没有超出封闭于自身、封闭于自己的私人利益和自己的私人任意行为、脱离共同体的个体。在这些权利中，人绝对不是类存在物，相反，类生活本身，即社会，显现为诸位个体的外部框架，显现为他们原有的独立性的限制。把他们连接起来的唯一纽带是自然的必然性，是需要和私人利益，是对他们的财产和他们的利己的人身的保护。……

  只有当现实的个人把抽象的公民复归于自身，并且作为个人，在自己的经验生活、自己的个体劳动、自己的个体关系中间，成为**类存在物**的时候，只有当人认识到自身"固有的力量"是社会力量，并把这种力量组织起来因而不再把社会力量以**政治**力量的形式同自身分离的时候，只有到了那个时候，人的解放才能完成。

  马克思：《论犹太人问题》（1843 年 10 月中—12 月中），《马克思恩格斯文集》第 1 卷，人民出版社 2009 年 12 月第 1 版，第 41—46 页。

  以交换价值和货币为媒介的交换，诚然以生产者互相间的全面依赖为前提，但同时又以生产者的私人利益完全隔离和社会分工为前提，而这种社会分工的统一和互相补充，仿佛是一种自然关系，存在于个人之外并且不以个人为转移。普遍的需求和供给互相产生的压力，促使毫不相干的人发生联系。（第 105 页）

  属于**流通**的本质的东西是：交换表现为一个过程，表现为买卖的流动的总体。流通的第一个前提是商品本身的流通，是不断从许多方面出发的商品流通。商品流通的条件是：商品作为**交换价值**来生产，即不是作为**直接的使用价值**，而是作为以交换价值为媒介的使用价值来生产。通过和借助于转让和让渡而实行占有，是基本的前提。在流通中即交换价值的实现过程中包含着：（1）我的产品只有对别人成为产品，才是产品；也就是说，只有成为被扬弃的个别，成为一般，才是产品；（2）我的产品只有转让出去，对别人成为产品，对我才是产品；（3）别人只有把他自己的产品转让出去，我的产品对他才是产品；由此得出（4）生产对于我不是表现为目的本身，而是表现为手段。

流通是这样一种运动，在这种运动中，一般转让表现为一般占有，一般占有表现为一般转让。这一运动的整体虽然表现为社会过程，这一运动的各个因素虽然产生于个人的自觉意志和特殊目的，然而过程的总体表现为一种自发的客观联系；这种联系尽管来自自觉个人的相互作用，但既不存在于他们的意识之中，作为总体也不受他们支配。他们本身的相互冲突为他们创造了一种凌驾于他们之上的**他人的**社会权力；他们的相互作用表现为不以他们为转移的过程和强制。流通是某种社会过程的总体，所以它也是第一个这样的形式，在这个形式中，表现为某种不以个人为转移的东西的，不仅是社会关系（就象在一块货币或交换价值上那样），而且是社会运动的总体本身。个人相互间的社会联系作为凌驾于个人之上的独立权力，不论被想象为自然的权力，偶然现象，还是其他任何形式的东西，都是下述状况的必然结果，这就是：这里的出发点不是自由的社会的个人。从作为经济范畴中第一个总体的流通中，就可以清楚地看到这一点。（第144—145页）

马克思：《经济学手稿》（1857—1858年），摘自《马克思恩格斯全集》第46卷上册，人民出版社1979年7月第1版。

在自由竞争情况下，自由的并不是个人，而是资本。只要以资本为基础的生产还是发展社会生产力所必需的、因而是最适当的形式，在纯粹资本条件范围内的个人的运动，就表现为个人的自由，然而，人们又通过不断回顾被自由竞争所摧毁的那些限制来把这种自由教条地宣扬为自由。自由竞争是资本的现实发展。它使符合资本本性，符合以资本为基础的生产方式，符合资本概念的东西，表现为单个资本的外在必然性。（第159页）

交换者生产商品，并且是为商品生产者而生产。这包括两个方面：一方面，他作为独立的私人而生产，自己主动进行生产，只是取决于他本身的需要和他本身的能力，从本身出发并且为了本身，既不是作为某个自然发生的共同体的成员，也不是作为直接以社会个人的身分参加生产的个人，因而也不把自己的产品当作直接的生存源泉。但另一方面，他生产**交换价值**，生产一种产品，这种产品只有经过一定的社会过程，经过一定的形态变化才能成为对他本人有用的产品。因此，他已经是在某种联系中进行生产，即在只有经过某种历史过程才形成的生产条件和交往关系中进行生产，而这些条件和关系对他本人来说表现为自然的必然性。这样，个人生产的独立性，就由在分工上取得相应表现的社会依赖性来补充。(第 466 页)

个人用什么来证实他的私人劳动是一般劳动，他的私人劳动的产品是一般社会产品呢？用他的劳动的特殊内容，它的特殊的使用价值；这种特殊的使用价值是另一个个人的需要对象，所以这另一个个人为了这种使用价值便把自己的产品作为等价物让出。(这种等价物必须采取货币的形式，这一点我们以后再研究，说明商品到货币的这一转化本身是简单流通的重要因素。) 就是说，他是这样来证实的：他的劳动是社会劳动的总体中的一个特殊，是以特殊方式补充这一总体的一个分枝。劳动一旦具有由社会联系所决定的内容，——这就是物质的规定性和前提，——它就表现为一般劳动。劳动的一般性的形式，是通过劳动作为劳动总体的一个肢体，作为社会劳动的特殊存在方式的现实来证实的。

个人只是作为交换价值的所有者互相对立，作为各自用自己的产品即商品为对方提供某种物的存在的所有者互相对立。从在流通中发生的社会的物质变换的观点来看，没有这种客体的媒介，他们彼此就不会有任何关系。他们只是物质上彼此为对方存在，这种情况在货币关系中才得到进一步发展，在这种关系中，他们的共同体本身对一切人来说表现为外在的、因而是偶然的东西。通过独立的个人的接触而形成的社会联系，对于他们既表现为物的必然性，同时又表现为外在的联系，这一点**正好表现出他们的独立性，对于这种独立性来说，社会存在固然是必然性，但只是手段，因此，对个人本身来说表现为某种外在的东西，而在货币形式上甚至表现为某种可以捉摸的东西**。他们是作为社会的个人，在社会里生产并为社会而生产，但同时这仅仅表现为使他们的个性物化的手段。因为他们既不从属于某一自然发生的共同体，另一方面又不是作为自觉的共同体成员使共同体从属于自己，所以这种共同体必然作为同样是独立的、外在的、偶然的、物的东西同他们这些独立的主体相对立而存在。这正是他们作为独立的私人同时又发生某种社会关系的条件。（第469—470页）

> 马克思：《经济学手稿》（1857—1858年），摘自《马克思恩格斯全集》第46卷下册，人民出版社1980年8月第1版。

[不同的]活动的联系一方面表现为一种**潜在的**、在个人身上只是作为需要、需求和能力等等出现的自然必然性的产品，另一方面表现为个人的独立的、不过只是由产品的本质——必须是使用价值和交换价值——决定的意志的产物。

> 马克思：《经济学手稿》（1861—1863年），摘自《马克思恩格斯全集》第47卷，人民出版社1979年10月第1版，第356页。

正如古代国家的**自然基础**是奴隶制一样，**现代国家**的**自然基础**是市民社会以及市民社会中的人，即仅仅通过私人利益和**无意识**的自然的必要性这一纽带同别人发生关系的独立的人，即自己营业的**奴隶**，自己以及别人的**私欲**的奴隶。现代国家就是通过**普遍人权**承认了自己的这种自然基础。（第145页）

因为一个人的需要，对于另一个拥有满足这种需要的资料的利己主义者来说，并没有什么明显的意义，就是说，同这种需要的满足并没有任何直接的联系，所以每一个人都必须建立这种联系，这样就相互成为他人的需要和这种需要的对象之间的皮条匠。由此可见，正是**自然的必然性、人的特性**（不管它们表现为怎样的异化形式）、利益把市民社会的成员彼此连接起来。他们之间的**现实的**联系不是**政治**生活，而是**市民**生活。因此，把市民社会的**原子**彼此连接起来的不是**国家**，而是如下的事实：他们只是在**观念**中、在自己的**想像**这个**天堂**中才是原子，**而在实际上他们是和原子截然不同的存在物，他们不是神类的利己主义者，而是利己主义的人。**（第154页）

> 马克思、恩格斯：《神圣家族》（1844年9—11月），摘自《马克思恩格斯全集》第2卷。

商品所有者把自己的私人劳动产品表现为社会劳动产品，是通过把一种物即金转化为一般劳动时间的直接存在，因而转化为货币，而现在，他们自身借以完成其劳动的物质变换的全面运动，就作为一种物所特有的运动即金的流通而同他们对立。社会运动本身，对商品所有者来说，一方面是外在的必然性，另一方面只是形式上的媒介过程，使每一个人能够用他投入流通的使用价值从流通中取回价值量相等的另一些使用价值。商品的使用价值在商品离开流通时才开始发生作用，而作为流通手段的货币的使用价值则是货币的流通本身。

马克思：《政治经济学批判》（1858—1859），摘自《马克思恩格斯全集》第 13 卷，人民出版社 1962 年 11 月第 1 版，第 91 页。

只有到 18 世纪，在"市民社会"中，社会联系的各种形式，对个人说来，才只是表现为达到他私人目的的手段，才表现为外在的必然性。

马克思：《〈政治经济学批判〉导言》（1857 年 8 月下旬），摘自《马克思恩格斯文集》第 8 卷，人民出版社 2009 年 12 月第 1 版，第 6 页。

5. 人在社会关系中的自由："一个人在另一个人面前享有的自由"，劳动产品、能力和活动的"自由交换"

先生们，不要一听到自由这个抽象字眼就深受感动！这是谁的自由呢？这不是一个人在另一个人面前享有的自由。这是资本所享受的榨取工人的自由。

既然这种自由的观念本身不过是一种以自由竞争为基础的制度的产物，怎么还能用这种自由的观念来肯定自由竞争呢？

我们已经指出，在同一个国家里，自由贸易在不同的阶级之间会产生怎样一种友爱。如果说自由贸易在世界各国之间也能促成什么友爱，那么，这种友爱未必更具有友爱的特色；把世界范围的剥削美其名曰普遍的友爱，这种观念只有资产阶级才想得出来。自由竞争在一个国家内所引起的一切破坏现象，都会在世界市场上以更大的规模再现出来。

马克思：《关于自由贸易问题的演说》（1848 年 1 月 9 日），摘自《马克思恩格斯文集》第 1 卷，人民出版社 2009 年 12 月第 1 版，第 757 页。

一切劳动产品、能力和活动进行**私人交换**，既同以个人之间的统治和服从关系（自然发生的或政治性的）为基础的分配相对立（不管这种统治和服从的性质是家长制的，古代的或是封建的）（在这种情况下，真正的**交换**只是附带进行的，或者大体说来，并未触及整个共同体的生活，不如说只发生在不同共同体之间，决没有支配全部生产关系和交往关系），又同在共同占有和共同控制生产资料的基础上联合起来的个人所进行的自由交换相对立。（这种联合不是任意的事情，它以物质和精神条件的发展为前提，这一点在这里就不进一步论述了。）

马克思：《经济学手稿》（1857—1858 年），摘自《马克思恩格斯全集》第 46 卷上册，人民出版社 1979 年 7 月第 1 版，第 105 页。

6. 人在自然关系中的自由："自由是在于根据对自然界的必然性的认识来支配我们自己和外部自然界"

黑格尔第一个正确地叙述了自由和必然之间的关系。在他看来，自由是对必然的认识。"必然只是在它没有被理解时才是盲目的。"自由不在于幻想中摆脱自然规律而独立，而在于认识这些规律，从而能够有计划地使自然规律为一定的目的服务。这无论对外部自然的规律，或对支配人本身的肉体存在和精神存在的规律来说，都是一样的。这两类规律，我们最多只能在观念中而不能在现实中把它们互相分开。因此，意志自由只是借助于对事物的认识来作出决定的能力。因此，人对一定问题的判断越**是自由**，这个判断的内容所具有的**必然性**就越大；而犹豫不决是以不知为基础的，它看来好像是在许多不同的和相互矛盾的可能的决定中任意进行选择，但恰好由此证明它的不自由，证明它被正好应该由它支配的对象所支配。因此，自由就在于根据对自然界的必然性的认识来支配我们自己和外部自然；因此它必然是历史发展的产物。最初的、从动物界分离出来的人，在一切本质方面是和动物本身一样不自由的；但是文化上的每一个进步，都是迈向自由的一步。在人类历史的初期，发现了从机械运动到热的转化，即摩擦生火；在到目前为止的发展的末期，发现了从热到机械运动的转化，即蒸汽机。

恩格斯：《反杜林论》（1876 年 9 月—1878 年 6 月），摘自《马克思恩格斯文集》第 9 卷，人民出版社 2009 年 12 月第 1 版，第 120—121 页。

7. 人在支配"自然"与"社会"中实现双重自由而进入自由王国

无产阶级将取得公共权力，并且利用这个权力把脱离资产阶级掌握的社会化生产资料变为公共财产。通过这个行动，无产阶级使生产资料摆脱了它们迄今具有的资本属性，使它们的社会性质有充分的自由得以实现。从此按照预定计划进行的社会生产就成为可能的了。生产的发展使不同社会阶级的继续存在成为时代的错乱。随着社会生产的无政府状态的消失，国家的政治权威也将消失。人终于成为自己的社会结合的主人，从而也就成为自然界的主人，成为自己本身的主人——自由的人。

恩格斯：《社会主义从空想到科学的发展》（1884 年 3 月底—5 月底），摘自《马克思恩格斯文集》第 3 卷，人民出版社 2009 年 12 月第 1 版，第

566页。

一旦社会占有了生产资料，商品生产就将被消除，而产品对生产者的统治也将随之消除。社会生产内部的无政府状态将为有计划的自觉的组织所代替。个体生存斗争停止了。于是，人才在一定意义上最终地脱离了动物界，从动物的生存条件进入真正人的生存条件。人们周围的、至今统治着人们的生活条件，现在却受到人们的支配和控制，人们第一次成为自然界的自觉的和真正的主人，因为他们已经成为自己的社会结合的主人了。人们自己的社会行动的规律，这些一直作为异己的、支配着人们的自然规律而同人们相对立的规律，那时就将被人们熟练地运用，因而将听从人们的支配。人们自身的社会结合一直是作为自然界和历史强加于他们的东西而同他们相对立的，现在则变成他们自己的自由行动了。至今一直统治着历史的客观的异己的力量，现在处于人们自己的控制之下了。只是从这时起，人们才完全自觉地自己创造自己的历史；只是从这时起，由人们使之起作用的社会原因才在大部分并且越来越少地达到他们所预期的结果。这是人类从必然王国进入自由王国的飞跃。

恩格斯：《反杜林论》（1876年9月—1878年6月），摘自《马克思恩格斯文集》第9卷，人民出版社2009年12月第1版，第300页。

资本把财富本身的生产，从而也把生产力的全面的发展，把自己的现有前提的不断变革，当作它自己再生产的前提。价值并不排斥使用价值，因而不把特殊形式的消费等等，特殊形式的交往等等，当作绝对条件包括进来；同样，社会生产力、交往、知识等等的任何发展阶段，对资本来说都只是表现为它力求加以克服的限制。它的前提本身——价值——表现为产品，而不是表现为凌驾于生产之上的更高的前提。**资本**的限制就在于：这一切发展都是对立地进行的，生产力、一般财富等等，知识等等的创造，表现为从事劳动的个人本身的**异化**；他不是把他自己创造出来的东西当作**他自己的财富的条件**，而是当作**他人财富**和自己贫困的条件。但是这种对立的形式本身是暂时的，它产生出消灭它自身的现实条件。

结果就是：生产力或一般财富从趋势和可能性来看的普遍发展成了基础，同样，交往的普遍性，从而世界市场成了基础。这种基础是个人全面发展的可能性，而个人从这个基础出发的实际发展是对这一发展的**限制**的不断消灭，这种限制被意识到是限制，而不是被当作某种**神圣的界限**。个人的全面性不是想象的或设想的全面性,而是他的现实关系和观念关系的全面性。由此而来的是把他自己的历史作为**过程**来理解,把对自然界的认识(这也表现为支配自然界的实际力量)当作对他自己的现实体的认识。发展过程本身被当作是并且被意识到是个人的前提。但是,要达到这点,首先必须使生产力的充分发展成为**生产条件**,使一定的**生产条件**不表现为生产力发展的界限。

马克思:《经济学手稿》(1857—1858年),摘自《马克思恩格斯全集》第46卷下册,人民出版社1980年8月第1版,第35—36页。

8. 资产阶级社会生产关系体系中的简单商品流通。资产阶级的平等和资产阶级的自由

劳动力的买和卖是在流通领域或商品交换领域的界限以内进行的,这个领域确实是天赋人权的真正伊甸园①。那里占统治地位的只是自由、平等、所有权和边沁②。自由!因为商品例如劳动力的买者和卖者,只取决于自己的自由意志。他们是作为自由的、在法律上平等的人缔结契约的。契约是他们的意志借以得到共同的法律表现的最后结果。平等!因为他们彼此只是作为商品所有者发生关系,用等价物交换等价物。所有权!因为他们都只支配自己的东西。边沁!因为双方都只顾自己。使他们连在一起并发生关系的唯一力量,是他们的利己心,是他们的特殊利益,是他们的私人利益。正因为人人只顾自己,谁也不管别人,所以大家都是在事物的前定和谐③下,或者说,在全能的神的保佑下,完成着互惠互利、共同有益、全体有利的事业。

马克思:《资本论》第1卷,摘自《马克思恩格斯文集》第5卷,人民出版社2009年12月第1版,第204页。

〔(1)资产阶级社会生产关系体系中的简单商品流通。资产阶级的平等和资产阶级的自由〕

---

① 关于伊甸园,见《旧约全书·创世纪》第2章第8节。——编者注

② 耶·边沁是所谓的有用哲学即功利主义的代表人物之一。对他来说,个人的利益是一切行动的动力。然而,一切利益,如果正确地加以理解,又处于内在的和谐状态中。各个人的正确理解的利益也就是社会的利益。——编者注

③ "前定和谐"(prästabilierte Harmonie)是哥·威·莱布尼茨的用语,根据他的哲学,特别是他的单子论,各个单子的和谐秩序是由上帝事前确定的,否则世界的事物是互相割裂地存在的。——编者注

［II—8］在货币作为货币的完全的规定性上理解货币特别困难（政治经济学企图回避这些困难，它总是顾了货币的一种规定而忘了另一种规定，而当它面临一种规定时又求助于另一种规定），因为在这里，社会关系，个人和个人彼此之间的一定关系，表现为一种金属，一种矿石，一种处在个人之外的、本身可以在自然界中找到的纯物体，在这种物体上，形式规定和物体的自然存在再也区分不开了。金银本身不是货币。自然界并不出产货币，正如自然界并不出产汇率或银行家一样。在秘鲁和墨西哥，以前金银并没有充当货币，尽管已经有用金银做的装饰品，尽管那里已经有成熟的生产体系。充当货币不是金银的自然属性，因而这是物理学家和化学家等等的人们所根本不了解的。但货币直接是金银。货币作为尺度来看，形式规定仍占优势，作为铸币就更是这样，因为形式规定甚至通过铸币的花纹在外表上显露出来，但是在第三种规定上，也就是在货币的完成形态上，即充当尺度和铸币仅仅表现为货币的职能时，一切形式规定都消失了，或者说，一切形式规定都同货币的金属存在直接合而为一了。在金银上丝毫也看不出它们作为货币的规定不过是社会过程的结果，金银是货币。

理解作为货币的金银之所以更加困难，是因为：金银对于活的个人的直接使用价值同它们作为货币的作用毫无联系，而且一般说来，在作为纯粹交换价值的化身的金银身上，人们丝毫也不会想到不同于交换价值的使用价值。因此，包含在交换价值以及与之相适应的社会生产方式中的基本矛盾，在这里最纯粹地表现出来了。我们在前面已经批判了企图消除这一矛盾的这样一些尝试，这些尝试是要剥掉货币的金属形式，并且也从表面上使货币成为由社会**设定的东西**，成为某种社会关系的表现；这些尝试的最后形式似乎就是劳动货币的形式。现在可以很清楚地看到，只要交换价值的基础保持不变，所有这些尝试都是徒劳的，而那种认为金属货币似乎使交换遭到歪曲的幻想，是由于根本不了解金属货币的性质产生的。另一方面，同样可以很清楚地看到，随着占统治地位的生产关系的对立面的成长，以及这种生产关系本身越来越强烈地要蜕皮，攻击的矛头就越来越指向金属货币或货币本身，因为货币是使资产阶级生产制度表现得非常明显的一种最引人注目、最矛盾、最尖锐的现象。于是有人就在货币身上费尽心机，企图消除对立，其实货币只是这些对立的明显的现象。同样可以很清楚地看到，只要对货币的攻击看起来会使一切其他东西原封不动，而且只是做一些修补，那么人们可以在货币上采取一些革命措施。在这种情况下，人们是手打麻袋意在驴子。但是，只要驴子没有感到麻袋上的打击，人们实际上打的就只是麻袋而不是驴子。只要驴子感觉到了，那么，人们打的就是驴子而不是麻袋。只要这些措施针对货币本身，这就只是对结果的攻击，而产生这些结果的原因仍然存在，可见，这虽是对生产过程的干扰，但生产过程的牢固基础仍然有力量通过或多或少暴力的反作用，使这种干扰成为只是暂时的**干扰**并加以克服。

另一方面，既然迄今为止对货币关系的阐述是在其纯粹形式上进行的，并没有同发展程度较高的生产关系联系起来，那么，货币关系的规定的特点就在于：在从简单意义上来理解的货币关系中，资产阶级社会的一切内在的对立在表面上看不见了，因此，资产阶级民主派比资产阶级经济学家（后者至少是前后一贯的，以致他们会后退到交换价值的和交换的更简单的规定上去）更多地求助于这种简单的货币关系，来为现存的经济关系辩护。

实际上，只要把商品或劳动还只是看作交换价值，只要把不同商品互相之间发生的关系看作这些交换价值彼此之间的交换，看作它们之间的等同，那就是把进行这一过程的个人即主体只是单纯地看作交换者。只要考察的是形式规定——而且这种形式规定是经济规定，是个人借以互相发生交往关系的规定，是他们的社会职能或彼此之间的社会关系的指示器——那么，在这些个人之间就绝对没有任何差别。每一个主体都是交换者，也就是说，每一个主体和另一个主体发生的社会关系就是后者和前者发生的社会关系。因此，作为交换的主体，他们的关系是平等的关系。在他们之间看不出任何差别，更看不出对立，甚至连丝毫的差异也没有。其次，他们所交换的商品作为交换价值是等价物，或者至少当作等价物（在相互估价时只可能发生主观上的错误，如果一个人欺骗了另一个人，那么这种情况**不是由于**他们互相对立的**社会职能的性质**造成的，因为这种社会职能**是一样的**，他们在社会职能上**是平等的**，而只是由于有的人生来狡猾、能言善辩等等造成的，总之，只是由于一个人具有另一个人所没有的纯粹个人的超人之处造成的。差别只会是同关系自身的性质毫不相干的自然差别。从以后的研究中可以看到，这种自然差别甚至还会由于竞争等等而缩小，并失去其原有的力量）。

只要考察的是纯粹形式，即关系的经济方面，——处在这一形式之外的内容在这里其实还完全不属于经济学的范围，或者说，表现为不同于经济内容的自然内容，可以说，它仍然是同经济关系完全分开的，因为它仍然是同经济关系直接重合的①，——那么，在我们面前出现的就只是形式上不同的三种要素：关系的主体即**交换者**，他们处在同一规定中；他们交换的对象，交换价值，**等价物**，[Ⅱ—9] 它们不仅相等，而且必须确实相等，还要被承认为相等；最后，交换行为本身即媒介作用，通过这种媒介作用，主体才表现为交换者，相等的人，而他们的客体则表现为等价物，相等的东西。等价物是一个主体对于其他主体的对象化同时证明彼此漠不关心。主体只有通过等价物才在交换中彼此作为价值相等的人，而且他们只是通过彼此借以为对方而存在的那种对象性的交换，才证明自己是价值相等的人。因为他们只有作为等价物的所有者，作为在交换中这种相互等价的证明者，才是价值相等的人，所以他们作为价值相等的人同时是彼此漠不关心的人，他们在其他方面的个人差别与他们无关，他们不关心他们在其他方面的一切个人特点。

至于说交换行为（这一交换行为不仅设定并证明交换价值，而且设定并证明作为交换者的主体）以外的［交换过程的］内容，那么这个处在经济形式规定之外的内容只能是：(1) 被交换的商品的自然特性，(2) 交换者的特殊的自然需要，或者把二者合起来说，被交换的商品的不同的使用价值。因此，这种使用价值，即完全处在交换的经济规定之外的交换内容，丝毫无损于个人的社会平等，相反地却使他们的自然差别成为他们的社会平等的基础。如果个人 A 和个人 B 的需要相同，而且他们都把自己的劳动实现在同一对象中，那么他们之间就不会有任何关系，从他们的生产方面来看，他们根本不是不同的个人。他们两个人都需要呼吸，空气对他们两个人来说都是作为大气而存在；这一切都不会使他们发生任何社会接触。作为呼吸着的个人，他们只是作为自然物，而不是作为人格互相发生关系。

---

① 关于交换过程的自然内容最初"仍然是同经济关系完全分开的，因为它仍然是同经济关系直接重合的"这一论点，马克思后来在《政治经济学批判》一书中作了说明。马克思在那里说，在直接的物物交换（交换过程的最初形式）的情况下，"交换价值还没有取得独立的形式，它还直接和使用价值结合在一起"。在交换的这一发展阶段上，使用价值构成财富的内容，而同财富的社会形式"无关"。"同经济上的形式规定象这样无关的使用价值……不属于政治经济学的研究范围"（见《马克思恩格斯全集》中文版第 13 卷第 39、16 页）。——编者注

只有他们在需要上和生产上的差别，才会导致交换以及他们在交换中的社会平等。因此，这种自然差别是他们在交换行为中的社会平等的前提，而且也是他们相互作为生产者出现的那种关系的前提。从这种自然差别来看，个人 A 是个人 B 所需要的某种使用价值的所有者，B 是 A 所需要的某种使用价值的所有者。从这方面说，自然差别又使他们互相发生平等的关系。但是，他们因此并不是彼此漠不关心的人，而是互相补充，互相需要，于是客体化在商品中的个人 B 就成为个人 A 的需要，反过来也一样；于是他们彼此不仅处在平等的关系中，而且也处在社会的关系中。

不仅如此。一个人的需要可以用另一个人的产品来满足，反过来也一样；一个人能生产出另一个人所需要的物品，每一个人在另一个人面前作为这另一个人所需要的客体的所有者而出现，这一切表明：每一个人作为人超出了他自己的特殊需要等等，他们是作为人彼此发生关系的；他们都意识到他们共同的种属。除此以外，不可能发生大象为老虎生产，或者一些动物为另一些动物生产的情况。例如，一窝蜜蜂实质上只是一只蜜蜂，它们都生产同一种东西。

其次，既然个人之间以及他们的商品①之间的这种自然差别，是使这些个人结合在一起的动因，是使他们作为交换者发生他们被**假定为**和被**证明为**平等的人的那种社会关系的动因，那么除了平等的规定以外，还要加上**自由**的规定。尽管个人 A 需要个人 B 的商品，但他并不是用暴力去占有这个商品，反过来也一样，相反地他们互相承认对方是所有者，是把自己的意志渗透到商品中去的人。因此，在这里第一次出现了人的法律因素以及其中包含的自由的因素。谁都不用暴力占有他人的财产。每个人都是自愿地出让财产。

但还不仅如此：只是在个人 B 用商品 b 为个人 A 的需要服务的时候，并且只是由于这一原因，个人 A 才用商品 a 为个人 B 的需要服务。反过来也一样。每个人为另一个人服务，目的是为自己服务；每一个人都把另一

---

① 产品、劳动等等在这里还是完全没有区别的，而只以商品的形式，或者象巴师夏先生采用萨伊的用语所说的，以服务的形式存在。巴师夏把交换价值的经济规定归结为交换价值的自然内容，即商品［作为使用价值］或服务，也就是说，他没有能力掌握交换价值本身的经济关系，而他却自以为，比起那些能够在生产关系的规定性上即生产关系的纯粹形式上掌握生产关系本身的英国古典经济学家来，他这样做是前进了一大步。

个人当作自己的手段互相利用。这两种情况在两个个人的意识中是这样出现的:(1) 每个人只有作为另一个人的手段才能达到自己的目的;(2) 每个人只有作为自我目的(自为的存在)才能成为另一个人的手段(为他的存在);(3) 每个人是手段同时又是目的,而且只有成为手段才能达到自己的目的,只有把自己当作自我目的才能成为手段,也就是说,这个人只有为自己而存在才把自己变成为那个人而存在,而那个人只有为自己而存在才把自己变成为这个人而存在,——这种相互关联是一个必然的事实,它作为交换的自然条件是交换的前提,但是,这种相互关联本身,对交换主体双方中的任何一方来说,都是他们毫不关心的,只有就这种相互关联把他的利益当作排斥他人的利益,不顾他人的利益而加以满足这一点来说,才和他有利害关系。

换句话说,表现为全部行为的动因的共同利益,虽然被双方承认为事实,但是这种共同利益本身不是动因,它可以说只是在自身反映的特殊利益背后,在同另一个人的个别利益相对立的个别利益背后得到实现的。就最后这一点来说,个人至多还能有这样一种安慰感:他的同别人利益相对立的个别利益的满足,正好就是被扬弃的[II—10]对立面即一般社会利益的实现。从交换行为本身出发,个人,每一个人,都自身反映为排他的并占支配地位的(具有决定作用的)交换主体。因而这就确立了个人的完全自由:自愿的交易;任何一方都不使用暴力;把自己当作手段,或者说当作提供服务的人,只不过是当作使自己成为自我目的的、使自己占支配地位和主宰地位的手段;最后,是自私利益,并没有更高的东西要去实现;另一个人也被承认并被理解为同样是实现其自私利益的人,因此双方都知道,共同利益恰恰只存在于双方,多方以及存在于各方的独立之中,共同利益就是自私利益的交换。一般利益就是各种自私利益的一般性。

因此,如果说经济形式,交换,确立了主体之间的全面平等,那么内容,即促使人们去进行交换的个人材料和物质材料,则确立了**自由**。可见,平等和自由不仅在以交换价值为基础的交换中受到尊重,而且交换价值的交换是一切**平等**和**自由**的生产的、现实的基础。作为纯粹观念,平等和自由仅仅是交换价值的交换的一种理想化的表现;作为在法律的、政治的、社会的关系上发展了的东西,平等和自由不过是另一次方的这种基础而已。而这种情况也已为历史所证实。这种意义上的平等和自由恰好是古代的自由和平等的反面。古代的自由和平等恰恰不是以发展了的交换价值为基础，相反地是由于交换价值的发展而毁灭。而现代意义上的平等和自由所要求的生产关系，在古代世界还没有实现，在中世纪也没有实现。古代世界的基础是直接的强制劳动；当时共同体就建立在这种强制劳动的现成基础上；作为中世纪的基础的劳动，本身是一种特权，是尚处在孤立分散状态的劳动，而不是生产一般交换价值的劳动。［资本主义社会里的］劳动既不是强制劳动，也不是中世纪那种要听命于作为最高机构的共同组织（同业公会）的劳动。

交换者之间的关系从交换的动因来看，也就是从经济过程之外的自然动因来看，也要以某种强制为基础，这种说法虽然是正确的，但是，这种关系，从一方面来看，本身只是表示另一个人对我的需要本身毫无关系，对我的自然个性毫无关系，也就是表示他同我平等和他有自由，但是他的自由同样也是我的自由的前提；另一方面，就我受到我的需要的决定和强制来说，对我施行强制的，不是异己的东西，只是作为需要和欲望的总体的我自己的自然（或者说，处在普遍的反思形式上的我的**利益**）。但使我能强制另一个人，驱使他进入交换制度的，也正是这一方面。因此，罗马法规定**奴隶**是不能通过交换为自己谋利益的人，这是有道理的（见《学说汇纂》）。由此也可以明白，罗马法虽然是与交换还很不发达的社会状态相适应的，但是，从交换在一定的范围内已有所发展来说，它仍能阐明**法人，进行交换的个人的各种规定**，因而能成为工业社会的法的先声（就基本规定来说），而首先为了和中世纪相对抗，它必然被当作新兴资产阶级社会的法来看。不过，罗马法的发展本身和罗马共同体的解体也是完全一致的。

因为货币才是交换价值的实现，因为只有在发达的货币制度下交换价值制度才能实现，或者反过来也一样，所以货币制度实际上只能是这种自由和平等制度的实现。作为尺度，货币只是给予等价物以特定的表现，使它在形式上也成为等价物。在流通中固然还可以看到下述形式的差别：交换者双方作为买者和卖者在不同的规定中出现；交换价值一次是在货币的形式上表现为一般交换价值，另一次是在具有价格的自然商品上表现为特殊交换价值，但是，首先，这些规定会互相替换；其次，流通本身不会产生不平等，而只会产生平等，即把那仅仅是想象的差别扬弃。不平等只是纯粹形式上的不平等。最后，货币本身是流通的，所以时而出现在这个人手里，时而又出现在那个人手里，而出现在谁手里对货币来说是无所谓的，——在这种货币上，现在平等甚至在物质上也表现出来了。就交换过程来考察，每一个人对另一个人表现为货币所有者，表现为货币本身。因此，彼此无所谓和价值相等的情况明显地以物的形式存在着。商品身上的特殊的自然差别消失了，并且不断地由于流通而消失。对卖者来说，一个用3先令购买商品的工人和一个用3先令购买商品的国王，两者职能相同，地位平等——都表现为3先令的形式。他们之间的一切差别都消失了。卖者作为卖者只表现为一个价格3先令的商品的所有者，所以双方完全平等，只是这3先令一次是以银的形式存在，另一次是以沙糖等等的形式存在。

在货币的第三种形式上，过程的各个主体似乎可能具有不同的规定。但是，当货币在这里表现为契约上的材料，契约上的一般商品时，立约者和立约者之间的一切差别反而消失了。当货币成为积累的对象时，主体在这里［II—11］就只是从流通中抽出货币即财富的一般形式，而不是从流通中抽出同等价格的商品。因而，如果一个人积累，另一个人不积累，那么他们中间谁也没有给对方造成损失。一个人享有现实财富，另一个人占有财富的一般形式。如果一个人变穷了，另一个人变富了，那么这是他们的自由意志，而决不是由经济关系即他们彼此发生的经济联系本身所造成的。甚至遗产继承以及使由此引起的不平等永久化的类似的法律关系，都丝毫无损于这种天然的自由和平等。只要个人A的最初状况同这个制度并不矛盾，那么这种矛盾也决不会由于个人B代替了个人A并使A的最初状况永久化而产生出来。相反地，这种情况却会使社会规定的效力超过个人生命的自然界限，即巩固这种社会规定以对抗自然的偶然作用（自然的影响本身反而会消灭个人的自由）。此外，因为个人在这种关系中只是货币的个体化，所以这样的个人同货币一样也是不死的，而个人通过继承人来代表自己倒可以说是这种社会规定的贯彻。

如果这种看法不是从它的历史意义上提出，而是被利用来反驳比较发达的经济关系，——在这种发达的关系中，个人不再仅仅表现为交换者即买者和卖者，而是出现在一定的相互关系中，不再是所有的人都处于同一的规定性之中，——那么，这就等于断言，自然物之间不存在任何差别，更不用说对立和矛盾了，因为它们，例如从重量这个规定来看，都有重量，因此都是等同的；或者说，它们是等同的，因为它们都存在于三维空间。在这里，同样也是抓住交换价值本身的简单规定性,来反对交换价值的比较发达的对抗形式。从科学的进程来考察,这些抽象规定恰恰是最早的和最贫乏的规定;它们部分地在历史上也是这样出现过的!比较发达的规定是较晚出现的规定。在现存的资产阶级社会的总体上,商品表现为价格以及商品的流通等等,只是表面的过程,而在这一过程的背后,在深处,进行的完全是不同的另一些过程,在这些过程中个人之间表面上的平等和自由就消失了。

一方面,人们忘记了:交换价值作为整个生产制度的客观基础这一**前提**,从一开始就已经包含着对个人的强制,个人的直接产品不是为个人的产品,只有在社会过程中它才**成为**这样的产品,因而**必须**采取这种一般的并且诚然是表面的形式;个人只有作为交换价值的生产者才能存在,而这种情况就已经包含着对个人的自然存在的完全否定,因而个人完全是由社会所决定的;其次,这种情况又要以分工等等为前提,个人在分工中所处的关系已经不同于单纯**交换者**之间的关系,等等。也就是说,人们忘记了,交换价值这个前提决不是从个人的意志产生,也不是从个人的直接自然产生,它是一个**历史**的前提,它已经把个人当作是由社会**决定**的人了。

另一方面,人们忘记了,那些现在存在着交换或靠交换来实现的生产联系的较高级的形式,决不会停留在这样一种简单的规定性上,在这种规定性上,所达到的最大差别是形式上的差别,因而是无关紧要的差别。

最后,人们没有看到,在交换价值和货币的简单规定中已经潜在地包含着工资和资本的对立等等。可见,〔资产阶级辩护论者的〕这全部聪明才智不过是要停留在最简单的经济关系上,这些经济关系单独来看,是纯粹的抽象,但在现实中却是以各种最深刻的对立为媒介的,并且只反映一个方面,在这个方面上述对立的表现看不见了。

同时,这里也暴露了社会主义者的愚蠢(特别是法国社会主义者的愚蠢,他们想要证明,社会主义就是实现由法国革命所宣告的资产阶级社会的理想),他们证明,交换、交换价值等等**最初**(在时间上)或者按其**概念**(在其最适当的形式上)是普遍自由和平等的制度,但是被货币、资本等等歪曲了。或者他们断言,历史迄今为止企图以适合自由和平等的真实性质的方式来实现自由和平等的一切尝试都失败了,而现在他们,例如蒲鲁东,发现了用这些关系的真正历史来代替它们的虚假历史的真正秘诀。对于这些社会主义者必须这样回答:交换价值,或者更确切地说,货币制度，事实上是平等和自由的制度，而在这个制度更详尽的发展中对平等和自由起干扰作用的，是这个制度所固有的干扰，这正好是**平等和自由**的实现，这种平等和自由证明本身就是不平等和不自由。认为交换价值不会发展成为资本，或者说，生产交换价值的劳动不会发展成为雇佣劳动，这是一种虔诚而愚蠢的愿望。这些先生不同于资产阶级辩护论者的地方就是：一方面他们觉察到这种制度所包含的矛盾，另一方面抱有空想主义，不理解资产阶级社会的现实的形态和观念的形态之间必然存在的差别，因而愿意做那种徒劳无益的事情，希望重新实现观念的表现本身，而观念的表现实际上只是这种现实的映象。

[II—12] 堕落的最新经济学①为了反对上述社会主义者而提出的庸俗论证，完全是玩弄抽象概念的儿戏，**它企图证明**，经济关系到处都表示**同一些**简单规定，因而到处都表示交换价值相交换的简单规定中的平等和自由。例如，资本和利息的关系就被它归结为交换价值的交换。也就是说，这种最新经济学先是从日常经验中借用一个事实，即交换价值不仅存在于这种简单的规定性上，而且也存在于本质上不同的资本的规定性上这个事实，然后再把资本归结为交换价值的简单概念，同样，把也表示资本本身的一定关系的利息，从规定性中分离出来，使它成为与交换价值相同的东西；这种最新经济学把具有特殊规定性的全部关系抽掉，退回到商品同商品相交换的不发达关系。只要我把具体事物不同于它的抽象概念的一切方面抽掉，那么具体事物当然就成了抽象概念，丝毫没有不同于抽象概念的地方。**这样，一切经济范畴就总只是同一关系的各种不同的名称，从而这种无法理解现实差别的彻底无能就被认为是纯粹的常识本身。巴师夏先生的"经济的和谐"实际上就等于说：存在着一种具有不同名称的唯一的经济关系，或者说，只是就名称而言才存在着差别。**这种归结法是把包含着发展的差别抛掉，使一切都归结为一种现实的经济关系，单从这点来说，它至少在形式上也是不科学的；何况它是时而抛掉这一方面，时而抛掉那一方面，以便时而从这一方面，时而从那一方面来制造同一性。

例如，工资是一个人向另一个人提供服务所取得的报酬。（前面已经指

---

① 这种经济学就其平淡庸俗、装腔作势的辩证法、赤裸裸的高傲自大、幼稚的自满自足的陈词滥调，以及完全没有能力理解历史过程这些方面来说，**其典型代表就是弗雷德里克·巴师夏**，因为美国人凯里至少还强调了某些不同于欧洲的美国条件。

出，经济形式本身在这里被抛掉了。）利润也是一个人向另一个人提供服务所取得的报酬。因而工资和利润是相同的东西，而把一种报酬称为工资，把另一种报酬称为利润，这本身就是说法上的混乱。现在再来看看利润和利息。在利润形式上，服务的报酬会由于偶然情况而变动，在利息形式上，这种报酬是固定不变的。因而，既然在工资形式上的报酬相对地说是固定不变的，而在利润形式上的报酬则与劳动相反会由于偶然情况而变动，那么利息和利润之间的关系就等于工资和利润之间的关系，而我们已经看到，这种关系是等价物的相互交换。于是论敌们从字面上抓住这种庸俗论调（这种庸俗论调在于，它从已经表现出对立的经济关系倒退到对立还只是处于潜伏状态、因而显得模糊不清的经济关系），并且指出，例如在资本和利息之间就不是简单的交换，因为资本不是由等价物来补偿，而是在资本所有者以利息形式二十次吞食等价物以后，他仍然以资本形式保持着这笔资本，并且还能同二十个新的等价物相交换。由此产生了令人厌烦的争论，一派断言，在发达的和不发达的交换价值之间不存在差别，另一派则认为，这种差别可惜是存在的，但按理说不应该存在。

马克思：《经济学手稿》（1857—1858 年），摘自《马克思恩格斯全集》第 46 卷上册，人民出版社 1979 年 7 月第 1 版，第 190—203 页。

9. 建立在私有财产、交换价值上的"自由"存在于人与人之间"社会关系"中

当古代世界走向灭亡的时候，古代的各种宗教就被基督教战胜了。当基督教思想在 18 世纪被启蒙思想击败的时候，封建社会正在同当时革命的资产阶级进行殊死的斗争。信仰自由和宗教自由的思想，不过表明自由竞争在信仰领域[①]占统治地位罢了。

马克思、恩格斯：《共产党宣言》（1847 年 12 月—1848 年 1 月底），摘自《马克思恩格斯文集》第 2 卷，人民出版社 2009 年 12 月第 1 版，第 51 页。

自由这一人权不是建立在人与人相结合的基础上，而是相反，建立在人与人相分离的基础上。这一**权利**就是这种分隔的权利，是**狭隘的**、局限于自身的个人的权利。

[①] "信仰领域"在 1872、1873 和 1890 年德文版中是"知识领域"。——编者注

自由这一人权的实际应用就是私有财产这一人权。

私有财产这一人权是什么呢？

第 16 条（1793 年宪法）："财产权是每个公民任意地享用和处理自己的财产、自己的收入及自己的劳动和勤奋所得的果实的权利。"

这就是说，私有财产这一人权是任意地、同他人无关地、不受社会影响地享用和处理自己的财产的权利；这一权利是自私自利的权利。这种个人自由和对这种自由的应用构成了市民社会的基础。这种自由使每个人不是把他人看做自己自由的**实现**，而是看做自己自由的**限制**。

> 马克思：《论犹太人问题》，《马克思恩格斯文集》第 1 卷，人民出版社 2009 年 12 月第 1 版，第 41 页。

交换价值，或者更确切地说，货币制度，事实上是平等和自由的制度，而在这个制度更详尽的发展中对平等和自由起干扰作用的，是这个制度所固有的干扰，这正好是**平等和自由**的实现，这种平等和自由证明本身就是不平等和不自由。

> 马克思：《经济学手稿》（1857—1858 年），摘自《马克思恩格斯全集》第 46 卷上册，人民出版社 1979 年 7 月第 1 版，第 201 页。

现代的"公法状况"的基础、现代发达的国家的基础，并不像批判所想的那样是由特权来统治的社会，而是**废除了特权**和**消灭了特权**的社会，是使在政治上仍被特权束缚的生活要素获得自由活动场所的发达的**市民社会**。在这里，**任何"特权的闭塞"**既不和别的闭塞对立，也不和公法状况对立。自由工业和自由贸易消除了特权的闭塞，从而也消除了各种特权的闭塞之间的斗争；相反地，它们却把从特权下解放出来的、已经不和别人联系（即使是**表面上的一般结合**）的人放在特权的地位上（这种特权把人们和社会整体分离开来，而同时又把他们结合在一个规模很小的、特殊的团体里面），并且引起了人反对人、个人反对个人的斗争。同样整个的**市民社会**只是由于**个人的特性**而彼此分离的个人之间的相互斗争，是摆脱了特权桎梏的自发的生命力的不可遏止的普遍运动。**民主的代议制国家和市民社会**的对立是公法**团体**和**奴隶制**的典型对立的完成。在现代世界中每一个人都是奴隶制度的成员，**同时**也是公法团体的成员。**市民社会的奴隶制**恰恰在**表面**上看来是最大的**自由**，因为它似乎是个人**独立**的完备形式；这种个人往往把像财产、工业、宗教等这些孤立的生活要素所表现的那种既不再受一般的结合也不再受人所约束的不可遏止的运动,当做**自己的**自由,但是,这样的运动反而成了个人的完备的奴隶制和人性的直接对立物。这里,代替了**特权**的是**法**。

马克思、恩格斯:《神圣家族》(1844年9—11月),摘自《马克思恩格斯全集》第2卷,人民出版社1957年12月第1版,第148—149页。

霍尔巴赫的理论是关于当时法国的新兴资产阶级的有正当历史根据的哲学幻想,当时资产阶级的剥削欲望还可以被描写成个人在已经摆脱旧的封建羁绊的交往条件下获得充分发展的欲望。但是,在18世纪,资产阶级所理解的解放,即竞争,就是给个人开辟比较自由的发展的新活动场所的唯一可能的方式。在理论上宣布符合于这种资产阶级实践的意识、相互剥削的意识是一切个人之间普遍的相互关系,——这也是一个大胆的公开的进步,这是一种**启蒙**,它揭示了披在封建剥削上面的政治、宗法、宗教和闲逸的外衣的世俗意义,这些外衣符合于当时的剥削形式,而君主专制的理论家们特别把它系统化了。

马克思、恩格斯:《德意志意识形态》(1845—1846年),摘自《马克思恩格斯全集》第3卷,人民出版社1960年12月第1版,第480页。

10. 作为"社会关系"范畴的"自由"与"集权"相对

基佐内阁代表了七月政府的全盛时期,它是路易—菲力浦的胜利,而对一切期待着七月革命来解放欧洲的人们说来,则是最痛苦的侮辱。人民主权的原则、自由出版的原则、有陪审员参加的独立的司法权的原则、议会政体的原则,在法国实际上已被废除。

基佐内阁为在法国重新崛起的反动倾向加冕,向欧洲的帝制复辟势力公开显示了法国自由主义软弱无力。(第392页)

目前统治着法国的这种极端形式的集权,乃是国家超越了自己的范围,超越了自己的本质。但是,国家的范围一方面是个人,另一方面是世界历史。集权则使双方都遭受到损害。如果国家把本来只归历史享有的权力攫为己有,它就消灭了个人的自由。历史从来就有权而且将来也永远有权安排单个人的生活、幸福和自由,因为历史是全人类的事,是种族的生命,所以它本身是起主宰作用的;谁都不能对抗历史,因为历史是绝对权力。谁也不能抱怨历史,因为历史既然这样安排了他,他就可以享受到生活的乐趣或者参与人类的发展,而这是最大的乐趣。如果尼禄或多米齐安的臣民抱怨他们生不逢时，没赶上我们这样的时代：不再用火刑而且不再轻易被杀头，如果中世纪宗教狂热病的受害者责怪历史，说他们没能在宗教改革以后的宽容异教的统治下生活，那就太可笑了！好象没有一些人受苦，另一些人就可以前进似的！同样，现在正不得不忍饥挨饿的英国工人，固然有权抱怨罗伯特·皮尔爵士和英国宪法，却不能抱怨让他们成为新法律原则的体现者和代表的历史。国家的情况则不然。它从来就是一种特殊的东西，它永远不会占用整个人类在其活动和历史发展中理所当然拥有的权力，即为了整体而牺牲个人的那种权力。

……

自由在很大程度上是受平等制约的，虽说在法律面前是平等的，然而巴黎人同外省人之间的区别仍然是在受教育，参加国家管理和真正的精神的生活享受方面太过分，以致妨碍了法国的制度自然地向着完全的自由发展。（第393—394页）

> 恩格斯：《集权和自由》（1842年9月上半月），摘自《马克思恩格斯全集》第41卷，人民出版社1982年12月第1版。

11. 建立在交换价值上的自由就是与利益相关的"金钱自由"

在"德法年鉴"中已经向鲍威尔先生证明：这种"自由的人性"和对它的"承认"不过是承认**利己的市民个人**，承认构成这种个人的生活内容，即构成**现代**市民生活内容的那些精神因素和物质因素的**不可抑制**的运动；因此，**人权**并没有使人摆脱宗教，而只是使人有信仰**宗教的自由**；人权并没有使人摆脱财产，而是使人有**占有财产的自由**；人权并没有使人放弃追求财富的龌龊行为，而只是使人有**经营的自由**。（第145页）

罗伯斯比尔、圣茹斯特和他们的党之所以灭亡，是因为他们混淆了以**真正的奴隶制**为基础的古代**实在论民主共和国**和以**被解放了的奴隶制即资产阶级社会**为基础的**现代唯灵论民主代议制国家**。一方面，不得不以人权的形式承认和批准现代资产阶级社会，即工业的、笼罩着普遍竞争的、以自由追求私人利益为目的的、无政府的、塞满了自我异化的自然的和精神的个性的社会，另一方面又想在事后通过单个的人来取缔这个社会的各种**生命表现**，同时还想仿照**古代的**形式来建立这个社会的**政治首脑**，这是多么巨大的错误！（第156页）

拿破仑是革命的恐怖主义对这次革命所公开宣布的**资产阶级社会**及其

政治的最后一次战斗的体现。的确,拿破仑已经了解到**现代国家**的真正本质;他已经懂得,资产阶级社会的无阻碍的发展、私人利益的自由运动等等是这种国家的基础。(第157页)

  马克思、恩格斯:《神圣家族》(1844年9—11月),摘自《马克思恩格斯全集》第2卷。

  资产阶级的力量全部取决于金钱,所以他们要取得政权就只有使金钱成为人在立法上的行为能力的唯一标准。他们一定得把历代的一切封建特权和政治垄断权合成一个金钱的大特权和大垄断权。资产阶级的政治统治之所以具有自由主义的外貌,原因就在于此。资产阶级消灭了国内各个现存等级之间一切旧的差别,取消了一切依靠专横而取得的特权和豁免权。他们不得不把选举原则当做统治的基础,也就是说在原则上承认平等;他们不得不解除君主制度下书报检查对报刊的束缚;他们为了摆脱在国内形成独立王国的特殊的法官阶层的束缚,不得不实行陪审制。就这一切而言,资产者真像是真正的民主主义者。但是资产阶级实行这一切改良,只是为了用金钱的特权代替已往的一切个人特权和世袭特权。

  这样,他们通过选举权和被选举权的财产资格的限制,使选举原则成为本阶级独有的财产。平等原则又由于被限制为仅仅在"法律上的平等"而一笔勾消了,法律上的平等就是在富人和穷人不平等的前提下的平等,即限制在目前主要的不平等的范围内的平等,简括地说,就是简直把不平等叫做平等。这样,出版自由就仅仅是资产阶级的特权,因为出版需要钱,需要购买出版物的人,而购买出版物的人也得要有钱。陪审制也是资产阶级的特权,因为他们采取了适当的措施,只选"有身分的人"做陪审员。

  我认为,为了说明以下两个事实,这样稍微谈一下资产阶级的统治是必要的。第一,从1815年到1830年,各国工人阶级的、实质上是民主主义性质的运动都或多或少地从属于资产阶级的自由主义的运动。虽然工人比资产阶级先进,但是他们还看不出自由主义和民主主义之间的根本区别,即资产阶级的解放和工人阶级的解放之间的根本区别;当金钱还没有在政治上获得解放,当资产阶级还没有成为唯一的统治阶级的时候,工人们是不能识别金钱的自由和人的自由之间的区别的。因此,在彼得卢事件发生的那一天民主主义者打算呈递请愿书,并不仅仅是为了要求普选权,而且同时是为了要求废除谷物法;因此,1830年巴黎无产者为了资产阶级的政治利益进行了战斗，1831 年英国无产者准备为了资产阶级的政治利益而投入战斗。从 1815 年到 1830 年，在一切国家里，资产阶级都是革命派中间的最有力的组成部分，因而也是革命派的领袖。只要资产阶级本身还在革命，还在进步，工人阶级就不可避免地要充当资产阶级手里的工具。所以，在这种情况下，工人阶级单独的运动始终只起着次要的作用。但是，从资产阶级取得了全部政权、金钱的势力消灭了一切封建的和贵族的特权、资产阶级不再进步和不再革命并且本身已经裹足不前的那一天起，工人阶级的运动就开始领先，并且成了全民的运动。如果今天废除谷物法，明天宪章就会成为英国的中心问题，宪章运动就会表现出保证自己取得胜利的力量、毅力、热忱和坚韧不拔的精神。

恩格斯：《德国状况·给"北极星报"编辑的第三封信》（1846 年 2 月 20 日），摘自《马克思恩格斯全集》第 2 卷，人民出版社 1957 年 12 月第 1 版，第 647—649 页。

在康德那里，我们又发现了以现实的阶级利益为基础的法国自由主义在德国所采取的特有形式。不管是康德或德国市民（康德是他们的利益的粉饰者），都没有觉察到资产阶级的这些理论思想是以物质利益和由物质生产关系所决定的意志为基础的。因此，康德把这种理论的表达与它所表达的利益割裂开来，并把法国资产阶级意志的有物质动机的规定变为"自由意志"、自在和自为的意志、人类意志的纯粹自我规定，从而就把这种意志变成纯粹思想上的概念规定和道德假设。因此当这种强有力的资产阶级自由主义的实践以恐怖统治和无耻的资产阶级钻营的形态出现的时候，德国小资产者就在这种资产阶级自由主义的实践面前畏缩倒退了。（第 213—214 页）

如果像柏林的思想家一样，停留在德国地方性印象的圈子里议论自由主义和国家，或者仅限于批判德国市民关于自由主义的幻想，而不从自由主义与它所由产生的并赖以确实存在的现实利益的联系上去理解自由主义，那末，自然就要得出世界上最荒谬的结论。正如我们所看到的：这种至今仍这样表现出来的德国自由主义，已经是通俗形式的空洞的幻想，是现实的自由主义在思想上的反映。在这种情况下，把它的内容变为哲学，变为纯粹的概念规定，变为"对理性的认识"，真是易如反掌！（第 215 页）

近来自由主义者和资产者被等同起来，这一点没有为我们的这位教书匠所忽略。但由于圣麦克斯把资产者和善良的市民、德国的小市民等同起来，所以他不理解他仅仅从别人口中得知的那些词句的真正意思，不理解一切权威作家所说出的那些词句的意思，就是说他不理解自由主义的词句是资产阶级的现实利益的唯心的表达，反而认为资产者的最终目的是要成为完善的自由主义者，国家的公民。（第216页）

马克思、恩格斯：《德意志意识形态》（1845—1846年），摘自《马克思恩格斯全集》第3卷，人民出版社1960年12月版。

12. 资本主义建立在金钱基础上的自由、平等的进步性

作为奴隶，劳动者具有**交换价值**，具有**价值**；作为自由工人，他**没有价值**；只有通过同工人交换而得到的对工人劳动的支配权，才具有价值。不是工人作为交换价值同资本家相对立，而是资本家作为交换价值同工人相对立。工人**没有价值**和**丧失价值**，这是资本的前提和自由劳动的条件。兰盖认为这是一种退步；他忘记了，由此工人在形式上被看作人，他除了自己的劳动以外，本身还是某种东西，他只是把他的生命活动力当作他自己谋生的手段来让渡。

只要劳动者本身具有**交换价值**，**产业资本**本身就不可能存在，也就是说，根本不可能存在发达的资本。与资本相对立的，必须是作为**单纯使用价值**的劳动，这种使用价值被它的所有者本身当作商品提供出来与资本交换，与它的**交换价值**交换，与铸币交换，当然，铸币在工人手中只有作为一般交换手段来用才是现实的，否则它就消逝了。（第248—249页）

首先第一个前提，是奴隶制或农奴制关系的消灭。活劳动能力属于本人自己，并且通过交换才能支配它的力的表现。双方作为人格互相对立。在形式上他们之间的关系是一般交换者之间的平等和自由的关系。

这种形式是**表面现象**，而且是**骗人的表面现象**，这一事实在考察法律关系时表现为处于这种关系**之外**的东西。自由工人所出卖的，始终只是一定的、特定量的力的表现；劳动能力作为总体是处于每个特殊表现之上的。工人把力的特殊表现出卖给某个特殊的资本家，工人独立地同这个作为**单个人**的资本家相对立。很明显，这不是工人同作为资本的资本的存在，即同资本家阶级的关系。但是，就单个的、现实的人格来说，在这种情况下，工人有选择和任意行动的广阔余地，因而有形式上的自由的广阔余地。在奴隶制关系下，劳动者属于**个别的特殊的**所有者，是这种所有者的工作机。

劳动者作为力的表现的总体，作为劳动能力，是属于他人的物，因而劳动者不是作为主体同自己的力的特殊表现即自己的活的劳动活动发生关系。在农奴依附关系下，劳动者表现为土地财产本身的要素，完全和役畜一样是土地的附属品。在奴隶制关系下，劳动者只不过是活的工作机，因而它对别人来说具有价值，或者更确切地说，它是价值。对于自由工人来说，他的总体上的劳动能力本身表现为他的财产，表现为他的要素之一，他作为主体掌握着这个要素，通过让渡它而保存它。（第462—463页）

因此，流通中发展起来的交换价值过程，不但尊重自由和平等，而且自由和平等是它的产物；它是自由和平等的现实基础。作为纯粹观念，自由和平等是交换价值过程的各种要素的一种理想化的表现；作为在法律的、政治的和社会的关系上发展了的东西，自由和平等不过是另一次方上的再生产物而已。这种情况也已为历史所证实。建立在这一基础上的所有权、自由和平等的三位一体，不仅在理论上首先是由十七和十八世纪的意大利的、英国的和法国的经济学家们加以论述的。而且这种三位一体也只是在现代的资产阶级社会中才得到实现。古代世界不是以交换价值为生产的基础，相反地是由于交换价值的发展而毁灭，它产生了具有完全相反的和主要是地方性内容的自由和平等。（第477—478页）

马克思：《经济学手稿》（1857—1858年），摘自《马克思恩格斯全集》第46卷下册，人民出版社1980年8月第1版。

13. 资本主义制度下工人阶级的劳动自由只是一种"形式上"的自由

货币所有者要把货币转化为资本，就必须在商品市场上找到自由的工人。这里所说的自由，具有双重意义：一方面，工人是自由人，能够把自己的劳动力当做自己的商品来支配，另一方面，他没有别的商品可以出卖，自由得一无所有，没有任何实现自己的劳动力所必需的东西。

为什么这个自由工人在流通领域中同货币占有者相遇，对这个问题货币占有者不感兴趣。他把劳动市场看作是商品市场的一个特殊部门。我们目前对这个问题也不感兴趣。货币占有者是在实践上把握着这个事实，我们则是在理论上把握着这个事实。但是有一点是清楚的。自然界不是一方面造成货币占有者或商品占有者，而另一方面造成只是自己劳动力的占有者。这种关系既不是自然史上的关系，也不是一切历史时期所共有的社会关系。它本身显然是已往历史发展的结果，是许多次经济变革的产物，是

一系列陈旧的社会生产形态灭亡的产物。（第197页）

靠自己劳动挣得的私有制，即以各个独立劳动者与其劳动条件相结合为基础的私有制，被资本主义私有制，即以剥削他人的但形式上是自由的劳动为基础的私有制所排挤。① （第873页）

马克思：《资本论》第1卷，摘自《马克思恩格斯文集》第5卷，人民出版社2009年12月第1版。

如果这种统治和从属关系代替了奴隶制、农奴制、臣仆制、家长制等从属形式，那么发生的就只是**这种关系的形式上的转化**。形式**变得比较自由了**，因为这种形式还只具有**物**的性质，在形式上是自愿的，**纯经济的**。

马克思：《〈资本论〉第一册〈第六章。直接生产过程的结果〉（手稿）》（1963年7月—1864年6月），摘自《马克思恩格斯全集》第49卷，人民出版社1982年12月第1版，第88页。

无产者是无助的。他们要是只靠自己，那连一天也不能生存下去。资产阶级垄断了一切生活资料（在最广泛的意义上讲）。无产者所需要的一切都只能从这个资产阶级（它的垄断是受到国家政权保护的）那里得到。所以，无产者在法律上和事实上都是资产阶级的奴隶，资产阶级掌握着他们的生死大权。它给他们生活资料，但是取回"等价物"，即他们的劳动。它甚至使他们产生一种错觉，似乎他们是按照自己的意志行动的，似乎他们是作为一个自主的人自由地、不受任何强制地和资产阶级签订合同的。好一个自由！无产者除了接受资产阶级向他们提出的条件或者饿死、冻死、赤身露体地到森林中的野兽那里去找一个藏身之所，就再没有任何选择的余地了。好一个"等价物"！它的大小是完全由资产阶级任意规定的。而如果有这么一个无产者，竟愚蠢得宁愿饿死，也不接受资产者——他的**"天然的长上"**——的"公道的"条件，那又有什么关系呢，很容易找到其他的人，因为世界上无产者有的是，而且并不是所有的人都愚蠢得宁愿死而不愿活下去。（第360页）

这种奴隶制和旧式的公开的奴隶制之间的全部差别仅仅在于现代的工人**似乎是**自由的，因为他不是一次就永远卖掉，而是一部分一部分地按日、按星期、按年卖掉的，因为不是一个主人把他卖给另一个主人，而是他自

---

① "我们是处于社会的全新状态中……我们努力使任何一种所有制同任何一种劳动相分离。"（西斯蒙第：《政治经济学新原理》第2卷，第434页）

己不得不这样出卖自己,因为他不是某一个人的奴隶,而是整个有产阶级的奴隶。对于他,事情的本质并没有改变,这种表面的自由一方面虽然也一定会给他带来某些**真正的**自由,可是另一方面也有它的坏处,即没有人保障他的生计。他的主人(资产阶级)如果对他的工作、对他的生存不再感到兴趣,就随时可以把他赶出去,让他去饿死。(第364页)

> 恩格斯:《英国工人阶级状况》(1844年9月—1845年3月),摘自《马克思恩格斯全集》第2卷,人民出版社1957年12月第1版。

另一方面,再以农奴为例。可以说,农奴在整个东欧直到最近还存在着。农奴在自己的或分给他的田地上为自己劳动3天,其余3天就在自己主人的领地上从事强迫的、无偿的劳动。所以,这里劳动中的有偿部分和无偿部分显然分开了,在时间上和空间上都分开了,于是我们的自由主义者就义愤填膺,认为强迫人白干活这种想法非常荒谬。

其实,一个人无论是一周中在自己的田地上为自己劳动3天,再在主人领地上无报酬地劳动3天,或是每天在工厂或作坊中为自己劳动6小时,再为他的雇主劳动6小时,结果都一样,不过在后一例中,劳动的有偿部分和无偿部分是不可分割地混在一起了,整个交易的实质完全被**合同的存在**和周末**付酬**所掩饰了。这种无偿的劳动,在一例中似乎是自愿的,而在前一例中似乎是强迫的。全部区别就在于此。

> 马克思:《工资、价格和利润》(1865年5月20日—6月24日之间),摘自《马克思恩格斯文集》第3卷,人民出版社2009年12月第1版,第59—60页。

(三) 人与物自然关系中人的需要、欲望

1. 人的"需要"的意义

全部历史是为了使"人"成为感性意识的对象和使"人作为人"的需要成为需要而作准备的历史(发展的历史)[①]。历史本身是**自然史**的一个**现实**部分,即自然界生成为人这一过程的一个现实部分。

> 马克思:《1844年经济学哲学手稿》(1844年4—8月),摘自《马克思恩格斯文集》第1卷,人民出版社2009年12月第1版,第194页。

如果说人以其需要的无限性和广泛性区别于其他一切动物,那么另一

[①] 手稿中"发展的历史"写在"作准备的历史"的上方。——编者注

方面就可以说，没有任何一种动物能够把自己的需要缩小到这样不可想象的程度和把自己的生活条件限制到这样的最低限度，一言以蔽之，没有任何一种动物具有象**爱尔兰人**那样生活的本领。

马克思：《政治经济学批判》（1858—1859），摘自《马克思恩格斯全集》
第 13 卷，人民出版社 1962 年 11 月第 1 版，第 130 页。

2. 人们实际上首先是占有外界物作为满足自己本身需要的资料

人们实际上首先是占有外界物作为满足自己本身需要的资料，如此等等；然后人们**也在语言上把它们**叫做它们在实际经验中对人们来说已经是这样的东西，即**满足自己需要的资料**，使人们得到"满足"的物。如果说，人们不仅在实践中把这类物当做满足自己需要的资料，而且在观念上和在语言上把它们叫做"满足"自己需要的物，从而也是"满足"**自己本身**的物｛当一个人的需要得不到满足时，他就对自己的需要、因而也是对自己本身，处于一种**不满意的状态**｝，——如果说，"按照德语的用法"，这就是指物被"赋予**价值**"，那就证明："**价值**"这个普遍的概念是从人们对待满足他们需要的外界物的关系中产生的，因而，这也是"**价值**"**的种概念**，而价值的其他一切形态，如化学元素的原子价，只不过是这个概念的属概念。（第 406 页）

人在任何状态下都要吃、喝等等｛不能再往下说了，什么要穿衣服或要有刀叉，要有床和住房，因为这并不是**在任何状态下**都需要的｝；一句说，他在任何状态下都应该为了满足自己的需要到自然界去寻找现成的外界物，并占有它们，或者用在自然界发现的东西进行制造；因而，人在自己的实际活动中，事实上总是把一定的外界物当做"使用价值"，也就是说把它们当做自己使用的对象。（第 420 页）

马克思：《评阿·瓦格纳的"政治经济学教科书"》（1879 年下半年—
1880 年 11 月），摘自《马克思恩格斯全集》第 19 卷。

至于说交换行为（这一交换行为不仅设定并证明交换价值，而且设定并证明作为交换者的主体）以外的［交换过程的］内容，那么这个处在经济形式规定之外的内容只能是：（1）被交换的商品的自然特性，（2）交换者的特殊的自然需要，或者把二者合起来说，被交换的商品的不同的使用价值。因此，这种使用价值，即完全处在交换的经济规定之外的交换内容，丝毫无损于个人的社会平等，相反地却使他们的自然差别成为他们的社会平等的基础。

  马克思：《经济学手稿》（1857—1858 年），摘自《马克思恩格斯全集》第 46 卷上册，人民出版社 1979 年 7 月第 1 版，第 194 页。

3. 通过改变人与自然的关系（征服自然），人扩大享受、使需求日益丰富

  最初，大自然的赐予是丰富的，或者说，顶多只要去占有它们就行了。联合体（家庭）以及与之相适应的分工和协作，一开始是自然产生的。其实在最初，需求也是极少的。需求本身也只是随着生产力一起发展起来的。

  马克思：《经济学手稿》（1857—1858 年），摘自《马克思恩格斯全集》第 46 卷下册，人民出版社 1980 年 8 月第 1 版，第 114 页。

  资本主义生产一旦成为前提，在其他条件不变并且工作日保持一定长度的情况下，剩余劳动量随劳动的自然条件，特别是随土壤的肥力而变化。但决不能反过来说，最肥沃的土壤最适于资本主义生产方式的生长。资本主义生产方式以人对自然的支配为前提。过于富饶的自然"使人离不开自然的手，就象小孩子离不开引带一样"。它不能使人自身的发展成为一种自然必然性。① 资本的祖国不是草木繁茂的热带，而是温带。不是土壤的绝对肥力，而是它的差异性和它的自然产品的多样性，形成社会分工的自然基础，并且通过人所处的自然环境的变化，促使他们自己的需要、能力、劳动资料和劳动方式趋于多样化。社会地控制自然力，从而节约地利用自然力，用人力兴建大规模的工程以便占有或驯服自然力，——这种必要性在产业史上起着最有决定性的作用。

  马克思：《资本论》第 1 卷，摘自《马克思恩格斯文集》第 5 卷，人民出版社 2009 年 12 月第 1 版，第 587—588 页。

  生产无论在哪里都不是从资本开始。资本开始于其他生产方式下——无论它们是怎样的生产方式——工业人口已经发展了的地方。这取决于自

---

  ① "前者〈自然富源〉非常富饶非常有利时，使人无所用心、骄傲自满、放荡不羁。而后者［人工富源］则迫使人要小心谨慎，有丰富的学识、熟练的技巧和有政治才能。"（《英国得自对外贸易的财富，或我国对外贸易差额是我国财富的尺度》，伦敦商人托马斯·曼著，他的儿子约翰·曼现在为了公共利益将本书出版，1669 年伦敦版，第 181、182 页）"我觉得，对于一个民族来说，最大的不幸莫过于他们所居住的地方天然就能出产大部分生活资料和食物，而气候又使人几乎不必为穿和住担忧……当然也可能有另一方面的极端。投入劳动不能带来任何结果的土地，同不投入任何劳动就能出产丰富产品的土地是一样坏的。"（［纳·福斯特］《论当前粮价昂贵的原因》1767 年伦敦版，第 10 页）

然需要的量，从而取决于对劳动的自然推动。这种推动同土地的自然生产率成反比，取决于行动的必要性，取决于必须克服的障碍。当然，如果土壤和气候过于恶劣，那结果就象它们过于肥沃的情况一样。

马克思：《经济学手稿》（1861—1863 年），摘自《马克思恩格斯全集》第 48 卷，人民出版社 1985 年 2 月第 1 版，第 475—476 页。

当然，资本的趋势是把绝对剩余价值和相对剩余价值结合起来；就是说，**要使工作日延长到最大限度，并使同时并存的工作日达到最大数量，同时一方面又要使必要劳动时间，另一方面也要使必要工人人数减少到最小限度**。这一矛盾的要求（它的展开表现在生产过剩和人口过剩等等不同的形式上），以某种过程的形式表现出来，在这个过程中各种矛盾的规定在时间上交替出现。这一要求的一个必然结果是，**尽可能成倍地增加劳动的使用价值或生产部门**，以致资本的生产会不断地和必然地一方面造成**劳动生产力强度的提高**，另一方面造成**劳动部门的无限多样化**，也就是说，会使生产具有包罗万象的形式和丰富多采的内容，使自然的所有各个方面都受生产的支配。

马克思：《经济学手稿》（1857—1858 年），摘自《马克思恩格斯全集》第 46 卷下册，人民出版社 1980 年 8 月第 1 版，第 292 页。

生产**相对剩余价值**，即以提高和发展生产力为基础来生产剩余价值，要求生产出新的消费；要求在流通内部扩大消费范围，就象以前［在生产绝对剩余价值时］扩大生产范围一样。**第一**，要求扩大现有的消费量；**第二**，要求把现有的消费推广到更大的范围，以便造成新的需要；**第三**，要求生产出**新的**需要，发现和创造出新的使用价值。换句话说这种情况就是：获得的剩余劳动不单纯是量上的剩余，同时劳动（从而剩余劳动）的质的差别的范围不断扩大，越来越多样化，本身越来越分化。例如，由于生产力提高一倍，以前需要使用 100 资本的地方，现在只需要使用 50 资本，于是就有 50 资本和相应的必要劳动游离出来；因此［IV—19］必须为游离出来的资本和劳动创造出一个在质上不同的新的生产部门，这个生产部门会满足并引起新的需要。旧产业部门的价值由于为新产业部门创造了基金而保存下来，而在新产业部门中资本和劳动的比例又以新的形式确立起来。

于是，就要探索整个自然界，以便发现物的新的有用属性；普遍地交换各种不同气候条件下的产品和各种不同国家的产品；采用新的方式（人工的）加工自然物，以便赋予它们以新的使用价值{**奢侈品**在古代所起的作用和在现代所起的作用不同，这以后再谈}；要从一切方面去探索地球，以便发现新的有用物体和原有物体的新的使用属性，如原有物体作为原料等等的新的属性；因此，要把自然科学发展到它的顶点；同样要发现、创造和满足由社会本身产生的新的需要。培养社会的人的一切属性，并且把他作为具有尽可能丰富的属性和联系的人，因而具有尽可能广泛需要的人生产出来——把他作为尽可能完整的和全面的社会产品生产出来（因为要多方面享受，他就必须有享受的能力，因此他必须是具有高度文明的人），——这同样是以资本为基础的生产的一个条件。新生产部门的这种创造，即从质上说新的剩余时间的这种创造，不仅是一种分工，而且是一定的生产作为具有新使用价值的劳动从自身中分离出来；是发展各种劳动即各种生产的一个不断扩大和日益广泛的体系，与之相适应的是需要的一个不断扩大和日益丰富的体系。

因此，如果说以资本为基础的生产，一方面创造出一个普遍的劳动体系，——即剩余劳动，创造价值的劳动，——那么，另一方面也创造出一个普遍利用自然属性和人的属性的体系，创造出一个普遍有用性的体系，甚至科学也同人的一切物质的和精神的属性一样，表现为这个普遍有用性体系的体现者，而且再也没有什么东西在这个社会生产和交换的范围之外表现为**自在的更高的东西**，表现为自为的合理的东西。因此，只有资本才创造出资产阶级社会，并创造出社会成员对自然界和社会联系本身的普遍占有。由此产生了资本的伟大的文明作用；它创造了这样一个社会阶段，与这个社会阶段相比，以前的一切社会阶段都只表现为人类的**地方性发展和对自然的崇拜**。只有在资本主义制度下自然界才不过是人的对象，不过是有用物；它不再被认为是自为的力量；而对自然界的独立规律的理论认识本身不过表现为狡猾，其目的是使自然界（不管是作为消费品，还是作为生产资料）服从于人的需要。资本按照自己的这种趋势，既要克服民族界限和民族偏见，又要克服把自然神化的现象，克服流传下来的、在一定界限内闭关自守地满足于现有需要和重复旧生活方式的状况。资本破坏这一切并使之不断革命化，摧毁一切阻碍发展生产力、扩大需要、使生产多样化、利用和交换自然力量和精神力量的限制。

马克思：《经济学手稿》（1857—1858年），摘自《马克思恩格斯全集》

第46卷上册，人民出版社1979年7月第1版，第391—393页。

4. 人的欲求冲突不在精神与肉体的矛盾，而在欲望与满足欲望的物质生活条件的矛盾

基督教之所以要使我们摆脱肉体的和"作为动力的欲望"的统治，只是因为它把我们的肉体、我们的欲望看作某种与我们相异的东西；它之所以想要消除自然对我们的制约，只是因为它认为我们自己的自然不属于我们。既然事实上我自己不是自然，既然我的自然欲望，整个我的自然机体不属于我自己（基督教的学说就是如此），那末自然的任何制约，不管这种制约是我自己的自然机体所引起的还是所谓外界自然所造成的，都会使我觉得是一种外来的制约，使我觉得是枷锁，使我觉得是对我的强暴，是**和精神的自律相异的他律**。施蒂纳不加思考地接受了这种基督教的辩证法，然后又把它用来对待我们的精神。不过，基督教一直未能使我们摆脱欲望的控制，纵使从圣麦克斯偷偷地塞进基督教的那种狭隘的小市民的意义上去理解这种欲望的控制。基督教只限于空洞的、实际上毫无实效的道德说教。施蒂纳把道德说教看作实在的行动，并且用进一步的绝对命令加以补充说："诚然，**我们**应当掌握精神，但精神不应当掌握我们"，因此：用黑格尔的话说，"只要进一步去考察"他的全部自我一致的利己主义都可以归结为既可笑又堂皇可观的道德哲学。

欲望是否成为固定，就是说它是否取得对我们的无上权力（不过这并不排斥进一步的发展），这决定于物质情况、"丑恶的"世俗生活条件是否许可正常地满足这种欲望，另一方面，是否许可发展全部的欲望。而这最后一点又决定于我们的生活条件是否容许全面的活动因而使我们一切天赋得到充分的发挥。思想是否要变成固定的，也决定于现实关系的组成以及这些关系所给予每个个人发展的可能性，就如德国哲学家，这些 quinous font pitié〔使我们感到可怜的〕"社会牺牲品"的固定观念就同德国的条件有不可分的联系。此外，施蒂纳所说的欲望的控制是使他荣获至圣头衔的一句空话。我们还是回到贪得者这个"动人的例子"，我们读到：

"贪得者不是所有者，而是奴隶，如果他不同时秉承他的主人的意志做事，凭他自己，他就什么也不能做。"（第400页）

任何人如果不同时为了自己的某种需要和为了这种需要的器官而做事，他就什么也不能做，这对施蒂纳来说，就意味着这需要和它的器官就成为他的主人，正如以前他曾把满足需要的手段（参看"政治自由主义"和"共产主义"两节）作为自己的主人一样。施蒂纳若不是同时为了胃而吃饭，是不可能吃饭的，如果世俗生活关系妨碍他满足自己的胃，那末他的胃就成为他的主人，吃饭的欲望就成为固定的欲望，而吃饭的想法就成为固定观念，这一切又给他提供了一个例子来证明世俗生活条件对他的欲望和观念固定化所发生的影响。因此，桑乔反对欲望和思想的固定化的"暴动"，可说是关于自我控制的无力的道德说教，并再一次证明他不过是赋予小资产者的最庸俗的念头以思想上夸张的说法。

在这第一个例子中，当他的创造物想要脱离他即它们的创造者而自求独立时，他因而一面与自己肉体的欲望斗争，一面与自己的精神思想斗争；一面与自己的肉体斗争，一面与自己的精神斗争。至于我们的圣者怎样进行这一斗争，他作为创造者对于自己的创造物的态度如何，我们现在就可以看到。

在"通常理解的"基督教徒那里，用傅立叶的说法，在 chrétien《simple》〔"简单的"基督教徒〕那里，

"**精神**握有完全的统治权力，它对'**肉体**'的任何异议都置之不理。但是，**我**只能用'**肉体**'摧毁**精神**的专制，因为一个人，只有当他同样理解了自己**肉体**的意愿时，才能**完全**理解自己，只有完全理解了自己，他才成为一个有理解力、有理智的人……然而，只要**肉体**一发言，那它的声调就是狂热的声调——不这样也是不可能的——于是他〈这位 cjrétien simple〉就觉得似乎听到了魔鬼的声音，反对**精神**的声音……他只得奋起抵抗它们。假使他容忍它们，那他就不是基督教徒了。"（第83页）

于是，当圣麦克斯的精神想要脱离他而自求独立时，他就号召自己的肉体来支援；当他的肉体反叛起来时，他又想到原来他也是精神。基督教徒在一面做的事，他同时在两面进行。他是 chrétien《composé》〔"复杂的"基督教徒〕，他再一次表明自己是完善的基督教徒。

这里的这个例子中，作为精神的圣麦克斯并不表现为自己肉体的创造者，反过来，也不作为肉体表现为精神的创造者。他拥有现成的肉体和精神，只有当二者之一起来暴动时，他就想到，他还有另一面，于是把这一

面当作自己的真实的我提出来反对前者。因此，圣麦克斯在这里是创造者，这只不过是因为他"**还具有另一种性质**"，这是因为除了现在他乐于归之为"创造物"范畴的东西以外，他还具有另一种特质。理解自己并且理解自己的**整体**，或成为**有理智的人**，了解自己是"完整的存在"，是和"他的一瞬间的存在"不同，甚至和他在这个具体"瞬间"是什么样的存在正相反的存在，这种良好的意图就是他在这里的全部创造活动。（第285—289页）

（手稿中删去了以下这一段话：）"由于共产主义者攻击那一直在引起愿望或思想必然僵化的物质基础，因此他们才是唯一能够依靠自己的历史作用，使正在僵化的愿望和思想的重新融化得以真正地实现，而不再是'截至'施蒂纳为止的一切伦理学者所做的无力的道德说教。共产主义组织对当前的关系在个人中引起的愿望有两方面的作用；这些愿望的一部分，即那些在一切关系中都存在、只是因各种不同的社会关系而在形式和方向上有所改变的愿望，在这种社会形式下也会改变，只要供给它们正常发展的资料；另一部分，即那些只产生在一定的社会形式、一定的生产和交往的条件下的愿望，却完全丧失它们存在的必要条件。肯定哪些欲望在共产主义组织中只发生变化，哪些要消灭，——只能根据实践的道路、根据真实欲望的改变，而不是依据与以往历史关系的比较来决定。

我们刚才为了在这'唯一的'事实上粉碎施蒂纳而用的'僵硬的'和'愿望'这两个词汇，当然是完全不恰当的。有这样一个事实：现社会中个人的一种要求可以靠牺牲其他一切要求来满足以及存在着一种道德的条件，既这种情况'不该产生'，然而现世界的一切人的情况却 plus ou moins〔或多或少地〕正是如此，因此使一个完整的人不能自由发展，——对于这一事实和现存社会制度的经验联系一无所知的施蒂纳把这一事实说成是非自我一致的利己主义者的'愿望在僵化'。愿望只要是一种存在，它就是某种'僵硬'的东西，只有圣麦克斯和他的伙伴才想得出不使自己的例如性欲变成'僵硬的'，然而这是生来就是这样的，只有阉割或阳萎的结果才不再如此。作为某种'愿望'的基础的任何一种需要，也都是某种'僵硬的'东西，而圣麦克斯怎样努力也不能消除这种'僵硬性'，也不能做到例如这样的事，即可以经过许多'僵硬的'时候不必吃饭。共产主义者就没有想过要消灭自己的愿望和需要的这种僵硬性，这是施蒂纳在幻想时强加于共产主义者和其他一切人的身上的;共产主义者所追求的只是这样一种生产和交往的组织,那里他们可以实现正常的,也就是仅限于需要本身的一切需要的满足。"(第287页注释①)

马克思、恩格斯:《德意志意识形态》(1845—1846年),摘自《马克思恩格斯全集》第3卷,人民出版社1960年12月第1版。

5. 人的欲望、需求的片面性与全面性,决定于现实的社会关系、发展材料

他的一切特性早就是他所特有的,至于它们是从哪里产生的,却与他无关。就是说,无须他来形成这些特性,例如学习跳舞,以便成为自己双足的主人,或者就非任何人都有、非任何人都能求得的材料来锻炼自己的思想,以便成为自己思维的所有者;也无须他操心社会关系问题,这些社会关系实际上决定着一个人能够发展到什么程度。

实际上施蒂纳只是靠一种特性摆脱另一种特性(即用这"另一种"特性摆脱自己的其他特性的压抑)。但是,我们已经指出,事实上他之所以能摆脱这种特性,只是因为不仅这个特性达到了自由发展和不再是单纯的天赋,而且也因为正是由于分工的结果,[社会关系允许他均匀地发展全部的特性,因为社会关系因此允许他主要地实现一个唯一的欲望,例如著书的欲望。像圣麦克斯那样,设想可以脱离一切其他欲望来满足一个欲望],可以不同时满足**自己**这个完整的活生生的个人而满足这一个欲望,[这种设想完全是荒谬的。]如果这一个欲望取得抽象的、独立的性质,如果它成为一种外在的力量同我对立起来,如果因此个人的满足就表现为片面地满足一个唯一的欲望,那末,决不像圣麦克斯所想的那样决定于意识或"善良意志",更不是决定于对特性这一概念反思得不够。

这不决定于**意识**,而决定于**存在**;不决定于思维,而决定于生活;这决定于个人生活的经验发展和表现,这两者又决定于社会关系。如果这个人的生活条件使他只能牺牲其他一切特性而单方面地发展某一种特性,如果生活条件只提供给他发展这一种特性的材料和时间,那末这个人就不能超出单方面的、畸形的发展。任何道德说教在这里都不能有所帮助。并且这个受到特别培植的特性发展的方式如何,又是一方面决定于为他的发展所提供的材料,另一方面决定于其他特性被压抑的程度和性质。正因为思维(以思维为例)是这一确定的个人的思维,所以这个思维就是他的由他

的个性和他在其中生活的那些关系所决定的思维;就是说,有思维的个人完全没有必要对思维本身进行长时间的反思,才来宣告自己的思维是自己的思维,是自己的所有物,因为它从开头就是他所有的、具有独特性质的思维,而且正是他的这个独特性〔被圣桑乔视为这一特性的"对立面",视为只在"**自身**"中存在的独特性〕。例如一个人,他的生活包括了一个广阔范围的多样性活动和对世界的实际关系,因此是过着一个多方面的生活,这样一个人的思维也像他的生活的任何其他表现一样具有全面的性质。因此,当这个人从思维转向某种其他的生活表现时,他的思维并不会僵化为抽象的思维,也不需要在反思上耍什么复杂的花样。它从开头就是按照**需要**时而消灭时而出现的个人整个生活中的一个因素。

马克思、恩格斯:《德意志意识形态》(1845—1846 年),摘自《马克思恩格斯全集》第 3 卷,人民出版社 1960 年 12 月第 1 版,第 295—296 页。

(四) 生存资料、享受资料、发展资料与人的消费性自由、生产性自由

1. 满足三种需要的三种物质资料:生存资料、享受资料、发展资料

布阿吉尔贝尔实际上只看到财富的物质内容、使用价值、享受①,他把劳动的资产阶级形式、使用价值作为商品来生产以及商品的交换过程,看成是个人劳动借以达到它的目的的合乎自然的社会形式。

马克思:《政治经济学批判》(1858—1859 年),摘自《马克思恩格斯全集》第 13 卷,人民出版社 1962 年 11 月第 1 版,第 44—45 页。

工人参与更高一些的享受,以及参与精神享受——为自身利益进行宣传鼓动,订阅报纸,听讲演,教育子女,发展爱好等等——这种使工人和奴隶区别开来的分享文明的唯一情况,在经济上所以可能,只是因为工人在营业兴旺时期,即有可能在一定程度上进行积蓄的时期,扩大自己的享受范围。(第 246 页)

对自然界的独立规律的理论认识本身不过表现为狡猾,其目的是使自然界

---

① "真正的财富……不仅是生活必需品的充分享受,而且是剩余物品和一切足以引起快感的东西的充分享受。"……〔布阿吉尔贝尔"论财富的本性",载于欧仁·德尔"十八世纪的财政经济学家"1843 年巴黎版第 1 卷,第 403 页〕但是配第是个轻浮的、掠夺成性的、毫无气节的冒险家,而布阿吉尔贝尔虽然身为路易十四的法官,却既热情又勇敢地替被压迫阶级声辩。

（不管是作为消费品，还是作为生产资料）服从于人的需要。（第393页）

马克思：《经济学手稿》（1857—1858年），摘自《马克思恩格斯全集》第46卷上册，人民出版社1979年7月第1版。

只要"生活资料和享受资料"是主要目的，使用价值就起支配作用。

马克思：《经济学手稿》（1857—1858年），摘自《马克思恩格斯全集》第46卷下册，人民出版社1980年8月第1版，第388页。

对工人本身来说，必要劳动表现在**生活必需品**上，对资本家来说，**剩余产品**表现在这样一些产品上，这些产品一部分由生活必需品组成，一部分由奢侈品组成，一部分形成用于扩大再生产的积累基金。

马克思：《〈资本论〉第二册〈资本的流通过程〉（手稿）》（1864年），摘自《马克思恩格斯全集》第49卷，人民出版社1982年12月第1版，第516页。

Struggle for life〔**为生活的斗争**〕。在达尔文以前，他今天的信徒们所强调的正是有机界中的和谐的合作，植物怎样给动物提供食物和氧，而动物怎样给植物提供肥料、阿姆尼亚和碳酸气。在达尔文的学说刚被承认之后，这些人便立刻到处都只看到**斗争**。这两种见解在某种狭窄的范围内都是有道理的，然而两者都同样是片面的和褊狭的。自然界中死的物体的相互作用包含着和谐和冲突；活的物体的相互作用则既包含有意识的和无意识的合作，也包含有意识的和无意识的斗争。因此，在自然界中决不允许单单标榜片面的"斗争"。但是，想把历史的发展和错综性的全部多种多样的内容都总括在贫乏而片面的公式"生存斗争"中，这是十足的童稚之见。这简直是什么也没有说。

达尔文的全部生存斗争学说，不过是把霍布斯一切人反对一切人的战争的学说和资产阶级经济学的竞争学说以及马尔萨斯的人口论从社会搬到生物界而已。变完这个戏法以后（它的无条件正确，特别是涉及马尔萨斯学说的东西，还很成问题），要把这些理论从自然界的历史再搬回社会的历史，那是很容易的；而断定这样一来便证明这些论断是社会的永恒的自然规律，那就过于天真了。

但是为了分析论据，我们暂且承认"生存斗争"这个公式。动物所能做到的最多是**搜集**，而人则**从事生产**，他制造最广义的生活资料，这是自然界离开了人便不能生产出来的。因此，把动物社会的生活规律直接搬到人类社会中来是不行的。一有了生产，所谓生存斗争便不再围绕着单纯的生存资料进行，而要围绕着享受资料和发展资料进行。在这里——在社会地生产发展资料的情况下——从动物界来的范畴完全不能应用了。最后，在资本主义生产方式下，生产达到了这样的高度，以致社会不再能消费所生产出来的生活资料、享受资料和发展资料了，因为绝大多数生产者都被人为地和强制地同这些资料隔绝起来；因此，十年一次的危机不但毁灭生产出来的生活资料、享受资料和发展资料，而且毁灭生产力本身的一大部分，来求得平衡的恢复；因此，所谓生存斗争就采取了如下的形式：必须**保护**资产阶级的资本主义社会所生产出来的产品和生产力，使它们不受这个资本主义社会制度本身的毁灭性的破坏作用的影响，办法是从不能办到这一点的资本家统治阶级手中夺取社会生产和社会分配的领导权，并把它转交给生产者群众——而这就是社会主义革命。

把历史看作一系列的阶级斗争，比起把历史单单归结为生存斗争的差异极少的阶段，就更有内容和更深刻得多了。

恩格斯：《自然辩证法》（1873年—1886年），摘自《马克思恩格斯全集》
第20卷，人民出版社1971年3月第1版，第652—653页。

（4）人类社会和动物社会的本质区别在于，动物最多是**搜集**，而人则能从事**生产**。仅仅由于这个唯一的然而是基本的区别，就不可能把动物社会的规律直接搬到人类社会中来。由于这种区别，就有可能，如您所正确指出的，使"人不仅为生存而斗争，而且为享受，**为增加自己的享受**而斗争……准备为取得高级的享受而放弃低级的享受。"

在不否定您由此得出的进一步的结论的情况下，我从我自己的前提出发将作出下面的结论。人类的生产在一定的阶段上会达到这样的高度：能够不仅生产生活必需品，而且生产奢侈品，即使最初只是为少数人生产。这样，生存斗争——假定我们暂时认为这个范畴在这里仍然有效——就变成为享受而斗争，不再是单纯为生存资料斗争，而是也为**发展资料**，为**社会地生产**发展资料而斗争，到了这个阶段，从动物界来的范畴就不再适用了。但是，象目前这样，资本主义方式的生产所生产出来的生存资料和发展资料远比资本主义社会所能消费的多得多，那是因为资本主义方式的生产人为地使广大真正的生产者同生存资料和发展资料隔绝起来；如果这个社会由于它自身的生活规律而不得不继续扩大对它来说已经过大的生产,并从而周期性地每隔十年必得不仅毁灭大批产品,而且毁灭生产力本身,那末,"生存斗争"的空谈在这里还有什么意义呢?生存斗争的含义在这里只能是,生产者阶级把生产和分配的领导权从迄今为止掌握这种领导权但现在已经不能领导的那个阶级手中夺过来,而这就是社会主义革命。

顺便提一下,只要把迄今的历史看作一系列的阶级斗争,就足以看出,把这种历史理解为"生存斗争"的稍加改变的翻版,是如何的肤浅。因此,我是决不会使这些冒牌的自然科学家称心如意的。

(5)由于同样的理由,我想用相应的另一种措词来表述您的下面这个实质上完全正确的命题:"为了便于斗争而团结起来的思想,最后能够……发展到把全人类都包括在内,使全人类作为一个团结一致的兄弟社会,而与另一个矿物、植物和动物的世界相对立。"

(6)但是,另一方面,我不能同意您认为"一切人反对一切人的斗争"是人类发展的第一阶段的那种说法。在我看来,社会本能是从猿进化到人的最重要的杠杆之一。最初的人想必是群居的,而且就我们所能追溯到的来看,我们发现,情况就是这样。

恩格斯:《恩格斯致彼·拉·拉甫罗夫》(1875年11月12—17日),摘自《马克思恩格斯全集》第34卷,人民出版社1972年6月第1版,第163—164页。

资产阶级的辩护论断言,由于机器,消费**将变得更为讲究**。满足直接生活需要的物品价格低廉,使奢侈品的生产范围能够扩大。这样,在工人面前又开辟了第三个美妙的前景:为了取得他们所必需的生活资料,也就是取得以前那种数量的生活资料,同一数量的工人必须能够使上层阶级扩大他们的享受范围,使享受更讲究,更多样化,从而加深工人和高踞于他们之上的人们之间的经济、社会和政治的鸿沟。这就是劳动生产力的发展将给工人带来的十分美妙的前景和非常令人羡慕的结果。

马克思:《剩余价值理论》,摘自《马克思恩格斯全集》第26卷第2册,人民出版社1973年7月第1版,第652页。

2. 马克思《1844年经济学哲学手稿》有关"生存资料"、"活动资料"的论述摘录

工人不仅必须为物质的生活资料而斗争,而且必须为谋求工作,即为

谋求实现自己的活动的可能性和手段而斗争。（第119页）

大量劳动积累起来，因为资本是积累的劳动；就是说，工人的劳动产品越来越多地从他手中被拿走，工人自己的劳动越来越作为别人的财产同他相对立，而他的生存资料和活动资料越来越多地集聚在资本家手中。（第120页）

劳动的现实化竟如此表现为非现实化，以致工人非现实化到饿死的地步。对象化竟如此表现为对象的丧失，以致工人被剥夺了最必要的对象——不仅是生活的必要对象，而且是劳动的必要对象。甚至连劳动本身也成为工人只有通过最大的努力和极不规则的间歇才能加以占有的对象。对对象的占有竟如此表现为异化，以致工人生产的对象越多，他能够占有的对象就越少，而且越受他的产品即资本的统治。（第157页）

没有**自然界**，没有**感性的外部世界**，工人就什么也不能创造。自然界是工人的劳动得以实现、工人的劳动在其中活动、工人的劳动从中生产出和借以生产出自己的产品的材料。

但是，自然界一方面在这样的意义上给劳动提供**生活资料**，即没有劳动加工的对象，劳动就不能**存在**，另一方面，也在更狭隘的意义上提供**生活资料**，即维持工人本身的肉体生存的手段。

因此，工人越是通过自己的劳动**占有**外部世界、感性自然界，他就越是在两个方面失去**生活资料**：第一，感性的外部世界越来越不成为属于他的劳动的对象，不成为他的劳动的**生活资料**；第二，感性的外部世界越来越不给他提供直接意义的生活资料，即维持工人的肉体生存的手段。

因此，工人在这两方面成为自己的对象的奴隶：首先，他得到**劳动的对象**，也就是得到工作；其次，他得到**生存资料**。因而，他首先是作为**工人**，其次是作为**肉体的主体**，才能够生存。这种奴隶状态的顶点就是：他只有作为**工人**才能维持自己作为**肉体的主体**，并且只有作为**肉体的主体**才能是工人。（第158页）

私有财产的意义——撇开私有财产异化——就在于本质的对象——既作为享受的对象，又作为活动的对象——对人的存在。（第242页）

马克思：《1844年经济学哲学手稿》（1844年4—8月），摘自《马克思恩格斯文集》第1卷，人民出版社2009年12月第1版。

3. 满足人的"自然需要"的"生存资料"的消费是"必需的",体现了人的存在的自然必然性

同任何其他商品的价值一样,劳动力的价值也是由生产从而再生产这种特殊物品所必要的劳动时间决定的。就劳动力代表价值来说,它本身只代表在它身上对象化的一定量的社会平均劳动。劳动力只是作为活的个人的能力而存在。因此,劳动力的生产要以活的个体的存在为前提。假设个人已经存在,劳动力的生产就是这个个人本身的再生产或维持。活的个人要维持自己,需要有一定量的生活资料。因此,生产劳动力所需要的劳动时间,可归结为生产这些生活资料所必要的劳动时间,或者说,劳动力的价值,就是维持劳动力占有者所必要的生活资料的价值。但是,劳动力只有表现出来才能实现,只有在劳动中才能发挥出来。而劳动力的发挥即劳动,耗费人的一定量的肌肉、神经、脑等等,这些消耗必须重新得到补偿。支出增多,收入也得增多。① 劳动力所有者今天进行了劳动,他必须明天也能够在同样的精力和健康条件下重复同样的过程。因此,生活资料的总和应当足以使劳动者个人能够在正常生活状况下维持自己。由于一个国家的气候和其他自然特点不同,食物、衣服、取暖、居住等等自然需要本身也就不同。另一方面,所谓必不可少的需要的范围,和满足这些需要的方式一样,本身是历史的产物,因此多半取决于一个国家的文化水平,其中主要取决于自由工人阶级是在什么条件下形成的,从而它有哪些习惯和生活要求。② 因此,和其他商品不同,劳动力的价值规定包含着一个历史的和道德的因素。但是,在一定的国家,在一定的时期,必要生活资料的平均范围是一定的。(第198—199页)

谁谈劳动能力并不就是谈劳动,正像谈消化能力并不就是谈消化一样。大家知道,要有消化过程,光有健全的胃是不够的。谁谈劳动能力,谁就不会撇开维持劳动能力所必要的生活资料。生活资料的价值正是表现在劳动能力的价值上。劳动能力不卖出去,对工人就毫无用处,不仅如此,工人就会感到一种残酷的自然必然性:他的劳动能力的生产曾需要一定量的生存资料,它的再生产又不断地需要一定量的生存资料。(第201—202页)

---

① 古罗马的斐力卡斯,作为管理人居于农业奴隶之首,但"由于劳动比奴隶轻,得到的报酬也比奴隶更微薄"(泰·蒙森:《罗马史》1856年版,第810页)。

② 参看威·托·桑顿《人口过剩及其补救办法》1846年伦敦版。

马克思:《资本论》第1卷,摘自《马克思恩格斯文集》第5卷,人民出版社2009年12月第1版。

4. 人的"自然需要"与道德、文明状况相关

工资由自然规律调节;工资的最低限度是由工人维持和再生产自己的劳动力时身体上所必需的生活资料的最低限度规定的,也就是由一定量的商品规定的。这些商品的价值是由它们的再生产所需要的劳动时间决定的,从而是由新追加到生产资料上的那部分劳动决定的,或者是由工作日中工人为生产和再生产这种必要生活资料的价值的等价物所需要的部分决定的。比如工人每天平均的生活资料的价值=6小时的平均劳动,工人就必须每天平均为自己劳动6小时。他的劳动力的实际价值会偏离身体上的这个最低限度;气候和社会发展水平不同,劳动力的实际价值也就不同;它不仅取决于身体需要,而且也取决于成为第二天性的历史地发展起来的社会需要。但在每个国家,在一定的时期,这个起调节作用的平均工资都是一个已定的量。

马克思、恩格斯:《资本论》第3卷,摘自《马克思恩格斯文集》第7卷,人民出版社2009年12月第1版,第973页。

工人作为工人而生活所需要的生活资料,在不同的国家,不同的文明状况下当然是不同的。衣、食、住和取暖这些自然需要本身的多少,取决于不同的气候。同样,因为所谓的第一生活需要的数量和满足这些需要的方式,在很大程度上取决于社会的文明状况,也就是说,它们本身就是历史的产物,所以,在某一国家或某一时期属于必要的生活资料的东西,但在另一国家或另一时期却不是必要的生活资料。但这——我指的是这些必要的生活资料的范围——在一定的国家,一定的时期,却是一定的。(第43页)

劳动能力的使用价值,和任何其他商品的使用价值一样,只有在它的消费过程中,也就是说,只有在它从卖者手中转入买者手中以后才会实现,但是,它的使用价值,除了它是买者的动机外,与卖的过程本身毫无关系。此外,这种使用价值,在它被消费之前是作为劳动能力而存在的,它具有的**交换价值**,与其他别的商品的交换价值一样,都等于它所包含的从而再生产它所必需的劳动量,而且,正如我们已经看到的,是由为了生产维持工人生活所必需的生活资料而需要的劳动时间来精确衡量的。因为时间是

生命本身的尺度，就如重量是衡量金属的尺度一样，所以，工人劳动能力的日价值就是维持工人一天生活平均所需要的劳动时间，是劳动能力每天再生产自身所需要的劳动时间，或者在这里同样也可以说，是劳动能力在相同的条件下维持自身所需要的劳动时间，而上面已经说过，决定这些条件的，不是纯粹的自然需要，而是历史上随着一定的文化水平而发生变化的自然需要。（第51—52页）

> 马克思：《经济学手稿》（1861—1863年），摘自《马克思恩格斯全集》第47卷，人民出版社1979年10月第1版。

劳动力的价值或劳动的价值由于某些特点而与其他一切商品的价值不同。劳动力的价值由两种要素所构成：一种是纯生理的要素，另一种是历史的或社会的要素。劳动力价值的**最低界限**是由**生理**的要素决定的。这就是说，工人阶级为了维持和再生产自己，为了延续自己肉体的生存，就必须获得生存和繁殖所绝对需要的生活必需品。所以这些必需的生活必需品的价值，就构成**劳动的价值**的最低界限。另一方面，工作日的长度也有极限，虽然是很有伸缩性的极限。它的最高限度决定于工人的体力。如果工人生命力每天的消耗超过一定限度，他就不能日复一日地重复使用。可是，我已经说过，这种界限有很大的伸缩性。孱弱和短命的后代如果繁殖很快，也可以与健壮和长命的后代一样，使劳动市场维持下去。

除了这种纯粹生理的要素，劳动的价值还取决于每个国家的**传统生活水平**。这种生活水平不仅包括满足生理上的需要，而且要满足由人们赖以生息教养的那些社会条件所产生的某些需要。……包含于劳动价值中的这一历史的或社会的要素可能扩大，也可能缩小，甚至可能完全消失，只剩下**生理上的限界**。

> 马克思：《工资、价格和利润》（1865年5月20日—6月24日之间），摘自《马克思恩格斯文集》第3卷，人民出版社2009年12月第1版，第73—74页。

5. 人的两种"奢侈（自由）"："被动的享受（对产品的享受、享受的对象、消费产品、消费性自由）"和"能动的表现（生产的乐趣、活动的对象、自由活动、生产性自由）"

在人通过自己的劳动使自然界日益受自己支配的情况下，在工业奇迹使神的奇迹日益变得多余的情况下，如果人为了讨好这些力量而放弃生产

的乐趣和对产品的享受，那岂不是十分矛盾的事情。（第 164 页）

他（国民经济学家）把工人变成没有感觉和没有需要的存在物，正像他把工人的活动变成抽去一切活动的纯粹抽象一样。因此，工人的任何**奢侈**在他看来都是不可饶恕的，而一切超出最抽象的需要的东西——无论是被动的享受或能动的表现——在他看来都是奢侈。（第 227 页）

私有财产的意义——撇开私有财产的异化——就在于**本质的对象**——既作为享受的对象，又作为活动的对象——对人的**存在**。（第 242 页）

> 马克思：《1844 年经济学哲学手稿》（1844 年 4—8 月），摘自《马克思恩格斯文集》第 1 卷，人民出版社 2009 年 12 月第 1 版。

（自由时间）一部分用于消费产品，一部分用于从事自由活动……

> 马克思：《剩余价值理论》，摘自《马克思恩格斯全集》第 26 卷第 3 册，人民出版社 1974 年 12 月第 1 版，第 282 页。

6. "奢侈是自然必要性的对立面"：满足人的奢侈、享乐需要的"享受资料"的消费是"非必需的"，超越了"自然必然性"，体现了人的消费性自由

奢侈是**自然必要性**的对立面。必要的需要就是本身归结为自然主体的那种个人的需要。

> 马克思：《经济学手稿》（1857—1858 年），摘自《马克思恩格斯全集》第 46 卷下册，人民出版社 1980 年 8 月第 1 版，第 20 页。

这里所说的奢侈品生产，是指一切对劳动力的再生产不是必需的那种生产。

> 马克思：《资本论》第 3 卷，摘自《马克思恩格斯文集》第 7 卷，人民出版社 2009 年 12 月第 1 版，第 121 页。

何况奢侈品生产领域中的生产力也在增长，在这里奢侈品生产是指［产品］既不直接也不间接加入劳动能力再生产的那一切生产。

> 马克思：《经济学手稿》（1861—1863 年），摘自《马克思恩格斯全集》第 48 卷，人民出版社 1985 年 2 月第 1 版，第 346 页。

如果棉花变成纱，纱变成布，布变成印染布等，印染布再变成比如说衣服，那么，（1）棉花的实体在所有这些形式中都得到了保存（在化学过程中，在由劳动调节的物质变换中，到处都是等价物（自然的）相交换等等）；（2）在所有这些连续的过程中，物质取得越来越有用的形式，因为它取得越来越适合于消费的形式；直到最后，物质取得使它能够直接成为消费品的形式，这时物质的消耗和它的形式的扬弃成了人的享受，物质的变化就是物质的使用本身。棉花的物质在所有这些过程中都得到了保存，它在一种使用价值上消失，是为了**进入更高级的形式，直到物品成为直接的消费品**。

> 马克思：《经济学手稿》（1857—1858 年），摘自《马克思恩格斯全集》
> 第 46 卷上册，人民出版社 1979 年 7 月第 1 版，第 331 页。

财富的材料，不论是主体的，如劳动，还是客体的，如满足自然需要或历史需要的对象，对于一切生产时代来说最初表现为共同的东西。（第 383 页）

金银不只是消极意义上的剩余的，即没有也可以过得去的东西，而且它们的美学属性使它们成为显示奢侈、装饰、华丽的材料，成为剩余的积极的形式，或者说成为满足日常生活和单纯自然需要范围之外的那些需要的手段。（第 459 页）

> 马克思：《经济学手稿》（1857—1858 年），摘自《马克思恩格斯全集》
> 第 46 卷下册，人民出版社 1980 年 8 月第 1 版。

除了从他（马尔萨斯）的理论必然产生的这一论据之外，还有一个进一步的辩护论据：资本代表**对抽象财富的欲望，对价值增殖的欲望**，但是，这种欲望只是由于有代表**支出欲望、消费欲望、奢侈欲望**的购买者阶级存在，也就是说，有那些是买者而不是卖者的非生产阶级存在才能实现。

> 马克思：《剩余价值理论》，摘自《马克思恩格斯全集》第 26 卷第 2 册，
> 人民出版社 1973 年 7 月第 1 版，第 15 页。

奢侈品所代表的只是一种**剩余劳动**，并且是直接以富人作为收入来消费的**剩余产品形式**出现的剩余劳动。（第 269 页）

莱文斯顿和小册子《国民困难的原因及其解决办法》的作者一样，表现为一个禁欲主义者。在这里，他本身又是为政治经济学家的概念所束缚。没有**资本**，没有**财产**，工人消费的必需品便会生产得极其丰富，但不会有奢侈品的生产。或者也可以说，既然在小册子的作者看来，资本生产维持工人生活所必需的劳动以外的**剩余劳动**，并且引起机器（小册子的作者称为"固定资本"）的制造以及对外贸易和世界市场的建立，部分是为了利

用从工人那里榨取的剩余产品去增进生产力,部分是为了使这种剩余产品成为必需品以外的多种多样的使用价值,——既然如此,那末莱文斯顿同小册子的作者一样,是理解,或者至少是在实际上承认资本的历史必然性的。同样,在莱文斯顿看来,没有**资本和财产**,就既不会有"舒适品"、机器或奢侈品生产出来,也不会有自然科学的发展,也不会有靠余暇或靠富人从非劳动者那里取得自己"剩余产品"的等价物的欲望才能存在的精神产品。(第286页)

马克思:《剩余价值理论》,摘自《马克思恩格斯全集》第26卷第3册,人民出版社1974年12月第1版。

圣桑乔本人把个人财产和物质财富区别开来,从而也把享受和享受的权力区别开来了。我可以有享受的巨大的个人权力(能力),因而我不需要同样具有物质权力(金钱等等)。因此,我的实在的"享受"仍然是空中楼阁。

马克思、恩格斯:《德意志意识形态》(1845—1846年),摘自《马克思恩格斯全集》第3卷,人民出版社1960年12月第1版,第370页。

7. 与"生存资料(必需品)—享受资料(奢侈品)"对应的劳动:"必要劳动—剩余劳动"

下面还要指出,剩余劳动,也就是剩余产品,怎样和地租,即剩余产品的这个至少在资本主义生产方式基础上在量和质的方面已经特别规定的部分相混同。一般剩余劳动的自然基础,即剩余劳动必不可少的自然条件是:只须花费整个工作日的一部分劳动时间,自然就以土地的植物性产品或动物性产品的形式或以渔业产品等形式,提供出必要的生活资料。农业劳动(这里包括单纯采集、狩猎、捕鱼、畜牧等劳动)的这种自然生产率,是一切剩余劳动的基础;而一切劳动首先并且最初是以占有和生产食物为目的的。(动物同时还提供兽皮,供人在冷天保暖;此外,还有供人居住的洞穴等等。)

剩余产品和地租的这种混同,在达夫先生那里,有不同的表现。最初,农业劳动和工业劳动不是分离的;后者同前者是连接在一起的。农业部落、家庭公社或家庭的剩余劳动和剩余产品,既包含农业劳动,也包含工业劳动。二者是同时并行的。狩猎、捕鱼、耕种,没有相应的工具是不行的。织和纺等等当初是农业中的副业。

我们在前面曾指出，和一个工人的劳动分为必要劳动和剩余劳动一样，工人阶级的全部劳动也可以这样划分：为工人阶级生产全部生活资料（包括为此所需的生产资料）的那部分，完成整个社会的必要劳动；工人阶级所有其余部分所完成的劳动，可以看做剩余劳动。但是，必要劳动决不是只包括农业劳动，而且也包括生产其他一切必然进入工人平均消费的产品的劳动。并且，从社会的观点来看，一些人只从事必要劳动，是因为另一些人只从事剩余劳动，反之亦然。这只是他们之间的分工。农业工人和工业工人之间的分工一般来说也是这样。和一方面劳动的纯工业性质相适应的，是另一方面劳动的纯农业性质。这种纯农业劳动，决不是自然发生的，相反，它本身是社会发展的产物，并且是很现代的、决不是到处都已达到的产物，它是和一个完全特定的生产阶段相适应的。正像一部分农业劳动会对象化在只用做奢侈品，或只形成工业原料，但决不会用做食物，更不会用做大众的食物的产品中一样，另一方面，一部分工业劳动也会对象化在用做农业工人和非农业工人的必要消费资料的产品中。从社会的观点来看，把这种工业劳动看做剩余劳动，是错误的。工业劳动的一部分和农业劳动的必要部分一样也是必要劳动。它只是以前和农业劳动自然结合在一起的一部分工业劳动的独立形式，是现在已经和它分离的纯农业劳动的必要的相互补充。（从纯粹物质方面看，例如，500个机器织布工人以高得多的程度生产剩余布匹，也就是说，生产比他们自己衣着所需的多得多的布匹。）

马克思、恩格斯：《资本论》第3卷，摘自《马克思恩格斯文集》第7卷，人民出版社2009年12月第1版，第712—714页。

假使资本家不需要工人的剩余劳动，那么工人就不能实现自己的必要劳动，不能生产自己的生活资料。

马克思：《经济学手稿》（1857—1858年），摘自《马克思恩格斯全集》第46卷下册，人民出版社1980年8月第1版，第104页。

8. "为了维持和再生产自己的生命"的"必要劳动"是"必需的"，"始终是一个必然王国"，体现了人的存在的自然必然性

劳动作为使用价值的创造者，作为有用劳动，是不以一切社会形式为转移的人类生存条件，是人和自然之间的物质变换即人类生活得以实现的永恒的自然必然性。（第56页）

一些公式本来在额上写着①，它们是属于生产过程支配人而人还没有支配生产过程的那种社会形态的，但在政治经济学的资产阶级意识中，它们竟象生产劳动本身一样，成了不言而喻的自然必然性。（第99页）

    马克思：《资本论》第1卷，摘自《马克思恩格斯文集》第5卷，人民出版社2009年12月第1版。

  自由王国只是在必要性和外在目的规定要做的劳动终止的地方才开始；因而按照事物的本性来说，它存在于真正物质生产领域的彼岸。像野蛮人为了满足自己的需要，为了维持和再生产自己的生命，必须与自然进行搏斗一样，文明人也必须这样做；而且在一切社会形态中，在一切可能的生产方式中，他都必须这样做。这个自然必然性的王国会随着人的发展而扩大，因为需要会扩大；但是，满足这种需要的生产力同时也会扩大。……但是不管怎样，这个领域始终是一个必然王国。在这个必然王国的彼岸，作为目的本身的人类能力的发挥，真正的自由王国，就开始了。

    马克思、恩格斯：《资本论》第3卷，摘自《马克思恩格斯文集》第7卷，人民出版社2009年12月第1版，第928—929页。

9. 耗费"发展资料（自由时间）"的自由活动（劳动）是"非必需的"，超越了直接的物质生产的自然必然性，体现了人的生产性自由

  一个新的社会制度是可能实现的，在这个制度之下，当代的阶级差别将消失；而且在这个制度之下——也许在经过一个短暂的、有些艰苦的、但无论如何在道义上很有益的过渡时期以后——，通过有计划地利用和进一步发展一切社会成员的现有的巨大生产力，在人人都必须劳动的条件下，人人也都将同等地、愈益丰富地得到生活资料、享受资料、发展和表现一切体力和智力所需的资料。

    恩格斯：《卡·马克思"雇佣劳动与资本"导言》（1891年4月30日），摘自《马克思恩格斯文集》第1卷，人民出版社2009年12月第1版，第709—710页。

  但是自由时间，**可以支配的时间**，就是财富本身：一部分用于消费产品，一部分用于从事自由活动，这种自由活动不象劳动那样是在必须实现的外在目的的压力下决定的，而这种外在目的的实现是自然的必然性，或

---

  ① "在额上写着它是什么"，见《新约全书·约翰启示录》第14章第1节和第9节。——编者注

者说社会义务——怎么说都行。

> 马克思:《剩余价值理论》,摘自《马克思恩格斯全集》第 26 卷第 3 册,人民出版社 1974 年 12 月第 1 版,第 282 页。

因此,资本和劳动的关系在这里就象货币和商品的关系一样;如果说资本是财富的一般形式,那么,劳动就只是以直接消费为目的的实体。但是,资本作为孜孜不倦地追求财富的一般形式的欲望,驱使劳动超过自己自然需要的界限,来为发展丰富的个性创造出物质要素,这种个性无论在生产上和消费上都是全面的,因而个性的劳动也不再表现为劳动,而表现为活动本身的充分发展,在那种情况下,直接形式的自然必然性消失了;这是因为一种历史形成的需要代替了自然的需要。

> 马克思:《经济学手稿》(1857—1858 年),摘自《马克思恩格斯全集》第 46 卷上册,人民出版社 1979 年 7 月第 1 版,第 287 页。

诚然,劳动尺度本身在这里是由外面提供的,是由必须达到的目的和为达到这个目的而必须由劳动来克服的那些障碍所提供的。但是克服这种障碍本身,就是自由的实现,而且进一步说,外在目的失掉了单纯外在必然性的外观,被看作个人自己自我提出的目的,因而被看作自我实现,主体的物化,也就是实在的自由,——而这种自由见之于活动恰恰就是劳动,——这些也是亚当·斯密料想不到的。

> 马克思:《经济学手稿》(1857—1858 年),摘自《马克思恩格斯全集》第 46 卷下册,人民出版社 1980 年 8 月第 1 版,第 112 页。

因为劳动不只限于维持活的机体,而且必须是直接改变劳动能力本身,使它发展到具有某种技巧的特殊劳动,所以,就象在复杂的劳动中一样,这种特殊劳动也包括在劳动的价值中,并且在这个场合它是直接消耗在工人身上,耗费在工人的生产上的劳动。此外,贝利的机智只归结为:有机物的再生产上所花的劳动,是花在有机体所需的生活资料上而不是直接花在有机体本身上的,因为,通过消费而占有这些生活资料,不是劳动,而是享受。

> 马克思:《经济学手稿》(1861—1863 年),摘自《马克思恩格斯全集》第 47 卷,人民出版社 1979 年 10 月第 1 版,第 48 页。

10. 人的消费、生产活动的自由与"必需"(自然必然性)并不永远"处于抽象对立中"

历史地自行产生的需要即由生产本身产生的需要,社会需要即从社会生产和交换中产生的需要越是成为**必要的**，现实财富的发展程度便越高。**财富从物质上来看只是需要的多样性**。……以前表现为奢侈的东西，现在成为必要的了，而所谓奢侈的需要，例如对于那个自然产生的并完全从自然必要性中成长起来的部门来说，也成为必要性了。

这样把每一生产部门脚下的自然形成的基础抽掉，并把这种生产部门的生产条件转移到它外部的普遍联系中去，——于是，过去多余的东西便转化为必要的东西，转化为历史地产生的必要性，——这就是资本的趋势。一切生产部门的共同基础是普遍交换本身，是世界市场，因而也是普遍交换所包含的全部活动、交易、需要等等。**奢侈是自然必要性**的对立面。必要的需要就是本身归结为自然主体的那种个人的需要。生产的发展既扬弃这种自然必要性，也扬弃那种奢侈——当然，在资产阶级社会里，这只是**以对立的形式**实现的，因为这种发展本身又只是规定一定的社会标准来作为必要的标准，而同奢侈相对立。

马克思：《经济学手稿》（1857—1858年），摘自《马克思恩格斯全集》第46卷下册，人民出版社1980年8月第1版，第19—20页。

此外，直接的劳动时间本身不可能象从资产阶级经济学的观点出发所看到的那样永远同自由时间处于抽象对立中，这是不言而喻的。劳动不可能象傅立叶所希望的那样成为游戏，——不过，他能宣布最终目的不是把分配，而是把生产方式本身提到更高的形式，这依然是他的一大功绩。自由时间——不论是闲暇时间还是从事较高级活动的时间——自然要把占有它的人变为另一主体，于是他作为这另一主体又加入直接生产过程。对于正在成长的人来说，这个直接生产过程就是训练，而对于头脑里具有积累起来的社会知识的成年人来说，这个过程就是［知识的］运用，实验科学，有物质创造力的和物化中的科学。对于这两种人来说，由于劳动要求实际动手和自由活动，就象在农业中那样，这个过程同时就是身体锻炼。

马克思：《经济学手稿》（1857—1858年），摘自《马克思恩格斯全集》第46卷下册，人民出版社1980年8月第1版，第225—226页。

不言而喻，随着雇主和工人之间的社会对立的消灭等等，劳动时间本身——由于限制在正常长度之内，其次，由于不再用于别人而是用于我自己——将作为真正的社会劳动，最后，作为**自由时间**的基础，而取得完全不同的、更自由的性质，这种同时作为拥有自由时间的人的**劳动时间**，必将比役畜的劳动时间具有高得多的质量。

  马克思:《剩余价值理论》,摘自《马克思恩格斯全集》第 26 卷第 3 册,人民出版社 1974 年 12 月第 1 版,第 282 页。

11. 资本主义"货币工资制"较之"实物工资制"有可能使工人在消费中获得一定自由

  资本主义生产方式——它的基础是雇佣劳动,工人的报酬是用货币支付的,并且实物报酬一般已转化为货币报酬——只有在国内现有的货币量能充分满足流通和由流通决定的货币贮藏(准备金等)的需要的地方,才能得到较大规模、比较深入和充分的发展。

  马克思、恩格斯:《资本论》第 2 卷,摘自《马克思恩格斯文集》第 6 卷,人民出版社 2009 年 12 月第 1 版,第 380 页。

  我们首先撇开收入的特有性质,这种特有性质不表现在金银上,就象尿味不表现在妓院税上一样,罗马皇帝阿德里安曾说这类税没有臭味!这种性质重新表现在受支配的货币量上,整个说来,购买的范围取决于收入本身的性质。最大的消费者阶级即工人所购买的物品的范围和品种,受他们的收入本身的性质的限制。当然,工人可以不为自己的子女买肉和面包,而把工资买白酒喝掉。这是在实物工资制下做不到的。这样一来,他的个人自由就扩大了,也就是说,白酒的支配作用有了更大的活动余地。另一方面,工人阶级用他们超过必要生活资料的积蓄可以不去买肉和面包,而是去买书籍以及请人讲演和召开群众大会。工人阶级有了更大的手段来占有象精神力量这样的普遍社会力量。凡是收入的性质仍然取决于谋得收入本身的性质,不是象现在这样单纯取决于一般交换手段的量,而是取决于谋得收入本身的质的地方,工人能够与社会发生的并且能够掌握的那种联系,是无比狭窄的,而进行社会的物质生产和精神生产的物质变换的社会组织,从一开始就受到一定方式和特殊内容的限制。因此,货币作为阶级对立的最高表现,同时使宗教的、等级的、智力的和个人的差别变得模糊。封建主曾徒劳地试图——例如在对资产者的关系上,采取奢侈法的办法——在政治上防止和摧毁货币的这种起普遍拉平作用的力量。可见,在消费者和实业家之间的贸易行为中,质的阶级差别消失在量的差别中,消失在购买者拥有的货币的多少中,而在同一阶级内部,量的差别则形成质的差别。于是,[区分为]大资产者、中等资产者、小资产者。[VII—52]

马克思：《反思》（1851年3月），摘自《马克思恩格斯全集》第44卷，人民出版社1982年5月第1版，第162—163页。

工人让出的是对自己劳动的支配权。另一方面，这也是事实：铸币即使在简单流通范围内也会成为货币，因而，只要工人在交换中得到铸币，他就可以把这些铸币积蓄起来等等，把它们从流通中抽出，把它们不是作为转瞬即逝的交换手段，而是作为财富的一般形式固定下来，从而把铸币转化为货币。从这方面可以说，工人在和资本交换时的目的物——也就是他交换的产物——不是生活资料，而是财富，不是某种特殊的使用价值，而是交换价值本身。从这一点来说，就象财富只能**表现为**等价交换基础上的**简单流通的产物**那样，工人只能把交换价值变为他自己的**产物**，也就是说，工人要为了财富的**形式**而牺牲物质的欲望，即通过**禁欲**、节约、紧缩自己的消费，做到从流通中取出的**财物**少于他提供给流通的财物。这就是通过流通本身唯一可能产生的致富形式。

马克思：《经济学手稿》（1857—1858年），摘自《马克思恩格斯全集》第46卷上册，人民出版社1979年7月第1版，第243页。

12. 工人作为"消费者（商品的买者）"不同于"生产当事人"而有可能获得一定的消费自由

资本主义生产方式中的矛盾：工人作为商品的买者，对于市场来说是重要的。但是作为他们的商品——劳动力——的卖者，资本主义社会的趋势是把它的价格限制在最低限度。

马克思、恩格斯：《资本论》第2卷，摘自《马克思恩格斯文集》第6卷，人民出版社2009年12月第1版，第350页注释（32）。

在流通中，如果我用商品交换货币，再用货币购买商品来满足我的需要，行为就结束了。对工人来说，情况也是这样。但是工人却有可能重新开始这样的行为，因为他的生命力是一种源泉，他自己的使用价值在一定的时期，在使用价值耗尽以前，能够从这个源泉中不断地重新产生出来，并且不断地同资本相对立，以便重新开始这样的交换。工人象每一个作为主体处在流通中的个人一样，是一种使用价值的所有者；他把这种使用价值换成货币，即财富的一般形式，但这只是为了再把财富的一般形式换成商品，换成他的直接消费对象，满足他的需要的资料。由于工人把他的使用价值换成财富的一般形式，他就在他得到的等价物的界限内——等价物的这种界限是量的界限,它当然会象在所有的交换中一样转变为质的界限——成为一般财富的分享者。但工人并不是受特殊物品的约束,也不是受满足需要的特殊方式的约束。工人的享受范围并不是在质上受到限制,而只是在量上受到限制。这就把工人同奴隶、农奴等等区别开了。

当然,消费会对生产本身起反作用,但是这种反作用不会影响进行交换的工人,就象不会影响任何其他的商品卖者一样;从简单流通的观点来看——我们还没有涉及到其他发展了的关系——倒不如说,消费处于经济关系之外。不过现在可以顺便指出,工人享受范围的相对的界限(只是量的而不是质的、而且只是由于量才引起的质的界限),还会使工人作为消费者(在进一步阐述资本时,必须更详细地考察消费和生产的关系)同例如古代或中世纪的劳动者或亚洲的劳动者相比,具有完全不同的作为生产当事人的重要性。但是,正如我们已经指出的,这些还不属于现在考察的范围。(第241—242页)

(工人参与更高一些的享受,以及参与精神享受——为自身利益进行宣传鼓动,订阅报纸,听讲演,教育子女,发展爱好等等——这种使工人和奴隶区别开来的分享文明的唯一情况,在经济上所以可能,只是因为工人在营业兴旺时期,即有可能在一定程度上进行积蓄的时期,扩大自己的享受范围。)……再者,即使所有这些并不是资产阶级"博爱"的伪善词句,——这种"博爱"只是用"虔诚的愿望"来款待工人而已,——那么,每个资本家虽然要求他的工人节约,但也只是要求**他的**工人节约,因为他的工人对于他来说是工人,而决不要求其余的**工人大众**节约,因为其余的工人大众对于他来说是消费者。因此,资本家不顾一切"虔诚的"词句,却是寻求一切办法刺激工人的消费,使自己的商品具有新的诱惑力,强使工人有新的需求等等。资本和劳动关系的这个方面正好是重要的文明因素,资本的历史的合理性就是以此为基础的,而且资本今天的力量也是以此为基础的。(生产和消费的这种关系,要在《资本和利润》等部分,或者在《资本的积累和竞争》部分,才加以阐述。)(第246—247页)

马克思:《经济学手稿》(1857—1858年),摘自《马克思恩格斯全集》
第46卷上册,人民出版社1979年7月第1版。

马尔萨斯说得对:**工人的需求从来不会使资本家满足**。资本家的利润恰好在于工人的贡献超过工人的需求而形成的余额。每一个资本家实际上在对自己工人的关系上感到了这一点，只是对购买他的商品的别人的工人没有感到这一点。

> 马克思：《经济学手稿》（1861—1863 年），摘自《马克思恩格斯全集》第 48 卷，人民出版社 1985 年 2 月第 1 版，第 303 页。

（五）人与物自然关系中"享受资料（奢侈品）"与人的消费性需要、欲望

1. 满足人的需要的是物的使用价值

商品的使用价值，只有在商品进入消费领域以后，才能实现，才能发挥作用。

> 马克思、恩格斯：《资本论》第 3 卷，摘自《马克思恩格斯文集》第 7 卷，人民出版社 2009 年 12 月第 1 版，第 311 页。

实际上，布阿吉尔贝尔只注意到财富的物质内容、享受、使用价值：

"真正的财富不仅是生活必需品的充分享受，而且是剩余物品和一切足以引起快感的东西的充分享受。"……

> 马克思：《经济学手稿》（1857—1858 年），摘自《马克思恩格斯全集》第 46 卷下册，人民出版社 1980 年 8 月第 1 版，第 452 页。

商品首先是，按英国经济学家的说法，"生活上必需的、有用的或快意的某种东西"，是人类需要的对象，最广义的生活资料。商品作为使用价值的这种存在，和它的自然的、可以捉摸的存在是一致的。例如小麦是一种不同于棉花、玻璃、纸等使用价值的特殊使用价值。使用价值只对于使用有价值，只在消费的过程中实现。同一种使用价值可以有不同的用途。但是，它可能有多少用途全在于它作为具有一定属性的物的存在。

> 马克思：《政治经济学批判》（1858—1859 年），摘自《马克思恩格斯全集》第 13 卷，人民出版社 1962 年 11 月第 1 版，第 15 页。

从巴尔本著作的序言以及《美与支柱》这一著作［1696 年伦敦版］（洛克拥护者之一）可以得出结论：银行所有者巴尔本博士个人对"提高铸币价值"感兴趣。

使用价值是价值的基础。

"一切物品的价值是由它们的效用产生的；不具有效用的物品就没有价值。"（**巴尔本**，第 2 页）

效用可能是由身体的需要或精神的需要，在这里即"**欲望**"产生的。

"存在着两种一般的效用……或是物品对满足**身体的需要**有用，或是对**满足精神的需要**有用（这样一些物品能满足**欲望**）……欲望包含着需要，这是**精神的食欲**，就象肉体的饥饿那样自然，欲望是精神所固有的。"（同上）"大部分物具有价值，是因为它们满足精神的需要。"（同上，第3页）

"欲望和需要与财富同时增长。由此可以得出结论，只有得到充分满足的人才是富有的人，因为他没有任何需要。"（同上，第3页）"如果说有什么物品也能具有**它们本身所固有的内在价值**，那么这样的物品就是牲畜和谷物"，（同上）也就是，"满足身体需要并维持生命的物品"。（同上）"**稀有和缺乏**是装饰用的那些物品价值的主要基础，而不是它们某种美好的质本身。"（第5页）[价值] 只取决于**看法**。（第4页）（**施托尔希**。）

马克思：《经济学手稿》（1861—1863年），摘自《马克思恩格斯全集》第48卷，人民出版社1985年2月第1版，第525—526页。

2. 商品或服务的使用价值所满足的需要既可以是"现实的"也可以是"想象的"

商品首先是一个外界的对象，一个靠自己的属性来满足人的某种需要的物。这种需要的性质如何，例如是由胃产生还是由幻想产生，是与问题无关的。① 这里的问题也不在于物怎样来满足人的需要，是作为生活资料即消费品来直接满足，还是作为生产资料来间接满足。

马克思：《资本论》第1卷，摘自《马克思恩格斯文集》第5卷，人民出版社2009年12月第1版，第47—48页。

商品必须对社会即对买者具有使用价值，就是说，它必须满足一定的现实的或想象的需要。这是单个商品生产者的基础，但是，他是满足现有的需要，或者用他生产的使用价值引起新的需要，或者还是由于失策而生产出某种无用的东西，这是他自己的事情。他的事情就是要找到一个买者，他的商品对这个买者来说具有使用价值。

马克思：《经济学手稿》（1861—1863年），摘自《马克思恩格斯全集》第47卷，人民出版社1979年10月第1版，第355页。

---

① "欲望包含着需要；这是精神的食欲，就像肉体的饥饿那样自然……大部分〈物〉具有价值，是因为它们满足精神的需要。"（尼古拉·巴尔本：《新币轻铸论。答洛克先生关于提高货币价值的意见》1969年伦敦版，第2、3页）

服务有一定的使用价值（想象的或现实的）和一定的交换价值。但是对买者来说，这些服务只是使用价值，只是他借以消费自己收入的对象。（第149页）

生产劳动者的劳动能力，对他本人来说是商品。非生产劳动者的劳动能力也是这样。但是，生产劳动者为他的劳动能力的买者生产商品。而非生产劳动者为买者生产的只是使用价值，想象的或现实的使用价值，而决不是商品。（第151页）

如果把这一点撇开不谈，那末［按照斯密的第二个定义］，生产劳动就是生产**商品**的劳动，**非生产劳动**就是生产个人服务的劳动。前一种劳动表现为某种可以出卖的物品；后一种劳动在它进行的时候就要被消费掉。前一种劳动（创造劳动能力本身的劳动除外）包括一切以物的形式存在的物质财富和精神财富，既包括肉，也包括书籍；后一种劳动包括一切满足个人某种想象的或实际的需要的劳动，甚至违背个人意志而强加给个人的劳动。（第165页）

在加尼耳先生看来，"交换"是一个神秘人物。如果"最无用的**产品**"没有一点用处，如果它们没有任何使用价值，谁还会购买它们呢？可见，对于买者来说，它们无论如何必须有某种"有用性"，哪怕只是想象的"有用性"。如果买者不是傻子，他又何必要为它们支付较高的价钱呢？可见，造成它们昂贵的原因，无论如何不会是它们的"无用性"。也许是它们的"稀有性"吧？可是加尼耳把它们叫做"最无用的产品"。既然它们是产品，那末，为什么它们有大的"交换价值"，人们却不以更大的规模生产它们呢？如果说前面那个用许多货币去购买对他本人既没有实际的使用价值，又没有想象的使用价值的东西的买者，是傻子；那末这里，生产交换价值小的有用品，而不生产交换价值大的无用品的卖者，也是傻子。由此看来，如果它们的使用价值很小（假定使用价值由人们的自然需要决定），但交换价值很大，那末，这必定不是由交换先生的情况造成的，而是由产品本身的情况造成的。**可见，产品的高的交换价值并不是交换的产物，它不过是在交换中表现出来而已。**（第204页）

施托尔希认为，医生生产健康（但他也生产疾病），教授和作家生产文化（但他们也生产蒙昧），诗人、画家等等生产趣味（但他们也生产乏味），道德家等等生产道德，传教士生产宗教，君主的劳动生产安全，等等

(第347—350页)。但是同样完全可以说，疾病生产医生，愚昧生产教授和作家，乏味生产诗人和画家，不道德生产道德家，迷信生产传教士，普遍的不安全生产君主。这种说法事实上是说，所有这些活动，这些"服务"，都生产现实的或想象的使用价值……（第298页）

> 马克思：《剩余价值理论》，摘自《马克思恩格斯全集》第26卷第1册，人民出版社1972年6月第1版。

3. 奢侈消费与"满足最令人厌恶的、最可鄙的欲望与幻想等的产品（使用价值）"

我们在货币上已经看到，作为价值而独立化的价值——或者说财富的一般形式——除了量上的变动，除了自身的增殖外，不可能有其他的运动。这种价值按其概念来说，是全部使用价值的总汇；但由于它始终只是一定量的货币（在这里是资本），所以它在量上的界限是与它的质相矛盾的。因此，它的本性是要经常地越出自己的界限。（因此，这种价值作为享乐用的财富，例如在罗马帝国时代，就表现为无限的奢侈，这种奢侈甚至要使享乐达到想象中的无限的程度，竟要吞噬凉拌珍珠等等。）

> 马克思：《经济学手稿》（1857—1858年），摘自《马克思恩格斯全集》第46卷上册，人民出版社1979年7月第1版，第226页。

作为收入被消费的和不再作为生产资料重新进入生产中去的很大一部分年产品，是由满足最令人厌恶的、最可鄙的欲望与幻想等的产品（使用价值）所组成。这个内容与生产劳动的规定完全无关（当然，如果这一部分大得不成比例地再生产出来，不再转化为重新进入商品再生产或劳动能力本身再生产的生产资料和生活资料，——简单地说，不再转化为供生产消费用的生产资料和生活资料，——那么财富的发展自然会受到阻碍）。这种生产劳动生产出物化在这样一些产品中的使用价值，这些产品预定只能用于非生产消费，这些产品作为物品在其现实性上对再生产过程没有**使用价值**（它们只有通过**物质变换**，通过跟用于再生产中的使用价值相交换，才能取得这种使用价值；但这仅仅是变换位置而已。它们一定要在某个地方作为非再生产性的东西被消费。其他属于非生产消费过程的这类物品，在必要情况下也会再作为资本执行职能。关于这一点的详细考察，属于论述再生产过程的第II册第III章。这里只预先提出一个论点：庸俗经济学从资本主义生产的观点本身出发不可能对奢侈品生产的界限说出什么合理的话来。但是，假如能充分地分析再生产过程的各种要素，事情就很简单了。如果再生产过程受到阻碍，换句话说，如果由人口的自然增长所决定的再生产过程的增长，因下述情况而受到阻碍，即因不按比例地使用那些表现为非再生产性物品的**生产劳动**而受到阻碍，那么必要生活资料就会再生产得太少，或者生产资料等就会再生产得太少，在这种情况下，从资本主义生产的观点出发，奢侈品是应当受到谴责的。在其余情况下，奢侈品对这样一种生产方式来说是绝对必要的，这种生产方式为非生产者生产财富，因而一定会使奢侈品具有必要的形式，以便使它只能为享受财富的人所占有）。对工人本人来说，这种生产劳动象任何其他生产劳动一样，不过是再生产工人所必需的生活资料的手段；对于资本家来说，这种生产劳动则仅仅是赚钱的手段，生产剩余价值的手段，资本家对使用价值的性质和所使用的具体劳动的性质本身是完全无所谓的。

马克思：《〈资本论〉第一册〈第六章。直接生产过程的结果〉（手稿）》（1863年7月—1864年6月），摘自《马克思恩格斯全集》第49卷，人民出版社1982年12月第1版，第106—108页。

年轻的侯爵夫人应该不是在慈善事业**本身**中去寻求自己人类本质的满足，她应该不是在慈善事业本身中获得活动的人性内容和目的，从而也得到消遣。不，相反地，慈善事业只是一种外在的理由，只是一种**借口**，只是一种供消遣用的**材料**，这种消遣能够同样得心应手地把其他任何一种材料变成自己的内容。贫穷被有意识地用来使慈善家享受"风流韵事的乐趣，让他满足猎奇、冒险和乔装的欲望，使他陶醉于自己的超群出众，使他感到神经的激动，等等"。

这样一来，鲁道夫无意中说出了早已公开的秘密：人的贫穷、使人不得不接受施舍的那种极度窘迫的境遇，都应供金钱贵族和知识贵族**娱乐**，应当作为满足他们的自私欲、供他们摆架子和消遣的对象。

马克思、恩格斯：《神圣家族》（1844年9—11月），摘自《马克思恩格斯全集》第2卷，人民出版社1957年12月第1版，第247页。

在合理地组织起来的社会里，每个人都能够生活，他们不再成为老爷们的癖好的奴隶，而且也想不到这些癖好。在这样的社会里，目前浪费在服侍人们过奢侈生活的劳动力自然就转而为大家造福，为劳动者自己造福。

恩格斯：《在爱北斐特的演说》（1845年2月8日），摘自《马克思恩格斯全集》第 2 卷，人民出版社 1957 年 12 月第 1 版，第 610—611 页。

4. 决定资本主义消费品生产的不是"物品的社会效用"，而是"经济取得了胜利"

工业要求大批生产，即大规模生产，是为了商业而不是为了个人消费而生产，所以实质上原料和半成品是工业所要征服的**第一个**部门，而用于直接消费的成品则是**最后的**部门。

马克思：《面包的制作》（1862 年 10 月底），摘自《马克思恩格斯全集》
第 15 卷，人民出版社 1963 年 12 月第 1 版，第 589 页。

产品的使用取决于消费者所处的社会条件，而这种社会条件本身又建立在阶级对抗上。

棉花、马铃薯和烧酒是最普遍的消费品。马铃薯引起了瘰症；棉花大规模地排挤亚麻和羊毛，虽然羊毛和亚麻在大多数情况下，即使从卫生观点来说，也比棉花更有用。最后，烧酒占啤酒和葡萄酒的上风，虽然大家都承认把烧酒当作食品是有害的。整整一个世纪，各国政府竭力抵制欧洲的鸦片，然而毫无效果；经济取得了胜利，消费得听它的命令。

为什么棉花、马铃薯和烧酒是资产阶级社会的基石呢？因为生产这些东西需要的劳动最少，因此它们的价格也就最低。为什么价格的最低额决定消费的最高额呢？是不是由于这些物品本身有绝对的效用，由于它们的效用最能满足作为人的工人，而不是作为工人的人的种种需要呢？不，这是因为在建立在**贫困**上的社会中，**最粗劣的**产品就必然具有供给最广大群众使用的特权。

如果说因为最便宜的物品使用最广，因而这些物品就应当有最大的效用，这就是说，烧酒由于生产费用低廉而到处风行，这件事就是烧酒的效用最确凿的证明；这就是向无产者说，马铃薯比肉对他们更有益；这就是和现状妥协；结果，这就是和蒲鲁东先生一起为自己并不理解的社会进行辩护。

在没有阶级对抗和没有阶级的未来社会中，用途大小就不会再由生产所必要的时间的**最低额**来确定，相反地，花费在某种物品生产上的时间将由这种物品的社会效用大小来确定。

马克思：《哲学的贫困》（1847 年上半年），摘自《马克思恩格斯全集》
第 4 卷，人民出版社 1958 年 8 月第 1 版，第 104—105 页。

但是互相可以交换的物品的这个统一体是什么呢？这种交换不是物品

作为自然物互相保持的关系。它也不是物品作为自然物同人的需要的关系，因为不是物品的效用程度决定物品互相交换的量。

> 马克思：《剩余价值理论》，摘自《马克思恩格斯全集》第 26 卷第 3 册，人民出版社 1974 年 12 月第 1 版，第 115 页。

5. 人的需要、享受的社会性

正像社会本身生产作为人的人一样，社会也是由**人**生产的。活动和享受，无论就其内容或就其**存在方式**来说，都是**社会的**活动和**社会的**享受。……社会的活动和社会的享受决不**仅仅**存在于**直接**共同的活动和直接共同的享受这种形式中，虽然共同的活动和共同的享受，即直接通过同别人的**实际交往**表现出来和得到确证的那种活动和享受，在社会性的上述**直接**表现以这种活动的内容的本质为根据并且符合这种享受的本性的地方都会出现。

……

人是一个**特殊的**个体，并且正是他的特殊性使人成为个体，成为一个现实的、**单个的**社会存在物，同样，他也是**总体**，是观念的总体，是被思考和被感知的社会的自为的主体存在，正如人在现实中既作为社会存在的直观和现实享受而存在，又作为人的生命表现的总体而存在一样。

> 马克思：《1844 年经济学哲学手稿》（1844 年 4—8 月），摘自《马克思恩格斯文集》第 1 卷，人民出版社 2009 年 12 月第 1 版，第 187—188 页。

不论是生产本身中人的活动的**交换**，还是**人的产品**的**交换**，其意义都相当于**类活动**和类精神——它们的真实的、有意识的、真正的存在是**社会的**活动和**社会的**享受。

> 马克思：《詹姆斯·穆勒〈政治经济学原理〉一书摘要·媒介》（1844 年上半年），摘自《马克思恩格斯全集》第 42 卷，人民出版社 1979 年 9 月第 1 版，第 24 页。

6. 人的需要的文化性

这种力每天必须有一部分时间休息、睡觉，人还必须有一部分时间满足身体的其他需要，如吃饭、盥洗、穿衣等等。除了这种纯粹身体的界限之外，工作日的延长还碰到道德界限。工人必须有时间满足精神的和社会需要，这种需要的范围和数量由一般的文化状况决定。因此，工作日是在身体界限和社会界限之内变动的。但是这两个界限都有极大的伸缩性，有极大的变动余地。

> 马克思：《资本论》第1卷，摘自《马克思恩格斯文集》第5卷，人民出版社2009年12月第1版，第269页。

人在任何状态下都要吃、喝等等｜不能再往下说了，什么要穿衣服或要有刀叉，要有床和住房，因为这并不是**在任何状态下都需要的**｜；一句说，他在任何状态下都应该为了满足自己的需要到自然界去寻找现成的外界物，并占有它们，或者用在自然界发现的东西进行制造；因而，人在自己的实际活动中，事实上总是把一定的外界物当做"使用价值"，也就是说把它们当做自己使用的对象。

> 马克思：《评阿·瓦格纳的"政治经济学教科书"》（1879年下半年—1880年11月），摘自《马克思恩格斯全集》第19卷，人民出版社1963年12月第1版，第420页。

（第一，与个人相对立的不是"使用价值"这个词，而是**具体的使用价值**，至于其中**哪些**使用价值与他"相对立"（在这些人看来，一切都"立着"；一切都有"等级"①），那完全取决于社会生产过程的阶段，因而也和"某一个社会组织"相适应。如果洛贝尔图斯要说的只是这样一种陈词滥调，即实际作为使用对象与某个个人相对立的使用价值，是作为他的个人的使用价值同他相对立，那末，这或者是陈腐的同义反复，或者是错误的论断，因为即使不谈稻子、玉蜀黍、小麦或者肉｜肉就不是作为食物与印度教徒相对立｜这类物，——个人对教授称号或枢密顾问称号或某个勋章的需要，也只有在完全一定的"社会组织"内才是可能的）。

> 马克思：《评阿·瓦格纳的"政治经济学教科书"》（1879年下半年—1880年11月），摘自《马克思恩格斯全集》第19卷，人民出版社1963年12月第1版，第418页。

7. 人的需要、享受的相对性："因为我们的需要和享受具有社会性质，所以它们具有相对的性质"

生产力提高的后果一般是：

（a）工人的状况与资本家的状况相比，相对恶化，享受的价值也是相对的。要知道享受本身不是别的，而是社会的享受、关系、对比……

> 马克思：《工资》（1847年12月底），摘自《马克思恩格斯全集》第6卷，

---

① 俏皮话：《steht》——"立着"《standisch》——"等级的"。——编者注

人民出版社1961年8月第1版,第642页。

一座小房子不管怎样小,在周围的房屋都是这样小的时候,它是能满足社会对住房的一切要求的。但是,一旦在这座小房子近旁耸立起一座宫殿,这座小房子就缩成茅舍模样了。这时,狭小的房子证明它的居住者毫不讲究或者只能有很低的要求;并且,不管小房子的规模怎样随着文明的进步而扩大起来,只要近旁的宫殿以同样的或更大的程度扩大起来,那座较小房子的居住者就会在那四壁之内越发觉得不舒适,越发不满意,越发感到受压抑。

工资的显著增加是以生产资本的迅速增长为前提的。生产资本的迅速增长,会引起财富、奢侈、社会需要和社会享受同样迅速的增长。所以,即使工人可以得到的享受增加了,但是,与资本家的那些为工人所得不到的大为增加的享受相比,与一般社会发展水平来相比,工人所得到的社会满足的程度反而降低了。我们的需要和享受是由社会产生的;因此,我们在衡量需要和享受时是以社会为尺度,而不是以满足它们的物品为尺度的。因为我们的需要和享受具有社会性质,所以它们具有相对的性质。

马克思:《雇佣劳动与资本》(1847年12月下半月),摘自《马克思恩格斯文集》第1卷,人民出版社2009年12月第1版,第729页。

埃·博·孔狄亚克《商业和政府》(1776),载于《政治经济学文选》第1卷,附欧·德尔和古·莫利纳里的注释,1847年巴黎版。

价值建立在"物品"的"效用"上,即建立在我们对物品的"需要"上,即我们关于它们的效用的"看法"等等上,即我们关于它们的效用性质的"判断"上。(上述著作,第251、252页)这种"看法"也包括我们关于物品的稀少和充裕程度的"看法",也就是说,关于它们的价值水平的"看法"。(第253页及以下各页)

"它们的价值主要在于……我们对它们的效用等等所作的判断。"(第255页)

(施托尔希先生在"这种哲学"中汲取他关于价值本质的知识。)
价值不是某种绝对的,内在的东西。
"人们认为价值是物品内在固有的绝对的质,而不以我们对它们的判断为转移，这种不明确的概念是幼稚论断的来源……物品所以具有或大或小的价值，只是因为我们认为它们有或大或小的效用，或者——如果它们具有**同样效用**的话——是因为我们认为它们较为稀少或较为充裕。"（同上）

马克思：《经济学手稿》（1861—1863年），摘自《马克思恩格斯全集》第48卷，人民出版社1985年2月第1版，第545—546页。

历史地自行产生的需要即由生产本身产生的需要，社会需要即从社会生产和交换中产生的需要越是成为**必要的**，现实财富的发展程度便越高。**财富从物质**上来看只是需要的多样性。手工业本身并不表现为必然要和自给自足的农业**相并存**，这种农业是把纺、织等等作为家庭副业来经营的。然而，举例来说，如果农业本身［Ⅴ—22］是建立在科学经营基础上的，如果它需要机器，需要通过贸易得到化肥，需要来自远方国家的种子等等，而且，如果农村的家长制手工业消失了（这一点已经包含在前提中），那么，机器制造厂、对外贸易、手工业等等就成了农业的**需要**。农业或许只有靠输出丝织品才能得到鸟粪。这样，丝织厂就不再是奢侈品的生产部门，而是农业所必要的生产部门了。在这种情况下，由于农业不能再在自己内部自然而然地找到它自己的生产条件，这些条件已作为独立的生产部门存在于农业之外（而且，这种存在于农业之外的部门，连同这个外在的部门具有的那全部错综复杂的联系，都成了农业的生产条件），主要地和基本地是由于这一原因，便发生了下述现象：以前表现为奢侈的东西，现在成为必要的了，而所谓奢侈的需要，例如对于那个自然产生的并完全从自然必要性中成长起来的部门来说，也成为必要性了。

这样把每一生产部门脚下的自然形成的基础抽掉，并把这种生产部门的生产条件转移到它外部的普遍联系中去，——于是，过去多余的东西便转化为必要的东西，转化为历史地产生的必要性，——这就是资本的趋势。一切生产部门的共同基础是普遍交换本身，是世界市场，因而也是普遍交换所包含的全部活动、交易、需要等等。**奢侈**是自然**必要性**的对立面。必要的需要就是本身归结为自然主体的那种个人的需要。生产的发展既扬弃这种自然必要性，也扬弃那种奢侈——当然，在资产阶级社会里，这只是以对立的形式实现的，因为这种发展本身又只是规定一定的社会标准来作为必要的标准，而同奢侈相对立。（第19—20页）

当社会生产过程的一般条件不是借助于**社会收入的扣除**，不是借助于国家赋税创造出来（那时，表现为劳动基金的是收入，而不是资本，工人虽然同任何别的工人一样是自由的雇佣工人，但他在经济上毕竟处于另一种关系中），而是借助于**作为资本的资本**创造出来的时候，资本就达到了最高发展。这一方面表明，资本在多大程度上使一切社会生产条件从属于自己，因此另一方面也表明，社会再生产的财富在多大程度上**资本化**了，并且一切需要，其中也包括**表现**为社会需要的个人需要，即个人不是作为社会中的单个人，而是同其他的人共同消费和共同要求的需要（这些需要的消费方式，按事物的本性来说，是一种社会的方式），在多大程度上通过交换的形式得到了满足，——还有，这些需要通过交换，通过个人交换，在多大程度上不仅被消费，而且还被生产出来。（第25页）

马克思：《经济学手稿》（1857—1858年），摘自《马克思恩格斯全集》第46卷下册，人民出版社1980年8月第1版。

8. 消费音乐就比消费香槟酒高尚

喝香槟酒虽然生产"头昏"，但不是生产的消费，同样，听音乐虽然留下"回忆"，但也不是生产的消费。如果音乐很好，听者也懂音乐，那末消费音乐就比消费香槟酒高尚，虽然香槟酒的生产是"生产劳动"，而音乐的生产是非生产劳动。

马克思：《剩余价值理论》，摘自《马克思恩格斯全集》第26卷第1册，人民出版社1972年6月第1版，第312页。

9. 只拥有"生活资料"的工人的"享受资料"被剥夺

因此，资本家及其思想家即政治经济学家认为，只有使工人阶级永久化所必需的，也就是为了使资本能消费劳动力而实际必需消费的那部分工人个人消费，才是生产消费。除此以外，工人为了自己享受而消费的一切都是非生产消费。[1] 如果资本积累引起工资的提高，从而引起工人消费资料的增加，但资本并没有消费更多的劳动力，那么追加资本就会非生产地消费掉。[2] 实际上，工人的个人消费对他自己来说是非生产的，因为这种消费仅仅是再生产贫困的个人；而对资本家和国家来说是生产的，因为它

---

[1] 詹姆斯·穆勒：《政治经济学原理》第238及以下各页。
[2] "如果劳动价格大大提高，以致增加资本也无法使用更多的劳动，那我就要说，这样增加的资本就会非生产地消费掉。"（李嘉图：《政治经济学和赋税原理》1821年伦敦第3版，第163页。）

生产了创造别人财富的力量。①

因此，从社会角度来看，工人阶级，即使在直接劳动过程以外，也同死的劳动工具一样是资本的附属物。甚至工人阶级的个人消费，在一定限度内，也不过是资本再生产过程的一个要素。不过，这个过程关心的是，它不让这些有自我意识的生产工具在它不断使他们的劳动产品从他们这一极移到资本那一极时跑掉。个人消费一方面保证他们维持自己和再生产自己，另一方面通过生活资料的耗费来保证他们不断重新出现在劳动市场上。（第661—662页）

在以上所假定的对工人最有利的积累条件下，工人对资本的从属关系是采取可以忍受的，或者如伊登所说的"安适和宽松的"形式。随着资本的增长，这种关系不是更为加强，而只是更为扩大，也就是说，资本的剥削和统治的范围只是随着它本身的规模和它的臣民人数的增大而扩大。在工人自己所生产的日益增加的并且越来越多地转化为追加资本的剩余产品中，会有较大的部分以支付手段的形式流回到工人手中，使他们能够扩大自己的享受范围，有较多的衣服、家具等消费基金，并且积蓄一小笔货币准备金。但是，吃穿好一些，待遇高一些，特有财产②多一些，不会消除奴隶的从属关系和对他们的剥削，同样，也不会消除雇佣工人的从属关系和对他们的剥削。由于资本积累而提高的劳动价格，实际上不过表明，雇佣工人为自己铸造的金锁链已经够长够重，容许把它略微放松一点。在关于这一问题的争论中，大都把主要的东西，即资本主义生产的具有代表性的特征忽略了。在这里，购买劳动力，不是为了用它的服务或它的产品来满足买者的个人需要。买者的目的是增殖他的资本，是生产商品，使其中包含的劳动比他支付了报酬的劳动多，也就是包含一个不花费他什么、但会通过商品的出售得到实现的价值部分。生产剩余价值或赚钱，是这个生

---

① "唯一真正的生产消费，就是资本家为了再生产而对财富的消费或破坏〈他指的是生产资料的消耗〉——工人……对于雇用他的人、对于国家是生产的消费者，但严格说来，对自己本身就不是生产的消费者。"（马尔萨斯《政治经济学定义》1853年伦敦版第30页。）

② 特有财产（Peculium）是古罗马法中家长能够分给一个自由民或分给一个奴隶经营或管理的一部分财产。实际上，拥有特有财产并没有使奴隶摆脱对主人的从属关系，特有财产在法律上仍然归主人所有。例如，拥有特有财产的奴隶可以同第三者交易，但只能在赢利总额不足以完全赎身的限度内进行。特别有利的交易和其他能大大增加特有财产的办法，通常都由家长一手包办。——编者注

产方式的绝对规律。(第712—713页)

> 马克思:《资本论》第1卷,摘自《马克思恩格斯文集》第5卷,人民出版社2009年12月第1版。

李嘉图从他引用、赞同并因而复述的斯密论点中看到,追求各种各样使用价值的无限"欲望",总是在这样一种社会状态的基础上得到满足,在这种社会状态中,广大的生产者仍然或多或少只限于获得"食品"和"必需品",因此,只要财富超出必需品的范围,绝大多数生产者就或多或少被排斥于财富的消费之外。

当然,后一种情况在古代以奴隶制为基础的生产中也是存在的,并且更加如此。但是古代人连想也没有想到把剩余产品变为资本。即使这样做过,至少规模也极有限。(古代人盛行本来意义上的财宝贮藏,这说明他们有许多剩余产品闲置不用。)他们把很大一部分剩余产品用于非生产性支出——用于艺术品,用于宗教的和公共的建筑。他们的生产更难说是建立在解放和发展物质生产力(即分工、机器、将自然力和科学应用于私人生产)的基础上。总的说来,他们实际上没有超出手工业劳动。因此,他们为私人消费而创造的财富相对来说是少的,只是因为集中在少数人手中,而且这少数人不知道拿它做什么用,才显得多了。如果说因此在古代人那里没有发生**生产过剩**,那末,那时有富人的**消费过度**,这种消费过度,到罗马和希腊的末期就成为疯狂的浪费。古代人中间的少数商业民族,部分地就是靠所有这些实质上贫穷的民族养活的。而构成现代生产过剩的基础的,正是生产力的不可遏止的发展和由此产生的大规模的生产,这种大规模的生产是在这样的条件下进行的:一方面,广大的生产者的消费只限于必需品的范围,另一方面,资本家的利润成为生产的界限。

> 马克思:《剩余价值理论》,摘自《马克思恩格斯全集》第26卷第2册,人民出版社1973年7月第1版,第603—604页。

雇佣劳动的平均价格是最低限度的工资,即工人为维持其工人的生活所必需的生活资料的数额。因此,雇佣工人靠自己劳动结果所占有的东西,只能勉强维持他的生命的再生产。我们决不打算消灭这种直接供生命再生产用的劳动产品的个人占有,这种占有并不会留下任何剩余东西使人们有可能支配别人劳动的权力。我们要消灭的只是这种占有的可怜的性质,在这种占用下,工人仅仅为增殖资本而活着,只有在统治阶级的利益需要他活着的时候才能活着。

> 马克思、恩格斯：《共产党宣言》（1847年12月—1848年1月底），摘自《马克思恩格斯文集》第2卷，人民出版社2009年12月第1版，第46页。

10. 在资本主义市场交换中，工人是无法靠"勤劳"来"致富"的

同样，由于工人以货币形式，以一般财富形式得到了等价物，他在这个交换中就是作为平等者与资本家相对立，象任何其他交换者一样；至少从外表上看是如此。事实上这种平等已经被破坏了，因为这种表面上的简单交换是以如下事实为前提的：工人与资本家发生关系时是工人，是处在与交换价值不同的独特形式中的使用价值，是同作为价值的价值相对立的使用价值；也就是说，除了交换关系——在这种交换关系中，使用价值的性质，商品的特殊使用价值本身，是无关紧要的——之外，工人已经处在某种另外的在经济上具有不同规定的关系中了。

但是，这种平等的外表却作为工人的幻想存在着，而且在对方也一定程度上存在着。从而根本改变了工人的关系，使之不同于其他社会生产方式中的劳动者。但是根本的东西，就是交换的目的对于工人来说是满足自己的需要。他交换来的东西是直接的必需品，而不是交换价值本身。他得到的虽然是货币，但只是作为铸币来用，即只是自行扬弃的、转瞬即逝的媒介。因而，他交换来的不是交换价值，不是财富，而是生活资料，是维持他的生命力的物品，是满足他的身体的、社会的等等需要的物品。这是以生活资料形式出现的，以物化劳动形式出现的，用工人的劳动的生产费用来计量的一定的等价物。

……

此外，禁欲还会在更积极的、不是简单流通所产生的形式上表现出来：工人可以更多地放弃休息，放弃他作为工人的生活之外的一切生活，并且尽可能只是作为工人出现；这样就可以更经常地更新交换行为，或在数量上扩大这种行为，也就是说，靠**勤劳**。由此可见，在今天的社会里，勤劳、特别是**节约**、**禁欲**的要求，不是向资本家提出的，而是向工人提出的，而且恰恰是由［II—27］资本家提出的。现代社会恰好提出了极其离奇的要求：应该实行禁欲的，不是以致富为交换目的的人，倒是以生活资料为交换目的的人。有一种幻想，以为资本家实际上是"节欲"的，似乎正因为这样他们才成为资本家,——这是一种在资本主义以前的时期才有意义的要求和想法,那时资本正从封建等等的关系中发展起来,——这种幻想已被一切有健全判断能力的现代经济学家所抛弃。他们认为,工人应当节约,并且围绕储蓄银行等等吵吵嚷嚷。

{不过,关于储蓄银行,连经济学家们也承认,它们的真正目的并不是财富,而只是更有目的的分配开支,使工人在年老或生病、发生危机等情况下,不会成为贫民院、国家的负担,或者行乞(一句话,负担要落在工人阶级自己身上,而决不要落在资本家身上,不要依赖资本家的钱袋度日),也就是为资本家而节约,减少他们为此支出的生产费用。}

但是,经济学家都不否认,假如工人**一般说来**,也就是作为工人(个别出类拔萃的工人所做或所能做的事情,只能作为**例外**,而不能作为**通例**,因为这不属于关系本身的规定之内),**作为通例**,达到了这种节约的要求,那么(撇开这对一般消费所带来的损害不说,——消费的缩减会是巨大的,——因而也撇开对生产,对工人和资本所能进行的交换的次数和数量,以及对他们作为工人本身的损害不说),毫无疑问,工人所采用的手段就会毁灭他自己的目的,而且必然会使工人降低到爱尔兰人的水平,降低到这样一种短工的水平,这种短工同资本交换的唯一对象和目的,就是维持动物般的最低限度的需要和生活资料。

因此,如果工人不把使用价值当作自己的目的,而把财富当作自己的目的,他就不仅得不到任何财富,而且除此之外还会失去使用价值。因为作为通例,最高限度的勤劳即劳动和最低限度的消费——而后者就是工人最高限度的禁欲和货币积累——所能产生的结果,只会是工人付出最高限度的劳动而得到最低限度的工资。工人经过努力只会降低他自己劳动的生产费用的**一般水平**,从而降低劳动的一般价格。工人由于毅力、体力、耐性、吝啬等等,能够把他的铸币转化为货币,这只是一种例外,是他的阶级和他存在的一般条件的例外。

如果全体或多数工人过度勤劳(指的是现代工业中总的说来还容许自由发挥的勤劳,不过在最重要和最发达的生产部门却不存在这种情况),那么他们所增加的就不是他们的商品的价值,而只是商品的数量;也就是对他们自己作为使用价值所提出的要求。

如果所有工人都积蓄,那么工资的普遍降低就会很快使他们退回到应有的水平，因为工人普遍积蓄就会向资本家表明：工人的工资普遍过高了，他们得到的工资超过了他们的商品——即对他们劳动的支配权——的等价物。简单交换——工人和资本家就是处于这种关系中——的实质恰恰在于，任何人投入流通的并不比他取出的多，而他从流通中取出的也只能和他投入的一样多。

个别工人的**勤劳**所以能够超过一般水平，超过维持工人生活所必需的程度，只是因为另一个人在这个水平之下，比较懒惰一些；他所以能够积蓄，只是因为另一个人浪费，而且只有当另一个人浪费时，他才能够积蓄。平均起来说，工人通过节约所能做到的，顶多是能够较好地承受价格的调整——价格的涨落，价格的循环变动；也就是说，只是更合乎目的地分配自己的享受，而不是赚取财富。这也正是资本家本来的要求。工人在营业兴旺时应该节约，以便在营业不振时能够勉强维持生活，忍受开工不足或工资降低等情况。（在这种情况下，工资会降得更低。）可见，这就是要求工人始终保持最低限度的生活享受，减轻资本家在危机时的负担等等。

工人应该作为纯粹的工作机被支付报酬，而且应该尽可能自己支付自己的磨损。至于这种情况造成了工人纯粹牲畜般的处境，这里就不用谈了——这种处境使工人根本没有可能去谋求一般形式的财富，即作为货币，作为积累货币的财富。

……

不过，所有这一切外在的表面见解在这里所以合适，只是因为它们证明了：伪善的资产阶级博爱要求是自相矛盾的，因而，这些伪善的要求恰好证明了它们应该去反驳的观点，即工人在同资本的交换中处于简单流通的关系之中，因而他得到的不是财富，而是生活资料，是用于直接消费的使用价值。关于积蓄的要求同资本和劳动的关系本身相矛盾这一点，可以从下面的简单反思中看出来①：如果工人的积蓄不再是流通的单纯产物，

---

① 最近常常有人自鸣得意地提出要求，要让工人分享一定份额的利润，关于这一点放在工资那一篇里谈。至于**特殊津贴**，它只能作为常规的例外来达到自己的目的，而且在事实上，可以提到的也只限于，为维护雇主的利益反对工人阶级的利益，而收买个别监工等等，只限于收买职员等等，一句话，这种津贴已经不再发给普通工人，因而也不再适用于一般关系了。或者，这是一种特殊的手法，用来欺骗工人，在以营业状况为转移的更不可靠的利润形式下**非法扣除工人的一部分工资**。

不再是只有迟早变为财富的实体内容、变为享受品时才能实现的积蓄的货币，那么，积累的货币本身就必然会变为资本，也就是说，必然会购买劳动，把劳动当作使用价值来对待。这样一来，这些积蓄又要求本身不是资本的那种劳动，要求劳动变成自己的对立物——非劳动。工人的积蓄要变成资本，本身就要求劳动作为非资本来同资本相对立；于是，在一个环节上被扬弃的对立又在另一个环节上重新建立起来。

因此，如果在最初的关系本身中，工人交换的对象和**产物**——作为单纯交换的产物，它不可能是别的产物——不是使用价值，不是生活资料，不是满足直接需要，不是从流通中抽出被投入流通的等价物以便通过消费来消灭它，那么劳动就不是作为劳动，不是作为非资本，而是作为资本来同资本相对立了。但是，如果劳动不同资本相对立，那么资本也不能同资本相对立，因为资本只有作为非劳动，只有在这种对立的关系中，才成为资本。可见，在这种情况下，资本的概念和关系本身也就被消灭了。

当然谁也不否认，独立劳动的所有者彼此交换的状态是存在的。但这种状态不是资本本身已经得到发展的社会状态，因而这种社会状态到处都因资本的发展而被消灭。资本只有把劳动当作非资本，当作单纯的使用价值，才能使自己成为资本。

（作为奴隶，劳动者具有**交换价值**，具有**价值**；作为自由工人，他**没有价值**；只有通过同工人交换而得到的对工人劳动的支配权，才具有价值。不是工人作为交换价值同资本家相对立，而是资本家作为交换价值同工人相对立。工人**没有价值**和**丧失价值**，这是资本的前提和**自由**劳动的条件。兰盖认为这是一种退步；他忘记了，由此工人在形式上被看作人，他**除了自己**的劳动以外，本身还是某种东西，他只是把他的生命活动力当作他自己谋生的手段来让渡。

只要劳动者本身具有**交换价值**，**产业资本**本身就不可能存在，也就是说，根本不可能存在发达的资本。与资本相对立的，必须是作为**单纯使用价值**的劳动，这种使用价值被它的所有者本身当作商品提供出来与资本交换，与它的**交换价值**交换，与铸币交换，当然，铸币在工人手中只有作为一般交换手段来用才是现实的，否则它就消逝了。）好吧。

可见，工人只处于简单流通、简单交换的关系之中，他用他的使用价值得到的只是**铸币**；他得到的是生活资料，但这些生活资料是间接得到的。

我们已经看到，这种间接形式对这种关系具有本质的意义，并且是它的特征。工人可以进一步把铸币变为货币，进行积蓄，这种情况恰恰只是证明，工人的关系是简单流通关系；他可以或多或少进行积蓄，但是他超不出简单流通的范围，他只能通过暂时扩大自己的享受范围来实现所积蓄的款项。重要的是，——而且这一点会影响关系本身的规定，——由于货币是工人交换的产物，所以一般财富会作为幻想激励着工人，使工人有进取精神。……

只要工人能够劳动，劳动总是工人进行交换的新的源泉，——不是一般交换，而是同资本交换，——这是由概念规定本身得出来的，按照这种概念规定，工人出卖的只是对自己劳动能力的定时的支配权，因此，只要工人得到相当数量的物质，能够再生产他的生命活动力，他就可以不断重新开始交换。资产阶级经济学的巧于粉饰的献媚者们，对于工人只要睡足吃饱就会活下去，因而可以每天重复一定的生活过程这一点，无须表示惊讶，也无须把这些算作资本对工人的伟大功绩，相反，他们倒是应该看到：工人在不断重复劳动之后，仍然**只能拿自己的直接的活劳动本身去交换**。[过程的]重复本身实际上只是表面现象。**工人同资本进行交换的，是他例如在二十年内可以耗尽的全部劳动能力**。资本给工人的全部劳动能力的报酬不是一次付清，而是象工人把劳动能力分期提供给资本支配一样，分期支付，例如按周支付。可见，这丝毫也不会改变事情的本质，并且绝对没有理由得出结论说，因为工人必须休息10—12小时才能重复他的劳动和他同资本的交换，所以劳动就构成**工人的资本**。实际上在这里被理解为资本的东西，是工人劳动的界限，是工人劳动的中断，就是说，工人不是永动机。争取十小时工作日法案等等的斗争证明，资本家最大的愿望是让**工人尽可能不间断地挥霍他那份生命力**。

现在我们来研究第二个过程，即在这种交换**之后**劳动和资本之间形成的关系。在这里，我们只打算再补充一点，经济学家们自己是这样表达上述论点的：**工资是非生产的**。他们所说的生产，当然是指财富的生产。因为工资是工人和资本之间交换的产物，——而且是这个行为本身产生的唯一产物，——所以经济学家们认为，工人在这个交换中**没有**生产**财富**，既不为资本家生产财富，也不为工人生产财富：工人不为资本家生产财富，因为对资本家来说，为使用价值而支出货币——而且这种支出是资本在这种关系中的唯一职能——是放弃财富，不是创造财富，因而资本家力图尽可能少支出一些；工人也不为自己生产财富，因为工资给他创造的只是生活资料，只是他的个人消费的或多或少的满足，而决不是财富的一般形式，决不是财富。

工人在同资本的交换中不能生产财富，还因为工人出卖的商品的内容决不会使商品超出流通的一般规律：工人通过他投入流通的价值，只能以铸币为媒介取回一个等价物，这个等价物处在另一种为他所消费的使用价值的形式上。当然，这样的行动决不会使人致富，而必然会使行动的完成者在过程终了时恰好回到他最初的出发点。正如我们已经看到的，这种情况并不排除工人直接满足需要的范围可以有一定的伸缩，而是包含着这种伸缩。另一方面，如果资本家——他在这个交换中还完全不是作为资本家出现，而只是作为货币出现——不断地重复这种行为，他的货币似乎很快就会被工人吃光，而且他［Ⅲ—9］会把这些货币浪费在一系列的其他享受上，——修裤子、擦皮靴，——一句话，浪费在他所接受的服务上。无论如何，重复这种行动的可能性正是要由资本家钱袋的大小来计量。这种重复不会使资本家致富，就象为他的贵体而把货币花费在其他使用价值上不会使他致富一样，众所周知，这些使用价值给资本家带来的不是收入而是支出。

虽然在劳动和资本的关系中，在两者之间交换的这种最初关系中，工人购买交换价值，资本家购买使用价值，而且劳动不是作为**某一种**使用价值而是作为一般使用价值同资本相对立，但是资本家得到的却是财富，工人得到的却只是在消费中消失的使用价值，这种情况似乎很奇怪。｛凡是涉及资本家方面的问题，在分析第二个过程时再说明。｝这表现为辩证法，它恰好转变为人们所期待的东西的反面。但是更进一步的考察表明，用自己的商品进行交换的工人，在交换过程中完成的是 W—G—G—W 这种形式。如果我们在流通中从商品出发，从作为交换原则的使用价值出发，那么我们必然会再回到商品，因为货币只是表现为铸币，而且作为交换手段只是转瞬即逝的媒介；而商品本身在完成自己的循环之后，则作为需要的直接对象被消费。另一方面，资本代表相反的运动 G—W—W—G。

……

在同资本相对立的劳动方面，还应该注意的最后一点是：劳动作为同表现为资本的货币相对立的使用价值,不是这种或那种劳动,而是**劳动本身**,抽象劳动,同自己的特殊规定性绝不相干,但是可以有任何一种规定性。当然,对于构成一定同自己实体的任何一种特殊性都毫不相干,并且它既是所有这些特殊性的总体,又是所有这些特殊性的抽象,所以,同资本相对立的劳动在主体上也潜在地包含有同样的总体和抽象。例如,在行会的、手工业的劳动条件下,资本本身还具有有限的形式,还完全局限于一定的实体,因而还不是**作为资本的资本**,那时劳动还只是表现为局限于它的特殊规定性的东西,而不象**劳动**同资本对立时那样表现为总体和抽象。在后面这种情况下,劳动虽然在每一个别场合是一定的劳动,但是资本可以使自己同**每个一定的**劳动相对立;从可能性来说,同资本相对立的是所有劳动的**总体**,而究竟哪一种劳动同资本相对立则是偶然的事情。

另一方面,工人劳动的规定性对于工人本身是全无差别的;这种规定性本身是工人不感兴趣的,只要是**劳动**,并且作为劳动对资本来说是使用价值就行。[Ⅲ—10]充当这种劳动——即作为资本的使用价值的劳动——的承担者,这就是工人的经济性质;他是同资本家对立的**工人**。手工业者、行会会员等等的经济性质就不是这样,他们的经济性质恰恰在于他们的劳动所具有的**规定性**以及他们同**一定的师傅**所发生的关系等等。

因此,这种经济关系——资本家和工人作为一种生产关系的两极所具有的性质——随着劳动越来越丧失一切技艺的性质,也就发展得越来越纯粹,越来越符合概念。劳动的特殊技巧越来越成为某种抽象的、无关紧要的东西,而劳动越来越成为**纯粹抽象的活动**,纯粹机械的,因而是无关紧要的、同劳动的特殊形式漠不相干的活动;单纯**形式的**活动,或者同样可以说单纯**物质的**活动,同形式无关的一般意义的活动。这里再一次表明:生产关系的即范畴的(这里指资本和劳动的)特殊规定性,只有随着特殊的**物质生产方式**的发展和在工业**生产力**的特殊发展阶段上,才成为真实的。(总之,这一点在以后谈到劳动和资本的这种关系时应该特别加以阐述,因为这一点在这里已经**包括**在关系本身中了,而在考察交换价值、流通、货币这些抽象规定时,这一点还更多地属于我们的主观反思。)

马克思:《经济学手稿》(1857—1858年),摘自《马克思恩格斯全集》第46卷上册,人民出版社1979年7月第1版,第242—255页。

11. "按需分配"的真正含义与"按劳（能力）分配"的历史局限性、不平等性

但是，共产主义的最重要的不同于一切反动的社会主义的原则之一就是下面这个以研究人的本性为基础的实际信念，即人们的**头脑**和智力的差别，根本不应引起**胃**和肉体**需要**的差别；由此可见，"按能力计报酬"这个以我们目前的制度为基础的不正确的原理应用——因为这个原理是仅就狭义的消费而言——变为"**按需分配**"这样一个原理，换句话说：活动上，劳动上的差别不会引起在占有和消费方面的任何**不平等**，任何特权。

我们的先知不能同意这一点，因为先知的欲望是力图成为有特权的、出人头地的、特等的人。"但是，某种类似的东西必然要表现出来而且成为看得见的，否则它是不可能的。"如果没有实际的特权，没有**感觉得到的欲望**，先知就不成其为先知，他就不是**实际上的**而仅仅是**理论上的**神人，他就会是**哲学家**。所以先知应当使共产主义者懂得，**活动**上，**劳动**上的差别会引起**价值**和**幸福**（或者消费、工资、欢乐，这些都是一个东西）的差别，因为每个人自己决定自己的**幸福**和自己的**劳动**，所以由这里得出的结论是，**他**，即先知，理应比**普通的手工业者生活得好**①——启示的实际意义正在于此。

马克思、恩格斯：《德意志意识形态》（1845—1846 年），摘自《马克思恩格斯全集》第 3 卷，人民出版社 1960 年 12 月第 1 版，第 637—638 页。

但是，一个人在体力或智力上胜过另一个人，因此在同一时间内提供较多的劳动，或者能够劳动较长的时间；而劳动，为了当做尺度来用，就必须按照它的时间或强度来确定，不然它就不成其为尺度了。这种**平等**的权利，对不同等的劳动来说是不平等的权利。它不承认任何阶级差别，因为每个人都像其他人一样只是劳动者；但是它默认，劳动者的不同等的个人天赋，从而不同等的工作能力，是天然特权。**所以就它的内容来讲，它像一切权利一样是一种不平等的权利**。权利，就它的本性来讲，只在于使用同一的尺度；但是不同等的个人（而如果他们不是不同等的，他们就不成其为不同的个人）要用同一的尺度去计量，就只有从同一个角度去看待他们，从一个**特定的**方面去对待他们，例如在现在所讲的这个场合，把他

---

① 此外，在一本没有发表的讲义中我们这位先知把这一点说得非常露骨。

们**只当做劳动者**；再不把他们看做别的什么，把其他一切都撇开了。其次，一个劳动者已经结婚，另一个则没有；一个劳动者的子女较多，另一个的子女较少，如此等等。因此，在提供的劳动相同，从而由社会消费基金中分得的份额相同的条件下，某一个人事实上所得到的比另一个人多些，也就比另一个人富些，如此等等。要避免所有这些弊病，权利就不应当是平等的，而应当是不平等的。

但是这些弊病，在经过长久的阵痛刚刚从资本主义社会里产生出来的共产主义社会第一阶段，是不可避免的。权利决不能超出社会的经济结构以及由经济结构所制约的社会的文化发展。

马克思：《哥达纲领批判》（约 1875 年 4 月底—5 月 7 日），摘自《马克思恩格斯文集》第 3 卷，人民出版社 2009 年 12 月第 1 版，第 435 页。

12. 资本家作为人格化的资本所追求的首先也不是"享受资料"

要把金作为货币，从而作为贮藏货币的要素保存起来，就必须阻止它流通，不让它作为购买手段化为消费品。因此，货币贮藏者为了金偶像而牺牲自己的肉体享受。他虔诚地信奉禁欲的福音书。另一方面，他能够从流通中以货币形式取出的，只是他以商品形式投入流通的。他生产的越多，他能卖的也就越多。因此，勤劳、节俭、吝啬就成了他的主要美德。多卖少买就是他的全部政治经济学。[①]（第 157 页）

作为这一运动的有意识的承担者，货币占有者变成了资本家。他这个人，或不如说他的钱袋，是货币的出发点和复归点。这种流通的客观内容——价值增殖——是他的主观目的；只有在越来越多地占有抽象财富成为他的活动的唯一动机时，他才作为资本家或作为人格化的、有意志和意识的资本执行职能。因此，决不能把使用价值看作资本家的直接目的。[②]他的目的也不是取得一次利润，而只是谋取利润的无休止的运动。[③] 这种

[①] "尽量增加每一种商品的卖者的人数，尽量减少买者的人数，这是政治经济学的一切措施的枢纽。"（韦里《政治经济学研究》第 52、53 页）

[②] "商品〈这里是指使用价值〉不是产业资本家的最终目的……货币是他的最终目的。"（托·查默斯《论政治经济学和社会的道德状况、道德远景的关系》1832 年格拉斯哥第 2 版第 165、166 页）

[③] "虽然商人并不轻视已经获得的利润，但他的目光却总是盯着未来的利润。"（安·詹诺韦西《市民经济学讲义》（1765 年版），载于库斯托第编《意大利政治经济学名家文集·现代部分》，第 8 卷第 139 页）

绝对的致富欲，这种价值追逐狂，① 是资本家和理智的货币贮藏者所共有的，不过货币贮藏者是发狂的资本家，资本家是理智的货币贮藏者。（第178—179页）

    马克思：《资本论》第1卷，摘自《马克思恩格斯文集》第5卷，人民出版社2009年12月第1版。

  只要假定发挥作用的动机是享受，而不是发财致富本身，资本主义就从根本上被废除了。

    马克思、恩格斯：《资本论》第2卷，摘自《马克思恩格斯文集》第6卷，人民出版社2009年12月第1版，第137页。

  决不应当忘记，这种剩余价值的生产——剩余价值的一部分再转化为资本，或积累，也是这种剩余价值生产的不可缺少的部分——是资本主义生产的直接目的和决定性动机。因此，决不能把这种生产描写成它本来不是的那个东西，就是说，不能把它描写成以享受或者以替资本家生产享受品为直接目的的生产。如果这样，就完全无视这种生产在其整个内在本质上表现出来的独特性质。

    马克思、恩格斯：《资本论》第3卷，摘自《马克思恩格斯文集》第7卷，人民出版社2009年12月第1版，第272页。

  这里表现了上升的资本主义社会的观点，对这种社会具有意义的不是使用价值，而是交换价值，不是享受，而是财富。当上升的资本主义社会本身还没有学会把剥削和消费结合起来，还没有使享用的财富从属于自己时，享用的财富对它来说，是一种过度的奢侈。（第279页）

  西斯蒙第说，劳动生产力的发展使工人有可能得到愈来愈多的享受，但这些享受如果给了工人，就使他（作为雇佣工人）不适宜于劳动了。如果是这样，那末，同样可以正确地说，"产业资本家"一旦成为享用财富的代表，一旦开始追求享受的积累，而不是积累的享受，他就或多或少不能执行自己的职能了。（第293页）

    马克思：《剩余价值理论》，摘自《马克思恩格斯全集》第26卷第1册，

---

 ① "这种不可遏止的追逐利润的狂热，这种可诅咒的求金欲，始终左右着资本家。"（麦克库洛赫《政治经济学原理》1830年伦敦版179页）当然，这种见解并不妨碍麦克库洛赫之流，在理论上陷入困境的情况下，例如在考察生产过剩问题时，还是把资本家变成了善良的市民，好像他关心的只是使用价值，好像他真正像狼一般贪求的，只是皮靴、帽子、鸡蛋、印花布以及其他各种极为平常的使用价值。

人民出版社 1972 年 6 月第 1 版。

13. 资本主义"在产生财富的那些关系中也产生贫困"

使相对过剩人口或产业后备军同积累的规模和能力始终保持平衡的规律把工人钉在资本上，比赫斐斯塔司的楔子把普罗米修斯钉在岩石上钉得还要牢。这一规律制约着同资本积累相适应的贫困积累。因此，在一极是财富的积累，同时在另一极，即在把自己的产品作为资本来生产的阶级方面，是贫困、劳动折磨、受奴役、无知、粗野和道德堕落的积累。

马克思：《资本论》第 1 卷，摘自《马克思恩格斯文集》第 5 卷，人民出版社 2009 年 12 月第 1 版，第 743—744 页。

而在社会的增长的状态中，工人的毁灭和贫困化是他的劳动的产物和他生产的财富的产物。就是说，贫困从现代劳动本身的**本质**中产生出来。

马克思：《1844 年经济学哲学手稿》（1844 年 4—8 月），摘自《马克思恩格斯文集》第 1 卷，人民出版社 2009 年 12 月第 1 版，第 124 页。

资产阶级运动在其中进行的那些生产关系的性质绝不是一致的单纯的，而是两重的；在产生财富的那些关系中也产生贫困；在发展生产力的那些关系中也发展一种产生压迫的力量。……

亚当·斯密和李嘉图这样的经济学家是当代的历史学家，他们的使命只是表明在资产阶级生产关系下如何获得财富，只是将这些关系表述为范畴和规律并证明这些规律和范畴比封建社会的规律和范畴更便于进行财富的生产。在他们看来，贫困只不过是一种暂时的病痛，正如自然界中新生出东西来和工业上新东西出现时的情况一样。

浪漫派属于我们这个时代，这时资产阶级同无产阶级处于直接对立状态，贫困象财富那样大量产生。这时，经济学家便以饱食的宿命论者的姿态出现，他们自命高尚、蔑视那些用劳动创造财富的活人机器。他们的一言一语都仿照他们的前辈，可是，前辈们的漠不关心只是出于天真，而他们的漠不关心却已成为卖弄风情了。

其次是**人道学派**，这个学派对现时生产关系的坏的方面倒是放在心上的。为了不受良心的责备，这个学派想尽量缓和现有的对比；他们对无产者的苦难以及资产者之间的剧烈竞争表示真诚的痛心；他们劝工人安分守己，好好工作，少生孩子；他们建议资产阶级节制一下生产热情。这个学派的全部理论建立在理论和实践、原理和结果、观念和应用、内容和形式、本质和现实、法和事实、好的方面和坏的方面之间无限的区别上面。

博爱学派是完善的人道学派。他们否认对抗的必然性；他们愿意把一切人都变成资产者；他们愿意实现理论，因为这种理论与实践不同而且本身不会包含对抗。毫无疑问，在理论上把现实中每一步都要遇到的矛盾撇开不管并不困难。那样一来，这种理论就会变成理想化的现实。因此，博爱论者愿意保存那些表现资产阶级关系的范畴，而不要那种构成这些范畴的实质并且同这些范畴分不开的对抗。博爱论者以为，他们是在严肃地反对资产者的实践，其实，他们自己比任何人都象资产者。

马克思：《哲学的贫困》（1847年上半年），摘自《马克思恩格斯全集》第4卷，人民出版社1958年8月第1版，第155—157页。

从他（**西斯蒙第**）的论据的基础来看，他确实有这样一种模糊的猜测：对于在资本主义社会内部发展起来的生产力，对于创造财富的物质和社会条件，必须有占有这种财富的新形式与之适应；资产阶级形式只是暂时的、充满矛盾的形式，在这种形式中财富始终只是获得矛盾的存在，同时处处表现为它自己的对立面。这是始终以贫困为前提、并且只有靠发展贫困才能使自己得以发展的财富。（第55页）

政治经济学只是说出了资本主义生产的本质，或者也可以说，雇佣劳动，即从本身中异化出来的劳动的本质，这种劳动创造的财富作为别人的财富和它相对立，它自己的生产力作为它的产品的生产力和它相对立，它的致富过程作为自身的贫困化过程和它相对立，它的社会力量作为支配它的社会力量和它相对立。（第284—285页）

马克思：《剩余价值理论》，摘自《马克思恩格斯全集》第26卷第3册，人民出版社1974年12月第1版。

以往的政治经济学从私有制的运动似乎使**人民富有**这个事实出发，得出了替私有制辩护的结论。蒲鲁东从政治经济学中被诡辩所掩盖的相反的事实出发，即从私有制的运动造成贫穷这个事实出发，得出了否定私有制的结论。（第42页）

无产阶级执行着雇佣劳动因替别人生产财富、替自己生产贫困而给自己做出的判决，同样地，它也执行着私有制因产生无产阶级而给自己做出的判决。（第44页）

富人手下的学者即经济学家们就在这里传播关于贫穷这种肉体贫困和

精神贫困的非常详细的见解。他们用安慰的口吻证明说，因为要保持事物的现状，所以这种贫困似乎也应保存下来。甚至他们很细心地计算出，穷人为了富人和自己本身的福利应该按什么**比例**通过各种死亡事件来缩减自己的人数。（第70页）

    马克思、恩格斯：《神圣家族》（1844年9—11月），摘自《马克思恩格斯全集》第2卷。

  这种一方面扩大自己财富，但贫困现象又不见减少，而且犯罪率甚至增加得比人口数目还快的社会制度内部，一定有某种腐朽的东西。

    马克思：《人口、犯罪率和赤贫现象》（1859年8月23日），摘自《马克思恩格斯全集》第13卷，人民出版社1962年11月第1版，第551页。

  下述这份霍纳先生视察区在半年内工业生产中的伤亡通报一定会使那些研究军事科学的人感到兴趣，他们会相信，以人体的各个部分，例如手、手臂、骨胳、脚、头部和面部作为奉献给现代工业的经常贡品，超过了许多被认为是流血最多的战役中的伤亡。

    马克思：《不列颠工厂工业的状况》（1859年2月25日），摘自《马克思恩格斯全集》第13卷，人民出版社1962年11月第1版，第225页。

  现代经济学家不断与货币主义和重商主义作斗争，这多半是因为这种主义粗野而坦率地吐露了资产阶级生产的秘密：资产阶级生产受交换价值支配。李嘉图曾在什么地方（尽管他是用来达到错误的目的）说过：即使在闹饥荒的时候，输入谷物也不是由于国民挨饿，而是由于谷商要赚钱。

    马克思：《政治经济学批判》（1858—1859年），摘自《马克思恩格斯全集》第13卷，人民出版社1962年11月第1版，第149页。

  一个国家越是强盛，因而**政治性越强**，那末这个国家就越不会理解**社会疾苦**的**普遍性**，就越不会在**国家的原理**中，也就是不会在**现存的社会结构**（它的行动和意识的表现，它的正式表现就是国家）。**政治理智**之所以为**政治理智**，就因为它**在政治范围以内**思索的。它越敏锐，越活跃，就越没有能力去理解社会疾苦。……**政治理智**越是片面，因而越是成熟，它就越相信意志是**万能的**，就越分不清意志的自然**界限**和精神**界限**，因而也就越不能发现社会疾苦的根源。

    马克思：《评"普鲁士人"的"普鲁士国王和社会改革"一文》（1844年7月31日），摘自《马克思恩格斯全集》第1卷，人民出版社1956年12月第1版，第480—481页。

14. 工人的生存问题不仅在"贫困",而且也在"生活的无保障"

有许许多多人仅仅依靠自己劳动为生,有大量劳动力与资本隔绝或者甚至连有限地满足自己的需要的可能性都被剥夺,因而它们已经不仅暂时失去作为有保障的生活来源的工作本身,而是一概处于完全不稳定的地位,——所有这一切,都由于竞争的关系而以**世界市场**的存在为前提。

马克思、恩格斯:《德意志意识形态》(1845—1846 年),摘自《马克思恩格斯全集》第 3 卷,人民出版社 1960 年 12 月第 1 版,第 40 页。

工人的组织,他们的不断增强的抵抗,会在可能范围内给**贫困的增长**造成某些障碍。而肯定增长的,是**生活的无保障**。

恩格斯:《1891 年社会民主党纲领草案批判》,摘自《马克思恩格斯全集》第 22 卷,人民出版社 1965 年 5 月第 1 版,第 270 页。

(六)必需品、奢侈品、剩余产品(剩余价值)之间的关系

1. 社会生产的两个部类

社会的总产品,从而社会的总生产,分成两大部类:

I. **生产资料**:具有必须进入或至少能够进入生产消费的形式的商品。

II. **消费资料**:具有进入资本家阶级和工人阶级的个人消费的形式的商品。

这两个部类中,每一部类拥有的所有不同生产部门,总合起来都形成一个单一的大的生产部门:一个是生产资料的生产部门,另一个是消费资料的生产部门。两个生产部门各自使用的全部资本,都形成社会资本的一个特殊的大部类。

每一部类的资本都分成两个组成部分:

1. **可变资本**。从**价值**方面看,这个资本等于该生产部门使用的社会劳动力的价值,也就是等于为这个社会劳动力而支付的工资总额。从物质方面看,这个资本是由发挥作用的劳动力本身构成的,即由这个资本价值所推动的活劳动构成的。

2. **不变资本**,即该部门在生产上使用的全部生产资料的价值。这些生产资料本身又分成固定资本:机器、工具、建筑物、役畜等等,**流动**不变资本:生产材料,如原料、辅助材料、半成品等等。

这两个部类中,每一部类借助于这些资本而生产的全部年产品的价值,

都分成：代表生产上消费掉的、按其价值来说只是转移到产品中去的不变资本 c 的价值部分和由全部年劳动加入的价值部分。后者又分成：补偿预付可变资本 v 的部分和超过可变资本而形成剩余价值 m 的部分。因此，每一部类的全部年产品的价值，和每个个别商品的价值一样，也分成 c + v + m。

马克思、恩格斯：《资本论》第 2 卷，摘自《马克思恩格斯文集》第 6 卷，人民出版社 2009 年 12 月第 1 版，第 438—439 页。

2. 资本家对剩余价值的"分割"："个人消费基金"与"积累基金"

我们以前考察了剩余价值怎样从资本产生，现在我们考察资本怎样从剩余价值产生。把剩余价值当做资本使用，或者说，把剩余价值再转化为资本，叫做资本积累。（第 668 页）

在前一章［第二十一章、简单再生产］里，我们把剩余价值或剩余产品只是看作资本家的个人消费基金，在这一章［第二十二章、剩余价值转化为资本］里，我们到现在为止把它只是看作积累基金。但是，剩余价值不仅仅是前者，也不仅仅是后者，而是二者兼而有之。剩余价值一部分由资本家作为收入①消费，另一部分用作资本或积累起来。

在剩余价值量已定时，这两部分中的一部分越大，另一部分就越小。在其他一切条件不变的情况下，这种分割的比例决定着积累量。而谁进行这种分割呢？是剩余价值的所有者资本家。（第 682—683 页）

马克思：《资本论》第 1 卷，摘自《马克思恩格斯文集》第 5 卷，人民出版社 2009 年 12 月第 1 版。

3. 第 II 部类内部的交换。必要生活资料和奢侈品

在第 II 部类商品产品的价值中，v + m 这一组成部分还要加以研究。考察这个组成部分，同我们在这里研究的最重要的问题无关。我们研究的问题是：每个单个资本主义商品产品的价值分为 c + v + m 的这种分割，即使以不同的表现形式作为中介，在什么程度内同样也适用于全部年产品的价值。这个问题，一方面通过 I（v + m）和 IIc 的交换来解决，另一方面通过我们以后对第 I 部类年商品产品中 Ic 的再生产的研究来解决。既然 II（v +

---

① 读者会注意到，收入一词（Revenue）有双重用法：第一是指剩余价值，即从资本周期地产生的果实；第二是指这一果实中被资本家周期地消费掉或加入他的消费基金的部分。我保留了这一双重意义，因为它同英法两国经济学家的用语相一致。

m）以消费品的实物形式存在，既然第Ⅱ部类为支付劳动力报酬而预付给工人的可变资本，总的来说要由工人用于消费资料，既然在简单再生产的前提下，商品价值的 m 部分实际上作为收入用于消费资料，那么，显而易见，第Ⅱ部类的工人用他们从第Ⅱ部类的资本家那里得到的工资，买回他们自己产品中与他们以工资形式得到的货币价值的数量相当的一部分。因此，第Ⅱ部类的资本家就把他们为支付劳动力报酬而预付的货币资本再转化为货币形式；这完全好像他们付给工人的只不过是一种价值符号。一旦工人通过购买他们自己生产的、但属于资本家的商品产品的一部分，来实现这种价值符号，这种价值符号就会回到资本家手中，不过，这种符号在这里不仅代表价值，而且也在它自己的金身或银身中具有这种价值。以货币形式预付的可变资本，是通过工人阶级作为买者和资本家阶级作为卖者出现的过程而流回的，关于这种回流，我们以后还要更详细地研究。这里要考察的，是另外一点，这在涉及可变资本怎样流回到它的起点时，必须加以说明。

年产品生产的第Ⅱ部类是由种类繁多的产业部分构成的，但是，按它们的产品来说，可分成两大分部类：

（a）消费资料。它们进入工人阶级的消费，但因为它们是必要生活资料，所以也构成资本家阶级的消费的一部分，虽然就其质量和价值来说，往往和工人的必要生活资料不同。为了这里研究的目的，我们可以把这整个分部类概括为**必要消费资料**这个项目。至于像烟草这一类产品，从生理学的角度来看，是不是必要消费资料，在这里是完全没有关系的，只要从习惯上认为它是必要消费资料就行了。

（b）**奢侈**消费资料。它们只进入资本家阶级的消费，所以只能和花费的剩余价值交换，而剩余价值是绝对到不了工人手中的。就前一个项目来说，很明显，为了生产该项目的种种商品而预付的可变资本，一定以货币形式直接流回到第Ⅱ部类中生产这些必要生活资料的那部分资本家阶级（Ⅱa）的手中。他们按照支付工人工资的可变资本的数额，把必要生活资料卖给他们自己的工人。尽管各有关产业部门的资本家之间的交易是很频繁的，并且通过这种交易流回的可变资本是按比例分配的，但对第Ⅱ部类资本家阶级的整个部类 a 来说，这种回流是**直接**进行的。这是靠工人支出的货币直接提供流通手段的流通过程。而分部类Ⅱb 的情况却不同。我们这里考察的价值产品的整个部分,即 IIb（v+m）,是以奢侈品的实物形式存在的,就是说,这种奢侈品,同以生产资料形式存在的商品价值 Iv 一样,工人阶级是无法购买的,尽管这种奢侈品和那种生产资料都是这些工人的产品。因此,这一分部类预付的可变资本以它的货币形式再回到资本主义生产者手中的那种回流,不能直接进行,而像 Iv 一样,必须间接进行。（第447—449页）

从（IIb）v 在（IIa）m 的一个等价部分中实现这一点可以得出如下结论:年产品中的奢侈品部分越是增大,从而奢侈品生产中吸收的劳动力的数量越是增加,预付在（IIb）v 上的可变资本要再转化为可以重新作为可变资本的货币形式来执行职能的货币资本,因而在 IIb 中就业的那部分工人阶级要生存和再生产,——他们的必要消费资料的供给,——也就越是要取决于资本家阶级的挥霍,越是要取决于他们的剩余价值的很大一部分转化为奢侈品。

每一次危机都会暂时减少奢侈品的消费。危机使（IIb）v 到货币资本的再转化延缓和停滞,使这种再转化只能部分地进行,从而有一部分生产奢侈品的工人被解雇;另一方面,必要消费资料的出售也会因此停滞和减少。这里完全撇开不说那些同时被解雇的非生产工人,他们由于为资本家服务而得到资本家奢侈支出的一部分（这些工人本身相应地也是奢侈品）,特别是这些工人在必要生活资料等等的消费方面也占了很大一部分。在繁荣时期,特别是在欺诈盛行期间,情况正好相反。在这个时期,货币的表现在商品中的相对价值已由于其他原因（并不是由于现实的价值革命）而降低,所以,商品的价格不依商品本身的价值为转移而提高。不仅是必要生活资料的消费增加了;工人阶级（他们的全部后备军现在都积极参加进来）也暂时参加了他们通常买不起的各种奢侈品的消费,此外,他们还会参加这类必要消费品的消费,其中绝大部分通常只对资本家阶级来说才是"必要"消费资料;而这些又会引起价格的提高。

认为危机是由于缺少有支付能力的消费或缺少有支付能力的消费者引起的,这纯粹是同义反复。除了需要救济的贫民的消费或"盗贼"的消费以外,资本主义制度只知道进行支付的消费。商品卖不出去,无非是找不到有支付能力的买者,也就是找不到消费者（因为购买商品归根结底是为了生产消费或个人消费）。但是,如果有人想使这个同义反复具有更深刻的论据的假象,说什么工人阶级从他们自己的产品中得到的那一部分太小了,只要他们从中得到较大的部分,即提高他们的工资,弊端就可以消除,那么,我们只须指出,危机每一次都恰好有这样一个时期做准备,在这个时期,工资会普遍提高,工人阶级实际上也会从供消费用的那部分年产品中得到较大的一份。按照这些具有健全而"简单"(!)的人类常识的骑士们的观点,这个时期反而把危机消除了。因此,看起来,资本主义生产包含着各种和善意或恶意无关的条件,这些条件只不过让工人阶级暂时享受一下相对的繁荣,而这种繁荣往往只是危机风暴的预兆。

我们在上面已经看到,必要消费资料的生产和奢侈品的生产之间的比例关系,是以 II(v+m)在 IIa 和 IIb 之间的分割为条件的,从而也是以 IIc 在(IIa)c 和(IIb)c 之间的分割为条件的。因此,这种分割从根本上影响着生产的性质和数量关系,对生产的总形态来说,是一个本质的决定性的因素。

简单再生产实质上是以消费为目的的,虽然攫取剩余价值是单个资本家的动机;但是,剩余价值——不管它的比例量如何——在这里最终只是用于资本家的个人消费。

既然简单再生产是每个规模扩大的年再生产的一部分,并且还是它最重要的一部分,所以,这种个人消费的动机总是和发财致富的动机本身相伴而生,同时又和它相对立。实际上,问题表现得更复杂,因为掠夺物——资本家的剩余价值——的分享者,会作为独立于资本家以外的消费者出现。(第 456—458 页)

马克思、恩格斯:《资本论》第 2 卷,摘自《马克思恩格斯文集》第 6 卷,人民出版社 2009 年 12 月第 1 版。

4. 在"第 II 部类内部的交换"中,"必要生活资料和奢侈品"生产之间的平衡

因为——部分由于对外贸易,部分由于转化为追加资本的剩余产品[比重]发生变化,——总资本在[生产者的]两个类之间进行分配的**一定比例关系**,或产品各组成部分在一定地方进入再生产过程时所依据的**一定比例关系**遭到破坏,这里就产生**失调**的新的可能性,从而产生危机的可能性。这种比例失调现象不仅会发生在固定资本和流动资本之间(在再生产它们时),可变资本和不变资本之间,不变资本各部分之间,而且也会发生在资本和收入之间。

> 马克思：《经济学手稿》（1861—1863年），摘自《马克思恩格斯全集》第48卷，人民出版社1985年2月第1版，第152页。

由于工资提高，工人对需求，特别是对必要生活资料的需求会增加。他们在极小的程度上增加了对奢侈品的需求，或者说，在极小的程度上产生了对原先不属于他们消费范围的物品的需求。对必要生活资料的需求的突然的更大规模的增加，无疑会暂时使必要生活资料的价格提高。结果是：在社会资本中用来生产必要生活资料的部分将增大，用来生产奢侈品的部分将缩小，因为奢侈品的价格将会由于剩余价值的减少、因而资本家对奢侈品需求的减少而跌落。反之，如果工人自己购买奢侈品，他们工资的提高——在购买奢侈品的范围内——并不会使必要生活资料的价格提高，只会使奢侈品的买者发生变换。奢侈品归工人消费的数量比以前增加，而归资本家消费的数量则相应地减少。如此而已。经过几次波动以后，就会有和以前价值相同的商品量在流通。——至于各种暂时的波动，那么，它们造成的结果不外是把原来在交易所干投机事业或在国外寻找用途的那种用不上的货币资本投入国内流通。（第375—376页）

硬说因为对奢侈品的需求（由于资本家的需求减少，他们用于这方面的购买手段减少）已经减少，所以资本家可以提高奢侈品的价格，这是供求规律的一个非常奇特的应用。如果发生的不只是奢侈品购买者的变换，即工人代替资本家——而如果发生这种变换，工人的需求就不会引起必要生活资料价格的提高，因为工人既然把增加的那部分工资花费在奢侈品上，就不能花费在必要的生活资料上——那么，奢侈品的价格就会因需求减少而降低。结果是从奢侈品的生产中把资本抽走，直到奢侈品的供应减少到和它们在社会生产过程中已经变化的地位相适应的程度为止。随着它们生产的减少，在价值不变的情况下，它们的价格会再提高到正常的水平。只要存在这种收缩或这种均衡过程，在生活资料的价格提高的情况下，从奢侈品的生产部门中抽出的资本，就会不断地追加到生活资料的生产上，一直到需求满足时为止。这时重新出现平衡，而整个过程的结果是，社会资本，从而货币资本，会按改变了的比例在必要生活资料的生产和奢侈品的生产之间进行分配。

> 马克思、恩格斯：《资本论》第2卷，摘自《马克思恩格斯文集》第6

卷，人民出版社2009年12月第1版，第376—377页。

如果全部剩余产品以奢侈品的形式被消费，那么是在这样的物品上被消费的，这些物品在最终形式上作为生活资料不构成**可变**资本的任何部分，而且，就它们是制造这些奢侈品（大部分是珍珠、金等等这样一些东西）的生产资料来说，它们也不能充当其他产品的生产资料；即使它们也可以被用于这一目的，它们也不会被这样来用。因此，积累基金等于零。但是积累基金是必要的，一方面是作为收入基金应付生产遭受到的危险，一方面是为了人口的增长，一方面它所以必要，是因为资本主义生产方式建立在生产规模的不断扩大上。如果没有这种基金，不仅简单再生产会受到威胁，而且连作为**价值增殖过程**本身的动因和动机，从而作为**为生产而生产**（在一定的限度内）的动因和动机的资本主义生产精神也熄灭了。代之而起的是享受本身被看作最终目的。因此，这样消费剩余产品是与资本主义生产方式的条件和精神相矛盾的。由此可以清楚地看到，越多消费剩余劳动和剩余产品，直到接近于积累基金等于零的极限，就越不适合于资本主义生产方式。但是，在**重商主义者**和**重农主义者**这些资本主义生产方式的最初解释者那里，我们可以看到对这种消费的赞扬。这可以由如下情况来解释。**首先说重商主义者**。资本家阶级当时力量还弱，尚未成年。主要财富还掌握在封建主和专制君主手中。他们的**挥霍**，是商人、厂主和金融家发财致富的直接手段，是封建主阶级转化为新形成的资本家阶级的手段，同时也是封建主阶级丧失**政治**权力和这种政治权力转到资本家手中的手段。由此，在重商主义者那里产生了在当时是正确的本能。在基督教国家，特别是在英国和荷兰这些国家，整个民族充满了商业精神，经济的繁荣建立在新形成的世界市场上，发财致富被看作是目的本身，重商主义者宣传节欲、俭省，愤怒地反对挥霍，只是竭力推动别的国家浪费，而自己则想成为财宝的收藏者。特别宣扬挥霍的是法国重商主义者，而这是同资本家阶级在**法国**的发展联系在一起的。

……

亚·斯密表现出**资本主义生产**的真正精神，他宣布积累（规模不断扩大的再生产）是最高规律……亚·斯密宣传节约。他对国家的挥霍浪费表示不满。他把**生产工人**人数最大限度的增长看作是任何健康的经济的最终目的。这样，他描绘了他对生产工人的善意，这种善意在他那里一直扩展到公牛身上，把公牛看成生产工人。而且他还认为（这一点对当时的发展水平来说**在某种程度上也是正确的**），随着剩余产品转化成生产资本，因而随着积累，对劳动的需求会增长，从而工资会提高，生产工人的状况会得到改善，与此同时，资本家由于不断提高劳动生产力而得到补偿。

如果说亚·斯密是向大工业过渡的工场手工业时期的经济学家，因而他主要是从中等资产者的角度来看积累，那么，李嘉图是**大工业的经济学家**，他是从大资产者的角度来看事物。为生产而生产，再生产最大可能地增长，特别是劳动生产力的增长，是最终的和决定性的目的。但是，李嘉图认为，为了这个目的没有必要宣传节约。既然资本主义生产方式对他来说是自然的和绝对的社会生产方式，而消费是任何生产的自然目的，那么，生产的自由发展必然包括一切形式的消费的发展，因此同资本一样，分为奢侈品的消费和其他产品的消费，是由资本主义生产的性质决定的，也就是说，是由利润率在不同资本之间的平均化决定的。李嘉图不再同意亚·斯密的下述偏见：对劳动的需求会随着积累的增长而增长，因而工资，也就是说工人阶级的生活条件，会相应地得到改善。相反他指出，如果随着积累和伴随着积累的大工业的发展，对劳动的需求绝对增长，那么相对来说这种需求减少，而且会形成经常的过剩人口。（一些人成为多余的。）生产的工人阶级在这里只是作为机器而存在，这种机器为劳动条件的所有者（即为资本家和地主的私人需要）和为国家的集体需要（即为国家所能支配的**国民财富**）而生产剩余价值或剩余产品。斯密认为财富就是最大可能的生产工人人数，李嘉图则相反，他认为，与同一剩余产品和靠这个剩余产品为生的另一部分人口相比的尽可能少的生产人口，这只是劳动生产力得到最大限度发展的证明。说到奢侈品的消费，他甚至证明，对工人来说，地主消费这些奢侈品比资本家消费这些奢侈品更为有利，因为这些商品的消费会推动大量的工人，因为地主消费这些商品需要更多的食客、仆役等等，而头脑清醒的资本家却宁愿获得永久性的奢侈品。因此，地主通过自己的需求也会在劳动市场上产生有利于非生产工人的影响，地主通过自己的消费会比资本家更多地提高对劳动的需求。亚·斯密曾担心，数量大到不能容许地步的一部分生产工人会转化为非生产工人，这种担心对李嘉图来说已不存在，他知道，大工业会不断地创造出过剩人口，因此，他始终面临着充斥的劳动市场。

……

第二，我们来看看另一极端，即（同前面一样，撇开生活必需品不谈）全部剩余产品以生产资本的形式再生产出来（或者相反的情况也一样，通过对外贸易进行交换），也就是，假定奢侈品的消费等于零。

在这里必然会出现生活必需品的相当多的**生产过剩**，因而会出现再生产的中断。剩余产品的任何部分都没有以奢侈品的形式生产出来（或者说，即使生产出来了，那也是同外国的生活必需品进行了交换，尽管下述说法是荒唐的：在没有奢侈品消费的国家，也会发展起生产奢侈品的兴趣等等）。当然，相当大一部分年剩余产品可能转化为——这在资本主义生产的高级阶段是常有的事——固定资本，这种固定资本的生产要持续一年以上，而且很可能，它只有经过若干年才会发挥生产作用。但是它最终必然要发挥作用。而如果这种转化年年发生，那么最终必然会加大生活必需品的**剩余生产**的损失。另一部分可能同别的国家的货币等等相交换。但是，单纯的货币储藏是同资本主义生产的本质相矛盾的。首先，对劳动的需求会增加，从而工资会提高。但是，劳动生产力的发展很快就会成为这种增长的障碍，危机就会一次接着一次地发生。

如果没有相当多的奢侈品，那么建立在工人阶级和生产资料所有者对立基础上的任何生产方式都不可能长时期存在。

    马克思：《〈资本论〉第二册〈资本的流通过程〉（手稿）》（1864年），摘自《马克思恩格斯全集》第49卷，人民出版社1982年12月第1版，第519—525页。

5. 必要劳动和剩余劳动之比

生产商品的劳动部门按其必要性的程度而互相区别，这种程度取决于相对的必要性，由于这种相对必要性，这些部门创造的使用价值是［人的］物质存在所需要的。这种**必要**劳动与使用价值有关，与交换价值无关。也就是说，这里不涉及创造价值（它可以化为工人为了他的生存所必要的产品总量）所必要的劳动时间；这里涉及到各种不同劳动的产品所满足的需求的相对必要性。在这一方面，农业劳动（对此应理解为一切为了创造直接的食物所需要的劳动）是最必要的。正如斯图亚特所说，它首先为工业创造了"自由人手"。

但是，在这里必须进一步加以区别。当一个人把他的全部自由时间用在农业上的时候，另一个人可以把它用在工业上。发生了分工。但是，同样，其他一切部门中的剩余劳动以农业中的剩余劳动为基础，农业为所有这些部门提供原料。

"显然，不从事农业劳动而能生活的人的相对数，必须完全由耕作的劳动生产力来衡量。"（理·琼斯《论财富的分配和税收的源泉》1831年伦敦版159—160页）

马克思：《经济学手稿》（1861—1863年），摘自《马克思恩格斯全集》第47卷，人民出版社1979年10月第1版，第217—218页。

一切地租都是剩余价值，是剩余劳动的产物。地租在它的不发达的形式即实物地租的形式上，还直接是剩余产品。由此产生了一种错误看法，认为只要把一般剩余价值和利润的一般存在条件解释清楚，和资本主义生产方式相适应的地租，——它始终是超过利润的余额，即超过商品价值中本身也由剩余价值（剩余劳动）构成的那个部分的余额，——剩余价值的这个特殊的独特的组成部分也就解释清楚了。这些条件是：直接生产者的劳动时间，必须超过再生产他们自己的劳动力即再生产他们本身所必需的时间。他们总是必须完成剩余劳动。这是主观的条件。而客观的条件是：他们也**能够**完成剩余劳动；自然条件是，他们的可供支配的劳动时间的**一部分**，足以使他们自己作为生产者再生产出来和维持下去，他们的必要生活资料的生产，不会耗费掉他们的全部劳动力。在这里自然的肥力是一个界限，一个出发点，一个基础。另一方面，他们劳动的社会生产力的发展，则是另一个界限，出发点，基础。更进一步考察就是，因为食物的生产是直接生产者的生存和一切生产的首要的条件，所以在这种生产中使用的劳动，即经济学上最广义的农业劳动，必须有足够的生产率，使可供支配的劳动时间不致全被直接生产者的食物生产占去；也就是使农业剩余劳动，从而农业剩余产品成为可能。进一步说，社会上的一部分人用在农业上的全部劳动——必要劳动和剩余劳动——必须足以为整个社会，从而也为非农业工人生产必要的食物；也就是使从事农业的人和从事工业的人有实行这种巨大分工的可能；并且也使生产食物的农民和生产原料的农民有实行分工的可能。虽然食物直接生产者的劳动，对他们自己来说也分为必要劳动和剩余劳动，但对社会来说，它所代表的，只是生产食物所需的必要劳动。并且，不同于一个工场内部分工的整个社会内部的一切分工也是如此。

这是生产特殊物品，满足社会对特殊物品的一种特殊需要所必要的劳动。如果这种分工是合乎比例的，那么，不同类产品就按照它们的价值（进一步说，按照它们的生产价格）出售，或按照这样一种价格出售，这种价格是由这些价值或生产价格的一般规律决定的变形。事实上价值规律所影响的不是个别商品或物品，而总是各个特殊的因分工而互相独立的社会生产领域的总产品；因此，不仅在每个商品上只使用必要的劳动时间，而且在社会总劳动时间中，也只把必要的比例量使用在不同类的商品上。这是因为条件仍然是使用价值。但是，如果说个别商品的使用价值取决于该商品是否满足一种需要，那么，社会产品量的使用价值就取决于这个量是否符合社会对每种特殊产品的量上的一定需要，从而劳动是否根据这种量上一定的社会需要按比例地分配在不同的生产领域。（我们在论述资本在不同的生产领域的分配时，必须考虑到这一点。）在这里，社会需要，即社会规模的使用价值，对于社会总劳动时间分别用在各个特殊生产领域的份额来说，是有决定意义的。但这不过是已经在单个商品上表现出来的同一规律，也就是：商品的使用价值，是商品的交换价值的前提，从而也是商品的价值的前提。这一点，只有在这种比例的破坏使商品的价值，从而使其中包含的剩余价值不能实现的时候，才会影响到必要劳动和剩余劳动之比。例如，假定棉织品按比例来说生产过多了，尽管在这个棉织品总产品中实现的只是既定条件下生产这个总产品的必要劳动时间。但是，总的来说，这个特殊部门消耗的社会劳动是过多了；就是说，产品的一部分已经没有用处。可见，只有当全部产品是按必要的比例进行生产时，它们才能卖出去。社会劳动时间可分别用在各个特殊生产领域的份额的这个数量界限，不过是价值规律本身进一步发展的表现，虽然必要劳动时间在这里包含着另一种意义。为了满足社会需要，只有如许多的劳动时间才是必要的。在这里界限是由于使用价值才产生的。社会在既定生产条件下，只能把它的总劳动时间中如许多的劳动时间用在这样一种产品上。但是，剩余劳动和剩余价值本身的主观条件和客观条件，和一定的形式（利润形式或地租形式）无关。这些条件对剩余价值起作用，而不管它采取什么特殊的形式。因此它们不能说明地租。

马克思、恩格斯：《资本论》第3卷，摘自《马克思恩格斯文集》第7卷，人民出版社2009年12月第1版，第715—717页。

6. 资本主义剩余财富对必要财富的挤压："在我们这个时代中，多余的东西要比必需的东西更容易生产"

的确，整个说来，工人阶级总是把自己的收入花费在并且不得不花费在购买**生活必需品**上，这完全是确实的。所以工资水平的普遍提高总要引起对**生活必需品**的需求的提高，从而引起生活必需品**市场价格**的提高。生产这些必需品的资本家支付的工资提高了，就靠提高他们的商品的市场价格来求得补偿。但是那些**不**生产生活必需品的资本家又怎样呢？决不要以为他们人数很少。你们仔细想一下，国民产品的三分之二被五分之一的人口消费掉了——最近一位下院议员说只被七分之一的人口消费掉了——，那你们就会知道，该有多么大的一批国民产品要作为奢侈品来生产或用来**交换**奢侈品，该有多么大量的生活必需品要浪费在豢养仆役、马匹、猫等等上面；我们凭经验知道，这种浪费，随着生活必需品价格提高，总是要大受限制的。

马克思：《工资、价格和利润》（1865年5月20日—6月24日之间），摘自《马克思恩格斯文集》第3卷，人民出版社2009年12月第1版，第30页。

消费者并不比生产者自由。他的意见是以他的资金和他的需要为基础的。这两者都由他的社会地位来决定，而社会地位却又取决于整个社会组织。（第86页）

劳动"值"多少取决于食物的贵贱，取决于劳动人手供求量的大小等等。（第100页）

蒲鲁东先生确实力图证明：生产产品所必要的劳动时间说明它和需要的真正关系，所以在生产上花费时间最少的东西是最有直接效用的东西，并且可以依次类推。根据这个理论，生产奢侈品这一事实就足以证明社会有多余时间来满足某种奢侈的需要。

至于这种论点的证据，蒲鲁东先生是这样说的：根据他的观察，生产量有效用的东西需要的时间最少；社会总是先从最轻便的生产部门开始；然后才逐步地"转到生产那些花费劳动时间最多并适合更高级需要的东西"。……

实际上，情况完全不象蒲鲁东先生所想的那样。当文明一开始的时候，生产就开始建立在级别、等级和阶级的对抗上，最后建立在积累的劳动和直接的劳动的对抗上。没有对抗就没有进步。这是文明直到今天所遵循的规律。到目前为止，生产力就是由于这种阶级对抗的规律而发展起来的。如果硬说由于所有劳动者的一切需要都已满足，所以人们才能创造更高级的产品和从事更复杂的生产，那就是撇开阶级对抗，颠倒整个历史的发展过程。不然也可以这样说：因为在罗马皇帝时代曾有人在人造的池子里喂养鳗鱼，所以说全体罗马居民的食物是充裕的。然而实际情况完全相反，当时罗马人民连必要的粮食也买不起，而罗马的贵族却并不缺少充当鳗鱼饲料的奴隶。

生活用品的价格几乎不断上升，而工业品和奢侈品的价格却几乎不断下降。就拿农业来说，最必需的东西，如粮食、肉类等的价格不断上涨，而棉花、食糖、咖啡等的价格却以惊人的比例不断下降。就在真正的食品中，如朝鲜蓟、龙须菜等奢侈品在今天要比最必需的食品便宜。在我们这个时代中，多余的东西要比必需的东西更容易生产。最后，在各种不同的历史时代中，价格的相互关系不仅各不相同，而且完全相反。整个中世纪中，农产品比工业品便宜；近代，两者之间的情形倒过来了。但是能由此得出结论说，农产品的效用自中世纪以来减少了吗？

产品的使用取决于消费者所处的社会条件，而这种社会条件本身又建立在阶级对抗上。

棉花、马铃薯和烧酒是最普遍的消费品。马铃薯引起了瘰症；棉花大规模地排挤亚麻和羊毛，虽然羊毛和亚麻在大多数情况下，即使从卫生观点来说，也比棉花更有用。最后，烧酒占啤酒和葡萄酒的上风，虽然大家都承认把烧酒当作食品是有害的。整整一个世纪，各国政府竭力抵制欧洲的鸦片，然而毫无效果；经济取得了胜利，消费得听它的命令。

为什么棉花、马铃薯和烧酒是资产阶级社会的基石呢？因为生产这些东西需要的劳动最少，因此它们的价格也就最低。为什么价格的最低额决定消费的最高额呢？是不是由于这些物品本身有绝对的效用，由于它们的效用最能满足作为人的工人，而不是作为工人的人的种种需要呢？不，这是因为在建立在**贫困**上的社会中，**最粗劣的**产品就必然具有供给最广大群众使用的特权。

如果说因为最便宜的物品使用最广，因而这些物品就应当有最大的效用，这就是说，烧酒由于生产费用低廉而到处风行，这件事就是烧酒的效用最确凿的证明；这就是向无产者说，马铃薯比肉对他们更有益；这就是和现状妥协；结果，这就是和蒲鲁东先生一起为自己并不理解的社会进行辩护。

在没有阶级对抗和没有阶级的未来社会中，用途大小就不会再由生产所必要的时间的**最低额**来确定，相反地，花费在某种物品生产上的时间将由这种物品的社会效用大小来确定。（第103—105页）

马克思：《哲学的贫困》（1847年上半年），摘自《马克思恩格斯全集》第4卷，人民出版社1958年8月第1版。

如果有人说生产过剩只是相对的，这是完全正确的；但是整个资本主义生产方式也只是相对的生产方式，它的限制不是绝对的，然而对这种生产方式来说，在这种生产方式的基础上，则是绝对的。否则，人民群众缺乏的那些商品，怎么会没有需求呢；为了在国内能支付工人平均程度的必要生活资料量，却必须到国外、到远方市场去寻找这种需求，这种事情又怎么可能发生呢？因为只是在这种独特的、资本主义的关系中，剩余产品才具有这样一种形式：剩余产品的所有者只有在这种产品对他来说再转化为资本的时候，才能让这种产品由消费去支配。最后，如果说资本家只需要在他们之间互相交换和消费商品，那么，这就忘记了资本主义生产的全部性质，忘记了这里的问题是资本的增殖，而不是资本的消费。……生产的扩大或缩小，不是取决于生产和社会需要即社会地发展了的人的需要之间的关系，而是取决于无酬劳动的占有以及这个无酬劳动和物化劳动之比，或者按照资本主义的说法，取决于利润以及这个利润和所使用的资本之比，即一定水平的利润率。因此，当生产的扩大程度在另一个前提下还显得远为不足的时候，对资本主义生产的限制已经出现了。资本主义生产不是在需要的满足要求停顿时停顿，而是在利润的生产和实现要求停顿时停顿。

马克思、恩格斯：《资本论》第3卷，摘自《马克思恩格斯文集》第7卷，人民出版社2009年12月第1版，第286—288页。

7. 一方面是生产过剩的危机，另一方面是"生产得太少"

生活资料和现有的人口相比不是生产得太多了。正好相反。要使大量人口能够体面地、像人一样地生活，生活资料还是生产得太少了。

对于人口中有劳动能力的那部分人的就业来说，生产资料生产得不是太多了。正好相反。首先是在人口中生产出了一个过大的部分，他们实际上不会劳动，他们由于自己的条件可以靠剥削别人的劳动来生活，或者靠这样一种劳动来生活，这种劳动只有在可鄙的生产方式下才能称为劳动。其次，要使全部有劳动能力的人口在生产效率最大的情况下劳动，就是说，要使他们的绝对劳动时间能够由于劳动时间内所使用的不变资本的数量和效率而得到缩短，已经生产出来的生产资料还很不够。

但是，要使劳动资料和生活资料作为按一定的利润率剥削工人的手段起作用，劳动资料和生活资料就周期地生产得太多了。要使商品中包含的价值和剩余价值能够在资本主义生产所决定的分配条件和消费关系下实现并再转化为新的资本，就是说，要使这个过程能够进行下去，不至于不断地发生爆炸，商品就生产得太多了。

不是财富生产得太多了。而是资本主义的、对立的形式上的财富，周期地生产得太多了。（第287页）

一切现实的危机的最终根源，总是群众的贫穷和他们的消费受到限制，而与此想对比的是，资本主义生产竭力发展生产力，好像只有社会的绝对的消费能力才是生产力发展的界限。（第548页）

> 马克思、恩格斯：《资本论》第3卷，摘自《马克思恩格斯文集》第7卷，人民出版社2009年12月第1版。

创造了现代资产阶级社会的那些力量——蒸汽机、现代化的机器、大规模的殖民、铁路和轮船、世界贸易，现在已经由于接连不断的商业危机而使这个社会走向崩溃并且最后走向消灭——这些生产资料和交换手段也足以在短时间内使比例关系翻转过来，并且把每个人的生产力提高到能生产出够两个人、三个人、四个人、五个人或六个人消费的产品；那时，城市工业就能腾出足够的人员，给农业提供同以前完全不同的力量；科学终于也将大规模地、象在工业中一样彻底地应用于农业；欧洲东南部和美洲西部的天然肥沃的极其富饶的地区将以空前巨大的规模进行开发。如果这些地区都已经开垦出来，可是还有匮乏现象，那才是该说"应该警惕"的时候。

生产得太少，这就是全部问题之所在。但是，**为什么生产得太少呢？**并不是因为生产已经达到极限（即使是在今天，在使用现代化的手段的情况下）。并不是由于这个原因，而是由于生产的极限并不决定于挨饿的肚子的数目，而决定于有购买力的有支付能力的**钱袋**的数目。资产阶级社会不希望，也不能希望生产得更多。没有钱的肚子，即不能用来生产**利润**、因而也没有购买力的劳动，使死亡率不断提高。如果突然来一个工业繁荣（这是常有的现象），使这种劳动变得能用来生产利润，那末劳动就能得到钱买东西，而且总能找到生活资料。这就是整个经济所陷入的无尽头的恶性循环。

> 恩格斯：《恩格斯致弗·阿·朗格》（1865年3月29日），摘自《马克思恩格斯全集》第31卷，人民出版社1972年6月第1版，第470—471页。

"经济学家"清楚地知道，工人是不可能自己出钱移居海外的，而工业资产阶级又不会在这方面帮助他们。这会造成什么结果呢？农业人口这种现代社会中最稳定最保守的因素正在消失，同时工业无产阶级，正是由于现代生产方式的发展而在聚集着巨大生产力的大城市集中起来，而这些巨大的生产力的创造史到现在为止总是劳动者的殉难史。谁能阻挡他们再前进一步去支配这些到现在还支配着他们的力量呢？有什么力量能抗拒他们呢？没有这种力量！到那时，乞灵于"所有权"是没有用的。资产阶级经济学家们自己也承认，目前生产方式中的变化摧毁了过时的社会制度及其占有方式。

> 马克思：《强迫移民。——科苏特和马志尼。——流亡者问题》（1853年3月4日），摘自《马克思恩格斯全集》第8卷，人民出版社1961年10月第1版，第620页。

8. 资本主义消费的奢侈与贫困的内在联系

最勤劳的工人阶层的饥饿痛苦和富人建立在资本主义积累基础上的粗野的或高雅的奢侈浪费之间的内在联系，只有当人们认识了经济规律时才能揭露出来。

> 马克思：《资本论》第1卷，摘自《马克思恩格斯文集》第5卷，人民出版社2009年12月第1版，第757页。

诚然，在国民经济学领域掀起了一场争论。一方（罗德戴尔、马尔萨斯等）推崇**奢侈**而咒骂节约；另一方（萨伊、李嘉图等）则推崇节约而咒骂奢侈。但是，一方承认，它要求奢侈是为了生产出**劳动**即绝对的节约；而另一方承认，它推崇节约是为了生产出**财富**即奢侈。……双方都忘记了，挥霍和节约，奢侈和困苦，富有和贫穷是画等号的。

> 马克思：《1844年经济学哲学手稿》（1844年4—8月），摘自《马克思恩格斯文集》第1卷，人民出版社2009年12月第1版，第227—228页。

随着产品数量的增加，剩余劳动为奢侈品的生产创造了条件，使一部分生产有可能转到奢侈品的生产上，或者同样可以说，使一部分产品与奢侈品相交换（通过对外贸易）。

"只要产品有剩余，剩余劳动就一定会用在奢侈品上。必需品的消费是有限的，而奢侈品的消费则没有止境。"（**西斯蒙第**：《政治经济学新原理》1827年巴黎第2版，第1卷第78页）"只有在靠别人的劳动来购买奢侈的时候，才可能有奢侈；只有在靠不懈的辛勤的劳动可以得到生活必需品，而不是无用的微不足道的东西的时候，才可能有不懈的辛勤的劳动。"（同上，第79页）（第261页）

因此，一方面可以说（见**科兰**等人），一个国家越富，这个国家的无产阶级人数就越多，财富的增长通过贫困的增长表现出来。另一方面，不依赖于手工劳动的人数**相对增加了**，尽管工人人数增加了，但是物质上要靠工人的劳动来养活的社会阶层的人口也以同样的比例增加了（见**科兰、西斯蒙第**等人）。日益增长的资本的生产率直接表现为资本所占有的日益增加的剩余劳动量，或者说，表现为日益增加的利润量，后者是一个价值量。这个价值量不仅是日益增加的量，而且同一价值量体现为大得多的使用价值量。因此，社会收入增加了（撇开工资不说），即社会收入中不再［V—179］转化为资本的部分增加了，从而也就是不直接参加物质生产的社会阶层借以维持生活的那个主体增加了。于是社会中从事科学的部分也增加了；同样，从事流通（贸易、金融业务）的人数以及只从事消费的游手好闲的人也增加了；为居民**服务的部分**也是这样。例如，这部分人在英国达到一百万，也就是说，比直接在纺纱厂和织布厂就业的全部工人的人数还要多。在资产阶级社会从封建社会中脱胎出来时，这部分人口大大减少了。在资产阶级社会的比较发展的阶段上，这种自愿的奴隶制（见**魁奈**关于仆人的论述）又随着奢侈，财富和炫耀财富的现象的出现而空前地增多起来。工人阶级必须养活这批与工人阶级本身相分离的人，为他们劳动，因为他们自己不直接参加物质生产（军队也是这样）。［V—178］（第345—346页）

马克思：《经济学手稿》（1861—1863年），摘自《马克思恩格斯全集》第47卷，人民出版社1979年10月第1版。

采用机器的直接结果是，增加了剩余价值，同时也增加了体现这些剩余价值的产品量，从而，在增加供资本家阶级及其仆从消费的物质时，也增加了这些社会阶层本身。这些社会阶层的财富的增加和生产必要生活资料所需要的工人人数的不断相对减少，一方面产生出新的奢侈要求，另一方面又产生出满足这些要求的新手段。社会产品中有较大的部分转化为剩余产品，而剩余产品中又有较大的部分以精致和多样的形式再生产出来和消费掉。换句话说，奢侈品的生产在增长。① 大工业造成的新的世界市场关系也引起产品的精致和多样化。不仅有更多的外国消费品同本国的产品相交换，而且还有更多的外国原料、材料、半成品等作为生产资料进入本国工业。

> 马克思：《资本论》第1卷，摘自《马克思恩格斯文集》第5卷，人民出版社2009年12月第1版，第512页。

随着资本主义生产以及与之相适应的社会劳动生产力的发展，随着生产部门以及产品的多样化，同一个价值量所代表的使用价值量和奢侈品的量会不断增加。

> 马克思、恩格斯：《资本论》第3卷，摘自《马克思恩格斯文集》第7卷，人民出版社2009年12月第1版，第244页。

劳动生产力越高，非工人和工人相比数量就越多，不从事必要生活资料生产或完全不从事物质生产的工人的数量就越多，或者最后，直接构成**剩余产品**所有者的人数的那些人，或者甚至构成既不从事体力劳动也不从事脑力劳动，而是提供"服务"，由剩余产品所有者将剩余产品的一部分付给他们作为报酬的那些人的数量就越多。（第5页）

随着资本的积累，剩余产品在数量上和**价值**上不断增大；因此，它的一个越来越大的部分可以以奢侈品形式进行再生产或同非生产劳动者的服务进行交换，并且它仍可以有一个不断增大的部分转化为追加资本。（第152页）

> 马克思：《经济学手稿》（1861—1863年），摘自《马克思恩格斯全集》第48卷，人民出版社1985年2月第1版。

9. "知识"也可以成为"奢侈品"

《论立法和谷物贸易》（《奈克尔著作集》第4卷）说：

"手工业者或土地耕种者一旦**丧失储备**，他们就无能为力了；他们必须

---

① 弗·恩格斯在《英国工人阶级状况》一书中指出，正是这些生产奢侈品的工人大部分处于悲惨的境地。关于这个问题，童工调查委员会的报告有大量新的例证。

今天劳动，才不致明天饿死；在所有者和工人之间的［421］这种利益斗争中，一方用自己的生命和全家的生命作赌注，另一方只不过延缓一下自己奢侈的发展而已。"（同上，第63页）

这种不劳动的富和为生活而劳动的贫之间的对立，又造成了知识的对立。知识和劳动彼此分离，于是知识作为资本或富人的奢侈品同劳动相对立：

"认识和理解的能力是一般天赋，但这种能力只有通过教育才能发展；如果财产是平等分配的，那末每个**人就会适度地劳动**（可见，起决定作用的又是劳动时间的量），**并且，每个人都会有一些知识**，因为每个人都剩下**一定量**的时间〈空闲的时间〉来学习和思考；但是在社会制度所造成的财产不平等的情况下，所有那些生下来就没有财产的人，**根本没有受教育的机会**。因为一切生存资料都掌握在占有货币或土地的那部分国民手里。因为谁也不会白给东西，所以生下来除了自己的力气之外便没有别的储备的人，不得不在刚有点力气的时候，就用来为所有者服务，并且要一天又一天地干一辈子，每天从日出一直干到筋疲力尽，干到为了恢复精力必需睡眠时为止。"（第112页）"最后，为了维持所有那些造成**知识不平等**的社会的不平等，这种知识的不平等已经成了必要的了，这一点难道不是无可怀疑的吗？"（同上，第113页；参看第118、119页）

马克思：《剩余价值理论》，摘自《马克思恩格斯全集》第26卷第1册，人民出版社1972年6月第1版，第321—322页。

（七）资本主义生产的目的与人的需要、欲望

1. 私有财产和人的需要

我们已经看到，在社会主义的前提下，人的需要的**丰富性**具有什么样的意义，从而某种**新的生产方式**和某种新的生产**对象**具有什么样的意义。**人的本质力量**得到新的证明，**人的本质**得到新的充实。而在私有制范围内，这一切却具有相反的意义。每个人都指望使别人产生某种**新的**需要，以便迫使他作出新的牺牲，以便使他处于一种新的依赖地位并且诱使他追求新的**享受**，从而陷入一种新的经济破产。每个人都力图创造出一种支配他人的、**异己的**本质力量，以便从这里面获得他自己的利己需要的满足。因此，随着对象的数量的增长，奴役人的异己存在物王国也在扩展，而每一种新

产品都是产生相互欺骗和相互掠夺的新的**潜在力量**。人作为人更加贫穷，他为了夺取敌对的存在物，更加需要**货币**，而他的**货币**的力量恰恰同产品数量成反比，就是说，他的需求程度随着货币的**力量**的增加而日益增长。——因此，对货币的需要是国民经济学所产生的真正需要，并且是它所产生的唯一需要。——货币的量越来越成为它的唯一**强有力的**属性；正像货币把任何本质都归结为它的抽象一样，货币也在它自身的运动中把自身归结为**量的**存在物。**无度**和**无节制**成了货币的真正尺度。

从主观方面来说，这一点部分地表现在：产品和需要的范围的扩大，要**机敏地**而且总是**精打细算地**为屈从于非人的、过分精致的、非自然的和**幻想出来的**欲望。私有制不懂得要把粗陋的需要变为**人的**需要。它的**理想主义**不过是**幻想、任意的奇想、突发的怪想**；没有一个宦官不是厚颜无耻地向自己的君主献媚，并力图用卑鄙的手段来刺激君主的麻木不仁的享乐能力，以骗取君主的恩宠；工业的宦官即生产者则更厚颜无耻地用更卑鄙的手段来骗取银币，从自己按基督教教义说来应该去爱的邻人的口袋里诱取黄金鸟（每一种产品都是人们想用来诱骗他人的本质、他人的货币的诱饵；每一个现实的或可能的需要都是诱使苍蝇飞近涂胶竿的弱点；对共同的人的本质的普遍利用，正像人的每一个缺陷一样，是对人来说是同天国联结的一个纽带，是使僧侣能够接近人心的途径；每一项急需都是一个机会，使人能够摆出一副格外殷勤的面孔来走向自己的邻人并且对他说：亲爱的朋友，你需要什么，我给你，但是你知道，有先决条件；你知道，你应当用什么样的墨水给我写字据；既然我给你提供了享受，我也要敲诈你一下），——工业的宦官迎合他人的最下流的念头，充当他和他的需要之间的牵线人，激起他的病态的欲望，默默地盯着他的每一个弱点，然后要求对这种殷勤的服务付酬金。

这种异化也部分地表现在：一方面出现的需要的精致化和满足需要的资料的精致化，却在另一方面造成需要的牲畜般的野蛮化和最彻底的、粗糙的、抽象的简单化，或者毋宁说这种精致化只是再生出相反意义上的自身。对于工人来说，甚至对新鲜空气的需要也不再成其为需要了。……

//需要和满足需要的资料的增长如何造成需要的丧失和满足需要的资料的丧失，国民经济学家（和资本家：每当我们谈到国民经济学家，我们一般总是指**经验**的生意人，国民经济学家是他们的**科学**自白和科学存在的）

是这样论证的：（1）他把工人的需要归结为维持最必需的、最悲惨的肉体生活，并把工人的活动归结为最抽象的机械运动；于是他说：人无论在活动方面还是在享受方面都没有别的需要了；因为他**甚至**把这样的生活都宣布为人的生活和人的存在；（2）他把尽可能**贫乏**的生活（生存）当作**计算**的标准，而且是普遍的标准；说普遍的标准，是因为它适用于大多数人。他把工人变成没有感觉和没有需要的存在物，正像他把工人的活动变成抽去一切活动的纯粹抽象一样。因此，工人的任何**奢侈**在他看来都是不可饶恕的，而一切超出最抽象的需要的东西——无论是被动的享受或能动的表现——在他看来都是奢侈。……你的**存在**越微不足道，你表现你的生命越少，你**拥有**的就越多，你的**外化**的生命就越大，你的异化本质也积累得越多。……

生产对富人所具有的意义，**明显地**表现在生产对穷人所具有的意义中；这对于上层来说总是表现得讲究、隐秘、含糊，是表象；而对于下层来说则表现得粗陋、明白、坦率，是本质。工人的粗陋的需要是比富人的**讲究的**需要大得多的赢利来源。伦敦的地下室给房产主带来的收入比宫殿带来的更多，就是说，这种住所对房产主来说是**更大的财富**，因此，用国民经济学的语言来说，是更大的**社会财富**。——正像工业利用需要的讲究来进行投机一样，工业也利用需要的**粗陋的**，而且是人为地造成的需要的粗陋来进行投机。因此，对于这种粗陋来说，**自我麻醉**，这种对需要的**虚假满**足，这种**在**需要的粗陋野蛮**之中**的文明，是一种真正的享受。——因此，英国的酒店是私有制具有**象征意义的**表现。酒店的**奢侈**表明工业的奢侈和工业的财富对人的真正的关系。因此，酒店理所当然地是人民唯一的、至少得到英国警察从宽对待的星期日娱乐场所。

……

仅仅供享乐的、不活动的和供挥霍的财富的规定在于：享受这种财富的人，一方面，仅仅作为**短暂的**、恣意放纵的个人而**行动**，并且把别人的奴隶劳动、把人的**血汗**看做自己的贪欲的虏获物，所以他把人本身，因而也把自己本身看做可牺牲的无价值的存在物。在这里，对人的蔑视，表现为狂妄放肆，表现为对那可以维持成百人生活的东西的任意糟蹋，又表现为一种卑鄙的幻觉，即仿佛他的无节制的挥霍浪费和放纵无度的非生产性消费决定着别人的**劳动**，从而决定着别人的**生存**；他把人的**本质力量**的实现，仅仅看做自己无度的要求、自己突发的怪想和任意的奇想的实现。但是，另一方面，财富又被仅仅看做手段，看做应当加以消灭的东西。因而，他既是自己的财富的奴隶，同时又是它的主人；既是慷慨大方的，同时又是卑鄙无耻的、性情乖张的、傲慢自负的、目空一切的、文雅的、有教养的和机智的。他还没有体验到这种财富是一种作为凌驾于自己之上的完全**异己的力量的财富**。……

> 马克思：《1844年经济学哲学手稿》（1844年4—8月），摘自《马克思恩格斯文集》第1卷，人民出版社2009年12月第1版，第223—234页。

2. 资本主义社会中人的享乐

现代社会恰好提出了极其离奇的要求：应该实行禁欲的，不是以致富为交换目的的人，倒是以生活资料为交换目的的人。

> 马克思：《经济学手稿》（1857—1858年），摘自《马克思恩格斯全集》第46卷上册，人民出版社1979年7月第1版，第244页。

手稿中删去了以下这一段话："在中世纪，享乐已经完全分级了；每一个等级都有自己特殊的享乐和特殊的享乐方式。贵族是一个具有专门过享乐生活这种特权的等级，而在资产阶级那里劳动和享乐已经分家，而且享乐服从于劳动。农奴是一个被指定专门从事劳动的阶级，他们所得到的享乐只是极少的极有限的，甚至是偶然才能得到的，要看他们主人的高兴和其他偶然情况而定，而且不一定会被考虑到的。——在资产阶级统治下，享乐的形式取决于社会上不同的阶级。资产阶级的享乐是由这个阶级在它不同发展阶段上生产出来的物质资料决定的，这种享乐具有一种迄今仍为它特有的无聊性质，这种性质是由个人以及享乐日益服从于金钱利润赋予的。无产阶级的享乐，一方面由于漫长的工作日（因而对享乐的要求达到了顶点），另方面由于无产者所得到的享乐在质量和数量上非常有限，因而具有了目前这种粗陋的形式。迄今为止的一切等级和阶级的享乐一般说来一定或者是孩子般的、令人厌倦的或者是粗陋的，因为所有这些享乐总是同个人的全部生活活动和生活的真正内容脱离的，因而多少可以归结为：假想的内容加在毫无内容的活动之上。当然，只有在资产阶级和无产阶级之间的对立发展到有可能批判现存生产方式和交往方式的时候，才能对这些至今存在着的享乐进行批判。"——编者注

> 马克思、恩格斯：《德意志意识形态》（1845—1846年），摘自《马克思恩

格斯全集》第 3 卷，人民出版社 1960 年 12 月第 1 版，第 490 页注释①。

3."积累欲（财富欲）"与"享受欲（消费欲）"的冲突

一切产品、活动、关系可以同第三者，同**物的东西**相交换，而这第三者又可以**无差别地**同一切相交换，就是说，交换价值（以及货币关系）的发展，同普遍贿赂，普遍收买是一回事。普遍卖淫现象，表现为人的素质、能力、才能、活动的社会性质发展的一个必然阶段。说得文雅一点就是：普遍的效用关系和适用关系。使不同的东西等同起来，莎士比亚对货币就曾有过这样中肯的理解。没有货币，就不可能有致富的欲望本身；其他的一切积累和积累欲望，表现为原始的、有限的、一方面受需求、另一方面受产品的有限性制约的东西（万恶的求金欲）。（第 109—110 页）

因为每个人都想生产货币，所以致富欲望是所有人的欲望，这种欲望创造了一般财富。因此，只有一般的致富欲望才能成为不断重新产生的一般财富的源泉。由于劳动是雇佣劳动，劳动的目的直接就是货币，所以一般财富**就成为**劳动的目的和对象。（**在这方面，必须谈谈刚刚转变为雇佣兵制度的古代军队组织**。）作为目的的货币在这里成了普遍勤劳的手段。生产一般财富，就是为了占有一般财富的代表。这样，真正的财富源泉就打开了。（第 173—174 页）

> 马克思：《经济学手稿》（1857—1858 年），摘自《马克思恩格斯全集》第 46 卷上册，人民出版社 1979 年 7 月第 1 版。

但是，原罪到处发生作用。随着资本主义生产方式、积累和财富的发展，资本家不再仅仅是资本的化身。他对自己的亚当①具有"人的同情感"②，而且他所受的教养使他把禁欲主义的热望嘲笑为旧式货币贮藏者的偏见。古典的资本家谴责个人消费是违背自己职能的罪恶，是对积累的"节制"，而现代化的资本家却能把积累看做是对自己的享受享受冲动的"禁欲"。"啊，他的胸中有两个灵魂，一个要想同另一个分离！"③

在资本主义生产方式的历史初期，——而每个资本主义的暴发户都个别地经过这个历史阶段，——致富欲和贪欲作为绝对的欲望占统治地位。但资本主义生产的进步不仅创立了一个享乐世界；随着投机和信用事业的

---

① "亚当"在这里也有欲望、情欲的意思。——编者注
② "人的同情感"引自席勒的叙事诗《人质》。——编者注
③ 套用了歌德《浮士德》第 1 部第 2 场《城门之前》中的诗句。——编者注

发展,它还开辟了千百个突然致富的源泉。在一定的发展阶段上,已经习以为常的挥霍,作为炫耀富有从而取得信贷的手段,甚至成了"不幸的"资本家营业上的一种必要。奢侈被列入资本的交际费用。此外,资本家财富的增长,不像货币贮藏者那样同自己的个人劳动和个人消费的节约成比例,而是同他榨取别人的劳动力的程度和强使工人放弃一切生活享受的程度成比例的。因此,虽然资本家的挥霍从来不像放荡的封建主的挥霍那样是直截了当的,相反地,在它的背后总是隐藏着最肮脏的贪欲和最小心的盘算;但是资本家的挥霍仍然和积累一同增加,一方决不会妨害另一方。因此,在资本家个人的崇高的心胸中同时展开了积累欲和享受欲之间的浮士德式的冲突。

......

积累啊,积累啊!这就是摩西和先知们![1]"勤劳提供物资,而节俭把它积累起来"。[2]因此,节俭啊,节俭啊,也就是把剩余价值或剩余产品中尽可能大的部分重新转化为资本!为积累而积累,为生产而生产——古典经济学用这个公式表达了资产阶级时期的历史使命。它从未低估过财富分娩带来的痛苦,[3]而对历史必然性悲叹又有什么用处呢?在古典经济学看来,无产者不过是生产剩余价值的机器,而资本家也不过是把这剩余价值转化为追加资本的机器。它非常严肃地对待资本家的历史职能。为了使资本家的内心摆脱享受欲和致富欲之间的不幸的冲突,马尔萨斯在本世纪20年代初期曾维护这样一种分工:让实际从事生产的资本家承担积累的任务,而让另一些参加剩余价值分配的人,如土地贵族、领受国家和教会俸禄的人等等承担挥霍的任务。他说,最重要的就是"把支出欲和积累欲分开"[4]。那些早就变得享乐成性和沉湎于交际的资本家先生们不由得大叫起来。他们的代言人之一,一个李嘉图派叫道:马尔萨斯先生鼓吹高额地租、高额税收等等,难道是为了让非生产消费者来不断地刺激工业家!诚然,

---

[1] 据基督教传说,圣经《旧约全书》是摩西和其他先知们写成的。"这就是摩西和先知们"这句话的意思是:这是主要的东西!这是第一诫!——编者注

[2] 亚当·斯密《国富论》第2卷第3章。

[3] 甚至让·巴·萨伊也说:"富人是靠牺牲穷人进行储蓄的。""罗马的无产者几乎完全靠社会过活……几乎可以说,现代社会是靠无产者过活,靠夺取无产者的那一部分劳动报酬过活。"(西斯蒙第《政治经济学概论》第1卷第24页)

[4] 马尔萨斯《政治经济学原理》第319、320页。

口号所标榜的是生产,规模不断扩大的生产,但是,

"这个过程与其说会促进生产,不如说会阻碍生产。而且让一部分人过着游手好闲的生活,只是为了去鞭策另一些人,这也不是十分公正的。尽管从后者的性格来说,如果强迫他们去做,他们是能把事情办好的"①。

尽管他认为靠吸掉工业资本家汤里的油水这种办法来刺激工业资本家去积累是不公正的,但是他觉得,"要使工人勤勉地劳动",必须尽可能地把工人的工资减到最低限度。他从来也不隐瞒生财之道就在于占有无酬劳动。

马克思:《资本论》第1卷,摘自《马克思恩格斯文集》第5卷,人民出版社2009年12月第1版,第684—687页。

马尔萨斯一方面追随西斯蒙第;一方面在他那里又冒出重农主义的传统,这种传统认为,非生产阶级的**消费基金**实际上是与生产基金完全不同的基金,为了使它的再生产不致停顿,它必须被消费掉。但是,在马尔萨斯那里(与重农主义者不同,而且与李嘉图相反),具有决定意义的是:力图保护土地贵族、国教会、寡头官僚集团以及它们的所有走卒不受另外的工业化主义的影响,并**在经济学**上为之辩护。这种情况就象是:"啊,他的胸中有两个灵魂,一个要想同另一个分离!"也就是说,在资本家的胸中积累欲和消费欲并存。这两种欲望是规模不断扩大的再生产所必需的。但是,这两种结合在一个人身上的欲望会互相损害。如果积累欲压倒了消费欲,这时就会出现生产过剩。如果消费欲压倒了积累欲,这时资本主义生产的精神和火焰就会熄灭。因此,这两种欲望必须分开,而在这种情况下,地主、教会和国家的消费欲越是迅速地得到它的满足手段,资本家的积累欲就越会得到热心的支持。不过,因为剩余生产在这个基础上必然同剩余消费结合在一起,所以在马尔萨斯的这种奇谈怪论中也有某种正确的东西。只是他忘记了,(1)国家在资产阶级手中要比在寡头统治者手中更浪费;(2)从工业资本家阶级中不断地分出一个不断追求消费的"货币阶级";(3)地主阶级的地租的自然增长得到保证;(4)不管政治经济学如何明智等等,工业资本家随着文明的发展学会胡乱花钱。

马克思:《〈资本论〉第二册〈资本的流通过程〉(手稿)》(1864年),

---

① 《论马尔萨斯先生近来提倡的关于需求的性质和消费的必要性的原理》,第67页。

摘自《马克思恩格斯全集》第49卷，人民出版社1982年12月第1版，第523—524页。

4. "为生产而生产"：资本主义生产的目的是"发展资料"

资本家只有作为人格化的资本，他才有历史的价值，才有像聪明的利希诺夫斯基所说的"没有任何日期"① 的历史存在权。也只有这样，他本身的暂时必然性才包含在资本主义生产方式的暂时必然性中。但既然这样，他的动机，也就不是使用价值和享受，而是交换价值和交换价值的增殖了。作为价值增殖的狂热追求者，他肆无忌惮地迫使人类去为生产而生产，从而去发展社会生产力，去创造生产的物质条件；而只有这样的条件，才能为一个更高级的、以每一个个人的全面而自由的发展为基本原则的社会形式建立现实基础。只有作为资本的人格化，资本家才受到尊敬。作为资本的人格化，他同货币贮藏者一样，具有绝对的致富欲。但是，在货币贮藏者那里表现为个人的狂热的事情，在资本家那里却表现为社会机制的作用，而资本家不过是这个社会机制中的一个主动轮罢了。此外，资本主义生产的发展，使投入工业企业的资本有不断增长的必要，而竞争使资本主义生产方式的内在规律作为外在的强制规律支配着每一个资本家。竞争迫使资本家不断扩大自己的资本来维持自己的资本，而他扩大资本只能靠累进的积累。

所以，就资本家的一切行动只是那个通过他才有了意志和意识的资本的职能而论，他的私人消费，对他来说也就成了对他的资本积累的掠夺，就相像在意大利式簿记中把资本家的私人开支记在资本的借方来同资本相对立一样。积累是对社会财富世界的征服。

马克思：《资本论》第1卷，摘自《马克思恩格斯文集》第5卷，人民出版社2009年12月第1版，第683—684页。

在资本的生产过程本身内部，用于生产固定资本的劳动时间和用于生产流动资本的时间的关系，就象剩余劳动时间和必要劳动时间的关系一样。

---

① "没有任何日期"，是西里西亚大地主费·玛·利希诺夫斯基于1848年7月25日在法兰克福国民议会发言反对波兰独立存在的历史权利时说的一句话。每当他说这句话时，都违反了德语语法规则用了两个否定词，把"Keinen Datum hat"说成"Keinen Datum nicht hat"。因此，他的发言引起哄堂大笑。关于利希诺夫斯基的发言，详见恩格斯1848年8月7日—9月6日写的《法兰克福关于波兰问题的辩护》中的第七节。——编者注

为满足直接需要的生产越是具有生产率,就越能有更大的一部分生产用来满足生产本身的需要,换句话说,用来生产生产资料。既然**固定资本**的生产,甚至从物质方面来看,其直接目的不是为了生产直接的使用价值,也不是为了生产资本的直接再生产所需要的价值(即在创造价值的过程中又相对地代表使用价值的价值);相反地,固定资本的生产是为了生产创造价值的手段,就是说,它不是为了作为直接对象的价值,而是为了创造价值,为了价值增殖的手段这一生产的直接对象(从物质上看,价值的生产在生产对象本身上表现为生产的目的,也就是资本的生产力物化的目的,资本生产价值的能力物化的目的),——既然如此,那么,正是在**固定资本**的生产中,**和在流动资本的生产中相比,资本在更高程度上使自己成为目的本身**并作为**资本**发挥作用。因此,从这方面来看,固定资本的规模和固定资本的生产在整个生产中所占的比重,也是以资本生产方式为基础的财富**发展的尺度**。(第223—224页)

为生产而生产,即不顾直接需要或直接享用的限度而去发展生产财富的生产力,这一点在配第那里是这样表述的:不是为了会使一切商品都被用掉的一时的享用,而是为了金银去进行生产和交换。配第在这里同时主张和鼓吹的,也就是十七世纪英国民族的强有力的、不顾一切的、普遍的致富欲。(第449页)

马克思:《经济学手稿》(1857—1858年),摘自《马克思恩格斯全集》第46卷下册,人民出版社1980年8月第1版。

李嘉图把资本主义生产方式看作最有利于生产、最有利于创造财富的生产方式,对于他那个时代来说,李嘉图是完全正确的。他希望**为生产而生产**,这是**正确的**。如果象李嘉图的感伤主义的反对者们那样,断言生产本身不是目的本身,那就是忘记了,为生产而生产无非就是发展人类的生产力,也就是**发展人类天性的**财富这种目的本身。如果象西斯蒙第那样,把个人的福利同这个目的对立起来,那就是主张,为了保证个人的福利,全人类的发展应该受到**阻碍**,因而,举例来说,就不能进行任何战争,因为战争无论如何会造成个人的死亡。(西斯蒙第只是与那些**掩盖**这种对立、否认这种对立的经济学家相比较而言,才是正确的。)这种议论,就是不理解:"人"类的才能的这种发展,虽然在开始时要靠牺牲多数的个人,甚至靠牺牲整个阶级,但最终会克服这种对抗,而同每个个人的发展相一致;

因此，个性的比较高度的发展，只有以牺牲个人的历史过程为代价。至于这种感化议论的徒劳，那就不用说了，因为在人类，也象在动植物界一样，种族的利益总是要靠牺牲个体的利益来为自己开辟道路的，其所以会如此，是因为种族的利益同**特殊个体的利益**相一致，这些特殊个体的力量，他们的优越性，也就在这里。

由此可见，李嘉图的毫无顾忌不仅是**科学上的诚实**，而且从他的立场来说也是**科学上的必要**。因此对李嘉图来说，生产力的进一步发展究竟是毁灭土地所有权还是毁灭工人，这是无关紧要的。如果这种进步使工业资产阶级的资本贬值，李嘉图也是欢迎的。如果劳动生产力的发展使**现有的固定资本贬值一半**，那将怎样呢？——李嘉图说，——要知道人类劳动生产率却因此提高了一倍。这就是**科学上的诚实**。如果说李嘉图的观点整个说来符合**工业资产阶级**的利益，这只是**因为**工业资产阶级的利益符合生产的利益，或者说，符合人类劳动生产率发展的利益，并且**以此为限**。凡是资产阶级同这种发展发生矛盾的场合，李嘉图就**毫无顾忌地**反对资产阶级，就象他在别的场合反对无产阶级和贵族一样。

而**马尔萨斯呢**！这个无赖，从已经由科学得出的（而且总是他**剽窃来的**）前提，只做出对于贵族反对资产阶级以及对于贵族和资产阶级两者反对无产阶级来说，是"**合乎心意的**"（有用的）结论。因此，他不希望**为生产而生产**，他所希望的只是在维持或加强**现有制度**并且为统治阶级利益服务的那种限度内的生产。

马克思：《剩余价值理论》，摘自《马克思恩格斯全集》第 26 卷第 2 册，
人民出版社 1973 年 7 月第 1 版，第 124—125 页。

5. "一方面是为生产而生产，与此相对，另一方面必定是为消费而消费"

工人的消费，平均起来只等于他的生产费用，而不等于他的产品。因此，全部余额都是工人为别人生产的，所以工人的这部分产品全是**为别人而生产**。其次，"产业资本家"迫使工人进行这种**剩余生产**（即超过工人本身生活需要的生产），并且运用一切手段来尽量增加这种同必要生产相对立的相对**剩余生产**，直接把剩余产品据为己有。但是，作为人格化的资本，他是为生产而生产，想为发财而发财。既然他是资本职能的单纯执行者，即资本主义生产的承担者，他所关心的就是交换价值和它的增加，而不是使用价值和它的数量的增加。他只关心抽象财富的增加,对别人劳动的愈来愈多的占有。他象货币贮藏者一样,完全受发财的绝对欲望支配,所不同的只是,他并不以形成金银财宝的幻想形式来满足这种欲望,而是以形成资本的形式即实际生产的形式来满足这种欲望工人的剩余生产是**为别人而生产**,正常的资本家,即"产业资本家"的生产则是**为生产而生产**。当然,他的财富愈增加,他也就愈背弃这种理想而成为挥霍者,哪怕是为了显示一下自己的财富也好。不过,他始终是昧着良心、怀着精打细算的念头去享用财富。"产业资本家"无论怎样挥霍,他实质上仍然和货币贮藏者一样吝啬。

西斯蒙第说,劳动生产力的发展使工人有可能得到愈来愈多的享受,但这些享受如果给了工人,就使他(作为雇佣工人)不适宜于劳动了①。如果是这样,那末,同样可以正确地说,"产业资本家"一旦成为享用财富的代表,一旦开始追求享受的积累,而不是积累的享受,他就或多或少不能执行自己的职能了。

可见,"产业资本家"也是**剩余生产即为别人而生产**的生产者。一方面有这种剩余生产,与此相对,另一方面必定有剩余消费,一方面是为生产而生产,与此相对,另一方面必定是为消费而消费。"产业资本家"必须交给地租所有者、国家、国债债权人、教会等等只消费收入的人的东西[408],固然绝对减少他的财富,但是使他发财的贪欲旺盛不衰,从而保存他的资本主义灵魂。如果土地租金和货币租金的所得者等等也把自己的收入花费在生产劳动上,而不花费在非生产劳动上,目的就不会达到。他们自己就会成为"产业资本家",而不再代表消费的职能。以后我们还会知道,一个李嘉图主义者和一个马尔萨斯主义者之间,曾就这个问题展开过一场极为滑稽的争论。

生产和消费是**内在地**[ansich]不可分离的。由此可以得出结论:因为它们在资本主义生产体系内实际上是分离的,所以它们的统一要通过它们的对立来恢复,就是说,如果 A 必须为 B 生产,B 就必须为 A 消费。正如每个资本家从他这方面说,都希望分享他的收入的人有所浪费一样,整

---

① 西斯蒙第说:"由于工业和科学的进步,每个工人每天所能生产的远远超过他自己所必需消费的。但在他的劳动生产财富的同时,这种财富如果供他自己消费,就使他不适宜于劳动了。"(《新原理》第 1 卷第 85 页)

个老重商主义体系也是以这样的观念为根据：一个国家从自己这方面必须节俭，但是必须为别的沉湎于享受的国家生产奢侈品。这里始终是这样的观念：一方是为生产而生产，因此另一方就是消费别国的产品。

马克思：《剩余价值理论》，摘自《马克思恩格斯全集》第26卷第1册，人民出版社1972年6月第1版，第292—294页。

但是，不兼卖者的买者，必须是不兼生产者的消费者，即必须是**非生产消费者**；正是这一类非生产消费者解决了马尔萨斯的矛盾。但是，这种非生产消费者必须同时是有支付能力的消费者，必须形成实际的需求，并且，他们所拥有的、每年支出的价值额，必须不仅足以支付他们购买和消费的商品的生产价值，而且除此以外还足以支付一个名义的利润附加额、剩余价值、出售价值和生产价值之间的差额。这一类买者在社会上代表为消费而消费，正象资本家阶级代表为生产而生产一样；前者代表"挥霍的热情"，后者代表"积累的热情"。（《政治经济学原理》[第2版]第326页）资本家阶级的积累欲望之所以能保持，是由于他们卖得之款经常大于他们的支出，而利润也就成为积累的刺激剂。尽管他们如此热中于积累，但不会弄到生产过剩的地步，或者说很难发生生产过剩，因为**非生产消费者**不仅是投入市场的产品的巨大排水渠，而且他们自己没有任何产品投入市场。所以，他们的人数不管怎样多，也不会造成对资本家的竞争；相反，他们所有的人都是只求不供的代表者，因此就会抵销资本家方面发生的供过于求。

马克思：《剩余价值理论》，摘自《马克思恩格斯全集》第26卷第3册，人民出版社1974年12月第1版，第48—49页。

如果说亚·斯密是向大工业过渡的工场手工业时期的经济学家，因而他主要是从中等资产者的角度来看积累，那么，李嘉图是**大工业的经济学家**，他是从大资产者的角度来看事物。为生产而生产，再生产最大可能地增长，特别是劳动生产力的增长，是最终的和决定性的目的。但是，李嘉图认为，为了这个目的没有必要宣传节约。既然资本主义生产方式对他来说是自然的和绝对的社会生产方式，而消费是任何生产的自然目的，那么，生产的自由发展必然包括一切形式的消费的发展，因此同资本一样，分为奢侈品的消费和其他产品的消费，是由资本主义生产的性质决定的，也就是说，是由利润率在不同资本之间的平均化决定的。李嘉图不再同意亚·

斯密的下述偏见：对劳动的需求会随着积累的增长而增长，因而工资，也就是说工人阶级的生活条件，会相应地得到改善。相反他指出，如果随着积累和伴随着积累的大工业的发展，对劳动的需求绝对增长，那末相对来说这种需求减少，而且会形成经常的过剩人口。（一些人成为多余的。）生产的工人阶级在这里只是作为机器而存在，这种机器为劳动条件的所有者（即为资本家和地主的私人需要）和为国家的集体需要（即为国家所能支配的**国民财富**）而生产剩余价值或剩余产品。斯密认为财富就是最大可能的生产工人人数，李嘉图则相反，他认为，与同一剩余产品和靠这个剩余产品为生的另一部分人口相比的尽可能少的生产人口，这只是劳动生产力得到最大限度发展的证明。说到奢侈品的消费，他甚至证明，对工人来说，地主消费这些奢侈品比资本家消费这些奢侈品更为有利，因为这些商品的消费会推动大量的工人，因为地主消费这些商品需要更多的食客、仆役等等，而头脑清醒的资本家却宁愿获得永久性的奢侈品。因此，地主通过自己的需求也会在劳动市场上产生有利于非生产工人的影响，地主通过自己的消费会比资本家更多地提高对劳动的需求。亚·斯密曾担心，数量大到不能容许地步的一部分生产工人会转化为非生产工人，这种担心对李嘉图来说已不存在，他知道，大工业会不断地创造出过剩人口，因此，他始终面临着充斥的劳动市场。

马克思：《〈资本论〉第二册〈资本的流通〉（手稿）》（1864年），摘自《马克思恩格斯全集》第49卷，人民出版社1982年12月第1版，第521—522页。

6. "积累欲（财富欲）"与"享受欲（消费欲）"的统一：未来的、想象的、抽象的享受欲

货币在其流通中转化成商品，通过 G—W 的交换，由消费结束了这一过程；或者商品同货币相交换，在 W—G 的交换中，货币或者消失掉，又去同 W 相交换，于是这一过程又以消费结束，货币或者退出流通，转化为僵死的贮藏货币和仅仅是想象的财富。（第29页）

作为可以留在流通之外的静止的最适当的等价物（因为它不是一定需要的对象），货币是［B′—6］储备，是未来的一般生活资料的保障：货币是无需要的人用来占有财富的形式，也就是人们用来占有多余部分，即占有财富中无须直接作为使用价值的部分的形式等等。货币既是对未来需要

的保障，又是超出需要的财富形式。（第 440 页）

> 马克思：《经济学手稿》（1857—1858 年），摘自《马克思恩格斯全集》第 46 卷下册，人民出版社 1980 年 8 月第 1 版。

货币贮藏者蔑视世俗的、一时的、短暂的享受，追求既不蛀又不锈、完全是天上的又完全是人间的永恒的财宝。（第 119 页）

致富的欲望与追求特殊的自然财富或使用价值（如衣服、首饰、畜群等等）的欲望不同，只有在一般财富本身个体化为一种特殊物品，因而可以当作单独的商品保存的时候，才可能发生。因此货币既表现为致富欲望的对象，同样又表现为致富欲望的源泉。实际上成为基础的是，交换价值本身及其增加成了目的。吝啬死守着贮藏货币，不让货币变成流通手段，但是求金欲保持着贮藏货币的货币灵魂，保持着它对于流通的经常的渴望。（第 122 页）

我们的货币贮藏者表现为交换价值的殉道者，坐在金塔顶上的神圣的禁欲主义者。他关心的只是社会形式的财富，因而他把这种财富埋藏起来不让社会见到。他追求的是具有永远适于流通的形式的商品，因而他把这种商品从流通中抽出。他热衷于交换价值，因而他不进行交换。财富的流动形式和财富的化石，长命之浆和哲人之石，像在炼金术中一样，彼此疯狂地纠缠着。为了想像中的无限享受，他放弃了一切享受。因为他希望满足一切社会需要，他就几乎不去满足必需的自然需要。他把财富保存在它的金属实体中，他也就把财富化成幻影。但实际上，为货币而积累货币是为生产而生产的野蛮形式，也就是社会劳动生产力超越惯常需要的界限的发展。商品生产愈不发达，交换价值的最初独立化为货币即货币贮藏就愈为重要；因此，在古代各民族，在直到目前为止的亚洲，在交换价值尚未掌握所有生产关系的现代农业民族中，货币贮藏起着重大的作用。（第 124 页）

> 马克思：《政治经济学批判》（1858—1859 年），摘自《马克思恩格斯全集》第 13 卷，人民出版社 1960 年 12 月第 1 版。

因此，货币不仅是致富欲望的**一个**对象，而且是致富欲望的**唯一**对象。这种欲望实质上就是万恶的求金欲。致富欲望本身是一种特殊形式的欲望，也就是说，它不同于追求特殊财富的欲望，例如追求服装、武器、首饰、女人、美酒等等的欲望，它只有在一般财富即财富本身个体化为一种特殊物品的时候，也就是说，只有在货币表现在它的第三种规定上的时候，才可能发生。因此，货币不仅是致富欲望的对象，同时也是致富欲望的源泉。贪欲在没有货币的情况下也是可能的；致富欲望本身是一定的社会发展的产物，而不是与**历史产物**相对立的**自然产物**。因此，古代人抱怨货币是万恶之源。一般形式的享受欲以及吝啬，是货币欲的两种特殊形式。抽象的享受欲要求有一个包含一切享受可能性的对象。货币在它作为**财富的物质代表**的规定上，使抽象的享受欲得到实现；货币在它单纯是一般形式的财富并同作为财富的特殊实体的商品相对立时，使吝啬得到实现。为了把货币本身保存下来，必须吝啬而牺牲掉对于特殊需要对象的一切关系，放弃这一切关系，以便满足货币欲本身的需要。（第171—172页）

随着金银被看作财富的物质代表和财富的一般形式，金银的积累怎样得到了真正的刺激。货币崇拜产生禁欲主义，节欲，自我牺牲——节俭和悭吝，蔑视世俗的、一时的、短暂的享受，追求**永恒的**财宝。因此，英国的清教和荷兰的新教都离不开搞钱。（第183页）

我们在货币上已经看到，作为价值而独立化的价值——或者说财富的一般形式——除了量上的变动，除了自身的增殖外，不可能有其他的运动。这种价值按其概念来说，是全部使用价值的总汇；但由于它始终只是一定量的货币（在这里是资本），所以它在量上的界限是与它的质相矛盾的。因此，它的本性是要经常地越出自己的界限。（因此，这种价值作为享乐用的财富，例如在罗马帝国时代，就表现为无限的奢侈，这种奢侈甚至要使享乐达到想象中的无限的程度，竟要吞噬凉拌珍珠等等。）所以，对于把自己固定为价值的那个价值来说，增殖和保存自己已经合而为一，它能保存自己，只是由于经常地越出自己在量上的界限，而这种界限是同它的形式规定，同它的内在的一般性相矛盾的。

因此，发财致富就是目的本身。资本的合乎目的的活动只能是发财致富，也就是使自身增大或增殖。一定的货币额（而货币对于它的所有者来说，总是只以一定的量存在，总是一定的货币额；这一点本应放在货币章中阐述）对于使货币恰恰不再成为货币的一定消费来说，可能完全够用。但是货币作为一般财富的代表，就不会是这样了。作为一定量的数额，作为有限的数额，货币只是一般财富的有限的代表，或者说，有限财富的代表，这个财富同这个财富的交换价值一样大小，前者是用后者来确切计量的。因此，货币根本不具有按照它的一般概念所应当具有的那种能力，即购买全部享受品、全部商品、全部物质财富实体的能力；它并不是"万物的结晶"等等。因此，作为财富，作为财富的一般形式，作为起价值作用的价值而被固定下来的货币，是一种不断要超出自己的量的界限的欲望：是无止境的过程。它自己的活力只在于此；它只有**不断地增殖**自己，才能**保持**自己成为不同于使用价值的自为的交换价值。（第 226—227 页）

> 马克思：《经济学手稿》（1857—1858 年），摘自《马克思恩格斯全集》第 46 卷上册，人民出版社 1979 年 7 月第 1 版。

7. "积累欲"也是一种"统治欲"

积累是对社会财富世界的征服。它在扩大被剥削的人身材料的数量的同时，也扩大了资本家直接和间接的统治。①

> 马克思：《资本论》第 1 卷，摘自《马克思恩格斯文集》第 5 卷，人民出版社 2009 年 12 月第 1 版，第 684 页。

8. 投机、信用事业的发展与奢侈品需求的增长

但是，原罪到处发生作用，毁坏一切。随着资本主义生产方式、积累和财富的发展，资本家不再仅仅是资本的化身。他对自己的亚当，对他的肉体具有"人的同情感"，他非常开明，多疑，以致敢于把严肃的禁欲主义嘲笑为旧式货币贮藏者的偏见。老派的资本家谴责一切不是必需的个人消费，认为这些消费仅仅是积累的损失，而现代化的资本家却能把剩余价值的资本化过程看作是自己的欲望的障碍。前者说，消费意味着"节制"积累；后者说，积累意味着"放弃"享受。"啊，我的胸中有两个灵魂，一个要想同另一个分离！"

在资本主义生产的初期，——而每个产业暴发户都个别地经过这个历史阶段，——贪欲和致富欲绝对占统治地位。但是生产的进步不仅创立了一个新的享乐世界：随着投机和信用事业的发展，它还开辟了千百个突然致富的源泉（第 254—260 页）。

> 马克思：《〈资本论〉第一卷法文版片断》（著者亲自修订）（1872 年 9 月—1875 年 11 月），摘自《马克思恩格斯全集》第 49 卷，人民出版社 1982 年 12 月第 1 版，第 232 页。

---

① 路德用高利贷者这种虽然在不断翻新但仍属老式的资本家形式为例，出色地说明了统治欲是致富欲的一个要素。……

如果没有相当多的奢侈品，那么建立在工人阶级和生产资料所有者对立基础上的任何生产方式都不可能长时期存在。其次，积累欲必然压倒消费欲，而这是同资本主义生产方式相一致的，尽管这种压倒部分地也表现为这样一种欲望形式：通过投机达到突然发财致富，以便以后来享受。

马克思：《〈资本论〉第二册〈资本的流通过程〉（手稿）》（1864年），摘自《马克思恩格斯全集》第49卷，人民出版社1982年12月第1版，第525页。

在欧洲各地都可以看到的现象中，1815年英国通过谷物法是最明显的一个例子。但是，当时资产阶级的力量已经比以前任何时候都强大了。商业和工业已经扩展到每一个角落，并使大腹便便的资产者财富巨增；资产阶级财富的增长表现在投机倒把的活跃上，表现在对舒适品和奢侈品的日益增长的需求上。

恩格斯：《德国状况·给"北极星报"编辑的第三封信》（1846年2月20日），摘自《马克思恩格斯全集》第2卷，人民出版社1957年12月第1版，第647页。

（八）人与物自然关系中人的生产性需求、欲望、享受与艺术享受

1. 关于享乐的合理性等等的唯物主义学说，同共产主义和社会主义之间有着必然的联系

曾经直接受教于洛克和**在法国**解释洛克的**孔狄亚克**立即用洛克的感觉论去反对17世纪的**形而上学**。他证明法国人完全有权把这种形而上学当做幻想和神学偏见的不成功的结果而予以抛弃。他公开**驳斥了笛卡儿、斯宾诺莎、莱布尼茨和马勒伯朗士**等人的体系。

他在他的著作"关于人类知识的起源的经验"中发展了洛克的观点，他证明，经验和习惯的事情不仅是灵魂，而且是感觉，不仅是创造观念的艺术，而且是感性知觉的艺术。因此，人的全部发展都取决于**教育**和**外部环境**。把孔狄亚克从法国各学派中排挤出去的正是**折中主义**哲学。

法国唯物主义和英国唯物主义的区别是与这两个民族的区别相适应的。法国人赋予英国唯物主义以机智，使它有血有肉，能言善辩。他们给它以它过去所没有的气概和优雅风度。他们使它**文明化了**。

爱尔维修也是以洛克的学说为出发点的，他的唯物主义具有真正法国的性质。爱尔维修也随即把他的唯物主义运用到社会生活方面（爱尔维修"论人"）。感性的印象和自私的欲望、享乐和正确理解的个人利益，是整个道德的基础。人类智力的天然平等、理性的进步和工业的进步的一致、人的天性的善良和教育的万能，这就是他的体系中的几个主要因素。

拉美特利的著作是笛卡儿唯物主义和英国唯物主义的结合。拉美特利利用了笛卡儿的物理学，甚至利用了它的每一个细节。他的"人是机器"一书是模仿笛卡儿的动物是机器写成的。在霍尔巴赫的"**自然体系**"中，论述物理学的那一部分也是法国唯物主义和英国唯物主义的结合，而论述道德的部分实质上则是以爱尔维修的道德论为依据。还和形而上学保持着最密切联系并为此受到黑格尔赞许的法国唯物主义者**罗比耐**（"自然论"），和**莱布尼茨**的学说有非常明显的关系。

我们一方面说明了法国唯物主义的两重起源，即起源于笛卡儿的物理学和英国的唯物主义，另一方面又说明了法国唯物主义同17世纪的**形而上学**，即笛卡儿、斯宾诺莎、马勒伯朗士和莱布尼茨的形而上学的对立，所以我们就没有必要再来叙述沃尔涅、杜毕伊、狄德罗等人的以及重农学派的观点。德国人只是在他们自己开始同**思辨的形而上学**进行斗争以后，才觉察出这种对立的。

笛卡儿的唯物主义成为**真正的自然科学**的财产，而法国唯物主义的另一派则直接成为**社会主义和共产主义**的财产。

并不需要多大的聪明就可以看出，关于人性本善和人们智力平等，关于经验、习惯、教育的万能，关于外部环境对人的影响，关于工业的重大意义，关于享乐的合理性等等的唯物主义学说，同共产主义和社会主义之间有着必然的联系。既然人是从感性世界和感性世界中的经验中汲取自己的一切知识、感觉等等，那就必须这样安排周围的世界，使人在其中能认识和领会真正合乎人性的东西，使他能认识到自己是人。既然正确理解的利益是整个道德的基础，那就必须使个别人的私人利益符合于全人类的利益。既然从唯物主义意义上来说人是不自由的，就是说，既然人不是由于有逃避某种事物的消极力量，而是由于有表现本身的真正个性的积极力量才得到自由，那就不应当惩罚个别人的犯罪行为，而应当消灭犯罪行为的反社会的根源，并使每个人都有必要的社会活动场所来显露他的重要的生命力。既然人的性格是由环境造成的,那就必须使环境成为合乎人性的环境。既然人天生就是社会的生物,那他就只有在社会中才能发展自己的真正的天性,而对于他的天性的力量的判断,也不应当以单个个人的力量为准绳,而应当以整个社会的力量为准绳。

诸如此类的说法,甚至在最老的法国唯物主义者的著作中也可以几乎一字不差地找到。在这里没有篇幅来对他们加以评论。对唯物主义的社会主义倾向具有代表性的,是洛克的英国早期学生之一**孟德维尔对恶习的辩护**。他证明,**在现代社会中恶习是必然的和有益的**。这决不是替现代社会辩护。

傅立叶是直接从法国唯物主义者的学说出发的。**巴贝夫主义者**是粗鲁的、不文明的唯物主义者,但是成熟的共产主义也是**直接**起源于**法国唯物主义**的。这种唯物主义正是以**爱尔维修**所赋予的形式回到了它的祖国**英国**。**边沁**根据爱尔维修的道德学建立了他那**正确理解的**利益的体系,而**欧文**则从**边沁**的体系出发去论证英国的共产主义。亡命英国的法国人**卡贝**受到了当地共产主义思想的鼓舞,当他回到法国时,他已经成了一个最有声望然而也是最肤浅的共产主义的代表人物。比较有科学根据的法国共产主义者**德萨米、盖伊**等人,像欧文一样,也把**唯物主义**学说当做**现实的人道主义**学说和**共产主义的逻辑**基础加以发展。

马克思、恩格斯:《神圣家族》(1844年9—11月),摘自《马克思恩格斯全集》第2卷,人民出版社1957年12月第1版,第165—168页。

在欧洲,宣传享乐的哲学同昔勒尼学派一样古老。在古代,这种哲学的创始者是**希腊人**,在近代是**法国人**,而他们成为创始者的根据也是相同的,因为他们的气质和他们的社会特别容易使他们追求享乐。享乐哲学一直只是享有享乐特权的社会知名人士的巧妙说法。至于他们享乐的方式和内容始终是由社会的整个制度决定的,而且要受社会的一切矛盾的影响,则已经不用说了;一旦享乐哲学开始妄图具有普遍意义并且宣布自己是整个社会的人生观,它就变成了**空话**。在这些情况下,它下降为道德说教,下降为对现存社会的诡辩的粉饰,或者变成自己的对立面,把强制的禁欲主义宣布为享乐。

在近代,享乐哲学是随同封建主义崩溃以及封建地主贵族变成君主专制时期贪图享乐和挥金如土的宫廷贵族而产生的。在宫廷贵族那里,享乐哲学还保持着那种反映在回忆录、诗歌、小说等等中的直接的素朴的人生观的形式。只有在革命资产阶级的某些著作家那里，它才成为真正的哲学。这些著作家一方面按他们所受的教育和生活方式来说是同各种宫廷贵族有关系的，另一方面，他们又赞同从资产阶级的较一般的存在条件中产生出来的较一般的资产阶级思想方法。因此，这种哲学得到两个阶级的承认，尽管这种承认是从完全不同的观点出发的。在贵族那里，这些话特别适用于最高等级及其生活条件，而资产阶级却把这些话普遍化了，并且把它们不加区别地应用于每一个人，于是资产阶级使享乐理论脱离了个人的生活条件，从而把它变成一种肤浅的虚伪的道德学说。当贵族在后来的发展进程中被推翻，而资产阶级同自己的对立面——无产阶级——发生冲突的时候，贵族变成了伪善的信教者；而资产阶级却道貌岸然，在自己的理论上有严格要求，或者陷入上面所提到的假仁假义中；虽然贵族在实践中根本没有放弃享乐，而资产阶级甚至使享乐采取了正式的经济形式——**穷奢极侈**的形式。

每一个时代的个人的享乐同阶级关系以及产生这些关系的、这些个人所处的生产条件和交往条件的联系，迄今为止还和人们的现实生活内容脱离的并且和这种内容相矛盾的享乐形式的局限性，任何一种享乐哲学同呈现于它之前的现实的享乐形式的联系，这种不加区别地面向一切个人的哲学的虚伪性，——所有这一切当然都只有在可能对现存制度的生产条件和交往条件进行批判的时候，也就是在资产阶级和无产阶级之间的对立产生了共产主义观点和社会主义观点的时候，才能被揭露。这就对任何一种道德，无论是禁欲主义道德或者享乐道德，宣判死刑。

马克思、恩格斯：《德意志意识形态》（1845—1846 年），摘自《马克思恩格斯全集》第 3 卷，人民出版社 1960 年 12 月第 1 版，第 488—490 页。

2. 在人与自然的关系中，人满足发挥自身生命力的"欲望"而获得"享受"

当现实的、肉体的、站在坚实的呈圆形的地球上呼出和吸入一切自然力的人通过自己的外化把自己现实的、对象性的**本质力量设定**为异己的对象时，**设定**并不是主体；它是**对象性**的本质力量的主体性，因而这些本质力量的活动也必定是**对象性**的活动。对象性的存在物进行对象性活动，如果它的本质规定中不包含对象性的东西，它就不进行对象性活动。它所以创造或设定对象，只是因为它是被对象设定的，因为它本来就是**自然界**。因此，并不是它在设定这一行动中从自己的"纯粹的活动"转而**创造对象**，而是它的**对象性**的产物仅仅证实了它的**对象性**活动，证实了它的活动是对象性的自然存在物的活动。

我们在这里看到，彻底的自然主义或人道主义，既不同于唯心主义，也不同于唯物主义，同时又是把这二者结合的真理。我们同时也看到，只有自然主义能够理解世界历史的行动。①

//**人直接地是自然存在物**。② 人作为自然存在物，而且作为有生命的自然存在物，一方面具有**自然力、生命力**，是**能动的**自然存在物；这些力量作为天赋和才能、作为**欲望**存在于人身上；另一方面，人作为自然的、肉体的、感性的、对象性的存在物，和动植物一样，是**受动的**③、受制约的和受限制的存在物，就是说，他的欲望的**对象**是作为不依赖于他的**对象**而存在于他之外的；但是，这些对象是他的**需要的对象**；是表现和确证他的本质力量所不可缺少的、重要的**对象**。说人是**肉体的**、有自然力的、有生命的、现实的、感性的、对象性的存在物，这就等于说，人有**现实的、感性的对象**作为自己本质的即自己生命表现的对象；或者说，人只有凭借现实的、感性的对象才能表现自己的生命。说一个东西是对象性的、自然的、感性的，又说，在这个东西之外有对象、自然界、感觉，或者说，它

---

① 路·费尔巴哈称自己的哲学观点为自然主义和人道主义，同时却回避唯物主义这个术语。这显然表明他不同意先前的英法两国的唯物主义的某些原则，特别是不同意抽象性，不同意把感性视为知识的基础和唯一源泉的感觉论。马克思在这里说的是在费尔巴哈以前的唯物主义哲学形式；他也像费尔巴哈那样对这些唯物主义哲学形式感到不满，认为不是旧唯物主义，也不是唯心主义，而是费尔巴哈的哲学——自然主义、人道主义——才能够理解世界历史的秘密。——编者注

② 马克思关于人是直接的和能动的自然存在物的论点，基本上是以路·费尔巴哈反对宗教唯心主义和哲学唯心主义而阐发的原则为依据的：把人看成自然界的特殊的、有意识的存在物；本质由外在对象的性质规定；任何存在物、任何本质必定具有对象的性质；在感性存在物之外的其他事物是感性存在物的生存所必需的，如空气供呼吸，水供饮用，光供照明，动植物产品供食用，等等。——编者注

③ "受动的"（leidend）这个术语来自路·费尔巴哈。费尔巴哈把这个术语解释为周围环境、外部世界对人发生作用的表现形式和方式。他说，只有受动的和需要的存在物才是必然的存在物；没有需要的存在是多余的存在；只有受动的东西才值得存在。马克思赞同费尔巴哈的上述观点，而且对"受动的"这一经验原则进行了极其重要的加工和扩充，把社会实践即人为了掌握和改造外部世界而进行的有意识的和有目的的活动也包括进去了。——编者注

本身对于第三者说来是对象、自然界、感觉，这都是同一个意思。//**饥饿**是自然的**需要**；因此，为了使自己得到满足，使自己解除饥饿，它需要自身之外的**自然界**、自身之外的**对象**。饥饿是我的身体对某一**对象**的公认的需要，这个对象存在于我的身体之外，是使我的身体得以充实并使本质得以表现所不可缺少的。太阳是植物的**对象**，是植物所不可缺少的、确证它的生命的对象，正像植物是太阳的对象，是太阳的唤醒生命的力量的**表现**，是太阳的**对象性**的本质力量的**表现**一样。

一个存在物如果在自身之外没有自己的自然界，就不是自然存在物，就不能参加自然界的生活。一个存在物如果在自身之外没有对象，就不是对象性的存在物。一个存在物如果本身不是第三者的对象，就没有任何存在物作为自己的**对象**，就是说，它没有对象性的关系，它的存在就不是对象性的存在。……

……而**非对象性的**存在物是一种非现实的、非感性的、只是思想上的即只是想象出来的存在物，是抽象的东西。说一个东西是**感性的**即现实的，是说它是感觉的对象，是感性的对象，也就是说在自身之外有**感性的**对象，有自己的感性的对象。说一个东西是感性的，就是指它是**受动的**。

因此，人作为对象性的、感性的存在物，是一个**受动的**存在物；因为它感到自己是受动的，所以是一个有**激情**的存在物。激情、热情是人强烈追求自己的对象的本质力量。

马克思：《1844年经济学哲学手稿》（1844年4—8月），摘自《马克思恩格斯文集》第1卷，人民出版社2009年12月第1版，第209—211页。

劳动首先是人和自然之间的过程，是人以自身的活动来中介、调整和控制人和自然之间的物质变换的过程……除了从事劳动的那些器官紧张之外，在整个劳动时间内还需要有作为注意力表现出来的有目的的意志，而且，劳动的内容及其方式和方法越是不能吸引劳动者，劳动者越是不能把劳动当作他自己体力和智力的活动来享受，就越需要这种意志。

马克思：《资本论》第1卷，摘自《马克思恩格斯文集》第5卷，人民出版社2009年12月第1版，第207—208页。

3. 劳动本身也是人的一种需要、需求

为了证明"只有劳动才是我们在任何时候都能用来估计和比较各种商品价值的最后的和现实的唯一尺度"，亚·斯密写道，"等量的劳动在任何时候和任何地方对工人本身都必定具有同样的价值。在工人的健康、精力和活动正常的情况下，在他所能具有的平均熟练程度的情况下，他总是要牺牲同样多的安宁、自由和幸福"（《国富论》第1卷第5章）。一方面，亚·斯密在这里（不是在每一处）把价值决定于生产商品所耗费的劳动量，同商品价值决定于劳动的价值混为一谈，因而他力图证明，等量的劳动总是具有同样的价值。另一方面，他感觉到，劳动就它表现为商品的价值而论，只是劳动力的耗费，但他把这种耗费又仅仅理解为牺牲安宁、自由和幸福，而不是把它也看作正常的生命活动。诚然，他看到的是现代雇佣工人。……

> 马克思：《资本论》第1卷，摘自《马克思恩格斯文集》第5卷，人民出版社2009年12月第1版，第60页（注释）。

因为工人一生的大部分时间是在生产过程中度过的，所以，生产过程的条件大部分也就是工人的能动生活过程的条件，是工人的生活条件。……生产条件同时又是工人的生存条件和生活条件。

> 马克思、恩格斯：《资本论》第3卷，摘自《马克思恩格斯文集》第7卷，人民出版社2009年12月第1版，第101—102页。

在共产主义社会高级阶段，在迫使人们奴隶般地服从分工的情形已经消失，从而脑力劳动和体力劳动的对立也随之消失之后；在劳动已经不仅仅是谋生的手段，而且本身成了生活的第一需要之后；在随着个人的全面发展，他们的生产力也增长起来，而集体财富的一切源泉都充分涌流之后，——只有在那个时候，才能完全超出资产阶级权利的狭隘眼界，社会才能在自己的旗帜上写上：各尽所能，按需分配！

> 马克思：《哥达纲领批判》（约1875年4月底—5月7日），摘自《马克思恩格斯文集》第3卷，人民出版社2009年12月第1版，第435—436页。

一个人"在通常的健康，体力，精神技能技巧的状况下"，也有从事一份正常的劳动和停止安逸的需求，这在斯密看来是完全不能理解的。（第112页）

劳动是积极的，创造性的活动。（第116页）

> 马克思：《经济学手稿》（1857—1858年），摘自《马克思恩格斯全集》第46卷下册，人民出版社1980年8月第1版。

我在劳动中肯定了自己的个人生命，从而也就肯定了我的个性的**特点**。**劳动是我真正的、活动的财产**。在私有制的前提下，我的个性同我自己疏远到这种程度,以致这种**活动**为我所**痛恨**,它对我来说是一种**痛苦**,更正确地说,只是活动的**假象**。因此,劳动在这里也仅仅是一种被迫的活动,它加在我身上仅仅是由于**外在的**、偶然的需要,而**不是**由于**内在的**必然的需要。

马克思:《詹姆斯·穆勒〈政治经济学原理〉一书摘要·论消费》(1844年上半年),摘自《马克思恩格斯全集》第42卷,人民出版社1979年9月第1版,第38页。

首先,劳动对工人来说是外在的东西,也就是说,不属于他的本质;因此,他在自己的劳动中不是肯定自己,而是否定自己,不是感到幸福,而是感到不幸,不是自由地发挥自己的体力和智力,而是使自己的肉体受折磨、精神遭摧残。因此,工人只有在劳动之外才感到自在,而在劳动中则感到不自在,他在不劳动时觉得舒畅,而在劳动时就觉得不舒畅。因此,他的劳动不是自愿的劳动,而是被迫的**强制劳动**。因而,这种劳动不是满足一种需要,而只是满足劳动以外的那些需要的一种**手段**。……在**劳动**过程中劳动对**生产行为**的关系。这种关系是工人对他自己的活动——一种异己的、不属于他的活动——的关系。在这里,活动是受动;力量是虚弱;生殖是去势;工人**自己的**体力和智力,他个人的生命——因为,生命如果不是活动,又是什么呢?——是不依赖于他、不属于他、转过来反对他自身的活动。

马克思:《1844年经济学哲学手稿》(1844年4—8月),摘自《马克思恩格斯文集》第1卷,人民出版社2009年12月第1版,第159—160页。

4. 劳动、生产本身也能产生快乐、乐趣、愉快而成为"享受"

生产越是多方面的,就是说,一方面,需要越是多方面的,另一方面,生产者完成的制品越是单方面的,他的劳动就越是陷入**谋生的劳动**的范畴,直到最后他的劳动的意义仅仅归于谋生的劳动并成为完全**偶然的**和**非本质的**,而不论生产者同他的产品是否有直接消费和个人需要的关系,也不论他的活动、劳动本身的行动对他来说是不是他个人的自我享受,是不是他的天然禀赋和精神目的的实现。(第28页)

我的劳动是**自由的生命表现**,因此是**生活的乐趣**。在私有制的前提下,它是**生命的外化**,因为我劳动是为了**生存**,为了得到生活资料。我的劳动**不是我的生命**。(第38页)

> 马克思：《詹姆斯·穆勒〈政治经济学原理〉一书摘要》（1844年上半年），摘自《马克思恩格斯全集》第42卷，人民出版社1979年9月第1版。

纯粹消极的东西什么也不创造。例如，如果劳动使工人愉快，——正象西尼耳所说的**节欲**无疑会使守财奴得到愉快一样，——那么，产品不会失掉丝毫价值。进行生产的**只有**劳动；它是**价值**这种产品的唯一**实体**。

> 马克思：《经济学手稿》（1857—1858年），摘自《马克思恩格斯全集》第46卷下册，人民出版社1980年8月第1版，第113—114页。

分工越细，劳动就越**简单化**。工人的特殊技巧失去任何价值。工人变成了一种简单的、单调的生产力，这种生产力不需要投入紧张的体力和智力。他的劳动成为人人都能从事的劳动了。因此，工人受到四面八方的排挤；我们还要提醒一下，一种工作越简单，就越容易学会，为学会这种工作所需要的生产费用越少，工资也就越降低，因为工资像一切商品的价格一样，是由生产费用决定的。

总之，劳动越是不能给人以乐趣，越是令人生厌，竞争也就越激烈，工资也就越减少。

> 马克思：《雇佣劳动与资本》（1847年12月下半月），摘自《马克思恩格斯文集》第1卷，人民出版社2009年12月第1版，第739页。

第一次大分工，即城市和乡村的分离，立即使农村居民陷于数千年的愚昧状况，使城市居民受到各自的专门手艺的奴役。它破坏了农村居民的精神发展的基础和城市居民的体力发展的基础。如果说农民占有土地，城市居民占有手艺，那么，土地也同样占有农民，手艺也同样占有手工业者。由于劳动被分割，人也就被分割了。为了训练某种单一的活动，其他一切肉体的和精神的能力都成了牺牲品。人的这种畸形发展和分工齐头并进，分工在工场手工业中达到了最高的发展。工场手工业把一种手艺分成各种局部操作，把每种操作分给各个工人，作为终生的职业，从而使他们一生束缚于一定的局部职能和一定的工具。"工场手工业把工人变成畸形物，它压抑工人多种多样的生产志趣和才能，人为地培植工人片面的技巧……个体本身也被分割开来，转化为某种局部劳动的自动的工具"（马克思），这种自动工具在许多情况下只有通过工人的肉体的和精神的真正的畸形发展才达到完善的程度。……一切"有教养的等级"都为各式各样的地方局限性和片面性所奴役，为他们自己的肉体上和精神上的短视所奴役，为他们的由于受专门教育和终身从事一个专业而造成的畸形发展所奴役，——甚至当这种专业纯属无所事事，情况也是这样。

……

当社会成为全部生产资料的主人，可以在社会范围内有计划地利用这些生产资料的时候，社会就消灭了迄今为止的人自己的生产资料对人的。不言而喻，要不是每一个人都得到解放，社会也不能得到解放。因此，旧的生产方式必须彻底变革，特别是旧的分工必须消灭。代替它们的应该是这样的生产组织：在这样的组织中，一方面，任何个人都不能把自己在生产劳动这个人类生存的必要条件中所应承担的部分推给别人；另一方面，生产劳动给每一个人提供全面发展和表现自己全部即体能和智能的机会，这样，生产劳动就不再是奴役人的手段，而成了解放人的手段，因此，生产劳动就从一种负担变成一种快乐。

恩格斯：《反杜林论》（1876 年 9 月—1878 年 6 月），摘自《马克思恩格斯文集》第 9 卷，人民出版社 2009 年 12 月第 1 版，第 308—311 页。

我们来回忆一下以上所引用的圣西门关于 libre développement detoutesles facultés〔一切天资的自由发展〕的原理。也回忆一下傅立叶想用 travailattrayant〔诱人的劳动〕来代替现今的 travailrépugnant〔使人厌恶的劳动〕的作法。由于"两极的对立"，我们才能看到对这些原理的如下的哲学论证和解释。

"**但是**〈这个"但是"是表示这里没有任何联系〉，当**生活**在自己的一切**表现**中，当生活在所有修炼和表现自己的力量和能力的时候都**应当**得到享乐和满足，所以**由此可以得出一个结论**：劳动本身**应当**是人类天资的表现和完善，劳动应当提供享乐、满足和幸福。**因此**，劳动本身**必然要**成为生活的**自由**表现，**从而**成为一种享乐。"（同上）

这里实现了"莱茵年鉴"序言中所许下的诺言，即指出："德国社会科学在其已达到的发展阶段上和英法的社会科学怎样的不同"，什么叫作"科学地阐明共产主义的学说"。

要把上面那短短几行字中所有不合逻辑的地方揭示出来而又不使读者

感到厌烦,是很困难的。首先我们指出**形式逻辑**上的错误。

为了要证明作为生活的表现的劳动应当提供享乐,因而就假定,生活在自己**每一个**表现中都应当提供享乐,由此得出结论说,生活在其作为劳动的表现中也应当提供享乐。我们的作者不满足于这样用义释的方法把假设变成结论,他又把结论本身窜改了。他从"生活在自己的一切表现中都应当得到享乐"这一点中得出结论说,作为生活的表现之一的劳动"**本身应当是人类天资的表现和完善**",就是说又是生活的表现和完善。因而,劳动就应当是劳动本身。劳动究竟在什么时候不曾是"人类天资的表现"呢?——但这还不算。**既然**劳动正应当是这样,"因此"劳动"**必然要成为**"劳动本身,或者说得更好些:既然劳动"应当是人类天资的表现和完善",因此**它必然要成为**完全另一种东西,即成为"生活的自由表现",而这是直到现在还根本没有谈到过的。如果在上面我们的作者从生活的享乐这一假定中直接引伸出劳动是享乐的假定,那末在这里,这后一个假定却是从"生活在劳动中的自由表现"这个新假定中所得出的结果。

至于说到这段话的**内容**,那末不清楚为什么劳动并不从来就是它应当成为的东西,为什么它现在就应当成为这样的东西,或者说为什么它应当成为那种直到现在都由于必然性而还没有成为的东西。……

诚然,直到现在,人的本质同人和自然界之间的两极对立,还没有得到解释。既然劳动只是**应当和必然**成为"提供享乐等等的自由活动",而还不是自由活动,那末倒不如说,**相反地**,劳动组织是"作为提供享乐的活动的劳动"的基础。但是,对我们这位作者来说,单只有了作为这种活动的劳动这个**概念**就已经是足够的了。

马克思、恩格斯:《德意志意识形态》(1845—1846年),摘自《马克思恩格斯全集》第3卷,人民出版社1960年12月第1版,第570—572页。

5. 自愿的生产活动是我们所知道的最高的享受

使工人道德沦丧的另一个根源就是他们的劳动的强制性。如果说自愿的生产活动是我们所知道的最高的享受,那末强制劳动就是一种最残酷最带侮辱性的痛苦。还有什么能比必须从早到晚整天地做那种自己讨厌的事情更可怕呢!工人愈是感到自己是人,他就愈是痛恨自己的工作,因为他感觉到这种工作是被迫的,对他自己说来是没有目的的。他为什么工作呢?是由于喜欢创造吗?是由于本能吗?决不是这样!他是为了钱，为了和工作本身毫无关系的东西而工作。他工作，因为他不得不工作，而且他要一连工作多少个钟头，单调得令人厌烦；如果他还保有些微人的感情的话，仅仅这一点就足以在最初几个星期内使他感到工作是一种痛苦。分工更把强制劳动所具有的使人动物化的这种作用增强了好多倍。在大多数的劳动部门里，工人的活动都被局限在琐碎的纯机械性的操作上，一分钟又一分钟固定不变地重复着，年年都是如此。如果一个人从童年起就每天有十二小时或十二小时以上从事于制针头或锉齿轮，再加上像英国无产者这样的生活条件，那末，当他活到三十岁的时候，也就很难保留下多少人的感情和能力了。这种情形在使用机器和蒸气动力以后也没有改变。工人的劳动减轻了，肌肉不需要紧张了，工作本身成了一些琐碎的事情，但同时也单调到了极点。这种工作不让工人有精神活动的余地，并且要他付出这样大的注意力，使他除了把工作做好，别的什么东西也不能想。这种强制劳动剥夺了工人除吃饭和睡觉所最必需的时间以外的一切时间，使他没有一点空闲去呼吸些新鲜空气或欣赏一下大自然的美，更不用说什么精神活动了，这种工作怎么能不使人沦为牲口呢？这样，工人还是必须在两条道路中选择一条：或者屈服于命运，做一个"好工人"，"忠实地"维护资产者的利益（如果这样做，他就势必要变成牲口），或者起来反抗，尽一切力量捍卫自己的人类尊严，而这只有在反抗资产阶级的斗争中才能做到。

> 恩格斯：《英国工人阶级状况》（1844年9月—1845年3月），摘自《马克思恩格斯全集》第2卷，人民出版社1957年12月第1版，第404—405页。

我们谈的是为**所有的人**创造生活条件，以便每个人都能自由地发展他的人的本性，按照人的关系和他的邻居相处，不必担心别人会用暴力来破坏他的幸福；而且也应当记住，个人不得不牺牲的东西并不是真正的人生乐趣，而仅仅是我们的丑恶的制度所引起的表面上的享乐，它是和目前享受这些虚伪的特权的人们的理智和良心相矛盾的。我们决不想破坏那种能满足一切生活条件和生活需要的真正的人的生活；相反地，我们尽一切力量创造这种生活。

> 恩格斯：《在爱北斐特的演说》（1845年2月15日），《马克思恩格斯全集》第2卷，人民出版社1957年12月第1版，第626页。

劳动的政治经济学对财产的政治经济学①还取得了一个更大的胜利。我们说的是合作运动，特别是由少数勇敢的"手"独力创办起来的合作工厂。对这些伟大的社会试验的意义不论给予多么高的估价都是不算过分的。工人们不是在口头上，而是用事实证明：大规模的生产，并且是按照现代科学要求进行的生产，在没有那个雇用工人阶级的雇主阶级也能够进行的；他们证明：为了有效地进行生产，劳动工具不应当被垄断起来作为统治和掠夺工人的工具；雇佣劳动，也像奴隶劳动和农奴劳动一样，只是一种暂时的和低级的形式②，它注定要让位于带着兴奋愉快心情自愿进行的联合劳动。

马克思：《国际工人协会成立宣言》（1864年10月21日—27日之间），摘自《马克思恩格斯文集》第3卷，人民出版社2009年12月第1版，第12—13页。

6. 资产阶级及其理论家把"贫困"视为工人劳动活动的推动力

有人反驳说，私有制一旦消灭，一切活动都会停止，懒惰之风就会兴起。

这样说来，资产阶级社会早就应该因懒惰而灭亡了，因为在这个社会里是劳者不获，获者不劳的。所有这一切顾虑，都可以归结为这样一句同义反复：一旦没有资本，也就不再有雇佣劳动了。

马克思、恩格斯：《共产党宣言》（1847年12月—1848年1月底），摘自《马克思恩格斯文集》第2卷，人民出版社2009年12月第1版，第48页。

（**肯宁安**）这一著作的标题揭示了它的全部内容：《论赋税。赋税对我国工厂中的劳动价格的影响，以及关于我们王国内工厂居民的一般行为和心情的某些想法，这些想法通过来自实践的论据证明：除了贫困以外，没有任何东西能强迫人去劳动 因此，**必须经常把工资保持在这样的水平上，即每天，今天和昨天一样，都有贫困发生，以强迫人去劳动，并使工人永远也不能摆脱这种"贫困"**，并且，凡是生活资料价格低廉的国家，从来都没有在商业中起过而且也不可能起重大的作用》（第538—539页）

如果工人劳动得较多，他们也不应当挣得更多，因为贫困应当始终是

---

① 在德文版中不是"财产的政治经济学"，而是"资本的政治经济学"。——编者注
② 在德文版中是"低级的社会形式"。——编者注

激励他们劳动的推动力；工人应当始终是**贫穷的**，但必须创造"商业阶层的"**财富**，换句话说，也就是为自己的资产阶级创造财富。（第541页）

马克思：《经济学手稿》（1861—1863年），摘自《马克思恩格斯全集》第48卷，人民出版社1985年2月第1版。

7. 构成生活享受的最内在核心的正是艺术享受

一年中总有一些时候使漂泊异乡的莱茵人特别思念自己美丽的故乡。春天，在过圣灵降临节时期，在莱茵音乐节的日子里，这种乡愁就格外强烈了。这完全是人之常情。这会儿，大家知道得可清楚啦，现在莱茵河流域一片绿色；春风吹拂，清澈的河水微波荡漾，大自然披上了节日的盛装；这时家里人正准备去参加歌唱旅行，明天就要动身了，而你却不在家里。

啊，莱茵音乐节是个美妙的节日！拥挤的、点缀着青枝绿叶的轮船，船上旌旗飘扬，号声阵阵，歌声嘹亮。一列列火车和成行的驿车，车上帽子在挥舞、头巾在飞扬，旅客从四面八方纷至沓来。

这里有老老少少兴高采烈的男人，也有嗓音优美的漂亮妇女。人人满怀着节日的心情，个个露出节日的笑颜。多么高兴呀！一切烦恼、一切事务统统置之脑后了。在熙熙攘攘的来客中，看不到一张严肃的面孔。旧友重逢，新交相识，青年人的笑语喧哗无尽无休，就连那些被爱女强劝着来参加节日活动的老年人，尽管身患关节炎、痛风、感冒和忧郁症，也被大家的欢乐情绪感染了，而且既然来参加了，就得尽情欢乐。大家都准备庆祝圣灵降临节，然而起源于纪念圣灵普降的节日，不可能比沉浸在神圣的欢乐和生活享受的气氛中更有意义，因为构成生活享受的最内在核心的正是艺术享受。而在一切艺术中，正是音乐最适于构成这种友好的省城集会的中心，附近所有受过教育的人都聚集在这里，互相激励生活的勇气，重温青春的欢乐。如果说在古代吸引人民群众的是雅典娜节和酒神节上的喜剧表演、悲剧诗人的比赛，那么今天在我们的气候条件和社会情况下，与此相应的就只有音乐了。因为正象音乐只有乐谱而不表达出来让人听到就不能使我们得到享受一样，悲剧只要没有通过乐队席和合唱席的演员用生动的语言表述出来，对于古代人来说就是死的和陌生的东西。现在，每个城市都有自己的剧院，每天晚上都有演出，而对古希腊人来说，只有在重大的节日，舞台才活跃起来；现在，报刊使每一个新剧本都传到全德国，而在古代，写出来的悲剧剧本，只有不多的人能读到。因此，戏剧再也不可能成为重大集会的中心了。应当起用另一种艺术，而这只能是音乐，因为只有音乐才允许为数众多的人进行协作，从而使音乐获得相当强的表现力；音乐是唯一使享受和生动的演奏一致起来的艺术，它影响所及的范围相当于古希腊的戏剧。

的确，德国人能赞美和扶植音乐，他们在各民族中是音乐之王，因为只有德国人才能把人类情感中最崇高和最神圣的东西，即最隐秘的东西从内心深处揭示出来，并且表现在音响之中，同样，也只有德国人才能极其充分地感受到音乐的力量，彻底地理解乐器和歌曲的语言。

但是，音乐在这里不是主要的。那什么是主要的呢？音乐庆祝活动才是主要的。圆心没有圆周就不成其为圆，同样，没有愉快友好的生活，音乐也就不成其为音乐了，因为愉快友好的生活构成音乐这一中心的圆周。莱茵人天性十分活泼。他们的血液在血管里象新酿的莱茵酒一样轻快地流动，他们的眼睛总是敏锐地、愉快地注视着周围的世界。在德国人中，他们是幸运儿，同其他人相比，他们感到世界总是美好的，生活总是愉快的；他们坐在葡萄树下，边说笑，边喝酒，自己的烦恼早已置之脑后，而别人还在从长计议要不要也这样干，把大好时光蹉跎了。毫无疑问，没有一个莱茵人会错过享受生活的机会，否则就会被当作大傻瓜。这种愉快的性情使他们青春永驻，而北德意志人早已进入老成持重和平凡无聊的平庸生活时期了。莱茵人一生都喜欢愉快、活泼的戏谑，象年轻人似的嬉闹，或者按照贤明的持重的人的说法，如痴如狂地干傻事和蠢事；自古以来，波恩和海得尔堡是两所最愉快的、最自由自在的大学。就连在枯燥无味的日常生活中因为操劳而精神不济的平庸老人，即令他早上鞭打了顽皮的孩子，晚上照旧端着酒杯津津有味地向孩子们讲述自己年轻时所干的那些已成往事的恶作剧。

由于莱茵人的性格永远是那样开朗、那样坦率、真挚而无忧无虑，所以毫不奇怪，在音乐节活动中几乎所有的人都不满足于听听人家的或让人家听自己的。这里有欢乐的气氛，有丰富多彩、无拘无束的生活；有清新的享受，在别处这是人们长期以来梦寐以求的。这里到处都可以遇到欢乐的、善良的人，他们对前来共享欢乐的人都是友爱和诚挚的。三天的庆祝活动就象几个小时一样在畅饮、歌唱、嬉笑中飞逝了。到第四天早晨，当大家已经尽兴待归的时候，他们又欣然期待着来年，相约再见，之后，每一个人依然兴高采烈、精神焕发地踏上归途，从事各自的日常工作。

  恩格斯：《莱茵省的节日》（1842 年 5 月 6 日），摘自《马克思恩格斯全集》第 41 卷，人民出版社 1982 年 12 月第 1 版，第 307 页。

8. 私有财产所造成的人的感性需要的异化和共产主义对"有音乐感的耳朵、能感受形式美的眼睛"等的感觉、享受的解放

  共产主义是对**私有财产**即人的自我异化的积极的扬弃，因而是通过人并且为了人而对人的本质的真正**占有**；因此，它是人向自身、向**社会**的即合乎人性的人的复归，这种复归是完全复归，是自觉实现并在以往发展的全部财富的范围内实现的复归。……

  这种**物质**的、直接**感性**的私有财产，是**异化了**的**人**的生命的物质的、感性的表现。私有财产的运动——生产和消费——是迄今为止全部生产的运动的**感性**表现，就是说，是人的实现或人的现实。宗教、家庭、国家、法、道德、科学、艺术等等，都不过是生产的一些**特殊**的方式，并且受生产的普遍规律的支配。因此，**私有财产**的积极的扬弃，作为对人的生命的占有，是一切异化的积极的扬弃，从而是人从宗教、家庭、国家等等向自己的合乎人性的即社会的存在的复归。……

  我们已经看到，在被积极扬弃的私有财产的前提下，人如何生产人——他自己和别人；直接体现他的个性的对象如何是他自己为别人的存在，同时是这个别人的存在，而且也是这个别人为他的存在。但是，同样，无论劳动的材料还是作为主体的人，都既是运动的结果，又是运动的出发点（并且二者必须是这个**出发点**，私有财产的历史**必然性**就在于此）。因此，**社会性**质是整个运动的普遍性质；**正像社会**本身生产作为人的**人**一样，社会也是由**人生产**的。活动和享受，无论就其内容或就其**存在方式**来说，都是**社会**的活动和**社会**的享受。自然界的人的本质只有对**社会**的人来说才是存在的；因为只有在社会中，自然界对人来说才是人与**人联系的纽带**，才是他为别人的存在和别人为他的存在，只有在社会中，自然界才是人自己的合乎人性的存在的**基础**，才是人的现实的生活要素。只有在社会中，人的**自然**的存在对他来说才是人的**合乎人性**的存在，并且自然界对他来说才成为人。因此，**社会**是人同自然界的完成了的本质的统一，是自然界的真正复活，是人的实现了的自然主义和自然界的实现了的人道主义。

  ……

//因此，对私有财产的扬弃，是人的一切感觉和特性的彻底**解放**；但这种扬弃之所以是这种解放，正是因为这些感觉和特性无论在主体上还是在客体上都变成**人的**。眼睛变成了人的眼睛，正像眼睛的**对象**成为社会的、**人的**、由人并为了人创造出来的对象一样。因此，**感觉**在自己的实践中直接成为**理论家**。感觉为了物而同**物**发生关系，但物本身却是对自身和对人的一种**对象性的**、**人的**关系；反过来也是这样。////当物按人的方式同人发生关系时，我才能在实践上按人的方式同物发生关系。因此，需要和享受失去了自己的**利己主义**性质，而自然界失去了自己的纯粹的**有用性**，因为效用成了**人的**效用。

　　同样，别人的感觉和精神也为我**自己**所占有。因此，除了这些直接的器官以外，还以社会的**形式**形成**社会的**器官。例如，直接同他人直接交往的活动等等，成为我的**生命表现**的器官和对**人的**生命的一种占有方式。

　　不言而喻，**人的**眼睛和野性的、非人的眼睛得到的享受不同，人的**耳朵**和原始的耳朵与野性的耳朵得到的享受不同，如此等等。

　　我们知道，只有当对象对人说来成为**人的**对象或者说成为对象性的人的时候，人才不致在自己的对象中丧失自身。只有当对象对人说来成为**社会的**对象，人本身对自己来说成为社会的存在物，而社会在这个对象中对人说来成为本质的时候，这种情况才是可能的。//

　　因此，一方面，随着对象性的现实在社会中对人来说到处成为人的本质力量的现实，成为人的现实，因而成为人**自己的**本质力量的现实，一切**对象**对他来说也就成为他自身的**对象化**，成为确证和实现他的个性的对象，成为**他的**对象，这就是说，对象成为**他自身**。对象如何对他来说成为他的对象，这取决于**对象的性质**以及与之相适应的**本质力量**的性质；因为正是这种关系的**规定性**形成一种特殊的、**现实的**肯定方式。**眼睛**对对象的感觉不同于**耳朵**，眼睛的对象是不同于**耳朵**的对象的。每一种本质力量的独特性，恰好就是这种本质力量的**独特的本质**，因而也是它的对象化的独特方式，是它的**对象性的**、**现实的**、活生生的**存在**的独特方式。因此，人不仅通过思维，[VIII] 而且以全部感觉在对象世界中肯定自己。

　　另一方面，即从主体方面来看：只有音乐才激起人的音乐感；对于没有音乐感的耳朵来说，最美的音乐也**毫无意义**，不是对象；因为我的对象只能是我的一种本质力量的确证，就是说，它只能像我的本质力量作为一种主体能力自为地存在着那样对我存在,因为任何一个对象对我的意义(它只是对那个与它相适应的感觉来说才有意义)恰好都以**我的**感觉所及的程度为限。因此,社会的人的**感觉**不同于非社会的人的感觉。只是由于人的本质客观地展开的丰富性,主体的、**人的**感性的丰富性,如有音乐感的耳朵、能感受形式美的眼睛,总之,那些能成为**人的**享受的感觉,即确证自己是**人的本**质力量的感觉,才一部分发展起来,一部分产生出来。因为,不仅五官感觉,而且连所谓精神感觉、实践感觉(意志、爱等等),一句话,**人的**感觉、感觉的人性,都只是由于**它的**对象的存在,由于**人化的**自然界,才产生出来的。

五官感觉的**形成**是迄今为止全部世界历史的产物。囿于粗陋的实际需要的**感觉**,也只具有**有限的意义**。//对于一个忍饥挨饿的人来说并不存在人的食物形式,而只有作为食物的抽象存在;食物同样也可能具有最粗糙的形式,而且不能说,这种进食活动与**动物的**进食活动有什么不同。忧心忡忡的、贫穷的人对最美丽的景色都没有什么**感觉**;经营矿物的商人只看到矿物的商业价值,而看不到矿物的美和特性;他没有矿物学的感觉。因此,一方面为了使人的感觉成为**人的**,另一方面为了创造同人的本质和自然界的本质的全部丰富性相适应的**人的感觉**,无论从理论方面还是从实践方面来说,人的本质的对象化都是必要的。

通过**私有财产**及其富有和贫困——或物质的和精神的富有和贫困——的运动,正在生成的社会发现这种**形成**所需的全部材料;//同样,**已经生成的**社会创造着具有人的本质的这种全部丰富性的人,创造着**具有丰富的、全面而深刻的感觉**的人作为这个社会的恒久的现实。

……

感性(见费尔巴哈)必须是一切科学的基础。科学只有从**感性**意识和**感性**需要这两种形式的感性出发,因而,科学只有从自然界出发,才是**现实的科学**。[①] 可见,全部历史是为了使"人"成为感性意识的对象和使"人作为人"的需要成为需要而作准备的历史(发展的历史)[②]。历史本身

[①] 路·费尔巴哈:《关于哲学改革的临时纲要》(《德国现代哲学和政论界轶文集》1843年苏黎世—温特图尔版第2卷第84—85页)以及《未来哲学原理》1843年苏黎世—温特图尔版第58—70页。——编者注

[②] 手稿中"发展的历史"写在"作准备的历史"的上方。——编者注

是**自然史**的一个**现实**部分,即自然界成为人这一过程的一个**现实**部分。自然科学往后将包括关于人的科学,正像关于人的科学包括自然科学一样:这将是**一门科学**。[X]人是自然科学的直接对象;因为直接的**感性自然界**,对人来说直接是人的感性(这是同一个说法),直接是**另**一个对他说来感性地存在着的人;因为他自己的感性,只有通过别人,才对他本身来说是人的感性。但是,**自然界**是**关于人的科学**的直接对象。人的第一个对象——人——就是自然界、感性;而那些特殊的、人的、感性的本质力量,正如它们只有在自然对象中才能得到客观的实现一样,只有在关于自然本质的科学中才能获得它们的自我认识。思维本身的要素,思想的生命表现的要素,即**语言**,具有感性的性质。自然界的**社会的**现实,和**人的**自然科学或**关于人的自然科学**,是同一个说法。——

//我们看到,**富有的人和富有的**人的需要代替了国民经济学上的**富有和贫困**。**富有的人**同时就是**需要**有完整的人的生命表现的完整性的人,在这样的人的身上,他自己的实现作为内在的必然性、作为**需要**而存在。不仅人的**富有**,而且人的**贫困**,——在社会主义的前提下——同样具有人的因而是社会的意义。贫困是被动的纽带,它迫使人感觉到自己需要最大的财富即他人。因此,对象性的本质在我身上的统治,我的本质活动的感性的爆发,是**激情**,从而激情在这里就成了我的本质的活动。

马克思:《1844年经济学哲学手稿》(1844年4—8月),摘自《马克思恩格斯文集》第1卷,人民出版社2009年12月第1版,第185—195页。

(九) 人与物自然关系中"发展资料"与人的生产性自由

1. 在人与自然关系中充分发挥体力和智力的自由

我们把劳动力或劳动能力,理解为人的身体即活的人体中存在的、每当人生产某种使用价值时就运用的体力和智力的总和。(第195页)

劳动首先是人和自然之间的过程,是人以自身的活动来中介、调整和控制人和自然之间的物质变换的过程。人自身作为一种自然力与自然物质相对立。为了在对自身生活有用的形式上占有自然物质,人就使他身上的自然力——臂和腿、头和手运动起来。(第207—208页)

马克思:《资本论》第1卷,摘自《马克思恩格斯文集》第5卷,人民出版社2009年12月第1版。

诚然，劳动尺度本身在这里是由外面提供的，是由必须达到的目的和为达到这个目的而必须由劳动来克服的那些障碍所提供的。但是克服这种障碍本身，就是自由的实现，而且进一步说，外在目的失掉了单纯外在必然性的外观，被看作个人自己自我提出的目的，因而被看作自我实现，主体的物化，也就是实在的自由，——而这种自由见之于活动恰恰就是劳动……真正自由的劳动，例如作曲，同时也是非常严肃，极其紧张的事情。

马克思：《经济学手稿》（1857—1858年），摘自《马克思恩格斯全集》第46卷下册，人民出版社1980年8月第1版，第112—113页。

不幸的桑乔除了在这里塞进"人的本质"之外，还不得不把"自由活动"——在共产主义者看来这是"完整的主体"（用"施蒂纳"所容易理解的说法来说）的从全部才能的自由发展中产生的创造性的生活表现——变为"非精神的劳动"，因为我们的这位柏林人觉察到，这里不是谈"繁重的思想劳动"。

马克思、恩格斯：《德意志意识形态》（1845—1846年），摘自《马克思恩格斯全集》第3卷，人民出版社1960年12月第1版，第248页。

通过社会化生产，不仅可能保证一切社会成员有富足的和一天比一天充裕的物质生活，而且还可能保证他们的体力和智力获得充分的自由的发展和运用……

恩格斯：《反杜林论》（1876年9月—1878年6月），摘自《马克思恩格斯文集》第9卷，人民出版社2009年12月第1版，第299页。

第二个问题：**共产主义者的目的是什么？**

答：把社会组织成这样：使社会的每一个成员都能完全自由地发展和发挥他的全部才能和力量，并且不会因此而危及这个社会的基本条件。

恩格斯：《共产主义信条草案》（1847年6月9日），摘自《马克思恩格斯全集》第42卷，人民出版社1979年9月第1版，第373页。

大工业及其所引起的生产无限扩大的可能性，使人们能够建立这样一种社会制度，在这种社会制度下，一切生活必需品都将生产得很多，使每一个社会成员都能够完全自由地发展和发挥他的全部力量和才能。由此可见，现今社会中造成一切贫困和商业危机的大工业的那种特性，在另一种社会组织中却正是消灭这种贫困和这种灾难性的波动的因素。

恩格斯：《共产主义原理》（1847年10月底—11月），摘自《马克思恩格斯文集》第1卷，人民出版社2009年12月第1版，第683页。

2. 在人与自然关系中劳动的"自由"的规定性：不是为了"外在目的"

自由王国只是在必要性和外在目的规定要做的劳动终止的地方才开始……在这个必然王国的彼岸，作为目的本身的人类能力的发挥，真正的自由王国，就开始了。

马克思、恩格斯：《资本论》第3卷，摘自《马克思恩格斯文集》第7卷，人民出版社2009年12月第1版，第928—929页。

这种自由活动不象劳动那样是在必须实现的外在目的的压力下决定的，而这种外在目的的实现是自然的必然性，或者说社会义务——怎么说都行。

马克思：《剩余价值理论》，摘自《马克思恩格斯全集》第26卷第3册，人民出版社1974年12月第1版，第282页。

3. 作家写作的"自由"的规定性："作品就是目的本身"

作家当然必须挣钱才能生活，写作，但是他决不应该为了挣钱而生活，写作。……诗一旦变成诗人的手段，诗人就不成其为诗人了。

作家绝不把自己的作品看作**手段**。作品就是**目的本身**；无论对作家本人或其他人来说，作品都根本不是手段，所以在必要时作家可以为了**作品的生存而牺牲自己的生存**。……**出版的最主要的自由就在于不要成为一种行业**。把出版物贬低为单纯物质手段的作家应当遭受外部不自由——检查——对他这种内部不自由的惩罚；其实他的存在本身就已经是对他的惩罚了。

马克思：《第六届莱茵省议会的辩论（第一篇论文）》（1842年4月），摘自《马克思恩格斯全集》第1卷，人民出版社1956年12月第1版，第87—88页。

4. 资本主义劳动"不自由"的表现："为了某种纯粹外在的目的而牺牲自己的目的本身"

财富岂不正是人的创造天赋的绝对发挥吗？这种发挥，除了先前的历史发展之外没有任何其他前提，而先前的历史发展使这种全面的发展，即不以旧有的尺度来衡量的人类全部力量的全面发展成为目的本身……在资产阶级经济以及与之相适应的生产时期中，人的内在本质的这种充分发挥，表现为完全的空虚，这种普遍的物化过程，表现为全面的异化，而一切既定的片面目的的废弃，则表现为为了某种纯粹外在的目的而牺牲自己的目的本身。

> 马克思：《经济学手稿》（1857—1858年），摘自《马克思恩格斯全集》第46卷上册，人民出版社1979年7月第1版，第486页。

5. 离开"物"的"自由活动"只是抽象的"纯粹思维"

有人在向群众的、物质的犹太人宣扬**基督教**关于**精神自由、理论自由**和这样一种**唯灵论**自由的教义，——这种自由**认为**自己即使在束缚中也是自由的，这种自由觉得自己很幸福，即使这种幸福仅仅存在于"观念中"，而且这种自由只会受到一切群众存在的排挤。

> "犹太人现在在理论领域内有什么程度的进展，他们就真正获得什么程度的**解放**；他们有什么程度的**自由愿望**，他们就获得什么程度的**自由**。"

这个论点使我们有可能立即去测量那条把**群众的**世俗的共产主义和社会主义同**绝对的**社会主义分隔开来的批判的深渊。世俗社会主义的第一个原理就否认**纯理论领域内的**解放，认为这是幻想，为了**真正的**自由它除了要求唯心的"**意志**"外，还要求完全能感触得到的物质的条件。"群众"认为，甚至为了争得一些只是用来从事"**理论**"研究的时间和经费，也必须进行物质的、实际的变革；这样的"**群众**"在神圣的批判面前显得多么低下呵！

我们暂且放下纯精神的社会主义来看看**政治学**。

> 马克思、恩格斯：《神圣家族》（1844年9—11月），摘自《马克思恩格斯全集》第2卷，人民出版社1957年12月第1版，第120—121页。

在手稿中删去了以下一段话："哲学家们至今对自由有两种说法：一种是把它说成对个人生活于其中的各种境况和关系的权力、统治，所有的唯物主义者关于自由的说法就是这样的；另一种是把它看作自我规定，看作脱离尘世，看作精神自由（只是臆想的），所有的唯心主义者特别是德国唯心主义者关于自由的说法就是这样的。我们在前面'现象学'那一节中看到圣麦克斯的真正利己主义者如何消灭一切，如何编造脱离尘世，即编造唯心主义的自由，以便为自己的利己主义寻找根据。所以，可笑的是，如今他在独自性这一节中又提出了与'脱离尘世'相反的说法：自由就是

对决定他的境况的权力,即唯物主义的自由。"(第341页编者注①)

现在,我们来谈一谈上面所援引的那些论点的第一点。这里又提出了这样一个论点:为了活动和享乐,需要"不依赖于这些物"。活动和享乐"决定于""人的特性"。他不是到他周围的人们的活动和享乐中间去找寻这个特性——如果他这样去找,他很快就会看到我们之外的产品在这里也在起着多么大的作用,——却来谈论什么二者在"人的特性"中的"一致"。他不把人们的特性了解为他们的活动和被活动所制约的享乐方式的结果,而把活动和享乐解释为"人的特性",这样,当然就取消了任何继续讨论的可能性。他避开个人的现实行动,又躲到自己那种无法表达的、无法理解的所谓特性的怀抱中去了。此外,这里我们还看到"**真正的社会主义者**"所理解的"**自由活动**"。我们的作者不小心,泄露了自己的秘密,他说,自由活动就是"不决定于我们之外的物"的活动;这就是说,自由活动是 actuspurus,纯粹的抽象的活动,只不过是活动的那种活动,而且,归根到底,它又被归结为"纯粹思维"的幻想。既然这种纯粹的活动有了物质的基质和物质的结果,那末这种活动当然是完全被玷污的了;"真正的社会主义者"只是迫不得已才从事这种被玷污了的活动,所以他轻视这种活动的产物,称它不是"结果",而"只不过是人的**糟粕**"(第169页)。因此,作为这种纯粹活动的基础的主体,决不可能是实在的有感觉的人,只能是思维着的精神。这样用德国方式来解释的"自由活动"只是上述的"无条件的、无前提的自由"的另一种表达形式而已。不过,这种关于自由活动的空谈,即"真正的社会主义者"用来掩盖他们对现实生产的无知的空谈,最后怎样被归结为"纯粹思维",我们的作者已经用关于真正的认识的公设就是他的最高原则这一点加以证实了。(第548—549页)

马克思、恩格斯:《德意志意识形态》(1845—1846年),摘自《马克思恩格斯全集》第3卷,人民出版社1960年12月第1版。

6. 自由与"对现实需要的满足"及个人能力有关

在他谈到自己的抽象自由时,却把真正解放的两个因素搁置一边。第一个因素是:个人在自己的自我解放中要满足一定的、自己真正体验到的需要。由于这个因素的取消,现实的个人就被"**这个人**"所代替,而对现实需要的满足则被对空幻的理想、对自由本身、对"人的自由"的追求所代替。

第二个因素是：在谋求自身解放的个人身上至今只作为天资而存在的那种能力，现在被肯定为真正的力量；或者已经存在的某种力量由于限制的取消而增大起来。限制的取消只不过是新的力量产生的**结果**，当然可以把它看作是主要问题。但是这种幻想只是在以下的情况下才能产生：或者把政治看作经验历史的基础；或者像黑格尔那样到处想证明否定的否定；最后，或者，在新的力量已经产生出来以后，像一个无知的柏林小市民一样仅对这种新的力量的产生进行反思。圣桑乔为了自己的需要而把第二个因素弃置不顾……

马克思、恩格斯：《德意志意识形态》（1845—1846 年），摘自《马克思恩格斯全集》第 3 卷，人民出版社 1960 年 12 月第 1 版，第 347 页。

7. 发展资料是供"生产"中满足"一切体力和智力"也即"个人的发达的生产力"发展需要的资料

资本主义积累的本性，决不允许劳动剥削程度的任何降低或劳动价格的任何提高有可能严重地危及资本关系的不断再生产和它的规模不断扩大的再生产。在一种不是物质财富为工人的发展需要而存在，相反是工人为现有价值的增殖需要而存在的生产方式下，事情也不可能是别的样子。

马克思：《资本论》第 1 卷，摘自《马克思恩格斯文集》第 5 卷，人民出版社 2009 年 12 月第 1 版，第 716—717 页。

圣桑乔要求他能占有多少，就得有多少（如果这不是通常资产阶级的说法，即每一个人应按其能力来占有，应有自由获利的权利），他以为在他这样的要求中共产主义已经实现，并使他有可能自由地发挥和施展自己的"能力"。但是，这和他的"能力"本身一样，决不只是取决于桑乔，也取决于他生活于其中的生产的和交往的关系（参看后面的"**联盟**"章）

马克思、恩格斯：《德意志意识形态》（1845—1846 年），摘自《马克思恩格斯全集》第 3 卷，人民出版社 1960 年 12 月第 1 版，第 228 页。

生产资料的扩张力撑破了资本主义生产方式所加给它的桎梏。把生产资料从这种桎梏下解放出来，是生产力不断地加速发展的唯一先决条件，因而也是生产本身实际上无限增长的唯一先决条件。但是还不止于此。生产资料的社会占有，不仅会消除生产的现存的人为障碍，而且还会消除生产力和产品的有形的浪费和破坏，这种浪费和破坏在目前是生产的不可摆脱的伴侣，并且在危机时期达到顶点。此外，这种占有还由于消除了现在的统治阶级及其政治代表的穷奢极欲的挥霍而为全社会节省出大量的生产资料和产品。通过社会化生产，不仅可能保证一切社会成员有富足的和一天比一天充裕的物质生活，而且还可能保证他们的体力和智力获得充分的自由的发展和运用，这种可能性现在是第一次出现了，但是**它确实是出现了**。

> 恩格斯：《社会主义从空想到科学的发展》（1880年1月—3月上半月），摘自《马克思恩格斯文集》第3卷，人民出版社2009年12月第1版，第563—564页。

8. 资本主义的"发展资料"是供"社会"生产力而非"个人"生产力发展的资料

在工场手工业中，总体工人从而资本在社会生产力上的富有，是以工人在个人生产力上的贫乏为条件的。

> 马克思：《资本论》第1卷，摘自《马克思恩格斯文集》第5卷，人民出版社2009年12月第1版，第418页。

如果我们单独考察资本主义生产并且把流通过程和过度竞争撇开不说，资本主义生产对已经实现的、物化在商品中的劳动，是异常节约的。相反地，它对人，对活劳动的浪费，却大大超过任何别的生产方式，它不仅浪费血和肉，而且也浪费神经和大脑。在这个直接处于人类社会实行自觉改造以前的历史时期，人类本身的发展实际上只是通过极大地浪费个人发展的办法来保证和实现的。因为这里所说的全部节约都来源于劳动的社会性质，所以，实际上劳动的这种直接社会性质造成工人的生命和健康的浪费。（第103—104页）

有人责难他（李嘉图），说他在考察资本主义生产时不注意"人"，只看到生产力的发展，而不管这种发展以人和资本**价值**的多大牺牲为代价。这正好是他的学说中的重要之处。发展社会劳动生产力，是资本的历史任务和存在理由。资本正是以此不自觉地为一个更高级的生产形式创造物质条件。（第288页）

资本主义生产方式的**第二个**特征是，剩余价值的生产是生产的直接目的和决定动机。资本本质上是生产资本的，但只有生产剩余价值，它才生产资本。在考察相对剩余价值时，进而在考察剩余价值转化为利润时，我们已经看到，在这上面怎样建立起资本主义时期所特有的一种生产方式，这是劳动社会生产力发展的一种特殊形式,不过,这种劳动社会生产力是作为与工人相对立的资本的独立力量而发展的,并因而直接与工人本身的发展相对立。(第997页)

马克思、恩格斯:《资本论》第3卷,摘自《马克思恩格斯文集》第7卷,人民出版社2009年12月第1版。

在这里,斯密还谈到了"分工"的不利方面。农民的劳动,比受分工支配的制造业工人的劳动,具有更大程度的脑力性质:

"从事那种必需随着气候的每一变化和其他许多情况的变化而变化的工作,比从事那种同一的或者差不多同一的操作,要求更高得多的判断力和预见性。"(第263页)

分工使劳动的**社会**生产力,或者说,**社会**劳动的生产力获得发展,但这是靠牺牲工人的**一般生产能力来**实现的。所以,**社会生产力**的提高**不是**作为**工人**的劳动的生产力的提高,而是作为支配工人的权力即**资本**的生产力的提高而同工人相对立。如果说城市工人比农村工人发展,这只是由于他的劳动方式使他生活在**社会**之中,而土地耕种者的劳动方式则使他直接和**自然**打交道。

马克思:《剩余价值理论》,摘自《马克思恩格斯全集》第26卷第2册,人民出版社1973年7月第1版,第259—260页。

我们在这里研究的问题仍然只是,资本的**价值增殖**过程同时就是资本的**价值丧失**过程。至于资本在具有**无限度地提高生产力**趋势的**同时**,又在怎样程度上使**主要生产力**,即人本身片面化,受到限制等等,整个说来,资本在怎样程度上具有限制生产力的趋势,这个问题不属于这里研究的范围。(第410页)

在资本对雇佣劳动的关系中,劳动即生产活动对它本身的条件和对它本身的产品的关系所表现出来的**极端的异化形式**,是一个必然的过渡点,因此,它已经**自在地**,但还只是以歪曲的头脚倒置的形式,包含着一切**狭隘的生产前提**的解体,而且它还创造和建立无条件的生产前提,从而为个人生产力的全面的、普遍的发展创造和建立充分的物质条件。(第520页)

马克思:《经济学手稿》(1857—1858年),摘自《马克思恩格斯全集》第46卷上册,人民出版社1979年7月第1版。

在自由竞争情况下,自由的并不是个人,而是资本。只要以资本为基础的生产还是发展社会生产力所必需的，因而是最适当的形式，在纯粹资本条件范围内的个人的运动，就表现为个人的自由，然而，人们又通过不断回顾被自由竞争所摧毁的那些限制来把这种自由教条地宣扬为自由。自由竞争是资本的现实发展。它使符合资本本性，符合以资本为基础的生产方式，符合资本概念的东西，表现为单个资本的外在必然性。各资本在竞争中相互之间施加的、以及资本对劳动等等施加的那种相互强制（工人之间的竞争仅仅是各资本竞争的另一种形式），就是作为资本的财富得到的自由的同时也是现实的发展。……

……

另一方面，由此也产生一种荒谬的看法，把自由竞争看成是人类自由的终极发展，认为否定自由竞争就等于否定个人自由，等于否定以个人自由为基础的社会生产。但这不过是在有局限性的基础上，即在资本统治的基础上的自由发展。因此，这种个人自由同时也是最彻底地取消任何个人自由，而使个性完全屈从于这样的社会条件，这些社会条件采取物的权力的形式，而且是极其强大的物，离开彼此发生关系的个人本身而独立的物。

揭示什么是自由竞争，这是对于中产阶级先知们赞美自由竞争或对于社会主义者们诅咒自由竞争所作的唯一合理的回答。如果说，在自由竞争的范围内，个人通过单纯追求他们的私人利益而实现公共的利益，或更确切些说，实现**普遍**的利益，那么，这只是意味着，在资本主义生产的条件下他们相互压榨，因而他们的相互冲突本身也只不过是这种相互作用所依据的条件的再创造。不过，一旦把竞争看作自由个性的所谓绝对形式这种幻想消失了，那么这种情况就证明，竞争的条件，即以资本为基础的生产的条件，已经被人们当作**限制**而感觉到和考虑到了，因而这些条件已经成为而且越来越**成为**这样的限制了。断言自由竞争等于生产力发展的终极形式，因而也是人类自由的终极形式，这无非是说中产阶级的统治就是世界历史的终结——对前天的暴发户们来说这当然是一个愉快的想法。

马克思：《经济学手稿》（1857—1858年），摘自《马克思恩格斯全集》第46卷下册，人民出版社1980年8月第1版，第159—161页。

为生产而生产，即超出一切事先决定的和事先被决定的需要界限来发展人类劳动生产力。下面将更详细地说明，即使是在资本主义生产的内部，这种生产虽然作为一种趋势也竭力追求达到这一点，为生产而生产还是和它自己的界限相矛盾的。因为,虽然资本主义生产是过去一切生产方式中最有生产效力的,但由于它的**对立性质**,它自身中包含着生产的界限,它总是力求超出这些界限,——由此就产生危机,生产过剩等等。另一方面,**为生产而生产**从而表现为它的直接对立物。生产不是作为人的生产率的发展,而是作为与人的个性的生产发展相对立的**物质财富**的再生产。

马克思:《经济学手稿》(1861—1863 年),摘自《马克思恩格斯全集》第 48 卷,人民出版社 1985 年 2 月第 1 版,第 21—22 页。

为了破除美化"生产力"的神秘灵光,只要翻一下任何一本统计材料也就够了。那里谈到水力、蒸汽力、人力、马力。所有这些都是"生产力"。人同马、蒸汽、水全都充当"力量"的角色,这难道是对人的高度赞扬吗?

在现代制度下,如果弯腰驼背,四肢畸形,某些肌肉的片面发展和加强等,使你更有生产能力(更有劳动能力),那么你的弯腰驼背,你的四肢畸形,你的片面的肌肉运动,就是一种生产力。如果你精神空虚比你充沛的精神活动更富有生产能力,那么你的精神空虚就是一种生产力,等等,等等。如果一种职业的单调使你更有能力从事这项职业,那么单调就是一种生产力。

难道资产者、工厂主关心工人发展他们的一切才能,发挥他们的生产能力,使他们象人一样从事活动因而同时发展人的本性吗?(第 261—262 页)

我们通过下述情况已经得到关于现代"生产力"的本质的一些启示:在现代制度下,生产力不仅在于它也许使人的劳动更有效或者使自然的力量和社会的力量更富于成效,而且它同样还在于使劳动更加便宜或者使劳动对工人来说**生产效率更低了**。因此,生产力从一开始就是由交换价值决定的。(第 263 页)

马克思:《评弗里德里希·李斯特的著作〈政治经济学的国民体系〉》(1845 年 3 月 7 日和 17 日之间),摘自《马克思恩格斯全集》第 42 卷,人民出版社 1979 年 9 月第 1 版。

9. 资本主义生产方式剥夺了工人发展和表现一切体力和智力活动的"发展材料"

穷人不仅只能得到少得可怜的、几乎仅够维持体力再生产的生活资料,而且他们的活动也只限于令人厌恶的、使他们的精神和肉体都愚钝的、非生产性的、无意义的劳动，例如拉磨子。

    马克思：《资产阶级的文件》（1849年1月4日），摘自《马克思恩格斯全集》第6卷，人民出版社1961年8月第1版，第176页。

  为了使人类的（社会的）能力能在那些把工人阶级只当作基础的阶级中自由地发展，工人群众就必须是自己的需要的奴隶，而不是自己的时代的主人。工人阶级必须代表不发展，好让其他阶级能够代表人类的发展。这实际上就是资产阶级社会以及过去的一切社会所赖以发展的对立，是被宣扬为**必然规律**的对立，也就是被宣扬为绝对合理的现状。

    马克思：《剩余价值理论》，摘自《马克思恩格斯全集》第26卷第3册，人民出版社1974年12月第1版，第103页。

  恰恰象**尤尔**这样的**工厂制度的辩护士**，虽然维护这种完全失去个性的劳动、兵营制度、军事纪律、机器对工人的奴役、人受钟声指挥、工人受工头监视、精神和体力活动的任何发展可能都完全被消灭，可是他一看到国家实行一点点干涉就大叫大嚷，说个人自由和劳动的自由活动被破坏了。

  "强制的过度劳动。"（**恩格斯**，同上，第151页）[《马克思恩格斯全集》中文版第2卷第405页]

  "如果说自愿的生产活动是我们所知道的最高的享受，那么强制劳动就是一种最残酷最带侮辱性的痛苦。"（同上，第149页）[《马克思恩格斯全集》中文版第2卷第404页]

  机器"为害于工人，而不是造福于工人"（同上，第173页）[《马克思恩格斯全集》中文版第2卷第425页]。

  工人们不分男女老少聚集在一个劳动场所；他们不可避免地互相接近；没有受过任何智育和德育教育的**人们聚集在一起**；[XX—1243]比较"没有教养的"人聚集在一个场所，——这一切都是机械工厂所特有的。

    马克思：《经济学手稿》（1861—1863年），摘自《马克思恩格斯全集》第47卷，人民出版社1979年10月第1版，第528页。

10. 把这个阶级排斥于发展之外的另一阶级在智力方面也有局限性

  当然，实际上，事情是这样的：人们每次都不是在他们关于人的理想所决定和所容许的范围之内，而是在现有的生产力所决定和所容许的范围之内取得自由的。但是，作为过去取得的一切自由的基础的是有限的生产力；受这种生产力所制约的、不能满足整个社会的生产，使得人们的发展只能具有这样的形式：一些人靠另一些人来满足自己的需要，因而一些人（少数）得到了发展的垄断权；而另一些人（多数）经常地为满足最迫切的需要而进行斗争，因而暂时（即在新的革命的生产力产生以前）失去了任何发展的可能性。由此可见，到现在为止，社会一直是在对立的范围内发展的，在古代是自由民和奴隶之间的对立，在中世纪是贵族和农奴之间的对立，近代是资产阶级和无产阶级之间的对立。这一方面可以解释被统治阶级用以满足自己需要的那种不正常的"非人的"方式，另一方面可以解释交往的发展范围的狭小以及因之造成的整个统治阶级的发展范围的狭小；由此可见，这种发展的局限性不仅在于一个阶级被排斥于发展之外，而且还在于把这个阶级排斥于发展之外的另一阶级在智力方面也有局限性；所以"非人的东西"也同样是统治阶级命中所注定的。这里所谓"非人的东西"同"人的东西"一样，也是现代关系的产物；这种"非人的东西"是现代关系的否定面，它是没有任何新的革命的生产力作为基础的反抗，是对建立在现有生产力基础上的统治关系以及跟这种关系相适应的满足需要的方式的反抗。"人的"这一正面说法是同某一生产发展的阶段上**占统治地位**的一定关系以及由这种关系所决定的满足需要的方式相适应的。同样，"非人的"这一反面说法是同那些想在现存生产方式内部把这种统治关系以及在这种关系中占统治地位的满足需要的方式加以否定的意图相适应的，而这种意图每天都由这一生产发展的阶段不断地产生着。

马克思、恩格斯：《德意志意识形态》（1845—1846年），摘自《马克思恩格斯全集》第3卷，人民出版社1960年12月第1版，第507—508页。

日益发展的分工，在一定程度上阉割了资产者的一般智力，使他们的全部精力和智力局限在商业利益、工业利益和行业利益的狭小圈子里。

马克思：《伦敦"泰晤士报"和帕麦斯顿勋爵》（1861年10月5日），摘自《马克思恩格斯全集》第15卷，人民出版社1963年12月第1版，第336页。

由于阶级的对立，统治阶级在智力上和道德上也畸形发展，而且在很大程度上超过被压迫阶级。

恩格斯：《恩格斯致卡·考茨基》（1891年9月28日），摘自《马克思恩格斯全集》第38卷，人民出版社1972年8月第1版，第152页。

科学根本不费资本家"分文",但这丝毫不妨碍他们去利用科学。资本像吞并他人的劳动一样,吞并"他人的"科学。但是,对科学或物质财富的"资本主义的"占有和"个人的"占有,是截然不同的两件事。尤尔博士本人曾哀叹他的亲爱的、使用机器的工厂主们对力学一窍不通。李比希也曾述说英国的化学工厂主们对化学惊人地无知。

马克思:《资本论》第1卷,摘自《马克思恩格斯文集》第5卷,人民出版社2009年12月第1版,第444页注释(108)。

11. 包括文艺在内的个人全面自由发展活动又决定于现实的"社会关系"

这不决定于**意识**,而决定于**存在**;不决定于思维,而决定于生活;这决定于个人生活的经验发展和表现,这两者又决定于社会关系。如果这个人的生活条件使他只能牺牲其他一切特性而单方面地发展某一种特性,如果生活条件只提供给他发展这一种特性的材料和时间,那末这个人就不能超出单方面的、畸形的发展。任何道德说教在这里都不能有所帮助。并且这个受到特别培植的特性发展的方式如何,又是一方面决定于为他的发展所提供的材料,另一方面决定于其他特性被压抑的程度和性质。(第295—296页)

个人的全面发展,只有到了外部世界对个人才能的实际发展所起的推动作用为个人本身所驾驭的时候,才不再是理想、职责等等,这也正是共产主义者所向往的。(第330页)

这里,也像其他一切地方一样,桑乔在举实际例子时并不走运。例如,他以为,"没有一个人能替你作你的曲子,没有一个人能完成你画的草图。没有一个人能代替拉斐尔从事他的创作"。但是,桑乔一定会知道:莫扎特的"安魂曲"大部分不是莫扎特自己作的,而是其他作曲家作的和完成的;而拉斐尔本人"完成"的壁画却只占他的壁画中的一小部分。

他以为,所谓的劳动组织者希望把每一个人的全部活动都组织起来,其实,正是他们把应当组织起来的直接生产劳动和间接生产劳动区别开来了。至于讲到这两种劳动时,劳动组织者根本没有像桑乔所想像的那样认为每个人应当完成拉斐尔的作品,他们只是认为,每一个有拉斐尔的才能的人都应当有不受阻碍地发展的可能。桑乔以为,拉斐尔的绘画跟罗马当时的分工无关。如果桑乔把拉斐尔同列奥纳多·达·芬奇和提戚安诺比较一下，他就会发现，拉斐尔的艺术作品在很大程度上同当时在佛罗伦萨影响下形成的罗马繁荣有关，而列奥纳多的作品则受到佛罗伦萨的环境的影响很深，提戚安诺的作品则受到全然不同的威尼斯的发展情况的影响很深。和其他任何一个艺术家一样，拉萨尔也受到他以前的艺术所达到的技术成就、社会组织、当地的分工以及与当地有交往的世界各国的分工等条件的制约。像拉斐尔这样的个人是否能顺利地发展他的天才，这就完全取决于需要，而这种需要又取决于分工以及由分工产生的人们所受教育的条件。

施蒂纳宣布了科学劳动和艺术劳动的唯一性，但在这里他远远落后于资产阶级。把这种"唯一者的"活动组织起来，现在已经被认为是必需的了。如果奥拉斯·韦尔内把他的画看作"只有这种**唯一者**才能完成"的工作，那末他连创作他的画的十分之一的时间也都没有。巴黎对通俗喜剧和小说的极大喜好，促使从事这些创作的劳动组织出现了，而这种组织贡献出来的作品比德国的同这种组织竞争的"**唯一者**"所写的作品无论如何要好一些。在天文学方面，阿拉戈、赫舍尔、恩克和贝塞耳都认为必须组织起来共同观测，并且也只是从组织起来之后才获得了一些较好的成绩。在历史编纂学方面，"**唯一者**"是绝对不可能做出什么成绩的，而在这方面，法国人也由于有了劳动组织，早就超过了其他国家。但是很明显，所有这些以现代分工为基础的劳动组织所获得的成果还是极其有限，它们只是同迄今尚存的狭隘的单干比较起来，才算是前进了一步。

此外，还必须特别提醒注意：桑乔把劳动组织同共产主义混为一谈，甚至对于为什么"共产主义"不就他对这种组织的怀疑作解答感到惊奇。正像加斯科尼的农家孩子对阿拉戈不能告诉他上帝是在哪一颗星星上盖了他的宫殿而表示惊奇一样。

由于分工，艺术天才完全集中在个别人身上，因而广大群众的艺术天才受到压抑。即使在一定的社会关系里每一个人都能成为出色的画家，但是这决不排斥每一个人也成为独创的画家的可能性，因此，"人的"和"**唯一者的**"劳动的区别在这里也毫无意义了。在共产主义的社会组织中，完全由分工造成的艺术家屈从于地方局限性和民族局限性的现象无论如何会消失掉，个人局限于某一艺术领域，仅仅当一个画家、雕刻家等等，因而只用他的活动的一种称呼就足以表明他的职业发展的局限性和他对分工的依赖这一现象，也会消失掉。在共产主义社会里，没有单纯的画家，只

有把绘画作为自己多种活动中的一项活动的人们。(第 458—460 页)

马克思、恩格斯：《德意志意识形态》(1845—1846 年)，摘自《马克思恩格斯全集》第 3 卷。

（十）剥削的社会中劳动的对抗性质、共产主义制度下真正自由的劳动与艺术

1. 包括艺术在内的"自由的精神生产"与资本主义生产相敌对

难道还需要其他证据来证明旧制度是对现有的报刊的一种保护制度，是对以自由精神创作的作品的一种禁止制度吗？在英国，出版自由直到现在仍然是资本的无上特权。

马克思：《拿破仑和巴尔贝斯。——报纸印花税》(1855 年 3 月 27 日)，摘自《马克思恩格斯全集》第 11 卷，人民出版社 1962 年 6 月第 1 版，第 179 页。

他们感到：只有工人阶级能够把他们从僧侣统治下解放出来，把科学从阶级统治的工具变为人民的力量，把科学家本人从阶级偏见的兜售者、追逐名利的国家寄生虫、资本的同盟者，变成自由的思想工作者！只有在劳动共和国里面，科学才能起它的真正的作用。

马克思：《"法兰西内战"初稿》(1871 年 4—5 月)，摘自《马克思恩格斯全集》第 17 卷，人民出版社 1963 年 11 月第 1 版，第 600 页。

[（16）] 昂利·施托尔希 [对物质生产和精神生产相互关系问题的反历史态度。

关于统治阶级的"非物质劳动"的见解]

昂利·施托尔希《政治经济学教程》，让·巴·萨伊出版，1823 年巴黎版（这是为尼古拉大公讲授的讲义，完成于 1815 年。）**第三卷**。

在加尔涅之后，施托尔希事实上是第一个试图以新的论据来反驳斯密对生产劳动和非生产劳动的区分的人。

他把"**内在财富**即文明要素"同物质生产的组成部分——物质财富区别开来，"文明论"应该研究文明要素的生产规律（同上，第 3 卷第 217 页）。(在第一卷第 136 页上，我们读到：

"显然，人在没有内在财富之前，即在尚未发展其体力、智力和道德力之前，是决不会生产财富的，而要发展这些能力，必须先有手段，如各种

社会设施等等。因此，一国人民愈文明，该国国民财富就愈能增加。"反过来也一样。）

他反对斯密说：

"斯密……把一切不**直接**参加财富生产的人排除在**生产劳动**之外；不过他所指的只是国民**财富**……他的错误在于，他没有对**非物质**价值和**财富**作出应有的区分。"（第3卷第218页）

事情其实就此完了。生产劳动和非生产劳动的区分，对于斯密所考察的东西——物质财富的生产，而且是这种生产的一定形式即资本主义生产方式——具有决定性的意义。在精神生产中，表现为生产劳动的是另一种劳动，但斯密没有考察它。最后，两种生产的相互作用和内在联系，也不在斯密的考察范围之内；而且，物质生产只有从它本身的角度来考察，才不致流于空谈。如果说斯密曾谈到并非直接生产的劳动者，那只是因为这些人**直接**参加物质财富的消费，而不是参加物质财富的生产。

从施托尔希的著作本身来看，他的"**文明论**"虽然有一些机智的见解，例如说物质分工是精神分工的前提，但是依然脱不掉陈词滥调。**仅仅**由一个情况就可以看出，施托尔希的著作必然会如此，他甚至连**表述**这个问题都还远远没有做到，更不用说解决这个问题了。要研究精神生产[409]和物质生产之间的联系，首先必须把这种物质生产本身不是当作一般范畴来考察，而是从**一定的历史**的形式来考察。例如，与资本主义生产方式相适应的精神生产，就和与中世纪生产方式相适应的精神生产不同。如果物质生产本身不从它**特殊的历史**的形式来看，那就不可能理解与它相适应的精神生产的特征以及这两种生产的相互作用。从而也就不能超出庸俗的见解。这一切都是由于"文明"的空话而说的。

其次，从物质生产的一定形式产生：第一，一定的社会结构；第二，人对自然的一定关系。人们的国家制度和人们的精神方式由这两者决定，因而人们的精神生产的性质也由这两者决定。

最后，施托尔希所理解的精神生产，还包括统治阶级中专门执行社会职能的各个阶层的职业活动。这些阶层的存在以及他们的职能，只有根据他们生产关系的一定的历史结构才能够理解。

因为施托尔希不是**历史地**考察物质生产本身，他把物质生产当作一般的物质财富的生产来考察，而不是当作这种生产的一定的、历史地发展的和特殊的形式来考察，所以他就失去了理解的基础，而只有在这种基础上，才能够既理解统治阶级的意识形态组成部分，也理解一定社会形态下自由的精神生产。他没有能够超出泛泛的毫无内容的空谈。而且，这种关系本身也完全不象他原先设想的那样简单。例如资本主义生产就同某些精神生产部门如艺术和诗歌相敌对。不考虑这些，就会坠入莱辛巧妙地嘲笑过的十八世纪法国人的幻想①。既然我们在力学等等方面已经远远超过了古代人，为什么我们不能也创作出自己的史诗来呢？于是出现了《亨利亚特》②来代替《伊利亚特》。

但是，施托尔希在专门反对加尔涅这个最早对斯密进行**这种**反驳的人的时候，所强调指出的东西则是正确的。那就是：他强调指出反对斯密的人把问题完全弄错了。

"批评斯密的人做些什么呢？他们完全没有弄清这种区分〈"非物质价值"和"财富"之间的区分〉，他们把这两种显然不同的价值完全混淆起来。〈他们硬说，精神产品的生产或服务的生产就是**物质**生产。〉他们把非**物质劳动看做生产劳动**，认为这种劳动**生产**〈即直接生产〉**财富**，即物质的、可交换的价值；其实，这种劳动只生产非物质的、直接的价值；批评斯密的人则根据这样的假定，即非物质劳动的产品也象物质劳动的产品一样，受同一规律支配；其实，支配前者的原则和支配后者的原则并不相同。"（第 3 卷第 218 页）

我们要指出施托尔希的下面这些常被后来的著作家抄引的论点：

"因为内在财富有一部分是服务的产品，所以人们便断言，内在财富不比服务本身更耐久，它们必然是随生产随消费。"（第 3 卷第 234 页）"原始的内在财富决不会因为它们被使用而消灭，它们会由于不断运用而增加并扩大起来，所以，它们的**消费**本身会增加它们的价值。"（同上，第 236 页）"内在财富也象一般财富一样，可以积累起来，能够形成资本，而这种资本可以用来进行再生产"等等。（同上，第 236 页）"在人们能够开始考虑非物质劳动的分工以前，必须先有物质劳动的分工和物质劳动产品的积累。"（第 241 页）

---

① 马克思指莱辛在他的《汉堡戏剧论》（1767—1768 年）中同伏尔泰的论战。——编者注
② 《亨利亚特》是伏尔泰写的关于法国国王亨利四世的长诗，于 1723 年第一次出版。——编者注

这一切只不过是精神财富和物质财富之间的最一般的表面的类比和对照。例如他的下面那种说法也是如此，他说，不发达的国家从外国**吸取**自己的精神资本，就象物质上不发达的国家从外国吸取自己的物质资本一样（同上，第306页）；他还说，非物质劳动的分工决定于对这种劳动的需求，一句话，决定于市场，等等（第246页）。

下面这些话是直接抄来的：

[410]"内在财富的生产决不会因为它所需要的物质产品的消费而使国民财富减少，相反，它是促进国民财富增加的有力手段"，反过来也是一样，"财富的生产也是增进文明的有力手段"。（同上，第517页）"国民福利因这两种生产的平衡而不断增长。"（第521页）

施托尔希认为，医生生产健康（但他也生产疾病），教授和作家生产文化（但他们也生产蒙昧），诗人、画家等等生产趣味（但他们也生产乏味），道德家等等生产道德，传教士生产宗教，君主的劳动生产安全，等等（第347—350页）。但是同样完全可以说，疾病生产医生，愚昧生产教授和作家，乏味生产诗人和画家，不道德生产道德家，迷信生产传教士，普遍的不安全生产君主。这种说法事实上是说，所有这些活动，这些"服务"，都生产现实的或想象的使用价值；后来的著作家不断重复这种说法，用以证明上述这些人都是斯密所谓的生产劳动者，也就是说，他们直接生产的不是特殊种类的产品，而是物质劳动的产品，所以他们直接生产财富。在施托尔希的书中还没有这种荒谬说法。其实这种荒谬说法完全可以由下面各点来说明：

（1）在资产阶级社会中，各种职能是互为前提的；

（2）物质生产领域中的对立，使得由各个意识形态阶层构成的上层建筑成为必要，这些阶层的活动不管是好是坏，因为是必要的，所以总是好的；

（3）一切职能都是为资本家服务，为资本家谋"福利"；

（4）连最高的精神生产，也只是由于被描绘为、被错误地解释为物质财富的直接生产者，才得到承认，在资产者眼中才成为**可以原谅的**。

马克思：《剩余价值理论》，摘自《马克思恩格斯全集》第26卷第1册，人民出版社1972年6月第1版，第294—298页。

2. 剥削的社会中劳动的对抗性质、共产主义制度下真正自由的劳动与艺术

[(d) 亚·斯密把工人劳动看作牺牲的观点。

剥削的社会中劳动的对抗性质

和共产主义制度下真正自由的劳动]

亚当·斯密的观点是，**劳动决不改变自己的价值**，所谓不改变，是指**一定量的劳动对工人来说始终是一定量的劳动**，也就是说，在亚·斯密看来，是**同样数量的牺牲**。不管我劳动一小时得到的报酬是多还是少，——这取决于一小时劳动的生产率和其他种种情况，——我已劳动了一小时。不管这一小时劳动的结果有些什么变化，我必须为我的劳动结果，为我的工资付出的东西，始终是同样的一个**劳动小时**。

"等量劳动，在任何时候和任何地方，对于完成这一劳动的工人必定具有相同的价值。在通常的健康、体力和精神状况下，在工人能够掌握通常的技能和技巧的条件下，他总要牺牲**同样多的安逸、自由和幸福**。他所**支付的价格**总是不变的，不管他以劳动报酬的形式得到的商品量有多少。诚然他用这个价格能买到的这些商品的量，有时多有时少，但这里发生变化的是这些商品的价值，而不是购买商品的劳动的价值。可见，劳动本身的价值永远不变。由此看来，劳动是商品的**实际价格**，而货币只是商品的名义价格。"（**亚·斯密**《国民财富的性质和原因的研究》，热尔门·加尔涅的新译本，附译者的注释和评述，1802年巴黎版第1卷第65—66页）

"你必须汗流满面地劳动！"这是耶和华对亚当的诅咒。而亚当·斯密正是把劳动看作诅咒。在他看来，"安逸"是适当的状态，是与"自由"和"幸福"等同的东西。一个人"在通常的健康、体力、精神、技能、技巧的状况下"，也有从事一份正常的劳动和停止安逸的需求，这在斯密看来是完全不能理解的。诚然，劳动尺度本身在这里是由外面提供的，是由必须达到的目的和为达到这个目的而必须由劳动来克服的那些障碍所提供的。但是克服这种障碍本身，就是自由的实现，而且进一步说，外在目的失掉了单纯外在必然性的外观，被看作个人自己自我提出的目的，因而被看作自我实现，主体的物化，也就是实在的自由，——而这种自由见之于活动恰恰就是劳动，——这些也是亚当·斯密料想不到的。

不过，斯密在下面这点上是对的：在奴隶劳动、徭役劳动、雇佣劳动

这样一些劳动的历史形式下，劳动始终是令人厌恶的事情，始终是**外在的强制劳动**，而与此相反，不劳动却是"自由和幸福"。这里可以从两个方面来谈：一方面是这种对立的劳动；另一方面与此有关，是这样的劳动，这种劳动还没有为自己创造出（或者同牧人等等的状况相比，是丧失了）这样一些主观的和客观的条件，在这些条件下劳动会成为吸引人的劳动，成为个人的自我实现，但这决不是说，劳动不过是一种娱乐，一种消遣，就象傅立叶完全以一个浪漫女郎的方式极其天真地理解的那样。真正自由的劳动，例如作曲，同时也是非常严肃，极其紧张的事情。

物质生产的劳动只有在下列情况下才能获得这种性质：（1）劳动具有社会性；（2）劳动具有科学性，同时又是一般的劳动，是这样的人的紧张活动，这种人不是用一定方式刻板训练出来的自然力，而是一个主体，这种主体不是以纯粹自然的，自然形成的形式出现在生产过程中，而是作为支配一切自然力的那种活动出现在生产过程中。

不过，斯密所想到的仅仅是资本的奴隶。例如，甚至中世纪的半艺术性质的劳动者也不能列入他的定义。然而，**在这里我们首先**感兴趣的不是分析斯密对劳动的见解，不是哲学因素，而是经济学因素。把劳动单纯看作**牺牲**，而且，因此把它看作决定价值的东西，看作是对物所支付的**价格**，而且按照各物所花费的劳动的多少来决定它们的价格，这纯粹是**消极的**规定。因此，例如**西尼耳**先生竟会把资本看成和劳动具有同样意义的一种生产源泉，一种生产出**价值**的源泉，因为资本家似乎也作出**牺牲**，即**节欲**的牺牲，他没有直接把自己的产品吃光，而是用它来发财致富。

纯粹消极的东西什么也不创造。例如，如果劳动使工人愉快，——正象西尼耳所说的**节欲**无疑会使守财奴得到愉快一样，——那么，产品不会失掉丝毫价值。进行生产的**只有**劳动；它是**价值**这种产品的唯一**实体**。

蒲鲁东的公理是：一切劳动都应当提供一个余额。从这里可以看出他对这个问题多么不理解。他所否认的属于资本的东西，都被他变为劳动的自然属性。可是，关键在于，满足绝对需求所需要的劳动时间留下了**自由**时间（自由时间的多少，在生产力发展的不同阶段有所不同），因此，只要进行**剩余劳动**，就能创造剩余产品。目的是要消除［必要劳动和剩余劳动的]关系本身;这样,剩余产品本身就表现为必要产品了①,最后,物质生产也就给每个人留下了从事其他活动的剩余时间。现在这已经是没有什么神秘的了。最初,大自然的赐予是丰富的,或者说,顶多只要去占有它们就行了。联合体(家庭)以及与之相适应的分工和协作,一开始是自然产生的。其实在最初,需求也是极少的。需求本身也只是随着生产力一起发展起来的。

因此,劳动的尺度,劳动时间——在劳动强度相同的前提下——就是价值的尺度。工人之间质的差别只要不是自然形成的,不是由性别、年龄、体力等等决定的,——也就是说,只要这种差别实际上表现的不是劳动的质的价值,而是分工,劳动的分化,——那么,这种差别本身不过是历史的结果,而且对大多数劳动来说这种差别又会被消除,因为大多数劳动是简单劳动,而质上较高的劳动可以通过同简单劳动相对比来找到它的经济尺度。

劳动时间,或劳动量,是价值的尺度,——这无非是说,劳动的尺度就是价值的尺度。两个东西只有当它们具有**同样性质**的时候,才能用同样的尺度来计量。各种产品能够用劳动的尺度——劳动时间——来计量,只是因为它们按性质来说都是**劳动**。它们是客体化的劳动。产品作为客体具有各种形式,它们作为劳动的存在固然可以表现在这些形式上(作为从外面赋予它们的目的性;但是,例如在公牛身上就看不出这一点,在一切再生产出来的自然产品上看不出这一点),但是,它们之间已经没有什么共同之处。产品只有作为活动而存在的时候,才作为等同的东西[VI—18]存在。活动是由时间来计量的,因此,时间也成为客体化劳动的尺度。我们将在别的地方探讨,这种**计量**[用劳动时间来计量劳动的消耗]同交换,同没有组织的社会劳动——社会生产过程的一定阶段有多大联系。

使用价值同作为产品源泉的人的活动没有关系,同产品由人的活动来

---

① 关于在共产主义制度下剩余劳动变为必要劳动这一点,马克思在《资本论》第一卷中说过如下一段话:"只有消灭资本主义生产形式,才允许把工作日限制在必要劳动上。但是,在其他条件不变的情况下,必要劳动将会扩大自己的范围。一方面,是因为工人的生活条件日益丰富,他们的生活需求日益增长。另一方面,是因为现在的剩余劳动的一部分将会列入必要劳动,即形成社会准备基金和社会积累基金所必要的劳动。"(《马克思恩格斯全集》中文版第23卷第578页)。并见《马克思恩格斯全集》中文版第25卷第925—926页。——编者注

创造这一点没有关系，而是同产品为人的存在有关系。要说产品有它自己的尺度，那就是自然尺度，作为自然物的产品的尺度是：重量、分量、长度、体积等等，效用的尺度等等。但是，产品作为创造产品的力量的结果或这种力量的静态存在，它只能由这种力量本身的尺度来计量。劳动的尺度是时间。仅仅因为各种产品**是劳动**，所以它们能用劳动的尺度，即劳动时间来计量，或用消耗在它们上面的劳动量来计量。对安逸的否定，作为单纯的否定，作为禁欲主义的牺牲，不创造任何东西。**一个人可以象僧侣之类那样整天灭绝情欲，自己折磨自己等等，但是他所作出的这些牺牲不会提供任何东西**。物的自然价格不是为这些物所作的牺牲。这倒使人想起那种非产业的观点，即认为向神灵供献牺牲就能获得财富。除开牺牲之外，还需要有某种别的东西。所谓牺牲安逸，也可以称作牺牲懒惰、不自由、不幸，即否定某种消极状态。

  亚·斯密是从心理方面来考察劳动的，是从劳动使个人愉快或不愉快这方面来考察的。但是除了个人对自己的活动在**情绪方面的**关系以外，劳动毕竟还是某种别的东西，首先，对他人来说是这样，因为 A 的单纯牺牲，对 B 没有什么好处；其次，是个人本身对他所加工的物和对他自己的劳动才能的一定关系。劳动是**积极的、创造性的活动**。劳动的尺度——时间——自然不依赖于劳动生产率；劳动的尺度无非是一种单位，它的一定数目表示劳动的相应部分。由此当然不应得出结论说，劳动创造的**价值**是固定不变的；换句话说，只有在相同的劳动量都是相同的尺度量这个意义上才是固定不变的。

  以后在进一步探讨时还可以弄清楚，产品的价值不是用消耗在产品上的劳动来计量，而是用生产产品所必要的劳动来计量的。因而，作为生产条件的不是牺牲，而是劳动。等价把产品再生产的条件表现为经过交换而造成的产品条件，也就是说，把生产活动更新的可能性表现为由生产活动本身的产品造成的东西。

  此外，亚·斯密的**牺牲观点**，虽然正确地表达了**雇佣工人对他自己的活动的主观关系**，但毕竟不能得出他所想得出的结论，即劳动时间决定价值。也许对工人来说，一小时劳动始终等于同样大的牺牲。但商品的价值决不会由工人的感觉来决定，他一小时劳动的价值也不会由他的感觉来决定。既然亚·斯密承认，购买这种牺牲可能有时贱些，有时贵些，那么令人非常奇怪的是，为什么这种牺牲总是必须按照同一价格**出售**。何况斯密本来就是自相矛盾的。后来他又把**工资**，而不是把劳动量当成价值的尺度。**对公牛来说，只要它被屠宰，就总是一样的牺牲。但是，牛肉并不因此具有不变的价值。**

马克思：《经济学手稿》（1857—1858 年），摘自《马克思恩格斯全集》第 46 卷下册，人民出版社 1980 年 8 月第 1 版，第 111—116 页。

从前有一种错觉，以为行政和政治管理是神秘的事情，是高不可攀的职务，只能委托给一个受过训练的特殊阶层，即国家寄生虫、高俸厚禄的阿谀之徒、闲职大员等高位权贵们，这个阶层从群众中吸取有教养的分子，并利用他们去反对居于等级社会下层的群众自己。现在这种错觉已经消除。彻底清除了国家等级制，以随时可以罢免的勤务员来代替骑在人民头上作威作福的老爷们，以真正的负责制来代替虚伪的负责制，因为这些勤务员经常是在公众监督之下进行工作的。他们所得的报酬只相当于一个熟练工人的收入，每月 12 英镑，最高薪金每年也不超过 240 英镑；根据一位科学界权威赫胥黎教授的估计，这种薪金只略高于伦敦国民教育局秘书工资的五分之一。所谓国家事务的神秘性和特殊性这一整套骗局被公社一扫而尽；公社主要是由普通工人组成，它组织着巴黎的防务，对波拿巴的御用军队作战，保证这座庞大城市的粮食供应，担负着原先由政府、警察局和省政府分担的全部职务，在最困难、最复杂的情况下，公开地、朴实地做它的工作；它像密尔顿写他的"失乐园"一样所得的报酬只是几英镑；它光明正大地进行工作，不刚愎自用，不埋头在文牍主义的办公室里，不以承认错误为耻而勇于改正。

只有工人阶级能够把他们从僧侣统治下解放出来，把科学从阶级统治的工具变为人民的力量，把科学家本人从阶级偏见的兜售者、追逐名利的国家寄生虫、资本的同盟者，变成自由的思想工作者！只有在劳动共和国里面，科学才能起它的真正的作用。

马克思：《"法兰西内战"初稿》（1871 年 4—5 月），摘自《马克思恩格斯全集》第 17 卷，人民出版社 1963 年 11 月第 1 版，第 589—600 页。

3. 前资本主义物质生产方式的"半艺术"性质

独立的农民或手工业者所发挥（虽然是小规模地）的知识、判断力和意志，——他发挥这些东西，正如未开化的人把全部战争艺术当做他的个人机智来施展一样，——现在只是对整个工场说来才是必要的。生产上的智力在一个方面扩大了它的规模，正是因为它在许多方面消失了。局部工人所失去的东西，都集中在和他们对立的资本上面了。① 工场手工业分工的一个产物，就是物质生产过程的智力作为他人的财产和统治工人的力量同工人相对立。这个分离过程在简单协作中开始，在工场手工业中得到发展，在大工业中完成。在简单协作中，资本家在单个工人面前代表社会劳动体的统一和意志，工场手工业使工人畸形发展，变成局部工人，大工业则把科学作为一种独立的生产能力与劳动分离开来，并迫使它为资本服务。②（第418页）

工场手工业既不能掌握全部社会生产，也不能根本改造它。工场手工业作为经济上的艺术品，耸立在城市手工业和农村家庭工业的广大基础之上。工场手工业本身的狭隘的技术基础发展到一定程度，就和它自身创造出来的生产需要发生矛盾。（第426页）

当大工业特有的生产资料即机器本身，还要依靠个人的力量和个人的技巧才能存在时，也就是说，还取决于手工工场内的局部工人和手工工场外的手工业者用来操纵他们的小工具的那种发达的肌肉、敏锐的视力和灵巧的手时，大工业也就得不到充分的发展。所以，且不说这样生产出的机器很昂贵，——这种情况作为自觉的动机支配着资本，——已经用机器进行生产的工业的扩大，以及机器向新的生产部门的渗入，仍完全取决于这样一类工人增加的情况，这类工人由于他们的职业带有半艺术性，只能逐渐地增加而不能飞跃地增加。但是，大工业发展到一定阶段，也在技术上同自己的手工业和工场手工业基础发生冲突。（第439—440页）

    马克思：《资本论》第1卷，摘自《马克思恩格斯文集》第5卷，人民出版社2009年12月第1版。

劳动者对他的生产活动的资料的私有权，是农业或工业的小生产的必然结果，而这种小生产是社会生产的技艺养成所，是培养劳动者的手艺、

---

 ① 亚·弗格森《论市民社会史》第4分册第2部分第281页："一人之所得，可以是他人之所失。"
 ② "有知识的人和生产工人彼此分离得很远，知识不是工人用来为自己增加自身的生产力的手段，却几乎到处都与工人相对立……知识成了一种能同劳动分离并同它相对立的工具。"（威·汤普森《财富分配原理的研究》1824年伦敦版第274页）

发明技巧和自由个性的学校。诚然，这种生产方式在奴隶制度、农奴制度以及其他隶属形式中也是存在的。但是，只有在劳动者是自己使用的劳动条件的自由所有者、农民是自己耕种的土地的自由所有者、手工业者是自己运用自如的工具的自由所有者的地方，它才得到充分发展，才显示出它的全部力量，才获得完整的典型的形式。这种自理的独立小生产者的生产制度是以土地的分割和其他生产资料的分散为前提的。这种生产制度既排斥这些生产资料的积聚，也排斥大规模的协作。它排斥工厂和农业劳动中的分工，机器，人对自然的科学统治，社会劳动力的自由发展，集体活动的目的，手段和努力的协调一致。它只同生产和社会的狭隘状态相容。要使它永远存在下去，就象贝魁尔公正地指出的那样，等于下令实行普遍的中庸。但它发展到一定的程度，自己就会产生出使它自身解体的物质手段。从这时起，社会内部受它束缚的力量和激情，就活动起来。这种生产方式必然要被消灭，而且已经在消灭。它被消灭的过程，即个人的分散的生产资料转化为社会的积聚的生产资料，多数人的小财产转化为少数人的大财产，——这种对劳动人民的痛苦的、残酷的剥夺，就是资本的起源。这种剥夺包含一系列的暴力方法，其中我们只考察了那些具有最重要意义的原始积累的方法。

对直接生产者的剥夺，是在最无耻的动机，最卑鄙而又可憎的下流的贪欲驱使下使用最残酷无情的野蛮手段完成的。以自己的劳动为基础的私有制，这种把孤立的、自主的劳动者同劳动的外部条件结合在一起的私有制，被以剥削他人劳动即以雇佣劳动为基础的资本主义私有制所排挤。

马克思：《〈资本论〉第一卷法文版片断》（著者亲自修订）（1872年9月—1875年11月），摘自《马克思恩格斯全集》第49卷，人民出版社1982年12月第1版，第244—245页。

在一切古代民族那里，积累金银最初表现为僧侣和王室的特权，因为商品之神和商品之王只属于神和王。只有他们才配占有财富本身。此外，这种积累一方面只是用来炫耀富裕，即把财富当作不寻常的节日的用品来炫耀；用作向神庙及其神灵奉献的供品；用作社会公共的艺术品；最后，用作应急的**担保**手段，购买武器等等。后来，在古代人那里，积累就成为政策。**国家财宝**成为准备金，而神庙是保存这种圣体的最初的银行。

马克思：《经济学手稿》（1857—1858年），摘自《马克思恩格斯全集》

第46卷上册，人民出版社1979年7月第1版，第181页。

生产越是以单纯的体力劳动，以使用肌肉力等等为基础，简言之，越是以单个人的肉体紧张和体力劳动为基础，**生产力**的增长就越是依赖于单个人的**大规模的**共同劳动。在半艺术性质的手工业中出现的则是相反的现象：特殊化和个别化，是单个人的而不是结合的劳动的技能。资本在其真正的发展中使〔V—23〕大规模的劳动同技能结合起来，然而是这样结合的：大规模的劳动丧失自己的体力，而技能则不是存在于工人身上，而是存在于机器中，存在于把人和机器科学地结合起来作为一个整体来发生作用的工厂里。劳动的社会精神在单个工人之外获得了客观的存在。（第21页）

在手工业经营下，问题在于产品质量，在于单个工人的特殊技能。师傅作为师傅被认为是精通本行的。他作为师傅的地位，不仅靠占有生产条件，而且靠他个人的一技之长。在资本的生产条件下，问题一开始就不在于这种半艺术性质的关系——这种关系一般是同发展劳动的使用价值、发展直接手工劳动的特殊本领、训练人类从事劳动的双手等等相适应的。在资本的生产条件下，问题一开始就在于数量，因为追求的是交换价值和剩余价值。资本的已经发展的原则恰恰在于，使特殊技能成为多余的，并使手工劳动，即一般直接体力劳动，不管是熟练劳动还是筋肉紧张的劳动，都成为多余的；相反，把技能投入死的自然力。（第86页）

斯密所想到的仅仅是资本的奴隶。例如，甚至中世纪的半艺术性质的劳动者也不能列入他的定义。（第113页）

马克思：《经济学手稿》（1857—1858年），摘自《马克思恩格斯全集》第46卷下册，人民出版社1980年8月第1版。

在城市中各行会之间的分工还是〔非常原始的〕，而在行会内部，各劳工之间则根本没有什么分工。每个劳工都必须熟悉全部工序，凡是他的工具能够做的一切他都应当会做；商业的不发达、各城市之间联系的不密切、居民的稀少和需求的有限，都妨碍了分工的进一步发展，因此，每一个想当师傅的人都必须全盘掌握本行手艺。正因为如此，所以中世纪的手工业者对于从事本行专业和做好这项专业还有一定的兴趣，这种兴趣可以达到原始艺术爱好的水平。然而也是由于这个原因，中世纪的每一个手工业者，对自己的工作都是兢兢业业，奴隶般的忠心耿耿，因而他们对工作的屈从程度则远远超过对本身工作漠不关心的现代工人。

> 马克思、恩格斯：《德意志意识形态》（1845—1846年），摘自《马克思恩格斯全集》第3卷，人民出版社1960年12月第1版，第59页。

从三世纪开始，日益进步的金属工业一定普及到了整个日耳曼尼亚地区；到了民族大迁徙时代，我们说，到了五世纪末，它已达到了相当高的水平。不单是铁和青铜，就连金银也经常加工制作了，仿照罗马钱币铸造了装饰用的金片，并对非贵金属镀金；还出现了镶饰，珐琅和细丝工；在形状往往很笨拙的整个物件上，可以找到有高度艺术性的、饶有风趣的、只是部分模仿罗马人的装饰——这一般主要是指都有一定特殊外形的钮扣、带扣和胸针说的。

> 恩格斯：《论日耳曼人的古代历史》（1881—1882年），摘自《马克思恩格斯全集》第19卷，人民出版社1963年12月第1版，第520页。

野蛮时代高级阶段的全盛时期，我们在荷马的诗中，特别是在《伊利亚特》中可以看到。发达的铁制工具、风箱、手磨、陶工的辘轳、榨油和酿酒、成为手工艺的发达的金属加工、货车和战车、用方木和木板造船、作为艺术的建筑术的萌芽、由设塔楼和雉堞的城墙围绕起来的城市、荷马的史诗以及全部神话——这就是希腊人由野蛮时代带入文明时代的主要遗产。……蒙昧时代是以获取现成的天然产物为主的时期；人工产品主要是用做获取天然产物的辅助工具。野蛮时代是学会畜牧和农耕的时期，是学会靠人的活动来增加天然产物生产的方法的时期。文明时代是学会对天然产物进一步加工的时期，是真正的工业和艺术的时期。

> 恩格斯：《家庭、私有制和国家的起源》（1884年3月底—5月底），摘自《马克思恩格斯文集》第4卷，人民出版社2009年12月第1版，第37—38页。

道梅尔先生在他的耶利米哀歌里大谈其没落的那种"文化"，是纽伦堡作为帝国自由市而欣欣向荣时期的文化，是纽伦堡的工业——艺术和手工业的混合物——起着重要作用时的文化，是和德国小资产阶级同趋没落的德国小资产阶级的文化。如果说以前的阶级，例如骑士阶级的没落能够为悲剧艺术的巨著提供材料，那末小市民阶级当然就只能表现出穷凶极恶的软弱态度和提供一些桑科·判札式的格言和谚语的集录。

> 马克思、恩格斯：《评格·弗·道梅尔"新时代的宗教。创立综合格言的尝试"》，摘自《马克思恩格斯全集》第7卷，人民出版社1959年4月第

1 版，第 242 页。

钟表是第一个应用于实际目的的自动机；匀速运动生产的全部理论就是在它的基础上发展起来的。按其性质来说，它本身是以半艺术性的手工业和直接的理论的结合为基础的。

> 马克思：《马克思致恩格斯》（1863 年 1 月 28 日），摘自《马克思恩格斯文集》第 10 卷，人民出版社 2009 年 12 月第 1 版，第 200—201 页。

4. 前资本主义物质生产方式的"半艺术"性质与自主活动中自由个性的发展有关

劳动者对他的生产资料的私有权是小生产的基础，而小生产又是发展社会生产和劳动者本人的自由个性的必要条件。诚然，这种生产方式在奴隶制度、农奴制度以及其他从属关系中也是存在的。但是，只有在劳动者是自己使用的劳动条件的自由私有者，农民是自己耕种的土地的自由私有者，手工业者是自己运用自如的工具的自由私有者的地方，它才得到充分发展，才显示出它的全部力量，才获得适当的典型的形式。

这种生产方式是以土地和其他生产资料的分散为前提的。它既排斥生产资料的积聚，也排斥协作，排斥同一生产过程内部的分工，排斥对自然的社会统治和社会调节，排斥社会生产力的自由发展。它只同生产和社会的狭隘的自然产生的界限相容。要使它永远存在下去，那就像贝魁尔公正地指出的那样，等于"下令实行普遍的中庸"①。它发展到一定的程度，就产生出消灭它自身的物质手段。从这时起，社会内部感到受它束缚的力量和激情就活动起来。这种生产方式必然要被消灭，而且已经在消灭。它的消灭，个人的分散的生产资料转化为社会的积聚的生产资料，从而多数人的小财产转化为少数人的大财产，广大人民群众被剥夺土地、生活资料、劳动工具，——人民群众遭受的这种可怕的残酷的剥夺，形成资本的前史。这种剥夺包含一系列的暴力方法，其中我们只考察了那些具有划时代意义的资本原始积累的方法。对直接生产者的剥夺，是用最残酷无情的野蛮手段，在最下流、最龌龊、最卑鄙和最可恶的贪欲的驱使下完成的。靠自己劳动挣得的私有制，即以各个独立劳动者与其劳动条件相结合为基础的私

---

① "下令实行普遍的中庸"见康·贝魁尔《社会经济和政治经济的新理论，或关于社会组织的探讨》1842 年巴黎版第 435 页。——编者注

有制，被资本主义私有制，即以剥削他人的但形式上是自由的劳动为基础的私有制所排挤。①

马克思：《资本论》第1卷，摘自《马克思恩格斯文集》第5卷，人民出版社2009年12月第1版，第872—873页。

  在上述矛盾产生以前，个人之间进行交往的条件是与他们的个性相适应的条件，这些条件对于他们说来不是什么外部的东西；它们是这样一些条件，在这些条件下，生存于一定关系中的一定的个人只能生产自己的物质生活以及与这种物质生活有关的东西，因而它们是个人自主活动的条件，而且是由这种自主活动创造出来的。这样，在上述矛盾产生以前，人们进行生产的一定条件是同他们的现实的局限状态和他们的片面存在相适应的，这种存在的片面性只是在矛盾产生时才表现出来，因而只是对于后代才存在的。这时人们才觉得这些条件是偶然的桎梏，并且把这种视上述条件为桎梏的观点也强加给过去的时代。

马克思、恩格斯：《德意志意识形态》（1845—1846年），摘自《马克思恩格斯全集》第3卷，人民出版社1960年12月第1版，第80—81页。

  其他一切商品，或者当作使用价值来积累，这时，它们的积累方法决定于它们的使用价值的特殊性。例如，粮食的积累需要有特殊的设备。积累羊群使我变成牧人，积累奴隶和土地使主奴关系成为必要，等等。特殊财富的储备要有不同于积累本身这种简单行为的特殊过程，并且发展着个性的特殊方面。或者是，把商品形式的财富当作交换价值来积累，这时，积累就表现为一种贸易业务或特殊经济业务。经营这种业务的人变成粮商、畜贩等等。金银所以是货币，不是由于积累金银者个人的任何活动，而是由于没有这种个人的协助而进行着的流通过程的结晶。他别的什么都不用做，只要把金银放在一边，一两又一两地堆积起来就行了，这是一种毫无内容的活动，这种活动如果应用在其他一切商品上，就会使商品丧失价值。

马克思：《政治经济学批判》（1858—1859年），摘自《马克思恩格斯全集》第13卷，人民出版社1962年11月第1版，第122—123页。

5. 货币尺度与艺术个性的冲突

  此外，无比性可能具有各种不同的意义。这里可以谈到的一个唯一的

---

① "我们是处于社会的全新状态中……我们努力使任何一种所有制同任何一种劳动相分离。"（西斯蒙第《政治经济学新原理》第2卷第434页）

意义、即独创性意义上的"唯一性",是以下面这一点为前提的,即无比的个人在一定范围内所进行的活动不同于其他的个人在同一范围内所进行的活动。倍尔西阿尼所以是一位无比的歌唱家,正是因为她是一位**歌唱家**而且人们把她同其他歌唱家相比较;人们根据他们的耳朵的正常组织和音乐修养做了评比,所以他们能够认识倍尔西阿尼的无比性。倍尔西阿尼的歌唱不能与青蛙的鸣叫相比,虽然在这里也可以有比较,但只是人与一般青蛙之间的比较,而不是倍尔西阿尼与某只唯一的青蛙之间的比较。只有在第一种情况下才谈得上个人与个人之间的比较,在第二种情况下,只是他们的种特性或类特性的比较。我们把第三种无比性——倍尔西阿尼的歌唱同彗星尾巴的无比性——交给桑乔去进行"自我享乐"吧,因为桑乔显然会在这样的"荒唐判断"中寻找快乐的;不过,在荒唐的现代关系的条件下,连这种荒唐的比较也变成了某种现实。货币是一切事物,甚至种类完全不同的事物的共同的尺度。

马克思、恩格斯:《德意志意识形态》(1845—1846 年),摘自《马克思恩格斯全集》第 3 卷,人民出版社 1960 年 12 月第 1 版,第 517—518 页。

七 物质生产及自然关系、社会关系的对抗及其扬弃与文艺论

(一)社会关系发展的三大历史阶段:"人的依赖关系"—"物的依赖性"—"自由个性(自由人联合体)"

1. "自由人联合体"

最后,让我们换一个方面,设想有一个自由人联合体,他们用公共的生产资料进行劳动,并且自觉地把他们许多个人劳动力当做一个社会劳动力来使用。……在那里,人们同他们的劳动和劳动产品的社会关系,无论在生产上还是在分配上,都是简单明了的。

马克思:《资本论》第 1 卷,摘自《马克思恩格斯文集》第 5 卷,人民出版社 2009 年 12 月第 1 版,第 96—97 页。

难道存在着植物和星辰的一般性质而不存在**人类的一般**性质吗?哲学是问:什么是真理?而不是问:什么被看作真理?它所关心的是大家的真

理，而不是某几个人的真理；哲学的形而上学的真理不知道政治地理的界限；至于"界限"从哪里开始，哲学的政治真理知道得非常清楚，而不会把个人世界观和民族观的幻想的视野和人类精神的真正的视野混淆起来。……海尔梅斯究竟怎样证明现代国家就是"基督教的"国家，现代国家所抱定的任务不是使有道义的个人自由地联合起来而是使教徒联合起来，不是实现自由而是实现教义呢？

……

实际上，国家的真正的"社会教育作用"就在于它的合乎理性的社会的存在。国家本身教育自己成员的办法是：使他们成为国家的成员，把个人的目的变成大家的目的，把粗野的本能变成道德的意向，把天然的独立性变成精神的自由；使个人和整体的生活打成一片，使整体在每个个人的意识中得到反映。

而社论则恰恰相反，它不是把国家了解为相互教育的自由人的联合体，而是了解为被指定受上面的教育并从"狭隘的"教室走向"更广阔的"教室的成年人的人群。

> 马克思：《第179号"科伦日报"社论》(1842年6月29日—7月4日期间)，摘自《马克思恩格斯全集》第1卷，人民出版社1956年12月第1版，第116—118页。

2. 资本主义与"自由人联合体"

我不仅把大工业看作是对抗的根源，而且也看作是解决这些对抗所必需的物质条件和精神条件的创造者，当然，这种解决不可能走**平静舒坦的道路**。

> 马克思：《马克思致路·库格曼》(1868年3月17日)，摘自《马克思恩格斯全集》第32卷，人民出版社1975年2月第1版，第528页。

正像马克思尖锐地、着重地指出资本主义生产的坏的方面一样，同时他也明白地证明这一社会形态是使社会生产力发展到这样高度的水平所必需的：在这个水平上，社会全体成员的同样的、合乎人所应有的发展，才有可能。要达到这一点，以前一切社会形态都太薄弱了。资本主义的生产才第一次创造出为达到这一点所必需的财富和生产力，但是它同时又创造出一个社会阶级，那就是被压迫的工人群众。他们越来越被迫起来要求利用这种财富和生产力来为全社会服务，以代替现在为一个垄断者阶级服务的状况。

> 恩格斯：《卡·马克思"资本论"第一卷书评》（1868年3月2日和13日之间），摘自《马克思恩格斯全集》第16卷，人民出版社1964年2月第1版，第271页。

在资本主义生产方式内部所造成的、它自己不再能驾驭的大量的生产力，正在等待着为有计划地合作而组织起来的社会去占有，以便保证，并且在越来越大的程度上保证全体社会成员都拥有生存和自由发展其才能的手段。

> 恩格斯：《反杜林论》（1876年9月—1878年6月），摘自《马克思恩格斯文集》第9卷，人民出版社2009年12月第1版，第157页。

劳动者和劳动条件之间原有的统一（我们不谈奴隶关系，因为当时劳动者自身属于客观的劳动条件）有两种主要形式：亚洲村社（原始共产主义）和这种或那种类型的小家庭农业（与此相结合的是家庭工业）。这两种形式都是幼稚的形式，都同样不适合于把劳动发展为社会劳动，不适合于提高社会劳动的生产力。因此，劳动和所有权（后者应理解为对于生产条件的所有权）之间的分离、破裂和对立就成为必要的了。这种破裂的最极端的形式（在这种形式下社会劳动的生产力同时会得到最有力的发展）就是资本的形式。原有的统一的恢复，只有在资本创造的物质基础上，并且只有通过工人阶级和整个社会在这个创造过程中经历的革命，才有可能实现。

> 马克思：《剩余价值理论》，摘自《马克思恩格斯全集》第26卷第3册，人民出版社1974年12月第1版，第465—466页。

这里表现出了资本的那种使它不同于以往一切生产阶段的全面趋势。尽管按照资本自身的本性来说，它是狭隘的，但它力求全面地发展生产力，这样就成为新的生产方式的前提，这种生产方式的基础，不是为了再生产一定的状态或者最多是扩大这种状态而发展生产力，相反，在这里生产力的自由的、毫无阻碍的、不断进步的和全面的发展本身就是社会的前提，因而是社会再生产的前提；在这里唯一的前提是超越出发点。这种趋势是资本所具有的，但同时又是同资本这种狭隘的生产形式相矛盾的，因而把资本推向解体，这种趋势使资本同以往的一切生产方式区别开来，同时意味着，资本不过是一个过渡点。以往的一切社会形态［V—28］都随着财富的发展，或者同样可以说，随着社会生产力的发展而没落了。因此，认识到这一点的古代人把财富直接当作使共同体解体的东西来加以抨击。封建制度也随着城市工业、商业、现代农业（甚至随着个别的发明，如火药和印刷机）而没落了。（第34页）

资产阶级经济学家受一定的社会历史发展阶段的观念的严重束缚，在他们看来，劳动的社会权力**物化**的必然性是跟这些权力同活劳动相**异化**的必然性分不开的。但是随着作为单纯单个劳动或者单纯内部的或单纯外部的一般劳动的活劳动的**直接**性质被扬弃，随着个人的活动被确立为直接的一般活动或社会活动，生产的物的要素也就摆脱这种异化形式；这样一来，这些物的要素就变成作为单个人的个人，不过是作为社会的单个人的个人借以再生产自身的财产，即有机的社会躯体。使个人在他们的生命的再生产过程中，在他们的生产性的生命过程中处于上述状况的那些条件，只有通过历史的经济过程本身才能创造出来；这些条件既有客观的条件，也有主观的条件，它们只不过是同一些条件的两种不同的形式。（第361页）

马克思：《经济学手稿》（1857—1858年），摘自《马克思恩格斯全集》第46卷下册，人民出版社1980年8月第1版。

3. 在"前商品生产者的社会"——"商品生产者的社会"——"自由人联合体"三种社会形态中，"人与人之间和人与自然之间"关系的历史变化

从前者产生了发达分工和广泛贸易的前提，从后者产生了地方局限性。在前一种情况下，各个个人必须聚集在一起，在后一种情况下，他们已作为生产工具而与现有的生产工具并列在一起。因而这里出现了自然产生的生产工具和由文明创造的生产工具之间的差异。耕地（水等等）可以看作是自然产生的生产工具。在前一种情况下，即在自然产生的生产工具的情况下，各个个人受自然界的支配，在后一种情况下，他们则受劳动产品的支配。因此在前一种情况下，财产（地产）也表现为直接的、自然产生的统治，而在后一种情况下，则表现为劳动的统治，特别是积累起来的劳动即资本的统治。前一种情况的前提是，各个个人通过某种联系——家庭的、部落的或者甚至是地区的联系结合在一起；后一种情况的前提是，各个个人互不依赖，联系仅限于交换。在前一种情况下，交换主要是人和自然之间的交换，即以人的劳动换取自然的产品，而在后一种情况下，主要是人与人之间所进行的交换。在前一种情况下，只要具备普通常识就够了，体力活动和脑力活动彼此还完全没有分开；而在后一种情况下，脑力劳动和体力劳动之间实际上已经必须实行分工。在前一种情况下，所有者可以依靠个人关系，依靠这种或那种形式的共同体来统治非所有者；在后一种情况下这种统治必须采取物的形式，通过某种第三者，即通过货币。在前一种情况下，存在着一种小工业，但这种工业是受对自然产生的生产工具的使用所支配的，因此这里没有不同个人之间的分工；在后一种情况下，工业以分工为基础，而且只有依靠分工才能存在。

> 马克思、恩格斯：《德意志意识形态》（1845—1846年），摘自《马克思恩格斯全集》第3卷，人民出版社1960年12月第1版，第73—74页。

现在，让我们离开鲁滨逊的明朗的孤岛，转到欧洲昏暗的中世纪去吧。在这里，我们看到的，不再是一个独立的人了，人都是互相依赖的：农奴和领主，陪臣和诸侯，俗人和牧师。物质生产的社会关系以及建立在这种生产的基础上的生活领域，都是以人身依附为特征的。但是正因为人身依附关系构成该社会的基础，劳动和产品也就用不着采取与它们的实际存在不同的虚幻形式。它们作为劳役和实物贡赋而进入社会机构之中。在这里，劳动的自然形式，劳动的特殊性是劳动的直接社会形式，而不是像在商品生产基础上那样，劳动的一般性是劳动的直接社会形式。徭役劳动同生产商品的劳动一样，是用时间来计量的，但是每一个农奴都知道，他为主人服役而耗费的，是他个人的一定量的劳动力。缴纳给牧师的什一税，是比牧师的祝福更加清楚的。所以，无论我们怎样判断中世纪人们在相互关系中所扮演的角色，人们在劳动中的社会关系始终表现为他们本身之间的个人的关系，而没有披上物之间即劳动产品之间的社会关系的外衣。

要考察共同的劳动即直接社会化的劳动，我们没有必要回溯到一切文明民族的历史初期都有过的这种劳动的原始的形式。① 这里有个更近的例子，就是农民家庭为了自身的需要而生产粮食、牲畜、纱、麻布、衣服等

---

① 第2版注："近来流传着一种可笑的偏见，认为原始的公有制的形式是斯拉夫族特有的形式，甚至只是俄罗斯的形式。这种原始形式我们在罗马人、日耳曼人、凯尔特人那里都可以见到，直到现在我们还能在印度人那里遇到这种形式的一整套图样，虽然其中一部分只留下残迹了。仔细研究一下亚细亚的、尤其是印度的公有制形式，就会证明，从原始的公有制的不同形式中，怎样产生出它的解体的各种形式。例如，罗马和日耳曼的私有制的各种原型，就可以从印度的公有制的各种形式中推出来。"（卡尔·马克思《政治经济学批判》第10页）

等的那种农村家长制生产。对于这个家庭来说，这种种不同的物都是它的家庭劳动的不同产品，但它们不是互相作为商品发生关系。生产这些产品的种种不同的劳动，如耕、牧、纺、织、缝等等，在其自然形式上就是社会职能，因为这是这样一个家庭的职能，这个家庭就像商品生产一样，有它本身的自然形成的分工。家庭内的分工和家庭各个成员的劳动时间，是由性别年龄上的差异以及随季节而改变的劳动的自然条件来调节的。但是，用时间来计量的个人劳动力的耗费，在这里本来就表现为劳动本身的社会规定，因为个人劳动力本来就只是作为家庭共同劳动力的器官而发挥作用的。

最后，让我们换一个方面，设想有一个自由人联合体，他们用公共的生产资料进行劳动，并且自觉地把他们许多个人劳动力当做一个社会劳动力来使用。……

在商品生产者的社会里，一般的社会生产关系是这样的：生产者把他们的产品当做商品，从而当做价值来对待，而且通过这种物的形式，把他们的私人劳动当做等同的人类劳动来互相发生关系。对于这种社会来说，崇拜抽象人的基督教，特别是资产阶级发展阶段的基督教，如新教、自然神教等等，是最适当的宗教形式。在古亚细亚的、古代的等等生产方式下，产品变为商品，从而人作为商品生产者而存在的现象，处于从属地位，但是共同体越是走向没落阶段，这种现象就越是重要。真正的商业民族只存在于古代世界的空隙中，就像伊壁鸠鲁的神只存在于世界的空隙中，或者犹太人只存在于波兰社会的缝隙中一样。这些古老的社会生产机体比资产阶级的社会生产机体简单明了得多，但它们或者以个人尚未成熟，尚未脱掉同其他人的自然血缘联系的脐带为基础，或者以直接的统治和服从的关系为基础。它们存在的条件是：劳动生产力处于低级发展阶段，与此相应，人们在物质生活生产过程内部的关系，即他们彼此之间以及他们同自然之间的关系是很狭隘的。这种实际的狭隘性，观念地反映在古代的自然宗教和民间宗教中。只有当实际日常生活的关系，在人们面前表现为人与人之间和人与自然之间极明白而合理的关系的时候，现实世界的宗教反映才会消失。只有当社会生活过程即物质生产过程的形态，作为自由结合的人的产物，处于人的有意识有计划的控制之下的时候，它才会把自己的神秘的纱幕揭掉。但是，这需要有一定的社会物质基础或一系列物质生存条件，而这些条件本身又是长期的、痛苦的历史发展的自然产物。

马克思：《资本论》第1卷，摘自《马克思恩格斯文集》第5卷，人民出版社2009年12月第1版，第94—97页。

4. 资本主义为发展人类交往关系的社会性、普遍性创造物质基础

以资本为基础的生产的这些限制，还在大得多的程度上，是以前的那些已经以交换为基础的生产方式所固有的。但是这些限制并不是生产本身的规律。一旦交换价值不再成为物质生产的限制，而物质生产的限制取决于物质生产对于个人的完整发展的关系，那么，这全部历史及其痉挛和痛苦也就终止了。（第127页）

在直接的交换中，单个的直接劳动实现在某个特殊的产品或产品的一部分中，而它［单个的直接劳动］的共同的、社会的性质——劳动作为一般劳动的物化和作为满足一般需求的［手段］的性质——只有通过交换才被肯定。相反，在大工业的生产过程中，一方面，发展为自动化过程的劳动资料的生产力要以自然力服从于社会智力为前提，**另一方面，单个人的劳动在它［劳动］的直接存在中已成为被扬弃的个别劳动，即成为社会劳动**。（第223页）

马克思：《经济学手稿》（1857—1858年），摘自《马克思恩格斯全集》第46卷下册，人民出版社1980年8月第1版。

私有财产是生产力发展一定阶段上必然的交往形式，这种交往形式在私有财产成为新出现的生产力的桎梏以前是不会消灭的，并且是直接的物质生活的生产所必不可少的条件。

马克思、恩格斯：《德意志意识形态》（1845—1846年），摘自《马克思恩格斯全集》第3卷，人民出版社1960年12月第1版，第410—411页。

资产阶级历史时期负有为新世界创造物质基础的使命：一方面要造成以全人类互相依赖为基础的普遍交往，以及进行这种交往的工具；另一方面要发展人的生产力，把物质生产变成对自然力的科学支配。资产阶级的工业和商业正为新世界创造这些物质条件，正像地质变革为地球创造了表层一样。只有在伟大的社会革命支配了资产阶级时代的成果，支配了世界市场和现代生产力，并且使这一切都服从于最先进的民族的共同监督的时候，人类的进步才会不再像可怕的异教神怪那样，只有用被杀害者的头颅做酒杯才能喝下甜美的酒浆。

马克思：《不列颠在印度统治的未来结果》（1853年7月22日），摘自《马克思恩格斯文集》第2卷，人民出版社2009年12月第1版，第691页。

5. "社会"对资本的约束、限制

以上我们考察了这样一些部门中竭力延长工作日的欲望，对剩余劳动的狼一般的贪婪，在这些部门中，无限度的压榨，正如一个英国资产阶级经济学家所说，比西班牙人对美洲红种人的暴虐有过之而无不及，因此，资本终于受到法律规定的约束。（第282页）

我死后哪怕洪水滔天！这就是每个资本家和每个资本家国家的口号。因此，资本是根本不关心工人的健康和寿命的，除非社会迫使它去关心。① 人们为体力和智力的衰退、夭折、过度劳动的折磨而愤愤不平，资本却回答说：既然这种痛苦会增加我们的快乐（利润），我们又何必为此苦恼呢？不过总的说来，这也并不取决于个别资本家的善意或恶意。自由竞争使资本主义生产的内在规律作为外在的强制规律对每个资本家起作用。② （第311—312页）

马克思：《资本论》第1卷，摘自《马克思恩格斯文集》第5卷，人民出版社2009年12月第1版。

6. 社会关系发展的三大历史阶段："人的依赖关系"—"物的依赖性"—"自由个性"

［（3）既不同于资本主义前的各社会形态又不同于未来的共产主义社

---

① "尽管居民的健康是国民资本的一个重要成分，但恐怕必须承认，资本家根本不想保持和珍惜这个财富……工厂主关心工人的健康状况是被迫的。"（《泰晤士报》1861年11月5日）"西区的男人成了人类的织工……工人的健康被断送了，再过几代这个种族就会退化下去。但发生了反作用了。儿童劳动的时间受到了限制……"（《中央注册局局长第22号年度报告》1861年）

② 例如，我们看到，1863年初，在斯塔福德郡拥有大规模陶器厂的26家公司，其中包括乔·韦奇伍德父子公司，提出呈文，请求"国家进行强制干涉"。他们说，同"别的资本家的竞争"使他们不能"自愿地"限制儿童的劳动时间等等。"因此，虽然我们对上述弊病深恶痛绝，但依靠工厂主之间的某种协议是不可能制止这种弊病的……鉴于所有这些情况，我们确信，制定一种强制的法律是必要的。"（《童工调查委员会。第1号报告》1863年第322页）

注（114）的补充：最近有一个更突出的例子。在热病式的繁荣时期，棉价很高，于是布莱克本的棉织业主们达成协议，在一定时期内缩短自己工厂的劳动时间。这个期限大约到11月底（1871年）为止。然而兼营纺和织的富裕厂主利用这个协议所造成的生产缩减的机会，扩大自己的营业，从而靠牺牲小厂主获得了大量利润。这些小厂主迫于困难就向工厂工人呼吁，要他们大力鼓吹九小时工作日，并答应为此给以资助！

会的资产阶级社会的一般特征]

一切产品和活动转化为交换价值,既要以生产中人的(历史的)一切固定的依赖关系的解体为前提,又要以生产者互相间的全面的依赖为前提。每个人的生产,依赖于其他一切人的生产;同样,他的产品转化为他本人的生活资料,也要依赖于其他一切人的消费。价格古已有之,交换也一样;但是,价格越来越由生产费用决定,交换渗入一切生产关系,这些只有在资产阶级社会里,自由竞争的社会里,才得到充分发展,并且发展得越来越充分。亚当·斯密按照真正的十八世纪的方式列为史前时期的东西,先于历史的东西,倒是历史的产物。

这种互相依赖,表现在不断交换的必要性上和作为全面媒介的交换价值上。经济学家是这样来表述这一点的:每个人追求自己的私人利益,而且仅仅是自己的私人利益;这样,也就不知不觉地为一切人的私人利益服务,为普遍利益服务。关键并不在于,当每个人追求自己私人利益的时候,也就达到私人利益的总体即普遍利益。从这种抽象的说法反而可以得出结论:每个人都妨碍别人利益的实现,这种一切人反对一切人的战争所造成的结果,不是普遍的肯定,而是普遍的否定。关键倒是在于:私人利益本身已经是社会所决定的利益,而且只有在社会所创造的条件下并使用社会所提供的手段,才能达到;也就是说,私人利益是与这些条件和手段的再生产相联系的。这是私人利益;但它的内容以及实现的形式和手段则是由不以任何人为转移的社会条件决定的。

毫不相干的个人之间的互相的和全面的依赖,构成他们的社会联系。这种社会联系表现在交换价值上,因为只有在**交换价值**上,每个个人的活动或产品对他来说才成为活动或产品;他必须生产一般产品——**交换价值**,或孤立化和个体化的交换价值,即**货币**。另一方面,每个个人行使支配别人的活动或支配社会财富的权力,就在于他是**交换价值**或**货币**的所有者。他在衣袋里装着自己的社会权力和自己同社会的联系。

不管活动采取怎样的个人表现形式,也不管这种活动的产品具有怎样的特性,活动和这种活动的产品都是**交换价值**,即一切个性,一切特性都已被否定和消灭的一种一般的东西。这种情况实际上同下述情况截然不同:个人或者自然地或历史地扩大为家庭和氏族(以后是公社)的个人,直接地从自然界再生产自己,或者他的生产活动和他对生产的参与依赖于劳动和产品的一定形式，而他和别人的关系也是这样决定的。

活动的社会性，正如产品的社会形式以及个人对生产的参与，在这里表现为对于个人是异己的东西，表现为物的东西；不是表现为个人互相间的关系，而是表现为他们从属于这样一些关系，这些关系是不以个人为转移而存在的，并且是从毫不相干的个人互相冲突中产生出来的。活动和产品的普遍交换已成为每一单个人的生存条件，这种普遍交换，他们的互相联系，表现为对他们本身来说是异己的、无关的东西，表现为一种物。在交换价值上，人的社会关系转化为物的社会［I—21］关系；人的能力转化为物的能力。交换手段拥有的社会力量越小，交换手段同直接的劳动产品的性质之间以及同交换者的直接需求之间的联系越是密切，把个人互相联结起来的共同体的力量就必定越大——家长制的关系，古代共同体，封建制度和行会制度（见我的笔记本第34b页）。

每个个人以物的形式占有社会权力。如果你从物那里夺去这种社会权力，那你就必须赋予人以支配人的这种权力。人的依赖关系（起初完全是自然发生的），是最初的社会形态，在这种形态下，人的生产能力只是在狭窄的范围内和孤立的地点上发展着。以**物**的依赖性为基础的人的独立性，是第二大形态，在这种形态下，才形成普遍的社会物质变换，全面的关系，多方面的需求以及全面的能力的体系。建立在个人全面发展和他们共同的社会生产能力成为他们的社会财富这一基础上的自由个性，是第三个阶段。第二个阶段为第三个阶段创造条件。因此，家长制的，古代的（以及封建的）状态随着商业、奢侈、**货币**、**交换价值**的发展而没落下去，现代社会则随着这些东西一道发展起来。

交换和分工互为条件。因为每个人为自己劳动，而他的产品并不是为他自己使用，所以他自然要进行交换，这不仅是为了参加总的生产能力，而且是为了把自己的产品变成自己的生活资料｜见我的《经济学评论》第（13、14）页｝。以交换价值和货币为媒介的交换，诚然以生产者互相间的全面依赖为前提，但同时又以生产者的私人利益完全隔离和社会分工为前提，而这种社会分工的统一和互相补充，仿佛是一种自然关系，存在于个人之外并且不以个人为转移。普遍的需求和供给互相产生的压力，促使毫不相干的人发生联系。

个人的产品或活动必须先转化为**交换价值**的形式，转化为货币，才能通过这种**物**的形式取得和表明自己的社会**权力**,这种必要性本身表明了两点:(1)个人只能为社会和在社会中进行生产;(2)他们的生产不是**直接的**社会的生产,不是本身实行分工的联合体的产物。个人从属于象命运一样存在于他们之外的社会生产;但社会生产并不从属于把这种生产当作共同财富来对待的个人。因此,正象前面谈到发行小时券的银行时看到的那样,设想在**交换价值**,在**货币**的基础上,由联合起来的个人对他们的总生产实行监督,那是再错误再荒谬不过的了。

……

正如分工产生出密集、结合、协作、私人利益的对立或阶级利益的对立、竞争、资本积聚、垄断、股份公司,——全都是对立的统一形式,而统一又引起对立本身,——同样,私人交换产生出世界贸易,私人的独立性产生出对所谓世界市场的完全的依赖性,分散的交换行为产生出银行和信用制度,这些制度的簿记〔I—22〕至少可以使私人交换进行结算。虽然每个民族的私人利益把每个民族有多少成年人就分成多少个民族,并且同一民族的输出者和输入者之间的利益在这里是互相对立的;可是在汇率中,民族商业却获得了存在的**假象**,等等。谁也不会因此认为,通过**交易所改革**就可以铲除对内或对外的私人商业的**基础**。但是,在以**交换价值**为基础的资产阶级社会内部,产生出一些交往关系和生产关系,它们同时又是炸毁这个社会的地雷。(有大量对立的社会统一形式,这些形式的对立性质决不是通过平静的形态变化就能炸毁的。另一方面,如果我们在现在这样的社会中没有发现隐蔽地存在着无阶级社会所必需的物质生产条件和与之相适应的交往关系,那么一切炸毁的尝试都是唐·吉诃德的荒唐行为。)

马克思:《经济学手稿》(1857—1858年),摘自《马克思恩格斯全集》第46卷上册,人民出版社1979年7月第1版,第102—106页。

7. 资产阶级社会中生产的社会性和共产主义制度下生产的社会性的区别

(5)价值的货币形式因交换的发展而发展。

资产阶级社会中生产的社会性和共产主义制度下生产的社会性的区别〕

产品成为商品。商品成为交换价值。商品的交换价值与商品并列获得特殊的存在,即商品采取这样一种形式,通过这种形式(1)它可以同其他一切商品相交换;(2)因而成为一般商品,它的自然特性消失了;

(3)它的交换能力的尺度已经确定,它与其他一切商品相等的一定比例已经确定,它是作为货币的商品,而且不是货币一般,而是**一定数量的货币**,因为,要表现交换价值的一切差别,货币必须是可以计数的,在量上是可分的。

货币,即一切商品作为交换价值转化成的共同形式,一般商品,其本身必须作为**特殊**商品与其他商品并存,因为商品不仅在人的头脑中必须用货币来计量,而且在实际交换中必须与货币相交换和相兑换。由此而产生的矛盾,留待其他地方去阐述。正象国家一样,货币也不是通过协定产生的。货币是从交换中和在交换中自然产生的,是交换的产物。

最初充当货币的商品——即不是作为需求和消费的对象,而是为着用它再去交换其他商品而换进来的商品——是最经常地作为需求的对象换进来的,即进行流通的商品;因而能够最可靠地用来再去交换其他特殊商品;因而在当时社会组织下最能代表财富,是最普遍的供求的对象,并且具有特殊的使用价值。如盐、毛皮、牲畜、奴隶。这样的商品在其作为商品的特殊形态上,实际上比其他商品更符合于作为交换价值的自身(遗憾的是,德语中没有合适的词来表达 denrée 和 marchandise 的区别①)。

商品的特殊有用性,不管是作为特殊的消费品(毛皮),还是作为直接的生产工具(奴隶),在这里给商品打上货币的烙印。但在发展的过程中恰好会发生相反的情况,就是说,那些最不容易直接成为消费品或生产工具的商品反而最适于代表这一方面:它为**交换本身**的需要服务。在前一种[I—25]情况下,商品由于自己的特殊使用价值而成为货币;在后一种情况下,商品由于充当货币而获得自己的特殊使用价值。耐久性、不变性、易于分割和重新合并、因较小的体积包含着较大的交换价值而便于运送,——这一切使得贵金属在较后阶段特别适于充当货币。同时,它们构成从货币的最初形式开始的自然过渡。在生产和交换的略高一些的阶段上,生产工具比产品**重要**;而**金属**(起初是石块)是最初的和最不可缺少的生产工具。就作为古代人的货币起了很大作用的铜来说,充当生产工具的特殊使用价值,和不是来自商品的使用价值而是与商品作为交换价值(包括

---

① 法语《denrée》和《marchandise》不同,前者指作为消费品的商品,后者指作为贸易品的商品。——编者注

交换手段）的规定相适应的其他属性，在它身上还是结合在一起的。

以后，贵金属又从其他金属中分离出来，因为它不氧化等等，质地均匀等等，其次，贵金属更适于较高的发展阶段，因为它们对消费和生产的直接有用性降低了，而它们由于稀少却能更好地代表纯粹以交换为基础的价值。它们一开始就表示剩余，即财富最初表现的形式。而且人们乐意用金属换金属，而不是换其他商品。

货币的最初形式是与交换和物物交换的低级阶段相适应的，那时货币更多地还是出现在它作为**尺度**而不是作为实际的**交换工具**的规定上。在这个阶段上，尺度还能够纯粹是想象的（不过在黑人那里，金属条块指的是铁）。（但**贝壳**等等更适于以金银为末端的那个系列。）由于商品成为一般交换价值，结果交换价值成为一种特殊商品；它之所以能够如此，只是因为一种特殊商品与其他一切商品相对立而获得代表或象征它们的交换价值的特权，即成为**货币**的特权。一种特殊商品与一切商品的货币属性相对立，作为货币主体而出现——这是由交换价值自身的本质产生的。在发展的过程中，货币的交换价值又能够获得一个脱离货币材料，脱离货币实体的存在，如纸币，但这种特殊商品的特权并没有消失，因为这种特殊的存在必须继续从这种特殊商品那里得到自己的名称。

因为商品是交换价值，所以它可以同货币交换，同货币相等。它同货币相等的关系，即它的交换价值的规定性，是它转化为货币的**前提**。特殊商品同货币相交换的比例，即一定的商品量可以转化的货币量，决定于物化在商品中的劳动时间。作为**一定的**劳动时间的体现，商品是交换价值；在货币上，商品所代表的劳动时间份额，不仅被计量，而且包含在它的一般的、符合概念的、可以交换的形式中。货币是这样一种物质媒介，交换价值隐藏在它身上，从而取得了一种符合自己一般规定的形态。亚当·斯密说，劳动（劳动时间）是用来购买一切商品的最初的货币。如果考察的是生产行为，那么这始终是正确的（就相对价值的规定来说，也始终是正确的）。在生产中，每个商品总是不断地同劳动时间相交换。

与劳动时间不同的货币的必然性，正是由于下述原因产生的：一定量的劳动时间不应当表现在自己直接的和特殊的产品上，而应当表现在某种间接的和一般的产品上，即表现在与含有同一劳动时间的其他一切产品相等和可以相兑换的那种特殊产品上；——这种劳动时间不是包含在一种商品中，而是同时包含在一切商品中，因而包含在代表其他一切商品的一种特殊商品中。

劳动时间本身不能直接成为货币（换句话说，这等于要求每个商品应当直接成为它自己的货币），正是因为劳动时间（作为对象）实际上始终只是存在于特殊产品中：作为一般对象，劳动时间只能象征性地存在，它恰好又存在于成为货币的那种特殊商品中。劳动时间并不是作为一般的、与商品的自然特性相脱离和相分离（相隔绝）的交换对象而存在。然而，要直接实现货币的条件，劳动时间又必须作为这样的交换对象而存在。正是劳动（从而交换价值中所包含的劳动时间）的一般性即社会性的物化，使劳动的产品成为交换价值，使商品具有货币的属性，而这种属性又意味着有一个独立存在于商品之外的货币主体。

一定的劳动时间物化在具有特殊属性并与需求发生特殊关系的一定的特殊商品中；而作为交换价值，劳动时间必须物化在这样一种商品中，这种商品只表现劳动时间的份额或数量而同劳动时间的自然属性无关，因而可以变形为——即交换成——体现着同一劳动时间的其他任何商品。作为［交换］对象，商品必须具有这种一般性质［Ⅰ—26］，而这种性质是与商品的自然特性相矛盾的。这种矛盾只有通过矛盾本身的物化才能解决，即只有使商品成为双重的东西才行：一方面处于自己自然的直接形式中，另一方面处于作为货币的间接形式中。这后一种情况要成为可能，只有某种特殊商品成为比如说交换价值的一般实体才行，或者说，只有商品的交换价值同区别于其他一切商品的某一特殊实体，某一特殊商品结合在一起才行。也就是说，商品必须先同这种一般商品，同劳动时间的象征性的一般产品或化身相交换，然后才能作为交换价值随便同任何其他商品相交换，变形为任何其他商品。

货币是作为一般对象的劳动时间，或者说，是一般劳动时间的化身，是作为一般商品的劳动时间。劳动时间既然调节交换价值，它实际上就不仅是交换价值内在的尺度，而且是交换价值的实体本身（因为作为交换价值，商品没有任何其他实体，没有自然属性），并且还能直接充当交换价值的货币，即提供交换价值本身得以实现的因素；如果说这一切看来十分简单，那么，这种简单的外表是骗人的。实际情况正相反，交换价值关系——即商品作为彼此相同和彼此可以相等的劳动时间化身的关系——包含着矛盾，这种矛盾在与劳动时间不同的货币上取得了自己的物的表现。

在亚当·斯密那里，这种矛盾还是表现为同时并存的东西。除了特殊的劳动产品（作为特殊对象的劳动时间）以外，劳动者还必须生产某些数量的一般商品（作为一般对象的劳动时间）。斯密认为，交换价值的两种规定是同时并存地表现在外部。整个商品的内在实质显得尚未被矛盾所浸透和贯穿。这是与他所处的生产阶段相适应的，那时劳动者还直接在自己的产品中取得一部分自己的生存资料；无论是劳动者的全部活动还是他的全部产品，都不依赖于交换，也就是说，维持生活的农业（或斯图亚特的类似说法）还在很大程度上占优势，而且家长制的工业（与农业结合在一起的家庭手工织布和纺纱）也是这样。只有剩余物才在国内大范围内进行交换。交换价值及其由劳动时间来决定，都还没有在全国范围内充分发展起来。

……

{应当指出，不同的部落或民族之间的交换——交换的最初形态正是这种交换，而不是私人交换——起初是开始于从未开化部落那里购买（骗取）剩余物，这不是它的劳动产品，而是它所占有的土地和自然界的自然产物。}

{由于货币必须通过一定的商品象征性地表现出来，于是就要说明这种商品本身（金等等），说明由此产生的通常的经济矛盾。这是第二。其次，一切商品为要作为**价格**确定下来，必须与货币相交换，而不管这种交换是实际地进行还是仅仅想象地进行，因此就要确定金或银的量同商品价格的比例。这是第三。很明显，单纯就商品价格用金或银**计量**来说，金银的量不会影响商品价格；然而，只要货币真正充当流通工具，由于实际交换，困难就产生了；［由于］供求关系等等。但是，凡是影响作为流通工具的货币的价值的因素，显然也会影响作为尺度的货币。}

［I—27］劳动时间本身只是作为主体存在着，只是以活动的形式存在着。从劳动时间本身可以交换（本身是商品）来说，它不仅在量上被规定了，而且在质上也被规定了，并且，不仅在量上不相同，而且在质上也不相同；它决不是一般的、自我等同的劳动时间；作为主体的劳动时间同决定交换价值的一般劳动时间不相符合，正象特殊的商品和产品同作为客体的劳动时间不相符合一样。

亚·斯密认为，劳动者除了自己的特殊商品以外，还必须生产一般商品，换句话说，还必须赋予自己的一部分产品以货币形式，总之，只要他的商品对于他自己不是使用价值，而是交换价值，就要赋予它们以货币形式，——这种论点从主体方面来表达无非是说：劳动者的特殊劳动时间不能直接同任何其他特殊劳动时间相交换，它的这种一般交换能力还需要通过媒介而取得，它必须采取与本身不同的、物的形式，才能获得这种一般交换能力。

从生产行为本身来考察，单个人的劳动就是他用来直接购买产品即购买自己特殊活动的对象的货币；但这是一种只能用来购买这种特定产品的特殊货币。为了直接成为一般货币，单个人的劳动必须一开始就不是**特殊**劳动，而是**一般**劳动，也就是说，必须一开始就成为**一般生产**的环节。但在这种前提下，不是交换最先赋予劳动以一般性质，而是劳动预先具有的共同性决定着对产品的分享。生产的共同性一开始就使产品成为共同的、一般的产品。最初在生产中发生的交换，——这不是交换价值的交换，而是由共同需要，共同目的所决定的活动的交换，———开始就包含着单个人分享共同的产品界。在交换价值的基础上，劳动只有通过交换才能**成为**一般劳动。而在共同生产的基础上，劳动在交换以前就应**成为**一般劳动；也就是说，产品的交换决不应是促使单个人参与一般生产的**媒介**。当然，媒介作用必定是有的。

在以单个人的独立生产为出发点的第一种情况下，——不管这些独立生产通过自己的互相联系而在事后怎样确立和发生形态变化，——媒介作用来自商品交换，交换价值，货币，它们是同一关系的表现。在第二种情况下，**前提本身起媒介作用**；也就是说，共同生产，作为生产的基础的共同性是前提。单个人的劳动一开始就成为社会劳动。因此，不管他所创造的或协助创造的产品的特殊物质形式如何，他用自己的劳动所购买的不是一定的特殊产品，而是共同生产中的一定份额。因此，他不需要去交换特殊产品。他的产品**不是交换价值**。这种产品无须先变成一种特殊形式，才对单个人具有一般性质。在这里，交换价值的交换中必然产生的分工不再存在了，代之而建立起来的是某种以单个人参与共同消费为结果的劳动组织。

在第一种情况下，生产的社会性，只是由于产品变成交换价值和这些交换价值的交换，才事后**确立下来**。在第二种情况下，**生产的社会性**是前提，并且个人分享产品界，参与消费，并不是以互相独立的劳动或劳动产品之间的交换为媒介。它是以个人在其中活动的社会生产条件为媒介的。

因此，要想使单个人的劳动（就是说，也使他的产品）直接成为**货币**，成为**已经实现的交换价值**，那就等于把它**直接**规定为一般劳动，这就恰好否定了使劳动必须成为货币和交换价值并依赖于私人交换的那些条件。使单个人的劳动直接成为货币的要求，只有在这种要求不再能够提出来的条件下，才能得到满足。因为以交换价值为基础的劳动的前提恰好是：不论是单个人的劳动还是他的产品，都不具有**直接的**一般性；他的产品只有通过**物的媒介作用**，通过与它不同的货币，才能获得这种形式。

如果共同生产已成为前提，时间的规定当然仍有重要意义。社会为生产小麦、牲畜等等所需要的时间越少，它所赢得的从事其他生产，物质的或精神的生产的时间就越多。正象单个人的情况一样，社会发展、社会享用和社会活动的全面性，都取决于时间的节省。一切节约归根到底都是时间的节约。正象单个人必须正确地分配自己的时间，才能以适当的比例获得知识或满足对他的活动所提出的各种要求，社会必须合理地分配自己的时间，才能实现符合社会全部需要的生产。因此，时间的节约，以及劳动时间在不同的生产部门之间有计划的分配，在共同生产的基础上仍然是首要的经济规律。这甚至在更加高得多的程度上成为规律。然而，这同用劳动时间计量交换价值（劳动或劳动产品）有本质区别［I—28］。同一**劳动部门**的单个人劳动，以及不同种类的劳动，不仅**在量上**不同，而且**在质上**也不同。物只**在量上**不同的前提是什么呢？是它们的**质的**同一性。因此，从量上计量劳动，其前提是它们**的质的**同类性，同一性。

马克思：《经济学手稿》（1857—1858年），摘自《马克思恩格斯全集》第46卷上册，人民出版社1979年7月第1版，第112—120页。

在所有这些形式中，发展的基础都是单个人对公社的**原有关系**（或多或少是自然形成的或历史地产生但已变成传统的关系）的**再生产**，以及他对劳动条件和对劳动同伴、对同部落人等等的关系上的**一定的**、对他来说是**前定的、客观的**存在，——因此，这种基础从一开始就是有局限的，而随着这种局限的消除，基础就崩溃和灭亡了。在罗马人那里，奴隶制的发展、土地占有的集中、交换、货币关系、征服等等，正是起着这样的作用，虽然所有这些因素在达到某一定点以前似乎和基础还相符合，部分地似乎只是无害地扩大着这个基础，部分地似乎只是从这个基础中发展出来的恶习。这里，在一定范围内可能有很大的发展。个人可能表现为伟大的人物。但是，在这里，无论个人还是社会，都不能想象会有自由而充分的发展，因为这样的发展是同［个人和社会之间的］原始关系相矛盾的。

马克思：《经济学手稿》（1857—1858 年），摘自《马克思恩格斯全集》第 46 卷下册，人民出版社 1980 年 8 月第 1 版，第 485 页。

（二）"虚幻的共同体"、"政治的共同体"与"货币共同体"

1. 在私有制（分工）条件下，"国家"是"虚幻共同体"、"社会身上的赘瘤"

立法、司法和武装力量——这一切完全是不正常的社会条件的产物，这种不正常的社会条件阻碍人与人之间建立起一种无需乎第三种最高势力的暴力干涉的关系。

马克思：《印度问题。——爱尔兰的租佃权》（1853 年 6 月 28 日），摘自《马克思恩格斯全集》第 9 卷，人民出版社 1961 年 12 月第 1 版，第 179 页。

公社体制会把靠社会供养而又阻碍社会自由发展的国家这个寄生的赘瘤迄今所夺去的一切力量，归还给社会机体。

马克思：《法兰西内战》（1871 年 4 月中旬—5 月底），摘自《马克思恩格斯文集》第 3 卷，人民出版社 2009 年 12 月第 1 版，第 157 页。

梅恩忽略了深得多的东西：**国家**的看来是至高无上的独立的存在本身，不过是**表面的，**所有各种形式的国家都是**社会身上的赘瘤**；正如它只是在社会发展的一定阶段上才**出现**一样，一当社会达到迄今尚未达到的阶段，它也会消失。先是个性摆脱最初**并不是专制的桎梏**（如傻瓜梅恩所理解的），**而是群体**即原始共同体的**给人带来满足和乐趣的纽带**——从而是个性的片面发展。但是只要我们分析这种个性的内容即它的利益，它的真正性质就会显露出来。那时我们就会发现，这些利益又是一定的社会集团共同特有的利益，即**阶级利益**等等，所以这种个性本身就是阶级的个性等等，而它们最终全都以**经济条件**为基础。这种条件是国家赖以建立的基础，是它的前提。

马克思：《亨利·萨姆纳·梅恩〈古代法制史讲演录〉一书摘要》（1881

年4—6月），摘自《马克思恩格斯全集》第45卷，人民出版社1985年12月第1版，第646—647页。

分工还给我们提供了第一个例证，说明只要人们还处在自发地形成的社会中，也就是说，只要私人利益和公共利益之间还有分裂，也就是说，只要分工还不是出于自愿，而是自发的，那末人本身的活动对人说来就成为一种异己的、与他对立的力量，这种力量驱使着人，而不是人驾驭着这种力量。……

正是由于私人利益和公共利益之间的这种矛盾，公共利益才以**国家的**姿态而采取一种和实际利益（不论是单个的还是共同的）脱离的独立形式，也就是说采取一种虚幻的共同体的形式。然而这始终是在每一个家庭或部落集团中现有的骨肉联系、语言联系、较大规模的分工联系以及其他利害关系的现实基础上，特别是在我们以后将要证明的各阶级利益的基础上发生的。这些阶级既然已经由于分工而分离开来，就在每一个这样的人群中分离开来，其中一个阶级统治着其他一切阶级。由此可见，国家内部的一切斗争——民主政体、贵族政体和君主政体相互之间的斗争，争取选举权的斗争等等，不过是一些虚幻的形式，在这些形式下进行着各个不同阶级间的真正的斗争（德国的理论家们对此一窍不通，尽管在"德法年鉴"和"神圣家族"中已经十分明确地向他们指出过这一点）。从这里还可以看出，每一个力图取得统治的阶级，如果它的统治就像无产阶级的统治那样，预定要消灭整个旧的社会形态和一切统治，都必须首先夺取政权，以便把自己的利益说成是普遍的利益，而这是它在初期不得不如此做的。正因为各个个人所追求的**仅仅**是自己的特殊的、对他们说来是同他们的共同利益不相符合的利益（普遍的东西一般说来是一种虚幻的共同体的形式），所以他们认为这种共同利益是"异己的"，是"不依赖"于他们的，也就是说，这仍旧是一种特殊的独特的"普遍"利益，或者是他们本身应该在这种分离的界限里活动，这种情况也发生在民主制中。另一方面，这些特殊利益始终在**真正**地反对共同利益和虚幻的共同利益，这些特殊利益的**实际**斗争使得通过以国家姿态出现的虚幻的"普遍"利益来对特殊利益进行实际的干涉和约束成为必要。受分工制约的不同个人的共同活动产生了一种社会力量，即扩大了的生产力。由于共同活动本身不是自愿地而是自发地形成的，因此这种社会力量在这些个人看来就不是他们自身的联合力量，而是某种异己的、在他们之外的权力。关于这种权力的起源和发展趋向，他们一点也不了解；因而他们就不再能驾驭这种力量，相反地，这种力量现在却经历着一系列独特的、不仅不以人们的意志和行为为转移的，反而支配着人们的意志和行为的发展阶段。

　　这种"**异化**"（用哲学家易懂的话来说）当然只有在具备了两个实际前提之后才会消灭。要使这种异化成为一种"不堪忍受的"力量，即成为革命所要反对的力量，就必须让它把人类的大多数变成完全"没有财产的"人，同时这些人又和现存的有钱的有教养的世界相对立，而这两个条件都是以生产力的巨大增长和高度发展为前提的。另一方面，生产力的这种发展（随着这种发展，人们的**世界历史性的**而不是狭隘地域性的存在已经是经验的存在了）之所以是绝对必需的实际前提，还因为如果没有这种发展，那就只会有**贫穷**的普遍化；而在**极端贫困的情况下**，就必须重新开始争取必需品的斗争，也就是说，全部陈腐的东西又要死灰复燃。其次，这种发展之所以是必需的前提，还因为：只有随着生产力的这种普遍发展，人们之间的**普遍**交往才能建立起来；由于普遍的交往，一方面，可以发现在一切民族中同时都存在着"没有财产的"群众这一事实（普遍竞争），而其中每一民族同其他民族的变革都有依存关系；最后，狭隘地域性的个人为**世界历史性的**、真正普遍的个人所代替。不这样，（1）共产主义就只能作为某种地域性的东西而存在；（2）交往的**力量**本身就不可能发展成为一种**普遍**的因而是不堪忍受的力量：它们会依然处于家庭的、笼罩着迷信气氛的"境地"；（3）交往的任何扩大都会消灭地域性的共产主义。共产主义只有作为占统治地位的各民族"立即"同时发生的行动才可能是经验的，而这是以生产力的普遍发展和与此有关的世界交往的普遍发展为前提的。否则，例如财产一般怎么能够具有某种历史，采取各种不同的形式呢？例如地产怎么能够像在今天实际生活中所发生的那样，根据现有不同的条件而发展（法国从分散的形式发展到集中于少数人之手，而在英国则是从集中于少数人之手的状况发展到分散的形式）呢？或者贸易（它只不过是不同个人和不同国家的产品交换）怎么能够通过供求关系而统治全世界呢？用一位英国经济学家的话来说，这种关系就像古代的命运之神一样，逍遥于寰球之上，用看不见的手分配人间的幸福和灾难，把一些王国创造出来又把它们摧毁掉，使一些民族产生又使它们趋于衰亡；但随着基础、即私有制的消灭，随着对生产实行共产主义的调节（这种调节消灭人们对于自己产品的异化关系），供求关系的统治也将消失，**人们将使交换、生产及其相互关系的方式重新受自己的支配。**

共产主义对我们说来不是应当确立的**状况**，不是现实应当与之相适应的**理想**。我们所称为共产主义的是那种消灭现存状况的现实的运动。（第37—40页）

个人力量（关系）由于分工转化为物的力量这一现象，不能靠从头脑里抛开关于这一现象的一般观念的办法来消灭，而只能靠个人重新驾驭这些物的力量并消灭分工的办法来消灭。没有集体，这是不可能实现的。只有在集体中，个人才能获得全面发展其才能的手段，也就是说，只有在集体中才可能有个人自由。在过去的种种冒充的集体中，如在国家等等中，个人自由只是对那些在统治阶级范围内发展的个人来说是存在的，他们之所以有个人自由，只是因为他们是这一阶级的个人。从前各个个人所结成的那种虚构的集体，总是作为某种独立的东西而使自己与各个个人对立起来；由于这种集体是一个阶级反对另一个阶级的联合，因此对于被支配的阶级说来，它不仅是完全虚幻的集体，而且是新的桎梏。在真实的集体的条件下，各个个人在自己的联合中并通过这种联合获得自由。

从上述一切中可以看出，某一阶级的个人所结成的、受他们反对另一阶级的那种共同利益所制约的社会关系，总是构成这样一种集体，而个人只是作为普通的个人隶属于这个集体，只是由于他们还处在本阶级的生存条件下才隶属于这个集体；他们不是作为个人而是作为阶级的成员处于这种社会关系中的。在控制了自己的生存条件和社会全体成员的生存条件的革命无产者的集体中，情况就完全不同了。在这个集体中个人是作为个人参加的。它是个人的这样一种联合（自然是以当时已经发达的生产力为基础的），这种联合把个人的自由发展和运动的条件置于他们的控制之下。而这些条件在从前是受偶然性支配的，并且是作为某种独立的东西同各个个人对立的，这是由于他们作为个人是分散的，是由于分工使他们有了一种必不可免的联合，而这种联合又因为他们的分散而成了一种对他们来说是异己的联系。过去的联合只是一种（决不像"社会契约"中所描绘的那样是任意的，而是必然的）关于这样一些条件的协定（参阅例如北美合众国和南美诸共和国的形成），在这些条件下，个人然后有可能利用偶然性为自己服务。这种在一定条件下无阻碍地享用偶然性的权利,迄今一直称为个人自由。而这些生存条件当然只是现存的生产力和交往形式。(第85页)

> 马克思、恩格斯:《德意志意识形态》(1845—1846年),摘自《马克思恩格斯全集》第3卷,人民出版社1960年12月第1版。

2. "人的真正的共同体"不同于"政治的共同体","社会革命"不同于"政治革命"

一个国家越是强盛,因而**政治性越强**,那末这个国家就越不会理解社会疾苦的**普遍性**,就越不会在**国家的原理**中也就是不会在现存的社会结构(它的行动和意识的表现、它的正式表现就是国家)中去寻找社会疾苦的根源。**政治理智**之所以为**政治理智**,就因为它是**在政治范围以内**思索的。它越敏锐,越活跃,就越**没有能力**去理解社会疾苦。**典型的**政治理智时代就是**法国革命**。法国革命的英雄们根本没有在国家的原理中去寻找社会缺陷的根源,相反地,他们却认为社会缺陷是政治上混乱的原因。例如,**罗伯斯比尔把大贫和大富仅仅看做纯粹民主的障碍**,因此他想建立一种普遍的斯巴达式的朴素生活。政治的原则就是**意志**。可见,**政治理智**越是片面,因而越是成熟,它就越相信意志是**万能的**,就越分不清意志的自然**界限**和精神**界限**,因而也就越不能发现社会疾苦的根源……

我们已经指出,西里西亚起义决不是在思想脱离了社会原则的情况下发生的。其次需要研究的就是"**人们不幸离开共同体而孤立**"的情况。这里所谓的共同体应该理解为**政治的共同体**,即**国家**。这是所谓非**政治**德国的老调。

难道**所有的**起义不都是毫无例外地在**人们不幸离开共同体而孤立**的情况下爆发的吗?这种孤立不是**一切**起义的必要前提吗?要是没有法国公民们的这种离开共同体而不幸孤立的情况,难道1789年的革命能够爆发吗?这个革命的任务恰好就是消灭这种孤立的情况。

可是工人所**离开**的那个**共同体**,无论就其现实性而言,无论就其规模而言,完全不同于**政治**的共同体。**工人自己的劳动**迫使他离开的那个共同体就是**生活**本身,也就是物质生活和精神生活、人的道德、人的活动、人的快乐、人的实质。**人的实质**也就是人的**真正的共同体**。离开这种实质而不幸孤立,远比离开政治的共同体而孤立更加广泛、更加难忍、更加可怕、更加充满矛盾;由此可见,正像人比**公民**以及**人的生活比政治生活**意义更加深邃一样，**消灭这种孤立状态**，或者哪怕是对它进行局部的反抗，发动**起义**，其意义也是更加深邃的。因此不论**产业工人**的起义带有怎样的**局部性**，它都包含着**普遍的**精神，而声势**最浩大**的最普遍的**政治**起义却包藏着某些**利己主义的狭隘性质**。

"普鲁士人"① 郑重其事地以下面的话结束自己的文章：

"**社会革命没有政治精神**（就是说没有从整体观点出发的具有组织力量的思想）是不可能的。"

我们已经看到，**社会**革命之所以采取了**整体**观点，是因为社会革命——即使只在一个工厂区里发生的时候也是一样——乃是人对非人生活的抗议；我们看到，它是从**各个真正的个人**的观点出发的，那个离开了个人就会引起他反抗的**共同体**才是人的**真正的共同体**，是**人的**实质。相反地，革命的**政治精神**就在于没有政治地位的阶级**渴望着**消除自己被排斥于**国家和统治**之外的这种孤立状态。政治精神的观点就是国家的观点，即**抽象的整体的观点**，这种抽象的整体之所以存在**只是**由于它脱离真正的生活，而且假使没有人的普遍理念和他的个人存在之间的**有组织**的对立的话，这种抽象的整体是**不可想像的**。因此，**具有政治精神的革命**就适应着这种精神的**狭隘的、二重的**本性靠着牺牲社会本身的利益，在社会上组织了一个统治阶层出来。

现在我们来悄悄地告诉"普鲁士人"什么是"**具有政治精神的社会革命**"；同时我们还给他揭穿一个秘密：他自己**即使在口头上**也不能超出狭隘的政治观点。

具有**政治精神**的"社会"革命要求是一堆毫无意义的废话（如果"普鲁士人"把"社会"革命理解为和政治革命对立的"社会"革命，可是却赋予社会革命以政治精神，而不赋予它以社会精神）；要末"**具有政治精神的社会革命**"，只不过是从前人们所谓的"**政治革命**"或"革命"的同义语。每一次革命都**破坏旧社会**，所以它是**社会的**。每一次革命都推翻旧**政权**，所以它具有**政治性**。

让"普鲁士人"在**同义语**和**废话**之间选择去吧！可是，如果说**具有政治精神的社会革命**不是同义语就是废话，那末**具有社会精神的政治革命**却

---

① 这是阿·卢格在《前进报》上发表《普鲁士国王和社会改革》一文的笔名。——编者注

是合理的思想。一般的**革命**——**推翻**现政权和**破坏**旧关系——是**政治行为**。而**社会主义**不通过**革命**是不可能实现的。社会主义需要这种**政治行为**，因为它需要**消灭**和**破坏**旧的东西。但是，只要它的组织活动在哪里开始，它的**自我目的**，即它的**精神**在哪里显露出来，社会主义也就在哪里抛弃了**政治**的外壳。

马克思：《评"普鲁士人"的"普鲁士国王和社会改革"一文》（1844年7月31日），摘自《马克思恩格斯全集》第1卷，人民出版社1956年12月第1版，第480—489页。

3．"货币共同体"：资本主义的货币、金钱关系取代封建主义的人身、宗法关系

意大利最早的政治经济学传播者们所赞扬的，恰恰是这种美好的发现①，它使社会的普遍物质变换不通过社会成员的个人接触就可以进行。

马克思：《经济学手稿》（1857—1858年），摘自《马克思恩格斯全集》第46卷下册，人民出版社1980年8月第1版，第437—438页。

以人身的奴役关系和统治关系为基础的地产权力和非人身的货币权力之间的对立，可以用两句法国谚语明白表示出来："没有一块土地没有地主"，"货币没有主人"。

马克思：《资本论》第1卷，摘自《马克思恩格斯文集》第5卷，人民出版社2009年12月第1版，第171页注释（1）。

凡是在货币关系排挤了人身关系和货币贡赋排挤了实物贡赋的地方，封建关系就让位于资产阶级关系。

恩格斯：《论封建制度的瓦解和民族国家的产生》（1884年底），摘自《马克思恩格斯全集》第21卷，人民出版社1965年9月第1版，第450页。

16—18世纪，几乎任何地方的手工工场工人都占有生产工具，如：织布机、家庭用的纺车和一小块在工余时间耕种的土地。这一切，无产者都没有。工场手工业工人几乎总是生活在农村，和地主或雇主维持着或多或

---

① 马克思在手稿同一页左上角补写的一句话也许同这个地方有关，这句话是："（货币在这里实际上表现为他们［社会成员］的共同体，这种共同体以物的形式存在于他们自身之外）"。——编者注

少的宗法关系。无产者通常生活在大城市,和雇主只有金钱关系。大工业使工场手工业工人脱离了宗法关系,他们失去了仅有的一点财产,因此才变成无产者。

> 恩格斯:《共产主义原理》(1847年10月底—11月),摘自《马克思恩格斯文集》第1卷,人民出版社2009年12月第1版,第679—680页。

随着工场手工业的出现,工人和雇主的关系也发生了变化。在行会中,帮工和师傅之间存在着一种宗法关系,而在工场手工业中,这种关系由工人和资本家之间的金钱关系代替了;在乡村和小城市中,这些关系仍然带有宗法的色彩,而在大城市、真正工场手工业城市里,这种色彩在最初阶段就几乎完全消失了。(第64页)

它(大工业)使自然科学从属于资本,并使分工丧失了自然性质的最后一点痕迹。它把自然形成的关系一概消灭掉(只要这一点在劳动范围内可能做到的话);它把这些关系变成金钱的关系。(第68页)

资产阶级历史地使家庭具有资产阶级家庭的性质;在这样的家庭中无聊和金钱是纽带,这样的家庭也发生资产阶级的家庭解体,但这种解体并不妨碍家庭本身继续存在。(第196页)

> 马克思、恩格斯:《德意志意识形态》(1845—1846年),摘自《马克思恩格斯全集》第3卷。

资产阶级在它已经取得了统治的地方把一切封建的、宗法的和田园诗般的关系都破坏了。它无情地斩断了把人们束缚于天然尊长的形形色色的封建羁绊,它使人和人之间除了赤裸裸的利害关系,除了冷酷无情的"现金交易",就再也没有任何别的联系了。……

资产阶级撕下了罩在家庭关系上面的温情脉脉的面纱,把这种关系变成了单纯的金钱关系。

> 马克思、恩格斯:《共产党宣言》(1847年12月—1848年1月底),摘自《马克思恩格斯文集》第2卷,人民出版社2009年12月第1版,第33—34页。

剩余劳动占有者与剩余劳动提供者之间的纯粹的货币关系:一旦产生**这种从属**,这种从属就是从售卖**特定内容**中产生的,而不是从**售卖**以前的**从属**中产生的,后面这种从属会使生产者由于政治等关系而同自身劳动的剥削者处在不同于货币关系(商品所有者与商品所有者之间的关系)的另一种关系中；而在这里，买者只是作为劳动条件的所有者而使卖者在经济上处于从属于自己的地位；这并不是政治的和社会上固定的统治和从属关系。

马克思：《〈资本论〉第一册〈第六章。直接生产过程的结果〉（手稿）》（1863年7月—1864年6月），摘自《马克思恩格斯全集》第49卷，人民出版社1982年12月第1版，第85页。

4. "如果取消货币"，"人们或者会倒退到生产的较低的阶段，或者前进到更高的阶段"

克服犹太本质的任务实际上就是消灭**市民社会中犹太精神**的任务，消灭现代生活实践中的非人性的任务，这种非人性的最高表现就是**货币制度**。

马克思、恩格斯：《神圣家族》（1844年9—11月），摘自《马克思恩格斯全集》第2卷，人民出版社1957年12月第1版，第141页。

作为交换手段，货币表现为生产和消费之间的必要的媒介。在发达的货币制度下，生产只是为了交换，或者生产只是由于交换。因此，如果取消货币，那么人们或者会倒退到生产的较低的阶段（和这一阶段相适应的，是起附带作用的物物交换），或者前进到更高的阶段，在这个阶段上，交换价值已经不再是商品的首要规定，因为以交换价值为代表的一般劳动，不再表现为只是间接地取得共同性的私人劳动。

马克思：《经济学手稿》（1857—1858年），摘自《马克思恩格斯全集》第46卷上册，人民出版社1979年7月第1版，第164—165页。

（三）资本主义造成人各种活动、关系的分离

1. 资本主义造成人的诸多关系的分离

我们从这一大堆赘述中只能得出一个结论，那就是，上述三个因素——生产力、社会状况和意识——彼此之间可能而且一定会发生矛盾，因为**分工**不仅使物质活动和精神活动、享受和劳动、生产和消费由各种不同的人来分担这种情况成为可能，而且成为现实。要使这三个因素彼此不发生矛盾，只有消灭分工。

马克思、恩格斯：《德意志意识形态》（1845—1846年），摘自《马克思恩格斯全集》第3卷，人民出版社1960年12月第1版，第36页。

在资本主义生产关系下，随着劳动同劳动的客观条件分离，工人、资本家和土地所有者作为三种不同的身分而互相对立。

马克思：《剩余价值理论》，摘自《马克思恩格斯全集》第 26 卷第 2 册，人民出版社 1973 年 7 月第 1 版，第 394 页。

资本、地产和劳动的分离，只有对工人说来才是必然的、本质的、有害的分离。资本和地产无须停留于这种分离，可是，工人的劳动则必须如此。

因此，资本、地租和劳动的分离对工人说来是致命的。

马克思：《1844 年经济学哲学手稿》（1844 年 4—8 月），摘自《马克思恩格斯文集》第 1 卷，人民出版社 2009 年 12 月第 1 版，第 115 页。

2. 货币是建立人的关系的"媒介（纽带）"，同时也分离人的各种关系：既是"黏合剂"，也是"分离剂"

[社会的财富，只是作为私有者个人的财富存在的。它之所以表现为社会的财富，只是因为这些个人为了满足自己的需要，而互相交换不同质的使用价值。在资本主义生产中，他们只有用货币作媒介，才能做到这点。所以，只是由于用货币作媒介，个人的财富才实现为社会的财富。这个财富的社会性质，就体现在货币这个东西上。——弗·恩·]

马克思、恩格斯：《资本论》第 3 卷，摘自《马克思恩格斯文集》第 7 卷，人民出版社 2009 年 12 月第 1 版，第 649 页。

如果**货币**是把我同**人**的生活，同社会，同自然界和人们联结起来的纽带，那么货币难道不是一切**纽带**的纽带吗？它难道不是能够把一切纽带解开和联结在一起吗？因此，它难道不也是通用的**分离剂**吗？它既是地地道道的使人分离的"**辅币**"①，也是地地道道的**黏合剂**；它是社会的[……]② **化合力**。

马克思：《1844 年经济学哲学手稿》（1844 年 4—8 月），摘自《马克思恩格斯文集》第 1 卷，人民出版社 2009 年 12 月第 1 版，第 245 页。

劳动的一切力量都转化为资本的力量。在固定资本中体现着劳动的生产力，这种生产力存在于劳动之外，并且（客观地）不以劳动为转移而存在着。而在流动资本中，一方面，工人本身有了重复自己劳动的前提条件，另一方面，工人的这种劳动的交换以其他工人的并存劳动为媒介，——这

---

① "辅币"原文是 Scheidemünze，其构成与前一句中的 Scheidungsmittel（分离剂）一样，都同动词 scheiden（分离）相联系。——编者注

② 手稿此处缺损。——编者注

种情况表现为，资本对工人实行预付，另一方面资本又造成各个劳动部门的同时并存。(后面这两个规定其实属于积累。)在流动资本的形式中，资本表现为不同工人之间的媒介。

马克思：《经济学手稿》（1857—1858 年），摘自《马克思恩格斯全集》第 46 卷下册，人民出版社 1980 年 8 月第 1 版，第 213 页。

货币不仅是"进行交换的媒介"（第 341 页），同时也是使产品同产品的交换分解为两个彼此独立的、在时间和空间上彼此分离的行为的媒介。但是，前面所说的李嘉图对货币的错误理解的根本原因在于，李嘉图总是只看到交换价值的**量的规定**，就是说，交换价值等于一定量的劳动时间，相反，他忘记了交换价值的质的规定，就是说，个人劳动只有通过自身的**异化**（alienation）才表现为**抽象一般的、社会的**劳动。

马克思：《剩余价值理论》，摘自《马克思恩格斯全集》第 26 卷第 2 册，人民出版社 1973 年 7 月第 1 版，第 575 页。

媒　介

……

穆勒把货币称为交换的**媒介**，这就非常成功地用一个概念表达了事情的本质。货币的本质，首先不在于财产通过它转让，而在于人的产品赖以互相补充的**中介活动**或中介运动，**人的**、社会的行动**异化**了并成为在人之外的**物质东西**的属性，成为货币的属性。既然人使这种中介活动本身外化，他在这里只能作为丧失了自身的人、失去人性的人而活动；物的**相互关系**本身、人用物进行的活动变成某种在人之外的、在人之上的本质所进行的活动。由于这种**异己的媒介**——并非人本身是人的媒介，——人把自己的愿望、活动以及同他人的关系看作是一种不依赖于他和他人的力量。这样，他的奴隶地位就达到极端。因为媒介是支配它借以把我间接表现出来的那个东西的**真正的权力**，所以，很清楚，这个**媒介**就成为**真正的上帝**。对它的崇拜成为自我目的。同这个媒介脱离的物，失去了自己的价值。因此，只有在这些物**代表**这个媒介的情况下这些**物**才有价值，而最初似乎是，只有在这个**媒介**代表这些物的情况下这个媒介才有价值。最初关系的这种颠倒是不可避免的。因此，这个**媒介**是私有财产的丧失了自身的、异化的**本质**，是在自身之外的、**外化的**私有财产，在人的生产与人的生产之间起外化的中介作用，是人的外化的类活动。因此，凡是人的这种类生产活动的属性，都可以转移给这个媒介。因此，这个媒介**富**到什么程度，作为人的人，即同这个媒介相脱离的人也就穷到什么程度。——基督最初**代表**：（1）上帝面前的人；（2）人面前的上帝；（3）人面前的人。

同样，**货币**按照自己的概念最初代表：（1）为了私有财产的私有财产；（2）为了私有财产的社会；（3）为了社会的私有财产。

但是，基督是**外化**的上帝和外化的人。上帝只有在它代表基督时才有价值；人也只有在他代表基督时才有价值。货币的情况也是一样。——

为什么私有财产必然发展到**货币**呢？这是因为人作为喜爱交往的存在物必然发展到**交换**［XXV］，因为交换——在存在着私有财产的前提下——必然发展到**价值**。其实，进行交换活动的人的中介运动，不是社会的、人的运动，不是**人的关系**，它是私有财产对私有财产的**抽象的关系**，而这种**抽象**的关系是**价值**。**货币**才是作为价值的价值的现实存在。因为进行交换活动的人不是作为人来互相对待，所以**物**本身就失去人的、个人的财产的意义。私有财产对私有财产的社会关系已经是这样一种关系，在这种关系中私有财产是自身异化了的。因此，这种关系的独立存在，即货币，是私有财产的外化，是排除了私有财产的**特殊**个性的抽象。——

……

［XXVIII］国民经济学——同现实的运动一样——以作为**私有者同私有者**的关系的人同人**的关系**为出发点。如果假定一个人是**私有者**，也就是说假定一个人是特殊的占有者，他通过这种特殊的占有证实自己的人格，并使自己同他人既相区分又相联系，——私有财产是他个人的、**有其特点的**、从而也是他的本质的存在，——那么，私有财产的**丧失**或**放弃**，就是人和**私有财产**本身的外化。我们在这里只谈后一个定义。如果我把我的私有财产出让给另一个人，那它就不再是**我**的了；它成为一种与我无关的、**在我的范围之外**的物，一种对我来说是外在的物。这就是说，我使我的私有财产**外化了**。因此，对于我来说，我把它看作是**外化**的私有财产。但是，如果只对于我来说，我使它外化了，那么，我也不过把它看作是**外化的物**，我扬弃的只是我同它的**个人的**关系，我使它返回到**自发**的自然力的支配之下。私有财产只有当它不再是**我的**了，而且并不因此而不是一般**私有财产**的时候，也就是说，当它同**在我之外**的另一个人发生了它以前同我所处的那种关系的时候，换句话说，当它成为**另一个人**的**私有财产**的时候，才成

为外化的**私有财产**。如果把**强制**的情况除外——我怎么会非把**我的**私有财产转让给另一个人不可呢？国民经济学回答得很正确：由于**贫困**，由于**需要**。另一个人也是私有者，然而是**另一种物**的私有者，这种物是我需要的，我没有它就不行或者我不愿意没有它，在我看来，它是补足我的存在和实现我的本质所**必需的**。

使两个私有者发生相互关系的那种联系是**物的特殊的性质**，而这个物就是他们的私有财产的物质。对这两种物的渴望，即对它们的需要，向每一个私有者指明并使他意识到，他同物除了有私有权关系以外，还有另一种**本质的**关系，即他并不是他自认为的那种单独的存在物，而是**总体的**存在物，他的需要也同另一个人的劳动产品有**内在的**所有权关系，因为对某种物的需要最明显、最无可争辩地证明：这种物属于**我的**本质；物的为我的存在、对它的**占有**，就是我的本质的属性和特点。这样，两个所有者都不得不放弃自己的私有财产，不过，是在确认私有权的同时放弃的，或者是在私有权关系的范围内放弃的。因此，每一个人转让给别人的是自己的私有财产的一部分。

因此，两个私有者的**社会的**联系或**社会的**关系表现为私有财产的**相互外化**，表现为双方外化的关系或作为这两个私有者的关系的**外化**，而在简单的私有财产中，**外化**还仅仅是就自身而言、是单方面发生的。

因此，**交换或物物交换**是社会的、类的行为，社会的联系，社会的交往和人在**私有权**范围内的联合，因而是外部的、**外化的**、类的行为。正因为这样，它才表现为**物物交换**。因此，它同时也是同**社会的**关系的对立。

私有财产本身由于它的相互**外化**或异化而获得外化的私有财产这个定义。首先，因为它不再是这种财产占有者的劳动产品，不再是占有者的个性的特殊表现，因为占有者使它外化了，它脱离了曾是它的生产者的占有者，并且对于**不是**它的生产者来说获得了私人的意义。私有财产对占有者来说失去了私人的意义。其次，它同另一种私有财产发生关系，并被认为同这种私有财产是相等的。它的地位被**另一种**私有财产所代替，如同它本身代替了**另一种**私有财产一样。因而，私有财产从双方来看都表现为另一种私有财产的代表，表现为同**另一种**自然产物**相等的东西**，并且双方是这样相互发生关系的：每一方都代表**另一方**的存在，双方都作为它的自身和它的异在的**代替物**相互发生关系。因此，私有财产本身的存在就成了它作为**代替物**，作为**等价物**的存在。现在，它不表现为同自身的直接统一，只表现为同某个**他物**的关系。它的作为**等价物**的存在不再是具有它的特点的那种存在了。因此，它成了**价值**并且直接成了**交换价值**。它的作为**价值**的存在是**它自身**的一种不同于它的直接存在的、外在于它的特殊本质的、**外化**的规定〔XXIX〕；只不过是某种**相对的**存在。

如何更详细地规定这个**价值**以及这个价值如何成为**价格**，应当在其他地方加以探讨。

交换关系的前提是劳动成为**直接谋生的劳动**。异化的劳动的这种关系之所以达到自己的顶点，是由于（1）一方面，**谋生的劳动**以及工人的产品同工人的需要、同他的**劳动使命**没有任何**直接的**关系，而是不论就哪方面来说，都决定于同工人本身格格不入的社会组合；（2）购买产品的人自己不生产，只是换取别人生产的东西。在上面说到的那种**外化**的私有财产的粗糙形式中，在**物物交换中**，两个私有者中任何一人生产的东西都是他的需要、他的才能和手头有的自然材料直接促使他去生产的。因此，其中任何一人只是用自己的产品余额去交换另一人的产品余额。诚然，劳动是劳动者的直接的**生活来源**，但同时也是他的**个人存在**的积极实现。通过交换，他的**劳动**部分地成了**收入的来源**。这种劳动的目的和它的存在已经不同了。产品是作为**价值**，作为**交换价值**，作为**等价物**来生产的，不再是为了它同生产者直接的个人关系而生产的。生产越是多方面的，就是说，一方面，需要越是多方面的，另一方面，生产者完成的制品越是单方面的，他的**劳动**就越是陷入**谋生的劳动**的范畴，直到最后他的劳动的意义仅仅归于谋生的劳动并成为完全**偶然的**和**非本质的**，而不论生产者同他的产品是否有直接消费和个人需要的关系，也不论他的**活动**、劳动本身的行动对他来说是不是他个人的自我享受，是不是他的天然禀赋和精神目的的实现。

在谋生的劳动中包含着：（1）劳动对劳动主体的异化和偶然联系；（2）劳动对劳动对象的异化和偶然联系；（3）工人的使命决定于社会需要，但是社会需要是同他格格不入的，是一种强制，他由于利己的需要、由于穷困而不得不服从这种强制，而且对他来说，社会需要的意义只在于它是满足他的直接需要的来源，正如同对社会来说，他的意义只在于他是社会需要的奴隶一样；（4）对工人来说，维持工人的个人生存表现为他的活动的**目的**，而他的现实的行动只具有手段的意义；他活着只是为了谋取生活资料。

因此，在私有权关系的范围内，社会的权力越大，越多样化，人就变得越**利己**，越没有社会性，越同自己固有的本质相异化。

同人的活动的产品的相互交换表现为**物物交换**，表现为**做买卖**〔Schacher〕一样，活动本身的相互补充和相互交换表现为**分工**，这种分工使人成为高度抽象的存在物，成为旋床等等，直至变成精神上和肉体上畸形的人。

现在正是人的劳动的**统一**只被看作**分离**，因为社会的本质只在自己的对立物的形式中、在异化的形式中获得存在。**分工随着文明一同发展**。

在分工的前提下，产品、私有财产的材料对单个人来说越来越获得等价物的意义；而且既然人交换的已不再是他的**余额**，而是他所生产的、对他来说是完全**无关紧要**的物，所以他也不再以他的产品直接换取他**需要**的物了。等价物在货币中获得自己作为等价物的存在，而货币现在是谋生的劳动的直接结果、是交换的**媒介**（见上文）。

在不论对材料的性质即私有财产的特殊物质还是对私有者的个性都完全无关紧要的**货币**中，表现出异化的物**对人**的全面统治。过去表现为个人对个人的统治的东西，现在则是**物对个人**、产品对生产者的普遍统治。如果说，在**等价物**中，在**价值**中已经包含着私有财产的**外化**这一规定，那么，这种**外化**在**货币**中就获得感性的，甚至是物质的存在。

[XXX] 不言而喻，国民经济学能够把这整个发展只作为某种事实，作为偶然需要的产物来把握。

劳动同它自身的分离等于工人同资本家的分离，等于劳动同资本——它的最初形式分为**地产和动产**——的分离……私有财产的最初定义是垄断；因此，一旦私有财产获得政治结构，这就是垄断的结构。完成了的垄断是竞争。在国民经济学家看来，**生产**、**消费**以及作为两者之间的媒介的**交换**和**分配**是孤立地存在的。生产和消费、活动和精神在不同的人之间和在同一个人身上的分离，是**劳动**同它的**对象**以及同它那作为精神的自身的**分离**。**分配**是私有财产的积极实现自身的力量。——劳动、资本和地产彼此的分离，以及一种劳动同另一种劳动、一种资本同另一种资本、一种地产同另一种地产的分离，最后，劳动同劳动报酬、资本同利润、利润同利息以至地产同地租的分离，使得自我异化不仅以自我异化的形式而且以相互异化的形式表现出来。

> 马克思：《詹姆斯·穆勒〈政治经济学原理〉一书摘要·媒介》（1844年上半年），摘自《马克思恩格斯全集》第42卷，人民出版社1979年9月第1版，第18—30页。

3. 人与人的分离：一方面是自由与平等、"把各个个人汇集在一起"，一方面是"彼此漠不关心"、"彼此孤立起来"

在交换的主体的意识中，情况是这样的：每个人在交易中只有对自己来说才是自我目的；每个人对他人来说只是手段；最后，每个人是手段同时又是目的，而且只有成为他人的手段才能达到自己的目的，并且只有达到自己的目的才能成为他人的手段，——这种相互关联是一个必然的事实，它作为交换的自然条件是预先存在的，但是，这种相互关联本身对交换主体双方中的任何一方来说都是无关紧要的，它和他有利害关系，只是因为它成为**他的**利益。也就是说，表现为整个交换行为的内容的共同利益，虽然作为事实存在于双方的意识中，但是这种共同利益本身不是动因，它可以说只存在于自身反映的个别利益的背后。主体还尽可以有这样一种庄严的意识：他不顾他人而谋得的个别利益的满足，正好就是被扬弃的个别利益即一般利益的实现。每个主体都作为全过程的最终目的，作为支配一切的主体而从交换行为本身中返回到自身。因而就实现了主体的完全自由。自愿的交易；任何一方都不使用暴力；只有作为自身的手段或自我目的，才能成为他人的手段；最后，意识到一般利益或共同利益只是自私利益的全面性。

因此，如果说流通从各方面来看是个人自由的实现，那么流通过程就其本身来看，也就是从它的经济形式规定来看，则是社会平等的充分实现（因为自由这一关系同交换的经济形式规定没有直接关系，而是既同交换的法律形式有关，又同内容即同使用价值或需要本身有关）。主体作为流通的主体首先是**交换者**，每个主体都处在这一规定中，即处在同一规定中，这恰好构成他们的社会规定。其实，他们只是作为主体化的交换价值即作为活的等价物，作为价值相等的人互相对立。作为这样的人，他们不仅相等，他们之间甚至 [B″—1] 不会产生任何差别。他们只是作为交换价值的占有者和需要交换的人，即作为同一的、一般的、无差别的社会劳动的代表互相对立。而且他们所交换的是等量的交换价值，因为这里的前提是等价物的交换。每个主体所给出的和获得的是相等的东西，这是这里的过程本身的明确的要素。如果说他们作为交换主体互相对立，那么在交换行为中他们就证明了自己。交换本身只不过是这种证明而已。他们实现为交换者，因而实现为平等的人，而他们的商品（客体）则实现为等价物。他们把自己的物的存在只是当作价值相等的东西来交换。他们本身是价值相等的人，在交换行为中证明自己是价值相等的和彼此漠不关心的人。等价物是一个主体对另一个主体的物化；这就是说，它们本身价值相等，并且在交换行为中证明彼此价值相等和彼此无关。主体只有通过等价物才在交换中相互表现为价值相等的人，而且他们通过彼此借以为对方而存在的那种对象性的交替才证明自己是价值相等的人。因为他们只是彼此作为等价的主体而存在，所以他们是价值相等的人，同时是彼此漠不关心的人。他们的其他差别与他们无关。他们的个人的特性并不进入过程。他们的商品的使用价值的物质差别在商品作为价格的观念存在中消失了，而由于这种物质差别是交换的动因，所以他们互相需要（每一方都代表另一方的需要），并且这是只用等量劳动时间来满足的需要。这种自然差别是他们的社会平等的基础，使他们成为交换主体。如果 A 和 B 的需要相同，并且 A 的商品和 B 的商品所满足的需要相同，那么就经济关系来说（从他们的生产方面来看），他们之间就不会发生任何关系。他们的需要通过他们的劳动和商品的物质差别而互相满足，这使他们的平等成为实现了的社会关系，并且使他们的特殊劳动成为一般社会劳动的特殊存在方式。

当货币出现的时候，它决不是要消除这种平等关系，实际上它是这种平等关系的现实的表现。（第472—475页）

因为货币只是交换价值的实现，而发达的交换价值制度则是货币制度，所以货币制度实际上只能是这种平等和自由制度的实现。（第476页）

交换价值制度，或者更确切地说，货币制度，事实上是自由和平等的制度。但是，在更深入的发展中所出现的矛盾，是这种所有权、自由和平等本身的内在矛盾即混乱。它们有时转变为自己的对立面。（第478页）

马克思：《经济学手稿》（1857—1858年），摘自《马克思恩格斯全集》第46卷下册，人民出版社1980年8月第1版。

尽管竞争把各个个人汇集在一起，但它却使各个个人——不仅资产者，而特别是无产者——彼此孤立起来。因此需要经过不少的时期，这些个人才能联合起来，更不用说，为了这种联合（如果它不仅仅是地方性的联合），大工业应当首先制造出必要的手段，即大工业城市和廉价而便利的交通。因此只有经过长期的斗争才能战胜同这些孤立的个人（他们生活在每天都重复产生着这种孤立状态的条件下）对立的一切有组织的势力。要求相反的东西，就等于要求在这个特定的历史时代不要有竞争，就等于要求人们从脑子里抛掉他们由于自己的孤立状态而无法加以控制的那些关系。

马克思、恩格斯：《德意志意识形态》（1845—1846 年），摘自《马克思恩格斯全集》第 3 卷，人民出版社 1960 年 12 月第 1 版，第 69 页注释①。

自由工业和自由贸易消除了特权的闭塞，从而也消除了各种特权的闭塞之间的斗争；相反地，它们却把从特权下解放出来的、已经不和别人联系（即使是**表面上的一般结合**）的人放在特权的地位上（这种特权把人们和社会整体分离开来，而同时又把他们结合在一个规模很小的、特殊的团体里面），并且引起了人反对人、个人反对个人的斗争。同样整个的**市民社会**只是由于**个人的特性**而彼此分离的个人之间的相互斗争，是摆脱了特权桎梏的自发的生命力的不可遏止的普遍运动。**民主的代议制国家和市民社会**的对立是公法**团体和奴隶制**的**典型**对立的完成。在现代世界中每一个人都是奴隶制度的成员，**同时**也是公法团体的成员。**市民社会的奴隶制**恰恰在**表面**上看来是最大的**自由**，因为它似乎是个人**独立**的完备形式；这种个人往往把像财产、工业、宗教等这些孤立的生活要素所表现的那种既不再受一般的结合也不再受人所约束的不可遏止的运动，当做**自己**的自由，但是，这样的运动反而成了个人的完备的奴隶制和人性的直接对立物。这里，代替了**特权**的是**法**。

这么说来，在这里，自由的理论和特权的实际势力之间不但不存在任何矛盾，特权的实际消灭，**自由的**工业和**自由的**贸易等反而与"自由的理论"相适应，任何特权的闭塞都不与公法状况相对立，批判所发现的矛盾已被消除——只有在这里，才**存在着完备的现代国家**。

马克思、恩格斯：《神圣家族》（1844 年 9—11 月），摘自《马克思恩格斯全集》第 2 卷，人民出版社 1957 年 12 月第 1 版，第 148—149 页。

4. 人（主观）与物（客观）之间的分离

虽然行会组织造成的手工业的分离、孤立和发展是工场手工业时期的物质存在条件，但行会组织排斥了工场手工业的分工。总的说来，工人和他的生产资料还是互相结合的，就象蜗牛和它的甲壳互相结合一样，因而工场手工业的起码基础还不具备，也就是说，生产资料还没有独立化为资本而同工人相对立。（第 415 页）

劳动产品和劳动本身的分离，客观劳动条件和主观劳动力的分离，是资本主义生产过程事实上的基础或起点。……工人本身不断地把客观财富当做资本，当做同他相异己的、统治他和剥削他的权力来生产，而资本家同样不断地把劳动力当做主观的、同它本身对象化在其中和借以实现的资料相分离的、抽象的、只存在于工人身体中的财富源泉来生产，一句话，就是把工人当做雇佣工人来生产。工人的这种不断再生产或永久化是资本主义生产的必不可少的条件。（第 658—659 页）

自由劳动者有双重意义：他们本身既不像奴隶、农奴等等那样，直接属于生产资料之列，也不像自耕农等等那样，有生产资料属于他们，相反地，他们脱离生产资料而自由了，同生产资料分离了，失去了生产资料。商品市场的这种两极分化，造成了资本主义生产的基本条件。资本关系以劳动者和劳动实现条件的所有权之间的分离为前提。资本主义生产一旦站稳脚跟，它就不仅保持这种分离，而且以不断扩大的规模再生产这种分离。因此，创造资本关系的过程，只能是劳动者和他的劳动条件的所有权分离的过程，这个过程一方面使社会的生活资料和生产资料转化为资本，另一方面使直接生产者转化为雇佣工人。（第 821—822 页）

马克思：《资本论》第 1 卷，摘自《马克思恩格斯文集》第 5 卷，人民出版社 2009 年 12 月第 1 版。

劳动能力占有的只是必要劳动的主观条件，——从事生产的劳动能力的生活资料，即为了把劳动能力仅仅作为同它的实现条件相分离的劳动能力再生产出来所需要的生活资料，——而且劳动能力使这些条件本身变成以他人的、实行统治的人格化的形式而同劳动能力相对立的**物，价值**。劳动能力离开［生产］过程时不仅没有比它进入时更富，反而更穷了。这是因为，劳动能力不仅把必要劳动的条件作为属于资本的条件创造出来，而且潜藏在劳动能力身上的增殖价值的可能性，创造价值的可能性，现在也作为剩余价值，作为剩余产品而存在，总之，作为资本，作为对活劳动能力的统治权，作为赋有自己权力和意志的价值而同处于抽象的、丧失了客观条件的、纯粹主观的贫穷中的劳动能力相对立。劳动能力不仅生产了他人的财富和自身的贫穷,而且还生产了这种作为自我发生关系的财富的财富同作为贫穷的劳动能力之间的关系,而财富在消费这种贫穷时则会获得新的生命力并重新增殖。

马克思:《经济学手稿》(1857—1858年),摘自《马克思恩格斯全集》第46卷上册,第449页。

没有劳动的物质条件,工人当然不可能进行生产。在资本中劳动的这些条件是和工人相分离的,是作为一种独立的东西与工人相对立的。只有当工人的劳动本身事先为资本所占有的时候,工人才能把这些条件当作劳动条件来对待。从资本的观点来看,劳动的客观条件并不是工人所必需的,而必需的是:劳动的客观条件**独立地存在,与工人相对立,工人与劳动的客观条件相分离,劳动的客观条件属于资本家所有**,而且,要消除这种分离现象,只能是工人把自己的生产力转让给资本,为此,资本把工人当作抽象的劳动能力保存下来,也就是说,把工人当作单纯的再生产财富的能力保存下来,而这种财富是作为统治劳动能力的力量在劳动能力面前以资本的形式再生产出来的。

马克思:《经济学手稿》(1857—1858年),摘自《马克思恩格斯全集》第46卷下册,人民出版社1980年8月第1版,第350—351页。

5. 股份公司使生产资料与实际的生产者更彻底地分离

(股份公司的成立)实际执行职能的资本家转化为单纯的经理,即别人的资本的管理人,而资本所有者则转化为单纯的所有者,即单纯的货币资本家。因此,即使后者所得的股息包括利息和企业主收入,也就是包括全部利润(因为经理的薪金只是,或者应该只是某种熟练劳动的工资,这种劳动的价格,同任何别种劳动的价格一样,是在劳动市场上调节的),这全部利润仍然只是在利息的形式上,即作为资本所有权的报酬获得的。而这个资本所有权这样一来现在就同现实再生产过程中的职能完全分离,正像这种职能在经理身上同资本所有权完全分离一样。因此,利润(不再只是利润的一部分,即从借入者获得的利润中理所当然地引出来的利息)表现为对他人的剩余劳动的单纯占有,这种占有之所以产生,是因为生产资料已经转化为资本,也就是生产资料已经和实际的生产者相异化,生产资料已经作为他人的财产,而与一切在生产中实际进行活动的个人(从经理一直到最后一个短工)相对立。在股份公司内,职能已经同资本所有权相分离，因而劳动也已经完全同生产资料的所有权和剩余劳动的所有权相分离。资本主义生产极度发展的这个结果，是资本再转化为生产者的财产所必需的过渡点，不过这种财产不再是各个互相分离的生产者的私有财产，而是联合起来的生产者的财产，即直接的社会财产。另一方面，这是再生产过程中所有那些直到今天还和资本所有权结合在一起的职能转化为联合起来的生产者的单纯职能，转化为社会职能的过渡点。

马克思、恩格斯：《资本论》第 3 卷，摘自《马克思恩格斯文集》第 7 卷，人民出版社 2009 年 12 月第 1 版，第 495 页。

6. 分工和体力与智力、劳动与知识、物质与精神的分离

现在总体工人具备了技艺程度相同的一切生产素质，同时能最经济地使用它们，因为他使自己的所有器官个别化而成为特殊的工人或工人小组，各自担任一种专门的职能。① 局部工人作为总体工人的一个肢体，他的片面性甚至缺陷就成了他的优点。② 从事片面职能的习惯，使他转化为本能地准确地起作用的器官，而总机构的联系迫使他以机器部件的规则性发生作用。③（第 404—405 页）

机器劳动极度地损害了神经系统，同时它又压抑肌肉的多方面运动，夺去身体上和精神上的一切自由活动。④ 甚至减轻劳动也成了折磨人的手段，因为机器不是使工人摆脱劳动，而是使工人的劳动毫无内容。一切资本主义生产既然不仅是劳动过程，而且同时是资本的增殖过程，就有一个共同点，即不是工人使用劳动条件，相反地，而是劳动条件使用工人，不过这种颠倒只是随着机器的采用才取得了在技术上很明显的现实性。由于劳动资料转化为自动机，它就在劳动过程本身中作为资本，作为支配和吮吸活劳动力的死劳动而同工人相对立。正如前面已经指出的那样，生产过

---

① "因为把工作分成许多种不同的操作，其中每种操作都需要不同程度的技艺和体力，所以手工工场主能够准确地按照每种操作所需要的数量来购买体力和技艺。如果全部工作由一个工人来完成，那么同一个工人就必须有足够的技艺来完成最细致的操作，有足够的体力来完成最繁重的操作。"（查·拜比吉《论机器和工厂的节约》第 19 章）

② 例如，肌肉的片面发展和骨骼的弯曲等等。

③ 一个玻璃手工工场的总经理威·马歇尔先生对一个调查委员会委员提出的关于如何使少年工人保持勤劳的问题，作了很好的回答："他们不可能忽略自己的工作；他们一开始干，就得干下去；他们好像是一台机器的各个部分。"（《童工调查委员会。1865 年第 4 号报告》第 247 页）

④ 弗·恩格斯《英国工人阶级状况》第 216 页。

程的智力同体力劳动相分离，智力转化为资本支配劳动的权力，是在以机器为基础的大工业中完成的。变得空虚了的单个机器工人的局部技巧，在科学面前，在巨大的自然力面前，在社会的群众性劳动面前，作为微不足道的附属品而消失了；科学、巨大的自然力、社会的群众性劳动都体现在机器体系中，并同机器体系一道构成"主人"的权力。（第486—487页）

就劳动过程是纯粹个人的劳动过程来说，同一劳动者是把后来彼此分离开来的一切职能结合在一起的。当他为了自己的生活目的对自然物实行个人占有时，他是自己支配自己的。后来他成为被支配者。单个人如果不在自己的头脑的支配下使自己的肌肉活动起来，就不能对自然发生作用。正如在自然机体中头和手组成一体一样，劳动过程把脑力劳动和体力劳动结合在一起了。后来它们分离开来，直到处于敌对的对立状态。产品从个体生产者的直接产品转化为社会产品，转化为总体工人即结合劳动人员的共同产品。总体工人的各个成员较直接地或者较间接地作用于劳动对象。因此，随着劳动过程本身的协作性质的发展，生产劳动和它的承担者即生产工人的概念也就必然扩大。为了从事生产劳动，现在不一定要亲自动手；只要成为总体工人的一个器官，完成他所属的某一种职能就够了。上面从物质生产性质本身中得出的关于生产劳动的最初的定义，对于作为整体来看的总体工人始终是正确的。但是，对于总体工人中的每一单个成员来说，就不再适用了。（第581—582页）

马克思：《资本论》第1卷，摘自《马克思恩格斯文集》第5卷，人民出版社2009年12月第1版。

工人的劳动的**社会**性质作为从某种意义上说**资本化**的东西同工人相对立（例如，在机器生产部门，劳动的可见产品表现为劳动的统治者），在这个过程中，各种自然力和科学——历史发展总过程的产物，它抽象地表现了这一发展总过程的精华——自然也发生同样的情况：它们作为资本的**力量**同工人相对立。科学及其应用，事实上同单个工人的技能和知识分离了，虽然它们——从它们的源泉来看——又是劳动的产品，然而在它们进入劳动过程的一切地方，它们都表现为**被并入资本的东西**。使用机器的资本家不必懂得机器（见尤尔的著作）。但是，**在机器上**实现了的科学，作为**资本**同工人相对立。而事实上，以**社会劳动**为基础的所有这些对科学、自然力和大量劳动产品的应用本身，只表现为剥削劳动的**手段**，表现为占有剩余劳动的手段，因而，表现为属于资本而同劳动对立的**力量**。资本使用这一切手段，当然只是为了剥削劳动，但是为了剥削劳动，资本必然要在生产过程中使用这些手段。所以，劳动的**社会**生产力的发展和这个发展的条件就表现为**资本的行为**，这种行为不仅是不管单个工人的意志如何而完成的，而且是直接反对单个工人的。（第420—421页）

资本主义生产方式的特点，恰恰在于它把各种不同的劳动，因而也把脑力劳动和体力劳动，或者说，把以脑力劳动为主或者以体力劳动为主的各种劳动分离开来，分配给不同的人。但是，这一点并不妨碍物质产品是所有这些人的**共同劳动的产品**，或者说，并不妨碍他们的共同劳动的产品体现在物质财富中；另一方面，这一分离也丝毫不妨碍：这些人中的每一个人对资本的关系是雇佣劳动者的关系，是在这个特定意义上的**生产工人**的关系。所有这些人不仅直接从事物质财富的生产，并且用自己的劳动**直接**同作为资本的货币交换，因而不仅把自己的工资再生产出来，并且还直接为资本家创造剩余价值。他们的劳动是由有酬劳动加无酬的剩余劳动组成的。（第444页）

马克思：《剩余价值理论》，摘自《马克思恩格斯全集》第26卷第1册，人民出版社1972年6月第1版。

分工起初只是性交方面的分工，后来是由于天赋（例如体力）、需要、偶然性等等而自发地或"自然地产生的"分工。分工只是从物质劳动和精神劳动分离的时候起才开始成为真实的分工。从这时候起意识才能真实地这样想像：它是同对现存实践的意识不同的某种其他的东西；它不想像某种**真实的**东西而能够真实地想像某种东西。从这时候起，意识才能摆脱世界而去构造"纯粹的"理论、神学、哲学、道德等等。但是，如果这种理论、神学、哲学、道德等等和现存的关系发生矛盾，那末，这仅仅是因为现存的社会关系和现存的生产力发生了矛盾。不过，在一定民族的各种关系的范围内，这种现象的出现也可能不是由于现在该民族范围内出现了矛盾，而是由于在该民族的意识和其他民族的实践之间，亦即在某一民族的民族意识和一般意识之间出现了矛盾（如像目前德国的情形那样）。

但是，意识本身究竟采取什么形式，这是完全无关紧要的。我们从这一大堆赘述中只能得出一个结论，那就是，上述三个因素——生产力、社会状况和意识——彼此之间可能而且一定会发生矛盾，因为**分工**不仅使物质活动和精神活动、享受和劳动、生产和消费由各种不同的人来分担这种情况成为可能，而且成为现实。要使这三个因素彼此不发生矛盾，只有消灭分工。(第35—36页)

物质劳动和精神劳动的最大的一次分工，就是城市和乡村的分离。城乡之间的对立是随着野蛮向文明的过渡、部落制度向国家的过渡、地方局限性向民族的过渡而开始的，它贯穿着全部文明的历史并一直延续到现在(反谷物法同盟)。(第56—57页)

> 马克思、恩格斯：《德意志意识形态》(1845—1846年)，摘自《马克思恩格斯全集》第3卷。

只有在这种生产方式下，才第一次产生了只有用科学方法才能解决的实际问题。只有现在，实验和观察——以及生产过程本身的迫切需要——才第一次达到使科学的应用成为可能和必要的那样一种规模。现在，**科学**，人类理论的进步，得到了**利用**。资本不创造科学，但是它为了生产过程的需要，利用科学，占有科学。这样一来，**科学**作为**应用**于生产的**科学**同时就和**直接劳动**相分离，而在以前的生产阶段上，范围有限的知识和经验是同劳动本身直接联系在一起的，并没有发展成为同劳动相分离的独立的力量，因而整个说来从未超出制作方法的积累的范围，这种积累是一代代加以充实的，并且是很缓慢地、一点一点地扩大的。(凭经验掌握每一种手艺的秘密。)手和脑还没有相互分离。(第570页)

在这里，机器的特征是"主人的机器"，而机器职能的特征是**生产过程**中("生产事务"中)**主人**的职能，同样，体现在这些机器中或生产方法中，化学过程等等中的科学，也是如此。科学对于劳动来说，表现为**异己的、敌对的和统治的权力**，而科学的应用一方面表现为传统经验、观察和通过实验方法得到的职业秘方的集中，另一方面表现为把它们发展为科学(用以分析生产过程)；科学的这种应用，即自然科学在物质生产过程中的应用，同样是建立在这一过程的智力同个别工人的知识、经验和技能相分离的基础上的，正象生产的［物质］条件的集中和发展以及这些条件转化为资本是建立在使工人丧失这些条件，使工人同这些条件相分离的基础上的一样。况且，工厂劳动使工人只能获得某些操作方法的知识；因此，随着工厂劳动的推广，学徒法废除了；而国家等为争取童工至少学会写字和阅读的斗争表明，科学在生产过程中的上述应用和在这一过程中压制任何智力的发展,这两者是一致的。当然,在这种情况下会造就一小批具有较高熟练程度的工人,但是,他们的人数决不能同"被剥夺了知识的"大量工人相比。(第571—572页)

科学分离出来成为与劳动相对立的、服务于资本的**独立力量**,一般说来属于**生产条件**与劳动**相分离**的范畴。并且正是科学的这种分离和独立(最初只是对资本有利)成为**发展科学**和知识的**潜力的条件**。(第598页)

马克思:《经济学手稿》(1861—1863年),摘自《马克思恩格斯全集》第47卷,人民出版社1979年10月第1版。

科学,作为社会发展的一般精神成果,在这里也同样表现为直接并入资本的东西(作为同单个工人的知识和才能相分离的科学,它在物质生产过程中的运用),而且,因为社会的一般发展被与劳动相对立的资本所利用,所以社会的一般发展就与劳动相对立而作为资本的生产力发挥作用,就表现为**资本**的**发展**;尤其是因为,它通常是和**劳动能力的贫乏化**同时并进的。

马克思:《〈资本论〉第一册〈第六章。直接生产过程的结果〉(手稿)》(1863年7月—1864年6月),摘自《马克思恩格斯全集》第49卷,第114—115页。

我们认为,现代工业吸引男女儿童和少年来参加伟大的社会生产事业,是一种进步的、健康的和合乎规律的趋势,虽然在资本主义制度下它是畸形的。在合理的社会制度下,**每个儿童**从9岁起都应当像每个有劳动能力的成人那样成为生产工作者,应当服从普遍的自然规律,这个规律就是:为了吃饭,他必须劳动,不仅用脑劳动,而且用双手劳动。

马克思:《临时中央委员会就若干问题给代表的指示》(1866年8月底),摘自《马克思恩格斯全集》第16卷,人民出版社1964年2月第1版,第216—217页。

(四)资本主义生产不仅造成社会关系的对抗,也造成"人与物自然关系"的对抗

1. 自然界对人类的报复

但是我们不要过分陶醉于我们对自然界的胜利。对于每一次这样的胜利,自然界都报复了我们。每一次胜利,在第一步都确实取得了我们预期的结果,但是在第二步和第三步却有了完全不同的、出乎预料的影响,常

常把第一个结果又取消了。美索不达米亚、希腊、小亚细亚以及其他各地的居民，为了想得到耕地，把森林都砍完了，但是他们梦想不到，这些地方今天竟因此成为荒芜不毛之地，因为他们使这些地方失去了森林，也失去了积聚和贮存水分的中心。阿尔卑斯山的意大利人，在山南坡砍光了在北坡被十分细心地保护的松林，他们没有预料到，这样一来，他们把他们区域里的高山牧畜业的基础给摧毁了；他们更没有预料到，他们这样做，竟使山泉在一年中的大部分时间内枯竭了，而在雨季又使更加凶猛的洪水倾泻到平原上。在欧洲传播栽种马铃薯的人，并不知道他们也把瘰疬症和多粉的块根一起传播过来了。因此我们必须时时记住：我们统治自然界，决不象征服者统治异民族一样，决不象站在自然界以外的人一样，——相反地，我们连同我们的肉、血和头脑都是属于自然界，存在于自然界的；我们对自然界的整个统治，是在于我们比其他一切动物强，能够认识和正确运用自然规律。

恩格斯：《自然辩证法》（1873年—1886年），摘自《马克思恩格斯全集》第20卷，人民出版社1971年3月第1版，第519页。

2. 我们必须时时记住：我们统治自然界，决不象征服者统治异族人那样

因此我们必须时时记住：我们统治自然界，决不象征服者统治异族人那样，决不是象站在自然界之外的人一样，——相反地，我们连同我们的肉、血和头脑都是属于自然界，存在于自然界的；我们对自然界的整个统治，就在于我们比其他一切动物强，能够认识和正确运用自然规律。

事实上，我们一天天地学会更正确地理解自然规律，学会认识我们对自然界的惯常行程的干预所引起的较近或较远的影响。特别自本世纪自然科学大踏步前进以来，我们愈来愈能够认识到，因而也学会支配至少是由我们最普通的生产行为所引起的比较远的自然影响。但是这种事情发生得越多，人们就越是不仅再次地感觉到，而且也认识到自身和自然界的一致，而那种关于精神和物质、人类和自然、灵魂和肉体对立起来的荒谬的、反自然的观点，也就愈不可能存在了，这种观点自古典古代崩溃以后在欧洲发生并在基督教中得到最大发展的。

但是，如果说我们需要经过几千年的劳动才稍微学会估计我们生产行为的较远的自然影响，那末我们想学会预见这些行为的比较远的社会影响

就困难得多了。

> 恩格斯：《自然辩证法·劳动在从猿到人的转变中的作用》（1876年），摘自《马克思恩格斯全集》第20卷，人民出版社1971年3月第1版，第519—520页。

3. 人是自然界的一部分

无论是在人那里还是在动物那里，类生活从肉体方面说来就在于人（和动物一样）靠无机界生活，而人和动物相比越有普遍性，人赖以生活的无机界的范围就越广阔。从理论领域来说，植物、动物、石头、空气、光等等，一方面作为自然科学的对象，一方面作为艺术的对象，都是人的意识的一部分，是人的精神的无机界，是人必须事先进行加工以便享用和消化的精神食粮；同样，从实践领域说来，这些东西也是人的生活和人的活动的一部分。人在肉体上只有靠这些自然产品才能生活，不管这些产品是以食物、燃料、衣着的形式还是以住房等等的形式表现出来。在实践上，人的普遍性正是表现为这样的普遍性，它把整个自然界——首先作为人的直接的生活资料，其次作为人的生命活动的对象（材料）① 和工具——变成人的**无机的身体**。自然界，就它本身不是人的身体而言，是人的**无机的身体**。人靠自然界生活。这就是说，自然界是人为了不致死亡而必须与之处于持续不断交互作用的、人的**身体**。所谓人的肉体生活和精神生活同自然界相联系，不外是说自然界同自身相联系，因为人是自然界的一部分。

> 马克思：《1844年经济学哲学手稿》（1844年4—8月），摘自《马克思恩格斯文集》第1卷，人民出版社2009年12月第1版，第161页。

只有费尔巴哈使我们对它有了透彻的认识；这种结论是：理性只有作为精神才能存在，精神则只能在自然界内部并且和自然界一起存在，而不是在完全脱离整个自然界的天知道什么地方以某种与世隔绝的方式生存着。

> 恩格斯：《谢林和启示》（1841年底—1842年初），摘自《马克思恩格斯全集》第41卷，人民出版社1982年12月第1版，第229页。

4. 资本主义生产发展也破坏了"一切财富的源泉——土地和工人"，"破坏着人和土地之间的物质变换，也就是使人以衣食形式消费掉的土地的组成部分不能回归土地，从而破坏土地持久肥力的永恒的自然条件"

资本由于无限度地盲目追逐剩余劳动，像狼一般地贪求剩余劳动，不

---

① 手稿中"材料"写在"对象"的上方。——编者注

仅突破了工作日的道德极限，而且突破了工作日的纯粹身体的极限。它侵占人体成长、发育和维持健康所需要的时间。它掠夺工人呼吸新鲜空气和接触阳光所需要的时间。它克扣吃饭时间，尽量把吃饭时间并入生产过程，因此对待工人就像对待单纯的生产资料那样，给他饭吃，就如同给锅炉加煤、给机器上油一样。资本把积蓄、更新和恢复生命力所需要的正常睡眠，变成了恢复精疲力尽的机体所必不可少的几小时麻木状态。在这里，不是劳动力维持正常状态决定工作日的界限，相反地，是劳动力每天尽可能达到最大量的耗费（不论这是多么强制和多么痛苦）决定工人休息时间的界限。资本是不管劳动力的寿命长短的。它唯一关心的是在一个工作日内最大限度地使用劳动力。它靠缩短劳动力的寿命来达到这一目的，正像贪得无厌的农场主靠掠夺土地肥力来提高收获量一样。（第306—307页）

虽然从历史的观点看，资本主义生产几乎是昨天才诞生的，但是它已经多么迅速多么深刻地摧残了人民的生命根源；工业人口的衰退只是由于不断从农村吸收自然生长的生命要素，才得以缓慢下来；甚至农业工人，尽管他们可以吸到新鲜空气，尽管在他们中间自然选择的规律（按照这个规律，只有最强壮的人才能生存）起着无限的作用，也已经开始衰退了[①]。有如此"好理由"来否认自己周围一代工人的苦难的资本，在自己的实际活动中不理会人类将退化并将不免终于灭种的前途，就象它不理会地球可能和太阳相撞一样。（第311页）

把未成年人变成单纯制造剩余价值的机器，就人为地造成了智力的荒废，——这和自然的无知完全不同，后者把智力闲置起来，并没有损害它的发展能力、它的自然肥力，——这种智力的荒废甚至使英国议会最后不得不宣布，在一切受工厂法约束的工业中，受初等教育是"在生产上"使用14岁以下儿童的法定条件。（第460页）

资本主义生产使它汇集在各大中心的城市人口越来越占优势，这样一

[①] 见《公共卫生。枢密院卫生视察员第6号报告。1863年》1864年伦敦版。这个报告特别谈到农业工人。"人们认为萨瑟兰郡是一个有很大改进的郡，但最近的调查发现，在这个曾经以出美男子和勇敢士兵而闻名的地方，居民已退化成瘦弱的种族了。尽管这个地区背山临海，环境极其有益于健康，但儿童的面容异常消瘦苍白，竟同在伦敦小巷的污秽空气中才能遇到的那种面容一样。"（桑顿《人口过剩及其补救办法》1846年伦敦版第74、75页）他们实际上同那些和娼妓、小偷挤住在格拉斯哥的小街陋巷的3万个"英武的山地居民"相似。

来，它一方面聚集着社会的历史动力，另一方面又破坏着人和土地之间的物质变换，也就是使人以衣食形式消费掉的土地的组成部分不能回归土地，从而破坏土地持久肥力的永恒的自然条件。这样，它同时就破坏城市工人的身体健康和农村工人的精神生活。① 但是资本主义生产通过破坏这种物质变换的纯粹自发形成的状况，同时强制地把这种物质变换作为调节社会生产的规律，并在一种同人的充分发展相适合的形式上系统地建立起来。在农业中，像在工场手工业中一样，生产过程的资本主义转化同时表现为生产者的殉难历史，劳动资料同时表现为奴役工人、剥削工人和使工人贫穷的手段，劳动过程的社会结合同时表现为对工人个人的活力、自由和独立的有组织的压制。农业工人在广大土地上的分散，同时破坏了他们的反抗力量，而城市工人的集中却增强了他们的反抗力量。在现代农业中，像在城市工业中一样，劳动生产力的提高和劳动量的增大是以劳动力本身的破坏和衰退为代价的。此外，资本主义农业的任何进步，都不仅是掠夺劳动者的技巧的进步，而且是掠夺土地的技巧的进步，在一定时期内提高土地肥力的任何进步，同时也是破坏土地肥力持久源泉的进步。一个国家，例如北美合众国，越是以大工业作为自己发展的起点，这个破坏过程就越迅速。因此，资本主义生产发展了社会生产过程的技术和结合，只是由于它同时破坏了一切财富的源泉——土地和工人。（第579—580页）

马克思：《资本论》第1卷，摘自《马克思恩格斯文集》第5卷，人民出版社2009年12月第1版。

历史的教训（这个教训从另一角度考察农业时也可以得出）是：资本主义制度同合理的农业相矛盾，或者说，合理的农业同资本主义制度不相容（虽然资本主义制度促进农业技术的发展），合理的农业所需要的，要么是自食其力的小农的手，要么是联合起来的生产者的控制。（第137页）

从一个较高级的社会经济形态的角度来看，个别人对土地的私有权，和一个人对另一个人的私有权一样，是十分荒谬的。甚至整个社会，一个

---

① "你们把人民分成两个敌对的阵营：粗笨的农民和娇弱的侏儒。天啊！一个按农业利益和商业利益分裂开来的民族，不仅无视这种惊人的不自然的划分，而且正是因为这种划分，自称为健康的，甚至自命为开化的和文明的民族。"（戴维·乌尔卡尔特《家常话》第119页）这段话同时表明了这样一种批判方法的长处和短处，这种批判知道评论现在，谴责现在，却不知道理解现在。

民族，以至一切同时存在的社会加在一起，都不是土地的所有者。他们只是土地的占有者，土地的利用者，并且他们应当作为好家长把经过改良的土地传给后代。（第878页）

在这里，对小农业来说，土地价格，即土地私有权的形式和结果，表现为对生产本身的限制。对大农业和以资本主义生产方式为基础的大地产来说，这种所有权也是一种限制，因为它会限制租地农场主所进行的、最终不是对他自己有利而是对土地所有者有利的生产投资。在这两个形式上，对地力的剥削和滥用（撇开这种榨取不是取决于社会发展已经达到的程度，而是取决于生产者个人的偶然的不同的境况这一点不说）代替了对土地这个人类世世代代共同的永久的财产，即他们不能出让的生存条件和再生产条件所进行的自觉的合理的经营。在小所有制的场合，发生这种情况是由于缺乏应用社会劳动生产力的手段和科学。在大所有制的场合，却是由于这些手段被用来尽快地增加租地农场主和土地所有者的财富。在这两个场合，都是由于对市场价格的依赖。

一切对小土地所有制的批判，最后都归结为对私有权这个农业的限制和障碍的批判。一切对大土地所有制的相反的批判也是这样。当然，在这两个场合，都把次要的政治考虑撇开不说。一切土地私有权对农业生产和对土地本身的合理经营、维护和改良所设置的这种限制和障碍，在这两个场合，只是展开的形式不同罢了，而人们在争论有关弊病的这些特殊形式时，却忘记了弊病的终极原因。

小土地所有制的前提是：人口的最大多数生活在农村；占统治地位的，不是社会劳动，而是孤立劳动；在这种情况下，财富和再生产的发展，无论是再生产的物质条件和精神条件的发展，都是不可能的，因而，也不可能具有合理耕作的条件。在另一方面，大土地所有制使农业人口减少到不断下降的最低限度，而同他们相对立，又造成一个不断增长的拥挤在大城市中的工业人口。由此产生了各种条件，这些条件在社会的以及由生活的自然规律决定的物质变换的联系中造成了一个无法弥补的裂缝，于是就造成了地力的浪费，并且这种浪费通过商业而远及国外（李比希）。

如果说小土地所有制创造出了一个半处于社会之外的未开化的阶级，它兼有原始社会形式的一切粗野性以及文明国家的一切贫困痛苦，那么，大土地所有制则在劳动力的天然能力借以逃身的最后领域，在劳动力作为更新民族生活力的后备力量借以积蓄的最后领域，即在农村本身中，破坏了劳动力。大工业和按工业方式经营的大农业共同发生作用。如果说它们原来的区别在于，前者更多地滥用和破坏劳动力，即人类的自然力，而后者更直接地滥用和破坏土地的自然力，那么，在以后的发展进程中，二者会携手并进，因为农村的产业制度也使劳动者精力衰竭，而工业和商业则为农业提供使土地日益贫瘠的各种手段。（第918—919页）

> 马克思、恩格斯：《资本论》第3卷，摘自《马克思恩格斯文集》第7卷，人民出版社2009年12月第1版。

资本主义生产的性质的特点是，它发展工业比发展农业快。这并不是由于土地的性质，而是由于土地需要其他社会关系，以便按照它的性质实际加以利用。资本主义生产只是在它的影响使土地贫瘠并使土地的自然性质耗尽以后，才把注意力集中到土地上去。

> 马克思：《剩余价值理论》，摘自《马克思恩格斯全集》第26卷第3册，人民出版社1974年12月第1版，第332页。

在英国煤矿中平均每星期死亡15人。到1861年为止的10年中约死亡10000人。这主要是由于煤矿主卑鄙的贪得无厌造成的。这理应受到普遍的谴责。资本主义生产——在一定程度上，如果我们撇开流通的全部过程以及在其基础即交换价值上产生的极其复杂的商业和货币交易——是最节省**物化劳动**，即物化在商品中的劳动的。但同时，资本主义生产比其他任何一种生产方式都更加浪费人和活劳动，它不仅浪费人的血和肉，而且浪费人的智慧和神经。实际上，只有通过最大地损害个人的发展，才能在作为人类社会主义结构的序幕的历史时期，取得一般人的发展。

> 马克思：《经济学手稿》（1861—1863年），摘自《马克思恩格斯全集》第47卷，人民出版社1979年10月第1版，第190页。

5. 资本主义产业与经营对森林的破坏从来就起很大的作用

漫长的生产时间（只包含比较短的劳动时间），从而其漫长的周转时间，使造林不适合私人经营，因而也不适合资本主义经营。资本主义经营本质上就是私人经营，即使由联合的资本家代替单个资本家，也是如此。文明和产业的整个发展，对森林的破坏从来就起很大的作用，对比之下，它所起的相反作用，即对森林的护养和生产所起的作用则微乎其微。

> 马克思、恩格斯：《资本论》第2卷，摘自《马克思恩格斯文集》第6卷，人民出版社2009年12月第1版，第272页。

6. "私有财产不仅夺去人的个性,而且也夺去物的个性"及其"诗意的感性光辉"

金钱是一切事物的普遍的、独立自在的价值。因此它剥夺了整个世界——人的世界和自然界——固有的价值。……在私有财产和金钱的统治下形成的自然观,是对自然界的真正的蔑视和实际的贬低。

马克思:《论犹太人问题》(1843 年 10 月中—12 月中),摘自《马克思恩格斯文集》第 1 卷,人民出版社 2009 年 12 月第 1 版,第 52 页。

实际上,事情当然恰恰相反①。实际上,我只有在有可以出卖的东西的时候才有私有财产,而我固有的独自性却是根本不能出卖的物品。我的大礼服,只有当我还能处理、抵押或出卖它时,只有当它还是买卖的物品时,才是我的私有财产。它失去这一特性并成为破衣服之后,对我来说,它还可能保留一些特性,这些特性使它成为**对我**还有价值的东西,它甚至能成为我的特性,把我变成衣衫褴褛的人。不过,任何经济学家也不会想到把这件大礼服列为我的私有财产,因为它不能使我支配任何甚至是最少量的他人劳动。也许只有私有财产的法律家和思想家还能瞎扯这类东西。私有财产不仅夺去人的个性,而且也夺去物的个性。土地与地租没有任何共同之处,机器与利润没有共同之处。对于土地占有者来说,土地只有地租的意义,他把他的土地出租,并收取租金;土地可以失去这一特性,但并不失去它的任何内部固有的特性,不失去例如任何一点肥力;这一特性的程度以至它的存在,都取决于社会关系,而这些社会关系都是不依赖于个别土地占有者的作用而产生和消灭的。机器也是如此。金钱是财产的最一般的形式,它与个人的独特性很少有共同点,它甚至还直接与个人的独特性相对立,关于这一点,莎士比亚要比我们那些满口理论的小资产者知道得更清楚:

"金子,只要一点儿,

就可以使黑变成白,

丑变成美,

错变成对,

---

① 手稿中删去了以下这一段话:"现实的私有财产恰好是最普遍的东西,是和个性没有任何关系、甚至是直接破坏个性的东西。只要我表现为私有者,我就不能表现为个人——这是一句每天都为图金钱而缔结的婚姻所证实的话。"——编者注

卑贱变成高贵，

懦夫变成勇士，

老朽的变成朝气勃勃！

啊！这个闪闪发光的骗子手……

它使人拜倒于多年不愈的脓疮之前；

它使年老色衰的孀妇得到丈夫；

那身染毒疮的人，连医院也感到讨厌而要把他逐出门，

但它能使他散发芬芳，像三春天气一样的娇艳！……

……你，我们看得见的神，

你可使性格全异的人接近，

使他们接吻！……"

总之，地租、利润等这些私有财产的现实存在形式是与生产的一定阶段相适应的**社会关系**，只有当这些关系还没有成为现有生产力的桎梏时，它们才是"个人的"。

按照德斯杜特·德·特拉西的看法，大多数的人、无产者早就该失去一切个性了，然而现在看来，正是在他们之中个性发展得最为强烈。

马克思、恩格斯：《德意志意识形态》（1845—1846 年），摘自《马克思恩格斯全集》第 3 卷，人民出版社 1960 年 12 月第 1 版，第 253—255 页。

假定 1 盎斯金、1 吨铁、1 夸特小麦、20 码绸缎是等量的交换价值。作为这样的等价物，它们的使用价值的质的差别消失了，它们代表同一劳动的相等的分量。等量地物化在它们之中的劳动，本身应该是同样的、无差别的、简单的劳动，对这种劳动来说，不论它出现在金、铁、小麦或绸缎中都是没有差别的，正如对氧气来说，不论它存在于铁锈、大气、葡萄汁或人血中都没有差别一样。但是，挖金、采铁、种麦、织绸，是质上互不相同的劳动种类。事实上，那种在物体上表现为使用价值的差别的东西，在过程中就表现为创造这些使用价值的活动的差别。生产交换价值的劳动，同使用价值的特殊物质无关，因此也同劳动本身的特殊形式无关。其次，不同的使用价值是不同个人的活动的产物，也就是个性不同的劳动的结果。但是，作为交换价值，它们代表相同的、无差别的劳动，也就是没有劳动者个性的劳动。因此，生产交换价值的劳动是**抽象一般**的劳动。

如果 1 盎斯金、1 吨铁、1 夸特小麦、20 码绸缎是等量的交换价值或

等价物，那末1盎斯金、12吨铁、3蒲式耳小麦和5码绸缎就是根本不等量的交换价值，这种量的差别是这些物品作为交换价值所能具有的唯一差别。作为不等量的交换价值，它们代表较多或较少的、大量或小量的简单的、同样的、抽象一般的劳动，即构成交换价值实体的劳动。试问，怎样衡量这些量呢？或者，不如说，既然作为交换价值的商品的量的差别只是物化在商品中的劳动的量的差别，那末这种劳动本身的量的存在究竟是什么呢？正如运动的量的存在是时间一样，劳动的量的存在是劳动时间。假定劳动的质已定，劳动本身的持续时间的长短就是劳动所能具有的唯一差别。作为劳动时间，劳动用时、日、周等自然计时尺度作自己的尺度。劳动时间是劳动的活的存在，与劳动的形式、内容和个性无关；它是作为量的存在的劳动的活的存在，同时带有这种存在的内在尺度。物化在各种商品使用价值中的劳动时间，是使使用价值成为交换价值因而成为商品的实体，同时又衡量商品的一定价值量。包含同一劳动时间的不同使用价值的相当量是等价物，换句话说，一切使用价值，在它们包含的已支出的物化劳动时间相等的比例上，都是等价物。作为交换价值，一切商品都只是一定量**凝固的劳动时间**。

要理解交换价值由劳动时间决定，必须把握住下列几个主要观点：劳动化为简单的、可以说是无质的劳动；生产交换价值因而生产商品的劳动借以成为社会劳动的特殊方式；最后，以使用价值为结果的劳动和以交换价值为结果的劳动之间的区别。

要按商品所包含的劳动时间来衡量商品的交换价值，就必须把不同的劳动化为无差别的、同样的、简单的劳动，简言之，即化为质上相同因而只有量的差别的劳动。

马克思：《政治经济学批判》（1858—1859年），摘自《马克思恩格斯全集》第13卷，人民出版社1962年11月第1版，第17—18页。

英国唯物主义和整个**现代实验**科学的真正始祖是**培根**。在他的眼中，自然科学是真正的科学，而以感性经验为基础的**物理学**则是自然科学的最重要的部分。**阿那克萨哥拉**连同他那无限**数量的原始物质**和**德谟克利特**连同他的**原子**，都常常被他当做权威来引证。按照他的学说，**感觉**是完全可靠的，是一切知识的**泉源**。科学是**实验的科学**，科学就在于用**理性方法**去整理感性材料。归纳、分析、比较、观察和实验是理性方法的主要条件。

在**物质**的固有的特性中，**运动**是第一个特性而且是最重要的特性，——这里所说的运动不仅是**机械**的和**数学**的运动，而且更是**趋向、生命力、紧张**，或者用雅科布·伯麦的话来说，是物质的**痛苦**［Qual］。物质的原始形式是物质内部所固有的、活生生的、**本质的力量**，这些力量使物质获得个性，并造成各种特殊的差异。

唯物主义在它的第一个创始人**培根**那里，还在朴素的形式下包含着全面发展的萌芽。物质带着诗意的感性光辉对人的全身心发出微笑。但是，用格言形式表述出来的学说本身却反而还充满了神学的不彻底性。

唯物主义在以后的发展中变得**片面**了。霍布斯把**培根**的唯物主义**系统化**了。感性失去了它的鲜明的色彩而变成了**几何学家**的抽象的感性。**物理运动成**为**机械运动**或**数学运动**的牺牲品；**几何学**被宣布为主要的科学。唯物主义变得**敌视人**了。为了在自己的领域内克服敌视人的、毫无血肉的精神，唯物主义只好抑制自己的情欲，当一个**禁欲主义者**。它变成**理智的东西**，同时以无情的彻底性来发展理智的一切结论。

> 马克思、恩格斯：《神圣家族》（1844年9—11月），摘自《马克思恩格斯全集》第2卷，人民出版社1957年12月第1版，第163—164页。

唯物主义在它的第一个创始人培根那里，还包含着全面发展的萌芽。一方面，物质带着诗意的感性光辉对整个人发出微笑。另一方面，那格言警句式的学说却还充满了神学的不彻底性。

唯物主义在以后的发展中变得片面了。霍布斯把培根的唯物主义系统化了。以感觉为基础的知识失去了诗情画意，变成数学家的抽象经验；几何学被宣布为科学的女王。唯物主义变得漠视人了。为了能够在对手，即漠视人的、毫无血肉的唯灵论的领域制服这种唯灵论，唯物主义就不得不扼杀自己肉欲，成为禁欲主义者。这样，它就从感性之物变成理智之物；可是，它因此也就发展着理智所特有的无所顾忌的全部彻底性。

> 恩格斯：《"社会主义从空想到科学的发展"1892年英文版导言》（1892年4月20日），摘自《马克思恩格斯文集》第3卷，人民出版社2009年12月第1版，第503页。

7."自然崇拜"的落后性

"自然和女人不同于人类和男人，前者是真正神圣的……人类为了自然而自我牺牲，男人为了女人而自我牺牲乃是真正的、唯一真实的温顺和克

己，是最高的，甚至是唯一的美德和笃敬。"（第2卷第257页）

在这里我们看到，我们的诡辩的宗教创始人的浅薄无知怎样转变为显然的畏怯。道梅尔先生在逃避威胁他的历史悲剧，求救于所谓的自然，即笨拙的农村田园诗歌，宣扬女性崇拜以掩饰他自己对女性的屈从。

但是，道梅尔先生的自然崇拜是非常特殊的。他落得甚至比基督教还反动。他企图用现代化的形式来恢复基督教以前的古代的自然宗教，不言而喻，在他那里，所有这一切都是关于自然的基督教德意志的宗法式的空谈，下面的诗就是个例子：

亲爱的大自然母亲啊
让我踏着你的足迹前进，
用你的手来引导我
象牵在你手上的孩子。

"这样的诗已经过时了，然而这是不利于文化、进步和人类幸福的。"（第2卷第157页）

我们看到，自然崇拜不过是小镇居民礼拜天散步时看到杜鹃把卵产在别的鸟窠里（第2卷第40页），看到眼泪有使眼睛表面保持润湿的作用（第2卷第73页）等诸如此类的事情而象孩子一样表示惊奇不已，并且在最后畏敬战栗地向他的孩子们朗诵克洛普什托克的春天颂（第2卷第23页及以下各页）。现代自然科学和现代工业一起变革了整个自然界，结束了人们对于自然界的幼稚态度和其他的幼稚行为，而对于这样的现代自然科学却只字未提。相反的，我们却听到些神秘的暗示和关于诺斯特拉达莫司的预言、苏格兰人的洞察力以及动物的磁性等令人不解的庸人猜测。巴伐利亚的落后的农村经济，即僧侣和道梅尔之流都同样可以滋生的土壤，现在已是用现代农作技术和现代机器来加以耕耘的时候了。

> 马克思、恩格斯：《评格·弗·道梅尔"新时代的宗教。创立综合格言的尝试"》（1850年1月—2月），摘自《马克思恩格斯全集》第7卷，人民出版社1959年4月第1版，第240—241页。

从纯粹的人的感情上来说，亲眼看到这无数辛勤经营的宗法制的祥和无害的社会组织一个个土崩瓦解，被投入苦海，亲眼看到它们的每一个成员既丧失自己的古老形式的文明又丧失祖传的谋生手段，是会感到难过的；但是我们不应该忘记，这些田园风味的农村公社不管看起来怎样祥和无害，却始终是东方专制制度的牢固基础；它们使人的头脑局限在极小的范围内，成为迷信的驯服工具，成为传统规则的奴隶，表现不出任何伟大和任何历史首创精神。

马克思：《不列颠在印度的统治》（1853年7月22日），摘自《马克思恩格斯文集》第2卷，人民出版社2009年12月第1版，第682—683页。

古代世界起源于自然，起源于实体的东西。贬低和亵渎自然，实质上意味着同实体的、纯粹的生活决裂；新世界起源于精神，它可以轻易地从自身摆脱另一种东西，即自然。而反过来也是一样：在古代人那里是亵渎自然的东西，在近代的人看来是从盲目信仰束缚之下的一种解脱；新的唯理论的自然观还应上升到承认神性的东西即理念体现于自然中，——古代的伊奥尼亚哲学至少在原则上正是从这一点开始的。（第52页）

对于古代人来说，自然的作用是前提，而对于近代人来说，精神的作用是前提。只有当看得见的天空，生活的实体联系，政治和宗教生活的吸引力都毁灭时，古代人的斗争才能结束，因为自然应该被劈开以便求得精神自身的统一。希腊人用赫斐斯塔司的艺术铁锤打碎自然，用以塑造雕像；罗马人把自己的宝剑直指自然的心脏，人民不断死亡；而近代哲学打开这语言的禁锢，这语言就消失在精神的神圣火焰之中；哲学象一个和精神斗争的精神战士，而不象一个摆脱了自然吸引力的个别叛教者，它起着普遍力量的作用，使阻碍发现普遍东西的形式消融。（第61—62页）

马克思：《关于伊壁鸠鲁哲学的笔记》（1839年），摘自《马克思恩格斯全集》第40卷，人民出版社1982年2月第1版。

8. 与"资产阶级对人民群众做大规模的商业性实验"相比，资产阶级倡导动物保护的伪善性

在《自然界》杂志上您会看到约翰·西蒙在这里的国际医学会议上的发言，这是**医学科学对资产阶级的真正的起诉书**。约翰·西蒙是枢密院的卫生视察员，实际上是全不列颠卫生警察的首脑；他就是马克思在《资本论》中如此频繁地引证，如此赞扬的那个人，也许他是1840—1860年时代那些忠于自己的职责、态度认真的老官吏中的最后一个，对他来说，资产阶级的利益往往是他履行自己职责时的主要障碍，他不得不经常反对资产阶级的利益。因此，他对资产阶级的本能的憎恨是很强烈的，也是可以理解的。现在资产阶级在牧师的领导下，掀起反活体解剖运动，攻击他这

位医生，干涉他的专业部门，但他不象微耳和那样，用软弱无力的说教来回答，而是把矛头对准敌手，向他们进攻：他把资产阶级对**人民群众做大规模的商业性**实验与医生对**动物做一些科学**实验相对比，他这就第一次把问题说到点子上了。把这个发言摘录出来，可以作为《社会民主党人报》的一篇绝妙的小品文。①

恩格斯：《恩格斯致卡·考茨基》（1881年8月27日），摘自《马克思恩格斯全集》第35卷，人民出版社1971年6月第1版，第215页。

（五）资本主义社会关系、自然关系的对抗集中表现在物质生产活动中

1. 人的"共同体"与物质生产劳动密切相关

可是工人所**离开**的那个**共同体**，无论就其现实性而言，无论就其规模而言，完全不同于政治的共同体。**工人自己的劳动**迫使他离开的那个共同体就是生活本身，就是物质生活和精神生活、人的道德、人的活动、人的快乐、**人的实质**。**人的实质**也就是人的真正的共同体。离开这种实质而不幸孤立，远比离开政治的共同体而孤立更加广泛、更加难忍、更加可怕、更加充满矛盾；由此可见，正像人比**公民**以及**人的生活**比**政治生活**意义更加深邃一样，消灭这种孤立状态，或者哪怕是对它进行局部的反抗，发动起义，其意义也是更加深邃的。因此不论产业工人的起义带有怎样的局部性，它也包含着普遍的精神，而声势**最浩大的**最普遍的**政治起义**却包藏着某些**利己主义的狭隘性质**。……我们已经看到，**社会革命**之所以采取整体观点，是因为革命——即使只在一个工厂区里发生的时候也是一样——乃是人对非人生活的抗议；我们看到，它是从各个真正的个人的观点出发的，那个离开了个人就会引起他反抗的共同体才是人的**真正的**共同体，是人的实质。

---

① 第七次国际医学代表会议于1881年8月3—9日在伦敦举行。在这次代表会议上曾提出活体解剖，即对动物的活体作手术问题。由于资产阶级报刊在保护动物的幌子下发动反对活体解剖的运动，代表会议起来捍卫活体解剖。约翰·西蒙作了最明确的发言，揭露了运动的伪善性质。例如，他指出，提尔施教授为了获得治亚洲霍乱的药剂用老鼠做实验，总共只付出了几只老鼠的生命，而在1848—1849年和1853—1854年的霍乱流行期间，股份公司由于不愿意放弃自己的利润，继续用被污染的水供应伦敦南区的居民，结果夺去了几千人的生命（见《自然界》杂志第24卷第616期第370—375页）。按照恩格斯的指示，《社会民主党人报》发表了一篇题为《无产阶级活体解剖》的社论（1881年9月22日第39号），以捍卫活体解剖。——编者注

马克思：《评"普鲁士人"的"普鲁士国王和社会改革"一文》（1844年7月31日），摘自《马克思恩格斯全集》第1卷，人民出版社1956年12月第1版，第487—488页。

在这两种形式中，各个个人都不是把自己当作劳动者，而是把自己当作所有者和同时也进行劳动的共同体成员。这种劳动的目的不是为了创造价值，——虽然他们也可能造成剩余劳动，以便为自己换取他人的产品，即［其他个人的］剩余产品，——相反，他们劳动的目的是为了保证各个所有者及其家庭以及整个共同体的生存。个人变为上述一无所有的工人，这本身乃是历史的产物。

马克思：《经济学手稿》（1857—1858年），摘自《马克思恩格斯全集》第46卷上册，人民出版社1979年7月第1版，第471页。

同不动的地产相反，在工业等等中只表现出工业产生的方式以及工业在其中得到发展的那个同农业的对立。这种差别只要在下述情况下就作为**特殊种类**的劳动，作为一个**本质的、重要的、包括全部生活的**差别而存在：同地产（贵族生活（封建生活）①）**相对立**，工业（城市生活）形成了，而且工业本身在垄断、公会、行会和同业公会等形式中还带有自己对立面的封建性质；而在这些形式的规定内，劳动还具有**表面上的社会意义**，**现实的**共同体的意义，还没有达到对自己的内容**漠不关心**和完全自为地存在的地步，就是说，还没有从其他一切存在中抽象出来，从而也还没有成为**获得自由的**资本。（第173页）

共同性只是**劳动**的共同性以及由共同的资本——作为普遍的资本家的**共同体**——所支付的**工资**的平等的共同性。相互关系的两个方面被提高到**想象**的普遍性：**劳动**是每个人设定的天职，而**资本**是共同体的公认的普遍性和力量。（第184页）

马克思：《1844年经济学哲学手稿》（1844年4—8月），摘自《马克思恩格斯文集》第1卷，人民出版社2009年12月第1版。

2. 资本主义"货币共同体""以劳动与其客观条件相分离为前提，而且也产生这种分离"

人的孤立化，只是历史过程的结果。最初人表现为**种属群、部落体、群居动物**——虽然决不是政治意义上的政治动物。交换本身就是造成这种

---

① 手稿中"封建生活"写在"贵族生活"的上方。——编者注

孤立化的一种主要手段。它使群的存在成为不必要，并使之解体。于是事情就成了这样，即作为孤立个人的人便只有依靠自己了，然而，使自己确立为一个孤立的个人所需要的手段，又使自己成为普遍的和共同体的生物。在这种共同体里，成为前提的是单个的人作为所有者（比如说作为土地所有者）的客观存在，而且这又是发生在一定的条件之下的，这些条件把单个的人锁在这个共同体上，或者不如说，成为共同体锁链上的一环。

例如在资产阶级社会里，工人完全丧失了客观存在的资料，他只是主观上存在着；而和他**对立的**东西，现在却变成**真正的共同体**，工人力图吞食它，但它却吞食着工人。

凡是共同体以主体与其生产条件有着一定的客观统一为前提，或者说，主体的一定的存在以作为生产条件的共同体本身为前提的所有一切形式（它们或多或少是自然形成的，但同时也都是历史过程的结果），必然地只和有限的而且是原则上有限的生产力的发展相适应。生产力的发展使这些形式解体，而它们的解体本身又是人类生产力的某种发展。人们先是在一定的基础上——起先是自然形成的基础，然后是历史的前提——从事劳动的。可是到后来，这个基础或前提本身就被扬弃，或者说成为对于不断前进的人群的发展来说过于狭隘的、正在消灭的前提。（第497页）

以交换价值为基础的生产和以这种交换价值的交换为基础的共同体，——尽管象我们在论货币的上一章中所看到的那样，它们会造成一种外观，仿佛财产仅仅是劳动的结果，对自己劳动产品的私有是[劳动的]条件，——以及作为财富的一般条件的劳动，这都是以劳动与其客观条件相分离为前提的，而且也产生这种分离。这种等价物的交换是存在的，不过，它仅仅是建立在**不通过交换**却又在**交换假象**的掩盖下来占有他人劳动这一基础上的生产的表层而已。这种交换制度是以**资本**为基础的，而且，如果把它同资本分开来考察，也就是说，象它在表面上所表现的那样，把它看作**独立的**制度，那么，这只是**一种假象**，不过这是**必然的假象**。（第513页）

马克思：《经济学手稿》（1857—1858年），摘自《马克思恩格斯全集》第46卷上册，人民出版社1979年7月第1版。

3. 劳动的抽象化、机械化

在同资本相对立的劳动方面，还应该注意的最后一点是：劳动作为同表现为资本的货币相对立的使用价值，不是这种或那种劳动，而是**劳动本**

身，抽象劳动，同自己的特殊规定性绝不相干，但是可以有任何一种规定性。……因此，这种经济关系——资本家和工人作为一种生产关系的两极所具有的性质——随着劳动越来越丧失一切技艺的性质，也就发展得越来越纯粹，越来越符合概念。劳动的特殊技巧越来越成为某种抽象的、无关紧要的东西，而劳动越来越成为**纯粹抽象的活动**，纯粹机械的，因而是无关紧要的、同劳动的特殊形式漠不相干的活动；单纯**形式的**活动，或者同样可以说单**纯物质的**活动，同形式无关的一般意义的活动。

马克思：《经济学手稿》（1857—1858 年），摘自《马克思恩格斯全集》第 46 卷上册，人民出版社 1979 年 7 月第 1 版，第 253—254 页。

在劳动中，个人活动的全部自然的、精神的和社会的差别会表现出来，因而所得的报酬也各不相同，而死的资本总是迈着同样的步子，并且对**现实**的个人活动漠不关心。

马克思：《1844 年经济学哲学手稿》（1844 年 4—8 月），摘自《马克思恩格斯文集》第 1 卷，人民出版社 2009 年 12 月第 1 版，第 119 页。

4. 生产过程支配人而人还没有支配生产过程

一些公式本来在额上写着，它们是属于生产过程支配人而人还没有支配生产过程的那种社会形态的，但在政治经济学的资产阶级意识中，它们竟象生产劳动本身一样，成了不言而喻的自然必然性。

马克思：《资本论》第 1 卷，摘自《马克思恩格斯文集》第 5 卷，人民出版社 2009 年 12 月第 1 版，第 99 页。

利息概括了劳动条件对主体活动的关系上的异化性质。利息把资本的所有权，或者说单纯的资本所有权，表现为占有别人劳动产品的手段，表现为支配别人劳动的权力。

马克思：《剩余价值理论》，摘自《马克思恩格斯全集》第 26 卷 3 册，第 549 页。

5. 过去的、物化的、客体化、在空间上存在的死劳动，支配、统治现在的、人的、主体的、在时间上存在的活劳动

在资产阶级社会里是过去支配现在，而在共产主义社会里是现在支配过去。

马克思、恩格斯：《共产党宣言》（1847 年 12 月—1848 年 1 月底），摘自《马克思恩格斯文集》第 2 卷，人民出版社 2009 年 12 月第 1 版，第 46 页。

剩余价值通过利润率而转化为利润形式的方式，只是生产过程中已经发生的主体和客体的颠倒的进一步发展。我们已经在生产过程中看到，劳动的全部主体生产力怎样表现为资本的生产力。一方面，价值，即支配着活劳动的过去劳动，人格化为资本家；另一方面，工人反而仅仅表现为物质劳动力，表现为商品。从这种颠倒的关系出发，还在简单的生产关系中，已经必然产生出相应的颠倒的观念，即歪曲的意识，这种意识由于真正流通过程的各种转化和变形而进一步发展了。（第53—54页）

过去劳动的产品的价值保存下来，也就是说再生产出来，这实际上**只是**它们同活劳动接触的结果；其次，过去劳动的产品对于活的剩余劳动的支配权，恰好只是在存在着资本关系——一定的社会关系，在这种社会关系中，过去劳动独立地同活劳动相对立，并支配着活劳动——的时期内才存在。（第449页）

<blockquote>马克思、恩格斯：《资本论》第3卷，摘自《马克思恩格斯文集》第7卷，人民出版社2009年12月第1版。</blockquote>

如果说，现有的产品不仅是劳动过程的结果，而且是劳动过程的存在条件，那么另一方面，它们投入劳动过程，从而与活劳动相接触，则是使这些过去劳动的产品当做使用价值来保存和实现的唯一手段。（第214页）

作为资本家，他只是人格化的资本。他的灵魂就是资本的灵魂。而资本只有一种生活本能，这就是增殖自身，创造剩余价值，用自己的不变部分即生产资料吮吸尽可能多的剩余劳动。资本是死劳动，它象吸血鬼一样，只有吮吸活劳动才有生命，吮吸的活劳动越多，它的生命就越旺盛。（第269页）

最后还可以举一个例子说明，资本主义生产所固有的并成为其特征的这种颠倒，死劳动和活劳动、价值和创造价值的力之间的关系的倒置，是如何反映在资本家头脑中的。（第360页）

<blockquote>马克思：《资本论》第1卷，摘自《马克思恩格斯文集》第5卷，人民出版社2009年12月第1版。</blockquote>

唯一不同于**物化**劳动的是**非物化**劳动，是还在物化过程中的、作为主体的**劳动**。换句话说，**物化劳动**，即**在空间上存在的劳动**，也可以作为**过去的劳动**而同**在时间上存在的劳动**相对立。如果劳动必须作为在时间上存在的劳动，作为活劳动而存在，它就只能作为活的主体而存在，在这个主

体上，劳动是作为能力，作为可能性而存在；从而它就只能作为**工人**而存在。因此，能够成为资本的对立面的唯一的**使用价值**，就是**劳动（而且是创造价值的劳动，即生产劳动）**。

马克思：《经济学手稿》（1857—1858年），摘自《马克思恩格斯全集》第46卷上册，人民出版社1979年7月第1版，第228—229页。

每一个资本就其本身来考察，都可归结为同活劳动相对立的作为**价值**而**独立存在的**死劳动。归根到底，撇开没有价值的自然物质不说，任何资本除了劳动以外不包含任何别的东西。（第7页）

物化劳动的唯一对立物是**非物化**劳动，同**客体化**劳动相对立的是**主体**劳动。或者说，同时间上已经过去的，但空间上存在着的劳动相对立的，是时间上现存的活劳动。这种劳动作为时间上现存的非物化（也就是还没有物化的）劳动，只有作为**能力**，可能性，才能，即作为活的主体的**劳动能力**，才能够是现存的。同资本这一坚持独立的物化劳动相对立，只能是活的劳动能力本身，因此，可以使货币成为资本的唯一交换，就是资本所有者同活的劳动能力的所有者即工人之间的交换。（第509—510页）

因为劳动能力存在于主体本身的生命力中，并且只是作为主体自身的生命活动而表现出来，所以购买劳动能力，即占有使用劳动能力的要求权，自然就使买者和卖者在使用劳动能力的行为中所发生的关系不同于购买物化劳动时所发生的关系，因为物化劳动是作为对象存在于生产者之外的。（第514页）

马克思：《经济学手稿》（1857—1858年），摘自《马克思恩格斯全集》第46卷下册，人民出版社1980年8月第1版。

6. 作为过去劳动的机器、科学等对活动的统治

与作为**物化劳动**的货币（或价值）相反，劳动能力表现为活的主体的能力，前者是过去的、以前进行的劳动，后者是将来的劳动，它的存在只能是活的活动，是活的主体本身在一定时期内现有的活动。（第40页）

因此，在这里还存在着劳动的客观条件——过去劳动——与活劳动相异化的情况，这种异化使劳动的客观条件变成活劳动的对抗性的对立物，结果，过去劳动，其中包括劳动的一般社会力，自然力和科学，直接变成了一种武器，这种武器部分是用来把工人抛向街头，把他变成**多余的人**，部分是用来剥夺工人的专业和消除以专业为基础的各种要求,部分是用来使工人服从工厂中精心建立的资本的君主专制和军事纪律。(第566页)

在这里,过去劳动——在自动机和由自动机推动的机器上——似乎是独立的、不依赖于[活]劳动的;它不受活劳动支配,而是使[活]劳动受它支配;铁人起来反对有血有肉的人。工人的劳动受资本支配,资本吸吮工人的劳动,这种包括在资本主义生产概念中的东西,在这里表现为工艺上的事实。**奠基石**已经埋好。被推动的死劳动已经具备,而活劳动只不过是死劳动的一个有意识的器官。在这里,已经不是协作形成整个工厂的**活的相互联系**的基础,而是机器体系构成由原动机推动的、包括整个工厂的统一体,而由工人组成的活的工厂就受这个统一体支配。这样一来,这些工人的**统一体**就获得了显然不依赖于工人并独立于工人之外的形式。(第567页)

过去劳动对活劳动的统治,同机器体系一起,——以及同以机器体系为基础的机械工厂一起,——不仅成为表现在资本家和工人之间的关系上的社会真实,而且还成为可以说是**工艺上的真实**。(第568页)

<blockquote>马克思:《经济学手稿》(1861—1863年),摘自《马克思恩格斯全集》第47卷,人民出版社1979年10月第1版。</blockquote>

7. "资产者和政治经济学家们对过去劳动的功绩赞扬备至"及霍吉斯金的批驳

因为过去劳动总是装扮成资本,也就是说,A、B、C等人的劳动的被人所有总是装扮成非劳动者X的自己所有,所以资产者和政治经济学家们对过去劳动的功绩赞扬备至;苏格兰的天才麦克库洛赫甚至认为,过去劳动应当得到特殊的报酬(利息、利润等等)。于是,那种以生产资料的形式参与活劳动过程的过去劳动所取得的不断增长的重要性,就被归功于这种劳动的同工人本身相异化的形态,即它的资本的形态,虽然这种劳动是工人的过去的和无酬的劳动。就像奴隶主不能把劳动者本身和他的奴隶身份分开来考虑一样,资本主义生产的实际当事人及其胡说八道的思想家不能把生产资料和它们今天所具有的对抗性的社会化装分开来考虑。(第702页)

<blockquote>马克思:《资本论》第1卷,摘自《马克思恩格斯文集》第5卷,人民出版社2009年12月第1版。</blockquote>

就霍吉斯金和政治经济学家们之间存在的情况来看，他的论战的性质看来是预先确定了的并且是很简单的。霍吉斯金本来只是应该借助政治经济学家们"科学地"发展了的一个方面，来反对他们不加考虑地、无意识地和天真地从资本主义的思想方式接受来的拜物教观念，并且大致这样说：

如果工人想利用自己的产品来进行新的生产，那就必须把过去劳动的产品（一般说，劳动产品）当作材料、工具和生活资料来使用。他的产品的这种一定的消费方式是生产性的。但是，对工人的产品的这种使用，工人消费自己产品的这种方式，同这种产品对工人本身的支配，同这种产品作为资本的存在，同原料和生活资料的集中掌握在个别资本家手中，以及同工人被剥夺了对他们产品的所有权，究竟有什么关系呢？这同工人首先必须白白地把自己的产品交给第三者，以便后来用自己的劳动再从第三者那里把它赎回来，为此他不得不付给第三者比产品里包含的劳动更多的劳动来交换这一产品，并且这样来为资本家创造新的剩余产品，又有什么关系呢？

在这里，**过去劳动**表现在两种形式上。第一，表现为**产品，使用价值**。生产过程要求工人把这一产品的一部分［作为生活资料］消费，而把另一部分用作原料和劳动工具。这一点属于工艺过程，它只是表明，工人为了把他们的产品变成生产资料，他们在工业生产中应当怎样对待他们自己的劳动产品，怎样对待他们自己的产品。

第二，过去劳动表现为**价值**。这一点只是表明工人的新产品的价值不只是代表他们的现在劳动，而且代表他们的过去劳动，表明工人以自己的劳动扩大旧价值，同时正因为他们扩大了旧价值，于是就保存了旧价值。

资本家的要求同这一过程本身没有任何关系。当然，既然资本家占有劳动产品，占有过去劳动的产品，他就因此拥有占有新产品和活劳动的手段。但这正好是引起抗议的行动方式。"分工"所必需的预先的积聚和积累恰恰不一定表现为**资本的积累**。从它们是必需的这一点出发，决不能得出结论，说资本家必须支配那些由昨天的劳动为今天的劳动创造的条件。如果资本的积累［根据政治经济学家们的意见］无非就是劳动的积累，那末这决不包含它必须是别人劳动的积累这样一种意思。

但是霍吉斯金没有走这条简单的道路，初看起来这是很奇怪的。在反对资本的生产性（首先反对流动资本的生产性，但是更反对固定资本的生产性）的论战中，他好象是在反对或者否定**过去劳动**本身或它的**产品**作为新劳动的条件对再生产的重要性，也就是反对或者否定过去的、物化在产品中的劳动对于作为当前正在进行的活动的劳动的重要性。这样的转变是怎样引起的呢？

因为政治经济学家们把过去劳动同**资本**等同起来——过去劳动在这里既从具体的、物化在产品中的劳动的意义上来理解，也从社会劳动，即物化劳动时间的意义上来理解，——所以很明显，他们作为资本的品得①，当然会把生产的**物的**要素提到首位，并且同**主观要素**即活的、直接的劳动相比，过高地估计物的要素的意义。

在他们看来，只有当劳动成为**资本**，当它和自身相对立，当它的被动的一面和它的能动的一面相对立的时候，它才是适合的。因此，产品支配生产者，物支配主体，已实现的劳动支配正在实现的劳动，等等。在所有这些见解当中，过去劳动不是仅仅表现为活劳动的物的因素，从属于活劳动的物的因素，而是相反；不是表现为活劳动的权力要素，而是表现为支配这种劳动的权力。为了也**从工艺上为特殊的社会形式即资本主义形式**（在这种形式中，劳动和劳动条件的相互关系被颠倒了，以致不是工人使用这些条件，而是劳动条件使用工人）辩护，政治经济学家们赋予劳动的物的因素以一种和劳动本身相对立的虚假的重要性。**正因为这样**，霍吉斯金才相反地坚持认为，这种物的因素——从而一切物化财富——同活的生产过程比较起来，是极不重要的，它实际上只是作为活的生产过程的因素才具有价值，而它本身是没有任何价值的。这里，霍吉斯金有点低估过去劳动对现在劳动的意义，不过这一点在反对政治经济学家们的拜物教时是很自然的。

如果在资本主义生产中，从而在它的理论表现上，即在政治经济学上，过去劳动只表现为劳动本身给劳动创造的基础等等，那末这种争论便不可能发生。争论之所以存在，只是因为在资本主义生产的现实生活中，以及在它的理论中，**物化劳动**表现为同劳动本身的对立，同活劳动的对立。正象在受宗教束缚的思维过程中，思维的产品不仅要求支配思维本身，而且实现了这种支配一样。

---

① 歌颂者、赞美者（品得是古希腊诗人）。——编者注

马克思：《剩余价值理论》，摘自《马克思恩格斯全集》第 26 卷第 3 册，人民出版社 1974 年 12 月第 1 版，第 301—304 页。

8. 偶然性支配个性

在资产阶级社会里，资本具有独立性和个性，而劳动的个人却没有独立性和个性。

而资产阶级却把消灭这种关系说成是消灭个性和自由！说对了。的确，正是要消灭资产者的个性、独立性和自由。

在现今的资产阶级生产关系的范围内，所谓自由就是自由贸易、自由买卖。

但是，买卖一消灭，自由买卖也就会消灭。关于自由买卖的言论，也像我们的资产者的其他一切关于自由的大话一样，仅仅对于不自由的买卖来说，对于中世纪被奴役的市民来说，才是有些意义的，而对于共产主义要消灭买卖、消灭资产阶级生产关系和消灭资产阶级本身这一点来说，却是毫无意义的。

我们要消灭私有制，你们就惊慌起来。但是，在你们的现存社会里，私有财产对十分之九的成员来说已经被消灭了；这种私有制之所以存在，正是因为私有财产对十分之九的成员来说已经不存在。可见，你们责备我们，是说我们要消灭那种以社会上的绝大多数人没有财产为必要条件的所有制。

总而言之，你们责备我们，是说我们要消灭你们的那种所有制。是的，我们是要这样做的。

从劳动不再能变为资本、货币和地租，一句话，不能再能变为可以垄断的社会力量的时候起，就是说，从个人财产不再能变为资产阶级财产①的时候起，你们说，个性就被消灭了。

由此可见，你们是承认，你们所理解的个性，不外是资产者、资产阶级的私有者。这样的个性确实应该被消灭。

共产主义并不剥夺任何人占有社会产品的权力，它只剥夺利用这种占有去奴役他人的权力。

马克思、恩格斯：《共产党宣言》（1847 年 12 月—1848 年 1 月底），摘自

---

① 在 1888 年英文版中这里加上了"变为资本"。——编者注

《马克思恩格斯文集》第 2 卷，人民出版社 2009 年 12 月第 1 版，第 46—47 页。

有个性的个人与偶然的个人之间的差别，不仅是逻辑的差别，而且是历史的事实。（第 79—80 页）

如果目光短浅的资产者对共产主义者说，当你们消灭财产即消灭我作为资本家、地主、工厂主的存在以及你们作为工人的存在的时候，你们也就消灭我的以及你们的个性，当你们剥夺我剥削你们工人的可能性，剥夺我获取利润，利息或地租的可能性的时候，你们也就剥夺了我作为个人的存在的可能性；如果因此资产者对共产主义者说，当你们消灭我**作为资产者**的存在的时候，你们也就消灭我**作为个人**的存在；如果因此资产者把作为资产者的自身和作为个人的自身等同起来，那末，至少是不能否认资产者的直言无讳和厚颜无耻。在资产者看来，这确实是如此：只有当他是资产者时他才认为自己是个人。

但是，只有当资产阶级理论家出场，把这种论断作一般的表达时，只有当他们在理论上把资产者的财产和个性等同起来，并在逻辑上为这种等同作论证时，这种谬论才变得庄严而神圣。（第 252—253 页）

在竞争中个性本身就是偶然性，而偶然性就是个性。不取决于个性的竞争"手段"是人本身的生产条件和交往条件，这些条件在竞争的范围内对人表现为独立的力量，表现为对人说来是偶然性的手段。（第 436 页）

桑乔认为，现存关系注定个人所具有的生理的、智力的和社会性的缺陷和束缚是个人的个性和独自性；他作为一个最普通的保守主义者，泰然自若地承认这些关系，他因为把哲学家们关于这些关系的观念从自己头脑中挤了出去，所以就把一切烦恼都摆脱了。在这里他把那种加给个人的偶然性说成是他的个性，同样，在前面（参看"逻辑"）谈到我的时候，他不仅不谈任何偶然性，而且也根本不谈任何个性。（第 508 页）

马克思、恩格斯：《德意志意识形态》（1845—1846 年），摘自《马克思恩格斯全集》第 3 卷。

因此，货币对个人的关系，表现为一种纯粹偶然的关系，而这种对于同个人个性毫无联系的物的关系，却由于这种物的性质而赋予个人对于社会，对于整个享乐和劳动等等世界的普遍支配权。这种情形就如同我发现一块石头就使我占有全部科学，而同我的个性毫不相干。占有货币使我在对（社会）财富的关系上所处的地位，同哲人之石使我在对科学的关系上所处的地位是完全一样的。

> 马克思：《经济学手稿》（1857—1858年），摘自《马克思恩格斯全集》第46卷上册，人民出版社1979年7月第1版，第171页。

货币是"无个性的"财产。我可以用货币的形式把一般社会权力和一般社会联系，社会实体，随身揣在我的口袋里。货币把社会权力当作一件物品交到私人手里，而私人就以私人的身份来运用这种权力。社会联系，社会的物质变换本身通过货币表现为某种外在的东西，同它的所有者没有任何个人关系，因此，他所运用的这种权力也表现为某种完全偶然的，对他说来是外在的东西。

> 马克思：《经济学手稿》（1857—1858年），摘自《马克思恩格斯全集》第46卷下册，人民出版社1980年8月第1版，第431页。

包含在商品中的特殊的个人劳动，必须通过转移的过程才表现为它的对立物，表现为无个性的、抽象一般的，并且只有在这种形式上才是社会的劳动，就是说表现为货币。它能否得到这种表现，看来是偶然的事情。（第59页）

商品所有者只是以商品监护人的身分进入流通过程。在这个过程中，他们彼此以买者和卖者的对立形式出现，一个是人格化的糖块，另一个是人格化的金。糖块一变成金，卖者也就变成买者。这种特定的社会身分，决不是来自人的个性，而是来自以商品这个特定形式来生产产品的人们之间的交换关系。买者和卖者之间所表现的关系，不是纯粹的个人关系，因为他们两者发生关系，只是由于他们的个人劳动已被否定，即作为非个人劳动而成为货币。因此，把买者和卖者的这种经济上的资产阶级身分理解为人的个性的永恒的社会形式，是荒谬的，把他们当作个性的消灭而伤心，也同样是错误的。这些身分是个性在社会生产过程的一定阶段上的必然表现。此外，资产阶级生产的对抗性质，在买者和卖者的对立上表现得还很肤浅很表面，这种对立在资产阶级以前的社会形式中也存在，因为它只要求人们彼此当作商品所有者来发生关系。（第85—86页）

> 马克思：《政治经济学批判》（1858—1859年），摘自《马克思恩格斯全集》第13卷。

"人"类的才能的这种发展，虽然在开始时要靠牺牲多数的个人，甚至靠牺牲整个阶级,但最终会克服这种对抗,而同每个个人的发展相一致;因此,个性的比较高度的发展,只有以牺牲个人的历史过程为代价。

马克思:《剩余价值理论》,摘自《马克思恩格斯全集》第 26 卷第 2 册,人民出版社 1973 年 7 月第 1 版,第 124—125 页。

计件工资给个性提供的较大的活动场所,一方面促进了工人个性的发展,从而促进了自由精神、独立性和自我监督能力的发展;但另一方面也促进了他们之间的互相竞争。

马克思:《资本论》第 1 卷,摘自《马克思恩格斯文集》第 5 卷,人民出版社 2009 年 12 月第 1 版,第 639 页。

9. 手段与目的关系的颠倒

在资产阶级社会里,活的劳动只是增殖已经积累起来的劳动的一种手段。在共产主义社会里,已经积累起来的劳动只是扩大、丰富和提供工人的生活的一种手段。

马克思、恩格斯:《共产党宣言》(1847 年 12 月—1848 年 1 月底),摘自《马克思恩格斯文集》第 2 卷,人民出版社 2009 年 12 月第 1 版,第 46 页。

资本主义生产的**真正限制**是**资本自身**,这就是说:资本及其自行增殖,表现为生产的起点和终点,表现为生产的动机和目的;生产只是为**资本**而生产,而不是反过来生产资料只是生产者社会的生活过程不断扩大的手段。以广大生产者群众的被剥夺和贫困化为基础的资本价值的保存和增殖,只能在一定的限制以内运动,这些限制不断与资本为它自身的目的而必须使用的并旨在无限制地增加生产,为生产而生产,无条件地发展劳动社会生产力的生产方法相矛盾。手段——社会生产力的无条件的发展——不断地和现有资本的增殖这个有限的目的发生冲突。因此,如果说资本主义生产方式是发展物质生产力并且创造同这种生产力相适应的世界市场的历史手段,那么,它同时也是它的这个历史任务和同它相适应的社会生产关系之间的经常的矛盾。(第 278—279 页)

但是不管怎样,这个领域(直接的物质生产)始终是一个必然王国。在这个必然王国的彼岸,作为目的本身的人类能力的发展,真正的自由王国,就开始了。但是,这个自由王国只有建立在必然王国的基础上,才能繁荣起来。(第 929 页)

马克思、恩格斯:《资本论》第 3 卷,摘自《马克思恩格斯文集》第 7

卷，人民出版社 2009 年 12 月第 1 版。

李嘉图把资本主义生产方式看作最有利于生产、最有利于创造财富的生产方式，对于他那个时代来说，李嘉图是完全正确的。他希望**为生产而生产**，这是**正确的**。如果象李嘉图的感伤主义的反对者们那样，断言生产本身不是目的本身，那就是忘记了，为生产而生产无非就是发展人类的生产力，也就是**发展人类天性的财富这种目的本身**。

马克思：《剩余价值理论》，摘自《马克思恩格斯全集》第 26 卷第 2 册，人民出版社 1973 年 7 月第 1 版，第 124 页。

生产对于我不是表现为目的本身，而是表现为手段。（第 144 页）

财富岂不正是人的创造天赋的绝对发挥吗？这种发挥，除了先前的历史发展之外没有任何其他前提，而先前的历史发展使这种全面的发展，即不以**旧有的**尺度来衡量的人类全部力量的全面发展成为目的本身……在资产阶级经济以及与之相适应的生产时期中，人的内在本质的这种充分发挥，表现为完全的空虚，这种普遍的物化过程，表现为全面的异化，而一切既定的片面目的的废弃，则表现为为了某种纯粹外在的目的而牺牲自己的目的本身。（第 486 页）

正如上述的土地所有制形式以**现实的共同体**为前提那样，劳动者对他的工具的这种所有制，则以**手工业劳动**这一工业劳动发展的特殊形式为前提；同这种劳动形式相联系的是行会同业公会制度等等。（古代东方的工业在考察上述第一点时就可以加以分析。）在这里，劳动本身一半还是技艺，一半则是目的本身等等。师徒制度。资本家自己还是师傅。特殊的劳动技能也保障着劳动工具的占有等等。劳动方式连同劳动组织和劳动工具在某种程度上是继承的。中世纪的城市制度。劳动还是劳动者自己的劳动；片面的才能的一定的自足的发展等等。（第 498—499 页）

马克思：《经济学手稿》（1857—1858 年），摘自《马克思恩格斯全集》第 46 卷上册，人民出版社 1979 年 7 月第 1 版。

工人本身就象他们在资本主义生产中表现的那样，只是生产资料，而不是目的本身，也不是生产的目的。

马克思：《剩余价值理论》，摘自《马克思恩格斯全集》第 26 卷第 2 册，人民出版社 1973 年 7 月第 1 版，第 625 页。

因此，我们也看到，**工资**和**私有财产**是同一的，因为用劳动产品、劳动对象来偿付劳动本身的工资，不过是劳动异化的必然后果，因为在工资中，劳动并不表现为目的本身，而表现为工资的奴仆。

<blockquote>马克思：《1844年经济学哲学手稿》（1844年4—8月），摘自《马克思恩格斯文集》第1卷，人民出版社2009年12月第1版，第167页。</blockquote>

资本主义生产的**物质**结果，——除了在这里只是表现为劳动剥削手段的社会劳动本身的生产力发展以外，——是**产品量**的增加，而所有这些劳动剥削手段也是**增加**和**大量增多产品**的手段，因为劳动生产率的提高表现在产品量的这种增加上。如果从这方面考察资本主义生产，那么这种生产就是物对人的统治，因为创造越来越多的，质量越来越好的，越来越多种多样的**使用价值**——创造**大量的社会财富**——表现为这样一种目的，劳动能力只是达到这种目的的手段，并且只有把劳动能力变成**片面的和非人的东西**，才能达到这种目的。

<blockquote>马克思：《经济学手稿》（1861—1863年），摘自《马克思恩格斯全集》第48卷，人民出版社1985年2月第1版，第41—42页。</blockquote>

（六）"自由王国"与"个性的劳动（人的生产）"中社会关系、自然关系对抗的扬弃

1. 私有财产（货币）所造成的人的各种关系的分离、对抗及其扬弃

共产主义是对私有财产即人的自我异化的积极的扬弃，因而是通过人并且为了人而对人的本质的真正占有；因此，它是人向自身、也就是向社会的即合乎人性的人的复归，这种复归是完全的复归，是自觉实现并在以往发展的全部财富的范围内实现的复归。这种共产主义，作为完成了的自然主义，等于人道主义，而作为完成了的人道主义，等于自然主义，它是人和自然界之间、人和人之间的矛盾的**真正解决**，是存在和本质、对象化和自我确证、自由和必然、个体和类之间的斗争的真正解决。

<blockquote>马克思：《1844年经济学哲学手稿》（1844年4—8月），摘自《马克思恩格斯文集》第1卷，人民出版社2009年12月第1版，第185页。</blockquote>

［XLI］如果人的感觉、激情等等不仅是［本来］意义上的人本学的规定，而且是对本质（自然）的真正**本体论的**肯定；如果感觉、激情等等仅仅因为它们的**对象**对它们是**感性地**存在的而真正地得到肯定，那么，不言而喻的：(1) 对它们的肯定方式决不是同样的，相反，不同的肯定方式构

成它们的存在、它们的生命的特殊性；对象对它们的存在方式，这就是它们的享受的特有方式；（2）如果感性的肯定是对采取独立形式的对象的直接扬弃（如吃、喝、对象的加工，等等），那么这就是对对象的肯定；（3）只要人是**合乎人性的**，因而他的感觉等等也是**合乎人性的**，那么对象为他人所肯定，这同样是他自己的享受；（4）只有通过发达的工业，也就是以私有财产为中介，人的激情的本体论本质才既在总体上、又在其人性中存在；因此，关于人的科学本身是人在实践上的自我实现的产物；（5）私有财产的意义——撇开私有财产的异化——就在于**本质的对象**——既作为享受的对象，又作为活动的对象——对人的**存在**。——

货币，因为它具有购买一切东西的**特性**，因而它具有占有一切对象的特性，所以是最突出的**对象**。货币的这种**特性**的普遍性是货币的本质的万能；因此，它被当成万能之物……货币是需要和对象之间、人的生活和生活资料之间的**牵线人**。但是，在我和**我的**生活之间充当媒介的**那个东西**，也在**我**和对我来说的他人的存在之间**充当中介**。对我说来**他人**就是这个意思。

……

依靠**货币**而对我存在的东西，我能为之付钱的东西，即货币能购买的东西，那**是**我——货币占有者**本身**。货币的力量多大，我的力量就多大。货币的特性就是我——货币占有者的——特性和本质力量。因此，**我是**什么和**我能够**做什么，决不是由我的个性来决定的。我是**丑**的，但是我能给我买到**最美**的女人。可见，我并不**丑**，因为**丑**的作用，丑的吓人的力量，被货币化为乌有了。我——就我的个人特征而言——是个**跛子**，可是货币使我获得二十四只脚；可见，我并不是跛子。我是一个邪恶的、不诚实的、没有良心的、没有头脑的人，可是货币是受尊敬的，因此，它的占有者也受尊敬。货币是最高的善，因此，它的占有者也是善的。此外，货币还使我不用费力就能进行欺诈，因为我事先就被认定是诚实的。我是**没有头脑**的，但货币是万物的**实际的头脑**，货币占有者又怎么会没有头脑呢？再说他可以给自己买到颇有头脑的人，而能够支配颇有头脑者的人，他不是比颇有头脑者更有头脑吗？既然我有能力凭借货币得到人心所渴望的**一切**，那我不是具有人的一切能力了吗？这样，我的货币不是就把我的种种无能变成它们的对立物了吗？

……

莎士比亚特别强调了货币的两个特性：

（1）它是有形的神明，它使一切人的和自然的特性变成它们的对立物，使事物普遍混淆和颠倒；它能使冰炭化为胶漆。

（2）它是人尽可夫的娼妇，是人们和各民族的普遍牵线人。

使一切人的和自然的性质颠倒和混淆，使冰炭化为胶漆，货币的这种**神**力包含在它的**本质**中，即包含在人的异化的、外化的和外在化的**类本质**中。它是人类的外化的**能力**。

凡是我作为人所不能做到的，也就是我个人的一切本质力量所不能做到的，我凭借**货币**都能做到。因此，货币把这些本质力量每一种都变成它本来所不是的那个东西，即变成它的**对立物**。

当我渴望食物或者我因无力步行而想坐邮车的时候，货币就使我获得食物和乘上邮车，就是说，它把我的那些愿望从观念的东西，把那些愿望从它们的想象的、表象的、期望的存在改变和转化成它们的**感性的、现实的存在**，从观念转化成生活，从想象的存在转化成现实的存在。作为这样的媒介，货币是**真正的创造力**。

当然，没有货币的人也有需求，但他的需求只是一种观念的东西，它对我、对第三者、对另其他人］〔XLIII〕是不起任何作用的，是不存在的，因而对于我本人依然是**非现实的，无对象的**。以货币为基础的有效的需求和以我的需要、我的激情、我的愿望等等为基础的无效的需求之间的差别，是**存在**和**思维**之间的差别，是只在我心中**存在**的观念和那作为**现实对象**在我之外对我而存在的观念之间的差别。

如果我没有供旅行用的货币，那么我也就没有旅行的**需要**，就是说，没有现实的和可以实现的旅行的需要。如果我有进行研究的**本领**，而没有进行研究的货币，那么我也就**没有**进行研究的本领，即没有进行研究的**有效的、真正的**本领。相反，如果我实际上**没有**进行研究的本领，但我有愿望**和货币**，那么我也就有进行研究的**有效的**本领。**货币**是一种外在的、并非从作为人的人和作为社会的人类社会产生的、能够把观念变成**现实**而把**现实**变成纯观念的普遍**手段**和能力，它把人的和自然界的现实的本质力量变成纯抽象的观念，并因而变成**不完善性**和充满痛苦的幻想；另一方面，同样地把**现实的不完善性和幻想**，个人的实际上无力的、只在个人想象中存在的本质力量，变成**现实**的**本质力量**和**能力**。因此，仅仅按照这个规定，货币就已是个性的普遍颠倒：它把个性变成它们的对立物，赋予个性以与它们的特性相矛盾的特性。

其次，对于个人和对于那些以独立**本质**自居的、社会的和其他的联系，货币也是作为这种**起颠倒黑白的**力量出现的。它把坚贞变成背叛，把爱变成恨，把恨变成爱，把德行变成恶行，把恶行变成德行，把奴隶变成主人，把主人变成奴隶，把愚蠢变成明智，把明智变成愚蠢。

因为货币作为现存的和起作用的价值概念把一切事物都混淆了、替换了，所以它是一切事物的普遍的**混淆和替换**，从而是颠倒的世界，是一切自然的性质和人的品质的混淆和替换。

谁能买到勇气，谁就是勇敢的，即使他是胆小鬼。因为货币所交换的不是特定的品质，不是特定的事物，不是人的本质力量，而是人的、自然的整个对象世界，所以，从货币占有者的观点看来，货币能把任何特性和任何对象同其他任何即使与它相矛盾的特性或对象相交换，货币能使冰炭化为胶漆，能迫使仇敌互相亲吻。

我们现在假定人就是人，而人对世界的关系是一种人的关系，那么你就只能用爱来交换爱，只能用信任来交换信任，等等。如果你想得到艺术的享受，那你就必须是一个有艺术修养的人。如果你想感化别人，那你就必须是一个实际上能鼓舞和推动别人前进的人。你对人和对自然界的一切关系，都必须是你的**现实的**个人生活的、与你的意志的对象相符合的**特定表现**。如果你在恋爱，但没有引起对方的爱，也就是说，如果你的爱作为爱没有引起对方相应的爱，如果你作为恋爱者通过你的**生命表现**没有使你成为**被爱的人**，那么你的爱就是无力的，就是不幸。

马克思：《1844 年经济学哲学手稿》（1844 年 4—8 月），摘自《马克思恩格斯文集》第 1 卷，人民出版社 2009 年 12 月第 1 版，第 242—248 页。

2. 共产主义。——交往形式本身的生产

共产主义和所有过去的运动不同的地方在于：它推翻了一切旧的生产和交往的关系的基础，并且破天荒第一次自觉地把一切自发产生的前提看作是先前世世代代的创造，消除这些前提的自发性，使它们受联合起来的个人的支配。因此，建立共产主义实质上具有经济的性质，这就是为这种联合创造各种物质条件，把现存的条件变成联合的条件。共产主义所建立

的制度，正是这样的一种现实基础，它排除一切不依赖于个人而存在的东西，因为现存制度只不过是个人之间迄今所存在的交往的产物。这样，共产主义者实际上把过去的生产和交往所产生的条件看作无机的条件。然而他们并不以为，给他们提供资料是过去世世代代的意向和使命，也不认为这些条件对于创造它们的个人说来是无机的。有个性的个人与偶然的个人之间的差别，不仅是逻辑的差别，而且是历史的事实。在不同的时期，这种差别具有不同的含义，例如，等级在18世纪对于个人说来就是某种偶然的东西，家庭 plusoumoins〔或多或少地〕也是如此。这种差别不是我们为一切时代划定的，而是每个时代本身在它所发现的各种不同现成因素之间划定的，而且不是根据概念而是在物质生活冲突的影响下划定的。在一切对于后来时代（和先前时代相反的时代）说来是偶然的东西中，也就是在过去时代所停下来的各种因素中，也有与生产力发展的一定水平相适应的交往形式。生产力与交往形式的关系就是交往形式与个人的行动或活动的关系。（这种活动的基本形式当然是物质活动，它决定一切其他的活动，如脑力活动、政治活动、宗教活动等。当然，物质生活的这样或那样的组织，每次都依赖于已经发达的需求，而这些需求的产生，也像它们的满足一样，本身是一个历史过程，这一过程在羊或狗那里是没有的（这是施蒂纳顽固地提出来 adversus hominem〔**反对人**〕的主要论据），尽管目前形态下的羊或狗无疑是历史过程的产物——诚然，malgréeux〔不以它们的意愿为转移〕）。在上述矛盾产生以前，个人之间进行交往的条件是与他们的个性相适应的条件，这些条件对于他们说来不是什么外部的东西；它们是这样一些条件，在这些条件下，生存于一定关系中的一定的个人只能生产自己的物质生活以及与这种物质生活有关的东西，因而它们是个人自主活动的条件，而且是由这种自主活动创造出来的①。这样，在上述矛盾产生以前，人们进行生产的一定条件是同他们的现实的局限状态和他们的片面存在相适应的，这种存在的片面性只是在矛盾产生时才表现出来，因而只是对于后代才存在的。这时人们才觉得这些条件是偶然的桎梏，并且把这种视上述条件为桎梏的观点也强加给过去的时代。

这些不同的条件，起初本是自主活动的条件，后来却变成了它的桎梏，

---

① 这里马克思加了一个边注："交往形式本身的生产"。——编者注

它们在整个历史发展过程中构成一个有联系的交往形式的序列，交往形式的联系就在于：已成为桎梏的旧的交往形式被适应于比较发达的生产力，因而也适应于更进步的个人自主活动类型的新的交往形式所代替；新的交往形式 àsontour〔又〕会变成桎梏并为别的交往形式所代替。由于这些条件在历史发展的每一阶段上都是与同一时期的生产力的发展相适应的，所以它们的历史同时也是发展着的、为各个新的一代所承受下来的生产力的历史，从而也是个人本身力量发展的历史。

由于这种发展是自发地进行的，就是说它不服从自由联合起来的个人的共同计划，因此它是以各个不同的地区、部落、民族和劳动部门等等为出发点的，其中的每一个起初都与别的不发生关系而独立地发展，后来才逐渐与它们发生联系。其次，这种发展是非常缓慢的；各种不同的阶段和利益从来没有得到完全的克服，而只是屈从于获得胜利的利益，并在许多世纪中和后者一起继续存在下去。由此可见，甚至在一个民族内各个个人都有各种完全不同的发展，即使撇开他们的财产关系不谈，而且较早时期的利益，在与之相适应的交往形式已经为适应于较晚时期的利益的交往形式所排挤之后，仍然在长时间内拥有一种表现为与个人隔离的虚幻共同体（国家、法）的传统权力，这种权力归根结底只有通过革命才能打倒。这也就说明了：为什么在某些带有较大的概括性的问题上，意识有时似乎超过了当代的经验关系，因此人们在后来某个时代的斗争中可以指靠先前时代理论家的威望。

相反地，在那些在已经发达的历史时代才开始自己发展的国家里，例如北美，这种发展是异常迅速的。在这些国家里，除了移居到那里去的个人而外没有任何其他的自发地形成的前提，而这些个人之所以迁移到那里去，是因为他们的需要与古老国家里现存的交往形式不相适应。因此这些国家在开始发展的时候就拥有古老国家的最进步的个人，因而也就拥有与这些个人相适应的、在古老的国家里还没有能够确立起来的最发达的交往形式[1]。这符合于一切殖民地的情况，只要它们不仅仅是一些军用场所或交易场所。迦太基、希腊的殖民地以及 11 世纪和 12 世纪的冰岛可以作为

---

[1] 个别国家的个人的精力，——德国人和美国人，——已经通过种族杂交而产生的精力，——因此德国人是白痴式的；在法、英等国是异族人民移居在已发达的土地上，在美国是异族人民移居在一块全新的土地上，而在德国，土著居民从来没有移动过。

例子。类似的过程在征服的情况下也可以看到，如果在另一种土壤上发展起来的交往形式被现成地搬到被征服国家的话。这种交往形式在自己的祖国还受到过去遗留下来的利益和关系的牵累，而它在新的地方就完全能够而且应当毫无阻碍地确立起来，尽管这是为了保证征服者的长期统治（英国和那不勒斯在被诺曼人征服之后，获得了最完善的封建组织形式）。

再没有比认为迄今历史上的一切似乎都可以归结于占领这一观念更普通的了。蛮人占领了罗马帝国，这一事实通常被用来说明从古代世界向封建主义的过渡。但是在蛮人的占领下，一切都取决于被征服民族此时是否已经像现代民族那样发展了工业生产力，或者它的生产力主要还只是以它的联合和现存的共同体形式为基础。其次，占领的性质是受占领的对象所制约的。如果占领者不依从于被占领国家的生产和交往的条件，就完全无法占领当地银行家的体现于票据中的财产。对于每个现代工业国家的整个工业资本说来情况也是这样。最后，无论什么地方，占领很快就面临结束之日，那时已经没有东西可供占领了，需要转向生产。从这种很快到来的生产的必要性中可以做出如下结论：定居下来的征服者所采纳的社会制度形式，应当适应于他们面临的生产力发展水平，如果起初没有这种适应，那末社会制度形式就应当按照生产力而发生变化。这也就说明了民族大迁移后的时期中到处都可见到的一件事实，即奴隶成了主人，征服者很快就学会了被征服民族的语言，接受了他们的教育和风俗。封建主义决不是现成地从德国搬去的；它起源于蛮人在进行侵略时的军事组织中，而且这种组织只是在征服之后，由于被征服国家内遇到的生产力的影响才发展为现在的封建主义的。这种形式到底受到生产力的多大程度的制约，这从查理大帝等企图建立以古罗马遗迹为基础的其他形式的失败尝试中已经得到证明。

因此，按照我们的观点，一切历史冲突都根源于生产力和交往形式之间的矛盾。此外，对于某一国家内冲突的发生来说，完全没有必要等这种矛盾在这个国家本身中发展到极端的地步。由于同工业比较发达的国家进行广泛的国际交往所引起的竞争，就足以使工业比较不发达的国家内产生类似的矛盾（例如，英国工业的竞争使德国潜在的无产阶级显露出来了）。

生产力和交往形式之间的这种矛盾（正如我们所见到的，它在以往的历史中曾多次发生过，然而并没有威胁这种形式的基础）每一次都不免要爆发为革命，同时也采取各种附带形式——表现为冲突的总和，表现想斗争等等、政治斗争等等。根据狭隘的观点，可以从其中抽出一种附带形式，把它看作是这些革命的基础；要做到这一点更其容易的是，这些革命所由出发的各个个人本身，根据他们的文化水平和历史发展的阶段而对自己的活动作出了种种幻想。

个人力量（关系）由于分工转化为物的力量这一现象，不能靠从头脑里抛开关于这一现象的一般观念的办法来消灭，而只能靠个人重新驾驭这些物的力量并消灭分工的办法来消灭①。没有集体，这是不可能实现的。只有在集体中，个人才能获得全面发展其才能的手段，也就是说，只有在集体中才可能有个人自由。在过去的种种冒充的集体中，如在国家等等中，个人自由只是对那些在统治阶级范围内发展的个人来说是存在的，他们之所以有个人自由，只是因为他们是这一阶级的个人。从前各个个人所结成的那种虚构的集体，总是作为某种独立的东西而使自己与各个个人对立起来；由于这种集体是一个阶级反对另一个阶级的联合，因此对于被支配的阶级说来，它不仅是完全虚幻的集体，而且是新的桎梏。在真实的集体的条件下，各个个人在自己的联合中并通过这种联合获得自由。

从上述一切中可以看出，某一阶级的个人所结成的、受他们反对另一阶级的那种共同利益所制约的社会关系，总是构成这样一种集体，而个人只是作为普通的个人隶属于这个集体，只是由于他们还处在本阶级的生存条件下才隶属于这个集体；他们不是作为个人而是作为阶级的成员处于这种社会关系中的。在控制了自己的生存条件和社会全体成员的生存条件的革命无产者的集体中，情况就完全不同了。在这个集体中个人是作为个人参加的。它是个人的这样一种联合（自然是以当时已经发达的生产力为基础的），这种联合把个人的自由发展和运动的条件置于他们的控制之下。而这些条件在从前是受偶然性支配的，并且是作为某种独立的东西同各个个人对立的，这是由于他们作为个人是分散的，是由于分工使他们有了一种必不可免的联合，而这种联合又因为他们的分散而成了一种对他们来说是异己的联系。过去的联合只是一种（决不像"社会契约"中所描绘的那样是任意的，而是必然的）关于这样一些条件的协定（参阅例如北美合众国

---

① 这里恩格斯加了一个边注："（费尔巴哈：存在和本质）"。——编者注

和南美诸共和国的形成），在这些条件下，个人然后有可能利用偶然性为自己服务。这种在一定条件下无阻碍地享用偶然性的权利，迄今一直称为个人自由。而这些生存条件当然只是现存的生产力和交往形式。

个人的这种发展是在历史上前后相继的等级和阶级的共同的生存条件下产生的，也是在由此而强加于他们的普遍观念中产生的，如果用**哲学的观点**来考察这种发展，当然就不难设想，在这些个人中有**类**或**人**在发展，或者是这些个人发展了人，也就是说，可以设想出某种奚落历史科学的东西①。在这以后就可以把各种等级和阶级理解为一个普遍概念的一些类别，理解为**类**的一些亚种，理解为**人**的一些发展阶段。

个人隶属于一定阶级这一现象，在那个除了反对统治阶级以外不需要维护任何特殊的阶级利益的阶级还没有形成之前，是不可能消灭的。

对于各个个人来说，出发点总是他们自己，当然是在一定历史条件和关系中的个人，而不是思想家们所理解的"纯粹的"个人。然而在历史发展进程中，在每一个人的个人生活同他的屈从于某一劳动部门和与之相关的各种条件的生活之间出现了差别，——这正是由于在分工条件下社会关系必然变成某种独立的东西。（这不应当理解为，似乎像食利者和资本家等等已不再是有个性的个人了，而应当理解为，他们的个性是受非常具体的阶级关系所制约和决定的，上述差别只是在他们与另一阶级的对立中才出现的，而对他们本身说来只是在他们破产之后才产生的。）在等级中（尤其是在部落中）这种现象还是隐蔽的：例如，贵族总是贵族，roturier〔平民〕总是 roturier，不管他们其他的生活条件如何；这是一种与他们的个性不可分割的品质。有个性的个人与阶级的个人的差别，个人生活条件的偶然性，只是随着那个自身是资产阶级产物的阶级的出现才出现的。只有个人相互之间的竞争和斗争才产生和发展了这种偶然性。因此，在资产阶级的统治下个人似乎要比先前更自由些，因为他们的生活条件对他们说来是偶然的；然而事实上，他们当然更不自由，因为他们更加受到物的力量的统治。和等级不同的地方特别显著地表现在资产阶级与无产阶级的对立中。

---

① 在圣麦克斯那里常见的一个说法是：每个人通过国家才完全成为一个人，这种说法实质上是和资产者只是资产者的类的一个标本这种说法相同的；这里所持的出发点是，资产阶级在构成这个阶级的个人尚未存在之前就已经存在了。（这里马克思加了一个边注："在哲学家们看来阶级是先存在的"。——编者注）

当市民等级、同业公会等等起来反对土地贵族的时候,它们的生存条件,即在其与封建体系割断联系以前就潜在地存在着的动产和手艺,看起来是一种与封建土地所有制相对立的积极的东西,因此不久以后也具有了一种封建形式。无论如何,逃亡农奴认为他们先前的农奴地位对他们的个性来说是某种偶然的东西。而在这方面他们所做的像每一个挣脱了枷锁的阶级所做的一样,而且他们不是作为一个阶级解放出来的,而是单独地解放出来的。其次,他们并没有越出等级制度的范围,而只是构成了一个新的等级,在新的环境中保存了他们过去的劳动方式,并且使它摆脱已经和他们所达到的发展阶段不相适应的桎梏,从而使它进一步发展①。

相反地,对于无产者说来,他们自身的生存条件、劳动,以及当代社会的全部生存条件都是一种偶然的东西,它是单个的无产者无法加以控制的,而且也没有任何社会组织能使他们加以控制的。单个无产者的个性和强加于他的生存条件即劳动之间的矛盾,现在无产者自己已经意识到了,特别是因为他从早年起就成了牺牲品,因为他在本阶级的范围内没有机会获得使他转为另一个阶级的各种条件。

由此可见,逃亡农奴仅仅是力求自由地发展和巩固他们现有的生存条件,因而归根结底只是力求达到自由劳动;而无产者,为了保住自己的个性,就应当消灭他们至今所面临的生存条件,消灭这个同时也是整个旧社会生存的条件,即消灭劳动。因此,他们也就和国家这种形式(在这种形式下组成社会的各个个人迄今都表现为某种整体)处于直接的对立中,他们应当推翻国家,使自己作为个性的个人确立下来。

马克思、恩格斯:《德意志意识形态》(1845—1846年),摘自《马克思恩格斯全集》第3卷,人民出版社1960年12月第1版,第79—87页。

3. "对自然的关系以及他们互相之间的关系"的对抗形式的扬弃与"自由王国"

联合一旦应用于土地,就享有大地产在国民经济上的好处,并第一次

---

① 注意。不要忘记,单是维持农奴存在的必要性和大经济的不可能性(它要求把 allotments〔小块土地〕分给农奴),很快就使农奴对封建主的赋役降低到中等水平的代役租和徭役地租,这样就使农奴有可能积累一些动产,便于从他的领主那里逃跑出来,并使他有可能去当市民,同时还引起了农奴的分化。可见逃亡农奴已经是半资产者了。由此也可以清楚地看到,掌握了某种手艺的农奴获得动产的可能性最大。

实现分割的原有倾向即平等。同样，联合也通过合理的方式，而不再采用以农奴制度、领主统治和有关所有权的荒谬的神秘主义为中介的方式来恢复人与土地的温情的关系，因为土地不再是牟利的对象，而是通过自由的劳动和自由的享受，重新成为人的真正的个人财产。

  马克思：《1844年经济学哲学手稿》（1844年4—8月），摘自《马克思恩格斯文集》第1卷，人民出版社2009年12月第1版，第152页。

  我们已经看到，资本主义生产过程是一般社会生产过程的一个历史规定的形式。而社会生产过程既是人类生活的物质生存条件的生产过程，又是一个在特殊的、历史的和经济的生产关系中进行的过程，是生产和再生产着这些生产关系本身，因而生产和再生产着这个过程的承担者、他们的物质生存条件和他们的互相关系即他们的一定的经济的社会形式的过程。因为，这种生产的承担者对自然的关系以及他们互相之间的关系，他们借以进行生产的各种关系的总体，就是从社会经济结构方面来看的社会。资本主义生产过程像它以前的所有生产过程一样，也是在一定的物质条件下进行的，但是，这些物质条件同时也是各个个人在他们的生活的再生产过程中所处的一定的社会关系的承担者。这些物质条件，和这些社会关系一样，一方面是资本主义生产过程的前提，另一方面又是资本主义生产过程的结果和创造物；它们是由资本主义生产过程生产和再生产的。我们还看到，资本——而资本家只是人格化的资本，他在生产过程中只是作为资本的承担者执行职能——会在与它相适应的社会生产过程中，从直接生产者即工人身上榨取一定量的剩余劳动，这种剩余劳动是资本未付等价物而得到的，并且按它的本质来说，总是强制劳动，尽管它看起来非常像是自由协商议定的结果。这种剩余劳动体现为剩余价值，而这个剩余价值存在于剩余产品中。剩余劳动一般作为超过一定的需要量的劳动，应当始终存在。只不过它在资本主义制度下，像在奴隶制度等等下一样，具有对抗的形式，并且是以社会上的一部分人完全游手好闲作为补充。为了对偶然事故提供保险，为了保证再生产过程的必要的、同需要的发展和人口的增长相适应的累进的扩大（从资本主义观点来说叫做积累），一定量的剩余劳动是必要的。资本的文明面之一是，它榨取剩余劳动的方式和条件，同以前的奴隶制、农奴制等形式相比，都更有利于生产力的发展，有利于社会关系的发展，有利于更高级的新形态的各种要素的创造。因此，资本一方面会导致这样一个阶段，在这个阶段上，社会上的一部分人靠牺牲另一部分人来强制和垄断社会发展（包括这种发展的物质方面和精神方面的利益）的现象将会消灭；另一方面，这个阶段又会为这样一些关系创造出物质手段和萌芽，这些关系在一个更高级的社会形态内，使这种剩余劳动能够同物质劳动一般所占用的时间的更大的节制结合在一起。因为，按照劳动生产力发展的不同情况，剩余劳动可以在一个小的总工作日中成为大的，也可以在一个大的总工作日中成为相对小的。如果必要劳动时间＝3，剩余劳动＝3，总工作日就＝6，剩余劳动率就＝100%。如果必要劳动＝9，剩余劳动＝3，总工作日就＝12，剩余劳动率就只＝$33\frac{1}{3}$%。不过，在一定时间内，从而在一定的剩余劳动时间内，究竟能生产多少使用价值，取决于劳动生产率。也就是说，社会的现实财富和社会再生产过程不断扩大的可能性，并不是取决于剩余劳动时间的长短，而是取决于剩余劳动的生产率和进行这种剩余劳动的生产条件的优劣程度。事实上，自由王国只是在必要性和外在目的规定要做的劳动终止的地方才开始；因而按照事物的本性来说，它存在于真正物质生产领域的彼岸。像野蛮人为了满足自己的需要，为了维持和再生产自己的生命，必须与自然进行搏斗一样，文明人也必须这样做；而且在一切社会形式中，在一切可能的生产方式中，他都必须这样做。这个自然必然性的王国会随着人的发展而扩大，因为需要会扩大；但是，满足这种需要的生产力同时也会扩大。这个领域内的自由只能是：社会化的人，联合起来的生产者，将合理地调节他们和自然之间的物质变换，把它置于他们的共同控制之下，而不让它作为盲目的力量来统治自己；靠消耗最小的力量，在最无愧于和最适合于他们的人类本性的条件下来进行这种物质变换。但是不管怎样，这个领域始终是一个必然王国。在这个必然王国的彼岸，作为目的本身的人类能力的发挥，真正的自由王国，就开始了。但是，这个自由王国只有建立在必然王国的基础上，才能繁荣起来。工作日的缩短是根本条件。

马克思、恩格斯：《资本论》第3卷，摘自《马克思恩格斯文集》第7卷，人民出版社2009年12月第1版，第926—929页。

4. 工人阶级征服了自然，而现在它应当去征服人了

大不列颠的千百万工人第一个奠定了新社会的真实基础——把自然界

的破坏力变成了人类的生产力的现代工业。英国工人阶级以不懈的毅力、流血流汗、绞尽脑汁，为使劳动变成高尚的事业并把劳动生产率提高到能造成产品普遍丰富的水平创造了物质前提。

英国工人阶级既然创造了现代工业的无穷无尽的生产力，也就实现了解放劳动的第一个条件。现在它应当实现解放劳动的第二个条件。它应当把这些生产财富的力量从垄断组织的无耻的枷锁下解放出来，使它们受生产者的集体监督，这些生产者直到今天还在听任自己劳动的产品本身转过来反对自己，变成压迫他们自己的工具。

工人阶级征服了自然，而现在它应当去征服人了。工人阶级有足够的力量来胜利地完成这个事业，但是需要把所有这些力量组织起来，在全国范围内把工人阶级组织起来——我认为这就是摆在工人议会面前的伟大而光荣的目标。

> 马克思：《给工人议会的信》（1854年3月9日），摘自《马克思恩格斯全集》第10卷，人民出版社1962年4月第1版，第134页。

5. 分工（私有制）造成人的活动的分裂及其扬弃

分工包含着所有这些矛盾，而且又是以家庭中自然产生的分工和社会分裂为单独的、互相对立的家庭这一点为基础的。与这种分工同时出现的还有**分配**，而且是劳动及其产品的**不平等**的分配（无论在数量上或质量上）；因而也产生了所有制，它的萌芽和原始形态在家庭中已经出现，在那里妻子和孩子是丈夫的奴隶。家庭中的奴隶制（诚然，它还是非常原始和隐蔽的）是最早的所有制，但就是这种形式的所有制也完全适合于现代经济学家所下的定义，即所有制是对他人劳动力的支配。其实，分工和私有制是两个同义语，讲的是同一件事情，一个是就活动而言，另一个是就活动的产品而言。

其次，随着分工的发展也产生了个人利益或单个家庭的利益与所有互相交往的人们的共同利益之间的矛盾；同时，这种共同的利益不是仅仅作为一种"普遍的东西"存在于观念之中，而且首先是作为彼此分工的个人之间的相互依存关系存在于现实之中。最后，分工还给我们提供了第一个例证，说明只要人们还处在自发地形成的社会中，也就是说，只要私人利益和公共利益之间还有分裂，也就是说，只要分工还不是出于自愿，而是自发的，那末人本身的活动对人说来就成为一种异己的、与他对立的力量，这种力量驱使着人，而不是人驾驭着这种力量。原来，当分工一出现之后，每个人就有了自己一定的特殊的活动范围，这个范围是强加于他的，他不能超出这个范围：他是一个猎人、渔夫或牧人，或者是一个批判的批判者，只要他不想失去生活资料，他就始终应该是这样的人。而在共产主义社会里，任何人都没有特定的活动范围，每个人都可以在任何部门内发展，社会调节着整个生产，因而使我有可能随我自己的心愿今天干这事，明天干那事，上午打猎，下午捕鱼，傍晚从事畜牧，晚饭后从事批判，但并不因此就使我成为一个猎人、渔夫、牧人或批判者。社会活动的这种固定化，我们本身的产物聚合为一种统治我们的、不受我们控制的、与我们愿望背道而驰的并抹煞我们的打算的物质力量，这是过去历史发展的主要因素之一。

马克思、恩格斯：《德意志意识形态》（1845—1846 年），摘自《马克思恩格斯全集》第 3 卷，人民出版社 1960 年 12 月第 1 版，第 36—37 页。

6. "个性的劳动"

生产交换价值的劳动，同使用价值的特殊物质无关，因此也同劳动本身的特殊形式无关。其次，不同的使用价值是不同个人的活动的产物，也就是个性不同的劳动的结果。但是，作为交换价值，它们代表相同的、无差别的劳动，也就是没有劳动者个性的劳动。因此，生产交换价值的劳动是**抽象一般**的劳动。

马克思：《政治经济学批判》（1858—1859 年），摘自《马克思恩格斯全集》第 13 卷，人民出版社 1962 年 11 月第 1 版，第 17 页。

在资本方面表现为剩余价值的东西，正好在工人方面表现为超过他作为工人的需要，即超过他维持生命力的直接需要而形成的剩余劳动。

资本的伟大的历史方面就是创造这种剩余劳动，即从单纯使用价值的观点，从单纯生存的观点来看的多余劳动，而一旦到了那样的时候，即一方面，需要发展到这种程度，以致超过必要劳动的剩余劳动本身成了从个人需要本身产生的普遍需要，另一方面，普遍的勤劳，由于世世代代所经历的资本的严格纪律，发展成为新的一代的普遍财产，最后，这种普遍的勤劳，由于资本的无止境的致富欲望及其唯一能实现这种欲望的条件不断地驱使劳动生产力向前发展，而达到这样的程度，以致一方面整个社会只需用较少的劳动时间就能占有并保持普遍财富，另一方面劳动的社会将科学地对待自己的不断发展的再生产过程，对待自己的越来越丰富的再生产过程，从而，人不再从事那种可以让物来替人从事的劳动，——一旦到了那样的时候，资本的历史使命就完成了。

因此，资本和劳动的关系在这里就象货币和商品的关系一样；如果说资本是财富的一般形式，那么，劳动就只是以直接消费为目的的实体。但是，资本作为孜孜不倦地追求财富的一般形式的欲望，驱使劳动超过自己自然需要的界限，来为发展丰富的个性创造出物质要素，这种个性无论在生产上和消费上都是全面的，因而个性的劳动也不再表现为劳动，而表现为活动本身的充分发展，在那种情况下，直接形式的自然必然性消失了；这是因为一种历史形成的需要代替了自然的需要。由此可见，资本是生产的；也就是说，是发展社会生产力的重要的关系。只有当资本本身成了这种生产力本身发展的限制时，资本才不再是这样的关系。

马克思：《经济学手稿》（1857—1858 年），摘自《马克思恩格斯全集》第 46 卷上册，人民出版社 1979 年 7 月第 1 版，第 287 页。

在那一章末尾，资本主义生产的历史趋势被归结成这样："资本主义生产本身由于自然变化的必然性，造成了对自身的否定"；它本身已经创造出了一种新的经济制度的要素，它同时给社会劳动生产力和一切个体生产者个人的全面发展以极大的推动；实际上已经以一种集体生产为基础的资本主义所有制只能转变为社会所有制。

马克思：《给〈祖国纪事〉杂志编辑部的信》（1877 年 10—11 月），摘自《马克思恩格斯文集》第 3 卷，人民出版社 2009 年 12 月第 1 版，第 465 页。

（七）人对物"占有"方式与社会关系之间的相互影响

1. 人对物的"占有"关系同时也是"人对人的社会关系"

没有什么比黑格尔关于土地私有权的说法更可笑的了。他认为，人作为人格，必须使自己的意志这个外在自然界的灵魂具有现实性，因此，他必须把这个自然界作为自己的私有财产来占有。如果这就是"**人格**"的规定，就是人作为人格的规定，那么，由此可以说，每个人就都必定是土地所有者，才能作为人格而实现。土地的自由私有权，——一种十分现代的产物，——据黑格尔说，不是一种确定的社会关系，而是人作为人格对于"自然界"的关系，是"人对一切物的绝对占有权"（黑格尔《法哲学》1840年柏林版第79页）。……

马克思、恩格斯：《资本论》第3卷，摘自《马克思恩格斯文集》第7卷，人民出版社2009年12月第1版，第695页注释（26）。

毫无疑义，拉马丁先生"感觉"到一个更好的世界，在那里"生活原则"是按别的方式"组织"起来的。但是在这个腐败的世界上，"占有"终究是生活的条件。……拉马丁先生正象没有看到"占有"空气和"占有"社会产品之间的差别一样，没有看到从野蛮过渡到文明的时代和我们的时代之间的区别；就象两个时代都是"过渡时代"一样，反正两者都是"占有"！

马克思：《拉马丁和共产主义》（1847年12月24日），摘自《马克思恩格斯全集》第4卷，人民出版社1958年8月第1版，第418—419页。

蒲鲁东想消灭不拥有和拥有的旧形式的愿望，和他想消灭人对自己的**实物本质**的实际异化关系、想消灭人的自我异化的**政治经济**表现的愿望是完全同一的。但是，由于他对政治经济学的批判还受着政治经济学的前提的支配，因此，蒲鲁东仍以政治经济学的**占有**形式来表现实物世界的重新争得。

批判的批判硬要蒲鲁东以拥有来反对不拥有；而蒲鲁东则相反，他以**占有**来反对**拥有**的旧形式——**私有制**。他宣称占有是"社会的职能"。在这种职能中"利益"不是要"排斥"别人，而是要把自己的力量、自己的本质力量使用出来和发挥出来。

蒲鲁东未能用恰当的话来表达自己的这个思想。"平等占有"是政治经济的观念，因而还是下面这个事实的异化表现：**实物是为人的存在，是人的实物存在**，同时也就是**人为他人的定在，是他对他人的人的关系，是人对人的社会关系**。蒲鲁东在政治经济的异化范围内来克服政治经济的异化。

马克思、恩格斯：《神圣家族》（1844年9—11月），摘自《马克思恩格斯全集》第2卷，人民出版社1957年12月第1版，第52页。

每个个人以物的形式占有社会权力。如果你从物那里夺去这种社会权力，那你就必须赋予人以支配人的这种权力。（第104页）

这里问题的关键从根本上说来如下。在所有这些形式中，土地财产和农业构成经济制度的基础，因而经济的目的是生产使用价值，是在个人对公社（个人构成公社的基础）的一定关系中**把个人再生产**出来——在所有这些形式中，都存在着以下的特点：

（1）对劳动的自然条件的占有，即对**土地**这种最初的劳动工具、实验场和原料贮藏所的占有，不是通过劳动进行的，而是劳动的前提。个人把劳动的客观条件简单地看作是自己的东西，看作是自己的主体得到自我实现的无机自然。劳动的主要客观条件并不是劳动的**产物**，而是**自然**。[V—2]一方面，是活的个人，另一方面，是作为个人再生产的客观条件的土地。

（2）但是，这种把土地当作劳动的个人的财产来看待的**关系**（因此，个人从一开始就不表现为单纯劳动着的个人，不表现在这种抽象形式中，而是拥有土地财产作为**客观的存在方式**，这种客观的存在方式是他的活动的前提，并不是他的活动的简单结果，就是说，这和他的皮肤、他的感官一样是他的活动的**前提**，这些器官在他的生命过程中固然被他再生产着和发展着等等，但毕竟存在于这个再生产过程本身之前），直接要以个人作为**某一公社成员**的自然形成的、或多或少历史地发展了的和变化了的存在，要以他作为部落等等成员的自然形成的存在为媒介。（第482—483页）

马克思：《经济学手稿》（1857—1858年），摘自《马克思恩格斯全集》
第46卷上册，人民出版社1979年7月第1版，第482—483页。

2. 现实的"占有"不同于发生在"想象的关系"中的"思想上的占有"

因此圣桑乔只要把"神圣性"或"异己精神""从头脑中挤出去"并实现他在思想上的占有，就心满意足了。

马克思、恩格斯：《德意志意识形态》（1845—1846年），摘自《马克思恩格斯全集》第3卷，人民出版社1960年12月第1版，第340页。

既然财产仅仅是有意识地把生产条件看作是自己所有这样一种关系（对于单个的人来说，这种关系是由共同体造成、在共同体中被宣布为法律并由共同体保证的），也就是说，既然生产者的存在表现为一种在属于他所有的客观条件中的存在，那么，财产就只是通过生产本身而实现的。实际的占有，从一开始就不是发生在对这些条件的想象的关系中，而是发生在对这些条件的能动的、现实的关系中，也就是实际上把这些条件变为自己的主体活动的条件。

马克思：《经济学手稿》（1857—1858 年），摘自《马克思恩格斯全集》第 46 卷上册，人民出版社 1979 年 7 月第 1 版，第 493 页。

3. 人对财富的"个人的"占有不同于"资本主义的"占有

科学根本不费资本家"分文"，但这丝毫不妨碍他们去利用科学。资本像吞并他人的劳动一样，吞并"他人的"科学。但是，对科学或物质财富的"资本主义的"占有和"个人的"占有，是截然不同的两件事。尤尔博士本人曾哀叹他的亲爱的、使用机器的工厂主们对力学一窍不通。李比希也曾述说英国的化学工厂主们对化学惊人地无知。

马克思：《资本论》第 1 卷，摘自《马克思恩格斯文集》第 5 卷，人民出版社 2009 年 12 月第 1 版，第 444 页注释（108）。

4. 人"占有"物的两种不同活动："生产"与"消费"

在生产中，社会成员占有（开发、改造）自然产品供人类需要……在消费中，产品变成享受的对象，个人占有的对象。

马克思：《〈政治经济学批判〉导言》（1857 年 8 月下旬），摘自《马克思恩格斯文集》第 8 卷，人民出版社 2009 年 12 月第 1 版，第 12 页。

马克思先生明白地指出了资本主义生产方式（他对现在社会阶段就是这样称呼的）的历史必然性，也同样明白地指出了那些仅仅消费的占有土地的容克阶级的多余性。

恩格斯：《卡·马克思"资本论"第一卷书评——为"观察家报"作》（1867 年 12 月 12—13 日），摘自《马克思恩格斯全集》第 16 卷，人民出版社 1964 年 2 月第 1 版，第 256 页。

5. 人"占有"物的消费活动"再生产出他们的社会存在"

最后，进入直接消费的产品，在离开消费本身时重新成为生产的原料，如自然过程中的肥料等等，用废布造纸等等。其次，这些产品的消费再生产出一定存在方式的个人自身，再生产出不仅具有直接生命力的个人，而且是处于一定的社会关系的个人。可见，在消费过程中发生的个人的最终占有，再生产出处于原有关系的个人，即处在对于生产过程的原有关系和他们彼此之间的原有关系中的个人；再生产出处在他们的社会存在中的个人，因而再生产出他们的社会存在，即社会，而社会既是这一巨大的总过程的主体，也是这一总过程的结果。

  马克思：《经济学手稿》（1857—1858 年），摘自《马克思恩格斯全集》第 46 卷下册，人民出版社 1980 年 8 月第 1 版，第 230—231 页。

6. 人对物的"占有"首先是通过"生产"而非"流通"、"消费"实现的

  财产意味着：个人属于某一部落（共同体）（意味着在其中有着主客体的存在），而以这个共同体把土地看作是它的无机体这种关系为媒介，个人把土地、把外在的原始生产条件（因为土地同时既是原料，又是工具，又是果实）看作属于他的个体的前提、看作是他的个体的存在方式。**我们把这种财产归结为对生产条件的关系**。为什么不是对消费条件的关系呢？个人的生产行为最初难道不是限于占有现成的、自然界本身业已为消费准备好的东西来再生产他自身的躯体吗？即使在那些只须找到、发现这些东西的地方，也很快就要求个人做出努力、付出劳动（如狩猎、捕鱼、游牧），要求主体生产出（也就是发展）某些才能。

  马克思：《经济学手稿》（1857—1858 年），摘自《马克思恩格斯全集》第 46 卷上册，人民出版社 1979 年 7 月第 1 版，第 492 页。

  劳动则表现为最初的占有方式。作为交换价值的商品只是［劳动］的产品，**对象化的劳动**。同时，商品首先是某个把自己的劳动体现在这一商品中的人的对象性；是他自己的、他本身生产的、为他人的对象存在。……**商品的生产过程，从而商品的最初占有过程，发生在流通之外**。但是，只有通过流通，即通过自己的等价物的转让，才能占有他人的等价物，因此，必须假定自己的劳动是最初的占有过程，而流通实际上只是体现在各种产品中的劳动的相互交换。

  马克思：《经济学手稿》（1857—1858 年），摘自《马克思恩格斯全集》第 46 卷下册，人民出版社 1980 年 8 月第 1 版，第 462—463 页。

  圣麦克斯在这里又使"社会自由主义者"硬把**他的**胡说八道当成**他们的**话说出口，这没有什么好"惊奇"的。首先，他把作为私有者对某物的"占有"与一般的"占有"混为一谈。他不去考察私有财产对生产的特定关系，不去考察作为地主、食利者、商人、工厂主、工人对某物的"占有"——这里"占有"是完全特定的占有，是对他人劳动的支配——他没有这样做，而把所有这些关系变为"一般占有"。

  马克思、恩格斯：《德意志意识形态》（1845—1846 年），摘自《马克思恩格斯全集》第 3 卷，人民出版社 1960 年 12 月第 1 版，第 224—225 页。

7. 个人在生产中对物的"占有":"为了占有自然就必需劳动"

为了占有自然就必需劳动（人们可以把这叫作"媒介"），由此自然会得出结论：由生产的一个特殊社会形式所产生的社会"媒介"——**因为是媒介**——具有同样的必然性的绝对性，具有同样的地位。

> 马克思、恩格斯：《资本论》第 3 卷，摘自《马克思恩格斯文集》第 7 卷，人民出版社 2009 年 12 月第 1 版，第 361 页注释 361。

一切生产都是个人在一定社会形式中并借这种社会形式而进行的对自然的占有。在这个意义上，说财产（占有）是生产的一个条件，那是同义反复。

> 马克思：《〈政治经济学批判〉导言》，摘自《马克思恩格斯文集》第 8 卷，人民出版社 2009 年 12 月第 1 版，第 11 页。

在生产过程本身中，活劳动把工具和材料变成自己灵魂的躯体，从而使它们起死回生，——**这种占有**，事实上同下述情况相矛盾：劳动是无对象的，或者说，劳动只有在工人身上作为直接的生命力才是现实的；而劳动材料和劳动工具却在资本中作为自为存在的东西存在着。

> 马克思：《经济学手稿》（1857—1858 年），摘自《马克思恩格斯全集》第 46 卷上册，人民出版社 1979 年 7 月第 1 版，第 335 页。

物质财富，使用价值世界只是由自然物质构成的，这些自然物质通过劳动改变了形态，也就是说，只有通过劳动才被占有……（第 39 页）

实际劳动把工具作为自己的手段来占有，把材料作为自己活动的材料来占有。实际劳动就是把这些对象作为劳动本身的活的机体，劳动本身的器官来占有的过程。在这里，劳动材料表现出劳动的无机性质，劳动资料表现为占有活动本身的器官。（第 59 页）

> 马克思：《经济学手稿》（1861—1863 年），摘自《马克思恩格斯全集》第 47 卷，人民出版社 1979 年 10 月第 1 版。

8. 个人在生产中占有物就是把物"变为自己的主体活动的条件"

既然财产仅仅是有意识地把生产条件看作是**自己所有**这样一种关系（对于单个的人来说，这种关系是由共同体造成、在共同体中被宣布为法律并由共同体保证的），也就是说，既然生产者的存在表现为一种在**属于他所有的客观条件**中的存在，那么，财产就只是通过生产本身而实现的。实际的占有，从一开始就不是发生在对这些条件的想象的关系中，而是发生在对这些条件的能动的、现实的关系中，也就是实际上把这些条件变为自己的主体活动的条件。

马克思：《经济学手稿》（1857—1858 年），摘自《马克思恩格斯全集》第 46 卷上册，人民出版社 1979 年 7 月第 1 版，第 493 页。

9. 人在生产中对物的"占有"意味着对自身生产力（劳动能力）的"占有"和发挥

劳动首先是人和自然之间的过程，是人以自身的活动来中介、调整和控制人和自然之间的物质变换的过程。人自身作为一种自然力与自然物质相对立。为了在对自身生活有用的形式上占有自然物质，人就使他身上的自然力——臂和腿、头和手运动起来。当他通过这种运动作用于他身外的自然并改变自然时，也就同时改变他自身的自然。他使自身的自然中沉睡着的潜力发挥出来，并且使这种力的活动受他自己控制。

马克思：《资本论》第 1 卷，摘自《马克思恩格斯文集》第 5 卷，人民出版社 2009 年 12 月第 1 版，第 207—208 页。

个人必须占有现有的生产力总和，这不仅是为了达到自主活动，而且一般说来是为了保证自己的生存。这种占有首先受到必须占有的对象所制约，受自己发展为一定总和并且只有在普遍交往的范围里才存在的生产力所制约。仅仅由于这一点，占有就必须带有适应生产力和交往的普遍性质。对这些力量的占有本身不外是同物质生产工具相适应的个人才能的发挥。仅仅因为这个缘故，对生产工具的一定总和的占有，也就是个人本身的才能的一定总和的发挥。

马克思、恩格斯：《德意志意识形态》（1845—1846 年），摘自《马克思恩格斯全集》第 3 卷，人民出版社 1960 年 12 月第 1 版，第 76 页。

10. 社会个人在"自己的自由的生活活动"中的全面发展，意味着人在生产中对生产力的"占有"

在这个转变中，表现为生产和财富的宏大基石的，既不是人本身完成的直接劳动，也不是人从事劳动的时间，而是对人本身的一般生产力的占有，是人对自然界的了解和通过人作为社会体的存在来对自然界的统治，总之，是社会个人的发展。

马克思：《经济学手稿》（1857—1858 年），摘自《马克思恩格斯全集》第 46 卷下册，人民出版社 1980 年 8 月第 1 版，第 218 页。

私有制只有在个人得到全面发展的条件下才能消灭，因为现存的交往形式和生产力是全面的，所以只有全面发展的个人才可能占有它们，即才可能使它们变成自己的自由的生活活动。

马克思、恩格斯：《德意志意识形态》（1845—1846年），摘自《马克思恩格斯全集》第3卷，人民出版社1960年12月第1版，第516页。

导言就是在这里，在我的房间里，我和拉法格都在场，由马克思向盖得口授的：工人只是在成了他的劳动资料的占有者时才能自由；这可以采取个体占有方式或集体占有方式；个体占有方式正在被经济的发展所战胜，而且将日益被战胜；所以，剩下的只是共同占有，等等。

恩格斯：《恩格斯致爱·伯恩施坦》（1881年10月25日），摘自《马克思恩格斯全集》第35卷，人民出版社1971年6月第1版，第224页。

11. 个人自由占有自身生产力的条件是占有生产资料

鉴于

生产者阶级的解放是不分性别和种族的全人类的解放；

生产者只有在占有生产资料之后才能获得自由；

生产资料属于生产者只有两种形式：

（1）个体形式，这种形式从来没有作为普遍事实而存在，并且日益为工业进步所排斥；

（2）集体形式，资本主义社会本身的发展为这种形式创造了物质的和精神的因素；

鉴于

这种集体占有只有通过组成为独立政党的生产者阶级或无产阶级的革命活动才能实现；

要建立上述组织，就必须使用无产阶级所拥有的一切手段，包括借助于由向来是欺骗的工具变为解放工具的普选权；

所以，法国社会主义工人确定其经济方面努力的最终目的是使全部生产资料归集体所有，并决定提出下述最低纲领参加选举，以此作为组织和斗争的手段。

马克思：《法国工人党纲领导言（草案）》（1880年5月10日前后），摘自《马克思恩格斯文集》第3卷，人民出版社2009年12月第1版，第568页。

12. 人在生产中的自由发展是通过对"自由时间"的"占有"来实现的

自由时间——不论是闲暇时间还是从事较高级活动的时间——自然要

把占有它的人变为另一主体,于是他作为这另一主体又加入直接生产过程。对于正在成长的人来说,这个直接生产过程就是训练,而对于头脑里具有积累起来的社会知识的成年人来说,这个过程就是[知识的]运用,实验科学,有物质创造力的和物化中的科学。对于这两种人来说,由于劳动要求实际动手和自由活动,就象在农业中那样,这个过程同时就是身体锻炼。

马克思:《经济学手稿》(1857—1858年),摘自《马克思恩格斯全集》第46卷下册,人民出版社1980年8月第1版,第225—226页。

13. 问题不在"占有",而在占有的"方式":"个性的""感性的占有"不同于对"抽象财富(货币)"的"偶然的""机械的"占有

普遍的和作为权力形成起来的**忌妒**,是**贪欲**所采取的并且仅仅是用**另一种方式**来使自己得到满足的隐蔽形式。任何私有财产本身所产生的思想,**至少对于自己更富足的**私有财产都怀有忌妒和平均主义欲望,这种忌妒和平均主义欲望甚至构成竞争的本质。粗陋的共产主义不过是充分体现了这种忌妒和这种从**想象的**最低限度出发的平均主义。他具有一个**特定的、有限的**尺度。对整个文化和文明的世界的抽象否定,向**贫穷的**、需求不高的人——他不仅没有超越私有财产的水平,甚至从来没有达到私有财产的水平——的**非自然的**[IV]简单状态的倒退,恰恰证明私有财产的这种扬弃决不是真正的占有。(第184页)

对**私有财产**的积极的扬弃,就是说,为了人并且通过人对人的本质和人的生命、对象性的人和人的**产品**的**感性**的占有,不应当仅仅被理解为**直接的**、片面的**享受**,不应当仅仅被理解为**占有、拥有**。人以一种全面的方式,就是说,作为一个完整的人,占有自己的全面的本质。人对世界的任何一种**人**的关系——视觉、听觉、嗅觉、味觉、触觉、思维、直观、情感、愿望、活动、爱,——总之,他的个体的一切器官,正像在形式上直接是社会的器官的那些器官一样,[VII]是通过自己的**对象性**关系,即通过自己**同对象的关系**而对对象的占有,对**人的现实性**的占有;这些器官同对象的关系,是**人的现实的实现**(因此,正像人的**本质规定**和**活动**是多种多样的一样,人的现实也是多种多样的),是人的**能动**和人的**受动**,因为按人的含义来理解的受动,是人的一种自我享受。//

//私有制使我们变得如此愚蠢而片面,以致一个对象,只有当它为我们所拥有的时候,就是说,当它对我们来说作为资本而存在,或者它被我们直接占有，被我们吃、喝、穿、住等等的时候，简言之，在它被我们**使用**的时候，才是**我们的**。尽管私有制本身也把占有的这一切直接实现仅仅看做**生活手段**，而它们作为手段为之服务的那种生活，是**私有制的生活**——劳动和资本化。//

因此，**一切**肉体的和精神的感觉都被这**一切**感觉的单纯异化即**拥有的**感觉所代替。人的本质只能被归结为这种绝对的贫困，这样它才能够从自身产生出它的内部的丰富性。（第189—190页）

五官感觉的**形成**是迄今为止全部世界历史的产物。囿于粗陋的实际需要的**感觉**，也只具有**有限的**意义。//对于一个忍饥挨饿的人来说并不存在人的食物形式，而只有作为食物的抽象存在；食物同样也可能具有最粗糙的形式，而且不能说，这种进食活动与**动物的**进食活动有什么不同。忧心忡忡的、贫穷的人对最美丽的景色都没有什么**感觉**；经营矿物的商人只看到矿物的商业价值，而看不到矿物的美和特性；他没有矿物学的感觉。（第191—192页）

马克思：《1844年经济学哲学手稿》（1844年4—8月），摘自《马克思恩格斯文集》第1卷，人民出版社2009年12月第1版。

货币越是抽象，它越是同其他商品没有**自然**关系，它越是更多地作为人的产品同时又作为人的非产品出现，它的存在要素越不是**天然生长**的而是人制造的，用国民经济学的话来表达就是，它的**作为货币的价值**越是同交换价值或者同它存在于其中的物质的货币价值成反比例，那么，货币作为货币——而且不仅仅是作为商品在流通过程或交换过程中内在的、自在的、潜在的相互关系——的**自身存在**就越适合于货币的本质。因此，**纸币和许多纸的货币代表**（象汇票、支票、借据等等）**是作为货币的货币的较为完善**的存在，是货币的进步发展中必要的因素。（第21页）

私有财产本身由于它的相互**外化**或异化而获得外化的私有财产这个定义。首先，因为它不再是这种财产占有者的劳动产品，不再是占有者的个性的特殊表现，因为占有者使它外化了，它脱离了曾是它的生产者的占有者，并且对于**不是**它的生产者来说获得了私人的意义。私有财产对占有者来说失去了私人的意义。（第27页）

马克思：《詹姆斯·穆勒〈政治经济学原理〉一书摘要·媒介》（1844年上半年），摘自《马克思恩格斯全集》第42卷，人民出版社1979年9月第1版。

　　交换价值构成货币实体，交换价值就是财富。因此，另一方面，货币又是物体化的财富形式，而与构成财富的一切特殊实体相对立。因此，如果就货币本身来考察，那么，一方面，在货币上，财富的形式和内容是同一的；另一方面，与其他一切商品相反，货币是同它们相对立的一般财富形式，而这些特殊性的总体则构成财富实体。根据前一规定，货币是财富本身，根据后一规定，货币是**财富的一般物质代表**。这个总体作为想象的商品总汇存在于货币本身之中。由此可见，财富（既作为总体又作为抽象的交换价值）只是在其他一切商品被排斥之后，才作为个体化在金银上的财富而存在，作为个别的可以捉摸的对象而存在。因此，货币是商品中的上帝。

　　这样，作为个别的可以捉摸的对象，货币可以偶然地被追求，被找到，被偷盗，被发现，因而一般财富在可以捉摸的形式上被单个的个人所占有。货币从它表现为单纯流通手段这样一种奴仆身份，一跃而成为商品世界中的统治者和上帝。货币代表商品的天上的存在，而商品代表货币的人间的存在。每种形式的自然财富，在它被交换价值取代以前，都以个人对物的本质关系为前提，因此，个人在自己的某个方面把自身物化在物品中，他对物品的占有同时就表现为他的个性的一定的发展；拥有羊群这种财富使个人发展为牧人，拥有谷物这种财富使个人发展为农民，等等。**与此相反，货币是一般财富的个体**，它本身是从流通中产生的，它只代表一般，**纯粹是社会的结果**，它完全不以对自己占有者的任何个性关系为前提；占有货币不是占有者个性的某个本质方面的发展，倒不如说，这是占有没有个性的东西，因为这种社会关系同时作为一种可感觉的外在对象而存在着，它可以机械地被占有，也可以同样丧失掉。

　　　　马克思：《经济学手稿》（1857—1858年），摘自《马克思恩格斯全集》第46卷上册，人民出版社1979年7月第1版，第170—171页。

　　货币作为纯抽象财富——在这种财富形式上，任何特殊的使用价值都消失了，因而所有者和商品之间的任何个人关系也消失了——同样成为作为抽象人格的个人的权力，同他的个性发生完全异己的和外在的关系。但是货币同时赋予他作为他的私人权力的普遍权力。

　　　　马克思：《经济学手稿》（1857—1858年），摘自《马克思恩格斯全集》

第 46 卷下册，人民出版社 1980 年 8 月第 1 版，第 453—454 页。

倒是家庭联系同它的自然发生的分工在劳动产品上打上了自己特有的社会烙印。或者，我们就中世纪的徭役和实物租来看。在这里，成为社会纽带的，是个人一定的、自然形式的劳动，是劳动的特殊性，而不是劳动的一般性。最后，我们看一下一切文明民族的历史初期自然发生的共同劳动。这里，劳动的社会性显然不是通过个人劳动采取一般性这种抽象形式，或者个人产品采取一个一般等价物的形式。成为生产前提的公社，使个人劳动不能成为私人劳动，使个人产品不能成为私人产品，相反，它使个人劳动直接表现为社会机体的一个肢体的机能。表现在交换价值中的劳动是以分散的个人劳动为前提的。这种劳动要通过它采取与自身直接对立的形式，即抽象一般性的形式，才变成社会劳动。（第 21—22 页）

要占有一般形式的财富，就要放弃物质的现实的财富。因此，推动货币贮藏的活力是吝啬，对吝啬说来，所需要的不是作为使用价值的商品，而是作为商品的交换价值。要取得一般形式的剩余物，就必须把特殊的需要当作奢侈和浪费。（第 118 页）

货币，或独立化了的交换价值，按它的质来说，是抽象财富的存在……（第 121 页）

马克思：《政治经济学批判》（1858—1859 年），摘自《马克思恩格斯全集》第 13 卷。

上述前提对于真正理解资本关系的性质很有必要。这种关系是从它的基础——商品流通开始的。这种关系的前提是，废除以个人消费［Selbstkonsum］为生产主要目的的、仅仅出售多余商品的那种生产方式。一切与资本关系有关的要素本身越是成为商品，也就是说，这些要素只有通过购买才能占有，资本关系就发展得越充分。生产本身越是从流通中获得自己的要素，即商品，以致商品已作为交换价值进入生产，这种生产就越是成为资本主义的生产。

马克思：《经济学手稿》（1861—1863 年），摘自《马克思恩格斯全集》第 47 卷，人民出版社 1979 年 10 月第 1 版，第 72 页。

形象是自然物体的形式，这些形式好象一层表皮，从自然物体上脱落下来，并把自然物体移到现象中来。事物的这些形式不断地从它们里面涌现出来，侵入感官，从而使客体得以显现出来。因此自然在听觉中听到了它自己，在嗅觉中嗅到了它自己，在视觉中看见了它自己。所以人的感性就是一个媒介，通过这个媒介，犹如通过一个焦点，自然的种种过程得到反映，燃烧起来照亮了现象界。

马克思：《德谟克利特的自然哲学和伊壁鸠鲁的自然哲学的差别》（1840年下半年—1841年3月），摘自《马克思恩格斯全集》第40卷，人民出版社1982年2月第1版，第232页。

14. 对物（产品）"个性的""感性的占有"的意义："以全部感觉在对象世界中肯定自己"同时"别人的感觉和享受也成了我自己的占有"

同样，别人的感觉和精神也为我自己所占有。因此，除了这些直接的器官以外，还以社会的**形式**形成**社会的**器官。例如，直接同他人直接交往的活动等等，成了我**生命表**现的器官和对**人的**生命的一种占有方式。（第190页）

人不仅通过思维，［VIII］而且以全部感觉在对象世界中肯定自己。（第191页）

马克思：《1844年经济学哲学手稿》（1844年4—8月），摘自《马克思恩格斯文集》第1卷，人民出版社2009年12月第1版。

15. 人对物（自然界）的感觉是由"劳动"创造出来的

只要人对自然界的感觉，自然界的人的感觉，因而也是**人的自然**感觉还没有被人本身的劳动创造出来，那么感觉和精神之间的抽象的敌对就是必然的。

马克思：《1844年经济学哲学手稿》（1844年4—8月），摘自《马克思恩格斯文集》第1卷，人民出版社2009年12月第1版，第231页。

16. 对物（自然、本质的对象）的"感性的占有"是对物的真正本体论的肯定，同时也是人的合乎人性的享受

［XLI］如果人的**感觉**、激情等等不仅是在［本来］意义上的人本学的规定，而且是对本质（自然）的真正**本体论的**肯定；如果感觉、激情等等仅仅因为它们的**对象**对它们是**感性地**存在的而真正地得到肯定，那么不言而喻：（1）对它们的肯定方式决不是同样的，相反，不同的肯定方式构成它们的存在、它们的生命的特殊性；对象对它们的存在方式，就是它们的**享受**的特有方式；（2）如果感性的肯定是对采取独立形式的对象的直接扬弃（如吃、喝、对象的加工，等等），那么这就是对对象的肯定；（3）只

要人是**合乎人性的**，因而他的感觉等等也是**合乎人性的**，那么对象为别人所肯定，这同样也就是他自己的享受；（4）只有通过发达的工业，也就是以私有财产为中介，人的激情的本体论本质才既在总体上、又在其人性中存在；因此，关于人的科学本身是人在实践上的自我实现的产物；（5）私有财产的意义——撇开私有财产的异化——就在于**本质的对象**——既作为享受的对象，又作为活动的对象——对人的**存在**。

马克思：《1844年经济学哲学手稿》（1844年4—8月），摘自《马克思恩格斯文集》第1卷，人民出版社2009年12月第1版，第242页。

17. 对艺术"占有"的两种不同方式

另一方面，即从主体方面来看：只有音乐才激起人的音乐感；对于没有音乐感的耳朵来说，最美的音乐也毫无意义，**不是**对象，因为我的对象只能是我的一种本质力量的确证，就是说，它只能像我的本质力量作为一种主体能力自为地存在着那样才对我存在，因为任何一个对象对我的意义（它只是对那个与它相适应的感觉来说才有意义）恰好都以**我的**感觉所及的程度为限。（第191页）

国民经济学家把从你的生命和人性中夺去的一切，全用**货币**和**财富**补偿给你。你自己不能办到的一切，你的货币都能办到：它能吃，能喝，能赴舞会，能去剧场，它能获得艺术、学识、历史珍品、政治权力，它能旅行，它能为你占有这一切；它能购买这一切；它是真正的**能力**。（第227页）

如果你想得到艺术的享受，那你就必须是一个有艺术修养的人。（第247页）

马克思：《1844年经济学哲学手稿》（1844年4—8月），摘自《马克思恩格斯文集》第1卷，人民出版社2009年12月第1版。

（八）"生产者—产品—消费者"关系模式中人与物、人与人关系的对抗及扬弃与艺术

1. 历史所创造的自然界——人的产品

自然界的**人性**和历史所创造的自然界——人的产品——的**人性**，就表现在它们是抽象精神的**产品**，因此，在这个限度内，它们是**精神**的环节即**思想本质**。

马克思：《1844年经济学哲学手稿》（1844年4—8月），摘自《马克思恩格斯文集》第1卷，人民出版社2009年12月第1版，第204页。

2. 资本主义生产体系内以交换（价值）为媒介的生产与消费的分离

生产和消费是**内在地**［ansich］不可分离的。由此可以得出结论：因为它们在资本主义生产体系内实际上是分离的，所以它们的统一要通过它们的对立来恢复，就是说，如果A必须为B生产，B就必须为A消费。正如每个资本家从他这方面说，都希望分享他的收入的人有所浪费一样，整个老重商主义体系也是以这样的观念为根据：一个国家从自己这方面必须节俭，但是必须为别的沉湎于享受的国家生产奢侈品。这里始终是这样的观念：一方是为生产而生产，因此另一方就是消费别国的产品。

马克思：《剩余价值理论》，摘自《马克思恩格斯全集》第26卷第1册，人民出版社1972年6月第1版，第293—294页。

［716］只要棉织厂主进行再生产和积累，他的工人也就是他的一部分产品的买者，他们把自己的一部分工资花费在棉布上。正因为工厂主进行生产，所以，工人们就有购买他的一部分产品的钱，就是说，工人们部分地给他提供了出卖产品的可能性。工人作为需求的代表所能购买的，只是加入个人消费的商品，因为他不是自己使用自己的劳动，因而也不是自己占有实现自己劳动的条件——劳动资料和劳动材料。所以，这一点已经把生产者的最大部分（在资本主义生产发达的地方就是工人本身）排除在消费者、买者之外了。他们不购买原料和劳动资料，他们只购买生活资料（直接加入个人消费的商品）。因此，说生产者和消费者是一回事，那是最可笑不过的了，因为对于很大数量的生产部门——所有不生产直接消费品的部门——来说，大多数参加生产的人是绝对被排斥于购买他们自己的产品之外的。他们决不是自己的这很大一部分产品的**直接**消费者或买者，虽然他们支付包含在他们购买的消费品中的自己产品的一部分价值。这里也可以看出，"消费者"这个词是模糊不清的，把"消费者"这个词同"买者"这个词等同起来是错误的。从生产消费的意义来说，恰恰是工人消费机器和原料，在劳动过程中使用它们。但是工人并不是为了自己而使用机器和原料，因此，也就不是机器和原料的**买者**。对于工人来说，机器和原料不是使用价值，不是商品，而是一个过程的客观条件，而工人本身则是这个过程的主观条件。

[717] 可是有人会说，雇用工人的企业主在购买劳动资料和劳动材料时是工人的代表。但是，企业主代表工人——指的是在市场上代表——与假定说工人自己代表自己，条件是不一样的。企业主必须出卖包含着剩余价值，即无酬劳动的商品量，要是工人的话，就只须出卖把生产中预付的价值——以劳动资料、劳动材料和工资的价值形式出现——再生产出来的商品量。因此，资本家需要的市场比工人需要的市场大。而且，企业主是否认为市场条件对于开始再生产已充分有利，这取决于企业主而不是工人。

因此，对于一切不是用于个人消费而必须用于生产消费的物品来说，即使再生产过程不遭到破坏，工人也是生产者而不是消费者。

因此，主张把资本主义生产中的消费者（买者）和生产者（卖者）等同起来，从而否定危机，是再荒谬不过的了。这两者是完全不一样的。在再生产过程继续进行的情况下，只是对3000个生产者之中的一个，即对资本家，才可以说是等同的。反过来，说消费者就是生产者，也同样是错误的。土地所有者（收取地租的人）不生产，可是他消费。所有货币资本的代表也是这种情况。

否认危机的各种辩护论言论所证明的东西，总是和它们想要证明的相反，就这一点说，它们是重要的。它们为了否认危机，在有对立和矛盾的地方大谈统一。因此，说它们是重要的，只是因为可以说：它们证明，如果被它们用想象排除了的矛盾实际上不存在，那就不会有任何危机。但是，因为这些矛盾存在着，所以实际上有危机。辩护论者为否定危机存在而提出来的每个根据，都是仅仅在他们想象中被排除了的矛盾，所以是现实的矛盾，所以是危机的根据。用想象排除矛盾的愿望同时就是实际上存在着矛盾的一个证明，这些矛盾按照善良的愿望是**不应该**存在的。

工人实际上生产的是剩余价值。只要他们生产剩余价值，他们就有东西消费。一旦剩余价值的生产停止了，他们的消费也就因他们的生产停止而停止。但是，他们能够消费，决不是因为他们为自己的消费生产了等价物。相反，当他们仅仅生产这样的等价物时，他们的消费就会停止，他们就没有等价物消费了。或者他们的劳动会停止，或者他们的劳动会缩减，或者，无论如何，他们的工资会降低。在后一种情况下——如果生产水平不变——他们就不是消费他们生产的等价物。但是，这时他们之所以缺少钱，不是因为他们生产的东西不够，而是因为他们从他们所生产的产品中得到的太少。

因此，如果把这里所考察的关系简单地归结为消费者和生产者的关系，那就忘记了从事生产的雇佣工人和从事生产的资本家是两类完全不同的生产者，更不用说那些根本不从事生产活动的消费者了。这里又是用把生产中实际存在的对立撇开的办法来否定**对立**。仅仅雇佣工人和资本家的关系本身就包含着：

（1）生产者的最大部分（工人），并不是他们所生产的产品的很大一部分，即劳动资料和劳动材料的消费者（买者）；

（2）生产者的最大部分，即工人，只有在他们生产的产品大于其等价物时，即在他们生产剩余价值，或者说，剩余产品时，才可能消费这个等价物。他们始终必须是**剩余生产者**，他们生产的东西必须超过自己的［有支付能力的］需要，才能在［718］自己的这些需要的范围内成为消费者或买者。

因此，就这个生产者阶级来说，说生产和消费是统一的这种论调，无论如何一看就知道是错误的。

如果李嘉图说，需求的唯一界限是生产本身，而生产只受资本的限制，那末，如果剥去错误假定的外衣，实际上这只不过是说，资本主义生产只以资本作为自己的尺度，同时这里所说的资本也包括作为资本的生产条件之一并入资本（为资本所购买）的劳动能力。可是，问题恰恰在于资本本身是否也是消费的界限。无论如何从消极意义上说它是消费的界限，就是说，消费的东西不可能多于生产的东西。但问题是，从积极意义上说它是不是消费的界限，是不是在资本主义生产的基础上生产多少，就能够或者必须消费多少。如果对李嘉图的论点作正确的分析，那末，这个论点所说的恰恰同李嘉图想说的相反，——就是说，进行生产是不考虑消费的现有界限的，生产只受资本本身的限制。而这一点确实是这种生产方式的特点。

马克思：《剩余价值理论》，摘自《马克思恩格斯全集》第 26 卷第 2 册，人民出版社 1973 年 7 月第 1 版，第 591—594 页。

或者，人们说，**从社会的观点来看，生产和消费**是一回事，因此绝对不会一个超过另一个，或两者之间发生不平衡。在这里，社会的观点是指这样一种抽象，它恰恰**抽掉**了一定的社会结构和社会关系，因而也抽掉了由它们所产生的各种矛盾。例如，施托尔希当时在反驳萨伊时就很正确地指出，很大一部分消费不是直接使用［个人消费品］的消费，而是生产过程中的消费，例如机器、煤、油、必要的建筑物等等的消费。这种消费［IV—21］同这里所说的消费决不是一回事。**马尔萨斯**和**西斯蒙第**也正确地指出，例如工人的消费本身对于资本家来说决不是充分的消费。在把生产和消费说成一回事的情况下，是把价值增殖这个要素完全抛弃了，并把生产和消费简单地加以对比，也就是说，把直接以**使用价值**而不是以资本为基础的生产当作前提了。（第396页）

在以奴隶制为基础的生产中，同样在大部分人口直接通过自己的劳动来满足自己的大部分需要的家长制农业手工业生产中，流通和交换的范围是很狭窄的，尤其是在前一种生产中，奴隶根本不被看作是**交换者**。但是在以资本为基础的生产中，在任何地点消费都是以交换为媒介的，而劳动对于工人来说决没有**直接的**使用价值。这种生产的全部［IV—24］基础就是作为交换价值和交换价值创造者的劳动。（第403页）

马克思：《经济学手稿》（1857—1858年），摘自《马克思恩格斯全集》第46卷上册，人民出版社1979年7月第1版。

实际上，生产和消费往往处于互相矛盾之中。然而，据说只要能正确地**解释**这种矛盾，只要能**理解**生产和消费的真正的**本质**，就足以确立二者的统一和消除任何矛盾。这个德意志意识形态的理论原来是用以迁就现存世界的；生产和消费的统一，用现代社会的许多例子来证明，是存在于**自身**。格律恩先生首先证明，在生产和消费之间一般地存在着一种关系。他谈论的是：如果没有生产大礼服和面包，他就不可能穿大礼服或者吃面包，而且，在现代社会中有生产大礼服、鞋子、面包的人，而另外一些人则是这些物品的消费者。格律恩先生认为这个观点是新的。他用一种经典式的、美文学式的、意识形态的语言把这个观点表达出来。例如：

"有人认为，享用咖啡、糖等等纯粹是消费；然而，难道这种享用在殖民地那里不是生产吗？"

他可以同样成功地问：对于黑奴来说这种享用不是享受[①]鞭子的滋味吗？在殖民地这种享用不是生产毒打吗？我们看到，这种浮夸的表现方法只能导致为现存条件作辩护。格律恩先生的另一个论点是：当他生产的时

---

① 双关语：Genuß 有"享用"之意，也有"享受"之意。——编者注

候他也在消费，即消费原料和一切生产费用；一句话，不能无中生有，人需要**材料**。在任何一本政治经济学著作中关于再生产的消费那一章中，他都可以看到，在这种关系中产生出多么复杂的相互联系，只要不像格律恩先生那样满足于没有皮革就制不出皮鞋这样一个庸俗的真理。

因此，格律恩先生方才已认识到：为了消费，就应当生产，在生产的时候要消费原料。当他想证明他消费时就在生产的时候，他就要遇到真正的困难了。在这里格律恩先生毫无成效地企图多少弄懂一点需求和供给之间的最平凡最普通的关系。他理解到：他的消费，即他的需求，产生新的供给。但是他忘记了，他的需求应当是**有效的**需求，他应当为他所需要的产品提供等价物，以便由此引起新的生产。经济学家们也援引消费和生产的密切联系，援引需求和供给的绝对同一性，而他们正是想证明，永远不会有生产过剩；但是他们并没有像格律恩先生那样，讲出这样一些不通的和庸俗的话来。其实，一切贵族、僧侣、食利者等等，自古以来就是这样证明说他们是生产的。格律恩先生还忘记了，现在生产面包是用蒸汽磨，而从前是用风力磨和水力磨，更早的时候是用手推磨；生产面包的这些不同的方式完全不取决于他吃面包这一简单的行为，因此我们在这里看到的是生产的历史发展，而"大规模生产的"格律恩先生却完全没有想到这一点。格律恩先生甚至也没有想到，随着这些不同的生产阶段产生的还有生产和消费之间的各种关系，以及二者之间的各种矛盾；他没有想到，如果不研究这些生产方式中的每一种方式和以此为基础的整个社会制度，就不可能了解这些矛盾，而这些矛盾只有通过这种生产方式和这种制度的实际改变，才能得到解决。如果说，格律恩先生就他的另一些例子的庸俗性来看，已经比那些最普通的经济学家低得多，那末他以自己这个读书的例子却证明他们比他要"合乎人情"。他们根本没有要求他在读了某一本书之后立即生产一本新的书！他们只希望他以此来生产自己的知识，从而一般地对生产起有益的影响。格律恩先生省略了一个中间要素，即省略了现款支付——而由于他随便离开了这种支付，就把它变成多余的了，但是只有通过这种支付，他的需求才是**有效的**——因而就把再生产的消费变成了某种怪异现象。他醉心于读书，只要他一**读书**，就使得铸字工人、造纸厂的厂主和印刷工人有可能去生产新的铅字、新的纸张、新的书籍。仅仅他的消费就可以偿还他们一切生产费用。不过，我们已经充分地证明了，格律恩先生能够怎样巧妙地从旧书中读出新书,以及他作为新纸张、新铅字、新印刷油墨和新装订工具的生产者,对于商业界做出了怎样的贡献。格律恩的著作中的第一封信的结束语是:"我打算投身于实业。"格律恩先生在整本著作中的任何地方都没有违背自己的这句格言。

那末格律恩先生的全部活动究竟是什么呢?为了证明"真正的社会主义"关于生产和消费一致性的原理,格律恩先生采纳了政治经济学关于需求和供给的最庸俗的原理;而为了利用需求和供给这两个概念来达到自己的目的,他删去了其中必要的中间环节,从而把它们变为最纯粹的幻想。可见,所有这一切的中心思想仅仅是要不学无术地和空想式地把现存制度神圣化。

格律恩的社会主义结论是更具代表性的,它仍然是他的德国先辈们所说过的话的结结巴巴的转达。生产和消费是各自分开存在的,因为我们的颠倒的世界把它们彼此割裂开来。我们的颠倒的世界怎样作到这一点的呢?它在二者之间插入了某种概念。因而把人分为**两半**。它不以此为满足,还把社会、即把它自身也分为两半。这个悲剧发生在1845年。

生产和消费的一致性在"真正的社会主义者"那里最初的意思是:活动本身应当提供享受(当然,在他们那里这纯粹是一种幻想的观念),后来这种一致性却被格律恩先生解释为:"消费和生产从经济学上来说应当**彼此抵销**"(第196页),不应当有超过直接消费需要的剩余产品,如有这样情况,显然一切运动都会停止。所以他傲慢地责难傅立叶,说他想以**生产过剩**来**破坏**这种一致性。格律恩先生忘记了,生产过剩只是由于它影响产品的交换价值才引起危机,然而不仅在傅立叶那里,就是在格律恩先生所建立的那个十全十美的世界中也看不见这种交换价值。像这种庸俗的蠢话,可以说,只有"真正的社会主义"才说得出来。

格律恩先生往往非常得意地重复他对"真正的社会主义"关于生产和消费的理论所作的注释。例如,他在谈到蒲鲁东的时候写道:

"如果你宣传消费者的社会自由,你就会得到生产的真正平等。"(第433页)

没有比这种宣传更容易的了!错误迄今只在于:

"消费者是没有受过教育的,没有知识的,不是所有的人都**像人一样地**消费。"(第432页)"这个观点——根据这个观点,消费是生产的标准,而不是相反——是迄今存在着的一切经济观点的死亡。"（同上）"在人们真正团结一致的情况下，甚至每个人的消费都以一切人的消费为前提这个原理也会成为真理。"（同上）

在竞争的范围内，每个人的消费 Plus ou moins〔或多或少地〕是以一切人的不断的消费为前提的，正如每个人的生产以一切人的生产为前提一样。问题只在于，这种情况是**如何**发生，怎样发生的。格律恩先生仅仅用关于**人的**消费、关于对"消费的真正本质"的认识的道德公设来回答这个问题（第432页）。由于他对于生产和消费的真实关系一无所知，所以他只好躲到"真正的社会主义"的最后避难所——人的本质——中去。因此他必然不以生产为出发点，而以消费为出发点。如果从生产出发，那末就应当考虑生产的实际条件和人们的生产活动。如果从消费出发，那末可以满足于宣称现在人们不"像人一样地"消费，满足于关于"人的消费"、关于用真正消费的精神进行教育的公设以及诸如此类的空洞词句，而丝毫不去考虑人们的现实的生活关系和他们的活动。

最后还需要再提一下，正是那些以消费为出发点的经济学家是反动分子，他们忽视了竞争和大工业的革命方面。

马克思、恩格斯：《德意志意识形态》（1845—1846年），摘自《马克思恩格斯全集》第3卷，人民出版社1960年12月第1版，第610—615页。

3. 通过物品（自然）所建立的人与人之间自由的社会关系的意义："在我个人的生命表现中，我直接创造了你的生命表现"

假定我们作为人进行生产。在这种情况下，我们每个人在自己的生产过程中就**双重地**肯定了自己和另一个人：（1）我在我的生产中物化了我的**个性**和我的个性的**特点**，因此我既在活动时享受了个人的**生命表现**，又在对产品的直观中由于认识到我的个性是**物质的、可以直观地感知的**因而是**毫无疑问的**权力而感受到个人的乐趣。（2）在你享受或使用我的产品时，**我直接**享受到的是：既意识到我的劳动满足了**人的**需要，从而物化了**人的本质**，又创造了与另一个**人的**本质的需要相符合的物品。（3）对你来说，我是你与类之间的**中介人**，你自己意识到和感觉到我是你自己本质的补充，是你自己不可分割的一部分，从而我认识到我自己被你的思想和你的爱所证实。（4）在我个人的生命表现中，我直接创造了你的生命表现，因而在我个人的活动中，我直接**证实**和**实现**了我的真正的本质，即我的**人的本质**，我的**社会**的**本质**。

> 马克思：《詹姆斯·穆勒〈政治经济学原理〉一书摘要·论消费》（1844年上半年），摘自《马克思恩格斯全集》第 42 卷，人民出版社 1979 年 9 月第 1 版，第 37 页。

消费对于对象所感到的需要，是对于对象的知觉所创造的。艺术对象创造出懂得艺术和具有审美能力的大众，——任何其他产品也都是这样。因此，生产不仅为主体生产对象，而且也为对象生产主体。

> 马克思：《〈政治经济学批判〉导言》（1857 年 8 月下旬），摘自《马克思恩格斯文集》第 8 卷，人民出版社 2009 年 12 月第 1 版，第 16 页。

把妇女当做共同淫欲的**虏获物**和婢女来对待，这表现了人在对待自身方面的无限的退化，因为这种关系的秘密在**男人**对**妇女**的关系上，以及在对**直接的、自然的**类关系的理解方式上，都**毫不含糊地**、确凿无疑地、**明显地**、露骨地表现出来了。人对人的直接的、自然的、必然的关系是**男人**对**女人的关系**。在这种**自然的**类关系中，人对自然的关系直接就是人对人的关系，正像人对人的关系直接就是人对自然的关系，就是他自己的**自然的**规定。因此，这种关系通过**感性的**形式，作为一种显而易见的**事实**，**表现**出人的本质在何种程度上对人说来成为自然，或者自然在何种程度上成为人具有的人的本质。因此，从这种关系就可以判断人的整个文化教养程度。从这种关系的性质就可以看出，人在何种程度上对自己来说成为并把自己理解为**类存在物、人**。男人对妇女的关系是人对人**最自然的**关系。因此，这种关系表明人的**自然的**行为在何种程度上是**合乎人性的**，或者人的本质在何种程度上对人来说成为**自然的**本质，他的**人的本性**在何种程度上对他来说成为**自然**。这种关系还表明，人的**需要**在何种程度上成为**合乎人性的**需要，就是说，**别人**作为人在何种程度上对他来说成为需要，他作为最具有个体性的存在在何种程度上同时又是社会存在物。

> 马克思：《1844 年经济学哲学手稿》（1844 年 4—8 月），摘自《马克思恩格斯文集》第 1 卷，人民出版社 2009 年 12 月第 1 版，第 184—185 页。

4. 通过自由创造所建立的人与物之间自然关系的意义："在他所创造的世界中直观自身"

正是在改造对象世界的过程中，人才真正地证明自己是**类存在物**。这种生产是人的能动的类生活。通过这种生产，自然界才表现为他的作品和他的现实。因此，劳动的对象是**人的类生活的对象化**：人不仅像在意识中那样在精神上使自己二重化，而且能动地、现实地使自己二重化，从而在他所创造的世界中直观自身。

马克思：《1844 年经济学哲学手稿》（1844 年 4—8 月），摘自《马克思恩格斯文集》第 1 卷，人民出版社 2009 年 12 月第 1 版，第 163 页。

5. 在异化劳动中，人与物（自然界、产品等）、人与人（"类"等）之间形成多重对抗

我们且从当前的国民经济的事实出发。

工人生产的财富越多，他的生产的影响和规模越大，他就越贫穷。[①]工人创造的商品越多，他就越变成廉价的商品。物的世界的**增值**同人的世界的**贬值**成正比。劳动生产的不仅是商品，它还生产作为**商品**的劳动自身和工人，而且是按它一般生产商品的比例生产的。

这一事实无非表明：劳动所生产的对象，即劳动的产品，作为一种**异己的存在物**，作为**不依赖于**生产者的**力量**，同劳动相对立。劳动的产品是固定在某个对象中的、物化的劳动，这就是劳动的**对象化**。劳动的现实化就是劳动的**对象化**。在国民经济的实际状况中，劳动的这种现实化表现为工人的**非现实化**[②]，对象化表现为**对象的丧失和被对象奴役**，占有表现为**异化、外化**[③]。

劳动的现实化竟如此表现为非现实化，以致工人非现实化到饿死的地步。对象化竟如此表现为对象的丧失，以致工人被剥夺了最必要的对象——不仅是生活的必要对象，而且是劳动的必要对象。甚至连劳动本身也成为工人只有靠最大的努力和极不规则的间歇才能加以占有的对象。对对象的占有竟如此表现为异化，以致工人生产的对象越多，他能够占有的

---

① 这个结论在当时的社会批判性著作中相当流行。例如，魏特林在其著作《和谐与自由的保证》中就曾写道："正像在筑堤时要产生土坑一样，在积累财富时也要产生贫穷。"——编者注

② 马克思在这里使用了黑格尔的术语及其探讨对立的统一的方法，把 Verwirklichung（现实化）与 Entwirklichung（非现实化）对立起来。——编者注

③ 马克思在本手稿中往往并列使用两个德文术语 "Entfremdung"（异化）和 "Entäußerung"（外化）来表示异化这一概念。但是他有时赋予 "Entäußerung" 另一种意义，例如，用于表示交换活动，从一种状态向另一种状态转化，就是说，用于表示那些并不意味着敌对性和异己性的关系的经济和社会现象。

对象就越少,而且越受他的产品即资本的统治。

这一切后果包含在这样一个规定中:工人对**自己的劳动产品**的关系就是对一个**异己**的对象的关系。因为根据这个前提,很明显,工人在劳动中耗费的力量越多,他亲手创造出来反对自身的、异己的对象世界的力量就越强大,他自身、他的内部世界就越贫乏,归他所有的东西就越少。宗教方面的情况也是如此。人奉献给上帝的越多,他留给自身的就越少。[①] 工人把自己的生命投入对象;但现在这个生命已不再属于他而属于对象了。因此,这个活动越多,工人就越丧失对象。凡是成为他的劳动产品的东西,就不再是他自身的东西。因此,这个产品越多,他自身的东西就越少。工人在他的产品中**外化**,不仅意味着他的劳动成为对象,成为**外部**的存在,而且意味着他的劳动作为一种与他相异的东西不依赖于他而**在他之外**存在,并成为同他对立的独立力量;意味着他给予对象的生命是作为敌对的和异己的东西同他相对立。

[XXIII] 现在让我们来更详细地考察一下**对象化**,即工人的生产,以及对象即工人的产品在对象化中的**异化、丧失**。

……

(按照国民经济学的规律,工人在他的对象中的异化表现在:工人生产得越多,他能够消费的越少;他创造价值越多,他自己越没有价值、越低贱;工人的产品越完美,工人自己越畸形;工人创造的对象越文明,工人自己越野蛮;劳动越有力量,工人越无力;劳动越机巧,工人越愚钝,越成为自然界的奴隶。)

国民经济学以不考察工人(劳动)同产品的直接关系来掩盖劳动本质的异化。当然,劳动为富人生产了奇迹般的东西,但是为工人生产了赤贫。劳动生产了宫殿,但是给工人生产了棚舍。劳动生产了美,但是使工人变成畸形。劳动用机器代替了手工劳动,但是使一部分工人回到野蛮的劳动,并使另一部分工人变成机器。劳动生产了智慧,但是给工人生产了愚钝和痴呆。

劳动对它的产品的直接关系,是工人对他的生产的对象的关系。有产

---

① 马克思在这里以自己的理解复述了费尔巴哈哲学关于宗教是人的本质的异化的论点。费尔巴哈说,为了使上帝富有,人就必须贫穷;为了使上帝成为一切,人就必须什么也不是。人在自身中否定了他在上帝身上加以肯定的东西。——编者注

者同生产对象和生产本身的关系，不过是前一种关系的结果，而且证实了这一点。对问题的这另一个方面我们将在后面加以考察。因此，当我们问劳动的本质关系是什么的时候，我们问的是工人同生产的关系。

以上我们只是从一个方面，就是从工人**对他的劳动产品的关系**这个方面，考察了工人的异化、外化。但是，异化不仅表现在结果上，而且表现**在生产行为**中，表现在**生产活动**本身中。如果工人不是在生产行为本身中使自身异化，那么工人活动的产品怎么会作为相异的东西同工人对立呢？产品不过是活动、生产的总结。因此，如果劳动的产品是外化，那么生产本身就必然是能动的外化，活动的外化，外化的活动。在劳动对象的异化中不过总结了劳动活动本身的异化、外化。

那么，劳动的外化表现在什么地方呢？

首先，劳动对工人来说是**外在的东西**，也就是说，不属于他的本质；因此，他在自己的劳动中不是肯定自己，而是否定自己，不是感到幸福，而是感到不幸，不是自由地发挥自己的体力和智力，而是使自己的肉体受折磨、精神遭摧残。因此，工人只有在劳动之外才感到自在，而在劳动中则感到不自在，他在不劳动时觉得舒畅，而在劳动时就觉得不舒畅。因此，他的劳动不是自愿的劳动，而是被迫的**强制劳动**。因而，这种劳动不是满足一种需要，而只是满足劳动以外的那些需要的一种**手段**。劳动的异己性完全表现在：只要肉体的强制或其他强制一停止，人们就会像逃避瘟疫那样逃避劳动。外在的劳动，人在其中使自己外化的劳动，是一种自我牺牲、自我折磨的劳动。最后，对工人来说，劳动的外在性表现在：这种劳动不是他自己的，而是别人的；劳动不属于他；他在劳动中也不属于他自己，而是属于别人。在宗教中，人的幻想、人的头脑和人的心灵的自主活动对个人发生作用不取决于他个人，就是说，是作为某种异己的活动，神灵的或魔鬼的活动发生作用，同样，工人的活动也不是他的自主活动。① 他的活动属于别人，这种活动是他自身的丧失。

因此，结果是，人（工人）只有在运用自己的动物机能——吃、喝、

---

① 这里表述的思想与费尔巴哈的论点相呼应。费尔巴哈认为宗教和唯心主义哲学是人的存在及其精神活动的异化。费尔巴哈写道，上帝作为对人来说的某种至高的、非人的东西，是理性的客观本质；上帝和宗教就是幻想的对象性本质。他还写道，黑格尔逻辑学的本质是主体的活动，是主体的被窃走的思维，而绝对哲学则使人自身的本质、人的活动在人那里异化。——编者注

生殖，至多还有居住、修饰等等——的时候，才觉得自己在自由活动，而在运用人的机能时，觉得自己只不过是动物。动物的东西成为人的东西，而人的东西成为动物的东西。

吃、喝、生殖等等，固然也是真正的人的机能。但是，如果加以抽象，使这些机能脱离了人的其他活动领域并成为最后的和唯一的终极目的，那么，它们就是动物的机能。

我们从两个方面考察了实践的人的活动即劳动的异化行为。第一，**工人**对**劳动产品**这个异己的、统治着他的对象的关系。这种关系同时也是工人对感性的外部世界、对自然对象——异己的与他敌对的世界——的关系。第二，**在劳动**过程中劳动对**生产行为**的关系。这种关系是工人对他自己的活动——一种异己的、不属于他的活动——的关系。在这里，活动是受动；力量是虚弱；生殖是去势；工人**自己的**体力和智力，他个人的生命——因为，生命如果不是活动，又是什么呢？——是不依赖于他、不属于他、转过来反对他自身的活动。这就是**自我异化**，而上面所谈的是**物**的异化。

……

异化劳动，由于（1）使自然界同人相异化，（2）使人本身，使他自己的活动机能，他的生命活动同人相异化，因此，异化劳动也使**类**同人相异化；对人来说，异化劳动把**类生活**变成维持个人生活的手段。第一，它使类生活和个人生活异化；第二，把抽象形式的个人生活变成同样是抽象形式和异化形式的类生活的目的。①

因为，首先，劳动这种**生命活动**、这种**生产生活**本身对人来说不过是满足他的需要即维持肉体生存的需要的**手段**。而生产生活本来就是类生活。这是产生生命的生活。一个种的整体特性、种的类特性就在于生命活动的性质，而自由的有意识的活动恰恰就是人的类特性。生活本身仅仅表现为**生活的手段**。

---

① 类、类生活、类本质都是费尔巴哈使用的术语，它们表示人的概念、真正人的生活的概念。真正人的生活以友谊和善良的关系，即以爱为前提，这些都是类的自我感觉或关于个人属于人群这种能动意识。费尔巴哈认为，类本质使每个具体的个人能够在无限多的不同个人中实现自己。费尔巴哈也承认人们之间确实存在着利益的相互敌对和对立关系，但是在他看来，这种关系不是产生于阶级社会的历史的现实条件，即资产阶级社会的经济生活条件，而是人的真正的即类本质同人相异化的结果，是人同大自然本身预先决定了的和谐的类生活人为地但绝非不可避免地脱离的结果。——编者注

动物和自己的生命活动是直接同一的。动物不把自己同自己的生命活动区别开来。它就是**自己的生命活动**。人则使自己的生命活动本身变成自己的意志和意识的对象。他具有有意识的生命活动。这不是人与之直接融为一体的那种规定性。有意识的生命活动把人同动物的生命活动直接区别开来。正是由于这一点，人才是类存在物。或者说，正因为人是类存在物，他才是有意识的存在物，就是说，他自己的生活对他来说是对象。仅仅由于这一点，他的活动才是自由的活动。异化劳动把这种关系颠倒过来，以致人正因为是有意识的存在物，才把自己的生命活动，自己的**本质**变成仅仅维持自己**生存**的手段。

通过实践创造**对象世界**，**改造**无机界，人证明自己是有意识的类存在物，就是说是这样一种存在物，它把类看作自己的本质，或者说把自身看做类存在物。诚然，动物也生产。动物为自己营造巢穴或住所，如蜜蜂、海狸、蚂蚁等。但是，动物只生产它自己或它的幼仔所直接需要的东西；动物的生产是片面的，而人的生产是全面的；动物只是在直接的肉体需要的支配下生产，而人甚至不受肉体需要的影响也进行生产，并且只有不受这种需要的影响时才进行真正的生产；动物只生产自身，而人再生产整个自然界；动物的产品直接属于它的肉体，而人则自由地对待自己的产品。动物只是按照它所属的那个种的尺度和需要来构造，而人却懂得按照任何一个种的尺度来进行生产，并且懂得处处都把固有的尺度运用于对象；因此，人也按照美的规律来构造。

因此，正是在改造对象世界的过程中，人才真正地证明自己是**类存在物**。这种生产是人的能动的类生活。通过这种生产，自然界才表现为**他的**作品和他的现实。因此，劳动的对象是**人的类生活的对象化**：人不仅像在意识中那样在精神使自己二重化，而且能动地、现实地使自己二重化，从而在他所创造的世界中直观自身。因此，异化劳动从人那里夺去了他的生产的对象，也就从人那里夺去了他的**类生活**，即他的现实的类对象性，把人对动物所具有的优点变成缺点，因为从人那人的无机的身体即自然界被夺走了。

同样，异化劳动把自主活动、自由活动贬低为手段，也就把人的类生活变成维持人的肉体生存的手段。

因此，人具有的关于自己的类的意识，由于异化而改变，以致类生活对他来说竟成了手段。

这样一来，异化劳动导致：

（3）**人的类本质**，无论是自然界，还是人的精神的类能力，都变成了对人来说的是异己的本质，变成了维持他的**个人生存的手段**。异化劳动使人自己的身体同人相异化，同样也使在人之外的自然界同人异化，使他的**精神本质**、他的**人的**本质同人相异化。

（4）人同自己的劳动产品、自己的生命活动、自己的类本质相异化的直接结果就是**人同人相异化**。当人同自身相对立的时候，他也同**他人**相对立。凡是适用于人对自己的劳动、自己的劳动产品和对自身的关系的东西，也都适用于人对他人、对他人的劳动和劳动对象的关系。

……

到目前为止，我们只是从工人方面考察了这一关系；下面我们还要从非工人方面来加以考察。

总之，通过**异化的**、**外化的劳动**，工人生产出一个同劳动疏远的、站在劳动之外的人对这个劳动的关系。工人对劳动的关系，生产出资本家——或者不管人们给劳动的主宰起个什么别的名字——对这个劳动的关系。

因此，**私有财产**是**外化劳动**即工人对自然界和对自身的外在关系的产物、结果和必然后果。

因此，我们通过分析，从**外化劳动**这一概念，即从**外化的人**、异化劳动、异化的生命、**异化的人**这一概念得出**私有财产**这一概念。

……

我们已经考察了一个方面，考察了**外化**劳动同**工人**本身的关系，也就是说，考察了**外化劳动对自身的关系**。我们发现，这一关系的产物或必然结果是**非工人对工人和劳动的财产关系**。私有财产作为外化劳动的物质的、概括的表现，包含着这两种关系：**工人对劳动、对自己的劳动产品和对非工人的关系**，以及非工人对工人和工人的**劳动产品**的关系。

我们已经看到，对于通过劳动而**占有**自然界的工人来说，占有就表现为异化，自主活动表现为替他人活动和表现为他人的活动，生命的活跃表现为生命的牺牲，对象的生产表现为对象的丧失，即对象转归异己力量、**异己的人**所有。现在我们就来考察一下这个同劳动和**工人疏远**的人对工人、劳动和劳动对象的关系。

首先必须指出,凡是在工人那里表现为外化、异化的活动的,在非工人那里都表现为外化、异化的状态。

其次,工人在生产中的**现实的**、实践的**态度**,以及他对产品的态度(作为一种内心状态),在同他相对立的非工人那里表现**为理论的**态度。

[XXVII] 第三,凡是工人做的对自身不利的事,非工人都对工人做了,但是,非工人做的对工人不利的事,他对自身却不做。

我们进一步考察这三种关系。

马克思:《1844年经济学哲学手稿》(1844年4—8月),摘自《马克思恩格斯文集》第1卷,人民出版社2009年12月第1版,第156—169页。

6. 在"我们作为人进行生产"、"自由的生命表现"的劳动中,人与物(产品)、人与人之间关系的双重对抗被扬弃

属于**流通**的本质的东西是:交换表现为一个过程,表现为买卖的流动的总体。流通的第一个前提是商品本身的流通,是不断从许多方面出发的商品流通。商品流通的条件是:商品作为**交换价值**来生产,即不是作为**直接的使用价值**,而是作为以交换价值为媒介的使用价值来生产。通过和借助于转让和让渡而实行占有,是基本的前提。在流通中即交换价值的实现过程中包含着:(1)我的产品只有对别人成为产品,才是产品;也就是说,只有成为被扬弃的个别,成为一般,才是产品;(2)我的产品只有转让出去,对别人成为产品,对我才是产品;(3)别人只有把他自己的产品转让出去,我的产品对他才是产品;由此得出(4)生产对于我不是表现为目的本身,而是表现为手段。

流通是这样一种运动,在这种运动中,一般转让表现为一般占有,一般占有表现为一般转让。这一运动的整体虽然表现为社会过程,这一运动的各个因素虽然产生于个人的自觉意志和特殊目的,然而过程的总体表现为一种自发的客观联系;这种联系尽管来自自觉个人的相互作用,但既不存在于他们的意识之中,作为总体也不受他们支配。他们本身的相互冲突为他们创造了一种凌驾于他们之上的**他人**的社会权力;他们的相互作用表现为不以他们为转移的过程和强制。流通是某种社会过程的总体,所以它也是第一个这样的形式,在这个形式中,表现为某种不以个人为转移的东西的,不仅是社会关系(就象在一块货币或交换价值上那样),而且是社

会运动的总体本身。个人相互间的社会联系作为凌驾于个人之上的独立权力，不论被想象为自然的权力、偶然现象，还是其他任何形式的东西，都是下述状况的必然结果，这就是：这里的出发点不是自由的社会的个人。从作为经济范畴中第一个总体的流通中，就可以清楚地看到这一点。

马克思：《经济学手稿》（1857—1858 年），摘自《马克思恩格斯全集》
第 46 卷上册，人民出版社 1979 年 7 月第 1 版，第 144—145 页。

人——这就是私有制的基本前提——进行**生产**只是为了**占有**。生产的目的就是**占有**。生产不仅有这样一种**功利**的目的，而且有一种**自私自利**的目的；人进行生产只是为了自己**占有**；他生产的物品是他**直接的**、自私自利的**需要**的物化。因此，人本身——在未开化的野蛮状态下——以他自己直接需要的**量**为他生产的尺度，这种需要的内容直接是他所生产的物品本身。

因此，人在这种状态下生产的东西**不多于**他直接的需要。**他需要的界限**也就是**他生产的界限**。因此需求和供给就正好相抵。他的生产是以他的需要来**衡量**的。在这种情况下就没有交换，或者说，交换归结为他的劳动同他劳动的产品相交换，这种交换是真正的交换的潜在形式（萌芽）。

一旦有了交换，就有了超过占有的直接界限的剩余产品。但是这种剩余产品并没有超出自私自利的需要。相反，它只是用以满足这样的需要的中介**手段**，这种需要不是直接物化在**本人**的产品中，而是物化在另一个人的产品中。生产成为**收入的来源**，成为谋生的劳动。可见，在第一种情况下，需要是生产的尺度，而在第二种情况下，产品的生产，或者更确切地说，**产品的占有**，是衡量能够在多大程度上使需要得到满足的尺度。

我是为自己而不是为你生产，就象你是为自己而不是为我生产一样。我的生产的结果本身同你没有什么关系，就象你的生产的结果同我没有直接的关系一样。换句话说，我们的生产并不是人为了作为人的人而从事的生产，即不是**社会的**生产。也就是说，我们中间没有一个人作为人同另一个人的产品有消费关系。我们作为人并不是为了彼此为对方生产而存在。因此，我们的交换也就不可能是那种证明我的产品［XXIIX］是为你而生产的产品的中介运动，因为我的产品是你自己的本质即你的需要的**物化**。问题在于，不是**人的本质**构成我们彼此为对方进行生产的纽带。交换只能导致**运动**，只能证明我们每一个人对自己的产品从而对另一个人的产品的关系的**性质**。我们每个人都把自己的产品只看作是**自己的**、物化的私利，从而把另一个人的产品看作是**另一个人的**、不以他为转移的、异己的、物化的私利。

当然，你作为人同我的产品有一种人的关系；你**需要**我的产品；因此，我的产品对你来说是作为你的愿望和你的意志的对象而存在的。但是，你的需要、你的愿望、你的意志对我的产品来说却是软弱无力的需要、愿望和意志。换句话说，你的**人的**本质，因而也就是同我的人的产品必然有内在联系的本质，并不是你支配这种产品的**权力**，并不是你对这种产品的所有权，因为我的产品所承认的不是人的本质的特性，也不是人的本质的权力。相反，你的需要、你的愿望、你的意志是使你依赖于我的**纽带**，因为它们使你依赖于我的产品。它们根本不是一种赋予你支配我的产品的**权力**的**手段**，倒是一种赋予我支配你的权力的**手段**！

如果我生产的物品**超过了**我自己能够直接消费的，那么，我的**剩余**产品是精确地**估计**到你的需求的。我只是**在表面上**多生产了这种物品。实际上我生产了**另一种**物品，即我想以自己的剩余产品来换取的、你所生产的物品，这种交换在我思想上已经完成了。因此，我同你的**社会**关系，我为你的需要所进行的劳动只不过是**假象**，我们相互的补充，也只是一种以相互掠夺为基础的**假象**。在这里，掠夺和欺骗的企图必然是秘而不宣的，因为我们的交换无论从你那方面或从我这方面来说都是自私自利的，因为每一个人的私利都力图超过另一个人的私利，所以我们就不可避免地要设法互相欺骗。我认为我的物品对你的物品所具有的权力的大小，当然需要得到你的**承认**，才能成为真正的权力。但是，我们互相承认对方对自己的物品的权力，这却是一场斗争。在这场斗争中，谁更有毅力，更有力量，更高明，或者说，更狡猾，谁就胜利。如果身强力壮，我就直接掠夺你。如果用不上体力了，我们就互相讹诈，比较狡猾的人就欺骗不太狡猾的人。就**整个**关系来说，谁欺骗谁，这是偶然的事情。双方都进行**观念上**和**思想上**的欺骗，也就是说，每一方都已在自己的判断中欺骗了对方。

总之，双方的交换必然是以每一方生产的和占有的**物品**为中介的。当然，我们彼此同对方产品的观念上的关系是我们彼此的需要。但是，**现实的、实际的、真正的**、在事实上实现的关系，只是彼此排斥对方对自己产品的**占有**。在我心目中，唯一能向你对我的物品的需要提供**价值**、**身价**、实效的，是你的**物品**，即我的物品的**等价物**。因此，我们彼此的产品是满足我们彼此需要的**手段、媒介、工具、公认的权力**。因此，你的**需求**和**你所占有的等价物**，对我来说是具有**同等意义的**、相同的术语。你的需求只有在对我具有意义和效用时，才具有效用，从而具有**意义**；如果单纯把你看作一个没有这种交换工具的人，那么，你的需求从你这方面来说是得不到满足的愿望，而在我看来则是实现不了的幻想。可见，你作为人，同我的物品毫无关系，因为我自己同我的物品也不具有人的关系。但是，**手段**是支配物品的**真正的权力**。因此，我们彼此把自己的产品看作一个人支配另一个人而且也支配自己的**权力**，这就是说，我们自己的产品顽强地不服从我们自己，它似乎是我们的财产，但事实上我们是它的财产。我们自己被排斥于**真正的**财产之外，因为我们的财产排斥他人。

......

当然，在你心目中，你的产品是占有我的产品从而满足你的需要的**工具、手段**。但是，在我心目中，它是我们交换的**目的**。相反，对我来说，你是生产那在我看来是目的的物品的手段和工具，而你对我的物品也具有同样的关系。但是，(1) 我们每个人实际上把自己**变成了**另一个人心目中的东西；你为了占有我的物品实际上把自己变成了手段、工具、你的物品的生产者。(2) 你自己的物品对你来说仅仅是我的物品的**感性的外壳，潜在的形式**，因为你的生产**意味着并表明想谋取**我的物品的意图。这样，你为了你自己而在事实上成了你的物品的**手段、工具**，你的愿望则是你的物品的**奴隶**，你象奴隶一样从事劳动，目的是为了你所愿望的对象永远不再给你恩赐。如果我们被物品弄得互相奴役的状况在发展的初期实际上就表现为统治和被奴役的关系，那么这仅仅是我们的**本质**关系的**粗糙的**和**直率的**表现。

对我们来说，我们**彼此的**价值就是我们彼此拥有的物品的**价值**。因此，在我们看来，一个人本身对另一个人来说是某种**没有价值的**东西。

假定我们作为人进行生产。在这种情况下，我们每个人在自己的生产过程中就**双重地**肯定了自己和另一个人：(1) 我在我的生产中物化了我的**个性**和我的个性的**特点**，因此我既在活动时享受了个人的**生命表现**，又在对产品的直观中由于认识到我的个性是**物质的、可以直观地感知的**因而是**毫无疑问的**权力而感受到个人的乐趣。(2) 在你享受或使用我的产品时，我直接享受到的是：既意识到我的劳动满足了**人的**需要，从而物化了人的本质，又创造了与另一个人的本质的需要相符合的物品。（3）对你来说，我是你与类之间的**中介人**，你自己意识到和感觉到我是你自己本质的补充，是你自己不可分割的一部分，从而我认识到我自己被你的思想和你的爱所证实。（4）在我个人的生命表现中，我直接创造了你的生命表现，因而在我个人的活动中，我直接**证实**和**实现**了我的真正的本质，即我的**人的**本质，我的**社会的本质**。

我们的生产同样是反映我们本质的镜子。

情况就是这样：你那方面所发生的事情同样也是我这方面所发生的事情。

让我们来考察一下在我们的假定中出现的不同因素。

我的劳动是**自由的**生命表现，因此是**生活的乐趣**。在私有制的前提下，它是**生命的外化**，因为我劳动是为了**生存**，为了得到生活资料。我的劳动**不是**我的生命。

因此，我在劳动中肯定了自己的**个人生命**，从而也就肯定了我的个性的**特点**。劳动是我**真正的**、**活动的**财产。在私有制的前提下，我的个性同我自己疏远到这种程度，以致这种**活动**为我所**痛恨**，它对我来说是一种**痛苦**，更正确地说，只是活动的**假象**。因此，劳动在这里也仅仅是一种**被迫**的活动，它加在我身上仅仅是由于**外在的**、偶然的需要，而**不是**由于**内在的必然**的需要。

我的劳动是什么，它在我的物品中就只能表现为什么。它不能表现为它本来不是的那种东西。因此，它只是我的**自我损失**和我的**无权**的表现，而这种表现是物质的、可以直观地感知的因而是毫无疑问的。

马克思：《詹姆斯·穆勒〈政治经济学原理〉一书摘要·论消费》（1844年上半年），摘自《马克思恩格斯全集》第42卷，人民出版社1979年9月第1版，第33—38页。

中国社会科学院创新工程学术出版资助项目

中国社会科学院马克思主义理论
学科建设与理论研究系列丛书

马克思　恩格斯　论文艺与文化 下
列　宁　斯大林　LUN WENYI YU WENHUA

| 本卷主编：刘方喜　陈定家　丁国旗

中国社会科学出版社

目　录

下编　论文艺与文化及其发展

一　文艺创作与批评论 ……………………………………………（663）
　（一）现实主义理论：典型、文艺的真实性和倾向性 ………………（663）
　　1. "据我看来，现实主义的意思是，除细节的真实外，还要真实地再现典型环境中的典型人物"，"我所指的现实主义甚至可以不顾作者的见解而表露出来" ………………………（663）
　　2. 每个人都是典型，但同时又是一定的单个人，正如老黑格尔所说的，是一个"这个"，而且应当是如此………………（665）
　　3. 它们并没有因此而稍微真实地描绘了人物和事件 ………（667）
　　4. （1830年后的德国文坛）在一切文学作品中，都充满所谓的"倾向" ……………………………………………………（668）
　　5. 这样，你（拉萨尔）就得更加莎士比亚化，而我认为，你的最大缺点就是席勒式地把个人变成时代精神的单纯的传声筒 …………（669）
　（二）现实主义反映论与文艺的社会认识作用论 ………………（671）
　　1. 现代英国的一批杰出的小说家，他们在自己的卓越的、描写生动的书籍中向世界揭示的政治和社会真理，比一切职业政客、政论家和道德家加在一起所揭示的还要多 …………（671）
　　2. 巴尔扎克作品所包含的法国历史"比所有沃拉贝耳、卡普菲格、路易·勃朗之流的作品中所包含的多得多" ……………（672）
　　3. 巴尔扎克以对现实关系具有深刻理解而著名 ……………（672）
　　4. 关于国有土地如何变化和小农地产如何重新达到1830年的极盛时期，可以看阿韦奈耳的《革命星期一》和巴尔扎克的小说《农民》…………………………………………（672）
　　5. 巴尔扎克曾对各色各样的贪婪作过透彻的研究 …………（673）
　　6. 这两本小杰作充满了值得玩味的讽刺 ……………………（673）

7. 把"古史诗的一切古代文学作品""都看作同样珍贵的史料，是完全有理由的" ·· (673)
8. 如果我们看到的是一位真正伟大的艺术家，那么他在自己的作品中至少会反映出革命的某些本质的方面 ············ (674)
9. 托尔斯泰学说不是什么个人的东西，不是什么反复无常和标新立异的东西，而是由千百万人在相当长的时期内实际所处的一种生活条件产生的思想体系 ····················· (675)
10. 托尔斯泰的观点中的矛盾，不是仅仅他个人思想上的矛盾，而是一些极其复杂的矛盾条件、社会影响和历史传统的反映 ·· (676)
11. 这个时期的过渡性质，产生了托尔斯泰作品和"托尔斯泰主义"的一切特点 ·· (677)
12. 艺术家托尔斯泰的作品，思想家托尔斯泰的观点反映的正是旧俄国的一切旧"基础"的这种迅速、激烈而急剧地被摧毁 ··· (679)
13. 托尔斯泰的学说反映了直到最底层都在掀起汹涌波涛的伟大的人民海洋，既反映了它的一切弱点，也反映了它的一切长处 ·· (680)
14. 托尔斯泰反映了强烈的仇恨、已经成熟的对美好生活的向往和摆脱过去的愿望，同时也反映了耽于幻想、缺乏政治素养、革命意志不坚定这种不成熟性 ······················· (681)
15. 赫尔岑的精神悲剧，是资产阶级民主派的革命性已在消亡（在欧洲）而社会主义无产阶级的革命性尚未成熟这样一个具有世界历史意义的时代的产物和反映 ··················· (681)
16. 托尔斯泰的每一个批评意见，都是给资产阶级自由主义的一记耳光 ·· (682)
17. 在他的遗产里，还有着没有成为过去而是属于未来的东西 ······ (684)
18. 工人的政党应当纪念赫尔岑，当然不是为了讲些庸俗的颂词，而是为了阐明自己的任务，为了阐明这位在为俄国革命作准备方面起了伟大作用的作家的真正历史地位 ········· (684)
19. 粉碎沙皇君主制恶棍，而赫尔岑就是通过向群众发表自由

的俄罗斯言论,举起伟大的斗争旗帜来反对这个恶棍的第
一人 …………………………………………………………… (686)

20. 米库林娜同志的小册子的价值在什么地方呢?在于它传
播了竞赛的意思,以竞赛的精神感染了读者。最重要的就
是在这里,而不在于个别细节上的错误 ………………… (687)

(三)对浪漫主义思潮的批判 ……………………………………… (688)

1. 由启蒙运动向浪漫主义的过渡:"法国革命以及与之相联系
的启蒙运动的第一个反作用,自然是把一切都看作中世纪
的、浪漫主义的" …………………………………………… (688)

2. 古代——素朴思想,中世纪——浪漫主义,新世纪——人道
主义 ………………………………………………………… (688)

3. 自然科学却是最不能被指责有浪漫主义色彩的 …………… (688)

4. "自然状态的人"与浪漫主义 ……………………………… (688)

5. "独自性"与浪漫主义 ……………………………………… (689)

6. 用过去的观点对资本主义社会的批判 …………………… (689)

7. 浪漫主义对资本主义金钱关系的批判:"从浪漫主义方面来
看,这一过程表现为冷酷无情的金钱关系代替了人类的丰
富多彩的紧密联系" ………………………………………… (690)

8. 浪漫主义反工业化 ………………………………………… (692)

9. 马克思以相当轻蔑的口吻评论浪漫主义作品 …………… (692)

10. 浪漫情调愈来愈证明是批判的批判的"前提" ………… (693)

11. 留恋那种原始的丰富,是可笑的,相信必须停留在那种完
全空虚之中,也是可笑的。资产阶级的观点从来没有超出
同这种浪漫主义观点的对立,因此这种浪漫主义观点将作
为合理的对立面伴随资产阶级观点一同升入天堂 ……… (693)

12. 沙多勃利昂"用最反常的方式把十八世纪贵族阶级的怀疑
主义和伏尔泰主义同十九世纪贵族阶级的感伤主义和浪
漫主义结合在一起" ……………………………………… (694)

13. 拉马丁具有下层资产阶级所特有的错觉,以为他是代表劳
动者的 ……………………………………………………… (694)

14. 拉马丁体现了资产阶级共和国对自己的幻想 ………… (697)

15. 夸夸其谈的恶棍拉马丁,就是这个在诗意盎然的美丽辞藻和华而不实的悦耳言辞掩盖下背叛人民的时代的典型人物 ……………………………………………………………… (697)

16. 时代精神在巴黎企图认真地从浪漫主义者手中把他们刚刚赢得的胜利重新夺过来 ……………………………………… (698)

(四)创作论 …………………………………………………………… (698)

1. "超脱地"写作,置身于派别刊物之外 ………………………… (698)
2. 要观察,就应当到下面去观察 ………………………………… (699)
3. 最拙劣的模仿:把骇人听闻的事加以渲染,既吓唬自己又吓唬读者 ……………………………………………………… (701)
4. 要彻底改换环境,改换接触的人,改换居住的地方,改换工作,否则生活会使您完全厌恶 ……………………………… (702)
5. 通俗作家应该引导读者去深入地思考、深入地研究 ………… (703)
6. 必须作一次尝试,用尽可能通俗的方式,用大量具体的例证,来就我们之间的意见分歧的一切根本之点,向所有的"经济派"作系统的"说明" ……………………………… (704)
7. 当作者写的是他所不熟悉的题材时,就没有艺术性 ………… (706)
8. 在小说里全部的关键在于描写个别的情况,在于分析特定典型的性格和心理 ……………………………………………… (707)
9. 有时仅仅一句话就能成为毁坏一桶蜜的一勺焦油 ………… (708)
10. 艺术家可以在任何哲学里汲取许多对自己有益的东西 …… (708)
11. 问题不在于禁止,而在于通过竞赛,创作真正的、有意思的、富有艺术的苏维埃性质的剧本 ………………………… (709)

(五)风格与翻译论 …………………………………………………… (709)

1. 蒲鲁东的这一著作在风格方面强健的肌肉还算占优势,而且我认为这种风格是这一著作的主要优点 ………………… (709)
2. 不论我的著作有什么缺点,它们却有一个长处,即它们是一个艺术的整体 ………………………………………………… (710)
3. 至于反对我们的文体和我们的标点符号用法的那位纯洁主义者,他既不懂德语,也不懂英语 ………………………… (710)
4. 平庸的作家为了能够用某种优雅的形式来表达自己的思

想,是不惜阉割语言的 …………………………………………（711）
　5. "李卜克内西—马克思的"文风一语,是科柯斯基先生的一
　　　种非常客气的说法 ………………………………………………（712）
　6. 为此必须具备用两种文字写作的经验,而且不仅仅是在日
　　　报上写作的经验 …………………………………………………（712）
　7. 您(伯恩施坦)力求把意思译得忠实、确切,而有点忽视了文
　　　体 …………………………………………………………………（712）
　8. 马克思是当代具有最简洁最有力的风格的作家之一。为了
　　　确切地表达这种风格,不仅要精通德语,而且要精通英语……（713）
　9. 每逢翻译诗歌的时候,应当保持原文的韵律 …………………（714）
（六）马克思、恩格斯论诗歌与民间文艺等 ……………………………（714）
　1. 所有的诗人甚至最优秀的诗人多多少少都是喜欢别人奉承
　　　的 …………………………………………………………………（714）
　2. 不能以某个片段"损害整首诗的效果" …………………………（715）
　3. 不管是悲壮的还是幽默的,写诗确实比写散文容易些 ………（715）
　4. 诗的时效性:"它们搁得越久,就越失掉现实性" ………………（716）
　5. 诗(《亡友之歌》)中找不到闪光的思想,找不到热情奔放的
　　　自由精神 …………………………………………………………（716）
　6. 你自己讲过的话儿,我还要你细细咀嚼 ………………………（717）
　7. 对您(龙克尔)发表在《莱茵音乐堂》的诗则故守缄默,因为
　　　我实在无法赞扬这些诗 …………………………………………（718）
　8. (在写诗中)我(恩格斯)根本没有做到用明朗、优美的形式
　　　来表达我的主要思想 ……………………………………………（719）
　9. 雅科比是思维着的精神获得的胜利的标志 ……………………（720）
　10. 备受赞扬的德国人的认真态度在对待诗的评价上是十分
　　　 轻率的 ……………………………………………………………（720）
　11. 没有人象他(里姆)那样善于激发合唱团员和乐队队员的
　　　 感情,使他们的演出充满生活气息 ……………………………（722）
　12. 我们有权要求民间故事书适应自己的时代 …………………（723）
　13. 民间故事有一种不平常的诗一般的魅力 ……………………（724）
　14. 爱尔兰的民间歌曲:"这些歌曲大部分充满着深沉的忧郁,

这种忧郁直到今天也还是民族情绪的表现" ………… (730)
（七）马克思对欧仁·苏长篇小说《巴黎的秘密》的批判分析 …… (731)
1. 《神圣家族》第五章：贩卖秘密的商人所体现的批判的批判或施里加先生所体现的批判的批判(马克思) ……… (731)
2. 《神圣家族》第八章：批判的批判之周游世界和变服微行，或盖罗尔施坦公爵鲁道夫所体现的批判的批判(马克思) ……… (753)

二 作家论 ………………………………………………………… (797)
（一）恩格斯论歌德 ……………………………………………… (797)
1. 歌德和黑格尔各在自己的领域中都是奥林帕斯山上的宙斯，但是两人都没有完全脱去德国的庸人气味 …………… (797)
2. 格律恩把歌德的一切庸人习气颂扬为人的东西 ………… (797)
3. 评卡尔·格律恩"从人的观点论歌德" …………………… (798)

（二）恩格斯论倍克 ……………………………………………… (814)
1. 倍克总论 ……………………………………………………… (814)
2. 倍克歌颂各种各样的"小人物"，然而并不歌颂倔强的、叱咤风云的和革命的无产者 ………………………………… (819)
3. 在她们(缪斯)的戏剧性的描绘下恩泽拉德的伟大斗争变成了滑稽小丑的翻跟斗 …………………………………… (819)
4. 对资产阶级来说，不言而喻，黄金就象云雀鸣啭一般欢乐而美妙地鸣响 ……………………………………………… (821)
5. 对路特希尔德的攻击在这里变成了小城市里流行的趣闻 …… (823)
6. 难道我们的诗人没有看到，他愈想装得高尚和有力，就愈变得可笑 ………………………………………………… (824)
7. 德国诗人总是遵照命令歌唱的 …………………………… (826)
8. 胆怯和没有信心经常箝制着倍克，驱使他把每首诗拉长到不可收拾的境地 …………………………………………… (826)
9. 倍克便完全陷到自由主义的青年德意志派关于犹太人的空谈中去了 ……………………………………………………… (827)
10. 在这个内心纯洁的洪流中，包含着庸俗和夸大的令人沮丧的混合物 ……………………………………………………… (828)
11. 情节大致相同的同样的题材，在海涅的笔下会变成对德国

人的极辛辣的讽刺；而在倍克那里仅仅成了对于把自己和
　　　无力地沉溺于幻想的青年人看做同一个人的诗人本身的
　　　讽刺 ………………………………………………………………（828）
　12. 他们（"真正的社会主义者"）缺乏一种讲故事的人所必需
　　　的才能，这是由于他们的整个世界观模糊不定的缘故 ……（829）
　13. 这种庸俗气已和现代社会融为一体，而它的唯一的希望就
　　　是现代社会继续存在下去 ……………………………………（830）
　14. 倍克在这里降到了科采布和伊夫兰特的水平以下；这出仆
　　　人的悲剧比市侩的悲剧更胜一筹 ……………………………（831）
　15. 倍克不是在现实世界中生活和创作诗歌的活动着的人，而
　　　是一个飘浮在云雾中的"诗人" ……………………………（832）
（三）恩格斯论谷兹科夫 ……………………………………………（833）
　1.《扫罗王》的巨大功绩恰恰在于，它的美不是在表面上，而是
　　　需要去挖掘 ……………………………………………………（833）
　2. 和谐是一个幽默作家所具备的首要条件 ……………………（843）
　3. 现代风格是青年文学不可战胜的武器，它将一切青年天才
　　　集合于它的旗帜下 ……………………………………………（848）
　4. 关于倍克的观点，我坦率地承认，并不是没有偏向的 ………（852）
（四）恩格斯论德国其他作家 ………………………………………（854）
　1. 歌德后的德国文学界 …………………………………………（854）
　2. 简评白尔尼、倍克、谷兹科夫作品集 …………………………（854）
　3. 时代倒退的征兆 ………………………………………………（856）
　4. 论普拉滕 ………………………………………………………（860）
　5. 论伊默曼 ………………………………………………………（862）
（五）马克思、恩格斯论托马斯·卡莱尔 ……………………………（868）
　1. 恩格斯：《英国状况。评托马斯·卡莱尔"过去和现在"》……（868）
　2. 马克思、恩格斯：《评托马斯·卡莱尔"当代评论。（一）当
　　　前的时代。（二）模范监狱"》 ………………………………（873）
（六）列宁论托尔斯泰 ………………………………………………（875）
　1. 托尔斯泰的身躯不是完全由，不是纯粹由，也不是由金属铸
　　　成的 ……………………………………………………………（875）

2. 托尔斯泰的作品、观点、学说、学派中的矛盾的确是显著的 … (876)
3. 托尔斯泰的思想是我国农民起义的弱点和缺陷的一面镜子,是宗法式农村的软弱和"善于经营的农夫"迟钝胆小的反映 …………………………………………………………… (877)
4. 他(托尔斯泰)作为艺术家的世界意义,他作为思想家和说教者的世界声誉,都各自反映了俄国革命的世界意义 ……… (878)
5. 托尔斯泰的批判的特点及其历史意义在于,他的批判是用只有天才艺术家所特有的力量表现了这一时期的俄国 …… (879)
6. 作为俄国千百万农民在俄国资产阶级革命快要到来的时候的思想和情绪的表现者,托尔斯泰是伟大的 …………… (880)

(七)列宁、斯大林论其他作家 …………………………… (881)
1. 有几篇小说值得转载。应该鼓励有才气的人 …………… (881)
2. 本想在报刊上骂他(高尔基)一顿,但又考虑,这样做可能太过分了 ……………………………………………………… (882)
3. 珍惜自己美好的名字,不要把它签到会蒙蔽觉悟不高的工人的任何廉价的、沙文主义的抗议书上去 ……………… (882)
4. 在民主国家里,一个无产阶级作家以"民主、人民、舆论和科学"作号召,是完全不适当的 ………………………………… (884)
5. (鲍狄埃)是一位最伟大的用歌作为工具的宣传家 ……… (884)
6. 《土尔宾一家的日子》这个剧本本身,它并不是那么坏,因为它给我们的益处比害处多 ………………………………… (885)
7. 我坚决反对只给文坛"要人"、文坛"名人"、"巨匠"等等的小册子和书写序言 ……………………………………… (886)
8. 我绝不反对为了米库林娜同志的错误在报刊上好好地责骂她一顿。但是,我坚决反对把这个无疑是有才能的作家推下深渊,让她埋没 …………………………………………… (887)

三 美学与语言、道德、宗教论 ……………………………… (887)
(一)论"美"与"美学" ……………………………………… (887)
1. 人也按照美的规律来构造 ……………………………… (887)
2. 对世界的艺术精神的掌握 ……………………………… (887)
3. 美感论(1):"只有音乐才激起人的音乐感;对于没有音乐感

的耳朵来说,最美的音乐也毫无意义" ………………………… (888)

4. 美感论(2):"忧心忡忡的、贫穷的人对最美丽的景色都没有什么感觉;经营矿物的商人只看到矿物的商业价值,而看不到矿物的美和特性;他没有矿物学的感觉" ………… (888)

5. 感觉的整体性:"总是同一个我接受所有这些不同的感性印象,对它们进行加工,从而把它们综合为一个整体" ………… (889)

6. 艺术对象创造出懂得艺术和具有审美能力的大众 ……… (889)

7. 关于"美学"条目的通信 ………………………………… (890)

8. 美学与教育 ……………………………………………… (890)

9. 一切美学都在出现一点获利希望时遭到破坏 …………… (891)

10. "美学上的责任" …………………………………………… (891)

11. "美学上的反感" …………………………………………… (892)

12. "思想倾向"与"美学" …………………………………… (893)

13. 恩格斯论自然美:"不知是什么原因,人们不屑于探寻荒原上那罕见的迷人的特征、揭示它那隐蔽的诗一般的魅力" … (894)

(二)论黑格尔美学 ……………………………………………… (896)

1. 建议您读一读《美学》,只要您稍微读进去,就会赞叹不已 …… (896)

2. 黑格尔哲学体系中的美学理论 ……………………………… (896)

3. 黑格尔的思维方式不同于所有其他哲学家的地方,就是他的思维方式有巨大的历史感做基础,在《现象学》、《美学》、《哲学史》中,到处贯穿着这种宏伟的历史观 …………… (897)

4. 黑格尔在每一个领域中都起了划时代的作用 …………… (898)

5. 黑格尔在"美学"中用批判的方式,给浪漫主义精神送了终 … (901)

(三)悲剧与喜剧理论 …………………………………………… (901)

1. "这就构成了历史的必然要求和这个要求的实际上不可能实现之间的悲剧性的冲突","我是从美学观点和历史观点,以非常高的、即最高的标准来衡量您的作品的" ……… (901)

2. 黑格尔在某个地方说过,一切伟大的世界历史事变和人物,可以说都出现两次。他忘记补充一点:第一次是作为悲剧出现,第二次是作为笑剧出现 ……………………………… (906)

3. "当旧制度本身还相信而且也必定相信自己的合理性的时

候,它的历史是悲剧性的","世界历史形态的最后一个阶段是它的喜剧","这是为了人类能够愉快地同自己的过去诀别" ··· (908)

4. 黑格尔曾经说过,实际上,喜剧高于悲剧,理性的幽默高于理性的激情 ··· (909)

5. 英国悲剧的特点之一就是崇高和卑贱、恐怖和滑稽、豪迈和诙谐离奇古怪地混合在一起 ····················· (910)

(四)马克思、恩格斯论语言 ··· (910)

1. 语言的发展与文学的繁荣:"所有这些语言已经发展到能够参加十四世纪的强有力的文学繁荣" ··················· (910)

2. "艺术上的存在"不同于"语言上的存在" ························ (910)

3. 语言的起源与劳动:"语言是从劳动中并和劳动一起产生出来的,这是唯一正确的解释" ····················· (911)

4. 语言的起源与社会交往关系:"语言也和意识一样,只是由于需要,由于和他人交往的迫切需要才产生的" ················· (912)

5. 语言的发展与物质生产:"再生产的行为"造成"新的需要和新的语言" ·· (913)

6. 语言的物质性:"语言是思想的直接现实" ····················· (913)

7. 语言的社会性:"思想家用来进行活动的语言","是作为社会的产品给予我的";"许多个人不在一起生活和彼此交谈而竟有语言发展","是不可思议的" ····················· (914)

8. 语言与观念、思维:"观念不能离开语言而存在",思维离不开语言 ··· (915)

9. 语言和"人与外界物的关系":"他们赋予物以有用的性质,好像这种有用性是物本身所固有的,虽然羊未必想得到,它的'有用'性之一,是可作人的食物","人们不仅在实践中把这类物当做满足自己需要的资料,而且在观念上和在语言上把它们叫做'满足'自己需要的物" ················· (915)

10. 语言和人与人的社会关系:"一切关系表现在语言里只能是概念" ·· (916)

11. 在资产阶级语言中,买卖关系也成了所有其他关系的基础 ······ (917)

12. 语言与商品:资本主义"把每个劳动产品变成社会的象形文字","我们彼此进行交谈时所用的唯一可以了解的语言,是我们的彼此发生关系的物品" ………………………… (917)
13. 现代民族语言论 ……………………………………………… (918)
14. 语言研究的两个方面:"语形"与"声音" ………………… (919)

(五)列宁、斯大林论语言与上层建筑、文化、阶级、民族 ……… (919)
1. 语言和上层建筑是根本不同的 …………………………… (919)
2. 语言既不能列入基础一类,也不能列入上层建筑一类 …… (920)
3. 语言比任何基础、任何上层建筑都生存得长久得多 ……… (921)
4. 语言的活动范围包括人的活动的各个领域,它比上层建筑的活动范围要广泛得多、方面也多得多,不仅如此,它的活动范围几乎是无限的 ……………………………………… (922)
5. 文化和语言是两种不同的东西。文化可以有资产阶级的和社会主义的,而语言却是交际的工具,永远是全民的 …… (923)
6. 创造出来的语言是全民的语言,对社会是统一的,对社会全体成员是共同的 …………………………………………… (924)
7. 历史表明:民族语言不是阶级的,而是全民的,对每个民族的成员是共同的、对整个民族是统一的 …………………… (925)
8. 民族语言是民族文化的形式,民族语言既可以为资产阶级文化服务,也可以为社会主义文化服务 …………………… (926)
9. 语言既是交际的工具,又是社会斗争和发展的工具 ……… (927)
10. "贵族语言"及其他习惯语和同行语是从属性的,是依附于全民语言的 ………………………………………………… (928)
11. 绝不允许任何一个民族,任何一种语言享有任何特权 …… (930)
12. 谁不承认和不维护民族平等和语言平等,不同一切民族压迫或不平等现象作斗争,谁就不是马克思主义者 ………… (931)
13. 经济流转的需要总是要使居住在一个国家内的各民族(只要他们愿意居住在一起)学习多数人使用的语言 ………… (932)
14. 不能把语言及其结构看作是某一个时代的产物。语言的结构,及其语法构造和基本词汇,是许多时代的产物 ……… (934)
15. 语言的融合不能看作是在几年中就能得出结果的一次决定性

的突击行动,语言的融合是延续几百年的漫长的过程 ………… (935)
16. 融合并不产生什么新的第三种语言,而是保留其中的一种语言,保留它的语法构造和基本词汇,使它能按自己发展的内在规律继续发展 ……………………………………… (936)
17. 不是通过"在社会主义时期随着一切语言的消亡而形成的统一的全人类的语言",而是通过各民族之以符合这些民族的语言和生活的形式去参加按内容来说是无产阶级的全人类文化 ……………………………………………… (937)
18. 社会主义革命并没有减少而是增加了语言的数目 ………… (938)
19. 如果认为全世界无产阶级专政时期的第一个阶段将是民族和民族语言消亡的开始,将是统一的共同语言形成的开始,那是错误的 ……………………………………………… (938)
20. 社会主义在一个国家内的胜利虽然严重地削弱了世界帝国主义,但是仍然没有创造而且不能创造为世界各个民族和各种民族语言融合为一个共同的整体所必需的条件 …… (939)
21. 伟大而有力的俄罗斯语言不需要用棍棒强迫任何人学习 … (941)
22. 现在不是该向滥用外来语的现象宣战了吗? ……………… (942)
23. 语言的语法构造及其基本词汇是语言的基础,是语言特点的本质 ……………………………………………………… (942)
24. 取消语言学中的军阀式的统治制度,抛弃马尔的错误,把马克思主义灌输到语言学中去,——我看,这就是苏联语言学健全发展的道路 ……………………………………… (944)
25. 苏联语言学停滞的原因,并不是马尔及其"门徒们"所发明的"形式主义",而是语言学中的军阀式的统治制度和理论上的缺陷 ……………………………………………………… (945)

(六)文艺与道德论 ……………………………………………… (946)
1. 边沁使自由竞争成为伦理道德的实质 ……………………… (946)
2. 资本主义经济尺度与道德尺度的割裂:"道德用一种尺度,而国民经济学又用另一种尺度" ……………………………… (946)
3. 资产阶级"社会关系"理论中极端物质功利论与抽象精神道德论的对立与互补 ………………………………………… (947)

4. 道德化的批评和批评化的道德 …………………………………(949)
5. 在黑格尔那里,恶是历史发展的动力的表现形式 …………(954)
6. 费尔巴哈超时代的"爱"的道德论"在现实世界面前,是和康德的绝对命令一样软弱无力的" ……………………………(956)
7. 善恶观念从一个民族到另一个民族、从一个时代到另一个时代常常是互相直接矛盾的 …………………………………(958)
8. 道德的影响"始终是派生的,第二性的,决不是第一性的"……(959)
9. 我们拒绝幻想把任何道德教条当做永恒的、终极的、从此不变的伦理规律强加给我们的一切无理要求 ……………………(959)
10. 在我们看来,超人类社会的道德是没有的;那是一种欺骗 …(960)

(七)文艺与宗教论 …………………………………………………(961)
1. 宗教是"意识形态的外衣" ………………………………………(961)
2. 人在自己的发展中得到了动物的支持,由此就产生了动物崇拜 ……………………………………………………………(963)
3. 一切宗教都不过是支配着人们日常生活的外部力量在人们头脑中的幻想的反映 …………………………………………(963)
4. 由于自然力被人格化,最初的神产生了 ………………………(964)
5. 只有对自然力的真正认识,才把各种神或上帝相继地从各个地方撵走 …………………………………………………………(964)
6. 宗教的这些基础一旦遭到破坏,与之相适应的宗教自然也就崩溃 ……………………………………………………………(965)
7. 《路标》拼命攻击"知识分子"的无神论,同时又非常坚决、非常彻底地力图恢复宗教的世界观,这是十分自然的 ………(965)
8. 谈寻神说不是为了反对一切的鬼神,不是为了反对任何思想上的奸尸,而是要蓝鬼不要黄鬼,这比根本不谈还要坏一百倍 ………………………………………………………………(966)
9. 美化了神的观念,也就是美化了他们用来束缚落后的工人和农民的锁链 ……………………………………………………(968)
10. 神的观念从来也没有"使个人同社会相联系" ………………(969)

四 无产阶级文艺、文化与出版、宣传论 ………………………………(970)
(一)马克思、恩格斯论文学艺术与无产阶级 ……………………(970)

1. 工人"那由于劳动而变得结实的形象向我们放射出人类崇高精神之光" ……………………………………………………………… (970)
2. 阅读最新的哲学、政治和诗歌方面最杰出的著作的几乎完全是工人 ……………………………………………………………… (971)
3. 资产阶级及其哲学家和科学家哪里有一部论述资产阶级解放(政治解放)的著作能和魏特林的"和谐与自由的保证"一书媲美呢? ………………………………………………………… (971)
4. 出自英法两国下层人民阶级的新的散文和诗作表明,下层人民阶级也能把自己提高到精神发展的更高水平 ……………… (972)
5. 先前小说中充当主人公的是国王和王子,现在却是穷人和受轻视的阶级了 …………………………………………………… (973)
6. 文学应该歌颂倔强的、叱咤风云的和革命的无产者 ………… (973)
7. 《西里西亚织工之歌》这首歌的德文原文是我所知道的最有力的诗歌之一 …………………………………………………… (973)
8. 首先请回忆一下织工的那支歌吧!这是一个勇敢的战斗的呼声 ………………………………………………………………… (974)
9. 从宣传社会主义这个角度来看,这幅画所起的作用要比一百本小册子大得多 ………………………………………………… (975)
10. 一首表现工人自己对工厂制度看法的诗,正确地表达了工人中的普遍的情绪 ……………………………………………… (976)
11. 但丁是中世纪的最后一位诗人,同时又是新时代的最初一位诗人……意大利是否会给我们一个新的但丁来宣告这个无产阶级新纪元的诞生呢? …………………………………… (977)
12. 德国无产阶级第一个和最重要的诗人(是)维尔特 ………… (978)
13. 梅林的《莱辛传奇》的确是一篇出色的作品,唯物史观现在终于开始得到恰当的应用 ………………………………………… (981)
14. 您(梅林)的巨大功绩是在普鲁士历史这一摊污泥浊水里清出一条路来 …………………………………………………… (981)
15. 《莱辛传奇》写得好极了,尽管在某些地方我有不同的看法 …… (982)
16. (对)涌入党内的大学生、文学家和其他没落的年青资产者的"马克思主义",马克思说:"我播下的是龙种,而收获的

　　　　却是跳蚤"…………………………………………………………（982）
　　17."脱离阶级的资产阶级青年"的侵入党内使"文坛上一味追
　　　　求轰动的华而不实作风以及必然由此带来的在新闻界占
　　　　优势的徇私习气大为盛行"………………………………………（982）
（二）列宁、斯大林论文学艺术与无产阶级 ……………………………（983）
　　1. 写作事业应当成为整个无产阶级事业的一部分 ………………（983）
　　2. 不应该向托尔斯泰学习,而应该向无产阶级这个托尔斯泰
　　　　所没有了解其意义的、唯一能摧毁托尔斯泰所憎恨的旧世
　　　　界的阶级学习 …………………………………………………（983）
　　3. 要彻底抛弃共产党人的,或者确切些说,俄国人的奥勃洛摩
　　　　夫习气和其他许多习气 ………………………………………（984）
　　4. 难道文学著作和实际生活没有证明资产阶级妇女正是这样
　　　　理解恋爱自由的吗? ……………………………………………（984）
　　5. 团结一些小说家来推进《启蒙》杂志……………………………（985）
　　6. 用工人歌曲宣传社会主义 ……………………………………（986）
　　7. 鲍狄埃的《国际歌》却把它的思想传遍了全世界,在今天公
　　　　社比任何时候都更有活力 ……………………………………（987）
　　8. 我们所需要的是能够把读者从帝国主义战争的恐怖引到了
　　　　解必须打倒组织这种战争的帝国主义政府的小说…………（988）
　　9. 禁止出售的只能是非苏维埃倾向的作品,反党反无产阶级
　　　　的作品 …………………………………………………………（988）
　　10. 这两部作品,特别是《射击》,可以认为是目前革命的无产
　　　　　阶级艺术的范例 ………………………………………………（989）
　　11. 电影具有从精神上影响群众的特别巨大的可能性,它帮助
　　　　　工人阶级及其政党以社会主义精神教育劳动者,组织群众
　　　　　为社会主义而斗争,提高群众的文化水平和政治战斗力 …（989）
　　12. 把人民的"知识人才"和资产阶级知识分子"人才"混为一
　　　　　谈是不对的 ……………………………………………………（990）
　　13. 对那些愿把学问献给人民的"知识人才",我们付给高于一
　　　　　般水平的薪金 …………………………………………………（991）
（三）马克思论表达、写作、批评、出版自由与检查制度 ……………（992）

1. 评普鲁士最近的书报检查令 …………………………………… (992)
2. 第六届莱茵省议会的辩论(第一篇论文) ……………………… (999)

(四)论出版物 ……………………………………………………… (1008)
1. 党的报刊与党的宣传 …………………………………………… (1008)
2. "党内争吵"与写作 ……………………………………………… (1009)
3. 出版物应当成为党的出版物 …………………………………… (1009)
4. 党的出版物和它应受党的监督 ………………………………… (1010)
5. 无产阶级文化协会的一切组织必须无条件地把自己完全看作教育人民委员部机关系统中的辅助机构 ……………… (1011)
6. 那些关于绝对自由的言论不过是一种伪善而已 …………… (1012)
7. 这将是自由的写作,因为它不是为饱食终日的贵妇人服务,不是为百无聊赖、胖得发愁的"一万个上层分子"服务,而是为千千万万劳动人民,为这些国家的精华、国家的力量、国家的未来服务 ……………………………………………… (1013)
8. 报纸应当成为各个党组织的机关报。写作者一定要参加到各个党组织中去 ………………………………………………… (1013)
9. 《真理报》事实上处在领导者的地位。应当光荣地保持住这个地位 …………………………………………………………… (1014)
10. 我们报纸的面貌还没有改变得符合从资本主义向社会主义过渡的社会的要求 …………………………………………… (1016)
11. 我们不善于像资产阶级那样在报纸上进行阶级斗争 …… (1016)
12. 我们很少用现实生活各个方面存在的生动具体的事例和典型来教育群众,而这正是报刊在从资本主义到共产主义的过渡时期的主要任务 …………………………………… (1017)
13. 一种杂志没有方针,那就是一种荒谬的、怪诞的、糟糕的、有害的东西 ……………………………………………………… (1018)
14. 要成为战斗唯物主义刊物的杂志,首先应该是一个战斗的刊物 ……………………………………………………………… (1020)
15. 杂志应该是一个战斗的无神论的刊物 ……………………… (1021)
16. 要成为战斗唯物主义的刊物,就必须用许多篇幅来进行无神论的宣传 ………………………………………………………… (1023)

17. 马克思主义的杂志还必须对当代这类"有教养的"农奴主作斗争 …………………………………………………………（1023）
18. 这简直是对真理、对党的嘲弄 ………………………………（1024）
19. 报刊的鼓动作用虽有极大的意义，但是它的组织作用在目前是我们建设工作中最迫切需要的因素 ……………………（1025）
20. 我们的报刊过分强调了我们的缺点，有时候甚至（无意地）宣扬了这些缺点。这是可能的，甚至是可以肯定的。这当然不好 ………………………………………………………（1028）

（五）哲学、文学批评、政治斗争与党的工作 ……………………（1028）
1. 任何真正的哲学都是自己时代精神的精华，是文明的活的灵魂 ………………………………………………………………（1028）
2. 文学批评、政论、文艺创作与哲学 ……………………………（1028）
3. 哲学争论同整个党的工作分开 ………………………………（1029）
4. 布尔什维克与哲学 ……………………………………………（1029）
5. 必须经常不断地同政治上的颓废、变节、消沉等现象进行斗争 ………………………………………………………………（1031）
6. 把文学批评也同党的工作，同领导全党的工作更紧密地联系起来 …………………………………………………………（1032）
7. 在文艺方面（以及在戏剧方面）提出"右倾分子"和"左倾分子"的问题这一提法的本身是不正确的 ………………………（1034）
8. "批评自由"这样一个"无害的"和"正常的"口号，对我们竟会成为一个真正的战斗的信号 ………………………………（1034）
9. 他们不可能正确地评价整个托尔斯泰 ………………………（1035）
10. 宣称托尔斯泰"第一个把"这些"主观的幻想""客观化了"，这就是加入开倒车的人们的阵营 ……………………（1036）
11. 赞扬托尔斯泰是纵容他们的消沉颓废 ………………………（1036）
12. 在我们今天这样的时候，任何想把托尔斯泰的学说理想化，想袒护或冲淡他的"不抵抗主义"、他的向"精神"的呼吁、他的"道德上的自我修身"的号召、他的关于"良心"和博"爱"的教义、他的禁欲主义和寂静主义的说教等等的企图，都会造成最直接和最严重的危害 …………………………（1037）

13. 诗写得怎样,我不知道,然而在政治方面,我敢担保这是完全正确的 …………………………………………………………… (1037)
14. 这种批评就在你(别德内依)的作品中开始发展为对苏联的诽谤,对苏联过去和对苏联现在的诽谤 ……………… (1040)
15. 无论如何你(别德内依)必须回到原来的列宁的道路上来 …… (1042)
16. 我决不会反对上演《逃亡》,只要布尔加柯夫自己的八个梦再加上一两个梦,描写出苏联国内战争的内部社会动力,使观众能够了解,所有这些自称为"诚实的"谢拉菲玛之流和各种各样的编制以外的大学讲师被赶出俄国,并不是由于布尔什维克的任性,而是因为他们曾经骑在人民的脖子上 ………………………………………………………………… (1043)

五 马克思和恩格斯论文艺史与文化史 …………………… (1044)

(一)原始时代的文化 …………………………………………… (1044)
1. 摩尔根是第一个具有专门知识而尝试给人类的史前史建立一个确定的系统的人:蒙昧时代、野蛮时代 …………… (1044)
2. 第二冰期以后,气候逐渐温暖,人类开始出现于整个欧洲、北非、前亚细亚以至印度 …………………………………… (1046)
3. 野蛮时代高级阶段在生产的发展上已取得丰富的成就 …… (1047)
4. 专偶制家庭是在野蛮时代的中级阶段和高级阶段交替的时期从对偶制家庭中产生的;它的最后胜利乃是文明时代开始的标志之一 ……………………………………………… (1047)
5. 在荷马的诗篇中,还把胞族看作军事单位……在英雄时代的希腊社会制度中,古代的氏族组织还是很有活力的 ……… (1049)

(二)奴隶制与古希腊、古罗马的文化和艺术 ………………… (1053)
1. 先要在生产上达到一定的阶段,并在分配的不平等上达到一定的程度,奴隶制才会成为可能 ………………………… (1053)
2. 希腊也是毁于奴隶制的 ……………………………………… (1054)
3. 公开的而近来是隐蔽的奴隶制始终伴随着文明时代 ……… (1054)
4. 这就是资本主义制度所造成的结果:自由人在怀念过去的奴隶制 ………………………………………………………… (1054)
5. 没有奴隶制,就没有希腊国家,就没有希腊的艺术和科学 … (1055)

6. 古希腊悲剧与原始氏族制度的瓦解:"对《奥列斯特》三部曲的这个新的但完全正确的解释,是巴霍芬全书中最精彩最好的地方之一" ………………………………………………（1055）
7. 古希腊、古罗马艺术、哲学等排斥宗教 ………………（1057）
8. 伊壁鸠鲁公开地攻击古代宗教 ………………………（1058）
9. 普罗米修斯是哲学日历中最高尚的圣者和殉道者 …（1058）
10. 琉善——这位古希腊罗马时代的伏尔泰,对任何一种宗教迷信都一律持怀疑态度 …………………………（1059）
11. 希腊人用赫斐斯塔司的艺术铁锤打碎自然,用以塑造雕像 ……（1060）
12. 不过这些神并不是伊壁鸠鲁的虚构。它们本来就存在着。这是希腊艺术塑造的众神 ………………………（1061）
13. 古希腊精神的表现形式是"可塑的诗歌式的","哲学家本身是活生生的形象,是活生生的艺术作品" ……………（1062）
14. 如果这个时代象艺术史上跟在伟大的时代之后跛行的那些世纪那样,那它是可悲的,因为这些世纪只会从事仿造:用蜡、石膏和铜来仿造那些用卡拉拉大理石雕刻出来的东西 ………………………………………………………（1063）
15. 卢克莱修是一位真正的罗马史诗诗人,因为他歌颂罗马精神的实体 ………………………………………………（1064）
16. 在雅典人看来,妻子除生育子女以外,不过是一个婢女的头领而已 ……………………………………………（1064）
17. 现代意义上的爱情关系,在古代只是在官方社会以外才有 …（1064）
18. 那时,哲学家们不是单纯赚钱谋生的学校教师,便是纵酒作乐的有钱人所雇用的小丑。很多甚至就是奴隶 ……（1067）
19. 一切征服民族都用各种方法来欺骗他们的敌人 ………（1068）

(三)中世纪的文艺与文化 …………………………………（1068）
1. 古希腊罗马奴隶制的崩溃:"凡在希腊语没有进行抵抗的地方,一切民族语言都不得不让位于被败坏的拉丁语" ………（1068）
2. 中世纪把古代文明、古代哲学、政治和法学一扫而光,以便一切都从头做起 ………………………………………（1071）
3. 中世纪"只知道一种意识形态,即宗教和神学","把意识形

态的其他一切形式——哲学、政治、法学,都合并到神学中,
　　　使它们成为神学中的科目" ··(1071)
　4. 日耳曼部落的文化与古罗马的影响 ··································(1072)
　5. 日耳曼部落的文化的共同性:"史料的年代越是久远,这种
　　　地方性的差别就越是少见" ··(1075)
　6. 日耳曼诗歌对氏族生活的反映:"有些人甚至认为舅父和外
　　　甥之间的血缘关系,比父子之间的血缘关系还要神圣和密
　　　切" ··(1076)
　7. 古希腊和古罗马的著作家以及教会的神甫们,关于爱尔兰
　　　都讲述得很少 ··(1078)
　8. "关于爱尔兰人民在英国人入侵以前的状况,《古制全书》为
　　　我们提供了许多有关当时社会生活的珍贵资料","其中所
　　　有最古老的法律公式都是以诗的形式写成" ··················(1080)
　9. 爱尔兰首领们相互之间的纠纷,大大有利于诺曼人对这个
　　　国家的掠夺 ··(1081)
　10. 中世纪法国普罗温斯的诗歌:"经过300年的斗争,普罗温
　　　 斯人的优美的语言沦落到了地方方言的地步,他们本身也
　　　 成了法兰西人" ··(1082)
　11. 破晓歌,是普罗旺斯爱情诗的精华 ·································(1083)
　12. 中世纪文学中的爱情描写:"现代的性爱,同古代人的单纯
　　　 的性要求,是根本不同的" ···(1083)
　13. 古代北欧语中的诗歌由于故意隐晦和包含一些名字极多
　　　 的神话而非常难懂 ··(1085)
　14. 犹太人所谓圣书不过是古代阿拉伯的宗教传说和部落传
　　　 说的记载 ··(1085)
　15. 中世纪后期波斯文学:"他(米尔洪德)用非常形象的但完
　　　 全无法理解的语言来叙述波斯的英雄史诗" ··················(1085)
(四)文艺复兴至十七世纪的文艺与文化 ································(1086)
　1. 中世纪的终结是和君士坦丁堡的衰落不可分离地联系着的 ······(1086)
　2. 正如现在资产阶级要求一个廉价政府一样,中世纪市民首
　　　先要求一个廉价教会 ··(1087)

3. 文艺复兴时期的艺术繁荣:"这是一个需要巨人而且产生了巨人的时代" ……………………………………………… (1087)
4. 提香画的阿里欧斯托的优美的画像是最优秀的作品之一 … (1089)
5. 所谓多边形筑城的原则,丢勒应算是这种筑城法的创始人 … (1089)
6. 路德的论纲一时却成了他们的普遍的、共同的语言 ………… (1090)
7. 路德通过翻译圣经给平民运动提供了一种强有力的武器,但路德本人对教会权威和世俗权威的反抗活动在圣经中被全盘否定 …………………………………………………………… (1090)
8. 资产阶级启蒙运动的第一种形式,即十五世纪和十六世纪的"人道主义",在进一步发展中变成了天主教的耶稣会精神 ………………………………………………………………… (1091)
9. 在对当时历史条件的这种总的论述的背景上,托·莫尔个人是作为自己时代之子出现的 ……………………………… (1091)
10. 能够和英国文学媲美的恐怕只有古希腊文学和德国文学了 …………………………………………………………………… (1091)
11. 为此普鲁茨写了《恢复莎士比亚的名誉》………………………… (1091)
12. 莎士比亚往往采取大刀阔斧的手法来急速收场,从而减少实际上相当无聊但又不可避免的废话 ……………………… (1092)
13. 《忧郁症剖析》这本书将成为我经常吸取乐趣的地方……… (1092)
14. 维科的《新科学》"有不少天才的闪光" ………………………… (1092)

(五)启蒙时代的文艺与文化 ……………………………………… (1093)
1. 启蒙运动从英国传入法国:"在法国革命时使他心惊胆怕的自由思想正是从英国输入法国的"……………………………… (1093)
2. "理性的王国不过是资产阶级的理想化的王国","18世纪伟大的思想家们没有能够超出他们自己的时代使他们受到的限制" ……………………………………………………………… (1094)
3. 启蒙运动中的法国、德国哲学的"最大的功绩"就是"恢复了辩证法这一最高的思维形式" …………………………………… (1095)
4. 丹尼尔·笛福原书中的鲁滨逊,是一个真正的"资产者"…… (1095)
5. 启蒙学者的世界观是"非历史的" ………………………………… (1096)
6. "卢梭把不平等的产生看作一种进步。但是这种进步是对抗性的,它同时又是一种退步","文明每前进一步,不平等也同时前进一步" ……………………………………………… (1096)

7. 有谁为了"对真理和正义的热诚"而献出了整个生命,狄德罗就是这样的人 ………………………………………… (1098)

8. 伏尔泰、博马舍的"粗鲁话"成为现在公认的卓越的典范著作 ………………………………………………………… (1098)

9. 歌德和席勒时代的德国:"法国革命像霹雳一样击中了这个叫做德国的混乱世界" ……………………………………… (1098)

10. 学德文,我向你介绍歌德《浮士德》的头一部分 ………… (1102)

11. 黑格尔辛辣地嘲笑了席勒的理想的庸人倾向 …………… (1102)

(六)十九世纪的文艺与文化 ……………………………………… (1103)

1. 启蒙理想的危机:"由'理性的胜利'建立起来的社会制度和政治制度竟是一幅令人极度失望的讽刺画" …………… (1103)

2. 你(拉法格)翻译(贝朗热《参议员》)时不仅保留了原文的全部放荡不羁的味道,甚至非常接近原文的明快 ………… (1104)

3. 维克多·雨果只是对政变的主要发动人作了一些尖刻的和机智的痛骂 ……………………………………………………… (1104)

4. 他(施米特)崇拜左拉,因为他发现左拉有"唯物主义历史观" ………………………………………………………………… (1105)

5. 写左拉的评论,拉法格是最合适的人 ………………………… (1105)

6. 我应当向吉·德·莫泊桑脱帽致敬 …………………………… (1106)

7. 今天《人民之路报》的最后一版看来相当怪,整版都刊登《漂亮的朋友》 ……………………………………………………… (1106)

8. 在瓦尔特·司各脱的小说中,我们可以看到关于苏格兰高地的这种克兰的生动描写 …………………………………… (1106)

9. 就历史的可靠性甚至评价的正确性来说,梯也尔丝毫不比骚赛高明 ……………………………………………………… (1107)

10. 读拜伦和雪莱作品的人几乎全是下层等级的人 ………… (1107)

11. 雪莱和拜伦懂得读者大多数也是工人 ……………………… (1107)

12. 眼看着(海涅)这样一个杰出的人物一步步走向死亡,真使人十分难受 ……………………………………………………… (1108)

13. 我还没有到海涅老爹那里去过,(因为)我必须拼命奔跑和写文章 …………………………………………………………… (1108)
14. 海涅濒于死亡,他住所里的杂音闹得使他发狂 ………… (1109)
15. 老贺拉西有些地方使我想起海涅,海涅向他学了很多东西 …… (1110)
16. 我十分偏爱优秀的法国、英国和俄国的小说家 ………… (1110)
17. 俄国年轻一代中间,在处事灵活方面超过了德国人 ……… (1110)
18. 在纯粹理论领域里也出现过一种批判思想和奋不顾身的探讨,这是无愧于产生过杜勃罗留波夫和车尔尼雪夫斯基的民族的 ……………………………………………………… (1110)
19. 俄国的伟大学者和批评家尼·车尔尼雪夫斯基 ………… (1111)
20. 他至少也有同样多的理由根据我对这位"伟大的俄国学者和批评家"的尊重断定我同意他对这个问题的观点 ……… (1111)
21. 如果我们在某些地方发现他(车尔尼雪夫斯基)有弱点,发现他的视野的局限性,那末我们只有对类似的情况不是更多得多而感到惊奇 …………………………………………… (1112)

六 "自由时间"与文艺的自由创造及发展论 ……………… (1112)
（一）艺术的起源与发展论 ……………………………………… (1112)
1. 人们首先必须吃、喝、住、穿,然后才能从事政治、科学、艺术、宗教等等 ………………………………………………… (1112)
2. 人类的产生:"唯心主义有力地统治着人的头脑,甚至连达尔文学派对于人类的产生也没有提出明确的概念" ………… (1113)
3. 人类意识的产生:"人脑的产物归根到底亦即自然界的产物" ……………………………………………………………… (1114)
4. 意识代替了他的本能,或者说他的本能是被意识到了的本能 … (1114)
5. 劳动创造了人本身 …………………………………………… (1114)
6. 艺术与劳动:"只是由于劳动,人的手才达到这样高度的完善,以致像施魔法一样造就了拉斐尔的绘画、托瓦森的雕刻和帕格尼尼的音乐" ………………………………………… (1115)
7. 艺术与剩余、分工:"当人的劳动生产率还非常低,除了必要生活资料只能提供很少的剩余的时候,艺术和科学的创立,都只有通过更大的分工才有可能" ………………………… (1116)

8. 艺术等等,都不过是生产的一些特殊的方式,并且受生产的普遍规律的支配 ·············(1116)

9. 不论在法国或是在德国,哲学和那个时代的普遍的学术繁荣一样,也是经济高涨的结果 ·············(1116)

10. 文学、艺术等等的发展是以经济发展为基础的。但是,它们又都互相作用并对经济基础发生作用 ·············(1118)

11. 统治阶级的存在,日益成为科学和艺术发展,特别是文明社交方式发展的障碍 ·············(1118)

12. 物质生产的发展如同艺术发展的不平衡关系 ·············(1119)

(二)文艺、文化的发展与继承的关系论 ·············(1121)

1. "路易十四时期的法国剧作家从理论上构想的那种三一律,是建立在对希腊戏剧(及其解释者亚里士多德)的曲解上的","他们正是依照他们自己艺术的需要来理解希腊人的" ·············(1121)

2. 共产主义革命"要同传统的观念实行最彻底的决裂" ·············(1122)

3. 在传统的范围以内打破传统 ·············(1122)

4. 历史领域的"非历史的观点" ·············(1122)

5. 人们自己创造自己的历史,但是他们并不是随心所欲地创造,并不是在他们自己选定的条件下创造,而是在直接碰到的、既定的、从过去承继下来的条件下创造 ·············(1122)

6. 只有确切地了解人类全部发展过程所创造的文化,只有对这种文化加以改造,才能建设无产阶级的文化 ·············(1124)

7. 我们只能利用旧社会遗留给我们的全部知识、组织和机关,在旧社会遗留下来的人力和物力的条件下建设共产主义 ·············(1126)

8. 要善于把旧学校中的坏东西同对我们有益的东西区别开来,要善于从旧学校中挑选出共产主义所必需的东西 ·············(1127)

(三)"时间"、"自由时间"、"剩余"的意义及其与艺术的关系 ·············(1129)

1. "时间"的意义 ·············(1129)

2. 社会发展、社会享用和社会活动的全面性,都取决于时间的节省 ·············(1129)

3. "自由时间"的意义 ·············(1129)

4. 资本主义社会在人与时间关系上的对抗:"时间就是一切,

人不算什么"…………………………………………………………(1130)
 5. "剩余"的意义:"人类社会脱离动物野蛮阶段以后的一切发展,都是从家庭劳动创造出的产品除了维持自身生活的需要尚有剩余的时候开始的"……………………………………(1130)
 6. "自由时间"论是马克思剩余价值理论的重要组成部分 ……(1131)
 7. 工人获得"自由时间"的制度保障:限制、缩短工作日 ……(1132)
 8. 艺术与"自由时间"关系论片段摘录 ………………………(1134)
(四)"自由时间"的种类、形成及性质……………………………………(1135)
 1. 两种"自由时间":"闲暇时间"(用于娱乐、休息、消费、享乐等)与"自由发展时间"(用于从事"发展不追求任何直接实践目的的人的能力和社会的潜力"的"自由活动"、"较高级活动"的"自由运用体力和智力的时间")………………………(1135)
 2. "自由时间"的形成:物质生产中的剩余劳动(时间)—剩余产品(价值)—游离出物质生产 ………………………………(1137)
 3. "自由时间"的性质:游离出"物质生产"、不再被其吸收、不以其为转移 ………………………………………………………(1145)
(五)"自由时间—非自由时间"的对立与资本主义的对抗性 ………(1146)
 1. "自由时间—非自由时间"的对立是阶级剥削社会"整个上层建筑存在的物质基础"…………………………………………(1146)
 2. 资本主义在"自由时间"上的对抗性:物质生产创造的"自由时间"不是被游离出来而是被重新吸收 ………………………(1148)
(六)"自由时间"与"财富":"财富就是可以自由支配的时间" …(1156)
 1. 在人与人的社会关系中,"财富是两个人之间的一种关系"……(1156)
 2. 在人与物的自然关系中,财富是人"实现他劳动能力的物的条件"………………………………………………………………(1156)
 3. 个人的真正的精神财富完全取决于他的现实关系的财富 …(1157)
 4. 财富从物质上来看只是需要的多样性 ………………………(1157)
 5. 在物质形态上,财富是满足超越必要的自然需要的剩余产品、多余产品………………………………………………………(1158)
 6. 金、银是多余财富的社会表现 …………………………………(1159)
 7. 在时间形态上,真正的财富就是"自由时间"…………………(1159)

8. 在主体形态上,"真正的财富是……人","真正的财富就是所有个人的发达的生产力" ………………………………… (1162)

9. 在活动形态上,财富就是"人的创造天赋的绝对发挥"、"人类力量的全面发展" …………………………………………… (1164)

（七）资本主义社会和共产主义制度下的自由时间与艺术的自由发展 …………………………………………………………………… (1168)

1. 工作日的缩短、自由时间的增加,是进入自由王国的重要条件 ……………………………………………………………………… (1168)

2. "生产资料的生产由于劳动生产率的增长而增长。资本主义社会和共产主义制度下的自由时间" ……………………… (1169)

3. "资本作为生产的统治形式随着资产阶级社会的发展而解体"与"自由时间" ………………………………………………… (1174)

七 世界市场、"货币共同体"、"自由人联合体"与"世界文学"及民族文化论 ……………………………………………………………………… (1179)

（一）"世界文学"与"世界市场" ……………………………………… (1179)

1. 资产阶级社会的真正任务是建成世界市场 ………………… (1179)

2. "世界市场"与"世界文学":民族的片面性和局限性日益成为不可能,于是由许多种民族的和地方的文学形成了一种世界的文学 ………………………………………………………… (1179)

3. "世界市场"与"精神的生产":"个人的真正的精神财富完全取决于他的现实关系的财富","仅仅因为这个缘故,各个单独的个人才能摆脱各种不同的民族局限和地域局限,而同整个世界的生产(也包括精神的生产)发生实际联系" … (1182)

4. "世界市场"与"世界历史":历史在愈来愈大的程度上成为全世界的历史 ………………………………………………… (1183)

5. 大工业"首次开创了世界历史",到处"消灭了各民族的特殊性" ……………………………………………………………… (1184)

6. "旧民族性的解体"体现了"机器和分工的破坏作用"之一 …… (1184)

7. 现代的工业劳动,使无产者失去了任何民族性 ……………… (1185)

8. 资本和劳动之间的斗争具有全世界性质 …………………… (1186)

9. "世界市场"与"世界革命":共产主义革命将不仅是一个国

家的革命 ……………………………………………………… (1186)
　10. 因为所有的国家都在世界市场上进行竞争,从而彼此互相
　　　影响。只有工人阶级的国际性的联盟才能保证工人阶级
　　　的最终胜利 …………………………………………………… (1187)
　11. 共产主义一般只有作为"世界历史性的"存在才有可能实
　　　现 ……………………………………………………………… (1187)
　12. "世界市场"与"生产力"的保存:"只有在交往具有世界性
　　　质,并以大工业为基础的时候,只有在一切民族都卷入竞
　　　争的时候,保存住已创造出来的生产力才有了保障" ……… (1188)
　13. 资本的集中对于世界市场的破坏性影响 …………………… (1188)
　14. 信用制度加速了世界市场的形成 …………………………… (1189)
(二)恩格斯论民族性及所谓"民族原则" ……………………………… (1189)
　1. 民族性格各有所长 …………………………………………… (1189)
　2. 把他们并入德国,也就等于抑制波兹南占半数以上的波兰
　　　居民的语言和民族性 ………………………………………… (1189)
　3. 所谓"民族原则"与波兰问题 ………………………………… (1190)
(三)列宁、斯大林论民族与民族文化 …………………………………… (1196)
　1. 资产阶级的民族主义和无产阶级的国际主义——这是两个
　　　不可调和的敌对口号 ………………………………………… (1196)
　2. 关于民族主义 ………………………………………………… (1197)
　3. 民族文化的口号是资产阶级的(而且常常是黑帮—教权派
　　　的)骗局。我们的口号是民主主义的和全世界工人运动的
　　　各民族共同的文化 …………………………………………… (1198)
　4. 每一个现代民族中,都有两个民族。每一种民族文化中,都
　　　有两种民族文化 ……………………………………………… (1200)
　5. 苏维埃政权所发展的苏联各民族的文化,按其内容来说,应
　　　当是一切劳动者共同的文化,即社会主义的文化;而按其形
　　　式来说,它现在和将来对于苏联一切民族都是不同的文化,
　　　即民族的文化,即因苏联各民族的语言和民族特征不同而
　　　各有差别的文化 ……………………………………………… (1202)
　6. 关于提高东方各苏维埃共和国民族文化的问题 …………… (1203)

7. 谁没有陷进民族主义偏见,谁就不会不把资本主义的民族同化过程看作是极其伟大的历史进步 ……………………………（1203）
8. 在创立全人类的无产阶级文化的过程中个别民族的同化问题 …………………………………………………………………（1204）
9. 同化政策是马克思列宁主义的武库中绝对不容许有的;因为它是反人民、反革命的政策,是有害的政策 ……………（1205）
10. 在无产阶级专政在全世界范围内获得胜利以后,甚至在这以后,民族差别和国家差别还会存在很久 ……………（1205）
11. 只有采取这种过渡方式,才能使各民族参加全人类文化 …（1206）
12. 发展民族文化,广泛地建立使用本族语言的普通教育性质的和职业技术性质的训练班网和学校网,以便从本地人中间培养苏维埃干部、党的干部和有专长的经济干部 ………（1207）

(四)民族共同体与血缘(语言)共同体、经济共同体、货币共同体……（1208）

1. "联合体"或"共同体"可以是"真实的",也可以是"想象的"、"象征的" ……………………………………………（1208）
2. "血缘共同体"、"语言共同体"、"财产共同体" ……………（1209）
3. "国家"是"虚幻的共同体","语言联系"等是现实基础 ……（1210）
4. 迄今存在过的联合体,不论是自然地形成的,或者是人为地造成的,实质上都是为经济目的服务的 …………………（1210）
5. 不同的自然条件天然地形成种族差别 ……………………（1211）
6. 在古代,每一个民族都由于物质关系和物质利益(如各个部落的敌视等等)而团结在一起 ……………………………（1211）
7. "自然形成的共同体"与土地所有制 ………………………（1212）
8. 封建土地所有制与"狭隘的民族性" ………………………（1212）
9. 地租是民族性的,利润是世界性的 …………………………（1213）
10. 资本主义"货币共同体"对古代共同体的瓦解:"凡是在货币本身不是共同体的地方,货币必然使共同体瓦解" ………（1213）
11. 语言的世界性、民族性 ……………………………………（1216）
12. 商品就其本身来说是超越一切宗教、政治、民族和语言的限制的。它们的共同语言是价格,它们的共性是货币 ……（1217）
13. 民族与世界主义 ……………………………………………（1217）

14. "并非一切民族都有相同的从事资本主义生产的才能",但是,
"资本主义生产,象基督教一样,本质上是世界主义的" ……… (1218)

15. 货币本身是世界主义的 ……………………………………… (1218)

(五)民族、人类、阶级及个人与"自由人联合体" ……………… (1219)

1. 国际自由贸易与国际主义 ………………………………… (1219)

2. 两种不同的"世界主义(国际主义)":"真正的无产阶级政党现在正在各地提倡各民族的兄弟友爱,用以对抗旧的赤裸裸的民族利己主义和自由贸易的伪善的自私自利的世界主义" ……………………………………………………… (1220)

3. 民主与国际主义:"当国内民主备受压制的时候,怎么能对外实行民主政策呢?" ……………………………………… (1220)

4. 对否认"民族差别"的"世界主义的自由主义"的批判 ……… (1221)

5. 民族性与阶级性:工人的民族性是"劳动","货币是工业家的祖国" …………………………………………………… (1222)

6. 工人没有祖国 ……………………………………………… (1223)

7. 对"狭隘民族主义倾向"的批判:"有钱有势的人在没有更好的办法的情况下就用虚假的民族主义口号来诱惑无知识的和被欺骗的人民,唆使他们互相攻击,把他们引入流血的战争" ……………………………………………………… (1223)

8. 无产阶级国际主义与民族性的统一:"真正的国际主义无疑应当以独立的民族组织为基础" ……………………… (1224)

9. 人类的发展高于民族的发展 …………………………… (1225)

10. 斯拉夫人也只有同别的民族一起深切关心世界利益,才能够在历史上和各民族的自由和睦的家庭中争得"自己的合法地位" ……………………………………………………… (1225)

11. 凡是民族作为民族所做的事情,都是他们为人类社会而做的事情 ………………………………………………………… (1225)

12. 个人的全面性不是想象的或设想的全面性,而是他的现实关系和观念关系的全面性 ……………………………… (1226)

13. "自由联合起来的个人"的发展不同于以"民族"等出发点的自发地进行的发展 ……………………………………… (1227)

14. 金钱统治所导致的民族利益以及一切特殊利益的消灭,是"人类走向自由的自主联合以前所必经的最后阶段" ……… (1227)
15. 只有在实际的世界交往而非想像中才可能"超脱地方局限性" ……………………………………………………………… (1228)
16. 每一个单独的个人的解放的程度是与历史完全转变为世界历史的程度一致的 ………………………………………… (1228)
17. 狭隘地域性的个人为世界历史性的、真正普遍的个人所代替 ………………………………………………………………… (1228)
18. 共同体与"共同活动"、"活动的社会性"、"自我活动"等密切相关 ………………………………………………………… (1229)
19. "自由人联合体"不同于"虚幻共同体(国家等)" ………… (1231)

参考文献 ……………………………………………………… (1232)

下 编

论文艺与文化及其发展

一　文艺创作与批评论

（一）现实主义理论：典型、文艺的真实性和倾向性

1. "据我看来，现实主义的意思是，除细节的真实外，还要真实地再现典型环境中的典型人物"，"我所指的现实主义甚至可以不顾作者的见解而表露出来"

尊敬的哈克奈斯女士：

多谢您通过继绎泰利出版公司把您的《城市姑娘》转给我。我无比愉快地和急切地读完了它。的确，正像我的朋友、您这本书的译者艾希霍夫所说的，它是一件小小的艺术品。他还说——您听了一定会满意的——，他几乎不得不逐字逐句地翻译，因为任何省略或试图改动都只能损害原作的价值。

您的小说，除了它的现实主义的真实性以外，给我印象最深的是它表现了真正艺术家的勇气。这种勇气不仅表现在您敢于冒犯傲慢的体面人物而对救世军所作的处理上，这些人物也许从您的小说里才第一次知道救世军为什么竟对人民群众产生这样大的影响；而且还主要表现在您把无产阶级姑娘被资产阶级男人所勾引这样一个老而又老的故事作为全书的中心时所使用的朴实无华的手法。平庸的作家会觉得需要用一大堆矫揉造作和修饰来掩盖这种他们认为是平凡的情节，然而他们终究还是逃不脱被人看穿的命运。您觉得您有把握叙述一个老故事，因为您能够如实地叙述它，使它变成一个新故事。

您对阿瑟·格兰特先生的刻画十分出色。

如果我要提出什么批评的话，那就是，您的小说也许还不够现实主义。据我看来，现实主义的意思是，除细节的真实外，还要真实地再现典型环境中的典型人物。您的人物，就他们本身而言，是够典型的；但是环绕着这些人物并促使他们行动的环境，也许就不是那样典型了。在《城市姑娘》里，工人阶级是以消极群众的形象出现的，他们无力自助，甚至没有试图作出自助的努力。想使他们摆脱其贫困而麻木的处境的一切企图都来自外面，来自上面。如果说这种描写在1800年前后或1810年前后，即圣

西门和罗伯特·欧文的时代是恰如其分的,那么,在1887年,在一个有幸参加了战斗无产阶级的大部分斗争差不多50年之久的人看来,就不可能是恰如其分的了。工人阶级对他们的周围环境的压迫所进行的叛逆的反抗,他们为恢复自己做人的地位所作的令人震撼的努力,不管是半自觉的或是自觉的,都属于历史,因而也应当在现实主义领域内占有一席之地。

我决不是责备您没有写出一部直截了当的社会主义的小说,一部像我们德国人所说的"倾向小说",来鼓吹作者的社会观点和政治观点。我决不是这个意思。作者的见解越隐蔽,对艺术作品来说就越好。我所指的现实主义甚至可以不顾作者的见解而表露出来。让我举一个例子。巴尔扎克,我认为他是比过去、现在和未来的一切左拉都要伟大得多的现实主义大师,他在《人间喜剧》里给我们提供了一部法国"社会",特别是巴黎上流社会的无比精彩的现实主义历史,他用编年史的方式几乎逐年地把上升的资产阶级在1816年—1848年这一时期对贵族社会日甚一日的冲击描写出来,这一贵族社会在1815年以后又重整旗鼓,并尽力重新恢复旧日法国生活方式的标准。他描写了这个在他看来是模范社会的最后残余怎样在庸俗的、满身铜臭的暴发户的逼攻之下逐渐屈服,或者被这种暴发户所腐蚀;他描写了贵妇人(她们在婚姻上的不忠只不过是维护自己的一种方式,这和她们在婚姻上听人摆布的情况是完全相适应的)怎样让位给为了金钱或衣着而给自己丈夫戴绿帽子的资产阶级妇女。围绕着这幅中心图画,他汇编了一部完整的法国社会的历史,我从这里,甚至在经济细节方面(诸如革命以后动产和不动产的重新分配)所学到的东西,也要比从当时所有职业的史学家、经济学家和统计学家那里学到的全部东西还要多。不错,巴尔扎克在政治上是一个正统派;他的伟大的作品是对上流社会无可阻挡的衰落的一曲无尽的挽歌;他对那个注定要灭亡的那个阶级寄予了全部的同情。但是,尽管如此,当他让他所深切同情的那些贵族男女行动的时候,他的嘲笑空前尖刻,他的讽刺空前辛辣。而他经常毫不掩饰地赞赏的唯一的一批人,却正是他政治上的死对头,圣玛丽修道院的共和党英雄们,这些人在那时(1830—1836年)的确是人民群众的代表。这样,巴尔扎克就不得不违背自己的阶级同情和政治偏见;他**看到了**他心爱的贵族们灭亡的必然性,把他们描写成不配有更好命运的人;他在当时唯一能找到未来的真正的人的地方**看到了**这样的人,——这一切我认为是现实主义的最伟大胜利之一，是老巴尔扎克最大的特点之一。

为了替您辩解，我必须承认，在文明世界里，任何地方的工人群众都不像伦敦东头①的工人群众那样不积极地反抗，那样消极地屈服于命运，那样迟钝。而且我怎么能知道：您是否有非常充分的理由这一次先描写工人阶级生活的消极面，而在另一本书中再描写积极面呢？

恩格斯：《恩格斯致玛·哈克奈斯》（草稿）（1888年4月初），摘自《马克思恩格斯文集》第10卷，人民出版社2009年12月第1版，第569—571页。

2. 每个人都是典型，但同时又是一定的单个人，正如老黑格尔所说的，是一个"这个"，而且应当是如此

亲爱的考茨基夫人：

（请您允许我用这样的简单称呼，象我们这样的两个人，过分的礼貌有什么用呢？）首先我衷心地感谢您对我的亲切回忆。我很惋惜同您在这里的会晤不能更长一些。我可以肯定地告诉您结识一位始终象普通女人一样的德国女作家是使我无限愉快的，——在这方面我很不幸只认识了一些装腔作势的"有教养的"柏林女人，这类人，人们之所以不想把炒勺重新交到她们手里，只是因为她们拿炒勺结果会比拿笔杆惹出更多的灾难。因此，我希望不久以后您再一次渡过海峡列这边来，而那时我可以同您一道在伦敦和近郊散散步，彼此谈谈各种各样的笑话，以免我们的谈话过于严肃。

我很相信，您是不喜欢伦敦的。几年以前我也是这样。要习惯于这种阴郁的天气和大部分阴郁的人们，习惯于社会生活中的互不往来和等级森严，习惯于气候条件所造成的门窗紧闭的室内生活，实在是困难的事情。人们必须把大陆上带来的活力稍许加以抑制，把生活乐趣的气压计譬如说从760毫米降低到750毫米，直到逐渐地习惯下来。这时，人们就会逐渐地适应这种环境，就会发现它也有它好的方面；这里的人们一般讲来比别的任何地方的人都更直率和可靠；没有一个城市像伦敦这样适合于科学工作；而且没有警察局的刁难，这也弥补了一些东西。我熟悉和喜爱巴黎，但是，如果要我选择的话，我宁愿定居在伦敦，而不愿在巴黎。为了真正享受巴黎，自己就要变成巴黎人，具有巴黎人的一切偏见，首先只对巴黎

---

① 伦敦东头是无产阶级和贫民的居住区。——编者注

的事物感到兴趣，惯于相传巴黎是世界的中心，是一切的一切。伦敦不如巴黎漂亮，但是比巴黎雄伟，它是世界贸易的真正的中心，而且也多样化得多。此外，伦敦还容许对整个周围世界保持中立，而这对于科学的、甚至艺术的公正态度是必要的。人们都喜欢巴黎和维也纳，人们憎恨柏林，而对伦敦则持着中立的冷漠和客观态度。这也是有些好处的。

顺便谈谈柏林。我很高兴这个倒霉的地方终于成了世界的城市。但是，早在七十年前拉希尔·万哈根就曾经说过：柏林的一切都是粗俗的，看起来柏林是想向世界表明，一个世界的城市可以粗俗到什么程度。要是您把一切"有教养的"柏林人都毒死，用魔术在那里变出一个至少还不错的环境，并且把这个地方从上到下进行改造，那末，也许还能够把它变成一个象样的地方。但是，只要那里还说着这样的方言，这就是困难的。

《旧人和新人》我已经看过了，衷心地感谢您寄给我这本书。您在这本书里对盐矿工人生活的描写，就象在《斯蒂凡》里对农民生活的描写一样的出色。对维也纳社交界的描写大部分也是很好的。维也纳的确是唯一有社交界的德国城市，柏林只有一些"固定的小圈子"，而更多的是不固定的，因此在那里只有描写文人、官僚和优伶的那种小说的地盘。在您的作品的这一部分里，情节有的地方是否发展得太急促了一些，您比我更能作出判断，使我们的人得到这种印象的许多东西，在维也纳可能是完全自然的，因为那里具有把南欧和东欧的各种因素混合在一起的独特的国际性质。对于这两种环境里的人物，我认为您都用您平素的鲜明的个性描写手法给刻画出来了；每个人都是典型，但同时又是一定的单个人，正如老黑格尔所说的，是一个"这个"，而且应当是如此。但是，为了表示公正，我还要指出某种缺点来，在这里我来谈谈阿尔诺德。这个人确实太完美无缺了，如果他最终在一次山崩中死掉了，那末，除非人们推说他不见容于这个世界，才能把这种情形同文学上的扬善惩恶结合起来。可是，如果作者过分欣赏自己的主人公那总是不好的，而据我看来，您在这里也多少犯了这种毛病。爱莎即使已经被理想化了，但还保有一定的个性描写，而在阿尔诺德身上，个性就更多地消融到原则里去了。

可是，产生这个缺点的原因从小说本身就能感觉到。显而易见，您认为需要在这本书里公开表明您的立场，在全世界面前证明您的信念。这您已经做了，已经是过去的事了，您用不着再以这种形式重复了。我决不是反对倾向性本身。悲剧之父埃斯库罗斯和喜剧之父阿里斯托芬都是有强烈倾向的诗人,但丁和塞万提斯也不逊色;而席勒的《阴谋与爱情》的主要价值就在于它是德国第一部有政治倾向的戏剧。现代的那些写出优秀小说的俄国人和挪威人全是有倾向的作家。可是我认为倾向应当从场面和情节中自然而然地流露出来,而不应当特别把它指点出来;同时我认为作家不必要把他所描写的社会冲突的历史的未来的解决办法硬塞给读者。此外,在当前条件下,小说主要是面向资产阶级圈子里的读者,即不直接属于我们的人的那个圈子里的读者,因此,如果一部具有社会主义倾向的小说通过对现实关系的真实描写,来打破关于这些关系的流行的传统幻想,动摇资产阶级世界的乐观主义,不可避免地引起对于现存事物的永世长存的怀疑,那末,即使作者没有直接提出任何解决办法,甚至作者有时并没有明确地表明自己的立场,但我认为这部小说也完全完成了自己的使命。您对奥地利农民和维也纳"社交界"的透彻了解以及您对他们的惊人的生动描写,表明在这方面的素材是很多的,而在《斯蒂凡》中您已证明您还善于用恰当的讽刺处理您的主人公,这种讽刺证明作家是有支配自己的作品的能力的。

但是我必须就此搁笔,否则我将使您太厌烦了。在我们这里一切照旧,卡尔和他的妻子在艾威林的夜校学习生理学并且都很勤勉,我也完全埋头于工作,琳蘅、彭普斯和她的丈夫今晚都去剧院看一出动人的戏剧。在这个时期内,古老的欧洲又有些要动起来了,这也逐渐地是时候了。我仅仅希望,让我有时间还把《资本论》第三卷完成,在这以后就让它开始吧!

恩格斯:《恩格斯致敏·考茨基》(1885年11月26日),摘自《马克思恩格斯全集》第36卷,人民出版社1975年2月第1版,第382—386页。

3. 它们并没有因此而稍微真实地描绘了人物和事件

如果用伦勃朗的强烈色彩把革命派的领导人——无论是革命前的秘密组织里的或是报刊上的,或是革命时期中的正式领导人——终于栩栩如生地描绘出来,那就太理想了。在现有的一切绘画中,始终没有把这些人物真实地描绘出来,而只是把他们画成一种官场人物,脚穿厚底靴①,头上绕着灵光圈。在这些形象被夸张了的拉斐尔式的画象中,一切绘画的真实

---

① 古代希腊、罗马的一种戏靴。——译者注

性都消失了。

固然,现在探讨的这两本著作已经去掉了二月革命的"伟人"以往常常穿着的厚底靴和灵光圈,深入了这些伟人的私生活,让我们看到了他们身穿便服的形象和他们周围形形色色的配角。但是,它们并没有因此而稍微真实地描绘了人物和事件。这两个作者,一个是路易—菲力浦的大名鼎鼎的老牌间谍,另一个是老职业密谋家,后者和警察局的关系也十分暧昧,他的观察力只举出一点就足以说明:他似乎能在莱茵斐尔顿和巴塞尔之间看见"银峰耀目的阿尔卑斯山的巍峨山脉",能在克尔和卡尔斯卢厄之间看见"远处山峰消失在地平线上的莱茵阿尔卑斯山"。这类人要著书,——特别是为了表白自己而写作时——,显然也只能写些多少象讽刺画似的二月革命丑闻录。

马克思、恩格斯:《评科西迪耶尔公民从前的警备队长阿·谢努的"密谋家,秘密组织;科西迪耶尔主持下的警察局;义勇军"1850年巴黎版。评律西安·德拉奥德的"1848年2月共和国的诞生"1850年巴黎版》(1850年3—4月),摘自《马克思恩格斯全集》第7卷,人民出版社1959年4月第1版,第313—314页。

4.(1830年后的德国文坛)在一切文学作品中,都充满所谓的"倾向"

1830年的事件①使整个欧洲顿时陷入了政治骚动,德国文坛也受到这种骚动的影响。当时几乎所有的作家都鼓吹不成熟的立宪主义或更加不成熟的共和主义。用一些定能引起公众注意的政治暗喻来弥补他们作品中才华的不足,越来越成为一种习惯,特别是低等文人的习惯。在诗歌、小说、评论、戏剧中,在一切文学作品中,都充满所谓的"倾向",即反政府情绪的羞羞答答的流露。为了使1830年后在德国盛行的思想混乱达到顶点,这些政治反对派便同大学里没有经过很好消化的对德国哲学的记忆以及法国社会主义,尤其是圣西门主义的被曲解了的只言片语掺混在一起;这一群散布这些杂乱思想的作家,傲慢不逊地自称为青年德意志或现代派。后来他们曾追悔这种青年时代的罪过,但改进自己的文风。

恩格斯:《德国的革命和反革命·普鲁士邦》(1851年9月),摘自《马克

---

① 指1830年法国的七月革命以及继七月革命之后在比利时、波兰、德国和意大利等一系列欧洲国家发生的起义。——编者注

思恩格斯文集》第 2 卷，人民出版社 2009 年 12 月第 1 版，第 361 页。

5. 这样，你（拉萨尔）就得更加莎士比亚化，而我认为，你的最大缺点就是席勒式地把个人变成时代精神的单纯的传声筒

亲爱的拉萨尔：

……

我现在来谈谈《弗兰茨·冯·济金根》。首先，我应当称赞结构和情节，在这方面，它比任何现代德国剧本都高明。其次，如果完全撇开对这个剧本的纯批判的态度，在我读第一遍的时候，它强烈地感动了我，所以，对于比我更容易激动的读者来说，它将在更大的程度上引起这种效果。这是第二个非常重要的方面。

现在来谈谈缺点的一面：**第一**，——这纯粹是形式问题——既然你用韵文写，你就应该把你的韵律安排得更艺术一些。但是，不管**职业诗人**将会对这种疏忽感到多大的震惊，而总的说来，我却认为它是一个优点，因为我们的专事模仿的诗人们除了形式上的光泽，就再没有别的什么了。**第二**，你所构想的冲突不仅是悲剧性的，而且是使 1848—1849 年的革命政党必然灭亡的悲剧性的冲突。因此我只能完全赞成把这个冲突当作一部现代悲剧的中心点。但是我问自己：你所选择的主题是否适合于表现这种冲突？巴尔塔扎尔①的确可以设想，如果济金根不是借骑士纷争的形式举行叛乱，而是打起反对皇权和公开向诸侯开战的旗帜，他就一定会胜利。但是，我们也可以有这种幻想吗？济金根（而胡登多少和他一样）的覆灭并不是由于他的狡诈。他的覆灭是因为他作为**骑士**和作为**垂死阶级的代表**起来反对现存制度，或者说得更确切些，反对现存制度的新形式。如果从济金根身上除去那些属于个人和他的特殊的教养，天生的才能等等的东西，那末剩下来的就只是一个葛兹冯伯利欣根了。在后面这个**可怜**的人物身上，以同样的形式表现出了骑士对皇帝和诸侯所作的悲剧性的反抗，因此，歌德选择他作主人公是正确的。② 在济金根——甚至胡登在某种程度上也是如此，虽然对于他，正象对某个阶级的一切思想家一样，这种说法应当有相当的改变——同诸侯作斗争时（他反对皇帝，只是由于皇帝从骑士的皇帝变成

---

① 拉萨尔的剧本《弗兰茨·冯·济金根》中的人物。——编者注
② 歌德：《葛兹·冯·伯利欣根》。——编者注

诸侯的皇帝），他实际上只不过是一个唐·吉诃德，虽然是被历史认可了的唐·吉诃德。他以骑士纷争的形式发动叛乱，这只是说，他是按**骑士的方式**发动叛乱的。如果他以另外的方式发动叛乱，他就必须在一开始发动的时候就直接诉诸城市和农民，就是说，正好要诉诸那些本身的发展就等于否定骑士制度的阶级。

因此，如果你不想把这种冲突简单地化为《葛兹·冯·伯利欣根》中所描写的冲突——而你也没有打算这样做，——那末，济金根和胡登就必然要覆灭，因为他们自以为是革命者（对于葛兹就不能这样说），而且他们完全象1830年的**有教养的**波兰贵族一样，一方面使自己变成当代思想的传播者，另一方面又在实际上代表着反动阶级的利益。革命中的这些**贵族代表**——在他们的统一和自由的口号后面一直还隐藏着旧日的帝国和强权的梦想——不应当象在你的剧本中那样占去全部注意力，农民和城市革命分子的代表（特别是农民的代表）倒是应当构成十分重要的积极的背景。这样，你就能够在更高得多的程度上用最朴素的形式把最现代的思想表现出来，可是现在除**宗教**自由以外，实际上，国民的**一致**就是你的主要思想。这样，你就得更加**莎士比亚化**，而我认为，你的最大缺点就是**席勒式地**把个人变成时代精神的单纯的传声筒。你自己不是也有些象你的弗兰茨冯济金根一样，犯了把路德式的骑士反对派看得高于闵采尔式的平民反对派这样一种外交错误吗？

其次，我感到遗憾的是，在性格的描写方面看不到什么特出的东西。我是把查理五世、巴尔塔扎尔和理查冯特利尔除外。然而还有别的时代比16世纪有更加突出的性格吗？照我看来，胡登过多地一味表现"兴高采烈"，这是令人厌倦的。他不也是个聪明人、机灵鬼吗？因此你对他不是很不公平吗？

甚至你的济金根——顺便说一句，他也被描写得太抽象了——也是多么苦于不以他的一切个人打算为转移的冲突，这可以从下面一点看出来：他一方面不得不向他的骑士宣传与城市友好等等，另一方面他自己又乐于在城市中施行强权司法。

在细节的方面，有些地方我必须责备你让人物过多地回忆自己，这是由于你对席勒的偏爱造成的。例如，在第121页上，胡登向玛丽亚叙述他的身世时，如果让玛丽亚把从"感觉的全部音阶"等一直到"它比岁月的负担更沉重"这些话说出来，那就极为自然了。

前面的诗句，从"人们说"到"年纪老迈"，可以摆在**后面**，但是"一夜之间处女就变成妇人"这种回忆（虽然这指出玛丽亚不是仅仅知道纯粹抽象的恋爱），是完全多余的；无论如何玛丽亚以回忆自己"年老"来开始，是最不能容许的。在她说了她在"一个"钟头内所叙述的一切以后，她可以用关于她年老的一句话把她的情感一般地表现出来。还有，下面的几行中，"我认为这是权利"（即幸福）这句话使我愤慨。为什么把玛丽亚所说的她迄今对于世界持有的天真看法斥为说谎，因而把它变成关于权利的说教呢？也许下次我将更详细地对你说明我的意见。

我认为济金根和查理五世之间的一场是特别成功的，虽然对话有些太象是公堂对质；还有，在特利尔的几场也是成功的。胡登关于剑的格言是非常好的。

这一次已说得够多了。

你的剧本获得了一个热烈的赞赏者，那就是我的妻子。只是她对玛丽亚不满意。

马克思：《马克思致斐·拉萨尔》（1859 年 4 月 19 日），摘自《马克思恩格斯全集》第 29 卷，人民出版社 1972 年 6 月第 1 版，第 571—575 页。

（二）现实主义反映论与文艺的社会认识作用论

1. 现代英国的一批杰出的小说家，他们在自己的卓越的、描写生动的书籍中向世界揭示的政治和社会真理，比一切职业政客、政论家和道德家加在一起所揭示的还要多

现代英国的一批杰出的小说家，他们在自己的卓越的、描写生动的书籍中向世界揭示的政治和社会真理，比一切职业政客、政论家和道德家加在一起所揭示的还要多。他们对资产阶级的各个阶层，从"最高尚的"食利者和认为从事任何工作都是庸俗不堪的资本家到小商贩和律师事务所的小职员，都进行了剖析。狄更斯、沙克莱、白朗特女士和加斯克耳夫人把他们描绘成怎样的人呢？把他们描绘成一些骄傲自负、口是心非、横行霸道和粗鲁无知的人；而文明世界用一针见血的讽刺诗印证了这一判决。这首诗就是，"上司跟前，奴性活现；对待下属，暴君一般。"

>马克思：《英国的资产阶级》（1854 年），摘自《马克思恩格斯全集》第 10 卷，人民出版社 1962 年 4 月第 1 版，第 686 页。

2. 巴尔扎克作品所包含的法国历史"比所有沃拉贝耳、卡普菲格、路易·勃朗之流的作品中所包含的多得多"

保尔穿上了巴尔扎克的拖鞋①，这太好了！顺便说一下，在我卧床这段时间里，除了巴尔扎克的作品外，别的我几乎什么也没有读，我从这个卓越的老头子那里得到了极大的满足。这里有 1815 年到 1848 年的法国历史，比所有沃拉贝耳、卡普菲格、路易·勃朗之流的作品中所包含的多得多。多么了不起的勇气！在他的富有诗意的裁判中有多么了不起的革命辩证法！

>恩格斯：《恩格斯致劳·拉法格》（1883 年 12 月 1 日），摘自《马克思恩格斯全集》第 36 卷，人民出版社 1975 年 2 月第 1 版，第 77 页。

3. 巴尔扎克以对现实关系具有深刻理解而著名

在资本主义生产占统治地位的社会状态内，非资本主义的生产者也受资本主义观念的支配。以对现实关系具有深刻理解而著名的巴尔扎克，在他最后的一部小说《农民》里，切当地描写了一个小农为了保持住一个高利贷者对自己的厚待，如何白白地替高利贷者干各种活，并且认为，他这样做，并没有向高利贷者献出什么东西，因为他自己的劳动不需要花费他自己的现金。这样一来，高利贷者却可以一箭双雕。他既节省了工资的现金支出，同时又使那个无法在自有土地上劳动而日趋没落的农民，越来越深地陷入高利贷的蜘蛛网中。

>马克思、恩格斯：《资本论》第 3 卷，摘自《马克思恩格斯文集》第 7 卷，人民出版社 2009 年 12 月第 1 版，第 47 页。

4. 关于国有土地如何变化和小农地产如何重新达到 1830 年的极盛时期，可以看阿韦奈耳的《革命星期一》和巴尔扎克的小说《农民》

对法国农民的历史应该持批判态度。至于说到耕地面积大小，无论在法国或在德国和东欧，通常都是小块土地耕种，相比之下，实行劳役制的大规模的耕种则是一种例外。由于革命，农民逐渐成了自己小块土地的所有者，但在这以后，他们在一段时间内至少在名义上往

---

① 可能指保尔·拉法格打算写一本小说。——译者注

往还是佃农（但在大多数场合不交租）。关于国有土地如何变化（其中很大一部分在拿破仑时代和王朝复辟时期归还了贵族，而另一部分在1826年以后由贵族用流亡者的十亿资金买下了）和小农地产如何重新达到1830年的极盛时期，可以看阿韦奈耳的《革命星期一》和巴尔扎克的小说《农民》。

> 恩格斯：《恩格斯致库格曼》（1889年1月10日），摘自《马克思恩格斯全集》第37卷，人民出版社1971年6月第1版，第124—125页。

5. 巴尔扎克曾对各色各样的贪婪作过透彻的研究

例如巴尔扎克曾对各色各样的贪婪作过透彻的研究。那个开始用积累商品的方式来进行货币贮藏的老高利贷者高布赛克，在他笔下已经是一个老糊涂虫了。

> 马克思：《资本论》第1卷，摘自《马克思恩格斯文集》第680页注释（28a）。

6. 这两本小杰作充满了值得玩味的讽刺

现在我只能给你写这几行字，因为房东的代理人正在这里，我对他不得不扮演巴尔扎克喜剧中的梅尔卡岱①的角色。讲到巴尔扎克，我建议你读一读他的《不出名的杰作》和《言归于好的麦尔摩特》。这两本小杰作充满了值得玩味的讽刺。

> 马克思：《马克思致恩格斯》（1866年2月25日），摘自《马克思恩格斯全集》第31卷，人民出版社1972年6月第1版，第280页。

7. 把"古史诗的一切古代文学作品""都看作同样珍贵的史料，是完全有理由的"

我们越是深入地追溯历史，同出一源的各个民族之间的差异之点，也就越来越消失。一方面这是由于史料本身的性质，——时代越远，史料也越少，只包括最重要之点；另一方面这是由这些民族本身的发展所决定的。同一个种族的一些分支距他们最初的根源越近，他们相互之间就越接近，共同之处就越多。雅科布·格林在研究德意志民族性格、德意志风俗习惯和法律关系时，一向把从记载基姆布利人进军的罗马史学家到不来梅的亚当和萨克森·格腊马提克所提供的一切证据，从"贝奥伍耳夫"和"希尔

---

① 巴尔扎克的喜剧《生意人》中的主角。——编者注

德布兰德之歌"到"艾达"① 和古史诗的一切古代文学作品，从 Leges barbarorum② 到古丹麦和古瑞典法律以及日耳曼习惯法记录的一切法律汇编，都看作同样珍贵的史料，是完全有理由的。这一种或那一种特点，可能只有地方性的意义，但是它所反映的那种特征却是整个种族所共同具有的，而史料的年代越是久远，这种地方性的差别就越是少见。

恩格斯：《爱尔兰史——古代的爱尔兰》（1870 年 5 月—7 月上半月），摘自《马克思恩格斯全集》第 16 卷，人民出版社 1964 年 2 月第 1 版，第 570—571 页。

8. 如果我们看到的是一位真正伟大的艺术家，那么他在自己的作品中至少会反映出革命的某些本质的方面

把这位伟大艺术家的名字同他显然不理解、显然避开的革命联系在一起，初看起来，会觉得奇怪和勉强。分明不能正确反映现象的东西，怎么能叫作镜子呢？然而我国的革命是一个非常复杂的现象；在直接进行革命、参加革命的群众当中，各社会阶层的许多人也显然不理解正在发生的事情，也避开了事变进程向他们提出的真正具有历史意义的任务。如果我们看到的是一位真正伟大的艺术家，那么他在自己的作品中至少会反映出革命的某些本质的方面。

俄国的合法报刊登满了祝贺托尔斯泰 80 寿辰的文章、书信和简讯，可是很少注意从俄国革命的性质、革命的动力这个角度去分析他的作品。所有这些报刊都充满了伪善，简直令人作呕。有官方的和自由派的两种伪善。前一种是卖身投靠的无耻文人露骨的伪善，他们昨天还奉命攻击列·托尔斯泰，今天却奉命在托尔斯泰身上寻找爱国主义，力求在欧洲面前遵守礼节。这班无耻文人写了文章有赏钱，这是人人都知道的；他们欺骗不了任

---

① "贝奥伍耳夫"是叙述传奇英雄贝奥伍耳夫事迹的史诗，是现存古代盎格鲁撒克逊诗歌中最出色的作品。这一史诗大概产生于八世纪；它是以六世纪上半叶日耳曼部落的民间传说为基础的。
"希尔德布兰德之歌"是一首歌颂英雄事迹的长诗，是八世纪古日耳曼史诗中保留下来的一些片断。
"艾达"是一部斯堪的那维亚各民族的神话和英雄传说与歌曲的集子；保存下来的"艾达"有两种形式，一种是十三世纪时的手稿，1643 年为冰岛主教斯魏因森所发现（即所谓"老艾达"），另一种是十三世纪初诗人和编年史家斯诺里·斯土鲁森所编的古北欧歌唱诗人诗歌论集（即所谓"小艾达"）。"艾达"中的诗歌反映了氏族制度解体和民族迁徙时期斯堪的那维亚社会的状况。从中可以看到古代日耳曼人的民间创作中的一些形象和情节。——编者注

② Leges barbarorum（野蛮人法典）是五世纪至九世纪间编成的各日耳曼部落的习惯法的记录。——编者注

何人。自由派的伪善则巧妙得多，因而也有害得多、危险得多。请听《言语报》的那些立宪民主党的巴拉莱金之流吧。他们对托尔斯泰的同情是最充分和最热烈的了。其实，有关这位"伟大的寻神派"的那种装腔作势的言论和冠冕堂皇的空谈不过是十足的虚伪，因为俄国的自由派既不相信托尔斯泰的上帝，也不赞成托尔斯泰对现行制度的批判。他们攀附这个极有声望的名字，是为了增加自己的政治资本，是为了扮演全国反对派领袖的角色。他们极力用吵吵嚷嚷的空谈来淹没人们要求对下列问题作直截了当答复的呼声："托尔斯泰主义"的显著矛盾是由什么造成的，这些矛盾表现了我国革命中的哪些缺陷和弱点？

列宁：《列夫·托尔斯泰是俄国革命的镜子》（1908年9月11日〔24日〕），选自《列宁选集》第17卷，人民出版社1988年10月第2版，第181—182页。

9. 托尔斯泰学说不是什么个人的东西，不是什么反复无常和标新立异的东西，而是由千百万人在相当长的时期内实际所处的一种生活条件产生的思想体系

  1862—1904年这一时期，俄国正处于这样的变革时代，这时旧的东西无可挽回地在大家眼前崩溃了，新的东西则刚刚开始形成，而且形成这些新东西的社会力量，直到1905年才第一次在辽阔的全国范围内、在各种场合的群众性的公开活动中真正表现出来。继俄国1905年的事变之后，正是在东方，在托尔斯泰于1862年所引证的那个"静止不动的"东方，有许多国家也发生了类似的事变。1905年是"东方的"静止不动状态结束的开端。正因为如此，所以这一年是托尔斯泰主义的历史终点，是那个可能和本该产生托尔斯泰学说的整个时代的终点，而托尔斯泰学说不是什么个人的东西，不是什么反复无常和标新立异的东西，而是由千百万人在相当长的时期内实际所处的一种生活条件产生的思想体系。

  托尔斯泰的学说无疑是空想的学说，就其内容来说是反动的（这里是就反动一词的最正确最深刻的含义来说的）。但是决不应该由此得出结论说，这个学说不是社会主义的，这个学说里没有可以为启发先进阶级觉悟提供宝贵材料的批判成分。

  有各种各样的社会主义。在一切采用资本主义生产方式的国家里，有一种社会主义，它代表着将代替资产阶级的那个阶级的思想体系，也有另一种社会主义,它是同那些被资产阶级所代替的阶级的思想体系相适应的。例如,封建社会主义就是后一种社会主义,**这种社会主义的性质,早在60多年以前,马克思在评价其他各种社会主义的时候就评价过了**①。

列宁:《列·尼·托尔斯泰和他的时代》(1911年1月22日〔2月4日〕),摘自《列宁全集》第20卷,人民出版社1989年10月第2版,第102—103页。

10. 托尔斯泰的观点中的矛盾,不是仅仅他个人思想上的矛盾,而是一些极其复杂的矛盾条件、社会影响和历史传统的反映

在托尔斯泰的作品里,表现出来的正是农民群众运动的力量和弱点、它的威力和局限性。他对国家、对警方官办教会的那种强烈的、激愤的而且常常是尖锐无情的抗议,表达了原始的农民民主运动的情绪,在这种原始的农民民主运动中,积聚了由于几世纪以来农奴制的压迫,官吏的专横和掠夺,以及教会的伪善、欺骗和诡诈而迸发出来的极大的愤怒和仇恨。他对土地私有制的坚决反对,表达了处在这样一个历史时期的农民群众的心理状态,在这个历史时期里,旧的中世纪土地占有制,即地主土地占有制和官家的"份地"占有制,完全变成了不可忍受的?阻挡俄国今后发展的障碍,这种旧的土地占有制不可避免地要遭到最剧烈的、无情的破坏。他满怀最深沉的感情和最强烈的愤怒对资本主义进行的不断的揭露,充分表现了宗法制农民的恐惧,因为在他面前出现的是一个看不见的和不可理解的新敌人,这个敌人不知来自什么城市或者什么外国,它破坏农村生活的一切"基础",带来了前所未有的破产、贫困、野蛮、卖淫、梅毒以及死于饥饿的惨境这些"原始积累时代"的一切灾难,而这一切灾难又由于库庞先生②所创造的最新的掠夺方法被移植到俄国土地上而百倍地加重了。

但是,这位强烈的抗议者、愤怒的揭发者和伟大的批评家,同时也在自己的作品里暴露了他不理解产生俄国所面临的危机的原因和摆脱这个危机的方法,这种不理解只是天真的宗法制农民的特性,而不该是一个受过欧洲式

---

① 见《马克思恩格斯全集》第4卷,人民出版社1958年8月第1版,第491—493页。——编者注

② 库庞先生,(库庞是俄文 купон 的音译,意为息票)是19世纪80—90年代俄国文学作品中用来表示资本和资本家的借喻语。这个词是俄国作家格·伊·乌斯宾斯基在随笔《罪孽深重》中用开的。——编者注

教育的作家的特性。反对农奴制的和警察的国家的斗争，反对君主制度的斗争，在他那里竟变成了对政治的否定，形成了"对邪恶不抵抗"的学说，结果完全避开了1905—1907年的群众革命斗争、一方面反对官办的教会，另一方面却鼓吹净化了的新宗教，即用一种净化了的精制的新毒药来麻醉被压迫群众。否定土地私有制，结果却不去集中全力反对真正的敌人，反对地主土地占有制和它的政权工具即君主制度，而只是发出幻想的、含糊的、无力的叹息。一方面揭露资本主义以及它给群众带来的苦难，另一方面却对国际社会主义无产阶级所领导的全世界解放斗争抱着极其冷漠的态度。

托尔斯泰的观点中的矛盾，不是仅仅他个人思想上的矛盾，而是一些极其复杂的矛盾条件？社会影响和历史传统的反映，这些东西决定了改革**后**和革命**前**这一时期俄国社会各个阶级和各个阶层的心理。

所以，只有从社会民主主义无产阶级的观点出发，才能对托尔斯泰作出正确的评价，因为无产阶级在第一次解决这些矛盾的时候，在革命的时候，已经以自己的政治作用和自己的斗争，证明它适合于担当争取人民自由和争取把群众从剥削制度下解放出来的斗争的领袖，证明它是忘我地忠诚于民主事业的，而且是能够同资产阶级民主派也包括农民民主派的局限性和不彻底性进行斗争的。

请看一看政府的报纸对托尔斯泰的评价。它们流着鳄鱼的眼泪，硬说自己尊崇这位"伟大的作家"，同时又维护"最神圣的"正教院[①]。

> 列宁：《列·尼·托尔斯泰》（1910年11月16日〔29日〕），摘自《列宁全集》第20卷，人民出版社1989年10月第2版，第20—24页。

11. 这个时期的过渡性质，产生了托尔斯泰作品和"托尔斯泰主义"的一切特点

列·托尔斯泰所处的时代，他的天才艺术作品和他的学说中非常突出

---

① 正教院是俄国管理正教事务的最高国家机关，建立于1721年，当时称圣执政正教院，与参议院的地位相等。正教院管理的事项有：纯粹宗教性质的事项（解释教义、安排宗教仪式和祈祷等），教会行政和经济事项（任免教会负责人员，管理教会财产等），宗教法庭事项（镇压异教徒和分裂派教徒、管理宗教监狱、检查宗教书刊、审理神职人员案件等）。正教院成员由沙皇从高级宗教人士中任命，另外从世俗人士中任命正教院总监，对正教院的活动进行监督。十月革命后，苏维埃政权撤销了正教院。正教院后来作为纯教会机构重新建立，是莫斯科和全俄总主教下的咨询机关。

列·尼·托尔斯泰于1901年被正教院革除教籍，原因之一是他在小说《复活》中对教会礼仪作了尖锐的批判。——编者注

地反映出来的时代，是1861年以后到1905年以前这个时代。诚然，托尔斯泰文学活动开始得要比这个时期早，其结束则要比这个时期晚，但是列·托尔斯泰作为艺术家和思想家，正是在这个时期完全成熟的。这个时期的过渡性质，产生了托尔斯泰作品和"托尔斯泰主义"的**一切**特点。

在《安娜·卡列尼娜》一书中，托尔斯泰借康·列文之口非常清楚地道出了这半个世纪俄国历史所发生的转变。

"……关于收成、雇用工人等等的谈话，列文知道，这种谈话通常都被认为是很庸俗的……现在在列文看来有些却是重要的话题了。'也许这在农奴制度下并不重要，或者在英国也不重要。在这两种场合，条件本身是确定了的；可是现在在我们这里，当一切都颠倒过来，而且刚刚开始形成的时候，这些条件将怎样形成的问题，倒是俄国唯一重要的问题了。'——列文想道。"（《托尔斯泰全集》第10卷第137页）

"现在在我们这里，一切都颠倒过来，而且刚刚开始形成"，——很难想象还有比这更能恰当地说明1861—1905年这个时期特征的了。那"颠倒过来"的东西，是每个俄国人都非常了解的，至少也是很熟悉的。这就是农奴制度以及与之相适应的整个"旧秩序"。那"刚刚开始形成"的东西，却是最广大的人民群众完全不熟悉的，陌生的，不了解的。托尔斯泰模模糊糊地看到的这个"刚刚开始形成的"资产阶级制度是一个象英国那样的吓人的怪物。的确是一个吓人的怪物，因为关于这个"英国"的社会制度的基本特点，这种制度同资本的统治、同金钱的作用、同交换的出现和发展之间的联系，可以说，托尔斯泰是根本不想弄明白的。他象民粹派一样，闭起眼睛，根本不愿意看到，甚至拒绝去想在俄国"开始形成"的东西正是资产阶级制度。

确实，从俄国整个社会政治活动的迫切任务来看，这个在"英"、德、美、法等国采取了极不相同的形式的制度，即资产阶级制度"将怎样形成"的问题，对于1861—1905年这个时期（甚至现代）来说，即使不是"唯一重要的"问题，那也是极为重要的问题。但是这样明确地、具体地、历史地提出问题，对于托尔斯泰来说，却是一件完全陌生的事情。他总是抽象地发议论，他只承认"永恒的"道德原则和永恒的宗教真理的观点，而没有认识到这种观点仅仅是旧的（"颠倒过来的"）制度，即农奴制度、东方各民族的生活制度在思想上的反映。

……

悲观主义、不抵抗主义、向"精神"呼吁，是这样一个时代必然要出现的思想体系，在这个时代，整个旧制度已经"颠倒过来"，而群众是在这个旧制度下教养出来的，他们从吃母亲奶的时候起就接受了这个制度的原则、习惯、传统和信仰，他们看不出也不可能看出"开始形成"的新制度是**什么样子**，是**哪些**社会力量在"形成"这种新制度以及怎样"形成"这种新制度，哪些社会力量**能够**消除"变革"时代所特有的无数特别深重的灾难。

列宁：《列·尼·托尔斯泰和他的时代》（1911年1月22日〔2月4日〕），摘自《列宁全集》第20卷，人民出版社1989年10月第2版，第100—102页。

12. 艺术家托尔斯泰的作品，思想家托尔斯泰的观点反映的正是旧俄国的一切旧"基础"的这种迅速、激烈而急剧地被摧毁

列·托尔斯泰是在农奴制还存在的时候开始自己的文学活动的，但那时的农奴制显然已经是末日临头了。托尔斯泰的主要活动，是在俄国历史的两个转折点之间即1861年和1905年之间的那个时期进行的。在这个时期，俄国整个经济生活（特别是农村经济生活）和整个政治生活中处处可见农奴制的痕迹和它的直接残余。同时，这个时期正好是资本主义从下面蓬勃生长和从上面得到培植的时期。

农奴制的残余表现在什么地方呢？最主要和最明显的表现是：在俄国这个以农业为主的国家中，这个时期的农业是由破产的、贫困的农民经营的，他们用陈旧的和原始的方法，耕种1861年为了地主利益而分割的旧时农奴制的份地。另一方面，农业又是由地主经营的，他们在俄国中部用农民的劳动、农民的木犁和农民的马匹来耕种土地，而农民所得的代价是使用一些"割地"？割草场和饮马场等等。实质上，这还是旧的农奴制经济制度。这个时期的俄国政治制度也彻头彻尾体现了农奴制精神。这既可以从1905年开始初步变动以前的国家制度中看出来，也可以从贵族—土地占有者对于国事具有绝对影响中看出来，还可以从那些主要也是由贵族—土地占有者出身的官吏，特别是高级官吏拥有无限权力中看出来。

这个古老的宗法制的俄国，在1861年以后就开始在世界资本主义的影响下迅速崩溃了。农民忍饥挨饿，大批死亡，遭到前所未有的破产，他们抛弃了土地，跑到城市里去。由于破产农民的"廉价劳动"，铁路和工厂

在加紧修建、巨大的金融资本、大规模的工商业在俄国得到了发展。

艺术家托尔斯泰的作品,思想家托尔斯泰的观点反映的正是旧俄国的一切旧"基础"的这种迅速、激烈而急剧地被摧毁。

托尔斯泰非常熟悉乡村的俄国,熟悉地主和农民的生活。他在自己的艺术作品里对这种生活作了世界最优秀的文学作品中才有的十分出色的描绘。乡村俄国一切"旧基础"的这种急剧地被摧毁,使他对周围所发生的事情加强了注意,加深了兴趣,从而使他的整个世界观发生了变化。就出身和所受的教育来说,托尔斯泰属于俄国上层地主贵族,但是他抛弃了这个阶层的一切传统观点,他在自己的后期作品里,对现存一切国家制度、教会制度、社会制度和经济制度作了激烈的批判,而这些制度所赖以建立的基础,就是对群众的奴役,就是群众的贫困化,就是农民以至所有小业主的破产,就是从上到下充斥整个现代生活的暴力和伪善。

> 列宁:《列·尼·托尔斯泰和现代工人运动》(1910年11月28日〔12月11日〕),摘自《列宁全集》第20卷,人民出版社1989年10月第2版,第39—40页。

13. 托尔斯泰的学说反映了直到最底层都在掀起汹涌波涛的伟大的人民海洋,既反映了它的一切弱点,也反映了它的一切长处

托尔斯泰以巨大的力量和真诚鞭笞了统治阶级,十分鲜明地揭露了现代社会所借以维持的一切制度——教会、法庭、军国主义、"合法"婚姻、资产阶级科学——的内在的虚伪。但是,他的学说同现存制度的掘墓人无产阶级的生活、工作和斗争是完全矛盾的。列夫·托尔斯泰的说教究竟反映了什么人的观点呢?他说的话是代表整个俄罗斯千百万人民群众的,人民群众**已经**憎恨现代生活的主宰者,但是**还没**有达到去同他们进行自觉的、一贯的、坚持到底的、不可调和的斗争的程度。

伟大的俄国革命的历史和结局表明,**介于**觉悟的社会主义无产阶级和旧制度的坚决维护者**之间**的群众,正是这样的。这些群众——主要是农民——在革命中表明,他们对旧制度的仇恨是多么深刻,他们对现存制度带来的一切苦难的感受是多么痛切,他们向往摆脱这些苦难并找到美好生活的自发愿望是多么强烈。

同时,这些群众在革命中也表明,他们的仇恨还不够自觉,他们的斗争还不够彻底,他们对美好生活的追求还只局限在狭小的范围内。

托尔斯泰的学说反映了直到最底层都在掀起汹涌波涛的伟大的人民海洋，既反映了它的一切弱点，也反映了它的一切长处。

列宁：《托尔斯泰和无产阶级斗争》（1910年12月18日〔31日〕），摘自《列宁全集》第20卷，人民出版社1989年10月第2版，第71页。

14. 托尔斯泰反映了强烈的仇恨、已经成熟的对美好生活的向往和摆脱过去的愿望，同时也反映了耽于幻想、缺乏政治素养、革命意志不坚定这种不成熟性

托尔斯泰反映了强烈的仇恨、已经成熟的对美好生活的向往和摆脱过去的愿望，同时也反映了耽于幻想、缺乏政治素养、革命意志不坚定这种不成熟性。历史条件和经济条件既说明发生群众革命斗争的必然性，也说明他们缺乏斗争的准备，像托尔斯泰那样对邪恶不抵抗；而这种不抵抗是第一次革命运动失败的极重要的原因。

常言道：战败的军队会很好地学习。当然，把革命阶级比作军队，只有在极有限的意义上是正确的。资本主义的发展每时每刻都在改变和加强那些推动千百万农民进行革命民主主义斗争的条件，这些农民由于仇恨地主——农奴主和他们的政府而团结起来了。就是在农民中间，交换的增长、市场统治和货币权力的加强，也正在一步一步排除宗法式的旧东西和宗法式的托尔斯泰思想。但是，最初几年的革命和最初几次群众革命斗争的失败，毫无疑问得到了一种收获，即群众以前那种软弱性和散漫性遭受了致命的打击。分界线更加清楚了。各阶级、各政党彼此划清了界限。在斯托雷平教训的敲打下，在革命社会民主党人坚持不渝的鼓动下，不仅从社会主义无产阶级中，甚至从民主主义的农民群众中，也必然会涌现出锻炼得愈来愈好、能够愈来愈少重犯我国托尔斯泰主义历史罪过的战士！

列宁：《列夫·托尔斯泰是俄国革命的镜子》（1908年9月11日〔24日〕），选自《列宁全集》第17卷，人民出版社1988年10月第2版，第187—188页。

15. 赫尔岑的精神悲剧，是资产阶级民主派的革命性已在消亡（在欧洲）而社会主义无产阶级的革命性尚未成熟这样一个具有世界历史意义的时代的产物和反映

1848年以后，赫尔岑的精神崩溃，他的十足的怀疑论和悲观论，是社会主义运动中的**资产阶级幻想**的破产。赫尔岑的精神悲剧，是资产阶级民主派的革命性**已在**消亡（在欧洲）而社会主义无产阶级的革命性**尚未**成熟这样一个具有世界历史意义的时代的产物和反映。这是现在那些用华丽词藻大谈赫尔岑的怀疑论来掩盖自己反革命性并大唱俄国自由派高调的骑士们不理解而且也无法理解的。在这些出卖了1905年俄国革命、根本不再想到**革命家**的伟大称号的骑士们那里，怀疑论就是从民主派到自由派，到趋炎附势、卑鄙龌龊、穷凶极恶的自由派的转化形式，这种自由派在1848年枪杀过工人，恢复过已被摧毁的皇朝，向拿破仑第三鼓过掌，正是这种自由派遭到过赫尔岑的**咒骂**，尽管他还没有识破他们的阶级本质。

在赫尔岑那里，怀疑论是从"超阶级的"资产阶级民主主义幻想到无产阶级严峻的、不屈不挠的、无往不克的阶级斗争的转化形式。赫尔岑在1869年即逝世前一年写给巴枯宁的几封《致老友书》就是证明。赫尔岑与无政府主义者巴枯宁决裂了。诚然，赫尔岑把这种决裂还只是看作策略上的意见分歧，而不是看作相信本阶级定会胜利的无产者的世界观同绝望的小资产者的世界观之间的一道鸿沟。诚然，赫尔岑在这里又重复了旧的资产阶级民主主义的词句，说什么社会主义应当"向工人和雇主、农民和小市民同样作宣传"。但是，赫尔岑与巴枯宁决裂时，他的视线并不是转向自由主义，而是转向**国际**①，转向马克思所领导的国际，转向已经开始"**集合**"无产阶级"**队伍**"、团结"抛弃了不劳而获者的世界"的那个"**劳工世界**"的国际！

列宁：《纪念赫尔岑》（1912年4月25日〔5月8日〕），摘自《列宁全集》第21卷，人民出版社1990年2月第2版，第262—263页。

16. 托尔斯泰的每一个批评意见，都是给资产阶级自由主义的一记耳光

而最神圣的神父们刚刚干了一桩特别卑鄙龌龊的事情，他们派几个神父到这个濒危的人那里去，目的是欺骗人民，说托尔斯泰"忏悔了"。最神圣

---

① 指国际工人协会。——编者注
国际工人协会（第一国际）是国际无产阶级的第一个群众性的革命组织，1864年9月28日在伦敦建立。马克思为国际工人协会起草了成立宣言和临时章程等重要文件，规定其任务是：团结各国工人，为完全解放工人阶级并消灭任何阶级统治而斗争。国际工人协会的中央领导机关是总委员会，马克思是总委员会的成员。国际工人协会在马克思和恩格斯的指导下，团结了各国工人阶级，传播了科学社会主义，同蒲鲁东主义、工联主义、拉萨尔主义、巴枯宁主义等各种机会主义流派进行了坚决的斗争。国际工人协会积极支持了1871年的巴黎工人起义。巴黎公社失败后，反动势力猖獗，工人运动处于低潮。1872年海牙代表大会以后，国际工人协会实际上已停止活动。根据马克思的建议，国际工人协会于1876年7月在费城代表会议上正式宣布解散。——编者注

的正教院开除了托尔斯泰的教籍。这样倒更好些。当人民将来惩治这些身披袈裟的官吏、信奉基督的宪兵、支持沙皇黑帮匪徒的反犹太大暴行和其他功绩的居心叵测的异端裁判官的时候，对正教院的这一功绩也要加以清算的。

再看一看自由派的报纸对托尔斯泰的评价。它们用一些官方自由主义的、陈腐不堪的教授式的空话来支吾搪塞，说什么"文明人类的呼声"、"世界一致的反响"、"真和善的观念"等等；然而正是因为这些空话，托尔斯泰才痛斥了（而且公正地痛斥了）资产阶级的科学。这些报纸所以**不能**直接而明确地评价托尔斯泰对国家、教会、土地私有制和资本主义的看法，并不是因为书报检查机关妨碍它们这样做，恰恰相反，正是书报检查机关在帮助它们摆脱困境！这是因为托尔斯泰的每一个批评意见，都是给资产阶级自由主义的一记耳光；这是因为托尔斯泰无畏地、公开地、尖锐无情地**提出了**我们这个时代最迫切、最该死的问题，光是这些问题的提出就给了我国自由派（以及自由主义民粹派）政论界千篇一律的空话、陈腐的谬论以及闪烁其词的"文明的"谎言**以当头一棒**。自由派竭力维护托尔斯泰，竭力反对正教院，但同时他们又维护……路标派①，认为同路标派"可以进行争论"，但"应当"同他们在一个党内和睦相处，"应当"在写作方面和政治方面同他们一起工作？而路标派现在正受到安东尼·沃伦斯基的亲吻。

自由派强调的是：托尔斯泰是"伟大的良心"？这难道不是《新时报》②这类报纸重复过千百遍的废话吗？这难道不是回避托尔斯泰所**提出**的那些民主主义和社会主义的**具体**问题吗？这难道不是强调那种表现托

---

① 路标派是指俄国立宪民主党人的著名政论家、反革命自由派资产阶级的代表人物尼·亚·别尔嘉耶夫、谢·尼·布尔加柯夫、米·奥·格尔申宗、亚·索·伊兹哥耶夫、波·亚·基斯嘉科夫斯基、彼·伯·司徒卢威和谢·路·弗兰克。1909年春，他们把自己的论述俄国知识分子的一批文章编成文集在莫斯科出版，取名为《路标》，路标派这一名称即由此而来。在这些文章中他们妄图诋毁俄国解放运动的革命民主主义传统，贬低维·格·别林斯基、尼·亚·杜勃罗留波夫、尼·加·车尔尼雪夫斯基、德·伊·皮萨列夫等人的观点和活动。他们诬蔑1905年的革命运动，感谢沙皇政府"用自己的刺刀和牢狱"把资产阶级"从人民的狂暴中"拯救了出来。列宁在《论〈路标〉》一文中对立宪民主党黑帮分子的这一文集作了批判分析和政治评价（见《列宁全集》第2版第19卷第167—176页）。——编者注

② 《新时报》（НовоеВремя）是俄国报纸，1868—1917年在彼得堡出版、出版人多次更换，政治方向也随之改变。1872—1873年采取进步自由主义方针。1876—1912年由反动出版家阿·谢·苏沃林掌握，成为俄国最没有原则的报纸。1905年起是黑帮报纸。1917年二月革命后，完全支持资产阶级临时政府的反革命政策，攻击布尔什维克。1917年10月26日（11月8日）被查封。列宁称《新时报》是卖身投靠的报纸的典型。——编者注

尔斯泰的偏见而不表现他的理智的东西吗？不是强调他的属于过去而不属于未来的东西吗？不是强调他对政治的否定和关于道德上的自我修身的说教而忽略他对一切阶级统治的激烈抗议吗？

列宁：《列·尼·托尔斯泰》（1910年11月16日〔29日〕），摘自《列宁全集》第20卷，人民出版社1989年10月第2版，第24—25页。

17. 在他的遗产里，还有着没有成为过去而是属于未来的东西

托尔斯泰逝世了，革命前的俄国也已成为过去，它的软弱和无力已被这位天才艺术家表现在他的哲学里，描绘在他的作品中。但是在他的遗产里，还有着没有成为过去而是属于未来的东西。俄国无产阶级正在接受这份遗产，研究这份遗产。俄国无产阶级要向被剥削劳动群众阐明托尔斯泰对国家、教会、土地私有制的批判的意义，——这样做不是为了让群众局限于自我修身和对圣洁生活的憧憬，而是让他们振奋起来对沙皇君主制和地主土地占有制进行新的打击，这种君主制和土地占有制在1905年只是受了些轻伤，必须把它们消灭干净。俄国无产阶级要向群众阐明托尔斯泰对资本主义的批判，——这样做不是为了让群众局限于诅咒资本和金钱势力，而是让他们学会在自己的生活和斗争中处处依靠资本主义的技术成就和社会成就，学会把自己团结成一支社会主义战士的百万大军，去推翻资本主义，去创造一个人民不再贫困。人不再剥削人的新社会。

列宁：《列·尼·托尔斯泰》（1910年11月16日〔29日〕），摘自《列宁全集》第20卷，人民出版社1989年10月第2版，第25—26页。

18. 工人的政党应当纪念赫尔岑，当然不是为了讲些庸俗的颂词，而是为了阐明自己的任务，为了阐明这位在为俄国革命作准备方面起了伟大作用的作家的真正历史地位

赫尔岑诞生一百周年了。全俄国的自由派都在纪念他，可是又小心翼翼地回避重大的社会主义问题，费尽心机地掩盖**革命家**赫尔岑与自由主义者的不同之处。右派报刊也在悼念赫尔岑，但是撒谎骗人，硬说赫尔岑晚年放弃了革命。至于侨居国外的自由派和民粹派纪念赫尔岑的言论，则满篇都是漂亮的空话。

工人的政党应当纪念赫尔岑，当然不是为了讲些庸俗的颂词，而是为了阐明自己的任务，为了阐明这位在为俄国革命作准备方面起了伟大作用的作家的真正历史地位。

赫尔岑是属于19世纪上半叶贵族地主革命家那一代的人物。俄国贵族中间产生了比龙和阿拉克切耶夫之流，产生了无数"酗酒的军官、闹事的无赖、嗜赌成性的败类、集市上的好汉、养猎犬的阔少、寻衅打架的暴徒、掌笞刑的打手、淫棍"以及温情的马尼洛夫①之流。赫尔岑写道："但是在他们中间，也出现了12月14日的人物②，出现了像罗慕洛和瑞穆斯③那样由兽乳养大的一大群英雄……这是一些从头到脚用纯钢铸成的勇士，是一些顶天立地的战士，他们自觉地赴汤蹈火，以求唤醒年轻的一代走向新的生活，并洗净在专横暴虐和奴颜婢膝的环境中出生的子弟身上的污垢。"

赫尔岑就是这些子弟中的一个。十二月党人的起义唤醒了他，并且把他"洗净"了。他在19世纪40年代农奴制的俄国，竟能达到当时最伟大的思想家的水平。他领会了黑格尔的辩证法。他懂得辩证法是"革命的代数学"。他超过黑格尔，跟着费尔巴哈走向了唯物主义。1844年写的《自

---

① 马尼洛夫是俄国作家尼·瓦·果戈理的小说《死魂灵》中的一个地主，他生性怠惰，终日想入非非，崇尚空谈，刻意地讲究虚伪客套。后人常用马尼洛夫来形容耽于幻想的人物。——编者注

② 指十二月党人。

十二月党人是俄国贵族革命家，因领导1825年12月14日（26日）的彼得堡卫戍部队武装起义而得名。在起义前，十二月党人建立了三个秘密团体：1821年成立的由尼·米·穆拉维约夫领导的、总部设在彼得堡的北方协会；同年在乌克兰第二集团军驻防区成立的由帕·伊·佩斯捷利领导的南方协会；1823年成立的由安·伊·和彼·伊·波里索夫兄弟领导的斯拉夫人联合会。这三个集团的纲领都要求废除农奴制和限制沙皇专制。但是十二月党人害怕发生广泛的人民起义，因而企图通过没有人民群众参加的军事政变来实现自己的要求。1825年12月14日（26日），在向新沙皇尼古拉一世宣誓的当天上午，北方协会成员率领约3000名同情十二月党人的士兵开进彼得堡参议院广场。他们计划用武力阻止参议院和国务会议向新沙皇宣誓，并迫使参议员签署告俄国人民的革命宣言，宣布推翻政府、废除农奴制、取消兵役义务、实现公民自由和召开立宪会议。但十二月党人的计划未能实现，因为尼古拉一世还在黎明以前，就使参议院和国务会议举行了宣誓。尼古拉一世并把忠于他的军队调到广场，包围了起义者，下令发射霰弹。当天傍晚起义被镇压下去。据政府发表的显系缩小了的数字，在参议院广场有70多名"叛乱者"被打死。南方协会成员领导的切尔尼戈夫团于1825年12月29日（1826年1月10日）在乌克兰举行起义，也于1826年1月3日（15日）被沙皇军队镇压下去。

沙皇政府残酷惩处起义者，十二月党人的著名领导者佩斯捷利、谢·伊·穆拉维约夫—阿波斯托尔、孔·费·雷列耶夫、米·巴·别斯图热夫—留明和彼·格·卡霍夫斯基于1826年7月13日（25日）被绞死，121名十二月党人被流放西伯利亚，数百名军官和4000名士兵被捕并受到惩罚。十二月党人起义对后来的俄国革命运动产生了很大影响。——编者注

③ 罗慕洛和瑞穆斯是罗马神话中的人物，西尔维亚和战神马尔斯结合而生的一对孪生兄弟。他们生下不久被国王阿穆利乌斯投入台伯河，但河水把这对婴儿漂到岸边。战神马尔斯派一只母狼把他们带入山洞，用狼奶喂养他们。他们长大后体格健壮，膂力过人，性格刚强，见义勇为，深得人民的爱戴。两人中的罗慕洛是罗马城的建造者。——编者注

然研究书简》(第一封信。——《经验和唯心主义》),向我们表明,这位思想家甚至在今天也比无数现代经验论的自然科学家和一大群现时的哲学家即唯心主义者和半唯心主义者高出一头。赫尔岑已经走到辩证唯物主义跟前,可是在历史唯物主义前面停住了。

正因为赫尔岑这样"停住"了,所以他在1848年革命失败之后精神上崩溃了。赫尔岑当时已经离开俄国,亲眼目睹了这场革命。当时他是一个民主主义者、革命家、社会主义者。但是,他的"社会主义"是盛行于1848年时代而被六月事件彻底粉碎了的无数资产阶级和小资产阶级社会主义形式和变种的一种。其实,这根本不是社会主义,而是一种温情的词句,是资产阶级民主派以及尚未脱离其影响的无产阶级用来表示他们**当时**的革命性的一种善良的愿望。

列宁:《纪念赫尔岑》(1912年4月25日〔5月8日〕),摘自《列宁全集》第21卷,人民出版社1990年2月第2版,第261—262页。

19. 粉碎沙皇君主制恶棍,而赫尔岑就是通过向群众发表自由的俄罗斯言论,举起伟大的斗争旗帜来反对这个恶棍的第一人

我们纪念赫尔岑时,清楚地看到先后在俄国革命中活动的三代人物、三个阶级。起初是贵族和地主,十二月党人和赫尔岑。这些革命者的圈子是狭小的。他们同人民的距离非常远。但是,他们的事业没有落空。十二月党人唤醒了赫尔岑。赫尔岑开展了革命鼓动。

响应、扩大、巩固和加强了这种革命鼓动的,是平民知识分子革命家,从车尔尼雪夫斯基到"民意党"[①]的英雄们。战士的圈子扩大了,他们同

---

① 民意党是俄国土地和自由社分裂后产生的革命民粹派组织,于1879年8月建立。主要领导人是安·伊·热里雅鲍夫、亚·德·米哈伊洛夫、米·费·弗罗连柯、尼·亚·莫罗佐夫、维·尼·菲格涅尔、亚·亚·克维亚特科夫斯基、索·李·佩罗夫斯卡娅等。该党主张推翻专制制度,在其纲领中提出了广泛的民主改革的要求,如召开立宪会议,实现普选权,设置常设人民代表机关,实行言论、信仰、出版、集会等自由和广泛的村社自治,给人民以土地,给被压迫民族以自决权,用人民武装代替常备军等。但是民意党人把民主革命的任务和社会主义革命的任务混为一谈,认为在俄国可以超越资本主义,经过农民革命走向社会主义,并且认为俄国主要革命力量不是工人阶级而是农民。民意党人从积极的"英雄"和消极的"群氓"的错误理论出发,采取个人恐怖的活动方式,把暗杀沙皇政府的个别代表人物作为推翻沙皇专制制度的主要手段。他们在1881年3月1日刺杀了沙皇亚历山大二世。由于理论上、策略上和斗争方法上的错误,在沙皇政府的严重摧残下,民意党在1881年以后就瓦解了。列宁批判了民意党人的乌托邦式的纲领,但十分敬重他们同沙皇制度英勇斗争的精神。——编者注

人民的联系密切起来了。赫尔岑称他们是"未来风暴中的年轻航海长"。但是，这还不是风暴本身。

风暴是群众自身的运动。无产阶级这个唯一彻底革命的阶级，起来领导群众了，并且第一次唤起了千百万农民进行公开的革命斗争。第一次风暴是在1905年。第二次风暴正在我们眼前开始扩展。

无产阶级纪念赫尔岑时，以他为榜样来学习了解革命理论的伟大意义；学习了解，对革命的无限忠心和向人民进行的革命宣传，即使在播种与收获相隔几十年的时候也决不会白费；学习判定各阶级在俄国革命和国际革命中的作用。吸取了这些教训的无产阶级，一定会给自己开拓一条与全世界社会主义工人自由联合的道路，粉碎沙皇君主制恶棍，而赫尔岑就是通过向群众发表自由的俄罗斯言论，举起伟大的斗争旗帜来反对这个恶棍的第一人。

列宁：《纪念赫尔岑》（1912年4月25日〔5月8日〕），摘自《列宁全集》第21卷，人民出版社1990年2月第2版，第267—268页。

20. 米库林娜同志的小册子的价值在什么地方呢？在于它传播了竞赛的意思，以竞赛的精神感染了读者。最重要的就是在这里，而不在于个别细节上的错误

鲁索娃同志的评论给人一种过于片面和偏颇的印象。我可以假定天地间没有纺织女工巴尔季娜，在查理雅吉耶也没有纱厂。我也可以假定查理雅吉耶工厂"每周打扫一次"。可以认为，米库琳娜同志也许因为受了某个讲述着的蒙蔽而写了一些很不确实的东西，这当然是不好的和不可原谅的。但是难道问题在这里吗？难道这本小册子的价值是由个别细节而不是由它的总的倾向决定的吗？当代名作家萧洛霍夫同志在他的《静静的顿河》中写了一些极为错误的东西，对塞尔佐夫、波德焦尔柯夫、克利沃什吕柯夫等人物做了简直是不确实的介绍，但是难道由此应当得出结论说《静静的顿河》是一本毫无用处的书，应该禁止出售吗？

米库林娜同志的小册子的价值在什么地方呢？在于它传播了竞赛的意思，以竞赛的精神感染了读者。最重要的就是在这里，而不在于个别细节上的错误。

斯大林：《斯大林致费里克斯·康同志》（1929年7月9日）（抄致中央委员会伊万诺夫—沃兹涅先斯克省分局书记柯洛齐洛夫同志），摘自《斯大林全集》第12卷，人民出版社1955年版，第101—102页。

（三）对浪漫主义思潮的批判

1. 由启蒙运动向浪漫主义的过渡："法国革命以及与之相联系的启蒙运动的第一个反作用，自然是把一切都看作中世纪的、浪漫主义的"

在人类历史上存在着和古生物学中一样的情形。由于某种判断的盲目，甚至最杰出的人物也会根本看不到眼前的事物。后来，到了一定的时候，人们就惊奇地发现，从前没有看到的东西现在到处都露出自己的痕迹。法国革命以及与之相联系的启蒙运动的第一个反作用，自然是把一切都看作中世纪的、浪漫主义的，甚至象格林这样的人也不能摆脱这种看法。第二个反作用是越过中世纪去看每个民族的原始时代，而这种反作用是和社会主义趋向相适应的，虽然那些学者并没有想到他们和这种趋向有什么联系。于是他们在最旧的东西中惊奇地发现了最新的东西，甚至发现了连蒲鲁东看到都会害怕的平等派。

马克思：《马克思致恩格斯》（1868年3月25日），摘自《马克思恩格斯全集》第32卷，人民出版社1975年2月第1版，第51—52页。

2. 古代——素朴思想，中世纪——浪漫主义，新世纪——人道主义

往后是以德国科学为根据的历史论断，这个论断"有朝一日会帮助"法国人"代替他们的社会本能"。古代——素朴思想，中世纪——浪漫主义，新世纪——人道主义。当然，我们的作者通过这三句老生常谈历史地虚构了自己的人道主义，并表明自己的人道主义是以前的 Humaniora 的真理。

马克思、恩格斯：《德意志意识形态》（1845—1846年），摘自《马克思恩格斯全集》第3卷，人民出版社1960年12月第1版，第551页。

3. 自然科学却是最不能被指责有浪漫主义色彩的

法国直到现在还存在着**笛卡儿派的唯物主义**。它在**机械的自然科学**方面获得了卓越的成就。而这种自然科学却是最不能——"**确切地和在散文的意义上说**"，——被指责有浪漫主义色彩的。

马克思、恩格斯：《神圣家族》（1844年9—11月），摘自《马克思恩格斯全集》第2卷，人民出版社1957年12月第1版，第161页。

4. "自然状态的人"与浪漫主义

18世纪流行过的一种臆想，认为自然状态是人类本性的真正状态。当时有人想用肉眼去看人的思想，因此就创造出了**自然状态的人**的形象——巴巴盖诺，他们纯朴得居然用羽毛去遮盖自己的身体。在18世纪最后几十年间，曾经有人这样想：**自然状态的人**是具有非凡的才智的，捕鸟者到处模仿易洛魁人和印第安人等的歌唱法，以为用这种圈套就能诱鸟入网。所有这些奇谈怪论都是以这样一种真实思想为根据的，即原始**状态**是一幅描绘人类**真正状态的纯朴的尼德兰图画。

对于历史学派来说，**胡果**也是那种还没有接触到浪漫主义文化光辉的**自然状态的人**，他的**自然法教科书就是历史学派的旧约全书**。**海德**认为，自然状态的人就是**诗人**，并认为原始人的**圣书**都是**诗集**，这种观点丝毫也不会使我们感到惶惑，其实，胡果曾用最平淡的最冷静的散文语调说过：每个时代都有自己特征，并产生出自己特种类型的自然人。因此，虽然胡果并没有**创造诗**，但他仍然**创造了臆想**，而**臆想**乃是与18世纪的散文特性完全相适应的一种**散文诗**。

马克思：《法的历史学派的哲学宣言》（1842年4—8月初），摘自《马克思恩格斯全集》第1卷，人民出版社1956年12月第1版，第98页。

5. "独自性"与浪漫主义

反动派特别是历史学派和浪漫主义学派①，也像桑乔那样，都认为真正的自由就是独自性，例如提罗耳的农民的独自性，个人以及地方、省区、等级的独特发展。

马克思、恩格斯：《德意志意识形态》（1845—1846年），摘自《马克思恩格斯全集》第3卷，人民出版社1960年12月第1版，第358页。

6. 用过去的观点对资本主义社会的批判

法国和英国的贵族，按照他们的历史地位所负的使命，就是写一些抨击现代资产阶级社会的作品。在法国的1830年七月革命和英国议会改革运动中，他们再一次被可恨的暴发户打败了。从此就再谈不上严重的政治斗争了。他们还能进行的只是文字斗争。但是，即使在文字方面也不可能重

---

① "法的历史学派"是18世纪末产生于德意志的历史学和法学中的反动流派。"反动的浪漫主义学派"是19世纪上半叶的思想派别，它与法的历史学派有血缘关系。关于这些学派的特征，见卡·马克思《法的历史学派的哲学宣言》和《黑格尔法哲学批判导言》（见《马克思恩格斯全集》人民出版社1957年版第1卷第97—106页和第454页）。——编者注

弹复辟时期①的老调了。为了激起同情，贵族们不得不装模作样，似乎他们已经不关心自身的利益，只是为了被剥削的工人阶级的利益才去写对资产阶级的控诉书。他们用来泄愤的手段是：唱唱诅咒他们的新统治者的歌，并向他叽叽咕咕地说一些或多或少凶险的预言。

这样就产生了封建的社会主义，半是挽歌，半是谤文，半是过去的回音，半是未来的恫吓；它有时候固然也能用辛辣、俏皮而尖刻的评判刺中资产阶级的心，但是它由于完全不能理解现代历史的进程而总是令人感到可笑。

马克思、恩格斯：《共产党宣言》（1847年12月—1848年1月底），摘自《马克思恩格斯文集》第2卷，人民出版社2009年12月第1版，第54—55页。

7. 浪漫主义对资本主义金钱关系的批判："从浪漫主义方面来看，这一过程表现为冷酷无情的金钱关系代替了人类的丰富多彩的紧密联系"

两者之间的关系的一切特点都消失了（这种关系只涉及交换价值本身，即社会流通的一般产物），而且从这种关系的特点中所产生的一切政治的、宗法的和其他的关系也都消失了。两者［交换的参加者］是作为彼此只代表交换价值本身的抽象的社会的人而发生关系。货币变成他们之间的唯一的物的联系，不折不扣的货币。同地主相对立的农民，已经不再是提供农产品和农业劳动的农民，而是货币所有者；因为直接的使用价值通过出卖而转让出去，借助于社会过程取得了无差别的形式。而另一方面，地主已经不再把农民当作在特殊的生活条件下进行生产的愚钝的个人，而是当作这样的个人，他的产品，即独立化的交换价值，一般等价物，货币，同任何其他人的产品没有区别。这样，在从前的形式中掩盖着交易的那种适意的外观就消失了。

君主专制本身已经是资产阶级财富发展到同旧的封建关系不相容的阶段上的产物，它应当有能力在地球表面的一切点上运用同一形式的一般权力，为了适应于这一点，它需要拥有这种权力的物质杠杆，这就是**一般等价物**，处于时刻准备投入战斗的形式上的财富，而在这种形式上，财富完

---

① 恩格斯在1888年英文版上加了一个注："这里所指的不是1660—1689年英国的复辟时期，而是1814—1830年法国的复辟时期。"——编者注

全摆脱了地方的、自然的、个人的特殊关系。君主专制需要货币形式的财富。实物租和实物贡赋制度按照自身的特殊性质，使自身的使用也具有特殊性质。只有货币才能直接转化为任何一种特殊的使用价值。因此，君主专制力求使货币转化为一般的支付手段。这种转化，只有通过强制性的流通，使产品低于产品价值进行流通，才能实现。对君主专制来说，把一切税收都变为货币税是一个性命攸关的问题。因此，如果说在较早的阶段上，封建]贡赋变为货币贡赋，这表现为人身依附关系的解体，表现为资产阶级社会通过现金赎买摆脱妨碍其发展的桎梏而取得的胜利，另一方面从浪漫主义方面来看，这一过程表现为冷酷无情的金钱关系代替了人类的丰富多彩的**紧密联系**，那么，在新兴的君主专制时期（这时的理财术就是强制地把商品变为货币），资产阶级经济学家自己却把货币攻击为虚幻的财富，认为自然财富被强制地为它作了牺牲。因此，如果说配第在考察作为贮藏材料的货币时实际上不过颂扬了英国年轻的资产阶级社会的普遍的强烈的致富欲望，那么路易十四统治时期的布阿吉尔贝尔则揭露货币是造成财富生产的真正源泉枯竭的总祸根，认为只有废除货币，商品世界、真正的财富和财富的普遍享用才能恢复其昔日的正当的权利。他还不能理解，正是这种把人和商品投入炼金炉而炼出黄金的黑暗的理财术，同时把一切阻碍资产阶级生产方式的关系和幻想统统蒸发掉了，而只把货币关系即一般的交换价值关系作为沉淀物保留下来。

"在封建时代，现金支付并不是人与人之间的唯一的纽带。卑贱者同高贵者之间的关系，不只是买者同卖者的关系，而且是多方面的关系，即官兵的关系，忠顺的臣民同君主的关系等等。随着货币最后获胜，一个不同的时代出现了。"（**托·卡莱尔**《宪章运动》1840年伦敦版第58页）

货币是"无个性的"财产。我可以用货币的形式把一般社会权力和一般社会联系，社会实体，随身揣在我的口袋里。货币把社会权力当作一件物品交到私人手里，而私人就以私人的身份来运用这种权力。社会联系，社会的物质变换本身通过货币表现为某种外在的东西，同它的所有者没有任何个人关系，因此，他所运用的这种权力也表现为某种完全偶然的，对他说来是外在的东西。

[B′—2] 预先不必进一步论证，就很清楚：随着信用事业的发展，期买得到异常广泛的采用。随着信用事业的发展，即以交换价值为基础的生

产的发展，货币作为支付手段所起的作用，就其范围来说，超过了货币作为流通手段，作为买卖的媒介所起的作用。在现代生产方式发达，因而信用事业发达的那些国家里，货币事实上几乎只是在零售贸易以及生产者和消费者之间的小额贸易中以铸币的形式出现，而在大规模交易领域里几乎只表现为**一般支付手段**。只要支付平衡，货币就表现为转瞬即逝的形式，即相交换的价值量的纯粹观念上的，想象的尺度。货币的亲自参与只限于结算为数较小的差额。

    马克思：《经济学手稿》（1857—1858 年），摘自《马克思恩格斯全集》第 46 卷下册，人民出版社 1980 年 8 月第 1 版，第 429—431 页。

8. 浪漫主义反工业化

  《论坛报》当然竭力替凯里的这本书吹嘘。它们二者确实有共同点，它们在西斯蒙第①的博爱主义社会主义的反工业化的形式下，替美国的主张实行保护关税的资产阶级即工业资产阶级说话。

    马克思：《马克思致恩格斯》（1853 年 6 月 14 日），摘自《马克思恩格斯全集》第 18 卷，人民出版社 1964 年 10 月第 1 版，第 270 页。

  因此，国民经济学家关于奢侈和节约的争论，不过是已弄清了财富本质的国民经济学同还沉湎于浪漫主义的反工业的回忆的国民经济学之间的争论。但是双方都不善于把争论的对象用简单的词句表达出来，因而双方相持不下。

    马克思：《1844 年经济学哲学手稿》（1844 年 4—8 月），摘自《马克思恩格斯文集》第 1 卷，人民出版社 2009 年 12 月第 1 版，人民出版社 1956 年 12 月第 1 版，第 235 页。

9. 马克思以相当轻蔑的口吻评论浪漫主义作品

  马克思在波恩和柏林居住期间，读了亚当·弥勒的著作和冯·哈勒先生的《复兴》等等，他只是以相当轻蔑的口吻评论这些作品，认为这些是庸俗的、词藻华丽而夸夸其谈的作品，这些作品是模仿法国浪漫主义者约瑟夫·德·梅斯特尔和红衣主教博纳德的作品而写成的。

    恩格斯：《恩格斯致弗·梅林》（1892 年 9 月 28 日），摘自《马克思恩格

---

  ① 让·沙尔·列奥纳尔·西蒙·西斯蒙第（Jean-Charles-Léonard Simondede，1773—1842 年）——瑞士经济学家，批判资本主义的小资产阶级批评家，经济浪漫主义的著名代表人物。——编者注

斯全集》第38卷，人民出版社1972年8月第1版，第480页。

10. 浪漫情调愈来愈证明是批判的批判的"前提"

又多次遇见布鲁诺①。浪漫情调愈来愈证明是批判的批判的"前提"。在政治经济学方面，他热衷于他所不理解的重农学派，并且相信地产的特殊恩赐作用。此外，他对德国浪漫派亚当·弥勒的经济幻想估价很高。在军事学方面，他的最高典范是"天才的"毕洛夫。我坦率地对他说，他的这些最新的自白充分地向我表明，他的思想已经麻木到什么程度。

马克思：《马克思致恩格斯》（1856年1月8日），摘自《马克思恩格斯全集》第29卷，人民出版社1972年6月第1版，第6页。

11. 留恋那种原始的丰富，是可笑的，相信必须停留在那种完全空虚之中，也是可笑的。资产阶级的观点从来没有超出同这种浪漫主义观点的对立，因此这种浪漫主义观点将作为合理的对立面伴随资产阶级观点一同升入天堂

人们说过并且还会说，美好和伟大之处，正是建立在这种自发的、不以个人的知识和意志为转移的、恰恰以个人互相独立和毫不相干为前提的联系即物质的和精神的新陈代谢上。毫无疑问，这种物的联系比单个人之间没有联系要好，或者比只是以自然血缘关系和统治服从关系为基础的地方性联系要好。同样毫无疑问，在个人创造出他们自己的社会联系之前，他们不可能把这种联系置于自己支配之下。如果把这种单纯**物的联系**理解为自然发生的、同个性的自然（与反思的知识和意志相反）不可分割的、而且是个性内在的联系，那是荒谬的。这种联系是各个人的产物。它是历史的产物。它属于个人发展的一定阶段。这种联系借以同个人相对立而存在的异己性和独立性只是证明，人们还处于创造自己社会生活条件的过程中，而不是从这种条件出发去开始他们的社会生活。这是各个人在一定的狭隘的生产关系内的自发的联系。

全面发展的个人——他们的社会关系作为他们自己的共同的关系，也是服从于他们自己的共同的控制的——不是自然的产物，而是历史的产物。要使**这种**个性成为可能，能力的发展就要达到一定的程度和全面性，这正是以建立在交换价值基础上的生产为前提的，这种生产才在产生出个人同

---

① 布鲁诺·鲍威尔。——编者注

自己和同别人的普遍异化的同时，也产生出个人关系和个人能力的普遍性和全面性。在发展的早期阶段，单个人显得比较全面，那正是因为他还没有造成自己丰富的关系，并且还没有使这种关系作为独立于他自身之外的社会权力和社会关系同他自己相对立。留恋那种原始的丰富，是可笑的，相信必须停留在那种完全空虚之中，也是可笑的。资产阶级的观点从来没有超出同这种浪漫主义观点的对立，因此这种浪漫主义观点将作为合理的对立面伴随资产阶级观点一同升入天堂。

>马克思：《经济学手稿》（1857—1858年），摘自《马克思恩格斯全集》
>第46卷上册，人民出版社1979年7月第1版，第108—109页。

12. 沙多勃利昂"用最反常的方式把十八世纪贵族阶级的怀疑主义和伏尔泰主义同十九世纪贵族阶级的感伤主义和浪漫主义结合在一起"

我在研究西班牙垃圾堆的时候，也弄清了尊贵的沙多勃利昂的诡计，这个写起东西来通篇漂亮话的家伙，用最反常的方式把十八世纪贵族阶级的怀疑主义和伏尔泰主义同十九世纪贵族阶级的感伤主义和浪漫主义结合在一起。自然，**从文风上来看**，这种结合在法国应当是件大事，虽然，这种文风上的矫揉造作有时一眼就可以看出（尽管施展了一切技巧）。

>马克思：《马克思致恩格斯》（1854年10月26日），摘自《马克思恩格斯
>全集》第28卷，人民出版社1973年3月第1版，第401页。

总的说来，我看过圣贝夫关于**沙多勃利昂**的书[①]，这个作家我一向是讨厌的。如果说这个人在法国这样有名，那只是因为他在各方面都是法国式虚荣的最典型的化身，这种虚荣不是穿着十八世纪轻佻的服装，而是换上了浪漫的外衣，用新创的辞藻来加以炫耀；虚伪的深奥，拜占庭式的夸张，感情的卖弄，色彩的变幻，文字的雕琢，矫揉造作，妄自尊大，总之，无论在形式上或在内容上，都是前所未有的谎言的大杂烩。

>马克思：《马克思致恩格斯》（1873年11月30日），摘自《马克思恩格斯
>全集》第33卷，人民出版社1973年12月第1版，第102页。

13. 拉马丁具有下层资产阶级所特有的错觉，以为他是代表劳动者的

你们的报上最近发表了一篇稀奇的精心杰作[②]。这篇作品明确地分成

[①] 沙·奥·圣贝夫：《沙多勃利昂及其在帝国时期的文学团体》。——编者注
[②] 1847年10月30日，在宪章派的报纸《北极星报》第523号上刊登了拉马丁这篇宣言的摘录。——编者注

两个部分：政治措施和社会措施。谈到政治措施，那几乎全部是从1791年宪法里原封不动地搬来的；换言之，这些措施是向革命初期资产阶级所提出的那些要求倒退。在那个时代，整个资产阶级，连小企业主也包括在内，都分享到政权，而现在却只有大资本家才能够参政。那末拉马丁先生提出的政治措施的意义何在呢？这些措施的意义就在于把管理国家的权力交到下层资产阶级的手里，但表面上要使人觉得是把这种权力予全体人民（他要求两级选举制的普选权，意义就在于此，不可能有其他的解释）。而他的社会措施又是些什么呢？有的是一些只有在革命胜利使政权转入人民手中以后才可能实行的办法，例如普遍实行免费教育；有的是纯粹的救济办法，也就是旨在削弱无产者的革命斗志的办法；也有的干脆就是一些毫无实际意义的高调，象用非常法令来消灭乞丐，通过立法途径来消灭社会的苦难，设立一个民生部等等。可见，这些措施不是对人民一点好处没有，就是仅仅使人民的需求得到一定限度的满足，以便保证一定的社会安宁；再不然就只是一些没有人能够兑现的空洞诺言，——在后两种情况下不仅没有好处，而且有害。总之，拉马丁先生不论从社会方面还是从政治方面来看，都显示出自己是小企业主的，即下层资产阶级的忠实代表者。作为这样一个人物，他也具有这个阶级所特有的错觉，以为他是代表劳动者的。在宣言的末尾，他竟愚蠢得向政府呼吁，要求政府支持他所提出的办法。应该知道，现在的大资本家的政府什么事情都做得出，但是恰恰做不到这一件事。所以，"改革报"的态度完全正确，它肯定了他的良好愿望，同时又指出（虽然是很善意地）他这些措施身以及他所选择的实施办法都是行不通的。

"改革报"写道："这固然都是些动听的话，显示着一个伟大的胸怀，显示着一种同情正义事业的精神。字里行间可以清楚地感觉到一颗博爱的心在跳动。这些字句会象柏拉图的格言鼓舞伯利克里时代的希腊人似地鼓舞我们的诗人和哲学家。可是我们现在和伯利克里已相隔甚远，我们是生活在路特希尔德先生、菲尔希隆先生和杜沙特尔先生的统治时代，换言之，即金钱、本能的恐惧心理和警察三位一体的统治时代；统治着我们的是利润、特权和市近卫军。难道拉马丁先生指望着自己为人民主权和社会友爱呼吁一声，这个利益紧密交织着的同盟，这个由富豪、官僚、垄断构组成的分离派同盟就会缴械投降吗？应该知道，无论好事还是坏事，我们世界上的一切都是相互联系着的,这个支撑着那个,没有任何事物是孤立存在的;这就说明为什么即使象马康的议员所提出的最高超的纲领,只要它带有任何垄断的胎痣(即对权利和平等的封建式的破坏),也将会象夏天的一阵香风那样逝去,象空洞的喇叭声一样沉寂下来。而且正是在目前,当政府完全处于惊恐万状的时刻,这个特权阶级的同盟就结合得特别紧密。

至于他所提出的这套措施,官场及其领袖人物把这样的东西叫做哲学上的小玩艺,杜沙特尔先生和基佐先生将会置之一笑。如果马康的议员不换个地方寻求武器,募集战士来保卫他的理想,则他至死也只能唱唱高调而不能前进一步!假如他不是向政府呼吁,而是来向人民群众请教的话,那我们就会告诉地,他走的道路错了,他永远不能够使革命、使有思想的人、使人民赞同他那一套办法——多级选举制、济贫捐和慈善事业。其实社会革新和政治革新的原理在五十年前就出现了。普选权、直接选举、议员支薪,这都是政治主权的基条件。平等、自由、友爱,这是一切社会构均应受其支配的原则。可是看一看济贫捐,远不是建筑在友爱原则上面的,同时还粗暴地(尽管是非常软弱无力地)否认了平等原则。我们所需要的不是英国资产阶级那套权宜的办法,而是一个能伸张正义,满足一切人的需求的全新的社会经济制度。"

几天以后,拉马丁先生的第二个宣言发表了,这次讲的是法国的对外政策。在这个宣言里,他硬说法国政府自1830年以来所奉行的和平政策是唯一正确的行动范例。他用美丽的词句来粉饰法国政府的卑劣行径,即先煽动意大利和其他一些国家举行起义,后来却把它们丢开不管,让它们去受命运的摆布。我们还是来引证"改革报"对这个悦耳的宣言的有力的回答吧:

"我们争取解放的合法的、唯一的手段——为原则而进行神圣的战争——被拉马丁先生拿来做了和平理论的牺牲品,而这种和平理论,在各国之间的关系还是以外交家的政治手腕和各国政府的钩心斗角为基础的时候,就只能是软弱的表现,是撒谎,甚至是卖国行为。毫无疑问,和平是文明所最需要的东西;可是同俄国的沙皇尼古拉讲和平意味着什么呢?这个屠杀各民族的刽子手,把各民族的儿女送上绞架的绞刑吏!他进行残酷的战争,甚至不顾死活,也不接受过去的教训!把一个伟大的光辉灿烂的国家淹没在泪水和血泊里面!对全人类、对文明、对法国自身说来,同这个疯狂的刽子手讲和平就是怯懦;对正义、对人权、对革命说来,这是犯罪！同梅特涅，同这个豢养大批刺客、为了一个头戴王冠的羊痫疯病人而剥夺整个民族自由的家伙讲和平意味着什么呢？同所有那些欧洲的小暴君、落魄的浪荡子、今天讨好于耶稣会教徒，明天讨好交际花的荒淫无耻的伪君子们讲和平意味着什么呢？同贵族的、充满商人气的英国政府，这个海上的暴君，扼杀葡萄牙自由的刽子手，从本国衣不蔽体的老百姓身上也要榨出油水来的政府讲和平意味着什么呢？我们再说一遍，同这些高利贷者、五毒俱全的家伙讲和平，对一个革命的国家说来，就是怯懦、耻辱、犯罪、道德堕落，不仅是利益的破产，而且也是正义和荣誉的破产。"

巴黎的其他各报也都从各个不同的方面表示不同意拉马丁先生的纲领。可是他还在自己的报纸，马康"公益报"上继续解释这个纲领中的原则。几个月以后我们就可以看出众议院对他这个新步骤的反应如何了。

恩格斯：《拉马丁先生的宣言》（1847年11月初），摘自《马克思恩格斯全集》第4卷，人民出版社1958年8月第1版，第381—384页。

14. 拉马丁体现了资产阶级共和国对自己的幻想

拉马丁体现了资产阶级共和国对自己的幻想，体现了它所编造的关于自己的夸大的、虚幻的、热烈的想象，体现了它关于自己的伟大的幻想。有什么不可以想象的呢！象从自己的皮囊中放出风来的伊奥拉斯①一样，拉马丁也解开了自己的袋囊，放出了一阵风，轻轻地一吹就把一切空中的幽灵、一切资产阶级共和国的漂亮话——一切民族友好团结、法国会使一切民族获得解放、法国为维护一切民族的利益而自我牺牲等等轻浮的词句吹向东方和西方。

马克思：《英法在意大利的调停》（1848年10月21日），摘自《马克思恩格斯全集》第5卷，人民出版社1958年11月第1版，第516页。

15. 夸夸其谈的恶棍拉马丁，就是这个在诗意盎然的美丽辞藻和华而不实的悦耳言辞掩盖下背叛人民的时代的典型人物

我们一再指出，在二月革命和三月革命以后出现的甜蜜幻想，例如幻想达到各族人民的普遍友爱，建立欧洲联邦共和国和实现永久和平，实质上只是掩盖了当时思想界的领导人物们极端的张惶失措和庸碌无能。这些人看不到或者不愿看到，为了捍卫革命需要做些什么；他们不能或者不想

---

① 希腊神话中的风神。——译者注

采取任何真正革命的措施；一些人的故步自封和另一些人的反革命阴谋——这一切就使得人民仅仅得到的只是一些温情脉脉的漂亮话，而不是采取革命行动。夸夸其谈的恶棍拉马丁，就是这个在诗意盎然的美丽辞藻和华而不实的悦耳言词掩盖下背叛人民的时代的典型人物。

恩格斯：《民主的泛斯拉夫主义》（1849年2月14—15日），摘自《马克思恩格斯全集》第6卷，人民出版社1961年8月第1版，第322页。

16. 时代精神在巴黎企图认真地从浪漫主义者手中把他们刚刚赢得的胜利重新夺过来

时代精神在自己的故乡巴黎的表现要比在冯·施特恩堡先生那里勇敢得多，因为它在巴黎企图认真地从浪漫主义者手中把他们刚刚赢得的胜利重新夺过来。维克多·雨果出现了，亚历山大·大仲马出现了……

恩格斯：《时代倒退的征兆》（1839年11月—1840年1月），摘自《马克思恩格斯全集》第41卷，人民出版社1982年12月第1版，第34页。

（四）创作论

1. "超脱地"写作，置身于派别刊物之外

您应当明了，当然，您也完全明了：一个党员一旦认识到某种学说极端错误和**有害**时，就必须起来反对这种学说。如果我不是绝对相信（我愈是阅读巴扎罗夫、波格丹诺夫之流的晦涩的原作，就愈相信）他们的著作从头至尾，从叶至根（直到马赫和阿芬那留斯）都**完全**是荒谬、有害、庸俗、说教的作品，我也不会来争论的。普列汉诺夫反对他们实质上是**完全**正确的，只是他不会或者不想或者懒于**具体地**、细致地、简明地说出自己的看法，而是用深奥的哲理不必要地去吓唬读者。我无论如何要**按自己的方式**说出自己的意见。

亲爱的阿·马·，这里有什么"和解"可言呢？别那么想了，提和解是可笑的。斗争**绝对**不可避免。党员不应力图掩盖、拖延或回避斗争，而应当力争使党实际上所需要的工作**不受损害**。您应当关心这个问题，十分之九的俄国布尔什维克会在这方面帮助您，并对您表示深深的感谢。

应当怎样做呢？"中立"么？不，在这样的问题上不可能有中立，也**不会有**中立。如果可以谈中立，那也只是指这样一种**特定的**意思，即必须**把**这一切争论和派别**分开**。到现在为止，您一直是"超脱地"在写作，置身于派别刊物之外，希望以后继续这样。只有这样，派别才不至于被迫担负责任、**受牵连**，被迫在明后天**作决定、付表决**，使争论长期拖延不得解决。

因此这就是我为什么**反对**将随便什么哲学文章都在杂志①上发表的原因。我知道人家会指责我说：自己不开口，又想堵别人的嘴！但是请您冷静地考虑一下，是不是这回事。

……

如果您害怕分裂，就请把这点好好地考虑一下。实际工作者们是否愿意推销进行这种"斗争"的书刊呢？象从前一样**超脱地**进行写作，置身于派别刊物之外，这样做不是更好吗？您可以在旁边搏斗，派别**暂时**等一等。如果说有什么办法可以**减弱**不可避免的愤慨，我以为就只有这样做。

您来信说：孟什维克将在争论中赢得胜利。您错了，完全错了，阿·马·！如果布尔什维克派不能使自己和3个布尔什维克的哲学分开，孟什维克就会获得胜利。到那时，他们就会赢得彻底胜利。如果哲学争论在派别之外进行，那么孟什维克就会被完全牵到政治上来，在这里他们只有死路一条。

所以我说：要**把争论和派别分开**。当然，在活人身上实行这种分离不免会有些困难和痛苦。需要时间。需要细心的同志。在这方面实际工作者们会来帮助，您也应该给予帮助，——这里有"心理学"，您是行家。我相信在这件事情上您能够大力帮助，——当然，这要在您读了我驳斥《论丛》的著作后不会象我疯狂地反对他们那样来疯狂地反对我的情况下才有可能。

列宁：《列宁致阿·马·高尔基》致阿列·马—奇（私人信件）（1908年3月24日），摘自《列宁全集》第45卷，人民出版社1990年10月第2版，第192—194页。

2. 要观察，就应当到下面去观察

亲爱的阿列克谢·马克西莫维奇：我愈是细读您的信，愈是考虑来信中的结论和信中所说情况（以及我们会面时您所谈的情况）的联系，我便愈加确信，不论是这封信，还是您的结论和您的一切印象，都是完全不健

---

① 指高尔基打算出版的一种杂志。该杂志没有出成。——编者注

康的。

彼得格勒是近来最不健康的地方之一。这也是可以理解的，因为它的居民经受的苦难最多，工人献出的优秀力量也最多，饥荒很严重，军事危险也很严重。您的神经显然经受不住了。这是不奇怪的。人家劝您换个地方，而您却固执己见。把自己的神经折磨到病态的地步是极不明智的，就是出于最简单的考虑，也是不明智的，更不用说从其他方面考虑了。

您的信和您的谈话一样，包含了许多不健康的印象，因而使您得出了不健康的结论。

您从痢疾和霍乱谈起，而且一下子就发出一种不健康的怨恨："博爱、平等"。这么说来，好象这个被围困的城市遭受贫穷、困苦和疾病，都是共产主义的过错！！

接着，您说了一些我简直无法理解的狠狠攻击"低级"文学（什么文学？为什么与加里宁有关？）的刻薄话。而结论是："残存的极少数有理智的工人"说，他们被人"出卖""给农夫当俘虏了"。

这就毫无道理了。怎么？难道是要指控加里宁把工人出卖给农夫吗？听来就是这个意思。

而能无中生有说出这种话来的，无非是些非常幼稚、非常愚蠢、用"左的"词句代替理智的工人，或者是受尽刺激、横遭折磨、忍饥挨饿、疾病缠身的工人，或者是很善于歪曲一切、很会抓住任何一件小事来发泄自己对苏维埃政权的疯狂仇恨的"残存的贵族"。您在信中也提到了这些残余分子。他们的情绪对您产生了很坏的影响。

您来信说，您看到"各种不同阶层的人"。看到是一回事，在整个生活中天天接触又是一回事。由于您的职业使您不得不"接见"几十个满怀怨恨的资产阶级知识分子，还由于生活环境的缘故，您感受最深的是这些"残余分子"。

似乎"残余分子""对苏维埃政权抱有一种近似同情的感情"，而在"大多数工人"中却出盗贼，出混进来的"共产党员"等等！于是您竟然得出"结论"说：干革命不能靠盗贼，不能不要知识分子。

这完全是病态心理，它在满怀怨恨的资产阶级知识分子的环境中变得更加厉害了。

我们正采取一切办法吸引知识分子（非白卫分子）去同盗贼作斗争。

在苏维埃共和国，**真心诚意**帮助工农而不是终日埋怨和恶毒漫骂的资产阶级知识分子的百分比正**逐月增长**。这在彼得格勒是不可能"看到"的，因为在彼得格勒这个城市里失去地位（和理智）的资产阶级分子（和"知识分子"）特别多。但是，对整个俄国说来，这却是无可争辩的事实。

在彼得格勒或从彼得格勒的角度观察事物的人，只有非常通晓政治，具有特别丰富的政治经验，才会确信这一点。而您不具备这一切。您既不搞政治，也不观察政治建设的工作，而是从事一种特殊职业。这种职业使您受到那些满怀怨恨的资产阶级知识分子的包围；这是些什么都不了解、什么都没有忘记、什么都没有学到的人，在**最好**最难得的情况下，也不过是些彷徨迷惘、悲观绝望、呻吟叹息、死抱着旧偏见、惶恐不安、自己吓唬自己的人。

要**观察**，就应当到下面去观察——那里可以**观察**到建设新生活的情况；应当到外地的工人居住区或到农村去观察——那里用不着在政治上掌握许多极复杂的材料，只要观察就行了。您没有这样做，而是把自己置于翻译作品之类的专职编辑的地位。处于这种地位观察不到新生活的新建设，而会把全部精力都花在听取那些不健康的知识分子的不健康的埋怨上，花在观察处于严重军事危险和极度贫困之中的"故"都上。

您使自己处于这样的地位，就**不能**直接观察到工人和农民，即俄国十分之九的人口生活中的新事物；在这种地位上您只能观察故都生活的片断，那里工人的精华都到前线和农村去了，剩下的是多得不合比例的失去地位、没有工作、**专门"包围"**您的知识分子。劝您离开，您又执拗地拒绝。

列宁：《列宁致阿·马·高尔基》（1919年7月31日），摘自《列宁全集》第49卷，人民出版社1988年10月第2版，第42—44页。

3. 最拙劣的模仿：把骇人听闻的事加以渲染，既吓唬自己又吓唬读者

我亲爱的朋友：你寄来的温尼琴科的新小说①刚刚看完。真是荒谬绝伦，一派胡说！尽量凑集各种各样"骇人听闻的事"，把"淫荡"、"梅毒"、揭人隐私以敲诈钱财（还把敲诈对象的姐妹当情妇）这种桃色秽行和对医生的控告拼凑在一起，如此而已！通篇都是歇斯底里，奇谈怪论，以及对他"自己的"娼妓组织说的标榜。其实这种组织本身也说不上什么

---

① 指乌克兰作家、资产阶级民族主义者弗·基·尼琴科的小说《先辈遗训》。——编者注

不好，可是作者温尼琴科本人**偏**把它弄得很荒唐，对它**津津乐道**，当作"得意的话题"。

《言语报》说这部小说模仿陀思妥耶夫斯基，而且不无可取之处。我看，模仿是有的，但它是对最拙劣的陀思妥耶夫斯基的最拙劣的模仿。当然，象温尼琴科所描绘的这些"骇人听闻的事"，单个地看，在生活中都会发生。但是，把所有这些凑在一起，并且是这样地凑在一起，这就意味着是在**把骇人听闻的事加以渲染**，既吓唬自己又吓唬读者，使自己和读者"神经错乱"。

我有一次曾陪一个患病的（发酒疯的）同志过了一夜；又有一次还去"劝说"过一个自杀未遂的同志（在事后），而这个同志几年后还是自杀了。这两件往事都类似温尼琴科的小说。然而，这两件事只是这两个同志生命史上很小的一段。可是这个自我欣赏、自命不凡的双料蠢货温尼琴科却专找这类全是骇人听闻的事汇集起来，拼凑成这种"卖价两便士的怪事集"。呸……乌七八糟，花时间去读这样的书，真冤枉。

列宁：《列宁致伊·费·阿尔曼德》（1914年6月5日以前），摘自《列宁全集》第46卷，人民出版社1990年10月第2版，第479—480页。

4. 要彻底改换环境，改换接触的人，改换居住的地方，改换工作，否则生活会使您完全厌恶

显然，您把自己搞病了：您来信说，您感到生活非但很痛苦，而且"非常厌恶"！！！那是必然的！在这种时候把自己困在一个最不健康的地方，去担任一个文学翻译作品的编辑（对于观察人，对于一个艺术家来说，这可真是最适当的工作！）。无论是部队里的新事物，或是农村里的新事物，或是工厂里的新事物，您作为一个艺术家，在这里是不可能观察到并进行研究的。您剥夺了自己做那种能够使艺术家得到满足的事情的机会——一个政治家可以在彼得格勒工作，但是您不是政治家。今天看到的是无端打碎的玻璃，明天听到的是枪声和狱中的哀号声，还有留在彼得格勒的非工人中最疲惫的人的片言只语，然后是从知识分子，没有首都的首都知识分子那里得来的万千印象，以及从受委屈者那里听到的千百种怨言，在编辑工作之余**不可能**看到任何建设生活的情况（这种建设是按独特方式进行的，而在彼得格勒又最少见），——这怎么会不把自己弄到对生活非常厌恶的地步呢。

全国都在投入同全世界资产阶级的激烈斗争，因为全世界资产阶级正在为他们的被推翻而疯狂地实行报复。这是自然的。为了报复第一个苏维埃共和国，第一批打击**从四面八方**袭来。这也是自然的。在这种情况下，要么应当过一种积极的政治家的生活，要么应当作为一个艺术家（如果无意于政治的话），去观察人们怎样以新的方式建设生活，但不是在对首都举行疯狂进攻、同各种阴谋作激烈斗争、首都知识分子疯狂发泄仇恨的中心城市，而是在农村或外地的工厂（或前线）。在那里，只要简单观察一下，就能很容易区别旧事物的腐朽和新事物的萌芽。

生活使您厌恶，和共产主义的"分歧在加深"。分歧在哪里呢，无法理解。您丝毫没有指出政治上或思想上的分歧。其实这是两种人的**情绪**的分歧：一种人从事政治或者致力于最激烈的斗争，另一种人则人为地置身于无法观察新生活而被资产阶级大首都的腐败印象所折服的境地。

对您的信我率直地说出了我的想法。从（和您的）谈话中，我早就有了这样的想法，但是，您的信把我从您的谈话中得到的全部印象固定了、深化了、完成了。我不想强迫您接受我的劝告，但是我不能不说：您要彻底改换环境，改换接触的人，改换居住的地方，改换工作，否则生活会使您完全厌恶。

列宁：《列宁致阿·马·高尔基》（1919年7月31日），摘自《列宁全集》第49卷，人民出版社1988年10月第2版，第44—46页。

5. 通俗作家应该引导读者去深入地思考、深入地研究

《自由》杂志[①]是一本十分糟糕的杂志。它的作者（杂志给人的印象是，从头到尾似乎都是一个人写的）妄称该杂志是"为工人"办的通俗读物。但是这不是什么通俗，而是卑劣的哗众取宠。所用的词汇没有一个是简单明了的，一切都是装腔作势……作者没有一句话不是矫柔造作，没有一句话不使用"民间的"比喻和"民间的"词汇，如"ихний"[②]。作者就是用这种畸形的语言，翻来覆去地谈论那被有意庸俗化了的、陈腐的社会

---

① 《自由》杂志（Свобода）是1901年5月成立的自由社在瑞士出版的杂志，共出了两期，1901年和1902年各一期。此外，该社还出版了《革命前夜。理论和策略问题不定期评论》第1期，《评论》第1期，尔·纳杰日丁的小册子《俄国革命主义的复活》等。这些出版物宣扬经济主义和恐怖主义思想，支持俄国国内的反火星派团体。——编者注

② 这是方言，意为"他们的"。——编者注

主义思想，而不引用新的材料、新的例证，也不进行新的加工。我们要告诉作者，庸俗化和哗众取宠绝非通俗化。通俗作家应该引导读者去深入地思考、深入地研究，他们从最简单的、众所周知的材料出发，用简单的推论或恰当的例子来说明从这些材料得出的主要**结论**，启发肯动脑筋的读者不断地去思考更深一层的问题。通俗作家并不认为读者是不动脑筋的、不愿意或者不善于动脑筋的，相反，他认为一个不够开展的读者也是非常愿意动脑筋的，他**帮助**这些读者进行这种艰巨的工作，**引导**他们，帮助他们迈开最初的几步，**教**他们独立向前走。在庸俗作家的眼里，读者是不动脑筋和不会动脑筋的，他不是引导读者去了解严肃的科学的初步原理，而是通过一种畸形简化的充满玩笑和俏皮话的形式，把某一学说的**全部**结论"现成地"奉献给读者，读者连咀嚼也用不着，只要囫囵吞下去就行了。

列宁：《评〈自由〉杂志》（1901年秋），摘自《列宁全集》第5卷，人民出版社1986年10月第2版，第322—323页。

6. 必须作一次尝试，用尽可能通俗的方式，用大量具体的例证，来就我们之间的意见分歧的一切根本之点，向所有的"经济派"作系统的"说明"

照作者的原定计划，这本小册子要详细发挥《从何着手？》（1901年5月《火星报》① 第4号）一文②中所谈的那些思想。我们应当首先向读者致

---

① 《火星报》（Искра）是第一个全俄马克思主义的秘密报纸，由列宁创办。创刊号于1900年12月在莱比锡出版，以后各号的出版地点是慕尼黑、伦敦（1902年7月起）和日内瓦（1903年春起）。参加《火星报》编辑部的有：列宁、格·瓦·普列汉诺夫、尔·马尔托夫、亚·尼·波特列索夫、帕·波·阿克雪里罗得和维·伊·查苏利奇。编辑部的秘书起初是因·格·斯米多维奇—列曼，1901年4月起由娜·康·克鲁普斯卡娅担任。列宁实际上是《火星报》的主编和领导者。他在《火星报》上发表了许多文章，阐述有关党的建设和俄国无产阶级的阶级斗争的基本问题，并评论国际生活中的重大事件。

《火星报》在国外出版后，秘密运往俄国翻印和传播。《火星报》成了团结党的力量、聚集和培养党的干部的中心。在俄国许多城市成立了俄国社会民主党列宁火星派的小组和委员会。1902年1月在萨马拉举行了火星派代表大会，建立了俄国《火星报》组织常设局。

《火星报》在建立俄国马克思主义政党方面起了重大的作用。在列宁的倡导和亲自参加下，《火星报》编辑部制定了党纲草案筹备了俄国社会民主工党第二次代表大会。这次代表大会宣布《火星报》为党的中央机关报。

根据俄国社会民主工党第二次代表大会的决议，《火星报》编辑部改由列宁、普列汉诺夫、马尔托夫三人组成。后来由于普列汉诺夫支持孟什维克，要求把原来的编辑都吸收进编辑部，列宁于1903年10月19日（11月1日）退出了编辑部。从第52号起，《火星报》变成了孟什维克的机关报，人们称这以后的《火星报》为新《火星报》。——编者注

② 见《列宁全集》第2版第5卷第1—10页。——编者注

歉，在那篇文章中许下的诺言（这个诺言在答复许多私人询问和信件时也一再重复过）履行得迟了些。推迟的原因之一，是去年（1901年）6月间曾经试图把所有的国外社会民主党人组织统一起来①。当时自然要等待这次尝试的结果，因为这次尝试如果成功，我们也许就要从稍微不同的角度来说明《火星报》的组织观点；无论如何，这次尝试成功就有希望很快消除俄国社会民主党内存在两个派别的现象？读者知道，这次尝试以失败告终，而且，正象我们在下面将要竭力证明的那样，《工人事业》② 在第10期上重新转向"经济主义"以后，这次尝试也不能不以失败告终。同这个模糊不清、缺乏明确性、可是却比较顽固并能在各种形式下复活起来的派别作坚决的斗争，已经是绝对必要的事情了。因此，本书的原定计划也就有所改变并且大大地扩充了。

　　本书的主题，本来应当是《从何着手？》一文中所提出的三个问题，即我们的政治鼓动的性质和主要内容问题，我们的组织任务问题，在各地同时着手建立全俄的战斗组织的计划问题。作者早就关心这些问题，还在

---

　　① 1901年春天和夏天，由斗争社倡议和从众斡旋，俄国社会民主工党各国外组织（国外俄国社会民主党人联合会、甭得国外委员会、"社会民主党人组织、《火星报》和《曙光》杂志国外部等"）举行了关于协议与统一的谈判。为了筹备召开实现统一的代表大会，上述各组织的代表于1901年6月在日内瓦举行了一次会议，通称六月代表会议或日内瓦代表会议。这次会议通过了一项决议，认为必须在《火星报》的革命原则基础上团结俄国社会民主主义力量和统一社会民主党各国外组织，并谴责了经济主义、伯恩施坦主义、米勒兰主义等形形色色的机会主义表现。但是国外社会民主党人联合会及其机关刊物《工人事业》杂志第10期刊登的波·尼·克里切夫斯基的《原则·策略和斗争》两篇文章以及联合会第三次代表大会对六月代表会议决议的修正和补充上。在这种情况下，火星派和工人事业派的统一已不可能。

　　俄国社会民主工党国外组织"统一代表大会"于1901年9月21—22日（10月4—5日）在瑞士苏黎世举行。列宁（化名"弗雷"）参加了这次代表大会，并在会上发言揭露了联合会背弃六月代表会议决议的言行（见《列宁全集》第2版第5卷第245—249页）。在代表大会宣布了联合会第三次代表大会对六月代表会议决议所作的修正和补充之后，《火星报》和《曙光》杂志组织以及"社会民主党人"组织的代表便宣读了一项特别声明，指出代表大会的机会主义多数不能保证政治坚定性，随即退出了大会。——编者注

　　② 《工人事业》杂志（Рабочее Дело）是俄国社会民主党内的机会主义派别经济派的不定期杂志，国外社会民主党人联合会的机关刊物。1899年4月—1902年2月在日内瓦出版，共出了12期（9册）。它的编辑部设在巴黎，担任编辑的有波·尼·克里切夫斯基、帕·费·捷普洛夫、弗·巴·伊万申和亚·马尔丁诺夫。该杂志支持所谓"批评自由"这一伯恩施坦主义口号，在俄国社会民主党的策略和组织问题上持机会主义立场。——编者注

筹划《工人报》①复刊时就曾想在这个报上提出来，不过这次复刊的尝试也没有成功（见第5章）。原来设想在本书中只分析这三个问题，并尽可能正面阐述自己的观点，而不采用或者几乎不采用论战方式，但是由于下面两个原因，这种设想根本无法实现。一方面，"经济主义"比我们设想的要顽强得多（我们用"经济主义"这个词是广义的，在1901年12月《火星报》第12号上发表的《同经济主义的拥护者商榷》一文已经说明了这一点，那篇文章可以说是定出了本书的大纲②）。现在已经很明显，对于解决这三个问题所以存在着各种不同的观点，在很大程度上是由于俄国社会民主党内两个派别的根本对立，而不是由于局部的意见分歧。另一方面，"经济派"对于《火星报》实际宣传我们的观点表示茫然不解，这显然表明：我们往往简直是各讲各的话；如果我们不从头讲起，那我们就**不可能谈**出什么结果；必须作一次尝试，用尽可能通俗的方式，用大量具体的例证，来就我们之间的意见分歧的**一切**根本之点，向**所有的**"经济派"作**系统的"说明"**。于是我就决定作这样一次"说明"的尝试，虽然我明明知道，这会使本书的篇幅大大增加，并且使出版日期推迟，但是除此之外，我看不出有什么**别的**办法来履行我在《从何着手？》一文中许下的诺言，除了为出版迟缓致歉之外，还要为本书文字修饰方面的很多缺点致歉，因为我不得**不非常匆忙**地写作，而且经常被其他各种工作所打断。

列宁：《怎么办？我们运动中的迫切问题》（1901年秋—1902年2月），
摘自《列宁全集》第6卷，人民出版社1986年10月第2版，第1—3页。

7. 当作者写的是他所不熟悉的题材时，就没有艺术性

这是愤恨欲狂的白卫分子阿尔卡季·阿韦尔琴科写的一本书：《插到革命背上的十二把刀子》，1921年在巴黎出版。看一看刻骨的仇恨怎样使这

---

① 《工人报》（*Рабочая Газета*）是基辅社会民主党人小组的秘密报纸，波·李·埃杰尔曼、巴·卢·图恰普斯基、尼·阿·维格多尔契克等任编辑，在基辅出版。共出过两号：第1号于1897年8月出版；第2号于同年12月出版（报纸上印的日期是11月）。图恰普斯基曾受编辑部委派出国同劳动解放社建立联系，得到了格·瓦·普列汉诺夫等给报纸撰稿的许诺。《工人报》和彼得堡工人阶级解放斗争协会也有联系。《工人报》参与了1898年3月召开的俄国社会民主工党第一次代表大会的筹备工作，并被这次代表大会承认为党的正式机关报。代表大会以后不久，《工人报》的印刷所被警察破获和捣毁，已编好待排发的第3号没能出版。1899年该报试图复刊，没有成功。——编者注

② 见《列宁全集》第2版第5卷第324—331页。——编者注

本极有才气的书有些地方写得非常好，有些地方写得非常糟，是很有趣的。当作者写的是他所不熟悉的题材时，就没有艺术性。例如描写列宁和托洛茨基家庭生活的那个短篇就是这样。亲爱的阿韦尔琴科公民，愤恨有余，可就是写得不象！我可以告诉您，列宁和托洛茨基在各方面，包括家庭生活方面，缺点很多。不过要写得好，就必须了解他们。而您却不了解他们。

然而这本书中很大一部分作品写的是阿尔卡季·阿韦尔琴科非常熟悉、亲身体验过、反复思考过和感受很深的题材。他以惊人的才华刻划了地主和工厂主那个生活富裕、饱食终日的旧俄罗斯的代表人物的印象和情绪。在统治阶级的代表人物的心目中，革命就是这样，也只能是这样。烈火般的仇恨有时候——甚至往往——使阿韦尔琴科的小说精彩到惊人的程度。有些描写经历过和经历着内战的儿童的心理的作品，例如那篇《军靴践踏下的小草》，简直令人叫绝。

然而，作者真正满怀激情之处，还是在他谈到吃的时候。旧俄罗斯的阔佬们怎样大吃大喝，怎样在彼得格勒（不，不是在彼得格勒，而是在彼得堡）花14个半卢布或者50个卢布吃一顿小吃，等等。作者描写这一切的时候，简直馋涎欲滴。这才是他所熟悉的、亲身体验过和感受很深的东西，这才是他决不会出错的领域。情况之熟悉和感情之真挚是无与伦比的。

列宁：《一本有才气的书》（1921年11月22日），摘自《列宁全集》第42卷，人民出版社1987年10月第2版，第274—275页。

8. 在小说里全部的关键在于描写个别的情况，在于分析特定典型的性格和心理

请问这是合乎逻辑的对比吗？庸俗的夫妇间没有爱情的接吻是**低级的**。我同意。但和这种接吻对比的应该是……什么呢？……看来应该是**饱含爱情的接吻**吧？但是您用"片刻的"（为什么是片刻的呢？）"情欲"（为什么不是爱情呢？）同它对比，结果从逻辑上看来，似乎是把没有爱情的（片刻的）接吻同夫妇间没有爱情的接吻相对比……真奇怪。对一本通俗的小册子来说，把小市民、知识分子和农民的（似乎我在第6点或第5点中说过）没有爱情的、低级庸俗的婚姻同无产阶级的有爱情的自由同居加以对比，岂不是更好吗？（**如果您一定要加的话**，还可加上一句：甚至片刻的情欲和姘居，可能是低级的，也可能是纯洁的）您所谈到的并不是阶级**典型**的对比，而是某种当然可能发生的"偶然事件"。但是问题难道在于偶然事件吗？如果要把正式配偶的低级的接吻和片刻的姘居中的纯洁的接吻这种偶然事件、个别情况作为主题，那么这个主题应当放在小说里去发挥（因为在小说里全部的**关键**在于描写**个别**的情况，在于分析**特定**典型的**性格**和心理）。难道在小册子里可以这样做吗？

您很好地理解了我对从凯的著作中摘出的那段不恰当的引文的看法，说扮演"恋爱教授"的角色是"荒谬"的。的确如此。但是，扮演片刻情欲等等的教授的角色，是不是"荒谬"的呢？

列宁：《列宁致伊·费·阿尔曼德》（1915年1月24日），摘自《列宁全集》第47卷，人民出版社1990年10月第2版，第75—76页。

9. 有时仅仅一句话就能成为毁坏一桶蜜的一勺焦油

其实，我根本不想进行争论。我情愿不写这封信，留待以后面谈。但是我希望这本小册子成为一本好书，谁也**不能**从中摘出令您不愉快的语句（有时仅仅**一句话就能成为毁坏一桶蜜的一勺焦油**），谁也**不能曲**解您的本意。我相信您在这方面写的也是"违背本意"的，我写这封信给您，纯粹因为信件或许比面谈更能使您把提纲思考得周密些，而提纲确实很重要。

您有熟悉的法国女社会党人吗？请把我提的第1—10点以及您"片刻的情欲如何如何"等说法翻译给她听（就说是从英文翻译过来的），留心观察她，注意听她讲。这是一个小小的试验，从中可以看到**旁**人对这本小册子有什么反应、印象和期望。

列宁：《列宁致伊·费·阿尔曼德》（1915年1月24日），摘自《列宁全集》第47卷，人民出版社1990年10月第2版，第76页。

10. 艺术家可以在任何哲学里汲取许多对自己有益的东西

您会问，这同您的文章有什么关系呢？有关系，因为正好在布尔什维克中间的这些分歧有特别尖锐化的危险的时候，您给《**无产者报**》写文章，公开阐述一个流派的观点。我当然不知道您整篇文章是怎样写的，写些什么。此外，我认为艺术家可以在任何哲学里汲取许多对自己有益的东西。最后，我完全地、绝对地相信，在艺术创作问题上您是行家，您从自己的艺术经验里，**从即使是唯心主义的哲学里**汲取**这种**观点，您一定会作出大大有利于工人政党的结论。这一切就是这样。然而《无产者报》应该对我们在哲学上的一切分歧绝对保持中立。不要给读者**一丝一毫的借口**，来把代表俄国社会民主党革命派的策略路线的布尔什维克同经验批判主义或经验一元论联系在一起。

> 列宁：《列宁致阿·马·高尔基》（1908 年 2 月 25 日），摘自《列宁全集》第 45 卷，人民出版社 1990 年 10 月第 2 版，第 183 页。

11. 问题不在于禁止，而在于通过竞赛，创作真正的、有意思的、富有艺术的苏维埃性质的剧本

为什么常常上演布尔加柯夫的剧本呢？大概因为我们自己的适于上演的剧本不够。闹剧本荒的时候，甚至《土尔宾一家的日子》也算好剧本了。当然，"批评"和要求禁止非无产阶级的作品是很容易的。但是最容易的不能认为是最好的。问题不在于禁止，而在于通过竞赛，创作真正的、有意思的、富有艺术的苏维埃性质的剧本，来代替旧的和新的非无产阶级的低级作品，逐步地把他们从舞台上排挤下去。而竞赛是一件重大的事情，因为只有在竞赛的情况下才能使我们无产阶级的文化形成和定形。

> 斯大林：《答比里—别洛策尔柯夫斯基》（1929 年 2 月 2 日），摘自《斯大林全集》第 11 卷，人民出版社 1955 年 7 月第 1 版，第 281 页。

（五）风格与翻译论

1. 蒲鲁东的这一著作在风格方面强健的肌肉还算占优势，而且我认为这种风格是这一著作的主要优点

蒲鲁东最初的试笔作品，我已经记不起来了。他那部论"世界语言"的幼稚著作[①]，表明他是多么狂妄地敢于解决那些由于缺少最基本的知识而不能解决的问题。

他的第一部著作《什么是财产？》无疑是他最好的著作。这一著作如果不是由于内容新颖，至少是由于论述旧东西的那种新的和大胆的风格而起了划时代的作用。在他所知道的法国社会主义者和共产主义者的著作中，"**财产**"当然不仅受到各式各样的批判，而且也被以空想的方式"废除"了。蒲鲁东在他那部著作中对圣西门和傅立叶的关系，大致就像费尔巴哈对黑格尔的关系一样。和黑格尔比起来，费尔巴哈是极其贫乏的。但是，他**在黑格尔**以后起了划时代的作用，因为他**强调**了为基督教意识所厌恶而对于批判的进步却很重要的某几个论点，而这些论点是被黑格尔留置在神

[①] 指蒲鲁东的《论通用文法》。——编者注

秘的朦胧状态中的。

在我看来，蒲鲁东的这一著作在风格方面强健的肌肉还算占优势。而且我认为这种风格是这一著作的主要优点。可以看出，蒲鲁东甚至把他仅仅重复旧东西的地方也看做独立的发现；他所说的东西，对他自己说来都是新东西而且是被他当做新东西看待的。向经济学中"最神圣的东西"进攻的挑战勇气，嘲笑庸俗的资产阶级知性时使用的机智的悖论，毁灭性的批判，辛辣的讽刺，对现存制度的丑恶不时流露出来的深刻而真实的激愤，革命的真诚——《什么是财产？》就是以所有这些特性激动了读者，并在一出版就造成了很大的冲击。在严格科学的政治经济学的历史中，这本书几乎是不值得一提的。但是，这种耸人听闻的著作在科学中也像在文学中一样起着自己的作用。以**马尔萨斯**的著作《人口原理》为例。在出第一版时，它不过是一种"**耸人听闻的小册子**"，此外，从头到尾都是**剽窃**。然而，这本**诋毁人类的诽谤书**曾造成了多么大的冲击呵！

马克思：《论蒲鲁东》（1865年1月24日），摘自《马克思恩格斯文集》
第3卷，人民出版社2009年12月第1版，第16—17页。

2. 不论我的著作有什么缺点，它们却有一个长处，即它们是一个艺术的整体

至于说到我的工作，我愿意把全部真情告诉你。再写三章就可以结束理论部分（前三册）。然后还得写第四册，即历史文献部分；对我来说这是最容易的一部分，因为所有的问题都在前三册中解决了，最后这一册大半是以历史的形式重述一遍。但是我不能下决心在一个完整的的东西还没有摆在我面前时，就送出任何一部分。不论我的著作有什么缺点，它们却有一个长处，即它们是一个艺术的整体；但是要达到这一点，只有用我的方法，在它们没有**完整地**摆在我面前时，不拿去付印。用雅科布·格林的方法不可能达到这一点，他的方法一般地比较适用于那些不是辩证地分解了的整体的著作。

马克思：《马克思致恩格斯》（1865年7月31日），摘自《马克思恩格斯
全集》第31卷，人民出版社1972年6月第1版，第135页。

3. 至于反对我们的文体和我们的标点符号用法的那位纯洁主义者，他既不懂德语，也不懂英语

至于反对我们的文体和我们的标点符号用法的那位纯洁主义者，他既不懂德语，也不懂英语，否则他就不会在没有英国式词句的地方找到英国式词句了。他所赞赏的那种德语，是过去学校里硬灌给我们的，有令人讨厌的长复合句结构，谓语得放在最末尾，距离主语有十哩远，中间夹着无数副句——这种德语我费了三十年才算把它**摆脱了**。这种官僚式的、学校教师式的德语（对于这种德语来说，根本就不存在莱辛），现在就是在德国也完全处于衰亡之中。如果这个庸人在帝国国会中听到人们的讲话，他会说些什么呢？在那里人们已不再使用这种令人讨厌的结构，因为这种结构常常使他们语言混乱……如果那位纯洁主义者先生到德国去讲他那种学校教师式的德语，人们会对他说，他讲的是美国话。"你们知道，这位有学问的德国庸人是多么浅薄"，——看来他在美国就是如此。四五十年以前学校里所教的那种德语句子构造和标点符号用法，现在只配扔到垃圾箱里去。现在在德国正是这样做的。

    恩格斯：《恩格斯致弗·阿·左尔格》（1886年4月29日），摘自《马克思恩格斯全集》第36卷，人民出版社1975年2月第1版，第468—469页。

4. 平庸的作家为了能够用某种优雅的形式来表达自己的思想，是不惜阉割语言的

  昨天我读了工厂立法这一章①的法译文。我虽然极为尊重用优雅的法语翻译这一章的艺术，但仍然为这出色的一章抱屈。力量、活力、生命力——统统见鬼去了。平庸的作家为了能够用某种优雅的形式来表达自己的思想，是不惜阉割语言的。用这种拘谨的现代法语，是愈来愈难于表述思想了。学究式的形式逻辑几乎到处都要求把语句重新排列，单是这一点就使叙述失去了鲜明性和生动性。我认为，用法译本作为英译本的基础是一个大错误。用英语不需要削弱原作的表现力。在真正辩证叙述的某些地方不免要失去一些东西，但在其他方面英语的强劲和简洁将予以补偿。

  附带说一下，你知道科柯斯基先生用什么来为自己的拙劣翻译②辩解吗？他说我写东西用的是极难翻译的"李卜克内西—**马克思的**"文风！这是什么样的恭维啊！

---

 ① 指《资本论》第一卷的《工作日》一章。——编者注
 ② 指马克思和恩格斯的《社会主义民主同盟和国际工人协会》一书的德译本，该书于1874年以《一个反对国际工人协会的阴谋》为题在不伦瑞克出版。——编者注

恩格斯：《恩格斯致马克思》（1873年11月29日），摘自《马克思恩格斯全集》第33卷，人民出版社1973年12月第1版，第99—100页。

5. "李卜克内西—马克思的"文风一语，是科柯斯基先生的一种非常客气的说法

"李卜克内西—马克思的"文风一语，是科柯斯基先生的一种非常客气的说法。然而，这看来是指我们所不熟悉的李卜克内西的**法文**文风。他的德文文风同科柯斯基先生的一样拙劣，因此必然会使后者感到愉快和亲切。

既然你已经开始看《资本论》的法译本，我希望你能继续看下去。我想，你会发现某些地方要比德文本好些。

马克思：《马克思致恩格斯》（1873年11月30日），摘自《马克思恩格斯全集》第33卷，人民出版社1973年12月第1版，第102—103页。

6. 为此必须具备用两种文字写作的经验，而且不仅仅是在日报上写作的经验

马克思寄给你的对亨·乔治的批判，内容出色，结构完整，要是加进马克思在那一本书上用英文写的不连贯的页边批注，会削弱批判的力量，那是很可惜的。这些批注以后可以另外使用。马克思在给你写这整封信的时候，正象他在这种情况下通常所做的那样，是考虑到以后要逐字发表的。所以，你如果发表它，也没有什么不妥当。如果用英文发表，我给你翻译，因为《宣言》①的译文再次表明，你们那里看来没有人能够至少是把我们的德文译成规范的、语法正确的英文。为此必须具备用两种文字写作的经验，而且不仅仅是在日报上写作的经验。翻译《宣言》是异常困难的，俄译本是目前我看到的所有译本中最好的译本。

恩格斯：《恩格斯致弗·阿·左尔格》（1883年6月29日），摘自《马克思恩格斯全集》第36卷，人民出版社1975年2月第1版，第45—46页。

7. 您（伯恩施坦）力求把意思译得忠实、确切，而有点忽视了文体

有一点您可以放心：我并不期望有比您更好的翻译。在第一个印张中，您力求把意思译得忠实、确切，而有点忽视了文体。只是这一点。此外，我希望在译文中把马克思所特有的而你所不习惯的文体表达出来，因而作

---

① 卡·马克思和弗·恩格斯《共产党宣言》。——编者注

了许多修改。如果您用德文把意思译出后,再通读一遍译稿,简化一下句子结构,并且记住,那种深印在我们脑子里的、副句中动词一定要放在末尾的学生腔的累赘句法,尽可能都不要用,如果这样,您就不会碰到大的困难,而且您自己就能把一切处理好。

恩格斯《恩格斯致爱·伯恩施坦》(1884年2月5日),摘自《马克思恩格斯全集》第36卷,人民出版社1975年2月第1版,第99页。

8. 马克思是当代具有最简洁最有力的风格的作家之一。为了确切地表达这种风格,不仅要精通德语,而且要精通英语

翻译这样的著作,只是通晓标准德语是不够的。马克思精于使用日常生活用语和各地方言中的成语;他创造新词,他举例时涉及一切科学部门,他援引十几种文字的书刊;要理解他的著作,必须彻底精通德语——口头语和标准语,另外还要知道一些德国人的生活。

举个例子来说。有一次,几个牛津大学毕业班的学生划着一只四桨小船横渡多维尔海峡。报纸报道说:其中有一个人《catch a crab》[①]。"科伦日报"驻伦敦记者照字面上理解了这句话,并且老老实实地向自己的报纸报道说,"螃蟹夹住了一个划船人的桨"。如果说,一个在伦敦住过多年的人,遇到他不熟悉的部门的术语,都会犯这样荒唐的粗暴的错误,那末一个只是马马虎虎懂得一点书面德语的人,着手翻译一个最难翻译的德国作家的作品,又会弄出什么结果来呢?而我们的确也将看到,布罗德豪斯先生是一个"捉螃蟹"的头等能手。

但是,在这里,对翻译者还有更多的要求。马克思是当代具有最简洁最有力的风格的作家之一。为了确切地表达这种风格,不仅要精通德语,而且要精通英语。布罗德豪斯先生看来虽然是个相当有才能的新闻工作者,但他所掌握的英语只限于满足一般的写作要求。对于这种目的,他的英语知识足够了,但是,这种英语却不能用来翻译"资本论"。富有表现力的德语应该用富有表现力的英语来表达,必须使用最好的词汇,新创造的德文名词要求创造相应的新的英文名词。但是,布罗德豪斯先生一碰到这些问题,他不仅缺乏词汇,而且缺乏勇气。稍微增加一点他的有限的惯用的词汇,稍微有一点超出英文日常书刊惯用语的新东西,都使他感到可怕。

---

① 直译是:"捉住了一只螃蟹";转意是:"桨入水过深而难举"。——编者注

于是他不敢去冒这种异端的危险,而宁愿用他以为不刺耳、但是模糊了作者原意的比较含混的用语来表达难译的德文词,或者,更坏的是,当这样的词一再出现时,他却用许多不同的词来翻译,忘记了一个术语始终都应该用一个意思相同的词来表达。

恩格斯:《不应该这样翻译马克思的著作》(1885年10月),摘自《马克思恩格斯全集》第21卷,人民出版社1965年9月第1版,第266—267页。

9. 每逢翻译诗歌的时候,应当保持原文的韵律

我把福格尔魏德的瓦尔特的原文抄寄给你,因为我不能设想你会根据用现代语言改写的本子来翻译。你说得很对,每逢翻译诗歌的时候,应当保持原文的韵律,否则干脆象法国人那样,就把它改写成散文。

恩格斯:《恩格斯致劳·拉法格》(1890年1月8日),摘自《马克思恩格斯全集》第37卷,人民出版社1971年6月第1版,第329—330页。

(六) 马克思、恩格斯论诗歌与民间文艺等

1. 所有的诗人甚至最优秀的诗人多多少少都是喜欢别人奉承的

附在这封信中的是弗莱里格拉特的诗[①]和他的私人信。请你:(1)要精心把诗印好,诗节之间应有适当的间隔,总之,不要吝惜版面。如果间隔小,挤在一起,诗就要受很大影响。(2)写一封亲切的信给弗莱里格拉特。别舍不得用恭维话,因为所有的诗人甚至最优秀的诗人多多少少都是喜欢别人奉承的,要给他们说好话,使他们赋诗吟唱。我们的弗莱里格拉特在私生活上是一个最可爱最朴素的人,在他的真诚的善良心灵里隐藏着最灵敏和最善讽刺的才智;他的热情是"真实的",但并不使他成为"非批判的"和"迷信的"。他是一个真正的革命者,是一个十分忠诚的人——这是我只能对少数人用的赞语。但是诗人——不管他是一个怎样的人——总是需要赞扬和崇拜的。我想这是他们的天性。我说这些只是要你注意,在同弗莱里格拉特通信时不应忘记"诗人"同"批评家"之间的区别。而他把自己的诗直接寄给你,这是他的好意。我认为这对在纽约的你来说将是一个支持。

---

① 斐·弗莱里格拉特《致约瑟夫·魏德迈(诗笺一)》。——编者注

马克思：《马克思致约·魏德迈》（1852年1月16日），摘自《马克思恩格斯全集》第28卷，人民出版社1973年3月第1版，第473—474页。

2. 不能以某个片段"损害整首诗的效果"

你寄给我看的那一节诗写得非常好，巧妙地表达了犯罪构成，但我认为，它将损害整首诗的效果。首先，金克尔**真**是一个"德国诗人"吗？我和许多其他知道底细的人敢于对此提出怀疑。其次，"德国诗人"同"商业的"巴比伦之间的重大对立，难道不会由于后来又谈到"自由的"诗人同"卑躬屈节的"诗人之间的对立而缩小吗？尤其是，在《安徒生》中已经详尽地描述了傲慢的文学家对待与"诗人"相对立的世界的态度。因为，在我看来，没有任何内在的必要性在这个地方引伸到金克尔，那样做只会给敌人提供理由来猛烈攻击这一节诗，说它是个人意气或敌对的表现。但是，既然这一节诗写得非常成功，不能不加以利用，那末你——如果你认为我的意见是正确的话——务必找机会将它放到你今后要写的有关别的问题的某一首诗里。的确，素描是好极了。

因为恩格斯和维尔特没有把我给他们寄去的你的第一首诗①的抄件寄回来，所以我昨天只能给红色沃尔弗②朗诵我记忆中的几个片断。但是，这已经足以使他达到他所特有的那种狂喜的状态。

马克思：《马克思致斐·弗莱里格拉特》（1852年1月26日），摘自《马克思恩格斯全集》第28卷，人民出版社1973年3月第1版，第483—484页。

3. 不管是悲壮的还是幽默的，写诗确实比写散文容易些

魏德迈再一次催促我们之后，写道：

"但最好先寄一首弗莱里格拉特的诗来，他的诗是最吸引人的。"

请你把这放在心上，写一首献给新世界的新年之歌吧！在目前的情况下，我认为不管是悲壮的还是幽默的，写诗确实比写散文容易些。无论什么时候，如果你想要把你这个非洲陛下在私生活中所特有的幽默变成艺术形式，那末我相信，你采用这种体裁也会获得成功的。

马克思：《马克思致斐·弗莱里格拉特》（1851年12月27日），摘自《马克思恩格斯全集》第27卷，人民出版社1972年6月第1版，第619—620页。

---

① 斐·弗莱里格拉特《致约瑟夫·魏德迈（诗笺一）》。——编者注
② 斐迪南·沃尔弗。——编者注

4. 诗的时效性:"它们搁得越久,就越失掉现实性"

因为第二期的内容只有弗莱里格拉特的诗,所以大概已经印好了。这些东西,特别是关于金克尔的诗,除非必要,一分钟也不能多耽搁。其实,这些诗在金克尔返回纽约时,就应当以某种形式发表;它们搁得越久,就越失掉现实性,因为甚至对那些为了永世长存而写的多数作品来说,发挥其最大影响和最强时效,也是有一定时限的。我写作不是专门为了永世长存,相反,我所关心的是直接的当前现实……

恩格斯:《恩格斯致约·魏德迈》(1852 年 6 月 11 日),摘自《马克思恩格斯全集》第 28 卷,人民出版社 1973 年 3 月第 1 版,第 532 页。

5. 诗(《亡友之歌》)中找不到闪光的思想,找不到热情奔放的自由精神

从某个时候起人们就发出怨言,痛苦地抱怨怀疑论的可悲的作用;到处都忧郁地注视着业已崩溃的旧信仰的大厦,忐忑不安地期望着遮住未来天国的乌云赶快消散。我也怀着同样忧郁的心情放下手中的《亡友之歌》。这是一个已故的、真正的乌培河谷基督教徒的诗歌。诗中缅怀幸福的时刻,那时对于一种在目前看来其矛盾已了如指掌的学说还可以抱有幼稚的信仰;那时宗教的自由思想遇到的是使人发笑或者羞得脸红的神圣的激动。——诗集的印刷地点本身就证明不能用一般标准去对待这些诗,诗中找不到闪光的思想,找不到热情奔放的自由精神。甚至除了虔诚主义的果实以外,对它要求其他任何东西都是不对的。——昔日的乌培河谷文学已经为这些诗规定了唯一正确的范围;关于乌培河谷文学,我已经充分发泄了自己的愤怒之情,但愿这次能以新的态度对待它的一部作品。不可否认,这本诗集表现了一定的进步。这些诗尽管看来是出自一个受教育不多的世俗人之手,但至少在内容上并不比传教士德林和保尔的诗逊色,有时甚至可以感到一丝浪漫主义的气息,可以同加尔文教教义并驾齐驱。至于形式,无可争辩,这些诗是迄今为止乌培河谷所提供的最佳作品;常常碰到颇具匠心的新颖或罕见的韵脚;作者甚至达到了二行诗和自由颂诗的高度。不过,这种体裁对他来说未免太高级了。克鲁马赫尔①的影响是无可怀疑的;到处都运用他的语汇和隐喻。但是,当诗人吟道:

---

① 弗里德里希·威廉·克鲁马赫尔。——编者注

朝圣者：基督羊群中可怜的羔羊啊，
在你身上看不到基督的华丽装饰，
可是你，羔羊啊，是那样温顺！
羔羊：我在这里受苦的时光不长，
就要升入极乐的天堂；
别作声，朝圣者，做一只驯服的羔羊，
躬身走进那狭窄的门，
别作声，虔心祈祷，做一只驯服的羔羊！

这已经不是仿效克鲁马赫尔，而就是他自身了！然而这些诗中有个别的地方由于感情真挚而使读者感动，——但是，哦，决不要忘记，这种感情多半是病态的！就是在这里也暴露出当宗教真正成为心灵的事业时，即使在痛苦绝望的边缘，它也处处起着使人刚强和令人宽慰的作用。

亲爱的读者，请原谅我用一本可能你认为索然无味的书打扰了你。你不是在乌培河谷出生，你也许从未攀登过那里的山峦并俯瞰过你脚下的那两座城市①。但是，你毕竟也有故乡，也许在对故乡的全部缺点倾泻了自己的愤怒之余，也会象我一样热爱她那些很一般的特色。

恩格斯：《寄自爱北斐特》（1839年秋），摘自《马克思恩格斯全集》第41卷，人民出版社1982年12月第1版，第12页。

6. 你自己讲过的话儿，我还要你细细咀嚼

喂，《信使报》，听我说，
别气恼：我曾长时间把你讥诮；
你活该受到我的嘲笑，朋友，
你本来就是个大草包。
从你开始写报道，
乌云就在你头上笼罩；
你自己讲过的话儿，
我还要你细细咀嚼。
如果我需要题材，亲爱的，
我就从你那里索讨，

---

① 巴门和爱北斐特。——编者注

用你的话编成打油诗，

又在字里行间把你讥笑。

只要去掉韵脚，抛开格律，

就能认出你的面貌。

如果你现在怒火中烧，

就请咒骂随时准备为你效劳的

希尔德布兰特

> 恩格斯：《致市信使报》（1839年4月27日左右），摘自《马克思恩格斯全集》第41卷，人民出版社1982年12月第1版，第8页。

7. 对您（龙克尔）发表在《莱茵音乐堂》的诗则故守缄默，因为我实在无法赞扬这些诗

您在贵报激烈地攻击我和我的《乌培河谷来信》。您指责我蓄意歪曲事实、不了解情况，指责我进行人身攻击甚至说谎。您称我为青年德意志派，这我并不介意，因为我不同意您对青年文学的种种责难，而且我没有荣幸属于青年文学。到目前为止我只是把您当作一位作家和政论家来尊敬，并且在该文的第二篇中表明了这一看法，而对您发表在《莱茵音乐堂》的诗则故守缄默，因为我实在无法赞扬这些诗。可以指责任何一个作者蓄意歪曲事实，但这通常都是当作者的叙述不符合读者的偏见时的做法。您为什么拿不出一件事实来证明？至于说不了解情况，那么，我要是不知道这句空话在缺乏更令人信服的论据时已成为多么通用的辞令，我根本想不到会有这样的指责。我在乌培河谷度过的时间大概比您多一倍；我在爱北斐特和巴门住过，并且具备了十分有利的条件去仔细观察各阶层的生活。

龙克尔先生，我丝毫不象您所指责的那样，有想成为天才的奢望。但是，确实需要有特殊的蠢才，才能做到在这样的环境中而不了解情况，特别是当一个人很想了解情况的时候就更需要有这样的蠢才。人身攻击吗？传教士、教师和作家一样，也是社会活动家，您是否也要把转述他们的公开讲演叫作人身攻击呢？我在什么地方谈过私人的事情，而且还是那些一提起来便要我说出自己名字的事情？我在什么地方嘲笑过私人的事情？至于硬说我杜撰捏造，那么，不管我多么想避免任何争论，甚至想避免任何争吵，我都不得不要求您——为了既不损害《电讯》的声誉，也不损害我这个匿名作者的名誉——从"大量的错误"中哪怕指出一个错误也行。说实话，文章中的确有两个错误：没有逐字逐句引用施梯尔改写的诗；有关埃根先生的旅行并非如此之糟。但务请您把第三个错误指出来吧！其次，您说我一点儿也没有指出该地光明的一面。这是对的。就局部而言，我承认各方面都有好的东西（我只是没有描述施梯尔先生在神学方面的重要性，对此我感到十分遗憾），但是，在总的方面，我找不到一件完全光明的事物，这种完全光明的事物，我同样期待您来描述。因此，我也不想说，红色的乌培河在巴门附近又变得清澈了。这毕竟是无稽之谈：难道乌培河往山上流吗？最后，请您在读完全文以后再作判断，而且今后要逐字引用但丁的话，否则就根本不要引用。他所说的不是"这里是走进无穷的痛苦的入口"，而是"通过我走进无穷的痛苦"（《地狱》第3篇第2行）。①

恩格斯：《给龙克尔博士的公开信》（1839年5月6日），摘自《马克思恩格斯全集》第41卷，人民出版社1982年12月第1版，第9页。

8.（在写诗中）我（恩格斯）根本没有做到用明朗、优美的形式来表达我的主要思想

我现在告诉你们一件很重要的事情：我写的西班牙浪漫诗碰壁了，那个家伙显然是一个反对浪漫主义的人，他看上去也正是这样的人；可是我的另一首诗《贝都英人》（随信抄附），在另一家杂志上发表了，不过这条汉子把我的最后一节诗改动了，造成很大的混乱。看来好象他没有弄懂下面的话："你们沙漠上的粗布袍，同我们巴黎式的衣衫不相称，你们的歌儿也不属于我们的文学"，因为这两句话好象很古怪。这首诗的主要思想是把贝都英人，甚至把处于目前情况下的贝都英人同跟他们完全异趣的读者作对比。因此，这种对比不应当只通过对这截然不同的双方作赤裸裸的描绘来表现，而是只有在结尾部分通过最后一节诗中的对照和结论才能变得活灵活现。此外，诗中还表现了一些细节：（1）对照作为我们戏剧典范的席勒，把科采布和他的信徒轻轻地讽刺了一下；（2）对照贝都英人原先的处境，表述了他们目前处境的痛苦；这两个次要的方面在两个主要对立面里是平行发展的。如果抽去最后一节诗，整篇诗都散了；但是，如果编辑修饰一下结尾部分而写成"他们跳舞是为了挣钱，不是为了自然的迫切要求，无怪乎你们目光黯淡，都默默无言，

---

① 但丁《神曲·地狱》第3篇第2行。——编者注

只有一个人歌声哀哀",那么,第一,结尾就黯然失色,因为都是一些以前用过的泛泛之谈,第二,这个结尾毁掉了我的主要思想,代之以次要思想:为贝都英人的处境鸣不平,把它同他们原先的处境加以对比。于是,他造成了这样的损失:完全破坏了(1)主要思想,(2)连贯性。其实,这个家伙还得再花费一个格罗特(半个银格罗申)才行,因为他将得到的是我的训诫。其实,我还不如不写这首诗,因为我根本没有做到用明朗、优美的形式来表达我的主要思想……

我对于自己的诗和创作诗的能力,日益感到绝望,特别是在读了歌德的《向青年诗人进一言》等两篇文章之后更是如此,文章把我这样的人真是刻画得惟妙惟肖;文章使我看清了我所写的这种押韵的玩意儿对艺术毫无价值;但今后我仍将继续搞这种押韵的把戏,因为正象歌德所说,这是一种"愉快的补充";我还要让我的诗在一家杂志上发表,因为别的青年人也都是这样做的,他们即使不比我更蠢,至少也是跟我一样蠢的蠢驴,而我这样做既不会提高也不会降低德国文学的水平;可是,每当我读到一首好诗的时候,我内心总是感到苦恼:你就不能写出这样的作品!

恩格斯:《恩格斯致弗里德里希·格雷培和威廉·格雷培》(1838年9月17—18日),摘自《马克思恩格斯全集》第41卷,人民出版社1982年12月第1版,第416—418页。

9. 雅科比是思维着的精神获得的胜利的标志

在约艾尔·雅科比身上所表现的那种骇人听闻的极端,是一切愚蠢的骑士最终也必然要陷入的极端。对自由思想的任何敌视态度,对精神的绝对权力所持的任何反对态度,最终都必然陷入那种极端,不管这种态度表现为野蛮的不守法纪的长裤汉主义,还是表现为无聊可耻的奴颜婢膝;表现为虔诚派的留分头,还是表现为天主教神父的削发圆顶。约艾尔·雅科比是一个活的战利品,是思维着的精神获得的胜利的标志。凡是捍卫十九世纪的人,都可以用胜利者的眼光看着这位遭到惨败的当代诗人,因为本世纪的一切敌人迟早会遭到和这个诗人同样的下场。

恩格斯:《约艾尔·雅科比》(1840年1—3月),摘自《马克思恩格斯全集》第41卷,人民出版社1982年12月第1版,第53—54页。

10. 备受赞扬的德国人的认真态度在对待诗的评价上是十分轻率的

现在,让我们回到自己的祖国来吧!风景如画并富于浪漫色彩的威斯特伐里亚对自己的儿子弗莱里格拉特大为生气。弗莱里格拉特由于莱茵省更是风景如画、更富于浪漫色彩而完全忘了威斯特伐里亚；让我们好言相慰吧，免得它在第二分册出版之前失去耐心。威斯特伐里亚因群山环抱而同德国的其余部分隔开来，只有朝向荷兰的那一面是敞开的，就好象把它从德国推了出去似的。但是它的儿女们毕竟是真正的萨克森人，是忠诚善良的德国人。这些山全都有令人神往的地方：南面是鲁尔河谷和累内河谷，东面是威悉河谷，北面是从明登到鄂斯纳布鲁克的山脉，到处都是极其瑰丽的景色，只有在威斯特伐里亚的中部常常有单调的沙地从草原和耕地中显露出来。再往前是古老美丽的城市，首先是明斯特，这里有哥特式的教堂，有市场的拱廊，这里还住着安奈特·伊丽莎白·冯·德罗斯特—许尔斯霍夫和莱文·许金。我有幸在这里和莱文·许金相识，他好心地把上面提到的那位女士的长诗给我看，而我是不能错过这个机会的，我可不愿意去分担德国读者在对待这些诗的问题上所犯的过失。这里再一次证明，备受赞扬的德国人的认真态度在对待诗的评价上是十分轻率的。他们翻阅诗集，单看韵脚是否完美，诗句是否流畅，内容是否易懂，诗中是否有许多刚强的、至少是动人的形象，——就凭这些作出判断。但是，在描写大自然方面表现出感情深切、楚楚动人、独具一格的这样一些诗，并不亚于雪莱的诗；大胆的拜伦式的幻想披上了略嫌生硬的形式而且没有摆脱方言；这样一些作品却没有引起人们的注意；谁愿意比平常更有耐心地读这些诗呢？本来人们只是在午间休息的时候才拿一本诗来读读，而诗写得美也许会驱走睡意！何况，我们的女诗人是个虔诚的天主教徒，新教徒怎么能允许自己对这样的作者发生兴趣！但是问题在于，如果虔诚主义使阿尔伯特·克纳普这个男子汉、硕士、首席副牧师显得可笑，那么，幼稚的信仰对冯·德罗斯特女士倒很相称。宗教的自由思想对妇女来说是危险的东西。象乔治·桑和雪莱的夫人[①]这样的妇女是罕见的。怀疑心太容易挫伤妇女的性情，它赋予理智的力量之大，不适合于任何女性。但是，如果我们这些新时代的儿女们为之奋斗的思想是真理，那么，妇女的心很快也将为现代精神的思想之花而热烈跳动，就象为教父的虔诚信仰而热烈地跳动一样；——只有到那时，年轻的一代才会同吮吸母乳一起吮吸新事物，新事物的胜利才会到来。

---

① 玛丽·伍尔斯顿克拉夫特·雪莱，父姓戈德文。——编者注

恩格斯：《风景》（1840年6月底—7月），摘自《马克思恩格斯全集》第41卷，人民出版社1982年12月第1版，第98—99页。

11. 没有人象他（里姆）那样善于激发合唱团员和乐队队员的感情，使他们的演出充满生活气息

看来汉撒各城市日前正被迫卷入文学的潮流。博伊尔曼的《随笔》一出现，对这本确实有趣的材料的评论就象雨点似地纷纷洒下来。博伊尔曼本人在《德意志和德意志人》中给这三个自由的沿海城市以很重要的地位。《自由港》杂志刊登了佐尔特韦德尔的《汉撒同盟通讯》。汉堡在德国文学中很早就占有一定的地位；卢卑克的地位则稍次一些，就是在经济方面，它的全盛时代也早已过去了；但是亚·佐尔特韦德尔现在还打算在那里创办杂志。不来梅对文学持怀疑态度，这是因为对于文学它是问心有愧的，而且通常在文学中提到它时也不大客气。但也无可否认，不来梅正由于本身的地位和政治状况，比其他任何城市更适宜于成为德国西北部的教育中心。只要能拉两三个有才能的文学家到这里来，就可以在这里办杂志，这对北德意志文化的发展会有极大的影响。不来梅的书商是十分精明的，我已经听到他们很多人讲，他们愿意拿出必要的基金并且同意在杂志出版的头几年承担可能的亏损。

音乐是不来梅最好的一个方面。在德国很少几个城市象这里一样演奏那么多那么好的音乐。在不来梅，成立了相当多的合唱团，经常举行的音乐会总是座无虚席。而且，一种良好的音乐鉴赏力几乎是完好地在这里保存下来了；最受欢迎的是德国古典音乐家韩德尔、莫扎特、贝多芬，现代音乐家中有门德尔松—巴托尔迪和一些优秀的歌曲作曲家。新法兰西派和新意大利派几乎只在年轻的办事员中才有崇拜者。但愿不要冷落了塞巴斯蒂安·巴赫、格鲁克、海顿。这里也决不排斥新人。相反，很少有地方象这里那样乐于接受德国青年作曲家的作品。在这里经常可以见到一些以其特长闻名于音乐界的人。天才的歌曲作曲家施特格迈尔多年来一直在指挥我们剧院的乐队。现在，他的位置由科斯马利接替了。看来，科斯马利一方面通过自己的作品，一方面通过主要发表在舒曼的《新音乐杂志》上的文章获得了许多朋友。同样博得好评的作曲家还有指挥合唱团和主持许多音乐会的里姆。里姆是一个很可爱的老人，有一颗青年人那样火热的心；没有人象他那样善于激发合唱团员和乐队队员的感情，使他们的演出充满生活气息。

> 恩格斯：《与文学的关系。音乐》（1841年1月），摘自《马克思恩格斯全集》第41卷，人民出版社1982年12月第1版，第181—182页。

12. 我们有权要求民间故事书适应自己的时代

一本书能被称为民间故事书，称为德国民间故事书，这难道不是对它的高度赞扬吗？但是，正因为如此我们就有权对这类书寄予更大的希望；也正因为如此这类书就应当满足一切合理的要求并且在各个方面都称得上是尽善尽美的。民间故事书的使命是使农民在繁重的劳动之余，傍晚疲惫地回到家里时消遣解闷，振奋精神，得到慰藉，使他忘却劳累，把他那块贫瘠的田地变成芳香馥郁的花园；它的使命是把工匠的作坊和可怜的徒工的简陋阁楼变幻成诗的世界和金碧辉煌的宫殿，把他那身体粗壮的情人变成体态优美的公主。但是民间故事书还有一个使命，这就是同圣经一样使农民有明确的道德感，使他意识到自己的力量、自己的权利和自己的自由，激发他的勇气并唤起他对祖国的热爱。

因此，一般说来，如果我们可以正当地要求民间故事书内容应富有诗意、饶有谐趣和道德的纯洁，要求德国民间故事书具有健康的、真实的**德意志精神**，即具有一切时代所共有的特点，那么，我们也还有权要求民间故事书适应自己的时代，否则它就不成其为民间的了。如果我们着重考察一下目前的状况，考察一下造成当代一切现象的争取自由的斗争，即日益发展的立宪主义，对贵族压迫的反抗，智慧同虔诚主义的斗争，乐观精神同阴郁的禁欲主义残余的斗争，那么，我就看不出我们为什么不该要求民间故事书在这方面帮助没有文化教养的人，向他们指出——自然不能采取直接推论的方式——这些动向的真实性和合理性，而决不是去纵容伪善，鼓励人们对贵族卑躬屈膝、姑息虔诚主义。但是，不言而喻，民间故事书对那些在今天看来毫无意义或者甚至是错误的旧时代的习俗是不相容的。

我们可以而且也有必要根据上述原则来评价目前真正是德国的民间故事书以及通常统称为德国民间故事书的书籍。这类书一部分是中世纪日耳曼语族的或罗马语族的诗歌的产物，一部分是民间迷信的产物。它们起初遭到上等阶层蔑视、嘲笑，后来，如所周知，由浪漫主义作家发掘出来，进行改写甚至加以颂扬。但是，浪漫主义作家看到的仅仅是诗的内容，而对它们作为民间故事书所具有的意义毫无认识，这一点**哥雷斯**在论述这个问题的著作中已经指明了。还是在最近我们才弄明白：哥雷斯的全部评价都是**幻想的结果**。虽然如此但对这些书的习惯看法仍然以他那本书作为依据，连**马尔巴赫**在他的出版说明里所依据的也是这种看法。鉴于这些民间故事书最近有三种改写本，即马尔巴赫的散文体、**济姆罗克**的散文体和诗歌体，而其中两种还是供大众阅读的，这就需要对这些改写本的主题再认真审查一下它们对人民的意义。

当评价整个中世纪诗歌时，只要还存在重大的分歧，就必须让每个读者去评论这类书的诗的价值；当然，谁也不会否认它们确实具有纯真的诗意。所以，即使这些书不能被公认为民间故事书，它们的诗的内容总会完整无损地保存下来，何况照席勒的话说：

　　诗歌里永远不朽的东西，

　　在生活中注定要灭亡①，

也许有些诗人会找个理由，用改写的方法为诗歌保存那种在人民中间不能持久的东西。

　　　　恩格斯：《德国的民间故事书》（1839年秋），摘自《马克思恩格斯全集》
　　　　第41卷，人民出版社1982年12月第1版，第14—15页。

13. 民间故事有一种不平常的诗一般的魅力

在源于日耳曼语族的故事和源于罗马语族的故事之间，有一个很明显的区别：日耳曼语族的故事是真正的民间传说，突出的是积极活动的男人；罗马语族的故事所突出的是女人——不是受凌辱的女人（口盖诺费法），便是正在恋爱着但对爱的激情抱消极态度的女人。只有《海蒙的儿子》和《福尔土纳特》这两个罗马语族的故事是例外，不过它们也属于民间传说，而《屋大维》和《梅卢齐娜》等是宫廷诗歌作品，只是由于后来改写成散文，才流传到民间。喜剧作品中，也只有《索洛蒙和莫罗尔夫》不是直接源于日耳曼语族，而《欧伦施皮格尔》和《席尔达人》等等无疑都是我们的作品。

如果把这类书全部考察一下并根据本文开头提出的原则来评价，那就很清楚，它们只在一个方面符合这些要求：书中诗意盎然，妙趣横生，而且它们的形式，即使毫无文化教养的人大体上也能完全接受；在其他方面，

---

① 引自席勒的诗《希腊之神》。——编者注

这些书却根本不能使我们满意。有些书的性质同我们的要求正相反，另一些书只是部分地符合我们的要求。既然它们是中世纪的作品，自然就完全偏离了我们的时代可能向它们提出的特殊目标。所以不管这个文学部门表面上如何丰富多彩，也不管蒂克和哥雷斯讲得如何头头是道，它们也还有许多有待改进的地方。至于说是否会在将来某个时候填补这个空白，那是另一个问题，我不打算回答。

现在分别谈谈几部作品，可以说，其中最重要的无疑是《刀枪不入的齐格弗里特的故事》。——我喜欢这本书。这是一个完美的故事；书中充满了优美的诗意，时而是天真无邪，时而是绝妙的幽默；书中妙语连篇——那段描写两个胆小鬼相斗的精彩情节不是脍炙人口吗？书中刻画了一个无所顾忌的具有年轻人朝气的人物，他是任何一个奔走四方的手工业帮工效法的榜样，尽管今天他已经用不着同龙和巨人搏斗了。只要改正印刷错误（我手头的这个版本即科伦版印刷错误特别多），校正标点符号，那么，在这个真正的通俗风格的范本面前，施瓦布和马尔巴赫的改写本也就黯然失色了。人民对这本书还是表示感激的：在民间故事书中，我没有见过哪本书是象这本书这样的。

《狮子亨利公爵》。——这本书的老版本可惜我没有找到，在艾恩贝克印刷的新版本看来已经完全代替了老版本。书的开头部分是截至1735年为止的不伦瑞克世系，接着是根据历史编写的亨利公爵传，然后是民间传说。书中还收进了一篇同狮子亨利这一民间传说相似的描述布尔昂的哥特弗里德的故事，一篇关于奴隶安德罗尼库斯的故事，据说是出自巴勒斯坦修道院院长盖拉齐米之手，其结尾部分改动很大；还有一首是新浪漫派的诗，作者我不记得了，诗中再次重复了关于狮子的传说。由于精明的出版商不惜笔墨大量增补，作为民间故事书基础的传说本身也就失去了本色。传说本身是十分优美的，其余的东西则索然无味，——不伦瑞克的历史同士瓦本人有什么关系呢？有了风格朴素的民间故事书，再发表冗长的现代叙事诗还有什么意思呢？就连这种风格也消失了。有一位天才的改写者（我估计他是上一世纪末的一个传教士或教员）这样写道：

"这样，旅程的目的地已经达到，眼前就是圣地，人们就可以踏上这块同宗教史上最重要的回忆有联系的土地了！热切盼望着这块土地的虔诚纯朴的心灵，在这里变为热烈的祈祷，在这里得到了充分的满足，成了主最大的喜悦。"

应当恢复传说的古老语言,应当增添其他真正的民间传说来充实一本书,然后把它送到人民中间去,这样,传说才能保持它的诗意,而照它现在这种样子是不值得在人民中间流传的。

《恩斯特大公》。——本书的作者并不是一个特别著名的诗人,因为他的全部诗歌素材都取自东方的童话。不过这本书写得很好,引人入胜,但也仅此而已。由于毕竟不会再有人相信书中那些幻想形象的真实性,这本书在人民手中就原封不动地保存下来了。

现在我要谈谈由德国人民创作并且在创作过程中得到进一步发展的两部传说,各民族的民间诗歌中最深刻的两部传说。我指的是**浮士德**的传说和**永世流浪的犹太人**的传说。它们是取之不尽、用之不竭的传说;每个时代都可以采用它们而不改变其实质;歌德以后的浮士德传说,也如荷马以后的《伊利亚特》一样,虽然几经改写,总是揭示出某些新的东西,至于亚哈随鲁的传说对于现代诗歌的重要意义,那就不必说了。可是,这两部传说在民间故事书里变成了什么样子呵!它们根本不是自由幻想的作品,不是的,而是奴隶式迷信的产物。永世流浪的犹太人一书甚至要人们对它的内容抱宗教信仰,它试图用圣经和一些荒诞无稽的神话来证明这种信仰是对的;在这本书里,传说只剩下一层最表面的外壳,而里面却包含着关于犹太人亚哈随鲁的冗长枯燥的基督教训诫。浮士德的传说被降低为用一般妖术轶闻进行渲染的陈腐无味的巫婆故事;甚至连民间喜剧里保存下来的那么一点诗意,也几乎绝迹了。这两本书不仅不能使人得到诗的享受,它们现在这种形式只会使旧的迷信死灰复燃、变本加厉,除此之外,对这类鬼玩意儿还能有什么指望呢?看来,对传说及其内容的理解,在人民中间也完全消失了。浮士德成了一个很普通的巫师,亚哈随鲁被看成是继加略人犹大之后最大的恶棍。难道就不能挽救德国人民的这两部传说,恢复它们固有的纯洁性,鲜明地表达它们的实质,从而使没有文化教养的人也不至于无法理解传说所包含的深刻意义?马尔巴赫和济姆罗克还没有对这些传说进行改写,在这方面希望他们能够接受明智的批评!

我们面前还有另一类民间故事书,即笑话读物:**《欧伦施皮格尔》**、**《索洛蒙和莫罗尔夫》**、**《卡伦贝格的神父》**、**《七个士瓦本人》**、**《席尔达人》**。只有少数几个民族有这类书。书中那种谐谑,那种构思和手法的得之自然，处处带有辛辣的嘲笑却又不算过分的善意的幽默，那种惊人的喜剧场面，——所有这些确实使我们很大一部分文学作品相形见绌。当代哪一位作者能有如此丰富的想象力，写出象《席尔达人》这样一本书呢？你把蒙特的幽默同《七个士瓦本人》的幽默比较一下，就会看出前者是多么平淡无奇！当然，创作这样的东西，需要比我们的时代更平静的时代，而我们的时代就象一个闲不住的商人，总是唠叨那些必须回答的重要问题，然后才顾得上别的事。至于这几本书的形式，如果将几处不得体的俏皮话删去，并且把有损原意的文风改正过来，那么，书中要改动的地方就不多了。关于《欧伦施皮格尔》，应当指出，盖上普鲁士书报检查机关大印的那些版本并不完备，一开头就缺乏理俗的谐谑，而马尔巴赫的一幅出色的版画倒把这一点表现出来了。

同这些作品形成强烈对照的是关于**盖诺费法**、**格丽泽尔迪丝**和**希尔兰达**的故事，这是三本源于罗马语族的书，主人公都是妇女，而且又都是受凌辱的妇女。书中描述了中世纪对待宗教的态度，而且颇有诗意：只是《盖诺费法》和《希尔兰达》写得过于雷同。不过，天哪，这在今天同德国人民有什么关系呢？当然，满可以把格丽泽尔迪丝这个形象想象成德国人民，把瓦尔特边区侯爵这个形象想象成公爵，但是，如果这样，喜剧的结局就与民间故事书的结局迥然不同了；对于这样的比较，双方都会表示反对，而且在某种程度上不无道理。如果《格丽泽尔迪丝》还算作民间故事书，那么，在我看来，它就应当是递交给高贵的德意志联邦议会的一份关于妇女解放的请愿书。而四年前，这类象小说似的请愿书的遭遇如何，我们也不是不知道，所以马尔巴赫后来未被列入"青年德意志"我是感到很奇怪的。人民扮演格丽泽尔迪丝和盖诺费法这种角色的时间已经够长了，但愿他们现在扮演齐格弗里特和雷纳尔多，哪怕一次也好。但是，难道对这些宣扬逆来顺受的旧传说表示赞许，是引导他们做到这一点的正当途径吗？

屋大维皇帝一书的前半部也是同一类型，后半部就内容而言属于爱情故事。**海伦娜**的故事不过是《屋大维》的仿制品，也可能两者是同一传说的不同写法。《屋大维》的后半部是优秀的民间故事书，只有它能与《齐格弗里特》媲美。蒂克对弗洛伦斯以及对他的养父克雷门斯的刻画，还有对克劳狄乌斯的刻画，都很出色，他在这里没有遇到任何困难。可是，贯穿全书的难道不正是主张贵族的血液比平民的血液高贵的思想吗？而这样的思想我们在人民自己身上也是屡见不鲜的！如果不把这种思想从《屋大维》里去掉，——我认为这一点是不可能的，——如果考虑到，在应当建立立宪制度的地方首先就必须铲除**这种思想**，那么，不管这本书怎样富有诗意，我认为，迎太基必须被消灭。

同上述三个饱含辛酸泪的故事形成鲜明对照的是另外三本歌颂爱情的书。这就是**《马格洛娜》**、**《梅卢齐娜》**和**《特里斯坦》**。我最喜欢《玛格洛娜》这本民间故事书。《梅卢齐娜》尽是荒诞无稽的怪物和想入非非的夸张，所以，从中可以看到类似唐·吉诃德一样的行径，而且我必须再问一次：这对德国人民有什么用？再看看关于特里斯坦和伊佐尔达的故事吧，——我不想涉及这个故事的文学价值，因为我喜欢斯特拉斯堡的哥特弗里德那个出色的改写本尽管也可以在叙述上找出某些不足之处，——不过没有哪一本书比它更不宜于推荐给人民了。诚然，这里又碰到一个当代的问题——妇女解放问题。在今天，一个才思敏捷的诗人当他改写《特里斯坦》时，只要他没有陷入那种矫揉造作和枯燥无味而带倾向性的诗中，这个问题在他的作品里就不可能撇开不谈。但是在根本不提这个问题的民间故事书里，整个叙述就是为破坏夫妻间的忠诚进行辩护，把这样的民间故事书交给人民是很成问题的。而且，这类书几乎已完全失传了，现在我们很难得遇到这样一本书。

《海蒙的儿子》和**《福尔土纳特》**也是两本真正的民间故事书，我们在书中再一次见到男人处于活动的中心。在《福尔土纳特》里，吸引我们的是福尔土纳特的儿子经历种种奇遇时所表现的十分欢畅的幽默；在《海蒙的儿子》里，感人的是无所顾忌的倔强性格，是以血气方刚的劲头反抗查理大帝的专制暴政，甚至不怕当着帝王的面亲手为所受的屈辱复仇的那种不受约束的反抗精神。在民间故事书里，占主导地位的应该是这种年轻人的精神，只要有这种精神，许多缺点都可以不去计较。但在《格丽泽尔迪丝》和相近的作品里，哪里有这种精神呢？

最后是一些妙不可言的东西，即别出心裁的**《百年历书》**、聪明过头的**《占梦书》**、屡试不爽的**《幸福轮》**以及诸如此类乌七八糟的迷信的荒唐产物。不论是谁，哪怕只是浏览一下哥雷斯的书，都会知道他采用了多么可怜的诡辩来为这类无聊的东西辩护。所有这些毫无价值的书都承蒙普鲁士书报检查机关盖了章。这些东西既不象白尔尼的书信。那样，具有革命内容，又不象人们批评《瓦莉》，时所说的那样，淫秽下流。我们可以看出，指责普鲁士书报检查机关如何如何严厉，那是不对的。这类无聊的东西是否应当在人民中间传播，我大可不必为此多费笔墨。

其余的民间故事书就不必谈了：关于**庞图斯**和**菲埃拉布拉斯**等等故事早已被人们忘记了，因此也就称不上是民间故事书了。但是我认为，如果是从人民的利益而不是从诗歌的角度来评价这种文学，我的上述几点意见就已经表明这种文学是多么不能令人满意。这种文学需要的是经过精选以后的改写本，同时，非必要时不改动古老的词语，印刷装订应精致，这样才能在人民中间传播。对于经不起批评的书强行剔除，这样做既有困难也不明智；只有确实宣扬迷信的书，书报检查机关才可以不予批准。其余的都会自行消失。《格丽泽尔迪丝》现在已经很少见到，《特里斯坦》差不多完全绝迹了。有些地区，例如在乌培河谷，民间故事书一本也找不到；另一些地区，例如在科伦、不来梅等地，几乎每个小店主都在橱窗里陈列着供进城的农民选购的民间故事书。

但是为德国人民着想，难道不值得从这类书中选出最优秀的，经过精心修改再出版吗？当然，不是任何人都能完成这种改写工作的。据我所知，只有两个人在选择时具备足够的批判的敏锐洞察力和鉴别力并且在改写时善于运用古老的风格，这就是**格林**兄弟，但他们是否有兴趣有时间从事这项工作呢？马尔巴赫的改写本对人民完全不适合。既然他一写就从《格丽泽尔迪丝》开始，对他还能指望什么呢？他不但毫无批判能力，而且一个劲儿地把那些根本不该删减的地方删掉；另外，他还把文风改得非常呆板，毫无生气——只要把《刀枪不入的齐格弗里特》这本民间故事书或任何一本别的书同他的改写本加以比较，就足以证明以上的看法。在他的改写本里，只是一些互不关联的句子、一些颠来倒去的单词，马尔巴赫先生所以这样做，无非由于他缺乏其他独创精神而又力图在这里装出一点有独创性的样子。要不然又是什么促使他去改动民间故事书中最优美的地方并且加上不必要的标点符号呢？在不了解民间故事书的人看来，马尔巴赫改写的故事挺不错，但是只要把两种版本作一番比较，就会看到，马尔巴赫的全部功劳就是改正了印刷上的错误。他的版画，好坏相差悬殊。济姆罗克的改写本，还远没有达到可以对它进行评价的地步，但是，我对济姆罗克的信任远远超过对他的竞争者的信任,他的版画一般都比马尔巴赫的好。

这些古老的民间故事书虽然语言陈旧、印刷有错误、版画拙劣,对我来说却有一种不平常的诗一般的魅力。它们把我从我们这种混乱的现代"制度、纠纷和居心险恶的相互关系"中带到一个跟大自然近似的世界里。但这个问题在这里就不谈了。蒂克的主要论据正在于这种诗一般的魅力,可是,如果这种论据同理性相矛盾,而且问题涉于**德国人民**时,那么,蒂克、哥雷斯以及其他一切浪漫主义作家的威信又算得了什么呢?

恩格斯:《德国的民间故事书》(1839 年秋),摘自《马克思恩格斯全集》第 41 卷,人民出版社 1982 年 12 月第 1 版,第 16—23 页。

14. 爱尔兰的民间歌曲:"这些歌曲大部分充满着深沉的忧郁,这种忧郁直到今天也还是民族情绪的表现"

爱尔兰的民间歌曲一部分产生于古代,另一部分产生于近三四百年间,其中有许多是上一世纪才产生的;创作特别多的是当时最后一批爱尔兰弹唱诗人中的卡罗兰。这些弹唱诗人或竖琴手(他们既是诗人,又是作曲家,又是歌手)以前为数很多,每一个爱尔兰首领在他的城堡中都有自己的弹唱诗人。不少弹唱诗人也作为流浪歌手,漂泊在全国各地,遭受着英国人的迫害;英国人把他们看做民族的、反英格兰的传统的主要代表者,并不是毫无根据的。这些弹唱诗人使人民始终鲜明地记得那些歌唱芬·麦库阿耳(麦克菲尔逊在他的完全根据这些爱尔兰歌曲编成的"奥辛"中,从爱尔兰人那里剽窃了这个人物,易名为芬加耳,并改为苏格兰人)的胜利、古代塔腊王宫的豪华、布里安·博卢国王的英雄事迹的古代歌曲,以及稍后一些的关于爱尔兰首领同 Sassenach(英国人)作战的歌曲,弹唱诗人在他们的歌曲中也颂扬了他们同时代的为独立而战的爱尔兰首领们的功勋。但是,到十七世纪时,伊丽莎白、詹姆斯一世、奥利弗·克伦威尔和荷兰的威廉使爱尔兰人民完全沦为奴隶,掠夺他们,把他们的土地抢去给英国征服者,使爱尔兰人失去法律的保护,成为一个备受压迫的民族,这时流浪歌手们也像天主教神甫们一样遭到了迫害;到本世纪初,他们已经逐渐绝迹了。他们的名字被遗忘,他们的诗歌只留下一些片断;他们给自己被奴役的但是没有被征服的爱尔兰人民留下的最宝贵的遗产,就是他们的歌曲。

所有用爱尔兰文写的诗,每一节都是四行;因此,这种四行一节的格式，虽然往往不大明显，通常还是大多数歌曲、特别是古老的歌曲的基础；此外还常常附有叠句或竖琴弹奏的尾声。目前，在爱尔兰的大部分地区已经只有老年人才懂得爱尔兰语，或者已经谁也不懂得爱尔兰语，但即使在这个时候，有许多这种古老的爱尔兰歌曲，人们还是只知道它们的爱尔兰文名称或者开头的歌词。大部分比较晚近的歌曲，则已经有了英文名称和英文歌词了。

　　这些歌曲大部分充满着深沉的忧郁，这种忧郁直到今天也还是民族情绪的表现。当统治者的压迫手段日益翻新、日益现代化的时候，难道这个被统治的民族还能有其他的表现吗？四十年前第一次使用而在近二十年间达到顶点的最新手段，就是把爱尔兰人大批地驱逐出他们的故土，而在爱尔兰，这就等于驱逐出国境。从1841年起，爱尔兰的人口减少了250万，有300万以上的爱尔兰人流亡国外。这一切都是由于来自英格兰的大地主追求利润和强行勒索而造成的。如果这种情况再继续三十年，爱尔兰人恐怕只有在美洲才能找得到了。

　　　　恩格斯：《爱尔兰歌曲集代序》（1870年7月5日），摘自《马克思恩格斯全集》第16卷，人民出版社1964年2月第1版，第574—575页。

（七）马克思对欧仁·苏长篇小说《巴黎的秘密》的批判分析

　　1.《神圣家族》第五章：贩卖秘密的商人所体现的批判的批判或施里加先生所体现的批判的批判（马克思）

　　贩卖秘密的商人所体现的批判的批判或施里加先生所体现的批判的批判

　　施里加一维什努所体现的"批判的批判"把"巴黎的秘密"[①] 崇奉为神。欧仁·苏被誉为"批判的批判家"。要是他知道这件事，一定会像莫里哀的醉心贵族的小市民一样惊叫起来：

　　"天哪！我原来说了四十多年的散文，自己一点还不知道呢，您今天把这个告诉我，我对您真是万分的感激。"[②]

[①] 《巴黎的秘密》是法国作家欧仁·苏写的小说，该书宣扬了社会改良的思想。——译者注
[②] 莫里哀《醉心贵族的小市民》第二幕第四场，见1956年北京作家出版社版第31页。——译者注

施里加先生在批判之前，先来一个**美学的**小引。

"美学的小引"对"批判的"史诗的普遍意义，特别是对"巴黎的秘密"的普遍意义，作了如下的阐述：

"史诗创造这样一种思想：现在本身是无，它甚至不仅是（是无，甚至不仅是！）① **过去**和**未来**的永恒的**分界线**，而且还是（是无，甚至不仅是，而且还是！）**应该**经常加以**填充**的、把**永生**和**无常**分隔开来的**裂口**……这就是'**巴黎的秘密**'的普遍意义。"

接着，"美学的小引"又断定说："如果批判家有这样的愿望，那么，他也可能成为诗人。"

施里加先生的整个批判都将证明这种论断的正确性。这一批判的一切组成部分都是"诗作"。

同时，这一批判又是"**美学的小引**"所规定的"自由艺术"的产物，也就是说，它"发现了绝对是从来还没有过的、崭新的东西"。

最后，这一批判又是"应该经常加以填充的、把永生（施里加先生的批判的批判）和无常（欧仁·苏先生的小说）分隔开来的裂口"，所以它甚至还是批判的史诗。

（1）"文明中的野蛮的秘密"和"国家中的无法纪的秘密"

谁都知道，**费尔巴哈**把基督教关于投胎降世、三位一体、永生不灭等等的观念看做投胎降世的秘密、三位一体的秘密、永生不灭的秘密。施里加先生则把现今人世的一切关系都看做秘密。如果说**费尔巴哈**揭露了**现实的秘密**，那末**施里加先生**却反而把现实的**平凡的东西**变成了**秘密**。他的本领不是要揭露被掩盖的东西，而是要掩盖已经被揭露的东西。

于是，他把文明中的野蛮（罪犯的存在）和国家中的无法纪与不平等都说成**秘密**。二者必居其一：不是施里加先生把揭露了这些秘密的社会主义文学依旧看做一种秘密，就是他想把这种文学的最著名的结论变成"批判的批判"的私人的秘密。

因此，我们没有必要深入探讨施里加先生关于这些秘密的论断，而只指出最精彩的几点。

"在法律和法官面前，所有的人不论富贵贫贱都**一律平等**。这一原理在

---

① 括弧里的话是马克思的，下同。——译者注

国家的信条中占着首要的地位。"

是国家的吗？恰恰相反，大多数国家的信条都一开始就规定富贵贫贱在法律面前的**不平等**。

"宝石匠莫莱尔十分诚实而清楚地说出了秘密（即贫富对立的秘密）的本质。他说：但愿富人也知道这一点！但愿富人也知道这一点！可是不幸得很，他们不知道贫穷是什么。"

施里加先生不知道：欧仁·苏由于要对法国资产阶级礼貌一些而把**时代弄错了**，他把路易十四时代市民阶级常说的"呵！但愿皇上也知道这一点！"改成"呵！但愿富人也知道这一点！"，再借"宪章真理"① 时代的工人莫莱尔之口说了出来。这种贫富间的**质朴**关系至少在英国和法国已经不再存在了。富人手下的学者即经济学家们就在这里传播关于贫穷这种肉体贫困和精神贫困的非常详细的见解。他们用安慰的口吻证明说，因为要保持事物的现状，所以这种贫困似乎也应保存下来。甚至他们很细心地计算出，穷人为了富人和自己本身的福利应该按什么比例通过各种死亡事件来缩减自己的人数。

欧仁·苏描写的是罪犯的酒吧间、巢穴和言谈，而施里加先生却发现了一个"秘密"，即"作者"的目的并不是要描写罪犯的言谈和巢穴，而是要

"研究作恶的动机的秘密……因为正是在这些交往最活跃的地方……罪犯们才是**无拘无束的**"。

假使有人向自然科学家论证，蜂房并不是作为蜂房而引起自然科学家的兴趣，这些蜂房就是对于没有研究过它的人来说也不会成为秘密，因为只有在新鲜空气中和花朵上蜜蜂"才是无拘无束的"，那末，自然科学家将何言以对呢？罪犯的巢穴和他们的言谈反映罪犯的性格，这些巢穴和言谈是罪犯日常生活的不可分离的一部分。所以描写罪犯必然要描写到这些方面，正如描写 femme galante（情妇）必然要描写到 petite maison（幽会密室）一样。

罪犯的巢穴不仅对一般的巴黎人，就是对巴黎的警察都是"秘密"，

---

① 指 1830 年法国资产阶级革命后所通过的立宪宪章（Charte constitutionnelle），它是七月王朝的根本法。"宪章真理"是讽刺的话，隐指路易·菲力浦在 1830 年 7 月 31 日发表的宣言结束话："今后宪章就是真理。"——编者注

所以，为了使警察能到这些偏僻的角落里去，现在正在巴黎最古老的地方铺设具有照明设备的宽广的马路。

最后，欧仁·苏自己宣布，他描写上述一切是为了投合读者"又害怕又好奇的心理"。欧仁·苏先生所有的小说都是为了投合读者又害怕又好奇的心理。只要举出"阿达尔·居尔"，"火蛇""普利克和普洛克"等等小说，就足够说明这一点了。

（2）思辨结构的秘密

对"巴黎的秘密"所做的批判的叙述的秘密，就是**思辨的黑格尔结构**的秘密。施里加先生把"文明中的野蛮"和"国家中的无法纪"说成秘密，也就是把它们消溶在"**秘密**"这个范畴之中，接着就迫使"秘密"开始自己的**思辨的生命历程**。要指出这种思辨结构的总的特点，只要几句话就够了。施里加先生对"巴黎的秘密"的论述就是对思辨结构的**各个细节**方面的运用。

如果我从现实的苹果、梨、草莓、扁桃中得出"**果实**"这个一般的观念，如果再进一步**想像**我从现实的果实中得到的"**果实**"〔《die Frucht》〕这个抽象观念就是存在于我身外的一种本质，而且是梨、苹果等等的**真正的本质**，那末我就宣布（用**思辨的话说**）"果实"是梨、苹果、扁桃等等的"实体"，所以我说：对梨说来，决定梨成为梨的那些方面是非本质的，对苹果说来，决定苹果成为苹果的那些方面也是非本质的。作为它们的本质的并不是它们那种可以感触得到的实际的定在，而是我从它们中抽象出来又硬给它们塞进去的本质，即我的观念中的本质——"**果实**"。于是我就宣布：苹果、梨、扁桃等等是"**果实**"的简单的存在形式，是它的样态。诚然，我的有限的、基于感觉的理智**辨别出**苹果不同于梨，梨不同于扁桃，但是我的思辨的理性却说这些感性的差别是非本质的、无关重要的。思辨的理性在苹果和梨中看出了共同的东西，在梨和扁桃中看出**共同的东西**，这就是"果实"。具有不同特点的现实的果实从此就只是**虚幻果实**，而它们的真正的本质则是"**果实**"这个"实体"。

用这种方法是得不到内容特别**丰富的规定**的。如果有一位矿物学家，他的全部学问仅限于说一切矿物实际上都是"矿物"，那末，这位矿物学家不过是他自己想像中的矿物学家而已。这位思辨的矿物学家看到任何一种矿物都说，这是"**矿物**"，而他的学问就是天下有多少种矿物就说多少遍"矿物"这个词。

思辨的思维从各种不同的现实的果实中得出一个抽象的"果实"——"一般果实",所以为了要达到某种现实内容的假象,它就不得不用这种或那种方法从**果实**、从**实体**返回到现实的千差万别的平常的果实,返回到梨、苹果、扁桃等等上去。但是,要从现实的果实得出"**果实**"这个抽象的观念是很容易的,而要从"**果实**"这个抽象的观念得出各种现实的果实就很困难了。不但如此要从抽象转到抽象的**直接对立面**,不抛弃抽象是绝对不可能的。

因此,思辨哲学家抛弃了"**果实**"这个抽象,但是,他是用一种**思辨的、神秘的**方法来抛弃的,就是说,使人看来好像他并没有抛弃抽象似的。因此他事实上也只是在表面上越出了抽象的圈子而已。他的议论大抵是这样:

如果说苹果、梨、扁桃、草莓实际上不外是"一般实体"、"一般果实",那末,试问,这个"一般果实"又怎么会忽而表现为苹果,忽而表现为梨,忽而又表现为扁桃呢?和我关于**统一体**、关于"一般实体"、关于"一般果实"的思辨观念显然相矛盾的**多种多样的外观**又是从何而来的呢?

思辨哲学家答道:这是因为"一般果实"并不是僵死的、无差别的、静止的本质,而是活生生的、自相区别的、能动的本质。普通果实的千差万别,不仅对我的感性的理智,而且对"一般果实"本身,对思辨的理性都是有意义的。通常的千差万别的果实是"统一的果实"的生命的不同表现,它们是"一般果实"本身所形成的一些结晶。因此,比如说,在苹果中"一般果实"让自己像苹果一般存在,在:梨中就让自己像梨一般存在。因此,我们就不能根据我们从实体观一念得出的看法再说梨是"果实",苹果是"果实",扁桃是"果实":相反地应该说"**果实**"确定自己为梨,"**果实**"确定自己为苹果,"**果实**"——确定自己为扁桃;苹果、梨、扁桃相互之间的差别,正是"**果实**"的自我差别,这些差别使各种特殊的果实正好成为"一般果实",生活过程中的千差万别的环节。这样,"**果实**"就不再是无内容、无差别的统一体,而是作为总和、作为各种果实的"总体"的统一体,这些"**果实**"构成一个"被有机地划分为各个环节的系列"。在这个系列的每一个环节中"**果实**"都使自己得到一种更为发展、更为显著的定在，直到它最后作为一切果实的"概括"，同时成为活生生的**统一体**。这统一体把单个的果实都消溶于自身中，又从自身生出各种果实，正如人体的各部分不断消溶于血液，又不断从血液中生出一样。

可见，基督教认为只有**一个**上帝的化身，而思辨哲学却认为有多少事物就有多少化身，譬如在现在这个例子里，在思辨哲学看来，每一个单个的果实就都是实体的，即绝对果实的特殊化身。所以思辨哲学家最感兴趣的就是把现实的、普通的果实的**存在**制造出来，然后故弄玄虚地说：苹果、梨、扁桃、葡萄存在着。但是我们在思辨的世界里重新得到的这些苹果、梨、扁桃和葡萄却最多不过是**虚幻**的苹果、梨、扁桃和葡萄，因为它们是"一般果实"的生命的各个环节，是**理智**所创造的抽象**本质**的生命的各个环节，因而本身就是**理智**的抽象**产物**。我们在思辨中感到高兴的，就是重新获得了各种现实的果实，但这些果实已经是具有更高的神秘意义的果实，它们不是从物质的土地中，而是从我们脑子的以太中生长出来的，它们是"一般果实"的化身，是绝对主体的化身。因此，我们从抽象，从"一般的果实"这一**超自然**的理智的本质回复到现实的**天然的**果实，却反而使这些天然的果实具有了一种超自然的意义，把它们变成了纯粹的抽象。所以，现在我们应该注意的主要正是证明"一般果实"在它的一切生活表现中——在苹果、梨、扁桃等等中的**统一性**，也就是证明这些果实的**神秘的相互联系**，证明"一般果实"怎样在这些果实的每一种中**渐次地**实现自身，并怎样必然地从自己的一种存在形式转到另一种形式，例如，从葡萄转到扁桃。因此，通常的果实的意义现在已经不在于它们的天然属性，而在于使它们在"绝对果实"的生命过程中取得一定地位的思辨属性。

一个普通人说苹果和梨存在着的时候，他并不认为自己说出了什么特殊的东西。但是，如果哲学家用思辨的术语说出这些存在的东西，那他就是说出了**不平凡的东西**。他完成了一个**奇迹**：他从"一般果实"这个非现实的、**理智的本质**造出了现实的**自然的实物**——苹果、梨等等，就是说，他从他**自己的抽象的理智**（即他以为在他身外的一种绝对主体，在我们的例子中就是"一般果实"）中创造出这些果实。每当思辨哲学家宣布这些或那些实物存在时，他就是进行了一次创造。

显而易见，思辨哲学家之所以能完成这种不断的创造，只是因为他把苹果、梨等等东西中为大家所知道的、实际上是有目共睹的属性当做他自已**发现**的规定，因为他把现实事物的**名称**加在只有抽象的理智才能**创造出来**的东西上，即加在抽象的理智的公式上，最后，因为他把自己从苹果的观念**推移**到梨的观念这种他**本人**的活动，说成"一般果实"这个绝对主体**的自我活动**。

这种办法，用思辨的话来说，就是把**实体**了解为**主体**，了解为**内部的过程**，了解为**绝对的人格**。这种了解方式就是**黑格尔**方法的基本特征。

为了便于大家理解施里加先生，先作这些论述是必要的。如果说施里加先生过去一直把现实的关系（例如法纪和文明）消溶在秘密这个范畴中，并且用同样的方法把"秘密"变为实体，那末，现在他才第一次登上了真正思辨的、**黑格尔**的高峰，并把"秘密"变成了**体现**为现实的关系和人的独立主体。于是，伯爵夫人、侯爵夫人、浪漫女子、看门人、公证人、江湖医生、桃色事件、舞会、木门等等就成了这种主体的生活表现。起初他从现实世界造出"秘密"这一范畴，而现在又从这一范畴造出现实世界。

施里加先生笔下的**思辨结构**的秘密**很清楚地**显示出他比之黑格尔无疑具有**两大优点**。第一、**黑格尔**善于用巧妙的诡辩把哲学家利用感性直观和表象从一实物推移到另一实物时所经历的过程，说成想像的理智本质本身即绝对主体本身所完成的过程。第二、**黑格尔**常常在**思辨**的叙述中作出把握住事物本身的、**真实**的叙述。这种思辨发展之中的现实的发展会使读者把思辨的发展当做现实的发展，而把现实的发展当做思辨的发展。

在施里加先生那里就没有这两种困难。他的辩证法丝毫没有故作玄虚。他以极其诚实而坦白的态度来表演他的技巧。而且他不在**任何地方**渗入**现实的内容**，所以他的思辨结构没有任何碍手碍脚的附属物，它给我们看到的不是任何模棱两可的外表，而是赤裸裸地表露出来的美。此外，在施里加先生那里出色地表明思辨怎样一方面看起来好像是自由地从自身中 a priori〔先念地〕造出自己的对象，另一方面，由于想用诡辩来摆脱对**对象**的合理的、自然的依存性，又怎样正好陷入对对象的最不合理的、非自然的**从属性**，而不得不把对象的最偶然的和最独特的规定说成绝对必然的和普遍的规定。

（3）"有教养的社会的秘密"

欧仁·苏带着我们看了社会的最下层，拜访了罪犯的酒吧间等等，然后又把我们引到了上流社会，引到了圣热尔门区的舞会上。

施里加先生关于这种推移做了如下的解释：

"**秘密**总力图用新的转变来逃避考察。它以前一直作为一种绝对猜不透的、完全不可捉摸的、否定的东西同真实的、实在的、肯定的东西相对立；而现在它又作为后者的**不可觉察的内容**而渗入了后者。但是这样一来秘密也就消除了被认识的绝对不可能性。"

"秘密"过去一直同"真实的"、"实在的"、"肯定的"东西，即同法纪和教养相对立，"而现在它又……渗入了后者"即渗入了教养的领域。至于只有上流社会才能代表教养的领域这一点，则是一个秘密，即使**不是巴黎本身**的秘密，也是巴黎**所不了解的**秘密。施里加先生没有从罪犯世界的秘密推移到贵族社会的秘密，而是使"秘密"成了有教养的社会的"不可觉察的内容"，成了它的真正的本质。这并不是施里加先生为了要开辟进一步考察的道路而作的"**新的转变**"，而是"**秘密**"本身为了要使自己能逃避考察而作的"新的转变"。

施里加先生在真正跟着欧仁·苏到他一心向往的地方，即到贵族的舞会以前，又采取了 a priori〔先念地〕构成的思辨的虚伪转变。

"**显然**，秘密总**力图躲藏**在非常坚固的外壳中，这是可以**预见**的。而**在事实上也好像**是我们面临着**无法克服的不可人性……因此**，可以**预料**，大体说来……寻根究底的新尝试**在这里毕竟**还是**不可缺少的**。"

够了！施里加先生在这件事情上获得这样多的成就，以至

"秘密这一形而上学的主体就显得轻浮佻达，无拘无束，卖弄风情了"。

为了要把贵族社会变成"秘密"，施里加先生企图通过几次思考来弄清"**教养**"的含意。他总是先给贵族社会全面地加上一些谁也不会到它里面去寻找的性质，以便后来再去发现贵族社会并不具备这些性质这一"秘密"。然后他就把这一发现当做有教养的社会的"秘密"。施里加先生给自己提出了如下的一些问题："**普遍理性**"（大概是思辨的逻辑吧？）是不是有教养的社会中"**社交谈话**"的话题？"是不是**只有**对人的爱的**韵律和拍节才使**"这个社会"成为和谐的整体""我们称之为**一般教养**的东西是否就是**普遍的**、**永恒的**、**理想的东西的形式**"，也就是说，我们称之为教养的东西是否就是形而上学的想像的结果？施里加先生不难 a priori〔先验地〕

预言他自己的问题的答案:

"**但是**,可以**逆料**……这些问题的答案都是否定的。"

在欧仁·苏的小说中,从平民社会转到贵族社会的过程是通过写作小说的一般手法来完成的。盖罗尔施坦公爵鲁道夫的乔装使他得以深入社会的下层,正如他的身分使他得以接近社会的上层一样。在赴贵族舞会的路上,他所考虑的决不是周围的各种生活的对照,他感到最够味的只是他自己的各种乔装的对照。他告诉他最顺从的同伴,他怎样在各种不同的境遇中感到极其有趣。

他说:"我觉得这些对照真够味。昨天我是一个画家,呆在费维街的一间小房子里画扇面;今天早上我以店伙的身分,用黑醋栗酒招待皮普勒太太;而今晚呢,我又是靠神的恩惠支配这个世界的一个特权者。"

被请到舞会上去的批判的批判唱道:

"我在地上的诸神中逍遥,

我的神识几乎已经缥缈!"①

批判的批判在下面的**颂歌**中吐露了心曲:

"这里出现了魔术般的奇迹,在黑夜里阳光普照,在寒冬里显出春天的葱绿和夏天的繁茂。我们立即产生了这样一种心情:我们相信人们心中有神明存在的奇迹,尤其是当美妙和优雅使我们完互相信理想已经近在咫尺的时候。"(!!!)

批判的乡村牧师,你多没有经验,多轻信呵!只有你那批判的纯朴才能从雅致的巴黎舞厅立即转入这样一种迷信的心情,以致相信"人们心中有神明存在的奇迹",从巴黎的迷人的女人中看出"近在咫尺的理想",天使的化身。

批判的牧师因为天真**得极其可爱**,决定偷听两个"绝代佳人"克雷门斯·达尔维尔②和萨拉·麦克格莱哥尔伯爵夫人③的谈话。你们猜猜他想从这两位美人那里"喻听"些什么?他想听

"我们怎样才能为可爱的孩子们**祝福**,怎样才能使丈夫得到**最大**的幸福我们听着……我们惊奇……我们不敢相信自己的耳朵"。

---

① 马克思用歌德的《浮士德》第一部第六场《魔女之厨》中的对句改写的。——编者注
② 《巴黎的秘密》中的人物,鲁道夫的情妇。——译者注
③ 《巴黎的秘密》中的人物,鲁道夫的第一个情妇。——译者注

当这位偷听私话的牧师大失所望的时候，我们却不觉暗自幸灾乐祸。两位太太谈的既不是"祝福"，又不是"最大的幸福"，也不是"普遍的理性"，相反地，却是怂恿达尔维尔夫人不忠于她的丈夫。

关于这两位太太中间的另一位，麦克格莱哥尔伯爵夫人，我们却得到下而的纯朴的说明：她"**真够有进取心**，居然在秘密结婚以后生下了**孩子**"。

伯爵夫人的这种**进取精神**使施里加先生大为不满，以致对她加以严厉的训诫：

"我们发现，伯爵夫人一心只想获得个人的私利。"

她能如愿以偿，嫁给盖罗尔施坦公爵，这在施里加先生看来并不见得有什么好处。"我们**绝不能**指望她的出嫁会给盖罗尔施坦公爵的**臣民**带来**幸福**。"

我们的这位清教徒在结束自己的训诫时慎重其事地指出：

"萨拉（**有进取心的太太**）虽然是这个光彩夺目的圈子中的**出类拔萃的人物**之一，但是，她在这个圈子中未必是一个例外。"

虽然！但是，未必！难道说这个圈子中的"出类拔萃的人物"不是例外吗？

关于另外两位理想人物——达尔维尔侯爵夫人今口德·吕逊纳公爵夫人的性格，我们听到下面的话：

她们"得不到内心的满足。她们没有从婚姻生活中找到爱的对象，**因此就到婚姻生活以外去寻找爱的对象**。婚姻生活中的爱情对她们说来依然是一个**秘密**，她们为内心的强烈的冲动所驱使，力图把这秘密揭穿。因此，她们就沉醉于**秘密的爱情**。这些没有爱情的结婚的牺牲品，会不自主地把爱情本身降低为一种外表的东西，降低为一种所谓的男女关系，而把浪漫的因素，即**秘密**，当做爱情中的内在的、令人振奋的、本质的东西"。

这种辩证的阐述愈适用于生活的一切场合，我们对它的功绩的评价也就应该愈高。

例如，不敢在自己家里**饮酒**而又想痛饮的人，就到家庭"**以外**"去寻找饮酒的"对象"，"**因此**"，就沉醉于**秘密的饮酒**。而且有一种无法克制的力量促使他把秘密当做饮酒的本质的要素，然而他不会把饮酒降低为纯"外表的东西"，可有可无的东西，就像上述的几位太太不会把爱情降低到这种程度一样。因为根据施里加先生本人的说明，她们并不是把爱情，而是把没有爱情的结婚降低到它的本来面目，就是说降低到一种外表的东西，降低到一种所谓的男女关系。

施里加先生接着问："爱情的'秘密'到底是什么呢？"

把"秘密"说成这种爱情的"**本质**"这一说法我们刚才领教过了。那末，我们到底应该怎样才能找出秘密之秘密，本质之本质呢？

牧师先生朗诵道："不是万绿丛中的林荫小道，不是月明之夜的自然的蒙胧，也不是华贵的窗帘和帷幔造成的人工的蒙胧。不是那竖琴和风琴的柔和而又令人着迷的乐声，不是禁物的诱惑力……"

窗帘和帷幔！柔和而又令人着迷的乐声！还有**风琴**！牧师先生，你还是把**教堂**忘了吧！谁会抬着风琴去幽会呢？

"所有这一切（窗帘、帷幔和风琴）不过是一种**秘密的东西**。"

那末难道这种秘密的东西不就是秘密的爱情的"秘密"吗？决不可能：

"爱情中的秘密是令人激动、陶醉、着迷的那种东西，是**情欲的威力**。"

在"柔和而又**令人着迷的**"乐声中，牧师先生就已经拥有能使人着迷的东西了。如果他不是带着窗帘和风琴，而是带着鳖羹和香槟酒去幽会，那他也不会缺少"**令人激动和陶醉**"的东西。

圣者教训说："诚然，我们不想承认情欲的威力，但是正因为我们要把它从自身清除出去，正因为我们不承认它是我们自己的本性，它对于我们才有如此巨大的威力。假如我们承认它是我们自己的本性，那末当它力图牺牲理性、真正的爱情和意志力以表现自己时，我们立刻就可以克制它。"

依照思辨的神学的精神，牧师劝我们**承认**情欲是我们**自己**的本性，说这样才能在以后去**克制**它，即撤回这种承认。如果情欲想牺牲**理性**（同情**欲相对立**的意志力和爱情是属于**理性**的领域的）以表现自己，他诚然是要立刻加以克制的。但是只要情欲不力图牺牲真正的理性，即信仰，牺牲真正的爱情，即对上帝的爱，牺牲真正的意志力，即基督的意志，以表现自己，那末，就是非思辨的基督徒也是会承认情欲的。

牧师再说下去就立刻向我们泄露了他在这个问题上的真正的见解：

"因此，只要爱情不再是结婚的本质、一般伦理的本质，**情欲**就成为爱情、逆德和有教养的社会的秘密。这里的情欲不应该仅作**狭义**的理解,即理解为**神经的颤动**、血管中的热流,而且还要作更广义的理解,即理解为它提高到精神力量的**外观**,提高到支配欲、虚荣心、求名欲……麦克格莱哥尔伯爵夫人是(广义的)情欲的代表,而这种情欲就是有教养的社会的秘密。"

牧师说得一针见血:要克制**情欲**,他首先得克制**神经传达**和快速的血液循环。——在说到(广义的)情欲时,施里加先生认为高度的体温是由血管里血液的沸腾而来。他不知道**温血动物**之所以称为温血动物,是因为他们血液的温度尽管有若干细小的变化,但始终保持在同一的高度上。——只要神经传达一中止,血管里的血液一冷却,**这罪恶的肉体**,这情欲的栖息之所,就成了一具**尸首**,而魂灵们也就能顺利无阻地彼此谈论"普遍理性"、"真正的爱情"和"纯正的道德"。牧师大大地贬低了情欲,竟致勾销了刺激性爱的那些因素,即快速的血液循环(它证明人要是迟钝得没有情欲也就不会有爱)和神经的传达(它把作为情欲的主要栖息之所的器官和大脑连接起来)。他把真正的性爱归结为机械的 secretio semi-nis(泄精),并和一个臭名远扬的德国神学家一起嗫嚅着:

"不是为了性爱,不是为了肉欲,只因上帝曾经盼咐:你们要生养众多。"

现在,让我们把思辨的结构和欧仁·苏的小说比较一下吧。这些被当做爱情的秘密的并不是情欲,而是神秘、猎奇、挫折、恐惧、危险,尤其是被禁止的事物的诱惑力。

这里谈到:"为什么许多女人偏要找不配做自己丈夫的男人做情人呢?**这是因为爱情的最大的魔力**就在于它像**禁果**一样地诱人。——你们会同意:爱情要是去掉了担心、苦恼、困难、秘密、危险,那就什么东西也没有,或者几乎什么东西也没有了。那就是说,只剩下了情人的躯壳……总而言之,这多多少少好像这样一件事情:有这样一个人,有人问他,你为什么不和你那个寡居的情妇结婚呢?那个人回答说,唉,这一点我当然也想过,不过结婚后,我不知道该到什么地方去过夜。"

施里加先生强调说,爱情的秘密不在于**被禁止的事物的诱惑力**,而欧仁·苏却强调说,被禁止的事物的诱惑力构成爱情的"最大的魔力"和各种 extra muros〔屋外的〕爱情猎奇的根据。

"在爱情中正如在商业中一样，禁令和走私是形影不离的。"①

欧仁·苏和自己的思辨的解释者相反，他还作出了这样的论断：

"矫揉造作和玩弄手腕的癖性，故弄玄虚和诡计多端的倾向，是女人的本质特点、天生的癖性和主要的本能。"

使欧仁·苏感到烦恼的只是这种反对**结婚**的癖性和倾向。他真想使女人的这种本能运用得比较无害、比较有益。

施里加先生把麦克格莱哥尔伯爵夫人变成了"提高到精神力量的外观"的那种情欲的代表者，但是她在欧仁·苏的笔下却纯粹是个**抽象理智的人**。她的"虚荣心"和她的"骄傲"远不能成为情欲的形式，而是一种和情欲毫不相干的抽象理智的产物。因而欧仁·苏强调说：

"爱情的火样的冲动从没有打动她那**冷若冰霜**的心；任何动人心弦的事件也不能改变这狡猾、自私而虚荣的女人的刻薄打算。"

抽象、无情而冷酷的**理智**所造成的利己主义构成了这个女人的根本特征。所以，她的灵魂在小说中被描写成"枯燥而冷酷的"，她的意向被描写成"恶毒透顶的"，她的性格被描写成"狡猾的"和"绝对的"健是抽象理智的人所特有的性格，她的矫揉造作被描写成"高明的"。我们顺便提一句，欧仁·苏小说中伯爵夫人的生活道路，同小说中大多数人物的生活道路一样，是描写得很不合理的。老奶妈要她相信她日后将"戴王冠"。她对此竟深信不疑，于是出发旅行，想借出嫁来取得王冠。结果弄得不伦不类，竟把一个德国的小"诸侯"当做了"戴王冠的人物"。

我们这位批判的圣徒痛斥了情欲以后，认为还必须表明：为什么欧仁·苏一写到上流社会就要描写舞会（这几乎是所有的法国小说家都喜欢采用的一种手法），而**英国**小说家一写到上流社会往往是描写打猎或乡间别墅。

"欧仁·苏一写到上流社会就要描写舞会，这件事，对这种理解事物的方法（施里加先生的观点）说来，不可能是无关紧要的，而且从这方面（从施里加的结构方面）来看也不可能是纯粹偶然的。"

于是批判家放开缰绳，马就沿着按归天的老沃尔弗的精神对这种必然

---

① 引自沙·傅立叶的《关于普遍统一的理论》(Theorie de l'unite universel le) 一书第 3 卷第 2 篇第 3 章。该书初版于 1822 年问世，名为《论家庭农业协会》(Traité de l'association domestique-agrrcole)。——编者注

性所做的一连串的证明飞步狂奔起来。

"**跳舞**是**作为秘密的情欲**的最普遍的表现。只有结成配偶才能得到的两性（？）的直接**接触**即拥抱，在跳舞中是容许的。因为跳舞虽然从外表看起来能够得到快感，而且实际上（是实际上吗？牧师先生！）也是这样，但终究不能看做情欲的（难道应看做普遍理性的吗？）接触和拥抱。"

于是最后得出了一个最多是踮着脚跟跳舞的结论：

"**因为，如果真的把跳舞看做情欲的接触和情欲的拥抱，那就不能理解**，为什么社会单单对跳舞表示宽容，**而一切类似的现象——如果这些现象在其他地方同样无所顾忌地表现出来——社会反而会给加上一个严重的罪名**，认为这是不可原谅地伤风败俗和不识廉耻的行为，而冠以恶名并无情地加以取缔。"

牧师先生所说的不是**康康舞**，也不是**波尔卡舞**；他说的是一般的**舞蹈**，是只有在他那批判的脑盖骨下面才能跳的舞蹈这一**范畴**。如果有机会让他到巴黎的"雪蜜卢"去看一看跳舞，那见的泼辣大胆、毫无隐讳的作风、轻浮放荡的动作、刺激情欲的音乐定会使他的基督教德意志的情感激动起来。他自己的那种"产际上能够得到的甜蜜之感"使他有可能"觉得"："确实不可理解，为什么跳舞的人自己反而"给观众造成赤裸裸的人类情欲这样一种激动人的印象（"这种情形要是在其他地方"，即在德国，"以同一样的方式表现出来，便是不可原谅的罪过"……），而同时，当跳舞的人不仅能够而且必然要成为情欲赤裸裸地表现出来的人的时候，为什么他们又不应而且不敢——至少可以这样说——自视为这样的人！！

出于对**跳舞的本质**的崇敬，批判家把我们引入了**舞会**。但是他遇到了重大的困难。在这个舞会上虽然有人在跳舞，但只是在想像中跳舞。欧仁·苏根本没有对跳舞作任何描写。他没有混在跳舞的人群中间。他之所以要利用舞会，只是为了便于把上层的贵族圈子里的人汇集在一起。在绝望之余"批判"迫不及待地补充作者，用自己的"幻想"把舞会等等轻松地描写了一番。如果说，按照批判的规定，欧仁·苏在描写罪犯们的巢穴和言谈的时候，绝不是他对这些巢穴和言谈的描写本身发生兴趣，那末，相反地，他必然会对跳舞发生无限的兴趣，尽管描写跳舞的并不是**他本人**，而是他的"富于幻想"的批判家。

再看！

"**事实上**，社交的声调和节奏的秘密，即这种极不自然的事物的秘密，是一种回复到自然的热烈的渴望。因此，像**塞西莉**①身上所发生的这种情形给有教养的社会一种像电一样的影响，并获得极不平常的成就。对她这样一个没有受过教育的、只受自己的本性支配的、在奴隶中生长起来的女奴说来，这种本性是生命的唯一泉源。她突然被送入宫廷，在那里的风俗习惯的强制下，她很快就识破了这些风俗习惯的秘密……她是绝对有力量驾驭这个环境的，因为她的力量，她的本性的力量像不可思议的魅力一样影响着周围的人，而在这个环境中塞西莉必然会走入歧途而放纵起来，但是在以前，当她还是奴隶的时候，正是这种本性使她拒绝了主人的一切卑鄙的要求，始终忠实于自己的爱情。**塞西莉是有教养的社会的被揭露了的秘密**。被压抑的感情最后终于冲破障碍而不可抑制地奔放出来……"

不知道欧仁·苏的小说的内容而只读过施里加先生的文章的读者，一定认为塞西莉是这个舞会上的一个迷人的女人。然而在小说中，当巴黎在跳舞的时候，塞西莉正坐在德国的监狱里。

塞西莉作为一个女奴始终是忠实于黑人医生大卫②的，因为她"狂热地"爱着他，也因为她的所有者维里斯③先生正"粗暴地"争取她的温存。在小说中，使她生活放荡的动因是很简单的。她一被带到"欧洲人的世界"中，就"耻于同黑人结婚"。她刚到德国，一种败坏了的主体就"**立即**"腐化了她。这是她血管里的"印地安人的血液"在起作用。为了迎合"可爱的道德"和"可爱的交易"，伪善的欧仁·苏先生不得不把她的行为说成"天生的堕落"。

塞西莉的秘密就在于她是一个**混血姑娘**。她的情欲的秘密是**热带的炽热**。帕尔尼在他致爱琳娜的美丽的诗篇中赞美过混血姑娘。在成百篇的游记中都可以看到混血姑娘对法国水手是多么危险。

"塞西莉本来是那种只有在热带的炽热下才能激起的强烈的情欲的化身。

每一个人都听人谈到过这些所谓能使欧洲人丧命的有色人种的姑娘，这些迷人的吸血鬼，她们以可怕的诱惑力来迷醉她们的牺牲者……使他们

---

① 《巴黎的秘密》中的人物。——译者注
② 《巴黎的秘密》中的人物，鲁道夫的侍医。——译者注
③ 《巴黎的秘密》中的人物。——译者注

像当地有力的俗话所说的那样，渴饮自己的泪，饥食自己的心。"①

塞西莉对那些有贵族教养的萎靡不振的人正好丝毫没有施展这样的魔力……

塞西莉这一类型的女人，往往对**雅克·弗兰**②之类的**粗鲁的情欲**的代表者产生一种突如其来的影响，使他受到一种不可抗拒的魔力。③

像雅克·弗兰之类的人是从什么时候开始代表起高尚的社会来呢？可是批判的批判却非把**塞西莉**说成绝对秘密的生命过程中的一个环节不可。

(4) "正直和虔敬的秘密"

"秘密作为有教养的社会的秘密，固然是从对立躲藏到内部去了。然而上流社会还有它可以用来保护圣地的特殊集团。上流社会对这种至圣所说来好像是小礼拜堂。但是对于在门庭前逗留的人说来，小礼拜堂本身就是秘密。因此，这种特殊的教养之于人民……正如粗野之于有教养的人一样。"

"**固然……然而……还……好像……但是……因此**"，正是这些魔术般的钩子把**思辨的论述之链**的各个环节紧紧地连接在一起。在上文中我们看到，施里加先生如何使秘密离开罪犯世界而藏到上流社会里去。现在他必须构造另一个秘密，即上流社会有它的特殊的集团，这些集团的秘密对人民说来是一种秘密。除了上述魔术般的钩子以外，这种结构还需要把集团转化为小礼拜堂，把非贵族世界转化为这种小礼拜堂的**门庭**。而且资产阶级社会的一切领域只形成上流社会的小礼拜堂的一个门庭这一件事，对巴黎**说来**又是秘密。

施里加先生追求两个目的。第一、必须把体现在上流社会的特殊集团中的**秘密**变成"**整个世界的公共财产**"。第二、必须把**公证人雅克·弗兰**构造成**秘密**的有生环节。批判家发表了如下的议论：

"教养还不能而且也不想把所有的等级和所有的差别都拉到自己的圈子里面来。只有**基督教**和**道德**才能在地球上建立包罗万象的王国。"

在施里加先生看来，教养、文明就等于**贵族**的教养。因此，他看不到，**工业**和**商业**正在建立另一种包罗万象的王国，根本不同于基督教和道德、

---

① 引自《巴黎的秘密》。——译者注
② 《巴黎的秘密》中的人物。——译者注
③ 同①。——译者注

家庭幸福和小市民福利所建立的包罗万象的王国。但是我们怎样到**公证人雅克·弗兰**那里去呢？这太简单了！施里加先生把**基督教**变成**个人**的特质，即"**虔敬**"，而把道德变成另一种个人的特质，即"**正直**"。他把这两种特质结合在一个人身并把这个人命名为**雅克·弗兰**，因为雅克·弗兰并没有这两种特质，而只是假装出这种样子。于是，雅克·弗兰就成了"正直和虔敬的秘密"。然而，弗兰的"遗嘱"是"**表面上的正直和虔敬的秘密**"，可见已经不是正直和虔敬本身的秘密。批判的批判想把这个遗嘱构成秘密，所以它必须把表面上的正直和虔敬说成这个遗嘱的秘密，而不是反过来把这个遗嘱说成表面上的正直和虔敬的秘密。

巴黎公证人事务所认为雅克·弗兰是对自己的一种恶意污蔑并通过戏剧检查，坚持要从已经搬上舞台的"巴黎的秘密"中删去这个人物，正在这个时候，批判的批判却一面"**和概念的空中王国争论**"，一面把巴黎的公证人看做宗教和道德、正直和虔敬，而不看做巴黎的公证人。公证人莱昂的审判过程应该是对批判的批判的一个启发。公证人在欧仁·苏的小说中所处的地位是和他的职位密切相关的。

"公证人在世俗事务中，就如僧侣在宗教事务中一样，他们都是我们的**秘密的守护者**。"（蒙泰《法兰西各等级……的历史》第九卷第37页）

公证人是世俗的神甫。按职业说他是**清教徒**，但"诚实"——莎士比亚说——并"不是清教徒"。他同时是达到各种各样目的的中间人，是市民的倾轧和纠纷的主使者。

对于以伪善和公证职务为自己的全部秘密的公证人弗兰，我们似乎还没有作更深入一步的了解。但是不要性急！

"如果说，伪善对公证人说来完全是有意的，而对罗兰夫人说来是**一种**类似本能的东西，那末，在这两者之间存在着一群人，这些人不可能深入秘密，但总是下意识地竭力在这样做。同时把这个世界的上等人和下等人引到江湖医生（布拉达曼蒂破利多里神甫）的阴森森的住所中去的，也并不是迷信。不，他们是到那里去寻找秘密，以便向世界证明自己无罪。"

"上等人和下等人"涌向波利多里那里，并不是为了要找到能向全世界证明自己无罪的某种秘密。不，"上等人和下等人"是到波利多里那里去寻找"一般的秘密"，寻找那作为绝对主体的秘密，来向世界证明自己无罪。这就像我们不找斧子而找"一般的工具"，找 in abstracto［抽象的］

工具来劈柴一样。

波利多里所有的一切秘密无非是堕胎的方法和杀人的毒药而已。——施里加先生在思辨的极度兴奋中让"谋杀者"求助于波利多里的毒药,"因为他并不想做谋杀者,而是要做一个受人尊重、爱戴、敬仰的人"。好像在谋害人命的时候,问题是在于得到尊重、爱戴和敬仰,而不在于人的脑袋! 但是批判的谋杀者并不为自己的脑袋操心,而为"秘密本身"奔忙。——既然并非所有的人都在谋杀人,也并非所有的孕妇都是违犯警章怀孕的,那末这个波利多里怎么可以使每一个人都能拥有他所期望的秘密呢? 施里加先生大概是把江湖医生波利多里和 16 世纪的学者波利多罗·味吉里奥搅混了: 这位学者虽然没有发现任何秘密,但力图使揭露秘密的人即发明家的历史成为"全世界的公共财产"(见波利多罗·味吉里奥"发明家手册"1706 年里昂版)。

可见,秘密本身,即终于变成"全世界的公共财产"的绝对的秘密,就是堕胎和下毒的秘密。秘密本身转化为对任何人也不能说是秘密的秘密,这的确是使它自己变成"全世界的公共财产"的最巧妙的办法。

(5)"秘密—讥讽"

"**秘密本身**现在已经成了公共财产,成了全世界和每个人的秘密。或者它是我的艺术或我的本能,或者我能够在市场上像买商品一样地买到它。"

现在成了全世界公共财产的是**什么样**的秘密呢? 是国家中的无法纪的秘密吗? 是有教养的社会的秘密吗? 是伪造商品的秘密吗? 是制造香水的秘密吗? 还是"批判的批判"的秘密吗? 都不是! 这里说的是 in abstracto〔抽象的〕秘密,是秘密这个范畴!

施里加先生想把仆人和看门人**皮普勒及其妻子**描写为绝对的秘密的体现。他企图构造出"**秘密本身**"的佣人和看门人! 他是怎样从纯**范畴**的高峰跳到"**在闭锁的门前当暗探**"的"**仆人**"的脚下,从高踞于抽象云雾顶上的宝座中的**秘密**这一绝**对主体**的高峰跳到看门人所住的地下室呢?

他先使秘密这个范畴完成思辨的过程。而在秘密借堕胎和下毒的办法成为全世界的公共财产以后,它

"也就绝对不会再是被掩盖的和不可捉摸的,而是一种自己**掩盖自己的东西**,或者更好一些(真是愈来愈好了!)是被我掩盖、被我弄得不可捉摸的东西"。

绝对的秘密这样从**本质**转化为**概念**，从它本身是被掩盖着的东西的**客体**阶段转化为它自己掩盖自己的**主体**阶段，或者更好一些，转化为"我"掩盖"它"的阶段，但我们并没有因此获得任何进展。相反地，困难却似乎增加了，因为人们头脑中和人们心中的秘密比海底的秘密更不可捉摸，更不易揭露。因此，为了挽救自己的**思辨的**论断，施里加先生**立即**提出了**经验的论断**。

"在**关着的**门后面（注意听，注意听！）**今后**（今后！）将孕育、酿造并形成**秘密**。"

"**今后**"施里加先生把秘密本身的思辨的"我"转化为一种完全经验的纯粹**木制的**现实，即转化为门。

"但是随着（也就是说，随着关闭着的门的出现，而不是随着从故步自封的本质到概念的推移）也就有了偷听、看穿和探索秘密的**可能性**。"

可以挨着关着的门偷听，这个"秘密"并不是**施里加先生**发现的。大众的俗话就说"隔墙有耳"。相反地，成为完全批判的思辨的秘密的，倒是这样一件事：只有"**今后**"，也就是在去罪犯巢穴中作地狱之行以后，在我们高升到有教养的社会的天上以后，在波利多里的所有的奇迹发生以后，秘密才能在关着的门后孕育，才能被人**挨着**关着的门偷听。构成同样伟大的批判的秘密的还有一件事，这就是关着的门不论对于孕育、酿造、形成秘密（在丛林后面不知孕育、酿造、形成了多少秘密！），或者对于探索秘密都是**绝对必要的**。

完成这一出色的辩证的功绩后，施里加先生自然要从探索本身谈到**探索的原因**。在这里他向我们揭露了一个秘密：**幸灾乐祸**是探索的原因。他从幸灾乐祸又进一步谈到**幸灾乐祸的原因**。

他说："每一个人都希望比别人好，因为他不仅在掩盖自己行善的动机，而且极力想把自己作恶的事实用重重的浓雾包藏起来。"

这句话要倒过来说才对：每一个人不仅在掩盖自己行善的动机，而且极力想把自己作恶的事实用重重的浓雾包藏起来，因为他希望比别人好。这样，我们终于从**自己掩盖自己的秘密**达到掩盖秘密的

"**我**"从这个"**我**"达到**关着的门**，从**关着的门**达到**探索**，从探索达到**探索的原因**，达到幸灾乐祸，从幸灾乐祸达到**幸灾乐祸的原因**，达到**要比别人好的愿望**。现在，我们马上就有眼福看到站在关着的门前的仆人。

要比别人好的这种普遍的愿望使我们下就知道"任何人都好探询别人的秘密",在这里批判家又从容不迫地加上了下面这一精辟的见解:

"在这方面,**仆人的地位是最有利的了**。"

如果施里加先生读过巴黎警察局的档案库中的档案、维多克档案、法国的"黑皮书"和类似的东西,他就会知道,在这一方面,警察所处的地位要比仆人所处的"最有利的地位"还更有利一些,警察只在最简单的事情上才利用仆人,而自己则不仅不停在门外,不仅看着主人脱衣服,而且还变成他的 femme galants〔情妇〕,甚至变成妻子,钻进被窝,碰到他赤裸裸的肉体。在欧仁·苏的小说中,警探"红手"是情节发展的主要体现者之一。

"今后"施里加先生对于仆人不能完全"**不顾私人利益**",这一点感到烦恼。这种**批判的怀疑**为批判家铺设了通往**看门人皮普勒及其妻子**的道路。

"可是,看门人的处境使他能比较独立,使他有可能把屋内的秘密变成自由的、没有利害关系的(虽然是严酷而辛辣的)、讥讽的对象。"

看门人的这种思辨的结构所遇到的第一个大困难,就是在巴黎的很多房屋中至少有一部分住户的仆人常常就是看门人。

批判的幻想以为看门人的地位比较独立和没有利害关系,这是否正确,可以从下面的事实来判断。巴黎的看门人是房东的代表和密探。在大多数场合下,他们的工钱不是由房东,而是由房客出的。由于自己的收入很不可靠,看门人除了自己的正式职业以外,还常常要弄点外快。在恐怖统治时期,在帝国时期和复辟时期,看门人是秘密警察的主要代理人。例如富瓦将军就处于自己的看门人的暗中监视之下,寄给将军的信件都要被他先转给附近的警察代理人审阅(见弗罗芒"警察内幕")。因此:《Portier》〔"看门人"〕和《épicier》〔"小店主"〕这两个词是骂人的话,连《Portier》〔"看门人"〕自己也希望别人称他《concierge》〔"看房人"〕。

欧仁·苏根本就没有把皮普勒太太描写成"不计利害的"和心地善良的人,他一开始就描写她在兑钱时欺骗鲁道夫,她为鲁道夫介绍了和他住在一幢房子里的奸猾的放高利贷的女人,她向鲁道夫担保他利丽果莱特相识一定会有许多乐事,她讥刺少校给她的钱太少,同她讨价还价抛一肚子火地称他为"吝啬的少校"并说:"给你料理家务,你每月只给12法郎,总有一天你会从这里得到教训的","小气"得连柴米都要管,等等。她自己说出了她"独立"行动的原因是少校每月只给她12法郎。

在施里加先生那里,"阿娜斯塔西娅·皮普勒用**某种方式**开始了反**秘密**的游击战"。

在欧仁·苏的小说里,阿娜斯塔西娅·皮普勒是巴黎看门女人的典型。欧仁·苏想把"被昂利·蒙尼埃先生描写得非常出色的看门女人加以戏剧化"。而施里加先生认为必需把皮普勒太太"**嘴上刻薄**"的特点转化为特殊的本质,然后再把皮普勒太太转化为这种本质的代表。

施里加先生接着说:"她的丈夫看门人阿尔弗勒德·皮普勒和她是同行,但是运气不佳。"

为了安慰他的失败,施里加先生把他也转化为一种讥讽。他是秘密的"客观"方面的代表,是"作为讥讽的秘密"的代表。

"使他遭到失败的秘密就是人家对他的讥讽和嘲笑。"

此外,神灵似的辩证法怀着无限的同情把"不幸的老糊涂"变成形而上学意义上的"强健的人",分配他担任绝对秘密生命过程中的一个很可敬、很幸运又很有决定意义的环节的角色。对皮普勒的胜利就是

"**秘密的最有决定意义的失败**"。"稍为机灵和勇敢一些的人就不会上**嘲笑**的圈套。"

(6)"斑鸠"(丽果莱特)

"还有一件事情要做。从皮普勒和卡布里昂①的例子中,我们已经看到,秘密在它自己的渐次的发展中必然会被迫降到纯滑稽戏的地步。现在所要做的只不过是使个人不再演出这种愚蠢的喜剧。'斑鸠'在这一步上做得不能再纯朴了。"

任何人都可以在两分钟内看穿这种思辨的滑稽戏的秘密,并学会独立地应用它。在这一点上,我们应该稍为指明一下。

题目:试说明人是怎样成为动物的主宰的。

思辨的解答:假定我们有六种动物,譬如说有狮子、鳖鱼、蛇、牛、马和哈巴狗。我们从这六种动物中抽象出"一般动物"这个范畴。把"一般动物"想像为独立的存在物。把狮子、鳖鱼、蛇等等看做"一般动物"的化装或体现。我们既可以把我们的想像的东西,即我们抽象的"动物"

---

① 《巴黎的秘密》中的人物。——译者注

变成某种现实的存在物，同样也就可以把现实的动物变成我们抽象的创造物，即我们想像的创造物。我们看见"一般动物"体现为**狮子**，就会把人撕得粉碎；体现为**鳄鱼**，就会把人吞下去；体现为**蛇**，就会用毒液伤人；体现为牛，就会用角纸人；体现为**马**，就会用蹄子踢人；但是，如果"一般动物"体现为**哈巴狗**，就只会对人吠叫，并把和人的搏斗完全变成**搏斗的外观**。从哈巴狗的例子中，我们已经看到"一般动物"在它**自己的渐次的发展**中必然会被迫降到表演纯滑稽戏的地步。如果小孩或孩子气的人看见哈巴狗就逃跑，那末现在所要做的只不过是使个人不再演出这种愚蠢的喜剧。某**甲**在这一步做得不能再纯朴了，他向哈巴狗挥动了自己的竹杖。从这里，你可以看出"一般动物"如何通过某**甲**和哈巴狗而成为"一般动物"的主宰，从而也就成了现实的各种动物的主宰：这个人如何制服了**体现为哈巴狗的动物**，从而也就制服了**作为动物的狮子**。

同样，施里加先生的"斑鸠"通过皮普勒和卡布里昂而战胜了现存的世界秩序的秘密。不但如此！"斑鸠"本身就是"**秘密**"这个范畴的实现。

"她自己还没有意识到自己的崇高的伦理价值，因此她对自己说来，也还是个秘密。"

欧仁·苏通过穆尔弗的口向我们揭露了非思辨的丽果莱特的秘密。她是一个"非常漂亮的**浪漫女子**"。在她身上，欧仁·苏描写了巴黎浪漫女子的亲切的、富于人情的性格。可是又由于对资产阶级恭顺，而生性又好夸大，他就一定要在**道德**上把浪漫女子理想化。他一定要把她的生活状况和性格的尖锐的棱角磨掉，也就是消除她对结婚的形式的轻视、她和大学生或工人的纯朴的关系。正是在这种关系中，她和那些虚伪、冷酷、自私自利的资产者的太太、和整个资产阶级的圈子即整个官方社会形成了一个真正人性的对比。

（7）"巴黎的秘密"的世界秩序

"这一秘密的世界也就是'巴黎的秘密'的个人活动得以进行的普遍世界秩序。"

"但是"在"转过话题来谈史诗事件在哲学上的再现"以前，施里加先生还得"把上面所做的零零碎碎的构图合成一幅完整的图画"。

如果施里加先生说，他想转过话题来谈史诗事件"**在哲学上的再现**"，那末，我们应该认为这是真正的自白，是他的批判的秘密的暴露。直到现在，他总是使世界秩序"在哲学上再现"。

施里加先生继续他的自白说：

"从我们的叙述中可以得出结论：前面研究过的一些单个的秘密，并不是与其他秘密无关而本身就有价值的，它们也并不是什么了不起的闲谈中的珍闻。这些秘密的价值就在于它们自身组成**许多环节的有机的连贯性**，而这些环节的**总和**就是**秘密**。"

由于他那坦率的脾气，施里加先生谈得更远了。他承认**"思辨的连贯性"**并不是"巴黎的秘密"的**真正的**连贯性。

"是的，在我们的史诗中，秘密并不表现为这种自知的连贯性（按成本吗？），但是我们在这里碰到的问题并不是逻辑的、任何人都看得见的、**自由的批判机体**，而是**一种神秘的植物的存在**。"

我们不去研究施里加先生的完整的图画而直接来考察构成"推移"的这一点吧。通过皮普勒的例子，我们已经熟悉了"秘密本身的自嘲"。

"秘密本身用自嘲来判决自己。秘密在自己的发展结束时消灭自己，从而促使任何坚强的人进行独立的检查。"

盖罗尔施坦公爵**鲁道夫**这位"**纯批判**"的伟人的使命就是实行这种检查和"**揭露秘密**"。

如果我们在一个时候中看不到施里加先生，然后才来研究鲁道夫和他的功绩，那就可以预言，而读者就会在一定程度上猜想，或者宁可说是预测，我们将把鲁道夫从"**神秘的植物的存在**"（他在批判的"文学报"中就是这样的）转化为"**批判的批判的机体**"中的"**逻辑的**、任何人都看得见的、**自由的环节**。"

马克思、恩格斯：《神圣家族》，摘自《马克思恩格斯全集》第 2 卷，人民出版社 1957 年 12 月第 1 版，第 68—98 页。

2.《神圣家族》第八章：批判的批判之周游世界和变服微行，或盖罗尔施坦公爵鲁道夫所体现的批判的批判（马克思）

批判的批判之周游世界和变服微行，或盖罗尔施坦公爵鲁道夫所体现的批判的批判。

盖罗尔施坦公爵**鲁道夫**在他**周游世界**期间**赎补了双重**的罪行：他个人的罪行和批判的批判的罪行。他在跟父亲激烈争吵时向父亲挥动了宝剑；批判的批判在同群众激烈争吵时也为罪恶的激情所控制。批判的批判没有揭露任何一个秘密。鲁道夫赎补了这个罪过并揭露了**一切秘密**。

按照施里加先生的评定,鲁道夫是人类国家的头等公仆(施瓦比亚人**埃基迪乌斯**的"人道国家"。见卡尔·魏尔博士的"宪法年鉴"1844年第二卷)。

根据施里加先生的论断,为了使**世界免于灭亡**,必须有

"敢于无情地批判的人出台……鲁道夫就正是**这样的人**……鲁道夫领会了纯**批判**的思想。而对于他和全人类来说,这个思想比人类在自己的**历史**上所获得的全部经验,比鲁道夫即使在良师指导下所能从这一历史中汲取的**一切**知识,都更有益处……鲁道夫借以使自己的**周游世界**流芳千古的公正裁判,**实际上正是对社会秘密的揭露**。"

他本人就是"一切秘密本身的被揭露了的秘密"。

鲁道夫比批判的批判的其他伟人拥有多得不可胜数的外部工具。但批判的批判却聊以自慰地说:

"时运较差的人是无法达到鲁道夫所获得的成果的(!),可是他却能达到美好的目的(!)①。"

因此批判就让时运亨通的鲁道夫来实现它自己的思想。它对他唱道:

"哈内曼,走向前,

你有双大的防水靴!"②

现在我们就来看看鲁道夫的批判的周游世界怎样"对于全人类来说,比人类在自己的历史上所获得的全部经验,比……一切知识,都更有益处",等等——我们来看看这个两次拯救世界于灭亡的鲁道夫吧!

(1)屠夫批判地变成了狗,或"刺客"③

"刺客"的职业本是屠夫。各种各样的经历使这个强悍的自然之子变成了杀人犯。他在凌辱玛丽花④的时候偶然为鲁道夫所见。鲁道夫在这个精明的闹事鬼的头上很内行地着实打了几拳。于是他博得了"刺客"的尊敬。随后,在罪犯麇集的酒吧间里,"刺客"显露了他那善良的性格。鲁道夫对他说:"你还是有心肝和骨气的。"鲁道夫用这句话激起了他的自尊

---

① 括号里的惊叹号是马克思加的。——译者注
② 引自德国民间滑稽故事"七个施瓦比亚人"。——编者注
③ 《巴黎的秘密》中的人物。——编者注
④ 玛丽花、"校长"等都是《巴黎的秘密》中的人物。——编者注

心。"刺客"改邪归正了，或者如施里加先生所说，变成了"**有道德的生物**"。鲁道夫把他置于自己的保护之下。现在让我们来看看鲁道夫改造"刺客"的过程。

第一个阶段。"刺客"所上的第一课是练习**伪善**、背信、**狡黠**和伪装。鲁道夫利用为道德所感化的"刺客"同维多克利用为道德所感化的罪犯是出于同一目的，这就是说，鲁道夫把"刺客"变成了**密探**和**奸细**。他教他在"**校长**"，面前"**伪装**"放弃了"不偷的信条"怂恿这个"**校长**"去干偷盗的勾当，以便把后者诱入鲁道夫所设置的圈套。"刺客"感到有人想利用他来演"滑稽戏"。他对这种要他充当**密探**和**奸细**的计谋表示抗议。靠着批判的批判的"**纯粹**"诡辩，鲁道夫没有花多大功夫就说服了这个自然之子，使他相信：下流的勾当如果出于"**善良的、道德的**"动机，就不算是下流的勾当。于是"刺客"就充当了奸细，装着友好和守信的样子，把自己旧时的同伴诱入了致命的陷阱。他在他的一生中**第一次**做了一件**不光彩的事情**。

第二个阶段。现在我们看到"刺客"在鲁道夫病中充当他的看护，把他从垂危中挽救出来。

第二个阶段。现在我们看到"刺客"，在鲁道夫病中充当他的看护，把他从垂危中挽救出来。

"刺客"，成了这样**彬彬有礼的有道德**的生物，他为了怕把地毯弄脏，连黑人医生大卫请他坐在地板上他都推辞了。他甚至胆怯到不敢在椅子上坐。他先把椅子放倒在地板上，然后坐在椅子的两个前脚上。每当他称呼被他从垂危中挽救出来的鲁道夫为"朋友"或《Monsieur》（"先生"）而没有叫《Monseigneur》（"殿下"）①时，他总是忘不了道歉的。

冷酷无情的自然之子驯服得多么惊人呵！"刺客"给我们揭穿了自己的批判转变的最玄奥的秘密，他向鲁道夫表白说，他对他就像**看家狗**对**自己的主人**一样顺从：《Je me sens pour vous commequi dirait l'attachement d'un bouledogue pour son maitre》（"我对您就像看家狗对自己的主人一样顺从"）。昔日的屠夫变成了狗。从此，他的一切德行都将是狗的德行，是狗对主人的绝对"**忠顺**"。他的独立性、他的个性完全消失了。但是，和整

---

① 公爵和主教的称号。——译者注

脚的画家不得不在自己的画上题字来说明画的内容一样，欧仁·苏也在"刺客"这头"**看家狗**"的嘴上贴了一张标签，这就是"刺客"时刻诵之于口的一句话："'你有心肝和骨气'这几个字使我成了人。"一直到咽最后一口气，"刺客"都不是在自己的人类个性中寻求自己的行为的动机，而是到这句标签式的话中去寻找这种动机。他常常想到自己的长处和别人的缺点，以证明自己的道德修养的增进；而每当他滔滔不绝地高谈仁义道德的时候，鲁道夫总是对他说："我喜欢你这样的**谈吐**。""刺客"成了一头非比寻常的、**有道德的看家狗**。

第三个阶段。"刺客"的虽**粗犷**却**勇敢**的率直已被他那**小市民式的礼仪**所代替，对这种礼仪我们已经称颂过了。现在我们就要看到，同"**有道德的生物**"这种身分相适应，他也学会了**庸人**的举止和风度：

"就他的举止而言，他可以算做世界上最不讨人厌的市民。"

比这外形更可悲的，是鲁道夫给他那批判地改革过的生活所赋予的内容。鲁道夫把他派到非洲，"给不信神的世界提示一个关于悔过的生动而有益的例证"。从此，"刺客"所表现的就不是他自己固有的人性，而是基督教的教义。

第四个阶段。批判的道德上的转变使"刺客"成了一个温顺的、谨小慎微的人，他的所作所为都被恐惧和世故所节制。

穆尔弗——他由于过分单纯，总是泄露家丑——告诉我们："'刺客'对惩罚'校长'这件事闭口不谈，因为他生怕连累自己。"

可见，"刺客"知道这种惩罚是违法的行为。他不谈这件事，是因为他怕受牵连。好一个聪明的"刺客"呵！

第五个阶段。"刺客"在自己的道德修养方面已增强到这样一种程度，他甚至以文明的方式来领会他对鲁道夫的那种狗式的忠顺。"刺客"搭救了热尔门①的性命之后，对他说了这样几句话：

"我有一位保护人，他之于我就如上帝之于神甫；我真愿意对他俯首跪拜。"

而在思想中他也确是跪拜在他的上帝面前了。

他继续对热尔门说道："鲁道夫先生会保护你的。我说'先生'，虽然

---

① 《巴黎的秘密》中的人物。——编者注

我是应该说'殿下'的。可是我已经习惯于称他为鲁道夫先生,而他也允许我这样称呼。"

"多么可贵的觉醒和振奋呵!"——施里加在一阵批判的狂喜中叫道。

第六个阶段。"刺客"最后在救他的殿下时被人刺死了,这样他就轰轰烈烈地结束了他那忠实不二的有道德的看家狗式的一生。在斯凯莱特①正要用刀刺死公爵的那一瞬间,"刺客"抓住了暗杀者的手。斯凯莱特便刺杀了他。而"刺客"在临死时却对鲁道夫说:

"我有理由说,像我这样的**一撮尘土**(这样的看家狗)② 对于像您这样**伟大的殿下**有时也许是有点用处的。"

这番狗式的自白以警句的形式概括地表明了"刺客"的全部批判的生涯;自白之外,他在嘴上又附了一张标签:

"我们彼此算是了清宿债了,鲁道夫先生。您对我说过我是有心肝和骨气的。"

施里加先生竭尽全力地叫道:"鲁道夫把这个'刺客'还给了人类(?),这是他的一桩多么大的功绩呵!"

(2)揭露批判的宗教的秘密,或玛丽花

(a)思辨的"雏菊"③

我们在谈欧仁·苏的玛丽花以前,还得先谈谈施里加先生的思辨的"雏菊"。

首先,思辨的"雏菊"是一种**修正**。因为施里加先生唯恐读者会从他的设计中得出结论,似乎欧仁·苏

"使客观基础的描述(对'世界秩序'的描述)脱离了那些唯有联系这个基础才能为人所理解的当事的个人力量的发展。"

除了纠正施里加先生的叙述给读者造成的误解这个任务以外,雏菊在"我们的史诗"即施里加先生的"史诗"中还执行着另一种形而上学的使命。

----

① 《巴黎的秘密》中的人物。——编者注
② 《巴黎的秘密》中的人物。——编者注
③ 原文是作《Fleur de Marie》,直译是"玛丽花"或"花玛丽";而施里加用来称呼玛丽花的德文字《Marienblume》的含义则是"雏菊"。——编者注

"世界秩序和史诗式的事变如果只是互相交错成一个五光十色的混合体，并变幻神速地时而给我们展现出世界秩序的一鳞半爪，时而给我们演出一幕戏剧，那末这两者就**还没有**艺术地结合为一个真正**统一的**整体。要形成**真正的统一体**，就必须使两种因素——这个混沌**世界**的秘密同**鲁道夫**借以洞察和揭露秘密的明确、坦率和信心——在一个人身上互相冲突……雏菊也就执行着这个任务。"

施里加先生对雏菊的设计跟**鲍威尔**对**圣母**的设计有异曲同工之妙。

一方面是"**神类**"（**鲁道夫**），"各种威力和自由"、唯一的**能动**原则都归之于他。另一方面是消极的"**世界秩序**"和属于它的人。世界秩序构成"现实事物的基础"。为了使这个基础不致"完全被废弃"，或者为了使"自然状态的最后残余不致被消灭"为了使世界本身还能分享一些集中在鲁道夫（跟世界相反）身上的"发展原则"，为了使"人类的事物不致被描写成绝对不自由的和没有能动性的"——为了这一切，施里加先生就必然要陷入"宗教意识的矛盾"。尽管他把世界秩序同它的活动彼此割裂开，从而造成了僵死的群众和批判（鲁道夫）的二元论，他仍然不得不又承认世界秩序和群众也有几分神类的属性，并在雏菊身上构成鲁道夫和世界这两者的思辨的统一（见"复类福音作者批判"第一卷第 39 页）。

除了房屋主（当事的"个人力量"）和他的**房屋**（"客观基础"）之间所存在的实际关系以外，神秘的思辨和思辨的美学都还需要第三个因素，需要**具体的**、思辨的统一，即需要把房屋和房屋主集诸**一身**的**主客体**。既然思辨不喜欢仔细地研究天然的中介，那末它就看不出，对于一个人（例如对于房屋主）是"客观基础"的"世界秩序的一鳞半爪（例如房屋）"，对于另一个人（例如对于这栋房屋的建造者）则是"史诗式的事变"。批判的批判指责"浪漫主义艺术"的"统一教条"，可是它现在却力求获得"真正统一的整体"、"现实的统一体"，并且抱着这个目的，用虚幻的联系、神秘的主客体来代替世界秩序和世界事件之间的自然的合乎人性的联系，这就像**黑格尔**用那一身兼为整个自然界和全体人类的绝对的主客体——**绝对精神**来代替人和自然界之间的现实的联系一样。

在批判的雏菊身上"时代的普遍罪过、秘密本身的罪过"之成为"罪过的秘密"，恰如秘密本身的普遍罪过在债台高筑的小铺老板身上成为**债务的秘密**一样。

根据对圣母的设计，雏菊本来应该是救世主鲁道夫的母亲。施里加先生也正是这样宣告的：

"按逻辑的连贯性的要求，鲁道夫应该是雏菊的儿子。"

但他却不是雏菊的儿子，而是雏菊的父亲，于是施里加先生就在这里面发现了一个"新秘密，即现在所孕育出的常常不是未来，而是早已衰逝的过去"。这还不算，他还发现了另一个更大的、同群众的统计学直接矛盾的秘密，这个秘密就是："一个孩子如果不也成为父亲或母亲，而是保持着童贞进入坟墓……那末他**本质上**……是一个**女儿**。"

施里加先生"根据**逻辑**的连贯性"把女儿看做她父亲的母亲，他的这种思想同黑格尔的思辨是完全一致的。在黑格尔的历史哲学中，和在他的自然哲学中一样，也是儿子生出母亲，精神产生自然界，基督教产生非基督教，结果产生起源。

施里加先生证明，"根据逻辑的连贯性"，雏菊应该是鲁道夫的母亲，现在他又证明了一个相反的说法："为了完全符合她在我们的史诗中所体现的观念，她**决不应该成为母亲**。"这就至少说明了，我们的史诗的观念同施里加先生的逻辑连贯性是互相矛盾的。

思辨的雏菊无非是"观念的体现"而已。但究竟是什么样的观念呢？"她所依然担负着的任务**仿佛**是描绘过去在它自己彻底消逝之前所流出的最后一滴辛酸的眼泪。"她就是比喻的眼泪的绘像；而甚至她在扮演自己的那种渺小角色时，也**依然**只是"**仿佛**"而已。

我们不去追究施里加先生对雏菊的进一步描述。我们让她自己高高兴兴地遵照施里加先生的指示，"去和**每一个人做最坚决的**对头"——简直就和上帝的特性一样神秘的对头。

我们也不去探究那被"**上帝**埋在人胸中"并为思辨的雏菊所"依然仿佛"指明的"**真正秘密**"的底细。我们暂且撇下施里加先生的雏菊，调过头来看看欧仁·苏的玛丽花和鲁道夫在她身上所创造的那些批判的奇迹。

(b) 玛丽花

我们在罪犯当中看到的玛丽是一个卖淫妇，是那个罪犯麇集的酒吧间老板娘的奴隶。尽管她处在极端屈辱的境遇中，她仍然保持着人类的高尚心灵、人性的落拓不羁和人性的优美。这些品质感动了她周围的人，使她成为罪犯圈子中的一朵含有诗意的花，并获得了玛丽花这个名字。

对玛丽花必须从她初出场起就做细密的观察,这样才能把她的**本来的形象和批判的变态**做一个对比。

玛丽花虽然十分纤弱,但立刻就表现出她是朝气蓬勃、精力充沛、愉快活泼、生性灵活的,只有这些品质才能说明她怎样在非人的境遇中得以合乎人性地成长。

她拿起剪刀来抵抗用拳头打她的"刺客"。这是我们初次遇见她的情景。在这个场面中,她不是一个毫无反抗地屈服于暴力之下的没有防御能力的羔羊,而是一个善于捍卫自己的权利和能够坚持斗争的女郎。

在费维街的罪犯们的酒吧间里,她向"刺客"和鲁道夫叙述了自己的生活经历。在叙述时她用笑来回答"刺客"的挖苦。她埋怨自己在出狱以后没有去找工作,而把在狱中赚得的300法郎统统花在游逛和装饰上,"但是没有人劝告我呀"。回想起自己生活中的灾难——卖身于罪犯酒吧间的老板娘,她感到很悲伤。现在是她有生以来第一次追怀这一切往事。"真的,我想起过去就伤心……做个诚实的人想必是很好的。""刺客"嘲笑道:"就让她做个诚实的人好啦!"于是她叫道:"诚实,我的天!你说我有什么办法能够诚实!"她坚决声明,"我决不哭鼻子"(《je ne suis pas Pleurnicheuse》),但她的生活境遇是可悲的——"这是很不愉快的"。最后,跟基督教的忏悔相反,对于自己的过去,她提出了这样一条**斯多葛派**的同时也是**伊壁鸠鲁派**的人性原则,这是自由而坚强的人的原则:

"到头来,做过的事情就让它过去吧!"

现在我们来看看玛丽花和鲁道夫的第一次散步。

"你想到自己那种可怕的处境,恐怕是常常感到痛苦的吧?"——已经非常渴望来一场道德谈话的鲁道夫说。

她回答道:"是的,我曾经不止一次地透过河岸的栏杆凝视着塞纳河,可是,过后我又转过来看着花,看着太阳,并且自言自语地说:河始终会在这里,可是我还没有满十七岁呵,谁会知道呢?在这一刹那间,我觉得我不应该有这样的命运,我觉得自己身上有某些好的地方。我对自己说:我的苦是受够了,但是至少我从来没有害过什么人。"

玛丽花把她的处境不是看做她自己自由创造的结果,不是看做她自己的表露,而是看做她不应该遭受的命运。这种不幸的命运是可以改变的。她还很年轻。

玛丽所理解的**善**与**恶**不是善与恶的**抽象道德概念**。她之所以**善良**，是因为她不曾害过任何人，她总是**合乎人性地**对待非人的环境。她之所以**善良**，是因为太阳和花给她揭示了她自己的像太阳和花一样纯洁无瑕的天性。最后，她之所以善良，是因为她还年轻，还充满着希望和朝气。她的境遇是**不善的**，因为它给她一种反常的强制，因为它不是她的人的本能的表露，不是她的人的愿望的实现，因为它令人痛苦和毫无乐趣。她用来衡量自己的生活境遇的量度不是善的理想，而是她固有的**个性**、她**天赋的本质**。

在**大自然抱中**，资产阶级生活的锁链脱去了，玛丽花可以自由地表露自己固有的天性，因此她流露出如此蓬勃的生趣、如此丰富的感受以及对大自然美的"因此合乎人性的欣喜若狂，所有这一切都证明，她在社会中的境遇只不过伤害了她的本质的表皮，这种境遇大不了是一种厄运，而她本人则既不善，也不恶，就只是有人性"。

"鲁道夫先生，多么幸福呵……青草、原野……要是您允许我下车去就好啦……这里真好……我真想在这片草地上跑一下！"

她走下马车，给鲁道夫摘了许多花，"几乎高兴得说不出话来"，等等，等等。

鲁道夫告诉她，他要带她到**若尔日夫人**①**的农场**上去。在那里，她将会看到鸽房、马厩之类的东西；那里有牛奶、乳酪、水果等等。对这个孩子说来，这真是**上天的恩赐**。她会很**痛快**的——这就是她的主要的想法。"您甚至不能想像我是多么想痛快痛快呵！"她非常坦率地向鲁道夫说，她的不幸是她自作自受："过去所发生的一切都是因为我不会节省钱的缘故。"于是她劝他节俭，并劝他把钱存入储蓄银行。她完全浸沉在鲁道夫为她建造的空中楼阁里。她之所以陷于悲哀，只是因为她"忘记了**现在**"，而"这种现在同关于愉快光明的生活的幻想相对照，使她想起了自己的境遇的极端可怕"。

到现在为止，我们所看到的都是玛丽花本来的、非批判的形象。在这里，欧仁·苏超出了他那狭隘的世界观的界限。他打击了资产阶级的偏见。现在他把玛丽花交到主人公鲁道夫的手中，以便弥补自己的孟浪无礼，以便博得一切老头子和老太婆、所有的巴黎警察、通行的宗教和"批判的批

---

① 《巴黎的秘密》中的人物。——编者注

判"的喝彩。

受鲁道夫之托照看玛丽花的若尔日夫人是一个不幸的、患忧郁病的、信教的妇人。她一见到这个年轻的姑娘，就马上说一些非常动听的话，说什么"**上帝**保佑那些又爱他又怕他的人、那些曾经不幸并已经**悔悟**的人"。"纯批判"的伟人鲁道夫唤来了一个可怜的、迷信极深的教士**拉波特**[①]。他指定这个牧师对玛丽花进行批判的改造。

玛丽欢欢喜喜、坦率天真地同这个老教士接近。**欧仁·苏**怀着他所固有的基督教式的粗暴，要"可惊叹的本能"对玛丽耳语："在开始**忏悔**和**赎罪**的地方要结束**羞惭**"，这就是说，在唯一济度世人的教堂里不要害羞。他忘记了她在乘车遨游时的那种愉快的坦率、那种由大自然的美和鲁道夫的友好同情所引起的兴高采烈；当时她只是由于想起必须回到罪犯酒吧间老板娘的身边，这种兴高采烈的心情才沮丧下来。

拉波特教士立即摆出了**超凡出世的姿态**。他的第一句话就是：

"**上帝**的仁慈是无穷尽的，我的亲爱的孩子！在你受苦受难的时候上帝都没有弃绝你，这就可以证明这一点……救你于绝境的这位宽大为怀的人实现了**圣经上的话**（注意：不是实现人的目的，而是实现圣经上的话）[②]：人有呼主之名者，主将庇佑之；人有呼主者，主将成就其心愿；主将闻听其呻吟并拯救之……主将完成自己的事业。"

玛丽还没有明了教士这番说教的**险恶的**用意。她回答说：

"对我仁慈并使我回到了上帝那里去的人，我将为他祈祷。"

她最先想到的**不是**上帝，而是她那**人世的**救星，她想为**他**祈祷，而不是为她**自己的**赦免祈祷。她希望自己的祈祷能使别人得救。此外，她竟天真到以为自己**已经回到**上帝面前了。教士认为自己必须来打破这种有违神道的错觉。

他打断了她的话，说道："很快，你很快就会得到赦免，赦免你那深重的罪孽……因为，正如先知者所说，主保佑一切行将堕落的人。"

请注意牧师言谈中的违反人性的话。你很快就会得到赦免！你的罪恶**还没有得到宽恕**。拉波特在同姑娘见面时竭力在她心中唤起自己有罪这种

[①] 《巴黎的秘密》中的人物。——编者注
[②] 括号里的话是马克思加的。——译者注

意识，而鲁道夫在同姑娘临别时则送了她一个金**十字架**，这是她即将受到**基督教磔刑**的象征。

玛丽在若尔日夫人的农场上已经住了一个时期。我们先来偷听一下老教士拉波特和若尔日夫人的谈话。他认为玛丽是不能"嫁人"的了，"因为，尽管有他拉波特担保，也没有一个男人有勇气忽视那玷污了她的青春的过去"。他接着又补充说，她"必须赎补大的罪恶"，而"如果她有道德感的话，她是不会堕落的"。他证明她有可能像那些下流到极点的小市民一样保持自己的清白："在巴黎有很多乐善好施的人。"这个伪善的牧师知道得很清楚，这些乐善好施的巴黎人每时每刻都遇见那些直到半夜还在最热闹的街头叫（卖火柴妈丽也曾经这样做过）的七八岁的小女孩，可是他们总是无动于衷地从她们面前走过；而这些小女孩未来的命运也几乎毫无例外地和玛丽的命运一样。

教士给自己提出的任务是要玛丽赎罪。他在自己的心中给玛丽定了罪。现在我们来看看玛丽花在傍晚送拉波特回家时两人散步的情形。

"你看呵，我的孩子！"——他开始了热烈动人的谈话——，听那一望无涯的天际，这天际的界限现在无法分辨了（这已是黄昏时候了）。我觉得，万籁俱寂和无边无际几乎能使我们产生一种永恒的观念……玛丽，我对你说这些，是因为你易于感受造物之美……看到这造物之美在你心中，在你那长久丧失宗教感情的心中激起了宗教崇拜，我常常是深为感动的。

教士已经成功地把玛丽对于大自然美的纯真的喜爱变成了**宗教**崇拜。对于她，自然已经被贬为适合神意的、**基督教化**的自然，被贬为**造物**。晶莹清澈的太空已经被黜为静止的永恒性的暗淡无光的象征。玛丽已经领悟到，她的本质的一切人性表现都是"**罪孽深重**"的，这些表现背弃了宗教，违悖了真正的神恩，这些表现是离经叛道、亵渎神灵的。教士必须使她感到自惭形秽，必须把她的自然的和精神的力量以及各种自然的赋予都化为灰烬，以便使她能够接受他所许给的超自然的赋予，即接受**洗礼**。

当玛丽想要对教士有所告白并祈求他**宽恕**的时候，他回答说：

"**主**已经向你证明他是仁慈的。"

玛丽不应当把她所受到的宽恕看做同一种人类造物对她这同一种人类造物的自然的、理所当然的关系，而应当把这看做一种无限的、超自然的、超人类的仁慈和宽恕，应当把人的**宽恕**看做**上帝的仁慈**。她必须把一切自然的、人类的关系化为**对上帝**的彼岸**关系**。玛丽花对牧师关于上帝仁慈的空谈所做的回答，表明宗教教义已经把她腐蚀到什么样的程度了。

她说，她一进入新的、良好的环境，就只是感到**新的幸福**：

"我曾经每一分钟都在想念着鲁道夫先生。我时常抬头望着天，但不是在那里找上帝，而是找鲁道夫先生，好向他道谢。是的，**我在这一点上责备了我自己**，我的神甫，**过去我想念他比想念上帝为多**：因为他为我做了唯有上帝才能做出的事情……我是幸福的，**幸福**得跟永远逃脱了大险的人一样。"

对新的、幸福的生活境遇只是**如实地**感到是一种新的幸福，也就是对这种境遇抱着自然的而不是超自然的态度，这在玛丽花看来已经是不可饶恕的了。她已经谴责自己不该把救她的人**如实地**看做自己的救星，而没有用想像中的救星——**上帝**来代替他。她已经为宗教的伪善所支配，这种伪善把我对别人的感恩拿过来归之于上帝，把人身上一切合乎人性的东西一概看做与人相左的东西，而把人身上一切违反人性的东西一概看做人的**真正的**所有。

玛丽告诉我们，她的思想、她的感情和她对生活的态度的**宗教的转变**，应该归功于若尔日夫人和拉波特的教诲：

"当鲁道夫把我带出巴黎最古老的地方的时候，我已经朦胧地意识到我的地位的卑下，但我从您和若尔日夫人那里所得到的教诲、劝导和榜样，使我能够领悟到……我过去与其说是不幸，还不如说是有罪……您和若尔日夫人使我懂得了**我的罪孽是无限深重的**。"

这就是说，她应当感谢拉波特教士和若尔日夫人的，是充满她心中的已经不是自己地位卑下这样一种人的、因而也是可以容忍的意识，而是自己罪孽无限深重这样一种基督教的、因而也是不可容忍的意识了。这个教士和这个巫婆教会了她从**基督教的观点**来谴责自己。玛丽感到她所遭到的精神上的不幸是非常巨大的。她说：

"既然善恶意识的觉醒对于我是这样的可怕，那末为什么不让我由不幸的命运去摆布呢？……要是听我沦落在过去的火坑中，也许贫困和毒打很快就断送了我的性命，而对于这种无论我怎样渴望也始终得不到的纯洁，我至少是可以毫不知道便了此一生的。"

毫无心肝的教士回答道：

"就是品性最高尚的人，只要他在你被救出的污泥中呆过一天，出来后也会**在额上留下一个洗不掉的污点**。这就是**神的司法不可动摇的法则**。"

玛丽花被教士这种巧舌如簧的诅咒深深地刺痛了，她叫喊道：

"那么，您着出我是命定该绝望的罗！"

这个宗教的老奴回答说：

"你必须抛弃想从自己的生活中撕掉这可悲的一页的任何希望，但是你应该期望**上帝的无限仁慈**。在这里，**在尘世上**，可怜的孩子，你应得的一份是眼泪、忏悔、赎罪；但有一天在那里，**在天堂中**，你将得到赦免和**永恒的福佑**。"

玛丽还没有痴愚到要到天堂的永恒福裕和赦免中去寻求慰藉的地步。

"可怜可怜我吧"，——她叫道，——"可怜可怜我吧，天呀！我还这样年轻……我多么不幸呵！"

这时，牧师的伪善的诡辩达到了极点：

"恰巧相反，这是你的幸福，玛丽，是你的幸福！主使你受到良心的谴责、这种谴责虽然充满了痛苦，但却是与人为善的。它证明你的灵魂有**宗教的感受性**……你所受到的侮一点苦难都会在天上得到补偿。相信我的话，上帝一时把你放在邪路上，是为了以后让你能得到**忏悔的荣誉**和**赎罪**所应有的永恒的奖励。"

从这一瞬间起，玛丽便成了**自己有罪这种意识的奴隶**。如果说，以前她在最不幸的环境中还知道在自己身上培养可爱的人类个性，在外表极端屈辱的条件下还能意识到**自己的人的本质**是**自己的真正本质**，那末现在，却是从外面损伤了她的现代社会的污浊在她眼中成了她的内在本质，而因此经常不断地忧郁自责，就成了她的义务，成了上帝亲自为她预定的生活任务，成了她存在的目的本身。如果说以前她还自夸："我决不哭鼻子"，并且说"做过的事情就让它过去吧"，那末在现在，对于她，折磨自己就成了**美德**，而忏悔则成了**荣誉**。

后来发现，玛丽花原来是鲁道夫的女儿。我们再看到她的时候她已经是盖罗尔施坦郡主了。我们现在偷听一下她同她父亲的谈话：

"我祈求上帝把我从这些迷茫中解脱出来，让充满在我心中的单只是对上帝的虔诚的爱和神圣的希望，最后，我请求上帝完全掌握着我，因为我想全心全意地皈依于他，但是我的这些祈求都落空了……他不听取我的祈祷……不用说，这是因为我**对尘世**的眷恋使我不配同上帝交往。"

一个人既然把自己的迷误看做渎犯上帝的**无限**罪行，那末他就只有**完全皈依**上帝，对尘世和世俗的事情**完全**死心，才能确信自己的**得救**和上帝的**仁慈**。玛丽花既然已经领悟到使她解脱非人的境遇是**神的奇迹**，那末她要配得上这种**奇迹**，她**自己**就必须成为**圣徒**。她的人类的爱必须转化为宗教的爱，对幸福的追求必须转化为对永恒福裕的追求，世俗的满足必须转化为神圣的希望，同人的交往必须转化为同神的交往。上帝应当完全掌握住她。她自己给我们揭穿了为什么上帝不肯把她完全掌握住的秘密。她还没有全心全意地皈依上帝，她的心还困惑于尘世的事情。这是她那健全的天性的最后一次闪光。她终于完全皈依上帝了，因为她完全脱离了尘世，入了**修道院**。

"人若有罪愆，
深重不可赎，
送进修道院，
朝以继暮，
旷日无间，
悔悟乐无穷。"
（歌德）①

在修道院中，由于鲁道夫的险谋诡计，玛丽花得到了**女修道**院长的圣职。起初她认为自己不够格，拒绝接受这个职位。旧任女修道院长遂加以劝说：

"我再多两句嘴，我亲爱的女儿，你在进教会以前的生活是十分纯洁可嘉的，但如果说它也充满了迷惘的话，那末，自从你到我们这里以后所表现的福音德行的榜样，在主的眼中已经补救和赎偿了任何罪孽深重的既往。"

我们从女修道院长的话中可以看出，玛丽花的世俗德行已经变成了福音德行，或者更正确地说，她的实际德行必须采取福音的、漫画的形式。

玛丽回答女修道院长的话说：

"圣姑，我认为现在可以同意接受这个职位了。"

---

① 引自歌德所著的"温和的讽刺诗"。——编者注

修道院的生活不适合于玛丽的个性，结果她死了。基督教的信仰只能在想像中给她慰藉，或者说，她的基督教的慰藉正是她的现实生活和现实本质的消灭，即她的死。

鲁道夫就这样先把玛丽花变为悔悟的罪女，再把她由悔悟的罪女变为修女，最后把她由修女变为死尸。在埋葬她的时候致悼词的，除了天主教的神甫以外，还有批判的神甫施里加。

施里加把她的"无辜的"存在称为她的"短暂的"存在，并把这种存在同"永恒而难忘的罪恶"相对照。他赞颂她，说她的"最后一口气"是"祈求仁慈和宽恕"。新教牧师在先叙说一遍主的恩赐的必然、死者对一般原罪的分担和自认有罪这种意识很强以后，接着就一定要转而对死者的德行来一番世俗的赞扬：同样，施里加先生也使用了一套这样的词句：

"而她本人还是没有什么需要宽恕的。"

最后，他在玛丽的墓上放了一束教会辞令的最枯萎干瘪的花朵：

"她怀着人所罕有的内心纯洁而与世长辞了。阿门！"

（3）揭露法纪的秘密

（a）"校长"，或新的刑罚理论。单人牢房制的

被揭露了的秘密。医学的秘密

"**校长**"是个海格立斯型的、精力充沛的罪犯。按他的教育程度来说，他是个有教养有学识的人。他这个性如烈火的大力士同资产阶级社会的法律和习惯是相冲突的，因为资产阶级社会的一般标准是平庸无能、温文娇弱和暗中交易。他成了一个杀人犯，像一个秉性强悍而无从找到适当的合乎人性的活动的人那样放荡不羁、荒淫无度。

鲁道夫捉住了这个罪犯。他想批判地改造他，想用他给法律界创造一个范例。他同法律界的争端不是"刑罚"本身，而是刑罚的**种类**和**方式**。用黑人医生大卫的特殊的话来说，鲁道夫发明了这种刑罚理论，他就有资格成为一个"**最伟大的德国刑法学家**"，并且从此以后这种理论甚至有幸获得一个具有德国式的严肃和德国式的彻底的德国刑法学家的拥护。鲁道夫甚至没有想到他可以超出刑法学家之上：他的野心是想成为一个 primus intorpates〔庸中佼佼〕的"最伟大的刑法学家"。他命令黑人医生大卫**弄瞎了**"校长"的**眼睛**。

起初，鲁道夫重复着反对死刑的种种老生常谈，说什么死刑对罪犯没有任何效用，对人民也没有任何效用，因为人民把杀人只当做一种聊以消遣的把戏来观赏。

此外，鲁道夫又把"校长"和"校长"的**灵魂**加以区别。他所关心的不是拯救实际的"校长"这个人，而是**从精神上拯救**他的**灵魂**。

他教训说："拯救灵魂是神圣的事业……救世主说过，每一件罪行都能**够赎补**，但只有诚心想忏悔和**赎罪**的人才能如此。从法庭到断头台的过渡是太短促了……你（'校长'）曾经滥用自己的**力气**来为非作歹，现在我要叫你**使不出**你的力气……你将要在最软弱的人面前发抖……对你的惩罚将和你的罪行相等……但这种可怕的惩罚至少还会给你留下**悔改**的无限境界……我只使你离开外界，目的是要你沉没在漆黑如夜的昏暗中，**单独**地回想自己的恶行……你将不得不反躬自省……被你贬得一钱不值的意识将会觉醒并把你引向悔悟。"

鲁道夫认为**灵魂**是**神圣的**，而人的**肉体**则是**非神圣的**，所以他只把灵魂看做真正的本质，因为——按照施里加先生对人类的批判描述——灵魂是属于天国的；既然如此，所以"校长"的肉体和他的力气就不是属于人类的了，这种力气的生命表现就不应加以合乎人性的改造，不应归还给人类，不应把这种力气当做本质上是人类的东西来处理。"校长"，曾经滥用自己的力气，现在鲁道夫则麻痹、摧残、消灭这种力气。要摆脱人类的某种本质力量的变态表现，除了消灭这种本质力量，就没有更**批判的**手段了。这也就是基督教的手段：眼睛作恶就挖掉眼睛，手作恶就砍掉手，总之，肉体作恶就杀害肉体，因为眼睛、手、肉体对于人本来都只是多余的、罪恶的附属品。要治愈人性的疾病，就必须消灭人性。群众的法学在这方面同批判的法学不谋而合，也认为**摧残**、麻痹人的力量是对这些力量的有害表现的解毒剂。

在普通的刑法学中使纯批判的伟人鲁道夫感到惶惑不安的，只是从法庭转到断头台的过程太快了。与此相反，他是想把对罪犯的**复仇**同罪犯的**赎罪**及其**对自身罪恶的认识**结合起来，把肉体的惩罚同精神的惩罚、感官的痛苦同忏悔的非感官的痛苦结合起来。世俗的惩罚同时必须是基督教道德教育的手段。

这种把**法学**和**神学**结合在一起的刑罚理论，这种"秘密本身的被揭露了的秘密"，不过是**天主教**教会的刑罚理论而已，这一点**边沁**在他的著作"惩罚和奖赏的理论"中已经详尽地表明了。在这部著作中，边沁还证明了现今的各种刑罚在道德上是毫无效验的。他把法律所规定的种种刑罚称之为"**法庭打油诗**"。

鲁道夫给"校长"的惩罚也就是**奥力金**自己给自己的那种惩罚。鲁道夫**阉割**了"校长"，夺去了他的一个**生殖器官**——眼睛。"眼睛是身体的明灯"。鲁道夫正是采取了**弄瞎眼睛**的手段，这使他的宗教本能增光不少。这就是过去在纯基督教的拜占庭帝国所通用的刑罚，这种刑罚在基督教德意志国家英吉利和法兰西的强盛的青年时代也曾经盛极一时。为了要人改邪归正，就使他脱离感性的外部世界，强制他沉没于自己的抽象的内心世界——弄瞎眼睛，这是从基督教的教义中所得出的必然结论；因为根据基督教的教义，充分地实现这种分离，使人完全和世界隔绝并集中精力于自己的唯灵论的"我"这就是**真正的德行**。如果说鲁道夫没有像在拜占庭和法兰克王国那样把"校长"安置在真正的修道院中，那末他至少也把他禁锢在观念的修道院中了，这是不为外界的光亮所扰的漆黑如夜的修道院，是寂静无为的良心和自认有罪这种意识的修道院，在这种修道院中栖身的只是一些虚幻的回忆的影子。

一种思辨的羞愧之心不允许施里加先生公开承认他的主人公鲁道夫的刑罚理论，即世俗的惩罚同基督教的忏悔和赎罪相结合的理论。他不是这样公开地承认，而是偷偷地塞给鲁道夫——当然也是当做被初次揭露于世的秘密——一种理论，即惩罚应当使罪犯成为制裁他"**本身**"罪行的"**法官**"。

这种被揭露了的秘密本身的秘密是**黑格尔**的刑罚理论。黑格尔认为刑罚是罪犯自己给自己宣布的判决。**甘斯**更详细地发挥了这种理论。黑格尔的这种理论是对古代 jus tulionis ［**报复刑**］① 的**思辨的掩饰**，**康德**曾把这种刑罚发展为**法律上唯一的**刑罚理论。黑格尔所谓的罪犯自我定罪只不过是一种"**理念**"，只不过是对**通行的经验刑罚**的一种思辨解释。因此，他还是听凭国家在每一个发展阶段上选择刑罚的形式，也就是说，他听凭刑罚保持它的现状。正是在这一点上，他比起他的批判的应声虫

---

① 按以牙还牙的原则处刑的法律。——编者注

来更是一个批判家。那种承认即犯也是人的**刑罚**理论，只能在**抽象**中、在想像中做到这一点，这正是因为开**刑罚**、**强制**是和人类的行为方式相矛盾的。况且，真正实行这种理论会是不可能的。抽象的法律会被纯主观的武断所代替，因为在每一个案件中如何使刑罚符合罪犯的个性，都得由那批"道貌岸然的"官方人士来决定。柏拉图已经懂得法律一定是片面的，一定是**不考虑**个性的。相反地，在**合乎人性的**关系中，刑罚将**真正**只是犯了过失的人自己给自己宣布的判决。谁也想不到要去说服他，使他相信别人加在他身上的**外部强力**就是他自己加在自己身上的强力。相反地，他将看到别人是使他免受自己加在自己身上的刑罚的自然的救星，就是说，关系将恰好颠倒过来。

鲁道夫说出了他那讳莫如深的想法，也就是揭穿了弄瞎眼睛的目的，他对"校长"说：

"你的每一句话都将是祈祷。"

他想教会他祈祷。他想把这个海格立斯型的强盗变成一个全部工作只是祈祷的修道士。跟这种基督教的残忍相比较，那种想消灭某人就干脆杀某人的头的普通刑罚理论，显得是多么的人道。最后，很显然，每当真正的群众的立法严肃地提出了感化罪犯的任务的时候，它所采取的行动比这个德国的赫仑·挨·力斯怯得[①]的行为要合理和人道得多。跟弄瞎"校长"的眼睛这回事比起来，四个荷兰农业移民区和亚尔萨斯的奥斯特瓦尔德罪犯移民区才是真正合乎人性的尝试。就跟鲁道夫毁了玛丽花和"刺客"一样，他也毁了"校长"：他让玛丽花去受教士的折磨，受自己有罪这种意识的折磨；他剥夺了"刺客"的人的独立性并把他贬低到看家狗的卑下地位；他为了使"校长"学会"祈祷"，便挖了他的双眼；他就这样把三个人都毁了。

受了"纯批判"的"简单"改造以后的各种现实就是这个样子，也就是说，这种种现实乃是对现实的歪曲和脱离现实的**毫无意义的抽象**。

在施里加先生看来，弄瞎了"校长"的眼睛以后，立即就完成了一个**道德的奇迹**：

"令人生畏的'校长'"，——施里加告诉我们说——"突然承认了诚

[①] 《天方夜谭》中的人物，为一理想化的回教国王。——译者注

实和正直的力量；他向'刺客'说：是的，我相信你，你是从来没有偷过东西的。"

不幸得很，在欧仁·苏的书中还保留着"校长"对"刺客"的评价，其中正好也承认了这一点，但这决不会是瞎了眼睛的结果，因为这是在瞎眼睛之前说的。"校长"曾私下对鲁道夫谈论过"刺客"，他说：

"不过，他是不会出卖朋友的。不会的，他是一个好人……过去他总是有一些奇奇怪怪的想法。"

这样一来，施里加先生的道德的奇迹就化为乌有了。现在我们来看看鲁道夫的**批判**的治疗所得到的**真正**结果。

首先，我们看到"校长"同"猫头鹰"一起旅行到布克伐方农场去，想在那里恶毒地愚弄玛丽花一番。支配着他的当然是向鲁道夫**报仇**的念头，而他也只能形而上学地向鲁道夫报仇，也就是故意跟鲁道夫作对，偏要挖空心思去"**做坏事**"。"他夺去了我的视力，但是没有使我丢掉作恶的念头。""校长"告诉"猫头鹰"，为什么他叫人把她找来：

"我感到很**无聊**，我在这些诚实的人当中完全是孤独的。"

如果说，欧仁·苏由于他对人的**自暴自弃**有僧侣般的、兽性的偏爱，以至于让"校长"跪在老泼妇"猫头鹰"和小恶棍"瘸子"的跟前，哀求他们不要离弃他，那末，这个大道学家是忘记了，这样就会使"猫头鹰"感到恶魔式的自满。鲁道夫本来想要罪犯相信**肉体暴力**是微不足道的，可是他**用暴力**弄瞎了罪犯的眼睛，结果向罪犯证明了**肉体暴力**的强大；同样，欧仁·苏也在这里教"校长"恰如其分地承认了**完满的情欲**的有力。他教他懂得，没有这种完满的情欲，人就**不再是男子**，而变成了孩子们肆意嘲笑的对象。他使他相信，世界应该承受他的罪恶，因为他一失掉视力，就受到了这个世界的折磨。欧仁·苏现在剥夺了"校长"的最后一点人的幻想，因为"校长"曾经相信"猫头鹰"对他是忠诚的。他有一次对鲁道夫说："她可以为我赴汤蹈火。"然而，欧仁·苏为了充分地满足自己的欲望，竟使"校长"在极度绝望之余，脱口喊出了：

"我的天，我的天，我的天哟！"

他学会"**祈祷**"啦！于是欧仁·苏先生就在"这种对上帝仁慈的无意的祈求中"看到了"某种天意"。

这种无意的祈祷是鲁道夫的批判的第一个结果。接踵而来的是在布克伐尔农场上的非自愿的忏悔,在那里,"校长"梦见了被他杀害的人的幽灵。

我们暂且放过对这个梦的极其详细的描述,转过来看看"红手"的地窖中的情景,在那里我们会看到被批判地改造过的"校长"。他戴着镣铐,被老鼠咬得遍体鳞伤,饿得半死不活,被"猫头鹰"和"瘸子"折磨得疯疯癫癫,像一头野兽那样嚎叫着。"瘸子"把"猫头鹰"交到他手里。我们且看看"校长"在动手弄死"猫头鹰"时的情形。他不仅在表面上**模仿**主人公**鲁道夫**的样子,挖出了"猫头鹰"的**双眼**,而且也**在精神上**学习鲁道夫的榜样,重复他那伪善的言辞,用假仁假义的词句来掩饰自己的残暴行为。当"猫头鹰"刚刚落入"校长"的掌握中的时候,"校长"表现出"令人恐怖的高兴",他的声音由于狂怒而发抖。

他说:"你知道得很清楚,我不想马上就结束你的性命……我要以牙还牙,你折磨了我,我现在也要折磨你……在杀死你以前,我要跟你长谈一次……这对于你是可怕的。首先,你看到没有……自从我在布克伐尔农场做了那个梦以来,我有了很惊人的改变……在那个梦里,我们过去的一切罪行都显现在我的眼前,那个梦几乎使我发疯……它将来会使我发疯的……我对自己以往的残暴感到可怕……我没有容许你虐待夜莺,不过这还是小事……你把我诱骗到这个地窖里,让我在这里挨饿受冻……你把我一个人留下,使我产生一些可怕的念头……呵,你不知道孤独是什么滋味……孤独洗净了我的灵魂。我不认为这是可能的……我也许没有以前那样坏了,证据就是,在这里抓住你……抓住你这个恶魔,我感到无限的快乐……我抓住你不是为了给自己报仇,而是……而是为我们的受害者报仇……是的,我要履行自己的职责,亲手惩罚自己的谋犯……现在我对自己以往的行凶杀人感到恐怖,虽然这样,但我还是要毫无恐惧、完全泰然自若地用非常残酷的手段狠狠地把你弄死,对这一点你不会感到奇怪吗?……你说……你说……你懂得这点吗?"

在这不多的几句话中,"校长"匆匆地弹出了道德诡辩的全部音阶。

他开头的几句话是复仇心的公开表露。他宣称要以牙还牙。他想杀死"猫头鹰",他想用冗长的说教来延长她死前的痛苦,而他用来折磨她的那一套话(简直是不可思议的诡辩!)完全是**道德的说教**。他硬说在布克伐尔的那一场梦感化了他。同时他又给我们揭穿了这个梦的真正的作用,他承认这个梦几乎使他发疯，而且将来也还是会使他发疯的。为了证明自己的改邪归正，他举出了这个事实：他曾经阻止人们虐待玛丽花。欧仁·苏书中的人物（先是"刺客"，在这里是"校长"），必须把他这个作家本人的意图（这种意图决定作家使这些人物这样行动，而不是那样行动）充作**他们自己**思考的结果，充作他们行动的自觉动机。他们必须经常不断地说：我改正了这一点、那一点，以及那一点，等等。因为他们不是过着真正有内容的生活，所以他们就只得在自己的言谈中竭力强调一些微不足道的行为（在这里，保护玛丽花即是一例）的意义。

"校长"既然告诉了我们在布克伐尔的那场梦有着教人**行善积德**的作用，那末他就还应该向我们说明，为什么欧仁·苏把他关在地窖里。他应该表明小说作者的做法是合理的。他应该对"猫头鹰"说，你把我关在地窖里，让老鼠来咬我，害我饱受饥渴之苦，这种种做法促使我完全改邪归正了。孤独**洗净了**我的灵魂。

"校长"对"猫头鹰"发作出来的那种野兽般的啤叫、那种肝胆欲裂的狂怒、那种极其可怕的复仇心，是对这种道德辞令的辛辣的嘲弄。这种种表现给我们揭穿了"校长"在牢房中所产生的那些念头的性质。

"校长"自己似乎也感觉到了这一点，但是既作为一个**批判的道学家**，他就能够调和这些矛盾。

他正是把由于"猫头鹰"落入自己掌握中而引起的"无限的快乐"宣布为自己改邪归正的标志。他的复仇心不是**自然的复仇心**，而是**道德的复仇心**。他不是想为自己报仇，而是想为他和"猫头鹰"的共同的**受害者**报仇。他杀死"猫头鹰"并不算**杀人**，而是履行**职责**。他不是向她**报仇**，而是以一个公正的法官的身份来惩罚自己的同谋犯。他对自己以往的行凶杀人感到恐怖，虽然如此（他自己都对自己的诡辩感到惊奇），但他却问"猫头鹰"：对这一点你不会感到奇怪吗？——我要毫无恐惧、完全泰然自若地杀死你！同时，由于某种未表明的道德原因，他竟然沉醉于他想去干的杀人勾当——"狠狠地弄死"，"用非常残酷的手段弄死"——的情景中了。

"校长"杀害"猫头鹰"这件事完全符合他的性格，特别是在她对他表现得这样残酷以后更是如此。但是，他的杀人之出于道德的动机，他对自己因即将"狠狠地把人弄死"、用"非常残酷的手段"杀人而惨无人性地感到快乐这一层给予道德的解释，他正好是以犯下新的杀人罪行来证明自己对以往的杀人行凶的忏悔，他从一个普通的杀人犯变成一个**暧昧的、有道德的杀人犯**；凡此种种都是鲁道夫的批判的治疗所获得的辉煌成果。

"猫头鹰"想从"校长"的手中挣脱出来。"校长"觉察到了这一点并牢牢地抓住她。

"你还是站着别动的好，'猫头鹰'！我必须彻底向你说明我是怎样逐渐达到悔悟的……这种解说你听起来是会不愉快的……它会向你证明，我在为我们的受害者向你报仇的时候必须残忍才行……我必须赶快讲完……当我想到我把你抓在手中的时候，我就快乐得全身的血液都沸腾起来……我要强迫你听我讲话，这样我就有足够的时间来使你感到死亡临近的恐怖……我的眼睛瞎了……但我的思想却变成了具体有形的，所以我能够在想像中不断鲜明地、几乎可以感触到地描绘出……我的受害者的轮廓。观念几乎像物质一样铭刻在我的头脑中。如果在忏悔之余再加上严酷得可怕的赎罪……这赎罪把我们的生活变为漫长的不眠之夜，其中充满了复仇的幻觉和绝望的思念……那末，在受到良心的苛责并终于悔悟以后，也许会得到人们的宽恕。"

"校长"继续滔滔不绝地大谈其虚伪的空话，这种空谈每时每刻都显露出它的伪善。"猫头鹰"必须听他讲他怎样一步一步地达到悔悟。这种解说对于她会是很不愉快的，因为它会证明，"校长"的**职责**就是不为他自己而为他们大家的受害者来无情地向她报仇雪恨。"校长"突然中断了他的训话。如他自己所说，他必须"赶快"结束他的训话，因为他想到他把她抓在手中的时候，就快乐得全身的血液完全沸腾起来，这是缩短训话的道德上的理由。然后他又使自己的血液平静下来。原来他对她说教的这一段长时间，对于他的报仇并不算是损失，因为这段时间"使她感到死亡临近的恐怖"。又是一个继续说教的道德上的理由！正是因为这些道德上的理由，所以"校长"能够泰然自若地又接着他刚才中断片刻的地方继续说起教来。

"校长"正确地描述了一个与外界隔绝的人的情形。一个人，如果对于他**感性世界**变成了**赤裸裸的观念**，那末他就会反过来把赤裸裸的观念变为**感性的实物**。他想像中的幻影成了有形的实体。在他的心灵中形成了一种可以触摸到、可以感觉到的幻影的世界。这就是一切虔诚的梦幻的秘密，也就是疯癫的共同的表现形式。"校长"老是重复着鲁道夫的口头禅，说什么"痛苦异常的忏悔和赎罪是强有力的"云云；他这样反复叨念，所以已经像个半疯半癫的人了；他的这种现身说法，鲜明地证明了，在基督教的自认有罪这种意识和神经错乱之间有真正的联系。同样，"校长"既把**生活**之变成充满幻影的**梦夜**看做忏悔和赎罪的真正结果，那末他就给我们揭穿了纯批判和基督教感化的真正的秘密。这种秘密也就正在于人变成幻影，人的生活变成一连串的**梦境**。

欧仁·苏在这里感到，这瞎眼强盗对"猫头鹰"的举动会败坏鲁道夫所启示给他的**拯救灵魂的思想**。所以他就在"校长"的口中塞进了下面这句话：

"这些思想的有益的影响就在于平息了我的狂怒。"

可是，"校长"供认了他的**道德愤懑**不外是**世俗的狂怒**而已。

"我没有足够的……勇气……力量……决心来杀死你……不，我不能叫你流血……这会是……杀人，她说出了事物的真正的名称……也许是情有可原的杀人……但这终究是杀人。"

"猫头鹰"利用适当的时机用匕首刺伤了"校长"。现在欧仁·苏可以让"校长"动手杀死"猫头鹰"，而不再继续道德的诡辩了。

"他痛得大叫起来……这突如其来的袭击，立刻把他的复仇心、他的暴怒、他那嗜杀成性的本能全都激发起来，像一团烈火那样熊熊地燃烧起来，这一切突然以非常骇人的力量爆发出来。他那先前已被震动的神智现在完全混乱了……呵，你这条蛇！……我尝到了你的牙齿的滋味……你会像我一样的**没有眼睛**……"

他挖掉了她的双眼。

"校长"的天性通过鲁道夫的治疗只是被伪善和诡辩装饰起来，只是被禁欲般地压制下去；现在，当这种天性汹涌澎湃地冲出藩篱，造成**爆发**的时候，这种**爆发**就显得更有害更可怕。欧仁·苏承认，"校长"的理性已经被鲁道夫所策划的一切事件狠狠地震动了；承认这一点倒是值得感谢的。

"他的理性的最后一点闪光在这惊心动魄的嚎叫中、在这该死的家伙的嚎叫中消失了（他看见了被他杀害的人们的幽灵）……'校长'像一头被激怒了的野兽那样怒吼着和咆哮着……他把'猫头鹰'活活地折磨死了。"

施里加先生喃喃地叨念着：

"'校长'不能有'刺客'那样快的（！）和幸运的（！）转变（！）。"

正如鲁道夫使玛丽花成了修道院的住户一样，他也使"校长"成了毕塞特神经病院的住户。鲁道夫不仅麻痹了他的肉体力量，而且也麻痹了他的精神力量。而这也不是没有理由的，因为"校长"不仅用他的肉体力量作过孽，而且也用他的精神力量作过孽，而按照鲁道夫的刑罚理论，凡是有罪的力量都应当消灭。

但是现在，在欧仁·苏先生那里还没有彻底完成与恐怖的复仇相结合的赎罪和忏悔。于是"校长"又恢复了理智，但是由于害怕落入法网，他**假装疯癫**，继续留在毕塞特。欧仁·苏先生忘记了，"他的每一句话都应当是**祈祷**"，然而到最后，他的言辞成了疯人的含糊不清的怒号和呓语。或许是欧仁·苏先生有意讥讽地把这种生命表现跟祈祷混为一谈了吧？

在鲁道夫把"校长"的眼睛弄瞎——这也就是把人同外界隔绝，强制他陷于深沉的灵魂孤独之中，把法律的惩罚同神学的折磨结合起来—这种做法中所运用的刑罚观念，最突出地体现在**单人牢房制**之中。因此欧仁·苏先生也就歌颂起单人牢房制来了：

"过了好几百年人们才了解，制止某种威胁社会机体的流行极快的麻风病（也就是监狱中的道德败坏），**只有一种手段**，这就是隔离罪犯。"

欧仁·苏先生赞同那些可尊敬的人们的看法，他们认为犯罪的流行是由于监狱的设立。为了把罪犯救出邪恶的社会，他们竟把罪犯单独一个人留在社会之中。

欧仁·苏先生声称：

"在所有那些理直气壮、不屈不挠地力求**充分**和**绝对地**实施单人牢房制的人们的呼声中，如果我这微弱的呼声也能被人听到，那我就认为自己很幸运了。"

欧仁·苏先生的愿望只实现了**一部分**。在众议院本届会议讨论单人牢房制的问题时，甚至拥护这种制度的官方人士都不得不承认，这种制度迟早会使囚犯发疯的。因此十年以上的徒刑都一律改为流放。

如果托克维尔先生和波蒙先生认真地研读了欧仁·苏的小说，那末他们就毫无疑问地会使单人牢房制得到充分和绝对的实施。

如果说欧仁·苏为了使神智正常的罪犯成为疯人而把他们逐出任何社会之外，那末，为了使疯人恢复理智，他就让他们回到人类社会中来：

"经验表明，孤独对监狱中的罪犯有多少益处，它对疯人就有多少害处。"

如果说，欧仁·苏先生和他那批判的主人公鲁道夫无论是通过**天主教的刑罚理论**还是通过**监理会教派的单人牢房制**，都未能使法纪贫乏到只有一个秘密，那末，他们却以许多新的秘密丰富了医学；而归根到底，**发现新秘密和揭露旧秘密**都同样是劳苦功高的。对于"校长"的失明，批判的批判说出了和欧仁·苏先生完全一致的意见：

"当人们告诉他说他已经双目失明的时候，他甚至还不相信。"

"校长"不能相信自己的失明，因为他的确还看得见东西。欧仁·苏先生描绘了一种新的白内障，他告诉人们许多对于群众的、非批判的**眼科学**的确是秘密的东西。

瞳孔在动手术以后蒙上了一层**白**的颜色。显然，这是**水晶体白内障**。到现在为止，这种白内障可能的确是由损伤晶体囊所引起的，同时这几乎毫无痛苦，虽然也不是完全没有痛苦。但是，既然医生只是用**自然**的方式，而不是用**批判**的方式获得这种结果，那末，就只有先加以损伤，然后等它发炎并形成纤维素性渗出物，从而使水晶体模糊不清。

在第三卷第三章中，"校长"身上出现了更大的**奇迹**和更大的**秘密**。

盲人又**复明**了：

"'猫头鹰'、'校长'和'瘸子'，**看见了**牧师和玛丽花。"

如果我们不想学"复类福音作者批判"的榜样，把这种现象解释为**作家捏造的奇迹**，那末我们就应该假定"校长"又去给自己的白内障动了手术。后来他又成了瞎子。他过早地张开了自己的眼睛，于是光线的刺激引起了发炎，结果损害了**眼网膜**，使他得了无法医治的**盲症**。在这里，这整个过程一共只占了一秒钟，这对于非批判的眼科学是一个新的

秘密。

(b) 奖赏和惩罚。双重裁判（附表）

主人公鲁道夫给我们揭示了一种用赏善罚恶的方法来维护社会的新理论。从非批判的观点来看，这种理论无非是现代社会的理论而已。在现代社会中，赏善罚恶的事情难道还少吗？和这种被揭露了的秘密相比，群众的共产主义者**欧文**是多么的非批判呵！他看出赏罚制度是社会等级差别的神圣化，是奴隶般的屈辱状况的完整表现。

欧仁·苏把颁发奖赏的权柄交给司法部门——刑事裁判的特别补充，并且因不满足于**单一的**裁判而发明**一种双重的**裁判，这可以算是一种新的揭露。可惜的是，这种被揭露了的秘密不过是重复边沁在他的上述一书中详尽阐明过的旧学说而已。不过，欧仁·苏先生以较之边沁更批判得无可比拟的方式论证和发展了自己的建议，对于他的这一层荣誉是决不能抹杀的。当这位群众的英国人还完全停留在罪恶的尘世中的时候，欧仁·苏先生的演绎却超升到了批判的天国。欧仁·苏先生的议论如下：

"为了使恶人生畏，人们把他们所预知的天怒物质化了。为什么不把上天对善人的奖赏也同样物质化并使人预先在尘世知道这种奖赏呢？"

按照**非批判的**见解，情形恰恰相反：正如人们在上天奖赏的观念中只是把人间的雇佣仆役理想化了一样，人们在天上的刑罚理论中也只是把尘世的刑罚理论理想化罢了。如果不是一切善人都受到社会的奖赏，那末这也是应该如此因为这样才能使天上的正义显得比人间的正义到底高出一筹。

欧仁·苏先生在描述批判的奖赏裁判时，给我们提供了"**妇女的**（埃德加尔先生以充分的'认识的宁静'斥责弗洛拉·特莉斯坦的）**教条主义**的例子，这种教条主义希望有一套公式，并且用现存事物的范畴来制定公式"。欧仁·苏先生按照他所完全支持的现行**刑事裁判**的每一个条款，依样画葫芦地详细描绘了他所附加的**奖赏裁判**的摹本。为了使读者能一目了然起见，我们且把他所描写的原本和摹本放在一起，列为一个对照表。

批判地完成的裁判表现行的裁判名称

名称：**刑事**裁判征象：手中持剑，旨在斩断恶人之头。	**名称**：**善行**裁判征象：手中持冠，旨在给善人加冕。
目的：惩罚恶人，监禁、凌辱、处死。人民当知为恶受罚之可畏。	**目的**：奖赏善人，奖金、尊崇、保障生命之安全。人民当知为善载誉之可歌。
发现恶人的手段：警察密探、特务，以便侦缉恶人。	**发现善人的手段**：道德密探、特务，以便查访善人。
某人是否属于恶人的决定：Les-assises du crime，审理罪行的陪审法庭。官府记录并宣布被告的罪行，给被告以公开的报复。	**某人是否属于善人的决定**：Assises de la vertu，审理善行的陪审法庭。官府记录并宣布被告的善行，给被告以公开的表彰。
罪犯在判决后的情形：他处于高级警察的监视之下。养活于监狱中，国家担负其费用。	**行善者在判决后的情形**：他处于最高的道德仁爱的监督之下。养活于自己家中，国家担负其费用。
执行判决：罪犯上断头台。	**执行判决**：在处决罪犯的断头台正对面建立一座大善人高踞其上的高台——善行台。

欧仁·苏先生为自己想像中的图景所深深激动，于是不禁感叹起来：

"咳，这是乌托邦！不过请想一想，一个社会像这样**组织起来**该多好呵！"

可是，这就是**社会的批判的组织**。欧仁·苏责难说，这种组织，至今仍然不过是乌托邦，然而我们倒不得不来替这种组织辩护一下。欧仁·苏又完全忘记了他自己提及的那些每年在巴黎颁发的"**德行奖**"。这些奖赏甚至是以双重的形式说置的，有奖励男人和女人的高尚行为的物质奖赏，即 Prix Montyon〔**蒙提昂奖金**〕，也有奖励品德完美的处女的 Prix rosier（罗节奖）。这里甚至也并不缺乏欧仁·苏所要求的蔷薇**花冠**。

至于谈到道德密探以及最高的道德仁爱的监督，那末凡此种种都是耶稣会派所早已设立过的。此外，"辩论日报"①、"世纪报"②、"巴黎小广告"③ 等报纸每天都在不惜巨金地记录和宣扬巴黎的各种证券投机商人的德行、伟绩和功德，更不用说每个政党都各有自己的机关报来记录和宣扬本党成员的政治上的业绩了。

老福斯就已经指出，荷马比他的众神更好。因此我们可以要"一切秘密本身的被揭露了的秘密"——鲁道夫来对欧仁·苏的观念负责。

除此而外，施里加先生还告诉我们：

"此外，在欧仁·苏的小说中常常有一些离开故事的主要脉络的插笔，即各种补叙和插话，而这一切都是一种批判。"

(c) 消除文明中的野蛮和国家中的无法纪

消除犯罪行为及文明中的野蛮的法律预防手段，就是"国家对处死的犯人的子弟和判处无期徒刑的犯人加以管制"。欧仁·苏想用比较自由主义的方法来分配犯罪行为。今后，任何一个家庭都不应该再拥有犯罪的世袭特权，罪行的自由竞争应该战胜罪行的垄断。

欧仁·苏消除"国家中的无法纪"的方法是：修改法国刑法典中关于'滥用信任'"的那一节，其次，特别是任命**一批领取固定薪俸的律师为穷人办事**。可见，欧仁·苏先生认为，在已经设有为穷人办事的律师的皮蒙特、荷兰及其他国家中是消除了无法纪状态的。按照他的意见，法国的立法只有一个缺点，即没有给那些为穷人服务的律师规定固定的薪俸，没有责成他们专为穷人服务，并且过于缩小了法定的贫穷范围。似乎无法纪并不是正好在审判**程序**中开始的，似乎在法国并不是大家都早就知道：**法纪**本身不提供任何东西，而只是认可现存的关系。看来，**法纪**和**事实**的早已成为老生常谈的区别，对于批判的小说家也许还是"巴黎的秘密"呢！

如果人们看了对法律秘密的批判揭露再看看欧仁·苏想在**司法执行官**

---

① 《辩论日报》(Journal des Debats) 是法国资产阶级报纸《政治和文学辩论日报》(Journal des Débats politiques et littérai-rest) 的简称，1789年于巴黎创刊。在七月王朝时期是政府的报纸，奥尔良派资产阶级的机关报。——编者注

② 《世纪报》(Le Siècle) 是1836年至1939年在巴黎出版的一种日报。在19世纪40年代中，该报反映了那一部分只要求温和的宪法改良的小资产阶级的观点。——编者注

③ 指的是报纸"小广告"(Petites affiches)，这是法国最老的一种期刊，1612年创办于巴黎；它是一种刊载各种广告和通知的新闻小报。——编者注

方面所进行的那些伟大改革，那就可以理解巴黎的"撒旦"报①了。在这张报纸上，市内某区的一个居民向这位"大改革家兼速写专家"诉苦说，他们的街道上还没有瓦斯灯。欧仁·苏先生回答说，他将在他那部大作"终身流浪的人"的第六卷中想办法消除这种不幸。另一个区又埋怨初等教育的缺点。于是他又答应在他的大作"终身流浪的人"的第十卷中为这个区进行初等教育的改革。

（4）"观点"的被揭露了的秘密

"鲁道夫没有停留在他高超的观点上（！）……他不遗余力地用自由选择的方式上下左右地领会各种观点。"（**施里加语**）

批判的批判的主要秘密之一，就是"观点"和**用观点来评判观点**。在它的眼中，每一个人跟每一种精神产物一样，都变成了观点。

只要你一旦懂得，批判的批判的总秘密就是使陈旧的思辨的胡说死灰复燃，那末要洞悉观点的秘密就再容易不过了。

首先，**让批判**自己通过族长**布鲁诺·鲍威尔**先生的口来谈谈他那"观点"的理论。

"科学……从来不跟某个个人或某种特定的观点打交道……当然，它也不会忘记消除某种观点的界限，只要值得在这上而花费力量和这些界限真正具有全人类的意义；但它把这些界限看做**纯粹的范畴**和自我意识的规定性，因此它只而向那些有勇气上升到**自我意识的普遍性**的人，即那些决不想停留在这些界限以内的人。"（"轶文集"第二卷第127页）

鲍威尔的这种勇气的**秘密**就在于黑格尔的"**现象学**"。黑格尔在"现象学"中用**自我意识**来代替人，因此最纷繁复杂的人类现实在这里只是**自我意识的特定的形式**，只是**自我意识的规定性**。但自我意识的赤裸裸的规定性是"**纯粹的范畴**"，是赤裸裸的"思想"，因此，这种"思想"，我能够在"纯"思维中加以扬弃并且通过纯思维来加以克服。在黑格尔的"现象学"中，人类自我意识的各种异化形式所具有的**物质的、感觉的、实物的基础被置之不理**，而全部破坏性工作的结果就是**最保守的哲学**，因为这样的观点以为：既然它已经把**实物的**、感性现实的**世界**变成"思维的东西"，变成**自我意识的纯粹规定性**，而且它现在又能够把那变成了以太般的

---

① 《撒旦》（*Satan*）是资产阶级的小型讽刺报，1840—1844年在巴黎发行。——编者注

东西的敌人溶解于"纯思维的以太"中,所以它就把这个世界征服了。因此,"现象学"最后完全合乎逻辑地用"绝对知识"来代替全部人类现实,——之所以用**知识**来代替,是因为知识是自我意识的唯一存在方式,而自我意识则被看做人的唯一存在方式;之所以用**绝对**知识来代替,是因为自我意识只知道它**自己**,并且不再受任何实物世界的拘束。黑格尔把人变成**自我意识**的人,而不是把自我意识变成**人**的**自我意识**,变成现实的人即生活在现实的实物世界中并受这一世界制约的人的**自我意识**。黑格尔把**世界头足倒置起来**,因此,他也就能够在**头脑**中消灭一切界限;可是,对于**坏的感性**来说,对于**现实**的人来说,这当然丝毫不妨碍这些界限仍然继续存在。此外,凡是表明**普遍自我意识的有限性**的一切东西——人及人类世界的任何感性、现实性、个性,在黑格尔看来都必然是界限。全部"现象学"的目的就是要证明**自我意识是唯一的、无所不包的实在**。

近来,鲍威尔先生把绝对知识改名为**批判**,而给自我意识的规定性所换的名字则是一个听起来比较简单的术语——观点。在"轶文集"中两个名字仍然并用,而观点也仍然是用自我意识的规定性来作注脚的。

既然"**宗教世界本身**"只是作为**自我意识**的世界而存在,所以批判的批判家——ex professo[职业的]神学家——就无论如何也想不到,竟**有意识和存在**互相分别的世界存在;想不到,当我只是扬弃了这个世界的想像存在,即它作为范畴或观点的存在的时候,也就是当我改变了我自己的主观意识而并没有用真正**实物**的方式改变实物的现实,即并没有改变我自己的实物现实和别人的实物现实的时候,这个世界居然还像往昔一样继续存在。因此,存在和**思维**的思辨的**神秘同一**,在批判那里以**实践**和**理论**的同样神秘的同一的形式重复着。因此,对于那种仍然想有所区别于理论的实践,对于那种仍然想有所区别于把某一特定**范畴**消融于"**自我意识的无限普遍性**"这种做法的理论,批判便油然生出一股怒气。批判本身的理论仅限于把一切确定的东西(如国家、私有财产等)宣布为自我意识的无限普遍性的对立物,因而也就是微不足道的东西。其实,反而应该表明,国家、私有财产等怎样把人化为抽象,或者它们怎样成为**抽象的人**的产物,而不成为单个的、具体的人的现实。

最后,不言而喻,如果说黑格尔的"现象学"尽管有其思辨的原罪,但还是在许多方面提供了真实地评述人类关系的因素,那末鲍威尔先生及其伙伴却相反，他们只是提供了一幅毫无内容的漫画，这幅漫画只是满足于从某种精神产物中或从现实的关系和运动中撷取一种规定性，把这种规定性变为想像的规定性、变为**范畴**，并把这个范畴充作产物、关系或运动的**观点**。凡此种种做法，都是为了能够以老成达练的姿态、洋洋得意的神气从抽象的、普遍范畴的、普遍自我意识的观点，高高在上地傲然俯视这种规定性。

在鲁道夫看来，所有的人不是持着善的观点，就是持着恶的观点，并且他就按照这两个不变的范畴来评价一切人。同样，在鲍威尔先生及其伙伴看来，一些人从**批判**的观点出发，另一些人则从群众的观点出发。但鲁道夫和鲍威尔等人都是把现实的人变成了**抽象的观点**。

(5) 揭露利用人的欲望的秘密，或克雷门斯·达尔维尔

在此以前，鲁道夫仅限于按照自己的方式来赏善和按照自己的方式来罚恶。现在我们可以从一个事例看出，他怎样利用**恋情**来渔利，怎样"使克雷门斯·达尔维尔的优良的天性得到适当的发展。"

施里加先生说道："鲁道夫给她指出了**慈善事业**的**消遣**的一面，这种思想证明了那经历过深刻考验的鲁道夫的智慧所独有的人类知识。"

鲁道夫在同克雷门斯谈话时所使用的那些词句，如"**使之引人入胜**"，"**利用天生的爱好**"，"**施展巧计**"，"利用狡黠和欺诈的癖性"，"把根深蒂固的横暴的本能改造为高尚的品质"，等等，——所有这些词句，就像这里完全是硬加在女性身上的那些欲望本身一样，**泄露了**鲁道夫的智谋的秘密来源——傅立叶的学说。在鲁道夫的手中，**傅立叶**的学说得到了通俗的阐明。

就跟上面看到的对边沁的理论的运用一样，对这个学说的**运用**又成了鲁道夫的批判的财产。

年轻的侯爵夫人应该不是在慈善事业**本身**中去寻求自己人类本质的满足，她应该不是在慈善事业本身中获得活动的人性内容和目的，从而也得到消遣。不，相反地，慈善事业只是一种外在的理由，只是一种**借口**，只是一种供消遣用的**材料**，这种消遣能够同样得心应手地把其他任何一种材料变成自己的内容。贫穷被有意识地用来使慈善家享受"风流韵事的乐趣，让他满足猎奇、冒险和乔装的欲望，使他陶醉于自己的超群出众，使他感到神经的激动，等等"。

这样一来，鲁道夫无意中说出了早已公开的秘密：人的贫穷、使人不得不接受施舍的那种极度窘迫的境遇，都应供金钱贵族和知识贵族**娱乐**，应当作为满足他们的自私欲、供他们摆架子和消遣的对象。

在德国有许多慈善协会，在法国有不少慈善社团，在英国也举办无数唐·吉河德式的慈善事业，如为赈济穷人举办的音乐会、舞会、义演、义餐，甚至为遭遇不幸的人募捐，——这一切都没有任何别的意思。由此可见，慈善事业也早就已经当做消遣来举办了。

侯爵夫人一听到《amusant》（"消遣的"）这个词，便突然无缘无故地转变过来，这使我们不得不怀疑她的痊愈是否能持久，或者更正确些说，这种转变只在表面上看来是突然的和无缘无故的，只在表面上看来是由鲁道夫把慈善事业描述为消遣而引起的。侯爵夫人**爱上了**鲁道夫，而鲁道夫也打算**跟她**一块乔装变服，跟她私通，跟她一起搞种种慈善性的猎奇活动。后来，侯爵夫人在对圣拉扎监狱作慈善性的参观时，暴露了她对玛丽花的忌妒，并且由于她对自己的这种忌妒心抱着慈善的态度，所以在鲁道夫面前闭口不谈玛丽花的被捕。鲁道夫至多只能教会一个不幸的女人跟不幸的人们演笨拙的笑剧而已。鲁道夫所发明的慈善事业的秘密被巴黎的一个纨绔公子泄露了。这位纨绔公子在跳舞之后，邀请自己的舞伴去晚餐，他说：

"呵！夫人。为救济这些穷波兰人，只跳几次舞还不能算尽到心了呀……做善人就做到底吧！……现在我们去吃一顿为这些穷人义卖的晚餐吧！"

（6）揭露妇女解放的秘密，或路易莎·莫莱尔

在**路易莎·莫莱尔**被捕时，鲁道夫趁机发表了一通议论，这些议论可以概括如下：

"主人经常用恫吓、平白无故的殴打或**主奴关系**的本性所产生的其他情况来虐待女仆。他陷女仆于不幸，使她遭受羞辱并迫使她去犯罪。法律不触动这些关系……实际上迫使少女去杀害婴儿的罪犯却并不受到惩罚。"

鲁道夫的议论甚至不能扩展到对**主奴关系**本身加以圣明的批判。他虽然是个小统治者，但却是这种关系的**大**卫道者。鲁道夫还未能了解妇女在现代社会中的一般状况的非人性。他完全忠实于他以前的理论，所以，只感到缺少一条**惩办**诱奸者并把忏悔和赎罪跟严厉的惩治结合起来的法律。

鲁道夫要能够去仔细考察一下其他国家的现行立法就好了。**英国的**立

法正实现着他的一切愿望。它由于过分周到（**布莱克斯顿**对这一点称颂不止），竟对诱奸娼妓的人也加以**背信弃义**的罪名。

施里加先生奏起了**欢迎曲**：

"鲁道夫（！）**就是这样**（！）想的（！）。现在把这些**思想**和你关于**妇女解放**的幻想比较一下吧。在这些思想中你几乎可以用手触摸到解放事业，而你一开始就过于讲求实际，所以你经常因你的努力落空而遭到失败。"

无论如何，我们得感谢施里加先生揭露了一个秘密：某种事业在思想中几乎可以用手触摸得到。至于他非常可笑地把鲁道夫的**思想**和**傅立叶**的下述（就算是）"幻想"：

"通奸、诱奸给诱奸者带来光荣，并被当做风流韵事……但可怜的姑娘呵！杀害婴儿，这是怎样的罪行呵！如果她重视自己的名誉，她就必须消灭丑行的痕迹，而如果她因为这个世界的偏见而牺牲自己的婴儿，那末她就会受到更大的羞辱并成为法律偏见的牺牲品……这就是一切文明的机械论所描绘的**恶性循环**。""年轻的姑娘对于任何一个想把她变为自己独占财产的买主来说，难道不是一种商品吗？……正像在文法中两个否定构成一个肯定一样，**在婚姻交易中**也是**两个卖淫构成一桩德行**。""某一历史时代的发展总是可以由妇女走向自由的程度来确定，因为在女人和男人、女性和男性的关系中，最鲜明不过地表现出人性对兽性的胜利。妇女解放的程度是衡量普遍解放的天然标准。""侮辱女性既是文明的本质特征，也是野蛮的本质特征，区别只在于：野蛮以简单的形式所犯下的罪恶，文明都赋之以复杂的、暧昧的、两面性的、伪善的存在形式……对于使妇女陷于奴隶状态这件事，男人自己比任何人都更应该受到惩罚。"（**傅立叶**）

把傅立叶关于婚姻问题的精辟的评述以及法国共产主义的唯物主义派别的著作拿来同鲁道夫的论断对比，完全是多余的。

小说家从社会主义文献中所挑选出来的这些忧伤的片断，揭露了批判的批判仍然茫无所知的"秘密"。

(7) 揭露政治经济的秘密

(a) 从理论上揭露政治经济的秘密

第一点揭露：富有常常使人挥霍无度，挥霍无度则使人破产。

第二点揭露：刚才所指出的富有的后果是由于富家子弟缺乏教养的缘故。

第三点揭露：**继承权和私有制**是神圣不可侵犯的，而且也必须是这样。

第四点揭露：**富豪在道德上有责任向工人说明他使用自己财产的理由**。大宗财产就是托付给英明、坚定、敏捷而宽厚的人的继承钱财、**封建采邑**：同时也委托这种人卓有成效地处理这宗财产，把它用来影响一切有幸受这大宗财产的辉煌的济一世灵光所庇佑的事物，使其富有成效、日益兴盛、日臻完善。

第五点揭露：国家应该以**个人节俭的基本原理**来教导阅历不深的富家子弟。国家应该使富有道德化。

第六点揭露：最后，国家应该研究解决**劳动组织**这个重大的问题。它应该提供**资本**和**劳动联合**的有效例证，并且要是这样的联合：它井井有条、公平合理，它既保证**工人的福利**，又不损害**富人的财产**，它用互相倾慕、互相感激的纽带把这两个阶级联系在一起，从而永远保证国家的安宁。

因为国家暂时还没有采用这种理论，所以鲁道夫就亲自提供几个实际的范例。这些范例暴露了这样的秘密：最为人所熟悉的经济关系对于欧仁·苏先生、鲁道夫先生和批判的批判却还是"秘密"。

（b）"贫民银行"

鲁道夫创立了**贫民银行**。这个**批判的**贫民银行的章程如下：银行的主旨是对规矩的有家室的工人在失业期间予以救济。它应该代替施舍和当铺。它每年有12000法郎的收入，发放20到40法郎一份的无息救济贷款。在开始的时候，它只在住着大部分工人的巴黎第七区展开活动。要求救济的男工或女工必须持有自己的最后一家雇主的证明书，上面确认他（或她）的行为规矩并载明他（或她）被解雇的原因和日期。这笔贷款于债务人重新找到工作的时候开始归还，每月偿还全部贷款的六分之一或十二分之一，听债务人的自便。偿还贷款的保障是具有誓言的借约。此外，还需要另外有两个工人来担保贷款受主的誓言。因为贫民银行的批判的目的是减轻工人生活中的一个最不幸的灾难——工作中断，所以根本只有失业者才能受到救济。主管这个机构的热尔门先生所得的年薪是10000法郎。

现在我们用群众的眼光来看看批判的政治经济的实践。银行每年的收入共计12000法郎。一个人发给贷款20至40法郎，因此平均每人30法郎。第七区的贫苦工人的数目，据官方的承认，至少是4000人。这样，每年能救济400个工人，即第七区的最贫苦的工人的十分之一。就算失业的平均时间是四个月即十六个星期，对于巴黎，这个数字是太小了。要是把 30 法郎分十六个星期去用，那末每个星期的所得就不到 37 个苏零 3 生丁，也就是一天的所得少于 27 个生丁。在法国，一个囚犯每天的开支平均是 47 个多生丁，其中仅饮食一项就要用去 30 多个生丁。而且鲁道夫所救济的工人是有家室的。就算除夫妇二人外，一家平均只有两个小孩，那末 27 个生丁就必须分配给四个人用。房租每天至少是 15 个生丁，于是，剩下的就只有 12 个生丁了。**一个囚犯所吃的面包**，平均起来大约要花 14 个生丁。可见，工人和他的家庭从批判的银行所得的全部现金，如果撇开其他一切需要不计，只够买不及他本人需要量的四分之一的面包，所以工人就只得饿死，否则他就得采取这家贫民银行所图谋防止的那些手段，即典当、乞讨、偷窃和卖淫。

可是，无情批判的伟人对于银行的经理却是照顾得挺周到的。每年经管的收入总共是 12000 法郎，而经理的年薪却是 10000 法郎。因此，管理费占总金额的 45％，也就是说，比巴黎其他群众的贫民办事机构的管理费几乎多两倍，因为这类机构的管理费用大约只占全部开支的 17％。

就姑且承认贫民银行所给予的救济是真正的救济而不只是虚幻的救济，可是这个由一切秘密本身的被揭露了的秘密所发明的机构，仍然是建立在这样一种幻想上：只要改变一下劳动报酬的**分配**办法，就可以使工人生活一整年。

用散文的形式来表达，那就是：750 万个法国工人每人的收入只有 91 个法郎，其他 750 万个法国工人每人的收入只有 120 法郎。可见，已经有 1500 万个工人的收入比维持生活的绝对必需费用为少。

批判的贫民银行的用意，按照合理的解释，就在于从工人在业期间的工资中扣除他在失业期间为维持生活所必需的费用。是我在他失业期间先给他一笔钱，以便他在开始工作时再还给我呢，还是他在工作期间先给我一笔钱，我在他失业期间再把钱还给他呢，这反正都一样。无论是这样还是那样，都总是他在有工作时把他在失业时从我这里得到的东西交给我。

这样看来，"**纯粹的**" 贫民银行所不同于群众的**储蓄银行的**，只是两种非常奇异、非常批判的特点：第一是银行贷款给 a fond sperdus〔无望的债务人〕，荒唐地断定：当工人想归还贷款的时候就一定能归还，而当工人能归还的时候就总是想归还的；其次是银行一点也不给工人的存款支付利息。只是因为存款在这里是采取预支的形式，所以银行认为它本身不向工人索取利息就已经是天大的好事了。

可见，批判的贫民银行不同于群众的储蓄银行的，就是工人失掉利息，银行失掉资本。

(c) 布克伐尔的模范农场

鲁道夫在布克伐尔建立了一所模范农场。这个地点选择得非常恰当，因为这里还保留着封建时代的遗迹——封建城堡。

在这个农场作工的六个男工，每人每年可得工资150埃巨或450法郎，每个女工每年可得工资60埃巨或180法郎。此外，他们还有免费的膳食和免费的住房。布克伐尔工人的日常膳食是一"大"份火腿、一份不很少的羊肉和一块不很小的牛肉，此外还有作为副食的两种凉拌菜、两大块干酪、土豆、苹果酒，等等。六个男工每人的工作量比法国的一般雇农多**一倍**。

法国每年的全部收入，按人数平均分配每人只有93法郎，法国直接从事农业的人数等于全国人口的三分之二，所以由此可以得出结论，如果普遍效法这位德国哈利发①的模范农场，那末不仅在国民财富的分配方面，而且在国民财富的生产方面，都要引起一场革命。

从上述种种可以看出，鲁道夫之所以能够把生产这样大大扩充，只是由于他要每个工人比以往多工作一倍，而使每个工人耗费的食物也比以前多五倍。

既然法国的农民已经异常勤勉，那末多工作一倍的工人就应当是**超人的大力士**了；"大"量的肉菜似乎也说明了这一点。所以，我们有理由假定，这六个工人每人每天至少要消费一磅肉。

如果把法国生产的全部肉类加以平均分配，那末每一个人每天所得到的肉就不到四分之一磅。由此可见，鲁道夫的范例在这方面也会引起一场怎样的革命。这样，**单只是**农业居民所消费的肉类就会多于全法国的肉类生产量，所以，这种批判的改革最后就会完全消灭法国的畜牧业。

从布克伐尔农场经理沙特林②老爹的眼目看来，鲁道夫除了给工人高额的工资和丰盛的膳食以外，还把农场总收入的五分之一给了工人，这笔

---

① 为穆罕默德继承人的称号，通常用以称呼穆斯林的皇帝。——译者注
② 《巴黎的秘密》中的人物，布克伐尔农场的管账。——译者注

钱正是他的**地租**。本来按平均计算，通常除了一切生产费用和耗费于生产中的资本的利润而外，法国的地主一般还剩下五分之一的总收入，或者换句话说，作为地租的份额等于总收入的五分之一。鲁道夫过分增加了用来酬劳工人的费用（根据夏普塔尔的著作"论法国的国民经济"第一卷第239页，一个作雇工的法国农民全年收入的平均数是120法郎），因而无可争辩地过分减少了他所耗费的资本所应得的利润；其次，他把自己的全部地租都送给了工人；尽管这样，沙特林老爹仍然告诉我们，由于使用这种方法，殿下增加了自己的收入，从而也鼓舞了其他非批判的地主去经营这样的农场。

布克伐尔的模范农场不过是幻想的空中楼阁而已：它的潜在基金不是布克伐尔土地的天然富源，而是鲁道夫所拥有的神奇的福尔土纳特①的钱袋。

于是批判的批判就此喧嚷起来：

"从第一眼就可以看出，这整个计划不是乌托邦。"

只有批判的批判才能在**第一眼**就看出福尔土纳特的钱袋不是乌托邦。批判的第一眼乃是"凶恶的一眼"。

（8）鲁道夫，"一切秘密本身的被揭露了的秘密"

使鲁道夫能够实现其全部救世事业和神奇治疗的万应灵丹不是他的漂亮话，而是他的现钱。道学家们就是这样的——傅立叶说。要模仿他们心目中的英雄，就必须是百万富翁。

道德就是"**行动上的软弱无力**"②。它一和恶习斗争，就遭到失败。而鲁道夫甚至还没有提高到至少是建立在人类尊严这种意识之上的独立道德的观点。相反地，他的道德是建立在人类软弱无力这种意识之上的。他是神学道德的代表。我们已经详细考察了鲁道夫用衡量世界的**基督教的固执**观念（诸如"慈善事业"、"无比忠顺"、"克己"、"忏悔"、"善与恶"、"赏与罚"、"可怕的惩治"、"隐遁"、"拯救灵魂"等等）所建立的英雄业绩，也表明了所有这些都不过是滑稽戏而已。现在我们只要再分析一下鲁道夫这个"一切秘密本身的被揭露了的秘密"或被揭露了的"纯批判"的

---

① 福尔土纳特是德国民间传说中的人物，他有一个神奇的用之不竭的钱袋和一顶魔帽。——编者注

② 引自沙·傅立叶的著作《关于四种运动和普遍命运的理论》第二部的跋。——编者注

秘密的个人性格就够了。

还在我们这位批判的海格立斯的少年时代,"善"与"恶"的对立就已经以两个化身——鲁道夫的两位教师**穆尔弗**和**波利多里**——出现在他的面前。前者教他行善,而且本人是"**善人**"。后者教他作恶,而且本人是"**恶人**"。为了使这种构思在平庸方面不逊于其他伦理小说的类似构思,"**善人**"穆尔弗必须被描写为不太"有学问"、"在智能方面"不"特别突出"的人。可是他**诚实、单纯、沉默寡言**,常常以高贵的姿态,用**可耻、下流**之类的字眼来痛斥邪恶的事情,对卑鄙下贱的行为感到深恶痛绝。如果用黑格尔的话来说,可以说他是诚实地把善和真的旋律变成了各种音调的平均化的东西,也就是变成了**一个音符**。

相反地,波利多里却是一个聪明绝顶、学识渊博、教养有素的奇才,但同时也是一个"最没有道德"的人,并且满脑子都是"**最可怕的怀疑论**",作为年轻的虔诚的法国资产阶级的代表,欧仁·苏对此是不能等闲视之的。对于欧仁·苏和他的主人公的精力和教养,可以根据怀疑论使他们感到惊惶失措之一点来加以判断。

施里加先生说:"穆尔弗同时就意味着1月13日的永世难忘的罪过和通过无比爱戴鲁道夫这个人物并为他作自我牺牲来永远赎补这个罪过。"

就跟鲁道夫是全世界的 deus ex machina〔从机器里出来的神〕① 和耶稣基督一样,穆尔弗也是鲁道夫个人的 deus ex machina (从机器里出来的神)和耶稣基督。

"鲁道夫和拯救人类、鲁道夫和实现人类本质的完美,这对于穆尔弗来说是统一的、不可分割的整体,他献身于这个统一的整体不是出于那种愚蠢如狗的奴隶般的忠顺,而是有充分的自觉和自主的。"

可见,穆尔弗是一个文明的、自觉的、自主的奴隶。像公爵的每个奴仆一样,他把自己的主人看做人类的救主。**格劳恩**奉承穆尔弗,称他为"**勇敢无畏的护从**"。鲁道夫自己称他为**仆人的模范**,而他也确实是个模范的仆人。欧仁·苏告诉我们,他 tete-a-tete〔私下〕总是严格不苟地称鲁道夫为"殿下"。有旁人在场时,为了保守匿名微行的秘密,他口里虽然叫

---

① 在古代的戏院里,扮演神的演员由特殊的机械装置送出舞台;这句话的转义就是指那种突然出现以挽救危局的人。——编者注

"**先生**",但心中还是称"殿下"。

"穆尔弗揭开了秘密的秘幕,但这只是为了鲁道夫。他帮助了摧毁秘密本身的实力的工作。"

关于把穆尔弗跟最简单的人世关系隔绝开来的秘幕之严密,可以从他跟格劳恩公使的一席谈话中得出一个印象。穆尔弗以必不得已的情况下的法定自卫权为由,得出结论说,鲁道夫有权以秘密刑法官的身份来弄瞎绑得紧紧的和"赤手空拳的""校长"。他描述鲁道夫将怎样在法庭面前陈述自己的"高尚"行为,将以怎样华丽的词句来炫耀自己,将怎样吐露自己的伟大心思;这种种描述,说明他够得上做一个刚刚读完席勒的"强盗"的文科中学生。穆尔弗让世界来解决的唯一秘密,就是这个问题:他在扮演运煤工人的角色时用什么东西涂在自己脸上,是用煤灰呢,还是用黑颜料。

"天使要出来,从义人中把恶人分别出来。"("马太福音"第十三章第四十九节)"将患难、困苦加给一切作恶的人;将荣耀、尊贵、平安加给一切行善的人。"("保罗致罗马人书"第二章第九—十节)

鲁道夫自己把自己当做这种**天使**。他降临人世,以便从义人中把恶人分别出来,奖赏善人,惩罚恶人。善恶的观念在他那虚弱的头脑中铭刻极深,以至于他竟相信真有魔鬼,并且像昔日波恩的扎克教授那样,竟想活捉恶魔。相反地,另一方面他又企图把魔与神的对立以缩图的形式复制出来。他爱"起一些天命的作用"。正像在**现实**中**一切**差别日益汇合为**贫富**之间的差别一样,在**观念**中**一切**贵族的差别也在变成**善恶**之间的对立。这种差别是贵族给自己的偏见所赋予的最后形式。鲁道夫把自己归入善人之列,而恶人之存在,是为了使他能因自身的完美而怡然自得。现在我们再进一步观察这个"善人"。

鲁道夫先生的行善和挥霍就跟"一千零一夜"中巴格达的哈利发一模一样。如果他不像吸血鬼一样吸尽他那小小的德意志公国的膏血,他就不能过这样的生活。根据欧仁·苏先生本人的描写,鲁道夫要是没有一个法国侯爵的庇护因而免于被迫退位,那末他已经属于那些沦为附庸的德国公爵之列了。根据这个事实就可以判断他那个公国的大小。其次,鲁道夫对**他自身的地位**的估价批判到何种程度,可以从下述事实看出:他这个小小的德国诸侯,竟认为在巴黎必须半匿名微行,以免引起别人对自己的注意。

他有意随身携带一名**宰相**同行，其批判的目的就是要这个宰相为他代表"自主权力的戏剧性的和儿戏的一面"：好像一个小小的诸侯除了自己和自己的镜子以外，还需要第三个什么自主权力的戏剧性的和儿戏的一面的代表似的。鲁道夫也影响了自己的仆从们，使他们同样**批判地不了解**自己的作用和意义。例如，仆从穆尔弗和公使格劳恩就没有发觉，巴黎代办**巴第诺**先生怎样嘲弄他们，假装把他们的私人委托看做国家大事，并且讥讽地信口开河，大谈其

"在各种非常不同的利益和**国家的命运**之间可能存在的玄妙关系"。"是的"——鲁道夫的公使报告说——"有时他竟厚颜无耻地对我说：'在管理国家的事业中有多少为人民所不知道的错综复杂的纠葛呵！没有人会说，男爵先生，我呈交给您的报告书对于**欧洲事务**的进程有影响，可是事实的确如此。'"

公使和穆尔弗认为厚颜无耻的事不是有人期望他们去影响欧洲事务，而是巴第诺把自己的卑贱职业理想化到这种程度。

我们先来回忆一下**鲁道夫**的家庭生活中的一个场面。鲁道夫告诉穆尔弗说，他"现在突然间感到很骄傲和快乐"。可是马上他又发起脾气来了，因为穆尔弗不想回答他一个问题。他对穆尔弗喊道："我命令你说话！"穆尔弗请求他不要命令。鲁道夫对他说："不喜欢沉默无言。"他不能自制，竟然有失身份地说起粗话来。他提醒穆尔弗说，对于他的一切效劳他都是**有报酬的**。一直到穆尔弗提醒他1月13日那件事以后，他才平静下来。在这场风波以后，穆尔弗的奴才本性又显露了出来，他只是在一刹那间才让自己忘其所以的。他揪自己的"头发"，不过幸好他没有头发：他感到心灰意懒，因为他曾一度对自己那位显贵的老爷表现得有些粗野，而这位老爷是把他称为"仆人的模范"，称为"我的善良、老成、忠实的穆尔弗"的。

鲁道夫并未因他自己有这些邪恶的表现而感到惶惑不安，他随后又重复他那固执的"善""恶"观念，并且宣扬他在行善中所做出的成绩。他把施舍和怜悯称为他那受到创伤的心灵的纯洁而虔诚的慰藉。对于被唾弃的卑贱的众生滥加施舍和怜悯，据说是一种非常可怕的、离经叛道的**亵渎圣物**的行为。道理很清楚，怜悯和施舍是他的心灵的慰藉，因此玷污它们就是亵渎圣物。这就等于"引起人们对上帝的怀疑；而凡有所施，均应感

化人们信仰上帝"。对被唾弃者加以施舍，这真是不可思议的事呵！

鲁道夫认为自己的心灵的每一个运动都具有无限的重要性。因此，他经常对它们进行观察和评价。例如，在上面提到的那个场面中，狂人对穆尔弗发了一阵脾气，但他却聊以自慰地说，他之所以这样，是因为玛丽花的遭遇使他感到很伤心。"我伤心到流出了眼泪，可是人们还责备我漠不关心、冷酷无情、无动于衷！"他这样证明了**自己固有的善良**以后，就对**"邪恶"**、对玛丽的无人知晓的母亲的恶行痛斥了一番，并且尽量装出郑重其事的样子对穆尔弗说："你知道，我非常重视某种复仇行为，非常珍贵某种痛苦。"同时他还扮出一付恶魔的怪相，吓得这个忠实的奴仆大声惊叫起来："唉哟，殿下！"这位显贵的老爷很像**"青年英国"**社的活动家，他们也想改革世界，建立丰功伟绩，并且染上了类似的歇斯底里症。

关于鲁道夫进行的种种猎奇和他经历的种种遭遇，我们首先可以在他**那热中于猎奇的天性**中找到缘由。他喜爱"风流韵事、消遣、猎奇、乔装"；他的"好奇心"是"贪得无厌"的；他感到"需要生气蓬勃的、火热的激情"，他"热烈地渴求**强烈的神经激动**"。

他这些天生的癖性，在他那想起天命的作用和想按照自己的固执的幻想来改革世界的渴望中获得了支持。

决定他对别人的态度的，不是某种抽象的固执观念，就是些完全个人的、偶然的动机。例如，他解救黑人医生大卫及其情妇，不是出于这些人的命运所引起的直接的人类同情心，不是为了解放**他们本身**，而是为了要对奴隶主维里斯起**天命**的作用和惩罚他的**不信上帝**。例如，对他说来，"校长"是他为了**运用**自己早已炮制出来的刑罚理论所欲得之物。另一方面，穆尔弗跟格劳恩公使的一席谈话也使我们有可能更深入地观察那些决定鲁道夫的高尚行为的纯个人动机。

殿下所以关心玛丽花，正如穆尔弗所说，"如果撇开"穷人的命运所引起的怜悯不谈，是因为他的女儿（他因为失去了她而感到十分悲痛）如果还在的话这时也是这么大年龄了。鲁道夫对达尔维尔侯爵夫人的同情，"如果撇开"他那博爱的怪癖不谈，是由于这样一种个人性质的原因：如果没有老达尔维尔侯爵及其和亚历山大皇帝的友谊，鲁道夫的父亲早就被排除于德国君主的行列之外了。

他对若尔日夫人的仁慈和对她儿子热尔门的关心也是由于同一原因。

若尔日夫人属于达尔维尔家族。

"可怜的若尔日夫人之不断受到殿下的恩惠,与其说是由于**这种族谊关系**,还不如说是由于她自己的不幸和自己的德行。"

辩护士穆尔弗竭力用"主要是"、"如果撇开不议"、"还不如说"这样一些词句来掩饰鲁道夫的暧昧的动机。

最后,鲁道夫的整个性格完全表现为一种"纯粹的"伪善,正因为这样,所以他竟可以当自己的面和当别人的面,巧妙地**把自己的邪恶的情欲的发泄描述为对恶人的情欲的愤怒**。这种手法使我们想起了批判的批判的类似手法;批判的批判也是把**自身的愚蠢**硬说成**群众的愚蠢**,把自己对世界在它之外的发展所进行的恶毒攻击,硬说成是这个世界对发展所进行的恶毒攻击,最后,把自己的利己主义(它以为自己汲取了、吸收了全部精神)硬说成群众对精神的利己主义式的抵抗。

我们将说明鲁道夫的"纯粹的"伪善怎样表现在他对"校长"对**萨拉·麦克格莱哥尔**伯爵夫人以及对公证人**雅克·弗兰**的行为中。

鲁道夫劝诱"校长"到他的住所去偷盗,以便将他诱入圈套并将他捕获。这时他所考虑的远不是全人类的利益,而是纯个人的利益。"校长"持有麦克格莱哥尔伯爵夫人的文书夹,而鲁道夫很想把这个文书夹弄到自己手里。关于鲁道夫 tete-a-tete〔私下〕对"校长"的打算,在小说中有这样一段明显的描述:

"鲁道夫感到了难以忍受的忧虑。如果他**放过了这个捕获'校长'的有利机会**,那末,毫无疑问,这样的机会就决不会再碰到了。而鲁道夫非常想占有**的那一切秘密**,则都会被这个强盗**随身带走**。"

鲁道夫捕获了"校长",也就等于获得了麦克格莱哥尔伯爵夫人的文书夹。他捕获"校长"是出于个人利益。他弄瞎"校长"的眼睛也是出于个人的激情。

"刺客"对鲁道夫讲述"校长"同穆尔弗的争斗,并且认为"校长"之所以顽强抵抗是由于他知道什么命运将落到他的头上。这时,鲁道夫回答说:"他不知道。"他在说这句话的时候,"神色很忧郁,脸也由于前面谈到的那种近于凶恶的表情而显得变了样"。复仇的念头完全控制了他,他预先尝到了野蛮地惩罚"校长"的那种粗野的乐趣。

于是,当被鲁道夫定为**复仇**工具的黑人医生大卫出现的时候,鲁道夫就高喊：“复仇！……**复仇**！……"鲁道夫是在"酷烈的盛怒"之下喊出这几个字的。

他心中充满了酷烈的盛怒。于是他附着医生的耳朵密授他的计谋，当医生因恐怖而战栗的时候，他便马上巧妙地大谈其"纯"理论的动机来掩饰个人的复仇心。他说，这只是"运用"那早就时常闪现在他的高尚的头脑中的"观念"，并且他还没忘记油腔滑调地补充一句："他将来还是有悔改的无限境界的。"他这是模仿西班牙宗教裁判所的做法，这类宗教裁判所在把判定有罪的人交给世俗的法庭烧死的同时，总是要来一套虚伪的祈祷，祈求赐予悔过的罪人以仁慈。

自然，当审讯和惩处"校长"的时候，殿下就坐在自己那间异常舒适的私室里，穿一件长长的、黑得异常的袍子，脸色苍白得非常刺目，并且，为了完全和法庭的情景一模一样，他面前还摆着一张长桌，桌上陈列着各种物证。先前当他把弄瞎眼睛的计谋通知"刺客"和医生时所显露出的那种野蛮和复仇的表情，现在当然应该从他脸上消逝得无影无踪。现在他在我们面前必须表现得"沉静、忧愁而审慎"，摆出一付非常可笑的郑重其事的姿态，俨然以世界法官自居。

为了使人们对弄瞎眼睛一事的动机的"纯洁性"没有任何怀疑的余地，愚钝的**穆尔弗**对格劳恩公使表白了一番：

"严厉惩罚'校长'的目的**主要**是替我向这个阴险的**杀人犯报仇**。"

当鲁道夫单独跟穆尔弗在一起的时候，他吐露了自己的心思：

"我对恶徒们的憎恨……更加强烈了，我对萨拉的厌恶愈来愈增长，当然罗，这是随着我女儿的死所给予我的悲痛的加深而增长的。"

鲁道夫告诉我们，他对恶徒们的憎恨是很强烈的。自然，他的憎恨是批判的、纯粹的、道德的憎恨，是对恶人的憎恨，**因为**他们是邪恶的。因此他把这种憎恨看做他在行善方面的一个进步。

但是马上就暴露出，道德憎恨的这种加深无非是**一种伪善的口实**，他就用这种口实来掩饰他对萨拉的**个人厌恶**的增长。不确定的道德的幻影——对恶人的憎恨的加深，只不过是确定的不道德的事实——对萨拉的厌恶的增长——的掩饰罢了。引起这种厌恶的是一种十分自然、十分个人性质的原因，即他个人的悲痛。这种悲痛也就是他的厌恶的尺度。当然啰！

鲁道夫在跟临终的麦克格莱哥尔伯爵夫人会面时，表现了更加令人憎恶的伪善。

在揭露了玛丽花是鲁道夫和伯爵夫人的女儿这个秘密以后，鲁道夫"做出威胁的、残忍的样子"走近伯爵夫人身边。伯爵夫人祈求他的怜悯。

他回答说："对你没有怜悯，你该死……你这个恶魔，我和我的家族的恶魔！"

这样看来，他是想为"家族"报仇了。接着他告诉伯爵夫人：他为了赎补弑父的罪过，发誓要周游世界，在世界上赏善罚恶。鲁道夫折磨伯爵夫人，他**忿激如狂**，但是在他**自己**的眼中，他只是在执行他在1月13日以后给自己提出的任务——"严究邪恶"。

当他起身走出门的时候，萨拉喊叫起来："可怜可怜我吧，我快死啦！"

"'死就死吧，该死的东西！'鲁道夫怒不可遏地说。"

最后这句话——"怒不可遏"——给我们揭示了鲁道夫的种种行为的纯粹的、批判的和道德的动机。正是这种盛怒使他对他那——如施里加先生所说——**已经归天的**父亲挥动过宝剑。作为一个纯粹的批判家，他不同自己身上的这种邪恶作斗争，而是竭力去制服别人身上的邪恶。

最后，鲁道夫自己取消了他的天主教刑罚理论。他想废除死刑，想把惩罚变为忏悔，但这只是在杀人犯杀害别人和不触犯鲁道夫的家属的时候才是如此。只要鲁道夫的亲属中有一个人遭到杀害，他马上便会采用死刑：他需要双重的立法：一种适用于他这个伟人，另一种适用于凡人。

他从萨拉那里知道雅克·弗兰对玛丽花之死负有罪责。他自言自语地说：

"不，这不够……复仇的火焰在我心中燃烧着！……真是嗜血的欲望！……真是不动声色的深思熟虑的盛怒下……**在我还不知道**这个坏蛋害死的人当中**有一个是我的孩子**的时候，我还对自己说，弄死这个人没有好处……生活而没有钱，生活而不能满足他那疯狂的情欲，这将是长久的、加倍的折磨……**但这是我的女儿呀！**……**我要杀死这个人**！"

他冲过去杀害雅克·弗兰，但是他发现雅克·弗兰已处于无需杀害的景况中了。

好一个"善良的"鲁道夫呵！他那狂热的复仇心，他那嗜血的欲望，他那不动声色的深思熟虑的盛怒，他那诡诈地掩饰自己心灵的每一种恶念的伪善，凡此种种，正是他用来作为挖出别人眼睛的罪名的那些邪恶的情欲。只是因为幸运、金钱和官衔，这个"**善人**"才得以免受**牢狱之灾**。

为了弥补这位唐·吉诃德在其他各方面的渺小，"**批判的威力**"使他成了"善良的房客"、"善良的邻居"、"善良的朋友"、"善良的父亲"、"善良的资产者"、"善良的公民"、"善良的君主"；而且，施里加先生的赞歌的这个音阶还在那里回响不已。**这比**"**人类在其整个历史上**"所获得的**全部成果还要多**。单是这，就足以使**鲁道夫**两次**拯救**"**世界**"于"**灭亡**"了。

马克思、恩格斯：《神圣家族》（1844年9—11月），摘自《马克思恩格斯全集》第2卷，人民出版社1957年12月第1版，第207—266页。

二 作家论

（一）恩格斯论歌德

1. 歌德和黑格尔各在自己的领域中都是奥林帕斯山上的宙斯，但是两人都没有完全脱去德国的庸人气味

可见，单是体系的内部需要就足以说明，为什么彻底革命的思维方法竟产生了极其温和的政治结论。这个结论的特殊形式当然是由下列情况造成的：黑格尔是一个德国人而且和他的同时代人歌德一样地拖着一根庸人的辫子。歌德和黑格尔各在自己的领域中都是奥林帕斯山上的宙斯，但是两人都没有完全脱去德国的庸人气味。

恩格斯：《路德维希·费尔巴哈和德国古典哲学的终结》（1886年初），摘自《马克思恩格斯文集》第4卷，人民出版社2009年12月第1版，第269—272页。

2. 格律恩把歌德的一切庸人习气颂扬为人的东西

顺便说说格律恩——我将要改写关于格律恩论歌德的文章，要把它缩减到二分之一到四分之三印张，并且准备把它用在我们的书中，如果你同意这样做的话，那就请你立刻写信告诉我。这本书十分能说明问题，格律恩把歌德的一切**庸人**习气颂扬为**人的东西**，他把作为法兰克福人和官吏的歌德变成了"真正的人"，而同时对于一切伟大的和天才的东西他却避而不谈，甚至加以唾弃。这样一来，这本书就提供了一个最光辉的证据：**人＝德国小资产者**。我只是指出了这一点，但是可以加以发挥，并适当删节这篇文章的其余部分，因为这部分不适用于我们的书。你以为怎样？

恩格斯：《恩格斯致马克思》（1847年1月15日），摘自《马克思恩格斯全集》第27卷，人民出版社1972年6月第1版，第89页。

3. 评卡尔·格律恩"从人的观点论歌德"

最后，我们就要谈到歌德。在第15页上格律恩先生证明歌德有存在的权利。歌德和席勒是"没有行动的享乐"和"没有享乐的行动"即维兰特和克洛普什托克之间的对立的解决。"莱辛第一个使人依靠自身"（格律恩先生会不会跟着他玩一下这个把式呢？）。在这个哲学结构中我们立刻就发现了格律恩先生的一切论点的出处。结构的形式，总体的基础，这是众所周知的黑格尔调和对立的方法。"依靠自身的人"，这是把黑格尔的术语应用于费尔巴哈。"没有行动的享乐"和"没有享乐的行动"（即对立，格律恩先生使得维兰特和克洛普什托克就这个对立演奏了上述的变奏曲），是从莫·赫斯的文集中借来的。我们所没有发现的唯一的出处是文学史本身，因为它与上面所引的那些废话毫不相干，所以格律恩先生完全有理由对它置之不理。

因为我们正好谈到席勒，所以最恰当还是引用格律恩先生的一句话："席勒可以成为一切，就是不能成为歌德。"（第311页）对不起，不是也可以成为格律恩先生吗？不过我们的作者在这里是把巴伐利亚的路德维希的桂冠据为己有了：

罗马，你缺乏的，那不勒斯有，那不勒斯缺乏的，正好你有；

假使你们两个城联合在一起，对于大地就是太多了。

歌德在德国文学中的出现是由这个历史结构安排好了的。莱辛使之"依靠自身的人"只有在歌德的笔下才能完成进一步的进化。在歌德身上发现"人"的功劳正是应该归于格律恩先生的，但这个人不是男人和女人所生的、自然的、生气蓬勃、有血有肉的人，而是在更高意义上的人，辩证的人，是提炼出圣父、圣子和圣灵的坩锅中的 caputmortuum[①]，是"浮士

[①] 原意是："骷髅"，转意是：无用的残渣，经过加高热、化学反应等之后所剩下的废物。——编者注

德"中的侏儒的cousingermain〔堂兄弟〕，总之，不是歌德所说的人，而是格律恩先生所说的"人"。但是格律恩先生所说的这个"人"究竟是什么样的人呢？

"歌德身上除了人的内容外没有别的内容。"（第XVI页）在第XXI页上我们看到，"歌德把人想象和描写成**我们今天所希望实现的那样**。"在第XXII页上："歌德在今天（他的著作也是如此）是**人类的真正法典**。"歌德就是"完美的人性"。（第XXV页）"歌德的诗篇是（！）**人类社会的理想**。"（第12页）"歌德不能成为民族的诗人，因为他的使命是作人的诗人。"（第25页）尽管如此，在第14页上"我国人民"即德国人仍然应该把歌德"看成自己本身的变态的本质"。

这里我们看到关于"人的本质"的第一个说明，我们完全可以信赖格律恩先生，相信他对"'人'这个概念"毫无疑问的是有过极其深刻的"研究"的。歌德把"人"描写成格律恩先生所希望实现的那样，同时还描写了变态的德国人民，因此，"人"不外是"变态的德国人"。这是到处都可以得到证实的。正如歌德"不是民族的诗人"而是"人的诗人"一样，德国人民也"不是民族的"人民而是"人的"人民。因此，在第XXI页上我们读到："从生活中产生出来的歌德的诗篇……过去和现在都和现实没有任何共同之处。""人"也是这样，德国人也是这样。而在第4页上："直到现在**法国的**社会主义还只是希望替法国造福；而**德国的**作家却面对着**全人类**。"（可是"人类"在大多数场合下却不是用"面"而是用身体上离面相当远并且与面相反的部分"对着"德国的作家）格律恩先生对于歌德希望"从内部把人解放出来"这一点在许多地方也都表现出自己的喜悦（例如见第225页），但是这个纯粹德国人的解放却仍然是"**一场空**"。

那末，我们现在就来谈谈这第一个说明："**人**"就是"**变态的**"德国人。

我们来看一看格律恩先生根据什么认为歌德是"人的诗人"，认为"歌德身上有人的内容"。这种承认将极清楚地告诉我们，谁是格律恩先生所说的"人"。我们将看到，正如格律恩先生平常为了想竭力大声压倒自己所有的伙伴而常常向世界说出了其他弟兄们宁肯闭口不谈的东西一样，他在这里泄露了"真正的社会主义"的最隐秘的思想。由于歌德自己时常在比较夸张的意义上使用"人"和"人的"这些字眼，格律恩先生就轻而易举地把歌德变成了"人的诗人"。歌德使用这些字眼自然仅仅是指当时的人们以及后来的黑格尔所使用的那种意义而言，那时，"人的"这个词主要是用在同异教的和基督教的野蛮人相对立的希腊人身上，是指远在费尔巴哈赋予这些术语以神秘的哲学内容之前所使用的那种意义而言。这些字眼，特别是在歌德那里，大多具有一种完全非哲学的、肉体的意义。把歌德变成费尔巴哈的弟子和"真正的社会主义者"的功劳，是全部属于格律恩先生的。

　　关于歌德本人我们当然无法在这里详谈。我们要注意的只有一点。歌德在自己的作品中，对当时的德国社会的态度是带有两重性的。有时他对它是敌视的；如在"伊菲姬尼亚"里和在意大利旅行的整个期间，他讨厌它，企图逃避它；他象葛兹，普罗米修斯和浮士德一样地反对它，向它投以靡非斯特非勒司的辛辣的嘲笑。有时又相反，如在"温和的讽刺诗"诗集里的大部分诗篇中和在许多散文作品中，他亲近它，"迁就"它，在"化装游行"里他称赞它，特别是在所有谈到法国革命的著作里，他甚至保护它，帮助它抵抗那向它冲来的历史浪潮。问题不仅仅在于，歌德承认德国生活中的某些方面而反对他所敌视的另一些方面。这常常不过是他的各种情绪的表现而已；在他心中经常进行着天才诗人和法兰克福市议员的谨慎的儿子、可敬的魏玛的枢密顾问之间的斗争；前者厌恶周围环境的鄙俗气，而后者却不得不对这种鄙俗气妥协，迁就。因此，歌德有时非常伟大，有时极为渺小；有时是叛逆的、爱嘲笑的、鄙视世界的天才，有时则是谨小慎微、事事知足、胸襟狭隘的庸人。连歌德也无力战胜德国的鄙俗气；相反，倒是鄙俗气战胜了他；鄙俗气对最伟大的德国人所取得的这个胜利，充分地证明了"从内部"战胜鄙俗气是根本不可能的。歌德过于博学，天性过于活跃，过于富有血肉，因此不能象席勒那样逃向康德的理想来摆脱鄙俗气；他过于敏锐，因此不能不看到这种逃跑归根到底不过是以夸张的庸俗气来代替平凡的鄙俗气。他的气质、他的精力、他的全部精神意向都把他推向实际生活，而他所接触的实际生活却是很可怜的。他的生活环境是他应该鄙视的，但是他又始终被困在这个他所能活动的唯一的生活环境里。歌德总是面临着这种进退维谷的境地，而且愈到晚年，这个伟大的诗人就愈是 deguerrelasse〔疲于斗争〕，愈是向平庸的魏玛大臣让步。我们并不象白尔尼和门采尔那样责备歌德不是自由主义者，我们是嫌他有时居然是个庸人；我们并不是责备他没有热心争取德国的自由，而是嫌他由于对当代一切伟大的历史浪潮所产生的庸人的恐惧心理而牺牲了自己有时从心底出现的较正确的美感；我们并不是责备他做过宫臣，而是嫌他在拿破仑清扫德国这个庞大的奥吉亚斯的牛圈①的时候，竟能郑重其事地替德意志的一个微不足道的小宫廷做些毫无意义的事情和寻找 menusplaisirs②。我们决不是从道德的、党派的观点来责备歌德，而只是从美学和历史的观点来责备他；我们并不是用道德的、政治的或"人的"尺度来衡量他。我们在这里不可能结合着他的整个时代、他的文学前辈和同代人来描写他，也不能从他的发展上和结合着他的社会地位来描写他。因此，我们仅限于纯粹叙述事实而已。

我们将看到，就上述哪一方面来说，歌德的著作是"人类的真正法典"，是"完美的人性"，是"人类社会的理想"。

我们首先来谈谈歌德对现存社会的批判，然后再来谈对"人类社会的理想"的实际的描述。显然，由于格律恩先生这部书的内容很丰富，我们在这两方面都只能引述一些最独特最出色的地方。

歌德作为社会的批判家实际上是在制造奇迹。他"诅咒文明"（第34—36页），他时常发出一些浪漫的怨言，说文明抹杀了人的一切特点和个性。他在"普罗米修斯"里 tout bonnement〔简明地〕描写了私有制的起源，从而"预告了资产阶级世界的来临"（第78页）。他（在第229页上）是"世界的审判官……文明的米诺斯③。但是这一切都不过是小事情而已。

在第253页上格律恩先生引证"教义问答讲授"：

孩子，想一想，你的礼物都是从哪里来的？你不能够从你自己那里得来。——唉，一切都是从爸爸那里。爸爸又从哪里得来？——从祖父那里。可是祖父到底是从哪里得来的呢？他是抢来的。

好啊！格律恩先生放开嗓子喊道，la propriété c'est le vol〔财产就是盗窃〕——这才是真正的蒲鲁东！

勒维烈可以带着他的行星回家，并且把他的勋章让给格律恩先生了，

---

① 希腊神话中奥吉亚斯王的巨大的极其肮脏的牛圈。意思是指极端肮脏的地方。——译者注
② 原意是："小小的乐趣"；转意是：花在各种怪癖上的额外费用。——编者注
③ 希腊神话中冥府的审判官。——译者注

因为我们在这里看到了比勒维烈的发现，甚至比杰克逊的发现和二乙醚蒸气的发现更伟大的东西。谁把蒲鲁东使许多安乐的资产者不安的关于盗窃的话和上述歌德的不伤害人的讽刺短诗混为一谈，谁就应该荣膺荣誉军团大十字勋章。①

"**市民将军**"惹出的麻烦就更大了。格律恩先生把他从各方面打量了一番，破例地紧锁双眉，疑虑地说："当然……十分无味……革命在这里并未受到指责。"（第150页）……且住！他终于发现了这里所谈的是什么问题！**是关于一瓶牛奶的问题**。因此："不要忘记……这仍然是……被提到了首要地位的**财产问题**。"（第151页）

当格律恩先生住的街上有两个老太婆为了一个咸鲱鱼头而争吵起来时，请格律恩先生不辞辛劳，从他的"飘荡着玫瑰花和木犀草的微香"的楼房里走下来，向她们说，她们所涉及的也是"被提到了首要地位的财产问题"。一切善意的人的感谢就是对他的最好的报酬。

歌德写成了"**维特**"，是建立了一个最伟大的批判的功绩。"维特"绝不象那些"从人的观点"来读欧德的人至今所想的那样，是一部平凡的感伤的爱情小说。

在"维特"里，"人的内容给自己找到了如此恰当的形式，简直无法在世界上任何一部作品里找到哪怕是稍微可以和它媲美的东西。"（第96页）"维特对绿蒂的爱情，只不过是一种激情的泛神论的悲剧的杠杆和体现……维特是个没有脊椎骨的、尚未成为主体的人。"（第93、94页）维特的自杀不是为了恋爱问题，而是"因为他（倒霉的泛神论的意识）无法弄清自己和世界的相互关系"。（第94页）"在'维特'这本书里，用艺术的手法揭露了社会的一切腐败现象，指出了社会弊病的最深刻的根源，它们的宗教哲学基础（大家知道，这个'基础'的产生要比'弊病'晚得多）以及和它们同时出现的认识上的模糊不清……关于真正人性的纯正、清晰的概念（不过首先是脊椎骨，格律恩先生，脊椎骨！），也就是那种鄙俗气，即那种被称为日常生活的周身被蠹蚀了的秩序的死亡。"

这就是在"维特"里用艺术手法揭露"社会的腐败现象"的范例。维特写道：

---

① 拿破仑战争中，授予作战有功的军官、将军和元帅的勋章。——译者注

"奇闻异事？为什么我要用这个愚蠢的字眼？……我们的日常生活，我们的虚伪的关系，这才是真正的奇闻异事，这才是令人惊奇的事情！"

富于幻想的好哭泣者对横跨在市民的现实和自己对这个现实所抱的同样是市民的幻想之间的鸿沟所发出的这种绝望的哀号，这些完全由于缺乏起码的经验而发出的悲叹，格律恩先生在第84页上硬把它们说成对社会的一种尖锐而深刻的批判。格律恩先生甚至硬说，上述引文里所表现出的"生活的无限痛苦，这种想把一切颠倒过来，以便使它们（哪怕是一次也好）改头换面（！）的病态要求，归根到底给自己敷设了法国革命的轨道"。革命在前面被看做马基雅弗利主义的实现，而在这里却仅仅变成了少年维特的烦恼的实现。在革命的广场上竖起的断头台原来不过是维特的手枪的可怜的摹制品。

此后我们就用不着惊奇：歌德在"**斯苔拉**"中，如第108页上所说的那样，也研究了"社会的材料"，虽然在这部著作中只描绘了"极其可怜的情况"（第107页）。"真正的社会主义"无所不在，简直赛过我们的主耶稣。只要那里有两三人聚集在一起（虽然决不是因它而聚集起来的），它就出现在那里，并且硬说那里有"社会的材料"。就象它的信徒格律恩先生一样，它同"那种庸俗而又自满的、什么都要过问却什么也不懂得的、无孔不入的人"（第47页）是相似得颇为惊人的。

我们的读者也许还记得威廉·麦斯特给他姐夫写的一封信（"修业时代"的最后一卷），他在信中说了些关于生长在富贵人家的优越性等十分庸俗的话之后，承认贵族对小市民的优势地位，确认小市民及其他一切非贵族阶级的不平权的地位在最近期间是不应改变的。只有个别的人在一定情况下方有可能上升到贵族的水平。关于这一点格律恩先生说：

"如果把社会的上层阶级和有教养的阶级看作同一的东西，那末歌德所说的关于上层阶级的优势地位的话，**无疑是正确**的，而歌德也正是这样做的。"（第264页）

这方面的问题就谈到这里为止。

现在来谈一下引起那么多议论的一个基本问题，即歌德对政治和法国革命的态度问题。在这里，格律恩先生的这部书可以告诉我们，什么是勇往直前的精神；也就在这里，格律恩先生表现了他的赤胆忠心。

要证明歌德对革命的态度是正当的，歌德自然就应该**站在革命之上**，应该还在革命爆发之前就制止它。因此，早在第ⅩⅪ页上我们就已经看到，"歌德远远地超过了他的时代的**实际**发展，因而照他自己的看法，他只能对它采取否定的态度，只能摈弃它。"在第84页上，在谈到我们已经看到的那个蕴蓄着 innuce〔处于萌芽时期的〕整个革命的"维特"的时候，作者写道："历史处于1789年，而歌德则已处于1889年。"同样，在第28和29页上，格律恩先生迫使歌德"用不多的几句话彻底清除了所有关于自由的喊叫"，其根据是早在70年代歌德就已在"法兰克福学术通报"上发表了一篇文章，其中根本没有谈到"空喊家"所要求的自由，而只是说了一些关于自由本身、关于自由这个概念本身的一般的十分平凡的话。其次，由于歌德在自己的博士论文中提出了每个立法者都有做一种礼拜的义务的论点（歌德本人把这个论点只看做法兰克福僧侣们的粗鄙的对骂所引起的一种滑稽可笑的怪论，而格律恩先生自己却引证了这点），因此就说，"大学生时代的歌德已经把革命的和当代法国的整个二重性当做穿破了的鞋底扔掉了"（第26、27页）。显然，格律恩先生继承了"大学生时代的歌德的穿破了的鞋底"，并且把它们钉在自己的"社会运动"的七哩靴上。

不用说，歌德关于革命的言论我们到现在才完全清楚了。现在我们才明白，高高地站在革命之上的歌德，在革命前十五年就"清除了"革命并把它"当做穿破了的鞋底扔掉了"的歌德，超过了革命整整一个世纪的歌德，是不能同情革命的，是不能关心他在1773年就已与之绝交了的"空喊自由的"人民的。现在格律恩先生什么困难也没有了。让歌德随意地给老一套的传统智慧穿上二行诗的华美的外衣吧，让他去用庸俗短浅的眼光论证它吧，让他在威胁着他那和平的诗人幽居生活的巨大冰流面前体验一下小市民的恐惧吧，让他表现出浅薄、怯懦和下贱吧，——无论什么都不能使他的耐心的注释者发火。格律恩先生把他举在自己的不知疲倦的肩上，扛着他走过泥泞；不仅如此，他认为踩踏泥泞的事全都由"真正的社会主义"来效力，只要不弄脏歌德的鞋子就行。从"法兰西之战"到"私生女"，格律恩先生毫无例外地把一切都承担在自己的脚上（第133—170页），表现出高度的忠诚，甚至可以使毕舍这种人都感动得流泪。但是当一切都徒劳无益的时候，当泥泞太大的时候，就拿出一套高超的社会性的解释，于是格律恩先生就来解释下面的诗句：

法国的可悲的命运，大人物们要加以考虑，

但是说真的，小人物们更要多多地考虑。

大人物们消止了；可是谁来保护群众抵抗群众？

这时群众是群众的暴君。

"谁来保护？"——格律恩先生竭尽全力地叫喊道，同时加上着重号，打上问号，还求助于一切"激情的泛神论的悲剧的体现"。"也就是说，谁将保护无产的群众即所谓平民以抵抗有产的群众，抵抗立法的平民呢！"（第137页）"也就是说，谁将保护"歌德以抵抗格律恩先生呢？格律恩先生就是这样逐一解释"威尼斯警句"中所有非常明智的市民的教诲的。在他看来这些教诲"是海格立斯①的巨掌打的耳光，而它们的声音只是在现在（在小市民没有危险之后）我们方觉得是那样地悦耳，因为我们已经有了伟大而苦痛的（对于小市民无疑是非常**苦痛**的）经验"。（第136页）在**"美茵兹的被困"**中格律恩先生

"无论如何也不愿忽略以下的地方：'星期二……我匆匆地去……向……我的**君主**请安，同时**我很荣幸地侍奉了**亲王……**我的殿下**'"等等。

至于歌德把自己的忠诚让普鲁士国王②的近侍、皮条匠、戴绿帽子的里茨先生肆意践踏的地方，格律恩先生却认为是不便引证的。

关于"**市民将军**"和"**流亡者**"我们看到：

"歌德经常用诗的形式表现出来的对革命的全部反感，是由于这些永无止境的痛苦而引起的，是由于他看到人们光明磊落地挣来的和光明磊落地获得的地产被阴谋者、嫉妒者……所霸占而自己却被赶出来而引起的，是由于这种抢劫的非正义性而引起的……他的善于持家的爱和平的天性由于所有权的被侵害而被激怒了，这种侵害是用专横的手段造成的，它使大批的人流离失所，陷入贫困。"（第151页）

这里无须做任何评述，让文责由"人"来自负吧，他的"爱和平的和善于持家的天性"在"光明磊落地挣来的和光明磊落地获得的（简单地说，就是正当得来的）地产"中间感到那样的舒适，竟使他把 sans façon〔毫不客气地〕扫荡了这些地产的革命风暴宣布为"专横"，宣布为"阴谋者、嫉妒者"等等的勾当。

---

① 古希腊神话中一个最为大家喜爱的半神半人的英雄。——译者注
② 弗里德里希—威廉二世。——编者注

在读了上面那段话之后，我们就再不会奇怪，为什么市民的牧歌"赫曼与窦绿苔"和它的胆小而精明的小城市居民、它的由于极端害怕长裤汉军队①和战争灾祸而哭哭啼啼地四散奔游的农民，竟唤起了格律恩先生的"最纯正的快感"（第165页）。格律恩先生"甚至心安理得地满足于最终……落在德国人民头上的狭隘的使命：

继续这种骇人听闻的骚乱，跟着人东奔西闯，

这样的态度和我们德意志人有点不相象。"

对苦难时代的牺牲者洒下同情之泪，因这些命运的打击而怀着爱国的绝望仰求苍天，格律恩先生这样做是对的。要知道，本来就有不少腐化堕落的人，他们的胸膛里跳动着的不是"人的"心，他们宁愿在共和派阵营里随声应唱"马赛曲"，甚至在窦绿苔的被遗弃的小屋子里开些猥亵的玩笑。象黑格尔这种人是那样冷酷无情地看待被历史的暴风雨摧残了的"宁静的花朵"，是那样冷酷无情地嘲笑那些为"反对具有世界历史意义的事业及其完成者"而发出的"对谦逊、恭顺、仁爱和慈善等私德的枯燥无味的抱怨"，对这种冷酷无情格律恩先生是很恼恨的，他是一个正直的人。他这样做是对的。他将在天堂里受到应得的奖赏。

我们用下面的话来结束"人"对革命的解释："真正的小丑会认为国民公会本身是极其可笑的"；而在还没有找到这个"真正的小丑"之前，格律恩先生在这方面同时给了我们一些必要的指示（第151和152页）。

关于歌德在革命以后对政治的态度，格律恩先生又给了我们一些令人惊奇的解释。在这里只举出一个例子。我们已经知道，"人"的胸中对自由主义者怀着多么深的敌意。"人的诗人"在没有同自由主义者彻底划清界限之前，在没有给韦尔凯尔、伊茨施泰因及其伙伴们留下一定的训示之前，当然是不能进坟墓的。我们这位"自满的无孔不入的人"在"温和的讽刺诗"中的下面一些诗句里找到了这一训示（见第319页）：

这只不过是旧日的污秽，

你们要变得更聪明！

若要永久不踩这块地方，

---

① 长裤汉（法文：sans-culottes是不穿短裤的意思）是18世纪法国资产阶级革命时贵族对革命者、共和党人所起的绰号，因为他们和穿天鹅绒短裤的贵族不同，穿的是粗布作的长裤。长裤汉军队就是指当时法国的革命的军队。——译者注

你们就继续前行！

歌德发表了这样一种见解："没有什么比多数更讨厌的了，因为它是由少数有力的首领、一些随机应变的骗子、被同化的弱者，以及尾随在他们后面的、完全不知道自己需要什么的群众所组成的。"这种见解实在庸俗，它的特点是仅仅在德国这样的小国家里才能有的无知和近视，但在格律恩先生看来，它竟是"对最近的（即当代的）法制国家的批判"。这一批判的重要性，可以"在，例如，任何一个众议院里"得到确证（第268页）。这样看来，法国众议院之"腹"只是由于无知才那样深切地关心自己和自己的同类。在几页以后（第271页）就会看到"七月革命"在格律恩先生看来原来是"命定了的"，而早在第34页上关税同盟就已经受到严厉的指责，因为它"为了稍事加强王座（！！）的支柱，即加强自由主义的金融巨头们的势力（大家知道，在一切关税同盟国家里，自由主义的金融巨头是同'王座'敌对的），而使得赤身露体的受冻者用以遮盖自己的赤身裸体的破衣褴衫**更加昂贵**"。大家知道，当问题涉及反对保护关税或资产阶级某种别的进步措施的时候，德国小市民总是把"赤身露体的受冻者"提在前头，而"人"也附和小市民的意见。

关于"人的本质"，歌德对社会和国家的批判通过格律恩先生的介绍给了我们一些什么样的解释呢？

首先，照第264页上的说法，"人"对于"有教养的阶层"总是怀着深厚的敬意，对于上层贵族更是毕恭毕敬。其次，他的特点是极端畏惧一切巨大的群众运动、一切强大的社会运动；当运动迫近时，他不是胆怯地躲在火炉背后，就是急忙卷起铺盖溜之大吉。当运动在进行的时候，它对他来说只是一个"苦痛的经验"；但是运动刚一过去，他就从容不迫地站在舞台前面，用海格立斯的巨掌打耳光（这些耳光的声音只是现在他才感到那样的悦耳），并且认为所发生的一切都是"极其可笑的"。同时他全神贯注在"光明磊落地挣来的和光明磊落地获得的地产"上面，此外，他具有非常"善于持家的爱和平的天性"；他谦逊、知足，希望不要有什么暴风雨来打扰他享受他那微小的宁静的乐趣。"人是乐意生活在狭隘的环境里的"（第191页；这是"第二部分"的**第一句话**）；他什么人也不羡慕，只要让他安静地生活，他就谢天谢地。一句话，这个"人"（我们已经知道，他是道地的**德国人**）渐渐和**德国的小市民**一模一样了。歌德对社会的批判通过格律恩先生的转述实际上变成了什么呢？"人"认为应该归罪于社会的是什么呢？首先，就是社会不符合于他的幻想。而这些幻想恰恰是那些喜欢空想的小市民的幻想，尤其是年轻的小市民的幻想。如果小市民的现实不符合这些幻想，那不过是因为幻想只是幻想而已。然而，这些幻想本身却更加符合小市民的现实。这些幻想和现实的不同只不过象空想中的某一状态和这一状态本身的不同一样，因而今后也就谈不上使它变为现实了。格律恩先生对"维特"的解释就是这方面的一个令人信服的例子。

其次，"人"所攻击的是一切威胁德国小市民制度的东西。他对革命的全部攻击就是小市民的攻击。他对自由主义者、对七月革命、对保护关税的憎恨极明显地表现出受压制的保守的小资产阶级对独立的进步的资产阶级的憎恨。现在再举两个例子来说明这一点。

大家知道，小市民阶层的兴盛是和行会制度分不开的。在第 40 页上格律恩先生以歌德的即"人"的精神说道："在中世纪，同业公会把**一个强者**同其他强者联合起来，从而给前者以保护。"在"人"看来，当时参加行会的市民都是"强者"。

但是行会制度在歌德的时代已经处于衰落状态，竞争已经从四面八方侵入了。歌德这个真正的小市民在他的回忆录中的一个地方（格律恩先生在第 88 页上引证了这个地方），对正在开始的小市民阶层的分化、富裕家庭的没落、由此而引起的家庭生活的瓦解、家庭纽带的松弛以及在文明国家里受到应有的卑视的其他各种市民的不幸，倾泻出令人心碎的哀鸣。格律恩先生在这个地方看出了对当代社会的卓越批判，他喜不自胜，竟把这段引文里的全部"人的内容"加上着重号刊印了出来。

现在我们来看看歌德身上的实际的"人的内容"。我们现在可以前进得快一些，因为我们已经找到了"人"的足迹。

首先必须指出一个令人高兴的发现："威廉·麦斯特从父母家里逃出"，"爱格蒙特"里的"布鲁塞尔市民维护自己的权利和特权"，都不过是为了"成为人"，而不是由于别的什么原因。格律恩先生在蒲鲁东的道路上已经抓住了歌德老人一次。在第 320 页上他幸运地又一次抓住了他！

"他所希望的，我们大家所希望的，就是拯救我们的个性，就是真正的**无政府状态**；关于这一点歌德说道：

为什么却在最新的世界里
无政府状态是这样中我的心意?
每个人随心所欲地过活,
这也就是我的得获……"

格律恩先生简直高兴得有些飘飘然了,因为在歌德那里也能找到由蒲鲁东首创并为德国"真正的社会主义者"热烈接受的这个真正"人的"社会的无政府状态。然而这一次他失算了。歌德在这里说的是已经存在的"在最新的世界里的无政府状态",它"是"他的得获,每个人都可以依据它随心所欲地生活,也就是说,他所说的是那种由于封建制度和行会制度解体、由于资产阶级兴起和有教养的阶级的社会生活中的宗法制度被废弃而出现在日常生活中的独立性。就是从语法上来推究,这里也谈不上格律恩先生所心爱的**将来的**无政府状态(更高意义上的无政府状态)。歌德在这里谈的根本不是"他所希望的"东西,而是他所发现的东西。

但是,这一点小小的失策算不了什么。我们还可以举出"财产"这首诗来。

我知道,归我所有的,
只是从我的灵魂里
自然流露的思想,
以及良善的命运,
使我彻底享受的
每个幸福的瞬间。

如果看不到,在这首诗里"迄今存在的财产正在象烟一般地消失"(第320页),那末格律恩先生的理解力就完全不起作用了。

不过,让格律恩先生的这些细小琐碎的注释游戏去他的吧。它们实在多得不可胜数,而且一个比一个离奇。我们最好还是再来仔细瞧一下"人"吧。

我们已经听到,"人是乐意生活在狭隘的环境里的"。小市民也是如此。

"歌德的最初的一些作品都带有**纯粹社会的**(即人的)[①] 性质……歌德

[①] 括号里是恩格斯的话。——译者注

珍视最靠近身边的、最不引人注意的、最舒适的东西。"（第88页）

我们在人身上发现的第一件实际的东西，就是他的"最不引人注意的、最舒适的"、平静的小市民生活中的乐趣。

格律恩先生概述歌德的话："如果我们在世界上找到一个地方，能够安安静静地生活和占有自己的财产，能够有足以供养我们的田地，能够有栖身之所，难道那里不就是我们的祖国吗？"

于是格律恩先生就大声喊道：

"难道这些话不正是确切地表达出了我们今天的期望吗？"（第32页）"人"无疑是穿着àlapropriétaire〔有产者式样的〕大礼服，但同时却暴露出自己是个道地的小市民。

谁都知道，德国市民只是在青年时代曾经迷恋过一会儿自由。"人"也有同样的特点。格律恩先生满意地指出，歌德在晚年"诅咒过"那早在"葛兹"这部"放荡不羁的少年人的著作"里就已迸发出的"对自由的向往"，他甚至 inextenso〔详尽地〕引证了歌德的怯懦的否认（第43页）。格律恩先生所谓的自由是什么，可以从下面的事实看出来：他在这里把法国革命所宣布的自由和歌德在瑞士旅行期间的瑞士人的自由，即把现代的立宪民主的自由和中世纪帝国城市里的贵族和行会的统治，甚至和阿尔卑斯山游牧部落的古日耳曼人的粗野看做同一个东西。伯尔尼高原上的山岳人同国民公会里的山岳派①就是从名字上来看也毫无区别！

可敬的市民是一切轻佻和渎神行为的大敌。"人"也是如此。

作为真正市民的歌德既然在各个地方都谈到这一点，那末在格律恩先生看来，这就是"歌德的人的内容"。为了使读者确信这一点，格律恩先生不但收集这些珍珠，而且在第62页上把他自己的某些宝贵启示也补充上去，例如，"渎神者……都是草包和蠢货"等等。这使他的心即"人"和市民的心感到无上的光荣。

市民离了"心爱的君主"，离了亲爱的国父，就不能生活。"人"也是如此。因此，连歌德（在第129页上）也把卡尔—奥古斯特视为"卓越的国王"。而英武的格律恩先生在1846年还热中于"卓越的国王"呢！每个

---

① 双关语：德文中《montagnards》这个字的原意是"山民"；同时又用来称呼18世纪末法国资产阶级革命时期国民公会中的山岳派，即雅各宾党人。——编者注

事件，只要直接涉及市民的私人生活，市民对它都感兴趣。

"甚至日常的事件，在歌德看去，都成为对他的市民的舒适不有害就有利的外在的对象；它们能够引起他的美学方面的或人的兴趣，但绝不是政治的兴趣。"（第20页）

"因此"，一当格律恩先生发现，某一事物"对他的市民的舒适不有害就有利"，他"就对这一事物感到人的兴趣"。格律恩先生在这里极其直率地承认，市民的舒适对于"人"是最主要的东西。关于"浮士德"和"威廉·麦斯特"，格律恩先生写了专门的章节。我们先来看看"浮士德"。

在第116页上我们看到：

"歌德只是靠发现了植物结构的秘密"，他才"能够创造出浮士德，他的人道的人"（毫无办法规避"人的人"）。"**要知道，浮士德同样……也是靠自然科学才登上自己本性（！）的顶峰的。**"

我们已经有过这样的例子："人道的人"格律恩先生也是"靠自然科学才登上自己本性的顶峰的"。显然，他的天性就是如此。其次，我们在第231页上看到，第一场里的"兽的骨架和人的骨头"意味着"我们全部生活的抽象"，而格律恩先生总是把"浮士德"看成圣约翰的启示录。大宇宙意味着"黑格尔哲学"，而这个哲学在歌德写这一场的时候（1806年），也许还只存在于黑格尔的头脑中，至多是在黑格尔当时正在写作的"现象学"手稿中罢了。然而，年代同"人的内容"有什么相干呢？

在第240页上，格律恩先生也不深入地研究一下就把"浮士德"第二部里对日趋没落的神圣罗马帝国的描绘看做对路易十四王朝的描绘，而且他还补充说，"因此我们自然而然地就有了宪法和共和国。"当然，别人必须经过艰苦的劳动才能得到的一切东西，"人"是"自然而然地"就有了的。

在第246页上格律恩先生告诉我们，"浮士德"的第二部从它的自然科学方面来看，"是当代的经典，正如但丁的'神曲'曾是中世纪的经典一样"。我们把这个意见介绍给那些到现在为止还没有从"浮士德"第二部里得到很多收获的自然科学研究者们，介绍给那些从前在这个佛罗伦萨人的渗透了保皇党人的党派精神的诗篇里看到了完全不同于"中世纪的经典"的东西的历史学家们！看来，格律恩先生是用歌德用来看自己的过去的那双眼睛（据第49页）来看历史的："在意大利歌德是用贝尔韦德的**阿波罗**①的眼睛来看自己的过去的"，可是，pourcombledemalheur〔非常不幸〕，这双眼睛是没有眼球的。

威廉·麦斯特是个"共产主义者"，就是说"在理论上是以美学观点为基础的（！！）"（第254页）。

"他把事业建立在虚无上面，
于是便大胆地占有了世界。"（第257页）

当然，他有足够的金钱来占有世界，就象任何资产者占有世界一样，而且为了达到这个目的他根本用不着努力把自己变为一个"以美学观点为基础的共产主义者"。威廉·麦斯特把自己的事业建立在"虚无"上面，而且这个"虚无"，如第256页上所说的，还是十分广阔和内容丰富的，——在这样的"虚无"的庇护之下，就可以避免醉后头痛这种不愉快的事情。格律恩先生"喝干所有的酒杯也不会发生任何不良的后果，也不会头痛"。对于今后可以偷偷地酗酒而不受惩罚的"人"来说，这是再好不过的了。为了将实现这一切的那个时候，格律恩先生今天就发现，"我把事业建立在虚无上面"这首诗，是"真正的人"的真正的饷宴之歌；"这支歌在人类把自己安排得配得上唱它的时候将被歌唱"。于是格律恩先生把它缩短成三节，并且删去了所有不适合于青年和"人"的地方。歌德在"威廉·麦斯特"里确立了"人类社会的理想"。"人不是教育人的本质，而是活着、行动着并且起着作用的本质。""威廉·麦斯特就是这样的人。""人的本质就是活动。"（这个本质是人和一切跳蚤所共有的东西）（第256、258、261页）

最后来谈谈"亲和力"。格律恩先生使这部本来就是说教性的小说更加充满了说教的气味，因而几乎使我们以为，他给自己规定了一个任务，要把"亲和力"推荐为女子中学适用的教科书。格律恩先生解释道：歌德

"把恋爱和结婚区别开来，而且区别是在于：恋爱对于他是**结婚的探求**，而结婚则是获得了的、完成了的恋爱。"（第286页）

---

① 古希腊神话中的太阳神，艺术的保护者，预言之神，转意是美男子的意思。贝尔韦德是宫殿的名称。——译者注

因此，照这样说来，恋爱就是"获得了的恋爱"的**探求**。其次，这就是说，在"青年恋爱自由"之后，作为"恋爱的最终结合"的结婚就一定会到来（第287页）。在文明国家里恰好就是这样，贤明的家长为了给儿子以后能找到一个门当户对的妻子来"最终结合"，先让他尽情地放荡几年。但是在文明国家里早就不把这种"最终结合"看做道德上的约束，恰恰相反，在那里丈夫拥有情妇，而妻子则给丈夫戴绿帽子作为报复，于是小市民又来搭救格律恩先生了：

"如果人有真正自由的选择权……如果两个人的结合是建立在双方理性的意志上的（在这里，关于情欲，关于血和肉连提都没有提），那就需要有浪荡公子的人生观，才能象歌德那样，把这一结合的破坏看做小事情，而不是看做十分痛苦和不幸的事情。然而说歌德放荡是根本谈不上的。"（第288页）

这个地方充分说明了格律恩先生有时对道德所做的羞羞答答的攻击。小市民深信，对待青年人应该睁一只眼闭一只眼，况且最放荡的青年人后来都会成为最模范的丈夫。但如果他们在结婚之后还犯什么过失，那时就不能再宽恕他们，怜悯他们了，因为要这样做就"需要有浪荡公子的人生观"。

"浪荡公子的人生观！""放荡！""人"活生生地呈现在我们的眼前了。我们看到，他把手放在胸口，带着愉快和骄傲的感情大声喊道：不，我一点也不轻佻，一点也不"荒淫和放荡"，我从来没有蓄意破坏任何人的平静的家庭生活的幸福，我总是忠诚和正直的，从来没有在朋友的妻子身上打过主意，我不是"浪荡公子"！

"人"说得对。他不是为了勾引漂亮女人而被创造出来的，他从来没有起过勾引妇女和破坏夫妻间的忠实的念头，他不是"浪荡公子"，而是有良心的人，是正直和善良的德国小市民。他是

……一个性情温和的小商人，

在商店里边抽着他的烟袋；

他怕他的老婆和她傲慢的声音；

他让她在家里统治着一切，

最微小的指使他也默默听从。

他就这样忍辱、挨打而满足地生活。

(帕尔尼 *Goddam*① 第三首歌)

最后我们还要说明一点。如果我们在上面只是从一个方面观察了歌德，那末这完全是格律恩先生的罪过。他丝毫没有描写歌德伟大的一面。对于歌德的一切确实伟大的和天才的地方，例如，"浪荡公子"歌德的"罗马哀歌"，格律恩先生不是匆匆地一闪而过，就是滔滔不绝地说一通言之无物的废话。但是他却以他少有的勤勉去搜罗一切庸俗的、一切小市民的、一切琐屑的东西，把所有这些收集在一起，用真正文学家的笔法加以夸张，并且每当他有可能利用歌德的权威，而且还常常是被歪曲了的歌德的权威来支持自己的狭隘性的时候，他就兴高采烈起来。

歌德每次和历史面对面时就背弃它，历史为此而给歌德的报复，并不是门采尔的叫骂和白尔尼的狭隘的辩驳。不是的，正如

蒂姐妮亚在仙宫，

发现自己在波顿的怀抱里，

歌德也一度发现自己在格律恩先生的怀抱里。格律恩先生的辩解，他对歌德的每一句庸俗的言语所嘟嘟囔囔地说出来的感激不尽的话，这方是被侮辱的历史所能给予最伟大的德国诗人的最残酷的报复。

不过格律恩先生"死可瞑目，因为他没有玷污做人这个使命"。（第248页）

恩格斯：《诗歌和散文中的德国社会主义》（1846年底—1847年初），摘自《马克思恩格斯全集》第4卷，人民出版社1958年8月第1版，第253—275页。

（二）恩格斯论倍克②

1. 倍克总论

我是粗犷、豪放的苏丹，

我的诗歌是披甲戴盔的大军；

---

① 《Goddam》是法国诗人帕尔尼的一部著作的名字，原著是用法文写的。Goddam 这个字是英文的感叹词，有"该死！"、"天杀的！"等等意思；在法国被用做带有讽刺意味的英国人的绰号。——译者注

② 卡尔·倍克（Karl Beck，1817—1879）——德国小资产阶级诗人，19世纪40年代中叶为"真正的社会主义"的代表人物。——编者注

忧伤在我的前额添上许多神秘的皱纹，

宛如缠了一条头巾。①

倍克先生就是以这样夸张的词句，怀着要求得到认可的愿望，跨入德国诗人的行列；他的目光流露出自命不凡的高傲神情，嘴角浮现出当前流行的悲伤厌世的皱纹。他就是这样把手伸向桂冠的。从那时以来，两年过去了；这顶桂冠是否仍然宽容地遮盖着他前额上"神秘的皱纹"？

他的第一部诗集充满了大无畏精神。《披甲戴盔的歌》、《新圣经》、《年轻的巴勒斯坦》——一个二十岁的诗人刚出校门就青云直上！这是一团火，长久没有烧旺的火，这团火浓烟滚滚，因为烧的是青枝嫩叶。

青年文学如此迅速而光华四射地发展起来，以致它的对手都懂得，傲慢地加以否认或谴责是得不偿失的。研究它并且批评它的真正弱点，现在是时候了。但这样一来，自然也就承认青年文学平分秋色。不久就发现了相当多这样的弱点，——不管是真正的弱点还是表面上的弱点，这对我们无关紧要；但是有人声嘶力竭地宣称：以前的"青年德意志"要消灭抒情诗。的确，海涅同士瓦本派作过斗争；文巴尔克辛辣地批评过单调的抒情诗和诗中千篇一律的陈词滥调。蒙特反对过各种抒情诗，认为它们都不合时宜，并且预言散文这个文学救世主必将来临。这都太过分了。我们德国人向来以自己的诗歌自豪；如果法国人曾经夸耀他们自己争得的宪章并且嘲笑我们的书报检查制度，那么我们也曾经自豪地历数从康德到黑格尔的哲学，从《路易之歌》到尼古劳斯·莱诺的许多诗歌。难道这个抒情诗宝库竟要毁在我们手上？你看，拥有弗兰茨·丁盖尔施泰特，恩斯特·冯·德尔·海德，泰奥多尔·克赖策纳赫和卡尔·倍克的"青年文学"的抒情诗出现了！

在弗莱里格拉特的诗集问世前不久，倍克的《夜》发表了。大家知道，这两部诗集多么轰动一时。两个青年抒情诗人出现了，在当时青年人中没有谁能和他们相提并论。奎纳在《雅士报》上以自己在《性格》一书中所运用的、已经为人熟悉的写作手法把倍克和弗莱里格拉特作了对比。我想引用文巴尔克在谈到古·普菲策尔时说的话来谈

---

① 引自卡尔·倍克诗集《夜。披甲戴盔的歌》中的《苏丹》一诗。——编者注

谈这个评论。

《夜》是一部混乱的诗集。一切都纷纭杂乱地交织在一起。描写常常是用笔大胆有如奇峰异石；未来生活的萌芽淹没在辞藻的海洋里；随处可见一朵花儿含苞未放，一个岛屿正在出现，结晶层正在形成。但是，一切仍然是乱七八糟，杂乱无章。下面的诗句用于白尔尼并不合适，用于倍克本人倒是恰如其分：

狂乱和闪光的形象

在我怒火燃烧的头脑中奔驰！①

倍克在他的第一篇论白尔尼的试作中向我们提供的形象，是惊人地歪曲了的和不真实的；这里奎纳的影响不容忽视。且不说白尔尼从来没有说过这样的话，就连倍克强加于他的那种绝望的悲伤厌世也是他所不了解的。难道这是开朗的白尔尼，一个具有坚强不屈性格的人？——他的爱使人感到温暖，却没有把人烧伤，至少是没有把他本人烧伤。不，这不是白尔尼，这只是用海涅的卖弄风骚和蒙特的华丽辞藻拼凑而成的一个现代诗人的模糊理想。愿上帝保佑，这种理想千万不要实现！白尔尼头脑中从来没有"狂乱和闪光的形象奔驰"，他也从来没有"怒冲冲地"诅咒上天；他的心中从来没有午夜，而永远是早晨；他的天空不是血红色的，而永远是蔚蓝色的。幸而白尔尼还不致绝望到写出《第十八夜》这样的作品。如果倍克不是喋喋不休地谈论他在描写白尔尼时如何呕心沥血，我会以为他没有读过《吞食法国人的人》。即使倍克从《吞食法国人的人》中取出最悲伤的一页，同他的装腔作势的"暴风雨之夜的"绝望相比，这一页仍然象明朗的白天。难道白尔尼本身缺乏诗意，还要为他添上这种时髦的悲伤厌世吗？我说它时髦，因为我决不相信这类东西是真正的现代诗歌应有的特征。要知道白尔尼的伟大就在于，他不屑使用可怜的华丽辞藻和当今文学行帮惯用的词汇。

在人们对倍克的《夜》还未能作出定论之前，倍克已经发表了许多新诗：《浪游诗人》，使我们看到了他的另一方面。暴风雨停息了，混乱状态开始有了秩序。过去根本无法料想会出现象第一首歌和第二首歌中那样出色的描写，也不相信席勒和歌德在落入我们的学究美学的利爪之后，还能

---

① 引自卡·倍克诗集《夜。披甲戴盔的歌》中的《第二十二夜》一诗。——编者注

够为象第三首歌中那样富有诗章的对比提供材料；不相信倍克的诗的反响会象它现在的实际情况一样，安然地几乎是很平凡地回荡在瓦特堡的上空。

倍克由于写了《浪游诗人》而正式登上了文坛。倍克宣布**《静静的歌》**即将问世，而报刊上报道说他正在创作悲剧《失去了的灵魂》。

一年过去了，除了零星几首诗外，倍克毫无动静。《静静的歌》没有出版，《失去了的灵魂》也没有一点确切的消息。最后，《雅士报》发表了他写的**《短篇集》**。这样一位作者的散文试作，无论如何是能引起注意的。但是，我怀疑，即使崇拜倍克诗才的朋友也未必会对这部试作感到满意。从某些形象上还可以认出昔日的倍克；如果倍克能更精雕细刻，风格是不错的，不过对这种简短的故事叙述所能说的好话也就仅此而已。无论就深刻的思想，还是就诗意的发挥来看，作品都没有超出庸俗的消遣文学的水平；构思相当刻板，甚至晦涩不明，叙述平淡无奇。

在一次音乐会上，一位朋友告诉我，倍克的《静静的歌》，好象已经出版了。这时恰好在演奏贝多芬的一首交响曲的柔板。我想，倍克的诗也是这样的吧：但是我受骗了，诗中象贝多芬那样的格调很少，而贝利尼的哀调倒很多。当我把小册子拿到手时，大吃了一惊。第一首歌就平庸透顶，手法低下，只是由于用了一些文雅的词句才貌似别具一格！

这些诗歌与《夜》的相似之处仅在于不着边际的梦幻。"夜"里做了许多梦，这是情有可原的；对于《浪游诗人》，人们也可以谅解，但是倍克先生到现在怎么也醒不过来。从第三页起他就做梦了，第四、八、九、十五、十六、二十三、三十一、三十三、三十四、三十五、四十等页到处是梦境。以后还是一连串的梦。这种情况即使不是可悲的，也会是可笑的。如果撇开某些新的韵律不谈，那么，就是想创新这么一点愿望也终成泡影了。为此使我们在这一点上得到补偿的是海涅式的余韵和无限**孩提般的天真**，而这种天真几乎是所有这些诗歌的特点，它们给人以非常讨厌的印象。在第一部：《爱情之歌。她的日记》中这种毛病特别突出。倍克想成为熊熊的火焰和高尚而强大的神灵，我没有想到从这种火焰和神灵那里得到的竟是一碗淡而无味、令人讨厌的稀粥。只有两三首歌还差强人意。《他的日记》略微好些，这里有时总还能看到一首真正的诗歌，在看了大量庸俗和无聊的东西之后，它使我们得到了补偿。在《他的日记》中最无聊的是《泪》。以前倍克在泪的诗歌方而写了些什么，这是大家都知道的。他在诗中让"痛苦象一艘野蛮的、血腥的海盗船航行在静静的泪海上"①,让"烦恼象一尾沉默、冷漠的鱼"在泪海中拍打着浪花;现在他流下了更多的泪:

我的泪啊,如潮涌,没有白流!

我生命的幸福充盈在你的胸怀(!)

你胸中充盈着那么多、那么多我的琴音和我的情爱。

我的泪啊,如潮涌,没有白流!②

这一切多么荒谬!在整个诗集里,《梦境》倒还有一些较好的诗歌有几首至少是真挚的。《安睡吧》尤其如此,根据它在《雅士报》第一次发表的日期来判断,它应该是这些诗中写得较早的一首。最后一首也是比较好的,只是词句有些空泛,而且结尾又是"泪,世界精神的坚强盾牌"③。

诗集的最后几篇是叙事诗习作。《茨冈王》开头部分的写法很象弗莱里格拉特的风格,这篇习作同莱诺笔下的茨冈生活的生动画而相比就显得逊色,那些冗长的句子本来想使我们感到他的诗新颖有力,结果却更加令人讨厌。相反,《蔷薇》所描写的瞬间倒挺动人。《匈牙利的哨所》和《茨冈王》属于同一类型。这个诗集的最后一篇叙事诗是一个例子,它说明一首诗可以词句流畅、音韵铿锵,而且辞藻华丽,却不能留下特别的印象。昔日的倍克只要用三两笔就可以比较生动地勾画出业诺什克这个阴险的强盗的形象。而现在的倍克最后偏要在倒数第二页上让亚诺什克**做起梦来**,于是诗集到此结束。但是诗本身并没有完,要在第二卷中继续下去。这是什么意思呢?难道诗作也要象杂志上的文章一样,用"持续"这样的字眼来结尾吗?

据说,在几个剧院的导演认为《失去了的灵魂》不宜作为戏剧上演之后,作者就把它销毁了。现在他好象正在写另一部悲剧《扫罗》;至少《雅士报》已登载了该剧的第一幕,《戏剧汇闻》杂志对这一悲剧作了详细的介绍。这一幕戏还在这些报刊上讨论过。遗憾的是,我只能同意报刊上的说法。倍克的无拘无束、捉摸不定的幻想使他不善于塑造人物性格,他让剧中所有的登场人物都用**同样的台词**。倍克对白尔尼的看法就暴露了他极不善于理解人物的性格,更不用说去创造性格了,因此,他想要写个悲

---

① 引自卡·倍克诗集《夜。披甲戴盔的歌》中的《苏丹》一诗。——编者注
② 引自卡·倍克诗集《静静的夜》中的《泪》一诗。——编者注
③ 引自卡·倍克诗集《静静的歌》中的《世界精神》一诗。——编者注

剧，这可是最不妙的想法了。倍克**只好**不由自主地借用他刚描写过的某个典型人物，只好强迫大卫和米拉用《她的日记》中的哭调讲话，只好用年市上的滑稽戏的笨拙手法来描述扫罗内心的情绪变化。我们听了摩押的话，才理解在另一部作品中所描绘的押尼珥这个典型人物的作用；这个摩押，是一个粗暴的、血腥的摩洛赫崇拜者，说他象人，不如说象野兽，难道他就是扫罗的"恶神"吗？自然的人还不是野兽，因而反对祭司的扫罗对于拿人作祭品不能感到满意。此外，对白也十分呆板，语言毫无生气，只有几个场面还勉强过得去，但是这也不能为这一幕悲剧增添光彩，只能使我们想起倍克先生那些看来无法实现的希望。

> 恩格斯：《卡尔·倍克》（1839 年 11 月—12 月初），摘自《马克思恩格斯全集》第 41 卷，人民出版社 1982 年 12 月第 1 版，第 24—30 页。

2. 倍克歌颂各种各样的"小人物"，然而并不歌颂倔强的、叱咤风云的和革命的无产者

为了避免误解，诗人称上帝为"HERR"，称路特希尔德家族①为"Herr"——一开始他就表现出他所固有的小资产阶级的幻想，认为黄金是"按照"路特希尔德的"脾气进行统治"的；这种幻想引出了一系列关于路特希尔德家族的势力的荒诞想象。

诗人并没有威吓说，要消灭路特希尔德的实际势力，消灭作为这一势力的基础的社会关系；他只是希望比较人道地来运用这一势力。他抱怨银行家不是社会主义博爱家，不是幻想家，不是人类的善士，而仅仅是银行家而已。倍克歌颂——胆怯的小市民的鄙俗风气。歌颂"穷人"，歌颂耻于乞讨的穷人怀着卑微的、虔诚的和互相矛盾的愿望的人，歌颂各种各样的"小人物"，然而并不歌颂倔强的、叱咤风云的和革命的无产者。

> 恩格斯：《诗歌和散文中的德国社会主义》（1846 年底—1847 年初），摘自《马克思恩格斯全集》第 4 卷，人民出版社 1958 年 8 月第 1 版，第 223—224 页。

3. 在她们（缪斯）的戏剧性的描绘下恩泽拉德的伟大斗争变成了滑稽小丑的翻跟斗

倍克对路特希尔德家族大加威吓和责难，尽管作者的意图是好的，但

---

① 路特希尔德家族（Rothschild）——金融世家，在欧洲各国拥有许多银行。——编者注

给读者的印象却比一位卡普勤教士的说教还要滑稽可笑。所以会有这样的威吓和责难，是由于对路特希尔德家族的势力抱着幼稚的幻想，完全不了解这一势力和现存各种关系之间的联系，对路特希尔德家族为了成为一种势力并永远保存这种势力而必须使用的那些手段持有非常错误的见解。怯懦和愚蠢、妇人般的多情善感、可鄙的小资产阶级的庸俗气，这就是拨动诗人心弦的缪斯，她们竭力使自己显得威严可怕，然而却徒劳无益，只是显得可笑而已。她们压低嗓子唱出来的男低音经常嘶裂成可笑的尖声怪叫；在她们的戏剧性的描绘下恩泽拉德的伟大斗争变成了滑稽小丑的翻跟斗。

"黄金按照你的脾气统治

……

啊，但愿你的工作是这样美！但愿

你的心象你的权力这样伟大！"（第4页）

可惜，权力是路特希尔德的，而心却是我们的诗人的。"如果把它们融合在一起，对世界来说就太多了。"（巴伐利亚的路德维希先生的话）第一个和路特希尔德相对立的当然是歌者本人，也就是住在"高雅而神圣的阁楼"上的德国歌者。

"歌人们唱着歌曲弹着琵琶，

弹奏着正义、光明和自由，

弹奏着三位一体的真正的上帝：

注意倾听的人们跟随着

这些神灵。"（第5页）

这位从"莱比锡总汇报"上的题词中借来的"上帝"，单是由于自己的三位一体性，就不能对犹太人路特希尔德发生任何影响，而对德国青年倒起了非常大的作用。

"恢复了元气的青春在召唤

……

兴奋的富有生机的种子

萌芽在千百个壮丽的名字里。"（第6页）

路特希尔德对德国诗人的估计则与此不同：

"你把神灵们给我们的歌曲，

叫作对于荣誉和面包的渴求。"

虽然青春在召唤并且出现了千百个壮丽的名字（它们的壮丽就在于它们只限于激发热情而已），虽然"战斗的号角声响得那样雄壮"，"心又在夜里跳得如此猛烈。"——

"这个愚蠢的心，它感到

一种神灵授胎的苦痛。"（第 7 页）

啊，这颗愚蠢的心，这个圣母马利亚！虽然

"青年人，一个更为阴郁的扫罗"，①

"怨恨上帝，也怨恨自己"。

尽管这样，路特希尔德仍然维持着武装起来的和平，而这种和平，在倍克看来，也只是以路特希尔德一个人为凭借。

报纸上所刊载的关于神圣的教皇领地授予路特希尔德救世主勋章的消息，成了我们的诗人证明路特希尔德不是救世主的理由；同样，这个消息也可以成为证明基督虽是救世主但不是救世主勋章的荣膺者的理由，这一证明也是很有意思的。

"你是救世主吗？"

于是他向路特希尔德证明，说路特希尔德并没有象基督一样在可怕的黑夜里战斗，说他从来没有

"为了伟大的委托给你的神灵

一个温和的、给人幸福的使命"，

牺牲过骄傲的人世间的势力。

应该责备伟大的神灵在挑选自己的传教士时没有显示出神灵的伟大力量，并且在号召完成为人们造福的事业时找错了对象。它的伟大仅仅在于字很大而已。

> 恩格斯：《诗歌和散文中的德国社会主义》（1846 年底—1847 年初），摘自《马克思恩格斯全集》第 4 卷，人民出版社 1958 年 8 月第 1 版，第 224—225 页。

4. 对资产阶级来说，不言而喻，黄金就象云雀鸣啭一般欢乐而美妙地鸣响

路特希尔德没有能力充当救世主的角色，这可以用三个例子，即他对

---

① 见卡尔·倍克"扫罗"，1840 年在莱比锡由恩格曼书店出版。——编者注

七月革命、对波兰人和犹太人的行为来对他做详细的证明。

"瞧，法兰西英勇的儿女起来了"，

一句话，七月革命爆发了。

"你曾否准备？你的黄金曾否象

云雀鸣啭一般欢乐而美妙地鸣响

迎接那唤醒了大地的春天？

春天使深深地沉睡在我们胸中的

所有渴念的愿望

又恢复青春，又得到生命。"

唤醒了大地的春天是资产阶级的春天，对资产阶级来说，不言而喻，黄金（路特希尔德和任何其他人的黄金）就象云雀鸣啭一般欢乐而美妙地鸣响。不错，复辟时期的那种不仅沉睡在人们的胸中、而且沉睡在烧炭党人的"温特"里的希望这时已恢复了青春，得到了生命，然而倍克的穷人却无动于衷。可是，一当路特希尔德确信新政府有牢固的基础时，他自然就毫不犹豫地让他的云雀去为寻常的利息而歌唱。

倍克把拉菲特和路特希尔德对立起来，他对拉菲特的崇拜表明，他已经完全沉溺于小市民的幻想中：

"一所授予圣者称号的市民住宅

紧密地蔓延在你令人羡慕的厅堂"，

这就是拉菲特的住宅。这位兴高采烈的小市民引以自豪的是他那路特希尔德的令人羡慕的厅堂相反的简朴的市民住宅。他的理想，即他想象中的拉菲特，当然也应该生活在简朴的市民环境里；拉菲特的大公馆被缩小成德国市民的住宅。拉菲特本人被他看做一位德高望重的家长，心地纯洁的大丈夫；他被拿来和穆西乌斯·赛沃拉人和相比，他似乎会牺牲自己的财产来推动本世纪（倍克的指不是巴黎的"世纪"吧？）向前迈进。倍克称拉菲特为富于幻想的孩童，最后竟称他为乞丐。他的葬仪被描写得十分动人：

"马赛曲在送殡的行列里

迈着抑制的步伐前进。"

恩格斯：《诗歌和散文中的德国社会主义》（1846 年底—1847 年初），摘自《马克思恩格斯全集》第 4 卷，人民出版社 1958 年 8 月第 1 版，第

226—227 页。

5. 对路特希尔德的攻击在这里变成了小城市里流行的趣闻

和马赛曲并排走着的是王室的车乘，紧跟着的是索泽先生、杜沙特尔先生和众议院里所有的大腹便便和贪得无厌的吸血鬼。

在七月革命以后，当拉菲特意气洋洋地把自己的"教父"奥尔良公爵请进市政厅大厦，同时说出今后将由银行家来统治了这种令人惊讶的话的时候，马赛曲的步伐应该抑制到什么样的程度啊！至于说到波兰人，诗人只限于责备路特希尔德对侨民不够慷慨而已。对路特希尔德的攻击在这里变成了小城市里流行的趣闻，而且在攻击以路特希尔德为代表的金钱势力时所打的幌子也完全丧失了。大家知道，资产者在他们所统治的任何地方对波兰人都是非常客气的，甚至是很热情的。

下面就是表明这种呓语的一个例子：有一个波兰人跑来哀求周济，路特希尔德给了他一个银币，波兰人

"接过来银币，快乐得发抖，

并且为你和你的子孙祝福。"

巴黎的波兰委员会在此以前已经基本上使波兰人摆脱了这种境况。而我们的诗人写出波兰人的这幅景象来，只不过是为了给自己的装腔作势寻找借口而已：

"但是我把这乞丐的幸福

鄙视地抛回你的钱袋里，

以被侮辱的人们的名义。"

要能够这样扔到钱袋里去，那就需要有投掷的高度技巧和丰富的经验。最后，万一有人控告倍克犯了侵犯人身的罪，他也可以化险为夷，因为他不是以自己的名义，而是以人们的名义行动的。

路特希尔德接受了豪华的奥地利首都授予他的公民权利证书，他因这件事还在第 9 页上就已遭到了责难，

"在那里，你的受迫害的教友

为他的阳光和他的客气付钱。"

倍克甚至以为路特希尔德获得了维也纳的公民权利证书，也就获得了自由人的幸福。现在，在第 19 页上，他质问他：

"你解放了你自己的种族吗，

这永久希望着、永久忍受着的种族？"

这样说来，路特希尔德应该成为犹太人的救星了。但是，他应该怎样来做到这一点呢？犹太人把他奉为大王，因为他的钱最多。他应该教导他们鄙视金钱，

"为了世界的幸福而抛弃它"。

他应该使他们忘记利己主义，忘记欺诈和高利盘剥的手段，一句话，他应当以一个披麻蒙灰劝人行善和忏悔的传教士的姿态出现。我们的诗人的这个大胆的要求无异于要求路易—菲力浦教导那些受七月革命养育的资产者废除私有制。假使路特希尔德和路易—菲力浦竟这样疯癫，那末他们的权力很快就会丧失，但是犹太人决不会不做买卖，资产者也决不会忘记私有制。

> 恩格斯：《诗歌和散文中的德国社会主义》（1846年底—1847年初），摘自《马克思恩格斯全集》第4卷，人民出版社1958年8月第1版，第228—229页。

6. 难道我们的诗人没有看到，他愈想装得高尚和有力，就愈变得可笑

我们已经充分地证明了，倍克把多么神奇的势力强加在路特希尔德的身上。可是下面愈说愈 crescendo〔夸大〕。在第26页上他沉溺于这样的幻想中：如果他（倍克）是太阳的所有者，那末他将能做许许多多事情，就是说，还不到太阳没有他做主人时所能做到的事情的百分之一。在这以后，他突然想到，路特希尔德并不是唯一的罪人，除他以外还有其他许多富人。但

"你能说善辩地坐在讲座上，
富人们在你的学校里学习；
你必须把他们引入人世，
你能够是他们的良心。
他们粗狂放纵——你宽容忍受，
他们伤风败德——是你的罪孽！"

因此，只要路特希尔德先生稍有良心，他就完全可以阻止商业和工业的发展、竞争、财产的积聚、国债和投机倒把，简言之，即可以阻止现代资产阶级社会的发展。必须真正地具有德国诗歌的全部令人不能容忍的幼稚性，才敢于刊登这样的童话。路特希尔德在这里变成了真正的阿拉丁。

倍克并不满足于此,他赋予路特希尔德以

"伟大得令人眩晕的使命:

……

减轻这个世界上全部的苦难。"

这样的使命就是全世界的资本家合在一起也丝毫不能完成。难道我们的诗人没有看到,他愈想装得高尚和有力,就愈变得可笑;难道他没有看到,他对路特希尔德的一切责难都变成了最无耻的阿谀奉承,他对路特希尔德的势力的歌颂,甚至连最善于吹拍的人都要甘拜下风。当路特希尔德看到,他这个渺小的人物在德国诗人的头脑中成了这样一个巨大的纸老虎的时候,他也禁不住要为自己鼓掌欢呼。

在我们的诗人给德国小市民对大资本家的势力所抱的无知而浪漫的幻想和对他的善良愿望的信赖披上诗歌的外衣之后,在他由于意识到自己的伟大得令人眩晕的使命而令人眩晕地大事吹嘘关于这一势力的幻想之后,他对理想和现实相违背表示了小市民的愤慨,并且是那样慷慨激昂,甚至能把宾夕法尼亚的教友派信徒惹得捧腹大笑:

"我真痛苦,在漫漫长夜里

我用灼热的头脑思索这一切,

……

于是我的鬈发都竖立起来,的心,

我觉得我好象扯动上帝

象钟手扯动救火的警钟。"

对这个老头子说来,这确实是给他的棺材钉上最后一个钉子了。他认为,"历史的神灵"在这里授给了他一些绝对不容许泄露出来的思想。于是,最后他绝望地决定在自己的棺材里跳康康舞:

"可是总有一天在霉烂的尸布里,

我的尸骨将要快乐得发颤,

如果这个消息下降到我(尸骨)这里,

说供品在祭坛上冒烟。"

我开始有点怕卡尔这个孩子了。

路特希尔德家族之歌到这里本来可以结束了。但是按照现代抒情诗人的惯例,下面是一段关于这首歌和诗人在这首歌中所起的作用的押韵的结语。

"我知道,你有力的膀臂

能够把我打得鲜血淋淋。"

也就是说会打他五十棍。奥地利人是决不会忘记毒打的。在面临着这种危险的时刻,崇高的感情赋予他以勇气:

"正如上帝吩咐,并且毫不迟疑,

我坦白地歌唱着我的胸怀。"

恩格斯:《诗歌和散文中的德国社会主义》(1846 年底—1847 年初),摘自《马克思恩格斯全集》第 4 卷,人民出版社 1958 年 8 月第 1 版,第 229—232 页。

7. 德国诗人总是遵照命令歌唱的

德国诗人总是遵照命令歌唱的。当然,应该负责的是主子,而不是仆人,因此,路特希尔德应该去找上帝而不是找他的仆人倍克算账。下面是现代抒情诗人惯用的方法:

(1) 把他们似乎由于自己的无害的诗而遭到的危险加以夸大;

(2) 挨了打以后,就把自己托付给上帝。"致路特希尔德家族"这一支歌的结尾是一些吹嘘这首歌的话,关于这首歌,作者自欺欺人地说:

"它自由而骄傲,它可以支配你,

可以告诉你说,它发誓相信什么。"

就是说,发誓相信那恰好在这几句结语中表现出来的自我完善。但是,我们担心路特希尔德会去控告倍克的这个虚伪的誓言而不去追究他的诗歌。

恩格斯:《诗歌和散文中的德国社会主义》(1846 年底—1847 年初),摘自《马克思恩格斯全集》第 4 卷,人民出版社 1958 年 8 月第 1 版,第 229 页。

8. 胆怯和没有信心经常箝制着倍克,驱使他把每首诗拉长到不可收拾的境地

诗人歌颂两个使上帝高兴的灵魂,如象诗中极其乏味地描写的那样,他们只是在经过了许多年省吃俭用和循规蹈矩的生活以后,才终于纯洁地爬上了夫妇的卧床。

他们接吻?他们羞羞答答!他们调笑?他们小声小气!

啊!花朵的确是花朵,可是花朵开在冰里;

一个拄着拐杖的舞蹈!一只可怜的、迟暮的飞蛾,一半儿是个神采焕发的儿童，一半儿是个衰颓的老者。

作者并不以全篇诗中绝无仅有的这一段佳作作为结束，在这以后他还让他们为一份小小的财产，为"在自己的炉灶周围出现了自己的家具"而欢欣若狂，而高兴得发抖。说这句话时并没有带着讽刺的口吻，而是感激涕零，泪下如雨。但这还没有完：

只有上帝是他们的主人，天黑了，他命令星星发光，

他用慈祥的目光观看打碎了锁链的奴仆。

这样一来，任何一点锋芒都幸运地被消除了。胆怯和没有信心经常钳制着倍克，驱使他把每首诗拉长到不可收拾的境地，使他在没有用多情善感证明自己的全部庸俗性以前收不了场。他大概故意选择了克来斯特的六步韵诗体来使读者陷入烦恼不堪的境地，就象一对恋人在长久的实验时期内由于自己的胆怯的道德观念而烦恼不堪一样。

恩格斯：《诗歌和散文中的德国社会主义》（1846年底—1847年初），摘自《马克思恩格斯全集》第4卷，人民出版社1958年8月第1版，第233—234页。

9. 倍克便完全陷到自由主义的青年德意志派关于犹太人的空谈中去了

在对犹太旧货商的描写中，可以看到下面这样一些幼稚可笑的地方：

这个星期飞逝了，这个星期

只把五天供给你的勤劳。

你这喘不过气来的人，赶快吧，

去挣得你每天的酬报。

星期六父亲不愿意工作，

星期天儿子不愿意干活。

但是，在下面倍克便完全陷到自由主义的青年德意志派关于犹太人的空谈中去了。诗在这里销声匿迹，一无踪影，仿佛听到了患着瘰疬病的萨克森等级院中的患瘰疬病的发言：你不能成为手艺人，不能作"小商贩的头目"，不能当庄稼汉，也不能当教授，但是医学的大门对你敞开着。这用诗表现出来就是这样：

他们不准你做手艺活，他们不给你一块田地。

你也不能向青年们讲话　从一个教师的高高的靠垫上

……

你可以在乡间给病人治病。

照这样，难道不可以用诗来写普鲁士法典或把巴伐利亚的路德维希先生的诗谱成歌曲吗？犹太人给他儿子朗诵了下面的诗句：

你必须营谋，必须夺取，

永久贪求产业和金钱，

接着他又安慰他说：

可是你永久是正直的。

恩格斯：《诗歌和散文中的德国社会主义》（1846年底—1847年初），摘自《马克思恩格斯全集》第4卷，人民出版社1958年8月第1版，第234—235页。

10. 在这个内心纯洁的洪流中，包含着庸俗和夸大的令人沮丧的混合物

这个罗累莱无非是黄金罢了。

卑鄙以巨大的波浪

涌进内心的纯洁，

淹死每一个幸福安宁。

在这个内心纯洁的洪流中，在这个幸福安宁的被淹死中，包含着庸俗和夸大的令人沮丧的混合物。接着就是责骂金钱可耻和不道德的庸俗冗长的臭诗。

它（爱）追求金银，追求宝石，而不追求心和同心的灵魂

以及一间小小的茅屋。

假如金钱的作用仅限于搞丑德国人对心和同心的灵魂以及席勒式的小小的茅屋（其中有足供一对幸福的恋人居住的地方）的追求，那末早就应当承认它具有革命的作用了。

恩格斯：《诗歌和散文中的德国社会主义》（1846年底—1847年初），摘自《马克思恩格斯全集》第4卷，人民出版社1958年8月第1版，第235—236页。

11. 情节大致相同的同样的题材，在海涅的笔下会变成对德国人的极辛辣的讽刺；而在倍克那里仅仅成了对于把自己和无力地沉溺于幻想的青年人看做同一个人的诗人本身的讽刺

在这首诗中，我们的社会主义诗人又一次表明，他由于已陷入德国小

市民的鄙俗风气中，就总是把他给人留下的那点微弱的印象破坏了。

一团队伍在战鼓声中出发了。人民号召兵士和他们一起参加共同的事业。令人兴奋的是，诗人终于鼓起了勇气。但是很可惜，最后我们才了解到，这里所谈的仅仅是皇帝的命名日和人民的呼唤，而这个呼唤也不过是一个参加典礼的青年（也许是个中学生）偷偷地作下的一首幻想的即兴诗：

一个青年这样做梦，火烧着他的心。

情节大致相同的题材，在海涅的笔下会变成对德国人的极辛辣的讽刺；而在倍克那里仅仅成了对于把自己和无力地沉溺于幻想的青年人看做同一个人的诗人本身的讽刺。在海涅那里，市民的幻想被故意捧到高空，是为了再故意把它们抛到现实的地面。而在倍克那里，诗人自己同这种幻想一起翱翔，自然，当他跌落到现实世界上的时候，同样是要受伤的。前者以自己的大胆激起了市民的愤怒，后者则因自己和市民意气相投而使市民减到慰藉。不过，布拉格的起义使他有机会来描写和这种滑稽剧完全不同的另外一种东西。

　　　　　　恩格斯：《诗歌和散文中的德国社会主义》（1846年底—1847年初），摘自《马克思恩格斯全集》第4卷，人民出版社1958年8月第1版，第236页。

12. 他们（"真正的社会主义者"）缺乏一种讲故事的人所必需的才能，这是由于他们的整个世界观模糊不定的缘故

诗人本想叙述故事，但是却失败得实在悲惨。整本书中所表现出来的这种对叙述和描写的完全无能为力，是"真正的社会主义"的诗篇的特征。"真正的社会主义"由于本身模糊不定，不可能把要叙述的事实同一般的环境联系起来，并从而使这些事实中所包含的一切特殊的和意味深长的方面显露出来。因此，"真正的社会主义者"在自己的散文中也极力避免叙述故事。在他们无法规避的时候，他们不是满足于按哲学结构组织一番，就是枯燥无味地记录个别的不幸事件和社会现象。而他们所有的人，无论是散文家或者是诗人，都缺乏一种讲故事的人所必需的才能，这是由于他们的整个世界观模糊不定的缘故。

　　　　　　恩格斯：《诗歌和散文中的德国社会主义》（1846年底—1847年初），摘自《马克思恩格斯全集》第4卷，人民出版社1958年8月第1版，第237页。

13. 这种庸俗气已和现代社会融为一体，而它的唯一的希望就是现代社会继续存在下去

我们不来仔细分析这首诗，因为它长得简直没有个完，一共扯了90页，枯燥无味得简直难以形容。在文明国家里多半只是在名义上还存在的老处女，在德国却是一种重大的"社会现象"。

社会主义的扬扬得意的议论的一种司空见惯的手法，就是唱这样的高调：从另一方面来看，只要没有穷人，那就会万事如意了。这种议论可以被应用到任何对象上去。它的真正内容就是在慈善掩饰下的伪善的小市民的庸俗气，它完全同意现存社会的正面，使它悲痛的是，除了正面外，还存在着反面——贫穷；这种庸俗气已和现代社会融为一体，而它的唯一的希望就是现代社会继续存在下去，但是不要它存在的条件。

倍克常常以极端庸俗的形式在自己的诗中重复这种议论，例如，关于圣诞节他写道：啊时代，你慈祥地启迪人心，你会更为慈祥，加倍的可亲——如果在那个穷孩子的胸中没有嫉妒用它原始的罪恶疯狂地亵渎神灵，当他无家可归向着阔孩子们的节日盛装的室内观看的时刻！

……

在圣诞夜的灯光下孩子们的欢呼我听来更会甜美，如果没有穷人在潮湿的洞穴躺在腐烂的草席上挨冻受罪。

不过，在这首无定形的、长得没有个完的诗里，间或也有一些写得好的地方，例如，对流氓无产者的描写：

是谁天天孜孜不息，在传染病疫的阴沟里翻垃圾；

是谁象麻雀一般追求食粮，

是谁补锅罐磨剪子磨刀，

是谁僵冻着手指浆洗衣裳，

是谁喘吁吁推着一车重载，

装着些半生不熟的果子，

苦苦地喊着：谁买，谁买？

是谁为一个铜钱在泥土里打架；

是谁天天靠着街角的石壁歌颂他所信仰的上帝，

几乎不敢伸出手来，

因为行乞不被允许；

是谁双耳聋聩忍受饥寒，
弹着竖琴，吹着笛箫，在所有的窗前，
在每个门旁——一年又一年奏着同一的曲调——
引起看管儿童的阿姨舞蹈，
这个曲子自己却不能听到；
是谁在夜里使大的城市明亮，
自己在家里却没有一点灯光；
是谁负着重担，是谁劈着木柴，
是谁失掉主人，谁受尽主人的虐待；
是谁又祈祷、又搓合男女、又偷盗，
酗酒把良心的残余消磨尽了。

  倍克在这里第一次超出了德国市民的一般道德水平，借一个老乞丐的口诵出了这些诗句。这个老乞丐的女儿请求父亲允许她去赴一个军官的约会。在上面这些诗句里，老乞丐向他的女儿描画出她的孩子将列身于其中的那些阶级的充满痛苦的景象，并且直接以她生存的环境为根据把他自己反对的意思表示出来，不过并没有（这一点是不能不承认的）向她作道德的说教。

    恩格斯：《诗歌和散文中的德国社会主义》（1846年底—1847年初），摘自《马克思恩格斯全集》第4卷，人民出版社1958年8月第1版，第238—240页。

14. 倍克在这里降到了科采布和伊夫兰特的水平以下；这出仆人的悲剧比市侩的悲剧更胜一筹

  一个俄国人的道德高尚的仆人（仆人自己把这个俄国人叫做善良的老爷）为了接济他的年迈的父亲，在夜里偷了他那个似乎在打瞌睡的主人的钱。这个俄国人悄悄地跟在他后面，从背后偷看了仆人写给他父亲的信，信的内容如下：

你收下这点钱！
是我偷来的！
父亲，你向救世主祈祷吧，
求他将来从他的宝座上
对我的罪给以赦免！

我要多多工作而且挣钱,

从草席上赶走睡眠,

直到我能够给我善良的主人

补偿上这笔偷盗了的钱。

这个道德高尚的仆人的善良的老爷被这个吓人的自白感动得一句话也说不出来,他把自己的一只手放在仆人的头上,为他祝福。

但是这是一个死尸——

在恐怖中他的心都裂开了。

还有谁能写出比这更滑稽可笑的东西来吗?倍克在这里降到了科采布和伊夫兰特的水平以下;这出仆人的悲剧比市侩的悲剧更胜一筹。

恩格斯:《诗歌和散文中的德国社会主义》(1846年底—1847年初),摘自《马克思恩格斯全集》第4卷,人民出版社1958年8月第1版,第241页。

15. 倍克不是在现实世界中生活和创作诗歌的活动着的人,而是一个飘浮在云雾中的"诗人"

这首诗嘲笑(往往很中肯)的是隆格、"光明之友"、新一代犹太人、理发师、洗衣妇、抱有温和的自由思想的莱比锡市民。最后,诗人在庸人面前替自己辩白,因为他们将要因这一点而控告他,虽然他

在风暴和黑夜里唱出了

这首光明的歌。

然后他讲述了一篇用社会主义的词句修饰过的、以特殊的自然神论为基础的、关于博爱和实践宗教的教义,从而把自己的敌人的一种性质和他们的另一种性质对立起来。这样一来,倍克就怎么也收不了场,直到他再次断送自己为止,因为他自己已深深地陷到德国的鄙俗风气中,并且过多地考虑自己,考虑沉溺于自己诗中的诗人。我们的诗人在现代抒情诗人眼中又成了一个把自己打扮得奇奇怪怪的、妄自尊大的人物。他不是在现实世界中生活和创作诗歌的活动着的人,而是一个飘浮在云雾中的"诗人",但这些云雾不过是德国市民的蒙胧的幻想罢了。倍克经常由极度夸张的高谈阔论转到干巴巴的小市民的散文,从一种向现状开火的小幽默转到和现状实行感伤的和解。他常常忽然发觉他自己原来就是 dequofabulanarratur〔所讲到的那个人〕。因此,他的诗歌所起的并不是革命的作用,而是

"止血用的

三包沸腾散"。

所以，用下面这样一些表示恭顺的无力的悲叹作为整本书的结尾，是很合适的：

什么时候在这世界上，

啊上帝，会变得协调？

在渴望上我是双重地愉快，

在忍耐上我是双重地疲劳。

倍克无疑地比德国文坛上的大多数小卒具有更大的才能和更多的天赋的精力。他的唯一的不幸就是德国人的鄙俗气，他那装模做样的哭哭泣泣的社会主义和青年德意志派的影响，是这种鄙俗气在理论上的表现。在社会矛盾还没有因为阶级的明确分化和资产阶级迅速夺取政权而在德国采取较尖锐的形式以前，德国诗人在德国本部是根本没有出路的。一方面，他在德国社会中不可能以革命的姿态出现，因为革命分子本身还太微弱；另一方面，由四面八方包围着他的长期存在的鄙俗气起着使他衰弱无力的作用，他即使能够暂时超越它，摆脱它和嘲笑它，可是过一会却又重新跌进它的陷阱里面去了。对于一切多少有些才能的德国诗人暂时还只能有一个劝告，即搬到文明的国家去住。

恩格斯：《诗歌和散文中的德国社会主义》（1846年底—1847年初），摘自《马克思恩格斯全集》第4卷，人民出版社1958年8月第1版，第241—243页。

（三）恩格斯论谷兹科夫[①]

1.《扫罗王》的巨大功绩恰恰在于，它的美不是在表面上，而是需要去挖掘

可以预期，在《文学年鉴》发表谷兹科夫那篇著名的文章以后，他的对手，除了已经被草草清算过的奎纳以外，都会迫不及待地燃起高尚的复仇欲望。但是，如果期待我们的文学家们也有类似的表示，那就是对他们

[①] 卡尔·谷兹科夫（Karl Gutzkow，1811—1878）——德国作家，"青年德意志"文学团体的代表人物之一，1838—1842年为《德意志电讯》杂志编辑。——编者注

的利己主义太不了解了。最值得注意的是，《电讯》① 在其文学行情表中把每个作家的自我评价当作标准牌价。因此可以预料，从这方面来看，谷兹科夫那些最新作品不会特别受欢迎。

但是，在我们的批评家中，有些人夸耀自己对谷兹科夫持公正态度，另一些人则承认他们十分赏识谷兹科夫的写作活动。后一种人对他的《理查·萨维奇》，即对他在十二天内怀着狂热的冲动匆匆草就的《萨维奇》推崇备至；而对作家倾注了如此多的爱、给予了如此精心培育的《扫罗》，却只是敷衍几句表示认可。当《萨维奇》在各剧院上演，取得辉煌的成就，而且所有的杂志都纷纷发表评论时，没有机会了解这个剧本的人也应该探讨一下谷兹科夫在已经出版的《扫罗》中所表现的戏剧才能。可是很少有报纸就这部悲剧刊登一篇哪怕是肤浅的评论！如果人们把这种轻蔑的态度同倍克的《浪游诗人》所引起的辩论比较一下，真不知会对我们的文学事业产生什么看法。倍克的诗比起谷兹科夫的《扫罗》，距离典范的古典作品确实更远。

但是，在分析这个剧本以前，我们要研究一下《**草稿集**》中的两篇戏剧习作。未完成的悲剧《马里诺·法利埃里》的第一幕表明，谷兹科夫多么善于对单独的一幕进行加工，使它臻于完善，多么精于运用对白的技巧，使对白洗练、优美、妙趣横生。但是这一幕情节比较简单，它的内容用三言两语就可以说完，因此，演出时连善于鉴赏表演艺术美的人也感到乏味。要想在这里作什么修改，当然是困难的，因为剧情是这样安排的：不能把第二幕中的任何东西搬到第一幕而又不损害第二幕。然而，一个真正的剧作家的本事也正表现在这里，如果谷兹科夫确实是这样的剧作家，而我是确信这一点的，那么他会在已经答应写并且可望在不久的将来就能完成的剧本中从整体上来成功地解决这个问题。

《维滕贝格的哈姆雷特》为我们提供了总的轮廓。谷兹科夫在这里还是只提供轮廓为好；否则最成功的那场戏，即获菲莉霞出场的那场戏，如果着笔比较细腻，会伤害我们的感情。但是，我完全不理解，谷兹科夫怎么会为了让哈姆雷特心中产生怀疑，即德国人的本质特征，而把他和浮士德放在一起。完全没有必要从外部把这种倾向带进哈姆雷特的心中，因为

---

① 《德意志电讯》——编者注

它早已在那里，而且是他生来就有的。否则，莎士比亚一定会对此专门提出论证。谷兹科夫在这里引证了白尔尼的话，然而正是白尔尼在论述哈姆雷特的双重性格的同时，强调了他的性格的完整性。那么，谷兹科夫是怎样使这些本质特征渗进哈姆雷特的精神世界的呢？也许是通过浮士德对年轻的丹麦人的诅咒吧？这种 deus ex machina① 的手法也许会把任何具有戏剧性冲突的诗作都变得不象样子。或者是通过哈姆雷特偷听到的浮士德与靡菲斯特斐勒司的谈话吧？第一，在这种场合下，诅咒会失去意义；第二，从莎士比亚笔下的哈姆雷特的这种性格中引出的线索，常常微弱到难以觉察的地步；第三，难道哈姆雷特在这以后会立即无动于衷地谈论与此无关的事情吗？获菲莉霞出场的情况就不同了。这里，谷兹科夫要么是对莎士比亚有透彻的理解，要么是对他作了补充。这也象是一种机智果断；在评论家们对此争论不休达两百年之久以后，现在总算解决了，解决得那样新颖，富有诗意，而且大概是唯一可能的解决办法。这场戏写得也很出色。有人看过《瓦莉》的一场戏以后还不相信谷兹科夫善于运用想象力，还不相信他并不是一个冷静的重理智的人，现在该懂得这一点了。莪菲莉霞的轻盈身姿所散发的那种柔和、诗一般的气息，比简单的勾勒更加感人。——靡菲斯特斐勒司说出来的那些诗句纯属败笔。要仿效歌德《浮士德》的语言，仿效他那些貌似打油诗所发出的和谐的音调，就必须成为第二个歌德；这种轻松的诗句一假他人之手就会变得呆板、沉闷。这里，我不打算同谷兹科夫争论有关恶的原则的概念。

现在来谈谈我们要谈的主要作品《扫罗王》。有人指责谷兹科夫，说他在《萨维奇》出版以前，就多次在《电讯》上连篇累牍地大吹大擂，尽管这一片鼓噪仅仅是两三篇短评引起的。而对于其他人雇一班吹鼓手来颂扬自己的作品，则没有人在意。可是，因为是谷兹科夫对这一个人当面说出了粗俗的真理，也许对另一个人有点不公平，这样他就被认为罪莫大焉。对《扫罗王》，这些指责完全是无的放矢。剧本未出预告就问世了，既未刊登过一篇报纸短评，也没有在《电讯》上发表剧本的片断。剧本本身也是同样朴实的：既没有象火山岛从乏味对话的汪洋大海中出现时那样产生

---

① 直译是："从机器里出来的神"（在古代的戏院里，扮演神的演员由特殊的机械装置送上舞台）；转义是：突然出现的人物或不按故事进程突然出现的情节。——编者注

雷鸣电闪般的舞台效果,也没有吟诵辞藻华丽的独白,以其令人兴奋或感动的雄辩术来掩饰剧本的那些破绽;剧中的一切都是平稳地、有机地发展的,一种可以意识到的富有诗意的力量把剧情稳步地导向结局。难道我们的批评界会**在什么时候**把这样的作品读完,然后写一篇文章,靠文章的雄辩术开出的睿智花朵立即把哺育这些花朵的贫瘠沙土暴露出来?我认为《扫罗》的巨大功绩恰恰在于,它的美不是在表面上,而是需要去挖掘,并且初次阅读剧本的时候,也许会鄙视地把它扔到一旁。姑且让一个有教养的人忘掉索福克勒斯的声望,并建议他在《安提戈尼》和《扫罗》之间作出选择。我相信,他第一次阅读的时候,会宣布两部作品同样拙劣。当然,我不想以此说明可以把《扫罗》同这位最伟大的希腊人的最伟大的作品相提并论。我只想表明,轻率肤浅地作出判断是多么反常。可笑的是,作者的某些誓不两立的敌人突然认为他们取得了前所未有的辉煌胜利,欣喜若狂地指出,《扫罗》是谷兹科夫平庸无能、不懂艺术的纪念碑;他们完全不知道怎样理解撒母耳,却说他经常讲这句话:"我不知道他是活着还是死了。"可笑的是,妙就妙在他们不知不觉地把自己的极为肤浅的见解展示了出来。但是,谷兹科夫可以放心,他以前的先知先觉们的遭遇也是这样的,而他的扫罗最终也将被列为先知先觉。在文巴尔克没有打开他们的眼界时,他们对路德维希·乌朗特的剧作也是鄙视的。正是乌朗特的戏剧在简朴的形式上与**《扫罗》**有许多相似之处。

  为什么能这么轻易地用这种肤浅的见解就把《扫罗》打发了,其中另一个原因就是对历史传说的独特理解。对于那些象撒母耳记上卷那样名闻遐迩的、众说纷纭的历史作品,每个人都有自己的观点,并且希望当它被改写成诗歌作品时,自己的观点能在作品中得到重视,哪怕是部分地受到注意也好。有人赞成扫罗,有人赞成大卫,还有人赞成撒母耳。每一个人,无论他怎样郑重其事地保证,打算尊重作家的观点,如果他个人的观点被忽视了,总是感到自己受了委屈。但是谷兹科夫的做法十分正确,他不走陈旧的大车仍在那里沿着车辙行进的那条老路。我真想看到有人能在一部悲剧中塑造一个真正的、历史上的扫罗的形象。迄今为止那些想把扫罗的故事放回到纯历史的基础上去的种种尝试,都不能使我满意。对于旧约的历史批判还没有脱离业已过时的唯理论的范围。如果有某一个施特劳斯来做这件事,他就得做许多工作,以便准确地区分哪些是虚构的故事,哪些是历史，以及哪些是被传教士歪曲了的。其次，难道成千次失败的尝试还没有证明，对戏剧来说东方本身是多么贫瘠的土壤吗？在历史上，哪有什么地方当不合时宜的人遭到失败的时候一个更崇高的人物取得了胜利呢？别是大卫吧？他象过去一样仍然受着传教士的影响，而且充其量也只是圣经中用非历史观点来表现的给人以深刻印象的英雄。因此，谷兹科夫在这方面不仅享有每个诗人所具有的权利，而且消除了妨碍诗歌描写的障碍。那么，纯粹历史上的扫罗穿上了时代和民族性赋予他的服饰会是什么样子呢？请设想一下，他怎样用希伯来语的排比句表达意思，他的一切思想怎样同耶和华联系在一起，他的所有形象怎样同希伯来人的宗教礼拜联系在一起；请设想一个用赞美诗的语言说话的历史上的大卫，——要设想一个历史上的撒母耳更谈不上，——然后自问一下，能否允许这样的人物在剧中出现？在这里，应当抛弃时代和民族性的范畴，对于在圣经史和迄今为止的批评中提供的人物性格的轮廓，应当作一些必要的修改。在这里，许多在历史上仅仅是个谜或者最多也不过是个模糊的概念的东西，需要逐步有个清楚的概念。因此，诗人完全有权允许自己的人物具有例如教会的概念。——在这方面，当人们看到谷兹科夫如何解决自己的课题时，给予他的只能是他当之无愧的最热烈的赞扬。构成他的角色的那些线索，都有源头可寻，虽然这些线索看上去十分紊乱；他必须抽出和丢弃某些线索，但是只有最不公平的批评家才会指责他夹带了某种异己的东西——非利士人的那场戏除外。

剧本的中心有三个角色，谷兹科夫对他们的独特的描写，使题材真的成为悲剧性的了。在这里表现出他的真正富有诗意的历史观。无论如何也不能使我相信，一个"冷静的重理智的人"，一个"爱争论的人"，从杂乱的叙述中所汲取的会是导致高度悲剧性结局的东西。这三个角色就是扫罗、撒母耳和大卫。扫罗结束了希伯来人的历史时期，结束了法官时代和英雄传说时代。扫罗是那个时代——他不理解那个时代，那个时代也不理解他——的一代勇士中幸存下来的最后一个以色列的尼贝龙根。扫罗在那个朦胧的神话时代一开始便注定了是个刀光剑影的追随者。他的不幸在于，他生在一个文化传播的时代，一个同他格格不入、注定使他的宝剑生锈的时代，因此，他企图使这个时代倒退。总之，他是一个高尚的人，任何合乎人性的东西对他都不是格格不入的；但是，他不知道什么是爱情，当爱情穿着新时代的服装向他走来时,他不认识它。他认为这个新的时代及其种种表现是祭司的产物。其实,祭司们仅仅为这个新时代作了准备,他们不过是历史手中的工具而已;从历史播种的教阶制中,从未见过的幼苗生长出来了。扫罗反对新时代,而新时代却越过了他,一下子就获得巨大的力量,摧毁一切反抗它的东西,也包括伟大的、高尚的扫罗。

撒母耳正处于向文化过渡的边缘。祭司作为享有受教育的特权的人,在这里,也象在各处一样,在粗野人当中准备向文化过渡,但是,教育正在深入民众,祭司为了维护自己的影响,不得不拿起另一种武器来与民众抗衡。撒母耳是个真正的祭司,他认为教阶制是最神圣的。他坚信自己的神圣使命。他深信,如果祭司的权力被推翻,耶和华就会向民众发怒。他恐惧地看到,既然民众需要国王,那他们懂得的就太多了。他发现,道德力量,以及曾经使人肃然起敬的神圣的法衣,对于民众已经失去了作用。他不得不把明智作为武器,悄悄地变成耶稣会士。但是,他现在所选择的弯曲道路是国王深恶痛绝的。国王对祭司从无好感。在斗争中扫罗的目光对于祭司的诡计很快就明察秋毫,而对于时代的表征却视而不见。

第三个角色是这场斗争中出现的胜利者——大卫。他是新的历史时代的代表,在这个时代,犹太教上升到它的意识的新阶段。就人性来说,他与扫罗相同,但是对时代的理解大大超过了扫罗。起初,他是作为撒母耳的学生出现的,那时他刚刚走出校门。但是他没有使自己的理性过分屈从于权威,以致使它失去弹性,理性激发并恢复了大卫的独立性。尽管撒母耳个人仍想博得他的敬仰,理性还是始终不渝地帮助他克服这种影响,不管撒母耳怎样咒骂他,富有诗意的幻想又为他创造一个新的耶路撒冷。扫罗不可能同他和解,因为这两个人的目标是对立的。如果他说他痛恨大卫的只是祭司们用欺骗方法注入大卫灵魂中的那些东西,那么,他又把祭司的贪权的结果与新时代的特征混为一谈了。我们眼看着大卫从一个一无所知的孩子成长为整个时代的代表,这样,他的形象中似乎存在的矛盾也就消失了。

为了不致中断这三个角色的发展,我故意避开了一个问题,这是好不容易把《扫罗》读了一遍的一切批评家所提出的一个问题:是否撒母耳要作为一个有血有肉的人在女巫那场戏以及在戏剧的结尾出现;或者,是否撒母耳的鬼魂要在那里一说出预定要他讲的话。我们可以假定,在这出戏中，这个问题不仅不容易得到答案，也许根本不可能得到满意的答案；难道这就是很大的缺点吗？我看根本不是：您把他当作什么人都可以，只要您愿意，那就请您在这个问题上进行最无聊的辩论吧。其实，在描述哈姆雷特的疯狂方面，莎士比亚也有这样的情况，关于哈姆雷特的疯狂，所有的批评家和注释家整整两个世纪以来都在"不厌其烦地、而且总是从各个角度"发表议论，从各个方面进行考察。然而，谷兹科夫并没有把问题弄得如此复杂。他早已知道，光天化日之下出现鬼魂是多么荒谬可笑，《奥尔良的姑娘》①中出现黑骑士是多么不妥。就是《扫罗》里的鬼魂也完全是不恰当的。特别在女巫那场戏中很容易看出是谁隐藏在面具之后。在谈到撒母耳之死以前，就连祭司长也还没有以这样的方式出现。

在剧本的其他角色中，刻画得最好的是押尼饵。他由于满怀信念和心灵充满和谐而对撒母耳忠心耿耿；在他身上，军人以及祭司的敌人完全把人降到了次要的地位。相形之下，刻画得最差的是约拿单和米甲。约拿单自始至终侈谈友谊，倾诉自己对大卫的爱，但是仅此而已，不见行动。他陷入对大卫的友谊而不能自拔，因此丧失了一切勇气和一切力量。他的顺从和软弱甚至不能称之为性格。谷兹科夫在这里感到棘手，不知该如何处理约拿单。无论如何，约拿单不应该是这种样子。米甲被塑造得十分模糊，只在一定程度上刻画了他对大卫的爱。从这两个人谈论大卫的那场戏中可以最清楚不过地看出，这两个形象是不成功的。他们有关爱情和友谊的对话，全然失去了我们在谷兹科夫那里已经见惯的那种惊人的敏锐，那种思想的丰富性，而尽是些既不完全真实又不完全虚假的话。没有任何典型的东西，没有任何突出的东西。——洗鲁雅是和犹滴一样的人。我不知道是谷兹科夫还是奎纳曾经说过，犹滴同任何冲破女性局限性的妇女一样，在完成自己的事业后，应该死掉，免得出现不成体统的形象；洗鲁雅也应当照此办理，——对非利士人的君王们的刻画本身是出色的，而且具有可贵的特点。这在作品中是否合适，是我们将在下面探讨的另一个问题。

我相信读者会原谅我不对剧本的结构作进一步的分析。但是，总还有些东西是必须注意的，即剧本的开头部分。这一部分优美而富有特色，根据这些特色可以准确无误地看出谷兹科夫富有戏剧天才。民众只在一些简

---

① 弗·席勒《奥尔良的姑娘》第三幕第九场。——编者注

短的场次中出现,这完全符合谷兹科夫狂热而易于冲动的性格。大规模的群众场面隐含着某种危险:在不具备莎士比亚或歌德的天才的人的笔下,这种场面必然会写得庸俗陈腐、毫无意义。其实,借助一些军人或其他一些群众的几句对话,往往就能收到较大的效果,并且完全能达到自己的目的:用一些个别的细节表达社会舆论。这种方法可以采用得更多一些,而不会使人感到乏味和厌倦。第一幕的第一场和第四场就是这样处理的。第二场和第三场包括扫罗的独白以及他同撒母耳的对话,这是剧中最精彩最富有诗意的地方。对话中古希腊罗马式的恰如其分的激情体现了写作全剧的精神。这几场戏简略地勾画出剧情的梗概;然后,在第五场,约拿单和大卫之间的对话,引导我们深入细节。这场戏的缺陷在于思路有些紊乱,对话的线索几次中断。这无疑是由于对约拿单的描写从一开始就不成功。然而,这一幕的最后一场却安排得十分巧妙。我们对主要角色已经有了某些了解;在这场戏里,他们一起上场了。大卫和扫罗怀着认真的和解愿望彼此迎面走来。在这场戏中,作者要揭示他们性格上的全部差异,揭示他们两人的势不两立;作者不是把他们引向预定的和解,而是引向不可避免的冲突。这个任务解决得十分完美,这需要对现实有非常生动的了解,要善于极其敏锐地刻画性格的差异,要准确无误地洞察人的内心世界。扫罗的思绪从一个极端向另一个极端的转变是那样切合他的心理状态,那样有根有据,尽管描写女婿的场面是不成功的,我仍不能不认为这是全剧中最精彩的一场戏。

第二幕中,非利士人的那场戏令人钦佩,或者如奎纳所说,"新颖风趣"。但是,这场戏的精彩机智的台词本身未必能说明它适于在悲剧中出现。如果谷兹科夫使他的扫罗超出他那个时代的思想水平,并且把他所没有的意识加到他的身上,那么,这样做还是有道理的。但是这场戏中掺进了一个纯粹是现代的概念:大卫在这里被移植于德国的土壤。这至少对于悲剧来说是有损无益的。喜剧场面,一般倒也可以有,但是这应当是另一种类型。悲剧之中有喜剧因素,这决不象那种立论肤浅的评论所认为的那样,是为了多样化和对比,不如说是为了提供一幅把严肃与诙谐糅合在一起的比较真实的生活画面。但是,我怀疑莎士比亚是否满足于这样一些理由。难道生活中最深刻的悲剧有时不是穿着喜剧的服装出现的吗?我只指出这样一个角色,虽然他是在小说中出现的,而且是应当出现的,但是我以为他是最富有悲剧性的。我指的是唐·吉诃德。一个人，出于对人类的纯洁的爱，做出许多可笑的蠢事而不为同时代人所理解，——还有什么人比他更具有悲剧性呢？更富有悲剧性的人物是布拉泽多，一个后来的唐·吉诃德。他的意识比他的原型成熟得多。顺便说一下，这里我要为布拉泽多辩护，要驳斥《莱茵年鉴》上一篇总的来说言之有理的评论，评论指责谷兹科夫用喜剧的形式阐明悲剧的思想。应当象描写唐·吉诃德一样，以喜剧来描写布拉泽多。如果对他采取严肃的态度，他就会是一个最平庸的、内心矛盾的悲伤厌世的先知。如果抛去小说中那些喜剧性的陪衬，它就会成为模糊不清的、不能令人满足的作品之一，现代文学就是从这些作品开始的。不，《布拉泽多》，这是第一个可靠的标志，它标志着青年文学已经超越了一个的确是难以避免的失望的时期，即超越了《瓦莉》和"用心血写成的"《夜》的时期。悲剧之中真正的喜剧因素表现于《李尔王》中的丑角形象和《哈姆雷特》中有掘墓人出场的几场戏中。①

　　剧作家容易碰到的暗礁是最后两幕，这两幕作者写得并不十分成功。第四幕的内容仅仅是几个决定：扫罗作出决定，阿斯塔罗特两次作出决定，洗鲁雅、大卫也作出决定。其次便是巫婆的一场戏，这场戏也是效果甚微。第五幕仅仅由格斗和冥想组成。作为英雄，扫罗的冥想也许有点过分了；作为诗人，大卫的冥想太过分了。有时感到，你听到的不是诗人——**英雄**的声音，而是诗人——**思想家**的声音，象是泰奥多尔·蒙特。总之，谷兹科夫剧中的独白一般是比较逊色的，原因是念独白时有其他角色在场。因为类似的独白很少能导致作出决定，并且都是单纯的内省，所以多半不成其为真正的独白。

　　正象我们期待于谷兹科夫的那样，我们所分析的剧本的语言是富有独创性的。我们在剧本中又一次遇到谷兹科夫散文作品中所特有的形象，它使人完全觉察不到从质朴无华的散文向绚丽多彩的现代风格的过渡。我们还遇到许多往往类似谚语的简练精确的语句。谷兹科夫在展开情节时被抒情灵感所支配，并且他可以在散文中抒发这种灵感。如果撇开抒情成分，谷兹科夫就不是一个抒情诗人。因此，他笔下的大卫唱出的唱词，要么很不成功，要么毫无意义。这便是大卫对非利士人说的话：

---

　　① 指莎士比亚的悲剧《李尔王》和《哈姆雷特》。——编者注

>　　为了你们，我要把诗编成花冠，
>　　开开玩笑，决没有其他的打算。①

应该怎样理解呢？这种歌词的基本思想往往非常好，但是写出来总是败笔。其实，从风格上也可以明显看出，谷兹科夫写诗的技巧并不熟练，但是，这毕竟要比创作平庸陈腐、内容空泛的蹩脚诗所采用的手法好得多。

作者也没有完全避免塑造一些不成功的形象。例如第7页上就是这样：那便是祭司的愤懑人民先从他的手里夺去王冠，而王冠在人民枯瘦的手上，会成为揍他的棍棒。②

在这里，**王冠**已经是国王权力的形象，无论如何也不可能成为第二个形象——棍棒——的抽象基础。令人更吃惊的是：要避免错误是很容易的，所以这就明显地证明，谷兹科夫写诗还是费劲的。

有一些情况妨碍我了解《**理查·萨维奇**》。不过我承认，该剧最初几次上演所获得的意外成功使我对剧本产生怀疑。同时我想起了三年前《格丽泽尔迪丝》的遭遇。从那以后出现了许多篇持反对意见的文章，而其中第一篇——因为即使不了解作品本身，也可以根据杂志上的摘录作出判断——是主要的一篇，它竟奇怪地发表在政治杂志《德意志信使》上。我大可不必去评论这部作品，因为哪家报纸不议论它呢？所以，我们还是等着这部作品在报刊上发表吧。

谷兹科夫的最新作品《**威纳尔**》在汉堡获得同样的赞扬。根据初步的意见判断，这部作品本身不仅具有重要意义，实质上也是第一部现代悲剧。值得注意的是，对现代悲剧有过不少议论的奎纳，本来应当自己创作一部类似的作品，现在却让谷兹科夫领先了。难道奎纳不觉得自己应当在戏剧方面一试身手吗？

但愿为青年文学开辟了一条通向戏剧舞台的道路的谷兹科夫，继续以他独树一帜、充满生活气息的戏剧作品，把那些非法窃据舞台的鄙陋庸俗的货色赶下台去。无论批评有多么大的摧毁力量，我们相信，仅有批评是达不到这个目的的。谷兹科夫得到具有同样倾向的人的大力支持，这使我

---

① 卡·谷兹科夫《扫罗王》第二幕第七场。——编者注
② 卡·谷兹科夫《扫罗王》第一幕第三场。——编者注

们对德国戏剧和德国剧院的繁荣抱有许多新的希望。

  恩格斯：《现代文学生活》（1840年3—5月），摘自《马克思恩格斯全集》第41卷，人民出版社1982年12月第1版，第61—74页。

2. 和谐是一个幽默作家所具备的首要条件

  谷兹科夫向我们显示的是十分独特的性格，而在**蒙特**那里我们发现一切精神力量的可喜的和谐，这种和谐是一个幽默作家所具备的首要条件：冷静的理性，德国人善良的心地以及必不可少的想象力。蒙特是个地道的德国人，但正因为如此他很少翱翔于一般风格之上，往往遨游于毫无诗意的语句之中。他和蔼可亲，有德国人的认真精神、正直实在，但这不是一位热中于从事艺术再现的诗人。蒙特在《圣母》以前所写的作品是微不足道的，《现代生活的漩涡》充满了善意的幽默和有艺术趣味的细节；但是作为一部艺术作品是没有价值的，作为一部小说则枯燥无味。而在《圣母》中，倾心于新思想的激情在他身上达到了前所未见的高潮。然而，这个高潮所产生的仍然不是艺术作品，而只是许多善良的念头和令人惊叹的画面的堆砌。但是《圣母》毕竟是蒙特的优秀作品，因为此后不久，德国文学天空密布的乌云按照德国雷神宙斯的意志突然降下倾盆大雨，这使蒙特的激情一落千丈。谦逊的德国哈姆雷特坚信，创作一些不得罪人的短篇小说是无害的；在这些短篇小说中，时代的思想蓄着修剪过的胡子，留着梳得溜光的头发，穿着请愿者的燕尾服，呈上效忠君主的请愿书，请求大发慈悲，实现时代的思想。《爱好的喜剧》损害了他作为一个诗人的荣誉，他并不想通过创作新的更完美流畅的诗歌，而是想用《世界漫游》来弥补这个损失。如果蒙特不以往日的激情从事创作，如果他不用创作诗歌来取代撰写游记和杂志文章，人们很快就不会再来谈论诗人蒙特了。蒙特在风格方面又明显地后退了一步。他对于他所认为的德国第一流修辞学家万哈根的偏爱促使他去模仿这位作者的外交辞令、矫揉造作的词句和抽象的华丽辞藻。这样，蒙特便不知不觉地破坏了现代风格——具体生动和富有生活气息——的基本原则。

  除了争论的双方具有不同的特点外，他们的思想形成过程还有一些根本的差别。谷兹科夫从一开始就表现出对"现代摩西"白尔尼的狂热，这种推崇备至的感情直到今天还保留在他的心中。而蒙特却躲在黑格尔体系这棵大树所投下的充满希望的荫影里，长期以来就表现出大多数黑格尔分子所特有的傲慢。这位哲学钵谛沙赫①的定理宣称,自由和必然是同一的,南德意志自由主义的倾向有片面性;这个定理在蒙特从事文学活动的初期束缚了他的政治观点。谷兹科夫对柏林的环境不满而离开了那里,他在斯图加特衷心爱慕南德意志,这种爱慕之情至今不衰。而蒙特却感到在柏林很自在,很乐意参加唯美主义者的茶会,在柏林的精神活动中汲取他的《个性和环境》难的思想,这是一棵温室中的文学幼苗,它窒息了蒙特和其他许多人的诗歌创作的任何自由。可悲的是:蒙特在1838年的《自由港》杂志第二期上批判地分析明希的作品时,对于描写这样的个性是那么高兴,从来还没有哪一篇诗歌使他这样高兴过。柏林的环境——这个词仿佛是专门为柏林而想出来的——使他把其他一切置之脑后,而且就象我们在《圣母》中所看到的那样,他对于大自然美的蔑视甚至达到了滑稽可笑的地步。

当谷兹科夫和蒙特各自所走的道路突然在时代的思想上交叉时,他们就是这样彼此对立的。他们会很快就再次分道扬镳,也许会远远地相互挥手致意,愉快地追忆往日的相遇,幸好"青年德意志"的形成和最英明的联邦议会的 Roma locuta est② 迫使他们联合起来。这在本质上使事物的状况发生了变化。共同的命运责成谷兹科夫和蒙特在相互评价时表现出克制,然而他们最终不可能不感到长此下去是不可忍受的。"青年德意志",或者青年文学——这是"从上面"降下灾难后,它为了不致排斥有类似倾向的信徒而给自己起的一个比较通俗的名字,——违背自己的意愿,几乎蜕变为一个小集团。各方面都发现有必要拒绝对立的倾向,掩饰弱点,大力强调共同的看法。这种反常的、迫不得已的虚伪作法是不可能持久的。"青年德意志"最杰出的人物文巴尔克离开了。劳贝一开始就反对当局擅自作出的结论。海涅只身远在巴黎,因而不可能向现代文学射出他那智慧的电火花。我倒想说,谷兹科夫和蒙特彼此似有约定,他们的坦率态度足以打破停止争论的状态。

蒙特很少参加论战,也未大做文章,但有一次他让自己卷入一场应该受到最严厉的谴责的论战中去了。他在《哥雷斯和天主教世界观》(1838

---

① 钵谛沙赫是对旧时伊斯兰教国家元首的称呼。——译者注
② 直译是:罗马说过。这是指:决议。——编者注

年《自由港》第 2 期）这篇文章的末尾宣称，如果德国宗教界丝毫也不愿对"青年德意志"有所了解，那么，"青年德意志"已经非常清楚地表明，在它的行列中有不少宗教方面的腐朽分子。非常明显，他所指的，除去我们在这里并未涉及的海涅以外，就是谷兹科夫了。即使这个指责是公正的，蒙特至少也应当对自己患难与共的同志有足够的尊重，而不致去为那些管窥之见、庸俗行为和虔诚主义，助长声势。蒙特的做法确实够恶劣的，因为他以虚伪的得意口吻说：感谢你，主啊，我不是海涅、劳贝和谷兹科夫这样的人，即使德意志联邦不尊重我，德国宗教界也会在一定程度上尊重我！

与此相反，谷兹科夫在论战中获得了真正的乐趣。他把一切音域都用上了，从《文学中的爱尔菲神》的中速快板立即转向小品文的急速快板。他比蒙特优越的地方就在于他能十分明确地揭露蒙特在文学上的离奇想法，并将这种离奇想法置于他那些总是装着机智炮弹的大炮的射程之内。几乎每一个星期他都在《电讯》杂志上给蒙特以打击，哪怕是打击一次。他知道拥有一份经常出版的杂志就为他提供了全部优势以压倒只掌握了一份季刊和自己的作品的那个对手。特别值得注意的是，谷兹科夫不断地磨锐他的论战的锋芒，他对蒙特的文学才能的鄙视是一步一步表现出来的，而蒙特却不遵守逐步转变的方法，一经宣战，便把谷兹科夫当成次要人物看待。

政治性报纸惯用的手法是在其他刊物上推荐同一倾向的文章，在以貌似公允的推崇和赞扬文章的幌子下，偷偷地塞进许多暗钉子，等等，所有这一切都被搬到文学界的这次争论中来了。当然不能说，打着外地通讯的招牌出现的个人的文章，在这种情况下是否就传播开了，因为许多甘愿效劳、不知姓名的帮手从一开始就加入了某一方，如果把他们的作品当成是统率他们的将军的文章，他们会感到不胜荣幸。这些居间帮忙的人准备以效忠为代价给自己买一篇赞许的小品文，马格拉夫正是把激烈争论的大部分罪过归咎于这些人。

1838 年底，第三个参加争论的人登上了舞台。这个人的装备，我们现在应该注意。此人就是**奎纳**。他是蒙特个人的旧交，毫无疑问，就是蒙特在《圣母》中一度提到的那个古斯达夫。他的文学创作的特点中，有许多同蒙特相近的地方，虽然从另一方面来说，他在本质上无疑具有某种法国人的本质特征。把他和蒙特联系在一起的特别是两人共同的思想形成过程：

都受过黑格尔的影响，经历过柏林的社会生活，这种生活使得奎纳也迷恋个性和环境，而且迷恋这种文学混合物的真正的发明家万哈根·冯·恩赛。奎纳也属于颂扬万哈根风格的那种人，他没有注意到，这种风格中唯一好的方面其实就是对歌德的模仿。

奎纳的文学形象的核心是机智聪明，是那种发明创造同生动的想象结合在一起的纯法国式的才智。这种才智的极端表现就是奎纳对于华丽的辞藻非但不陌生，反而具有驾驭它的罕见的技巧。例如，他那些关于蒙特的《漫游》第二册（1838年5月《雅士报》）的评论文章，读来不无某种快感。当然，这种文字游戏造成不愉快的印象，也是常有的事，而且会不由地想起靡菲斯特斐勒司的准确的、虽然是陈旧的词句。这种过尚辞藻的玩意儿也许为某种杂志所喜爱，但是，如果在象《性格》等作品中遇到这种地方，即使读来悦耳动听，实际上感觉不到有任何现实的根据，而且还不止一次地有这种感觉，那么这证明创作手法的选择是过于轻率了。另一方面，正是这种法国式的轻松使奎纳成为我们优秀的新闻记者之一，毫无疑问，他无须付出特别的劳动，稍加努力就能使《雅士报》大大超过它目前的水平。但是奇怪的是，奎纳在这里并没有表现出机敏，这种机敏似乎特别同他身上那种象劳贝一样的机智相适应。

作为一个评论家，奎纳特别鲜明地表现了在莱茵河东岸出生的人的特点。谷兹科夫不弄清事物的本质就不罢休，并且完全根据事物的实质提出自己的见解，不考虑任何有利的、起缓和作用的次要情况，而奎纳却以其敏锐思想的光辉照亮事物，这种思想确实多半产生于对客体的直观。如果说，谷兹科夫有片面性，那只是因为他公正地提出了见解，更多考虑的是客体的弱点，而不是它的长处；只是因为他要求倍克这样的青年诗人写出经典作品。如果说，奎纳是片面的，那是因为他竭力从一个不是最高的、最有启发性的观点出发来把握自己的客体的各个方面，他为倍克的《静静的歌》的诙谐戏谑辩解时用了这样一句十分恰当的话：他是个抒情的音乐家。

其次，应当把奎纳的创作分为两个时期：在他的文学生涯的开初阶段，他为黑格尔学说所俘虏，而且我认为他崇拜蒙特，或者说赞成蒙特的观点，因而不能总是保持独立性。《隔离》表明了他为摆脱这些影响而迈出的第一步；奎纳的世界观只是在1836年后的文学动荡中才完成。为了对奎纳和谷兹科夫的诗歌倾向进行比较，自然会想到两部同时写成的作品《疯人院里的隔离》和《赛拉芬》。每一部都完整地反映了作者的个性。在阿瑟和埃德蒙的形象上，谷兹科夫体现出自己性格中深明事理及和蔼可亲这两个方面。奎纳是个刚开始写作的作家，他更加直截了当地使自己完全进入了《隔离》的主人公，这表明他正在黑格尔体系的迷宫中寻找出路。象往常一样，谷兹科夫在锐敏地刻画内心世界方面，在心理因素的形成方面是出类拔萃的，几乎整部小说都是讲内心的感受。出于纯粹的误会而对各种动机作出这种理性的比较，其后果是把一切宁静的享受，以至对插入小说中的田园情景的享受都化为乌有了。不管从一个方面看《赛拉芬》是多么完美，从另一个方面看，它是不成功的。——相反，奎纳一直对黑格尔、德国人的沉思冥想和莫扎特的音乐发出巧妙的议论；他的一本书有四分之三的篇幅充满这样的议论，其结果无非是使读者深感无聊，从而毁了他的小说。《赛拉芬》中没有一个完美的人物。谷兹科夫本想致力于显示自己描写妇女性格的才能，但是在这方面却最不成功。他所有的小说中的女性，或者象《布拉泽多》里的策琳达那样庸俗，或者象瓦莉那样失去真正的女性的气质，或者象赛拉芬那样因为缺乏内心的和谐而不讨人喜欢。他本人几乎也象是要理解这一点了，因为在《扫罗》中他借米甲的口说出这样一段话：

> 你能象解剖人的大脑一样，
> 解剖女人的心。
> 你能展示是什么构成了女人的心，
> 但是女人心中的生命火花，
> 用小刀还是用讽刺比喻都无从知道。[①]

《隔离》中同样也缺乏鲜明的特征。它的主人公是个不完整的人物，只不过是现代意识的过渡时期的个性的体现，因此便失去了任何的个人特点。其他形象几乎都是模糊不清的，其中只有极少数可以有充分理由说是成功的或是不成功的。

[①] 卡·谷兹科夫《扫罗王》第三幕第一场。——编者注

谷兹科夫早就向奎纳挑战了，但奎纳只是间接地以多谈蒙特的优点和少提谷兹科夫来应战。不过，最后奎纳还是行动起来了，起先是平心静气地，与其说是论战，不如说是评论。他把谷兹科夫称为论战的爱好者，不再承认谷兹科夫在文学上的功绩。但是奎纳很快就写了《谷兹科夫的最新小说》一文，以任何人也没有料到的这种方式转入了进攻。他以讽刺的手法十分巧妙地描绘出谷兹科夫的二元论，并引用谷兹科夫的作品为例证。但是与此同时，他用了一大堆不体面的攻击词汇、一大堆没有根据的论点和欲盖弥彰、匆忙炮制出来的结论，这只能使谷兹科夫在论战中获得优势。他用摘自1839年《文学年鉴》（1840年的年鉴为什么至今尚未问世？）的简短引文作为回击，该年鉴刊登了他一篇论述最近文学上的分歧的文章。以不偏不倚的调子来争取同情，这种策略是相当聪明的，而谷兹科夫在这篇文章中所表现的克制态度是必须承认的。即使这篇文章的一切并不都是十分令人满意，即使谷兹科夫很容易就对付了奎纳，——不能否认，奎纳对当前的文学有巨大的影响，不能否认，他在历史小说方面具有无可怀疑的才能，虽然这种才能在《修道院的故事》中还没有充分表现出来，——而在这方面，谷兹科夫是情有可原的，因为他的对手也是这样做的，甚至还超过了他。

恩格斯：《现代文学生活》（1840年3—5月），摘自《马克思恩格斯全集》第41卷，人民出版社1982年12月第1版，第75—86页。

3. 现代风格是青年文学不可战胜的武器，它将一切青年天才集合于它的旗帜下

青年文学有一种武器，这种武器使它不可战胜，并将一切青年天才集合于它的旗帜下。我指的是现代风格。现代风格生动具体，措辞锋利，色调丰富，因而为每个青年作家自由发展各自的才能——不管是小溪还是大河——开辟了天地，而不使他们自己的特色，只要他们具有这种特色，掺杂太多的别人的东西，诸如海涅的尖酸，或谷兹科夫的讥讽。令人高兴的是看到每个青年作者都力求把握住具有傲然飞腾着的激情焰火的现代风格，焰火到达顶点后，洒下阵阵五彩缤纷的、富有诗意的火花雨，或者进射出噼啪作响的智慧火星。在这方面具有重大意义的是我的第一篇文章中所提到的《莱茵年鉴》上的那几点评论。这些评论是新的文学时代对完全没有德国诗歌的莱茵地区所产生的影响的第一个表征。这里，整个现代风格有

明有暗，有其首创的然而恰当的特征，有笼罩着它的彩虹般的富有诗意的霞光。

在这种情况下关于我们的作家就不仅可以说：le style e'est l'homme，而且可以说：le style c'est la littérature①。现代风格，如同路·维尔不久前所指出的，不仅带有以往的文学巨匠们各种风格相互渗透的烙印，而且带有艺术创作和评论、诗歌和散文相互渗透的烙印。我们发现在文巴尔克的《当代剧作家》中这些成分相互渗透得最深。在这里诗人变成了批评家。对奎纳的《性格》的第二卷也可以作同样的评价，如果它的风格能更好地保持下去的话。德国的风格经历了一个辩证的间接表现的过程；从我们的散文的朴素直率中产生了理性的语言，这种语言的顶峰就是**歌德**的有如大理石那样优雅精妙的风格，还产生了幻想和激情的语言，**让·保尔**向我们展示了这种语言的全部光辉。**白尔尼**是间接表现手法的创始人，尽管他的作品中，特别是在《巴黎来信》中，理性的成分还占主导地位；而**海涅**在诗的方面是自由的。间接表现手法在现代风格中已经形成。幻想和理性如果没有意识的参与就不会交融在一起，但也不会尖锐地相互对立；它们结合于风格之中，就象结合于人的心灵之中一样。由于这种结合是自觉的，因而是牢固的、真正的结合。因此，我不赞同维尔的看法，维尔总是硬说现代风格具有偶然性。我认为它是有机的、符合历史规律的发展。

在文学中也正在产生同样的间接表现手法；这里几乎找不到一个作者不把艺术创作同评论结合在一起。就是抒情诗人克赖策纳赫也创作了《士瓦本的阿波罗》，而倍克写了论匈牙利文学的文章。指责青年文学沉湎于评论之中，其根据与其说是评论家太多，不如说是评论文章太多。难道谷兹科夫、劳贝、蒙特、奎纳的艺术作品，无论在数量上还是在质量上，都没有大大超过这些作者的评论文章吗？这样，现代风格仍然是文学的一面镜子。但是，风格有一个方面始终体现着风格本质的典型特征，这就是论战。古希腊人的论战体现在诗歌中，并且由于阿里斯托芬而富有表现力。在古罗马人那里，论战被赋予普遍适用的六步韵诗的形式，而抒情诗人贺雷西就是借助于抒情诗把论战变为讽刺诗的。在中世纪，在抒情诗的鼎盛时期，论战在普罗旺斯人那里是以西尔文诗和抒情曲的形式体现出来的，而在德

---

① 风格即其人（引自若·路·毕丰的用语）……风格即文学。——编者注

国人那里则体现为歌谣。当纯粹的理性在十七世纪诗歌中称雄的时候，为了强调论战的尖锐性，古罗马晚期的讽刺短诗被搬了出来。法国古典主义所特有的模仿倾向产生了贺雷西式的布瓦洛的讽刺作品。当德国的诗歌尚未走上完全独立发展的道路的时候，继承了以往一切传统的上一世纪，在德国试行过种种论战的形式，当时莱辛的古希腊罗马文化书简还没有在散文中开辟出适合于论战最自由地发展的领域。伏尔泰一有机会便给敌手以打击，他的战术是纯法国式的。贝朗热也可以说是这样，他谁也不放过，以同样的法国方式在歌曲中发泄一切。那么，现代的论战怎样呢？

　　原谅我吧，读者，你大概早就猜到，这种严厉苛刻的批评用意何在。要知道，我毕竟是一个德国人，我不能摈弃德国人从亚当那里延续下来的天性。现在我想更直率地说出自己的意见。谈谈现代文学中的纠纷、各家所持的理由，首先是构成其他一切问题中心的争论；谈谈**谷兹科夫**同**蒙特**之间的争论，或者依目前情况来说，谷兹科夫同**奎纳**之间的争论。这场争论在我们的文学运动中占有主要地位已经两年了，它对文学运动不会不产生影响，有的是有利的影响，有的是不利的影响。说不利的影响，是因为当文学变为个人的好恶和特异反应的斗争场所时，它的平静的发展过程总是被打破。说有利的影响，是因为，按照黑格尔的说法，文学超越了文学作为一派人所固有的片面性，甚至它的崩溃本身也证明了它的胜利；其次是因为，同许多人的期待相反，"年轻的新手"哪一边也不参与，而是抓住时机摆脱各种外来的影响，走上了独立发展的道路。如果有人站到这一边或另一边，这仅仅证明，他们多么缺乏自信，文学并不需要他们。

　　是谷兹科夫第一个抛出了石头，还是蒙特第一个拔出了利剑，可以暂且不予理会。总之，石头已经抛出，利剑已经出鞘。应当把这场迟早总要爆发的争论的更深刻的原因揭示出来。因为目睹事件全过程的任何一个公正的见证人都决不相信，主观的动因、阴险的忌妒、轻率的好斗会在争论的任何一方占优势。只有奎纳一个人认为，他与蒙特的私交是促使他接受谷兹科夫挑战的动机，而这动机本身并无不可告人之处。

　　谷兹科夫的文学创作和抱负具有鲜明地表现个性的特征。他的为数众多的作品中，只有极少数给人留下满意的印象，但终究不能否认，这些作品属于自从1830年以来德国文学中最杰出的作品。怎样解释这一点呢？我认为，这位作家具有二元论，它同谷兹科夫本人最初所揭示的伊默曼精神上的两重性有许多相似之处。所有德国作者，不言而喻，即所有的文学家，都承认，谷兹科夫具有巨大的理性力量；他作出自己的判断从不感到困难；他的眼光毫不费力地洞察着种种极为错综复杂的现象。在他身上，除了这种理性，还有如此强烈的激情；这种激情在他的作品中表现为灵感，并且把他的想象力引入一种几乎可说是兴奋的状态，只有在这种状态下才能从事精神创作。谷兹科夫的作品，即便是长期构思的作品，都是一挥而就的。如果说，一方面，在作品中可以看出创作时的灵感，那么，另一方面，这种匆匆草就往往妨碍对细节的冷静推敲。因此，这些作品，就象《瓦莉》一样，仅仅是草稿而已。他最近写的小说就比较沉着，特别是《布拉泽多》，给人以富有表现力的印象，这在谷兹科夫那里是前所未有的。他以往的主人公与其说是性格的生动体现，不如说是性格的描写。如卡尔·格律恩所说，这些主人公高不可攀，盘旋于天地之间。但是，谷兹科夫有时不能阻止自己的灵感给理性让位；他的作品中有些地方就是在这种情绪下写出来的，它们给人以上面已经提到的不愉快的印象。奎纳使用侮辱性的语言，称之为"老年人的唠叨"。

　　但是，谷兹科夫的激情往往使他因区区小事而发怒；那时，他的论战就会怒火四溅、粗暴激烈，事后他当然会因此而悔恨，因为他不可能不懂得，发狂时的行为是多么不明智。从《文学年鉴》上那篇著名的文章——他以其公正不阿而自诩——可以看出，他意识到了这一点，也就是说，他知道他的论战没有摆脱过去的影响。看来，谷兹科夫至今还没有使他思想上的这两个方面和谐地统一起来，而且还加上一种不加约束的追求独立的欲望。他容不得一点儿束缚，无论是铁制的镣铐，还是蜘蛛织的网。不粉碎这种束缚，他不会罢休。当有人违反他的意愿，把他同海涅、文巴尔克、劳贝和蒙特一起列入"青年德意志"，而"青年德意志"又开始蜕变为一个集团时，他感到尴尬，这种感觉直到他同劳贝和蒙特公开决裂时才消失。但是，这种追求独立的欲望能如此使他免受外来的影响，也能很容易地使他把一切异己物排斥在外，使他同外界隔绝，使他沉溺于近似自私的自尊之中。我完全不是硬说谷兹科夫有独霸文坛的意愿，但是他有时所使用的一些词句，使他的敌人借此谴责他有利己主义。单是他的激情就使他充分显出他是怎样一个人。因此，在他的作品中，可以立即看出这个人的全貌。对这种独特的精神特征，还要加上近四年来书报检查的剪刀不断给他造成的种种创伤和警察机关为他在文学上的自由发展所设置的重重障碍。我想，对谷兹科夫文学个性的主要特征的描述可以告一段落了。

> 恩格斯：《现代文学生活》（1840年3—5月），摘自《马克思恩格斯全集》第41卷，人民出版社1982年12月第1版，第75—79页。

4. 关于倍克的观点，我坦率地承认，并不是没有偏向的

但是这一卷《文学年鉴》包藏着新的分裂苗头，这就是**海涅**的《士瓦本的镜子》。这是怎样发生的，当事人中只有少数人知道。最好还是用沉默来回避整个这件使人难堪的事情。难道海涅最近不能凑够所需要的印张数量以便出版一本不受书报检查的、可以把《士瓦本的镜子》全部收进去的书吗？那时，至少可以看出，萨克森书报检查机关认为什么是应当删去的，以及是否确实可以把书籍被删改得支离破碎这一点归咎于书报检查机关。够了，战火又被重新煽起，而奎纳的表现是不理智的，他接受了一篇最愚蠢的论《萨维奇》的文章，并且在发表维尔博士的声明（在《雅士报》上出现这篇声明，就象如果倍克给《电讯》寄去一篇反对谷兹科夫的声明一样，也是意想不到的）时还发表了一篇狗叫似的讽刺文，该文也同样遭到对方狂吠般的驳斥。这种狗咬狗的事件是整个现代争论中最可耻的污点。如果我们的文学家开始象野兽一样彼此相待，并且在实践中运用自然历史的规律，那么德国文学很快就会象动物园了，期待已久的文学救世主就会同马丁和范·安堡称兄道弟了。

为了不使已经松劲的论战沉寂下去，有个恶魔又在谷兹科夫和**倍克**之间煽起争端。关于倍克，我已在其他地方阐明了自己的观点，但是我坦率地承认，并不是没有偏向的。倍克在《扫罗》和《静静的歌》中所表现的倒退，使我对《夜》和《浪漫诗人》抱怀疑的和不公正的态度。我本不该写那篇文章，更不该送到杂志上去发表。为了纠正我的看法，我可以说，倍克过去的作品——《夜》和《浪游诗人》，我当然是承认的。但是，如果我不指出他的《静静的歌》和《扫罗》的第一幕是倒退，我就违背了自己作为一个评论者的良心。倍克头两部作品中的缺陷是由于他年轻所致。可以把他头脑中涌现的那些形象和尚未完全成熟的、在一时冲动下出现的思想看作是精力过剩的表现，而且无论如何这里存在着一种大有希望的才能。——《静静的歌》中没有那些火一般的形象、那种奔放的青春活力，代替它们的是松弛、颓废，而这些在倍克那里是难以预料的。《扫罗》的

第一幕同样也是无力的。不过也许这种软弱无力只是过分紧张所带来的自然的、暂时的结果。《扫罗》的后面几幕戏可能会弥补第一幕的所有不足之处。不，倍克是个诗人，当进行最严厉而公正的指责时，批评应当慎重地考虑到他未来的创作。每一个真正的诗人都应当受到这种尊重。而且，我决不想被看作是倍克的敌人，因为我乐于承认，我的各种持久的振奋应当归功于他的诗作。

谷兹科夫和倍克本来可以避免进行这场争论。不能否认，倍克在写作《扫罗》时当然是无意中在某种程度上追随了谷兹科夫，而受损失的决不是他的正派作风，只是他的独创精神。谷兹科夫不该因此恼怒，而应当感到受宠若惊。倍克则应当象我们所希望的那样，修改自己剧本的第一幕，而不是强调谁也没有怀疑过的剧中人物形象的独创性，虽然他不得不——正象他已经做了的那样——接受挑战。

谷兹科夫现在采取了同莱比锡所有的文学家相敌对的立场，并且用他的锋利的小品文刺得他们坐立不安。他把他们看成是千方百计对他、对文学进行迫害的有组织的匪帮。但是，他既然不想放弃这场斗争，那么，如果用另一种方式同他们进行战斗，他确实会做得更好一些。个人关系以及这种关系对社会舆论的影响，在莱比锡文学界是不可避免的。但愿谷兹科夫能扪心自问，他是否每次都摆脱了这种有时可惜是不可避免的罪过，或者我有无必要使他想起他的某些法兰克福朋友？如果《北极光》、《雅士报》和《铁路》的见解有时是一致的，这有什么可大惊小怪的呢？在这些场合，使用**集团**这个词是完全不合适的。

目前的情形就是这样。蒙特已经退出，不再参加争论了。奎纳也对这场旷日持久的论战感到十分厌倦。大概谷兹科夫很快也会懂得，他的论战终究会使公众感到无聊。他们逐渐开始用小说和戏剧来彼此挑战，他们发觉，锋利的小品文并不是评价杂志的标准，德国有教养的人宁可奖赏一位优秀的诗人，也不奖赏一个最激烈的争论家。他们将习惯于和平相处，也许重新学会互相尊重。但愿他们以海涅的行为作榜样，尽管他和谷兹科夫有分歧，但是并不掩饰自己对谷兹科夫的尊敬。但愿他们在相互对比，评价自己的长处时，遵循的不是主观的尺度，而是青年的态度，文学迟早是属于青年的。但愿他们从《哈雷年鉴》那里学习到，论战只针对往日的遗毒和死者的幽灵。要让他们记住，如果不是这样，在汉堡和莱比锡之间就可能有一种文学力量崛起，压住他们的论战的火光。处于最新的、自由的发展中的黑格尔学派以及主要是所谓的青年一代正走向联合，这种联合将对文学的发展产生极其重大的影响。这种联合在莫里茨·卡利埃尔和卡尔·格律恩身上已经实现了。

恩格斯：《现代文学生活》（1840年3—5月），摘自《马克思恩格斯全集》第41卷，人民出版社1982年12月第1版，第75—89页。

（四）恩格斯论德国其他作家

1. 歌德后的德国文学界

1830年以前我们有些什么呢？有泰奥多尔·赫尔及其伙伴维利巴尔德·亚历克西斯，老歌德和老蒂克，c'est tout①。犹如霹雳一声，七月革命爆发了，它是解放战争以来人民意志最卓越的表现。歌德死了，蒂克日益衰老，赫尔暮气沉沉，沃尔弗冈·门采尔继续写他的烦琐乏味的评论文。可是，一种新气象在文学中还是出现了。诗人中名列前茅的是格律恩和莱诺，吕凯特的创作有了新的起色，伊默曼的声望在提高，普拉滕也一样，但这还不是全部情况。海涅和白尔尼早在七月革命以前就已经成熟了，只是到现在他们才获得声望，善于利用各族人民的文学和生活的新一代就是依靠了他们，走在最前面的是谷兹科夫。

恩格斯：《恩格斯致弗里德里希·格雷培》（1839年4月8—9日），摘自《马克思恩格斯全集》第41卷，人民出版社1982年12月第1版，第455—456页。

2. 简评白尔尼、倍克、谷兹科夫作品集

路德维希·白尔尼文集。第一、二卷。《戏剧丛谈》。——白尔尼是个为自由和权利而斗争的伟大战士，在书中他谈的是美学问题。即使在这里，他也是得心应手；他所讲的一切是那样确切、清楚，是那样出自对美的真实感受，而且论证得那样令人信服，使人根本不可能提出异议。这里妙语浩如烟海，坚定而犀利的自由思想，象礁石一样比比皆是。大部分评论（这本书就是由这些评论汇集而成）是在作品刚刚问世即批评界对这些作品的评价还是盲目的和犹豫不决的时候写成的。但是白尔尼看见并洞察了

---

① 这就是全部。——编者注

贯穿于这种行为的最内在的东西。最出色的是他的那些评论，评席勒的《退尔》——这是一篇同一般人的观点相反而二十多年来未被驳倒的文章，因为它是驳不倒的。——评伊默曼的《卡尔德尼奥》和《霍弗尔》，评劳帕赫的《伊西多尔和奥里珈》，评克劳伦的《羊毛市场》（此书牵涉到其他一些利害关系），评胡瓦尔德的《灯塔》和《图画》——这些书被他否定得那么厉害，真是一无是处，——以及评莎士比亚的《哈姆雷特》。白尔尼在各方面都显出是一个伟人，因为他引起了一场后果未可预料的争端，而且就是这两卷书已足以保证白尔尼能同莱辛并驾齐驱；不过，他成了另一领域的莱辛，但愿卡尔·倍克能继他之后成为另一个歌德！

《夜。披甲戴盔的歌》——卡尔·倍克

我是粗犷、豪放的苏丹，

我的诗歌是披甲戴盔的大军；

忧伤在我的前额添上许多神秘的皱纹，

宛如缠了一条头巾。①

在引言的第二节诗里就出现这样的形象，诗篇本身又会是怎样的呢？一个二十岁的青年头脑里就酝酿着这样的思想，那么当他成熟时会创作出什么样的诗歌呢？——卡尔·倍克是个有才华的诗人，席勒以后还没有人能同他相比。我发现席勒的《强盗》和倍克的《夜》之间有着惊人的相似之处：同样的热爱自由的精神，同样的不可遏制的幻想，同样的年轻人的豪情以及同样的缺点。席勒在《强盗》里追求自由，他那些强盗都是对他那个奴气十足的时代的严肃警告；不过这种追求在当时还不可能采取一种明确的形式。现在我们通过"青年德意志"已经有了一个明确的、系统的流派：卡尔·倍克挺身而出，大声疾呼，号召同时代人来认识、了解这个流派，并且归附这个流派。……

《浪游诗人》。卡尔·倍克的诗集。青年诗人在第一部作品刚刚问世后，紧接着出版了另一部作品。这部作品在表现力、思想的丰富、抒情的浓厚色彩和刻画的深度等方面丝毫不亚于第一部作品，而在形式的精美和风格的古典等方面，却远远超过第一部作品。从《夜》中的《创造》到《浪游诗人》中关于席勒和歌德的十四行诗，进步是多么大啊！谷兹科夫

---

① 引自卡尔·倍克的《苏丹》一诗。——编者注

认为十四行诗的形式损害了诗歌的整体效果，我却认为，对于这种独特的诗歌说来，莎士比亚式的十四行诗恰恰是史诗诗节和单独诗篇之间一种适当的中间形式。这毕竟不是史诗，而是纯粹的抒情诗，它的史诗情节线索联系松散，比拜伦的《柴尔德·哈罗德》还要微弱。但是，我们德国人庆幸的是有了卡尔·倍克。

《布拉泽多和他的儿子们》。卡尔·谷兹科夫的诙谐小说。第一卷。某个当代的唐·吉诃德的思想是这部三卷集小说的基础。这个思想已不止一次被人采用过，但是多半改编得很糟，当然还远不是已经挖掘完了。当代的唐·吉诃德（布拉泽多，一个乡村牧师）这个人物，谷兹科夫起初构思的时候，是很出色的，但是在执笔时有些地方写得显然不成功。不管怎样，刚刚年满三十（据说小说三年前就已写成）的谷兹科夫写的这部小说，在表达能力上远不如塞万提斯这部已经是成年人的作品。但是次要人物——托比安努斯似乎同桑科·判扎不相上下，——情景和语言等倒是挺出色的。

恩格斯：《恩格斯致威廉·格雷培》（1839 年 5 月 24 日—6 月 15 日），摘自《马克思恩格斯全集》第 41 卷，人民出版社 1982 年 12 月第 1 版，第 494—496 页。

3. 时代倒退的征兆

但是，我宁愿把历史比作信手画成的螺线，它的弯曲绝不是很精确的。历史从看不见的一点徐徐开始自己的行程，缓慢盘旋移动；但是，它的圈子越转越大，飞行越来越迅速、越来越灵活，最后，简直象耀眼的彗星一样，从一个星球飞向另一个星球，不时擦过它的旧路程，又不时穿过旧路程。而且，衍转一圈就更加接近于无限。谁能预见到终点呢？就在历史仿佛转回到它的旧路程的那些地方，自以为是的鼠目寸光的人站出来洋洋得意地喊道，你们看到吗，他就曾经有过这样的思想！于是，我们又听到：普天下没有什么新东西！我们那些难以理解的裹足不前的英雄好汉们，我们那些开倒车的达官显贵们欢天喜地，企图把整整三百年当作进入禁区的大胆旅行、当作热病的臆语从世界历史的年表中一笔勾销，——他们看不到，历史只是沿着最短的路程奔向新的灿烂的思想星座，这一星座不久就会以其太阳般的威力使他们呆滞的眼睛昏花迷乱。

我们现在就处在这样的历史转折点上。自查理大帝以来登上舞台的各种思想，五百年间不断相互排斥的各种风尚，都企图把自己的消亡了的权利再次强加于现代。中世纪的封建主义和路易十四的专制制度、罗马的教阶制度和上一世纪的虔诚主义，相互争夺消灭自由思想的荣誉！请允许我对这些事不再多谈了；因为，谁想在自己的盾牌上装饰这样一条格言，马上就有成千上万把寒光闪闪的剑，全都比我的更加锋利的剑向他刺去；而且我们知道，所有这些旧思想由于相互冲突必将化为灰烬，并将被向前推进的时代的金刚石般的步伐踏得粉碎。但是，与教会生活和国家生活中这些强大的反动现象相适应的是文学艺术中一些不明显的倾向，是向过去几世纪的不知不觉的倒退，它们即使对时代本身没有威胁，对时代风尚也是有威胁的；而且，奇怪的是，任何地方都还没有把这些倾向加以比较！

　　根本不需要到远处去，就可以碰到这类现象。你只要拜访一下有现代化陈设的沙龙，就会看到，你周围那些陈设的式样是谁的精神产物。极端专制时代的各种洛可可式①的丑陋形象重新被抬出来，为的是把那些使"朕即国家"② 这样的制度感到舒适自在的式样强加于我们的时代精神。我们的沙龙用文艺复兴时期风格的椅子、桌子、橱柜和沙发装饰起来了，要使文艺复兴时期全面恢复，就只差给海涅戴上假发、给蓓蒂娜③穿上裙环了。

　　布置这样一间房间，当然是为了在那里读一读**冯·施特恩堡**先生的对曼特农夫人时代抱有极大偏爱的小说。人们谅解施特恩堡这位奇才的任性并试图为它找出某些更有力的根据，这自然是徒劳无益的。但是，我敢断言，正是施特恩堡小说的这种特点，也许目前能推动小说的传播，但非常不利于它们今后持续流传。何况，诗歌作品的美，绝对不会由于它不断求助于贫乏枯燥、毫无诗意的时代而显得更加出色，而且这一时代反复无常、浮动不定、拥有充当习俗的傀儡；相形之下，我们的时代及其产物显得还自然一些。要知道，我们太习惯于用讽刺的眼光看待这个时代，以致长期以来它使我们不能对另外的阐述感到满意，事实上，使人感到十分厌烦的是在施特恩堡的每一部小说中，总有那样一种任性。这种倾向，至少在我看来，无非就是任性。所以在这一点上，它是没有更深刻的理由的。不过，我认为，应该到"上流社会"的生活中去找它的连接点。冯·施特恩堡先

---

① 十八世纪在西欧盛行的建筑和装饰式样，多为蚌壳形。——译者注
② 据传是法国国王路易十四的话。——编者注
③ 蓓蒂娜·冯·阿尔宁。——编者注

生无疑就是为这样的社会而造就出来的,因此他怡然自得地周旋其中:在这个圈子里,他也许找到了自己真正的故乡。那个时代的各种社会形态同现实的各种社会形态相比,虽然更呆板和更乏味,却明确和完善得多,如果说他对那个时代含情脉脉就不足为奇了。时代精神在自己的故乡巴黎的表现要比在冯·施特恩堡先生那里勇敢得多,因为它在巴黎企图认真地从浪漫主义者手中把他们刚刚赢得的胜利重新夺过来。维克多·雨果出现了,亚历山大·大仲马出现了,同他们一起出现的还有他们的一帮模仿者:伊菲姬尼娅们和阿塔莉们的矫揉造作让位于卢克丽霞·波尔查的矫揉造作,激昂焦躁代替了僵硬刻板;法国古典作家对古代作家的剽窃被揭穿了,——这时,拉舍尔小姐出场了,于是,雨果和大仲马,卢克丽霞·波尔查,以及那些剽窃来的作品统统被人遗忘了:费德拉和西得漫步舞台,步伐匀称,说话用的是过分修饰的亚历山大里亚诗体,阿基里斯摆出伟大的路易的神态,在舞台上昂首阔步,而鲁伊·布拉斯和贝尔岛小姐刚从后台出现,马上就在德国文艺翻译工厂和德国民族舞台上寻找出路。对正统主义者来说,当他们观看拉辛的戏剧时能忘掉革命、忘掉拿破仑和伟大的一周,必定感到欣慰之至。Ancien régim① 的光辉复苏了,世俗的沙龙挂上了织花壁毯,独裁者路易身穿锦缎背心、头戴蓬松假发,漫步在凡尔赛的修剪整齐的林荫道上,宠姬的那把万能扇子统治着幸福的宫廷和不幸的法兰西。

即使在这种情况下,过去时代的再现也没有越出法兰西本身的界限,而上一世纪法国文学的一个特点仿佛正开始再现于当前的德国文学中。我指的是哲学上的玩物主义,它在百科全书派身上表现出来,同样也在现代某些作家身上表现出来。在前者那里由唯物主义占领的地方,在后者这里正开始被黑格尔占领。**蒙特**是第一个——用他自己的话来说——把黑格尔范畴引进文学的人。**奎纳**始终没有忘记跟在他后面,写了《疯人院里的隔离》,虽然《性格》第二卷证明他已经部分地摈弃了黑格尔,但是他在第一卷的很多地方试图把黑格尔的作品翻译成现代语。遗憾的是,这些译文全都是离开了原文便无法理解的东西。

这种类比是否定不了的:上面提到的那个作者根据上一世纪哲学上的

---

① 旧秩序。——编者注

玩物主义的遭遇得出了一个结论，认为死亡的萌芽随同体系被带进了文学，这个结论是否对当代文学也还是正确的呢？诗才所耕耘的土地会不会被一个比先前的一切体系更加彻底的体系的根子弄得坑坑洼洼呢？或者这些现象只不过是这样一种爱：哲学用它来迎合文学，而且它的成果在霍托、勒特舍尔、施特劳斯、罗生克兰茨等人的著作和《哈雷年鉴》中得到出色的表现？如果是那样，当然就得改变观点，我们也就有权期待科学和生活、哲学和现代倾向、白尔尼和黑格尔的相互影响，——我们所期待的相互影响的酝酿，早已被所谓"青年德意志"的一部分人注意到了。除了这些道路之外，剩下的就只有一条路了，这一条路与前面两条路比起来，确实有一点可笑，也就是说，这条道路是以黑格尔对文艺的影响毫无意义作为前提的。不过，我认为，只有为数不多的人能下决心选择这一条道路。

但是，我们必须追溯得更远，追溯到百科全书派和曼特农夫人之前的时代。杜勒、弗莱里格拉特和倍克在我们的文学中则充当十七世纪第二西里西亚派的代表人物。《锁链和王冠》、《反基督者》、《洛约拉》、《皇帝和教皇》——杜勒的这些作品在表现手法上怎能使人不想起已故的齐格勒·冯·克利普豪森的《亚细亚的巴尼萨》或者洛恩施坦的《阿尔米纽斯王和图斯涅尔达王妃殿下》这两本书中的巨大激情？而倍克在玩弄辞藻方面甚至超过这些善良的人；他的诗篇中有些地方几乎被看成是浸在现代的悲伤厌世溶液中的十七世纪产物；弗莱里格拉特有时也不善于把玩弄辞藻同诗歌语言区别开来，他恢复了亚历山大里亚诗体①，乞灵于外国辞藻，这样就完全倒退到霍夫曼斯瓦尔道的时代。但是，应该相信他会把这些连同他那异国题材一起丢掉：

风沙飞扬，棕榈枯凋，
诗人投身祖国的怀抱，
纵有异样，仍然旧时风骚！②

如果弗莱里格拉特不这样做，那么，真的，他的诗在百年之后将被当作植物标本或撒沙匣③之类的东西，而且，如同拉丁语诗律一样，还会用来在学校讲授自然史。就让某个劳帕赫去指望自己的抑扬格的史诗享有这

---

① 暗指斐·弗莱里格拉特的诗集《亚历山大里亚诗体》。——编者注
② 引自弗莱里格拉特的诗集《多特蒙德的秘密法庭》。——编者注
③ 吸墨纸未发明以前，用来吸干纸上墨迹的一种文具。——译者注

种实际的不朽声誉吧，但是应该相信弗莱里格拉特也会给我们写出完全无愧于十九世纪的诗歌作品。不过，在再现浪漫派时期以来的旧题材的我国文学中，我们已经从十二世纪上升到十七世纪，这难道不令人感动吗？这样一来，哥特谢德大概也不会让我们久等的。

说实在的，当我打算把这许多个别现象归纳到一起的时候，感到十分困难；必须承认，我失去了把它们同滚滚向前的时代洪流联系起来的线索。也许，它们还没有成熟到可以给予确切评价的地步，在规模和数量上还会继续增加。不管怎样，值得注意的是：这一反动无论在生活中还是在文学艺术中都有表现；内阁报纸的抱怨大概已在那几堵还听到"朕即国家"这个公式的墙壁上得到了反响；在一部分德国最新诗歌中占统治地位的愚昧和无知，是同另一部分现代蒙昧主义者的大喊大叫相呼应的。

> 恩格斯：《时代倒退的征兆》（1839年11月—1840年1月），摘自《马克思恩格斯全集》第41卷，人民出版社1982年12月第1版，第32—37页。

4. 论普拉滕[①]

在复辟王朝时期的产儿、诗人——他们的力量没有由于1830年的雷鸣电闪而陷于瘫痪，他们的声誉只是在当代文学时期才确立起来——中间，有三个人由于有明显的相似之处而著称，他们是：伊默曼、夏米索和普拉滕。这三个人都有鲜明的个性、杰出的品格以及至少同他们的诗才相称的理性力量。在夏米索的作品中，占主导地位的有时是幻想和感情，有时是冷静的理性；特别是他的三韵句诗，表面上十分冷漠和富于理性，但是在字里行间却可以听到一颗高尚的心在跳动；在伊默曼的作品中，这两种特性互相斗争并且形成一种他本人也认可的二元论，他的坚强的个性虽然能够使两个极端有所接近，但是不能使它们统一；最后，在普拉滕的作品中，诗的力量放弃了自己的独立性，轻易地屈服于强有力的理性的统治。假如普拉滕的幻想不能依靠这种理性和他的卓越的性格，他就不会这样闻名。因此，他是诗歌中理性原则的代表，是形式的代表；因此，他想用一部杰作来结束自己生涯的愿望也就未能实现。当然，他清楚地知道，要使自己

---

① 奥古斯特·普拉滕（August Platen, 1796—1835）——德国诗人，自由主义者。——本书编者注

的声誉永存就需要这样一部巨著，但是他也感到，要做到这一点，他的力量目前还不够，所以寄希望于将来，寄希望于自己正在酝酿的作品。然而时间流逝，他没有能够从正在酝酿的作品中解脱出来，终于去世了。

普拉滕的幻想胆怯地跟随着他那理性的大胆步伐；当需要天才的作品时，当需要做出理性所做不到的大胆跳跃时，幻想就不得不胆怯地退却了。由此产生了普拉滕的谬误：把自己理性的产物当作诗。他的诗的创作力足以写出阿那克里翁风格的抒情诗①，这种力量有时也在他的喜剧中象流星似的一闪而过；但是我们应该承认，能作为普拉滕的特征的东西，大部分是理性的产物，而且将永远被认为是这样的。他的矫揉造作的抒情诗，他那讲究修辞的颂诗令人感到厌倦，他的喜剧中的辩论大部分是不合情理的，但是，对他的风趣的对话、高雅的独白，必须给予应有的评价，至于他的片面性，则必须在他的非凡的性格中寻找根据。普拉滕在社会舆论中享有的文学声誉将发生变化，他将更加远离歌德，更加接近白尔尼。

他的一些见解也是接近白尔尼的，除了喜剧中的很多隐喻外，他的文集中的一些诗也证实了这一点，我只想提一提其中一首献给查理十世的颂诗。他在波兰解放斗争的鼓舞下所写的歌词没有被收入这个文集，虽然这些歌词对于说明普拉滕的性格是十分重要的。现在，这些歌词作为文集的补遗另行出版了。我认为，这些歌词可以证实我对普拉滕的看法。他的思想和性格在这些歌词里比在他的其他作品中更有力和更突出地代替了诗。因此，普拉滕不善于写简朴的歌词，喜欢写冗长的、每一节都包含一个完整的思想的诗，或者写一些矫揉造作的颂诗韵律，这些颂诗的庄严而有节奏的调子看来要求讲究修辞的内容。在普拉滕那里，思想是同诗的艺术一起出现的，这就是他的诗的理性根源的最有力证据。凡是向普拉滕提出其他要求的人，对这些波兰歌词是不会感到满意的，然而，凡是抱着这些期望拿到这本书的人，在感到书中缺少诗的芳香的同时，却会由于在崇高性格的土壤上成长起来的那许多高尚思想，以及在序文中恰如其分地表达的"伟大的热情"，而得到充分的补偿。遗憾的是，这些诗没有在德国民族意识奋起反抗帝俄欧洲的五头政治的前几个月发表，否则这些诗就是对五头政治的最好的回答。而且，五头政治拥护者在这里为自己的著作找到的也

---

① 模仿古希腊诗人阿那克里翁的诗体所写的爱情诗。——译者注。

许就不仅仅是一句格言。

> 恩格斯：《普拉滕》（1839年12月），摘自《马克思恩格斯全集》第41卷，人民出版社1982年12月第1版，第38—40页。

5. 论伊默曼[①]

伊默曼逝世的消息对于我们莱茵区域的居民来说是一个沉重的打击，这不仅因为他是一个诗人，而且还因为他是一个人，——虽然同作为诗人的伊默曼相比，作为人的伊默曼更是刚刚才开始展现出来。他同不久前在莱茵河流域和威斯特伐里亚出现的比较年轻的文学力量有着特殊的关系；威斯特伐里亚和下莱茵尽管在政治方面直到目前还存在着尖锐的分歧，在文学方面却有着紧密的联系，无怪乎《莱茵年鉴》成了两省著作家的联合中心。以前，莱茵区域那么回避文学。现在，莱茵的诗人们又那么力图成为自己故乡的代表，即使不是按着一个计划行动，也是朝着一个目标努力。这种努力没有一个强有力的人物作中心，是很难行得通的，因为比较年轻的诗人既服从这个中心，又丝毫不能丧失自己的独立性。看来，伊默曼是要成为莱茵诗人的这个中心了。他虽然对莱茵区域的人民抱有某些成见，毕竟逐渐地归向他们，他还公开同全体青年所属的现代文学流派和解了；一种清新的思想支配着他，他的作品开始得到越来越广泛的承认。因此，聚集在他周围和从邻近地区到他那里去的青年诗人也越来越多；例如，弗莱里格拉特，当他还在巴门开发票和记流水账的时候，不是常常就"啪"的一声合上了日记账和总账本，陪同伊默曼和杜塞尔多夫的美术家们度过一天或者两三天？因此，各地散见的关于创造莱茵威斯特伐里亚诗派的设想中，伊默曼就占有显要的地位；在弗莱里格拉特成名以前，伊默曼是地方文学和全德意志文学之间的一条纽带。对于能看出这种相互关系和联系的人来说，这早已不是秘密了；还在一年前，莱茵霍尔德·克斯特林和其他一些人就在《欧罗巴》上指出，伊默曼将获得歌德在晚年所享有的那种地位。可是死神打破了所有这一切对于未来的梦想和希望。

伊默曼逝世后几个星期，他的《回忆录》出版了。他这么一个正在壮年的人是否已经完全成熟到能撰写自己的回忆录了呢？对这个问题，他的

[①] 卡尔·勒布雷希特·伊默曼（Karl Lebrecht Immermann，1796—1840），德国作家，政论家，评论家和戏剧活动家。——本书编者注

命运作了肯定的回答，他的书作了否定的回答，但是我们也不必把《回忆录》看作是老年人借以宣告走完了人生之路而作的一生总结。不如说这是伊默曼对自己早年极端浪漫主义时期的活动所作的一次清算，因此在他这本书中当然就打上了同他那一时期的作品不同的另一种精神烙印。加之最近十年来发生的那些巨大变迁把他书中所描写的事件推得很远很远，甚至他和他的同时代人都觉得似乎这些事件是历史的陈迹了。但是，我仍然觉得，我有权利说，要是在十年以后，伊默曼在把握自己的时代以及对待他作品的轴心即对待解放战争的态度上将会更高瞻远瞩、更自由。不管怎样，目前必须按照本来的面貌看待《回忆录》。

如果这位早年的浪漫主义者在《模仿者》中力求攀登歌德的表现力和宁静境界的顶点，如果《闵豪森》完全是采用现代作诗的手法写成的，那么伊默曼的这部遗著就更清楚地表明他多么善于评价文学上的最新成就。他的风格以及观察事物的方式完全是现代的；只是那些比较深思熟虑的内容，比较严谨周密的布局，鲜明刻画的性格特征，以及作者怀有的尽管相当隐蔽然而是反对现代的情绪，才使得这本书从目前充斥于我国渴望健康的诗的活力的文学中那些大量的描写、述评、回忆、谈话、情景、情况等等中间脱颖而出。同时，伊默曼很有分寸，不怎么思索探讨那些应当由不同于赤裸裸的理性判断的另一种判断来决定的东西。

摆在我们面前的第一卷取材于"二十五年前的青年"和在青年中占统治地位的影响。卷首的《致读者》最确切地说明了整个作品的性质。一方面是现代风格，现代流行词语，甚至现代原则，而另一方面是作者那些对广大读者来说早已失去意义的特点。正如伊默曼相当直率地指出的，他是为现代德国人、为那些同德国民族主义和世界主义这两个极端保持同样距离的人们写作的。他完全按现代的意义来理解民族并且提出了前提，这些前提在逻辑上必定会导致把主权的确立作为人民的使命。他坚决反对德国人所犯的毛病："缺乏自信、曲意逢迎和卑躬屈节"。此外，伊默曼对普鲁士主义抱有说不出所以然的偏爱，在提到德国立宪运动的要求时采取冷淡的、不关痛痒的态度，这就十分清楚地表明，他还根本不懂得现代精神生活的各个方面的统一。我们清楚地看到，"现代"这一概念很不合他的心意，因为他对"现代"的很多要素是抵制的，但是同时又不能弃之不顾。

回忆录本身是从《童年的回忆》开始的。伊默曼遵守自己的诺言，只谈"历史通过他来实现自己进程"的那些时刻。世界事件随着儿童认识能力的增长而增长。大厦正在建立起来，而他竟成了这座大厦崩溃的见证人。最初在远方咆哮的历史波涛，在耶拿会战中冲垮了北德意志的堤坝，席卷了踌躇满志的普鲁士，确证大帝使用的"我死后哪怕洪水滔天"这句话即使现在对于伊默曼的国家也是千真万确的，而且首先就淹没了他的故乡马格德堡。这是书中最精彩的部分。伊默曼长于叙述而拙于思索探讨，他极其成功地描述了世界大事在个人心中的反映。而且，这正是他公开地，——诚然，仅仅是暂时地——向进步事业靠拢的起点。他和1813年的所有志愿军人一样，认为1806年以前的普鲁士代表了这个国家的旧制度，但是又认为——现在人们是不大同意的——1806年以后的同一个普鲁士是完全复兴了的具有新秩序的国家。然而普鲁士的复兴是一个特殊问题。弗里德里希大帝搞的普鲁士第一次复兴在去年的纪念会上受到高度的颂扬，简直使人不能理解，二十年的空位时期怎么会造成第二次复兴的必然性。可是，后来《回忆录》肯定地告诉我们，虽然经过两次炮火的洗礼，旧亚当最近又表现出强烈的生命征兆。在我们所研究的这一章中，伊默曼并没有向我们赞扬现状，只是在下面这几句话里我们可以更清楚看到伊默曼的道路同新时代的道路之分歧所在。

"青年在进入社会生活以前，受到家庭、学校、文学的教育。对于我们谈到的这一代人来说，还要受到第四方面即专制制度的教育。家庭宠爱青年，学校使他们孤立，文学又把他们带入广阔的天地；而专制制度则使我们开始有了性格。"

这本书中思索探讨的那一部分就是根据这个模式构成的。我们不能不赞成这个模式，因为它的最大优点是能够按照阶段的时间顺序来解释意识的发展过程。书中关于家庭这一章，谈到旧式家庭时写得非常精彩；唯一令人遗憾的是，伊默曼没有着力把光明面和黑暗面连成一个整体。他在这方面的所有评论都非常精当。但是他对新式家庭的观点又一次表明，他仍然不能摆脱昔日的偏见和对近十年来各种现象的不满情绪。当然，"保持古风的安适"、对家庭乐园的满足日益让位于对家庭生活乐趣的抱怨和不满。但是，古朴生活的庸俗习气，睡帽上的光轮也在日益消失，而抱怨的理由——伊默曼提得几乎完全正确，只不过太尖锐了——恰恰是还在战斗着的、尚未结束的这个时代的表征。外国统治前的时代已经结束，而这个时代本身打上了安宁的但也是无所作为的烙印；这个时代怀着崩溃的萌芽在苟延残喘。我们的作者本来可以说得很简明扼要：新式家庭所以不能摆脱某种不安适的感觉，是因为它还不善于把向它提出来的那些新要求同自己的权利结合起来。正如伊默曼所承认的，社会变了样，社会生活作为崭新的因素出现了；文学、政治、科学所有这一切现在都深入到家庭中去，家庭却很难安置所有这些陌生的客人。全部问题就在于此！家庭里旧习惯还太深，它不能同外来客人取得谅解，友好相处。因此，在这里当然要发生家庭的更新，总要经历一个痛苦的过程，而我以为旧式家庭确实需要这样的过程。但是，伊默曼恰好就在德国最活跃最容易接受现代影响的地方即在莱茵河流域研究了现代家庭，因为这里最明显地表现出转变过程所引起的不安。在德国中部各地方城市，旧式家庭依然在庸碌无为这件神圣的睡衣的保护下继续存在。这里的社会还处于公元1799年的水平；人们平静地、沉着地对待社会生活、文学和科学，谁也不允许别人打破自己的安闲的生活常规。——作者为了证实他对旧式家庭所发表的意见，还引用了"教育轶闻"，然后用描绘旧时代的典型人物《伯父》这一章来结束该书的叙述部分。正在成长的一代人的家庭教育结束了，青年人投入学校和文学的怀抱。这本书写得不太成功的部分就是在这里开始的。伊默曼度过的学生时代，正是一切科学的灵魂即哲学以及提供给青年的基础即古代知识处于飞速变革的过程。对伊默曼不利的是，他作为一个学生，没有能贯彻始终地参加这次变革。当变革结束时，他早已中学毕业了。起初伊默曼仅仅指出那几年的学习是狭隘的，只是后来才在单独的一些章节里补充谈到了当代最有影响的学者。他在讲到费希特时才谈点哲学，这在我们哲学思想界的代表人物看来可能是十分奇怪的。他在这里对于那种单凭机智和诗人的眼力所无法彻底理解的事物详尽地作出机智的判断。我们那些严肃的黑格尔主义者读完在这里用了三页篇幅来阐述的哲学史之后将会大吃一惊！所以必须承认，象这样来谈论哲学是最外行不过了。他的第一个论点认为，似乎哲学总是在两点之间摇摆，不是在事物中就是在"自我"中探求确切可信的东西，这显然是为了迎合那追随康德的"自在之物"的费希特的"自我"而写出来的；这一论点如果说还勉强适用于谢林，那么无论如何不适用于黑格尔。——苏格拉底被称为思维的化身，正因为如此，并不认为他有能力自成体系；在他身上，纯粹的教义同直接渗入经验似乎结合起来了，而既然这样的结合已经超越概念范围，苏格拉底就只能作为一个有名人物而不能作为专门学说的创始人出现。这不就是那些必定会使在黑格尔影响下成长起来的一代人陷入极端混乱的观点吗？在思维和经验的一致性已经"超越概念范围"的地方还能存在什么哲学吗？如果把缺乏体系看作是"思维的化身"的必然属性，那还谈得上什么逻辑呢！

但是，何必跟着伊默曼进入连他自己也只想一笔带过的领域里去呢？只要指出下面这一点就足够了：正如他不能把过去几个世纪的哲学原理搞清楚一样，他也不大可能把费希特哲学同费希特这个人联系起来。但是他还是出色地描述了向德意志民族呼吁的演说家费希特的性格以及体操的热情宣传者雅恩的性格。这些性格描述比冗长的论述更有力地阐明了对当时的青年起支配作用的力量和观念。甚至在伊默曼谈到文学的地方，我们更爱读的是他有关"二十五年前的青年"同伟大诗人们的关系的叙述，而不是那种根据不足的论证：德国文学不同于它的一切姊妹文学，它有现代的、非浪漫主义的根源。如果想从高乃依那里探索中世纪浪漫主义的根源，或者在莎士比亚那里除了他取自中世纪的素材，还想把他的另一些东西归为中世纪的东西，那就不能不认为这是牵强附会了。昔日的浪漫主义者保留了隐蔽的浪漫主义，却又想逃避别人对他的指责，也许这里就表露了他的不完全纯正的良心。

论述专制即拿破仑的专制这一节，同样不能令人苟同。海涅对拿破仑的崇拜是和人民的意识格格不入的。但是，自命为具有历史学家的公正态度的伊默曼讲起话来却象一个受侮辱的普鲁士人，这也未必会有人感到满意。他确实感到在这里必须超越民族的——德意志的观点，特别是超越普鲁士的观点；因此，他用词非常谨慎，尽量接近现代的思想方法，只敢谈论细节和次要的东西。但是他逐渐大胆起来，他承认自己没有完全弄懂为什么人们把拿破仑列为伟人，他描绘了专制主义的完整体系，并且指出在这方面拿破仑是一个大笨蛋和无能之辈。但是用这种方法是不能理解伟大人物的。

因此，撇开那些决定伊默曼信念的个别思想不谈，他无论如何基本上是和现代的意识相距甚远的。但是也不能把他列入代表德国精神现状的派别中的任何一个派别。他毅然拒绝似乎是他最接近的那个倾向——条顿狂。在他的思想方法中，著名的伊默曼二元论一方面表现为普鲁士主义，另一方面又表现为浪漫主义。但是普鲁士主义在伊默曼这个当过官的人身上逐渐形成最呆板的、具有机械节奏的散文,而浪漫主义又使他极端敏感。只要伊默曼停留在这种立场上,他就不能获得真正的承认,而且必定越来越深信,这两种倾向不仅是针锋相对的,而且对民族的心情也越来越漠不关心。

最后,他在诗歌方面大胆地前进了一步,而且写成了《模仿者》。这部作品刚刚离开出版商的柜台,就使作者看到,妨碍民族和比较年轻的文学普遍地承认他的天才的,正是他以往的倾向。《模仿者》几乎到处都获得好评,同时也使作者的性格遭到尖锐的批评,而伊默曼在此以前是不习惯于这种批评的。青年文学——如果可以这样称呼某种一直都未成为整体的东西的片断——首先承认了伊默曼的作用,并且真正把这位诗人介绍给全民族。由于普鲁士主义和浪漫主义诗歌之间的分歧日益尖锐,还由于自己的作品都不大受欢迎,伊默曼深受刺激,因而他的作品就不自觉地有了越来越明显的十分孤立的标记。现在,他有了某些进步,因而获得了公认,同时也有了另外的、更自由、更愉快的精神。往日的青年人的热情又活跃起来了。它使伊默曼在他的《闵豪森》中转而同自己性格上的实践和理性协调起来了。他通过写《吉斯蒙达》和《特里斯坦》使一直牢牢地影响着他的浪漫主义的同情感平息下来了;然而,同以前的浪漫主义作品相比,是多么不同啊,特别是同《默林》相比,是多么富有表现力啊!

总之,在伊默曼看来,浪漫主义只不过是形式而已;普鲁士的冷静态度挽救了他,使他摆脱了浪漫派的梦幻,但是,另一方面,普鲁士主义也在一定程度上使他对现代的发展没有好感。我们知道,伊默曼虽然在宗教方面完全是一个自由思想的人,但是在政治方面是政府的非常热诚的拥护者。真的,由于同青年文学的关系,他开始接近当代的各种政治倾向,并且开始从另一个角度来认识这些政治倾向;同时,正如《回忆录》所表明的,普鲁士主义在他身上还十分顽强。也正是在这本书中还可以看到不少言论既同伊默曼的基本观点尖锐对立,又紧紧依赖于现代的基础,这就不得不承认现代思想对他有极大的影响。《回忆录》清楚地表明作者为了跟上时代的步伐所作出的努力。谁知道历史的洪流是否会逐渐冲垮伊默曼藏身的保守主义和普鲁士主义的堤坝呢?

还要指出一点!伊默曼说,他在《回忆录》中描写的那个时代的性格主要是青年人的性格：青年人的基调响起来了，青年人的情绪表达出来了。这难道不是跟我们的时代所见到的完全一样吗？文学界的老前辈都去世了，青年人掌握了发言权。我们的未来比任何时期都更多地取决于正在成长的一代，因为他们必须解决日益增长的矛盾。的确，老年人非常抱怨青年人，青年人也确实很不听话；可是，让青年人走自己的路吧，他们会找到自己的道路的，谁要是迷了路，那只能怪他自己。要知道新的哲学是青年人的试金石；他们要以顽强的劳动去掌握新的哲学，同时又不丧失青年人的热情。谁害怕思想之宫所在的密林，谁不敢持利剑冲进密林又不敢以热吻来唤醒沉睡的公主，谁就得不到公主和她的王国；他可以到他想去的地方，可以成为一个乡村牧师、商人、法官或者他希望要做的人，顺应天意娶妻生子，但是时代不会承认他是自己的儿子。你们不必为此而成为老年黑格尔派，到处抛出"自在"和"自为"，"整个"和"这个"等术语，但是也不要害怕开动脑筋，因为只有这样的热情才是真正的热情：它象苍鹰一样，不怕思辨的乌云和抽象顶峰的稀薄空气，朝着真理的太阳飞去。就这个意义来说，现在，青年人已经从黑格尔学校毕业了，从体系的干壳中脱落的好几粒种子在青年人心中茁壮地发芽了。而这就是对现代赋予最大的信任，相信现代的命运不取决于畏惧斗争的瞻前顾后，不取决于老年人习以为常的平庸迟钝，而是取决于青年人崇高奔放的激情。因此只要我们还年轻、还富有火热的力量，我们就要为自由而斗争；谁知道当暮年悄悄来临时，我们还能不能进行这样的斗争！

恩格斯：《伊默曼的〈回忆录〉》（1841年初），摘自《马克思恩格斯全集》第41卷，人民出版社1982年12月第1版，第167—176页。

（五）马克思、恩格斯论托马斯·卡莱尔

1. 恩格斯：《英国状况。评托马斯·卡莱尔"过去和现在"》

英国去年出版的、供"有教养的人"消愁解闷和领受教益的大量厚本书和薄册子中间，这是唯一值得阅读的一本。所有这些悲喜动人的多卷本小说，所有这些对圣经所做的说教的、虔诚的、学术性的和非学术性的解说——小说和说教的作品是英国书籍中销路最好的两种货色——你都可以放在一边，不去读它。也许你在地质或经济、历史或数学方面会碰到几本还多少有点新东西的著作，但这都是应当进行研究的东西，而不是阅读的

东西，都是枯燥无味的专门科学，干巴巴的植物标本，根子早已脱离那输送养料的人类土壤的植物。所有这些作品中间，不管你怎样挑选，卡莱尔这本书是唯一能够动人心弦、描绘人的关系、具有人的思想方式的一本书。（第626页）

托马斯·卡莱尔由于积极向英国人介绍德国书刊而在德国出了名。许多年来，他主要是在研究英国的社会状况（在英国有教养的人中间，他是唯一研究这个问题的人！），早在1838年，他就写了一个小册子"宪章运动"。当时执政的是辉格党，他们大张旗鼓地宣布说，1835年前后出现的宪章运动的"怪影"已被扑灭。宪章运动是旧激进派运动的天然继续；旧激进派运动由于改革法案而平息了几年，从1835—1836年度起又再次出现，而且声势更大，参加的群众空前团结。辉格党人以为他们已把宪章运动镇压下去了，而托马斯·卡莱尔之所以要指明宪章运动产生的真正原因和表明不消除这些原因就不能消灭这个运动，其理由也就在这里。虽然"宪章运动"一书与"过去和现在"的观点一般说来是相同的，但前一本书中托利党的色彩比较浓厚，也许这就是因为辉格党这一执政党首先应当受到批判的缘故。但不管怎样，前一本小册子谈到的，"过去和现在"一书也都谈到了，而且谈得更明确更详尽，结论也更精确，因此，我们也就没有必要来批判"宪章运动"了。（第630页）

这就是卡莱尔描写的英国状况。寄生的土地贵族"安分守己都没有学会，至少还没有学会不做坏事"；实业贵族沉溺于崇拜玛门，他们与其说是一群劳动的领导者和"工业司令官"，不如说只是一伙工业强盗和工业海盗；议会是贿选产生的；单纯直观和无所作为的处世哲学，laissezfaire［听之任之］的政策；宗教被破坏并日益瓦解，一切人类利益彻底崩溃，对真理和人类普遍失望，因此，人们普遍分为孤立的、"彼此完全隔离的个体"，一切生活关系一团混乱、纠缠不清，一切人反对一切人的战争，普遍的精神沮丧，缺乏"灵魂"即缺乏真正的人的意识；人数众多的工人阶级忍受着难以忍受的压迫和贫困，异常不满和痛恨旧的社会制度，因此，威风凛凛的民主主义不可阻挡地向前推进；到处是紊乱不堪，没有秩序，无政府状态，旧的社会联系瓦解，到处是精神空虚，没有思想和实力衰退，——英国的状况就是这样。如果撇开与卡莱尔的独特观点联系着的一些说法不谈，我们完全可以同意他的叙述。他——整个"有身份的"阶级中唯一的一个，至少没有闭眼不看事实，他至少正确地理解了当前的现状，这对一个"有教养的"英国人来说，的确是一件很了不起的事情。

将来的情形会怎样呢？当然不会像现在这样，也不可能像现在这样。我们已经看到，卡莱尔本人也承认他没有一种"莫里逊氏丸"，没有一种万应灵药可以医治社会弊病。他说的很对。任何一种社会哲学，只要它还把某几个论点奉为最后结论，还在开莫里逊氏丸的药方，它就远不是完备的；我们最需要的不是干巴巴的几条结论，而是研究。结论要是没有使它得以成为结论的发展，就毫不足取，这一点我们从黑格尔那时就已经知道了；结论如果变成一种故步自封的东西，不再成为继续发展的前提，它就毫无用处。但结论在一定时期应当有一定的形式，在自己的发展过程中应当摆脱模棱两可的不确定性，应当形成明确的思想，这样一来，这些结论就一定会采取"莫里逊氏丸"的形式，至少在像英国人那样纯经验的民族手里会是这样。虽然卡莱尔接受了许多德国人的东西，极不重视粗糙的经验，但假如他对将来的认识不是那样不肯定不明确，他的手里也很可能有几粒这样的药丸。（第641—642页）

上面的几段话非常明显地反映了卡莱尔的观点。他的整个思想方式实质上是泛神论的，而且是德国泛神论的思想方式。英国人和泛神论是无缘的，他们只承认怀疑论；英国整个哲学思想的成果就是不相信理性的力量，否认理性能够解决人们终于陷入的矛盾；因此，一方面在恢复信仰，另一方面又信奉纯粹实践，对形而上学等毫无兴趣。所以卡莱尔及其来源于德国文学的泛神论也是英国的"现象"，而且是那些注重实践和主张怀疑论的英国人根本不能理解的现象。英国人惊奇地望着他，说他是"德国神秘主义"，说他的英文很蹩脚；另一些人则断言，里面总还有些玩意儿；他的英文固然不太通俗，但是总还优美；卡莱尔是个预言家等等，但是谁也不知道应当怎样运用这一切。

对于我们这些了解卡莱尔观点的前提的德国人来说，问题是一清二楚的。一方面是托利党浪漫派的残余和从歌德那里剽窃来的人道主义观点，另一方面是怀疑论、经验论的英国；根据这些因素就足以看出卡莱尔的整个世界观。卡莱尔和所有泛神论者一样，还没有摆脱矛盾，而且他的二元论越来越深，因为他虽然了解德国文学，但他不了解德国文学的必然补充——德国哲学，因此他的全部观点都是直接的、直观的，其中谢林的成分要重于黑格尔的成分。卡莱尔和谢林（早期的谢林，不是"启示"时期的谢林）有很多共同点；在"英雄崇拜"或"天才崇拜"方面，他和施特劳斯是一致的；后者的观点也是泛神论的。（第646—647页）

这些在"预言家"歌德的著作中也可以找到，凡是睁着眼睛的人都可以在他的作品中读到这些。歌德很不喜欢跟"神"打交道；他很不愿意听"神"这个字眼，他只喜欢人的事物，而这种人性，使艺术摆脱宗教桎梏的这种解放，正是他的伟大之处。在这方面，无论是古人，还是莎士比亚，都不能和他相比。但只有熟悉德国民族发展的另一方面——哲学的人，才能理解这种完满的人性、这种克服宗教二元论的全部历史意义。歌德只是直接地——在某种意义上当然是"预言式地"——陈述事物，在德国现代哲学中都得到了发展和论证。卡莱尔的论断中间也有一些前提，这些前提只要得到充分发挥，也可以达到上述观点。泛神论本身只是自由的、人的世界观的前阶。卡莱尔描写为真正"启示"的历史，它所包含的只是人的事物；历史的内容只能用强制的办法从人的手里夺取过来，成为什么"神"的内容。卡莱尔当做"崇拜"的劳动和自由活动也完全是人的活动；劳动也只有用强制的办法才能同神联系起来。为什么总是把**至多**只能反映不确定性的无限性同时把二元论的假象也保持下来的字眼，把表示大自然和人类无足轻重的字眼提到第一位呢？

这就是我们关于卡莱尔观点的内部方面即宗教方面的结论。我们对他的观点的外部方面即政治社会方面的评价也和这些结论有直接的联系；卡莱尔的宗教信仰还很浓厚，因此他还是不自由的；泛神论还是认为，有一种比人本身更高超的东西。因此卡莱尔就竭力建立"真正的贵族"即"英雄"，似乎英雄碰到好时候会比人高出一头。如果卡莱尔所了解的人是真正的人，具有局限性的人，他就不会再把人分成两类——山羊和绵羊，统治者和被统治者，贵族和平民，老爷和百姓；他就会发现天才的真正社会使命并不是用暴力去统治别人，而是去唤醒别人，带动别人。天才应当说服群众，使群众相信自己思想的正确，这样就不必担心自己的思想是否能够实现，因为思想被掌握以后就会自然而然地实现。人类实行民主主义当然不是为了最后再回到自己的起点上去。顺便提一句，卡莱尔关于民主主义所谈的，除了刚才指出的卡莱尔对现代民主主义的目的和任务谈得不明确而外，几乎没有什么可指摘的。当然民主主义是个过渡阶段，但不是向新的改良的贵族制过渡，而是向真正的人类自由过渡的阶段；同样，当代的非宗教性最终将使时代完全摆脱一切宗教的、超人的、超自然的事物而不是恢复这一切。

卡莱尔不满意"竞争"、"供求"、"崇拜玛门"等，也并不愿意承认土地私有制完全合理。那为什么他不从这些前提直截了当地做出结论，一概否定私有制呢？既然"竞争"、"供求"、"崇拜玛门"的根源——私有制还存在，那他打算怎样消灭这一切呢？"劳动组织化"也无济于事；没有一定程度上的利益的一致，它也无法实现。为什么不坚持到底，宣布利益的一致是人类唯一应有的情况，来消除一切困难、一切不肯定和不明确呢？

卡莱尔在他的全部狂想曲中，对社会主义者却只字未提。只要他还停留在目前的观点上，——虽然这种观点远远超出了有教养的英国群众的水平，但还是抽象的理论性的观点，——他就永远不会特别接近社会主义者的要求。英国的社会主义者是纯实践家，因此，他们提出了建立国内移民区等类似莫里逊氏丸的办法；他们的哲学是纯英国的怀疑论哲学，就是说，他们不相信理论，而在实践中遵循唯物主义，他们的整个社会纲领就以唯物主义为基础。这一切卡莱尔是不感兴趣的；他和这些社会主义者一样，也是片面的。社会主义者和卡莱尔都只是在矛盾的范围内——社会主义者在实践的范围内，卡莱尔在理论的范围内——克服了矛盾，但就在这范围内，卡莱尔也只是直接地克服了矛盾，而社会主义者则判决了实际矛盾，通过思维摆脱了这种矛盾。社会主义者正是在他们只应该是人的地方还是英国人；大陆上的哲学学说，他们只了解唯物主义，连德国哲学都不了解；这也正是他们的缺点；为了有助于消除国家差别，他们正在努力克服这个缺点。我们根本没有必要强迫他们马上接受德国哲学，他们会自己认识它，目前德国哲学还不会对他们有多大好处。总之，尽管社会主义者现在还很薄弱，但他们是英国唯一有前途的党。民主主义、宪章运动很快就会占优势，那时英国工人群众就只有在饿死和社会主义二者之间进行选择。

对卡莱尔和他的思想方式来说，不熟悉德国哲学并不是完全无所谓的。他本人是德国理论的信徒，但由于他的国籍关系，他还是倾向于经验；他陷入了矛盾的深渊，他只有发展德国的理论观点，给它做出最新的逻辑结论，把它和经验完全结合起来，才能解决这个矛盾。他只要前进一步，就能克服他所陷入的矛盾，但德国的全部经验证明，这是很难走的一步。希望他能走完这一步。卡莱尔虽然已经不是年轻人了，但看来他还是可以走完这一步的，因为他最近的著作所表明的进步证明，他还在继续前进。

因此，把卡莱尔这本书译成德文，比把每日每时运到德国的大批英国小说译成德文的价值要大得多；我建议把它翻译出来。可是我们手工业式的翻译家可不要动它！卡莱尔这本书是用独特的英文写的，所以，英文造诣不深和不懂英国习惯语的译者可能会弄出很多十分可笑的错误来。（第652—654页）

恩格斯：《英国状况。评托马斯·卡莱尔"过去和现在"》（1844年1月）（摘录），摘自《马克思恩格斯全集》第1卷，人民出版社1956年12月第1版。

2. 马克思、恩格斯：《评托马斯·卡莱尔"当代评论。（一）当前的时代。（二）模范监狱"》

托马斯·卡莱尔是唯一直接受了德国文学极大影响的英国作家。单是为了礼貌，德国人也不能忽略他的著作。

从基佐最近的一个著作（见"新莱茵报。政治经济评论"第2期）看来我们可以肯定，资产阶级的"天才人物"已经趋于没落。在我们手边的两本卡莱尔的小册子里我们看到和历史斗争的尖锐化相抵触的文学天才没落了，因为他企图违抗历史斗争，坚持自己不为人所承认的、凭直觉产生的预见。

托马斯·卡莱尔的功绩在于：当资产阶级的观念、趣味和思想在整个英国正统文学中居于绝对统治地位的时候，他在文学方面反对了资产阶级，而且他的言论有时甚至具有革命性。例如他的法国革命史，他为克伦威尔的辩护，他的论宪章主义的小册子以及他的"过去和现在"都是这样。但是在所有这些著作里，对现代的批判是和颂扬中世纪这种完全违反历史的作法紧密地联系着的，其实这种作法在英国的革命者，如科贝特和一部分宪章主义者中也经常可以看到。过去至少社会发展的某一阶段的兴盛时代使他欢欣鼓舞，现代却使他悲观失望，未来则使他心惊胆怕。在他看来只有集中体现在一人身上，体现在克伦威尔或丹东这样人身上的革命，他才承认，甚至赞扬。这些人就是他的英雄崇拜的对象；他在他的"英雄和英雄崇拜"一书中把英雄崇拜说成是解救绝望的现状的唯一办法，说成是一种新的宗教。

卡莱尔的风格也和他的思想一样，它和现代英国资产阶级的柏克司尼弗式伪君子的风格是针锋相对的；后者高傲浮夸而又萎靡不振、冗长累赘、不尽的温情劝善的忧虑；这种风格已从它的首创者有教养的伦敦人那里传到整个英国文学界了。和这种文学相反，卡莱尔开始把英语完全当成一种必须彻底加工的原料。他重新搜集古字古语，并依照德语的方式，例如照让·保尔的格式创造新的表达法。这种新风格往往夸张而乏味，但是却又往往绚烂绮丽，永远独特新颖。不过"当代评论"在这方面却表现了明显的退步。

在德国文学的所有代表人物中影响卡莱尔最深的不是黑格尔，而是文学的药剂师让·保尔，这倒是一件有意思的事情。

卡莱尔和施特劳斯所共同推崇的天才崇拜，在这两本小册子里失去了天才，而剩下的只是崇拜。（第300—301页）

我们可以看到，"高贵的"卡莱尔完全是从泛神论的观点出发的。整个历史的过程不是由活生生的人民群众（他们自然为一定的、也在历史上产生和变化着的条件所左右）本身的发展所决定，——整个的历史过程是由永恒的永远不变的自然规律所决定，它今天离开这一规律，明天又接近这一规律，一切都以是否正确地认识这一规律为转移。这种对永恒的自然规律的正确认识是永恒的真理，其他一切都是假的。根据这种观点，一切实际的阶级矛盾，尽管因时代不同而各异，都可以归结为一个巨大的永恒的矛盾，即认识了永恒的自然规律并依照它行动的人（贤人与贵人）和误解它曲解它并和它背道而驰的人（愚人与贱人）的矛盾。因此，历史上产生的阶级差别是自然的差别，人们必须向天生的贵人和贤人屈膝，尊敬这些差别，并承认它们是永恒的自然规律的一部分，一言以蔽之，即应崇拜天才。这样，对历史发展过程的整个了解便简单得象前世纪伊留米纳特和共济会会员的陈腐平凡的智慧那样，简单得象"魔笛"中的普通道德和被弄得极端庸俗腐化的圣西门主义那样。这样，老问题又自然产生了：到底谁该统治呢？这个问题经过十分详细但却非常肤浅浮夸的讨论后，最后得出一个答案：应该由贵人、贤人和智者来统治。因此非常自然地就会得出这样的结论：要统治的人是很多很多的，但是任何时候也不能统治得太多，因为统治就是不断地向群众阐述和解释自然规律的意义。但是怎样发现贵人和贤人呢？没有一种神奇的力量来告诉我们，我们必须去找寻。于是变成纯粹自然差别的历史的阶级差别又登上了舞台。高贵的人之所以高贵，是因为他聪明而博学。所以必须在独享教育权利的阶级即特权阶级中去寻找这样的人；而这些阶级本身也将在它们当中找出这样的人，并对他们想当贵人和贤人的要求作出决定。因此，特权阶级现在即使不成为十足的贵人和贤人的阶级，至少也是说话时"吐字清晰"的阶级；而被压迫的阶级当然是"哑巴，是说话吐字不清晰"的阶级，因此阶级统治又重新得到肯定。所有这些义愤填膺的浮夸叫嚣都变成了对现存阶级统治的较为隐蔽的承认，并且完全变成了不平的牢骚和抱怨，其所以抱怨与不满，原因就是资产者没有让自己的未被承认的天才人物们领导社会，由于很实际的理由没有接受这些老爷们的荒唐的呓语。浮夸的言谈在这里如何变为自己相反的东西，高贵的有学问的聪明人实际上怎样变为庸俗的愚昧无知的蠢人，关于这点卡莱尔本人就是一个最明显的例证。（第306—308页）

当卡莱尔在头40页中用最激烈的辞句对利己主义、自由竞争、人与人间封建关系的废除、供给与需求、laisserfaire〔听之任之〕、棉纱的生产、现金等一再地大肆攻击之后，我们现在才恍然大悟，所有这些shams〔诡诈〕的主要代表人物工业资产者不仅属于可敬的英雄和天才之列，甚至是他们中的最主要的组成部分，而在卡莱尔对资产阶级关系和思想的一切攻击中都隐藏着对资产者个人的歌颂。（第309页）

马克思、恩格斯：《评托马斯·卡莱尔"当代评论。（一）当前的时代。（二）模范监狱"》（1850年3—4月），摘自《马克思恩格斯全集》第7卷。

（六）列宁论托尔斯泰

1. 托尔斯泰的身躯不是完全由，不是纯粹由，也不是由金属铸成的

下面还有最后一段奇谈：

"所有这些欧洲的托尔斯泰崇拜者，所有这些各种名称的阿纳托尔·法朗士，以及不久以前大多数票反对废除死刑而现在却为这个伟大的、**完整的人物**起立默哀的国会议员们，在整个采取中间立场的、不彻底的、有保留的王国——在他们面前站着这个托尔斯泰，这个唯一的原则的活的化身，他的那个完全、纯粹由金属铸成的身躯是多么庄严，多么雄壮。"

嘿！说得多漂亮——可是，这些都是胡说。托尔斯泰的身躯不是完全由，不是纯粹由，也不是由金属铸成的。而且"所有这些"资产阶级崇拜者**恰恰不是**因为不完整才悼念他"起立默哀"的。

不过涅韦多姆斯基先生无意中漏出了一个好字眼。这个字眼——有保留——很恰当地评价了《我们的曙光》杂志的先生们，就象上面引用的弗·巴扎罗夫对只是分子特征的分析恰当地评价了**他们**一样。在我们面前完完全全是些"有保留"的英雄们。波特列索夫有保留地说，他不同意马赫主义者，虽然他在替他们辩护。编辑部有保留地说，他不同意巴扎罗夫的"个别论点"，虽然谁都明白这里的问题不在于个别论点。波特列索夫有保留地说，伊兹哥耶夫诽谤了他。马尔托夫有保留地说，他不完全同意波特列索夫和列维茨基，虽然他在政治上正是为他们忠实地服务。他们都一起有保留地说，他们不同意切列万宁，虽然他们对他的深入发挥了自己第一部著作的"精神"的**第二部**取消主义著作更加赞赏。切列万宁有保留地说，他不同意马斯洛夫。马斯洛夫有保留地说，他不同意考茨基。

他们大家都同意的只有一点，就是他们不同意普列汉诺夫，说他诬蔑他们搞取消主义，而且仿佛普列汉诺夫自己也不能解释现在他为什么同他昨天的对手接近起来。

列宁：《"有保留"的英雄》（1910年12月），摘自《列宁全集》第20卷，人民出版社1989年10月第2版，第94—95页。

2. 托尔斯泰的作品、观点、学说、学派中的矛盾的确是显著的

托尔斯泰的作品、观点、学说、学派中的矛盾的确是显著的。一方面，是一个天才的艺术家，不仅创作了无与伦比的俄国生活的图画，而且创作了世界文学中第一流的作品；另一方面，是一个发狂地信仰基督的地主。一方面，他对社会上的撒谎和虚伪提出了非常有力的、直率的、真诚的抗议；另一方面，是一个"托尔斯泰主义者"，即一个颓唐的、歇斯底里的可怜虫，所谓俄国的知识分子，这种人当众拍着胸脯说："我卑鄙，我下流，可是我在进行道德上的自我修身；我再也不吃肉了，我现在只吃米粉饼子。"一方面，无情地批判了资本主义的剥削，揭露了政府的暴虐以及法庭和国家管理机关的滑稽剧，暴露了财富的增加和文明的成就同工人群众的穷困、野蛮和痛苦的加剧之间极其深刻的矛盾；另一方面，疯狂地鼓吹"不"用暴力"抵抗邪恶"。一方面，是最清醒的现实主义，撕下了一切假

面具；另一方面，鼓吹世界上最卑鄙龌龊的东西之一，即宗教，力求让有道德信念的神父代替有官职的神父，这就是说，培养一种最精巧的因而是特别恶劣的僧侣主义。真可以说：

你又贫穷，你又富饶，

你又强大，你又衰弱，

——俄罗斯母亲！

> 列宁：《列夫·托尔斯泰是俄国革命的镜子》（1908年9月11日〔24日〕），选自《列宁全集》第17卷，人民出版社1988年版，第182页。

3. 托尔斯泰的思想是我国农民起义的弱点和缺陷的一面镜子，是宗法式农村的软弱和"善于经营的农夫"迟钝胆小的反映

另一方面，追求新的社会生活方式的农民，是用很不自觉的、宗法式的、宗教狂的态度来看待下列问题的：这种社会生活应当是什么样子，要进行什么样的斗争才能给自己争得自由，在这个斗争中他们能有什么样的领导者，资产阶级和资产阶级知识分子对于农民革命的利益采取什么样的态度，为什么要消灭地主土地占有制就必须用暴力推翻沙皇政权？农民过去的全部生活教会他们憎恨老爷和官吏，但是没有教会而且也不可能教会他们到什么地方去寻找所有这些问题的答案。在我国革命中，有一小部分农民是真正进行过斗争的，并且也为了这个目的多少组织起来了；有极小一部分人曾经拿起武器来打击自己的敌人，消灭沙皇的奴仆和地主的庇护者。大部分农民则是哭泣、祈祷、空谈和梦想，写请愿书和派"请愿代表"。这真是完全符合列夫·尼古拉耶维奇·托尔斯泰的精神！在这种情况下总是有这种事情的，象托尔斯泰那样不问政治，象托尔斯泰那样逃避政治，对政治不感兴趣，对政治不理解，结果只有少数农民跟着觉悟的革命的无产阶级走，大多数农民则成了无原则的、卑躬屈节的资产阶级知识分子的俘虏，而这些被称为立宪民主党人的知识分子，从劳动派的集会中出来跑到斯托雷平的前厅哀告央求，讨价还价，促使讲和，答应调解，最后还是被士兵的皮靴踢了出来。托尔斯泰的思想是我国农民起义的弱点和缺陷的一面镜子，是宗法式农村的软弱和"善于经营的农夫"迟钝胆小的反映。

就拿1905—1906年的士兵起义来说吧。我国革命中的这些战士的社会成分是农民和无产阶级兼而有之。无产阶级占少数；因此军队中的运动，

丝毫没有表现出象那些只要一挥手就马上会成为社会民主党人的无产阶级所表现出来的那种全国团结一致的精神和党性觉悟。另一方面，认为士兵起义失败的原因是缺乏军官的领导，这种见解是再错误没有了。相反，从民意党①时期以来，革命的巨大进步正好表现在：拿起武器来反对上司的，是那些以自己的独立精神使自由派地主和自由派军官丧魂落魄的"灰色畜生"② 士兵对农民的事情非常同情；只要一提起土地，他们的眼睛就会发亮。军队中的权力不止一次落到了士兵群众的手里，但是他们几乎没有坚决地利用这种权力；士兵们动摇不定；过了几天甚至几个小时，在他们杀了某个可恨的军官之后，就把其余拘禁起来的军官释放了，同当局进行谈判，然后站着让人枪毙，躺下让人鞭答，重新套上枷锁，——这一切都完全符合列夫·尼古拉耶维奇·托尔斯泰的精神！

列宁：《列夫·托尔斯泰是俄国革命的镜子》（1908年9月11日〔24日〕），选自《列宁全集》第17卷，人民出版社1988年版，第186—187页。

4. 他（托尔斯泰）作为艺术家的世界意义，他作为思想家和说教者的世界声誉，都各自反映了俄国革命的世界意义

列夫·托尔斯泰逝世了。他作为艺术家的世界意义，他作为思想家和说教者的世界声誉，都各自反映了俄国革命的世界意义。

早在农奴制时代，列·尼·托尔斯泰就作为一位伟大的艺术家出现了。他在自己半个多世纪的文学活动中创造了许多天才的作品，在这些作品中，他主要是描写革命以前的旧俄国，即1861年以后仍然处于半农奴制下的俄

---

① 民意党是俄国土地和自由社分裂后产生的革命民粹派组织，于1879年8月建立。主要领导人是安·伊·热里雅鲍夫、亚·德·米哈伊洛夫、米·费·弗洛连柯、尼·亚·莫罗佐夫、维·尼·菲格涅尔、亚·亚·克维亚特科夫斯基、索·李·佩罗夫斯卡娅等。该党主张推翻专制制度，在其纲领中提出了广泛的民主改革的要求，如召开立宪会议，实现普选权，设置常设人民代表机关，实行言论、信仰、出版、集会等自由和广泛的村社自治，给人民以土地，给被压迫民族以自决权，用人民武装代替常备军等。但是民意党人把民主革命的任务和社会主义革命的任务混为一谈，认为在俄国可以超越资本主义，经过农民革命走向社会主义，并且认为俄国主要革命力量不是工人阶级而是农民。民意党人从积极的"英雄"和消极的"群氓"的错误理论出发，采取个人恐怖的活动方式，把暗杀沙皇政府的个别代表人物作为推翻沙皇专制制度的主要手段。他们在1881年3月1日（13日）刺杀了沙皇亚历山大二世。由于理论上、策略上和斗争方法上的错误，在沙皇政府的严重摧残下，民意党在1881年以后就瓦解了。列宁批判了民意党人的乌托邦式的纲领，但十分敬重他们同沙皇制度英勇斗争的精神。——编者注

② 指穿着灰色军服的沙俄士兵。——编者注

国,乡村的俄国,地主和农民的俄国。在描写这一阶段的俄国历史生活时,列·托尔斯泰在自己的作品里能提出这么多的重大问题,能达到这样巨大的艺术力量,从而使他的作品在世界文学中占有第一流的地位。由于托尔斯泰的天才描述,一个受农奴主压迫的国家的革命准备时期,成了全人类艺术发展中向前迈进的一步。

甚至在俄国也只有极少数人知道艺术家托尔斯泰。为了使他的伟大作品真正成**为所有人的**财富,就必须进行斗争,为反对那种使千百万人受折磨、服苦役、陷于愚昧和贫穷境地的社会制度而进行斗争,必须进行社会主义革命。

托尔斯泰不仅创造了群众在推翻地主和资本家的压迫并为自己建立人的生活条件后将永远珍视和阅读的艺术作品,而且能够用非凡的力量表达被现存制度所压迫的广大群众的情绪,描绘他们的境况,表现他们自发的反抗和愤怒的情感。托尔斯泰主要是属于1861—1904年这个时代的;他作为艺术家,同时也作为思想家和说教者,在自己的作品里异常突出地体现了整个第一次俄国革命的历史特点,这场革命的力量和弱点。

我国革命的一个主要特点是:它是资本主义在全世界非常高度发展并在俄国比较高度发展的时期的**农民**资产阶级革命。它之所以是资产阶级革命,是因为它的直接任务是推翻沙皇专制制度。沙皇君主制度和摧毁地主土地占有制,而不是推翻资产阶级的统治。特别是农民没有意识到这后一项任务,没有意识到后一项任务同更迫切更直接的斗争任务之间的区别。它之所以是农民资产阶级革命,是因为客观条件把改变农民的根本生活条件的问题,把摧毁旧的中世纪土地占有制的问题,把给资本主义"清扫土地"的问题提到了第一位,是因为客观条件把农民群众推上了多少带点独立性的历史行动的舞台。

列宁:《列·尼·托尔斯泰》(1910年11月16日〔29日〕),摘自《列宁全集》第20卷,人民出版社1989年10月第2版,第19—20页。

5. 托尔斯泰的批判的特点及其历史意义在于,他的批判是用只有天才艺术家所特有的力量表现了这一时期的俄国

托尔斯泰的批判并不新。他所说的,没有不是那些支持劳动者的人早就在他之前很久在欧洲文献和俄国文献中说过的。但是托尔斯泰的批判的特点及其历史意义在于,他的批判是用只有天才艺术家所特有的力量表现了这一时期的俄国,即乡村的、农民的俄国最广大人民群众的观点的急剧转变。托尔斯泰对现存制度的批判同现代工人运动的代表们对这些制度的批判的不同之处,正在于托尔斯泰是用天真的宗法制农民的观点进行批判的,他把农民心理表现在自己的批判中、自己的学说中。托尔斯泰的批判之所以这样感情强烈,这样热情奔放,这样有说服力,这样清新、真诚、具有力求"追根究底"找出群众苦难的真正原因的大无畏精神,是因为他的批判真正反映了千百万农民的观点的转变,这些农民刚刚摆脱农奴制获得自由,就发现这种自由不过意味着破产。死于饥饿和城市的"希特罗夫人"[①]流离失所的生活等等新灾难罢了。托尔斯泰如此忠实地反映了农民的情绪,甚至把他们的天真,他们对政治的疏远,他们的神秘主义,他们逃避现实世界的愿望,他们的"对邪恶不抵抗",以及他们对资本主义和"金钱势力"的无力诅咒,都带到自己的学说中去了。千百万农民的抗议和他们的绝望,就这样在托尔斯泰学说中融为一体。

现代工人运动的代表们认为,他们要抗议的东西是有的,但是没有什么可绝望的、绝望是那些行将灭亡的阶级的特性,而在一切资本主义社会,包括俄国在内,雇佣工人阶级必然是在成长、发展和壮大。绝望是那些不了解产生邪恶的根源、看不见出路和没有能力斗争的人的特性,现代工业无产阶级并不是这样的阶级。

列宁:《列·尼·托尔斯泰和现代工人运动》(1910年11月28日〔12月11日〕),摘自《列宁全集》第20卷,人民出版社1989年版,第40—41页。

6. 作为俄国千百万农民在俄国资产阶级革命快要到来的时候的思想和情绪的表现者,托尔斯泰是伟大的

托尔斯泰处在这样的矛盾中,绝对不能理解工人运动和工人运动在争取社会主义的斗争中所起的作用,而且也绝对不能理解俄国的革命,这是不言而喻的。但是托尔斯泰的观点和学说中的矛盾并不是偶然的,而是19世纪最后30多年俄国实际生活所处的矛盾条件的表现。昨天刚从农奴制度

[①] "希特罗夫人"意为流动工人,因莫斯科希特罗夫市场而得名,那里从19世纪60年代起是季节工人待雇的处所。——编者注

下解放出来的宗法式的农村，简直在遭受资本和国库的洗劫。农民经济和农民生活的旧基础，那些确实保持了许多世纪的旧基础，正在异常迅速地遭到破坏。对托尔斯泰观点中的矛盾，不应该从现代工人运动和现代社会主义的角度去评价（这样评价当然是必要的，然而是不够的），而应该从那种对正在兴起的资本主义的抗议，对群众破产和丧失土地的抗议（俄国有宗法式的农村，就一定会有这种抗议）的角度去评价。作为一个发明救世新术的先知，托尔斯泰是可笑的，所以国内外的那些偏偏想把他学说中最弱的一面变成一种教义的"托尔斯泰主义者"是十分可怜的。作为俄国千百万农民在俄国资产阶级革命快要到来的时候的思想和情绪的表现者，托尔斯泰是伟大的。托尔斯泰富于独创性，因为他的全部观点，总的说来，恰恰表现了我国革命是**农民**资产阶级革命的特点。从这个角度来看，托尔斯泰观点中的矛盾，的确是一面反映农民在我国革命中的历史活动所处的矛盾条件的镜子。一方面，几百年来农奴制的压迫和改革以后几十年来的加速破产，积下了无数的仇恨、愤怒和生死搏斗的决心。要求彻底铲除官办的教会，打倒地主和地主政府，消灭一切旧的土地占有形式和占有制度，清扫土地，建立一种自由平等的小农的社会生活来代替警察式的阶级国家，——这种愿望像一根红线贯穿着农民在我国革命中的每一个历史步骤，而且毫无疑问，托尔斯泰作品的思想内容，与其说符合于抽象的"基督教无政府主义"（这有时被人们看作是他的观点"体系"），不如说更符合于农民的这种愿望。

<blockquote>列宁：《列夫·托尔斯泰是俄国革命的镜子》（1908年9月11日〔24日〕），选自《列宁全集》第17卷，人民出版社1988年10月第2版，第185—186页。</blockquote>

（七）列宁、斯大林论其他作家

1. 有几篇小说值得转载。应该鼓励有才气的人

最后一个短篇《被粉碎的世界的残余》描写了两个人物。一个在克里木的塞瓦斯托波尔，当过参议员，"富有，慷慨，交游很广"，"现在在弹药库当短工，干卸炮弹和分炮弹的活儿"。另外一个从前是"维堡区数一数二的大冶金工厂"的厂长，"现在是一家委托商店的雇员，近来已经稍有经验，能够对拿来寄售的旧女大衣和长毛熊皮童大衣估价了"。

这两个老头子回忆了往事，回忆了彼得堡的落日、街道和戏院，当然还有"熊"、"维也纳"和"小雅罗斯拉维茨"等餐馆的美味佳肴。他们边回忆边感叹："我们对他们做了什么呢？我们妨碍了谁？"

"这一切对他们有什么妨碍？"……"他们为什么把俄国搞成这个样子？"

这是为什么，阿尔卡季·阿韦尔琴科不明白。看来，工人和农民不难明白这一点，他们不需要解释。

我看，有几篇小说值得转载。应该鼓励有才气的人。

> 列宁：《一本有才气的书》（1921年11月22日），摘自《列宁全集》第42卷，人民出版社1987年10月第2版，第275卷。

2. 本想在报刊上骂他（高尔基）一顿，但又考虑，这样做可能太过分了

我读了（在《社会主义通报》杂志①上）高尔基那封写得很坏的信②。本想在报刊上骂他一顿（关于社会革命党人的事），但又考虑，这样做可能太过分了。应该商量一下。也许，您常见到他，常同他交谈，请把您的看法写信告诉我。我看到的报纸很少（国外的几乎看不到）。因此"情况"也就知道得很少。请把您的看法写得详细一些。

> 列宁：《列宁致尼·伊·布哈林》（1922年9月7日），摘自《列宁全集》第52卷，人民出版社1988年10月第2版，第477页。

3. 珍惜自己美好的名字，不要把它签到会蒙蔽觉悟不高的工人的任何廉价的、沙文主义的抗议书上去

看到在反对德国野蛮行为的牧师式的沙文主义抗议书上，和彼·司徒卢威的签名并列在一起的竟有高尔基的签名，每一个觉悟的工人都将感到

---

① 《社会主义通报》杂志（《СоциалистическийВестник》）是侨居国外的孟什维克的杂志，1921年2月由尔·马尔托夫创办。1933年3月以前在柏林出版，1933年5月—1940年6月在巴黎出版，以后在纽约出版。——编者注

② 指马·高尔基1922年7月3日就社会革命党人因从事反革命活动而受法庭审判一事（见注478）写给阿纳托尔·法朗士的一封信。高尔基没有弄清案件的实质，把审判说成是准备"杀害那些曾经真诚为俄国人民解放事业服务的人"，并请求法朗士向苏维埃政府"指出这种罪行是不能容忍的"。高尔基写道："您的有分量的言语也许能保全那些社会主义者的宝贵生命。"

高尔基还把他就这个问题写给人民委员会副主席阿·伊·李可夫的信的抄件寄给了法朗士，他在信中警告说，判处被告死刑定会引起"欧洲社会主义运动对俄国实行道义上的封锁"。——编者注

痛心。①

有一次，在谈到夏里亚宾下跪一事②的时候，高尔基说："不能过于严厉地指责他，我们艺术家的心理状态是不同的。"换句话说，艺术家的行为常常受情绪的支配，在情绪的影响下，他可以置其他一切于不顾。

就算是这样吧。就算是不能严厉地指责夏里亚宾吧。他是个艺术家，并且仅仅是个艺术家。对于无产阶级事业来说，他是一个外人：今天是工人的朋友，明天是黑帮分子……这要看他的情绪而定。

可是工人们已经习惯于把高尔基看作自己人。他们一向认为高尔基和他们一样热情地关心无产阶级的事业，认为他献出了自己的才智为这一事业服务。

正是由于这个缘故，他们写信向高尔基致敬；正是由于这个缘故，他们敬重他的名字。而觉悟工人的这种信任，也就使高尔基负有一种**义务**：珍惜自己美好的名字，不要把它签到会蒙蔽觉悟不高的工人的任何廉价的、沙文主义的抗议书上去。在许多问题上他们自己还没有能力分辨是非，因此高尔基的名字有可能使他们误入迷途。司徒卢威的名字不可能迷惑任何工人，而高尔基的名字却能迷惑他们。

因此，有觉悟的工人，了解这份对"野蛮的德国人"的假仁假义的抗议书的十足的虚伪和庸俗的工人，不能不责备《鹰之歌》的作者。他们会对他说："在当前俄国无产阶级所处的这个困难的严重时刻，我们一直在期望您能和俄国无产阶级的先进战士携手前进，而不是和司徒卢威先生之流携起手来！"

<blockquote>列宁：《寄语〈鹰之歌〉的作者》（1914年11月22日〔12月5日〕），摘自《列宁全集》第26卷，人民出版社1988年10月第2版，第98—99页。</blockquote>

---

① 指马·高尔基在为沙皇俄国对德开战辩护的《作家、艺术家和演员的抗议书》上签名一事。抗议书发表于1914年9月28日（10月11日）《俄罗斯言论报》第223号，签名者还有画家阿·米·瓦斯涅佐夫、维·米·瓦斯涅佐夫、康·阿·科罗温，雕塑家谢·德·梅尔库罗夫，演员费·伊·夏里亚宾，作家亚·绥·绥拉菲莫维奇、斯基塔列茨，杂志编辑彼·伯·司徒卢威等人。——编者注

② 指费·伊·夏里亚宾向沙皇下跪一事。1911年1月6日，夏里亚宾在彼得堡玛丽亚剧院演出歌剧《鲍里斯·戈都诺夫》。在沙皇前来观剧时，合唱队员向沙皇下跪，正在舞台上表演的夏里亚宾也跪下了。——编者注

4. 在民主国家里，一个无产阶级作家以"民主、人民、舆论和科学"作号召，是完全不适当的

我一边读您的文章，一边反复思索为什么您竟会出现这种笔误，然而不得其解。怎么回事呢？是您自己也不赞成的那篇《忏悔》的残余表现？？是它的余波？？

或者是由于另外的原因，例如是您想离开无产阶级的观点而去迁就一般民主派的观点这种不成功的尝试？也许是为了同"一般民主派"谈话您故意像同孩子说话那样奶声奶气（请原谅我的措辞）？也许是"为了"向庸人们作"通俗的说明"，您想暂时容忍他的或者他们的（庸人的）偏见？？

但是，要知道，无论从哪种意义和哪个方面来说，这种做法都是不正确的！

我在前面写过，在民主国家里，一个无产阶级作家以"民主、人民、舆论和科学"作号召，是完全不适当的。在我们俄国又怎样呢？？这种号召也不完全适当，因为它在某种程度上也迎合了庸人的偏见。对某种笼统得模糊不清的号召，在我国，甚至《俄国思想》杂志的伊兹哥耶夫也会举双手表示赞成。为什么要提出这类口号呢？？这类口号您倒是可以很好地同伊兹哥耶夫主义区分开来，可是读者做不到。为什么要给读者蒙上一层民主的薄纱，而不去明确地区分小市民（脆弱的、可悲地动摇的、疲惫的、悲观的、自我直观的、直观神的、造神的、姑息神的、自我侮辱的、糊里糊涂的无政府主义的（这个词真妙！！）等等，等等）——和无产者（他们善于做真正的精神奋发的人；善于把资产阶级的"科学和舆论"同自己的"科学和舆论"，资产阶级民主同无产阶级民主区分开来）呢？

您为什么要做这种事呢？

真叫人难受。

列宁：《列宁致阿·马·高尔基》（1913年11月13日或14日），摘自《列宁全集》第46卷，人民出版社1990年第2版，第362—363页。

5. （鲍狄埃）是一位最伟大的用歌作为工具的宣传家

1876年，在流亡中，鲍狄埃写了一首长诗《美国工人致法国工人》。在这首长诗中，他描绘了在资本主义压迫下的工人生活，描绘了他们的贫困，他们的苦役劳动，他们遭受的剥削，以及他们对自己的事业的未来的胜利所抱的坚定信念。

公社失败以后过了9年鲍狄埃才回到法国，回来后立即参加了"工人党"①。1884年他的第一卷诗集出版了。1887年出版了第二卷，题名为《革命歌集》。

这位工人诗人的其他一些歌，是在他死后才出版的。

1887年11月8日，巴黎的工人把欧仁·鲍狄埃的遗体送到拉雪兹神父墓地，在那里埋葬着被枪杀的公社战士。警察大打出手，抢走红旗。无数群众参加了这次没有宗教仪式的葬礼。四面八方都在高呼："鲍狄埃万岁！"

鲍狄埃是在贫困中死去的。但是，他在自己的身后留下了一个真正非人工所建造的纪念碑。他是一位最伟大的用**歌作为工具的宣传家**。当他创作他的第一首歌的时候，工人中社会主义者最多不过几十人。而现在知道欧仁·鲍狄埃这首具有历史意义的歌的，却有千百万无产者……

列宁：《欧仁·鲍狄埃》（为纪念他逝世25周年而作）（1913年1月3日〔16日〕），摘自《列宁全集》第22卷，人民出版社1990年2月第2版，第292—293页。

6.《土尔宾一家的日子》这个剧本本身，它并不是那么坏，因为它给我们的益处比害处多

至于《土尔宾一家的日子》这个剧本本身，它并不是那么坏，因为它给我们的益处比害处多。不要忘记，这个剧本留给观众的主要印象是对布尔什维克有利的印象："如果象土尔宾这样一家人都承认自己的事业已经彻底失败，不得不放下武器，服从人民的意志，那就是说，布尔什维克是不可战胜的，对他们布尔什维克是毫无办法的。"《土尔宾一家的日子》显示了布尔什维克主义无坚不摧的力量。

---

① 指法国工人党。法国工人党是茹·盖得及其支持者根据1879年10月马赛举行的工人代表大会的决议建立的法国第一个马克思主义政党，这次代表大会通过了党的章程。1880年5月，盖得赴伦敦同马克思、恩格斯和保·拉法格一起制定了法国工人党的纲领草案。纲领分为理论部分和实践部分（最低纲领）。纲领的理论部分是马克思起草的（见《马克思恩格斯全集》第19卷第264页）。1880年11月召开的勒阿弗尔代表大会通过了这个纲领，并正式成立法国工人党。法国工人党后来与一些团体联合组成法兰西社会党。——编者注

当然，作者对这种显示是一点也"没有过错"的。但是这和我们有什么相干呢？

斯大林：《答比里—别洛策尔柯夫斯基》（1929年2月2日），摘自《斯大林全集》第11卷，人民出版社1955年7月第1版，第282页。

7. 我坚决反对只给文坛"要人"、文坛"名人"、"巨匠"等等的小册子和书写序言

鲁索娃同志对于米库林娜同志"蒙蔽斯大林同志"这一点特别愤慨。不能不珍视鲁索娃同志在这件事上对斯大林同志表示的关怀。但是这种关怀在我看来是不必要的。

第一、"蒙蔽斯大林同志"并不那么容易。

第二、我一点也不因为给一个在文坛上无名的人的一本平凡的小册子写序言而后悔，我认为米库林娜同志的小册子虽然有个别的也许是很大的错误，但是一定会使工人群众得到很大益处。

第三、我坚决反对只给文坛"要人"、文坛"名人"、"巨匠"等等的小册子和书写序言。我认为我们现在应当抛弃这种推崇本来已经被捧得很高的文坛"要人"的老爷习惯，由于这些"要人"的"伟大"，我们的年轻的、不出名的、被大家遗忘了的文学力量正在呻吟叫苦。

在我们国家里有成百成千有才能的年轻人，他们竭尽全力要从下面冲上来，以求把自己的微末贡献投入我们建设事业的总宝库。但是他们的努力往往是徒劳无益的，因为他们常常被文坛"名人"的自负、我们某些组织的官僚主义和冷酷无情以及同辈的嫉妒（它没有转为竞赛）压抑下去。我们的任务之一就是要打穿这堵死墙，使不可胜数的年轻力量得到出路。我所以给一个在文坛上无名的作者的一本平凡的小册子写序言，就是企图在解决这个任务方面迈进一步。我今后也只给年轻力量中间普通的、无名的作者的普通的、不引人注意的小册子写序言。也许某些崇拜名位的人不喜欢这种做法。但是这和我有什么关系呢？我根本就不喜欢崇拜名位的人……

斯大林：《斯大林致费里克斯·康同志》（1929年7月9日）（抄致中央委员会伊万诺夫—沃兹涅先斯克省分局书记柯洛齐洛夫同志），摘自《斯大林全集》第12卷，人民出版社1955年12月第1版，第102—103页。

8. 我绝不反对为了米库林娜同志的错误在报刊上好好地责骂她一顿。但是，我坚决反对把这个无疑是有才能的作家推下深渊，让她埋没

我认为伊万诺夫—沃兹涅先斯克的同志们应当把米库琳娜同志叫到伊万诺夫—沃兹涅先斯克，为了她所犯的错误"揪她的耳朵"。我绝不反对为了米库林娜同志的错误在报刊上好好地责骂她一顿。但是，我坚决反对把这个无疑是有才能的作家推下深渊，让她埋没。

至于禁止出售米库林娜同志的小册子，我认为对这个粗暴的意见应该"不予处理"。

斯大林：《斯大林致费里克斯·康同志》（1929 年 7 月 9 日）（抄致中央委员会伊万诺夫—沃兹涅先斯克省分局书记柯洛齐洛夫同志），摘自《斯大林全集》第 12 卷，人民出版社 1955 年 12 月第 1 版，第 103 页。

三　美学与语言、道德、宗教论

（一）论"美"与"美学"

1. 人也按照美的规律来构造

动物只生产它自己或它的幼仔所直接需要的东西；动物的生产是片面的，而人的生产是全面的；动物只是在直接的肉体需要的支配下生产，而人甚至不受肉体需要的影响也进行生产，并且只有不受这种需要的影响时才进行真正的生产；动物只生产自身，而人再生产整个自然界；动物的产品直接属于它的肉体，而人则自由地对待自己的产品。动物只是按照它所属的那个种的尺度和需要来构造，而人却懂得按照任何一个种的尺度来进行生产，并且懂得处处都把固有的尺度运用于对象；因此，人也按照美的规律来构造。

马克思：《1844 年经济学哲学手稿》（1844 年 4—8 月），摘自《马克思恩格斯文集》第 1 卷，人民出版社 2009 年 12 月第 1 版，第 162—163 页。

2. 对世界的艺术精神的掌握

整体，当它在头脑中作为思想整体而出现时，是思维着的头脑的产物，这个头脑用它所专有的方式掌握世界，而这种方式是不同于对于世界的艺术精神的，宗教精神的，实践精神的掌握的。

马克思：《〈政治经济学批判〉导言》（1857年8月下旬），摘自《马克思恩格斯文集》第8卷，人民出版社2009年12月第1版，第25页。

3. 美感论（1）："只有音乐才激起人的音乐感；对于没有音乐感的耳朵来说，最美的音乐也毫无意义"

不言而喻，人的眼睛和野性的、非人的眼睛得到的享受不同，人的耳朵和原始的耳朵与野性的耳朵得到的享受不同，如此等等。

……

眼睛对对象的感觉不同于**耳朵**，眼睛的对象**是**不同于**耳朵**的对象的。每一种本质力量的独特性，恰好就是这种本质力量的**独特**的**本质**，因而也是它的对象化的独特方式，是它的**对象性的、现实的**、活生生的存在的独特方式。因此，人不仅通过思维，[Ⅷ]而且以全部感觉在对象世界中肯定自己。

另一方面，即从主体方面来看：只有音乐才激起人的音乐感；对于没有音乐感的耳朵来说，最美的音乐也**毫无意义**，不是对象，因为我的对象只能是我的一种本质力量的确证，就是说，它只能像我的本质力量作为一种主体能力自为地存在着那样对我存在，因为任何一个对象对我的意义（它只是对那个与它相适应的感觉来说才有意义）恰好都以我的感觉所及的程度为限。因此，社会的人的**感觉不同于**非社会的人的感觉。只是由于人的本质客观地展开的丰富性，主体的、**人的**感性的丰富性，如有音乐感的耳朵、能感受形式美的眼睛，总之，那些能成为**人的**享受的感觉，即确证自己是**人的**本质力量的感觉，才一部分发展起来，一部分产生出来。因为，不仅五官感觉，而且连所谓精神感觉、实践感觉（意志、爱等等），一句话，**人的**感觉、感觉的人性，都只是由于**它的**对象的存在，由于**人化的**自然界，才产生出来的。

马克思：《1844年经济学哲学手稿》（1844年4—8月），摘自《马克思恩格斯文集》第1卷，人民出版社2009年12月第1版，第190—191页。

4. 美感论（2）："忧心忡忡的、贫穷的人对最美丽的景色都没有什么感觉；经营矿物的商人只看到矿物的商业价值，而看不到矿物的美和特性；他没有矿物学的感觉"

五官感觉的**形成**是迄今为止全部世界历史的产物。囿于粗陋的实际需要的**感觉**，也只具有**有限的意义**。//对于一个忍饥挨饿的人来说并不存在人的食物形式，而只有作为食物的抽象存在；食物同样也可能具有最粗糙的形式，而且不能说，这种进食活动与**动物的**进食活动有什么不同。忧心忡忡的、贫穷的人对最美丽的景色都没有什么**感觉**；经营矿物的商人只看到矿物的商业价值，而看不到矿物的美和特性；他没有矿物学的感觉。因此，一方面为了使人的感觉成为**人的**，另一方面为了创造同人的本质和自然界的本质的全部丰富性相适应的**人的感觉**，无论从理论方面还是从实践方面来说，人的本质的对象化都是必要的。

>　　马克思：《1844年经济学哲学手稿》（1844年4—8月），摘自《马克思恩格斯文集》第1卷，人民出版社2009年12月第1版，第191—192页。

5. 感觉的整体性："总是同一个我接受所有这些不同的感性印象，对它们进行加工，从而把它们综合为一个整体"

　　……我们的不同的感官可以给我们提供在质上绝对不同的印象。因此，我们靠着视觉、听觉、嗅觉、味觉和触觉而体验到的属性是绝对不同的。但是就在这里，这些差异也随着研究工作的进步而消失。嗅觉和味觉早已被认为是两种相近的同类的感觉，它们所感知的属性即使不是同一的，也是同类的。视觉和听觉二者所感知的都是波动。触觉和视觉是如此地互相补充，以致我们往往可以根据某物的外形来预言它在触觉上的性质。最后，总是同一个我接受所有这些不同的感性印象，对它们进行加工，从而把它们综合为一个整体；而这些不同的印象又是同一个物所给予，并显现为它的一般属性，从而帮助我们认识它。说明这些只有不同的感官才能接受的不同的属性，确立它们之间的内在联系，这恰好是科学的任务，而科学直到今天并不报怨我们有五个特殊的感官而没有一个总的感官，或者抱怨我们不能看到或听到滋味和气味。

>　　恩格斯：《自然辩证法》（1873—1876年），摘自《马克思恩格斯全集》第20卷，人民出版社1971年3月第1版，第576页。

6. 艺术对象创造出懂得艺术和具有审美能力的大众

　　消费对于对象所感到的需要，是对于对象的知觉所创造的。艺术对象创造出懂得艺术和具有审美能力的大众，——任何其他产品也都是这样。因此，生产不仅为主体生产对象，而且也为对象生产主体。

>　　马克思：《〈政治经济学批判〉导言》（1857年8月下旬），摘自《马克思恩格斯文集》第8卷，人民出版社2009年12月第1版，第16页。

7. 关于"美学"条目的通信

今天早晨收到德纳的信，现在附上。我不懂，这个美国佬在 5 月底才委托我们，他怎么能期望在 7 月初就在纽约接到为第一卷写好的条目。

请再考虑一下：除军事条目以外，还可提供哪些条目。哲学的东西稿酬的确过低，而且用英文写也很难。你可知道有没有什么关于著名实业家传记的德文或法文书？

我也同样不懂，怎么可能用一页篇幅来按黑格尔的观点"透彻地"阐明美学。

鲁普斯乐意承担点什么吗？

还附上米凯尔的一封信。的确，我不理解他的理论，他的理论不是以"生产过剩"而是以"缺乏生产上的支付手段"为出发点的，这也就是说，最可怜的通货学派的最浅薄的谬论在德国已得到公民权。

> 马克思：《马克思致恩格斯》（1857 年 5 月 23 日），摘自《马克思恩格斯全集》第 29 卷，人民出版社 1972 年 6 月第 1 版，第 135 页。

德纳竟决定用一页篇幅来写《美学》，一定是发疯了。这个家伙对军事也一窍不通。附上我只是按照布罗克豪斯百科辞典和凭记忆拟就的条目单。但是由于我还要先把它与一部**英文的**军事辞典对照一下，这个单子不可能是最后确定的；谁能背出英文里《A》字母开头的所有技术术语来呢。顺便说说，有一个很蹩脚的多产文人（约·海·斯托克奎勒）编了这样一部辞典。你能否打听到它的价格、篇幅等情况？

更妙的是，他要求条目——写得详尽而又简短！——于 7 月 1 日以前寄到纽约。又是一点不假的美国佬。无论如何，这表明注重外表多于实际内容；两块美元一页的稿酬也说明了这点。

请给德纳寄去这里附上的条目单（**初步的**），并告诉他，既然是这样的报酬，不能不加考虑就干，他应该说明需要哪些条目。（正是那些最容易写的拼拼凑凑的条目才适合他提出的报则）。《A》字母的**技术**术语的第二个条目单将随后在最近寄去。这个一办妥，看来就应该给他寄《D》、《E》或《G》字母的条目单，以便以后可以预先准备材料。

> 恩格斯：《恩格斯致马克思》（1857 年 5 月 28 日），摘自《马克思恩格斯全集》第 29 卷，人民出版社 1972 年 6 月第 1 版，第 136 页。

8. 美学与教育

至于美学方面的教育，杜林先生不得不一切重新做起。从前的诗对此都不适用。在一切宗教都被禁止的地方,学校里自然不能容忍从前的诗人惯用的"神话式的或其他宗教式的描写手法"。"例如歌德曾经非常喜爱的诗的神秘主义",也是为人嫌弃的。这样,杜林先生自己不得不下定决心,向我们提供诗的杰作,这些作品"符合于某种同知性相称的幻想的更高要求",并描述出"显示世界之完美"的真正理想的。但愿他别踌躇。经济公社只有以那种和知性相称的亚历山大诗体的急进步伐前进,才能起征服世界的作用。

恩格斯:《反杜林论》(1876年9月—1878年6月),摘自《马克思恩格斯文集》第9卷,人民出版社2009年12月第1版,第337页。

9. 一切美学都在出现一点获利希望时遭到破坏

早期的发展。纽约——港湾——美景——由于得天独厚而预定成为资本主义生产的中心——如何完成这个使命。对纽约夜晚的最初印象:耀眼的灯光、鹅卵石、肮脏、喧哗——令人厌恶。白天市容更不吸引人——电线杆子、空中铁道、横跨马路的招牌、公司的广告牌,建筑术看不到了,成群的人,大量的四轮车、轻便马车和车辆,比伦敦多得多,——不象样子、可恶;到处都是使人厌烦的**广告**。赌场庄头模样的人。男人的疲惫样子,女人也是一样。商店比伦敦出色,数量也多。乐土的**大门**就是这样。海上和陆上都是吓人的声音。马车的轰隆声,一辆马车造成的轰隆声比欧洲的十辆还大。一切美学都在出现一点获利希望时遭到破坏。

恩格斯:《美国和加拿大旅行札记》(1888年9月下半月),摘自《马克思恩格斯全集》第50卷,人民出版社1985年12月第1版,第388—389页。

10. "美学上的责任"

您由于有原则性怀疑而提出的保留条件我不完全理解,也许您向来是不看到手稿就不愿作出决定的。我不能设想,您愿意为您那里出版的一切作品——从马克思的到雅科布·费奈迭的,从拉萨尔的到帕累斯克的——承担道义上的、逻辑上的和美学上的责任,或者您愿意使自己的出版社符合《人民报》的倾向,对于这种倾向我无法评论,因为在曼彻斯特得不到《人民报》。但是,如果您的原则性怀疑同拉萨尔关于意大利的小册子有关(这本小册子的确不符合我对这个问题的看法),那末我当然会对您的这种想法作应有的考虑。但是我也知道,拉萨尔也许会第一个反对考虑这些想法。因此我要写信给拉萨尔,因为我深信,如果认为他能够阻碍一篇在这个问题上同他的见解有分歧的作品出版，哪怕是有一点点阻碍也好，他也会觉得这是对他的侮辱。

恩格斯：《恩格斯致弗兰茨·敦克尔》（1860年2月20日），摘自《马克思恩格斯全集》第30卷，人民出版社1975年2月第1版，第443—444页。

另一家杂志《爱国者》，曾力求成为探讨本地问题的权威刊物，同时它力求在美学方面比一些地方小报发挥更大的作用。这家杂志由于处于既象小说出版物又象地方报纸这种两可的状况而夭折了。靠丑闻、演员之间不和、街谈巷议的飞短流长等等为消息来源的地方小报倒可以夸耀其经久不衰。

恩格斯：《不来梅通讯·刊物》（1840年7月），摘自《马克思恩格斯全集》第41卷，人民出版社1982年12月第1版，第104页。

11. "美学上的反感"

在宗教改革以前不久和宗教改革期间，德国人创立了一种独特的、单是一个名称就够骇人的文学——**粗俗**文学。目前我们正处在类似16世纪的革命时代的前夜。粗俗文学重新出现在德国人面前是并不奇怪的。对历史发展发生的兴趣不难克服这类作品所引起的美学上的反感；这类作品早在15、16世纪就在那些甚至鉴赏力不高的人们中间引起过这种反感了。

16世纪的**粗俗文学**是：平淡无味，废话连篇，大言不惭，象伏拉松一样夸夸其谈，攻击别人狂妄粗暴，对别人的粗暴则歇斯底里地易动感情；费力地举起大刀，吓人地一挥，后来却刀背朝下地砍去；不断宣扬仁义道德，又不断将它们破坏；把激昂之情同庸俗之气滑稽地结合一起；自称关心问题的本质，但又经常忽视问题的本质；以同样自高自大的态度把市侩式的书本上的一知半解同人民的智慧对立，把所谓"人的理智"同科学对立；轻率自满，大发空言，无边无际；给市侩的内容套上平民的外衣；反对文学的语言，给语言赋予纯粹肉体的性质（如果可以这样说的话）；喜欢在字里行间显示著者本人的形象：他磨拳擦掌，使人知道他的力气，他炫耀宽肩，向谁都摆出勇士的架子；宣扬健康的精神是寓于健康的肉体，其实已经受到16世纪极无谓的争吵和肉体的感染而不自知；为狭隘而僵化的概念所束缚，并在同样的程度上诉诸极微末的实践以对抗一切理论；既不满于反动，又反对进步；无力使敌手出丑，就滑稽地对他破口大骂；索洛蒙和马科尔夫，唐·吉诃德和桑科·判扎，幻想家和庸人，两者集于一身；卤莽式的愤怒，愤怒式的卤莽；庸夫俗子以自己的道德高尚而自鸣得意，这种深信无疑的意识象大气一样飘浮在这一切之上。如果我们没有记错，德国人民的智慧已用"海涅卡——力大无穷的仆人"这首歌为它立下了一座抒情纪念碑。海因岑先生是复活这种粗俗文学的功臣之一，在这方面可以说，他是象征着各国人民的春天即将来临的一只德国燕子。

马克思：《道德化的批评和批评化的道德——论德意志文化的历史，驳卡尔·海因岑》（1847年10月底），摘自《马克思恩格斯全集》第4卷，人民出版社1958年8月第1版，第322—329页。

12. "思想倾向"与"美学"

暂且撇开阿伦特这本书的思想倾向不谈，从美学上来看，这本书当然也是最有趣的出版物之一。在我们的文学中，已经很久没有听到过这样简练的、富有表现力的语言了。这种语言应当不断影响我们青年一代中的许多人。严密坚实总比软弱无力好些！确实有这样一些作者，他们认为，现代风格的本质就在于把语言的突起的肌肉、绷紧的经络都裹上一层美丽柔和的皮肉，甚至要冒着显出女子气质的危险。不，我觉得阿伦特风格的男子气质的结构总比某些"现代"修辞学家软绵绵的格调好些。何况阿伦特已经尽量避免了他1813年的同伴们所采用的奇特的风格，只有在非使用最高级不可的时候（如南部罗马语那样），他的语言才偏于矫揉造作。当前流行起令人生厌的夹用外来语的风气，这在阿伦特那里也是找不到的。相反，他表示，在我们语言的树干上不嫁接外国语的分枝也能过得去。的确，我们的思想大车在大部分行途中套上德国的高头大马要比套上法国或希腊的马匹走得好些，而且对排除外来语倾向的极端做法进行嘲笑并没有解决问题。（第144—145页）

人们尽可以指责卢格的美学评论，说它索然无味，局限于教条的框框；然而使黑格尔体系的政治方面同时代精神一致起来并且使这个体系重新受到民族的尊敬，则仍然是卢格的功绩。（第152页）

恩格斯：《恩斯特·莫里茨·阿伦特》（1840年12月），摘自《马克思恩格斯全集》第41卷，人民出版社1982年12月第1版。

路德维希·白尔尼文集。第一、二卷。《戏剧丛谈》。——白尔尼是个为自由和权利而斗争的伟大战士，在书中他谈的是美学问题。即使在这里，他也是得心应手；他所讲的一切是那样确切、清楚，是那样出自对美的真实感受，而且论证得那样令人信服，使人根本不可能提出异议。这里妙语浩如烟海，坚定而犀利的自由思想，象礁石一样比比皆是。

> 恩格斯：《恩格斯致威廉·格雷培》（1839年5月24日—6月15日），摘自《马克思恩格斯全集》第41卷，人民出版社1982年12月第1版，第494页。

13. 恩格斯论自然美："不知是什么原因，人们不屑于探寻荒原上那罕见的迷人的特征、揭示它那隐蔽的诗一般的魅力"

不少人咒骂荒原，整个文学充满了对它的诅咒，普拉滕在《奥狄浦斯》中也仅仅把荒原当作讽刺的陪衬。但是，不知是什么原因，人们不屑于探寻荒原上那罕见的迷人的特征、揭示它那隐蔽的诗一般的魅力。其实，只有生长在风光明媚的地方，生长在葱郁苍茫的崇山峻岭的人，才能真正感觉到北德意志撒哈拉的恐怖和绝望，也才能有兴趣去寻找这块地方那种隐蔽的、象利比亚的海市蜃楼那样不常见的美。只有易北河右岸的马铃薯田才蕴藏着德意志的真正的单调平凡。而功绩最大的德意志部族萨克森人的故乡，即使是一片荒凉也是富有诗意的。在暴风雨之夜，云象魅影似地在月亮四周飘浮，远处犬吠不已，你可以跨上烈马奔向茫茫荒原，在风化的花岗岩石块和巨大的坟丘之间纵马驰骋。远处，沼泽地的水洼映着月光，磷火在它的上空闪耀，暴风雨的呼啸声在辽阔的平原上震荡，大地在你的脚下颤动，你会感到好象进入了德国民间传说中的境域。只有当我熟悉了北德意志荒原，我才真正懂得了格林兄弟的《儿童和家庭童话集》。所有这些童话几乎都发生在这里：夜幕降临人间的一切都消失了，而民间幻想中令人恐惧的、不成形的东西在大地上空一掠而过，荒凉的大地即使在晴朗的白天也使人胆寒。这些故事表现了荒原上一个孤独的居民在暴风雨之夜在自己乡土上漫步或从高塔上眺望荒凉的原野时的种种感情。于是，童年时代留下的荒原上暴风雨之夜的印象又在他的眼前重新浮现，并且形成了童话。在莱茵河流域或在士瓦本，你们听不到民间童话产生的秘密。然而在这里，每一个闪电之夜——按劳贝的说法，电光闪闪之夜——都以阵阵雷鸣叙述着这一点。

我为荒原辩护而倾吐的蛛丝，若不是缠在倒霉的、涂着汉诺威国旗颜色的路标上，也许会随风飘游，继续编织下去。我久久地思索着这些颜色的意义。普鲁士王国国旗的颜色固然不能说明蒂尔施在自己拙劣的普鲁士歌曲中,想从这些颜色里找到的东西,但是,无论如何这些颜色的平淡无奇仍然使人想起了冷酷无情的官僚制度,想起了普鲁士主义中远非莱茵省居民所喜欢的东西。可以看出,黑白之间的尖锐对比,犹如君主专制中君臣之间的关系一样分明。既然按照牛顿的说法,白与黑原来根本不是颜色,那么它们的含意就可能是:君主专制下奉公守法的思想根本不是带有任何色彩的东西。汉撒各城市居民的鲜明的红白旗至少在过去是合适的;法兰西的智慧在三色旗上大放异彩,连淡漠的荷兰也把这个旗子的颜色据为己有,看来,这大概是为了自我嘲笑吧;但是在所有这一切中,最美丽、最有意义的,无疑还是倒霉的德意志三色旗。可是汉诺威旗子的颜色呢?请设想一下,一个身穿白色裤子的纨绔子弟整小时地拼命在渠边和刚刚犁过的土地上奔跑,请设想一下罗得的盐柱——昔日的汉诺威的 Nunquamretrorsum 的例子,很多人都可引为鉴戒,——请设想一下,一个没有教养的贝都英青年向这个高贵的纪念物抛掷土块,那你就可以得到一根绘有汉诺威纹章的界桩了。也许,白色表示清白无瑕的国家根本大法,而黄色表示某些御用文人用来溅脏根本大法的污泥吧?

如果要指明某地的宗教特点,那么荷兰的风景实质上是加尔文派的。远望荷兰风景的十分单调平凡、没有灵性,以及唯一与之相适应的灰色天空,这一切给我们的印象,就象多尔德雷赫特正教最高会议绝对正确的决议给我们留下的印象一样。风车,这个在风景中唯一活动着的东西,使人想起命运所选定的东西,它只是靠神的气息才能转动;其他一切都处于"精神死亡"的状态。莱茵河,它象活跃的生气勃勃的基督教精神,在干涸的正统思想里失去了自己的肥沃大地的力量,它变得完全被泥沙淤积了!隔河相望,对面荷兰那边的河岸就是这样;据说,该国的其他地方更美,可是我不熟悉这些地方。——鹿特丹绿树成荫的沿岸大街、运河和舟楫,在来自德意志内地的小城市居民看来就是一片绿洲了;在这里你会懂得,弗莱里格拉特的幻想也会随着离去的三桅舰奔向远方,奔向更繁茂的河岸。往前又是讨厌的西兰岛,除了芦苇和堤坝、风奔向更繁茂的河岸。往前又是讨厌的西兰岛,除了芦苇和堤坝、风车、钟声和鸣的教堂尖塔,就什么也没有了。轮船时时穿行于这些岛屿之间!

最后,当我们走下庸人思想的堤坝,从令人窒息的加尔文教派的正统思想束缚下冲出来,进入自由精神的广阔天地时,我们感到多么幸福啊!赫尔弗特斯莱斯港消失了,伐耳河的左右两岸都淹没在澎湃欢腾的浪涛之中,含沙的黄水变成一片绿色,让我们现在忘掉留在我们后面的东西,兴高采烈地奔向碧透澄澈的河水吧!

恩格斯:《风景》(1840 年 6 月底—7 月),摘自《马克思恩格斯全集》第 41 卷,人民出版社 1982 年 12 月第 1 版,第 92—94 页。

(二) 论黑格尔美学

1. 建议您读一读《美学》,只要您稍微读进去,就会赞叹不已

千万不要象巴尔特先生那样读黑格尔的著作,就是在黑格尔的著作中寻找作为他建立体系的杠杆的那些谬误的推论和牵强附会之处。这纯粹是小学生做作业。更为重要的是:从不正确的形式和人为的联系中找出正确的和天才的东西。例如,从一个范畴过渡到另一个范畴,或者从一个对立面过渡到另一个对立面,几乎总是随意的,经常是通过俏皮的说法表述的,比如,肯定和否定(第 120 节)二者"灭亡了",黑格尔就可以转到"根据"的范畴上去。在这方面思考过多,简直是浪费时间。

由于黑格尔的每一个范畴都是哲学史上的一个阶段(他在多数情况下也指出这种阶段),所以您最好把《哲学史讲演录》(最天才的著作之一)拿来作一比较。建议您读一读《美学》,作为消遣。只要您稍微读进去,就会赞叹不已。

恩格斯:《恩格斯致康拉德·施米特》(1891 年 11 月 1 日),摘自《马克思恩格斯全集》第 38 卷,人民出版社 1972 年 8 月第 1 版,第 202—203 页。

2. 黑格尔哲学体系中的美学理论

因此,在黑格尔那里,否定的否定不是通过否定假本质来确证真本质,而是通过否定假本质来确证假本质或同自身相异化的本质,换句话说,否定的否定就是否定作为在人之外的、不依赖于人的对象性本质的这种假本质,并使它转化为主体。

因此,把否定和保存即肯定结合起来的**扬弃**起着一种独特的作用。

例如,在黑格尔法哲学中,扬弃了**的私法**=道德,扬弃了的道德=**家庭**,扬弃了的家庭=**市民社会**,扬弃了的市民社会=**国家**,扬弃了的国家=**世界史**。在**现实**中,私法、道德、家庭、市民社会、国家等等依然存在着,它们只是变成**环节**,变成了人的存在和存在方式,这些存在方式不能孤立地发挥作用,而是互相消融,互相产生等等。**运动的环节**。

在它们的现实存在中它们的**运动**的本质是隐蔽的。这种本质只是在思维中、在哲学中才表露、显示出来;因此,我的真正的宗教存在是我的**宗教哲学**的存在,我的真正的政治存在是我的**法哲学**的存在,我的真正的自然存在是我的**自然哲学**的存在,我的真正的艺术存在是我的**艺术哲学**的存在,我的真正的**人的**存在是我的**哲学**的存在。同样,宗教、国家、自然界、艺术的真正存在=宗教**哲学**、自然**哲学**、国家**哲学**、艺术**哲学**。但是,如果只有宗教哲学等等对我说来才是真正的宗教存在,那么我就只有作为**宗教哲学家**才算是真正信教的,而这样一来,我就否定了**现实的**宗教信仰和现实的**信教的人**。但是,同时我又**确证了**它们:一方面,是在我自己的存在的中或在我使之与它们相对立的那个异己的存在中,因为异己的存在仅仅**是**它们本身的**哲学**的表现;另一方面,则是在它们自己的最初形式中,因为在我看来它们不过是**虚假**的异在、比喻,是隐蔽在感性外壳下面的它们自己的真正存在即我的**哲学**的存在的形式。

同样地,扬弃了的**质=量**,扬弃了的量=**度**,扬弃了的度=**本质**,扬弃了的本质=**现象**,扬弃了的现象=**现实**,扬弃了的现实=**概念**,扬弃了的概念=**客观性**,扬弃了的客观性=**绝对观念**,扬弃了的绝对观念=**自然界**,扬弃了的自然界=**主观精神**,扬弃了的主观精神=**伦理的客观精神**,扬弃了的伦理精神=**艺术**,扬弃了的艺术=**宗教**,扬弃了的宗教=**绝对知识**。

> 马克思:《1844年经济学哲学手稿》(1844年4—8月),摘自《马克思恩格斯文集》第1卷,人民出版社2009年12月第1版,第214—215页。

3. 黑格尔的思维方式不同于所有其他哲学家的地方,就是他的思维方式有巨大的历史感做基础,在《现象学》、《美学》、《哲学史》中,到处贯穿着这种宏伟的历史观

黑格尔的思维方式不同于所有其他哲学家的地方,就是他的思维方式有巨大的历史感做基础。形式尽管是那么抽象和唯心,他的思想发展却总是与世界历史的发展平行着,而后者按他的本意只是前者的验证。真正的关系因此颠倒了,头脚倒置了,可是实在的内容却到处渗透到哲学中;何况黑格尔不同于他的门徒,他不像他们那样以无知自豪,而是所有时代中最有学问的人物之一。他是第一个想证明历史中有一种发展、有一种内在联系的人,尽管他的历史哲学中的许多东西现在在我们看来十分古怪,如果把他的前辈,甚至把那些在他以后敢于对历史作总的思考的人同他相比,他的基本观点的宏伟,就是在今天也还值得钦佩。在《现象学》、《美学》、《哲学史》中,到处贯穿着这种宏伟的历史观,到处是历史地、在同历史的一定的(虽然是抽象地歪曲了的)联系中来处理材料的。

恩格斯:《卡尔·马克思〈政治经济学批判。第一分册〉》(1859 年 8 月 3 日—15 日),摘自《马克思恩格斯文集》第 2 卷,人民出版社 2009 年 12 月第 1 版,第 529—531 页。

你读过施特劳斯的《鉴别和评述》吗?你要尽力把书弄到手,那里所有的文章都很出色。论施莱艾尔马赫尔和道布的文章是篇杰作。在论述维尔腾堡的狂人那些文章里,有大量心理学的东西。其他神学的和美学的文章也很有意思。——此外,我正在钻研黑格尔的《历史哲学》,一部巨著;这本书我每晚必读,它的宏伟思想完全把我吸引住了。——不久前托路克的播弄是非的老手《文献通报》愚蠢地提出了一个问题:为什么"现代泛神论"不能产生抒情诗,可是古波斯泛神论等等却产生了抒情诗?就请该杂志等一等吧,等我和其他一些人把这种泛神论弄清楚的时候,就会有抒情诗出现了。

恩格斯:《恩格斯致弗里德里希·格雷培》(1839 年 12 月 9 日),摘自《马克思恩格斯全集》第 41 卷,人民出版社 1982 年 12 月第 1 版,第 546 页。

4. 黑格尔在每一个领域中都起了划时代的作用

按照黑格尔的思维方法的一切规则,凡是现实的都是合理的这个命题,就变为另一个命题,凡是现存的,都是应当灭亡的。

但是,黑格尔哲学(我们在这里只限于考察这种作为从康德以来的整个运动的顶峰的哲学)的真实意义和革命性质,正是在于它永远结束了以为人的思维和行动的一切结果具有最终性质的看法。哲学所应当认识的真理,在黑格尔看来,不再是一堆现成的、一经发现就只要熟读死记的教条了:现在,真理是包含在认识过程本身中,包含在科学的长期的历史发展中,而科学从认识的较低阶段上升到较高阶段,愈升愈高,但是永远不能通过所谓绝对真理的发现而达到这样一点,在这一点上它再也不能前进一步，除了袖手一旁惊愕地望着这个已经获得的绝对真理出神，就再也无事可做了。这不仅在哲学认识的领域中是如此，就是在任何其他的认识领域中以及在实践行动的领域中也是如此。历史同认识一样，永远不会把人类的某种完美的理想状态看做尽善尽美的；完美的社会、完美的"国家"是只有在幻想中才能存在的东西；反之，历史上依次更替的一切社会制度都只是人类社会由低级到高级的无穷发展进程中的一些暂时阶段。每一个阶段都是必然的，因此，对它所由发生的时代和条件说来，都有它存在的理由；但是对它自己内部逐渐发展起来的新的、更高的条件来说，它就变成过时的和没有存在的理由了；它不得不让位于更高的阶段，而这个更高的阶段也同样是要走向衰落和灭亡的。正如资产阶级依靠大工业、竞争和世界市场在实践中推翻了一切稳固的、历来受人尊崇的制度一样，这种辩证哲学推翻了一切关于最终的绝对真理相与之相应的人类绝对状态的想法。在它面前，不存在任何最终的、绝对的、神圣的东西；它指出所有一切事物的暂时性；在它面前，除了发生和消灭、无止境地由低级上升到高级的不断的过程，什么都不存在。它本身也不过是这一过程在思维着的头脑中的反映而已。诚然，它也有保守的方面：它承认认识和社会的每一个阶段对自己的时间和条件来说都有存在的理由，但也不过如此而已。这种看法的保守性是相对的，它的革命性质是绝对的——这就是辩证哲学所承认的唯一绝对的东西。

我们在这里没有必要去研究这种看法是否完全跟自然科学的现状相符合的问题，自然科学预言了地球本身的可能的末日和它的可居性的相当确实的末日，从而承认，人类历史不仅有上升的过程，而且也有下降的过程。无论如何，我们现在距离社会历史开始下降的转折点还相当远，我们也不能要求黑格尔哲学去研究当时还根本没有被自然科学提到日程上来的问题。

但是这里必须指出一点：黑格尔并没有这样清楚地作出如上的阐述。这是他的方法必然要得出的结论，但是他本人从来没有这样明确地作出这个结论。原因很简单，因为他不得不去建立一个体系，而按照传统的要求，哲学体系是一定要以某种绝对真理来完成的，所以，黑格尔，特别是在"逻辑学"中，虽然如此强调这种永恒真理不过是逻辑的或历史的过程本身，但是他还是发现他自己不得不给这个过程一个终点，因为他总得在某个地方结束他的体系。在"逻辑学"中，他可以再把这个终点变为起点，因为在这里，终点，即绝对观念——其所以是绝对的，只是因为他关于这个观念绝对说不出什么来，——使自己"外化"（即转化）为自然界，然后在精神中，即在思维中和在历史中，再返回到自身。但是要在全部哲学的终点上这样返回到起点，只有一条路可走，即把历史的终点设想成这样：人类将达到正是对这个绝对观念的认识，并宣布对绝对观念的这种认识已经在黑格尔的哲学中达到了。但是这样一来，黑格尔体系的全部教条内容就被宣布为绝对真理，这同他那消除一切教条东西的辩证方法是矛盾的；这样一来，革命的方面就被过分茂密的保守的方面所闷死。哲学的认识是这样，历史的实践也是这样。人类既然通过黑格尔想出了绝对观念，那末在实践中也一定达到了能够把这个绝对观念变成现实的地步。因此，绝对观念就不必向自己的同时代人提出太高的实践的政治要求。因此，我们在"法哲学"的结尾发现，绝对观念应当在弗里德里希—威廉三世这么顽强而毫无结果地向他的臣民约许的那种等级制君主政体中得到实现，就是说，应当在有产阶级那种适应于当时德国小资产阶级关系的、有限的和温和的间接统治中得到实现；在这里还用思辨的方法给我们证明了贵族的必要性。

可见，单是体系的内部需要就足以说明，为什么彻底革命的思维方法竟产生了极其温和的政治结论。这个结论的特殊形式当然是由下列情况造成的：黑格尔是一个德国人而且和他的同时代人歌德一样地拖着一根庸人的辫子。歌德和黑格尔各在自己的领域中都是奥林帕斯山上的宙斯，但是两人都没有完全脱去德国的庸人气味。

但是这一切并没有妨碍黑格尔的体系包括了以前的任何体系所不可比拟的巨大领域，而且没有妨碍他在这一领域中发现了现在还令人惊奇的丰富思想。精神现象学（也可以叫做同精神胚胎学和精神古生物学类似的学问，是对个人意识各个阶段的缩影）、逻辑学、自然哲学、精神哲学，而精神哲学又分成各个历史部门研究，如历史哲学、法哲学、宗教哲学、哲学史、美学等等，——在所有这些不同的历史领域中，黑格尔都力求找出并指出贯穿这些领域的发展线索；同时，因为他不仅是一个富于创造性的天才，而且是一个学识渊博的人物，所以他在每一个领域中都起了划时代的作用。当然，由于"体系"的需要，他在这里常常不得不求救于强制性的结构，这些结构直到现在还引起他的渺小的敌人如此可怕的喊叫。但是这些结构仅仅是他的建筑物的骨架和脚手架；人们只要不是无谓地停留在它们面前，而是深入到大厦里面去，那就会发现无数的珍宝，这些珍宝就是在今天也还具有充分的价值。

恩格斯：《路德维希·费尔巴哈和德国古典哲学的终结》（1886年初），摘自《马克思恩格斯文集》第4卷，人民出版社2009年版，第269—272页。

5. 黑格尔在"美学"中用批判的方式，给浪漫主义精神送了终

在"哈雷年鉴"上，卢格扮演了已故的出版者尼古拉在过去的"柏林月刊"上所扮演的角色。和他一样，卢格也把出版别人的著作并从中攫取物质利益和表露自己的智慧的写作材料看做自己的主要使命。但是，对这种抄袭他的撰稿人的文章的行为，对这种一直达到必然的最终结果的写作消化过程，我们的卢格比他的前辈更善于赋以更加巨大得多的意义。在这方面卢格并不是德国启蒙运动的看门人，而是现代德国哲学的尼古拉，而且他善于把他的才智方面的天生的平庸隐藏在思辨的措词的浓密的荆棘之后。和尼古拉一样，他所以也勇敢地反对**浪漫主义精神**，正好是因为黑格尔在"美学"中用批判的方式，而海涅在"浪漫主义学派"中用文学的方式早已给它送了终。但是，和黑格尔不同，他和尼古拉一致认为，作为浪漫主义精神的敌人，他以为自己有权把庸夫俗子，首先是他本人这样的庸俗人物推崇为最完美的理想人物。为了这个目的，也为了在他自己的领域内战胜敌人，卢格也作起诗来，这些诗枯燥无味得胜过任何一个荷兰人的最高成就，但卢格却把它们当作挑战书，傲慢地向浪漫主义者的脸上扔去。

马克思、恩格斯：《流亡中的大人物》（1852年5—6月），摘自《马克思恩格斯全集》第8卷，人民出版社1961年10月第1版，第307页。

（三）悲剧与喜剧理论

1. "这就构成了历史的必然要求和这个要求的实际上不可能实现之间的悲剧性的冲突"，"我是从美学观点和历史观点，以非常高的、即最高的标准来衡量您的作品的"

亲爱的拉萨尔：

我这样久没有写信给您，特别是我还没有把我对您的《济金根》[①] 的

---

① 即斐·拉萨尔的《弗兰茨·冯·济金根》。——编者注

评价告诉您，您一定觉得有些奇怪吧。但是这正是我延迟了这样久才写信的原因。由于现在到处都缺乏美的文学，我难得读到这类作品，而且我几年来都没有**这样**读这类作品；在读了之后提出详细的评价、明确的意见。没有价值的东西是不值得这样费力的。甚至我间或还读一读的几本比较好的英国小说，例如萨克雷的小说，尽管有其不可辩驳的文学和文化历史的意义，也从来没有能够引起我的这样的兴趣。但是我的判断能力，由于这样久没有运用，已经变得很迟钝了，所以需要比较长的时间，我才能发表自己的意见。但是和那些东西相比，您的《济金根》是值得另眼看待的，所以我对它不吝惜时间。第一二次读您这部从题材上看，从处理上看都是德国民族的戏剧，使我在情绪上这样地激动，以致我不得不把它搁一些时候，特别是因为在这个贫乏的时期里，我的鉴赏力迟钝到了这样的地步（虽然惭愧，我还是不得不说）：有时甚至很少有价值的东西，在我**第一次**读时也不会不给我留下一些印象。为了有一个完全公正、完全"批判的"态度，所以我把《济金根》往后放了一放，就是说，把它借给了几个相识的人（这里还有几个多少有些文学修养的德国人）。但是，"书有自己的命运"①——如果把它们借出去了，就很少能再看到它们，所以我不得不用暴力把我的《济金根》夺了回来。我可以告诉您，在读第三遍和第四遍的时候，印象仍旧是一样的，并且深知您的《济金根》经得住批评，所以我现在就把我的意见告诉您。

当我说任何一个现代的德国官方诗人都远远不能写出这样一个剧本时，我知道我对您并没有作过分的恭维。同时，这正好是事实，而且是我们文学中非常突出的，因而不能不谈论的一个事实。如果首先谈形式的话，那末，情节的巧妙的安排和剧本的从头到尾的戏剧性使我惊叹不已。在韵律方面您确实给了自己一些自由，这给读时带来的麻烦比给上演时带来的麻烦还要大。我很想读一读舞台脚本；就眼前的这个剧本看来，它肯定是不能上演的。我这里来了一个德国青年诗人（卡尔·济贝耳），他是我的同乡和远亲，在戏剧方面做过相当多的工作；他作为普鲁士近卫军的后备兵也许要到柏林去，那时我也许冒昧叫他带给您几行字。他对您的剧本评价很高，但是认为，由于道白很长，根本不能上演，在做这些长道白时，只

---

① 忒伦底乌斯·摩尔《论贺雷西的用词、音节和韵律》。——编者注

有一个演员做戏，其余的人为了不致作为不讲话的配角尽站在那里，只好三番两次地尽量做各种表情。最后两幕充分证明，您能够轻易地把对话写得生动活泼，我觉得，除了几场以外（这是每个剧本都有的情况），这在前三幕里也是能做到的，所以我毫不怀疑，您在为这个剧本上演加工的时候会考虑到这一点。当然，**思想内容**必然因此受损失，但是这是不可避免的。而您不无根据地认为德国戏剧具有的较大的思想深度和意识到的历史内容，同莎士比亚剧作的情节的生动性和丰富性的完美的融合，大概只有在将来才能达到，而且也许根本不是由德国人来达到的。无论如何，我认为这种融合正是戏剧的未来。您的《济金根》完全是在正路上；主要人物**是**一定的阶级和倾向的代表，因而也是他们时代的一定思想的代表，他们的动机不是从琐碎的个人欲望中，而正是从他们所处的历史潮流中得来的。但是还应该改进的就是要更多地通过剧情本身的进程使这些动机生动地、积极地、也就是说自然而然地表现出来，而相反地，要使那些论证性的辩论（不过，我很高兴在这些辩论中又看到了您曾经在陪审法庭和民众大会上表现出来的老练的雄辩才能）逐渐成为不必要的东西。您自己似乎也承认这个标准是区分舞台剧和文学剧的界限；我相信，在这个意义上《济金根》是能够变成一个舞台剧的，即使确实有困难（因为达到完美的确绝不是简单的事）。与此相关的是人物的性格描绘。您完全正确地反对了现在流行的**恶劣的**个性化，这种个性化总而言之是一种纯粹低贱的自作聪明，并且是垂死的模仿文学的一个本质的标记。此外，我觉得一个人物的性格不仅表现在他做**什么**，而且表现在他**怎样**做；从这方面看来，我相信，如果把各个人物用更加对立的方式彼此区别得更加鲜明些，剧本的思想内容是不会受到损害的。**古代人**的性格描绘在今天是不再够用了，而在这里，我认为您原可以毫无害处地稍微多注意莎士比亚在戏剧发展史上的意义。然而这些都是次要的事情，我提到它们仅仅是为了使您看到，我在您的剧本的形式方面也用过一些心思而已。

至于谈到历史内容，那末您以鲜明的笔调和对以后的发展的正确提示描述了您最关心的当时的运动的两个方面；济金根所代表的贵族的国民运动和人道主义理论运动及其在神学和教会领域中的进一步发展，即宗教改革。在这里我最喜欢济金根和皇帝之间，教皇使节和特利尔大主教之间的几场戏（在这里，您把世俗的受过美学和古典文学教育的、在政治上和理论上有远见的使节同目光短浅的德国僧侣诸侯加以对比，从而成功地直接根据这两个人物的**有代表性的**性格作出了卓越的个性刻画）；在济金根和查理的那场戏中对性格的描绘也是很动人的。您对胡登的自传（您公正地承认它的内容是本质的东西）的确采取了一种令人失望的做法，您把这种内容放到剧本中去了。第五幕里的巴尔塔扎尔和弗兰茨的对话也非常重要，在这段对话里前者向自己的主人说明他应当遵循的**真正革命的**政策。在这里，真正悲剧的因素出现了；而且正是由于这种意义，我认为在第三幕里应当对这方面更强调一些，在那里是有很多机会这样做的。但是，我现在又回到次要问题上来了。——那个时期的城市和诸侯的态度在许多场合都是描写得非常清楚的，因此那时的运动中的所谓官方分子差不多被您描写得淋漓尽致了。但是，我认为对非官方的平民分子和农民分子，以及他们的随之而来的理论上的代表人物没有给予应有的注意。农民运动象贵族运动一样，也是一种国民运动，也是反对诸侯的运动，遭到了失败的农民运动的那种斗争的巨大规模，与抛弃了济金根的贵族甘心扮演宫廷侍臣的历史角色的那种轻率举动，正是一个鲜明的对照。因此，在我看来，即使就您对戏剧的观点（您大概已经知道，您的观点在我看来是非常抽象而又不够现实的）而言，农民运动也是值得进一步研究的；那个有约斯·弗里茨出现的农民场面的确有它的独到之处，而且这个"蛊惑者"的个性也描绘得很正确，只是同贵族运动比起来，它却没有充分表现出农民运动在当时已经达到的高潮。我认为，我们不应该为了观念的东西而忘掉现实主义的东西，为了席勒而忘掉莎士比亚，根据**我**对戏剧的这种看法，介绍那时的五光十色的平民社会，会提供完全不同的材料使剧本生动起来，会给在前台表演的贵族的国民运动提供一幅十分宝贵的背景，只有在**这种**情况下，才会使这个运动本身显出本来的面目。在这个封建关系解体的时期，我们从那些流浪的叫化子般的国王、无衣无食的雇佣兵和形形色色的冒险家身上，什么惊人的独特的形象不能发现呢！这幅福斯泰夫式的背景在**这种类型**的历史剧中必然会比在莎士比亚那里有更大的效果。此外，我觉得，由于您把农民运动放到了次要的地位，所以您在一个方面对贵族的国民运动作了不正确的描写，同时也就忽视了在济金根命运中的**真正**悲剧的因素。据我看来，当时广大的皇室贵族并没有想到要同农民结成联盟；他们必须压榨农民才能获得收入这样一种情况，不容许这种事情发生。同城市结成联盟的可能性倒是大一些；但是这种联盟并没有出现或者只是小部分地出现了。而贵族的国民革命只有同城市和农民结成联盟，特别是同后者结成联盟才能实现；据我看来，悲剧的因素正是在于：同农民结成联盟这个基本条件是不可能的；因此贵族的政策必然是无足轻重的；当贵族想取得国民运动的领导权的时候，国民**大众**即农民，就起来反对他们的领导，于是他们就不可避免地要垮台。您假定济金根和农民确实有某种联系，这究竟有多少历史根据，我无法判断，而这个问题也是完全无关紧要的。此外，就我的记忆所及，在向农民呼吁的文件中胡登只是微微地触及这个和贵族有关的麻烦问题，而且企图把农民的愤怒都特别集中到僧侣身上去。但是我丝毫不想否认您有权把济金根和胡登看做是打算解放农民的。但这样一来马上就产生了这样一个悲剧性的矛盾：一方面是坚决反对过解放农民的贵族，另一方面是农民，而这两个人却被置于这两方面之间。在我看来，这就构成了历史的必然要求和这个要求的实际上不可能实现之间的悲剧性的冲突。您忽略了这一因素，而把这个悲剧性的冲突缩小到极其有限的范围之内：使济金根不立即向皇帝和帝国宣战，而只向**一个**诸侯宣战（这里虽然您也非常恰当地把农民引进来），并且使他仅仅由于贵族的冷漠和胆怯就遭到了灭亡。但是，如果您在此以前就先比较有力地强调了气势凶猛的农民运动以及由于先前的"鞋会"和"穷康拉德"而必然变得更加保守的贵族的心情，那末这一点就会得到完全不同的论证。然而这一切都不过是可以把农民运动和平民运动写入戏剧的**一种**方法而已；此外至少还有十种同样好的或者更好的其他的方法。

您看，我是从美学观点和历史观点，以非常高的、即**最高的**标准来衡量您的作品的，而且我必须这样做才能提出一些反对意见，这对您来说正是我推崇这篇作品的最好证明。是的，几年来，**在我们中间**，为了党本身的利益，批评必然是最坦率的；此外，每出现一个新的例证，证明我们的党不论在什么领域中出现，它总是显出自己的优越性时，这始终使我和我们大家感到高兴。而您这次也提供了这个例证。

此外，世界局势似乎要向一个十分令人喜悦的方向发展。未必能够设想，还有什么比法俄同盟能为彻底的德国革命提供更好的基础。我们德国人只有水淹到脖子时，才会全都发起条顿狂来；这一次淹死的危险似乎十分逼近了。这倒更好些。在这样一个危机中，一切现存的势力都必然要灭亡，一切政党都必然要一个跟一个地覆灭，从《十字报》到哥特弗利德·金克尔，从莱希堡伯爵到"黑克尔、司徒卢威、布伦克尔、齐茨和勃鲁姆"。在这样一个斗争中，必然出现一个时刻，那时只有最不顾一切的、最坚决的党才能拯救民族，同时必然会出现一些条件，只是在那些条件下，才有可能彻底清除一切旧的垃圾，即内部的分裂以及波兰和意大利附属于奥地利的情况。我们不能放弃普鲁士波兰的一寸土地，而且……①

> 恩格斯：《恩格斯致拉萨尔》（1859年5月18日），摘自《马克思恩格斯全集》第29卷，人民出版社1972年6月第1版，第581—587页。

如果说以前的阶级，例如骑士阶级的没落能够为悲剧艺术的巨著提供材料，那末小市民阶级当然就只能表现出穷凶极恶的软弱态度和提供一些桑科·判札式的格言和谚语的集录。

> 马克思、恩格斯：《评格·弗·道梅尔"新时代的宗教。创立综合格言的尝试"》（1850年1—2月），摘自《马克思恩格斯全集》第7卷，人民出版社1959年4月第1版，第242页。

2. 黑格尔在某个地方说过，一切伟大的世界历史事变和人物，可以说都出现两次。他忘记补充一点：第一次是作为悲剧出现，第二次是作为笑剧出现

黑格尔在某个地方说过，一切伟大的世界历史事变和人物，可以说都出现两次。他忘记补充一点：第一次是作为悲剧出现，第二次是作为笑剧出现。科西迪耶尔代替丹东，路易·勃朗代替罗伯斯比尔，1848—1851年的山岳党代替1793—1795年的山岳党，侄儿代替伯父。在雾月十八日事变得以再版的种种情况中，也可以看出一幅同样的漫画！

……不管资产阶级社会怎样缺少英雄气概，它的诞生却是需要英雄行为，需要自我牺牲、恐怖、内战和民族间战斗的。在罗马共和国的高度严格的传统中，资产阶级社会的斗士们找到了理想和艺术形式，找到了他们为了不让自己看见自己的斗争的资产阶级狭隘内容、为了要把自己的热情保持在伟大历史悲剧的高度上所必需的自我欺骗。（第470—472页）

波拿巴是**流氓无产阶级的首领**，他只有在这些流氓无产者身上才能大量地重新找到他本人所追求的利益，他把这些由所有各个阶级中淘汰出来

---

① 信的结尾部分残缺。——编者注

的渣滓、残屑和糟粕看做他自己绝对能够依靠的唯一的阶级。这就是真实的波拿巴，不加掩饰的波拿巴。他这个老奸巨猾的痞子，把各国人民的历史生活和他们所演出的大型政治剧，都看做最鄙俗的喜剧，看做专以华丽的服装、词藻和姿势掩盖最鄙陋的污秽行为的化装跳舞会。例如，在进攻斯特拉斯堡时，一只受过训练的瑞士兀鹰就扮演了拿破仑之鹰的角色。当他在布洛涅登陆时，他给几个伦敦仆役穿上了法国军装，于是他们俨然成了军队。在他的十二月十日会中，他搜罗了1万个游手好闲分子，要他们扮演人民，正像尼克·波顿扮演狮子①一样。当资产阶级毫不违反法国演剧格式的迂腐规则，十分严肃地表演最纯粹的喜剧时，当它一半被骗一半信服自己的大型政治历史剧时，一个把喜剧仅仅看做喜剧的冒险家当然是要获得胜利的。只有当他扫除了盛装的敌人，并且认真演起自己的皇帝角色，戴上拿破仑的面具装做真正的拿破仑以后，他才会成为他自己的世界观的牺牲品，成为一个再不把世界历史看做喜剧而是把自己的喜剧看做世界历史的认真的丑角。（第523—524页）

> 马克思：《路易·波拿巴的雾月十八日》（约1851年12月中—1852年3月25日），摘自《马克思恩格斯文集》第2卷，人民出版社2009年12月第1版。

就我们昨天所看到的而言，对人民是不能抱任何希望了，真好像是老黑格尔在坟墓里作为世界精神来指导历史，并且真心诚意地使一切事件都出现两次，第一次是作为伟大的悲剧出现，第二次是作为卑劣的笑剧出现，科西迪耶尔代替丹东，路·勃朗代替罗伯斯比尔，巴泰勒米代替圣茹斯特，弗洛孔代替卡诺，畸形儿②和十来个负债累累的尉官代替小军士③及其一桌元帅。这样，我们终于来到了雾月十八日。

> 恩格斯：《恩格斯致马克思》（1851年12月3日），摘自《马克思恩格斯文集》第10卷，人民出版社2009年12月第1版，第99页。

罗伯斯比尔、圣茹斯特和他们的党之所以灭亡，是因为他们混淆了以**真正的奴隶制**为基础的古代**实在论民主共和国**和以**被解放了的奴隶制**即**资产阶级社会**为基础的**现代唯灵论民主代议制国家**。一方面，不得不以**人权**

---

① 莎士比亚《仲夏夜之梦》第1幕第2场。——编者注
② 路·波拿巴。——编者注
③ 拿破仑第一。——编者注

的形式承认和批准现代资产阶级社会，即工业的、笼罩着普遍竞争的、以自由追求私人利益为目的的、无政府的、塞满了自我异化的自然的和精神的个性的社会，另一方面又想在事后通过单个的人来取缔这个社会的各种**生命表现**，同时还想仿照**古代**的形式来建立这个社会的**政治首脑**，这是多么巨大的错误！

这种错误是悲剧性的，圣茹斯特在临刑之日指着悬挂在康瑟尔热丽大厅里的那块写着"**人权宣言**"的大牌子，以自傲的口吻说道："但创造这个的毕竟是我。"就在这块牌子上宣布了**人的权利**，而这种人不会是古代共和国的人，正像他的经济状况和**工业**状况不是**古代的**一样。

> 马克思、恩格斯：《神圣家族》(1844年9—11月)，摘自《马克思恩格斯全集》第2卷，人民出版社1957年12月第1版，第156页。

3. "当旧制度本身还相信而且也必定相信自己的合理性的时候，它的历史是悲剧性的"，"世界历史形态的最后一个阶段是它的喜剧"，"这是为了人类能够愉快地同自己的过去诀别"

对当代德国政治状况作斗争就是对现代各国的过去作斗争，而对过去的回忆依然困扰着这些国家。这些国家如果看到，在它们那里经历过自己的**悲剧**的旧制度，现在又作为德国的幽灵在演自己的**喜剧**，那是很有教益的。当旧制度还是有史以来就存在的世界权力，自由反而是个别人突然产生的想法的时候，简言之，当旧制度本身还相信而且也必定相信自己的合理性的时候，它的历史是**悲剧性的**。当旧制度作为现存的世界制度同新生的世界进行斗争的时候，旧制度犯的是世界历史性的错误，而不是个人的错误。因而旧制度的灭亡也是悲剧性的。

相反，现代德国制度是时代错乱，它公然违反普遍承认的公理，它向全世界展示旧制度毫不中用；它只是想象自己有自信，并且要求世界也这样想象。如果它真的相信自己的**本质**，难道它还会用一个异己本质的**假象**来掩盖自己的本质，并且求助于伪善和诡辩吗？现代的旧制度不过是**真正主角**已经死去的那种世界制度的**丑角**。历史是认真的，经过许多阶段才把陈旧的形态送进坟墓。世界历史形态的最后一个阶段是它的**喜剧**。在埃斯库罗斯的《被缚的普罗米修斯》中已经悲剧性地因伤致死的希腊诸神，还要在琉善的《对话》中喜剧性地重死一次。为什么会出现这样的历史进程呢？这是为了人类能够**愉快地**同自己的过去诀别。我们现在为德国政治力量争取的也正是这样一个**愉快的**历史结局。

> 马克思：《〈黑格尔法哲学批判〉导言》（约1843年10月中—12月中），摘自《马克思恩格斯文集》第1卷，人民出版社2009年12月第1版，第7—8页。

布朗基的革命本能和他的果断精神并不是每个人都具备的，无论哈姆雷特说过多少次要有毅力，但哈姆雷特始终是哈姆雷特。而当我们这33位实干家在他们称之为实干的领域中毫无作为的时候，我们这33位布鲁土斯就陷入了与其说是悲剧性的，毋宁说是喜剧性的自我矛盾中，这矛盾并不因为他们满脸愁容，似乎人人都是"怀藏匕首的麦罗斯"，而显得更富有悲剧性。

> 恩格斯：《流亡者文献》（1874年5月中—1875年4月），摘自《马克思恩格斯文集》第3卷，人民出版社2009年12月第1版，第359页。

4. 黑格尔曾经说过，实际上，喜剧高于悲剧，理性的幽默高于理性的激情

要想从林肯的所作所为中找出美学上的不雅、逻辑上的缺陷、形式上的滑稽和政治上的矛盾，像英国的那些奴隶制度的品德——"泰晤士报"、"星期六评论"tuttiquanti〔之流〕所做的那样，是再容易不过了。尽管如此，在美国历史和人类历史上，林肯必将与华盛顿齐名！在今天，当大西洋这一边所发生的一切无足轻重的事情都故意带上了不起的神气的时候，那在新大陆上以如此平凡的形式所进行的一切重大事件，难道没有任何意义吗？

林肯不是人民革命的产儿。是那种没有意识到本身应当解决何等伟大任务的普选制的寻常把戏把他——一个从石匠上升到伊利诺斯州参议员的平民，一个缺乏智慧的光辉、缺乏特殊的性格力量、地位并不十分重要的人，一个善良的常人——送上最高位置的。新大陆还从来没有取得过比这一次更大的胜利；这证明，由于新大陆的政治和社会组织，善良的常人也能担负旧大陆需要英雄豪杰才能担负的任务！

黑格尔曾经说过，实际上，喜剧高于悲剧，理性的幽默高于理性的激情。如果说，林肯不具有历史行动的激情，那末，作为一个来自人民的常人，他却具有这种行动的幽默……

> 马克思：《北美事件》（1862年10月7日），摘自《马克思恩格斯全集》

第15卷，人民出版社1963年12月第1版，第586—587页。

5. 英国悲剧的特点之一就是崇高和卑贱、恐怖和滑稽、豪迈和诙谐离奇古怪地混合在一起

英国悲剧的特点之一就是崇高和卑贱、恐怖和滑稽、豪迈和诙谐离奇古怪地混合在一起，它使法国人的感情受到莫大的伤害，以致伏尔泰竟把莎士比亚称为"喝醉了的野人"。但是莎士比亚在任何地方都没有让丑角在英雄剧中担当念开场白的任务。这个发明的荣誉属于联合内阁。阿伯丁阁下扮演的角色就算不是英国的小丑，那也是意大利的潘塔隆。眼光短浅的人总以为，好像一切伟大的历史运动终究都会变成滑稽戏，或者至少变得平庸无奇。但是这样来开场，这正是一出名为**对俄战争**的悲剧所独具的特色，这出悲剧的序幕已经于星期五晚上在议会两院同时揭开了……

马克思：《议会的战争辩论》（1854年4月4日），摘自《马克思恩格斯全集》第10卷，人民出版社1962年4月第1版，第188页。

（四）马克思、恩格斯论语言

1. 语言的发展与文学的繁荣："所有这些语言已经发展到能够参加十四世纪的强有力的文学繁荣"

代替希腊人或罗马人和野蛮人的对立，现在是六个具有文明语言的文明民族（斯堪的那维亚等民族还不计在内），所有这些语言已经发展到能够参加十四世纪的强有力的文学繁荣，而且比起古代末期已经在衰退和死亡的希腊语和拉丁语来说，它们保证了教育的更加无比的多样化。

恩格斯：《自然辩证法》（1873—1886年），摘自《马克思恩格斯全集》第20卷，人民出版社1971年3月第1版，第530页。

2. "艺术上的存在"不同于"语言上的存在"

这种"观念的"即想象的标准无非是一种想象的实际价值，是一种想象，但是，这种想象没有成为客观现实，因为在这里货币制度的进一步的规定没有得到发展，而这种发展要取决于完全不同的条件。这正象有些宗教的神的形象还没有被塑造成直观的形象，而只是停留在想象中，也就是说顶多只取得语言上的存在，而不是艺术上的存在，可是有人在神话学里却把这些宗教说成是更高级的宗教。

马克思：《经济学手稿》（1857—1858年），摘自《马克思恩格斯全集》第46卷下册，人民出版社1980年8月第1版，第320页。

3. 语言的起源与劳动："语言是从劳动中并和劳动一起产生出来的，这是唯一正确的解释"

更重要得多的是手的发展对其余机体的直接的、可证明的反作用。正如我们已经说过的，我们的猿类祖先是一种社会化的动物，人，一切动物中最社会化的动物，显然不可能从一种非社会化的最近的祖先发展而来。随着手的发展、随着劳动而开始的人对自然的统治，在每一新的进展中扩大了人的眼界。他们在自然对象中不断地发现新的、以往所不知道的属性。另一方面，劳动的发展必然促使社会成员更紧密地互相结合起来，因为它使互相帮助和共同协作的场合增多了，并且使每个人都清楚地意识到这种共同协作的好处。一句话，这些正在形成中的人，已经到了彼此间**有些什么非说不可**的地步了。需要产生了自己的器官：猿类的不发达的喉头，由于音调的抑扬顿挫的不断加多，缓慢地然而肯定地得到改造，而口部的器官也逐渐学会了发出一个个的清晰的音节。

语言是从劳动中并和劳动一起产生出来的，这个解释是唯一正确的，拿动物来比较，就可以证明。动物，甚至高度发达的动物，彼此要传递的信息很少，不用分音节的语言就可以互通信息。在自然状态下，没有一种动物会感到不能说话或不能听懂人的语言是一种缺陷。它们经过人的驯养，情形就完全不同了。狗和马在和人的接触中所养成的对于分音节的语言的听觉十分敏锐，以致它们在它们的想象力所及的范围内，能够很容易地学会听懂任何一种语言。此外，它们还获得了如对人表示依恋、感激等等的表达感受的能力，而这种能力是它们以前所没有的。和这些动物经常接触的人几乎难以排除这样的念头：有足够的情况表明，这些动物现在感到没有说话能力是一个缺陷。不过，它们的发音器官可惜已经沿着一定的方向过度专长化了，再也无法补救这种缺陷。但是，只要有发音器官，这种不能说话的情形在某种限度内是可以克服的。鸟的口部器官和人的口部器官肯定是根本不同的，然而鸟是唯一能学会说话的动物，而且在鸟里面叫声最令人讨厌的鹦鹉说得最好。人们别再说鹦鹉不懂得它自己所说的是什么了。它一小时一小时地唠唠叨叨重复它那几句话，的确纯粹是出于喜欢说话和喜欢跟人接触。但是在它的想象力所及的范围内，它也能学会懂得它所说的是什么。如果我们把骂人话教给鹦鹉，使它能够想象到这些话的意思（这是从热带回来的水手们的一种主要娱乐），然后惹它发怒，那么我们马上会看到，它会像柏林卖菜的女贩一样正确地使用它的骂人话。它在乞求美味食品时也有这样的情形。

首先是劳动，然后是语言和劳动一起，成了两个最主要的推动力，在它们的影响下，猿脑就逐渐地过渡到人脑；后者和前者虽然十分相似，但是要大得多和完善得多。随着脑的进一步的发育，同脑最密切的工具，即感觉器官，也同步发育起来。正如语言的逐渐发展必然伴随有听觉器官的相应的完善化一样，脑的发育也总是伴随有所有感觉器官的完善化。鹰比人看得远得多，但是人的眼睛识别东西远胜于鹰。狗比人具有锐敏得多的嗅觉，但是它连被人当作各种物的特定标志的不同气味的百分之一也辨别不出来。至于触觉，即在猿类中刚刚显示出最粗糙的萌芽的触觉，只是由于劳动才随着人手本身而一同形成。

脑髓和为它服务的感官、越来越清楚的意识以及抽象能力和推进能力的发展，又反作用于劳动和语言，为这二者的进一步发育不断提供新的推动力。这种进一步的发育，并不是在人同猿最终分离时就停止了，而是在此以后大体上仍然大踏步地前进着，虽然在不同的民族和不同的时代就程度和方向来说是不同的，有时甚至由于局部的和暂时的退步而中断；由于随着完全形成的人的出现又增添了新的因素——社会，这种发展一方面便获得了强有力的推动力，另一方面又获得了更加确定的方向。

恩格斯：《自然辩证法·劳动在从猿到人的转变中的作用》（1876年），摘自《马克思恩格斯全集》第20卷，人民出版社1971年3月第1版，第511—514页。

4. 语言的起源与社会交往关系："语言也和意识一样，只是由于需要，由于和他人交往的迫切需要才产生的"

思想、观念、意识的生产最初是直接与人们的物质活动，与人们的物质交往，与现实生活的语言交织在一起的。观念、思维、人们的精神交往在这里还是人们物质关系的直接产物。表现在某一民族的政治、法律、道德、宗教、形而上学等的语言中的精神生产也是这样。（第29页）

只有现在，当我们已经考察了最初的历史的关系的四个因素、四个方面之后，我们才发现：人也具有"意识"①。但是人并非一开始就具有"纯粹的"意识。"精神"从一开始就很倒霉，注定要受物质的"纠缠"，物质在这里表现为震动着的空气层、声音，简言之，即语言。语言和意识具有同样长久的历史；语言是一种实践的、既为别人存在并仅仅因此也为我自己存在的、现实的意识。语言也和意识一样，只是由于需要，由于和他人交往的迫切需要才产生的②。（第34页）

马克思、恩格斯：《德意志意识形态》（1845—1846年），摘自《马克思恩格斯全集》第3卷。

5. 语言的发展与物质生产："再生产的行为"造成"新的需要和新的语言"

在再生产的行为本身中，不但客观条件改变着，例如乡村变为城市，荒野变为清除了林木的耕地等等，而且生产者也改变着，炼出新的品质，通过生产而发展和改造着自身，造成新的力量和新的观念，造成新的交往方式，新的需要和新的语言。

马克思：《经济学手稿》（1857—1858年），摘自《马克思恩格斯全集》第46卷上册，人民出版社1979年7月第1版，第494页。

6. 语言的物质性："语言是思想的直接现实"

断言我"从无中"把我自己例如作为"说话者"创造出来，这是绝对不正确的。这里作为基础的**无**其实是多种多样的**某物**，即现实的个人、他的语言器官、生理发育的一定阶段、现存的语言和它的方言、能听的耳朵以及从中可以听到些什么的人周围的环境，等等。因此，在任何一种特性的发展中，某物是通过某物从某物中创造出来的，而决不像在黑格尔"逻辑学"中所说的，是从无通过无到无的。（第157—158页）

对哲学家们说来，从思想世界降到现实世界是最困难的任务之一。语言是思想的直接现实。正像哲学家们把思维变成一种独立的力量那样，他们也一定要把语言变成某种独立的特殊的王国。这就是哲学语言的秘密，在哲学语言里，思想通过词的形式具有自己本身的内容。从思想世界降到现实世界的问题，变成了从语言降到生活中的问题。

---

① 这里马克思加了一个边注："人们之所以有历史，是因为他们必须生产自己的生活，而且是用一定的方式来进行的。这和人们的意识一样，也是受他们的肉体组织所制约的。"——编者注

② 手稿中删去了以下这一句话："我对我的环境的关系是我的意识。"——编者注

我们已经指出,思想和观念成为独立力量是个人之间的私人关系和联系独立化的结果。我们已经指出,思想家和哲学家对这些思想进行专门的系统的研究,也就是使这些思想系统化,乃是分工的结果;具体说来,德国哲学是德国小资产阶级关系的结果。哲学家们只要把自己的语言还原为它从中抽象出来的普通语言,就可以认清他们的语言是被歪曲了的现实世界的语言,就可以懂得,无论思想或语言都不能独自组成特殊的王国,它们只是现实生活的**表现**。(第525页)

> 马克思、恩格斯:《德意志意识形态》(1845—1846年),摘自《马克思恩格斯全集》第3卷,人民出版社1960年12月第1版。

7. 语言的社会性:"思想家用来进行活动的语言","是作为社会的产品给予我的";"许多个人不在一起生活和彼此交谈而竟有语言发展","是不可思议的"

甚至当我从事**科学**之类的活动,即从事一种我只是在很少情况下才能同别人直接联系的活动的时候,我也是**社会**的,因为我是作为人活动的。不仅我的活动所需的材料——甚至思想家用来进行活动的语言——是作为社会的产品给予我的,而且我**本身**的存在**就是**社会的活动;因此,我从自身所做出的东西,是我从自身为社会做出的,并且意识到我自己是社会的存在物。(第188页)

思维本身的要素,思想的生命表现的要素,即**语言**,具有感性的性质。自然界的**社会的**现实,和**人的**自然科学或**关于人的**自然科学,是同一个说法。(第194页)

> 马克思:《1844年经济学哲学手稿》(1844年4—8月),摘自《马克思恩格斯文集》第1卷,人民出版社2009年12月第1版。

人是最名副其实的政治动物,不仅是一种合群的动物,而且是只有在社会中〔M—2〕才能独立的动物。孤立的一个人在社会之外进行生产——这是罕见的事,在已经内在地具有社会力量的文明人偶然落到荒野时,可能会发生这种事情——就像许多个人不在**一起**生活和彼此交谈而竟有语言发展一样,是不可思议的。

……

生产一般是一个抽象,但是只要它真正把共同点提出来,定下来,免得我们重复,它就是一个合理的抽象。不过,这个**一般**,或者说,经过比较而抽出来的共同点，本身就是有许多组成部分的、分为不同规定的东西。其中有些属于一切时代，另一些是几个时代共有的。［有些］规定是最新时代和最古时代共有的。没有它们，任何生产都无从设想；但是，如果说最发达的语言和最不发达的语言共同具有一些规律和规定，那么，构成语言发展的恰恰是有别于这个一般和共同点的差别。

马克思：《〈政治经济学批判〉导言》（1857年8月中旬），摘自《马克思恩格斯文集》第8卷，人民出版社2009年12月第1版，第6—7页。

8. 语言与观念、思维："观念不能离开语言而存在"，思维离不开语言

把货币比作语言同样不正确。观念不是这样转化为语言：观念的特性消失了，而观念的社会性同观念并存于语言中，就象价格同商品并存一样。观念不能离开语言而存在。观念必须先从本族语言翻译成别族语言才能流通，才能进行交流，这种场合的观念才有较多的类似之处；但是这类似之处不在于语言，而在于语言的异族性。

马克思：《经济学手稿》（1857—1858年），摘自《马克思恩格斯全集》第46卷上册，人民出版社1979年7月第1版，第109页。

杜林先生在整整50页内把陈词滥调和玄妙词句的杂拌，一句话，把纯粹的**无稽之谈**当做关于意识要素的根底深厚的科学提供读者享受，我们决不想把这些东西的样品都陈列出来。我们只摘引这样一句话：

"谁要是只能通过语言来思维，那他就永远不懂得抽象的和纯正的思维是什么意思。"

这样说来，动物是最抽象的和最纯正的思维者，因为它们的思维从来不会被语言的强制性的干涉弄得模糊不清。的确，从杜林的思想和表达这些思想的语言中可以看出，这些思想是多么适合于任何语言，而德语又是多么不适合于这些思想。

恩格斯：《反杜林论》（1876年9月—1878年6月），摘自《马克思恩格斯文集》第9卷，人民出版社2009年12月第1版，第89页。

9. 语言和"人与外界物的关系"："他们赋予物以有用的性质，好像这种有用性是物本身所固有的，虽然未必想得到，它的'有用'性之一，是可作人的食物"，"人们不仅在实践中把这类物当做满足自己需要的资料，而且在观念上和在语言上把它们叫做'满足'自己需要的物"

在进一步发展的一定水平上，在人们的需要和人们借以获得满足的活动形式增加了，同时又进一步发展了以后，人们就对这些根据经验已经同其他外界物区别开来的外界物，按照类别给以各个名称。这必然会发生，因为他们在生产过程中，即在占有这些物的过程中，经常相互之间和同这些物之间保持着劳动的联系，并且也很快必须为了这些物而同其他的人进行斗争。但是这种语言上的名称，只是作为概念反映出那种通过不断重复的活动变成经验的东西，也就是反映出，一定的外界物是为了满足已经生活在一定的社会联系中的人 ｛这是从存在语言这一点必然得出的假设｝ 的需要服务的。人们只是给予这些物以专门的（种类的）名称，因为他们已经知道，这些物能用来满足自己的需要，因为他们努力通过多多少少时常重复的活动来握有它们，从而也保持对它们的占有；他们可能把这些物叫做"财物"，或者叫做别的什么，用来表明，他们在实际地利用这些产品，这些产品对他们有用；他们赋予物以有用的性质，好像这种有用性是物本身所固有的，虽然未必想得到，它的"有用"性之一，是可作人的食物。

可见：人们实际上首先是占有外界物作为满足自己本身需要的资料，如此等等；然后人们**也在语言上把它们**叫做它们在实际经验中对人们来说已经是这样的东西，即**满足自己需要的**资料，使人们得到"满足"的物。如果说，人们不仅在实践中把这类物当做满足自己需要的资料，而且在观念上和在语言上把它们叫做"满足"自己需要的物，从而也是"满足"**自己本身的物** ｛当一个人的需要得不到满足时，他就对自己的需要、因而也是对自己本身，处于一种**不满意的状态**｝，——如果说，"按照德语的用法"，这就是指物被"赋予**价值**"，那就证明："**价值**"这个普遍的概念是从人们对待满足他们需要的外界物的关系中产生的……

马克思《评阿·瓦格纳的"政治经济学教科书"》（1879年下半年—1880年11月），摘自《马克思恩格斯全集》第19卷，人民出版社1963年12月第1版，第405—406页。

10. 语言和人与人的社会关系："一切关系表现在语言里只能是概念"

直到现在存在着的个人的生产关系也必须表现为法律的和政治的关系。（见以上所述。）在分工的范围里，这些关系必然取得对个人来说是独立的存在。一切关系表现在语言里只能是概念。相信这些一般性和概念是神秘力量，这是这些一般性和概念所表现的实际关系获得独立存在以后的必然结果。除了通俗头脑对这些一般性和概念是这样看法以外，政治家和法学家还对它们有特殊的看法和想法，分工的结果使政治家和法学家注定要崇拜概念并认为一切实际的财产关系的真实基础不是生产关系，而是这些概念。

马克思、恩格斯：《德意志意识形态》（1845—1846 年），摘自《马克思恩格斯全集》第 3 卷，人民出版社 1960 年 12 月第 1 版，第 421 页。

11. 在资产阶级语言中，买卖关系也成了所有其他关系的基础

按照德斯杜特·德·特拉西的看法，大多数的人、无产者早就失去一切个性了，然而现在看来，正是在他们之中个性发展得最强烈。资产者可以毫不费力地根据自己的语言证明重商主义的个人的或者甚至全人类的关系是等同的，因为这种语言是资产级的产物，因此像在现实中一样，在语言中买卖关系也成了所有其他关系的基础。

马克思、恩格斯：《德意志意识形态》（1845—1846 年），摘自《马克思恩格斯全集》第 3 卷，人民出版社 1960 年 12 月第 1 版，第 255 页。

小商人的气质渗透了全部语言，一切关系都用商业术语、经济概念来表现。供应和需求（supply and demand），这就是英国人用来判断整个人生的逻辑公式。

恩格斯：《英国工人阶级状况》（1844 年 9 月—1845 年 3 月），摘自《马克思恩格斯全集》第 2 卷，人民出版社 1957 年 12 月第 1 版，第 566 页。

12. 语言与商品：资本主义"把每个劳动产品变成社会的象形文字"，"我们彼此进行交谈时所用的唯一可以了解的语言，是我们的彼此发生关系的物品"

不仅如此，价值还把每个劳动产品变成社会的象形文字。后来，人们竭力要猜出这种象形文字的含义，要了解他们自己的社会产品的秘密，因为使用物品规定为价值，正像语言一样，是人们的社会产物。

马克思：《资本论》第 1 卷，摘自《马克思恩格斯文集》第 5 卷，人民出版社 2009 年 12 月第 1 版，第 91—92 页。

我们彼此进行交谈时所用的唯一可以了解的语言，是我们的彼此发生关系的物品。我们不懂得人的语言了，而且它已经无效了；它被一方看成并理解为请求、哀诉，［XXXIII］从而被看成**屈辱**，所以使用它时就带有羞耻和被唾弃的感情；它被另一方理解为**不知羞耻**或**神经错乱**，从而遭到驳斥。我们彼此同人的本质相异化已经到了这种程度，以致这种本质的直接语言在我们看来成了对**人类尊严的侮辱**，相反，物的价值的异化语言倒

成了完全符合于理所当然的、自信的和自我认可的人类尊严的东西。

> 马克思：《詹姆斯·穆勒〈政治经济学原理〉一书摘要·论消费》（1844年上半年），摘自《马克思恩格斯全集》第42卷，人民出版社1979年9月第1版，第33—38页。

13. 现代民族语言论

可见，语言在这里被看作是类的产物。但是，对于桑乔讲德语而不讲法语这一点，他完全不应当感谢类，而应当感谢环境。其实，在任何一种发达的现代语言中，自然地产生出来的言语之所以提高为民族语言，部分是由于现成材料所构成的语言的历史发展，如拉丁语和日耳曼语；部分是由于民族的融合和混合，如英语；部分是由于方言经过经济集中和政治集中而集中为一个统一的民族语言。

> 马克思、恩格斯：《德意志意识形态》（1845—1846年），摘自《马克思恩格斯全集》第3卷，人民出版社1960年12月第1版，第500页。

在杜林先生看来，现代人的民族狭隘性还是过于世界化了。他还想消灭在目前的世界上至少可能使人超越狭隘的民族观点的两种杠杆，一个是至少为各民族中受过古典教育的人展现一个共同的广阔的视野的古代语言知识，一个是可以使各国人民相互了解并熟悉本国以外所发生的事情的现代语言知识。相反，他认为应该把本族语言的语法读得烂熟。但是，要了解"本族语言的质料和形式"，就必须追溯本族语言的形成和它的逐步发展，如果一不考察它自身的已经消亡的形式，二不考察同源的各种活的和死的语言，那么这种追溯是不可能的。而如果进行这种考察，我们就再次进入了明确划定的禁区。杜林先生既然把整个现代的历史语法从他的教育计划上勾掉，那么在他的语言教学上就只剩下一种老式的、完全按照旧的古典语文学仿造的技术语法了，这种语法由于缺乏历史的基础而带有自己的全部的诡辩性和任意性。对旧的语文学的憎恨，使他把旧的语文学的最坏的产品奉为"真正有益的语言教育的中心"。显然，我们与之打交道的这位语言学家，从来没有听说过近60年来这样有力地和这样成功地发展起来的全部历史语言学，所以他不是到博普、格林和狄茨那里，而是到已故的海泽和贝克尔那里去寻求语言教育的"非常现代的教育因素"。

> 恩格斯：《反杜林论》（1876年9月—1878年6月），摘自《马克思恩格斯文集》第9卷，人民出版社2009年12月第1版，第337—338页。

14. 语言研究的两个方面:"语形"与"声音"

我在上述整个研究中,只注意到语形变化形式而没有注意到声音的相互关系,这是由于在一世纪和我们最古的语言资料编成的时代之间,声音的相互关系(至少在许多方言里)发生了显著的变化。在德意志,我只须提一提第二辅音音变就够了;在斯堪的那维亚,古代歌谣的同音法表明,从编成歌谣到用文字写下歌谣这一段时期里,语言发生了何等巨大的变化。在这一方面还需要做的工作,德国的语言学家们将来大概都会做到的;在这里,它只会毫无必要地使这个研究复杂化。

恩格斯:《论日耳曼人的古代历史》(1881—1992 年),摘自《马克思恩格斯全集》第 19 卷,人民出版社 1963 年 12 月第 1 版,第 538 页。

(五) 列宁、斯大林论语言与上层建筑、文化、阶级、民族

1. 语言和上层建筑是根本不同的

基础是社会在其一定发展阶段上的经济制度。上层建筑是社会的政治、法律、宗教、艺术、哲学的观点,以及同这些观点相适应的政治、法律等设施。[①]

任何基础都有同它相适应的自己的上层建筑。封建制度的基础有自己的上层建筑,自己的政治、法律等等观点,以及同这些观点相适应的设施;资本主义的基础有自己的上层建筑;社会主义的基础也有自己的上层建筑。如果基础发生变化和被消灭,那么它的上层建筑也就会随着发生变化和被消灭。如果产生新的基础,那就会随着产生同它相适应的上层建筑。

就这方面来说,语言和上层建筑是根本不同的。拿俄国社会和俄语做例子来说吧。最近 30 年来,在俄国消灭了旧的资本主义的基础,建立了新的社会主义的基础。与此相适应,消灭了资本主义基础的上层建筑,创立了同社会主义基础相适应的新的上层建筑。这就是说,旧的政治、法律等设施已经被新的社会主义设施代替了。但是尽管如此,俄语在基本上还是同十月革命以前一样。

在这个时期中,俄语发生了一些什么变化呢?俄语的词汇发生了某种程度的变化,这就是说,由于产生了新的社会主义生产,由于出现了一种

---

① 原文为"учреждение",系指和一定的理论观点相适应的组织和机构。——译者注

新的国家、新的社会主义的文化、新的社会观点、新的道德以及由于技术和科学的发展，补充了一大批新的词语；许多词语获得了新的含义而改变了意思；若干陈旧的词从词汇中消失了。至于构成语言基础的俄语的基本词汇和语法构造，那末它们在资本主义基础消灭后，不仅没有被消灭和被新的基本词汇和新的语法构造所代替，相反地，却完全保留了下来，没有任何重大的变化，而且正是作为现代俄语的基础保留了下来。

其次，上层建筑是由基础产生的，但这决不是说，上层建筑只是反映基础，它是消极的、中立的，对自己基础的命运、对阶级的命运、对制度的性质是漠不关心的。相反地，上层建筑一出现，就成为极大的积极力量，积极促进自己基础的形成和巩固，采取一切办法帮助新制度去根除和消灭旧基础和旧阶级。

不这样是不可能的。基础创立上层建筑，就是要上层建筑为它服务，要上层建筑积极帮助它形成和巩固，要上层建筑为消灭已经过时的旧基础及其旧上层建筑而积极斗争。只要上层建筑拒绝起这种服务作用，只要上层建筑从积极保卫自己基础的立场转到对自己基础漠不关心的立场，转到对各个阶级同等看待的立场，它就会丧失自己的本质，不再成为上层建筑了。

斯大林：《马克思主义和语言学问题》（1950年6—7月），摘自《斯大林文选》，人民出版社1962年版，第520—522页。

2. 语言既不能列入基础一类，也不能列入上层建筑一类

当然，语言作为一种社会现象，是具有一切社会现象（包括基础和上层建筑）所固有的那种共同特点的，这就是说，它为社会服务，正如其他一切社会现象（包括基础和上层建筑）为社会服务一样。但是，一切社会现象所固有的共同东西，其实也仅限于此。再进一步，便开始了各个社会现象之间的严重差别。

问题在于，社会现象，除了这个共同点之外，还有自己专门的特点，这些专门的特点使社会现象互相区别，而这些专门特点对于科学最为重要。基础的专门特点就是：基础在经济上为社会服务。上层建筑的专门特点就是：上层建筑以政治、法律、美学等思想为社会服务，并且为社会创造相适应的政治、法律和其他的设施。语言区别于其他社会现象的专门特点是什么呢？这就是：语言是作为人们交际的工具、作为社会中交流思想的工具为社会服务的,这个工具使人们能够相互了解并调整他们在人类活动的一切范围(包括生产的领域,也包括经济关系的领域,包括政治的领域,也包括文化的领域,包括社会生活,也包括日常生活)中的共同工作。这些特点仅仅是语言所特有的,正因为它们仅仅是语言所特有的,语言才是独立的科学——语言学——的研究对象。没有语言的这些特点,语言学就会丧失独立存在的权利。

简短些说,语言既不能列入基础一类,也不能列入上层建筑一类。

语言也不能列入基础和上层建筑之间的"中间"现象一类,因为这种"中间"现象是不存在的。

斯大林:《马克思主义和语言学问题》(1950年6—7月),摘自《斯大林文选》,人民出版社1962年版,第544—545页。

3. 语言比任何基础、任何上层建筑都生存得长久得多

上层建筑是某个经济基础存在和活动的那一个时代的产物。因此上层建筑的生命是不长久的,它是随着这个基础的消灭而消灭的。

而语言则相反,它是若干时代的产物,在这些时代中,它形成起来、丰富起来、发展起来、精炼起来。所以语言比任何基础、任何上层建筑都生存得长久得多。这正说明,不仅是一个基础及其上层建筑的产生与消灭,而且好几个基础及与之相适应的上层建筑的产生与消灭,也不致会在历史上消灭一种语言,消灭一种语言的结构,产生具有新的词汇和新的语法构造的新的语言。

从普希金逝世以来,已经有一百多年了。在这个时期内,俄国曾消灭了封建制度、资本主义制度,并产生了第三个制度,即社会主义制度。这就是说,已经消灭了两个基础及其上层建筑,并产生了新的社会主义基础及其新的上层建筑。但是,如果以俄语为例,那么它在这个长时期内,并没有遭到什么破坏,并且现代俄语按照它的结构来说,是同普希金的语言很少有差别的。

在这个时期内,俄语中发生了哪些变化呢?在这个时期内,俄语大大地增加了词汇;有很大一批陈旧的词从词汇中消失了;有很大一批词的含义改变了;语言的语法构造改进了。至于普希金语言的结构及其语法构造和基本词汇,主要的都保存下来了,成了现代俄语的基础。

这是完全可以理解的。如果在每次革命之后,把现在的语言结构及其

语法构造和基本词汇都象对待上层建筑一样消灭掉，并以新的来代替，的确又有什么必要呢？譬如：把"水"、"地"、"山"、"森林"、"鱼"、"人"、"走路"、"作事"、"生产"、"做生意"等等不叫做水、地、山等等，而叫做旁的名称，又有什么必要呢？使语言中的词的变化和句中词的组合，不按照现存语法而按照完全另一种语法来进行，又有什么必要呢？这样的语言变革对于革命有什么益处呢？没有特别必要的时候，历史是决不会采取什么重大行动的。试问，如果证明现有的语言及其结构基本上完全适用于满足新制度的需要，那么这样的语言变革有什么必要呢？消灭旧的上层建筑并且用新的上层建筑来代替它，可以而且需要在几年中完成，以便使社会生产力有发展的天地，但是要在几年中消灭现有的语言，并创立新的语言来代替它，那不是会在社会生活中造成无政府状态并使社会受到崩溃的威胁吗？除了象唐·吉诃德之类的人以外，谁会提出这样的任务呢？

斯大林：《马克思主义和语言学问题》（1950年6—7月），摘自《斯大林文选》，人民出版社1962年版，第523—524页。

4. 语言的活动范围包括人的活动的各个领域，它比上层建筑的活动范围要广泛得多、方面也多得多，不仅如此，它的活动范围几乎是无限的

上层建筑和语言还有一个根本区别。上层建筑同生产、同人的生产活动没有直接联系。上层建筑是通过经济的中介、通过基础的中介同生产仅仅有间接的联系。因此上层建筑反映生产力发展水平的变化，不是立刻、直接反映的，而是在基础变化以后，通过生产变化在基础变化中的折光来反映的。这就是说，上层建筑活动的范围是狭窄的和有限的。

而语言则相反，它是同人的生产活动直接联系的，不仅同生产活动，而且同人的工作的一切领域（从生产到基础、从基础到上层建筑）中的任何其他活动都有直接联系，因此语言反映生产的变化，是立刻、直接反映的，并不等待基础的改变，所以语言的活动范围包括人的活动的各个领域，它比上层建筑的活动范围要广泛得多、方面也多得多，不仅如此，它的活动范围几乎是无限的。

这就首先说明，语言，实际上是它的词汇，是处在几乎不断变化的状态中。工业和农业的不断发展，商业和运输业的不断发展，技术和科学的不断发展，要求语言用进行这些工作所必需的新词语来充实它的词汇。语言就直接反映这种需要,用新的词充实自己的词汇,并改进自己的语法构造。

总括说来:

(一)马克思主义者不能认为语言是基础的上层建筑;

(二)把语言同上层建筑混为一谈,就是犯了严重的错误。

<blockquote>斯大林:《马克思主义和语言学问题》(1950年6—7月),摘自《斯大林文选》,人民出版社1962年版,第524—525页。</blockquote>

5. 文化和语言是两种不同的东西。文化可以有资产阶级的和社会主义的,而语言却是交际的工具,永远是全民的

有人引证列宁的话,说列宁承认在资本主义制度下存在着两种文化:资产阶级文化和无产阶级文化,说在资本主义制度下的民族文化口号是民族主义的口号。这一切都是对的,在这一点上,列宁绝对正确。但是这同语言的"阶级性"有什么相干呢?这些同志引证列宁关于资本主义制度下有两种文化的话,显然是想使读者相信:在社会上既然存在着两种文化——资产阶级文化和无产阶级文化,那么语言也应当有两种,因为语言是同文化相联系的,——由此可见,列宁否定了统一的民族语言的必要性,由此可见,列宁主张"阶级的"语言。这些同志在这里的错误,是他们把语言和文化等同起来,混为一谈。其实,文化和语言是两种不同的东西。文化可以有资产阶级的和社会主义的,而语言却是交际的工具,永远是全民的,它既可以为资产阶级文化服务,也可以为社会主义文化服务。俄语、乌克兰语、乌兹别克语现在为这些民族的社会主义文化服务得并不坏,正象在十月革命以前为这些民族的资产阶级文化服务得并不坏一样,难道这不是事实吗?可见,这些同志断言有两种不同的文化存在,就会形成两种不同的语言,就会导致否定统一语言的必要性,——这是大错特错了。

列宁说到两种文化的时候,所持的出发点正是:两种文化的存在,并不会导致否定统一的语言和形成两种语言,而肯定语言应当是统一的。崩得分子曾指责列宁,说他否认了民族语言的必要性,而把文化解释为"无民族性的"。大家知道,列宁严厉地反驳了这种说法。列宁说:他反对的是资产阶级文化,而不是民族语言,他认为民族语言的必要性是无可争论的。奇怪的是,我们有些同志竟步了崩得分子的后尘。

至于说列宁似乎否定了统一的语言的必要性，那么就应当听一听列宁说的下面的话：

"语言是人类最重要的交际工具；语言的统一和语言的无阻碍的发展，是保证贸易周转能够适应现代资本主义而真正自由广泛发展的最重要条件之一，是使居民自由地广泛地按各个阶级组合的最重要条件之一。"①

可见，这些尊敬的同志歪曲了列宁的观点。

斯大林：《马克思主义和语言学问题》（1950年6—7月），摘自《斯大林文选》，人民出版社1962年版，第532—533页。

6. 创造出来的语言是全民的语言，对社会是统一的，对社会全体成员是共同的

就这方面来说，语言和上层建筑是根本不同的。语言不是某一个社会内部这种或那种基础，旧的或新的基础所产生的，而是千百年来社会历史和各种基础历史的全部进程所产生的。语言不是某一个阶级所创造的，而是整个社会、社会各阶级世世代代的努力所创造的。语言创造出来不是为了满足某一个阶级的需要，而是为了满足整个社会的需要，满足社会各阶级的需要。正因为如此，创造出来的语言是全民的语言，对社会是统一的，对社会全体成员是共同的。因此，作为人们交际工具的语言的服务作用，不是为一个阶级服务，损害另一些阶级，而是一视同仁地为整个社会、为社会各阶级服务。这也就说明，语言可以一视同仁地既为旧的衰亡的制度服务，也为新的上升的制度服务；既为旧基础服务，也为新基础服务；既为剥削者服务，也为被剥削者服务。

谁都知道这样的事实：俄语为十月革命以前的俄国资本主义和俄国的资产阶级文化服务得很好，现在为俄国社会的社会主义制度和社会主义文化同样服务得很好。

关于乌克兰语、白俄罗斯语、乌兹别克语、哈萨克语、格鲁吉亚语、亚美尼亚语、爱沙尼亚语、拉脱维亚语、立陶宛语、摩尔达维亚语、鞑靼语、阿塞拜疆语、巴什基尔语、土库曼语以及苏联其他民族的语言，都应该说也是这样的，它们为这些民族的旧的资产阶级制度服务得很好，为这些民族的新的社会主义制度同样服务得很好。

---

① 《列宁选集》，人民出版社1958年版，第20卷第396页。——译者注

不这样是不可能的。语言的存在和语言的创造就是要作为人们交际的工具为整个社会服务，就是要语言成为社会全体成员的共同的东西，成为社会的统一的东西，为社会全体成员服务，不管他们的阶级地位如何。语言一离开这个全民立场，一站到偏爱和支持某一社会集团而损害其他社会集团的立场，它就会丧失自己的本质，就会不再是人们在社会中交际的工具，就会变成某一社会集团的同行语①而退化下去，以致使自己消失。

就这方面来说，语言和上层建筑有原则上的不同，但和生产工具，比如说，和机器却没有区别，生产工具和语言一样，对各阶级也是一视同仁的，既可以为资本主义制度服务，也同样可以为社会主义制度服务。

斯大林：《马克思主义和语言学问题》（1950年6—7月），摘自《斯大林文选》，人民出版社1962年版，第522—523页。

7. 历史表明：民族语言不是阶级的，而是全民的，对每个民族的成员是共同的、对整个民族是统一的

问：有人说，语言从来就是并且现在还是阶级的语言；对社会共同的统一的语言、非阶级的语言、全民的语言是不存在的。这种说法是否正确呢？

答：不，不正确。

不难了解，在没有阶级的社会中，根本谈不到阶级的语言。原始公社氏族制度是没有阶级的，因此那时当然不可能有阶级的语言，那时语言对人们的整个集体是共同的、统一的。有人反驳说，所谓阶级，应当是指任何人类集体，包括原始公社集体在内。这种说法算不得什么反驳，而是玩弄词句，是不值得一驳的。

至于语言的发展，从氏族语言到部落语言，从部落语言到［资本主义以前的］民族（народность）②语言，从民族（народность）语言到［资本主义时期的］民族（нация）③语言，在发展的各个阶段上，作为人们在社会中交际工具的语言，对社会是统一的、共同的，它同样地为社会一切成员服务，而不管他们的社会地位如何。

---

① 原文为《жаргон》，系指社会集团或职业集团的惯用语。——译者注

② 原文为《народность》，系指资本主义以前的人们共同体，以往曾译为"部族"，现改译为"民族"。——译者注

③ 原文为《нация》，系指资本主义时期的人们的共同体。——译者注

这里我指的并不是奴隶时代和中世纪时代的帝国，例如，居鲁士和亚历山大大帝、恺撒和查理大帝等所建立的帝国，这些帝国没有自己的经济基础，而是暂时的、不巩固的军事行政的联合。这些帝国不仅没有，而且也不可能有对整个帝国统一的、为帝国一切成员都懂得的语言。这些帝国是一些各有各的生活方式、各有各的语言的部落和民族（народность）的集合体。因此，我指的不是这些帝国和类似的帝国，而是组成这些帝国的部落和民族（народность），这些部落和民族（народность）是各有自己的经济基础，各有自己早已形成的语言的。历史表明：这些部落和民族（народность）的语言不是阶级的，而是全民的，是每个部落和民族（народность）共同的，是大家都懂得的。

当然，除此之外还有方言、土语，但是部落或者民族（народность）统一的和共同的语言却占着统治地位，并使这些方言、土语服从自己。

往后，随着资本主义的出现、封建割据的消灭和民族市场的形成，民族（народность）就发展成为民族（нация），而民族（народность）的语言也就发展成为民族（нация）的语言。历史表明：民族语言不是阶级的，而是全民的，对每个民族的成员是共同的、对整个民族是统一的。

上面已经说过：语言作为人们在社会中交际的工具，同样地为社会一切阶级服务，在这一方面表现出语言对各个阶级是一视同仁的。但是人们，即各社会集团、各阶级对于语言远不是漠不关心的。他们极力利用语言为自己的利益服务，把自己的特殊词汇即特殊用词和特殊用语强加到语言中去。在这一方面，那些脱离人民并且仇视人民的有产阶级上层，如贵族、资产阶级上层分子表现得特别明显。他们创造了"阶级的"习惯语、同行语、沙龙"语言"。在书刊中常常把这些习惯语和同行语错误地说成是语言，如"贵族语言"、"资产阶级语言"，与此相对立的则有"无产阶级语言"、"农民语言"。很奇怪的是，我们有些同志竟根据这一点得出结论，说什么民族语言是虚构的，只有阶级语言才是实际存在的。

斯大林：《马克思主义和语言学问题》（1950年6—7月），摘自《斯大林文选》，人民出版社1962年版，第525—527页。

8. 民族语言是民族文化的形式，民族语言既可以为资产阶级文化服务，也可以为社会主义文化服务

有人援引斯大林，他们引用斯大林的话说："资产阶级及其民族主义的

政党在这个时期始终是这种民族的主要领导力量。"① 这都是正确的。资产阶级及其民族主义的政党的确领导着资产阶级文化，正如无产阶级及其国际主义的政党领导着无产阶级文化一样。可是这同语言的"阶级性"有什么相干呢？难道这些同志不知道，民族语言是民族文化的形式，民族语言既可以为资产阶级文化服务，也可以为社会主义文化服务吗？难道这些同志不知道马克思主义者的一个有名的公式：现在的俄罗斯、乌克兰、白俄罗斯等等的文化，按其内容是社会主义的，按其形式即按其语言是民族的？这些同志是否同意这个马克思主义的公式呢？

我们这些同志在这方面的错误在于，他们看不到文化和语言之间的差别，并且不懂得文化按其内容说是随着社会发展的每个新时期改变的，语言则在几个时期中基本上是不变的，同样地既服务于旧文化，也服务于新文化。

总括说来：

（一）语言作为交际的工具从来就是并且现在还是对社会是统一的，对社会的一切成员是共同的；

（二）习惯语和同行语的存在并不否定，而是肯定全民语言的存在，因为方言和习惯语是全民语言的支派，并且服务于全民语言；

（三）语言有"阶级性"的公式是错误的、非马克思主义的公式。

> 斯大林：《马克思主义和语言学问题》（1950年6—7月），摘自《斯大林文选》，人民出版社1962年版，第533—534页。

9. 语言既是交际的工具，又是社会斗争和发展的工具

语言是属于社会现象之列的，从有社会存在的时候起，就有语言存在。语言随着社会的产生和发展而产生和发展。语言随着社会的死亡而死亡。社会以外是没有语言的。因此要了解语言及其发展的规律，就必须把语言同社会的历史，同创造这种语言、使用这种语言的人民的历史密切联系起来研究。

语言是手段、工具，人们利用它来彼此交际，交流思想，达到互相了解。语言是同思维直接联系的，它把人的思维活动的结果、认识活动的成果用词和句中词的组合记载下来，巩固起来，这样就使人类社会中的思想

---

① 《斯大林全集》，人民出版社1955年版，第11卷第290页。——译者注

交流成为可能了。

思想交流是经常极端必要的，因为没有思想交流，就不可能调整人们在同自然力的斗争中，在生产必需的物质资料的斗争中的共同行动，就不可能在社会生产活动中获得成就，因而就不可能有社会生产本身的存在。可见没有全社会都懂得的语言，没有社会一切成员共同的语言，社会就会停止生产，就会崩溃，就会无法作为社会而存在下去。就这个意义来说，语言既是交际的工具，又是社会斗争和发展的工具。

斯大林：《马克思主义和语言学问题》（1950年6—7月），摘自《斯大林文选》，人民出版社1962年版，第534页。

10. "贵族语言"及其他习惯语和同行语是从属性的，是依附于全民语言的

我想再没有比这种结论更错误的了。能不能把这些习惯语和同行语看作语言呢？绝对不能。其所以不能，第一，因为这些方言和习惯语没有自己的语法构造和基本词汇，而要从民族语言中去借用。其所以不能，第二，因为这些方言和习惯语只是在某一阶级上层分子的狭窄范围中通用，完全不适用于作为整个社会中人们交际的工具。在这些习惯语和同行语中到底有些什么呢？其中有的只是一些反映贵族或资产阶级上层分子特殊趣味的特别的词，一些抛去了民族语言中"粗鲁"用语和短语的特别风雅客气的用语和短语以及若干外来语。然而基本的词，即绝大多数词和语法构造还是从全民的民族语言中拿来的。因此这些习惯语和同行语只是全民的民族语言的支派，没有任何语言的独立性，而且是注定不能发展的。如果以为这些方言和习惯语能够发展成为独立的语言，能够排挤民族语言并代替民族语言，这就是看不到历史的前景，脱离马克思主义的立场。

有人援引马克思，引证他的"圣麦克斯"一文，那里有一处说到资产者有"自己的语言"，这个语言"是资产阶级的产物"[①]，这种语言浸透了重商主义和生意经的精神。有些同志想用这个引文来证明，好象马克思是主张语言有"阶级性"的，好象马克思否定了统一的民族语言的存在。如果这些同志能客观论事的话，他们就应当从同一篇文章中引证另一句话，

---

① 《马克思恩格斯全集》，人民出版社1960年版，第3卷第255页。——译者注

马克思在谈到统一的民族语言形成道路的问题时说:"方言经过经济集中和政治集中而集中为一个统一的民族语言。"①

可见马克思承认必须有**统一的**民族语言作为高级形式,而作为低级形式的方言则从属于高级形式。

那么,马克思所说资产者的语言"是资产阶级的产物"这句话是什么意思呢?马克思是否认为这种语言和具有自己特殊结构的民族语言是同样的语言呢?马克思能不能把它看成这样的语言呢?当然不能。马克思只是想说:资产者拿自己的生意人的惯用语玷污了统一的民族语言,这就是说,资产者有他们生意人的同行语。

可见,这些同志曲解了马克思的立场。他们曲解了它,是因为他们不是以马克思主义者的态度去引证马克思,而是以不深入问题实质的书呆子的习气去引证马克思。

有人援引恩格斯,引证恩格斯的《英国工人阶级状况》一书中的话:"……英国工人阶级逐渐变成一种和英国资产阶级完全不同的人","工人比起资产阶级来,说的是另一种习惯语,有另一套思想和观念,另一套习俗和道德原则,另一种宗教和政治"。②有些同志根据这一句话就得出结论说,恩格斯否认全民的民族语言的必要性,也就是说,他主张语言有"阶级性"。其实恩格斯在这里不是说语言而是说方言,他完全懂得,方言是民族语言的支派,是不能代替民族语言的。可是,这些同志看来是不很同意语言同方言是有区别的……

显然,这段话是引用得不恰当的,因为恩格斯在这里不是说"阶级语言",而主要是说阶级的思想、观念、习俗、道德原则、宗教和政治。资产者和无产者的思想、观念、习俗、道德原则、宗教和政治是绝对对立的,这是完全正确的。但是这同民族语言或语言的"阶级性"有什么相干呢?难道社会中的阶级矛盾的存在,就能作为主张语言有"阶级性"的论据吗?或者作为反对统一的民族语言的必要性的论据吗?马克思主义认为,语言的共同性是民族的最重要标志之一,同时清楚地知道,在民族内部存在着阶级矛盾。这些同志是否承认马克思主义的这个论点呢?

---

① 《马克思恩格斯全集》,人民出版社1960年版,第3卷第500页。——译者注
② 《马克思恩格斯全集》,人民出版社1957年版,第2卷第410页。——译者注

有人援引拉法格的话，说拉法格在"语言和革命"这本小册子中承认语言的"阶级性"，似乎他否认全民的民族语言的必要性。这是不对的。拉法格的确谈论过"贵族语言"和社会各个阶层的"同行语"。但是这些同志忘记了拉法格关心的不是语言和习惯语的区别问题，他把这些方言有时叫做"人为语"，有时叫做"同行语"。在这本小册子中，他肯定地说："贵族所擅长的人造语……是资产者、手艺人、城市和乡村都讲的那个全民语言中分出来的。"

可见，拉法格是承认全民语言的存在和它的必要性的，他完全懂得"贵族语言"及其他习惯语和同行语是从属性的，是依附于全民语言的。

因此，引证拉法格的话没有达到目的。

> 斯大林：《马克思主义和语言学问题》（1950 年 6—7 月），摘自《斯大林文选》，人民出版社 1962 年版，第 527—530 页。

11. 绝不允许任何一个民族，任何一种语言享有任何特权

工人民主派的口号不是"民族文化"，而是民主主义和全世界工人运动的国际主义文化。让资产阶级用各种"良好的"民族纲领去欺骗人民吧。觉悟的工人将这样回答他们：解决民族问题的办法只有一个（如果说在资本主义世界，在追逐金钱、互相争吵和人剥削人的世界，民族问题能够解决的话），那就是实行彻底的民主主义。

证据是：西欧的瑞士是一个具有古老文化的国家，东欧的芬兰是一个具有新兴文化的国家。

工人民主派的民族纲领是：绝不允许任何一个民族，任何一种语言享有任何特权；采取完全自由和民主的办法解决各民族的政治自决问题，即各民族的国家分离权问题；颁布一种全国性的法律，规定凡是赋予某一民族任何特权、破坏民族平等或侵犯少数民族权利的措施（地方自治机关的、城市的、村社的等等），都是非法的和无效的，同时国家的每一个公民都有权要求取消这种违反宪法的措施，都有权要求给予采取这种措施的人以刑事处分。

各民族的资产阶级政党由于语言问题以及其他问题而争吵不休，工人民主派则反对这样争吵，要求在**一切**工人组织中，即在工会组织、合作社组织、消费合作社组织、教育组织以及其他一切组织中，**各**民族的工人无条件地统一，并且完全打成一片，以对抗各种资产阶级的民族主义。只有这样的统一，这样的打成一片，才能捍卫民主，捍卫工人的利益而反对资本（资本已经成为而且愈来愈成为国际资本），捍卫人类向不容许任何特权、任何剥削现象的新的生活制度发展的利益。

列宁：《关于民族问题的批评意见》（1913年10—12月），摘自《列宁全集》第24卷，人民出版社1990年版，第123—124页。

12. 谁不承认和不维护民族平等和语言平等，不同一切民族压迫或不平等现象作斗争，谁就不是马克思主义者

同化①问题，即失去民族特点，变成另一个民族的问题，清楚地表明了崩得分子及其同道者的民族主义动摇思想所产生的后果。

李普曼先生正确地转述和重复了崩得分子惯用的论据，更确切些说，转述和重复了崩得分子的手法，他把本国的各民族工人必须在统一的工人组织之中统一和打成一片的这个要求（见上面提到的《北方真理报》刊载的那篇文章的最后一段）叫做"**同化的陈词滥调**"。

关于《北方真理报》那篇文章的结尾，弗·李普曼先生说："因此，要是有人问你属于哪个民族，工人就应该回答说：我是社会民主党人。"

我们的崩得分子认为这种说法俏皮极了。其实，**这种立意反对彻底民主主义和马克思主义**口号的俏皮话和关于"同化"的叫嚣，正是他们的彻底自我揭露。

发展中的资本主义在民族问题上有两种历史趋势。民族生活和民族运动的觉醒，反对一切民族压迫的斗争，民族国家的建立，这是其一。各民族彼此间各种交往的发展和日益频繁，民族隔阂的消除，资本、一般经济生活、政治、科学等等的国际统一的形成，这是其二。

这两种趋势都是资本主义的世界性规律。第一种趋势在资本主义发展初期是占主导地位的，第二种趋势标志着资本主义已经成熟，正在向社会主义社会转化。马克思主义者的民族纲领考虑到这两种趋势，因而首先要维护民族平等和语言平等，不允许在这方面存在任何**特权**（同时维护民族自决权，关于这一点下面还要专门谈），其次要维护国际主义原

---

① 字面的意思是同类化，一律化。——编者注

则，毫不妥协地反对资产阶级民族主义（哪怕是最精致的）毒害无产阶级。

试问，我们的崩得分子向苍天高喊反对"同化"，他指的究竟是什么呢？这里他**不会是**指对民族采取暴力和某个民族**应享有特权**，因为"同化"二字在这里根本不适合；因为所有的马克思主义者，不论是个人还是正式的统一整体，都非常明确而毫不含糊地斥责过哪怕是最轻微的民族暴力、压迫和不平等现象；还因为那篇遭到崩得分子攻击的《北方真理报》的文章，也十分坚决地阐明了这个一般的马克思主义思想。

不。这里含糊其词是不行的。李普曼先生在斥责"同化"时，他指的既**不是**暴力，也**不是**不平等，更**不是**特权。那么同化这一概念，除了一切暴力和一切不平等现象外，还有没有什么实际的东西呢？

当然有。还有消除民族隔阂、消灭民族差别、使各民族**同化**等等具有世界历史意义的资本主义趋势，这种趋势每过10年就显得更加强大，并且是使资本主义向社会主义转化的最大推动力之一。

谁不承认和不维护民族平等和语言平等，不同一切民族压迫或不平等现象作斗争，谁就不是马克思主义者，甚至也不是民主主义者。这是毫无疑问的。但是，大骂其他民族的马克思主义者主张"同化"，这样的假马克思主义者实际上不过是**民族主义的市侩**而已，这也是毫无疑问的。所有的崩得分子以及（我们就要看到的）列·尤尔凯维奇和顿佐夫先生之流的乌克兰民族社会党人，都属于这类不值得尊敬的人物之列。

列宁：《关于民族问题的批评意见》（1913年10—12月），摘自《列宁全集》第24卷，人民出版社1990年10月第2版，第128—130页。

13. 经济流转的需要总是要使居住在一个国家内的各民族（只要他们愿意居住在一起）学习多数人使用的语言

许多报纸都不止一次地提到高加索总督的报告。这个报告的特点并不在于它的黑帮反动主张，而在于它的羞羞答答的"自由主义"。顺便提一下，总督表示反对人为的俄罗斯化，即反对非俄罗斯民族俄罗斯化。高加索非俄罗斯民族的代表**自己**就在竭力教儿童讲俄语，例如，在不一定要教俄语的亚美尼亚教会学校里就有这种情形。

俄国发行最广的自由派报纸之一《俄罗斯言论报》①（第 198 号）指出了这一点，并且作了一个公正的结论：在俄国，俄语之所以遭到敌视，"完全是"由于"人为地"（应当说：强制地）推广俄语"引起的"。

该报写道："用不着为俄语的命运担心，它自己会得到全俄国的承认。"这说得很对，因为经济流转的需要总是要使居住在一个国家内的各民族（只要他们愿意居住在一起）学习多数人使用的语言。俄国的制度愈民主，资本主义的发展就会愈有力、愈迅速、愈广泛，经济流转的需要就会愈迫切地推动各个民族去学习最便于共同的贸易往来的语言。

但是自由派报纸很快就自己打自己的嘴巴，证明它的自由主义不彻底。

该报写道："就是反对俄罗斯化的人里面也未必会有人反对象俄国这样大的国家应当有一种全国通用的语言，而这种语言……只能是俄语。"

逻辑正好相反！瑞士没有**一种**全国通用的语言，而是有三种语言——德语、法语和意大利语，但是小小的瑞士并没有因此吃亏，反而得到了好处。在瑞士居民中，德意志人占 70%（在俄国，大俄罗斯人占 43%），法兰西人占 22%（在俄国，乌克兰人占 17%），意大利人占 7%（在俄国，波兰人占 6%，白俄罗斯人占 4.5%）。在瑞士，意大利人在联邦议会经常讲法语，这并不是由于某种野蛮的警察法（在瑞士没有这种法律）强迫他们这样做，而纯粹是由于民主国家的文明公民自己愿意使用多数人都懂得的语言。法语之所以没有引起意大利人的仇视，是因为它是一个自由的、文明的民族的语言，而不是靠令人厌恶的警察措施强迫别人接受的语言。

为什么民族成分复杂得多而又极端落后的"庞大的"俄国却一定要保留一种语言的特权，从而**妨碍**自己的发展呢？自由派先生们，情况不是正好相反吗？如果俄国想赶上欧洲，它不是应当尽量迅速、彻底、坚决地取消一切特权吗？

如果取消一切特权，如果不再强迫使用一种语言，那么所有的斯拉夫人就会很快而且很容易地学会相互了解，就不用担心在全国议会里使用不

---

① 《俄罗斯言论报》（《Русское Слово》）是俄国报纸（日报），1895 年起在莫斯科出版（第 1 号为试刊号，于 1894 年出版）。该报表面上是无党派报纸，实际上持资产阶级自由派立场。二月革命后完全支持资产阶级临时政府，并曾拥护科尔尼洛夫叛乱，是一家公开的反革命报纸。1917 年十月革命后不久被查封，其印刷厂被没收。1918 年 1 月起，该报曾一度以《新言论报》和《我们的言论报》的名称出版。1918 年 7 月最终被查封。——编者注

同的语言发言这一"可怕的"主张。经济流转的需要本身自然会**确定**一个国家的哪种语言使用起来对多数人的贸易往来**有好处**。由于这种确定是各民族的居民自愿接受的,因而它会更加巩固,而且民主制实行得愈彻底,资本主义因此发展得愈迅速,这种确定也就会愈加迅速、愈加广泛。

自由派对待语言问题也象对待所有的政治问题一样,活象一个虚伪的小商人,一只手(公开地)伸给民主派,另一只手(在背后)却伸给农奴主和警察。自由派分子高喊:我们反对特权;但在背后却向农奴主时而要求这种特权,时而要求那种特权。

一切自由派资产阶级的民族主义都是这样的,不仅大俄罗斯的民族主义(它是最坏的,因为它带有强制性,并且同普利什凯维奇之流有着血缘关系)是这样,波兰的、犹太的、乌克兰的、格鲁吉亚的以及一切其他的民族主义也是这样。无论在奥地利还是在俄国,**一切**民族的资产阶级都高喊"民族文化"这个口号,**实际上**是在分裂工人,削弱民主派,同农奴主大做出卖人民权利和人民自由的交易。

列宁:《关于民族问题的批评意见》(1913 年 10—12 月),摘自《列宁全集》第 24 卷,人民出版社 1990 年 10 月第 2 版,第 121—123 页。

14. 不能把语言及其结构看作是某一个时代的产物。语言的结构,及其语法构造和基本词汇,是许多时代的产物

历史表明,语言有巨大的稳固性和对强迫同化的极大的抵抗力。有些历史学家不去解释这种现象,而只是表示惊奇。可是这里并没有值得惊奇的任何根据。语言的稳固性是由它的语法构造和基本词汇的稳固性造成的。土耳其的同化主义者,曾经在几百年中竭力摧残、破坏和消灭巴尔干各族人民的语言。在这个时期中,巴尔干各族人民语言的词汇发生了重大的变化,接受了不少土耳其的词和语,有过"汇合"也有过"分离",可是巴尔干各族人民的语言还是坚持下来和生存下来了。为什么呢?因为这些语言的语法构造和基本词汇在基本上都保留下来了。

由此得出的结论就是,不能把语言及其结构看作是某一个时代的产物。语言的结构,及其语法构造和基本词汇,是许多时代的产物。

可以推想,现代语言的要素还在奴隶制时代以前的远古时期就已奠下基础了。那时语言是不复杂的,词汇是很贫乏的,但是有它的语法构造,虽然这种构造是很原始的,但总算是语法构造。

生产的继续发展，阶级的出现，文字的出现，国家的产生，国家进行管理工作需要比较有条理的文书，商业的发展，商业更需要有条理的书信来往，印刷机的出现，出版物的发展，——所有这一切都给语言的发展带来了重大的变化。在这个时期中许多部落和民族（народность）分解了和离散了，混合了和融合了，而往后，就出现了民族语言和国家，发生了革命，旧的社会制度被新的社会制度所代替。所有这一切，给语言及其发展带来了更大的变化。

但是，如果以为语言的发展也像上层建筑一样，是用消灭现存的和建设新的那种方法来发展的，那就大错特错了。事实上，语言的发展不是用消灭现存的语言和创造新的语言的方法，而是用扩大和改进现存语言基本要素的方法来实现的。并且语言从一种质过渡到另一种质，不是经过爆发，不是经过一下子破旧立新，而是经过语言的新质和新结构的要素逐渐的长期的积累、经过旧质要素的逐渐死亡来实现的。

斯大林：《马克思主义和语言学问题》（1950年6—7月），摘自《斯大林文选》，人民出版社1962年版，第537—538页。

15. 语言的融合不能看作是在几年中就能得出结果的一次决定性的突击行动，语言的融合是延续几百年的漫长的过程

有人说，语言发展的阶段论是马克思主义的理论，因为语言发展的阶段论认为突然的爆发是必要的，是语言从旧质过渡到新质的条件。这当然是不正确的，因为在这个理论中，很难找到任何马克思主义的东西。如果阶段论真的认为在语言发展历史中有突然的爆发，那就更糟了。马克思主义不承认在语言发展中有突然的爆发，有现存语言的突然死亡和新语言的突然创造。拉法格说在法国"1789年到1794年间发生突然的语言革命"（见拉法格的《语言和革命》这本小册子），是不正确的。那时在法国没有任何语言革命，更谈不上什么突然的语言革命。当然，在这个时期中法语的词汇补充了许多新词和新语，消失了一些陈腐的词，有些词的意义改变了，仅此而已。但是这样的改变，丝毫也不决定语言的命运。语言中主要的东西是它的语法构造和基本词汇。在法国资产阶级革命时期，法语的语法构造和基本词汇不仅没有消失，而且保存下来，没有重大的改变，不仅保存下来了，而且直到现在，在现代的法语中还继续生存着。更不用说，要消灭现存的语言和创立新的民族语言（"突然的语言革命"！），仅仅五六年的时间，真是少得可笑，这需要几百年的时间。

马克思主义认为，语言从旧的质到新的质的转变不是经过爆发，不是经过消灭现存的语言和创造新的语言，而是经过新质的要素的逐渐积累，也就是经过旧质要素的逐渐死亡来实现的。

总之，应当告诉那些醉心于爆发的同志，从旧质过渡到新质经过爆发的规律，不仅不适用于语言发展的历史，而且也不是在任何时候都适用于诸如基础或上层建筑之类的其他社会现象。对于分成敌对阶级的社会，爆发是必需的。但是对于没有敌对阶级的社会，爆发就决不是必需的了。我们曾在8到10年的时间中实现了我国农业从资产阶级的个体农民的制度过渡到社会主义的集体农庄制度的过渡，这是一个消灭在乡村中旧的资产阶级经济制度和建立新的社会主义制度的革命。可是这个变革的实现，不是经过爆发，就是说，不是经过推翻现政权和建立新政权来实现的，而是经过从乡村中旧的资产阶级制度到新的制度的逐渐过渡来实现的。这件事所以能够成功，是由于这是自上而下的革命，这种变革是根据现政权的倡导、在基本农民群众的支持下实现的。

有人说，历史上有过各种语言融合的许多事实，由此可以推想，在融合的时候，新语言的形成是经过爆发，经过从旧质到新质的突然过渡而发生的。这种说法是完全不对的。

语言的融合不能看作是在几年中就能得出结果的一次决定性的突击行动，语言的融合是延续几百年的漫长的过程。因此这里谈不上任何的爆发。

斯大林：《马克思主义和语言学问题》（1950年6—7月），摘自《斯大林文选》，人民出版社1962年版，第538—539页。

16. 融合并不产生什么新的第三种语言，而是保留其中的一种语言，保留它的语法构造和基本词汇，使它能按自己发展的内在规律继续发展

如果以为两种语言融合的结果，会得出一种新的第三种语言，它不象这两种语言中的任何一种，并且同其中任何一种都有质的区别，这种想法是完全不正确的。实际上，在融合的时候，通常是其中某一种语言成为胜利者，保留自己的语法构造和基本词汇，并且按自己发展的内在规律继续发展，另一种语言则逐渐失去自己的本质而逐渐衰亡。

可见融合并不产生什么新的第三种语言，而是保留其中的一种语言，保留它的语法构造和基本词汇，使它能按自己发展的内在规律继续发展。

诚然，在这种情况下，胜利的语言会从失败的语言中吸取一些词来丰富自己的词汇，但是这并不是削弱它，相反地，是加强它。

例如，俄语就是这样，它在历史发展过程中，曾经同好几个民族的语言融合，并且总是成为胜利者。

当然，俄语的词汇由于从其他语言中取得了许多词而充实起来了，但是这不仅没有使俄语削弱，相反地，使它丰富和加强起来。

至于俄语的民族特质，并没有受到丝毫的损害，因为它保留了自己的语法构造和基本词汇而继续前进，继续按自己发展的内在规律趋于完善。

无疑地，语言融合论并不能给予苏联语言学任何重要的东西。语言学的主要任务就是研究语言发展的内在规律，如果这是对的，那就应当承认，语言融合论不仅不能解决这个任务，甚至没有提出这个任务，——它简直是没有注意到这个任务，或者是不懂得这个任务。

斯大林：《马克思主义和语言学问题》（1950年6—7月），摘自《斯大林文选》，人民出版社1962年版，第539—540页。

17. 不是通过"在社会主义时期随着一切语言的消亡而形成的统一的全人类的语言"，而是通过各民族之以符合这些民族的语言和生活的形式去参加按内容来说是无产阶级的全人类文化

布略特的同志们曾经问我："通过在我们各个自治共和国领域内发展起来的民族文化向统一的全人类文化过渡，这应当怎样理解？"（见斯大林《列宁主义问题》第二五九页①）我回答他们说，这种过渡应当这样理解：不是通过"在社会主义时期随着一切语言的消亡而形成的统一的全人类的语言"②，而是通过各民族之以符合这些民族的语言和生活的形式去参加按内容来说是无产阶级的全人类文化（见《列宁主义问题》）。为了说明这一点，我引证了我国革命发展方面的许多事实，因为这个革命唤醒并加强了早先遭受排挤的民族及其文化。争论的就是这个问题。

米赫里逊同志没有了解争论的实质。

---

① 见斯大林《论东方民族大学的政治任务》（见《斯大林全集》俄文版第7卷第139页）。——编者注

② 见斯大林《论东方民族大学的政治任务》（见《斯大林全集》俄文版第7卷第138页）。——编者注

斯大林：《斯大林致玛·依·乌里杨诺娃同志答勒·米赫里逊同志》（1927年9月16日），摘自《斯大林全集》第10卷，人民出版社1954年12月第1版，第129页。

18. 社会主义革命并没有减少而是增加了语言的数目

人们（例如考茨基）谈论在社会主义时期随着一切语言的消亡而形成的统一的全人类的语言。我不大相信这个无所不包的统一语言的理论。无论如何，经验不是证实而是推翻了这种理论。直到现在，情形是这样的：社会主义革命并没有减少而是增加了语言的数目，因为它震动了人类的最下层，把他们推上政治舞台，唤起早先大家不知道或很少知道的许多新的民族去追求新的生活。谁能想到过去的沙皇俄国是一个至少有五十个民族和民族集团的国家呢？可是十月革命打断了旧的锁链，把许多被遗忘了的民族和部族推上舞台，给他们新的生活和新的发展。现在大家都说印度是一个统一的整体。但是几乎用不着怀疑，一旦在印度发生革命震动，就一定会有几十个早先大家不知道的、有自己的独特语言和独特文化的民族出现在舞台上。如果谈到各民族参加发展无产阶级文化，那么这种参加一定会采取符合这些民族的语言和生活方式，这一点也几乎用不着怀疑。

斯大林：《论东方民族大学的政治任务》（一九二五年五月十八日在东方劳动者共产主义大学学生大会上的演说），摘自《斯大林全集》第7卷，人民出版社1958年6月第1版，第117—118页。

19. 如果认为全世界无产阶级专政时期的第一个阶段将是民族和民族语言消亡的开始，将是统一的共同语言形成的开始，那是错误的

如果认为全世界无产阶级专政时期的第一个阶段将是民族和民族语言消亡的开始，将是统一的共同语言形成的开始，那是错误的。相反地，在第一个阶段民族压迫将被彻底消灭、这个阶段将是以前被压迫的民族和民族语言发展和繁荣的阶段，将是确立各民族平等权利的阶段，将是消灭民族互相猜疑的阶段，将是建立和巩固各民族间国际联系的阶段。

只有在全世界无产阶级专政时期的第二个阶段，随着统一的世界社会主义经济的逐渐形成而代管世界资本主义经济，类似共同语言的东西才会开始形成，因为只有在这个阶段，各民族才会感觉到除了自己的民族语言以外，还必须有民族间的一种共同语言。——这是为了交际的便利。为了经济、文化和政治方面合作的便利。总之，在这个阶段民族语言和民族间共同的语言将平行地存在。可能是这样：最先形成的将不是一个一切民族共同的、具有一种共同语言的世界经济中心，而是几个各自包括一批民族的、只有这一批民族的共同语言的区域经济中心，只有在这以后，这些中心才会联合为一个共同的、具有一切民族的一种共同语言的世界社会主义经济中心。

在全世界无产阶级专政时期的后一个阶段，当世界社会主义经济体系已经充分巩固，社会主义已经深入到各族人民的日常生活中，各民族已经在实践中深信共同语言优越于民族语言的时候，民族差别和民族语言才开始消亡而让位于一切人们共同的世界语言。

在我看来，各民族的未来的大致的图画，各民族在将来融合的道路上发展的图画就是如此。

> 斯大林：《民族问题和列宁主义》（1929 年 3 月 18 日），摘自《斯大林全集》第 11 卷，人民出版社 1955 年 7 月第 1 版，第 299—300 页。

20. 社会主义在一个国家内的胜利虽然严重地削弱了世界帝国主义，但是仍然没有创造而且不能创造为世界各个民族和各种民族语言融合为一个共同的整体所必需的条件

你们犯了一个严重的错误，在社会主义在一个国家内胜利的时期和社会主义在世界范围内胜利的时期之间划了一个等号，认定不仅在社会主义在世界范围内胜利的时候，而且在社会主义在一个国家内胜利的时候，民族差别和民族语言的消失、民族的融合以及统一的共同的语言的形成都是可能的和必要的。在这里，你们把完全不同的东西混淆起来了，即把"民族压迫的消灭"和"民族差别的消灭"混淆起来了，把"民族国家壁垒的消灭"和"民族的消亡"、"民族的融合"混淆起来了。

不能不指出，把这些各不相同的概念混淆起来，对于马克思主义者是完全不能容许的。在我们这里，在我们国家中，民族压迫早已消灭了，但是由此决不应该得出结论说：民族差别已经消失了，我国各民族已经消灭了。在我们这里，在我们国家中，民族国家壁垒如边防、税关早已取消了，但是由此决不应该得出结论说：各个民族已经融合起来了，各种民族语言已经消失了，这些民族语言已经被我们一切民族的某种共同语言代替了。

你们不满意我在东方民族共产主义大学里的演说（一九二五年）①，因为在那次演说中我否认了下面这个论点的正确性：在社会主义在一个国家内，例如在我们国家内胜利的时候，各种民族语言将要消亡，各个民族将要融合起来，而且将要出现一种共同语言来代替各种民族语言。

你们认为我这种说法和列宁的一个著名论点是矛盾的，这个论点是：社会主义的目的不只是要消灭人类分为许多小国家的现象和各民族间的任何隔离状态，不只是要使各民族互相亲近，而且要使各民族融为一体。

其次，你们认为我这种说法和列宁的另一个论点也是矛盾的。这个论点是：在社会主义在世界范围内胜利的时候。民族差别和民族语言将开始消亡；在这个胜利以后，各种民族语言将开始被一种共同语言所代替。

同志们，这是完全不对的。这是严重的错误。

我在前面已经说过，把"社会主义在一个国家内胜利"和"社会主义在全世界范围内胜利"这些各不相同的现象混为一谈，搅在一起，对于马克思主义者是不能容许的。不应该忘记。这些各不相同的现象反映着两个完全不同的时代，这两个时代不仅在时间上（这是很重要的），而且在本质上都是互不相同的。

民族猜疑、民族隔阂、民族仇视、民族冲突，当然不是被某种"天生的"民族恶感推动着和支持着的，而是被帝国主义征服异民族的野心以及这些民族对于民族奴役的威胁所感到的恐惧推动着和支持着的。毫无疑问，只要世界帝国主义存在，这种野心和这种恐惧也将存在，——因此，在绝大多数国家里，民族猜疑、民族隔阂、民族仇视、民族冲突也将存在。能不能断言一个国家内社会主义的胜利和帝国主义的消灭就是大多数国家内帝国主义和民族压迫的消灭呢？显然不能。由此应该得出结论说，社会主义在一个国家内的胜利虽然严重地削弱了世界帝国主义，但是仍然没有创造而且不能创造为世界各个民族和各种民族语言融合为一个共同的整体所必需的条件。

社会主义在全世界范围内胜利的时期和社会主义在一个国家内胜利的时期的区别，首先在于前者消灭一切国家里的帝国主义，消灭征服异民族

---

① 约·维·斯大林的《论东方民族大学的政治任务》（见《斯大林全集》俄文版第7卷第133页至第152页）。——编者注

的野心以及对于民族奴役的威胁所感到的恐惧，根本消除民族猜疑和民族仇视，把各个民族在统一的世界社会主义经济体系内联合起来，从而创造为一切民族逐渐融合为一个整体所必需的实际条件。

这就是这两个时期的根本区别。

>斯大林：《民族问题和列宁主义》（1929年3月18日），摘自《斯大林全集》第11卷，人民出版社1955年7月第1版，第293—295页。

21. 伟大而有力的俄罗斯语言不需要用棍棒强迫任何人学习

自由派和反动派不同的地方，在于自由派至少还承认**初等**学校享有使用母语授课的权利。但是他们在必须有强制性国语这一点上，同反动派是完全一致的。

……

自由派对我们说，俄罗斯语言是伟大而有力的。难道你们不愿意让每个住在俄国任何边疆地区的人都懂这种伟大而有力的语言吗？俄罗斯语言必将丰富异族人的文化，使他们享受伟大的文化宝藏，这一点你们就没有看到吗？如此等等。

我们回答他们说：自由派先生们，这一切都说得对。屠格涅夫、托尔斯泰、杜勃罗留波夫、车尔尼雪夫斯基的语言是伟大而有力的，这一点我们比你们知道得更清楚。所有居住在俄国的被压迫阶级，不分民族，都应当尽可能地建立更密切的联系，达到兄弟般的统一，我们对这一点的希望比你们更迫切。我们当然赞成每个俄国居民都有机会学习伟大的俄罗斯语言。

我们不赞成的只有一点，那就是**强制**的成分。我们不赞成用棍棒把人赶进天堂。因为无论你们说了多少关于"文化"的漂亮的话，**强制性**国语总还是少不了强制和灌输。我们认为，伟大而有力的俄罗斯语言不需要**用棍棒强迫**任何人学习。我们相信，俄国资本主义的发展，社会生活的整个进程，正在使各民族相互接近。数以万计的人从俄国的这个角落跑到那个角落，居民的民族成分正在混杂糅合起来，隔绝和民族保守状况一定会消失。由于自己的生活条件和工作条件而需要掌握俄罗斯语言的人，不用棍棒逼迫也会学会俄罗斯语言的。而强迫（棍棒）只会引起一种后果：使伟大而有力的俄罗斯语言难以为其他民族集团所接受，主要是会加深敌对情绪，造成无数新的摩擦，增加不和和隔膜等等。

谁需要这些呢？俄国人民、俄国民主派是不需要这些的。俄国人民不**赞成任何**民族压迫，哪怕它是"有利于俄国文化和国家本身"。

因此，俄国的马克思主义者说：必须**取消**强制性国语，保证为居民设立用本地语言授课的学校，宪法中还要加一条基本法律条款，宣布任何一个民族不得享有特权，不得侵犯少数民族的权利……

列宁：《需要强制性国语吗？》（1914年1月），摘自《列宁全集》第24卷，人民出版社1990年10月第2版，第309—311页。

22. 现在不是该向滥用外来语的现象宣战了吗？

我们在破坏俄罗斯语言。我们在滥用外来语，用得又不对。本来可以说"недочеты"或者"недостатки"或者"пробелы"①，为什么偏要说"дефекты"②呢？

一个刚学会阅读，特别是刚学会阅读报纸的人，只要他用心读报，当然会不知不觉地吸收报上的词语。可是恰恰我们报上的语言也开始遭到破坏。一个刚学会阅读的人把外来语当作新鲜玩意来用还情有可原，可是一个著作家这样做就不能原谅了。现在不是该向滥用外来语的现象宣战了吗？

老实说，如果滥用外来语使我痛恨（因为这使我们难于影响群众），那么在报上写文章的人所犯的一些错误就简直把我气坏了。例如，有人把"будировать"③当作激起、打搅、唤起的意思来用。然而法语"bouder"一词的意思却是生气、发怒。因此，"будировать"的意思实际上就是生气、发怒。仿效下诺夫哥罗德法语④用词，就等于仿效俄国地主阶级中那些学过法语而没有学好、又把俄语糟蹋了的最糟糕的人物身上的糟粕。

现在不是该向糟蹋俄罗斯语言的现象宣战了吗？

列宁：《论纯洁俄罗斯语言》（1919年或1920年），摘自《列宁全集》第38卷，人民出版社1986年10月第2版，第53—54页。

23. 语言的语法构造及其基本词汇是语言的基础，是语言特点的本质

大家知道，语言中所有的词共同构成所谓语言的词汇。语言的词汇中

---

① 这三个俄语词的意思都是"缺点"、"缺陷"。——编者注
② 这是俄语中的外来语，来自拉丁语的 defectus 一词，意思也是"缺点"、"缺陷"。——编者注
③ 这是俄语中的外来语，来自法语的 bouder 一词。——编者注
④ 下诺夫哥罗德法语一语出自俄国作家亚·谢·格里鲍耶陀夫的喜剧《智慧的痛苦》。该剧主人公恰茨基用此语嘲讽俄国贵族以说俄语时夹杂法语为时髦的恶劣风气。——编者注

的主要东西就是基本词汇，其中就包括成为它的核心的全部根词。基本词汇比语言的词汇少得多，可是它的生命却长久得多，它在千百年的长时期中生存着，并且为构成新词提供基础。词汇反映语言的状况：词汇越丰富、越多方面，语言也就越丰富、越发达。

但是拿词汇本身来说，它还不是语言，——它好比是语言的建筑材料。建筑业中的建筑材料并不就是房屋，虽然没有建筑材料就不可能建成房屋。同样，语言的词汇也并不就是语言，虽然没有词汇，任何语言都是不可想象的。但是当语言的词汇受着语言语法的支配的时候，就会获得极大的意义。语法规定词的变化规则、词组合成句的规则，这样就赋予语言一种有条理、有含义的性质。语法（词法、句法）是词的变化规则和句中词的组合的规则的汇集。由此可见，正是由于有了语法，语言才有可能赋予人的思想以物质的语言的外壳。

语法的特点在于，它得出词的变化的规则，而这不是指具体的词，而是指没有任何具体性的一般的词；它得出造句的规则，而这不是指某些具体的句子，例如具体的主语、具体的谓语等等，而是指任何的句子，不管某个句子的具体形式如何。因此语法从词和句的个别和具体的东西中抽象出来，研究作为词的变化和用词造句的基础的一般的东西，并且以此构成语法规则、语法规律。语法是人类思维长期的、抽象化的工作的成果，是思维的巨大成就的标志。

就这一方面来说，语法很像几何学，几何学从具体对象中抽象出来，把各种对象看成没有具体性的物体，从而得出自己的定理，它所规定的不是某些具体对象之间的具体关系，而是没有任何具体性的一般物体之间的相互关系。

语言和上层建筑不同，上层建筑同生产的联系不是直接的，而是通过经济这个中介。语言则同人的生产活动直接联系着，也像它同人的工作的一切范围（毫无例外）中的其他一切活动直接联系着一样。因此语言的词汇对于变化是最敏感的，它处在几乎不断变化的状态中，此外语言还有一点和上层建筑不同，它无须等待基础的消灭，它在基础消灭以前，且不管基础的状态怎样，就使自己的词汇发生变化。

但是语言的词汇的变化不是像上层建筑一样的，不是以废除旧的、建设新的那种方法来实现，而是以新词去充实现有词汇的方法来实现，这些新词是由于社会制度改变，由于生产、文化、科学等等发展而产生的。同时，虽然通常从语言的词汇中消失一些已经陈旧的词，可是增添的新词的数量却要多得多。至于基本词汇，基本上是完全保留下来的，并且被当作语言的词汇基础来使用。

这也是可以理解的。既然基本词汇能在许多历史时期中被有效地利用，那就没有任何必要去消灭它，况且把千百年积累起来的基本词汇消灭掉了，又不可能在很短期间内创造出新的基本词汇，那就会使语言瘫痪，就会把人们相互交际的事情完全弄糟。

语言的语法构造比语言的基本词汇变化得还要慢。语法构造是许多时代以来形成的，它在语言中根深蒂固，所以它的变化比基本词汇还要慢。随着时间的推移，它当然也发生变化，它逐渐改进着，改善和改正自己的规则，用新的规则充实起来。但是语法构造的基础在很长的时期中都保留着，因为历史证明，这些基础能够在许多时代中有效地为社会服务。

由此可见，语言的语法构造及其基本词汇是语言的基础，是语言特点的本质。

斯大林：《马克思主义和语言学问题》（1950年6—7月），摘自《斯大林文选》，人民出版社1962年版，第535—537页。

24. 取消语言学中的军阀式的统治制度，抛弃马尔的错误，把马克思主义灌输到语言学中去，——我看，这就是苏联语言学健全发展的道路

马尔的"门徒们"承认了马尔的"某些"错误以后，看来还以为只有在"订正了的"马尔理论的基础上，苏联语言学才能进一步发展。他们认为马尔的理论是马克思主义的。不，让我们摆脱马尔的"马克思主义"吧！马尔的确曾经想做一个马克思主义者，而且也曾经为此努力过，可是他没有能够成为马克思主义者。他同"无产阶级文化派"和"俄国无产阶级作家协会派"一样，只是把马克思主义简单化、庸俗化了。

马尔把语言是上层建筑这样一个不正确的非马克思主义的公式塞进语言学，他弄糊涂了自己，也弄糊涂了语言学。苏联语言学在这种不正确的公式的基础上是不可能发展的。

马尔把另一个有关语言的"阶级性"的同样不正确的非马克思主义的公式加进语言学，他弄糊涂了自己，也弄糊涂了语言学。苏联语言学在这种同各民族历史和各语言历史全部进程相矛盾的不正确的公式的基础上是不可能发展的。

马尔给语言学界带来一种非马克思主义的不谦虚的、骄横的、妄自尊大的腔调,这种腔调轻率地空口否定马尔以前语言学中的一切成就。

马尔大肆叫嚣,污蔑历史比较法是"唯心主义的"。其实应当说,历史比较法虽然有严重缺点,但是毕竟比马尔的真正唯心主义的四要素分析法要好,因为前者还推动语言研究工作,后者却只是要人躺在坑上,围绕着标榜一时的四要素去作没有意义胡猜测。

马尔妄自尊大地贬斥研究语言类别(系族)的任何企图,认为这是"母语"理论的表现。其实,语言的亲属关系是无法否定的,例如各斯拉夫民族语言的亲属关系无疑是存在的;研究这些民族语言的亲属关系,会在研究语言发展规律方面给语言学带来很大的益处。当然,"母语"理论同这个问题是没有任何关系的。

听了马尔的说法、特别是他的"门徒们"的说法,会使人以为在马尔以前不曾有过任何语言学,语言学是从马尔的"新学说"出现以后才开始的。马克思和恩格斯要谦虚得多,他们认为他们的辩证唯物主义是以前时期包括哲学在内的各种科学发展的产物。

因此,这次讨论在另一方面也是有助于我们的事业的,因为它暴露了苏联语言学界的思想错误。

我想,我们的语言学愈快地摆脱马尔的错误,就能愈快地摆脱它现在所遭受的危机。

取消语言学中的军阀式的统治制度,抛弃马尔的错误,把马克思主义灌输到语言学中去,——我看,这就是苏联语言学健全发展的道路。

斯大林:《马克思主义和语言学问题》(1950年6—7月),摘自《斯大林文选》,人民出版社1962年版,第542—543页。

25. 苏联语言学停滞的原因,并不是马尔及其"门徒们"所发明的"形式主义",而是语言学中的军阀式的统治制度和理论上的缺陷

马尔及其"门徒们"责难一切不赞成马尔"新学说"的语言学者是"形式主义"的。这当然是不严肃的和不聪明的。

马尔认为语法是一种空洞的"形式",认为那些把语法构造当作语言基础的人是形式主义者。这就是极端愚蠢了。

我认为"形式主义"是"新学说"的创造者们为了便于同自己在语言

学界的对手作斗争而捏造出来的。

苏联语言学停滞的原因,并不是马尔及其"门徒们"所发明的"形式主义",而是语言学中的军阀式的统治制度和理论上的缺陷。阿拉克切也夫制度是马尔的"门徒"建立的。马尔及其最亲近的战友们给语言学带来了理论上的混乱。为了不再有停滞现象,就应该把两者一起铲除。铲除这些溃疡,才会使苏联语言学健康起来,才会使它走上康庄大道,才会使苏联语言学能够在世界语言学中占第一位。

斯大林:《马克思主义和语言学问题》(1950年6—7月),摘自《斯大林文选》,人民出版社1962年版,第549—550页。

(六) 文艺与道德论

1. 边沁使自由竞争成为伦理道德的实质

边沁使自由竞争成为伦理道德的实质,他根据财产的规律即物的规律,根据自然规律调整人类的关系;因此,这里是旧的、基督教的、自然形成的世界秩序的结束,即外在化的最高点,而不是那种应该由意识到自身的人在完全自由的条件下创造的新秩序的开始。

恩格斯:《英国状况·十八世纪》(约1844年1月初—2月初),摘自《马克思恩格斯文集》第1卷,人民出版社2009年12月第1版,第106页。

2. 资本主义经济尺度与道德尺度的割裂:"道德用一种尺度,而国民经济学又用另一种尺度"

每一个领域都用不同的和相反的尺度来衡量我:道德用一种尺度,而国民经济学又用另一种尺度。这是以异化的本质为根据的,因为每一个领域都是人的一种特定的异化,每一个//[XVII]领域都把异化的本质活动的特殊范围固定下来,并且每一个领域都同另一种异化保持着异化的关系……例如,**米歇尔·舍伐利埃**先生责备李嘉图撇开了道德。但是,李嘉图让国民经济学用它自己的语言说话。如果这种语言不合乎道德,那么这不是李嘉图的过错。当米·舍伐利埃论述道德的时候,他撇开了国民经济学;而当他研究国民经济学的时候,他必然地而且实际上撇开了道德。

马克思:《1844年经济学哲学手稿》(1844年4—8月),摘自《马克思恩格斯文集》第1卷,人民出版社2009年12月第1版,第228—229页。

3. 资产阶级"社会关系"理论中极端物质功利论与抽象精神道德论的对立与互补

当前社会的交往形式以及统治阶级的条件同走在前面的生产力之间的矛盾愈大，由此产生的统治阶级内部的分裂以及它同被统治阶级之间的分裂愈大，那末当初与这种交往形式相适应的意识当然也就愈不真实，也就是说，它不再是与这种交往形式相适应的意识了；这种交往形式中的旧的传统观念（在这些观念中，现实的个人利益往往被说成是普遍的利益）也就愈发下降为唯心的词句、有意识的幻想和有目的的虚伪。但是，这些东西被生活揭穿得愈多，它们对意识本身的作用愈小，那末它们对自身的捍卫也就愈坚决，而这个标准社会的语言也就愈加虚伪，愈加道德化，愈加神圣化。（第331页）

功利关系本来是**联盟**中个人与个人之间**唯一**的关系，可是一下子又改成互相"吞食"。当然，**联盟**里的"完善的基督教徒"也吃圣餐，只不过不是大家都在一起吃，而是相互吞食。

这种被边沁令人讨厌地大肆渲染的相互剥削的理论，早在我们这一世纪的初期，就可以认为是上一世纪的一个已经过去的阶段；关于这一点，黑格尔在"现象学"中作了证明。请参看其中的"启蒙和迷信的斗争"这一章，那里功利论被说成是启蒙的最终结果。把所有各式各样的人类的相互关系都归结为唯一的功利关系，看起来是很愚蠢的。这种看起来是形而上学的抽象之所以产生，是因为在现代资产阶级社会中，一切关系实际上仅仅服从于一种抽象的金钱盘剥关系。在第一次和第二次英国革命时期，即在资产阶级取得政权的最初的两次斗争中，在霍布斯和洛克那里出现了这种理论。当然，这种理论早已作为心照不宣的前提出现在经济学家的著作中了。政治经济学是这种功利论的真正科学；它在重农学派那里获得了自己的真正的内容，因为重农学派最先把政治经济学变成一个体系。我们看到，爱尔维修和霍尔巴赫已经把这种学说理想化了，这种做法是和法国资产阶级在革命前的反封建的作用完全一致的。在霍尔巴赫那里，个人在相互交往中的一切活动，例如谈话、爱情等等都被描写成功利关系和利用关系。由此可见，这里所假定的现实关系就是谈话、爱情，即个人的一定特性的一定活动。而这两种关系在这里却没有它们所**特有**的意义，它们成了代替它们的第三种关系即**功利关系**或**利用关系**的表现。这种**义同词异**

的解释只有在下述情况下才不再是毫无意义的和任意的,即那两种关系对个人来说不是由于两种关系本身而具有意义,不是作为本身的活动而具有意义,而是作为伪装而具有意义,不过不是作为"利用"范畴的伪装,而是作为叫作功利关系的一种现实的第三种目的和关系的伪装而具有意义的。

……对资产者来说,只有**一种**关系——剥削关系——才具有独立自在的意义;对资产者来说,其他一切关系都只有在他能够把这些关系归结到这种唯一的关系中去时才有意义,甚至在他发现了有不能直接从属于剥削关系的关系时,他最少也要在自己的想像中使这些关系从属于剥削关系。这种利益的物质表现就是金钱,它代表一切事物,人们和社会关系的价值。但是,不难一眼看出,"利用"范畴是从我和别人发生的现实的交往关系中抽象出来的,而完全不是从反思或仅仅从一种意志中抽象出来的;其次也不难看出,通过纯思辨的方法,这些关系反过来被用来冒充这个从那些关系本身中抽象出来的范畴的现实性。黑格尔就完全是用同样的方法和同样的根据把一切关系都描述成客观精神的关系。(第478—480页)

政治经济学,在以前无论是金融资本家、银行家、商人,即一切与经济关系直接有关的那些人所研究过的,无论是像霍布斯、洛克、休谟这些有全面教养的人们研究过的(在他们看来,它是百科全书的知识的一个部门),只是通过重农学派才变成一门特殊的科学,并且从那时起它才被作为一门科学加以探讨。作为一门独立的专门的科学,它还得包括其他一些关系,如政治关系、法律关系等等,因为它常把这些关系归结于经济关系。但是它认为这一切关系对它的从属只是这些关系的一个方面,因而在其他方面仍旧让它们保留经济学以外的独立的意义。我们第一次在边沁的学说里看到:一切现存的关系都完全从属于功利关系,而这种功利关系被无条件地推崇为其他一切关系的唯一内容;边沁认为,在法国革命和大工业发展以后,资产阶级已经不是一个特殊的阶级,而已成为这样一个阶级,即它的生存条件就是整个社会的生存条件。

当构成法国人的功利论的全部内容的那些感伤的道德的义释全部用尽之后,要想进一步发展这种理论,只有回答如何才能对个人和各种关系加以利用、剥削的问题。其实在政治经济学里已经对此问题做出了答案,所以只有把经济学内容包括到这种理论中去,才能向前迈进一步。边沁迈了这一步。但是在政治经济学里已经提出了一种思想:主要的剥削关系是不以个人意志为转移，是由整个生产决定的，单独的个人都面临着这些关系。所以对功利论来说，除了个人对这些主要社会关系所采取的态度，除了单独的个人对现存世界的私人剥削以外，再没有其他任何供思辨的对象了。关于这一点，边沁和他的学派发表了冗长的道德的议论。因此，功利论对现存世界的全部批判也具有局限性。它局限于资产阶级的条件，因此它所能批判的仅仅是那些从以往的时代遗留下来的，阻碍资产阶级发展的关系。因此，虽然功利论也发现一切现存关系和经济关系之间的联系，但只是有限度的。

功利论一开始就带有公益论的性质，但是只有在开始研究经济关系，特别是研究分工和交换的时候，它才在这方面有充实的内容。在分工的情况下，单个人的私人活动变成了公益的活动；边沁的公益归根到底就是一般地表现在竞争中的公益。由于考察了地租、利润、工资等等的经济关系，各阶级的一定的剥削关系也就得到了考察，因为剥削方式是取决于剥削者的生活状况的。在这以前，功利论能够以一定的社会事实为依据；但在进一步谈论剥削方式时，它只能采用空洞的说教。

经济学内容逐渐使功利论变成了替现存事物的单纯的辩护，变成了这样的说教：在目前条件下，人们彼此之间的现有的关系是最有益的、最有公益的关系。在所有现代经济学家的学说里，功利论都具有这种性质。

功利论至少有一个优点，即表明了社会的一切现存关系和经济基础之间的联系，但在桑乔那里，它失去了任何积极内容；桑乔的功利论抽掉了一切现实关系，归根到底是个别市民关于他想赖以剥削世界的那种"聪明才智"的空洞幻想。不过，桑乔只在有数的几个地方研究了功利论，甚至还是冲淡了的功利论；正像我们所看到的，几乎整本"圣书"都充满了自我一致的利己主义，即对小资产者的这种幻想的幻想。但是我们还看到，甚至这有数的几个地方最后也被桑乔变成了空洞的词句。（第483—484页）

马克思、恩格斯：《德意志意识形态》（1845—1846年），摘自《马克思恩格斯全集》第3卷，人民出版社1960年第1版。

4. 道德化的批评和批评化的道德

在宗教改革以前不久和宗教改革期间，德国人创立了一种独特的、单是一个名称就够骇人的文学——**粗俗**文学。……海因岑发表在"德意志—

布鲁塞尔报"第84号上的攻击共产主义者的宣言，为我们研究这种畸形文学（上面我们已经指出这种文学代表德国的历史兴趣的一面）提供了便利的机会。我们根据海因岑宣言来描述以这篇宣言为代表的文学变种，正如文学史家根据16世纪流传下来的作品描述16世纪的作家如"笨蛋传教士"一样：

  裴朗 藏好你的头，阿基里斯；赫克脱全身甲胄来了。
  国王 跟这个人一比，赫克脱不过是一个特洛伊人。
  鲍益 可是这是赫克脱吗？
  杜曼 我想赫克脱不会长得这么漂亮。
  裴朗 这个人决不是赫克脱。
  杜曼 他不是一个天神，就是一个画师，因为他会制造千变万化的脸相。①

但是，毫无疑问，海因岑先生就是真正的赫克脱。

他坦白地说："很久以来，我就感到难受，我预感到我要被一个共产主义的阿基里斯一手打倒。而现在当我受到瑟息替斯的攻击时，脱险的念头又重新鼓起了我的勇气……"

赫克脱只是预感到他要被阿基里斯一手打倒。

其实，海因岑先生这种关于阿基里斯和瑟息替斯的概念也许并不来自荷马而来自施勒格尔所译的莎士比亚？

于是他就把自己扮成了一个哀杰克斯。

让我们来看看莎士比亚的哀杰克斯吧。

  哀杰克斯 你再说，你这发霉的酵母，再说，我要打掉你这丑陋的皮囊。
  瑟息替斯 我要骂开你那糊涂的心窍；可是我想等到你能够不瞧着书本念熟一段祷告的时候，你的马也会背诵一篇演说了。你会打人吗？你这害血瘟症的！
  哀杰克斯 坏东西，把布告念给我听。
  瑟息替斯 我想，它说你是个傻瓜。

---

① 莎士比亚"爱的徒劳"。（第五幕第二场，参见朱生豪译"莎士比亚戏剧集"，作家出版社1954年版，第八册第102页。——译者注）

哀杰克斯　你这婊子生的贱狗！

瑟息替斯　你打，你打。

哀杰克斯　你这替妖精垫屁股的镜子！

瑟息替斯　好，你打，你打；你这下贱的莽驴子！他们叫你到这儿来打几个特洛伊人，你却给那些聪明人买来买去，好象一个蛮族的奴隶一般……你这没有肚肠的东西。

……

瑟息替斯　怪事，怪事！

阿基里斯　什么怪事？

瑟息替斯　哀杰克斯在战场上走来走去，到处寻访他自己。

阿基里斯　是怎么一回事？

瑟息替斯　他明天必须单人匹马去和赫克脱交战；他因为预想到这一场英勇的厮杀，骄傲得了不得，所以满口乱嚷乱叫，却没有说出一句话来。

阿基里斯　怎么会有这样的事？

瑟息替斯　他跨着大步，象一只孔雀似的走来走去，踱了一步又立定了一会儿；他那满腹心事的样子，就象一个靠着脑筋打算盘的女店主在那儿计算她的账目；他咬着嘴唇，装出一副深谋远虑的神气，好象说：我这儿有一脑袋的神机妙算，你们等着瞧吧……我宁愿做一只羊身上的虱子，也不愿做这么一个**没有头脑的勇士**。

不管海因岑先生所戴的假面具是赫克脱还是哀杰克斯，他只要一出台，就象雷鸣一样向观众宣布，他的敌手并未使它受到"致命的打击"。他带着纯朴的心情，以荷马叙述古代英雄的史诗般冗长的篇幅来讲述他得救的原因，他说："我之所以得救，是因为我有一个**天赋的缺陷**"。"天赋没有把"我"降低到"敌手的水平。海因岑先生比他的敌手高出两个头，因此他那"小刽子手远远地照准打了"两下都没有触及他那"文艺脖子"。并且特别着重地再三强调恩格斯先生"矮小"，说他是"小刽子手"，说他是"小人物"。接着就是一些古代英雄故事或者关于大汉歌利亚和矮子大卫的古代民间喜剧中才能见到的用语："假如您吊得这样高——吊在灯杆的顶端，——世界上就没有一个人能够发现您了。"这就是巨人的荒诞无稽而且耸人听闻的幽默。

海因岑先生不仅以如此"文艺的"手法显示了自己的"脖子"，而且显示了自己的全部"天赋",显示了自己的整个身体。他把他那"矮小的"敌手摆在自己身边,以便通过对比来鲜明地突出自己体态的完美。"矮小的"丑儿在小手里拿着**刽子手的屠刀**——也许是 1794 年时送给小孩玩的一架袖珍断头台。而他本人却是一名威严的勇士,带着凶恶而轻蔑的冷笑,手中拿的武器不过是一条鞭子,正如他告诉我们的,他早就用这条鞭子来"惩罚"共产主义者这些可恶"儿童"的"轻举妄动"。巨人以师长的姿态和蔼地对待他那"昆虫似的敌手",没有践踏这**有勇无谋**的小家伙。他以小孩的朋友的身份和蔼地同他交谈,给他讲解道德,对他的重大毛病,如"撒谎"、"荒谬而幼稚地撒谎"、"蛮横"、"暴躁"、"无礼"等等年轻人的毛病进行严肃认真的规劝。如果这时满腔师长热情的巨人的鞭子不时在学生头上大声呼啸,如果粗鲁的语句间或中断了滔滔不绝的劝善良言,以至在某些地方完全抹杀这些格言的作用,那末,一刻也不要忘记,巨人并不能象**昆图斯·菲克斯莱恩**一类的学校专任教师那样从事道德教育,不要忘记**天性**即使从门口被赶出去,又会从窗口跑回来。此外还应当注意,同样的话出自矮子恩格斯之口就是令人生厌的淫秽之言,而出自巨人海因岑之口就美妙得象自然界的音响那样入耳动听令人心醉。况且,以庸俗言论的狭隘尺度来衡量英雄的语言,这恰当吗? 当然不恰当,正象荷马说他最喜爱的主人公之一**哀杰克斯**"顽固如驴",我们不能因此就认为荷马下降到了粗俗文学的水平一样。

……

海因岑先生根本不是**变成**共和主义者的;他一开始他的政治生涯**就是**共和主义者。因此,他是前后一贯、坚毅不拔、始终如一的。而他的敌手则是出尔反尔、摇摆不定、经常转变。海因岑先生并非一向**就是**革命者;他是**变成**革命者的。不错,这一次是海因岑先生在**转变**;因此,情况就变了样:这些转变不再具有**不道德**的性质并且今后就叫做"自我改正"。而共产主义者的**前后一贯**却反而不再具有崇高道德的性质。那末它变成了什么呢? 变成了"不可改正"。

固定或者**转变**两者既是道德的,又是不道德的;从道德高尚的庸人方面来说是道德的,从他的敌手方面来说是不道德的。批评化的庸人高明的地方就是知道何时应当说"白",何时应当说"黑",善于在需要的时候说需要的话。

一般认为，**无知**总是一种缺陷。我们已经习惯于把它看做负数。我们倒要看看庸人的批评的魔杖怎样把精神上的负号变成道德上的正号。

海因岑先生附带告诉我们，在**哲学**上，他现在同1844年时一样一直是**门外汉**。黑格尔的"语言"对他来说"始终**不容易消化**"。

事实就是这样的。接着就是在道德上的加工。

由于黑格尔的语言对海因岑先生来说一开始就"不容易消化"，所以他不象"恩格斯等人"似的迷住了心窍，一见好机会就不顾道德，高傲地吹嘘自己通晓这种黑格尔的语言，而是象人所共知的威斯特伐里亚农民一样，从来就没有"吹嘘自己通晓"梵文的妄想。但是要知道，真正的道德行为就是要避免为不道德行为造成任何**口实**；为了防止"吹嘘自己通晓"某种语言这一不道德倾向，便干脆不去了解这种语言，这倒确实是一种最简便的办法！

对哲学一无所知的海因岑先生自己认为，他没有进过"学校"[①] 请教哲学老师就是为了这个缘故。他的学校是"人的理智"和"生活深处"。

他带着一种老实人的谦逊的自豪感高声说道："正因为这样，我才得以免除**背弃**自己的学派的危险。"

要防止在道德上**背弃**学派的危险，最可靠的办法就是根本不参加学派！

一切发展，不管其内容如何，都可以看做一系列不同的发展阶段，它们以一个否定另一个的方式彼此联系着。比方说，人民在自己的发展中从君主专制过渡到君主立宪，就是否定自己从前的政治存在。任何领域的发展不可能不否定自己从前的存在形式。而用道德的语言来讲，否定就是**背弃**。

背弃！批评化的庸人可以**丝毫**不懂这个词的含义而用这个词来辱骂任何一种发展；他可以郑重其事地把自己本能上的发育不全完全相反地说成是道德上的十全十美。例如各国人民的宗教幻想把无罪的时代、黄金时代列在**史前时期**（当时还根本没有任何历史发展，因此也没有任何否定、任何背弃），从而辱骂了整个历史。又如在轰轰烈烈的革命时代，在强烈的、激情的否定和背弃的时代，例如18世纪，出现了正直而善良的大丈夫，出现了以停滞状态的田园生活来同历史的颓废相对抗的素有教养、作风正派

[①] 德文的《Schule》一字兼有"学派"的意思。——译者注

的**盖斯纳**之类的色鬼。但是为了嘉奖这些田园诗人（他们也是一些批评化的道德家和道德化的批评家），应当说，他们在评定牧人和山羊两者在道德方面谁数第一时所表现的那种犹豫不决的态度是诚恳的。

……

坚实的"人的理智"以为宣布自己是**君主制的反对者**，就是对它做了解释。但是对这个正常理智来说，最困难的似乎应当是说明：人的理智和人的道德品格的反对者来自何处，他又怎样把自己那种惊人顽强的寿命延长了好几百年加以说明。这是再简单没有了！没有人的理智和人的道德品格，这几百年也过来了。换句话说，数百年的理性和道德同君主制相适应而不是同它相矛盾。我们这个时代的"人的理智"所不能了解的正是以往数百年的这种理性和这种道德。它不了解它们，可是却**看不起**它们。它从历史的领域逃到道德的领域，所以，它在这里也可以把自己的道德愤怒的重炮全部放射出来。

……

道德化的批评所得到的可怜结果是由这一批评的"性质"本身决定的，无论如何也不能归咎于哀杰克斯·铁拉孟①的个人缺点。尽管这位神圣的粗汉非常愚蠢和卑鄙，但是他在道德上却有他自我安慰的地方，这就是他在自己的信念上是愚蠢、卑鄙的，也正因为如此，他才是一个首尾一贯的统一体。

马克思：《道德化的批评和批评化的道德——论德意志文化的历史，驳卡尔·海因岑》（1847年10月底），摘自《马克思恩格斯全集》第4卷，人民出版社1958年8月第1版，第322—355页。

5. 在黑格尔那里，恶是历史发展的动力的表现形式

他在这种关系中仅仅看到一个方面——道德。在这里，和黑格尔比较起来，费尔巴哈的惊人的贫乏又使我们诧异。黑格尔的伦理学或关于伦理的学说就是法哲学，其中包括：（1）抽象的法，（2）道德，（3）伦理，其中又包括家庭、市民社会、国家。在这里，形式是唯心主义的，内容是实在论的。法、经济、政治的全部领域连同道德都包括进去了。在费尔巴哈

---

① 希腊神话：特洛伊战争中亚尔哥斯人的英雄之一铁拉孟的儿子，身躯高大，又称大哀杰克斯。——译者注

那里情况恰恰相反。就形式讲，他是实在论的，他把人作为出发点；但是，关于这个人生活的世界却根本没有讲到，因而这个人始终是宗教哲学中出现的那种抽象的人。这个人不是从娘胎里生出来的，他是从一神教的神羽化而来的，所以他也不是生活在现实的、历史地发生和历史地确定了的世界里面；虽然他同其他的人来往，但是任何一个其他的人也和他本人一样是抽象的。在宗教哲学里，我们终究还可以看到男人和女人，但是在伦理学里，连这最后一点差别也消失了。的确，在费尔巴哈那里间或也有这样的命题：

"皇宫中的人所想的，和茅屋中的人所想的是不同的。"——"如果你因为饥饿、贫困而身体内没有养料，那么你的头脑中、你的感觉中以及你的心中便没有供道德用的养料了。"——"政治应当成为我们的宗教。"等等。

但是，费尔巴哈完全不知道用这些命题去干什么，它们始终是纯粹的空话，甚至施达克也不得不承认，政治对费尔巴哈是一个不可通过的区域，而

"关于社会的科学，即社会学，对他来说，是一个未知的领域"。

在善恶对立的研究上，他同黑格尔比起来也是很肤浅的。黑格尔指出："有人以为，当他说人本性是善的这句话时，是说出了一种很伟大的思想；但是他忘记了，当人们说人本性是恶的这句话时，是说出了一种更伟大得多的思想。"

在黑格尔那里，恶是历史发展的动力的表现形式。这里有双重的意思，一方面，每一种新的进步都必然表现为对某一神圣事物的亵渎，表现为对陈旧的、日渐衰亡的、但为习惯所崇奉的秩序的叛逆；另一方面，自从阶级对立产生以来，正是人的恶劣的情欲——贪欲和权势欲成了历史发展的杠杆，关于这方面，例如封建制度的和资产阶级的历史就是一个独一无二的持续不断的证明。但是，费尔巴哈就没有想到要研究道德上的恶所起的历史作用。历史对他来说是一个令人感到不愉快的可怕的领域。他有句名言：

"当人最初从自然界产生的时候，他也只是一个纯粹的自然物，而不是人。人是人、文化、历史的产物。"——

甚至这句名言在他那里也是根本不结果实的。

恩格斯：《路德维希·费尔巴哈和德国古典哲学的终结》（1886年初），摘

自《马克思恩格斯文集》第 4 卷，人民出版社 2009 年 12 月第 1 版，第 290—291 页。

6. 费尔巴哈超时代的"爱"的道德论"在现实世界面前，是和康德的绝对命令一样软弱无力的"

从上述一切可以明白，关于道德，费尔巴哈所告诉我们的东西是极其贫乏的。追求幸福的欲望是人生下来就有的，因而应当是一切道德的基础。但是，追求幸福的欲望受到双重的矫正。第一，受到我们的行为的自然后果的矫正：酒醉之后，必定头痛；放荡成习，必生疾病。第二，受到我们的行为的社会后果的矫正：要是我们不尊重他人同样的追求幸福的欲望，那么他们就会反抗，妨碍我们自己追求幸福的欲望。由此可见，我们要满足我们的这种欲望，就必须能够正确地估量我们的行为的后果，另一方面还必须承认他人有相应的欲望的平等权利。因此，对己以合理的自我节制，对人以爱（又是爱!），这就是费尔巴哈的道德的基本准则，其他一切准则都是从中引申出来的。无论费尔巴哈的妙趣横生的议论或施达克的热烈无比的赞美，都不能掩盖这几个命题的贫乏和空泛。

如果一个人只同自己打交道，他追求幸福的欲望只有在非常罕见的情况下才能得到满足，而且决不会对己对人都有利。他的这种欲望要求同外部世界打交道，要求有得到满足的手段：食物、异性、书籍、娱乐、辩论、活动、消费和加工的对象。费尔巴哈的道德或者是以每一个人无疑地都有这些满足欲望的手段和对象为前提，或者只向每一个人提供无法应用的忠告，因而对于没有这些手段的人是一文不值的。这一点，费尔巴哈自己也说得很直截了当：

"皇宫中的人所想的，和茅屋中的人所想的是不同的。""如果你因为饥饿、贫困而身体内没有养料，那么你的头脑中、你的感觉中以及你的心中便没有供道德用的养料了。"

至于说到他人追求幸福的平等权利，情况是否好一些呢？费尔巴哈提出这种要求，认为这种要求是绝对的，是适合于任何时代和任何情况的。但是这种要求从什么时候起被认为是适合的呢？在古代的奴隶和奴隶主之间，在中世纪的农奴和领主之间，难道谈得上追求幸福的平等权利吗？被压迫阶级追求幸福的欲望不是被冷酷无情地和"依法"变成了统治阶级的这种欲望的牺牲品吗？——是的，这也是不道德的，但是现在平等权利被承认了。资产阶级在反对封建制度的斗争中和在发展资本主义生产的过程中不得不废除一切等级的即个人的特权，而且起初在私法方面，后来逐渐在公法方面实施了个人在法律上的平等权利，从那时以来并且由于那个缘故，平等权利在口头上是被承认了。但是，追求幸福的欲望只有极微小的一部分可以靠观念上的权利来满足，绝大部分却要靠物质的手段来实现，而由于资本主义生产所关心的，是使绝大多数权利平等的人仅有最必需的东西来勉强维持生活，所以资本主义对多数人追求幸福的平等权利所给予的尊重，即使有，也未必比奴隶制或农奴制所给予的多一些。至于说到幸福的精神手段、教育手段，情况是否好一些呢？就连"萨多瓦的教师"不也是一个神话人物吗？

不仅如此。根据费尔巴哈的道德论，证券交易所就是最高的道德殿堂，只要人们的投机始终都是得当的。如果我的追求幸福的欲望把我引进了交易所，而且我在那里又善于正确地估量我的行为的后果，因而这些后果只使我感到愉快而不引起任何损失，就是说，如果我经常赚钱的话，那么费尔巴哈的指示就算执行了。我也并没有因此就妨碍另一个人的同样的追求幸福的欲望，因为另一个人和我一样，是自愿到交易所里去的，他和我达成投机交易时是按照他追求幸福的欲望行事，正如我是按照我追求幸福的欲望行事一样。如果他赔了钱，那么这就证明他的行为是不道德的，因为他盘算错了，而且，我在对他执行应得的惩罚时，甚至可以摆出现代拉达曼的威风来。只要爱不纯粹是温情的空话，交易所也是由爱统治的，因为每个人都靠别人来满足自己追求幸福的欲望，而这就是爱应当做的事情，爱也在这里得到实现。如果我在那里正确地预见到我的行动的后果，因而赌赢了，那么我就执行了费尔巴哈道德的一切最严格的要求，而且还会成了富翁。换句话说，费尔巴哈的道德是完全适合于现代资本主义社会的，不管他自己多么不愿意或想不到是这样。

可是爱呵！——真的，在费尔巴哈那里，爱随时随地都是一个创造奇迹的神，可以帮助克服实际生活中的一切困难——而且这是在一个分裂为利益直接对立的阶级的社会里。这样一来，他的哲学中的最后一点革命性也消失了，留下的只是一个老调子：彼此相爱吧！不分性别、不分等级地互相拥抱吧！——大家都陶醉在和解中了！

简单扼要地说，费尔巴哈的道德论是和它的一切前驱者一样的。它是为一切时代、一切民族、一切情况而设计出来的；正因为如此，它在任何时候和任何地方都是不适用的，而在现实世界面前，是和康德的绝对命令一样软弱无力的。实际上，每一个阶级，甚至每一个行业，都各有各的道德，并且，只要它破坏这种道德而不受惩罚，它就加以破坏。而本应把一切人都联合起来的爱，则表现在战争、争吵、诉讼、家庭纠纷、离婚以及一些人对另一些人的尽可能的剥削中。

恩格斯：《路德维希·费尔巴哈和德国古典哲学的终结》（1886年初），摘自《马克思恩格斯文集》第4卷，人民出版社2009年12月第1版，第291—294页。

7. 善恶观念从一个民族到另一个民族、从一个时代到另一个时代常常是互相直接矛盾的

如果说，在真理和谬误的问题上我们没有什么前进，那么在善和恶的问题上就更没有前进了。这一对立完全是在道德领域中，也就是在属于人类历史的领域中运动，在这里播下的最后的终极的真理恰恰是最稀少的。善恶观念从一个民族到另一个民族、从一个时代到另一个时代变更得这样厉害，以致它们常常是互相直接矛盾的。但是，如果有人反驳说，无论如何善不是恶，恶不是善；如果把善恶混淆起来，那么一切道德都将完结，而每个人都将可以为所欲为了。杜林先生的意见，只要除去一切隐晦玄妙的词句，就是这样的。但是问题毕竟不是这样简单地解决的。如果事情真的这样简单，那么关于善和恶就根本不会有争论了，每个人都会知道什么是善，什么是恶。但是今天的情形是怎样的呢？今天向我们宣扬的是什么样的道德呢？首先是由过去信教时代传下来的基督教的封建的道德，这种道德主要地又分成天主教的和新教的道德，其中又不乏不同分支，从耶稣会①天主教的和正统新教的道德，直到松弛的启蒙的道德。和这些道德并列的，有现代资产阶级的道德，和资产阶级道德并列的，又有未来的无产阶级道德，所以仅仅在欧洲最先进国家中，过去、现在和将来就提供了三大类同时和并列地起作用的道德论。哪一种是合乎真理的呢？如果就绝对的终极性来说，哪一种也不是；但是，现在代表着现状的变革、代表着未来的那种道德，即无产阶级道德，肯定拥有最多的能够长久保持的因素。

---

① 参看歌剧《浮士德》第1部第3场（《书斋》）。——编者注

但是，如果我们看到，现代社会的三个阶级即封建贵族、资产阶级和无产阶级都各有自己的特殊的道德，那么我们由此只能得出这样的结论：人们自觉地或不自觉地，归根到底总是从他们阶级地位所依据的实际关系中——从他们进行生产和交换的经济关系中，获得自己的伦理观念。

  恩格斯：《反杜林论》（1876年9月—1878年6月），《马克思恩格斯文集》第9卷，人民出版社2009年12月第1版，第98—99页。

8. 道德的影响"始终是派生的，第二性的，决不是第一性的"

有一个论断不能指责是伟大的"分析法学家"（边沁和奥斯丁）创立的，而他们的一些学生倒差不多敢于下这个论断，这个论断说什么统治者个人或者集团通过不受控制地显示意志而实际行使着社会的积累起来的力量，这种论断当然是根本不符合事实的。大量的各种影响（这些影响我们为简便起见可以称为道德的影响）

丨［这一"道德的"表明，梅恩对问题了解得多么差；就这些影响（首先是经济的）以"道德的"形式存在而论，它们始终是派生的，第二性的，决不是第一性的］丨……丨但是这全部历史在梅恩那里都溶化到所谓"道德因素"中去了……丨

  马克思：《亨利·萨姆纳·梅恩〈古代法制史讲演录〉一书摘要》（1881年4—6月），摘自《马克思恩格斯全集》第45卷，人民出版社1985年12月第1版，第646—648页。

9. 我们拒绝幻想把任何道德教条当做永恒的、终极的、从此不变的伦理规律强加给我们的一切无理要求

我们拒绝幻想把任何道德教条当做永恒的、终极的、从此不变的伦理规律强加给我们的一切无理要求，这种要求的借口是，道德世界也有凌驾于历史和民族差别之上的不变的原则。相反，我们断定，一切已往的道德论归根到底都是当时的社会经济状况的产物。而社会直到现在是在阶级对立中运动的，所以道德始终是阶级的道德；它或者为统治阶级的统治和利益辩护，或者当被压迫阶级变得足够强大时，代表被压迫者对这个统治的反抗和他们的未来利益。没有人怀疑，在这里，在道德方面也和人类知识的所有其他部门一样，总的说是有过进步的。但是我们还没有越出阶级道德。只有在不仅消灭了阶级对立，而且在实际生活中也忘却了这种对立的社会发展阶段上，超越阶级对立和超越对这种对立的回忆的、真正人的道

德才成为可能。

> 恩格斯：《反杜林论》（1876年9月—1878年6月），摘自《马克思恩格斯文集》第9卷，人民出版社2009年12月第1版，第99—100页。

10. 在我们看来，超人类社会的道德是没有的；那是一种欺骗

我在这里首先要谈谈共产主义道德问题。

你们应当把自己培养成共产主义者。青年团的任务就是要这样来安排自己的实际活动：使团员青年在学习、组织、团结和斗争的过程中把他们自己和那些以他们为带头人的人都培养成共产主义者。应该使培养、教育和训练现代青年的全部事业，成为培养青年的共产主义道德的事业。

但是，究竟有没有共产主义道德呢？有没有共产主义品德呢？当然是有的。人们往往硬说我们没有自己的道德；资产阶级常常给我们加上一个罪名，说我们共产主义者否定任何道德。这是一种偷换概念、蒙骗工农的手段。

究竟在什么意义上我们否定道德，否定品德呢？

是在资产阶级所宣传的道德的意义上，这种道德是他们从上帝的意旨中引伸出来的。关于这一点，我们当然说，我们不信上帝，并且我们十分清楚，僧侣、地主和资产阶级都假借上帝的名义说话，为的是谋求他们这些剥削者自身的利益。或者他们不是从道德的要求，不是从上帝的意旨，而是从往往同上帝意旨很相似的唯心主义或半唯心主义论调中引伸出这种道德来的。

我们否定从超人类和超阶级的概念中引出的这一切道德。我们说这是欺骗，这是为了地主和资本家的利益来愚弄工农，禁锢工农的头脑。

我们说，我们的道德完全服从无产阶级阶级斗争的利益。我们的道德是从无产阶级阶级斗争的利益中引伸出来的。

旧社会建筑在地主和资本家压迫全体工农的基础上。我们应当摧毁这个社会，应该打倒这些压迫者，为了这个目的就必须团结起来。而上帝是不会创造这种团结的。

只有工厂，只有受过训练的、从过去的沉睡中觉醒过来的无产阶级，才能创造这种团结。只有当这个阶级已经形成的时候，群众运动才开展起来，才造成了现在我们看到的情形，即无产阶级革命在一个极弱的国家中获得了胜利，这个国家三年来抗击了全世界资产阶级对它的进攻。同时我

们还看到，无产阶级革命在全世界日益发展。现在我们可以根据实际经验来说，只有无产阶级才能创造一种团结一致的力量，这种力量在引导分散的农民，并且经受住了剥削者的一切进攻。只有这个阶级才能帮助劳动群众联合起来、团结起来，彻底捍卫和巩固共产主义社会，最终建成共产主义社会。

因此，我们说：在我们看来，超人类社会的道德是没有的；那是一种欺骗。在我们看来，道德是服从于无产阶级阶级斗争的利益的。

……

阶级斗争还在继续，只是改变了形式。这是无产阶级为了使旧的剥削者不能卷土重来，使分散的愚昧的农民群众联合起来而进行的阶级斗争。阶级斗争在继续，我们的任务就是要使一切利益都服从这个斗争。我们也要使我们的共产主义道德服从这个任务。我们说：道德是为摧毁剥削者的旧社会、把全体劳动者团结到创立共产主义者新社会的无产阶级周围服务的。

共产主义道德是为这个斗争服务的道德，它把劳动者团结起来反对一切剥削，反对一切小私有制，因为小私有制把全社会的劳动所创造的成果交给了个人。而在我国，土地已经是公共财产了。

……

青年们只有把自己的训练、培养和教育中的每一步骤同无产者和劳动者不断进行的反对剥削者的旧社会的斗争联系起来，才能学习共产主义。当人们向我们讲到道德的时候，我们回答说：在共产主义者看来，全部道德就在于这种团结一致的纪律和反对剥削者的自觉的群众斗争。我们不相信有永恒的道德，并且要揭穿一切关于道德的骗人的鬼话。道德是为人类社会上升到更高的水平，为人类社会摆脱对劳动的剥削服务的。

列宁：《青年团的任务（在俄国共产主义青年团第三次代表大会上的讲话）》（1920年10月2日），摘自《列宁全集》第39卷，人民出版社1986年版，第302—306页。

（七）文艺与宗教论

1. 宗教是"意识形态的外衣"

重大的历史转折点有宗教变迁相伴随，只是就迄今存在的三种世界宗教——佛教、基督教和伊斯兰教而言。古老的自发产生的部落宗教和民族宗教是不传布的，一旦部落或民族的独立遭到破坏，它们便失掉任何抵抗力；拿日耳曼人来说，甚至他们一接触正在崩溃的罗马世界帝国以及它刚刚采用的，适应于它的经济、政治、精神状态的世界基督教，这种情形就发生了。仅仅在这些多少是人工造成的世界宗教，特别是基督教和伊斯兰教那里，我们才发现比较一般的历史运动带有宗教的色彩，甚至在基督教传播的范围内，具有真正普遍意义的革命也只有在资产阶级解放斗争的最初阶段即从13世纪起到17世纪，才带有这种宗教色彩；而且，这种色彩不能像费尔巴哈所想的那样，用人的心灵和人的宗教需要来解释，而要用整个中世纪的历史来解释，中世纪只知道一种形式的意识形态，即宗教和神学。但是到了18世纪，资产阶级已经强大得足以建立他们自己的、同他们的阶级地位相适应的意识形态了，这时他们才进行了他们的伟大而彻底的革命——法国革命，而且仅仅诉诸法律的和政治的观念，只是在宗教挡住他们的道路时，他们才理会宗教；但是他们没有想到要用某种新的宗教来代替旧的宗教；大家知道，罗伯斯比尔在这方面曾遭受了怎样的失败。（第289页）

加尔文的宗教改革却成了日内瓦、荷兰和苏格兰共和党人的旗帜，使荷兰摆脱了西班牙和德意志帝国的统治，并为英国发生的资产阶级革命的第二幕提供了意识形态的外衣。……

在法国，1685年加尔文教的少数派曾遭到镇压，被迫皈依天主教或者被驱逐出境。但是这有什么用处呢？那时自由思想家比埃尔·培尔已经在忙于从事活动，而1694年伏尔泰也诞生了。路易十四的暴力措施只是使法国的资产阶级更便于以唯一已经发展起来的资产阶级相适应的、非宗教的、纯粹政治的形式来进行自己的革命。出席国民会议的不是新教徒，而是自由思想家了。由此可见，基督教进入了它的最后阶段。此后，它已不能成为任何进步阶级的意向的意识形态外衣了；它越来越变成统治阶级专有的东西，统治阶级只把它当作使下层阶级就范的统治手段。同时，每个不同的阶级都利用它自己认为适合的宗教：占有土地的容克利用天主教的耶稣会派或新教的正统派，自由的和激进的资产者则利用理性主义，至于这些先生们自己相信还是不相信他们各自的宗教，这是完全无关紧要的。（第311—312页）

恩格斯：《路德维希·费尔巴哈和德国古典哲学的终结》（1886年初），摘自《马克思恩格斯文集》第4卷，人民出版社2009年12月第1版。

2. 人在自己的发展中得到了动物的支持，由此就产生了动物崇拜

最初的宗教表现的反应自然现象、季节更换等等的庆祝活动。一个部落或民族生活于其中的特定自然条件和自然产物，都被搬进了它的宗教里。

人在自己的发展中得到了其他实体的支持，但这些实体不是高级的实体，不是天使，而是低级的实体，是动物。由此就产生了动物崇拜……

恩格斯：《恩格斯致马克思》（1846年10月18日），摘自《马克思恩格斯全集》第27卷，人民出版社1972年6月第1版，第63页。

3. 一切宗教都不过是支配着人们日常生活的外部力量在人们头脑中的幻想的反映

一切宗教都不过是支配着人们日常生活的外部力量在人们头脑中的幻想的反映，在这种反映中，人间的力量采取了超人间的力量的形式。在历史的初期，首先是自然力量获得了这样的反映，而在进一步的发展中，在不同的民族那里又经历了极为不同和极为复杂的人格化。根据比较神话学，这一最初的过程，至少就各印欧民族来看，可以一直追溯到它的起源——印度的吠陀经①，以后又在印度人、波斯人、希腊人、罗马人、日耳曼人中间，而且就材料所及的范围而言，也可以在克尔特人、立陶宛人和斯拉夫人中间得到详尽的证明。但是除自然力量外，不久社会力量也起了作用，这种力量和自然力量本身一样，对人来说是异己的，最初也是不能解释的，它以同样的表面上的自然必然性支配着人。最初仅仅反映自然界的神秘力量的幻想的形象，现在又获得了社会的属性，成为历史力量的代表者②。在更进一步的发展阶段上，许多神的全部自然属性和社会属性都转移到一个万能的神身上，而这个神本身又只是抽象的人的反映。这样就产生了一

---

① 吠陀经是印度宗教和文学中最古老的文献，吠陀是梵文"知识"的音译，最早产生于约公元前1500年以前，最晚形成于公元前6—前4世纪。主要为诗歌颂曲，或散文。内容除宗教教义外，还包括一些神学和哲学理论。印度古代婆罗门教将其奉为只准口头流传的神圣经典。——编者注

② 神的形象后来具有的这种两重性，是比较神话学（它片面地以为神只是自然力量的反映）所忽略的、使神话学以后陷入混乱的原因之一。这样，在若干日耳曼部落里，战神，按古代斯堪的纳维亚语，称为提尔，按古代高地德意志语，称为齐奥，这就相当于希腊语里的宙斯，拉丁语里的"丘必特"（替代"迪斯必特"）；在其他日耳曼部落里，埃尔、埃奥尔相当于希腊语的亚力司、拉丁语的玛尔斯。——编者注

神教，从历史上说它是后期希腊庸俗哲学的最后产物，并在犹太的独一无二的民族神雅赫维身上得到了体现。在这个适宜的、方便的和普遍适用的形式中，宗教可以作为人们对这种支配着他们的力量的关系的直接形式即有感情的形式而继续存在，只要人们还处在异己的自然力量和社会力量的支配之下。

> 恩格斯：《反杜林论》（1876 年 9 月—1878 年 6 月），摘自《马克思恩格斯文集》第 9 卷，人民出版社 2009 年版，第 333—334 页。

4. 由于自然力被人格化，最初的神产生了

在远古时代，人们还完全不知道自己身体的构造，并且受梦中景象的影响，于是就产生一种观念：他们的思维和感觉不是他们身体的活动，而是一种独特的、寓于这个身体之中而在人死亡时就离开身体的灵魂的活动。从这个时候起，人们不得不思考这种灵魂对外部世界的关系。既然灵魂在人死时离开而继续活着，那末就没有任何理由去设想它本身还会死亡；这样就产生了灵魂不死的观念，这种观念，在那个发展阶段上决不是一种安慰，而是一种不可抗拒的命运，并且往往是一种真正的不幸，例如在希腊人那里就是这样。到处引起这种个人不死的无聊臆想的，并不是宗教上的安慰的需要，而是由普遍的局限性所产生的困境：不知道已经被认为存在的灵魂在肉体死后究竟怎么样。同样，由于自然力被人格化，最初的神产生了。随着宗教的向前发展，这些神愈来愈来具有了超世界的形象，直到最后，由于智力发展中自然发生的抽象化过程——几乎可以说蒸馏过程，在人们的头脑中，从或多或少有限的和互相限制的许多神中产生了一神教的唯一的神的观念。

> 恩格斯：《路德维希·费尔巴哈和德国古典哲学的终结》（1886 年初），摘自《马克思恩格斯文集》第 4 卷，人民出版社 2009 年版，第 277—278 页。

5. 只有对自然力的真正认识，才把各种神或上帝相继地从各个地方撵走

单是正确地反映自然界就已经极端困难，这是长期的经验历史的产物。在原始人看来，自然力是某种异己的、神秘的、超越一切的东西。在所有文明民族所经历的一定阶段上，他们用人格化的方法来同化自然力。正是这种人格化的欲望，到处创造了许多神；而被用来证明上帝存在的万民一

致意见恰恰只证明了这种作为必然过渡阶段的人格化欲望的普遍性,因而也证明了宗教的普遍性。只有对自然力的真正认识,才把各种神或上帝相继地从各个地方撵走(赛奇及其太阳系)①。现在,这个过程已进展到这样的程度,以致可以认为它在理论方面已经结束了。

恩格斯:《自然辩证法》(1873—1883年),摘自《马克思恩格斯全集》第20卷,人民出版社1971年3月第1版,第672页。

6. 宗教的这些基础一旦遭到破坏,与之相适应的宗教自然也就崩溃

罗马帝国在消灭各民族政治和社会独特性的同时,也消灭了他们独特的宗教。古代一切宗教都是自发的部落宗教和后来的民族宗教,它们从各民族的社会和政治条件中产生,并和它们一起生长。宗教的这些基础一旦遭到破坏,沿袭的社会形式、继承的政治结构和民族独立一旦遭到毁灭,那末与之相适应的宗教自然也就崩溃。本民族神可以容许异民族神和自己并立(这在古代是通常现象),但不能容许他们居于自己之上。东方的祭神仪式移植到罗马,只损害了罗马宗教,但不能阻止东方宗教的衰落。民族神一旦不能保卫本民族的独立和自主,就会自取灭亡。情况到处都是这样(农民,特别是山地农民除外)。庸俗哲学的启蒙主义(我简直想说伏尔泰主义)在罗马和希腊所做到的事情,在各行省也做到了,其办法是罗马帝国的奴役,是用绝望的臣民和自私的无赖来代替以自由而自豪的战士。

恩格斯:《布鲁诺·鲍威尔和早期基督教》(1882年4月下半月),摘自《马克思恩格斯全集》第19卷,人民出版社1963年12月第1版,第333页。

7. 《路标》拼命攻击"知识分子"的无神论,同时又非常坚决、非常彻底地力图恢复宗教的世界观,这是十分自然的

《路标》的作者首先谈的是"知识分子"世界观的哲学基础。对唯物主义的坚决斗争象一根红线贯穿全书,唯物主义被宣布为教条主义、形而上学和"最简单最低级的空论"(第4页;引自《路标》第1版,下同)。实证论受到批判,是因为"我们"(即被《路标》批判了的俄国"知识分子")曾经把它"同唯物主义的形而上学混为一谈",或者是因为我们"纯粹用唯物主义"(第15页)对它作解释,而"任何一个神秘主义者,任何

---

① 安吉洛·赛奇是意大利天文学家、罗马天文台台长,以研究太阳和星球闻名。——编者注

一个信教者，都不会否认科学的实证论和科学"（第11页）。请不要开玩笑了！"敌视唯心主义倾向和宗教神秘主义倾向"（第6页），这就是《路标》攻击"知识分子"的原因。"不管怎么说，尤尔凯维奇与车尔尼雪夫斯基相比，是一位真正的哲学家"（第4页）。

从这个观点出发，《路标》拼命攻击"知识分子"的无神论，同时又非常坚决、非常彻底地力图恢复宗教的世界观，这是十分自然的。《路标》把哲学家车尔尼雪夫斯基批倒之后，又把政论家别林斯基批倒了，这也是十分自然的。别林斯基、杜勃罗留波夫、车尔尼雪夫斯基，都是"知识分子"的领袖（第134、56、32、17页及其他各页）。恰达耶夫、弗拉基米尔·索洛维约夫、陀思妥耶夫斯基"根本不是知识分子"。前面几个人是《路标》与之进行你死我活的斗争的那一派别的领袖。后面几个人过去"不厌其烦地反复讲"的也正是《路标》现在反复地讲的那些东西，不过"当时没有人听他们的，知识分子也没有重视他们"（见《路标》序言）。

列宁：《论〈路标〉》（1909年12月13日〔26日〕），摘自《列宁全集》第19卷，人民出版社1989年10月第2版，第168—169页。

8. 谈寻神说不是为了反对一切的鬼神，不是为了反对任何思想上的奸尸，而是要蓝鬼不要黄鬼，这比根本不谈还要坏一百倍

昨天我从《言语报》上读了您对袒护陀思妥耶夫斯基的"叫嚣"的回答①，本来感到很高兴，今天取消派的报纸来了，却**登出了**《言语报》上**您的文章**中所缺少的**一段话**。

这段话是这样的：

"至于'寻神说'，应当**暂**时〈仅仅是暂时吗？〉搁下，那是一种徒劳无益的事：没放东西的地方，没什么可找。没有播种，就不会有收获。你们没有神，你们**还**〈还！〉没有把它创造出来。神，不是找出来的，而是**创造**出来的；生活不能虚构，而是创造的。"

---

① 马·高尔基在1913年9月22日《俄罗斯言论报》第219号发表了《论卡拉玛卓夫气质》一文，以抗议莫斯科艺术剧院把费·米·陀思妥耶夫斯基的反动小说《魔鬼》改编成剧本。由于资产阶级报刊袒护陀思妥耶夫斯基，高尔基又在1913年10月27日《俄罗斯言论报》第248号上发表了题为《再论卡拉玛卓夫气质》的答辩文章。

高尔基的这篇文章被摘录转载于10月28日（11月10日）《言语报》第295号，但缺少列宁在信中全文抄录的最后一段。次日，取消派《新工人报》第69号全文转载了高尔基的这篇文章。——编者注

原来，您反对"寻神说"仅仅是"暂时"的!!原来，您反对"寻神说"**仅仅**是为了要用造神说代替它!!

瞧，您**竟写出**这样的东西来，这岂不是太糟糕了吗？

寻神说同造神说、建神说或者创神说等等的差别，丝毫不比黄鬼同蓝鬼的差别大。谈寻神说不是为了反对**一切的**鬼神，不是为了反对任何思想上的奸尸（信仰任何神都是奸尸，即使是最纯洁的、最理想的、不是寻来而是创造出来的神，也是如此），而是要蓝鬼不要黄鬼，这比根本不谈还要坏一百倍。

在最自由的国家里，也就是**完全**不适合以"民主、人民、舆论和科学"作号召的国家里，——在那些国家（美国、瑞士等等）里，人们正是特别热心地用这种纯洁的、精神上的、创造出来的神的观念来麻痹人民和工人。这正是因为，任何宗教观念，任何神的观念，甚至任何对神的谄媚，都是**民主派**资产阶级能特别容忍地（甚至往往是心甘情愿地）予以接受的无法形容的下流货色，——正因为如此，这是最危险的下流货色，是最可恶的"传染病"。群众识破千百万种罪恶、坏事、暴行和**肉体**的传染病，比识破**精巧的**、精神上的、用最漂亮的"思想"外衣装扮起来的神的观念要容易得多，因而前者的危害性比后者也就小得多。奸污少女的天主教神父（我刚才偶然在一张德文报纸上读到这件事）对于"民主制"的危害，比不穿袈裟的神父，比不相信拙劣宗教的神父，比宣传建神和创神的、有思想修养的、民主主义的神父要**小得多**。这是因为揭露、谴责和赶走前一种神父是**容易的**，而赶走后一种神父就**不能**这样简单，揭穿他们要困难一千倍，没有一个"脆弱的和可悲地动摇的"庸人会同意"谴责"他们。

您知道**小市民的**（你说俄国的，为什么是俄国的呢？意大利的就好些吗??）灵魂的"脆弱性和可悲的动摇性"，但您却拿最甜蜜的、用糖衣和各种彩色纸巧妙地包裹着的毒药来诱惑这种灵魂!!

真的，这太糟糕了。

"我们这里代替自我批评的自我侮辱已经够多的了。"

可是，造神说难道不就是一种**最坏的**自我侮辱吗??一切从事造神的人，甚至只是容许这种做法的人，都是在以最坏的方式**侮辱自己**，他们所从事的不是"实际活动"，而**恰巧**是自我直观，自我欣赏，而且，这种人"直观"的是自"我"身上种种被造神说所神化了的最肮脏、最愚蠢、最富有奴才气的特点。

不从个人角度而从社会角度来看，**一切**造神说都正是愚蠢的小市民和脆弱的庸人的**心爱的自我直观**，是"悲观疲惫的"庸人和小资产者在幻想中"自我侮辱"的那种**心爱的自我直观**（您关于**灵魂**的说法很正确，只是不应当说"俄国的"，而应当说**小市民的**，因为无论犹太的、意大利的、英国的，**都是同一个鬼**，卑鄙的小市民在任何地方都同样丑恶，而在思想上奸尸的"民主派小市民"则加倍丑恶）。

列宁《列宁致阿·马·高尔基》（1913 年 11 月 13 日或 14 日），摘自《列宁全集》第 46 卷，人民出版社 1990 年第 2 版，第 360—362 页。

9. 美化了神的观念，也就是美化了他们用来束缚落后的工人和农民的锁链

谈到神、神的以及与此有关的一切，您有一个矛盾，我认为这也就是我们在卡普里最后一次会晤的谈话中我所指出的那个矛盾：您尽管同"前进派分子"决裂了（或者说好象是决裂了），但并没有注意到"前进派"的思想基础。

现在情况还是这样。您来信说您"很苦恼"，您"不能理解，怎么会脱口说出'暂时'这个词"，但同时您又在为神和造神说的思想辩护。

"神是部落、民族和人类所形成的一些观念的复合，这些观念在激发和组织社会感情，以使个人同社会相联系，约束动物性个人主义。"

这种理论显然是同波格丹诺夫和卢那察尔斯基的那个或那些理论有联系的。

它显然是错误的，并且显然是反动的。象基督教社会主义者（一种最坏的"社会主义"和一种对社会主义最坏的歪曲）一样，您使用的方法（尽管您有极好的意愿）也是重复僧侣们的那套把戏：从神这个观念中撇开**历史和生活**带来的东西（鬼神，偏见，愚昧和闭塞的神圣化，以及农奴制和君主制的神圣化），并在神的观念中加进善良的小市民的词句（神＝"在激发和组织社会感情的观念"），以代替历史和生活的现实。

您想以此来说出"善良和美好的东西"，指出"真理—正义"等等。但是您这种善良的愿望只是属于您个人的东西，只是您的一种主观的"天真的愿望"。您既然写了这些东西，它就散布到**群众**中去了，它的**作用**就不由您的善良愿望而要由**社会力量**的对比，由阶级的客观对比来决定了。由

于这种对比，事情的**结果**（违背了您的意志并且不依从于您的意识）就成了这样，您粉饰了，美化了教权派、普利什凯维奇分子、尼古拉二世和司徒卢威先生之流的观念，因为在**事实**上神的观念是帮助**他们**奴役人民的。您美化了神的观念，也就是美化了他们用来束缚落后的工人和农民的锁链。僧侣之流将会说：瞧，民主派先生们，连"**你们的**"领袖也都承认，这是一种多么好的深刻的观念（神的观念），——而我们（僧侣之流）正是为这个观念服务的呀。

列宁：《列宁致阿·马·高尔基》（1913 年 11 月 14 日以后），摘自《列宁全集》第 46 卷，人民出版社 1990 年 10 月第 2 版，第 366—367 页。

10. 神的观念从来也没有"使个人同社会相联系"

说神是那些在激发和组织社会感情的观念的复合，这不对。这是抹杀观念的物质起源的波格丹诺夫的**唯心主义**。神首先（就历史和生活来说）是由人的麻木的受压抑状态以及外部自然界和阶级压迫所产生的那些观念的复合，是**巩固**这种受压抑状态和使阶级斗争**瘫痪**的那些观念的复合。历史上曾有过这样一个时期，当时尽管神的观念的起源和真实作用是这样的，但是民主派以及无产阶级的斗争都采取了以**一种宗教**观念反对另一种宗教观念的斗争形式。

但是这样的时期早已过去了。

现在无论在欧洲或者在俄国，**任何**（甚至最精巧的、最善意的）捍卫或庇护神的观念的行为都是庇护反动派的行为。

您的整个定义完全是反动的和资产阶级的。神＝"在激发和组织社会感情，以使个人同社会相联系，约束动物性个人主义"的那些观念的复合。

为什么这是反动的呢？因为它为那种"约束"动物本能的僧侣主义—农奴制的观念涂脂抹粉。实际上，约束"动物性个人主义"的不是神的观念，而是原始人群和原始公社。神的观念永远是奴隶制（最坏的、没有出路的奴隶制）的观念，它**一贯**麻痹和削弱"社会感情"，以死东西偷换活东西。神的观念从来也没有"使个人同社会相联系"，而是一贯用把压迫者奉为**神**这种信仰来**束缚**被压迫**阶级**。

您的定义是资产阶级的（而且是不科学的、反历史的），因为它所依据的是笼统的、泛泛的、"鲁滨孙式的"概念，而不是一定历史时代的一定**阶级**。

野蛮的济良人①等（半野蛮人的也是一样）的神的观念是一回事，司徒卢威之流的神的观念是另一回事。在这两种情况下这种观念都受到阶级统治的支持（这种观念也支持阶级统治）。"人民"关于神和替神行道的概念，完全同"人民"关于沙皇、妖怪、揪妻子头发的"概念"一样，都是"人民的"愚蠢、闭塞、无知。我根本不能理解，您怎么可以把"人民"关于神的"概念"说成"民主主义的概念"呢。

说哲学唯心主义"始终只注意个人利益"，这是错误的。笛卡儿比伽桑狄更注意个人利益吗？或者费希特和黑格尔比费尔巴哈更注意个人利益吗？

说"造神说是社会原则在个体和社会中进一步发展和积累的过程"，这简直糟糕透了！！如果俄国有自由的话，整个资产阶级都会为了您的这些货色，为了您的这种纯粹资产阶级类型和性质的社会学和神学而把您捧上天去。

列宁：《列宁致阿·马·高尔基》（1913年11月14日以后），摘自《列宁全集》第46卷，人民出版社1990年版，第367—369页。

四　无产阶级文艺、文化与出版、宣传论

（一）马克思、恩格斯论文学艺术与无产阶级

1. 工人"那由于劳动而变得结实的形象向我们放射出人类崇高精神之光"

当共产主义的**手工业者**联合起来的时候，他们首先把学说、宣传等等视为目的。但是同时，他们也因此产生一种新的需要，即交往的需要，而作为手段出现的东西则成了目的。当法国社会主义工人联合起来的时候，人们就可以看出，这一实践运动取得了何等光辉的成果。吸烟、饮酒、吃饭等等在那里已经不再是联合的手段，不再是联系的手段。交往、联合以及仍然以交往为目的的叙谈，对他们来说是充分的；人与人之间的兄弟情谊在他们那里不是空话，而是真情，并且他们那由于劳动而变得结实的形象向我们放射出人类崇高精神之光。

---

① 济良人是科米人的旧称，现主要在苏联俄罗斯联邦西北部的科米自治共和国。——编者注

马克思:《1844年经济学哲学手稿》(1844年4—8月),摘自《马克思恩格斯文集》第1卷,人民出版社2009年12月第1版,第232页。

2. 阅读最新的哲学、政治和诗歌方面最杰出的著作的几乎完全是工人

但是工人也是重视"踏踏实实的教育"的,只要它里面不掺杂资产阶级的自私自利的智谋。这一点可以由下面的事实来证明:在无产阶级的、特别是社会主义者的学校或阅览室里经常举行关于自然科学、美学和政治经济学问题的讲演会,而且听众往往很多。我常常碰到一些穿着褴褛不堪的粗布夹克的工人,他们显示出自己对地质学、天文学及其他学科的知识比某些有教养的德国资产者还要多。阅读最新的哲学、政治和诗歌方面最杰出的著作的几乎完全是工人,这一事实特别表明了英国无产阶级在取得独立的教育方面已经有了多么大的成就。资产者是现存的社会制度以及和这个制度联系在一起的各种偏见的奴隶;他胆怯地避开和千方百计地排斥真正标志着进步的一切;无产者却眼睛雪亮地正视这一切,高高兴兴地而且很有成效地研究它们。在这方面,社会主义者为了教育无产阶级曾经做过不少事情,他们翻译了法国唯物主义者**爱尔维修、霍尔巴赫、狄德罗**等人的著作,并且用普及本把这些翻译作品和英国作家最优秀的著作一道加以传播。**施特劳斯**的"耶稣传"和**蒲鲁东**的"什么是财产"也仅仅是在无产者中间流行。**雪莱**,天才的预言家雪莱和满腔热情的、辛辣地讽刺现实社会的**拜伦**,他们的读者大多数也是工人;资产者所读的只是经过阉割并使之适合于今天的伪善道德的版本即所谓"家庭版"。当代最大的两个功利主义哲学家**边沁**和**葛德文**的著作,特别是后者的著作,也几乎只是无产阶级的财富。即使激进资产阶级中有**边沁**的信徒,那也只有无产阶级和社会主义者才能越过边沁,迈步前进。无产阶级在这个基础上创造了自己的书刊,这多半是一些期刊和小册子,就内容来说,远胜于资产阶级的一切书刊。

恩格斯:《英国工人阶级状况》(1844年9月—1845年3月),摘自《马克思恩格斯全集》第2卷,人民出版社1957年12月第1版,第528—529页。

3. 资产阶级及其哲学家和科学家哪里有一部论述资产阶级解放(政治解放)的著作能和魏特林的"和谐与自由的保证"一书媲美呢?

谈到德国工人总的文化、知识的水平或者他们的接受文化、知识的能力,那我就提醒读者注意**魏特林**的天才著作,不管这些著作在论述的技巧方面如何不如**蒲鲁东**，但在理论方面有很多地方却胜过他。资产阶级及其哲学家和科学家哪里有一部论述资产阶级解放（**政治解放**）的著作能和魏特林的"**和谐与自由的保证**"一书媲美呢？只要把德国的政治论著中的那种俗不可耐畏首畏尾的平庸气拿来和德国工人的这种**史无前例**光辉灿烂的处女作比较一下，只要把无产阶级巨大的**童鞋**拿来和德国资产阶级的矮小的政治烂鞋比较一下，我们就能够预言**德国的灰姑娘**将来必然长成一个**大力士**。应该承认，德国无产阶级是欧洲无产阶级的**理论家**，正如同英国无产阶级是它的**经济学家**，法国无产阶级是它的**政治家**一样。必须承认，德国进行**社会**革命的能力是**典型的**，可是它对于**政治**革命的无能也是典型的。因为德国资产阶级的无能就是德国**政治上**的无能，同样，德国无产阶级的能力——即使不谈德国的理论——就是德国**社会的**能力。德国哲学和政治的发展之间的不相称并不是什么**反常现象**。这种不相称是必然的。一个哲学的民族只有在社会主义里面才能找到适合于它的实践，因而也只有在无产阶级身上才能找到解放自己的积极因素。

可是，现在我既没时间，也不打算给"普鲁士人"① 解释"德国社会"如何对待社会变革，以及为什么一方面德国资产阶级对社会主义的反抗这样微弱，另一方面德国无产阶级具有非凡的社会主义天赋。他可以在我的"黑格尔法哲学批判导言"（"德法年鉴"）中找到理解这种现象所必需具备的初步基础。

可见，**德国穷人**的理性和**可怜的德国人**的理性是成**反比**的。

马克思：《评"普鲁士人"的"普鲁士国王和社会改革"一文》（1844年7月31日），摘自《马克思恩格斯全集》第1卷，人民出版社1956年12月第1版，第483—484页。

4. 出自英法两国下层人民阶级的新的散文和诗作表明，下层人民阶级也能把自己提高到精神发展的更高水平

如果批判比较熟悉下层人民阶级的运动，它就会知道，下层阶级从实际生活中所受到的最坚决的抵抗使它们每天都有所改变。出自英法两国下层人民阶级的新的散文和诗作将会向批判表明，即使没有**批判的批判**的神

---

① 这是阿·卢格在《前进报》上发表《普鲁士国王和社会改革》一文的笔名。——本书编者注

圣精神的直接庇佑,下层人民阶级也能把自己提高到精神发展的更高水平。

马克思、恩格斯:《神圣家族》(1844年9—11月),摘自《马克思恩格斯全集》第2卷,人民出版社1957年12月第1版,第171页。

5. 先前小说中充当主人公的是国王和王子,现在却是穷人和受轻视的阶级了

欧仁·苏的著名小说《巴黎的秘密》给舆论界特别是德国的舆论界留下了一个强烈的印象;这本书以鲜明的笔调描写了大城市的"下层等级"所遭受的贫困和道德败坏,这种笔调不能不使社会关注所有无产者的状况。正象"总汇报"这个德国的"**泰晤士报**"所说的,德国人开始发现,近十年来,在小说的性质方面发生了一个彻底的革命,先前在这类著作中充当主人公的是国王和王子,现在却是穷人和受轻视的阶级了,而构成小说内容的,则是这些人的生活和命运、欢乐和痛苦。最后,他们发现,作家当中的这个新流派——乔治·桑、欧仁·苏和查·狄更斯就属于这一派——无疑地是时代的旗帜。

恩格斯:《大陆上的运动》(1844年1月),摘自《马克思恩格斯全集》第1卷,人民出版社1956年12月第1版,第594页。

6. 文学应该歌颂倔强的、叱咤风云的和革命的无产者

倍克歌颂胆怯的小市民的鄙俗风气。歌颂"穷人",歌颂pauvrehonteux〔耻于乞讨的穷人〕——怀着卑微的、虔诚的和互相矛盾的愿望的人,歌颂各种各样的"小人物",然而并不歌颂倔强的、叱咤风云的和革命的无产者。

恩格斯:《诗歌和散文中的德国社会主义——卡尔·倍克"穷人之歌",或"真正的社会主义"的诗歌》(1846—1847年),摘自《马克思恩格斯全集》第4卷,人民出版社1958年8月第1版,第223—224页。

7. 《西里西亚织工之歌》这首歌的德文原文是我所知道的最有力的诗歌之一

德国当代最杰出的诗人亨里希·海涅也参加了我们的队伍,他出版了一本政治诗集,其中也收集了几篇宣传社会主义的诗作。他是著名的《西里西亚织工之歌》的作者;我把这首歌译成散文寄给你,但是我担心它在英国会被认为是侮辱宗教的。不管怎样我还是要引证它,我只指出一点,那就是这首歌暗中针对着1813年普鲁士人的战斗叫嚣:"国王和祖国与上

帝同在！"，这种叫嚣从那时起就是保皇党人心爱的口号。下面就是这首歌：

在他们悲愤的眼里不见一滴泪珠，

他们坐在织机前，绝望的愤怒呈现在脸上。

"我们已经饱受折磨和冻饿；

老的德意志呵！我们正为你织着寿衣，

把三个诅咒织在寿衣上。

我们织呵，织呵！

"一是诅咒上帝，那耳聋眼瞎的上帝。

我们信赖他，像孩子信赖他们的父亲，

我们对他充满着希望和信任，

可是他却嘲笑我们，欺骗我们。

我们织呵，织呵！

"二是诅咒那富人的国王，

我们的苦楚丝毫不能打动他那铁石心肠。

他抢了我们的最后一文钱，

还要派兵来把我们当狗一样枪杀。

我们织呵，织呵！

"还要诅咒那虚伪的祖国，

它给我们的只是痛苦和耻辱，

我们在它那里经受饥饿和困苦，

老的德意志呵！我们正为你织着寿衣。

我们织呵，织呵！"

这首歌的德文原文是我所知道的最有力的诗歌之一；这次我也就此和你告别；希望不久我就能告诉你有关我们的进展和社会著作的消息。

恩格斯：《共产主义在德国的迅速进展》（1844年11月9日左右），摘自《马克思恩格斯全集》第2卷，人民出版社1957年12月第1版，第591—592页。

8. 首先请回忆一下织工的那支歌吧！这是一个勇敢的战斗的呼声

首先请回忆一下**织工的那支歌吧！这是一个勇敢的战斗的呼声**。

在这支歌中根本没有提到家庭、工厂、地区，相反地，无产阶级在这支歌中一下子就毫不含糊地、尖锐地、直截了当地、威风凛凛地厉声宣布，它反对私有制社会。西里西亚起义一**开始**就恰好做到了法国和英国工人在起义**结束**时才做到的事，那就是意识到无产阶级的本质。西里西亚起义的进程本身也同样具有这个**优点**。被毁掉的不仅是机器——这些工人的劲敌，而且还有**账簿**和财产契据。其他一切工人运动首先只是打击**工业企业的老板**，即明显的敌人，而这次运动同时还打击银行家，即隐蔽的敌人。最后，英国的工人起义没有一次像这样勇敢，这样有计划，这样坚强。

> 马克思：《评"普鲁士人"的"普鲁士国王和社会改革"一文》（1844年7月31日），摘自《马克思恩格斯全集》第1卷，人民出版社1956年12月第1版，第483页。

9. 从宣传社会主义这个角度来看，这幅画所起的作用要比一百本小册子大得多

请允许我提一下优秀的德国画家许布纳尔的一幅画；从宣传社会主义这个角度来看，这幅画所起的作用要比一百本小册子大得多。它画的是一群向厂主交亚麻布的西里西亚织工，画面异常有力地把冷酷的富有和绝望的穷困作了鲜明的对比。厂主胖得像一只猪，红铜色的脸上露出一付冷酷相，他轻蔑地把一个妇人的一块麻布抛在一边，那妇人眼看出售无望，便昏倒了；她旁边站着两个小孩，一个老头吃力地扶着她；管事的在检验另外一块麻布，这块布的主人正在焦灼地等候检验的结果；一个青年正在把自己的劳动换来的可怜的收入给失望的母亲看；在石头的长凳上坐着一个老头、一个姑娘和一个男孩，他们在等着轮到自己；两个男人，一个人背着一块没有验上的麻布，正从房子里出来，其中一个怒气冲冲地摇晃着头，另一个把手搁在他的同伴的肩上，指着天，好像在说：别生气，自有老天爷来惩罚他。所有这些情景都出现在一间冷冷清清的、像是没有人住的外厅中，外厅的地面是石头铺的，只有厂主一个人是站在一块小毡垫上。在画面的远处，在柜台后面展现出来的是一个陈设极其讲究的账房，华丽的窗帘，明亮的镜子；几个办事员正在那里写什么，丝毫没有注意他们背后所发生的事情；老板的儿子，一个年轻的花花公子斜倚着柜台，手里拿着马鞭，嘴里叨着雪茄，冷眉冷眼地瞧着这些不幸的织工。这幅画在德国好几个城市里展览过，当然给不少人灌

输了社会的思想。同时我们也非常满意地看到，我国优秀的历史画画家卡尔莱辛已经站到社会主义方面来了。事实上社会主义今天在德国所占的地位已经比它在英国所占的地位优越十倍。

> 恩格斯：《共产主义在德国的迅速进展》（1844年11月9日左右），摘自《马克思恩格斯全集》第2卷，人民出版社1957年12月第1版，第589—590页。

10. 一首表现工人自己对工厂制度看法的诗，正确地表达了工人中的普遍的情绪

最后，我从一首表现工人自己对工厂制度的看法的诗中摘引几节来作为结束。这首诗是北明翰的爱德华·波·米德写的，它正确地表达了工人中的普遍的情绪。

> 世界上有这么一个国王，——
> 不像故事里的那样和善，
> 他是个专杀白奴的魔王，
> 大家叫他蒸气，非常凶残。
> 虽然暴君的手只有一只，
> 但他气力大，谁都比不上，
> 像是一只烧红了的铁手，
> 他能使人民成群地灭亡。
> 他像他祖先摩洛赫一样，
> 宰割人民，造无穷灾殃，
> 他的心里有烈火在燃烧，
> 他拿儿童当果腹的食粮。
> 他的祭司像他一样凶狠，
> 用铁腕操纵人们的命运，
> 贪得无厌地给他找牺牲，
> 用人们的鲜血铸造金银。
> 这些奸贼是无耻的恶魔，
> 把人权的基础践踏净尽，
> 耻笑父亲们痛哭的眼泪，
> 取笑母亲们垂死的呻吟。

饥啼寒号欣慰他们的心,
悲叹哭泣是耳的音乐,
老人儿童的尸骨堆成山,
堆满了他们宫殿的地窖。
没有心肝的凶恶的国王,
在邪恶的王国布满死亡,
他用劳动折磨人的肉体,
他把人们活的灵魂杀光。
打倒国王,刽子手国王!
千百万的工人,起来,前进!
我们把他的手紧紧捆绑,
趁他还没吞灭全国人民。
你们的愤怒就要觉醒,
你们就要张口高声呼喊。
那伙镀金的寄生虫一定
会和暴君一起跌入深渊!

> 恩格斯:《英国工人阶级状况》(1844年9月—1845年3月),摘自《马克思恩格斯全集》第2卷,人民出版社1957年12月第1版,第472—473页。

11. 但丁是中世纪的最后一位诗人,同时又是新时代的最初一位诗人……意大利是否会给我们一个新的但丁来宣告这个无产阶级新纪元的诞生呢?

《宣言》十分公正地评价了资本主义在先前所起过的革命作用。意大利是第一个资本主义民族。封建的中世纪的终结和现代资本主义纪元的开端,是以一位大人物为标志的。这位人物就是意大利人但丁,他是中世纪的最后一位诗人,同时又是新时代的最初一位诗人。现在也如1300年那样,新的历史纪元正在到来。意大利是否会给我们一个新的但丁来宣告这个无产阶级新纪元的诞生呢?

> 恩格斯:《〈共产党宣言〉1893年意大利文版序言》(1893年2月1日),摘自《马克思恩格斯文集》第2卷,人民出版社2009年12月第1版,第26—27页。

12. 德国无产阶级第一个和最重要的诗人（是）维尔特

格奥尔格·维尔特的"帮工之歌"（1846年）

樱花盛开的时节，
我们找到了安身处；
樱花盛开的时节，
我们住到了法兰克福。
饭馆老板对我们说：
"你们的穿着真难看！"
"你这讨厌的老板，
这跟你有什么相干！"
"把你的白酒给我们拿来，
把你的啤酒给我们拿来，
白酒和啤酒之外，
再端来烤肉当菜！"
酒桶龙头像雄鸡啼唱，
酒也流得哗哗响。
我们喝了一口，
味道同小便一样。
老板端来一只兔子，
配上芹菜，
对着这只死兔子，
我们怕得厉害。
当我们躺在床上，
作完我们的晚祷，
床上的臭虫就爬出来，
一直把我们咬到天亮。
这发生在法兰克福，
在那美丽的城里，
谁住在那儿吃过苦，
谁就知道得清清楚楚。

我们的朋友维尔特的这首诗，是我在马克思的遗稿中找到的。德国无产阶级第一个和最重要的诗人维尔特,生在莱茵的德特莫耳特,他的父亲是那里的牧师——教区监督。1843年我住在曼彻斯特的时候,维尔特作为他的德国公司的经纪人来到布莱得弗德,我们一同快乐地度过了许多个星期天。1845年,马克思和我住在布鲁塞尔的时候,维尔特担任了他的商店的大陆代理人,并且设法把自己的总办事处也迁到布鲁塞尔。1848年三月革命后,我们为了创办"新莱茵报",又都齐集在科伦。维尔特负责小品栏,我不相信在别的报纸上什么时候有过这样有趣而锋利的小品栏。他的主要作品之一是"著名的骑士施纳普汉斯基的生平事迹";这篇作品描写了海涅在他的长诗"阿塔·特洛尔"中这样命名的李希诺夫斯基公爵的冒险事迹。一切事实都是符合现实生活的;我们是怎样知道这些事实的,改天大概我可以谈谈。这些关于施纳普汉斯基的小品文,霍夫曼和康培书店1849年出版了单行本,直到现在,还是非常有趣的。但是在1848年9月18日,因为施纳普汉斯基—李希诺夫斯基和普鲁士将军冯·奥尔斯瓦特(也是议会议员)一起骑马去侦察那些前往援助法兰克福街垒战的农民队伍,他们两人都罪有应得地被农民们当做间谍杀死了,所以德意志帝国当局控诉维尔特侮辱已故的李希诺夫斯基。于是,早已在英国的维尔特,便在反动派封闭了"新莱茵报"很久之后,被判处了三个月的监禁。这三个月的监禁后来他也就服满了,因为他为了事务不得不时常回到德国。

1850—1851年,他为了另一家布莱得弗德的公司的事务前往西班牙,然后又去到西印度,并且几乎走遍了整个南美洲。在欧洲进行了短暂的访问之后,他又回到自己喜爱的西印度。他不愿放过在那里一睹海地的黑人皇帝苏路克这个路易—拿破仑第三的真正原本的眼福。但是,正如威·沃尔弗1856年8月28日给马克思的信中所说的,他遇到了

"防疫当局的刁难,不得不放弃自己的计划,在旅途中染上黄热病,便回到哈瓦那。他躺倒在床上,又得了脑炎,7月30日,我们的维尔特就在哈瓦那与世长辞了"。

我称他为德国无产阶级第一个和最重要的诗人。的确,他的社会主义的和政治的诗作,在独创性、俏皮方面,尤其在火一般的热情方面,都大大超过弗莱里格拉特的诗作。他常常利用海涅的形式,但仅仅是为了以完全独创的、别具只眼的内容来充实这个形式。同时,他不同于大多数诗人的地方,就是他把诗写好之后,就对之完全漠不关心了。他把自己的诗抄

寄给马克思或我以后，就忘记了他们，往往很难使他在什么地方把这些诗刊印出来。只是在"新莱茵报"时期情形不同。其原因可以从维尔特在1851年4月28日从汉堡写给马克思的信的下述摘录中看出来。

"不过，我希望7月初在伦敦再和你见面，因为我再也不能忍受这些汉堡的蝗虫了。在这里势必要使我过一种显赫的生活，但是我感到害怕。别的任何人，都会伸出双手去把它抓住。然而我年纪太老，不能变成市侩了，何况在大洋的彼岸还有着辽阔的西部……

最近我写了各种各样的东西，但没有一篇是写成了的，因为我看不出写作有什么意义和什么目的。你就国民经济学的问题写一点东西，那是有意义的，有道理的。但是我呢？为了使同胞的嘴脸上露出白痴般的微笑，而讲些无聊的刻薄话和庸俗的笑料，实在是再可怜不过了！我的写作活动已经随着'新莱茵报'的结束而永远结束了。

我应该承认：最近三年的时间白白浪费使我懊恼，但回忆起我们在科伦的相处却使我十分快乐。我们没有使自己丢脸。这是主要的！自从弗里德里希大帝时期以来，谁也不曾像'新莱茵报'那样毫不客气地对待德国人民。

我不愿意说这是我的功绩，不过我也曾做过一份……

葡萄牙啊！西班牙啊！（维尔特刚从那里回来）如果我们有你的美丽的天空、你的葡萄酒、你的橙子和桃金娘，那该多么好啊！但是连这个也没有！除了凄风苦雨和熏肉之外，什么也没有！

与凄风苦雨为伴的你的
格奥尔格·维尔特"

维尔特所擅长的地方，他超过海涅（因为他更健康和真诚），并且在德国文学中仅仅被歌德超过的地方，就在于表现自然的、健康的肉感和肉欲。假如我把"新莱茵报"的某些小品文转载在"社会民主党人报"上面，那末读者中间有很多人会大惊失色。但是我不打算这样做。然而我不能不指出，德国社会主义者也应当有一天公开地扔掉德国市侩的这种偏见，小市民的虚伪的羞怯心，其实这种羞怯心不过是用来掩盖秘密的猥亵言谈而已。例如，一读弗莱里格拉特的诗，的确就会想到，人们是完全没有生殖器官的。但是，再也没有谁像这位在诗中道貌岸然的弗莱里格拉特那样喜欢偷听猥亵的小故事了。最后终有一天，至少德国工人们会习惯于从容地谈论他们自己白天或夜间所做的事情，谈论那些自然的、必需的和非常惬意的事情，就像罗曼语民族那样，就像荷马和柏拉图，贺雷西和尤维纳利斯那样，就像旧约全书和"新莱茵报"那样。

不过，维尔特也写了一些不那么粗野的东西，我有时把其中一些寄给"社会民主党人报"的小品栏。

恩格斯：《格奥尔格·维尔特》（1883年5月底），摘自《马克思恩格斯全集》第21卷，人民出版社1965年9月第1版，第5—9页。

13. 梅林的《莱辛传奇》的确是一篇出色的作品，唯物史观现在终于开始得到恰当的应用

梅林发表在《新时代》上的《莱辛传奇》我已读过，感到十分满意。这的确是一篇出色的作品。要是我的话，有些地方不会这样去说明和强调，不过一般说来，他还是抓住了要领。令人鼓舞的是，二十年来唯物史观在年轻党员的作品中通常只不过是响亮的词藻，现在终于开始得到恰当的应用——作为研究历史的引线来应用。考茨基和爱德在这方面写过一些不坏的作品，但梅林有他自己专门的题材，即他更为详细研究过的德国历史中的普鲁士这个角落。一般说来，他的观点比较不受拘束，首先是他的表达方式比较果断和明确。希望这篇作品在《新时代》上登完以后，立即出单行本。据我所知，这是对普鲁士传奇这个堡垒第一次最好的正规的围攻；说的是莱辛，指的是老弗里茨①。而普鲁士传奇一定要打破，然后普鲁士才能溶合于德国。关于易北河以东的普鲁士无论在德国历史还是在欧洲和世界历史上的前提，有些地方我倒有不同的看法，但这个问题梅林只是提了一下。

恩格斯：《恩格斯致倍倍尔》（1892年3月16日），摘自《马克思恩格斯全集》第38卷，人民出版社1972年8月第1版，第310页。

14. 您（梅林）的巨大功绩是在普鲁士历史这一摊污泥浊水里清出一条路来

我很高兴《莱辛传奇》出单行本。这样的东西如果分成几部分去读，会大大减色。您的巨大功绩是，您在普鲁士历史这一摊污泥浊水里清出一条路来，并指出了事物的真正联系。从今天普鲁士的现实看来，这是绝对

---

① 即弗里德里希二世。——编者注

必要的。不管这项工作本身是多么的令人不愉快。对个别几点，主要是您在一些问题上确定对过去因果依存关系的地方，我不完全同意。然而这并不妨碍您的著作比一般现有的关于这一段德国历史的论述都好得多。

　　　　恩格斯：《恩格斯致梅林》（1893年4月11日），摘自《马克思恩格斯全集》第39卷，人民出版社1974年11月第1版，第64—65页。

15.《莱辛传奇》写得好极了，尽管在某些地方我有不同的看法

你的柏林通讯员①无疑极端主观，可是他很会写东西。用唯物主义观点理解历史事件——我要说，对于当前时事则并非总是如此——他是很擅长的。他的《莱辛传奇》写得好极了，尽管在某些地方我有不同的看法。

　　　　恩格斯：《恩格斯致卡·考茨基》（1893年6月1日），摘自《马克思恩格斯全集》第39卷，人民出版社1974年11月第1版，第77—78页。

16.（对）涌入党内的大学生、文学家和其他没落的年青资产者的"马克思主义"，马克思说："我播下的是龙种，而收获的却是跳蚤"

德国党内发生了大学生骚动。近两三年来，许多大学生、文学家和其他没落的年青资产者纷纷涌入党内。他们来得正是时候，可以在种类繁多的新报纸的编辑部中占据大部分位置；他们照例把资产阶级大学当做社会主义的圣西尔军校，以为从那里出来就有权带着军官官衔甚至将军官衔加入党的行列。所有这些先生们都在搞马克思主义，然而是十年前你在法国就很熟悉的那一种马克思主义，关于这种马克思主义，马克思曾经说过："我只知道我自己不是马克思主义者。"马克思大概会把海涅对自己的模仿者说的话转送给这些先生们："我播下的是龙种，而收获的却是跳蚤。"

　　　　恩格斯：《恩格斯致保·拉法格》（1890年8月27日），摘自《马克思恩格斯全集》第37卷，人民出版社1971年6月第1版，第446页。

17."脱离阶级的资产阶级青年"的侵入党内使"文坛上一味追求轰动的华而不实作风以及必然由此带来的在新闻界占优势的徇私习气大为盛行"

至于另一个拉布里奥拉②，这个您认为出言不逊的人，在意大利这样的国家里，也许有某种存在的权利，因为那里的社会主义政党也象其他一

---

① 即梅林。——编者注
② 安东尼奥·拉布里奥拉。——编者注

切政党一样，遭到一种蝗虫，即巴枯宁引以自豪的"脱离阶级的资产阶级青年"的侵入。结果，文坛上一味追求轰动的华而不实作风以及必然由此带来的在新闻界占优势的徇私习气大为盛行。

恩格斯：《恩格斯致菲·屠拉梯》（1895年6月28日），摘自《马克思恩格斯全集》第39卷，人民出版社1974年11月第1版，第468页。

（二）列宁、斯大林论文学艺术与无产阶级

1. 写作事业应当成为整个无产阶级事业的一部分

党的出版物的这个原则是什么呢？这不只是说，对于社会主义无产阶级，写作事业不能是个人或集团的赚钱工具，而且根本不能是与无产阶级总的事业无关的个人事业。无党性的写作者滚开！超人的写作者滚开！写作事业应当成为整个无产阶级事业的一部分，成为由整个工人阶级的整个觉悟的先锋队所开动的一部巨大的社会民主主义机器的"齿轮和螺丝钉"。写作事业应当成为社会民主党有组织的、有计划的、统一的党的工作的一个组成部分。

列宁：《党的组织和党的出版物》（1905年11月13日〔26日〕），摘自《列宁全集》第12卷，人民出版社1987年10月第2版，第93页。

2. 不应该向托尔斯泰学习，而应该向无产阶级这个托尔斯泰所没有了解其意义的、唯一能摧毁托尔斯泰所憎恨的旧世界的阶级学习

俄国工人阶级研究列夫·托尔斯泰的艺术作品，会更清楚地认识自己的敌人；而全体俄国人民分析托尔斯泰的**学说**，一定会明白他们本身的弱点在什么地方，正是这些弱点使他们不能把自己的解放事业进行到底。为了前进，应该明白这一点。

阻碍这一运动前进的，是所有那些把托尔斯泰称为"公众的良心"、"生活的导师"的人。这些说法是自由派故意散布的谎言，他们想利用托尔斯泰学说中与革命相抵触的一面。某些过去的社会民主党人，也跟着自由派重复这种谎言，说托尔斯泰是"生活的导师"。

只有当俄国人民懂得，他们要求得美好的生活，不应该向托尔斯泰学习，而应该向无产阶级这个托尔斯泰所没有了解其意义的、唯一能摧毁托尔斯泰所憎恨的旧世界的阶级学习，只有这个时候，俄国人民才能求得解放。

列宁：《托尔斯泰和无产阶级斗争》（1910年12月18日〔31日〕），摘自《列宁全集》第20卷，人民出版社1989年10月第2版，第72页。

3. 要彻底抛弃共产党人的，或者确切些说，俄国人的奥勃洛摩夫习气和其他许多习气

我知道，共产党人要学会经商确实需要时间，谁想学会经商，在头几年总会犯一些严重的错误，但是历史会宽恕他们的，因为这是一件新事情。这需要使脑子灵活一些，还要彻底抛弃共产党人的，或者确切些说，俄国人的奥勃洛摩夫习气①和其他许多习气。但是，资产阶级国家的代表要重新学习做生意，那是很奇怪的，因为他们已经做了几百年的生意，他们的全部社会生活都是建立在生意上的。这对我们来说倒并不那么奇怪。我们早就说过，早就知道，对帝国主义战争他们没有我们估计得正确。他们在估计这场战争时目光短浅，因此他们在取得巨大胜利之后过了三年，还是找不到摆脱困境的出路。

列宁：《论苏维埃共和国所处的国际和国内形势——在全俄五金工人代表大会共产党党团会议上的讲话》（1922年3月6日），摘自《列宁全集》第43卷，人民出版社1987年10月第2版，第3页。

4. 难道文学著作和实际生活没有证明资产阶级妇女正是这样理解恋爱自由的吗？

关于您的那本小册子的提纲，我说过，"要求恋爱自由"这句话是不明确的，而且，不管您的本意和愿望怎样（我曾强调：问题在于客观的阶级的关系，而不在于您的主观愿望），在现代的社会环境里，这种要求毕竟是资产阶级的，而不是无产阶级的。

……

您否认这种看法吗？那么请谈谈**资产阶级**太太们所理解的恋爱自由究竟是什么？

您没有谈到这一点。难道文学著作和实际生活没有**证明**资产阶级妇女正是这样理解恋爱自由的吗？完全证明了！您也默认了这一点。

既然如此，那么问题就在于她们的阶级地位，因而"驳倒"**她们**恐怕

---

① 奥勃洛摩夫精神意为因循守旧、懒散懈怠。奥勃洛摩夫是俄国作家伊·亚·冈察洛夫的长篇小说《奥勃洛摩夫》的主人公，他是一个怠惰成性、害怕变动、终日耽于幻想、对生活抱消极态度的地主。——编者注

不可能，而且未免太幼稚。

必须**把**无产阶级的观点同她们的观点截然**分开**，**把**二者**对立起来**。必须考虑这样的客观事实：如果不这样做，**她们**就会抓住您这本小册子里的适合她们口味的东西，按照她们自己的看法加以解释，利用您的小册子助长她们的声势，在工人面前歪曲您的本意，"**使**"工人"**困惑莫解**"（在工人的内心引起忧虑：**您**是不是在向他们灌输**异己**的思想）。何况她们手里还掌握了许多报纸等等。

但是您却完全忘掉了客观的阶级的观点，竟反过来"攻击"我，好象我"把"恋爱自由和第8—10点"混为一谈"了……难以置信，真是令人难以置信……

列宁：《列宁致伊·费·阿尔曼德》（1915年1月24日），摘自《列宁全集》第47卷，人民出版社1990年10月第2版，第73—75页。

5. 团结一些小说家来推进《启蒙》杂志

您怎么啦，我的老兄，生活这样没有规律？过度工作，太劳累，神经又痛。这太糟糕了。您现在在卡普里，而且又是冬季，"来客"大概减少，生活本该规律。没有人监督，您就放纵了？这实在不好。您要控制自己，规定一个"约束办法"（制度），要严格一些，真的！在这个时候生病，是绝不容许的。难道又开始夜间工作了？我在卡普里的时候，有人说就是因为我，您的生活才不规律，在我去以前您是按时睡觉的。您应当休息，一定要约束自己。

关于您想同特罗雅诺夫斯基夫妇见面的事，我一定写信去告诉他们。这确是件好事。他们都是好人。工作上我们同他们直接接触很少；但是，我们迄今所知道的一切情况，都说明他们表现不错。他们手上有些钱，想必能够发挥作用，为杂志做许多事情。特罗雅诺夫斯基卡娅不久就要动身去国内。

您能**担负**《启蒙》杂志的工作，我和这里所有的人都非常高兴。坦白地说，我曾经这样想过：只要一写信对阿·马·谈起我们这个小杂志，这个很不象样的杂志，他就会倒胃口。我后悔，后悔不该有这样的想法。

如果我们能逐渐团结一些小说家来推进《启蒙》杂志，那真是太好了！太好了！读者是新的、无产阶级的读者，我们一定要降低杂志的售价。您可选登一些小说，但只能是民主主义的，而不是无病呻吟的、没有气节的小说。我们一定要把工人团结起来。已经涌现出了许多很好的工人。我们现在有6名杜马中的工人选民团代表已经开始在**杜马以外**展开工作,真妙!在这工作中,一定可以巩固工人政党,真正的工人政党!这在第二届杜马的任何时候都是办不到的。《光线报》(第24号)上4名代表声明退出的信①,您看到了没有?信写得很好,是吗?

您在《真理报》上看到了吗?阿列克辛斯基写得还好,眼下还没有捣蛋!真奇怪!他曾寄去一篇"宣言"(讲他为什么要加入《真理报》)。没有登出来。**眼下**总算还没有捣蛋。真——奇——怪!波格丹诺夫却在捣蛋,《真理报》第24号上就有他的一篇愚蠢已极的东西。同他根本谈不到一起去!我读了他的《工程师曼尼》。还是那套马赫主义=唯心主义,伪装得无论工人或《真理报》那些愚蠢的编辑都没能识破。这位马赫主义者象卢那察尔斯基一样(谢谢他的文章),已经是不可救药的了。阿列克辛斯基在政治上已开始脱离波格丹诺夫,如果卢那察尔斯基也象他这样在美学上脱离波格丹诺夫……假如……

列宁:《列宁致阿·马·高尔基》(1913年2月14日和25日之间),摘自
《列宁全集》第46卷,人民出版社1990年版,第241—242页。

6. 用工人歌曲宣传社会主义

不久前,我们报道了法国工人和其他罗曼语国家的工人纪念著名的《国际歌》作者欧仁·鲍狄埃(1816—1887年)逝世25周年的情形。在德国,用工人歌曲宣传社会主义的历史要短得多,而且德国的"容克"(地主的、黑帮的)政府采取了更多的卑鄙的警察手段来阻碍这种宣传。

但是,任何警察的无端寻衅,都不能阻止在世界各大城市,在所有的工厂区,以及愈来愈多地在雇农们的茅舍里,响起和谐的歌唱人类不久即

---

① 指第四届国家杜马布尔什维克代表阿·叶·巴达耶夫、格·伊·彼得罗夫斯基、费·尼·萨莫伊洛夫和尼·罗·沙果夫声明不再担任《光线报》撰稿人的信,信文如下:"我们按照12月15日社会民主党党团的意见,于1912年12月18日接受了《光线报》要我们担任它的撰稿人的建议。

从那时起,已有一个多月了。在这期间,《光线报》从未停止过扮演反取消主义的激烈反对者的角色。我们认为,它关于'公开的'工人政党的说教和它对地下组织的攻击,在目前俄国的现实条件下是不能容许的和有害的。

我们认为不能用自己的名字来掩饰《光线报》鼓吹的取消派观点,因此请求编辑部把我们从撰稿人名单里除名。"(见1913年1月30日《光线报》第24号)——编者注

将从雇佣奴隶制下解放出来的无产阶级的歌声。

列宁：《德国工人合唱团的发展》（1913 年 1 月 3 日〔16 日〕以后），摘自《列宁全集》第 22 卷，人民出版社 1990 年版，第 295 页。

7. 鲍狄埃的《国际歌》却把它的思想传遍了全世界，在今天公社比任何时候都更有活力

去年，1912 年 11 月，是法国的工人诗人欧仁·鲍狄埃，即著名的无产阶级的《国际歌》（"起来，饥寒交迫的奴隶……"）的作者逝世 25 周年。

这首歌已经译成欧洲各种文字，而且不仅仅是欧洲文字。一个有觉悟的工人，不管他来到哪个国家，不管命运把他抛到哪里，不管他怎样感到自己是异邦人，言语不通，举目无亲，远离祖国，——他都可以凭《国际歌》的熟悉的曲调，给自己找到同志和朋友。

世界各国的工人相继唱起自己的先进战士、无产者诗人的这首歌，并且使这首歌成了全世界无产阶级的歌。

世界各国的工人现在都在纪念欧仁·鲍狄埃。他的妻子和女儿还活着，但都过着贫困的生活，就象《国际歌》的作者一生所过的一样。他在 1816 年 10 月 4 日生于巴黎。他创作他的第一首歌的时候才 14 岁，这首歌叫作《自由万岁！》。1848 年，他作为一个街垒斗士参加了工人反对资产阶级的伟大战斗。

鲍狄埃出身于贫穷的家庭，他一生中一直是一个穷人、一个无产者、起先靠包装箱子，后来靠绘制印花布图样维持生活。

从 1840 年起，他就用自己的战斗诗歌对法国生活中所发生的一切重大事件作出反应，唤起落后的人们的觉悟，号召工人团结一致，鞭笞法国的资产阶级和资产阶级政府。

在伟大的巴黎公社（1871 年）时期，鲍狄埃被选为公社委员。在 3600 张选票中，他得了 3352 票。他参与了第一个无产阶级政府——公社所采取的一切措施。

公社失败后，鲍狄埃被迫逃到了英国和美国。著名的《国际歌》就是他在 **1871 年 6 月**，也可以说，是在流血的五月失败之后的第二天写成的……

公社被镇压了……但是鲍狄埃的《国际歌》却把它的思想传遍了全世

界，在今天公社比任何时候都更有活力。

列宁:《欧仁·鲍狄埃》（为纪念他逝世25周年而作）（1913年1月3日〔16日〕），摘自《列宁全集》第22卷，人民出版社1990年版，第291—292页。

8. 我们所需要的是能够把读者从帝国主义战争的恐怖引到了解必须打倒组织这种战争的帝国主义政府的小说

我们认真地讨论了关于创办专门杂志《论战争》的问题以后得出这样的结论：现在没有出版这种杂志的理由。我们认为比较适当的是在现有的政治杂志上论述战争问题（我说的是帝国主义战争）。况且不能把战争问题同政策问题分开，因为战争是政治的表现。

至于描写战争的小说，那必须严加选择之后再出版。在书籍市场上出现了许多描写战争"惨祸"、引起对一切战争（不仅对帝国主义战争，而且也对其他一切战争）反感的文艺小说。这是没有多大价值的资产阶级和平主义的小说。我们所需要的是能够把读者从帝国主义战争的恐怖引到了解必须打倒组织这种战争的帝国主义政府的小说。此外，要知道我们不是反对任何战争。我们**反对**帝国主义战争，因为它是反革命的战争。但是我们**拥护**解放的、反帝国主义的、革命的战争，虽然大家知道这种战争不仅没有免于"流血的恐怖"，甚至充满了这种恐怖。

在我看来，打算反对战争"恐怖"的沃龙斯基的立场同资产阶级和平主义者的立场没有多大区别。

斯大林:《给阿·马·高尔基的信》（1930年1月17日），摘自《斯大林全集》第12卷，人民出版社1955年版，第154—155页。

9. 禁止出售的只能是非苏维埃倾向的作品，反党反无产阶级的作品

也许因为我给米库林娜同志的小册子写了一篇序言，批评家们就对这本小册子抱了过高的、异乎寻常的希望，可是现在他们失望了，因此就决定惩罚这本小册子的作者。但这是不正确和不公平的。米库林娜同志的小册子当然不是科学著作。米库林娜同志的小册子是一本描写群众竞赛情形，描述竞赛实际情况的故事。仅仅如此而已。如果我的序言给她这本实质上很平常的小册子造成了过高的评价，那末这不是米库林娜同志的过错。绝不能因此禁止出售这本小册子来惩罚小册子的作者以及它的读者。禁止出售的只能是非苏维埃倾向的作品，反党反无产阶级的作品。米库林娜同志

的小册子里没有任何反党的和非苏维埃的东西。

斯大林：《斯大林致费里克斯·康同志》（1929年7月9日）（抄致中央委员会伊万诺夫—沃兹涅先斯克省分局书记柯洛齐洛夫同志），摘自《斯大林全集》第12卷，人民出版社1955年版，第102页。

10. 这两部作品，特别是《射击》，可以认为是目前革命的无产阶级艺术的范例

我不是文学专家，当然也不是批评家。但是由于你的坚决的请求，我可以把我个人的意见告诉你。

《射击》和《我们生活的一天》我都读过了。这两部作品中既没有任何"小资产阶级"东西，也没有任何"反党的"东西。这两部作品，特别是《射击》，可以认为是目前革命的无产阶级艺术的范例。

固然，这两部作品中有些青年团先锋主义的残余。没有经验的读者读了这两部作品，甚至会以为不是党在改正青年的错误，而是相反。但是，构成这两部作品的主要特征和基本思想的并不是这个缺点。它们的基本思想在于尖锐地提出了我们机关的缺点问题，并且深信这些缺点能够改正。不论是《射击》或是《我们生活的一天》，其中主要的东西就在这里。它们的主要价值也就在这里。这个价值大大盖过了而且深深地掩没了它们那些很小的、在我看来是正在消失的缺点。

斯大林：《给别泽缅斯基同志的信》（1930年3月19日），摘自《斯大林全集》第12卷，人民出版社1955年版，第175—176页。

11. 电影具有从精神上影响群众的特别巨大的可能性，它帮助工人阶级及其政党以社会主义精神教育劳动者，组织群众为社会主义而斗争，提高群众的文化水平和政治战斗力

值此苏维埃电影业的十五周年纪念日之际，我特向苏联电影工作者致以敬礼，并致最良好的祝愿。

苏维埃政权所掌握的电影是一种巨大的、不可估计的力量。

电影具有从精神上影响群众的特别巨大的可能性，它帮助工人阶级及其政党以社会主义精神教育劳动者，组织群众为社会主义而斗争，提高群众的文化水平和政治战斗力。

苏维埃政权期望你们获得新的成就，拍摄出新的影片，像影片"夏伯阳"那样歌颂苏联工人和农民为夺取政权而斗争的历史事件，动员他们去完成新的任务，使他们记住社会主义建设中的成就和艰难。

苏维埃政权希望你们的专家勇敢地深入各种艺术中"最重要的"（列宁语）和最具有群众性的新的领域——电影中去。

斯大林：《斯大林致苏联电影管理总局舒米亚茨基同志》，摘自《斯大林文选》，人民出版社 1962 年 8 月第 1 版，第 30 页。

12. 把人民的"知识人才"和资产阶级知识分子"人才"混为一谈是不对的

亲爱的阿列克谢·马克西莫维奇：我已接见了通科夫，早在接见他和接到您的来信之前，我们中央委员会就已决定委派加米涅夫和布哈林去审查亲立宪民主党的资产阶级知识分子被捕案并释放可以释放的人。[①] 因为我们清楚，这方面也发生过一些错误。

同样很明显：总的说来，逮捕立宪民主党人（和亲立宪民主党分子）这个措施是必要的和正确的。

当我读到您就这个问题发表的坦率意见时，想起了在我们（在伦敦、卡普里岛以及后来）的多次谈话中我记得特别清楚的您那句话：

"我们这些艺术家，都是不大能自持的人。"

正是如此！您为什么会讲出这样怒气冲天的话呢？是因为人们**为了防范诸如放弃红丘炮台这类阴谋活动**[②]、使**几万工农免遭牺牲**，让几十名（甚至哪怕是几百名）立宪民主党或亲立宪民主党的先生蹲了几天监狱。

真不得了，这是多大的灾难！多么不公平！为了使几万工农免遭屠杀，竟让一些知识分子蹲了几天甚至几周的监狱！

"艺术家是些不大能自持的人。"

把人民的"知识人才"和资产阶级知识分子"人才"混为一谈是不对的。我可以举柯罗连科作为后者的典型：不久前，我读了他 1917 年 8 月写的小册子《战争、祖国和人类》。柯罗连科是"亲立宪民主党分子"中较

---

① 俄共（布）中央政治局于 1919 年 9 月 11 日讨论一些资产阶级知识分子被捕的问题。政治局建议费·埃·捷尔任斯基、尼·伊·布哈林和列·波·加米涅夫复查这些被捕者的案件。——编者注

② 指红丘炮台阴谋事件。1919 年 6 月 12 日夜间，反革命组织"民族中心"的成员策动位于芬兰湾东端南岸的红丘、灰马等炮台的守备部队举行叛乱。叛乱分子企图使喀琅施塔得防区陷于瘫痪，然后与白卫军进攻相配合，攻占加契纳，切断彼得格勒同莫斯科的联系，进而夺取彼得格勒。6 月 16 日，叛乱被镇压下去。——编者注

好的一个，几乎是个孟什维克了。但是他在冠冕堂皇的词句掩盖下为帝国主义战争所作的辩护又是多么卑鄙、下流和龌龊啊！一个可怜的被资产阶级偏见俘虏的小市民！在这类先生们看来，在帝国主义战争中屠杀1000万人是件值得支持的事（**行动上支持**，口头上却冠冕堂皇地"反对"战争），而数十万人在反对地主与资本家的**正义**的国内战争中死亡，却使他们唉声叹气，歇斯底里大发作。

不，如果为了**防范**阴谋（象红丘炮台那样的），使几万人**免遭**牺牲而必须让这些"有才华的人"蹲上几周监狱，那也并不为过。我们曾经发现过立宪民主党人和"亲立宪民主党分子"的这类阴谋。我们**知道**，亲立宪民主党的教授们往往给阴谋分子提供**援助**。这是事实。

工农的知识人才正在推翻资产阶级及其帮凶即那些自诩为民族的大脑的知识分子、资本的奴仆的斗争中成长和壮大起来。而那些人实际上并不是什么大脑，而是……

列宁：《列宁致阿·马·高尔基》（1919年9月15日），摘自《列宁全集》第49卷，人民出版社1988年版，第87—89页。

13. 对那些愿把学问献给人民的"知识人才"，我们付给高于一般水平的薪金

对那些愿把学问献给人民（而不愿为资本效劳）的"知识人才"，我们付给**高于一般水平**的薪金。这是事实。我们爱护他们。这是事实。有几万军官同几百名叛变分子相反，正在我们红军里服务，在不断取得胜利。这是事实。

至于谈到您的情绪，我"理解"是理解的（既然您说起我是否理解您的问题）。在卡普里岛时以及后来，我都不止一次地对您讲过：您使自己处于资产阶级知识界最坏的分子的包围之中，受到他们啜泣的影响。几百个知识分子因被"可怕地"拘押几个星期而号叫，您听得见，也听得进去；而受到邓尼金、高尔察克、利安诺佐夫、罗将柯、红丘炮台阴谋分子（及其他**立宪民主党**阴谋分子）威胁的千百万工农群众的呼声，您却听不见，而且也听不进去。我完全理解，完完全全理解，这样下去，不仅会得出结论，认为"红军同白卫军一样，也是人民的敌人"（推翻资本家和地主的战士同地主、资本家一样，也是人民的敌人），而且还会相信上帝或相信沙皇老爷。我完全理解。

说老实话，如果您再不从资产阶级知识分子的包围中挣脱出来，您会毁灭的！（因为您并不在写作！浪费时间去听腐朽的知识分子的啜泣，而不去写作——对一个艺术家来说，岂不是毁灭，岂不是丢丑吗？）衷心希望您早日挣脱出来。

列宁：《列宁致阿·马·高尔基》（1919年9月15日），摘自《列宁全集》第49卷，人民出版社1988年版，第89页。

（三）马克思论表达、写作、批评、出版自由与检查制度

1. 评普鲁士最近的书报检查令

书报检查就是**官方的批评**。书报检查的标准就是批评的标准，因此，就很难把这种标准同批评分割开来，因为它们是建立在同一个基础上的。……

在二十二年当中，保护公民的最高利益即**他们的精神**的主管机关，一直在进行非法的活动，这一机关的权力简直比罗马的书报检查官还要大，因为它不但调整个别公民的行为，而且调整社会精神的行为。在组织完善的、并以自己的行政机关自豪的普鲁士国家里，政府高级官员的这种一贯的非法行为，他们的这种丧心病狂的行为，难道是可能的吗？还是国家总是盲目地挑选最无能的人去担任最艰巨的职务呢？最后，也许是普鲁士国家的臣民已根本不可能起来抗议这种非法的行为吧？难道普鲁士的所有作家都如此愚昧无知，连和自己生存有关的法律也不知道吗？还是他们的胆子太小，竟不敢要求实施这种法律呢？

假如我们把全部过错都加在**检查官**身上，那末这不仅会破坏他们本身的名誉，而且会破坏普鲁士国家和普鲁士作家的名誉。

况且，检查官二十多年来的非法活动会提供 argumentum adhominem [令人信服的证据]① 说明出版物需要的是别的保证，而不是给如此不负重责的人物发出的一般性的指令。这会证明书报检查制度的骨子里隐藏着一种任何法律都无法医治的痼疾。

可是，既然检查官很中用，**不中用的是法律**，那为什么还要再度求助于法律去反对正是它本身所造成的祸害呢？

---

① 字面的意思是：适合这种人的证据。——编者注

也许为了造成一种改善的假象而不从本质上去改善事物，才需要把制度本身的**客观缺点**归咎于个别人吧？**虚伪自由主义**的表现方式通常总是这样的：在被迫让步时，它就牺牲人这个工具，而保全事物的本质——当前的制度。这样就转移了表面看问题的公众的注意力。

事物的本质所引起的愤恨变成了对某些人的愤恨。有些人异想天开，认为人一变换，事物本身也就会起变化。人们的注意力就从检查制度转移到了个别检查官身上，而那一伙专看上司眼色行事的无聊的下流作家，则肆无忌惮地对遭到冷遇的人们百般侮辱，对政府称颂备至。

……

现在我们再回头来看看检查令。

"根据这一法律，即根据第二条规定，书报检查不得阻挠人们严肃和谦逊地探讨真理，不得使作家遭受无理的限制，不得妨碍书籍在书市上自由流通。"

书报检查不得阻挠的对真理的探讨，在这里有了更具体的特征，这就是**严肃和谦逊**。这两个规定所指的不是探讨的内容，而是内容以外的某种东西。这些规定一开始就使探讨脱离了真理，并迫使它把注意力转移到某种莫名其妙的第三者身上。可是，既然探讨老是去注意法律赋予挑剔权的第三种因素，难道它不会失去真理吗？难道真理探讨者的首要任务不就是直奔真理，而不要东张西望吗？假如我首先必须记住用某种指定的形式来谈论事物，难道这样我就不会忘记事物的本质了吗？

真理像光一样，它很难谦逊，而且要它对谁谦逊呢？对它本身吗？Verum index sui et falsi［真理是它自己和虚伪的试金石］①。那末，**对虚伪谦逊吗**？

如果谦逊是探讨的特征，那末，这与其说是害怕虚伪的标志，不如说是害怕真理的标志。谦逊是使我寸步难行的绊脚石。**它是上司加于探讨的一种对结论的恐惧**，是一种对付真理的预防剂。

其次，真理是普遍的，它不属于我一个人，而为大家所有；真理占有我，而不是我占有真理。我只有构成我的精神个体性的**形式**。"风格就是人。"可是实际情形怎样呢！法律允许我写作，但是我不应当用**自己的风格**

---

① 斯宾诺莎"伦理学"。——编者注

去写，而应当用另一种风格去写。我有权利表露自己的精神面貌，但首先应当给它一种**指定的表现方式**！哪一个正直的人不为这种要求脸红而不想尽力把自己的脑袋藏到罗马式长袍里去呢？在那长袍下面至少能预料有一个丘必特的脑袋。指定的表现方式只不过意味着"强颜欢笑"而已。

你们赞美大自然悦人心目的千变万化和无穷无尽的丰富宝藏，你们并不要求玫瑰花和紫罗兰散发出同样的芳香，但你们为什么却要求世界上最丰富的东西——精神只能有**一种**存在形式呢？我是一个幽默家，可是法律却命令我用严肃的笔调。我是一个激情的人，可是法律却指定我用谦逊的风格。**没有色彩**就是这种自由唯一许可的色彩。每一滴露水在太阳的照耀下都闪耀着无穷无尽的色彩。但是精神的太阳，无论它照耀着多少个体，无论它照耀着什么事物，却只准产生一种色彩，就是**官方的色彩**！精神的最主要的表现形式是**欢乐、光明**，但你们却要使**阴暗**成为精神的唯一合法的表现形式；精神只准披着黑色的衣服，可是自然界却没有一枝黑色的花朵。精神的实质就是**真理本身**，但你们却想把什么东西变成精神的实质呢？**谦逊**。歌德说过，只有叫化子才是谦逊的，你们想把精神变成叫化子吗？也许，这种谦逊应该是席勒所说的那种天才的谦逊？如果是这样的话，那你们就先要把自己的全体公民，特别是你们所有的检查官变成天才。可是天才的谦逊和经过修饰、不带乡音土语的语言根本不同，相反地，天才的谦逊就是要用事物本身的语言来说话，来表达这种事物的本质的特征。天才的谦逊是要忘掉谦逊和不谦逊，使事物本身突出。精神的普遍谦逊就是理性，即思想的普遍独立性，这种独立性按照**事物本质**的要求去对待**各种事物**。

其次，根据特利斯屈兰·善第所下的定义：严肃是掩盖灵魂缺陷的一种伪装。如果**严肃**不应当适合这一个定义，如果严肃的意思应当是对待事物的严肃，那末整个命令就会失去意义。我把可笑的事物看成是可笑的，这就是对它采取严肃的态度；对不谦逊仍然采取谦逊的态度，这也就是精神的最严肃的不谦逊。

严肃和谦逊！这是多么不固定、多么相对的概念呵！严肃在哪里结束，诙谐又从哪里开始呢？谦逊在哪里结束，不谦逊又从哪里开始呢？我们的命运不得不由检查官的**脾气**来决定。给检查官指定一种脾气和给作家指定一种风格一样，都是错误的。要是你们想在自己的美学批评中表现得彻底，那就得禁止**过分严肃**和**过分谦逊**地去探讨真理，因为过分的严肃就是最大的滑稽，过分的谦逊就是最辛辣的讽刺。

最后，这里是以根本歪曲和抽象地理解**真理本身**为出发点的。作家的一切活动对象都被归结为"**真理**"这个一般的概念。可是，同一个对象在不同的个人身上去获得不同的反映，并使自己的各个不同方面变成同样多不同的精神性质；如果我们撇开一切主观的东西即上述情况不谈，难道**对象本身的性质**不应当对探讨发生一些即使是最微小的影响吗？不仅探讨的结果应当是合乎真理的，而且引向结果的途径也应当是合乎真理的。真理探讨本身应当是合乎真理的，合乎真理的探讨就是扩展了的真理，这种真理的各个分散环节最终都相互结合在一起，难道探讨的方式不应当随着对象改变吗？当对象欢笑的时候，探讨难道应当严肃吗？当对象悲痛的时候，探讨难道应当谦逊吗？因此，你们就像损害主体的权利那样，也损害了客体的权利。你们抽象地理解真理，把精神变成了枯燥地记录真理的**检察官**。

也许这些形而上学的奥妙东西都是多余的吧？**凡是政府的命令都是真理**，而探讨只不过是一种既多余又麻烦的因素，可是由于**礼节关系**又不能把它完全取消，也许应该这样来理解真理吧？看来探讨差不多就是如此。因为探讨一开始就被理解成一种和真理对立的东西，因此，它就要在可疑的官方侍从——平肃和谦逊（实际上这是俗人对待牧师的态度）的跟随下出现。政府的理智是国家的唯一理性；诚然，在一定的时间条件下，这种理智也不得不向另一种理智及其空谈作某种让步，但到那时后一种理智就应当知道：别人已向它让了步，而它本来是无权的，因此，它应当表现得谦逊恭顺，严肃乏味。伏尔泰说过："除了乏味的体裁之外，其余的一切体裁都是好的。"但在这里，乏味的体裁却排斥了其他一切体裁，"莱茵省等级会议记录"就足以证明这一点。既然如此，为什么不干脆恢复那美好的旧式的德国公文体裁呢？请随意写吧，可是写出来的每一个字都得服从那查验你们的意见是不是既严肃又谦逊的自由主义的书报检查，只是不要失去崇拜的情感呵！

法律强调的并不是真理，而是谦逊和严肃。因此，在这里，关于严肃和谦逊，首先是关于真理所谈的一切，都值得考虑，因为在这种真理的不确定的宽度背后隐藏着一种非常确定而又模棱两可的真理。

……

探讨的谦逊和严肃，这是新检查令和旧法令的共同要求，可是，新检查令认为叙述**合乎礼貌**和内容真实同样都是不够的。对于检查令来说，**倾向**才是它的主要标准，而且是它的基本思想，但在法令中甚至连"倾向"**这个字眼**也找不到。这种倾向究竟是什么，这一点新的检查令只字未提。可是从下面一段引文中就可以看出检查令赋予倾向以什么样的意义：

"但是对政府措施所发表的见解，其**倾向首先必须**是善良的，而不是敌对的和恶意的；为了对二者加以区别，就要求书报检查官具有善良的意志和鉴别的能力。与此相适应，检查官也必须特别注意准备出版的作品的形式和语调，如果作品因热情、尖锐和傲慢而带有有害的倾向时，应禁止其发表。"

这样一来，作家就成了**最可怕的恐怖主义**的牺牲品，遭到了**怀疑的制裁**。反对**倾向**的法律，即没有规定客观标准的法律，乃是恐怖主义的法律；在罗伯斯比尔时期，国家在万不得已时所制定的法律就是这样的法律。在罗马各王朝时期，国家在腐败不堪的情况下所制定的法律也是这样的法律。凡是不以**行为**本身而从当事人的**思想方式**作为主要标准的法律，无非是**对非法行为的公开认可**。与其把我要留胡子的信念当做剪胡子的标准，倒不如像尽人皆知的俄国沙皇通过御用的哥萨克人所做的那样，干脆把所有人的胡子统统剪掉。

我只是由于表现自己，只是由于踏入现实的领域，我才进入受立法者支配的范围。对于法律来说，除了**我的行为**以外，我是根本不存在的，我根本不是法律的对象。我的行为就是我同法律打交道的唯一领域，因为行为就是我为之要求生存权利、要求**现实权利的**唯一东西，而且因此我才受到**现行法**的支配。可是追究倾向的法律不仅要惩罚我所做的，而且要惩罚我所想的，不管我的行为如何。所以，这种法律是对公民名誉的一种侮辱，是威胁着我的生存的一种阴险的陷阱。

我可以任意翻转打滚，事态决不会因此而有丝毫改变。我的生存遭到了怀疑，我的最隐秘的本质，即我的个体性被看成是**一种坏的东西**，而且**由于这种意见我要受到惩罚**。法律惩罚我并不是因为我做了坏事，而是因为我没有做坏事。其实我受罚的原因是我的行为**并不违法**，正是由于这一点，我就迫使好心肠的法官只去审查我那非常慎重，不至于使自己在行动中暴露出来的**恶劣的思想方式**。

惩罚思想方式的法律不是国家为**它的公民颁布的法律**，而是**一个党派用**

来对付另一个党派的法律。追究倾向的法律取消了公民在法律面前的平等。这不是团结的法律，而是一种破坏团结的法律，一切破坏团结的法律都是反动的；这不是法律，而是**特权**。一些人有权干那另一些人无权干的事情，这并不是因为后者缺乏为此所必需的客观品质（像小孩子不会缔结条约那样），不，不是这样，这仅仅是因为他们的善良意图，他们的思想方式遭到了怀疑而已。即使公民**起来反对国家机构**，反对**政府，道德的国家**还是认为他们具有**国家的思想方式**。可是，在**某一个机关自诩为国家的理性和道德的独占者**的社会中，在和人民根本对立因而认为**自己那一套反国家的思想方式**就是普遍而标准的思想方式的政府中，执政党的龌龊的良心却捏造了一套追究倾向的法律，**报复的法律**，来惩罚思想方式，其实这种思想方式只是政府官员的思想方式。追究原则的法律是以无原则和对国家的不道德而粗鲁的看法为基础的。这些法律就是龌龊的良心的不自觉叫喊。怎样才能使这种法律付诸实施呢？这要通过一种比法律本身更令人痛恨的工具——**侦探**，或者通过认为所有写作倾向都是值得怀疑的这样一种事先协定，在这种协定下，自然又要追究某人是属于哪一种倾向的。在追究倾向的法律中，**立法的形式是和内容相矛盾的**，颁布这一法律的政府疯狂地反对它本身所体现的东西，即反对那种反国家的思想方式，同样，在每一种特殊的场合下，政府对自己的法律来说就好像是**一个颠倒过来的世界**，因为它采取了两面的手法。对一方是合法的东西，对另一方就是违法的东西。**政府所颁布的法律本身就是这些法律使之成为法律的那种东西的直接对立面**。

新的检查令也陷入了这种辩证法。当它责成检查官去做那些它在指摘出版物时曾斥为反国家行为的事情时，它就陷入了矛盾。

譬如，检查令禁止作家怀疑个别人或整个阶级的思想方式，但又允许检查官把全体公民分成可疑的和不可疑的两种，分成善意的和恶意的两种。出版物被剥夺了批评的权利，可是这种批评却成了政府批评家的日常责任。但事情并不限于这种本末倒置。在报刊内部，反国家的因素只是在内容方面才表现为某种特殊的东西，在形式方面则表现为某种普遍的东西即普遍讨论的对象。

……

我们必须绝对承认人格原则：尽管书报检查这种制度满是缺点，但我们还是不得不信任检查官；你们却任意破坏人格原则；你们竟不根据行为来判断人，而根据你们杜撰出来的那一套对人的意见和行为的动机的看法来判断人。你们要求谦逊，但你们的出发点却是骇人听闻的不谦逊，你们竟把个别官员说成是最了解旁人和无所不知的人，说成是哲学家、神学家、政治家，并把他们同德尔斐城的阿波罗相提并论。你们一方面一定要我们尊重不谦逊，但另一方面又禁止我们不谦逊。把人类的完美硬加在个别人身上，这才是真正的不谦逊。检查官是个别人，出版物却体现了整个人类。你们命令我们信任，同时又使不信任具有法律效力。你们把自己的国家制度估计得如此高，竟认为它们能使平凡的人——官员成为神圣的人，能替他们把不可能的事情变为可能。可是你们又非常不信任自己的国家机构，竟害怕私人的孤立的意见，因为你们把出版物看成是私人。在你们看来，官员们已完全没有个人动机，硬说他们在行动中没有怨恨，没有私欲，眼光远大，也没有人类的弱点。而某种无人格的东西，**思想**，你们却怀疑它们，认为它们充满了个人阴谋和主观卑贱。检查令要求对官员阶层无限信任，而它对非官员阶层却是从无限不信任出发的。可是，为什么我们就不应当以德报德、以怨报怨呢？为什么我们就不应当认为这一官员阶层才是值得怀疑的呢？品性也是一样。同秘密行动的批评家的品性比较起来，公开出现的批评家的品性从一开始就应该受到不抱偏见的人们的更大尊敬。

……

在这里，向作家要求的并不是地位和品性，而是经过审查的思想方式，因为地位早就有了。然而，更值得注意的是：向作家要求的是**学术的才能**，而向检查官要求的则是不附加任何规定的**一般的才能**。

……

这样一来，检查官就必须时而**根据形式**去判断**倾向**，时而又**根据倾向**去判断**形式**。如果作为检查标准的内容过去就已经完全消失了，那末，**形式**目前也正在消失中。只要倾向是好的，形式的毛病据说就无关紧要了。让作品既不要显得特别谦逊，也不要显得特别严肃，让它们看起来似乎充满尖锐、热情和傲慢，——谁会害怕这种**粗糙的外表**呢？必须善于把**形式**和**本质**区别开来。因此，结果就是规定的一切外表都被抛弃，而检查令的结局除了**完全自相矛盾**之外，也不可能是别的，因为用以辨别倾向的一切东西，在这里反而由倾向本身来确定，而且这些东西本身也还得从倾向中辨别出来。爱国者的尖锐就是一种神圣的勤勉，他们的热情就是一种炽烈的爱，他们的傲慢就是一种自我牺牲的忠诚；这种忠诚是无限的，因而不可能是温和的。

所有的客观标准都已消失了，一切都被归结为**个人的**关系，只有检查官的**机智**才是保证。检查官能破坏什么呢？能破坏机智。而不机智又并不是犯罪的行为。作家的什么东西已遭到了威胁呢？他们的生存。哪一个国家曾经让官员们的机智来决定整个阶级的人的生存呢？

我再说一遍：**所有的客观标准都已消失了**。要是从作家方面来说，那末倾向就是向他们要求的和给他们规定的最后内容。倾向作为一种无定形的意见，在这里表现为客体；倾向作为一种主体，作为关于意见的意见，则被归结为检查官的机智而且是他们的唯一标准。

……

治疗书报检查制度的真正而**根本的办法**，就是**废除书报检查制度**，因为这种制度本身是一无用处的，可是它却比人还要威风。我们的意见可能是正确的，也可能是不正确的，不过无论如何，普鲁士的作家终究**因为有了新的检查令而**获得更多的**真正的自由**或**观念的自由**，也就是说，获得更多的**意识**。

Rara temporum felicitas ubi quae velis sentire et quaesentias dicere licet〔当你能够感觉你愿意感觉的东西，能够说出你所感觉到的东西的时候，这是非常幸福的时候〕。

马克思：《评普鲁士最近的书报检查令》（摘录）（1842年1月15日—2月10日），摘自《马克思恩格斯全集》第1卷，人民出版社1956年12月第1版，第3—31页。

2. 第六届莱茵省议会的辩论（第一篇论文）

新的书报检查令颁布了。我们的报纸认为必须学会一套与自由相适应的作风和外貌。普鲁士"国家报"也不得不抖擞精神，并为自己拼凑了一件自由主义思想（至少是独立思想）的外衣。

但是，自由的首要条件是自我认识，而自我认识又不能离开坦白。

……

歌德曾经说过：画家要成功地描绘出一种女性美，只能以他至少在一个活人身上曾经爱过的那种美作为典型。出版自由也有它自己的美（尽管这种美丝毫不是女性的美），要想能保护它，必须喜爱它，我感到我真正喜爱的东西的存在是必需的，我感到需要它，没有它我的生活就不可能美满。然而上述那些维护出版自由的人，即使没有出版自由，显然他们也会生活得很美满的。

……

虽然有种种精神上的关卡，德意志精神仍然做出了一番事业。如果认为这种成就的取得正是由于关卡和限制，那末这种看法正是王公老爷的偏见。德意志的精神发展并不是由于书报检查制度，而是由于**违背了**这种制度。当出版物在检查的条件下苟延残喘、奄奄一息时，这种情况却被援引来作为反对出版自由的论据，虽然它只表明反对出版不自由。又如，虽然有检查制度，但出版物仍保全了自己的主要特点，这一点也被援引来为检查制度辩护，虽然它所说明的只是精神而不是镣铐。

……

我们看到，我们这位辩论人民满不在乎的傲慢和外交官的冷静抹杀了书报检查制度和精神发展的关系问题。他在对**历史上形成的各种出版自由形式**展开进攻的时候，就更明确地表现了本等级的丑恶一面。

自由出版物的**人民**性（大家知道，画家也不是用水彩来画巨大的历史画的），它的历史个性以及那种赋予它以独特性质并使它表现一定的人民精神的东西——这一切对诸侯等级的辩论人说来都是不合心意的。他甚至要求各民族的出版物成为表现他的观点的出版物，成为 haute volee〔上流社会〕的出版物，还要求它们围绕个别人物旋转而不要围绕精神上的天体——民族旋转。

……

如果人类不成熟成为反对出版自由的神秘论据，那末，无论如何，书报检查制度就是反对人类成熟的一种最现实的工具。

……

从思想的观点看来，不言而喻，出版自由和书报检查制度的根据是完全不同的，因为出版自由本身就是思想的体现、自由的体现，就是肯定的善；与此相反，检查制度是不自由的体现，是以表面的世界观来反对本质的世界观的斗争，它只具有否定的本性。

……

自由确实是人所固有的东西，连自由的反对者在反对实现自由的同时也实现着自由；他们想把曾被他们当做人类天性的装饰品而否定了的东西攫取过来，作为自己最珍贵的装饰品。

没有一个人反对自由，如果有的话，最多也只是反对别人的自由。可见各种自由向来就是存在的，不过有时表现为特权，有时表现为普遍权利而已。

这个问题仅仅是在现在才有了**正确的提法**。问题不在于出版自由是否应当存在，因为出版自由向来是存在的。问题在于出版自由是个别人物的特权呢，还是人类精神的特权。问题在于一面的有权是否应当成为另一面的无权。"**精神的自由**"不比"**反对精神的自由**"有更多的权利吗？

如果体现"**普遍自由**"的"**自由的出版物**"和"**出版自由**"应当摈弃的话，那末，体现**特殊自由的检查制度和受检查的出版物**就更应当摈弃了；因为**类**无用的时候，**种**能有什么用呢？如果辩论人做得彻底，他应当摈弃的不是自由的出版物，而是一切出版物。根据他的观点看来，只有当出版物不是自由的产物，即不是**人类**活动的产物时才是好的。这样看来，享有出版权的便只有**动物**或者**神**了。

……

受检查的出版物即使长出好的果实，也仍然是坏的，因为这些果实之所以好，只是由于它们在受检查的出版物内部表现了自由出版物，只是由于按它们的特点来讲它们并不是受检查的出版物的果实。自由的出版物即使长出坏的果实，也仍然是好的，因为这些果实正是自由出版物本性的现象。阉人即使有好的歌喉，但仍然是一个畸形人。自然界即使也会产生奇形怪状的东西，但仍然是好的。

自由出版物的实质，是自由所具有的英勇的、理性的、道德的本质。受检查的出版物的性格，是不自由所固有的无性格的丑态，这是文明的怪物，洒满香水的畸形儿。

出版自由同出版的实质相适合，而检查制度则同它相矛盾，这也许还需要加以证明吧？精神生活的外部障碍不属于这种生活的内在性质，外部障碍否定这种生活，而不是肯定它，难道这还不明白吗？

要真正为检查制度辩护，辩论人就应当证明检查制度是出版自由的本质。他不来证明这一点，却去证明自由不是人的本质。他为了保存一种良种而抛弃了整个类，因为自由是全部精神存在的类的本质，因而也就是出版的类的本质。为了消除产生恶的可能性，他消除了产生善的可能性而实现了恶，因为对人说来只有体现自由的东西才是好的。

因此，在没有人向我们证明检查制度是由出版自由的本质中产生的以前，我们就一直要把受检查的出版物看做坏出版物。

就算检查制度和出版的天性是不可分的（虽然没有一种动物，其是具有理性的生物是带着镣铐出世的），那末，由此应当得出什么结论呢？结论只能是：检查官正式实现的那种出版自由，即检查本身，也需要受检查。除了人民的出版物还有谁能检查政府的出版物呢？

……

检查制度没有消灭斗争，它使斗争片面化，把公开的斗争变为秘密的斗争，把原则的斗争变为无力量的原则与无原则的力量间的斗争。从出版自由的本质自身所产生的真正的检查是批评。它是出版自由自身产生的一种审判。检查制度是政府垄断了的批评。但是，当批评不是公开的而是秘密的，不是理论上的而是实践上的时候，当它不是超越党派而是本身变成党派的时候，当它不是作为理性的利刃而是作为专横的钝剪的时候，当它只想进行批评而不想受到批评的时候，当它由于自己的实现而否定了自己的时候，以及当它由于批判能力尚差而错误地把个别人当做普遍智慧的化身，把强力的命令当做理性的命令，把墨渍当做太阳上的斑点，把书报检查官涂改时画的叉叉杠杠当做数学作圆，而把粗暴蛮横当做论据有力的时候——在这种情况下难道批评不是已失掉它的合乎理性的性质了吗？

……

在出版法中，自由是惩罚者。在检查法中，自由却是被惩罚者。检查法是对自由表示怀疑的法律。出版法却是自由对自己投的信任票。出版法惩罚的是滥用自由。检查法却把自由看成一种滥用而加以惩罚，它把自由当做罪犯，对任何一个领域说来，处于警察监视之下难道不是一种奇耻大辱的惩罚吗？检查法只具有法律的**形式**，出版法才是**真正的法律**。

出版法是**真正的法律**，因为它反映自由的肯定存在。它认为自由是出版物的**正常**状态，出版物是自由的存在；因此，出版法只是同那些作为例外现象的出版物的罪过发生冲突，这种例外违反本身的常规，因而也就毁灭着自己。出版自由是在反对这些自我杀害即出版物的罪过中以出版法来体现自己的。出版法认为，自由是罪犯的内在属性。因此，罪犯在侵害自由时也就是在侵害他自己，这种侵害自己的罪行对他来说就是一种**惩罚**，他认为这种惩罚就是对他的自由的承认。

出版法根本不能成为压制出版自由的手段，不能成为以惩罚相恫吓的一种预防罪行重犯的简单手段。恰恰相反，应当认为**没有关于出版的立法**就是从法律自由领域中取消出版自由，因为法律上所承认的自由在一个国家中是以法律形式存在的。法律不是压制自由的手段，正如重力定律不是阻止运动的手段一样；作为引力定律，重力定律可以支配宇宙体的永恒运动；作为落体定律，只要我违反它而打算在空中飞舞，那它就要我的命。恰恰相反，法律是肯定的、明确的、普遍的规范，在这些规范中自由的存在具有普遍的、理论的、不取决于个别人的任性的性质。法典就是人民自由的圣经。

因此，**出版法**就是**出版自由在立法上的认可**。它是法的表现，因为它就是自由的肯定存在。所以，甚至当它完全没有被采用的时候，例如在北美，它也应当存在，而书报检查制度正如奴隶制一样，即使它千百次地具有法律形式，也永远不能成为合法的。

起预防作用的法律是不存在的。法律只是作为**命令**才起预防作用。法律只是在受到破坏时才成为**实际的**法律，因为法律只是在自由的无意识的自然规律变成有意识的国家法律时才起**真正法律**的作用。哪里的法律成为真正的法律，即实现了自由，哪里的法律就真正地实现了人的自由。由此可见，法律是不能预防人的行为的，因为它是人的行为本身必备的规律，是人的生活的自觉反映。所以，法律在人的生活即自由的生活面前是退缩的，而且只是当人的实际行为表明人不再服从自由的自然规律时，这种表现为国家法律的自由的自然规律才强制人成为自由的人；同样，生理上的规律只是在我的生命已不再是这些规律的生命，即**患病**的时候，这些规律才和我格格不入。可见**预防性的法律**是一种**毫无意义的矛盾**。

……

书报检查法想给自由这种不合心意的东西**设下障碍**，结果适得其反。在实行书报检查制度的国家里，任何一本未经检查而出版的禁书都是一件大事。它被看做殉道之士，而殉道不可能没有灵光和信徒。它被看做一种例外。如果自由永远不会不被人所珍视，不自由的一般状态的例外就更加可贵了。一切秘密都具有诱惑力。对社会舆论自身来说是一种秘密的地方，形式上冲破秘密境界而出现在报刊上的每一篇作品对于社会舆论的诱惑力就不言而喻了。检查制度使每一篇被禁作品，无论好坏，都成了不平凡的作品，而出版自由却使作品去掉这种气派。

……

自由的出版物是人民精神的慧眼，是人民自我信任的体现，是把个人同国家和整个世界联系起来的有声的纽带；自由的出版物是变物质斗争为精神斗争，而且是把斗争的粗糙物质形式理想化的获得体现的文化。自由的出版物是人民在自己面前的公开忏悔，而真诚的坦白，大家知道，是可以得救的。自由的出版物是人民用来观察自己的一面精神上的镜子，而自我认识又是聪明的首要条件。它是国家精神，这种精神家家户户都只消付出比用煤气灯还少的花费就可以取得。它无所不及，无处不在，无所不知。它是从真正的现实中不断涌出而又以累增的精神财富汹涌澎湃地流回现实去的思想世界。

……

书报检查法是不能成立的，因为它要惩罚的不是过失而是意见；因为它无非是一个**条文化的书报检查官**而已；因为任何国家都不敢把它利用书报检查官这一工具实际上所能干出的事情明确地规定在法律中。因此，专司书报检查的不是法庭而是警察机构。

即使检查制度确实和司法相同，那末，这种巧合至多只是一个事实，而并不是必然性。同时自由不仅包括我**靠什么**生存而且也包括我**怎样**生存，不仅包括我实现着自由，而且也包括我在自由地实现自由。不然，建筑师同海狸的区别就只在于海狸是披着兽皮的建筑师，而建筑师则是不披兽皮的海狸。

……

起**败坏道德**作用的只是**受检查的出版物**。最大的罪恶——伪善——是同它分不开的；从它这一根本劣点派生出它的其他一切没有丝毫德行可言的缺陷，派生出它的最丑恶的（就是从美学观点看来也是这样）劣点——消极性。政府只听见**自己的声音**，它也知道它所见的只是自己的声音，但是它却欺骗自己似乎听见的是人民的声音，而且要求人民拥护这种自我欺骗。至于人民本身，他们不是在政治上有时陷入迷信有时又什么都不信，就是完全离开国家生活,变成**一群只管私人生活的人**。

……

由于人民不得不把具有自由思想的作品看做违法的,因而他们总是把违法当做自由,把自由当做非法,而把合法当做不自由。书报检查制度就这样扼杀着国家精神。

……

我们也不能否认辩论人的议论有**相对**的正确性。如果把出版**仅仅**看成一种行业,那末,它作为一种由头脑来实现的行业,应当比那些由手脚起主要作用的行业有更多的自由。正是头脑的解放才使手脚的解放对人具有重大的意义:大家知道,手脚只是由于它们所服务的对象——头脑——才成为人的手脚。

……

行业自由、财产自由、信仰自由、出版自由、审判自由,这一切都是同一类别,即**没有特定名称的一般自由**的不同种。但是,由于相同而忘了差异以至把**一定的种**用做衡量其他一切种的尺度、标准、范围就完全错误了。在这种情况下,一种自由就会十分**执拗**,只有在其他各种自由背叛它们自己而自认是它的附庸时,它才允许它们存在。

……

在宇宙系统中每一个单独的行星一面自转,同时又围绕太阳运转,同样,在自由的系统中各界也是一面自转,同时又围绕自由这一太阳中心运转。宣称出版自由为一种行业自由,这无非是在未保护之前先行扼杀的一种对出版自由的保护。当我要求性格要按别人的方式存在才算自由时,难道我不是抹杀了性格自由吗?出版物向行业说道:你的自由并不就是我的自由。你受你的范围的规律支配,同样,我也愿意受自己的范围的规律支配。你所认为的自由对我说来是完全不自由;因为把木匠这一行手艺的自由换之以哲学家的自由,未必能使他满足。

……

我们不妨从反面来考察问题,把行业自由看做只是**出版自由**的一种。难道手艺人就只是用手脚工作而不同时也用头脑吗?难道只有说话的语言是唯一的思想语言吗?难道机械师用他的蒸汽机不是向我们的耳朵说得很清楚吗?难道制床厂主不是向我们的脊背、厨师不是向我们的胃说得很清楚吗？所有这些种类的出版自由都容许存在，独独一种出版自由即通过油墨来向我的智慧说话的那种出版自由不容许存在，这不是矛盾吗？

为了保护（甚至仅仅是为了理解）某种特定范围的自由，我应当从这一范围的主要特征出发，而不应当从它的外部关系出发。难道降低到行业水平的出版物能忠于自己的特征吗？难道它的活动能符合自己的高贵天性吗？**难道这样的出版物是自由的吗？** 作家当然必须挣钱才能生活，写作，但是他决不应该为了挣钱而生活，写作。

贝朗热唱道：

我活着只是为了编写诗歌，

呵，大人，如果您剥夺了我的工作，

那我就编写诗歌来维持生活，

在这种威胁中隐含着嘲讽的自白：诗一旦变成诗人的手段，诗人就不成其为诗人了。

作家绝不把自己的作品看做**手段**。作品就是**目的本身**；无论对作家或其他人来说，作品根本不是手段，所以在必要时作家可以为了作品的生存而牺牲自己个人的生存。宗教的传教士也是一样（虽然在不同的意义上来说），他也遵循一种原则："多服从上帝，少服从人们。"这些人们中也包括具有人的要求和愿望的他自己。如果我向一个裁缝定做的是巴黎式燕尾服而他却给我送来一件罗马式的长袍，因为他认为这种长袍更符合美的永恒规律，那该怎么办呵！

出版的最主要的自由就在于不要成为一种行业。 把出版物贬为单纯物质手段的作家应当遭受外部不自由——检查——对他这种内部不自由的惩罚；其实他的存在本身就已经是对他的惩罚了。

当然，出版也作为一种行业而存在，不过那已不是作家的事，而是印刷厂主和书商的事了。但是这里所谈的不是出版商和书商的行业自由，而是出版自由。

……

在这种条件下，出版物已不是使人民联系起来的普遍纽带，实际上将成为分离人民的手段，等级的划分就会在精神上得到固定的表现，而著作的历史就会降低到某几种特殊精神动物的自然历史的水平；那时，由于划分还会引起各种争吵，发生难以排解又不可避免的冲突；庸碌、狭隘还会被提升为法律，因为特殊的东西决不能在脱离整体时而只能在联系整体时从精神上自由地加以考察。所有这些都不用说了，但是要知道，**阅读**和写作一样重要；因此，**读者**有**够资格**和**不够资格的**称号也是必要的，这是古代埃及的产物，在那里祭司被认为是唯一够资格的作家同时也是唯一够资格的读者。那末，让够资格的作家享有取得和阅读他自己的著作的特殊权利，应该被认为是完全合理的。

……

出版物是个人表现其精神存在的最普遍的方法。它不知道尊重个别人，它只知道尊重理性。你们是否愿意由官方用特殊的外在的标志来确定精神的传达能力呢？我不能成为别人的什么，我也就不是而且也不能成为自己的什么。如果我没有权利成为别人的精神力量，那末，我也就没有权利成为自己的精神力量；难道你们愿意把成为精神存在物的特权仅仅交给个别人吗？每个人都在学习写作和阅读，同样，每个人也应当有权利写作和阅读。

究竟是谁需要这样把作家分为"够资格的"和"不够资格的"两类呢？显然不是真正够资格的人所需要的，因为他们无须这样也可以表现自己。可见需要这样分类的是那些打算用外界的特权掩护自己从而使周围的人对他表示敬畏的"不够资格的"人。

……

德国人只要回顾一下自己的历史，就会知道造成本国政治发展缓慢以及在莱辛以前著作界贫弱的主要原因之一就是"**够资格的作家**"。17世纪和18世纪的职业的、行会的、有特权的学者、博士……以及大学的平庸作家们，他们头戴呆板的假发，学究气十足，抱着毫无价值的烦琐的学位论文横亘在人民同精神、生活同科学、自由同人的中间。我国的著作界是由**那些不属于够资格之列的**作家创立的。你们把**哥特谢德**和**莱辛**两人在"够资格的"和"不够资格的"著者中间加以抉择吧！

……

马克思：《第六届莱茵省议会的辩论（第一篇论文）》（摘录）（1842年4月），《马克思恩格斯全集》第1卷，人民出版社1956年12月第1版，第35—96页。

（四）论出版物

1. 党的报刊与党的宣传

据爱德说，梅林曾写信告诉他，无论是《新时代》、《前进报》，还是党的其它报刊，都根本没有理睬他的《反李希特尔》[①]，这是不能原谅的，他想脱离一切政治，等等。我懂得，一个对文学家手法习以为常的作者——我这样说不是一种指责，因为在资产阶级报界，甚至在纯文学领域内，这不仅已经成了常规，而且成了生存的必要条件，——和在非社会民主党报刊上有了名气的人，是很不喜欢社会民主党的这些惯例的。那么，我们大家也都要喊叫了，因为你、我、所有其他人受到的是同样的对待。不过，不管这会使个别人有时多么不高兴，我仍然认为我们报刊的这种庄严的冷漠是它最大的优点之一。梅林的著作没有《前进报》的支持，也在畅销，也有人读。不为任何东西登广告，总比为乌七八糟的东西（遗憾的是，这样的东西也在党的出版物的招牌下大量出笼）登广告要好些。如果突出了某个人，那末按照某种民主礼遇的惯例，立刻就会有人要求"人人权利平等"。在这种情况下，对我来说，我宁愿报刊按照默不作声的平等权利办事。

但是，你们的人可以这样做：同梅林著作的出版人订立一个经常和定期刊登廉价广告的合同。由于我们的办报人在事务方面极端软弱无能，这样的事也做不成。

顺便提一下，前几天我得到了一本梅林的《德国社会民主党》第三版，我看了一下历史部分。他在《资本和报刊》一书中，由于一件有名的怪事实现了他的转变，当然是有些轻率。但这使我们很满意；我们没有什么要责备他的，而他本人对自己是否会有什么要责备的，那是他的事，与我们无关。如果我处在他的地位，就会公开声明我的立场的转变；这丝毫没有什么可耻的，而且可以避免很多纠纷，避免气恼和浪费时间。不管怎样，他如果真的要脱离政治，那是荒谬的；他这样做只能为当权者和资产阶级帮忙。他为《新时代》撰写的社论确实是十分精彩的，我们每次都以迫不及待的心情等待这些社论。绝不能让这样一支犀利的笔销声匿迹，或

[①] 弗·梅林：《欧根·李希特尔先生的〈当代人肖像〉。弗兰茨·梅林的回答》。——编者注

者浪费在对一些鄙俗的小说家的批评上。

  恩格斯：《恩格斯致奥·倍倍尔》（1892年3月8日），摘自《马克思恩格斯全集》第38卷，人民出版社1972年版，第296—297页。

2. "党内争吵"与写作

  至于谈到党内争吵，反对派的先生们硬是把我拉了进去，使我没有任何选择余地。恩斯特先生对待我的行为，除非称之为幼稚，是无法形容的。至于这个人有病，为了生活而不得不写作，那我表示遗憾。但是这个人具有如此丰富的想象力，以致不把别人的话读成相反的意思，就连一行也读不下去，这样的人可以把自己的想象力用于其他方面，而不能用于社会主义这个非幻想的方面。让他去写小说、剧本、文艺评论和诸如此类的东西：这样他只会损害资产阶级教育，从而对我们有利。也许他那时会成熟起来，在我们的领域里也能有所作为。但是，应该说，这个反对派所表现出来的一大堆幼稚的胡说八道和绝对愚蠢的东西，是我任何时候任何地方都没有遇到过的。而这些极端自负、目空一切的无知青年竟然想规定党的策略！我仅从倍倍尔在维也纳《工人报》上发表的唯一的一篇通讯中所了解到的东西，比从这些人的全部胡说八道中了解到的更多。而他们自以为，他们比这位如此惊人正确地了解情况、如此有说服力地简单描绘情况的头脑清楚的人更了不起！这都是些失败的美文学家，而即使是有成就的美文学家，也是令人厌恶的家伙。

  恩格斯：《恩格斯致康·施米特》（1890年10月27日），摘自《马克思恩格斯全集》第37卷，人民出版社1971年版，第491—492页。

3. 出版物应当成为党的出版物

  十月革命以后在俄国造成的社会民主党工作的新条件，使党的出版物问题提到日程上来了。非法报刊和合法报刊的区别，这个农奴制专制俄国时代的可悲的遗迹，正在开始消失。它还没有灭绝。还远远没有灭绝。我们首席大臣的伪善的政府还在胡作非为，以致《工人代表苏维埃消息报》还在"非法地"出版，但是，政府愚蠢地企图"禁止"它所无法阻止的事情，除了给政府带来耻辱、带来道义上新的打击以外，是不会有什么结果的。

  当存在着非法报刊和合法报刊的区别的时候，党的报刊和非党报刊的问题解决得非常简单而又非常虚假，很不正常。一切非法的报刊都是党的报刊，它们由各个组织出版，由那些同党的实际工作者团体有某种联系的团体主办。一切合法的报刊都是非党的报刊（因为党派属性是不准许有的），但又都"倾向"于这个或那个政党。畸形的联合、不正常的"同居"和虚假的掩饰是不可避免的；有些人没有成熟到具有党的观点，实际上还不是党的人，他们认识肤浅或者思想畏缩，另一些人想表达党的观点，出于无奈而吞吞吐吐，这两种情况混杂在一起了。

伊索式的笔调，写作上的屈从，奴隶的语言，思想上的农奴制——这个该诅咒的时代！无产阶级结束了这种使俄国一切有生气的和新鲜的事物都感到窒息的丑恶现象。但是无产阶级暂时为俄国只争得了一半的自由。

革命还没有完成。沙皇制度**已经没有**力量战胜革命，而革命**也还没有**力量战胜沙皇制度。我们生活在这样的时候，到处都看得到公开的、诚实的、直率的、彻底的党性和秘密的、隐蔽的、"外交式的"、支吾搪塞的"合法性"之间的这种反常的结合。这种反常的结合也反映在我们的报纸上：不管古契柯夫先生如何嘲讽社会民主党的专横，说它禁止刊印自由派资产阶级的温和报纸，但事实终究是事实，俄国社会民主工党中央机关报《无产者报》，仍然被摈斥在警察横行的**专制**俄国的大门之外。

不管怎样，已经完成了一半的革命，迫使我们大家立即着手新的工作安排。出版物现在有十分之九可以成为，甚至可以"合法地"成为党的出版物。出版物应当成为党的出版物。与资产阶级的习气相反，与资产阶级企业主的即商人的报刊相反，与资产阶级写作上的名位主义和个人主义、"老爷式的无政府主义"和唯利是图相反，社会主义无产阶级应当提出**党的出版物**的原则，发展这个原则，并且尽可能以完备和完整的形式实现这个原则。

列宁：《党的组织和党的出版物》（1905年11月13日〔26日〕），摘自
《列宁全集》第12卷，人民出版社1987年版，第92—93页。

4. 党的出版物和它应受党的监督

安静些，先生们！第一，这里说的是党的出版物和它应受党的监督。每个人都有自由写他所愿意写的一切，说他所愿意说的一切，不受任何限制。但是每个自由的团体（包括党在内），同样也有自由赶走利用党的招牌来鼓吹反党观点的人。言论和出版应当有充分的自由。但是结社也应当有充分的自由。为了言论自由，我应该给你完全的权利让你随心所欲地叫喊、扯谎和写作。但是，为了结社的自由，你必须给我权利同那些说这说那的人结成联盟或者分手。党是自愿的联盟，假如它不清洗那些宣传反党观点的党员，它就不可避免地会瓦解，首先在思想上瓦解，然后在物质上瓦解。确定党的观点和反党观点的界限的，是党纲，是党的策略决议和党章，最后是国际社会民主党，各国的无产阶级自愿联盟的全部经验，无产阶级经常把某些不十分彻底的、不完全是纯粹马克思主义的、不十分正确的分子或流派吸收到自己党内来，但也经常地定期"清洗"自己的党。拥护资产阶级"批评自由"的先生们，**在我们党内**，也要这样做，因为现在我们的党立即会成为群众性的党，现在我们处在急剧向公开组织转变的时刻，现在必然有许多不彻底的人（从马克思主义观点看来），也许甚至有某些基督教徒，也许甚至有某些神秘主义者会参加我们的党。我们有结实的胃，我们是坚如磐石的马克思主义者。我们将消化这些不彻底的人。党内的思想自由和批评自由永远不会使我们忘记人们有结合成叫作党的自由团体的自由。

列宁：《党的组织和党的出版物》（1905年11月13日〔26日〕），摘自《列宁全集》第12卷，人民出版社1987年版，第95—96页。

5. 无产阶级文化协会的一切组织必须无条件地把自己完全看作教育人民委员部机关系统中的辅助机构

1. 苏维埃工农共和国的整个教育事业，无论在一般的政治教育方面或者具体的艺术方面，都必须贯彻无产阶级阶级斗争的精神，这一斗争是为了顺利实现无产阶级专政的目的，即推翻资产阶级、消灭阶级、消灭一切人剥削人的现象。

2. 因此，无产阶级，通过它的先锋队共产党和所有无产阶级组织，应当作为最积极最主要的力量参与整个国民教育事业。

3. 现代历史的全部经验，特别是《共产党宣言》发表后半个多世纪以来世界各国无产阶级的革命斗争，都无可争辩地证明，只有马克思主义的世界观才正确地反映了革命无产阶级的利益、观点和文化。

4. 马克思主义这一革命无产阶级的思想体系赢得了世界历史性的意义，是因为它并没有抛弃资产阶级时代最宝贵的成就，相反却吸收和改造了两千多年来人类思想和文化发展中一切有价值的东西。只有在这个基础上，按照这个方向，在无产阶级专政（这是无产阶级反对一切剥削的最后的斗争）的实际经验的鼓舞下继续进行工作，才能认为是发展真正的无产阶级文化。

5. 全俄无产阶级文化协会代表大会坚持这一原则观点，最坚决地反对一切在理论上是错误的、在实践上是有害的做法，如臆造自己的特殊的文化，把自己关在与世隔绝的组织中，把教育人民委员部和无产阶级文化协会的工作范围截然分开，或者在教育人民委员部机构中实行无产阶级文化协会的"自治"等等。相反，代表大会认定，无产阶级文化协会的一切组织必须无条件地把自己完全看作教育人民委员部机关系统中的辅助机构，并且在苏维埃政权（特别是教育人民委员部）和俄国共产党的总的领导下，把自己的任务当作无产阶级专政任务的一部分来完成。

卢那察尔斯基同志说，别人把他的意思曲解了。因此这个决议就**更是十分必要的了**。

列宁：《关于无产阶级文化决议草案》（1920 年 10 月 8 日），摘自《列宁全集》第 39 卷，人民出版社 1986 年版，第 331—333 页。

6. 那些关于绝对自由的言论不过是一种伪善而已

第二，资产阶级个人主义者先生们，我们应当告诉你们，你们那些关于绝对自由的言论不过是一种伪善而已。在以金钱势力为基础的社会中，在广大劳动者一贫如洗而一小撮富人过着寄生生活的社会中，不可能有实际的和真正的"自由"。作家先生，你能离开你的资产阶级出版家而自由吗？你能离开那些要求你作诲淫的小说①和图画、用卖淫来"补充""神圣"舞台艺术的资产阶级公众而自由吗？要知道这种绝对自由是资产阶级的或者说是无政府主义的空话（因为无政府主义作为世界观是改头换面的资产阶级思想）。生活在社会中却要离开社会而自由，这是不可能的。资产阶级的作家、画家和女演员的自由，不过是他们依赖钱袋、依赖收买和依赖豢养的一种假面具（或一种伪装）罢了。

我们社会主义者揭露这种伪善行为，摘掉这种假招牌，不是为了要有非阶级的文学和艺术（这只有在社会主义的没有阶级的社会中才有可能），而是为了要用真正自由的、**公开**同无产阶级相联系的写作，去对抗伪装自由的、事实上同资产阶级相联系的写作。

---

① 《新生活报》上显然误印为"врамках"，按意思应为"вроманах"。——俄文版编者注

列宁：《党的组织和党的出版物》（1905年11月13日〔26日〕），摘自《列宁全集》第12卷，人民出版社1987年版，第96页。

7. 这将是自由的写作，因为它不是为饱食终日的贵妇人服务，不是为百无聊赖、胖得发愁的"一万个上层分子"服务，而是为千千万万劳动人民，为这些国家的精华、国家的力量、国家的未来服务

这将是自由的写作，因为把一批又一批新生力量吸引到写作队伍中来的，不是私利贪欲，也不是名誉地位，而是社会主义思想和对劳动人民的同情。这将是自由的写作，因为它不是为饱食终日的贵妇人服务，不是为百无聊赖、胖得发愁的"一万个上层分子"服务，而是为千千万万劳动人民，为这些国家的精华、国家的力量、国家的未来服务。这将是自由的写作，它要用社会主义无产阶级的经验和生气勃勃的工作去丰富人类革命思想的最新成就，它要使过去的经验（从原始空想的社会主义发展而成的科学社会主义）和现在的经验（工人同志们当前的斗争）之间经常发生相互作用。

动手干吧，同志们！我们面前摆着一个困难的然而是伟大的和容易收到成效的新任务：组织同社会民主主义工人运动紧密而不可分割地联系着的、广大的、多方面的、多种多样的写作事业。全部社会民主主义出版物都应当成为党的出版物。一切报纸、杂志、出版社等等都应当立即着手改组工作，以便造成这样的局面，使它们都能以这种或那种方式完全参加到这些或那些党组织中去。只有这样，"社会民主主义的"出版物才会名副其实。只有这样，它才能尽到自己的职责。只有这样，它即使在资产阶级社会范围内也能摆脱资产阶级的奴役，同真正先进的、彻底革命的阶级的运动汇合起来。

列宁：《党的组织和党的出版物》（1905年11月13日〔26日〕），摘自《列宁全集》第12卷，人民出版社1987年版，第96—97页。

8. 报纸应当成为各个党组织的机关报。写作者一定要参加到各个党组织中去

德国俗语说："任何比喻都是有缺陷的。"我把写作事业比作螺丝钉，把生气勃勃的运动比作机器也是有缺陷的。也许，甚至会有一些歇斯底里的知识分子对这种比喻大叫大嚷，说这样就把自由的思想斗争、批评的自由、创作的自由等等贬低了、僵化了、"官僚主义化了"。实质上，这种叫嚷只能是资产阶级知识分子个人主义的表现。无可争论，写作事业最不能作机械划一，强求一律，少数服从多数。无可争论，在这个事业中，绝对必须保证有个人创造性和个人爱好的广阔天地，有思想和幻想、形式和内容的广阔天地。这一切都是无可争论的，可是这一切只证明，无产阶级的党的事业中写作事业这一部分，不能同无产阶级的党的事业的其他部分刻板地等同起来。这一切决没有推翻那个在资产阶级和资产阶级民主派看来是格格不入的和奇怪的原理，即写作事业无论如何必须成为同其他部分紧密联系着的社会民主党工作的一部分。报纸应当成为各个党组织的机关报。写作者一定要参加到各个党组织中去。出版社和发行所、书店和阅览室、图书馆和各种书报营业报，都应当成为党的机构，向党报告工作情况。有组织的社会主义无产阶级，应当注视这一切工作，监督这一切工作，把生气勃勃的无产阶级事业的生气勃勃的精神，带到这一切工作中去，无一例外，从而使"作家管写，读者管读"这个俄国古老的、半奥勃洛摩夫式的、半商业性的原则完全没有立足之地。

自然，我们不是说，被亚洲式的书报检查制度和欧洲的资产阶级所玷污了的写作事业的这种改造，一下子就能完成。我们决不是宣传某种划一的体制或者宣传用几个决定来完成任务。不，在这个领域里是最来不得公式主义的。问题在于使我们全党，使俄国整个觉悟的社会民主主义无产阶级，都认识到这个新任务，明确地提出这个新任务，到处着手完成这个新任务。摆脱了农奴制的书报检查制度的束缚以后，我们不愿意而且也不会去当写作上的资产阶级买卖关系的俘虏。我们要创办自由的报刊而且我们一定会创办起来，所谓自由的报刊是指它不仅摆脱了警察的压迫，而且摆脱了资本，摆脱了名位主义，甚至也摆脱了资产阶级无政府主义的个人主义。

最后这一句话似乎是奇谈怪论或是对读者的嘲弄。怎么！也许某个热烈拥护自由的知识分子会叫喊起来。怎么！你们想使创作这样精致的个人事业服从于集体！你们想使工人们用多数票来解决科学、哲学、美学的问题！你们否认绝对个人的思想创作的绝对自由！

列宁：《党的组织和党的出版物》（1905 年 11 月 13 日〔26 日〕），摘自《列宁全集》第 12 卷，人民出版社 1987 年版，第 93—95 页。

9.《真理报》事实上处在领导者的地位。应当光荣地保持住这个地位

你们关于"紧急事情"的来信已经收到，老实说，我是带着忧郁的心情

读完它的。从这封信里可以清楚地看出，我们缺乏充分的相互理解，而这样的理解不仅在"紧急事情"上，而且在任何重要的事情上都是极端必需的。

事情确实是重要的，而且我同意你们的说法，是紧急的（当然不是指几天之内就要解决）。为了建立相互理解，应当面谈，而这只要花费4—5天的工夫和 11＋11＋15＋10＝总共47卢布……

为了实现你们的请求，我现在正在尽力而为。今寄上《关于竞选纲领》一文①。我想你们从这篇文章中会清楚地看到我的观点。

关于这篇文章的修改，我要提出几个**特殊**的条件（你们知道，通常我是不提条件的，我完全相信会采取同志式的、集体商议的、非吹毛求疵的态度）。我在这里所以必须提出这些特殊条件，是因为这是一个极重要的、根本的、原则性的问题。

我能够同意的**只是**（1）取消小标题，（2）为了**应付书报检查**（仅仅为此！！）而在三四个地方作些极微小的修改、**个别字眼的修改，无论如何不能再多了**。如果这篇文章还是不能在《**真理报**》或《**涅瓦明星报**》刊登，**即请退回**，我还有用。删去有关取消派的那些话，我是**不能**同意的。

这里问题的整个关键在于，取消派设下了这样一个陷阱："你们提出一个公开纲领吧"（而取消派暗自忖度：公开的纲领上**无论讲些什么我都签字**）。的确，公开的纲领上**无论讲些什么**，取消派都会签字！！这将不是纲领，不是什么严肃的东西，而是庸俗的空谈、"改良措施"的罗列、在**自由派**的立场上同自由派的竞赛，因为现在，在选举前的6—8个星期内，每一个自由派（直至特鲁别茨科伊）**无论什么都会签字**！！自由派和取消派无论什么都会签字，只要能把他们选入第四届杜马就行。

这里应当了解问题的根本关键，不要由于几句有些"不平常的"、"不合适的"（对《真理报》说来）话和论战等等而惶恐不安。广大的工人会透彻地领会这种**精神**的（"不要乱删改"），问题的全部实质就在这里。**大家**会明白，为什么在选举前6—8个星期内，在六三制度的俄国，制定公开的纲领甚至是可笑的、愚蠢的、卑鄙龌龊的。而问题的实质也就在这里。

---

① 列宁的《关于竞选纲领》一文，没有在《真理报》上发表，至今尚未找到。——编者注

在《真理报》上发表小品文，哪怕是用小号铅字刊印的，都能立即占领阵地，摧毁公开纲领的制定者的冒险主义，打垮他们的恶意煽动："坦白地讲吧，你相信什么？"卡特柯夫不正是提过这样的问题吗？他说："坦白地讲吧，你是否承认专制制度？"

《真理报》在选举中的工作很多，它的责任重大。如果《真理报》因为制定公开的纲领而受到**来自左边**的嘲笑，那就很不光彩了。《真理报》**事实**上处在领导者的地位。应当光荣地保持住这个地位。应当明确地、沉着果断地说：反对取消派。这样，这帮自由派很快就会被打垮。让他们去提**自己的**名单吧，——他们不敢，因为他们会遭到奇耻大辱！！盼**立即**回信。

列宁：《列宁致〈真理报〉编辑部》（1912 年 7 月 27 日或 28 日），摘自《列宁全集》第 46 卷，人民出版社 1990 年版，第 117—119 页。

10. 我们报纸的面貌还没有改变得符合从资本主义向社会主义过渡的社会的要求

现在，老一套的政治鼓动，即政治空谈，占的篇幅太多了，而新生活的建设，建设中的种种事实，占的篇幅太少了。

有些简单明了、众所周知、群众已经相当清楚的事情，如资产阶级走狗孟什维克卑鄙地背叛、英国和日本为了恢复资本的神圣权利而发动入侵、美国亿万富翁对德国咬牙切齿等等，为什么不用 10—20 行，而要用 200—400 行来报道呢？这些事情要报道，这方面的每一个新事实要指出，但不必长篇大论，不要老调重弹；而对那些众所周知的、已有定论的旧政治的新表现，用"电报体"写上几行抨击一下就可以了。

在"资产阶级的美好的旧时代"，资产阶级报刊决不涉及"最神圣的东西"——私人工厂和私人农场的内幕。这种惯例是符合资产阶级利益的，我们应当坚决抛弃，但我们还**没有**这样做。我们报纸的面貌还**没有**改变得符合从资本主义向社会主义过渡的社会的要求。

列宁：《论我们报纸的性质》（1918 年 9 月 18 日或 19 日），摘自《列宁全集》第 35 卷，人民出版社 1985 年版，第 91 页。

11. 我们不善于像资产阶级那样在报纸上进行阶级斗争

有些工厂在国有化以后仍然是混乱、散漫、肮脏、捣乱、懒惰的典型，揭发这些落后工厂的黑榜有没有呢？没有。然而这样的工厂**是有的**。我们不同这些"资本主义传统的保持者"作斗争，就不能尽到自己的职责。只要我们默许这样的工厂存在，我们就不是共产主义者，而成了收破烂的人。我们不善于像资产阶级那样在报纸上进行阶级斗争。请回想一下，资产阶级是怎样出色地在报刊上**抨击自己**的阶级敌人，怎样讥笑他们，侮辱他们，置他们于死地的。而我们呢？从资本主义到社会主义的过渡时期的阶级斗争，难道不正是要反对那些顽固坚持资本主义传统（习惯）、仍然用老眼光看苏维埃国家（替"它"干活要少些差些，从"它"那里捞钱则多多益善）的极少数工人、工人集团、工人阶层，以捍卫工人**阶级**的利益吗？即使是在苏维埃印刷所的排字工人中间，在索尔莫夫斯克和普梯洛夫等工厂的工人中间，这样的坏蛋难道还少吗？这样的坏蛋我们抓住了多少？揭露了多少？搞臭了多少？

报刊对这一切默不作声。即使谈到，也只是官样文章，走走过场，不象一份**革命**报刊，不象一个阶级**实行专政**的机关报，尽管这个阶级正在用行动证明，资本家和维护资本主义习惯的寄生虫的反抗将被它的铁拳所粉碎。

　　　　　列宁：《论我们报纸的性质》（1918年9月18日或19日），摘自《列宁全
　　　　　集》第35卷，人民出版社1985年版，第92—93页。

12. 我们很少用现实生活各个方面存在的生动具体的事例和典型来教育群众，而这正是报刊在从资本主义到共产主义的过渡时期的主要任务

在战争问题上也是这样。我们是否抨击过那些胆小如鼠的将领和敷衍塞责的家伙呢？我们是否在全俄国面前揭露过那些不中用的部队的丑态呢？有一些人毫不中用、玩忽职守、延误军机，本来应该大张旗鼓地把他们清除出军队，我们是否"抓住了"足够数量的这样的坏典型呢？我们没有同干坏事的**具体**人进行切实的、无情的、真正革命的**斗争**。我们很少用现实生活各个方面存在的生动具体的事例和典型来**教育群众**，而这正是报刊在从资本主义到共产主义的过渡时期的主要任务。我们很少注意工厂、农村和连队的**日常**生活，这里创造的新事物最多，这里最需要关心、报道和公众的批评，最需要抨击坏人坏事，号召学习好人好事。

少来一些政治空谈。少发一些书生的议论。多深入生活。多注意工农群众怎样在日常工作中**实际地**创造**新事物**。多检查检查，看这些新事物中有多少**共产主义成分**。

　　　　　列宁：《论我们报纸的性质》（1918年9月18日或19日），摘自《列宁全
　　　　　集》第35卷，人民出版社1985年版，第93页。

13. 一种杂志没有方针，那就是一种荒谬的、怪诞的、糟糕的、有害的东西

今天，我在《言语报》①上看到了《同时代人》杂志②的出版广告，说该杂志是"在阿姆菲捷阿特罗夫极密切而**唯一的**（就是这样写的！文理不通，但又装腔作势，耐人寻味）参加下"出版的，并且有您经常撰稿。

这是什么杂志？这是怎么回事？一个辟有"政治、科学、历史、社会生活"栏的"大型月刊"，这可完完全全不同于那种只是将文学精品收罗一下的集子。要知道，这种杂志要么应当具有十分明确的、严肃的、一贯的**方针**，要么必定出丑，而且还会叫它的参加者出丑。《欧洲通报》杂志③有它的方针——一种糟糕的、软弱的、平庸的方针，但能为某一类人，为资产阶级的某些阶层服务，并把"体面的"（说得确切些，是希望变得体面）自由派中间的某些教授、官吏以及所谓知识界人士联合起来的方针。《俄国思想》杂志④也有它的方针——一种极其恶劣的方针，但能很好地为反革命自由派资产阶级服务的方针。《俄国财富》杂志⑤也有它的方针——

---

① 《言语报》（《Речь》）是俄国立宪民主党的中央机关报（日报），1906年2月23日（3月8日）起在彼得堡出版，实际编辑是帕·尼·米留可夫和约·弗·盖森。积极参加该报工作的有马·莫·维纳维尔、帕·德·多尔戈鲁科夫、彼·伯·司徒卢威等。1917年二月革命后，该报积极支持资产阶级临时政府的对内对外政策，反对布尔什维克。1917年10月26日（11月8日）被查封，后曾改用《我们的言语报》、《自由言语报》、《时代报》、《新言语报》和《我们时代报》等名称继续出版，1918年8月最终被查封。——编者注

② 《同时代人》杂志（《Современник》）是俄国文学、政治、科学、历史和艺术刊物，1911—1915年在彼得堡出版，原为月刊，1914年起改为半月刊。聚集在杂志周围的有孟什维克取消派、社会革命党人、人民社会党人和自由派左翼，1913以前该杂志事实上的编辑是亚·瓦·阿姆菲捷阿特罗夫，以后是尼·苏汉诺夫（尼·尼·吉姆美尔）。《同时代人》杂志自称是"党外社会主义刊物"，实际上是取消派和民粹派的刊物。它同工人群众没有任何联系，在第一次世界大战期间采取社会沙文主义的立场。——编者注

③ 《欧洲通报》杂志（《Вестник Европы》）是俄国资产阶级自由派的历史、政治和文学刊物，1866年3月—1918年3月在彼得堡出版，1866—1867为季刊，后改为月刊，先后参加编辑工作的有米·马·斯塔秀列维奇和马·马·柯瓦列夫斯基等。——编者注

④ 《俄国思想》杂志（《Русская Мысль》）是俄国科学、文学和政治刊物（月刊），1880—1918年在莫斯科出版。它起初是同情民粹主义的温和自由派的刊物。1905年革命后成为立宪民主党的刊物，由彼·伯·司徒卢威和亚·亚·基泽韦捷尔编辑。——编者注

⑤ 《俄国财富》杂志（《Русское Богатство》）是俄国科学、文学和政治刊物。1876年创办于莫斯科，同年年中迁至彼得堡。1879年以前为旬刊，以后为月刊。1879年起成为自由主义民粹派的刊物。1892年以后由尼·康·米海洛夫斯基和弗·加·柯罗连科领导，成为自由主义民粹派的中心。在1893年以后的几年中，曾同马克思主义者展开理论上的争论。1906年成为人民社会党的机关刊物。1914年—1917年3月以《俄国纪事》为刊名出版。1918年被查封。——编者注

一种民粹主义的、民粹派立宪民主党的方针，但能数十年来保持其路线，为一定的居民阶层服务的方针。《**现代世界**》**杂志**①也有它的方针——一种经常是孟什维克立宪民主党的方针（现在倾向于护党派孟什维克），但毕竟是一种方针。一种杂志没有方针，那就是一种荒谬的、怪诞的、糟糕的、有害的东西。可在阿姆菲捷阿特罗夫"唯一的参加"下，能有什么样的方针呢？要知道，格·洛帕廷是提不出方针来的，可如果关于让卡乔罗夫斯基参加的谈论（据说已在报上披露）是真实的话，那么这倒是一种"方针"，不过这是糊涂人提出的方针，是社会革命党的方针。

夏天我同您交谈的时候，我对您说过，我本来给您写好了一封对《**忏悔**》②表示不快的信，但是考虑到当时同马赫主义者开始发生分裂，信就没有寄出，您回答说："**不该**不寄来"。接着您还责备我没有去卡普里学校③，并且说，如果情况不是那样的话，您同马赫主义者——召回派割断

---

① 《现代世界》杂志（《Современный Мир》）是俄国文学、科学和政治刊物（月刊），1906年10月—1918年在彼得堡出版，编辑为尼·伊·约尔丹斯基等人。孟什维克格·瓦·普列汉诺夫、费·伊·唐恩、尔·马尔托夫等积极参加了该杂志的工作。布尔什维克在同普列汉诺夫派联盟期间以及在1914年初曾为该杂志撰稿。在第一次世界大战期间，《现代世界》杂志成了社会沙文主义者的刊物。——编者注

② 《忏悔》是马·高尔基1908年写的一部中篇小说，受造神说影响比较严重。——编者注

③ 卡普里学校是俄国召回派、最后通牒派和造神派于1909年在意大利卡普里岛办的一所党校。

1908年俄国社会民主工党第五次代表会议之后，召回派、最后通牒派和造神派就以"给工人办一所学校"为名，着手建立他们自己的派别中心。1909年春，召回派、最后通牒派和造神派的领袖亚·亚·波格丹诺夫、格·阿·阿列克辛斯基和阿·瓦·卢那察尔斯基等组成了创办这所"党校"的发起人小组。他们援引代表会议关于必须"从工作中培养社会民主主义运动的实际工作和思想工作的领导者"这一指示作为幌子，把马·高尔基和著名工人革命家尼·叶·维洛诺夫拉进他们的小组，并利用工人强烈要求接受党的教育的愿望，通过一些党的中央机关负责人同俄国的一些社会民主党的地方组织取得，在召回派，特别是召回派在莫斯科的领袖安·索·索柯洛夫（斯·沃尔斯基）的协助下，由这些组织给它派了13名学员入校。这所学校于1909年8月开学。在该校讲课的有波格丹诺夫、阿列克辛斯基、卢那察尔斯基、高尔基、马·尼·利亚多夫、米·尼·波克罗夫斯基和瓦·阿·杰斯尼茨基。列宁回绝了该校组织者要他到卡普里去当讲课人的正式建议。

1909年11月该校发生分裂。以学校委员会成员维洛诺夫为首的一部分学员同波格丹诺夫派划清界限，向《无产者报》编辑部揭露该校讲课人的反党行为，因而被开除。他们于11月底应列宁的邀请来到巴黎，听了一系列讲座，其中有列宁讲的《目前形势和我们的任务》和《斯托雷平的土地政策》。

1909年12月，该校的讲课人和留在卡普里的学员一起组成了反布尔什维克的"前进"集团。——编者注

关系本来可以少伤点脑筋，少费点精力。想起了这次谈话，我决定不再迟疑，也不等核实，趁记忆犹新立刻写信给您。

我认为，在阿姆菲捷阿特罗夫唯一的参加下出版的大型政治和经济刊物，这种东西比马赫主义者—召回派这个特殊派别还要坏许多倍。这一派别的坏处从来就在于，它的**思想倾向**背离马克思主义，背离社会民主党，却又不同马克思主义决裂，只是制造混乱。

阿姆菲捷阿特罗夫的杂志（他的《红旗》杂志①及时地收场了，做得对！）是一种政治表态，是一种政治行为，然而他这样做的时候，甚至没有意识到，对政治来说，一般的"左"倾是不够的，也没意识到，在1905年以后，要认真谈论政治而不表明对马克思主义和社会民主党的态度，是不行的，不可能的，不可想象的。

情况很糟糕。我感到担忧。②

列宁：《列宁致阿·马·高尔基》（1910年11月22日），摘自《列宁全集》第46卷，人民出版社1990年版，第4—6页。

14. 要成为战斗唯物主义刊物的杂志，首先应该是一个战斗的刊物

《在马克思主义旗帜下》杂志所担负的捍卫唯物主义和马克思主义的工作也是如此。可喜的是俄国先进社会思想中的主要思潮具有坚实的唯物主义传统。且不说格·瓦·普列汉诺夫，只要指出车尔尼雪夫斯基就够了，现代的民粹派（人民社会党人和社会革命党人等）由于一味追随时髦的反动哲学学说，往往离开车尔尼雪夫斯基而倒退，他们被欧洲科学的所谓"最新成就"的假象所迷惑，不能透过这种假象看清它是替资产阶级及其偏见和反动性效劳的不同形式。

无论如何，我们俄国还有——而且在相当长的时期内无疑还会有——非共产党员的唯物主义者，而吸收一切拥护彻底的战斗唯物主义的人来共同反对哲学上的反动，反对所谓"有教养社会"的种种哲学偏见，是我们不可推委的责任。老狄慈根（不要把他同他那自命不凡而实际上毫无成就

---

① 《红旗》杂志（《Красное Знамя》）是亚·瓦·阿姆菲捷阿特罗夫创办的资产阶级政治和文学刊物，1906年在巴黎出版。为杂志撰稿的有马·高尔基、亚·伊·库普林、康·德·巴尔蒙特、米·安·雷斯涅尔等。——编者注

② 马·高尔基考虑了列宁这封信里的意见后，曾要求《同时代人》杂志把他"经常撰稿"等语从它的广告里删去。1911年8月，高尔基同该杂志断绝了关系。1912年，在亚·瓦·阿姆菲捷阿特罗夫辞去《同时代人》杂志编辑后，高尔基重新开始为该杂志撰稿。——编者注

的著作家儿子混为一谈）曾正确地、中肯地、清楚地表述了马克思主义对盛行于资产阶级国家并受到它们的学者和政论家重视的那些哲学流派的基本看法，他说：当今社会中的哲学教授多半实际上无非是"僧侣主义的有学位的奴仆"。①

我们俄国那些喜欢自命为先进人物的知识分子，同他们在其他各国的伙伴们一样，很不喜欢用狄慈根所说的评价来考察问题。他们所以不喜欢这样做，是因为真理的光芒是刺眼的。只要稍微深入思考一下当今那些有教养的人在国家政治、一般经济、日常生活以及其他方面对于占统治地位的资产阶级的依赖，就可以了解狄慈根这句一针见血的评语是绝对正确的。只要回顾一下欧洲各国经常出现的时髦哲学流派中的多数流派，哪怕只回顾一下由于镭的发现而兴起的哲学流派，直到目前正在竭力抓住爱因斯坦学说的哲学流派，就可以知道资产阶级的阶级利益、阶级立场及其对各种宗教的扶持同各种时髦哲学流派的思想内容之间的联系了。

由此可见，这要成为战斗唯物主义刊物的杂志，首先应该是一个战斗的刊物，这就是说，要坚定不移地揭露和追击当今一切"僧侣主义的有学位的奴仆"，而不管他们是以官方科学界的代表，还是以"民主主义左派或有社会主义思想的"政论家自命的自由射手②的面貌出现。

列宁：《论战斗唯物主义的意义》（1922年3月12日），摘自《列宁全集》第43卷，人民出版社1987年版，第23—25页。

15. 杂志应该是一个战斗的无神论的刊物

其次，这个杂志应该是一个战斗的无神论的刊物。我们有些部门，至少有些国家机关是主管这个工作的。但是，这个工作做得非常软弱无力，非常不能令人满意，看来是受到了我们真正俄罗斯式的（尽管是苏维埃式的）官僚主义这种一般环境的压抑。因此，为了弥补有关国家机关工作的不足，为了改进和活跃这一工作，这个要办成战斗唯物主义刊物的杂志必须不倦地进行无神论的宣传和斗争，这一点是非常重要的。要密切注意用

---

① 指下述约·狄慈根的话："我们从内心深处蔑视有学位的奴仆们口中的关于'教育和科学'的华美言辞，关于'理想的福利'的高谈阔论，他们今天用生造的唯心主义愚弄人民，就象当年多神教的僧侣们用当时得到的关于自然界的初始知识来欺蒙人民一样。"（见约·狄慈根《社会民主党的宗教》1906年柏林版，第34—35页。）——编者注

② 自由射手是15—19世纪法国的非正规的特种步兵部队，在普法战争中曾从事游击活动。这里是在借喻意义上使用的。——编者注

各种文字出版的一切有关文献,把这方面一切多少有些价值的东西翻译出来,或者至少摘要介绍。

恩格斯早就嘱咐过现代无产阶级的领导者,要把18世纪末战斗的无神论的文献翻译出来,在人民中间广泛传播。① 我们惭愧的是,直到今天还没有做这件事(这是证明在革命时代夺取政权要比正确地运用这个政权容易得多的许多例子之一)。有时人们用各种"动听的"理由来为我们这种软弱无力、无所作为和笨拙无能进行辩护,例如说18世纪无神论的旧文献已经过时、不科学、很幼稚等等。这种不是掩盖学究气就是掩盖对马克思主义一窍不通的冒充博学的诡辩,是再坏不过了。当然,在18世纪革命家的无神论著作中有不少不科学的和幼稚的地方。但是,谁也不会阻止出版者把这些作品加以删节和附以短跋,指出人类从18世纪末以来对宗教的科学批判所取得的进步,指出有关的最新著作等等。一个马克思主义者如此认为,被整个现代社会置于愚昧无知和囿于偏见这种境地的亿万人民群众(特别是农民和手工业者)只有通过纯粹马克思主义的教育这条直路,才能摆脱愚昧状态,那就是最大的而且是最坏的错误。应该向他们提供各种无神论的宣传材料,告诉他们实际生活各个方面的事实,用各种办法接近他们,以引起他们的兴趣,唤醒他们的宗教迷梦,用种种方法从各方面使他们振作起来,如此等等。

18世纪老无神论者所写的那些泼辣的、生动的、有才华的政论,机智地公开地抨击了当时盛行的僧侣主义,这些政论在唤醒人们的宗教迷梦方面,往往要比那些文字枯燥无味,几乎完全没有选择适当的事实来加以说明,而仅仅是转述马克思主义的文章要合适千百倍,此类转述充斥我们的出版物,并且常常歪曲(这是无庸讳言的)马克思主义。马克思和恩格斯的所有比较重要的著作我们都有了译本。担心在我国人们不会用马克思和恩格斯的修正意见来补充旧无神论和旧唯物主义,那是没有任何根据的。最重要的事情,也是我们那些貌似马克思主义、实则歪曲马克思主义的共产党员往往忽视的事情,就是要善于唤起最落后的群众自觉地对待宗教问题,自觉地批判宗教。

另一方面,请看一看当今对宗教作科学批判的代表人物吧。这些有教

---

① 参看《马克思恩格斯全集》第18卷第583—584页。——编者注

养的资产阶级代表人物在驳斥宗教偏见时差不多总要"加上"一些自己的见解，从而马上暴露出他们是资产阶级的思想奴隶，是"僧侣主义的有学位的奴仆"。

列宁：《论战斗唯物主义的意义》（1922年3月12日），摘自《列宁全集》第43卷，人民出版社1987年版，第25—26页。

16. 要成为战斗唯物主义的刊物，就必须用许多篇幅来进行无神论的宣传

《在马克思主义旗帜下》杂志要成为战斗唯物主义的刊物，就必须用许多篇幅来进行无神论的宣传，评介有关的著作，纠正我们国家在这方面工作中的大量缺点。特别重要的是要利用那些有许多具体事实和对比来说明现代资产阶级的阶级利益、阶级组织同宗教团体、宗教宣传组织之间的关系的书籍和小册子。① 有关北美合众国的一切材料都非常重要，那里宗教同资本之间的正式的、官方的、国家的关系要少一些。然而我们看得更为清楚，所谓"现代民主"（孟什维克、社会革命党人和一部分无政府主义者等对这种民主崇拜得五体投地），无非是有宣传对资产阶级有利的东西的自由，而对资产阶级有利的，就是宣传最反动的思想、宗教、蒙昧主义以及为剥削者辩护等等。

我希望这个要成为战斗唯物主义刊物的杂志，能为我国读者登载一些评介无神论书籍的文章，说明哪些著作在哪一方面适合哪些读者，并指出我国已出版哪些书籍（要象样的译本才能算数，但这样的译本还不怎么多），还应出版哪些书籍。

列宁：《论战斗唯物主义的意义》（1922年3月12日），摘自《列宁全集》第43卷，人民出版社1987年版，第27—28页。

17. 马克思主义的杂志还必须对当代这类"有教养的"农奴主作斗争

任何一个关心这个问题的人，只要稍微注意一下资产阶级国家关于结婚、离婚和非婚生子女的法律以及这方面的实际情况，就会知道现代资产

---

① 此处原为："最近我浏览了厄普顿·辛克莱的小册子《宗教的利润》。毫无疑问，作者对待问题的态度和阐述问题的方法是有缺点的。但是本书是有价值的，它写得生动，提供许多具体事实和对比……"据娜·康·克鲁普斯卡娅回忆，列宁阅读的《宗教的利润》一书是书的作者寄给她的，随书附有一封信，信中提到他利用自己的小说所进行的斗争。她说："每天晚上列宁借助英文字典阅读。他对此书反宗教宣传方面不大满意，但喜欢书中对资产阶级民主制的批评。"（见1933年《在马克思主义旗帜下》杂志第1期第148页。）——编者注

阶级民主制，即使是在所有最民主的资产阶级共和国中，都是以农奴主的态度对待妇女和非婚生子女的。

当然，这并不妨碍孟什维克、社会革命党人和一部分无政府主义者以及西方一切类似他们的党派继续高喊民主，叫嚷布尔什维克违背民主。事实上，在结婚、离婚和非婚生子女地位这些问题上，正是布尔什维主义革命才是唯一彻底的民主革命。这是一个最直接涉及任何一个国家半数以上的人口利益的问题。尽管在布尔什维主义革命以前已经有过很多次自称为民主革命的资产阶级革命，但是只有布尔什维主义革命才第一次在这方面进行了坚决的斗争，它既反对反动思想和农奴制度，又反对统治阶级和有产阶级通常所表现的假仁假义。

如果索罗金先生以为每1万起婚姻中有92起离婚是一个惊人的数字，那我们只好认为，索罗金先生若不是在一所同实际生活隔绝得几乎谁也不会相信其存在的修道院里受的教育，那就是这位作者为了讨好反动派和资产阶级而歪曲事实。任何一个稍微了解资产阶级各国社会情况的人都知道，那里事实上离婚（当然是没有得到教会和法律认可的）的实际数字要大得多。俄国在这方面与别国不同的地方，就是它的法律不把假仁假义、妇女及其子女的无权地位奉为天经地义的事情，而是公开地并以国家政权的名义对一切假仁假义和一切无权现象作不懈的斗争。

马克思主义的杂志还必须对当代这类"有教养的"农奴主作斗争。其中也许有不少人甚至拿我们国家的钱，在我们国家机关里担任教育青少年的职务，虽然他们不配做这种工作，正如人所共知的奸污幼女者不配担任儿童学校的学监一样。

俄国工人阶级有本领夺得政权，但是还没有学会利用这个政权，否则它早就把这类教员和学术团体的成员客客气气地送到资产阶级"民主"国家里去了。那里才是这类农奴主最适合的地方。

只要愿意学习，就一定能够学会。

> 列宁：《论战斗唯物主义的意义》（1922年3月12日），摘自《列宁全集》第43卷，人民出版社1987年版，第31—32页。

18. 这简直是对真理、对党的嘲弄

编辑部对波格丹诺夫先生歪曲党史的行为所采取的行动非常令人气愤，真不知道，今后是否还能继续当撰稿人。

……

编辑部是在支持"前进"集团中的最坏的(不可救药的)资产阶级造谣分子去**反对**已经同波格丹诺夫先生**断绝关系**的优秀分子(象阿列克辛斯基那样)!!

鬼才知道这是怎么一回事!这简直是对真理、**对党**的嘲弄。

我坚决要求把我附上的短评**全文**登出来。我一向给予编辑部以同志式的态度进行修改的权利,但对这篇文章(在波格丹诺夫先生的信发表以后),我**不给予**修改等等的权利。如果你们不登这篇文章,那就请交给《启蒙》杂志,而我则保留同歪曲党史的行为作战的**完全自由**。一面向取消主义作斗争,一面又**掩盖**召回主义——这是十分卑鄙的行径,我深信,这种失误只是由于**对事物的无知**。

编辑部应该说:大家确信波格丹诺夫先生对"前进"集团纲领的说明是**错误**的,对**事实**的转述也是不正确的。

我坚决要求马上答复。由于波格丹诺夫先生的卑鄙谎言,我不能再为《真理报》写文章。

> 列宁:《关于波格丹诺夫先生和"前进"集团问题》(致《真理报》编辑委员会)(1913年6月3日〔16日〕),摘自《列宁全集》第23卷,人民出版社1990年版,第257—259页。

19. 报刊的鼓动作用虽有极大的意义,但是它的组织作用在目前是我们建设工作中最迫切需要的因素

英谷洛夫在他的《挖掘根源》(见《真理报》第九十八号)一文中谈到了报刊对国家和党的意义这一重要问题。看来,他为了证实自己的思想而援引了中央委员会的组织报告中的一段话:报刊"在党和工人阶级之间建立了一种微妙的联系,这种联系就其力量来说无异于任何群众性的传达机关;报刊是党每日每时向工人阶级讲话的最有力的武器。"

但是,英谷洛夫在试图解决这一问题时犯了两个错误:第一,他歪曲了中央委员会报告中这段话的意思;第二,他忽略了报刊极重要的组织作用。由于问题的重要性,我认为应当简单地谈谈这两个错误。

一、报告的意思绝不是说党的作用似乎仅限于向工人阶级讲话这项任务,党应当同工人阶级交谈,而不仅仅是向他们讲话。把"讲话"这种说法和"交谈"这种说法对立起来,无非是在玩弄无聊的把戏。实际上二者是一个不可分割的整体，表现在读者和作者、党和工人阶级、国家和劳动群众之间的毫不间断的相互作用上。这个现象从群众性的无产阶级政党刚刚成立时起，从老《火星报》时期起就有了。英谷洛夫认为这种相互作用只是在俄国工人阶级取得政权以后过了几年才开始的，这是不对的。中央委员的报告中的这段话的意思并不在于"讲话"，而是说报刊"在党和工人阶级之间建立了一种联系"，这种联系"就其力量来说无异于任何群众性的传达机关。"这段话的意思是说报刊的组织作用。正因为如此，中央委员会的组织报告里是把报刊作为党和工人阶级之间的引带之一提出的。英谷洛夫不理解这段话，因而不自觉歪曲了这段话。

二、英谷洛夫强调报刊的鼓动作用和揭露作用，认为定期刊物的任务仅限于此。他举出了我们国内的一些坏事，指出报刊的揭露工作和通过报刊所进行的鼓动是问题的"根源"。然而很明显，报刊的鼓动作用虽有极大的意义，但是它的组织作用在目前是我们建设工作中最迫切需要的因素。问题不仅在于要使报纸进行鼓动工作和揭露工作，而且首先在于要使报纸在全国范围内，在一切工业地区和农业地区，在所有县和乡内有广大的工作人员、代办员和通讯员网，以便有一条线索经过报纸把党同一切工人地区和农民地区连接起来，使党和国家之间、工业地区和农民之间的相互作用充分发挥。如果《贫农报》① 这种大众化的报纸能够经常召开自己在我国各地区的主要代办员代表会议来交换意见和总结经验，而每个主要代办员又为了同一目的召开自己的地区、市镇和乡的通讯员代表会议，那末这不仅在建立党和工人阶级之间、国家和我国最偏僻的角落之间的组织联系方面会迈进重要的第一步，而且在改善和活跃报刊本身，在改善和活跃我国定期刊物的全体工作人员方面也会迈进重要的第一步。在我看来，这种代表会议和这种会议比"全俄的"和其他的新闻工作者代表大会有更大的实际意义。使报纸成为党和苏维埃政权的集体组织者，使报纸成为联系我国劳动群众并把他们团结在党和苏维埃政权周围的工具，——这就是目前报刊迫切的任务。

读者不妨回忆一下列宁同志的《从何着手？》（写于1901年）一文中

---

① 《贫农报》（日刊）是联共（布）中央的机关报，于1918年3月至1931年1月出版。——编者注

关于定期刊物在我们党的生活中的组织作用这段话：

"但是，报纸的作用并不限于传播思想、进行政治教育和吸引政治同盟者。报纸不仅是集体的宣传员和集体的鼓动员，而且是集体的组织者。从后一点来说，可以把报纸比作脚手架，它搭在正在修建的建筑物周围，刻画出建筑物的轮廓，便利各个建筑工人来往，帮助他们分配工作和观察有组织的劳动所获得的总成绩。依靠报纸和同报纸联系自然而然会形成一种经常性的组织，这种组织不仅从事地方工作，而且从事一般的工作，教会自己的成员密切注视政治事变，估计这些事变的意义和它们对各个不同居民阶层的影响，拟定革命的党影响这些事变的适当方法。单是技术上的任务——保证正常地供给报纸材料和正常地推销报纸——就迫使我们必须建立统一的党的地方代办员网，这些代办员彼此间需要密切的联系，了解总的情况，习惯于有条理地执行全国工作中的零星任务，并组织某些革命行动以检验自己的力量。这种代办员网将成为正是我们所需要的那种组织的骨干，这种组织应当很庞大，遍布全国；它应当很广泛，很全面，实行严格而细致的分工；它应当很坚定，在任何情况下，在任何'转变关头'和意外情况下能坚定不移地进行自己的工作；它应当很灵活，一方面善于避免同占绝对优势的敌人（当敌人把全部力量集中在一点的时候）公开作战，另一方面善于利用这个敌人的迟钝，在他们最难料到受攻击的地方和时机向他们攻击。"

列宁同志当时说报纸是建设我们党的工具。没有理由怀疑，列宁同志的这些话在目前我们党和国家的建设环境中是完全适应的。

英谷洛夫在他的文章中忽略了定期刊物的这种重要的组织作用。他的主要错误就在这里。

我们报刊的一位主要工作人员怎么会忽视这个重要的任务呢？昨天有一位同志对我说，显然英谷洛夫除了提出解决报刊问题的任务以外，还提出了另一个附带的任务："打这个人一下，揍那个人一下。"我自己不想来肯定这一点，而且决不否认任何人除了提出直接任务以外还有提出附带任务的权利。但是一分钟也不能容许附带任务掩盖住阐明报刊在我们党和国家建设事业中的组织作用的直接任务。

斯大林：《报刊是集体的组织者》（1923年5月6日），摘自《斯大林全集》第5卷，人民出版社1957年版，第229—232页。

20. 我们的报刊过分强调了我们的缺点，有时候甚至（无意地）宣扬了这些缺点。这是可能的，甚至是可以肯定的。这当然不好

我们不能没有自我批评。无论如何不能，阿列克塞·马克西莫维奇。没有自我批评，机关的停滞和腐朽，官僚主义的滋长，工人阶级创造主动性的破坏就不可避免。当然，自我批评会给敌人提供材料。在这一点上你是完全正确的。但是它也为我们的前进，为劳动者建设力量的发挥，为竞赛的开展，为突击队等等提供材料（和推动力）。好处是会抵销和盖过坏处的。

可能我们的报刊过分强调了我们的缺点，有时候甚至（无意地）宣扬了这些缺点。这是可能的，甚至是可以肯定的。这当然不好。因此，你要求用我们的成绩来平衡我们的缺点（依我说，要使成绩来超过缺点）。在这一点上你当然也是正确的。我们一定立即弥补这个缺陷。这一点你可以不用怀疑。

斯大林：《斯大林给阿·马·高尔基的信》（1930年1月17日），摘自《斯大林全集》第12卷，人民出版社1955年版，第152页。

（五）哲学、文学批评、政治斗争与党的工作

1. 任何真正的哲学都是自己时代精神的精华，是文明的活的灵魂

因为任何真正的哲学都是自己时代精神的精华，所以必然会出现这样的时代：那时哲学不仅从内部即就其内容来说而且从外部即就其表现来说，都要和自己时代的现实世界接触并相互作用。那时，哲学对于其他的一定体系来说，不再是一定的体系，而正在变成世界的一般哲学，即变成当代世界的哲学。各种外部表现证明哲学已获得了这样的意义：它是文明的活的灵魂，哲学已成为世界的哲学，而世界也成为哲学的世界——这样的外部表现在所有的时代里都是相同的。

马克思：《第179号"科伦日报"社论》（1842年6月29日—7月4日期间），摘自《马克思恩格斯全集》第1卷，人民出版社1956年版，第121页。

2. 文学批评、政论、文艺创作与哲学

我认为，您也应该在这方面给予帮助。您可以替《无产者报》就文学批评、政论和文艺创作等等中立的（即同哲学没有什么关系的）问题写文

章，以此来给予帮助。如果您愿意防止分裂，帮助制止新的争吵扩大，您最好把文章修改一下：把那些即使是同波格丹诺夫哲学间接有关的一切都挪到别处去。好在您除了《无产者报》以外还有的是地方发表文章。凡是同波格丹诺夫哲学无关的（您的文章**大部分同他的哲学没有关系**），可以写成若干篇文章给《无产者报》。如果您采取另一种行动，即拒绝修改文章或拒绝为《无产者报》写稿，那我认为不可避免地将会使布尔什维克中的冲突更加尖锐，使新的争吵难以制止，使实际上和政治上迫切需要的俄国革命的社会民主党的事业遭到削弱。

这就是我的意见。我把所想到的一切都告诉您了，现在专等您的回音。

列宁：《列宁致阿·马·高尔基》（1908 年 2 月 25 日），摘自《列宁全集》第 45 卷，人民出版社 1990 年版，第 184—185 页。

3. 哲学争论同整个党的工作分开

第三类是哲学。我强烈地意识到自己在这方面的修养不够，这使我不能公开发表意见。但是作为一个普通的马克思主义者，我在认真阅读我们党的哲学家的著作，认真阅读经验一元论者波格丹诺夫的著作和经验批判论者巴扎罗夫、卢那察尔斯基等人的著作，而**他们迫使我完全倾向于普列汉诺夫**！要有力量防止受情绪左右，象普列汉诺夫那样！他的策略是极其庸俗卑劣的。但在哲学方面他捍卫的是正确的东西。我赞成唯物主义，反对"经验……"之类的东西。

可以不可以、应当不应当把哲学同党的工作方针，同布尔什维主义联系起来呢？我想现在不能这样做。让我们党的哲学家们对理论再研究一些时候，再争论一些时候并且……**谈通**。目前我赞成唯物主义者和"经验……"者之间的**这些**哲学争论同整个党的工作分开。

列宁：《列宁致阿·马·高尔基》（1908 年 2 月 7 日），摘自《列宁全集》第 45 卷，人民出版社 1990 年版，第 171—172 页。

4. 布尔什维克与哲学

《关于马克思主义哲学的论丛》[①] 这本书使布尔什维克在哲学问题上原来就有的意见分歧更加尖锐化了。我认为自己在这些问题上还不够内行，

[①] 《关于马克思主义哲学的论丛》是一本哲学论文集，收载了弗·亚·巴扎罗夫、雅·亚·别尔曼、阿·瓦·卢那察尔斯基、帕·索·尤什凯维奇、亚·亚·波格丹诺夫、О. И. 格尔方德和谢·亚·苏沃洛夫分别撰写的 7 篇论文，1908 年由种子出版社在彼得堡出版。——编者注

不想急于发表文章。不过我一向很注意我们**党内**在哲学方面的争论，最早是80年代末到1895年普列汉诺夫同米海洛夫斯基那批人的斗争，然后是1898年和以后几年他同康德主义者的斗争（那时我不仅注意，而且从1900年起曾以《**曙光**》**杂志**编辑部成员的身份部分地参加了这一斗争），最后是他同经验批判论者那批人的斗争。

我开始注意波格丹诺夫的哲学著作是从我看了他的唯能论著作《历史的自然观》以后，这本书我在西伯利亚时仔细研究过。对波格丹诺夫来说，这种观点只是他向其他哲学观点的过渡。我同他认识是在1904年，当时我们就立刻互相赠送了自己的著作；我送他一本《进一步，退两步》①，他送我一本他**当时**写的哲学著作②。我并且很快（1904年春天或夏初）就从日内瓦写信到巴黎告诉他：他的著作使我更不相信他的观点是正确的，而更相信普列汉诺夫的观点是正确的。

……

在革命火热的时候很少研究哲学。1906年初波格丹诺夫在狱中又写了一部著作，大概是《经验一元论》第3卷。1906年夏天他送了一本给我，我仔细读了一遍。我读完之后非常生气，因为我更清楚地看出，他走的是极端错误的道路，非马克思主义的道路。我那时就向他"表白爱情"，给他写了一封关于哲学问题的长达三个笔记本的信。我在信中明白地告诉他，在哲学方面我当然是一个**普通的马克思主义者**，但正是他那些明白易懂、写得很出色的著作使我完全相信他根本错了，而普列汉诺夫是正确的。这些笔记本我曾给某些朋友（其中包括卢那察尔斯基）看过，本来想用《一个普通马克思主义者的哲学札记》这个标题发表出来，但是没有下决心。现在很后悔当初没有立即把它发表。前几天我写信到彼得堡请求把这些笔记本③找出来寄给我。

现在《关于马克思主义哲学的论丛》已经出版。除了苏沃洛夫那篇文章（我正在看）之外，其余的我都看了，每篇文章都使我气得简直要发疯。不，这不是马克思主义！我们的经验批判论者、经验一元论者和经验

---

① 见《列宁全集》第2版第8卷第197—425页。——编者注
② 指亚·亚·波格丹诺夫的《经验一元论》1904年莫斯科版。——编者注
③ 这些笔记本即《一个普通马克思主义者的哲学札记》，是列宁1906年针对亚·波格丹诺夫的《经验一元论》第3卷所写的著作，至今尚未找到。——编者注

符号论者都在往泥潭里爬。他们劝读者相信"信仰"外部世界的真实性就是"神秘主义"（巴扎罗夫），他们把唯物主义同康德主义混淆得不成样子（巴扎罗夫和波格丹诺夫），他们宣传不可知论的变种（经验批判主义）和唯心主义的变种（经验一元论），教给工人"宗教无神论"和"崇拜"人类最高潜在力（卢那察尔斯基），宣布恩格斯的辩证法学说为神秘主义（别尔曼），从法国某些"实证论者"（主张"符号认识论"的该死的不可知论者或形而上学者）的臭水沟里汲取东西（尤什凯维奇）！不，这太不象话了。当然，我们是普通的马克思主义者，对哲学没有研究，但是为什么要这样欺侮我们，竟要把这些东西当作马克思主义哲学奉送给我们！我宁愿受车裂之刑，也不愿加入宣传这类东西的机关报或编委会。

……

我认为有必要直率地告诉您我的意见。我认为，现在布尔什维克之间在哲学问题上发生某些争吵是完全不可避免的。但因此而闹成分裂，我看是愚蠢的。我们订立同盟是为了在工人政党内执行既定的策略。直到现在为止，我们执行这个策略始终**没有意见分歧**（惟一的意见分歧就是抵制第三届杜马的问题，但是第一，这个分歧在我们中间并没有尖锐到分裂的地步，甚至连分裂的迹象也没有；第二，这个分歧和唯物主义者同马赫主义者的分歧毫不相干，例如，马赫主义者巴扎罗夫也和我一样，曾反对抵制，并且在《无产者报》上就这个问题写过一篇很长的杂文）。

由于争论究竟是唯物主义还是马赫主义而妨碍在工人政党内执行革命的社会民主党的策略，我看这是不可宽恕的蠢事。我们进行哲学上的争论应该使《无产者报》和布尔什维克这个**党内**的**派别不致受到伤害**。这是完全可能的。

列宁：《列宁致阿·马·高尔基》（1908年2月25日），摘自《列宁全集》第45卷，人民出版社1990年版，第178—184页。

5. 必须经常不断地同政治上的颓废、变节、消沉等现象进行斗争

亲爱的阿·马·：关于您的声明我将同亚·亚·商量一下。依我看，既然您本人从前不认识他，就没有必要发表了。①

---

① 说的是就尼·亚·谢马什柯被捕在报刊上发表声明的问题（参看本卷第96号文献）。——编者注

您把论犬儒主义的文章寄给哪本布尔什维克文集了呢？我真弄不清楚，因为关于各个布尔什维克文集的情况常常有人热心地写信告诉我，但您说的那本文集我从来没听说过。希望是寄给彼得堡那本文集了。① 给显克微支的信，如果有副本，请寄来（请注明这封信是**什么时候**寄出的），不过既然是征询意见，显克微支肯定会发表的。②

您的计划很有意思，我很乐意去。但是您知道，我不能放下党的工作，这项工作需要马上加以安排。安排一件新工作是困难的。我不能丢下不管。大约过一两个月就能安排就绪，那时我可以自由自在地离开一两个星期。

您认为必须**经常不断地**同政治上的颓废、变节、消沉等现象进行斗争，这个意见我万分同意。至于对"社会"和"青年"的看法，我不认为我们之间有什么分歧。知识分子在我们党内的作用日益降低：知识分子从党内**逃跑**的消息比比皆是。这些败类跑得正好。党内的这些市侩垃圾清除掉了。工人将担负起更多的工作。职业工人的作用正在加强。这一切好极了，我相信您的"踢几脚"也就是这个意思。

列宁：《列宁致阿·马·高尔基》（1908年2月7日），摘自《列宁全集》
第45卷，人民出版社1990年版，第169—170页。

6. 把文学批评也同党的工作，同领导全党的工作更紧密地联系起来

现在谈谈如何产生影响的问题。究竟"创办"什么样的"刊物"？文集**还是**《无产者报》？当然最容易的回答是：不是**还是**，而且**两者都办**。这个回答是无可非议的，但不大实际。公开的文集当然应当有，我们彼得堡的同志正在为这些文集流汗，我离开伦敦住在克瓦卡拉③时也是搞这个

---

① 马·高尔基的《论犬儒主义》一文是为法文杂志《进步文献》写的，最初发表在彼得堡种子出版社1908年出版的《文学的崩溃》文集中，随后刊登于上述法文杂志3月号。文章中有一些造神说的错误观点。——编者注

② 马·高尔基1908年1月30日给亨利克·显克微支的信，是对显克微支就普鲁士政府掠夺波兹南地主地产一事征询意见的答复。

高尔基的信是一份反对显克微支维护波兹南地主大私有财产的揭露性文件。信中说，他珍视显克微支的艺术家的天才，但抗议他向威廉二世发出的用下述论据作支柱的呼吁，即：波兰人的行为是"和平的"，他们"不点燃革命之火"，并且准时交纳税款和给普鲁士军队提供兵士。高尔基最后说，"这些话使我对您爱波兰人民是否强烈感到怀疑"。

显克微支把252份征询意见的答复汇编成书在巴黎出版，高尔基的答复没有被收进。——编者注

③ 库奥卡拉的戏称。——编者注

工作。如果有可能，应该**全力**支持他们继续出这些文集。①

但是，从伦敦到1907年11月（半年！）的经验使我相信，现在不能创办**经常性**的公开刊物。我坚信，**党**现在需要有一份正常出版并能坚持不懈地执行同颓废、消沉作斗争的路线的政治性机关报——**党**的机关报，一份政治报纸。许多国内的人不信任在国外办的机关报。这是一种错误。我们编委会决定把《无产者报》迁来这里不是没有原因的。当然，把它安排好并使它活跃起来是困难的。但**应当**这样做，而且一定会做到。

为什么它不可以包括文学批评呢？篇幅少吗？我当然不知道您的工作安排。可惜我们在会面时聊天多，谈正经事少。如果您对于写定期的（一两星期一次）短小文章不感兴趣，如果您觉得写**大本**著作更好，我当然不希望您中断。它会带来更大好处！

但是，如果您也愿意一起参加办政治报纸的工作，为什么不写些象《新生活报》上的《谈谈小市民习气》一类体裁的东西呢？依我看，您已经开了个好头，为什么不继续下去呢？我"有意"在最初写给您的一封信中提到这一点，我想：既然这种体裁这样吸引他，他一定会把它抓起来的。现在我还认为，在最近的一次来信中您好象是把它抓起来了。是不是我搞错了呢？要是报纸不象从前那样片面，党的工作会从中多得到多少倍好处啊！而著作家的工作如果同党的工作，同经常不断影响全党的工作**更紧密地**联系起来，也会多得到多少倍好处啊！我们需要的不是一些"袭击"，而是毫不停顿毫不间断的全线总进攻；社会民主党布尔什维克不仅限于逐个地进攻那些形形色色的蠢才，而是要夺取一切的一切，象日本人从俄罗斯人手中夺取满洲一样。

您打算为文集写的三类文章（哲学，文学批评，当前策略），其中一类半即当前策略和一半的文学批评最好由政治报纸，由《无产者报》刊载。哎，各种半党派性杂志和非党杂志所刊载的专门的文学批评文章，长篇大论，没有什么好东西！我们最好设法远远离开这种知识分子的陈旧的老爷派头，也就是说，把文学批评也同党的工作，同领导全党的工作**更紧密地**联系起来。欧洲成年的社会民主党就是这样做的。我们也应当这样做，

---

① 六三政变后，由于书报检查的加紧，合法报刊无法出版，布尔什维克就出版了一些文集。1907年和1908年初出版的文集有《生活之声》、《闪电》、《1908年大众历书》、《当前问题》、《当前的生活》和《谈谈时代潮流》。——编者注

不必害怕在这一工作中集体办报初期会碰到的种种困难。

长篇的文学批评著作要汇编成书,部分由杂志发表。

定期地经常地写些文章,加入政治报纸的大合奏,同党的工作联系起来,继续发扬在《新生活报》上已开始运用的精神,——告诉我,您愿意这样做吗?

列宁:《列宁致阿·马·高尔基》(1908年2月7日),摘自《列宁全集》
第45卷,人民出版社1990年版,第170—171页。

7. 在文艺方面(以及在戏剧方面)提出"右倾分子"和"左倾分子"的问题这一提法的本身是不正确的

我认为在文艺方面(以及在戏剧方面)提出"右倾分子"和"左倾分子"的问题这一提法的本身是不正确的。"右倾"和"左倾"的概念目前在我国是党的概念,更确切地说,是党内的概念。"右倾分子"和"左倾分子"就是离开真正党的路线而倾向于这一或那一方面的人。因此,把这些概念应用于象文艺、戏剧等等非党的和无比广阔的领域,那就奇怪了。这些概念在文艺界的党的(共产党的)某个小组里还可以应用。在这种小组里可能有"右倾分子"和"左倾分子"。但是,在文艺发展的现阶段,把这些概念应用于有各种各样的流派以及反苏维埃的和完全反革命的流派的文艺界,那就是把一切概念都颠倒了。如果在文艺界运用阶级方面的概念甚至"苏维埃的"、"反苏维埃的"、"革命的"、"反革命的"等等概念,那是最正确的。

斯大林:《答比里—别洛策尔柯夫斯基》(1929年2月2日),摘自《斯大林全集》第11卷,人民出版社1955年版,第280页。

8. "批评自由"这样一个"无害的"和"正常的"口号,对我们竟会成为一个真正的战斗的信号

对上述三个问题的分析,仍然是本书的主题,但是我不得不从两个比较一般的问题谈起:为什么象"批评自由"这样一个"无害的"和"正常的"口号,对我们竟会成为一个真正的战斗的信号。为什么我们甚至在社会民主党对自发的群众运动的作用这个基本问题上都谈不拢。其次,阐述我们对政治鼓动的性质和内容的观点,变成了说明工联主义政治和社会民主主义政治之间的区别;阐述我们对组织任务的观点,变成了说明"经济派"感到满意的手工业方式和我们认为必须建立的革命家组织这两者之间的区别。再次,人们反对全俄政治报"计划"的意见愈没有根据,人们愈

不从实质上回答我在《从何着手？》一文中提出的我们怎样才能在各地同时着手建立我们所需要的组织的问题，我就愈要坚持这个"计划"。最后，在本书的结尾部分，我希望指明以下几点：我们已经做了我们所能做到的一切来防止同"经济派"完全决裂，但是这一决裂毕竟是不可避免的了；《工人事业》已经具有一种特别的。甚至可以说是"历史的"作用，因为它最充分和最突出地表现出来的并不是彻底的"经济主义"，而是那种构成俄国社会民主党历史上**整整一个时期**的特点的混乱和动摇；所以我们同《工人事业》进行的乍看起来似乎是过分详细的论战也是有意义的，因为不彻底结束这个时期，我们就不能前进。

列宁：《怎么办？我们运动中的迫切问题》（1901年秋—1902年2月），
摘自《列宁全集》第6卷，人民出版社1986年版，第3—4页。

9. 他们不可能正确地评价整个托尔斯泰

这期刊登了波特列索夫队伍里的新战士弗·巴扎罗夫的一篇文章。编辑部不同意这篇文章的"个别论点"，当然，并没有指出是哪些论点，因为这样来掩饰混乱要方便得多！至于我们，倒很难指出这篇文章中有哪些论点会使一个对马克思主义稍微有一点尊重的人不感到愤怒。弗·巴扎罗夫写道："我们的知识分子萎靡不振，精神沮丧，已经变成一堆不成形的思想和道德的烂泥，并且已经濒于精神堕落的最后边缘，他们一致认为托尔斯泰——**整个托尔斯泰**——是他们的良心。"这是胡说，这是空话。我们所有的知识分子，尤其是《我们的曙光》杂志的知识分子，看起来很象是一些"精神沮丧"的人，但是，他们在评价托尔斯泰的时候，并没有表现出而且也不可能表现出任何"一致"，他们从来没有正确地评价过而且也不可能正确地评价**整个**托尔斯泰。他们说的那些非常伪善的、十足的《**新时报**》腔调的关于"良心"的空话，正是为了用来掩盖这种不一致。巴扎罗夫不是在同"烂泥"作斗争，而是在鼓励烂泥。

巴扎罗夫"想提醒大家注意对待托尔斯泰的某些不公正〈!!〉态度，这是所有的俄国知识分子的罪过，特别是我们，各种派别的激进分子的罪过"。这里只有一点是对的，那就是巴扎罗夫、波特列索夫及其同伙确实是"各种派别的激进分子"，他们是这样依赖着整个的"烂泥"，以至在人们对托尔斯泰世界观的根本的不彻底性和弱点采取不可原谅的缄默态度的时候，他们就跟着"所有的人"跑，喊叫说对托尔斯泰"不公正"。他们不想"用我们中间广泛流行的、被托尔斯泰称为'争论得怒火中烧'的麻醉剂"来麻醉自己,——这些话,这种论调,正是庸人们所需要的,庸人们总是抱着万分轻蔑的态度避开由于坚决而彻底地捍卫任何原则而引起的争论。

列宁:《"有保留"的英雄》(1910年12月),摘自《列宁全集》第20卷,人民出版社1989年版,第90—91页。

10. 宣称托尔斯泰"第一个把"这些"主观的幻想""客观化了",这就是加入开倒车的人们的阵营

"托尔斯泰的主要力量在于:他经历过现代有教养的人所特有的分解的一切阶段,而找到了综合……"这是胡说。托尔斯泰无论在自己世界观的哲学基础方面,还是在自己的社会政治学说方面,都恰恰没有找到,确切些说,不能够找到综合。"托尔斯泰第一个〈!〉把**纯粹人的**〈黑体都是巴扎罗夫自己用的〉宗教客观化了,也就是说,他不仅为自己而且为别人创造了这种宗教,关于这种宗教,孔德、费尔巴哈和其他现代文化的代表者过去只能从主观上〈!〉去幻想"等等,等等。

这样的话,比普通的庸人论调还要坏。这是用虚幻的花朵来装饰"烂泥",这只能用来骗人。半个多世纪以前,费尔巴哈由于不能从他那许多方面代表德国古典哲学"最高成就"的世界观里"找到综合"而纠缠在"主观的幻想"里,对这些幻想的消极作用,真正进步的"现代文化的代表者"早就作出了评价。现在宣称托尔斯泰"第一个把"这些"主观的幻想""客观化了",这就是加入开倒车的人们的阵营,这就是迎合庸人的论调,这就是附和路标派的主张。

列宁:《"有保留"的英雄》(1910年12月),摘自《列宁全集》第20卷,人民出版社1989年版,第91—92页。

11. 赞扬托尔斯泰是纵容他们的消沉颓废

总之,托尔斯泰"把"费尔巴哈的"主观的幻想""客观化了",而托尔斯泰在他的天才的艺术作品里和他的充满矛盾的学说里反映的那些巴扎罗夫所指出的上个世纪俄国的经济特点,都"恰好是"他的学说里的"主观因素"。这真是胡说八道。不过也可以说:对于"萎靡不振"、"精神沮丧"的"知识分子"(如此等等,象上面引证的那样)来说,没有什么比赞扬托尔斯泰所"客观化了的"费尔巴哈的"主观的幻想",比**不去**使人注意"在目前都被推到第一位"的那些具体的历史经济政治问题,更舒服、更称心、更惬意、更能纵容他们消沉颓废的了！

列宁：《"有保留"的英雄》（1910年12月），摘自《列宁全集》第20卷，人民出版社1989年版，第92页。

12. 在我们今天这样的时候，任何想把托尔斯泰的学说理想化，想袒护或冲淡他的"不抵抗主义"、他的向"精神"的呼吁、他的"道德上的自我修身"的号召、他的关于"良心"和博"爱"的教义、他的禁欲主义和寂静主义的说教等等的企图，都会造成最直接和最严重的危害

列·托尔斯泰的空想学说正象许多空想学说体系一样，是具有批判成分的。但是不要忘记马克思的深刻的见解：空想社会主义的批判成分的意义"是同历史的发展成反比的"。正在"形成"新俄国和消除现代社会灾难的那些社会力量的活动愈发展，它们的活动愈具有确定的性质，批判的空想社会主义就会愈迅速地"失去任何实践意义和任何理论根据"。

在25年以前，**尽管**托尔斯泰主义具有反动的和空想的特点，但是托尔斯泰学说的批判成分有时实际上还能给某些居民阶层带来好处。比如说，在最近10年中，就不可能有这种事情了，因为从上世纪80年代到上世纪末，历史的发展已经前进了不少。而在我们今天，当上述许多事变已经结束了"东方的"静止不动的状态**以后**，在我们今天，当"路标派"的自觉的反动思想，即在狭隘的阶级意义和自私自利的阶级意义上的反动思想在自由派资产阶级中间得到这样广泛传播的时候，当这些思想甚至传染了一部分所谓马克思主义者并造成了"取消主义"思潮的时候，在我们今天这样的时候，任何想把托尔斯泰的学说理想化，想袒护或冲淡他的"不抵抗主义"、他的向"精神"的呼吁、他的"道德上的自我修身"的号召、他的关于"良心"和博"爱"的教义、他的禁欲主义和寂静主义的说教等等的企图，都会造成最直接和最严重的危害。

列宁：《列·尼·托尔斯泰和他的时代》（1911年1月22日〔2月4日〕），摘自《列宁全集》第20卷，人民出版社1989年版，第103—104页。

13. 诗写得怎样，我不知道，然而在政治方面，我敢担保这是完全正确的

应当指出，在讨论这个问题的时候，我们至今还表现出神经过敏，几乎是一种病态，我们制定各式各样的计划，作出各种各样的决议。说到这里，我想谈一件事。昨天我偶然在《消息报》上读到马雅可夫斯基的一首政治题材的诗。我不是他的诗才的崇拜者,诚然我完全承认自己在这方面是个外行。但是我很久没有感到这样愉快了,这是从政治和行政的角度来说的。他在这首诗里尖刻地嘲笑了会议,挖苦了那些老是开会和不断开会的共产党员。诗写得怎样,我不知道,然而在政治方面,我敢担保这是完全正确的。我们确实处于大家没完没了地开会、成立委员会、制定计划的状态之中,应当说,这是很愚蠢的。在俄国生活中曾有过这样的典型,这就是奥勃洛摩夫。他总是躺在床上,制定各种计划。从那时起,已经过去很长一段时间了。俄国完成了三次革命,但奥勃洛摩夫们仍然存在,因为奥勃洛摩夫不仅是地主,而且是农民;不仅是农民,而且是知识分子;不仅是知识分子,而且是工人和共产党员。只要看一下我们如何开会,如何在各个委员会里工作,就可以说**老奥勃洛摩夫仍然存在,对这种人必须长时间搓洗敲打,才会产生一些效果**。在这方面,我们应当正视自己的处境,不要有任何幻想。我们没有象社会革命党人那样模仿那些把"革命"这个词写成大写的人。但我们可以重申马克思的话:在革命时做出的蠢事不会少,有时还会更多①。我们必须冷静地大胆地正视这些蠢事,我们革命者必须学会这一点。

在这次革命中,我们做了那么多事情,这是不可剥夺的成就,这些事已经取得了最终胜利,而且全世界都知道,所以我们根本不必惶惑不安或神经过敏。现在的情况是,我们依据已进行的侦察来检验我们所做过的事情,这种检验具有很重大的意义,我们应该通过这种检验继续前进。现在我们要经受一场同资本家的斗争,就必须坚决走我们新的道路。**我们要这样来建立我们的整个组织,做到不让那些没有商业经验的人来领导商业企业**。我们往往派某个共产党员去领导一个机关,他无疑是一个勤勤恳恳的人,在争取共产主义的斗争中受过考验,坐过监牢,但不会做生意,偏偏这样的人被派去领导国营托拉斯。他具备共产党员的一切无可争辩的优点,但商人还是揍了他,并且揍得好,因为这种地方本来是不该派最可敬、最优秀的共产党员去(除去疯子,没有人会怀疑他们的忠诚),而应当派机灵的办事又诚实的店员去,店员能做好自己的工作,比最忠诚的共产党员强得多。我们的奥勃洛摩夫习气也就表现在这里。

---

① 这是恩格斯在《流亡者文献》一文中说的(见《马克思恩格斯全集》第18卷第586页)。——编者注

我们安排了一批共产党员去从事实际执行工作，他们虽然具有一切优秀品质但完全不适宜做这种工作。我们国家机关中有多少共产党员呢？我们拥有大量的材料，洋洋大观的著作，这会使最严谨的德国学者都喜出望外，我们的公文堆积如山，如果要党史委员会①把这一切研究清楚，就得花上50个50年的工夫，而在国营托拉斯里你们却看不到什么实际结果，甚至不知道谁对什么工作负责。我们的法令太多了，而且象马雅可夫斯基所描写的那样，都是匆匆忙忙赶出来的，但对于法令的实际执行情况却没有加以检查。我们共产党负责工作人员的决定是否执行了呢？他们会不会办这件事呢？不，不会，正因为如此，我们国内政策的关键就和以前不同了。我们的会议和委员会是怎么一回事呢？它们往往是一种儿戏。我们开始清党②并暗下决心"清除混入党内的自私自利分子和盗贼"以后，我们

---

① 党史委员会（十月革命史和俄国共产党党史资料收集研究委员会）是根据1920年9月21日人民委员会的决定成立的，隶属教育人民委员部。第一任主席是米·斯·奥里明斯基，副主席是米·尼·波克罗夫斯基，秘书是弗·维·阿多拉茨基。根据俄共（布）中央1921年1月31日的特别通告，后来在44个省里也建立了地区研究党组织历史的中心。1921年12月，根据中央委员会决定，党史委员会划归俄共（布）中央领导，相当于中央的一个部。同时建议各州和省的党委会也成立党史委员会。各党史委员会进行了大量的研究工作，它们收集和研究文献资料，帮助老党员撰写回忆录，出版有关党史及地方组织史的书刊。党史委员会的档案库和图书馆藏有大量有关党史和革命史的珍贵材料。党史委员会再版了党的历次代表大会记录和《火星报》、《前进报》、《无产者报》等报纸，出版了《党史委员会公报》和党史杂志《无产阶级革命》（1921年10月起），建立了一些革命博物馆和党史博物馆。1928年党史委员会同联共（布）中央列宁研究院合并。——编者注

② 指俄共（布）第一次清党。这次清党是在实行新经济政策后资本主义分子及其在党内的代理人有所活跃的情况下，根据俄共（布）第十次代表大会《关于党的建设问题的决议》进行的，目的是从党内清除非共产主义分子，纯洁党的队伍。因为是在全党进行，所以也称总清党。清党工作经过长期和细致认真的准备。1921年6月21日，中央委员会和中央监察委员会通过了《关于党员审查、甄别和清党问题的决议》（载于1921年6月30日《真理报》第146号），把征求党内外劳动群众对被审查党员的意见作为清党的一项必要条件，同时规定了成立地方审查委员会的程序。7月7日，中央政治局批准了中央清党领导机构——中央审查委员会成员名单。7月27日，中央委员会在《真理报》上发表了致各级党组织的信，阐明了清党的任务和方法，提出以下清党方针：对于工人，在呈交证件、鉴定方面应放宽一些；对于农民，应严格区分富农和诚实的劳动农民；对于"摆委员架子的"和担任享有某种特权的职务的人应从严；对于旧官吏、资产阶级知识分子出身的人，应特别注意审查；对原属其他党派尤其是孟什维克和社会革命党人的人，应进行最细致的审查和清洗。这次清党从1921年8月15日开始，到俄共（布）第十一次代表大会（1922年3月）召开前夕结束。清党期间，一般停止接受新党员。俄共（布）第十一次全国代表会议和第十一次代表大会先后对清党工作进行了初步总结和最终总结。清党结果，共有159355人被除名（占党员总数24.1%，不包括布良斯克、阿斯特拉罕两省和土耳其斯坦的材料）。在开除出党和退党的人中，工人占20.4%，农民占44.8%，职员和自由职业者占23.8%，其他占11%。——编者注

的情况有了好转。我们大约清除了 10 万人，这好极了，不过这仅仅是一个开端。在党代表大会上我们要好好讨论这个问题。我想，那些现在只会设立委员会而不进行也不会进行任何实际工作的几万人，到时候也会有同样的命运。我们这样清洗以后，我们的党就会从事实际工作，就会象了解军事工作那样了解这个工作。当然，这不只是几个月的事情，也不是一年的事情。在这个问题上我们必须坚定不移。我们不怕说我们工作的性质改变了。我们内部最可恶的敌人就是官僚主义者，这些人都是身居苏维埃要职（也有担任一般职务的）、由于勤勤恳恳而受到大家尊敬的共产党员。他唱得有点刺耳，好在他滴酒不进。① 他没有学会同拖拉现象作斗争，他不善于同这种现象作斗争，反而为之掩护。**我们必须清除这种敌人，我们要借助所有觉悟的工人农民收拾这种敌人。所有非党的工农群众都会跟着共产党的先进队伍去反对这种敌人，反对这种紊乱现象和奥勃洛摩夫习气。在这方面不能有任何动摇。**

列宁：《论苏维埃共和国所处的国际和国内形势——在全俄五金工人代表大会共产党党团会议上的讲话》（1922 年 3 月 6 日），摘自《列宁全集》第 43 卷，人民出版社 1987 年版，第 12—14 页。

14. 这种批评就在你（别德内依）的作品中开始发展为对苏联的诽谤，对苏联过去和对苏联现在的诽谤

你十二月八日的来信收到了。看来你需要我的答复。那末好吧。

首先谈谈你的一些琐碎的词句和暗示。假如这些不漂亮的"小东西"是一种偶然的因素，那倒可以不去管它。但是这些"小东西"是那么多，那么猛烈地"喷涌出来"，以致决定了你整封信的音调。大家知道，音调是构成乐曲的。

你把中央的决议看做"绞索"，看做"我的（即你的）毁灭的时候到了"的标志。为什么呢？有什么根据呢？一个共产党员不去领导中央的实质并改正自己的错误，反而蔑视这个决议，把它看做"绞索"，这叫什么共产党员呢？……

在该称赞你的时候，中央曾多次称赞过你。当我们党内的个别集团和

---

① 出自伊·安·克雷洛夫的寓言《音乐家们》。寓言说，有一个人请客，邀了一批歌手助兴。这些歌手各唱各的调，叫客人实在受不了。主人却解释说，他们唱得是有些刺耳，可是个个生活严肃，滴酒不进。——编者注

同志攻击你的时候，中央曾多次保护过你（其实有些勉强的！）。当不少诗人和作家犯了个别错误的时候，中央纠正了他们。这一切你都认为是正常的和理所当然的。可是当中央不得不批评你的错误的时候，你就突然嗤之以鼻，叫起"绞索"来了。有什么根据呢？也许中央没有权利批评你的错误？也许中央的决议对你没有约束力？也许你的诗超乎一切批评之上？你没有发觉你已经染上某种令人不快的所谓"自高自大"的毛病吗？杰米杨同志，放谦虚一些吧……

你的错误的实质在哪里呢？你的错误的实质就在于：对苏联生活缺点的批评，你最初运用得很准确很巧妙的这个必要的和应该的批评使你过分迷醉了，而你一旦迷醉之后，这种批评就在你的作品中开始发展为对苏联的诽谤，对苏联过去和对苏联现在的诽谤。你的《从热炕上爬下来吧》和《不讲情面》就是如此。你的《比里尔瓦》就是如此，这本书我已经遵照莫洛托夫同志的建议在今天读过了。

你说莫洛托夫同志称赞过《从热炕上爬下来吧》这篇小品文。很可能是这样。我对这篇小品文的称赞也许不下于莫洛托夫同志，因为在这篇小品文里（正如在其他小品文里一样）有许多击中要害的精彩的地方。但是在那里也还有一匙焦油，它弄脏了整幅图画，把它变成了十足的"比里尔瓦"。问题就在这里，构成这些小品文的乐曲的就是这个东西。

你自己来判断吧。

现在全世界都承认，革命运动的中心已经从西欧移到俄国来了。世界各国的革命者都满怀希望地注视着苏联，把它看做全世界劳动人民解放斗争的策源地，承认它是自己唯一的祖国。世界各国的革命工人都一致向苏联工人阶级，首先向苏联工人的先锋队——俄罗斯工人阶级欢呼，把它当做自己公认的领袖，因为它实行着其他各国无产者曾经梦想实行的最革命最积极的政策。世界各国革命工人的领导者都如饥如渴地研究俄罗斯工人阶级的最有教益的历史，研究这个阶级的过去，研究俄罗斯的过去，他们知道除了反动的俄罗斯以外，还有过革命的俄罗斯，有过拉吉舍夫和车尔尼雪夫斯基、热里雅鲍夫和乌里杨诺夫、哈尔土林和阿列克谢也夫这样一些人的俄罗斯。这一切都使俄罗斯工人心里产生（不能不产生！）革命的民族自豪感，这种自豪感能够移山倒海，能够创造奇迹。

而你呢？你不去理解革命历史上这个最伟大的过程，不把自己提高到能够担负起先进无产阶级的歌手的任务，反而跑到什么洼地里，在摘自卡拉姆津著作的非常乏味的引文和引自《家训》的同样乏味的格言之间纠缠不清，并向全世界宣布：过去的俄罗斯是装满丑恶和颓废的瓶子；现在的俄罗斯是十足的"比里尔瓦"；"懒惰"和渴望"坐在热炕上"几乎是一切俄罗斯人的民族特点，因此也是完成过十月革命的、当然仍旧是俄罗斯人的俄罗斯工人的民族特点。这就是你的所谓布尔什维克的批评！不是的，可敬的杰米杨同志，这不是布尔什维克的批评，而是对我国人民的诽谤，是对苏联的侮辱，对苏联无产阶级的侮辱，对俄罗斯无产阶级的侮辱。

既然如此，你还想叫中央默不作声！你把我们的中央看成什么了？

你还想叫我因为你原来对我有"历史上的好感"而默不做声！你是多么优雅，多么不了解布尔什维克……

斯大林：《斯大林致杰米杨·别德内依同志》（1930年12月12日），摘自《斯大林全集》第13卷，人民出版社1956年版，第23—25页。

15. 无论如何你（别德内依）必须回到原来的列宁的道路上来

也许你这位"有学问的人"不会拒绝听听下面这段列宁的话吧：

"我们大俄罗斯的觉悟的无产者是不是没有民族自豪感呢？当然不是的！我们酷爱自己的语言和自己的祖国，我们在尽最大的努力，以便把祖国的劳动群众（即占祖国人口9/10的劳动群众）提高到民主主义者和社会主义者的自觉生活的程度。我们因目睹沙皇刽子手、贵族和资本家对我们美丽的祖国肆行横暴、压迫和侮辱而感到无限的痛心。我们因这些暴行在我们人民中间，在大俄罗斯人民中间引起了反抗，因这些人民中间产生了拉吉舍夫、十二月党人、七十年代平民知识分子革命家，因为大俄罗斯工人阶级在1905年创立了一个强大的群众性的革命政党，因为大俄罗斯农夫当时已开始成为民主主义者，开始打倒牧师和地主。我们记得，献身于革命事业的大俄罗斯民主主义者车尔尼雪夫斯基在半个世纪以前说过：'可怜的民族，努力的民族，上上下下都是奴隶。'大俄罗斯人中的公开的和不公开的奴隶（沙皇君主制度的奴隶）是不喜欢想起这些话的。然而我们认为这是真正热爱祖国的话，是感叹大俄罗斯人民群众缺乏革命性而倾吐出来的热爱祖国的话。当时这种革命性是没有的。现在这种革命性虽然还少，但是已经有了。我们满怀民族自豪感，因为大俄罗斯民族也产生了革命阶级，也证明了它能给人类做出为自由和社会主义而斗争的伟大榜样，而不只是大规模的蹂躏，大批的绞架和

拷问室，普遍的饥荒以及向神甫、沙皇、地主和资本家逢迎献媚的极端奴才相。"（见列宁《论大俄罗斯人的民族自豪心》）①

请看列宁这个世界上最伟大的国际主义者关于大俄罗斯人的民族自豪感是说得多么好。他所以这样说，是因为他知道：

"大俄罗斯人的民族自豪感（不是奴隶心目中的那种自豪感）的利益是同大俄罗斯（以及其他一切民族）无产者的社会主义利益一致的。"（同上）②

这就是列宁的明白而大胆的"纲领"。

这个"纲领"对于那些和自己的工人阶级、和自己的人民血肉相连的革命者是完全可以理解的，是自然的。

这个"纲领"对于那些和自己的工人阶级、和自己的人民没有而且不可能有联系的列列维奇之流的蜕化分子是不可理解的，是不自然的。

能不能把列宁的这个革命的"纲领"和你最近的几篇小品文中所表现的那种不健康的趋向调和起来呢？

可惜不能。所以不能，是因为它们之间毫无共同之处。

事情就是这样，你所不愿意了解的也就是这一点。

因此，无论如何你必须回到原来的列宁的道路上来。

主要的就在这里，而不在于张皇失措的知识分子的那种无谓哀鸣，惊慌地说人家要把杰米扬"孤立"起来，说"再不发表"杰米扬的作品了等等。

斯大林：《斯大林致杰米扬·别德内依同志》（1930年12月12日），摘自《斯大林全集》第13卷，人民出版社1956年版，第25—27页。

16. 我决不会反对上演《逃亡》，只要布尔加柯夫自己的八个梦再加上一两个梦，描写出苏联国内战争的内部社会动力，使观众能够了解，所有这些自称为"诚实的"谢拉菲玛之流和各种各样的编制以外的大学讲师被赶出俄国，并不是由于布尔什维克的任性，而是因为他们曾经骑在人民的脖子上

应该得出结论说：我不能认为"郭洛万诺夫主义"③是"右倾"危险

---

① 见《列宁文选》两卷集，1953年人民出版社第1卷第897页。——编者注
② 见《列宁文选》两卷集，1953年人民出版社第1卷第899页。——编者注
③ "郭洛万诺夫主义"表现于某一部分戏剧工作者企图把旧的资产阶级的习气和工作方法搬到苏维埃剧院里来。1926年至1928年，大剧院以乐队指挥郭洛万诺夫为首的一批演员反对革新，反对创造适合广大劳动者阶层增长了的要求和社会主义建设任务的新剧目。这一批人和剧院全体工作人员对立起来，并拒绝提拔青年演员。党所采取的改革苏维埃剧院工作的措施保证克服了"郭洛万诺夫主义"。——编者注

或"左倾"危险,因为它是在党派范围以外的。"郭洛万诺夫主义"是一种反苏维埃的现象。当然,不应该由此得出结论说:郭洛万诺夫本人不能改好,他不能摆脱自己的错误甚至当他决心抛弃自己错误的时候也要追究他和攻击他,这样来迫使他出走国外。

又如布尔加柯夫的《逃亡》,同样不能认为是"左倾"危险或"右倾"危险的表现。《逃亡》是企图引起人们对某些反苏维埃流亡者阶层怜悯(甚至同情)的表现,也就是企图为白卫分子的活动做辩护或半辩护的变现。像现在这样子的《逃亡》是一种反苏维埃的现象。

但是我决不会反对上演《逃亡》,只要布尔加柯夫自己的八个梦再加上一两个梦,描写出苏联国内战争的内部社会动力,使观众能够了解,所有这些自称为"诚实的"谢拉菲玛之流和各种各样的编制以外的大学讲师被赶出俄国,并不是由于布尔什维克的任性,而是因为他们曾经骑在人民的脖子上(不管他们如何"诚实"),布尔什维克把这些剥削的"诚实"拥护者赶走是体现了工农的意志,因此是做得完全正确的。

斯大林:《答比里—别洛策尔柯夫斯基》(1929年2月2日),摘自《斯大林全集》第11卷,人民出版社1955年版,第280—281页。

五 马克思和恩格斯论文艺史与文化史

(一) 原始时代的文化

1. 摩尔根是第一个具有专门知识而尝试给人类的史前史建立一个确定的系统的人:蒙昧时代、野蛮时代

摩尔根是第一个具有专门知识而尝试给人类的史前史建立一个确定的系统的人;他所提出的分期法,在没有大量增加的资料认为需要改变以前,无疑依旧是有效的。

在三个主要时代——蒙昧时代、野蛮时代和文明时代中,不消说,他所研究的只是前两个时代以及向第三个时代的过渡。他根据生活资料生产的进步,又把这两个时代中的每一时代分为低级阶段、中级阶段和高级阶段,因为,他说:

"这一生产上的技能,对于人类的优越程度和支配自然的程度具有决定的意义;一切生物之中,只有人类达到了几乎绝对控制食物生产的地步。人类进步的一切大的时代,是跟生活来源扩充的各时代多少直接相符合的"。

家庭的发展与此并行,不过,这一发展对于时期的划分没有提供这样显著的标志罢了。

一 蒙昧时代

1. 低级阶段。这是人类的童年。……

2. 中级阶段。从采用鱼类(我们把虾类、贝壳类及其他水栖动物都算在内)作为食物和使用火开始。这两者是互相联系着的,因为鱼类食物,只有用火才能做成完全可吃的东西。而自从有了这种新的食物以后,人们便不受气候和地域的限制了;他们沿着河流和海岸,甚至在蒙昧状态中也可以散布在大部分地面上。石器时代早期的粗制的、未加磨制的石器,即所谓旧石器时代的石器(这些石器完全属于或大部分都属于这一阶段)遍布于各大洲,就是这种迁徙的证据……

3. 高级阶段。从弓箭的发明开始。由于有了弓箭,猎物便成了通常的食物,而打猎也成了常规的劳动部门之一。弓、弦、箭已经是很复杂的工具,发明这些工具需要有长期积累的经验和较发达的智力,因而也要同时熟悉其他许多发明。如果把已经知道弓箭,但还不知道制陶术(摩尔根认为向野蛮时代过渡就是从制陶术开始)的各民族,彼此对照一下,我们的确就可以看到,已经有定居而成村落的某些萌芽,以及对生活资料生产的某种程度的掌握,如:木制的容器和用具,用韧皮纤维做成的手工织物(没有织机),用韧皮或芦苇编成的篮子,以及磨制的(新石器时代的)石器。火和石斧通常已经使人能够制造独木舟,有的地方已经使人能够用方木和木板来建筑房屋了。例如,在美洲西北部的印第安人中间,我们就可以看到这一切进步,这些印第安人虽然已经使用弓和箭,但还不知道制陶术。弓箭对于蒙昧时代,正如铁剑对于野蛮时代和火器对于文明时代一样,乃是决定性的武器。

二 野蛮时代

1. 低级阶段。从学会制陶术开始。可以证明,在许多地方,也许是在一切地方，陶器的制造都是由于在编制的或木制的容器上涂上粘土使之能够耐火而产生的。在这样做时，人们不久便发现，成型的粘土不要内部的容器，同样可以使用……

2. 中级阶段。在东大陆，是从驯养家畜开始；在西大陆，是从靠灌溉之助栽培食用植物以及在建筑上使用土坯（即用阳光晒干的砖）和石头开始。

……

3. 高级阶段。从铁矿石的冶炼开始，并由于拼音文字的发明及其应用于文献记录而过渡到文明时代……

恩格斯：《家庭、私有制和国家的起源》（1884 年 3 月底—5 月底），摘自《马克思恩格斯文集》第 4 卷，人民出版社 2009 年版，第 32—34 页。

2. 第二冰期以后，气候逐渐温暖，人类开始出现于整个欧洲、北非、前亚细亚以至印度

第二冰期以后，气候逐渐温暖，人类开始出现于整个欧洲、北非、前亚细亚以至印度。和人类一同出现的，有已经绝种的巨大的厚皮动物（毛象、有直牙的象、毛犀）、肉食动物（穴狮、洞熊）以及现在还生存着的动物（驯鹿、马、鬣狗、狮子、野牛、原牛）。这一时代的工具，表明了文化发展的极低阶段：极其粗糙的石刀、无柄的梨形石锄或石斧、刮兽皮用的削刀、钻，所有这些都是用燧石做成的，这大致相当于现今澳洲土人的发展阶段。到现在为止，所发现的骨骼残骸，还不允许我们对这些人的身体结构作出结论，但就其分布地域之广和到处都有同样的文化这些事实来看，可以断定这个时期延续得很久。

这些早期旧石器时代的人类的结局怎样，我们不知道。在他们出现过的地方，没有一个地方，包括印度在内，还保存有什么种族可以作为他们在现代人类中的代表。

在英国、法国、瑞士、比利时和德国南郊的洞穴里，大多只是在土壤沉积的最下层中，发现有这些已经死绝的人类的工具。在这个最低的文化层上面（中间往往隔着一层厚薄不等的钟乳石），发现有第二个有着种种工具的文化层。这些工具属于一个较晚的时代，它们的制作精巧得多，它们的材料也复杂得多。这些石器，固然还没有磨光，但在设计和制造上比较合理。此外，还发现有石制的、驯鹿角制的和骨制的箭头和枪头、骨制的和鹿角制的短剑和缝针、动物牙齿钻孔后串成的项链等物。在某些器物上，我们有时看到很生动的动物画，如驯鹿、毛象、原牛、海豹、鲸鱼等，也有赤身人物狩猎图，甚至还可看到兽角上的原始雕刻。

早期旧石器时代人类和大半来自南方的动物一起出现，而和晚期旧石器时代人类同时出现的，则是产自北方的动物：两种现在还生存着的北方熊、北极狐、狼獾、白枭。这些人大概就是和这些动物一起从东北方面迁移来的，他们残存在今日世界上的后代，大概就是爱斯基摩人。这两种人的工具，不仅个别是相似的，而且整批都是完全一致的。从图画上看，也是如此。这两种人的食物，几乎取自完全相同的动物。他们的生活方式（就我们对已绝灭的种族所能下的判断来说）是完全一样的。

恩格斯：《论日耳曼人的历史》（1881—1882年），摘自《马克思恩格斯全集》第19卷，人民出版社1963年版，第478—479页。

3. 野蛮时代高级阶段在生产的发展上已取得丰富的成就

野蛮时代高级阶段的全盛时期，我们在荷马的诗中，特别是在《伊利亚特》中可以看到。发达的铁制工具、风箱、手磨、陶工的辘轳、榨油和酿酒、成为手工艺的发达的金属加工、货车和战车、用方木和木板造船、作为艺术的建筑术的萌芽、由设塔楼和雉堞的城墙围绕起来的城市、荷马的史诗以及全部神话——这就是希腊人由野蛮时代带入文明时代的主要遗产。如果我们把凯撒，甚至塔西佗对日耳曼人的记述①跟这些成就作一比较，便可看出，野蛮时代高级阶段在生产的发展上已取得如何丰富的成就。

恩格斯：《家庭、私有制和国家的起源》（1884年3月底—5月底），摘自《马克思恩格斯文集》第4卷，人民出版社2009年版，第37—38页。

4. 专偶制家庭是在野蛮时代的中级阶段和高级阶段交替的时期从对偶制家庭中产生的；它的最后胜利乃是文明时代开始的标志之一

专偶制家庭。如上所述，它是在野蛮时代的中级阶段和高级阶段交替的时期从对偶制家庭中产生的；它的最后胜利乃是文明时代开始的标志之一。它是建立在丈夫的统治之上的，其明显的目的就是生育有确凿无疑的生父的子女；而确定这种生父之所以必要，是因为子女将来要以亲生的继承人的资格继承他们父亲的财产。专偶制家庭和对偶制不同的地方，就在

---

① 指凯撒的《高卢战记》和塔西佗的《日耳曼尼亚志》。——编者注

于婚姻关系要牢固得多，这种关系现在已不能由双方任意解除了。这时通例只有丈夫可以解除婚姻关系，赶走他的妻子。对婚姻不忠的权利，这时至少仍然有习俗保证丈夫享有（拿破仑法典明确规定丈夫享有这种权利，只要他不把姘妇带到家里来）；而且随着社会的进一步发展，这种权利也行使得越来越广泛；如果妻子回想起昔日的性的实践而想加以恢复时，她就要受到比过去任何时候都更严厉的惩罚。

这种新的家庭形式的全部严酷性，我们在希腊人那里可以看到。正如马克思所指出的，神话中的女神的地位给我们展示了一个更早的时期，那时妇女还享有比较自由和比较受尊敬的地位，但是到了英雄时代，我们就看到妇女已经由于男子的统治和女奴隶的竞争而被贬低了。只要读一下《奥德赛》，就可以看到特里曼珠是怎样打断他母亲的话并要求她缄默。在荷马的史诗中，被俘虏的年轻妇女都成了胜利者的肉欲的牺牲品；军事首领们按照他们的军阶依次选择其中的最美丽者；大家也知道全部《伊利亚特》都是以阿基里斯和亚加米农二人争夺这样一个女奴隶的纠纷为中心的。荷马的史诗每提到一个重要的英雄，都要讲到同他共享帐篷和枕席的被俘的姑娘。这些姑娘也被带回胜利者的故乡和家里去同居，例如在埃斯库罗斯的作品中，亚加米农对珈桑德拉就是这样做的；同这些女奴隶所生的儿子可以得到父亲遗产的一小部分，并被认为是自由民；特夫克尔就是铁拉孟的这样一个非婚生的儿子，他可以按父名给自己取名字。对于正式的妻子，则要她容忍这一切，同时还要她自己严格保持贞操和对丈夫的忠诚。虽然英雄时代的希腊妇女比文明时代的妇女较受尊敬，但是归根结蒂，她对于男子说来仍不过是他的婚生的嗣子的母亲、他的最高的管家婆和女奴隶的总管而已，他可以随意纳这些女奴隶为妾，而且事实上也是这样做的。正是奴隶制与专偶制的并存，正是完全受男子支配的年轻美貌的女奴隶的存在，使专偶制从一开始就具有了它的特殊的性质，使它成了只是对妇女而不是对男子的专偶制。这种性质它到现在还保存着。

谈到较后时期的希腊人，应该把多立斯人同伊奥尼亚人区别开来。前者以斯巴达为典范，他们的婚姻关系在许多方面甚至比荷马本人所描写的婚姻关系还要古老。在斯巴达，是一种由国家根据当地的观点而改变了的对偶婚制，这种对偶婚制在有些方面还像群婚。不育子女的婚姻可以解除；国王阿拿克散德里德（约公元前650年）在一个不育的妻子以外又娶了一个,有着两个家;大约在同一时期,国王阿里斯东除了有两个不育的妻子以外还娶了第三个,而把前两妻中的一个退了。另一方面,几个兄弟可以有一个共同的妻子;一个人如果喜欢自己朋友的妻子,就可以和那个朋友共同享有她;并且认为,把自己的妻子交给一个按照俾斯麦的口吻所说的壮健的"种马"去支配,即使这个家伙本人并不属于公民之列,也是合乎体统的事情。在普卢塔克的作品中,有一个地方谈到一个斯巴达妇女,叫一个向她求爱的情人去找她的丈夫商量;因此,按照舍曼的看法,可以认为在习俗上甚至存在着更大的自由。所以,真正的通奸,妻背夫不贞,是从来没有听说过的。另一方面,斯巴达至少在其全盛时代,还不知有家务奴隶,而处于农奴地位的黑劳士则另外居住在庄园里,因此,斯巴达人占有他们妻子的机会比较少。在这些条件下,斯巴达的妇女自然要比其他希腊妇女占着受人尊敬得多的地位。斯巴达的妇女和少数优秀的雅典淫游女,是受古人尊崇并认为她们的言行是值得记载的举世无双的希腊妇女。

恩格斯:《家庭、私有制和国家的起源》(1884年3月底—5月底),摘自《马克思恩格斯文集》第4卷,人民出版社2009年版,第73—76页。

5. 在荷马的诗篇中,还把胞族看作军事单位……在英雄时代的希腊社会制度中,古代的氏族组织还是很有活力的

胞族,像在美洲人那里一样,是一种分裂成几个女儿氏族同时又把它们联合起来的母亲氏族,这种母亲氏族常常还能表明所有这些女儿氏族出自一个共同的男始祖。比如,据格罗特说:

"赫卡泰胞族的所有同时代的成员,都承认在第十六亲属等级内有一个共同的神为其男始祖。"

所以,这一胞族的一切氏族都是真正的兄弟氏族。在荷马的诗篇中,还把胞族看作军事单位,在那著名的一段中,奈斯托尔劝告亚加米农说:要按照部落和胞族来编制军队,以便胞族帮助胞族,部落帮助部落。此外,胞族在其成员被害时有追究的权利和义务;可见在较早的时代,胞族也有血族复仇的义务。其次,胞族有共同的神殿和节日,而且,从古代雅利安人的传统的自然崇拜而来的全部希腊神话,其发展本身,实质上也是由氏族及胞族所制约并在它们内部进行的。再次,胞族有一个胞族长(phratri-archos),据德·库朗日说,它还有全体大会,通过必须执行的决定,拥有法庭和行政机关。甚至以后的轻视氏族的国家,也给胞族保留下了若干公共的行政性的职能。

几个亲属胞族构成一个部落。在阿提卡,共有四个部落,每个部落有三个胞族,每个胞族有三十个氏族。这样细密的集团划分,是以有意识的和有计划的干涉自然形成的秩序为前提的。至于这是怎样发生的,什么时候发生的,发生的原因何在,希腊历史都没有提到,希腊人自己关于他们的历史所保存下来的记忆仅仅追溯到英雄时代为止。

拥挤在一个比较小的地区上的希腊人,其方言上的差异不像在广大的美洲森林中那样显著;但是就是在这里我们也看到,只有主要方言相同的部落才联合成为一个大的整体;甚至小小的阿提卡也有独特的方言,这一方言后来获得了统治地位而成为共同的散文语言。

在荷马的诗中,我们可以看到希腊的各部落大多数已联合成为一些小民族〔kleine Völkerschaften〕;在这种小民族内部,氏族、胞族和部落仍然完全保持着它们的独立性。它们已经住在有城墙保护的城市里;人口的数目,随着畜群的增加、农业的扩展以及手工业的萌芽而日益增长;与此同时,就产生了财产上的差别,随之也就在古代自然形成的民主制内部产生了贵族分子。各个小民族〔Völkchen〕,为了占有最好的土地,也为了掠夺战利品,进行着不断的战争;以俘虏充作奴隶,已成为公认的制度。

这些部落和小民族的组织如下:

1. 常设的权力机关为**议事会**(bulê),这种议事会最初大概是由各氏族的酋长组成的,后来,由于其人数增加得太多,便由其中选出的一部分人组成,这就造成了发展和加强贵族分子的机会;狄奥尼修斯所描述的英雄时代的议事会正是这样由贵族(kratistoi)组成的。议事会对于一切重要问题作出最后决定;例如,在埃斯库罗斯的作品中就谈到过忒拜议事会曾作了一个对当时局势有决定意义的决议,即为伊托克利斯举行荣誉葬礼,而波吕涅克斯的尸体则扔出去让狗吃掉。随着国家的设立,这种议事会就变为元老院了。

2. **人民大会**(agora〔阿哥腊〕)。我们在易洛魁人中间已经看到,当议事会开会时,人民——男男女女都站在周围,有秩序地参加讨论,这样来影响它的决定。在荷马所描写的希腊人中间,这种"围立"〔Umstand〕(这是古代德意志人的法庭用语)已经发展成为一种真正的人民大会,这种情形在古代德意志人那里也有。人民大会由议事会召集,以解决各项重要事务；每个男子都可以发言。决定是用举手（埃斯库罗斯的《乞援人》）或欢呼通过的。人民大会是最高级的权力，因为，正如舍曼所说（《希腊的古代》），"当谈到一件须要人民协助来办的事情的时候，荷马并未向我们指出任何可以违反人民意志而强迫他们来这样做的手段"。

原来，当部落中每个成年男子都是战士的时候，那脱离了人民的、有可能和人民对抗的公共权力还不存在。自然形成的民主制还处于全盛时期，所以无论在判断议事会的或者巴赛勒斯的权力与地位时，都应当以此为出发点。

3. 军事首长（Basileus [巴赛勒斯]）。关于这一点马克思说道："欧洲的学者们大都是天生的宫廷奴才，他们把巴赛勒斯变为现代意义上的君主。共和党人美国佬摩尔根是反对这一点的。他极其辛辣地、但很公正地说到油滑的格莱斯顿先生和他的《世界的少年时代》一书：

'格莱斯顿先生向我们把英雄时代的希腊酋长描写成国王和公侯，而且还给他们加上绅士的资格，但是他本人不得不承认：总的说来，我们发现在他们那里似乎有长子继承的习惯或法律，而且规定得很充分但是并不是明确到了极点'。"

看来，格莱斯顿先生本人也会觉得，带有这种保留条件的长子继承制，也已经充分地等于没有，尽管并不是明确到了极点地等于没有。

我们已经看到，易洛魁人和其他印第安人的酋长职位是怎样继承的。一切职位多半都是在氏族内部选举的，因而是在氏族范围内继承的。出缺时，最亲近的同氏族男亲属——兄弟，或姊妹的儿子，逐渐享有了优先权，除非有理由屏弃他。因此，如果说在希腊人中间，在父权制统治之下，巴赛勒斯的职位通常是传给儿子或儿子中的一个，那么这仅仅证明，儿子们在这里很有可能通过人民选举而获得继承权，但决不证明不经过人民选举就实行合法继承。这里所说的情况，在易洛魁人和希腊人那里，就是氏族内部特殊的贵族家庭的最初萌芽，而在希腊人那里，除此之外还是未来的世袭元首或君主制的最初萌芽。因此，可以推想希腊人的巴赛勒斯，正像罗马的"王"（勒克斯）一样，必定是或者由人民选举的，或者为人民的公认的机关——议事会或人民大会——所认可的。

在《伊利亚特》里，勇士的统领亚加米农，并不是作为希腊人的最高国王，而是作为围城盟军的最高统帅而出现的。当希腊人中间发生内讧时，奥德赛在一段著名的话中指明了他的这一地位：多头指挥是不好的，应该由一个人做统帅等等（此外还有一节人人爱诵的关于权杖的诗，但这是后人加的）。"奥德赛在这里并不是讲述统治的形式，而是要求服从战争中的最高统帅。对于在特洛伊城下仅仅作为军队出现的希腊人说来，人民大会是进行得十分民主的。阿基里斯在说到赠品，即说到分配战利品时，他总是既不让亚加米农也不让其他某个巴赛勒斯来分配，而是让'亚该亚人的儿子们'即人民来分配。'宙斯所生的'，'宙斯所养的'这一类称号，不能证明任何东西，因为**每个**氏族都起源于一个神，而部落首长的氏族则起源于一个'更显赫'的神，在这里就是起源于宙斯。甚至人身不自由的人，例如牧猪人优玛士等人，也都是'神的'（dioi 和 theioi），这是在《奥德赛》中所描述的情形，即在比《伊利亚特》晚得多的时期中发生的情形；在这本《奥德赛》中，'英雄'的称号还给予传令官木利奥斯和盲人歌手德莫多克。简言之，希腊著作家用来表示荷马所说的王权的巴赛勒亚 [basileia] 一词（因为这一权力的主要特征是军事的统率），在同时存在议事会和人民大会的情况下，其意不过是军事民主制而已。"（马克思语）

　　巴赛勒斯除军事的权限以外，还有祭祀的和审判的权限；审判的权限没有详细规定，但祭祀的权限是他作为部落或部落联盟的最高代表而被赋予的。关于民政、行政的权限从来没有提到过；但是巴赛勒斯由于职位的关系大概也是议事会的成员。可见，用 König 来翻译 Basileus 一词，在语源上是完全正确的，因为 König（Kuning）是由 Kuni、Künne 而来的，即氏族酋长的意思。不过，古希腊文的 basileus 跟现代意义的 König 一词是完全不相符合的。修昔的底斯把古代的 basileia 很确定地叫作 patrikê，即由氏族产生的意思，并说 basileia 有明确规定的、因而是有限的权限。亚里士多德也说，英雄时代的 basileia 是对自由人的统率，巴赛勒斯是军事首长、法官和最高祭司；可见，巴赛勒斯并未握有后来的意义上的统治权力。

　　这样，我们看到，在英雄时代的希腊社会制度中，古代的氏族组织还是很有活力的，不过我们也已经看到，它的瓦解已经开始：由子女继承财产的父权制，促进了财产积累于家庭中，并且使家庭变成一种与氏族对立的力量；财产的差别，通过世袭贵族和王权的最初萌芽的形成，对社会制度发生反作用；奴隶制起初虽然仅限于俘虏，但已经开辟了奴役同部落人甚至同氏族人的前景；古代部落对部落的战争，已经逐渐蜕变为在陆上和海上为攫夺牲畜、奴隶和财宝而不断进行的抢劫，变为一种正常的营生，一句话，财富被当作最高的价值而受到赞美和崇敬，古代氏族制度被滥用来替暴力掠夺财富的行为辩护。所缺少的只是一件东西，即这样一个机关，它不仅保障单个人新获得的财富不受氏族制度的共产制传统的侵犯，不仅使以前被轻视的私有财产神圣化，并宣布这种神圣化是整个人类社会的最高目的，而且还给相继发展起来的获得财产从而不断加速财富积累的新的形式，盖上社会普遍承认的印章；所缺少的只是这样一个机关，它不仅使正在开始的社会分裂为阶级的现象永久化，而且使有产者阶级剥削无产者阶级的权利以及前者对后者的统治永久化。

而这样的机关也就出现了。**国家被发明出来了。**

恩格斯：《家庭、私有制和国家的起源》（1884 年 3 月底—5 月底），摘自《马克思恩格斯文集》第 4 卷，人民出版社 2009 年版，第 119—125 页。

（二）奴隶制与古希腊、古罗马的文化和艺术

1. 先要在生产上达到一定的阶段，并在分配的不平等上达到一定的程度，奴隶制才会成为可能

为了能使用奴隶，必须掌握两种东西：第一，奴隶劳动所需的工具和对象；第二，维持奴隶困苦生活所需的资料。因此，先要在生产上达到一定的阶段，并在分配的不平等上达到一定的程度，奴隶制才会成为可能。要使奴隶劳动成为整个社会中占统治地位的生产方式，还需要大得多的生产、贸易和财富积聚的增长。在古代自然形成的土地公有的公社中，奴隶制或是根本还没有出现，或是只起极其次要的作用。在最初的农民城市罗马，情形也是如此；当罗马变成"世界城市"，意大利的地产日益集中于人数不多的非常富有的所有者阶级手里的时候，农民人口才被奴隶人口所排挤。波斯战争时期，在科林斯奴隶数目达到 46 万，在埃吉纳岛达到 47 万，平均每个自由民有 10 个奴隶，[①] 为此，除"暴力"之外，还需要其他东西，即高度发展的工艺美术业和手工工业以及广泛的贸易。

恩格斯：《反杜林论》（1876 年 9 月—1878 年 6 月），摘自《马克思恩格斯文集》第 9 卷，人民出版社 2009 年版，第 168 页。

[①] 恩格斯的这些材料引自恩·库尔提乌斯的《希腊史》1869 年柏林第 3 版第 2 卷第 48 和 731 页。大约在 1876 年 3 月底至 5 月底，恩格斯对该书全三卷曾作过大量摘录。——编者注

2. 希腊也是毁于奴隶制的

奴隶制，在它是生产的主要形式的地方，使劳动成为奴隶的活动，即成为使自由民丧失体面的事情。这样就封锁了这种生产方式的出路，而另一方面，更加发展的生产受到了奴隶制的限制，迫切要求消灭奴隶制。一切以奴隶制为基础的生产和以这种生产为基础的公社，都是由于这种矛盾而毁灭的。在大多数情况下，这种矛盾是通过另外的比较强盛的公社对衰落的公社进行暴力的奴役（例如马其顿以及后来的罗马对希腊的奴役）而解决的；只要这些比较强盛的公社本身也是以奴隶制为基础的，那这里发生的就仅仅是中心的转移和这一过程在较高阶段上的重复，直到（罗马）最后被一个用另外一种生产形式代替了奴隶制的民族征服为止。但是，不管奴隶制是通过强制还是自愿地废除的，**以前的生产方式**还是**死亡了**；例如在美洲，移民者的小土地经济代替了大规模的种植园。就这个意义上来说，希腊也是毁于奴隶制的，关于这方面亚里士多德早就谈到：同奴隶的交往使得市民道德败坏——更不用说奴隶使市民失去劳动能力了。（家奴制是另外一回事，例如在东方：在这里它不是直接地，而是间接地构成生产的基础，作为家庭的组成部分，不知不觉地转入家庭（例如内宅的女奴）。）

恩格斯：《自然辩证法》（1873—1883年），摘自《马克思恩格斯全集》第20卷，人民出版社1971年版，第676页。

3. 公开的而近来是隐蔽的奴隶制始终伴随着文明时代

随着在文明时代获得最充分发展的奴隶制的出现，就发生了社会分成剥削阶级和被剥削阶级的第一次大分裂。这种分裂继续存在于整个文明期。奴隶制是古希腊罗马时代世界所固有的第一个剥削形式；继之而来的是中世纪的农奴制和近代的雇佣劳动制。这就是文明时代的三大时期所特有的三大奴役形式；公开的而近来是隐蔽的奴隶制始终伴随着文明时代。

恩格斯：《家庭、私有制和国家的起源》（1884年3月底—5月底），摘自《马克思恩格斯文集》第4卷，人民出版社2009年版，第195页。

4. 这就是资本主义制度所造成的结果：自由人在怀念过去的奴隶制

大自然把西西里岛创造成为人间天堂。而这就足以使分为对立阶级的人类社会把它变成了地狱。

古希腊罗马时代为了经营大地产和大矿场而赏给了西西里岛一个奴

隶制。

……

西西里岛的古代诗人忒俄克里托斯和莫斯赫曾经歌颂了他们同时代人——牧人奴隶的田园诗式的生活；毫无疑问，这是美丽的、富有诗意的幻想。但是能不能找到一个现代诗人，敢于歌颂今天西西里岛"自由"劳动者的田园诗式的生活呢？如果这个岛的农民能够在哪怕是罗马对分租佃制的沉重条件下耕种自己的小块土地，难道他们不会感到幸福吗？这就是资本主义制度所造成的结果：自由人在怀念过去的奴隶制！

恩格斯：《给西西里岛社会党人的贺信》（1894年9月26日），摘自《马克思恩格斯全集》第22卷，人民出版社1965年版，第557—558页。

5. 没有奴隶制，就没有希腊国家，就没有希腊的艺术和科学

奴隶制被发现了。这种制度很快就在一切已经发展得超过古代公社的民族中成了占统治地位的生产形式，但是归根到底也成为他们衰落的主要原因之一。只有奴隶制才使农业和工业之间的更大规模的分工成为可能，从而使古代世界的繁荣，使希腊文化成为可能。没有奴隶制，就没有希腊国家，就没有希腊的艺术和科学；没有奴隶制，就没有罗马帝国。没有希腊文化和罗马帝国所奠定的基础，也就没有现代的欧洲。我们永远不应该忘记，我们的全部经济、政治和智力的发展，是以奴隶制既成为必要、同样又得到公认这种状况为前提的。在这个意义上，我们有理由说：没有古代的奴隶制，就没有现代的社会主义。

恩格斯：《反杜林论》（1876年9月—1878年6月），摘自《马克思恩格斯文集》第9卷，人民出版社2009年版，第188页。

6. 古希腊悲剧与原始氏族制度的瓦解："对《奥列斯特》三部曲的这个新的但完全正确的解释，是巴霍芬全书中最精彩最好的地方之一"

家庭史的研究是从1861年，即从巴霍芬的《母权论》的出版开始的。作者在这本书中提出了以下的论点：（1）最初人们实行着毫无限制的性关系，他把这种性关系用了一个不恰当的名词"淫游婚〔Haterismus〕"来表示；（2）这种关系排除了任何可以确切认知的父亲，因此，世系只能依照女系——依照母权制——计算，古代的一切民族，起初都是如此；（3）因此，妇女作为母亲，作为年轻一代的唯一确切知道的亲长，享有高度的尊敬和威望，据巴霍芬的意见，高度的尊敬和威望上升到了完全的妇女统治

(Gynaikokratie);（4）向一个女子专属于一个男子的个体婚制的过渡，含有对远古宗教戒律的侵犯（就是说，实际上侵犯了其余男子自古享有的可以占有这位女子的权利），这种侵犯要求由女子暂时有限地献身于外人来赎罪或赎买对这种行为的容忍。

巴霍芬从他极其勤奋地搜集来的无数段古代经典著作中，为这些论点找出了证据。由"淫游"到专偶婚的发展，以及由母权制到父权制的发展，据他的意见，——特别是在希腊人中间——是由于宗教观念的进一步发展，由于代表新观念的新神挤入体现旧观念的传统神内部；因此，旧神就越来越被新神排挤到后边去了。所以，照巴霍芬看来，并不是人们的现实生活条件的发展，而是这些条件在这些人们头脑中的宗教反映，引起了男女两性相互的社会地位的历史性的变化。根据这一点，巴霍芬指出，埃斯库罗斯的《奥列斯特》三部曲是用戏剧的形式来描写没落的母权制跟发生于英雄时代并日益获得胜利的父权制之间的斗争。克丽达妮斯特拉为了她的情人亚格斯都士，杀死了她的刚从特洛伊战争归来的丈夫亚加米农；而她和亚加米农所生的儿子奥列斯特又杀死自己的母亲，以报杀父之仇。为此，他受到母权制的凶恶维护者依理逆司神的追究，因为按照母权制，杀母是不可赎的大罪。但是，曾通过自己的传谕者鼓励奥列斯特去做这件事情的阿波罗和被请来当裁判官的雅典娜这两位在这里代表父权制新秩序的神，则庇护奥列斯特；雅典娜听取了双方的申诉。整个争论点集中地表现在奥列斯特与依理逆司神的辩论中。奥列斯特的理由是：克丽达妮斯特拉既杀了自己的丈夫，同时又杀了他的父亲，犯了两重罪。为什么依理逆司神要追究他，而不追究罪行严重得多的她呢？回答是明确的：

"她跟她所杀死的男人没有血缘亲属关系。"①

杀死一个没有血缘亲属关系的男人，即使他是那个女凶手的丈夫，也是可以赎罪的，是跟依理逆司神毫不相干的；她们的职务只是追究血缘亲属中间的谋杀案件，在这里，按照母权制，杀母是最不可赎的大罪。这时，阿波罗出来作奥列斯特的辩护人；于是雅典娜就把问题提交阿雷奥帕格的法官们——雅典娜的陪审员们——投票表决；主张宣告无罪与主张有罪判刑的票数相等；这时，雅典娜以审判长的资格，给奥列斯特投了一票，宣

---

① 埃斯库罗斯《奥列斯特》三部曲中的《厄默尼德》。——编者注

告他无罪。父权制战胜了母权制;"幼辈的神"(依理逆司神自己这样称呼他们)战胜了依理逆司神,后者终于也同意担任新的职务,转而为新的秩序服务了。

对《奥列斯特》三部曲的这个新的但完全正确的解释,是巴霍芬全书中最精彩最好的地方之一,但它同时证明,巴霍芬至少是像当年的埃斯库罗斯一样地相信依理逆司神、阿波罗神及雅典娜神;也就是说,他相信这些神在希腊的英雄时代创造了用父权制推翻母权制的奇迹。显然,这种认为宗教是世界历史的决定性杠杆的观点,归根结蒂必然导致纯粹的神秘主义。所以,仔细研究巴霍芬的这部四开本的大部头著作,乃是一件吃力而绝非始终值得的事情。不过,所有这一切并不降低他开辟道路的功绩;他头一个抛弃了关于性关系杂乱的毫无所知的原始状态的空谈,而证明古代经典著作向我们提出了大量的证据,这些证据表明,在希腊人及亚洲人那里,在个体婚制之前,确实存在过这样的状态,即不但一个男子与几个女子发生性的关系,而且一个女子也与几个男子发生性的关系,都不违反习俗;他证明,这种习俗在消失的时候留下了一种痕迹,即妇女必须在一定限度内献身于外人,以赎买实行个体婚的权利;因此,世系最初只能依女系即从母亲到母亲来计算;女系的这种唯一有效性,在父亲的身分已经确定或至少已被承认的个体婚制时代,还保存了很久;最后,母亲作为自己子女的唯一确实可靠的亲长的这种最初的地位,便为她们,从而也为所有妇女保证了一种自此以后她们再也没有占据过的崇高的社会地位。诚然,巴霍芬并没有这样明确地表述这些论点,——他的神秘主义的观点妨碍他这样做。但是他证明了这些论点,而这在 1861 年是一个完全的革命。

恩格斯:《家庭、私有制和国家的起源》(1884 年 3 月底—5 月底),摘自《马克思恩格斯文集》第 4 卷,人民出版社 2009 年版,第 19—22 页。

7. 古希腊、古罗马艺术、哲学等排斥宗教

希腊的内部的极盛时期是伯利克里时代,外部极盛时期是亚历山大时代。在伯利克里时代,诡辩派、称得上哲学化身的苏格拉底、艺术以及修辞学等排斥了宗教。而亚历山大时代就是既否认"个人"精神的永恒不灭又否认当代各种宗教之神的亚里士多德的时代。罗马的情形则更是如此!请读一读西塞罗的著作吧!伊壁鸠鲁、斯多葛派或者怀疑论者的哲学学说,正是罗马的极盛时期才成为有教养的罗马人的宗教信仰的。古代国家的宗

教随着古代国家的灭亡而消亡,这用不着特别的说明,因为古代的国家的"真正宗教"就是崇拜它们自己的"民族",它们的"国家"。

> 马克思:《第179号"科伦日报"社论》(1842年6月29日—7月4日期间),摘自《马克思恩格斯全集》第1卷,人民出版社1956年版,第113—114页。

8. 伊壁鸠鲁公开地攻击古代宗教

伊壁鸠鲁则相反,他是古代真正激进的启蒙者,他公开地攻击古代的宗教,如果说罗马人有过无神论,那末这种无神论就是由伊壁鸠鲁奠定的。因此卢克莱修歌颂伊壁鸠鲁是最先打倒众神和脚踹宗教的英雄;因此从普卢塔克直到路德,所有的圣师都把伊壁鸠鲁称为头号无神哲学家,称为猪。

> 马克思、恩格斯:《德意志意识形态》(1845—1846年),摘自《马克思恩格斯全集》第3卷,人民出版社1960年版,第147页。

9. 普罗米修斯是哲学日历中最高尚的圣者和殉道者

哲学,只要它还有一滴血在它那个要征服世界的、绝对自由的心脏里跳动着,它就将永远用伊壁鸠鲁的话向它的反对者宣称:

"渎神的并不是那抛弃众人所崇拜的众神的人,而是同意众人关于众神的意见的人。"

哲学并不隐瞒这一点。普罗米修斯承认道:

老实说,我痛恨所有的神。

这是哲学的自白,它自己的格言,借以表示它反对一切天上的和地上的神,这些神不承认人的自我意识具有最高的神性。不应该有任何神同人的自我意识相并列。

对于那些以为哲学在社会中的地位似乎已经恶化因而感到欢欣鼓舞的懦夫们,哲学再度以普罗米修斯对众神的侍者海尔梅斯所说的话来回答他们:

你好好听着,我绝不会用自己的痛苦

去换取奴隶的服役:

我宁肯被缚在崖石上,

也不愿作宙斯的忠顺奴仆。[①]

[①] 埃斯库罗斯:《被锁链锁住的普罗米修斯》。——编者注

普罗米修斯是哲学日历中最高尚的圣者和殉道者。

马克思:《德谟克利特的自然哲学和伊壁鸠鲁的自然哲学的差别》(1840年下半年—1841年3月),摘自《马克思恩格斯全集》第40卷,人民出版社1982年版,第214—215页。

10. 琉善——这位古希腊罗马时代的伏尔泰,对任何一种宗教迷信都一律持怀疑态度

关于最初的基督徒,我们最好的数据来源之一是萨莫萨特的琉善;这位古希腊罗马时代的伏尔泰,对任何一种宗教迷信都一律持怀疑态度,因而对基督徒,比起对其他任何宗教社团来,都不会由于异教的或政治的原因而持另外的看法。相反,对他们的迷信,他一律大加嘲笑——对丘必特的崇拜者并不比对基督的崇拜者嘲笑得少一些,从他那平易的唯理论的观点看来,这两种迷信是同样荒谬的。这位在任何场合都不抱偏见的证人,曾经讲述过一个生于赫勒斯滂的帕里城、自称为普罗特斯的冒险家佩雷格林一生的历史。这位佩雷格林年轻的时候是在阿尔明尼亚以通奸开始其冒险活动的,他在犯罪地点当场被拿获,将按当地习俗被处私刑。侥幸逃脱之后,又在帕里由于勒死了他的父亲而不得不躲藏起来。

我来引一段肖特的德译文:

"这时,他凑巧在巴勒斯坦遇到些基督徒里的教士和学者而知道了基督徒的奇妙的教义。不久他就获得很大的成功,以致他的老师们同他相比反倒有如童稚。他成了先知、教会首脑、犹太寺院主持——总而言之,他成了一切的一切;他解释他们写的圣书,自己也写了一大批,结果,基督徒们最终把他视为神明,奉为立法者,并把他拥立为首领(主教)……由于这种原因〈即由于作基督徒〉,普罗特斯有一次被当局捉了起来,投进监狱……当他因此而身被镣铐的时候,基督徒们认为他受囚禁是他们的大不幸,他们用尽一切办法营救他。但是,营救没有成功,于是他们就无微不至地从各方面去照顾他。天刚刚亮,就有些老太婆、寡妇和孤儿守在他的监狱门口;较有势力的一些基督徒则买通禁卒,去整夜地陪伴他;他们带着饭去,在他的身边读他们的圣书,——一句话,敬爱的佩雷格林(当时他还是叫这个名字)在他们看来至少也是另一位苏格拉底。甚至有基督教会的使者从若干小亚细亚城市跑来援助他,安慰他,并在法庭上替他辩护。这些人,只要事情关系到他们的教会,无论在什么地方他们都会立即到场,

快得简直令人难以相信;他们这时既不辞辛劳,也不惜费用。因此,佩雷格林在当时从四面八方都拿到钱,以致监禁竟成了他大笔收入的来源。这些可怜的人自以为他们的肉体和灵魂不死,自以为他们将永生;所以他们对死毫不在意,其中有许多人甚至情愿牺牲自己。而且他们的第一立法者还向他们灌输这样一种思想:只要他们一改宗,即放弃希腊诸神而信奉那位被钉十字架的诡辩家并按照他的指示生活,他们大家就都成为兄弟了。因此他们无区别地轻视一切外在的财富,而把这些财富归共同所有——这是他们不经检验和证明而径直接受的教义。于是巧于利用环境的狡猾的骗子手来到他们当中,很快就能变成富翁,而且还要暗中嘲笑这些傻子。后来,佩雷格林又一次被当时的叙利亚当局释放了。"

在叙述了他的一些新的冒险之后,作者接着写道:

"于是我们这位伟大人物第二次动身〈从帕里〉漫游各地,而且他一点旅费也不用花,只靠基督徒的慷慨厚待就够了,他们到处都给他以保护,保证他什么也不缺乏。他就这样被供养了一个时期。可是当他也犯了基督徒的规矩——我想是被发现吃了他们所禁忌的什么东西——的时候,他们就把他赶出了他们的教会。"

读琉善这段文字,引起我多少青年时代的回忆啊!

恩格斯:《论早期基督教的历史》(1894年6月19日和7月16日之间),摘自《马克思恩格斯全集》第22卷,人民出版社1965年版,第527—528页。

11. 希腊人用赫斐斯塔司的艺术铁锤打碎自然,用以塑造雕像

如果天象——**看得见的天空**——在古代哲学家看来是它们受实体约束的象征和直观,甚至连亚里士多德也把星辰看作神,或者至少把它们和最高主宰直接联系起来,——那么**被描述的天空**,在整个世界历史进程中展现出的神的**被禁锢的语言**,就是基督教哲学的战斗口号。对于古代人来说,自然的作用是前提,而对于近代人来说,精神的作用是前提。只有当看得见的天空,生活的实体联系,政治和宗教生活的吸引力都毁灭时,古代人的斗争才能结束,因为自然应该被劈开以便求得精神自身的统一。希腊人用赫斐斯塔司的艺术铁锤打碎自然,用以塑造雕像;罗马人把自己的宝剑直指自然的心脏,人民不断死亡;而近代哲学打开这语言的禁锢,这语言就消失在精神的神圣火焰之中;哲学象一个和精神斗争的精神战士,而不象一个摆脱了自然吸引力的个别叛教者，它起着普遍力量的作用，使阻碍发现普遍东西的形式消融。

马克思：《关于伊壁鸠鲁哲学的笔记》（1839年），摘自《马克思恩格斯全集》第40卷，人民出版社1982年版，第61—62页。

12. 不过这些神并不是伊壁鸠鲁的虚构。它们本来就存在着。这是希腊艺术塑造的众神

因此，正象原子由于从直线中抽象出来，偏离直线，从而从自己的相对存在，从直线中解放出来那样，整个伊壁鸠鲁哲学到处都脱离了具有局限性的定在，即凡是抽象个别性的概念（即对他物的一切关系的独立和否定）应该在它的存在中予以表述的地方，都脱离了具有局限性的定在。

因此，行为的目的就是从痛苦和慌乱中抽象出来，脱离出来，即内心的宁静。所以善就是逃避恶，而快乐就是脱离痛苦。最后，凡是抽象的个体性以其最高的自由和独立性，以其完整性表现出来的地方，那里脱离出来的定在，完全合乎逻辑地就是**一切的定在，因此众神也避开世界**，对世界漠不关心，并且居住在世界之外。

人们曾经嘲笑伊壁鸠鲁的这些神，说它们和人相似，居住在现实世界的世界和世界之间的空隙中，它们没有躯体，但有类似躯体的东西，没有血，但有类似血的东西；它们处于幸福的宁静之中，不听任何祈求，不关心我们，不关心世界，人们崇敬它们是由于它们的美丽，它们的威严和完美的本性，并非为了某种私利。

不过这些神并不是伊壁鸠鲁的虚构。它们本来就存在着。**这是希腊艺术塑造的众神**。**西塞罗**，作为一个**罗马人**，有权嘲笑它们，但是**普卢塔克**，作为一个**希腊人**，当他说：这种关于神的学说消除了恐惧和迷信，但是并不给人以神的快乐和恩惠，而是使我们和神处于这样一种关系中，就象我们和赫尔干尼亚海的鱼的关系一样，从这种鱼那里我们既不想得到什么害处，也不想得到什么好处，——当他说这番话时，他已完全忘记希腊人的世界观了。理论上的宁静正是希腊众神性格上的主要因素。**亚里士多德**也说："最好的东西不需要行动，因为它本身就是目的"。

马克思：《德谟克利特的自然哲学和伊壁鸠鲁的自然哲学的差别》（1840年下半年—1841年3月），摘自《马克思恩格斯全集》第40卷，人民出版社1982年版，第214—215页。

13. 古希腊精神的表现形式是"可塑的诗歌式的","哲学家本身是活生生的形象，是活生生的艺术作品"

如果早期希腊哲人是实体的真正精神，是对实体的具体化的认识；如果他们的格言也具有和实体本身一样独特的强度；如果随着实体越来越观念化，这一运动的承担者在观念生活的个人现实性中维护观念生活，而不受显现着的实体即现实的人民生活的现实性的影响，——那么观念性仍然还只出现于实体形式中。活生生的力量尚未涉及。这个时期最理想的思想家毕达哥拉斯派和埃利亚派颂扬国家生活是现实的理性，他们的原则是客观的，是一种超越他们本身的力量，他们以神秘的口吻，富于诗意的激情郑重宣布这种力量，即以这样一种形式宣布，通过这种形式自然的能上升到观念性，它不是被消灭，而是被加工改造，并且完整的东西保存着自然的东西的规定性。观念实体的这种具体化正发生在宣扬实体的哲学家身上；不仅实体的表现形式是可塑的诗歌式的，而且它的现实性也表现于这个个人中，而这个个人的现实性是实体自己的表现。哲学家本身是活生生的形象，是活生生的艺术作品，并且人民看到，他们是如何带有可塑的庄严性从人民之中产生；如同在初期的哲人那儿一样，在他们的活动形成普遍的东西的地方，他们的格言实际上是被承认的实体，——法律。

所以这些哲人和奥林帕斯山上的诸神的塑像一样极少人民性；他们的运动就是自我满足的平静，他们对待人民的态度如同他们对待实体一样地客观。只要希腊精神本身的明显威力还在由皮蒂娅的三脚祭坛来宣告，德尔斐的阿波罗的神谕对于人民就是一种隐藏在朦朦胧胧、神秘不解的力量之中的神的真理；只要这些神谕还是人民自己的具有语言形式的理论，人民就从理论上来对待它们。只要这些神谕还没有人民性，它们就是人民的。这些哲人也是这样。但是从诡辩学派和苏格拉底起，潜在地也从阿那克萨哥拉起，情况就发生了变化。观念性本身通过自己的直接形式即**主观精神**而成了哲学的原则。如果在早期的希腊哲人身上实体的观念形式，它的同一性，对于由各种不同民族个性所织成的、掩盖了实体的明显的现实性的五颜六色的服装来说，已显示出来了；如果这些哲人因此一方面只在最片面、最一般的本体论规定中表现绝对的东西，而另一方面他们本身又是一种自我封闭的实体在现实中的显露；这样一来，如果他们一方面对"众人"表现出独特性，用语言体现实体精神的秘密，另一方面，好象广场上那些带着一副他们特有的怡然自得、自我深化的神态的诸神塑像一样，他们同时又是人民的真正装饰品，并且单个地回到人民那里，——那么相反地，现在观念性本身，即纯粹的、成为独立自在的抽象，已使自己和实体对立起来；主观性冒充为哲学的原则。因为这个主观性不是人民的，它和人民生活的实体力量相对立，如果说它又是人民的，那是说在表面上它和现实性是对立的，实际上和现实交织在一起，而且它的存在就是运动。诡辩学派就是这一发展的活动容器。他们中间最隐秘的，除净了现象的直接杂质的人物是苏格拉底，德尔斐的预言家称他为"最明智者"。

<blockquote>马克思：《关于伊壁鸠鲁哲学的笔记》（1839年），摘自《马克思恩格斯全集》第40卷，人民出版社1982年版，第65—66页。</blockquote>

14. 如果这个时代象艺术史上跟在伟大的时代之后跛行的那些世纪那样，那它是可悲的，因为这些世纪只会从事仿造：用蜡、石膏和铜来仿造那些用卡拉拉大理石雕刻出来的东西

我们还不应该忘记，在这些大灾难之后的时代是铁器时代——如果这个时代以伟大斗争为标志，那它是幸运的；如果这个时代象艺术史上跟在伟大的时代之后跛行的那些世纪那样，那它是可悲的，因为这些世纪只会从事仿造：用蜡、石膏和铜来仿造那些用卡拉拉大理石雕刻出来的东西，就象帕拉斯·雅典娜是从诸神之父宙斯的头颅中出来的一样。但是继在自身中完成的哲学及其发展的主观形式之后来到的那些时代具有宏伟的特点，因为形成这些时代的统一性的分裂是巨大的。于是继斯多葛派、怀疑派和伊壁鸠鲁派哲学之后来到的就是罗马时代。这些时代是不幸的铁器时代，因为它们的诸神死去了，而新的女神还命运莫测，不知是一派光明，还是一片黑暗。她还没有白昼的色彩。

然而不幸的根源在于，那时的时代精神，即本身是充实的而且在各方面都形成得十分理想的精神单子，不可能承认那种不是由精神单子形成的现实。这种不幸的幸运的一面，是作为主观意识的哲学在对待现实的态度上所采取的主观形式样态。

例如，伊壁鸠鲁哲学和斯多葛派哲学曾是它那个时代的幸运；又如在大家共有的太阳落山后，夜间的飞蛾就去寻找人们各自为自己点亮的灯光。

<blockquote>马克思：《关于伊壁鸠鲁哲学的笔记》（1839年），摘自《马克思恩格斯全集》第40卷，人民出版社1982年版，第137—138页。</blockquote>

15. 卢克莱修是一位真正的罗马史诗诗人，因为他歌颂罗马精神的实体

就象宙斯是在库列特的嘈杂的战争舞蹈声中长大的一样，在这里，世界就是在原子的斗争声中形成的。

卢克莱修是一位真正的罗马史诗诗人，因为他歌颂罗马精神的实体；我们在这里看到的不是荷马笔下的生气勃勃的、强大的、完整的形象，而是坚强的、武装到不可穿透的、没有任何其他品质的英雄，"一切人反对一切人"的战争、僵硬的自为存在形式，失去神性的自然和与世隔绝的神。

<blockquote>马克思：《关于伊壁鸠鲁哲学的笔记》（1839 年），摘自《马克思恩格斯全集》第 40 卷，人民出版社 1982 年版，第 123 页。</blockquote>

16. 在雅典人看来，妻子除生育子女以外，不过是一个婢女的头领而已

在欧里庇得斯的作品中，妻子被称为 oikurema①，即用来照管家务的一种物件（这个词是一个中性名词）；在雅典人看来，妻子除生育子女以外，不过是一个婢女的头领而已。丈夫从事竞技运动和公共事业，而妻子不许参加；此外，丈夫还常常有女奴隶供他支配，而在雅典的全盛时期，则广泛盛行至少是受国家保护的卖淫。希腊妇女那超群出众的品性，正是在这种卖淫的基础上发展起来的，她们由于才智和艺术上的审美教养而高出于古代妇女的一般水平之上，正如斯巴达妇女由于性格刚烈而高出一般水平之上一样。但是，要成为妇人，必须先成为淫游女，这是对雅典家庭的最严厉的判决。

<blockquote>恩格斯：《家庭、私有制和国家的起源》（1884 年 3 月底—5 月底），摘自《马克思恩格斯文集》第 4 卷，人民出版社 2009 年版，第 77 页。</blockquote>

17. 现代意义上的爱情关系，在古代只是在官方社会以外才有

这样，我们便有了三种主要的婚姻形式，这三种婚姻形式大体上与人类发展的三个主要阶段相适应。群婚制是与蒙昧时代相适应的，对偶婚制是与野蛮时代相适应的，以通奸和卖淫为补充的一夫一妻制是与文明时代相适应的。在野蛮时代高级阶段，在对偶婚制和一夫一妻制之间，插入了男子对女奴隶的统治和多妻制。

---

① 欧里庇得斯《奥列斯特》。——编者注

以上全部论述证明，在这种顺序中所表现的进步，其特征就在于，妇女愈来愈被剥夺了群婚的性的自由，而男性却没有被剥夺。的确，群婚对于男子到今天事实上仍然存在着。凡在妇女方面被认为是犯罪并且要引起严重的法律后果和社会后果的一切，对于男子却被认为是一种光荣，至多也不过被当作可以欣然接受的道德上的小污点。但是，自古就有的杂婚制现在在资本主义商品生产的影响下愈是变化，愈是适应于资本主义商品生产，愈是变为露骨的卖淫，它在道德上的腐蚀作用也就愈大。而且它在道德上对男子的腐蚀，比对妇女的腐蚀要厉害得多。卖淫只是使妇女中间不幸成为受害者的人堕落，而且即令她们也远没有堕落到普通所想像的那种程度。与此相反，它败坏着全体男子的品格。所以，举例来说，长期的未婚夫状态，十之八九都是婚后不忠实的真正的预备学校。

但是，我们现在正在走向一种社会变革，那时，一夫一妻制的迄今存在的经济基础，以及它的补充物即卖淫的基础，不可避免地都要消失。一夫一妻制的产生是由于，大量财富集中于一人之手，并且是男子之手，而且这种财富必须传给这一男子的子女，而不是传给其他任何人的子女。为此，就需要妻子方面的一夫一妻制，而不是丈夫方面的一夫一妻制，所以这种妻子方面的一夫一妻制根本没有妨碍丈夫的公开的或秘密的多偶制。但是，行将到来的社会变革至少将把绝大部分耐久的、可继承的财富——生产资料——变为社会所有，从而把这一切传授遗产的关切减少到最低限度。可是，既然一夫一妻制是由于经济的原因而产生的，那末当这种原因消失的时候，它是不是也要消失呢？

可以不无理由地回答：它不仅不会消失，而且相反地，只有那时它才能十足地实现。因为随着生产资料转归社会所有，雇佣劳动、无产阶级、从而一定数量的——用统计方法可以计算出来的——妇女为金钱而献身的必要性，也要消失了。卖淫将要消失，而一夫一妻制不仅不会终止其存在，而且最后对于男子也将成为现实。

这样一来，男子的地位无论如何要发生很大的变化。而妇女的地位，一切妇女的地位也要发生很大的转变。随着生产资料转归社会所有，个体家庭就不再是社会的经济单位了。私人的家庭经济变为社会的劳动部门。孩子的抚养和教育成为公共的事业；社会同等地关怀一切儿童，无论是婚生的还是非婚生的。因此，对于"后果"的担心也就消除了，这种担心在今天成了妨碍少女毫无顾虑地委身于所爱的男子的最重要的社会因素——既是道德的也是经济的因素。这会不会成为更自由的性交和随之而来的社会舆论对于处女荣誉及女性耻辱的更加宽容的态度逐渐产生的原因呢？最后，难道我们没有看见，在现代世界上一夫一妻制和卖淫虽然是对立物，但却是不可分离的对立物，是同一社会秩序的两极吗？能叫卖淫消失而不叫一夫一妻制与它同归于尽吗？

在这里，一个在一夫一妻制发展的时候最多只处于萌芽状态的新的因素——个人的性爱，开始发生作用了。

在中世纪以前，是谈不到个人的性爱的。不言而喻，形态的美丽、亲密的交往、融洽的情性等等，都曾引起异性对于发生性关系的热望；同谁发生这种最亲密的关系，无论对男子还是对女子都不是完全无所谓的。但是这距离现代的性爱还很远很远。在整个古代，婚姻都是由父母为当事人缔结的，当事人则安心顺从。古代所仅有的那一点夫妇之爱，并不是主观的爱好，而是客观的义务；不是婚姻的基础，而是婚姻的附加物。现代意义上的爱情关系，在古代只是在官方社会以外才有。忒俄克里托斯和莫斯库斯曾歌颂其爱情的喜悦和痛苦的那些牧人，朗格的达夫尼斯和赫洛娅，全都是不参与国家事务，不参与自由民活动的奴隶。而除去奴隶以外，我们所遇到的爱情纠纷只是灭亡中的古代世界解体的产物，而且是与同样也处在官方社会以外的妇女，与淫游女，即异地妇女或被释女奴隶发生的纠纷：在雅典是从它灭亡的前夜开始，在罗马是在帝政时代。如果说在自由民男女之间确实发生过爱情纠纷，那只是就婚后通奸而言的。所以，对于那位古代的古典爱情诗人老阿那克里翁来说，现代意义上的性爱竟是如此无关紧要，以致被爱者的性别对于他来说也成了无关紧要的事情。

现代的性爱，同单纯的性欲，同古代的爱，是根本不同的。第一，它是以所爱者的互爱为前提的；在这方面，妇女处于同男子平等的地位，而在古代爱的时代，决不是一向都征求妇女同意的。第二，性爱常常达到这样强烈和持久的程度，如果不能结合和彼此分离，对双方来说即使不是一个最大的不幸，也是一个大不幸；仅仅为了能彼此结合，双方甘冒很大的危险，直至拿生命作孤注，而这种事情在古代充其量只是在通奸的场合才会发生。最后，对于性交关系的评价，产生了一种新的道德标准，不仅要问：它是结婚的还是私通的，而且要问：是不是由于爱情，由于相互的爱而发生的？自然，在封建的或资产阶级的实践中，这个新的标准，并不比其他一切道德标准更受重视——对它简直就置之不理。不过，对它也不见得更轻视；它和其他道德标准一样——在理论上，在字面上，也是被承认的。而更高的要求目前它就不能提了。

恩格斯：《家庭、私有制和国家的起源》（1884年3月底—5月底），摘自《马克思恩格斯文集》第4卷，人民出版社2009年版，第88—91页。

18. 那时，哲学家们不是单纯赚钱谋生的学校教师，便是纵酒作乐的有钱人所雇用的小丑。很多甚至就是奴隶

同普遍的无权地位和对改善现状的可能表示绝望的情况相适应的，是普遍的意志消沉和精神颓废。剩下的少数具有贵族气派和贵族思想的一占罗马人，不是被消灭，便是死亡了。他们当中最后的一个人是塔西佗。其余的人巴不得能够完全避开社会生活；他们沉溺于聚财和斗富、诽谤和倾轧之中。没有财产的自由人，在罗马由国家供养，在各行省则境况困苦。他们必须劳动，而且还要对付奴隶劳动的竞争。不过这些人只住在城市。除他们以外，在各行省还有农民，自由的土地占有者（有些地方他们也许还同公社所有制有联系），或者如在高卢则是大地主的债务奴仆。这一阶级最少被社会变革所触及。它反对宗教变革的时间也最久。最后是奴隶，他们没有权利，没有自由，而斯巴达克的失败，也证明他们不可能解放自己，可是其中大部分原是自由人或自由人的后裔。所以，在他们中间，大部分人当然对自己的生活状况怀有强烈的（虽然表面上并不显露的）怨恨。

同上述情况相适应，我们可以看到，那个时代的思想家也是如此。哲学家们不是单纯赚钱谋生的学校教师，便是纵酒作乐的有钱人所雇用的小丑。很多甚至就是奴隶。塞涅加先生表明，如果他们处境顺利，他们会变成什么样子。这位讲道德谈克制的斯多葛派，是尼禄宫廷中的头号阴谋家，不可能不阿谀奉承。他让尼禄赏赐金钱、田庄、花园、宫室。当他宣扬福音中贫困的拉撒路时，他实际上正是这个寓言里的富人。只是当尼禄要他命的时候，他才叩请皇帝收回一切赏赐，说他的哲学已使他感到满足。只有像柏西阿斯这样非常个别的哲学家，至少还挥动讽刺的鞭子，鞭笞他们那些蜕化的同时代人。

恩格斯：《布鲁诺·鲍威尔和早期基督教》（1882年4月下半月），摘自《马克思恩格斯全集》第19卷，人民出版社1963年版，第332—333页。

19. 一切征服民族都用各种方法来欺骗他们的敌人

斯特拉本也这样说。他不知道有什么"日耳曼人的诚实"和"罗曼人的奸险"。恰恰相反。他说克尔特人是"单纯而不做假的",单纯到"他们在众人眼前毫不防备地急于参加战斗,因而使他们的敌人容易取得胜利",谈到日耳曼人时他却说:

"不相信他们总是有好处的,相信他们,他们就会使你大倒其霉,凯鲁斯奇人就是例证,他们破坏了条约,并以伏兵歼灭了三个军团及其统帅瓦鲁斯。"

至于奥维狄乌斯那种愤怒而渴望复仇的诗句,就更不必说了。这简直像是读到了沙文主义最盛行时代的法兰西作家的作品,这些作家对于约克的背信和萨克森人在莱比锡附近的叛卖行为倾吐了他们的怒气。日耳曼人对罗马人的诚实和遵守条约的忠诚,已经有了清楚的认识,例如凯撒在休战和谈判期间,袭击了乌西佩特人和邓克泰人;奥古斯都逮捕了西干布尔人的使节,但在他们未来以前,却又拒绝同各日耳曼部落进行任何谈判。一切征服民族都用各种方法来欺骗他们的敌人,而且他们认为这完全是理所当然的;但当敌人也这样做的时候,他们便说那是背信弃义和叛卖行为。可是,用来奴役别人的手段,也应该允许用来摆脱奴隶的枷锁。只要一方面存在着剥削和统治的民族与阶级,另一方面存在着被剥削和被统治的民族与阶级,那末,权术和暴力的运用对双方都是必要的,反对这样做的任何道德说教都是没有力量的。

恩格斯:《论日耳曼人的古代历史》(1881—1882 年),摘自《马克思恩格斯全集》第 19 卷,人民出版社 1963 年版,第 504—505 页。

(三) 中世纪的文艺与文化

1. 古希腊罗马奴隶制的崩溃:"凡在希腊语没有进行抵抗的地方,一切民族语言都不得不让位于被败坏的拉丁语"

上面我们是站在古希腊罗马文明的摇篮旁边。这里我们却站在这一文明的棺木旁边了。罗马的世界霸权的刨子,刨削地中海盆地的所有地区已经有数百年之久。凡在希腊语没有进行抵抗的地方,一切民族语言都不得不让位于被败坏的拉丁语;一切民族差别都消失了,高卢人、伊比利亚人、利古里亚人、诺里克人都不复存在,他们都变成罗马人了。罗马的行政和罗马的法到处都摧毁了古代的血族团体,这样也就摧毁了地方的和民族的自主性的最后残余。新出炉的罗马公民身分并没有提供任何补偿；它并不表现任何民族性，它只是民族性欠缺的表现。新民族［neue Nationen］的要素是到处都具备的；各行省的拉丁方言差别越来越大；一度使意大利、高卢、西班牙、阿非利加成为独立区域的自然疆界依然存在，依然使人感觉得到。但是，任何地方都不具备能够把这些要素结成新民族［neue Nation］的力量，任何地方都还没有显示出发展能力或抵抗力的痕迹，更不用说创造力了。广大领土上的广大人群，只有一条把他们自己联结起来的纽带，这就是罗马国家，而这个国家随着时间的推移却成了他们最凶恶的敌人和压迫者。各行省消灭了罗马，罗马本身变成了行省的城市，像其他城市一样；它虽然有特权，但已经不再居于统治地位，已经不再是世界帝国的中心了，甚至也不再是皇帝和副皇帝的所在地了，他们现在住在君士坦丁堡、特里尔、米兰。罗马国家变成了一架庞大的复杂机器，专门用来榨取臣民的膏血。捐税、国家徭役和各种代役租使人民大众日益陷于穷困的深渊；地方官、收税官以及兵士的勒索，更使压迫加重到使人不能忍受的地步。罗马国家及其世界霸权引起了这样的结果：它把自己的生存权建立在对内维持秩序对外防御野蛮人的基础上；然而它的秩序却比最坏的无秩序还要坏，它说是保护公民防御野蛮人的，而公民却把野蛮人奉为救星来祈望。

　　社会状况同样也是绝望的。从共和制的末期起，罗马统治的目的已经放在残酷剥削被征服的各行省上了；帝制不但没有消除这种剥削，反而把它变成了常规。帝国越是走向没落，捐税和赋役就越是增加，官吏就越是无耻地进行掠夺和勒索。商业和工业向来不是统治着各民族的罗马人的事业；只有在高利贷方面，他们做到了空前绝后。商业所得到所保持的东西，都在官吏的勒索下毁灭了；而残存下来的东西，仅在帝国东部的希腊部分才有，不过，这一部分不在我们研究范围之内。普遍的贫困化，商业、手工业和艺术的衰落，人口的减少，都市的衰败，农业退回到更低的水平——这就是罗马人的世界霸权的最终结果。

　　农业是整个古代世界的决定性的生产部门，现在它更是这样了。在意大利，从共和制衰亡的时候起就几乎遍布全境的面积巨大的大庄园（Latifundien），是用两种方法加以利用的：或者当作牧场，那里居民就被牛羊所代替，因为看管牛羊只用少数奴隶就行了；或者当作田庄，那里使用大批奴隶经营大规模的园艺业，——一部分为了满足主人的奢侈生活，一部分为了在城市市场上出售。大牧场保存了下来，甚至还扩大了；但田庄田产及其园艺业却随着主人的贫穷和城市的衰落而衰败了。以奴隶劳动为基础的大庄园经济，已经不再有利可图；而在当时它却是大规模农业的唯一可能的形式。现在小规模经营又成了唯一有利的形式。田庄一个一个地分成了小块土地，分别租给缴纳一定款项的世袭佃农，或者租给分成制农民，这种分成制农民只能获得他们一年劳动生产品的1/6，或者仅仅1/9，他们与其说是佃农，勿宁说是田产看管人。但是这种小块土地主要是交给隶农，他们每年缴纳一定的款项，被束缚在土地上，并且可以跟那块土地一起出售；这种隶农虽不是奴隶，但也不是自由的，他们不能和自由民通婚，他们相互间的婚姻也不被看作完全有效的，而是像奴隶的婚姻一样，只被看作简单的同居（contubernium）。他们是中世纪农奴的前辈。

　　古典古代的奴隶制，已经过时了。无论在乡村的大规模农业方面，还是在城市的工场手工业方面，它都已经不能提供值得费力去取得的收益，因为它的产品市场已经消失了。帝国繁荣时代的庞大的生产已经收缩为小农业和小手工业，这种小农业和小手工业都不能容纳大量奴隶了。只有富人的家庭奴隶和供他们显示豪华的奴隶，在社会上还有存在余地。但是，日趋灭亡的奴隶制仍然能够使人认为，一切生产劳动都是奴隶的事，让自由的罗马人来做有失他们的身份，而现在人人都是这种自由的罗马人了。结果，一方面，多余而成了累赘的被释奴隶的人数日益增加；另一方面，隶农的人数，破产的自由民（类似美国从前各蓄奴州的白种贫民）的人数，也日益增多。基督教对于古典古代奴隶制的逐渐灭亡是完全没有罪过的。它在罗马帝国和奴隶制同流合污达数世纪之久，以后也从来没有阻止过基督徒买卖奴隶，——既没有阻止过德意志人在北方或威尼斯人在地中海买卖奴隶，也没有阻止过后世买卖黑奴。奴隶制已不再有利，因此也就灭亡了。但是垂死的奴隶制却留下了它那有毒的刺，即鄙视自由民的生产劳动。在这里罗马世界就陷入了绝境：奴隶制在经济上已经不可能了，而自由民的劳动却在道德上受鄙视。前者是已经不能再作为社会生产的基本形式，后者是还不能成为这种形式。只有一次彻底革命才能摆脱这种绝境。

恩格斯：《家庭、私有制和国家的起源》（1884年3月底—5月底），摘自《马克思恩格斯文集》第4卷，人民出版社2009年版，第166—169页。

2. 中世纪把古代文明、古代哲学、政治和法学一扫而光，以便一切都从头做起

中世纪完全是从野蛮状态发展而来的。它把古代文明、古代哲学、政治和法学一扫而光，以便一切都从头做起。它从没落的古代世界接受的唯一事物就是基督教和一些残破不全而且失掉文明的城市。其结果正如一切原始发展阶段的情形一样，僧侣获得了知识教育的垄断地位，因而教育本身也渗透了神学的性质。在僧侣手中，政治和法学同其他一切科学一样，不过是神学的分支，一切都按照神学中适用的原则来处理。教会的教条同时就是政治信条，圣经词句在各个法庭都有法律效力。甚至在法学家已经形成一个等级的时候，法学还久久处于神学控制之下。神学在知识活动的整个领域中的这种至高无上的权威，同时也是教会在当时封建统治下万流归宗的地位之必然结果。

恩格斯：《德国农民战争》（1850年夏），摘自《马克思恩格斯文集》第2卷，人民出版社2009年版，第235页。

3. 中世纪"只知道一种意识形态，即宗教和神学"，"把意识形态的其他一切形式——哲学、政治、法学，都合并到神学中，使它们成为神学中的科目"

重大的历史转折点有宗教变迁**相伴随**，只是就迄今存在的三种世界宗教——佛教、基督教和伊斯兰教而言。旧的自发产生的部落宗教和民族宗教不进行宣传，一旦部落或民族的独立遭到破坏，它们便失掉任何抵抗力；在日耳曼人那里，甚至只要他们一接触正在崩溃的罗马世界帝国，一接触它刚刚采用的、适应于它的经济、政治、精神状态的世界基督教，这种情况就发生了。仅仅在研究这些多少是人工造成的世界宗教，特别是基督教和伊斯兰教的时候，我们才发现：一般的历史运动带有宗教的色彩，而且，甚至在基督教的领域中，这种宗教色彩，对具有普遍意义的革命来说，也只表现在资产阶级解放斗争的最初阶段，即从十三世纪起到十七世纪止；同时，这种色彩不能象费尔巴哈所想的那样，用人的心灵和人的宗教需要来解释，而要用整个中世纪的历史来解释，中世纪只知道一种意识形态，即宗教和神学（第289页）。

但是一种新的世界宗教是不能这样用皇帝的敕令创造出来的。新的世界宗教，即基督教，已经从普遍化了的东方神学、特别是犹太神学和庸俗化了的希腊哲学、特别是斯多葛派哲学的混合中悄悄地产生了。我们必须重新进行艰苦的研究，才可以知道基督教最初是什么样子，因为它那流传到我们今天的官方形式仅仅是尼西亚宗教会议①为了使它成为国教并使它适合于成为国教这个目的而赋予它的那种形式。它在二百五十年已经变成国教这一事实，足以证明它是适合时势的宗教。在中世纪，随着封建制度的发展，基督教形成为一种同它相适应的、具有相应的封建教阶制的宗教。当市民阶级兴起的时候，新教异端首先在法国南部的阿尔比派②中间、在那里的城市最繁荣的时代同封建的天主教相对抗而发展起来。中世纪把意识形态的其他一切形式——哲学、政治、法学，都合并到神学中，使它们成为神学中的科目。因此，当时任何社会运动和政治运动都不得不采取神学的形式；对于完全受宗教影响的群众的感情说来，要掀起巨大的风暴，就必须让群众的切身利益披上宗教的外衣出现。（第309—310页）

     恩格斯：《路德维希·费尔巴哈和德国古典哲学的终结》（1886年初），摘自《马克思恩格斯文集》第4卷，人民出版社2009年版。

4. 日耳曼部落的文化与古罗马的影响

在西里西亚和勃兰登堡，公元二世纪和三世纪的时候，一定经常有罗马商人居住。在那里，我们不仅发现有玻璃瓮、香料瓶和刻有拉丁文的骨灰罐（在西里西亚的特雷布尼茨附近的马塞耳及其他地方），而且还有完整的罗马人的墓穴，内有放骨灰坛的壁龛（骨灰安放处）（在格洛高附近的纳赫耳恩）。在梅克伦堡的瓦林附近，也发现了毫无疑问是罗马人的坟墓。硬币、罗马的金属制品、粘土制的灯等等文物，同样证明了贸易关系是沿着这条道路进行的。一般地说，整个日耳曼尼亚东部，罗马的军队虽

---

① 尼西亚宗教会议是第一次所谓罗马帝国基督教会世界主教会议，这次会议是罗马皇帝君士坦丁一世于325年在小亚细亚的尼西亚城召开的。会议通过了一切基督徒必须遵守的信条（正统基督教会教义的基本原则），不承认信条以叛国罪论。——编者注

② 阿尔比派是一个教派，十二至十三世纪广泛流行于法国南部和意大利北部的城市中。它的主要发源地是法国南部阿尔比城。阿尔比派反对天主教的豪华仪式和教阶制度，它以宗教的形式反映了城市商业和手工业居民对封建制度的抗议。法国南部的部分贵族也加入了阿尔比派，他们企图剥夺教会的土地。1209年教皇英诺森三世曾组织十字军征伐阿尔比派。经过二十年战争和残酷的镇压，阿尔比派运动终于失败。——编者注

然从来没有到过，却到处散布着罗马的硬币和工艺品；这些工艺品上面的商标，往往也可以在罗马帝国各行省发掘出来的文物上看到。在西里西亚发现的粘土制的灯，和在达尔马戚亚、维也纳等处发现的其他的灯有同样的商标。例如在两个青铜器上都有《Ti. Robilius Sitalcis》这样的戳记，而其中一个是在梅克伦堡发现的，另一个是在波希米亚发现的；这证明沿着易北河有一条通商道路。

但在奥古斯都以后的头几个世纪，罗马的商船也来到了北海。在奥斯特河畔的诺伊豪斯（易北河口）所发现的、属于尼禄到马可·奥里略时代的 344 个罗马银币和一条大概在那里遇难的海船的残骸，都证明了这一点。沿波罗的海南岸也有一条海上航线，直通丹麦诸岛、瑞典、哥特兰岛；关于这条航线我们还要作更详细的研究。托勒密和马尔齐安（约在公元 400 年）所说的各个沿海地点彼此之间的距离，只能以到过那一带海岸的商人们的报告为根据。这些商人从梅克伦堡沿岸到但泽，并从这里到斯堪的亚。最后，在霍尔施坦、什列斯维希、梅克伦堡、前波美拉尼亚、丹麦诸岛及瑞典南部发掘出来的来自罗马的许多其他文物，也证明了这一点；这些文物的出土地点，离海岸都很近，而且彼此间的距离也很小。

在罗马的这种贸易中，向日耳曼尼亚的武器输入占多大比重，很难判断。在日耳曼尼亚发现的大量武器也可能是战利品，在边境上的罗马当局当然要竭力阻止把武器输送给日耳曼人。但是有些东西是可以从海道上运去的，特别是运给较远的民族，例如运往基姆布利半岛。

通过上述各种不同道路而输入日耳曼尼亚的其他罗马商品，有家用器具、装饰品、化妆品等。家用器具之中，有青铜制的碗、尺子、杯子、容器、烹饪用具、滤器、匙子、剪子、勺子等以及个别的金银制的容器和传布很广的粘土制的灯。青铜或金银制的装饰品有：颈饰、头饰、手镯、指环和同我们的胸针相似的扣子。在化妆品中，我们发现有梳子、镊子、耳挖子等，至于那些用途还有争论的物品就不谈了。这些制品，按照沃尔索的意见，大多数都是一世纪时在罗马流行的风尚的影响下产生的。（第 511—512 页）

在本世纪六十年代初，在什列斯维希的两处泥炭沼泽上发掘出了一些极重要的文物，这些文物由哥本哈根的恩格耳哈尔特作过详细的研究，并且经过许多波折之后，现在存放在基尔博物馆。这些文物和其他同类文物不同的地方是，其中的硬币可以相当确切地确定这些文物的年代。在聚德布腊卢普附近的塔施堡（丹麦语——Thorsbjerger）沼地出土的一批文物中，有37枚从尼禄到塞普提米乌斯·谢维路斯时期的硬币。在尼达姆沼地（这是一个淤塞的变成了泥炭沼泽的海湾）出土的另一批文物中，有34枚从提比利乌斯到马克里努斯（218年）时期的硬币。可见这些文物毫无疑问是公元220年到250年期间的东西。但是在这些文物中，不仅有罗马出产的东西，而且还有许多本地制造的物品，这些物品在含有铁质的泥炭水中几乎完整地保存了下来，它们令人惊奇地向我们说明了北日耳曼尼亚在三世纪上半叶时的金属工业、织布业和造船业的情况，而文物上的鲁恩文字，也说明了当时使用文字的情形。

这里更使我们感到惊异的，是工业水平本身。精致的纺织物、美丽的平底鞋和制作精巧的套具，都说明这是一个比塔西佗时代的日耳曼人高得很多的文化阶段；而尤其使我们惊讶不止的，是本地的金属制品。

日耳曼人从亚洲故乡带来了使用金属的知识，这已为比较语言学所证明。他们也许还有过金属开采和金属加工的知识，但是当他们和罗马人发生冲突的时候，未必还保有这种知识。至少在公元一世纪的著作家中，找不到任何关于在莱茵河与易北河间有开采和加工铁或青铜的说明；他们倒使人得出相反的结论。不错，塔西佗谈到过哥汀人（在上西里西亚？）的采铁，而托勒密也说到他们的邻人魁代人制造的铁器，但这两种人可以从多瑙河沿岸学到冶铁术。由硬币证明是属于一世纪的文物中，也没有任何本地制作的金属品，而只有罗马的金属品；如果日耳曼尼亚有自己的金属加工业，那末大量的罗马金属商品怎么还会运到那里去呢？诚然，在德意志也找到过古代的铸型、未完工的青铜铸件和青铜铸件废品，但都没有同时发现可以证明其年代的硬币；大概这都是前日耳曼人时代的遗痕，是流浪的伊特剌斯坎人青铜铸工活动的残迹。不过，提出关于移来的日耳曼人是否完全忘掉了金属加工这样的问题，是没有意义的；全部事实都说明，日耳曼人在一世纪的确没有或者几乎没有从事金属加工。

但是，塔施堡沼地出土的文物突然在这里出现，并向我们表明，本地的金属工业有出乎意料的高度水平。钮扣、饰有兽头和人头的装饰用的金属片、除眼鼻嘴以外把全部面孔掩盖起来的银盔、用金属丝编的锁子甲（这需要付出极端艰苦的劳动，因为金属丝一定要预先经过锤打，拔制金属丝是到1306年才发明的）和一个金发箍，至于其他一些不知是否是本地所造的物品，就不在这里列举了。和这些物品相似的，还有尼达姆沼地出土的、芬宁岛沼地出土的以及也是六十年代初在波希米亚（在哥尔若维策）出土的物品，如饰有人头的豪华的青铜盘、钮扣和带扣等。这些物品同塔施堡的完全属于一个类型，因此也必定同属于一个时代。

　　从三世纪开始，日益进步的金属工业一定普及到了整个日耳曼尼亚地区；到了民族大迁徙时代，我们说，到了五世纪末，它已达到了相当高的水平。不单是铁和青铜，就连金银也经常加工制作了，仿照罗马钱币铸造了装饰用的金片，并对非贵金属镀金；还出现了镶饰，珐琅和细丝工；在形状往往很笨拙的整个物件上，可以找到有高度艺术性的、饶有风趣的、只是部分模仿罗马人的装饰——这一般主要是指都有一定特殊外形的钮扣、带扣和胸针说的。在英国博物馆里，来自阿速夫海滨刻赤的钮扣和在英国发现的完全一样的钮扣同时陈列着；它们可能是同一个作坊的出品。这些制品的风格，虽然往往带有鲜明的地方色彩，但从瑞典到多瑙河下游，从黑海到法国和英国，基本上是一样的。这个日耳曼人金属工业的第一期，在大陆上，随着民族大迁徙的告终和普遍地信奉基督教而逐渐结束；在英格兰和斯堪的那维亚，还维持得稍久一些。

　　这种工业在六七世纪时在日耳曼人中间传播得多么广泛，并在多大的程度上已作为单独的工业部门分离出来，可由"民族法"来作证。铁匠、刀剑铸造匠、金银匠常被提到，在"阿勒曼尼法"中甚至还说到经过公家审查（publice probati）过的工匠。"巴伐利亚法"对于在教堂、公爵庄园、铁匠铺和磨坊的盗窃行为课以更多的罚金，"因为这四种建筑物是公用的房子，而且是经常开门的"。按照"弗里西安法"，杀害金匠的杀人罚金要比杀害同一等级的其他人多四分之一。"萨利克法"规定普通奴隶的价格是12索里达，而铁匠奴隶（faber）的价格则为35索里达。（第518—521页）

　　　　　　恩格斯：《论日耳曼人的古代历史》（1881—1882年），摘自《马克思恩格斯全集》第19卷，人民出版社1963年版。

5. 日耳曼部落的文化的共同性："史料的年代越是久远，这种地方性的差别就越是少见"

　　我们越是深入地追溯历史，同出一源的各个民族之间的差异之点，也就越来越消失。一方面这是由于史料本身的性质，——时代越远，史料也越少，只包括最重要之点；另一方面这是由这些民族本身的发展所决定的。同一个种族的一些分支距他们最初的根源越近，他们相互之间就越接近，共同之处就越多。雅科布·格林在研究德意志民族性格、德意志风俗习惯和法律关系时，一向把从记载基姆布利人进军的罗马史学家到不来梅的亚当和萨克森·格腊马提克所提供的一切证据，从"贝奥伍耳夫"和"希尔德布兰德之歌"到"艾达"和古史诗的一切古代文学作品，从 Legesbar Ubarorum 到古丹麦和古瑞典法律以及日耳曼习惯法记录的一切法律汇编，都看作同样珍贵的史料，是完全有理由的。这一种或那一种特点，可能只有地方性的意义，但是它所反映的那种特征却是整个种族所共同具有的，而史料的年代越是久远，这种地方性的差别就越是少见。

恩格斯：《爱尔兰史》（1870 年 5 月—7 月上半月），摘自《马克思恩格斯全集》第 16 卷，人民出版社 1964 年版，第 570—571 页。

6. 日耳曼诗歌对氏族生活的反映："有些人甚至认为舅父和外甥之间的血缘关系，比父子之间的血缘关系还要神圣和密切"

在一切德意志人中是否有一个表示氏族的共同名词，这个名词又是什么，关于这个问题，古代语言研究文献没有给我们提供答案。在语源上，哥特语的 kuni，中古高地德意志语的

künne 是和希腊语的 genos、拉丁语的 gens 相当的，而且是在相同的意义上来使用的。妇女的名称来自同一个词根，如希腊语的 gyne、斯拉夫语的 zena、哥特语的 qvino，古斯堪的纳维亚语的 kona、kuna 等，这表明曾存在过母权制时代。——在伦巴德人和勃艮第人那里，像刚才说过的，我们看到 fǔra 一词，这个词被格林假定来源于词根 fisan，意即生育。我则倾向于认为它来源于更显而易见的词根 faran，意即乘车、迁徙，用来表示当然只由亲属构成的迁徙队伍的一个固定的分队。这个词，在起初是向东方，后来又向西方迁徙的许多世纪中，渐渐地被用来指血族共同体本身了。——其次，哥特语的 sibja，盎格鲁撒克逊语的 sib，古代高地德意志语的 sippia、sippa，都是亲属的意思。在古代斯堪的纳维亚语中，仅有复数的 sifjar 即亲属一词；单数只用作女神西芙［Sif］的名字。——最后，在《希尔德布兰德之歌》中还见到另外一种用语，它出现在希尔德布兰德问哈杜布兰德的话中：

"这群人中的男子,谁是你的父亲……或你是哪一血族的?"

要是德意志语有表示氏族的共同名称,那么这恐怕就是哥特语的 kuni 了;这不仅因为它和亲属语中相应的说法一致,而且因为最初表示氏族酋长或部落酋长的 kuning(王[König])一词就是从 kuni 这个字演变来的。sibja(亲属)这个词似乎无须加以考虑;至少,sifjar 在古代斯堪的纳维亚语中,不仅表示血缘亲属,而且也表示姻亲亲属,即包括至少两个氏族的成员;因此,sif 这个词本身不可能是表示氏族的用语。

像在墨西哥人和希腊人那里一样,在德意志人那里,骑兵队和楔形步兵纵队的战斗队形,也是按氏族的组织来编的;如果塔西佗说的是按家庭和亲属关系,那么这种不明确的用语的来由是,在塔西佗时代氏族在罗马早已不再是一个有生命力的团体了。

有决定意义的是塔西佗的这一段话,那里说:母亲的兄弟把他的外甥看作自己的儿子;有些人甚至认为舅父和外甥之间的血缘关系,比父子之间的血缘关系还要神圣和密切,所以当要求人质的时候,那个将受到约束的人的姊妹的儿子被认为是比他自己的儿子还要大的保证。在这里,我们看到了按照母权制组织起来的、因而是最初的氏族的活生生的残余,而且这种残余还被当作德意志人特有的一种东西。某一个这样的氏族,其成员假如把自己的儿子当作某一庄严义务的担保物,而这个儿子却成了父亲违约的牺牲品,那么这位父亲就责任自负。但是假如成为牺牲品的是姊妹的儿子,那么这就违反了最神圣的氏族法规;男孩子或少年的最近的同氏族亲属,即首先负有保护他的义务的人,便对他的死负有罪责;这个同氏族亲属或者是不应当把他作为人质,或者是必须履行契约。即使我们在德意志人那里没有发现氏族制度的其他任何痕迹,那么有上面这一段话也就够了。

在古代斯堪的纳维亚的关于诸神的晚景和世界的毁灭的《Völuspö》(《女预言者的预言》)中,有一个地方更具有决定的意义,因为那是此后又过了大约 800 年。在这个《女预言者的预言》中,——如现在班格和布格所证明的,这首歌中也包含有基督教的因素,——在描述大灾难前的普遍堕落和道德败坏的时代时说道:

"Broedhr munu berjask ok at bönum verdask,

munu systrungar sifjum spilla".

"兄弟们将互相仇视，互相杀戮，

姊妹的儿女们就要毁坏亲属关系了。"

Systrungr 一字是母亲的姊妹的儿子的意思，在诗人看来，姊妹的子女否认相互之间的血缘亲属关系比兄弟互相残杀的罪还要大。起加强作用的是表示母方亲属关系的 systrungar 一词；要是不用这个词，而用 syskina-börn（兄弟姊妹的子女）或 syskinasynir（兄弟姊妹的儿子们），那么第二行对于第一行就不是加强，而是减弱了。由此可见，甚至在产生《女预言者的预言》的海盗时代，在斯堪的纳维亚对于母权制的回忆还没有消失。

<blockquote>恩格斯：《路德维希·费尔巴哈和德国古典哲学的终结》（1886 年初），摘自《马克思恩格斯文集》第 4 卷，人民出版社 2009 年版，第 154—157 页。</blockquote>

7. 古希腊和古罗马的著作家以及教会的神甫们，关于爱尔兰都讲述得很少

古希腊和古罗马的著作家以及教会的神甫们，关于爱尔兰都讲述得很少。

但是还存在着相当丰富的地方文献，虽然在十六世纪和十七世纪时有许多爱尔兰的手稿已经毁于战火。这些文献包括短诗、文法、辞典、年表和其他历史著作以及法律汇编。不过，除去极少数的例外，所有这些至少包括了八世纪至十七世纪这一时期的文献，都只是手写本。用爱尔兰语出版书籍是不久以前才开始的，恰好是在这种语言已开始消亡的时候。因此，原有的丰富材料只有极小的一部分可以被利用。

在年表中最重要的是"提格尔纳赫神甫年表"（该神甫于 1088 年去世），"奥尔斯脱年表"，特别是"四教长年表"。"四教长年表"是 1632—1636 年圣芳济派教士迈克尔·奥克莱里领导其他三个（编年史家）在多尼果耳修道院编成的，他们所根据的 seanchaidhes 材料现在几乎已经完全散失。这部带有批注并附有英译文的年表是奥顿诺凡于 1856 年据现在还保存着的多尼果耳修道院原手稿出版的[①]。以前查理·奥康瑙尔博士出版的书

[①] 由约翰·奥顿诺凡博士出版并附有英译文的"四教长编爱尔兰王国年表"七卷集，1856 年都柏林第 2 版四开本。

（"四教长年表"第 1 部分，"奥尔斯脱年表"等）的原文和译文都是不可靠的。

这些年表大都从爱尔兰的神话式的史前史开始，它们的基础是古代民间传说，这些传说曾由九世纪和十世纪的诗人大加修饰，后来又由教士编年史家按年代加以整理。例如，"四教长年表"以创造世界后的第 2242 年作为开始的日期，据说当时挪亚的孙女凯撒尔在洪水之前的 40 天在爱尔兰登岸；别的年表则认为苏格人的祖先，这些最后来到爱尔兰的移民，源出于雅典的直系血统，并把他们同摩西、埃及人和腓尼基人联系起来，正如我们的中世纪编年史家把日耳曼种族的祖先同特洛伊、亚尼雅士或亚历山大大帝联系起来一样。"四教长"一共只用几页记述了这些无稽之谈（迄今还没有谁能够把其中唯一有价值的东西，即真正的古代民间传说区分出来）；"奥尔斯脱年表"对这些完全没有记载；而提格尔纳赫则以在当时来说是惊人的大胆的批判精神，宣称基姆拜特王（约纪元前 300 年）以前的苏格兰人的所有传说都不可靠。但是到了上一世纪末叶，爱尔兰开始了一种新的民族生活，同时对爱尔兰的文献和历史也产生了新的兴趣，于是教士们的这些虚构正好成了最珍贵的材料。由于道地的克尔特人的热情以及爱尔兰那种特有的天真，信仰这些奇谈曾被宣布为爱尔兰爱国主义的重要组成部分。这当然也就为绝顶聪明的英国学术界人士（他们在语言学和历史学批判方面的著作在世界所有其他地方都享有很高的声誉）提供了一种求之不得的借口，好把爱尔兰的一切都当做极端荒谬的东西而加以摒弃[①]。

恩格斯：《爱尔兰史》（1870 年 5 月底—7 月上半月），摘自《马克思恩格斯全集》第 16 卷，人民出版社 1964 年版，第 550—551 页。

[①] 当时的最天真的作品之一是"艾里编年史，盖尔人、苏格兰人、伊伯尔人或爱尔兰人的历史，奥康瑙尔译自斯基台语腓尼基方言的原手稿"两卷集 1822 年伦敦版，斯基台语腓尼基方言，这当然就是爱尔兰人的克尔特语，而原手稿则是任意选出的一篇诗体的编年史。这本书的出版者阿瑟·奥康瑙尔是 1798 年的流亡者，后来成为英国宪章运动领袖的菲格斯·奥康瑙尔就是他的侄子。据说他是古代奥康瑙尔家族，即康诺特诸王的后裔，而且可以说是爱尔兰王位追求者。扉页前还有一张他的照片，他有一张爱尔兰人的漂亮而愉快的面庞，和他的侄子菲格斯像得出奇；他右手拿着王冠。下面写着"奥康瑙尔——本族的首领，奥康瑙尔——本国被辱人民的领袖：'战败的，但不是屈服的'"。

8. "关于爱尔兰人民在英国人入侵以前的状况,《古制全书》为我们提供了许多有关当时社会生活的珍贵资料","其中所有最古老的法律公式都是以诗的形式写成"

《古制全书》直到现在还是我们研究古代爱尔兰的主要资料。这是一部古代法规的汇编。据以后写成的序言说,这个汇编是适应正在爱尔兰迅速传播的基督教的需要,根据圣帕特里克的建议并在他的参加之下编成的。参加编辑这个汇编的"委员会"的据说有爱尔兰最高国王莱盖雷(据"四教长年表",428—458年在位),两位属国国王:科克(曼斯特国王)、戴雷(大概是奥尔斯脱的执政者之一),三位主教:圣帕特里克、圣贝尼格努斯、圣凯尔涅赫,最后,还有三位法学家:杜布塔赫、菲格斯、罗萨。这个委员会的著作工作所花费的确实比目前的委员会要少,虽然后者只是负责把这个汇编出版。"四教长年表"指出这个汇编的编纂年代是公元438年。

该书正文显然是以远古的多神教的材料作为基础。其中所有最古老的法律公式都是以诗的形式写成,有一定的格律和所谓的叶韵,——这是一种特殊的首韵,更确切地说,是一种只押子音的音韵,它是爱尔兰诗歌中所常见的,并且往往转变为完全押韵。已经确定,古代爱尔兰法律汇编是在十四世纪时从五世纪的语言,即所谓的芬尼方言(Bérla Feini)译成当时通用的爱尔兰语言的(序言,第1卷第36页及以下各页),因此,这就说明,为什么《古制全书》里有许多地方诗的格律在不同程度上显得不分明了,但是除了偶然押韵和叶韵十分显著的地方之外,格律也还是常常显现出来,并使全文具有一定的韵律。在大多数场合,只要读译文就可以看出这些诗体的公式。但同时,特别是在汇编的后半部,也可以看到许多地方显然是用散文写的;如果说那些诗体的公式无疑是从远古时代流传下来的,那末这些散文体的增补就显然是汇编的编辑者自己加的了。此外,在九世纪或十世纪编成的、据说是卡舍耳的国王和主教科马克所编的辞典中曾经不止一次地引用"古制全书",所以这些法律无疑是在英国人入侵之前很久就已经记录下来了。

在这部汇编的各种手抄本(最早的大约是十四世纪初甚至更早些)中,有不少大多数彼此吻合的文字上的注解,以及比较详细的有关内容方面的注释。注解中完全保存着古代辞典的精神,其中双关语代替了词源的研究和词的解释；注释的价值也各不相同，常有严重的曲解，许多地方难以理解，——至少在不熟悉其他的法律汇编的情况下是如此。这些注解和注释的年代已不可考；但其中大部分大概是写于英国人入侵之后。不过，由于其中只有很少超出正文内容范围以外对法律加以发挥的痕迹，而且这种少见的发挥又仅仅表现在更确切地规定细节，所以较大部分纯粹是解释性的注解和注释无疑可以比较审慎地把它也作为更古时期的史料加以利用。

《古制全书》的内容是：（1）典质法［Pfandungsrecht］，即大致上包括全部诉讼程序；（2）有关各个不同地区的居民内讧时关于人质的法律；（3）有关 Saerrath 和 Daerrath（见下面）的法律；（4）家法。从这一汇编中我们获得许多有关当时社会生活的珍贵资料，但是在大量名词没有得到解释，其他手稿尚未公布之前，许多东西还是很不清楚的。

关于爱尔兰人民在英国人入侵以前的状况，除了文献材料，一直保存到今天的古建筑物、教堂、园塔、防御工事、铭文也向我们提供了资料。

恩格斯：《爱尔兰史》（1870年5月底—7月上半月），摘自《马克思恩格斯全集》第16卷，人民出版社1964年版，第554—555页。

9. 爱尔兰首领们相互之间的纠纷，大大有利于诺曼人对这个国家的掠夺

爱尔兰首领们相互之间的纠纷，大大有利于诺曼人对这个国家的掠夺，并在这个国家建立他们的移民区，甚至使他们能够在一个时期内征服全岛。大约在公元1000年写成的"Krakumal"，即因禁在诺森伯里亚国王埃拉的蛇塔中的腊格纳·洛德布罗克的所谓死前之歌，表明了斯堪的那维亚人自己如何把爱尔兰当作一个经常给他们提供战利品的国家。

古代多神教的那种野蛮，在这首歌中似乎最后一次强烈地表现出来了；这首歌以歌颂腊格纳王的功绩为名，实际上则是这整个北方民族不仅在本国，而且在从杜纳闵德到弗兰德的海岸，在苏格兰（它这时已被称为苏格蒂亚，并且可能是第一次被这样称呼）和爱尔兰举行强盗式的进军的简述。说到爱尔兰的有：

"我们挥动利剑，旷野里积尸如坟，

狼兄狼弟兴高采烈，将鲜血开怀痛饮，

铁剑击铜盾；爱尔兰君主马斯太因

不使鸷鹰饥饿，更让恶狼狂吞，

在韦德腊福德给大鸦献上牺牲。

我们挥动利剑,早晨发起一场游戏——
在林迪赛里同三个国王愉快地比比高低。
只有少数幸运儿活着回去;
鹰隼与饿狼争肉,豺狼大口吞食人体,
爱尔兰人的鲜血像潮水泛滥海堤。"

恩格斯:《爱尔兰史》(1870年5月底—7月上半月),摘自《马克思恩格斯全集》第16卷,人民出版社1964年版,第565—566页。

10. 中世纪法国普罗温斯的诗歌:"经过300年的斗争,普罗温斯人的优美的语言沦落到了地方方言的地步,他们本身也成了法兰西人"

中世纪的南方法兰西民族和北方法兰西民族,不比现在的波兰民族和俄罗斯民族有更多的亲属关系。南方法兰西民族——vulgo〔即一般所谈的〕普罗温斯民族——在中世纪时代不仅完成了"宝贵的发展",甚至还走在欧洲发展的前面。它在新时代的一切民族中第一个创造了标准语言。它的诗当时对拉丁语系各民族甚至对德国人和英国人都是望尘莫及的范例。在创造封建骑士精神方面,它可与卡斯提尔人、北方法兰西人和英格兰诺曼人相匹敌;在工商业方面,它丝毫不逊于意大利人。它不仅"辉煌地"发展了"中世纪生活的一个阶段",甚至使古希腊文明在中世纪末期回光返照。因此,南方法兰西民族"在欧洲各民族的大家庭中"不仅有很大的"功绩",而且简直有无限的"功绩"。可是它终于象波兰一样,起初被北方法兰西和英国瓜分,后来又被北方法兰西人全部征服了。从阿尔比教派战争212年起到路易十一止,北方法兰西人对南方法兰西人进行了连绵不断的奴役战争,结果把全国征服了,但是北方法兰西人在文化程度上低于其南方的邻人,犹如俄国人低于波兰人一样。"专制主义"(路易十一)"妨碍了"南方法兰西"小贵族共和国"(在它的繁荣时期,这个称号是完全正确的)"实现它身的内在的灭",而这种消灭,借助于城市市民阶层的发展,无论如何是有可能实现的,正象波兰小贵族共和国借助于1791年的宪法来实现它的消灭一样。

南方法兰西人同自己的压迫者斗争了好几个世纪。但是历史的发展是铁面无情的。经过300年的斗争,普罗温斯人的优美的语言沦落到了地方方言的地步，他们本身也成了法兰西人。

> 恩格斯：《法兰克福关于波兰问题的辩论》（1848 年 8 月 7 日—9 月 6 日），摘自《马克思恩格斯全集》第 5 卷，人民出版社 1958 年版，第 420 页。

11. 破晓歌，是普罗旺斯爱情诗的精华

如果说在我们所知道的一切家庭形式中，专偶制是现代的性爱能在其中发展起来的唯一形式，那么这并不是说，现代的性爱作为夫妇相互的爱完全或主要是在这一形式中发展起来的。在男子统治下的牢固的个体婚制的整个本质，是排斥这一点的。在一切历史上主动的阶级中间，即在一切统治阶级中间，婚姻的缔结和对偶婚以来的做法相同，仍然是一种由父母安排的、权衡利害的事情。所以，第一个出现在历史上的性爱形式，亦即作为热恋，作为每个人（至少是统治阶级中的每个人）都能享受到的热恋，作为性的冲动的最高形式（这正是性爱的特性），而第一个出现的性爱形式，那种中世纪的骑士之爱，就根本不是夫妇之爱。恰好相反，古典方式的、普罗旺斯人的骑士之爱，正是极力要破坏夫妻的忠实，而他们的诗人们所歌颂的也正是这个。"Albas"，用德文来说就是破晓歌，是普罗旺斯爱情诗的精华。它用热烈的笔调描写骑士怎样睡在他的情人——别人的妻子——的床上，门外站着侍卫，一见晨曦（alba）初上，便通知骑士，使他能悄悄地溜走，而不被人发觉；接着是叙述离别的情景，这是歌词的最高潮。北部法兰西人和老实的德意志人，也学到了这种诗体和与它相适应的骑士爱的方式，而我们的老沃尔弗拉姆·冯·埃申巴赫也以这种挑逗性的主题留下了三首美妙的破晓歌，我觉得这些诗歌比他的三篇很长的英雄诗更好。

> 恩格斯：《路德维希·费尔巴哈和德国古典哲学的终结》（1886 年初），摘自《马克思恩格斯文集》第 4 卷，人民出版社 2009 年版，第 82—83 页。

12. 中世纪文学中的爱情描写："现代的性爱，同古代人的单纯的性要求，是根本不同的"

现代的性爱，同古代人的单纯的性要求，同厄洛斯［情欲］，是根本不同的。第一，性爱是以所爱者的对应的爱为前提的；从这方面说，妇女处在同男子平等的地位，而在古代的厄洛斯时代，决不是一向都征求妇女同意的。第二，性爱常常达到这样强烈和持久的程度，如果不能结

合和彼此分离，对双方来说即使不是一个最大的不幸，也是一个大不幸；为了能彼此结合，双方甘冒很大的危险，直至拿生命孤注一掷，而这种事情在古代充其量只是在通奸的场合才会发生。最后，对于性关系的评价，产生了一种新的道德标准，人们不仅要问：它是婚姻的还是私通的，而且要问：是不是由于爱和对应的爱而发生的？自然，在封建的或资产阶级的实践中，这个新的标准，并不比其他一切道德标准的境遇更好——人们对它视若无睹。不过，它的境遇也并非更坏；它和其他道德标准一样——在理论上，在字面上，也是被承认的。而更高的要求目前它就不能提了。

中世纪是从具有性爱的萌芽的古代世界停止前进的地方接着向前走的，它以通奸的方式接着前进。我们已经叙述过那创造了破晓歌的骑士爱。从这种力图破坏婚姻的爱情，到那应该成为婚姻的基础的爱情，还有一段漫长的路程，这段路程骑士们将永远走不到尽头。甚至我们由轻浮的罗曼语族各民族进而考察有德行的德意志人时，在《尼贝龙根之歌》中也可以发现，克里姆希耳德虽然暗中钟情于齐格弗里特，并不亚于齐格弗里特对她的钟情，但是当贡特尔宣布已把她许配给一个骑士（他没有说出他的名字）时，她却简单地回答道：

"您不必问我；您要我怎样，我总是照办；老爷，您要我嫁给谁，我就乐意和他订婚。"

她甚至连想也没有想，她的爱情在这里是可以加以考虑的。贡特尔向布龙希耳德求婚，埃策耳向克里姆希耳德求婚，他们一次也不曾见过她们；同样，在《古德龙》中，爱尔兰的齐格班特向挪威的乌黛求婚，黑盖林格的黑特耳向爱尔兰的希尔达求婚，以及莫尔兰的齐格弗里特、诺曼的哈尔特木特和西兰的黑尔维希向古德龙求婚，都是如此；而这里第一次出现古德龙自愿嫁给黑尔维希。按照通例，年轻王公的未婚妻都是由父母选择的，要是后者还活着的话；否则他就同大诸侯们商议，自行选择，大诸侯们的意见在一切场合总是起着很大的作用。而且也不能不如此。对于骑士或男爵，像对于王公一样，结婚是一种政治的行为，是一种借新的联姻来扩大自己势力的机会；起决定作用的是家族的利益，而决不是个人的意愿。在这种条件下，爱情怎能对婚姻问题有最后决定权呢？

　　恩格斯：《家庭、私有制和国家的起源》（1884年3月底—5月底），摘自

《马克思恩格斯文集》第4卷，人民出版社2009年版，第90—92页。

13. 古代北欧语中的诗歌由于故意隐晦和包含一些名字极多的神话而非常难懂

我正在阅读格林童话、德国英雄传说、古代弗里西安法律等等。只把这些东西浏览一下，立即就认真地研究古代北欧语。其中的诗歌由于故意隐晦和包含一些名字极多的神话而非常难懂，因此我看，这样附带研究是没有用的；当工作不太忙的时候，我应当设法用四个星期的时间专门进行研究。

> 恩格斯：《恩格斯致马克思》（1865年7月15日），摘自《马克思恩格斯全集》第31卷，人民出版社1972年版，第132页。

14. 犹太人所谓圣书不过是古代阿拉伯的宗教传说和部落传说的记载

现在我已经完全弄清楚，犹太人所谓圣书不过是古代阿拉伯的宗教传说和部落传说的记载，只是这些传说由于犹太人和与他们同一个族系但从事游牧的邻族早已分离而有了改变。巴勒斯坦在靠阿拉伯的一面完全被沙漠，即贝都英人的土地环绕着，这种情况是叙述独特的原因。但是古代阿拉伯的碑文、传说和可兰经，以及一切系谱等等的易于解释，都证明主要内容是关于阿拉伯人的，或者更确切地说，是关于一般闪族的，就像我们这里的《艾达》和德国的英雄传说一样。

> 恩格斯：《恩格斯致马克思》（1853年5月26日左右），摘自《马克思恩格斯全集》第28卷，人民出版社1973年3月第1版，第250—251页。

15. 中世纪后期波斯文学："他（米尔洪德）用非常形象的但完全无法理解的语言来叙述波斯的英雄史诗"

其实，读一读放荡不羁的老哈菲兹的原著是相当愉快的，它听起来很不错。老先生威廉·琼斯喜欢在他的语法书中用波斯的淫秽的词句作例句，后来在其《亚细亚诗歌释义》中把它们译成希腊诗句，因为用拉丁文来表达就更不成体统了。这部《释义》（琼斯全集第2卷《论情诗》）大概会使你很开心。而波斯的散文真令人难受。例如，高尚的米尔洪德的《正统的乐园》就是如此。他用非常形象的但完全无法理解的语言来叙述波斯的英雄史诗。关于亚历山大大帝，他叙述如下：伊斯甘德这个名字，在伊奥尼亚人的语言中叫做阿克席德—鲁斯（就象伊斯甘德这个名字是亚历山大这个名字的歪曲一样），即《Filusuf》，这个词来源于《fila》——爱和《sufa》——智慧，这样，伊斯甘德就是智慧之友。——关于一个退位的国王，他写道："他用引退的鼓槌敲起退位的鼓"，如果维利希老爷子还再醉心于文学斗争，那他也不得不这样做。当图兰国王阿弗腊夏布被他的军队丢弃时，米尔洪德是这样描写他的："他用绝望的牙齿咬着自己惊慌的指甲，直到羞愧的手指涌出痛不欲生的意识的鲜血。"这个国王的命运也会落到那个维利希的身上。

恩格斯：《恩格斯致马克思》（1853年6月6日），摘自《马克思恩格斯全集》第28卷，人民出版社1973年版，第265页。

（四）文艺复兴至十七世纪的文艺与文化

1. 中世纪的终结是和君士坦丁堡的衰落不可分离地联系着的

（1）代替地中海沿岸一条狭长的文明地带——它的手臂曾分散地伸向内地并且一直达到西班牙、法国和英国的大西洋海岸，因而很容易被来自北方的德意志人和斯拉夫人以及来自东南方的阿拉伯人突破和扰乱，——现在是一片紧密相连的文明地区，即整个西欧以及作为前哨阵地的斯堪的那维亚、波兰和匈牙利。

（2）代替希腊人或罗马人和野蛮人的对立，现在是六个具有文明语言的文明民族（斯堪的那维亚等民族还不计在内），所有这些语言已经发展到能够参加十四世纪的强有力的文学繁荣，而且比起古代末期已经在衰退和死亡的希腊语和拉丁语来说，它们保证了教育的更加无比的多样化。

（3）由中世纪的市民等级所创立的工业生产和商业获得无限高度的发展；一方面，生产更加完备，更加多样化，规模也更大，另一方面，商业交往更加兴盛，航海从萨克森人、弗里西安人和诺曼人时代起加无比地大胆，再一方面，还有大量的发明以及东方发明的输入，它们不仅使希腊文学的输入和传播、海上探险以及资产阶级宗教改革真正成为可能，并且使它们的活动范围大大扩展，进展大为迅速。此外，它们提供了古代从未想到过的、虽然还未系统化的许多科学事实：磁针、印刷、活字、亚麻纸（十二世纪以来阿拉伯人和西班牙犹太人所使用的；棉纸自十世纪以来就逐渐出现，而在十三和十四世纪已经传布得更广，莎草纸从阿拉伯人占领埃及以后就根本不再使用了）、火药、眼镜、在计时上和力学上是一巨大进步的机械时计。

此外，旅行所提供的材料（马可·波罗，1272年左右，等等）。

因为有了大学，普通教育即使还很差，却普及得多了。随着君士坦丁堡的兴起和罗马的衰落，古代便完结了。中世纪的终结是和君士坦丁堡的衰落不可分离地联系着的。新时代是以返回到希腊人而开始的。——否定的否定！

恩格斯：《自然辩证法》（1873—1886年），摘自《马克思恩格斯全集》第20卷，人民出版社1971年版，第530—531页。

2. 正如现在资产阶级要求一个廉价政府一样，中世纪市民首先要求一个廉价教会

城市的异教——这是中世纪真正公开的异教——主要是反对僧侣，对他们豪富殷实和政治地位进行抨击。正如现在资产阶级要求一个廉价政府一样，中世纪市民首先要求一个廉价教会。市民异教同所有把教会和教条的发展仅仅看成是一种蜕变的异教一样，从形式上来看是反动的，它要求恢复原始基督教的简单教规，要求取消自成一统的僧侣等级。实行这种廉价措施，就会取消修道士，取消高级教士，取消罗马教廷，一言以蔽之，就会取消教会中一切耗费钱财的东西。这些城市虽然还处于君主保护之下，但它们本身已经是共和国，它们在对教皇权力进行攻击时，就第一次以一般形式提出：资产阶级统治的正常形式是共和国。这些城市之所以对一系列教条及戒律如此敌视，一部分可以由上述情况来说明，一部分也可以由当时城市的其他生活条件来说明，例如，为什么这些城市要如此激烈地反对独身制度呢？其中的道理没有人比薄伽丘说得更清楚了。

恩格斯：《德国农民战争》（1850年夏），摘自《马克思恩格斯文集》第2卷，人民出版社2009年版，第236—237页。

3. 文艺复兴时期的艺术繁荣："这是一个需要巨人而且产生了巨人的时代"

意大利是典型之邦。自从现代世界的曙光在那里升起的那个伟大时代以来，它产生过许多伟大人物，从但丁到加里波第，他们是无与伦比的完美的典型。

恩格斯：《〈资本论〉第三卷序言》（1894年10月4日），摘自《马克思恩格斯文集》第7卷，人民出版社2009年版，第24页。

现代自然科学同古代人的天才的自然哲学的直觉相反，同阿拉伯人的非常重要的、但是零散的并且大部分已经无结果地消失了的发现相反，它唯一地达到了科学的、系统的和全面的发展。现代自然科学，和整个近代史一样，是从这样一个伟大的时代算起，这个时代，我们德国人由于当时我们所遭遇的民族不幸而称之为宗教改革，法国人称之为文艺复兴，而意大利人则称之为五百年代①，但这些名称没有一个能把这个时代充分地表达出来。这是从十五世纪下半叶开始的时代。国王的政权依靠市民打垮了封建贵族的权力，建立了巨大的、实质上以民族为基础的君主国，而现代的欧洲国家和现代的资产阶级社会就在这种君主国里发展起来；当市民和贵族还在互相格斗时，德国农民战争却预言式地提示了未来的阶级斗争，因为德国农民战争不仅把起义的农民引上了舞台——这已经不是什么新的事情了，而且在农民之后，把现代无产阶级的先驱也引上了舞台，他们手里拿着红旗，口里喊着财产公有的要求。拜占庭灭亡时抢救出来的手抄本，罗马废墟中发掘出来的古代雕像，在惊讶的西方面前展示了一个新世界——希腊的古代；在它的光辉的形象面前，中世纪的幽灵消逝了；意大利出现了前所未见的艺术繁荣，这种艺术繁荣好象是古典古代的反照，以后就再也不曾达到了。在意大利、法国、德国都产生了新的文学，即最初的现代文学；英国和西班牙跟着很快达到了自己的古典文学时代。旧的 orbisterrarum② 的界限被打破了；只是在这个时候才真正发现了地球，奠定了以后的世界贸易以及从手工业过渡到工场手工业的基础，而工场手工业又是现代大工业的出发点。教会的精神独裁被摧毁了，德意志诸民族大部分都直截了当地抛弃了它，接受了新教，同时，在罗曼语诸民族那里，一种从阿拉伯人那里吸收过来并从新发现的希腊哲学那里得到营养的明快的自由思想，愈来愈根深蒂固，为十八世纪的唯物主义作了准备。

　　这是一次人类从来没有经历过的最伟大的、进步的变革，是一个需要巨人而且产生了巨人——在思维能力、热情和性格方面，在多才多艺和学识渊博方面的巨人的时代。给现代资产阶级统治打下基础的人物，决不受资产阶级的局限。相反地，成为时代特征的冒险精神，或多或少地推动了

---

① 即十六世纪。——编者注
② 直译是"地环"，这是古罗马人对世界、地球的称呼。——编者注

这些人物。那时，差不多没有一个著名人物不曾作过长途的旅行，不会说四五种语言，不在几个专业上放射出光芒。列奥纳多·达·芬奇不仅是大画家，而且也是大数学家、力学家和工程师，他在物理学的各种不同部门中都有重要的发现。阿尔勃莱希特·丢勒是画家、铜板雕刻家、雕刻家、建筑师，此外还发明了一种筑城学体系，这种筑城学体系，已经包含了一些在很久以后被蒙塔郎贝尔和近代德国筑城学重又采用的观念。马基雅弗利是政治家、历史家、诗人，同时又是第一个值得一提的近代军事著作家。路德不但扫清了教会这个奥吉亚斯的牛圈①，而且也扫清了德国语言这个奥吉亚斯的牛圈，创造了现代德国散文，并且撰作了成为十六世纪《马赛曲》的充满胜利信心的赞美诗的词和曲。那时的英雄们还没有成为分工的奴隶，分工所具有的限制人的、使人片面化的影响，在他们的后继者那里我们是常常看到的。但他们的特征是他们几乎全都处在时代运动中，在实际斗争中生活着和活动着，站在这一方面或那一方面进行斗争，一些人用舌和笔，一些人用剑，一些人则两者并用。因此就有了使他们成为完人的那种性格上的完整和坚强。书斋里的学者是例外：他们不是第二流或第三流的人物，就是唯恐烧着自己手指的小心翼翼的庸人。

> 恩格斯：《自然辩证法·导言》（1873—1886 年），摘自《马克思恩格斯全集》第 20 卷，人民出版社 1971 年版，第 360—362 页。

4. 提香画的阿里欧斯托的优美的画像是最优秀的作品之一

现在，这里的人都成了艺术的爱好者，大谈展览会的图画。这件事至少在财政上多少是失败的。不过那里有很出色的画，但一二流画家的作品大部分只是次品。提香画的阿里欧斯托的优美的画像是最优秀的作品之一。现代德国和法国画派的作品很差，几乎完全没有展出。全部展览品中四分之三是英国的劣品。展出的西班牙人和佛来米人的作品最好，其次是意大利人的作品。

> 恩格斯：《恩格斯致马克思》（1857 年 5 月 20 日），摘自《马克思恩格斯全集》第 29 卷，人民出版社 1972 年版，第 131 页。

5. 所谓多边形筑城的原则，丢勒应该算是这种筑城法的创始人

我们看到，在有棱堡以前，阿尔勃莱希特·丢勒就已采用侧防暗堡来

---

① 典故出自希腊神话，奥吉亚斯王有个牛圈，养牛三千头，三十年未打扫。后来以此比喻极其肮脏的地方。——译者注

保证加强的侧射火力。在他的四角城堡里，护城壕的防御完全依赖这些侧防暗堡，城堡的各角没有塔楼，这是一种只有几个凸角、顶部平整的四角城堡。构筑要塞时使要塞围墙完全与多边形的边线相吻合，因而只有凸角而无凹角，护城壕则以侧防暗堡掩护，这就是所谓多边形筑城的原则，丢勒应该算是这种筑城法的创始人。

> 恩格斯：《筑城》（1859年5月—6月9日左右），摘自《马克思恩格斯全集》第14卷，人民出版社1964年8月第1版，第344页。

6. 路德的论纲一时却成了他们的普遍的、共同的语言

正当鞋会的第四次密谋活动在黑林山遭到镇压的时候，路德在维滕贝格发出了行将席卷各个等级并震撼整个帝国的运动的信号。这个图林根的奥古斯丁派提出的论纲就像闪电击中火药桶一样，引起了大火。骑士和市民，农民和平民，觊觎大权的诸侯和低级僧侣，隐蔽的神秘派和博学多才的、专写讽刺诙谐作品的反对派作家，他们追求的目标千差万别而纷纭错杂，但路德的论纲一时却成了他们的普遍的、共同的语言，这种共同语言以出人意料的速度使他们团结起来。这个由一切反对派分子仓促形成的联盟虽然没有维持多久，但却使运动的惊人力量突然地显示出来，而且更迅猛地把运动推向前进。

> 恩格斯：《德国农民战争》（1850年夏），摘自《马克思恩格斯文集》第2卷，人民出版社2009年版，第271页。

7. 路德通过翻译圣经给平民运动提供了一种强有力的武器，但路德本人对教会权威和世俗权威的反抗活动在圣经中被全盘否定

路德通过翻译圣经给平民运动提供了一种强有力的武器。他在圣经译本中使公元最初几世纪的纯朴基督教同当时已经封建化了的基督教形成鲜明的对照，提供了一幅层层叠叠的、人为的封建等级制度的社会图景，同正在崩溃的封建社会形成鲜明的对照。农民利用这个武器来从各方面反对诸侯、贵族、僧侣。而现在路德竟把这一武器掉转过来反对农民，他从圣经中拼凑了真正的赞美诗去歌颂那些由上帝委派的当权者，这是任何一个舐食专制君主残羹的臣仆从来没有能够做到的。神授君权、唯命是从，甚至农奴制度都由圣经认可了。在这方面，不仅农民起义，就连路德本人对教会权威和世俗权威的反抗活动也被全盘否定；这样，路德不仅把下层人民的运动，而且连市民阶级的运动也出卖给诸侯了。

恩格斯：《德国农民战争》（1850年夏），摘自《马克思恩格斯文集》第2卷，人民出版社2009年版，第244页。

8. 资产阶级启蒙运动的第一种形式，即十五世纪和十六世纪的"人道主义"，在进一步发展中变成了天主教的耶稣会精神

卡尔·考茨基在其论托马斯·莫尔的著作中说明了，资产阶级启蒙运动的第一种形式，即十五世纪和十六世纪的"人道主义"，在进一步发展中怎样变成了天主教的耶稣会精神。我们在这里同样看到，资产阶级启蒙运动的完全成熟了的第二种形式在十八世纪变成了现代的耶稣会精神，变成了俄国的外交。这种向自己对立面的转变，这种最终会达到与出发点完全相反之点的现象，是所有不清楚自己的原因和存在条件，因而抱着纯粹幻想目的的历史运动的必然命运。"历史的讽刺"对它们作出无情的修正。

恩格斯：《俄国沙皇政府的对外政策》（1889年12月—1890年2月），摘自《马克思恩格斯全集》第22卷，人民出版社1965年版，第24页。

9. 在对当时历史条件的这种总的论述的背景上，托·莫尔个人是作为自己时代之子出现的

关于你的《莫尔》一书，我在给腊韦的信中写了如下意见：

"考茨基的《托·莫尔》对各新教国家的，特别是对英国的文艺复兴时期的论述，总的说来是正确的，而且有很多独到之处。在对当时历史条件的这种总的论述的背景上，托·莫尔个人是作为自己时代之子出现的。这样，意大利和法国的文艺复兴，在书中就只处于次要地位。日内我就写信给考茨基，请他把书寄给您。我想，您会认为这本书是值得翻译的。"

恩格斯：《恩格斯致考茨基》（1891年4月30日），摘自《马克思恩格斯全集》第38卷，人民出版社1972年版，第79页。

10. 能够和英国文学媲美的恐怕只有古希腊文学和德国文学了

能够和英国文学媲美的恐怕只有古希腊文学和德国文学了，在哲学方面，英国至少能举出两位巨匠——培根和洛克，而在经验科学方面享有盛名的则不计其数。

恩格斯：《英国状况》（1844年3月），摘自《马克思恩格斯全集》第1卷，人民出版社1956年版，第679页。

11. 为此普鲁茨写了《恢复莎士比亚的名誉》

卢格这个畜生在普鲁茨那儿证明说，"莎士比亚不是戏剧诗人"，因为

"他没有任何哲学体系"。而席勒，由于他是康德信徒，才是真正的"戏剧诗人"。为此普鲁茨写了《恢复莎士比亚的名誉》!

> 马克思:《马克思致恩格斯》(1858年11月24日)，摘自《马克思恩格斯全集》第29卷，人民出版社1972年版，第356页。

12. 莎士比亚往往采取大刀阔斧的手法来急速收场，从而减少实际上相当无聊但又不可避免的废话

罗德里希·贝奈狄克斯这个无赖出版了一部关于"莎士比亚狂热病"的臭气熏天的厚书①，书中极为详尽地证明，莎士比亚不能和我国的伟大诗人，甚至不能和现代的伟大诗人相提并论。看来简直应该把莎士比亚从他的台座上拉下来，而让大屁股罗·贝奈狄克斯坐上去。单是《风流娘儿们》②的第一幕就比全部德国文学包含着更多的生活气息和现实性。单是那个兰斯③和他的狗克莱勃就比全部德国喜剧加在一起更具有价值。莎士比亚往往采取大刀阔斧的手法来急速收场，从而减少实际上相当无聊但又不可避免的废话，但是笨拙的大屁股罗·贝奈狄克斯对此竟一本正经而又毫无价值地议论不休。去他的吧!

> 恩格斯:《恩格斯致马克思》(1873年12月10日)，摘自《马克思恩格斯全集》第33卷，人民出版社1973年版，第108页。

13.《忧郁症剖析》这本书将成为我经常吸取乐趣的地方

您寄赠的礼物确实令人意外地高兴。十分感谢!应该惭愧地承认，由于无知，我曾把《忧郁症剖析》④当作我所厌恶的十八世纪严肃的心理学研究著作。现在才发现，这部作品也是英国文学极盛时期——十七世纪初的产物。我正愉快地读这本书，已读了很多，我确信，这本书将成为我经常吸取乐趣的地方。

> 恩格斯:《恩格斯致乔治·威廉·兰普卢》(1894年1月10日)，摘自《马克思恩格斯全集》第39卷，人民出版社1974年版，第192页。

14. 维科的《新科学》"有不少天才的闪光"

你似乎没有读过维科的《新科学》。你在那里当然找不到与你的直

---

① 罗·贝奈狄克斯《莎士比亚狂热病》。——编者注
② 莎士比亚的喜剧《温莎的风流娘儿们》。——编者注
③ 兰斯是莎士比亚的喜剧《维洛那二绅士》中的人物。——编者注
④ 即罗·伯顿的《忧郁症剖析》。——编者注

接目的有关的东西，不过这本书还是有意思的，因为与法学市侩对罗马法的精神所作的理解相反，它对此作了哲学的理解。原著你未必能够利用，因为该书甚至不是用意大利文写的，而是用非常费解的那不勒斯方言写的。……在维科那里，以萌芽状态包含着沃尔弗（《荷马》）、尼布尔（《罗马帝王史》）、比较语言学基础（虽然是幻想的），以及还有不少天才的闪光。他本人的法学著作，我直到现在还没有能够在任何地方弄到。

马克思：《马克思致斐·拉萨尔》（1862 年 4 月 28 日），摘自《马克思恩格斯全集》第 30 卷，人民出版社 1975 年版，第 617—618 页。

（五）启蒙时代的文艺与文化

1. 启蒙运动从英国传入法国："在法国革命时使他心惊胆怕的自由思想正是从英国输入法国的"

在谈第一点时，基佐先生忘记了：在法国革命时使他心惊胆怕的自由思想正是从英国输入法国的。洛克是这种自由思想的始祖，而在舍夫茨别利和博林布罗克那里自由思想就已经具有一种巧妙的形式，这种形式后来在法国得到了十分顺利的发展。因此我们可以得出一个有意思的结论：基佐先生认为毁灭了法国革命的那种自由思想正是具有宗教性质的英国革命的重要产物之一。

马克思、恩格斯：《评基佐"英国革命为什么会成功？英国革命史讨论"》，摘自《马克思恩格斯全集》第 7 卷，人民出版社 1959 年版，第 249 页。

如果说，法国支援过美利坚共和国摆脱英国暴政的解放斗争，那末早在二百年前，英国就已从西班牙的役下解放过荷兰共和国。如果说，法国在上世纪末给全世界做出了光荣的榜样，那末我们也不能避而不谈这一事实：英国还比它早一百五十年就已做出了这个榜样，而那时法国还根本没有准备向英国学习呢。至于 18 纪法国哲学家伏尔泰、卢梭、狄德罗和达兰贝尔等阐明的那些思想，不是首先产生在英国又是产生在哪儿呢！我们决不能因为密尔顿（第一个为弑君辩护的人）、艾尔杰楠·悉尼、博林布罗克利舍夫茨别利的法国继承者比他们的先辈更为出色便忘了他们的先辈！

恩格斯：《路易·勃朗在第戎宴会上的演说》（1847年12月底），摘自《马克思恩格斯全集》第4卷，人民出版社1958年版，第425页。

2. "理性的王国不过是资产阶级的理想化的王国"，"18世纪伟大的思想家们没有能够超出他们自己的时代使他们受到的限制"

现代社会主义，就其内容来说，首先是对现代社会中普遍存在的有财产者和无财产者之间、资本家和雇佣工人之间的阶级对立以及生产中普遍存在的无政府状态这两个方面进行考察的结果。但是，就其理论形式来说，它起初表现为18世纪法国伟大的启蒙学者们所提出的各种原则的进一步的、似乎更彻底的发展。[①] 同任何新的学说一样，它必须首先从已有的思想材料出发，虽然它的根子深深扎在经济的事实中。

在法国为行将到来的革命启发过人们头脑的那些伟大人物，本身都是非常革命的。他们不承认任何外界的权威，不管这种权威是什么样的。宗教、自然观、社会、国家制度，一切都受到了最无情的批判；一切都必须在理性的法庭面前为自己的存在作辩护或者放弃存在的权利。思维着的知性成了衡量一切的唯一尺度。那时，如黑格尔所说的，是世界用头立地的时代。最初，这句话的意思是：人的头脑以及通过头脑的思维发现的原理，要求成为人类的一切活动和社会结合的基础；后来这句话又有了更广泛的含义：同这些原理相矛盾的现实，实际上从上到下都被颠倒了。以往的一切社会形式和国家形式、一切传统观念，都被当作不合理性的东西扔到垃圾堆里去了；到现在为止，世界所遵循的只是一些成见；过去的一切只值得怜悯和鄙视。只是现在阳光才照射出来。从今以后，迷信、非正义、特权和压迫，必将为永恒的真理，为永恒的正义，为基于自然的平等和不可剥夺的人权所取代。

现在我们知道，这个理性的王国不过是资产阶级的理想化的王国；永恒的正义在资产阶级的司法中得到实现；平等归结为法律面前的资产阶级的平等；被宣布为最主要的人权之一的是资产阶级的所有权；而理性的国

[①] 在《引论》的草稿中，这一段是这样写的："现代社会主义，虽然实质上是由于对现存社会中有财产者和无财产者之间、工人和剥削者之间的阶级对立进行考察而产生的，但是，就其理论形式来说，起初却表现为18世纪法国伟大的启蒙学者们所提出的各种原则的更彻底的、进一步的发展，因为它的最初代表摩莱里和马布利也是属于启蒙学者之列的。"——编者注

家、卢梭的社会契约①在实践中表现为，而且也只能表现为资产阶级的民主共和国。18世纪伟大的思想家们，也同他们的一切先驱者一样，没有能够超出他们自己的时代使他们受到的限制。

恩格斯：《反杜林论》（1876年9月—1878年6月），摘自《马克思恩格斯文集》第9卷，人民出版社2009年版，第19—20页。

3. 启蒙运动中的法国、德国哲学的"最大的功绩"就是"恢复了辩证法这一最高的思维形式"

在此期间，同18世纪的法国哲学并列和继它之后，近代德国哲学产生了，并且在黑格尔那里完成了。它的最大的功绩，就是恢复了辩证法这一最高的思维形式。古希腊的哲学家都是天生的自发的辩证论者，他们中最博学的人物亚里士多德就已经研究了辩证思维的最主要的形式②。而近代哲学虽然也有辩证法的卓越代表（例如笛卡儿和斯宾诺莎），但是特别由于英国的影响却日益陷入所谓形而上学的思维方式；18世纪的法国人也几乎全都为这种思维方式所支配，至少在他们的专门哲学著作中是如此。可是，在本来意义的哲学之外，他们同样也能够写出辩证法的杰作；我们只要提一下狄德罗的《拉摩的侄子》③和卢梭的《论人间不平等的起源》就够了。

恩格斯：《反杜林论》（1876年9月—1878年6月），摘自《马克思恩格斯文集》第9卷，人民出版社2009年版，第22—23页。

4. 丹尼尔·笛福原书中的鲁滨逊，是一个真正的"资产者"

马克思讲的鲁滨逊，是真正的鲁滨逊，即丹尼尔·笛福原书中的鲁滨逊，连次要的情节——从难船上抢救出来的零碎物件等等，都是从原书里

---

① 按照卢梭的理论，人们最初生活在自然状态中，在这种状态下，人人都是平等的。私有财产的形成和不平等的占有关系的发展决定了人们从自然状态向市民状态的过渡，并导致以社会契约为基础的国家的形成。政治上的不平等的进一步发展破坏了这种社会契约，导致某种新的自然状态的形成。能够消除这一自然状态的，据说是以某种新的社会契约为基础的理性国家。卢梭在1755年阿姆斯特丹版的《论人间不平等的起源和原因》以及1762年阿姆斯特丹版的《社会契约论，或政治权利的原则》这两部著作中详细阐述了这一理论。

② 在《引论》的草稿中，这个地方是这样写的："古希腊的哲学家都是天生的自发的辩证论者，亚里士多德，古代世界的黑格尔，就已经研究了辩证思维的最主要的形式。"——编者注

③ 德·狄德罗的对话体小说《拉摩的侄子》写成于1762年前后，后又经作者修改了两次。最初由歌德翻译的德译本于1805年在莱比锡出版。第一个法文版发表在1821年巴黎版《狄德罗轶文集》上，该文集实际上1823年才出版。——编者注

取来的。他后来又有了他的星期五,他是一个遭遇船难的商人,如果我没有记错的话,他当时还贩卖奴隶。总之,这是一个真正的"资产者"。

> 恩格斯:《恩格斯致考茨基》(1884年9月20日),摘自《马克思恩格斯全集》第36卷,人民出版社1975年版,第210—211页。

5. 启蒙学者的世界观是"非历史的"

对于以前的经济学家,包括李嘉图,这在一定程度上还可原谅;他们根本没有力求获得历史知识,而且自己的整个世界观也是非历史的,就象十八世纪的其他启蒙学者一样,启蒙学者的这种伪历史的补论从来只不过是一种可以用来合乎理性地说明某一事物的产生的表达方式,而且在他们那里,原始人的思考和行动从来都是同十八世纪的启蒙学者一模一样的。

> 恩格斯:《恩格斯致马克思》(1869年11月19日),摘自《马克思恩格斯全集》第32卷,人民出版社1975年版,第377—378页。

6. "卢梭把不平等的产生看作一种进步。但是这种进步是对抗性的,它同时又是一种退步","文明每前进一步,不平等也同时前进一步"

最后,甚至卢梭的平等说(杜林的平等说只是它的贫乏的和歪曲的复写)没有黑格尔式的否定的否定来执行助产婆的职能,也不能建立起来——而这还是黑格尔诞生前几乎20年的事。[①] 卢梭的学说远没有因此而觉得可耻,它在自己的最初的阐述中,几乎是堂而皇之地把自己的辩证起源的印记展示出来。人在自然和野蛮的状态中是平等的;由于卢梭已经把语言看作自然状态的歪曲,所以他完全有理由把同一物种范围所及的兽类的平等也加到这些兽人的身上,近来海克尔在分类中把这种兽人假定为Alali——没有语言的原始人[②]。但是这些彼此平等的兽人有一种比其他兽类优越的特性,这就是趋于完善化的能力,即往前发展的能力;而这种能力就成了不平等的原因。因此,卢梭把不平等的产生看作一种进步。但是这种进步是对抗性的,它同时又是一种退步。

---

① 指让·雅·卢梭的著作《论人间不平等的起源和原因》,写于1754年。恩格斯在后面所引用的是这一著作(1755年版)的第2部第116、118、146、175—177页。——编者注

② 见恩·海克尔《自然创造史》1873年柏林第4版第590—591页。按照海克尔的分类,Alali 是在本来意义上的人出现以前的那一阶段。Alali 就是"没有语言的原始人",确切些说,是猿人(直立猿人)。海克尔关于类人猿和现代人之间存在一个过渡形态的假说在1891年得到证实。当时荷兰的人类学家欧·杜布瓦在爪哇岛找到了远古人化石的残片,这种人也被称为"直立猿人"。——编者注

"以后的〈越过原始状态的〉一切进步同样表面上是走向单个人完善，而实际上是走向类的没落……金属加工和农业是两种技艺，它们的发明引起了这一巨大革命〈变原始森林为耕地，但是由于财产的出现也引起了贫困和奴役〉。使人文明起来并使人类没落下去的东西，在诗人看来是金和银，在哲学家看来是铁和谷物。"

文明每前进一步，不平等也同时前进一步。随着文明而产生的社会为自己所建立的一切机构，都转变为它们原来的目的的反面。

"人民拥立国君是为了保护自己的自由，而不是为了毁灭自由，这是无可争辩的事实，而且是全部公法的基本原则。"

但是这些国君必然成为人民的压迫者，而且他们把压迫加重到这样的地步，使得登峰造极的不平等又重新转变为自己的反面，成为平等的原因：在暴君面前人人平等，就是说大家都等于零。

"这里是不平等的极限，是封闭一个圆圈的终点，它和我们的出发点相遇：在这里一切个人都是平等的，因为他们恰恰什么都不是，臣民除了君主的意志以外再没有别的法律。"但是暴君只有当他拥有暴力的时候才是君主，因此当人们"驱逐他的时候，他不能抱怨暴力……暴力曾支持过他，现在暴力又推翻他；一切都按照自己的正常的自然进程前进。"

这样，不平等又重新转变为平等，但不是转变为没有语言的原始人的旧的自发的平等，而是转变为更高级的社会契约的平等。压迫者被压迫。这是否定的否定。

因此，我们在卢梭那里不仅已经可以看到那种和马克思《资本论》中所遵循的完全相同的思想进程，而且还在他的详细叙述中可以看到和马克思所使用的完全相同的整整一系列辩证的说法：按本性说是对抗的、包含着矛盾的过程，一个极端向它的反面的转化，最后，作为整个过程的核心的否定的否定。因此，如果说在1754年卢梭还不能说黑格尔行话，那么，无论如何他在黑格尔诞生前16年就已经深深地被黑格尔瘟疫、矛盾辩证法、逻各斯学说、神学逻辑等等所侵蚀。当杜林先生为了把卢梭的平等论肤浅化而摆弄他的两个常胜的男人的时候，他已经落在一个斜坡上，无可挽救地滑进否定的否定的怀抱。那种盛行两个男人的平等并且被描绘成理想状态的状态，在《哲学教程》第271页上被称为"原始状态"。根据第279页，这种原始状态必然为"掠夺制度"所消灭——这是第一个否定。

但是，多亏现实哲学，我们现在才进到这样一步：我们废除掠夺制度，而代之以杜林先生发明的、以平等为基础的经济公社——这是否定的否定，更高阶段的平等。杜林先生亲身犯下否定的否定的滔天罪行，这确是一个有趣的、有益地扩展眼界的场面！

恩格斯：《反杜林论》（1876年9月—1878年6月），摘自《马克思恩格斯文集》第9卷，人民出版社2009年版，第146—148页。

7. 有谁为了"对真理和正义的热诚"而献出了整个生命，狄德罗就是这样的人

关于人类（至少在现时）总的说来是沿着进步方向运动的这种信念，是同唯物主义和唯心主义的对立绝对不相干的。法国唯物主义者同自然神论者伏尔泰和卢梭一样，几乎狂热地抱有这种信念，并且往往为它付出最大的个人牺牲。如果说，有谁为了"对真理和正义的热诚"（就这句话的正面的意思说）而献出了整个生命，那末，例如狄德罗就是这样的人。由此可见，施达克把这一切说成是唯心主义，这只是证明："唯物主义"这个名词以及两个派别的全部对立，在这里对他来说已经失去了任何意义。

恩格斯：《路德维希·费尔巴哈和德国古典哲学的终结》（1886年初），摘自《马克思恩格斯文集》第4卷，人民出版社2009年版，第286页。

8. 伏尔泰、博马舍的"粗鲁话"成为现在公认的卓越的典范著作

伏尔泰、博马舍、保尔·路易·古利耶的辛辣的论战著作，都曾被他们的对手——容克地主、神甫、法官以及其他等级集团的代表叫做"丑角插科打诨式的论战中的粗鲁话"，这并没有能够阻止这些"粗鲁话"成为现在公认的卓越的典范著作。而我们从"丑角插科打诨式的论战"的这些样品和其他样品中得到了这样多的享受，以致整整一百个布伦坦诺也不能把我们吸引到那种充满由虚弱的嫉妒心所产生的无力的怨恨和极端绝望的苦闷的德国大学式的论战中去。

恩格斯：《布伦坦诺 CONTRA 马克思》（1890年12月—1891年2月），摘自《马克思恩格斯全集》第22卷，人民出版社1965年版，第133页。

9. 歌德和席勒时代的德国："法国革命像霹雳一样击中了这个叫做德国的混乱世界"

古老的德国当时叫做**神圣罗马帝国**，它由无数的小邦，即无数的王国、

选帝侯国、公国、大公国和最大公国、侯国、伯爵领地、男爵领地和帝国自由市所组成，它们彼此独立，只服从皇帝和联邦议会的权力（假使有这样的权力的话，但是事实上几百年来根本就没有这样的权力）。这些小邦独立自主已经达到这样的程度：每当和"最大的敌人"（当然是法国）交战时，总有某些小邦和法国国王转成同盟，公开地对自己的皇帝作战。联邦议会由所有这些小邦的代表团组成并由帝国的代表主持，它的使命是限制皇帝的权力。它经常召集会议，但是从来没有任何结果，哪怕是最微小的结果也没有。代表们把时间都浪费在讨论最无谓的礼节问题上，例如说，某某男爵使团（可能是由他的儿子的家庭教师和一个着制服的老仆人或年迈的森林看守者组成）的地位是否应该比某某男爵使团的地位高些，或者一个帝国自由市的代表是否不必等待另一城市的代表表示欢迎便先行向他致敬等等。此外，他们还为了许多微不足道的特权争吵不休，其实这些特权大部分都是特权享有者本身的累赘，但是他们认为事关荣誉，因此在这些问题上争吵得特别厉害。诸如此类的重大事情占去了英明的联邦议会这样多的时间，当然这个可敬的会议就没有任何时间来讨论帝国的问题了。因此，到处都是一片混乱。无论在战时或平时都被内部纷争弄得四分五裂的帝国，从宗教改革到1789年经历了一系列的内战，并且在每次战争中法国总是和强的方面结成同盟来反对帝国中力量薄弱的易于征服的方面，当然它攫得的东西也最多。最初是勃艮第，接着是三个主教管区——麦茨、土尔和凡尔登，其次是洛林的残留部分，再其次是弗兰德斯的一部和亚尔萨斯全部就这样脱离了神圣罗马帝国而归并于法国。于是瑞士也脱离帝国而独立，比利时则依照查理五世的遗嘱让给了西班牙。所有这些国家在脱离德国之后情况都好转了。除了帝国外部逐渐崩溃而外，帝国内部也极度混乱。每个小王公对其臣民说来都是专横残忍的暴君。帝国除了设立一个法院（维茨拉尔帝国法院）来审理臣民控告官吏的案件，就从不过问各邦的内政。而且这个宝贝的法庭实在太会审理案件了，从来也没有人听说过有什么案件得到了解决。狂妄自大的王公对其臣民之专横残忍简直令人难以置信。这些只知寻欢作乐、骄奢淫佚的王公们，授与其大臣和官吏无限的权力，使他们可以肆无忌惮地压迫不幸的人民，只要他们能装满主子的金库，供给主子足够的娇妻美妾就行。那些没有独立、仍受某一个国王、主教或者王公管辖的贵族，通常也把人民看得连狗都不如，他们尽量从自己的农奴的劳动中榨取金钱，因为农奴的从属关系当时在德国是十分普遍的。即使在那些郑重其事地被命名为帝国"自由"市的地方也丝毫没有自由，因为这里的市长和自选的参议员——这些职位几世纪以来已经像王位那样成为世袭的了——在处理政事中表现得更为专横。再没有什么东西能和这种城市小资产阶级贵族的卑鄙行为相比的了。要是这些情况没有留在许多还能回忆起这个时代的人的记忆之中，要是这些情况没有得到为数甚多的权威人士的证实，那末，的确谁也不会相信这就是五十年前的德国的情况。可是人民呵！他们对这种情况说了些什么呢？他们做了些什么呢？至于中等阶级，即贪财的资产者，则在这种长期的混乱状态中找到了致富的泉源，资产者懂得混水摸鱼是最不费力的事情。他们忍受着压迫和侮辱，因为他们知道他们能够用自己的办法来复仇：**欺骗压迫者，从而为自己所受的委屈雪耻**。如果他们和人民团结起来，他们就能够推翻旧的政权，重建帝国，正如英国资产阶级从1640年到1688年部分地完成了的那样，也如同一时期法国资产阶级准备去完成的那样。但是德国的资产阶级没有这样做，他们从来没有这样的毅力，也从来不认为自己有这样的勇气。德国的资产者知道，德国只不过是一个粪堆。但是他们处在这个粪堆中却很舒服，因为他们本身就是粪，周围的粪使他们感到很温暖。劳动者的生活也不比现在坏，但农民是例外，他们大部分是农奴，没有城市人民的支援就任何事情都做不了，因为雇佣军队经常驻扎在他们那里。只要他们企图起事，他们就有淹没在血泊中的危险。

　　这就是前一世纪末叶的德国状况。这是一堆正在腐朽和解体的讨厌的东西。没有一个人感到舒服。国内的手工业、商业、工业和农业极端凋敝。农民、手工业者和企业主遭到双重的苦难——政府的搜刮，商业的不景气。贵族和王公都感到，尽管他们榨尽了臣民的膏血，他们的收入还是弥补不了他们日益庞大的支出。一切都很糟糕，不满情绪笼罩了全国。没有教育，没有影响群众意识的工具，没有出版自由，没有社会舆论，甚至连比较大宗的对外贸易也没有，除了卑鄙和自私就什么也没有；一种卑鄙的、奴颜婢膝的、可怜的商人习气渗透了全体人民。一切都烂透了，动摇了，眼看就要坍塌了，简直没有一线好转的希望，因为这个民族连清除已经死亡了的制度的腐烂尸骸的力量都没有。

　　只有在我国的文学中才能看出美好的未来。这个时代在政治和社会方面是可耻的，但是在德国文学方面却是伟大的。1750年左右，德国所有的伟大思想家——诗人歌德和席勒、哲学家康德和费希特都诞生了，过了不到二十年，最近的一个伟大的德国形而上学①家黑格尔诞生了。这个时代的每一部杰作都渗透了反抗当时整个德国社会的叛逆的精神。歌德写了"葛兹·冯柏里欣根"，他在这本书里通过戏剧的形式向一个叛逆者表示哀和敬意。席勒写了"强盗"一书，他在这本书中歌颂了一个向全社会公开宣战的豪侠的青年。但是，这些都是他们青年时代的作品。他们年纪一大，便丧失了一切希望。歌德只写些极其辛辣的讽刺作品，而席勒假如没有在科学中，特别是在古希腊和古罗马的伟大历史中找到慰藉，那他一定会陷入悲观失望的深渊。用这两个人作例子便可以推断其他一切人。甚至连德国最优秀最坚强的思想家都对自己祖国的前途不抱任何希望。

突然，法国革命像霹雳一样击中了这个叫做德国的混乱世界。它的影响非常大。极其无知的、长期习惯于受虐待的人民仍然无动于衷。但是整个资产阶级和贵族中的优秀人物都为法国国民议会和法国人民齐声欢呼。成千上万的德国诗人没有一个不歌颂光荣的法国人民。但是这种热情是德国式的，它带有纯粹形而上学的性质，而且只是对法国革命者的理论表示的。但是，一俟无可辩驳的事实把理论排挤到次要的地位，一俟法国宫廷和法国人民在实践上不可能再协调下去（虽然他们在理论上的联合已为1791年理论上的宪法所确定），一俟人民通过"八月十日"事件**实际上**确立了自己的主权，尤其是当1793年5月31日吉伦特派的覆亡弄得理论完全哑口无言的时候，这种德国式的热情就一变而为对革命的疯狂的憎恨了。当然，这种热情只是对1789年8月4日晚上贵族阶级放弃其特权这样的事件表示的，但是善良的德国人从来也没有料到，这种行动实际上产生的后果绝不同于好心的理论家可能做出的结论。德国人从来也没有想到要称赞这些后果，大家都知道，这些后果对于许多有关的人来说，是相当严重、相当不愉快的。所以，所有这些当初为革命欢欣鼓舞的朋友现在都变成了革命的最疯狂的敌人。他们从奴颜婢膝的德国人报刊上得到有关巴黎的、显然全被歪曲了的消息后，便宁肯保持自己那古老的安宁的神圣罗马粪堆，而不要人民那种勇敢地摆脱奴隶的锁链并向一切暴君、贵族和僧侣挑战的令人颤栗的行动了。

恩格斯：《德国状况》（1845年10月15日），摘自《马克思恩格斯全集》

---

① 形而上学一词在这里是指研究经验以外的问题的哲学。——编者注

第2卷，人民出版社1957年版，第631—635页。

10. 学德文，我向你介绍歌德《浮士德》的头一部分

我不大知道阿恩的方法，您提到的那部词典，我也一无所知。我在学习一种语文时总是采用这样的方法：不研究语法（变格、变位和代词除外），而是靠着查词典阅读所能找到的古典作家的最困难的作品。例如，我从但丁、佩脱拉克和阿里欧斯托的作品开始学意大利文，从塞万提斯和卡德龙的作品开始学西班牙文，从普希金的作品开始学俄文。以后我读报纸等。

至于学德文，我认为可以向你介绍歌德《浮士德》的头一部分——这部分基本上是用民间文体写的，而您认为困难的那些地方，对德国读者来说，没有注释也是同样困难的。

恩格斯：《恩格斯致马尔提涅蒂》（1883年8月22日），摘自《马克思恩格斯全集》第36卷，人民出版社1975年版，第53页。

11. 黑格尔辛辣地嘲笑了席勒的理想的庸人倾向

第一，在这里无非是把对理想目的的追求叫做唯心主义。但这些目的必然地至多是同康德的唯心主义及其"绝对命令"有联系；然而连康德都把自己的哲学叫做"先验的唯心主义"，这决不是因为那里面也讲到过道德的理想，而完全是由于别的理由，这理由施达克是会记得的。有一种偏见，认为哲学唯心主义的中心就是对道德理想即对社会理想的信仰，这种偏见是在哲学之外产生的，是在那些把席勒诗歌中符合他们需要的少数哲学上的只言片语背得烂熟的德国庸人中产生的。没有一个人比恰恰是十足的唯心主义者黑格尔更尖锐地批评了康德的软弱无力的"绝对命令"（它之所以软弱无力，是因为它要求不可能的东西，因而永远达不到任何现实的东西），没有一个人比他更辛辣地嘲笑了席勒所传播的那种沉湎于不能实现的理想的庸人倾向（见《现象学》①）。

第二，决不能避免这种情况：推动人去从事活动的一切，都要通过人的头脑，甚至吃喝也是由于通过头脑感觉到的饥渴引起的，并且是由于同样通过头脑感觉到的饱足而停止。外部世界对人的影响表现在人的头脑中，反映在人的头脑中，成为感觉、思想、动机、意志，总之，成为"理想的意图"，并且通过这种形态变成"理想的力量"。如果一个人只是由于他追

---

① 指黑格尔的《精神现象学》。——编者注

求"理想的意图"并承认"理想的力量"对他的影响,就成了唯心主义者,那末任何一个发育稍稍正常的人都是天生的唯心主义者了,这样怎么还会有唯物主义者呢?

第三,认为人类(至少在现时)总的说来是沿着进步方向运动的这种信念,是同唯物主义和唯心主义的对立绝对不相干的。法国唯物主义者同自然神论者伏尔泰和卢梭一样,几乎狂热地抱有这种信念,并且往往为它付出最大的个人牺牲。如果说,有谁为了"对真理和正义的热诚"(就这句话的正面的意思说)而献出了整个生命,那末,例如狄德罗就是这样的人。由此可见,施达克把这一切说成是唯心主义,这只是证明:"唯物主义"这个名词以及两个派别的全部对立,在这里对他来说已经失去了任何意义。

> 恩格斯:《路德维希·费尔巴哈和德国古典哲学的终结》(1886年初),摘自《马克思恩格斯文集》第4卷,人民出版社2009年版,第285—286页。

(六)十九世纪的文艺与文化

1. 启蒙理想的危机:"由'理性的胜利'建立起来的社会制度和政治制度竟是一幅令人极度失望的讽刺画"

我们已经看到,为革命作了准备的18世纪的法国哲学家们,如何求助于理性,把理性当做一切现存事物的唯一的裁判者。他们认为,应当建立理性的国家、理性的社会,应当无情地铲除一切和永恒理性相矛盾的东西。我们也已经看到,这个永恒的理性实际上不过是恰好在那时正在发展成为资产者的中等市民的理想化的知性而已。因此,当法国革命把这个理性的社会和这个理性的国家实现了的时候,新制度就表明,不论它较之旧制度如何合理,却决不是绝对合乎理性的。理性的国家完全破产了。卢梭的社会契约在恐怖时代获得了实现,对自己的政治能力丧失了信心的资产阶级,为了摆脱这种恐怖时代,起初求助于腐败的督政府,最后则托庇于拿破仑的专制统治。早先许诺的永久和平变成了一场无休止的掠夺战争。理性的社会的遭遇也并不更好一些。富有和贫穷的对立并没有化为普遍的幸福,反而由于调和这种对立的行会特权和其他特权的废除,由于缓和这种对立的教会慈善设施的取消而更加尖锐化了;现在已经实现的摆脱封建桎梏的"财产自由",对小资产者和小农说来,就是把他们的被大资本和大地产的强大竞争所压垮的小财产出卖给这些大财主的自由,于是这种"自由"对小资产者和小农说来就变成了**失去**财产的自由;工业在资本主义基础上的迅速发展,使劳动群众的贫穷和困苦成了社会的生存条件。现金交易,如卡莱尔所说的,日益成为社会的唯一纽带。犯罪的现象一年比一年增多。如果说以前在光天化日之下肆无忌惮地干出来的封建罪恶虽然没有消灭,但终究已经暂时被迫收敛了,那么,以前只是暗中偷着干的资产阶级罪恶却更加猖獗了。商业日益变成欺诈。革命的箴言"博爱"化为竞争中的蓄意刁难和忌妒。贿赂代替了暴力压迫,金钱代替刀剑成了社会权力的第一杠杆。初夜权从封建领主手中转到了资产阶级工厂主的手中。卖淫增加到了前所未闻的程度。婚姻本身和以前一样仍然是法律承认的卖淫的形式,是卖淫的官方的外衣,并且还以大量的通奸作为补充。总之,和启蒙学者的华美诺言比起来,由"理性的胜利"建立起来的社会制度和政治制度竟是一幅令人极度失望的讽刺画。

> 恩格斯:《社会主义从空想到科学的发展》(1880年1月—3月上半月),摘自《马克思恩格斯文集》第3卷,人民出版社2009年版,第526—527页。

2. 你(拉法格)翻译(贝朗热《参议员》)时不仅保留了原文的全部放荡不羁的味道,甚至非常接近原文的明快

不管怎样,你把《参议员》①这种几乎是世界上最难译成英文的东西译出来了,这是了不起的事情。你翻译时不仅保留了原文的全部放荡不羁的味道,甚至非常接近原文的明快。而且从题材到格律都很难翻译,因为,第一帝国②的参议员在我们这里是一个未知数。

> 恩格斯:《恩格斯致劳·拉法格》(1889年11月16日),摘自《马克思恩格斯全集》第37卷,人民出版社1971年版,第303页。

3. 维克多·雨果只是对政变的主要发动人作了一些尖刻的和机智的痛骂

在与我这部著作差不多同时出现的、论述同一问题的著作中,值得注意的只有两部:**维克多·雨果著的《小拿破仑》和蒲鲁东著的《政变》。**

维克多·雨果只是对政变的主要发动人作了一些尖刻的和机智的痛骂。

---

① 贝朗热:《参议员》。——编者注
② 即拿破仑第一的帝国。——编者注

事变本身在他笔下却被描绘成了一个晴天霹雳。他认为这个事变只是某一个人的暴力行为。他没有觉察到，当他说这个人表现了世界历史上空前强大的个人主动性时，他就不是把这个人写成小人物而是写成巨人了。蒲鲁东呢，他想把政变描述成以往历史发展的结果。但是，他对那里关于政变的历史构想不知不觉地变成了对政变主角所作的历史辩护。这样，他就陷入了我们的那些所谓**客观**历史编纂家所犯的错误。相反，我则是证明，法**国阶级斗争**怎样造成了一种局势和条件，使得一个平庸而可笑的人物有可能扮演了英雄的角色。

马克思：《"路易·波拿巴的雾月十八日"第二版序言》（1869年6月23日），摘自《马克思恩格斯文集》第2卷，人民出版社2009年版，第465—466页。

4. 他（施米特）崇拜左拉，因为他发现左拉有"唯物主义历史观"

我不得已给一位科尼斯堡的青年博士康拉德·施米特写了一张介绍名片（介绍给保尔），他多少研究点**社会问题**。可以说他是我所见过的最单纯幼稚的青年，他在这里呆过近三个月，看来是我们现今所见到的那种正派人，他不咋咋呼呼，也不昏头昏脑。如果保尔把他放在黎塞留街国立图书馆，他不会给保尔添多少麻烦。他崇拜左拉，因为他发现左拉有"唯物主义历史观"。

恩格斯：《恩格斯致劳·拉法格》（1887年7月15日），摘自《马克思恩格斯全集》第36卷，人民出版社1975年版，第662页。

5. 写左拉的评论，拉法格是最合适的人

至于拉法格，请你不要误会。他有些任性，而且醉心于他那决非永远站得住脚的史前理论。因此，他把他的《亚当和夏娃》看得重于一切，看得比左拉重要得多；而写左拉的评论，他却是最合适的人。由于继他的另一篇文章——经济学论文那件事之后不久，又推迟发表他的关于天堂里的精神伴侣被老耶和华推出门外之后才变聪明的文章，所以他就表示不满了。而现在突然成了《新时代》只应登载关于亚当和夏娃之类的文章，似乎这个杂志以前就是这样做的。拉法格现在硬要找出旧的和新的《新时代》之间并不存在的矛盾，并把情况描绘成似乎这个杂志以前从未登载过现实题材的文章。我认为，《新时代》现在办得比以前好得多了，——当然，谁也不能要求我去读它登载的小说。《新时代》使得席佩耳终于也写起引人

入胜的真正的好文章来了。显然,一个周刊比起月刊来,应该给予现实问题以更多的篇幅;只要你能快些把《亚当和夏娃》安排好,问题也就解决了。

恩格斯:《恩格斯致考茨基》(1891年4月30日),摘自《马克思恩格斯全集》第38卷,人民出版社1972年版,第80页。

6. 我应当向吉·德·莫泊桑脱帽致敬

星期一晚上我看完了《漂亮的朋友》①,我反复思考了书中所描绘的巴黎新闻界,当时我认为这种景象一定是夸大了的;就在星期二的早晨,你和保尔的来信使我看到了《漂亮的朋友》生活中完全现实的一幕,现在我应当向吉·德·莫泊桑脱帽致敬。好吧,就这样吧。

恩格斯:《恩格斯致劳·拉法格》(1887年2月2日),摘自《马克思恩格斯全集》第36卷,人民出版社1975年版,第588页。

7. 今天《人民之路报》的最后一版看来相当怪,整版都刊登《漂亮的朋友》

今天《人民之路报》的最后一版看来相当怪,整版都刊登《漂亮的朋友》,没有任何广告。我觉得,一次登得实在太多了。

恩格斯:《恩格斯致劳·拉法格》(1887年2月24日),摘自《马克思恩格斯全集》第36卷,人民出版社1975年版,第607页。

8. 在瓦尔特·司各脱的小说中,我们可以看到关于苏格兰高地的这种克兰的生动描写

在苏格兰,氏族制度是随着1745年起义被镇压而灭亡的。至于苏格兰的克兰是这个制度的哪一个环节,尚待研究;但它是这样一个环节,则是没有疑问的。在瓦尔特·司各脱的小说中,我们可以看到关于苏格兰高地的这种克兰的生动描写。摩尔根说,这种克兰,

"就组织和精神而言,乃是氏族的最好典型,也是氏族生活支配氏族成员的突出例证……从他们的结世仇和血族复仇上,从按克兰划分地区上,从他们的共同使用土地上,从克兰成员对于酋长的忠诚以及彼此间的忠诚上,我们都看到了氏族社会的那种通常的、持久的特征……世系是按照父权制计算的,因此男子的子女仍留在克兰内,而妇女的子女则转到他们父

---

① 吉·莫泊桑:《漂亮的朋友》。——编者注

亲的克兰里去"。①

> 恩格斯：《家庭、私有制和国家的起源》（1884年3月底—5月底），摘自《马克思恩格斯文集》第4卷，人民出版社2009年版，第151—152页。

9. 就历史的可靠性甚至评价的正确性来说，梯也尔丝毫不比骚赛高明

你的地图集得救了。我终于拒绝把它卖掉，暂时留在这里，因为我很需要它，我现在正在阅读法国和英国历史学家写的执政时代和帝国的历史，特别是从军事角度去阅读。到现在为止在这方面我发现最好的一本书是威·帕·纳皮尔（现在是将军）的《比利牛斯半岛战争史》。这个家伙和所有纳皮尔家族的人一样，有他自己的古怪想法，但同时也有极其丰富的常识，更重要的是，在评价拿破仑的军事和行政天才方面，看法非常正确。法国人根本写不出这样一本书。就历史的可靠性甚至评价的正确性来说，梯也尔丝毫不比已故的桂冠诗人②可怜的托利党人骚赛高明，后者也写过一部谩骂的和吹牛的西班牙战争史。纳皮尔只是过于推崇他的总司令威灵顿，但是他的书我阅读得远远不够，对这个问题还不能作出最后的判断。

> 恩格斯：《恩格斯致马克思》（1851年2月26日），摘自《马克思恩格斯全集》第27卷，人民出版社1972年版，第223页。

10. 读拜伦和雪莱作品的人几乎全是下层等级的人

读拜伦和雪莱作品的人几乎全是下层等级的人；没有一个"体面的人"敢把雪莱的著作摆在自己的桌子上，如果他不想声誉扫地的话。由此可见：穷人是有福的，因为天国是他们的，而这个世界迟早是他们的。

> 恩格斯：《伦敦来信》（1843年5月—6月）摘自《马克思恩格斯全集》第1卷，人民出版社1956年版，第561—562页。

11. 雪莱和拜伦懂得读者大多数也是工人

这一点可以由下面的事实来证明：在无产阶级的、特别是社会主义者的学校或阅览室里经常举行关于自然科学、美学和政治经济学问题的讲演会，而且听众往往很多。我常常碰到一些穿着褴褛不堪的粗布夹克的工人，他们显示出自己对地质学、天文学及其他学科的知识比某些有教养的德国资产者还要多。阅读最新的哲学、政治和诗歌方面最杰出的著作的几乎完全是工人，这一事实特别表明了英国无产阶级在取得独立的教育方面已经

---

① 路·亨·摩尔根：《古代社会》，1877年伦敦版，第357、358页。——编者注
② 拜伦在《唐璜》的献词上，用桂冠诗人这个词轻蔑地称呼骚赛。——编者注

有了多么大的成就。资产者是现存的社会制度以及和这个制度联系在一起的各种偏见的奴隶；他胆怯地避开和千方百计地排斥真正标志着进步的一切；无产者却眼睛雪亮地正视这一切，高高兴兴地而且很有成效地研究它们。在这方面，社会主义者为了教育无产阶级曾经做过不少事情，他们翻译了法国唯物主义者爱尔维修、霍尔巴赫、狄德罗等人的著作；并且用普及本把这些翻译作品和英国作家最优秀的著作一道加以传播。施特劳斯的"耶稣传"和蒲鲁东的"什么是财产"也仅仅是在无产者中间流行。雪莱，天才的预言家雪莱和满腔热情的、辛辣地讽刺现社会的拜伦，他们懂得读者大多数也是工人；资产者所读的只是经过阉割并使之适合于今天的伪善道德的版本即所谓"家庭版"。

恩格斯：《英国工人阶级状况》（1844年9月—1845年3月），摘自《马克思恩格斯全集》第2卷，人民出版社1957年版，第528页。

12. 眼看着（海涅）这样一个杰出的人物一步步走向死亡，真使人十分难受

话既然已经说开，那我最后还要报告你们一件事，就是海涅又到这里来了，前天我和艾韦贝克去拜访了他。这个可怜的人憔悴已极。他瘦得只剩下一把骨头。脑软化在继续发展，颜面麻痹也在发展。艾韦贝克说，他可能突然死于肺水肿或脑溢血，但也可能时好时坏地拖上三四年。自然他有些消沉和忧郁，而最显著的一点则是：他在议论时极为和善（而且认真）——只是在谈到莫伊勒时不断地说些俏皮话。他在精神上还保持着充分的活力，可是他的容貌由于留起了花白胡须（他已不能再刮胡须）而更加奇特，使每一个看见他的人都感到无比的悲哀。眼看着这样一个杰出的人物一步步走向死亡，真使人十分难受。

恩格斯：《致布鲁塞尔共产主义通讯委员会》（1846年9月16日），摘自《马克思恩格斯全集》第27卷，人民出版社1972年6月第1版，第50—51页。

13. 我还没有到海涅老爹那里去过，（因为）我必须拼命奔跑和写文章

我的文章[①]已登在《改革报》上，奇怪的是弗洛孔没有改动一个字，这件事使我十分惊奇。

---

① 弗·恩格斯：《英国的商业危机·宪章运动·爱尔兰》。——编者注

我还没有到海涅老爹那里去过。你可以想象，我是如何要命地忙于所有这些事情，必须拼命奔跑和写文章。

关于自由贸易和保护关税问题，我已经往爱北斐特写过信，并且每天都期待接到回信。请你马上回信。问候你的夫人和孩子们。

请你一定阅读一下最近一期《星报》上登载的奥康瑙尔的反对六个激进派报纸的文章，这是一篇有天才的骂人杰作，好多地方超过科贝特，同莎士比亚相似。

可怜的莫泽斯是怎么搞的，不断地在报上发表关于无产阶级革命的后果的幻想？

　　　　　恩格斯：《恩格斯致马克思》（1847年10月25—26日）摘自，《马克思恩格斯全集》第27卷，人民出版社1972年版，第115页。

14. 海涅濒于死亡，他住所里的杂音闹得使他发狂

海涅濒于死亡。两个星期以前我看过他，他卧床不起，神经痛发作。昨天他曾经起床，但是极为痛苦。他只能扶着墙勉强走三步，从安乐椅移到床边，再移回来。而且，住所里的杂音——木工的敲打声，锤子的打击声等等，闹得使他发狂。他智力上也有些衰退。海因岑曾经要去看他，但是没有得到允许。

昨天我也看了海尔维格。他和他的家里人都患了流行性感冒，有些老太太正在那里看望他。他对我说，米希勒的第二卷非常成功，路·勃朗的第二卷①黯然失色了。这两本书哪一本我都还没有看过，因为我缺钱而没有能在图书馆订购。一般说来，米希勒的成功可以说只是由于他遭到免职以及他的资产阶级性质。

这里同盟②的情况很令人难受。我从来没有遇到过这样的松懈和互相之间的无谓嫉妒。魏特林主义和蒲鲁东主义确实是这些蠢驴的生活条件的最完整的反映，所以对此毫无办法。他们之中的一些人是道地的施特劳宾人，衰老下去的粗人，而另一些人是新兴的小资产者。一个象爱尔兰人那样靠着压低法国人工资来生活的阶级，是毫不中用的。

　　　　　恩格斯：《恩格斯致马克思》（1848年1月14日），摘自《马克思恩格斯全集》第27卷，人民出版社1972年版，第127页。

---

① 路·勃朗：《法国革命史》。——编者注
② 共产主义者同盟。——编者注

15. 老贺拉西有些地方使我想起海涅，海涅向他学了很多东西

老贺拉西有些地方使我想起海涅，海涅向他学了很多东西，而在政治方面实质上也是同样下流。请设想一下这个在"暴君面前"① 挑战、匍匐在奥古斯都跟前的正直的人吧。不过这个老混蛋在其他方面还是很可爱的。

恩格斯：《恩格斯致马克思》（1866年12月21日），摘自《马克思恩格斯全集》第31卷，人民出版社1972年6月第1版，第273页。

16. 我十分偏爱优秀的法国、英国和俄国的小说家

刚才我这里有一些客人（令人讨厌），现在我抓紧时间给您写信，感谢您发表在《科伦日报》上的小说给予我的享受。您的卓越才能是每个人都能看到的，但是对于知道您是在怎样狭小而闭塞的环境中工作的人来说，您的成就尤其令人惊异。此外，请您允许我补充一句，对德国小说来讲，我是一个很大的异教徒，我认为它无足轻重，由于我十分偏爱优秀的法国、英国和俄国的小说家，因此我也曾带着惯有的怀疑来读您的《苦难的一年》。

马克思：《马克思致贝·奥古斯蒂》（1879年10月25日），摘自《马克思恩格斯全集》第34卷，人民出版社1972年6月第1版，第392页。

17. 俄国年轻一代中间，在处事灵活方面超过了德国人

一个产生了杜勃罗留波夫和车尔尼雪夫斯基这样两个大作家、两个社会主义的莱辛的国家，决不会因为一度产生了像巴枯宁这样的骗子和一些像癞蛤蟆一样好吹牛皮、到头来互相吞食的不成熟的大学生，就会灭亡的。其实，就是在俄国年轻一代中间，我们知道也有一些在理论和实践上有杰出才能和精力充沛的人，他们靠自己的语言知识，在熟悉各国的运动方面超过了法国人和英国人，而在处事灵活方面则超过了德国人。

恩格斯：《流亡者文献》（1874年5月—1875年4月），摘自《马克思恩格斯文集》第3卷，人民出版社2009年12月第1版，第370—371页。

18. 在纯粹理论领域里也出现过一种批判思想和奋不顾身的探讨，这是无愧于产生过杜勃罗留波夫和车尔尼雪夫斯基的民族的

我觉得，您对您的同胞有点不公平。我们两个人，马克思和我，是不可能埋怨他们的。如果说某些学派曾经多半是由于他们的革命热情而不是由于科学研究而引人注目，如果说过去和现在在某些方面还彷徨徘徊，那

---

① 见贺拉西《颂歌》第3册。——编者注

末另一方面，在纯粹理论领域里也出现过一种批判思想和奋不顾身的探讨，这是无愧于产生过杜勃罗留波夫和车尔尼雪夫斯基的民族的。我指的不仅是参加实践的革命的社会主义者，而且是俄罗斯文学方面的那个历史的和批判的学派，这个学派比德国和法国官方历史科学在这方面所创建的一切都要高明得多。甚至在参加实践的革命者当中，我们的思想和马克思根本改造过的经济科学也总是得到人们的理解和同情。您必定知道，不久前我们的一些著作已被译成俄文出版，其他一些著作（包括马克思的《哲学的贫困》）也将很快出版。马克思在1848年以前写的小册子《雇佣劳动与资本》也包括在这一批著作里面，并且是用这个书名出版的。

恩格斯：《恩格斯致叶·埃·帕普利茨》（1884年6月26日），摘自《马克思恩格斯全集》第36卷，人民出版社1975年2月第1版，第171—172页。

19. 俄国的伟大学者和批评家尼·车尔尼雪夫斯基

1848年大陆的革命也在英国产生了反应。那些还要求有科学地位、不愿单纯充当统治阶级的诡辩家和献媚者的人，力图使资本的政治经济学同这时已不容忽视的无产阶级的要求调和起来。于是，以约翰·斯图亚特·穆勒为最著名代表的平淡无味的混合主义产生了。这宣告了"资产阶级"经济学的破产，关于这一点，俄国的伟大学者和批评家尼·车尔尼雪夫斯基在他的《穆勒政治经济学概述》中已作了出色的说明。

马克思：《〈资本论〉第二版跋》（1873年1月24日），摘自《马克思恩格斯文集》第5卷，人民出版社2009年12月第1版，第17—18页。

20. 他至少也有同样多的理由根据我对这位"伟大的俄国学者和批评家"的尊重断定我同意他对这个问题的观点

在《资本论》德文第二版的跋里，——而这篇跋是关于茹柯夫斯基先生的那篇文章的作者所知道的，因为他曾经引证过——我曾经以应有的高度的尊重谈到"俄国的伟大学者和批评家"[①]。这个人在几篇出色的文章中研究了这样一个问题：俄国是应当像它的自由派经济学家们所希望的那样，首先摧毁农村公社以过渡到资本主义制度呢，还是与此相反，俄国可以发展它所特有的历史条件的同时取得资本主义制度的全部成果，而又可以不经受资本主

---

① 尼·加·车尔尼雪夫斯基。——编者注

义制度的苦难。他表示赞成后一种解决办法。我的可敬的批评家既然可以根据我同那位"文学家"[①] 和泛斯拉夫主义者的争论得出我不同意他关于这个问题的观点的结论，那么，他至少也同样有理由根据我对这位"俄国的伟大学者和批评家"的尊重断定我同意他对这个问题的观点。

马克思：《给〈祖国纪事〉杂志编辑部的信》（1877 年 10—11 月），摘自《马克思恩格斯文集》第 3 卷，人民出版社 2009 年 12 月第 1 版，第 464 页。

21. 如果我们在某些地方发现他（车尔尼雪夫斯基）有弱点，发现他的视野的局限性，那末我们只有对类似的情况不是更多得多而感到惊奇

但是俄国的公社还引起了一些比赫尔岑和特卡乔夫之流无比高明的人的注意，并且博得他们的承认。其中包括有尼古拉·车尔尼雪夫斯基这位伟大的思想家，他对俄国有无数的贡献，把他长年流放在西伯利亚的雅库特人中间而对他施行慢性暗杀，将永远成为"解放者"亚历山大二世的可耻的污点。

由于俄国的文化封锁，车尔尼雪夫斯基从未读过马克思的著作，当"资本论"出来的时候，他早已在中维柳伊斯克的雅库特人中间了。他的全部精神发展只能在这种文化封锁所造成的环境中进行。俄国书报检查机关不放过的东西，对俄国说来都是几乎不存在的或者根本不存在的。因此，如果我们在某些地方发现他有弱点，发现他的视野的局限性，那末我们只有对类似的情况不是更多得多而感到惊奇。

恩格斯：《"论俄国的社会问题"跋》（1894 年 1 月上半月），摘自《马克思恩格斯全集》第 22 卷，人民出版社 1965 年 5 月第 1 版，第 497—498 页。

六 "自由时间"与文艺的自由创造及发展论

（一）艺术的起源与发展论

1. 人们首先必须吃、喝、住、穿，然后才能从事政治、科学、艺术、宗教等等

正像达尔文发现有机界的发展规律一样，马克思发现了人类历史的发

[①] 亚·伊·赫尔岑。——编者注

展规律，即历来为纷繁芜杂的意识形态所掩盖着的一个简单事实：人们首先必须吃、喝、住、穿，然后才能从事政治、科学、艺术、宗教等等。所以，直接的物质的生活资料的生产，从而一个民族或一个时代的一定的经济发展阶段，便构成基础；人们的国家制度，法的观点，艺术以至宗教观念，就是从这个基础上发展起来的。因而，也必须由这个基础来解释，而不是像过去那样做得相反。

恩格斯：《卡尔·马克思的葬仪》（1883年3月17日），摘自《马克思恩格斯全集》第19卷，人民出版社1963年12月第1版，第374—375页。

2. 人类的产生："唯心主义有力地统治着人的头脑，甚至连达尔文学派对于人类的产生也没有提出明确的概念"

由于手、发音器官和脑不仅在每个人身上，而且在社会中发生共同作用，人才有能力完成越来越复杂的动作，提出并达到越来越高的目的。劳动本身经过一代又一代变得更加不同、更加完善和更加多方面化了。除打猎和畜牧外，又有了农业、农业之后又有了纺纱、织布、冶金、制陶器和航行。伴随着商业和手工业，最后出现了艺术和科学；从部落发展成了民族和国家。法和政治发展起来了，而且和它们一起，人间事物在人的头脑中的虚幻的反映——宗教，也发展起来了。在所有这些起初表现为头脑的产物并且似乎支配着人类社会的创造物面前，劳动的手的较为简朴的产品退到了次要地位；何况能作出劳动计划的头脑在社会发展的很早的阶段上（例如，在简单的家庭中），就已经能不通过自己的手而是通过别人的手来完成计划好的劳动了。迅速前进的文明完全被归功于头脑，归功于脑的发展和活动；人们已经习惯于用他们的思维而不是用他们的需要来解释他们的行为（当然，这些需要是反映在头脑中，是进入意识的）。这样，随着时间的推移，便产生了唯心主义的世界观，这种世界观，特别是从古典古代世界没落时起，就统治着人的头脑。它现在还非常有力地统治着人的头脑，甚至连达尔文学派的具有唯物主义精神的自然研究家们对于人类的产生也没有提出明确的概念，因为他们在这种唯心主义的影响下，认识不到劳动在这中间所起的作用。

恩格斯：《自然辩证法·劳动在从猿到人的转变中的作用》（1876年），摘自《马克思恩格斯全集》第20卷，人民出版社1971年3月第1版，第516—517页。

3. 人类意识的产生："人脑的产物归根到底亦即自然界的产物"

可是，如果进一步问：究竟什么是思维和意识，它们是从哪里来的，那么就会发现，它们都是人脑的产物，而人本身是自然界的产物，是在自己所处的环境中并且和这个环境一起发展起来的；这里不言而喻，归根到底也是自然界产物的人脑的产物，并不同自然界的其他联系相矛盾，而是相适应的。

恩格斯：《反杜林论》（1876 年 9 月—1878 年 6 月），摘自《马克思恩格斯文集》第 9 卷，人民出版社 2009 年版，第 38—39 页。

4. 意识代替了他的本能，或者说他的本能是被意识到了的本能

意识一开始就是社会的产物，而且只要人们还存在着，它就仍然是这种产物。当然，意识起初只是对周围的可感知的环境的一种意识，是对处于开始意识到自身的个人以外的其他人和其他物的狭隘联系的一种意识。同时，它也是对自然界的一种意识，自然界起初是作为一种完全异己的、有无限威力的和不可制服的力量与人们对立的，人们同它的关系完全像动物同它的关系一样，人们就像牲畜一样服从它的权力，因而，这是对自然界的一种纯粹动物式的意识（自然宗教）。

这里立即可以看出，这种自然宗教或对自然界的特定关系，是受社会形态制约的，反过来也是一样。这里和任何其他地方一样，自然界和人的同一性也表现在：人们对自然界的狭隘的关系制约着他们之间的狭隘的关系，而他们之间的狭隘的关系又制约着他们对自然界的狭隘的关系，这正是因为自然界几乎还没有被历史的进程所改变；但是，另一方面，意识到必须和周围的人们来往，也就是开始意识到人一般地是生活在社会中的。这个开始和这个阶段上的社会生活本身一样，带有同样的动物性质；这是纯粹畜群的意识，这里人和绵羊不同的地方只是在于：意识代替了他的本能，或者说他的本能是被意识到了的本能。

马克思、恩格斯：《德意志意识形态》（1845—1846 年），摘自《马克思恩格斯全集》第 3 卷，人民出版社 1960 年 12 月第 1 版，第 34—35 页。

5. 劳动创造了人本身

政治经济学家说：劳动是一切财富的源泉。其实劳动和自然界一起才是一切财富的源泉，自然界为劳动提供材料，劳动把材料变为财富。但是劳动还远不止如此。它是整个人类生活的第一个基本条件，而且达到这样

的程度,以致我们在某种意义上不得不说:劳动创造了人本身。

> 恩格斯:《自然辩证法·劳动在从猿到人的转变中的作用》(1876年),摘自《马克思恩格斯全集》第20卷,人民出版社1971年3月第1版,第509页。

6. 艺术与劳动:"只是由于劳动,人的手才达到这样高度的完善,以致像施魔法一样造就了拉斐尔的绘画、托瓦森的雕刻和帕格尼尼的音乐"

如果说我们的遍体长毛的祖先的直立行走一定是先成为习惯,并且随着时间的推移才成为必然,那么这就必须有这样的前提:手在此期间已经越来越多地从事于其他活动了。在猿类中,手和脚的使用也通行某种分工。正如我们已经说过的,在攀援时手和脚的使用方式是不同的。手主要是用来摘取和抓住食物,这是比较低级的哺乳动物用前爪就能做到的。有些猿类用手在树上筑巢,或者如黑猩猩甚至在树枝间搭棚以避风雨。它们用手拿着木棒抵御敌人,或者以果实和石块掷向敌人。它们在被豢养的情况下用手做出一些简单的模仿人的动作。但是,正是在这里我们看到,甚至和人最相似的猿类的不发达的手,同经过几十万年的劳动而高度完善化的人手相比,竟存在着多么大的差距。骨节和筋肉的数目和一般排列,两者是相同的,然而即使最低级的野蛮人的手,也能做任何猿手都模仿不了的数百种动作。任何一只猿手都不曾制造哪怕是一把最粗笨的石刀。

因此,我们的祖先在从猿过渡到人的好几十万年的过程中逐渐学会的使自己的手能做出的一些动作,在开始时只能是非常简单的。最低级的野蛮人,甚至那种可以认为已向更近乎兽类的状态倒退而同时躯体也退化了的野蛮人,也远远高于这种过渡性的生物。在人用手把第一块石头做成石刀以前,可能已经过了一段漫长的时间,和这段时间相比,我们所知道的历史时间就显得微不足道了。但是具有决定意义的一步迈出了:**手变得自由了**,并能不断获得新的技能,而由此获得的较大的灵活性便遗传下来,一代一代地增加着。

所以,手不仅是劳动的器官,**它还是劳动的产物**。只是由于劳动,由于总是要去适应新的动作,由于这样所引起的肌肉、韧带以及经过更长的时间引起的骨骼的特殊发育遗传下来,而且由于这些遗传下来的灵巧性不断以新的方式应用于新的越来越复杂的动作,人的手才达到这样高度的完善,以致像施魔法一样造就了拉斐尔的绘画、托瓦森的雕刻和帕格尼尼的音乐。

> 恩格斯：《自然辩证法·劳动在从猿到人的转变中的作用》（1876年），摘自《马克思恩格斯全集》第20卷，人民出版社1971年3月第1版，第510—511页。

7. 艺术与剩余、分工："当人的劳动生产率还非常低，除了必要生活资料只能提供很少的剩余的时候，艺术和科学的创立，都只有通过更大的分工才有可能"

有一点是清楚的：当人的劳动生产率还非常低，除了必要生活资料只能提供很少的剩余的时候，生产力的提高、交往的扩大、国家和法的发展、艺术和科学的创立，都只有通过更大的分工才有可能，这种分工的基础是从事单纯体力劳动的群众同管理劳动、经营商业和掌管国事以及后来从事艺术和科学的少数特权分子之间的大分工。这种分工的最简单的完全自发的形式，正是奴隶制。在古代世界、特别是希腊世界的历史前提之下，进步到以阶级对立为基础的社会，这只能通过奴隶制的形式来完成的。甚至对奴隶来说，这也是一种进步；成为大批奴隶来源的战俘以前都被杀掉，在更早的时候甚至被吃掉，现在至少能保全生命了。

> 恩格斯：《反杜林论》（1876年9月—1878年6月），摘自《马克思恩格斯文集》第9卷，人民出版社2009年版，第189页。

8. 艺术等等，都不过是生产的一些特殊的方式，并且受生产的普遍规律的支配

私有财产的运动——生产和消费——是迄今为止全部生产的运动的感性表现，就是说，是人的实现或人的现实。宗教、家庭、国家、法、道德、科学、艺术等等，都不过是生产的一些特殊的方式，并且受生产的普遍规律的支配。

> 马克思：《1844年经济学哲学手稿》（1844年4—8月），摘自《马克思恩格斯文集》第1卷，人民出版社2009年12月第1版，第185—195页。

9. 不论在法国或是在德国，哲学和那个时代的普遍的学术繁荣一样，也是经济高涨的结果

至于那些更高地悬浮于空中的意识形态的领域，即宗教、哲学等等，那么它们都有一种被历史时期所发现和接受的史前的东西，这种东西我们今天不免要称之为愚昧。这些关于自然界、关于人本身的性质、关于灵魂、

魔力等等的形形色色的虚假观念，多半只是在消极意义上以经济为基础；史前时期的低级经济发展有关于自然界的虚假观念作为补充，但是有时也作为条件，甚至作为原因。虽然经济上的需要曾经是，而且越来越是对自然界的认识不断进展的主要动力，但是，要给这一切原始状态的愚昧寻找经济上的原因，那就太迂腐了。科学的历史，就是把这种愚昧逐渐消除的历史，或者说，是用新的、但越来越不荒唐的愚昧加以代替的历史。从事这些事情的人们又属于分工的特殊部门，并且认为自己是致力于一个独立的领域。只要他们形成社会分工之内的独立集团，他们的产物，包括他们的错误在内，就要反过来影响全部社会发展，甚至影响经济发展。但是，尽管如此，他们本身又处于经济发展的起支配作用的影响之下。例如在哲学上，拿资产阶级时期来说这种情形是最容易证明的。霍布斯是第一个现代唯物主义者（18世纪意义上的），但是当专制君主制在整个欧洲处于全盛时期，并在英国开始和人民进行斗争的时候，他是专制制度的拥护者。洛克在宗教上和政治上都是1688年的阶级妥协的产儿。英国自然神论者和他们的更彻底的继承者法国唯物主义者都是真正的资产阶级哲学家，法国人甚至是资产阶级革命的哲学家。在从康德到黑格尔的德国哲学中始终显现着德国庸人的面孔——有时积极的，有时消极的。但是，每一个时代的哲学作为分工的一个特定的领域，都具有由它的先驱传给它而它便由此出发的特定的思想材料作为前提。因此，经济上落后的国家在哲学上仍然能够演奏第一小提琴：18世纪的法国对英国来说是如此（法国人是以英国哲学为依据的），后来的德国对英法两国来说也是如此。但是，不论在法国或是在德国，哲学和那个时代的普遍的学术繁荣一样，也是经济高涨的结果。经济发展对这些领域也具有最终的至上权力，这在我看来是确定无疑的，但是这种至上权力是发生在各该领域本身所规定的那些条件的范围内：例如在哲学中，它是发生在这样一种作用所规定的条件的范围内，这种作用就是各种经济影响（这些经济影响多半又只是在它的政治等等的外衣下起作用）对先驱所提供的现有哲学材料发生的作用。经济在这里并不重新创造出任何东西，但是它决定着现有思想材料的改变和进一步发展的方式，而且多半也是间接决定的，因为对哲学发生最大的直接影响的，是政治的、法律的和道德的反映。

恩格斯：《恩格斯致康拉德·施米特》（1890年10月27日），摘自《马克思恩格斯全集》第 37 卷，人民出版社 1971 年 6 月第 1 版，第 489—490 页。

10. 文学、艺术等等的发展是以经济发展为基础的。但是，它们又都互相作用并对经济基础发生作用

我们把经济条件看做归根到底制约着历史的发展的东西。而种族本身就是一种经济因素。不过这里有两点不应当忽视：

（a）政治、法、哲学、宗教、文学、艺术等等的发展是以经济发展为基础的。但是，它们又都互相作用并对经济基础发生作用。这并不是说，只有经济状况才是**原因，才是积极的**，其余一切都不过是消极的结果，而是说，这是在**归根到底**不断为自己开辟道路的经济必然性的基础上的互相作用。例如，国家就是通过保护关税、自由贸易、好的或者坏的财政制度发生作用的，甚至德国庸人们那种从 1648—1830 年德国经济的可怜状况中产生的致命的疲惫和软弱（最初表现为虔诚主义，尔后表现为多愁善感和对诸侯贵族的奴颜婢膝），也不是没有对经济起过作用。这曾是重新振兴最大障碍之一，而这一障碍只是由于革命战争和拿破仑战争把慢性的穷困变成了急性的穷困才动摇了。所以，并不像人们有时不加思索地想象的那样是经济状况自动发生作用，而是人们自己创造着自己的历史，但他们是在既定的、制约着他们的环境中，是在现有的现实关系的基础上进行创造的，在这些现实关系中，经济关系不管受到其他关系——政治的和意识形态的——多大影响，归根到底还是具有决定意义的，它构成一条贯穿始终的、唯一有助于理解的红线。

<blockquote>恩格斯：《恩格斯致瓦·博尔吉乌斯》（1894 年 1 月 25 日），摘自《马克思恩格斯文集》第 10 卷，人民出版社 2009 年 12 月第 1 版，第 668 页。</blockquote>

11. 统治阶级的存在，日益成为科学和艺术发展，特别是文明社交方式发展的障碍

只有现代大工业所造成的、摆脱了一切历来的枷锁、也摆脱了将其束缚在土地上的枷锁并且被一起赶进大城市的无产阶级，才能实现消灭一切阶级剥削和一切阶级统治的伟大社会变革。有自己家园的旧日农村手工织工永远不能做到这一点，他们永远不会产生这种想法，更说不上希望实现这种想法。

相反，在蒲鲁东看来，近百年来的全部工业革命、蒸汽力、用机器

代替手工劳动并把劳动生产力增加千倍的大工厂生产,却是一种极其可恶的事情,一种本来不应当发生的事情。小资产者蒲鲁东向往的世界是这样的:每个人制造各自的产品,可以立即用来消费,也可以拿到市场上去交换;如果那时每个人能以另一种产品补偿自己劳动产品的十足价值,那么"永恒公平"就得到满足,而最好的世界就建立起来了。但是,这个蒲鲁东向往的最好的世界在萌芽状态就已经被不断前进的工业发展的脚步踏碎了。这种工业发展早已在大工业的一切部门中消灭了单独劳动,并且在较小的和最小的部门中日益消灭着这种劳动,而代之以依靠机器和已可利用的自然力来进行的社会劳动,它所生产的可以立即用来交换或消费的产品是许多人共同劳动的成果。这种产品必须经过许多人的手才能生产出来。正是由于这种工业革命,人的劳动生产力才达到了相当高的水平,以致在人类历史上破天荒第一次创造了这样的可能性:在所有的人实行明智分工的条件下,不仅生产的东西可以满足全体社会成员丰裕的消费和造成充足的储备,而且使每个人都有充分的闲暇时间去获得历史上遗留下来的文化——科学、艺术、社交方式等等——中一切真正有价值的东西;并且不仅是去获得,而且还要把这一切从统治阶级的独占品变成全社会的共同财富并加以进一步发展。关键就在这里。人的劳动生产力既然已发展到这样高的水平,统治阶级存在的任何借口便都被打破了。为阶级差别辩护的最新理由总是说:一定要有一个阶级无须为生产每天的生活必需品操劳,以便有时间为社会从事脑力劳动。这种废话在此以前曾有其充分的历史合理性,而现在被近百年来的工业革命一下子永远根除了。统治阶级的存在,日益成为工业生产力发展的障碍,同样也日益成为科学和艺术发展,特别是文明社交方式发展的障碍。从来也没有比我们现代的资产者更无知的人了。

恩格斯:《论住宅问题》(1872年5月—1873年1月),摘自《马克思恩格斯文集》第3卷,人民出版社2009年12月第1版,第257—259页。

12. 物质生产的发展如同艺术发展的不平衡关系

物质生产的发展如同艺术发展的不平衡关系。进步这个概念决不能在通常的抽象意义上去理解。就艺术等等而言,理解这种不平衡还不像理解实际社会关系本身内部的不平衡那样重要和那样困难……

关于艺术,大家知道,它的一定的繁盛时期决不是同社会的一般发展成比例的，因而也决不是同仿佛是社会组织的骨骼的物质基础的一般发展成比例的。例如，拿希腊人或莎士比亚同现代人相比。就某些艺术形式，例如史诗来说，甚至谁都承认：当艺术生产一旦作为艺术生产出现，它们就再不能以那种在世界史上划时代的、古典的形式创造出来；因此，在艺术本身的领域内，某些有重大意义的艺术形式只有在艺术发展的不发达阶段上才是可能的。如果说在艺术本身的领域内部的不同艺术种类的关系中有这种情形，那么，在整个艺术领域同社会一般发展的关系上有这种情形，就不足为奇了。困难只在于对这些矛盾作一般的表述。一旦它们的特殊性被确定了，它们也就被解释明白了。

[M—22] 我们例如先说希腊艺术同现代的关系，再说莎士比亚同现代的关系。大家知道，希腊神话不只是希腊艺术的武库，而且是它的土壤。成为希腊人的幻想的基础、从而成为希腊［艺术］的基础的那种对自然的观点和对社会关系的观点，能够同走锭精纺机、铁道、机车和电报并存吗？在罗伯茨公司面前，武尔坎又在哪里？在避雷针面前，丘比特又在哪里？在动产信用公司面前，海尔梅斯又在哪里？任何神话都是用想象和借助想象以征服自然力，支配自然力，把自然力加以形象化；因而，随着这些自然力实际上被支配，神话也就消失了。在印刷所广场旁边，法玛还成什么？希腊艺术的前提是希腊神话，也就是已经通过人民的幻想用一种不自觉的艺术方式加工过的自然和社会形式本身。这是希腊艺术的素材。不是随便一种神话，就是说，不是对自然（这里指一切对象的东西，包括社会在内）的随便一种不自觉的艺术加工。埃及神话决不能成为希腊艺术的土壤或母胎。但是无论如何总得是**一种**神话。因此，决不是这样一种社会发展，这种发展排斥一切对自然的神话态度，一切把自然神话化的态度；因而要求艺术家具备一种与神话无关的幻想。

从另一方面看：阿基里斯能够同火药和铅弹并存吗？或者，《伊利亚特》能够同活字盘甚至印刷机并存吗？随着印刷机的出现，歌谣、传说和诗神缪斯岂不是必然要绝迹，因而史诗的必要条件岂不是要消失吗？

但是，困难不在于理解希腊艺术和史诗同一定社会发展形式结合在一起。困难的是，它们何以仍然能够给我们以艺术享受，而且就某方面说还是一种规范和高不可及的范本。

一个成人不能再变成儿童，否则就变得稚气了。但是，儿童的天真不使成人感到愉快吗？他自己不该努力在一个更高的阶梯上把儿童的真实再现出来吗？在每一个时代，它固有的性格不是以其纯真性又活跃在儿童的天性中吗？为什么历史上的人类童年时代，在它发展得最完美的地方，不该作为永不复返的阶段而显示出永久的魅力呢？有粗野的儿童和早熟的儿童。古代民族中有许多是属于这一类的。希腊人是正常的儿童。他们的艺术对我们所产生的魅力，同这种艺术在其中生长的那个不发达的社会阶段并不矛盾。这种艺术倒是这个社会阶段的结果，并且是同这种艺术在其中产生而且只能在其中产生的那些未成熟的社会条件永远不能复返这一点分不开的。

马克思：《〈政治经济学批判〉导言》（1857年8月下旬），摘自《马克思恩格斯文集》第8卷，人民出版社2009年12月第1版，第34—36页。

（二）文艺、文化的发展与继承的关系论

1．"路易十四时期的法国剧作家从理论上构想的那种三一律，是建立在对希腊戏剧（及其解释者亚里士多德）的曲解上的"，"他们正是依照他们自己艺术的需要来理解希腊人的"

你证明罗马遗嘱的袭用最初是（至于照法学家的科学理解，那末现在也还是）建立在曲解上的。但是决不能由此得出结论说，**现代**形式的遗嘱——不管现代法学家据以构想遗嘱的罗马法被曲解成什么样子——是**被曲解了的**罗马遗嘱。否则，就可以说，每个前一时期的任何成就，被后一时期所接受，都是**被曲解了的**旧东西。例如，毫无疑问，路易十四时期的法国剧作家从理论上构想的那种三一律，是建立在对希腊戏剧（及其解释者亚里士多德）的曲解上的。但是，另一方面，同样毫无疑问，他们正是依照他们自己艺术的需要来理解希腊人的，因而在达西埃和其他人向他们正确解释了亚里士多德以后，他们还是长时期地坚持这种所谓的"古典"戏剧。大家也知道，所有现代的宪法在很大程度上都是建立在**被曲解了的**英国宪法上的，而且当作本质的东西接受过来的，恰恰是那些表明英国宪法在衰落、只是现在**在形式上**勉强还在英国存在着的东西，例如所谓的责任**内阁**。被曲解了的形式正好是普遍的形式，并且在社会的一定发展阶段上是适于普遍应用的形式。

马克思：《马克思致斐·拉萨尔》（1861年7月22日），摘自《马克思恩

格斯全集》第30卷，人民出版社1975年2月第1版，第608页。

2. 共产主义革命"要同传统的观念实行最彻底的决裂"

共产主义革命就是同传统的所有制关系实行最彻底的决裂；毫不奇怪，它在自己的发展进程中要同传统的观念实行最彻底的决裂。

马克思、恩格斯：《共产党宣言》（1847年12月—1848年1月底），摘自《马克思恩格斯文集》第2卷，人民出版社2009年12月第1版，第52页。

3. 在传统的范围以内打破传统

借更改名称以改变事物，乃是人类天赋的诡辩法，当实际的利益十分冲动时，就寻找一个缝隙以便在传统的范围以内打破传统！

马克思：《路易斯·亨·摩尔根〈古代社会〉一书摘要》（1880年底—1881年3月初），摘自《马克思恩格斯全集》第45卷，人民出版社1985年12月第1版，第467页。

4. 历史领域的"非历史的观点"

这种非历史的观点也表现在历史领域中。在这里，反对中世纪残余的斗争限制了人们的视野。中世纪被看做是由千年来普遍野蛮状态所引起的历史的简单中断；中世纪的巨人进步——欧洲文化领域的扩大，在那里一个挨着一个形成的富有生命力的大民族，以及十四和十五世纪的巨大的技术进步，这一切都没有被人看到。这样一来，对伟大历史联系的合理看法就不可能产生，而历史至多不过是一部供哲学家使用的例证和插图的汇集罢了。

恩格斯：《路德维希·费尔巴哈和德国古典哲学的终结》（1886年初），摘自《马克思恩格斯文集》第4卷，人民出版社2009年版，第283页。

5. 人们自己创造自己的历史，但是他们并不是随心所欲地创造，并不是在他们自己选定的条件下创造，而是在直接碰到的、既定的、从过去承继下来的条件下创造

人们自己创造自己的历史，但是他们并不是随心所欲地创造，并不是在他们自己选定的条件下创造，而是在直接碰到的、既定的、从过去承继下来的条件下创造。一切已死的先辈们的传统，像梦魇一样纠缠着活人的头脑。当人们好像刚好在忙于改造自己和周围的事物并创造前所未有的事物时，恰好在这种革命危机时代，他们战战兢兢地请出亡灵来为自己效劳，借用它们的名字、战斗口号和衣服，以便穿着这种久受崇敬的服装，用这种借来的语言，演出世界历史的新一幕。例如，路德换上了使徒保罗的服装，1789—1814年的革命依次穿上了罗马共和国和罗马帝国的服装，而1848年的革命就只知道拙劣地时而模仿1789年，时而又模仿1793—1795年的革命传统。就像一个刚学会一种新语言的人总是要把它翻译成本国语言一样；只有当他能够不必在心里把新语言翻成本国语言，能够忘掉本国语言而运用新语言的时候，他才算领会了新语言的精神，才算是运用自如。

在观察世界历史上这些召唤亡灵的行动时，立即就会看出它们中间的显著的差别。旧的法国革命时的英雄卡米尔·德穆兰、丹东、罗伯斯比尔、圣茹斯特、拿破仑，同旧的法国革命时的党派和人民群众一样，都穿着罗马的服装，讲着罗马的语言来实现当代的任务，即解除桎梏和建立现代**资产阶级**社会。前几个人打碎了封建制度的基础，割去了长在这个基础上的封建头脑；另一个人在法国内部创造了一些条件，从而才保证有可能发展自由竞争，经营分成小块的地产，利用解除了桎梏的民族工业生产力，而他在法国境外则到处根据需要清除各种封建的形式，为的是要给法国资产阶级社会在欧洲大陆上创造一个符合时代要求的适当环境。但是，新的社会形态一形成，远古的巨人连同一切复活的罗马古董——所有这些布鲁土斯们、格拉古们、普卜利科拉们、护民官们、元老们以及凯撒本人就都消失不见了。冷静务实的资产阶级社会把萨伊们、库辛们、鲁瓦埃—科拉尔们、本杰明·贡斯当们和基佐们当做自己真正的翻译和代言人；它的真正统帅坐在营业所的办公桌后面，它的政治首领是肥头肥脑的路易十八。资产阶级社会完全埋头于财富的创造与和平竞争，竟忘记了古罗马的幽灵曾经守护过它的摇篮。但是，不管资产阶级社会怎样缺少英雄气概，它的诞生却是需要英雄行为，需要自我牺牲、恐怖、内战和民族间战斗的。在罗马共和国的高度严格的传统中，资产阶级社会的斗士们找到了理想和艺术形式，找到了他们为了不让自己看见自己的斗争的资产阶级狭隘内容、为了要把自己的热情保持在伟大历史悲剧的高度上所必需的自我欺骗。例如，在100年前，在另一发展阶段上，克伦威尔和英国人民为了他们的资产阶级革命，就借用过旧约全书中的语言、热情和幻想。当真正的目的已经达到，当英国社会的资产阶级改造已经实现时，洛克就排挤了哈巴谷。

由此可见，在这些革命中，使死人复生是为了赞美新的斗争，而不是为了拙劣地模仿旧的斗争；是为了在想象中夸大某一任务，而不是为了回避在现实中解决这个任务；是为了再度找到革命的精神，而不是为了让革命的幽灵重行游荡起来。

……

19世纪的社会革命不能从过去，而只能从未来汲取自己的诗情。它在破除一切对过去的事物的迷信以前，是不能开始实现自身的任务的。从前的革命需要回忆过去的世界历史事件，为的是向自己隐瞒自己的内容。19世纪的革命一定要让死人去埋葬他们的死人，为的是自己能弄清自己的内容。从前是辞藻胜于内容，现在是内容胜于辞藻。

马克思：《路易·波拿巴的雾月十八日》（约1851年12月中—1852年3月25日），摘自《马克思恩格斯文集》第2卷，人民出版社2009年12月第1版，第470—473页。

6. 只有确切地了解人类全部发展过程所创造的文化，只有对这种文化加以改造，才能建设无产阶级的文化

你们读过和听说过：主要由马克思创立的共产主义理论，共产主义科学，即马克思主义学说，已经不仅仅是19世纪一位社会主义者——虽说是天才的社会主义者——的个人著述，而成为全世界千百万无产者的学说；他们已经运用这个学说在同资本主义作斗争。如果你们要问，为什么马克思的学说能够掌握最革命阶级的千百万人的心灵，那你们只能得到一个回答：这是因为马克思依靠了人类在资本主义制度下所获得的全部知识的坚固基础；马克思研究了人类社会发展的规律，认识到资本主义的发展必然导致共产主义，而主要的是他完全依据对资本主义社会所作的最确切、最缜密和最深刻的研究，借助于充分掌握以往的科学所提供的全部知识而证实了这个结论。凡是人类社会所创造的一切，他都有批判地重新加以探讨，任何一点也没有忽略过去。凡是人类思想所建树的一切，他都放在工人运动中检验过，重新加以探讨，加以批判，从而得出了那些被资产阶级狭隘性所限制或被资产阶级偏见束缚住的人所不能得出的结论。

例如，当我们谈到无产阶级文化的时候，就必须注意这一点。应当明确地认识到，只有确切地了解人类全部发展过程所创造的文化，只有对这种文化加以改造，才能建设无产阶级的文化，没有这样的认识，我们就不能完成这项任务。无产阶级文化并不是从天上掉下来的，也不是那些自命为无产阶级文化专家的人①杜撰出来的。如果硬说是这样,那完全是一派胡言。无产阶级文化应当是人类在资本主义社会、地主社会和官僚社会压迫下创造出来的全部知识合乎规律的发展。条条大道小路一向通往,而且还会通往无产阶级文化,正如马克思改造过的政治经济学向我们指明人类社会必然走到哪一步,指明必然过渡到阶级斗争,过渡到开始无产阶级革命。

当我们听到有些青年以及某些维护新教育制度的人常常非难旧学校,说它是死记硬背的学校时,我们就告诉他们,我们应当吸取旧学校中的好东西。我们不应当吸取旧学校的这样一种做法,即用无边无际的、九分无用一分歪曲了的知识来充塞青年的头脑,但是这并不等于说,我们可以只学共产主义的结论,只背共产主义的口号。这样是建立不了共产主义的。只有了解人类创造的一切财富以丰富自己的头脑,才能成为共产主义者。

我们不需要死记硬背,但是我们需要用对基本事实的了解来发展和增进每个学习者的思考力,因为不把学到的全部知识融会贯通,共产主义就会变成空中楼阁,就会成为一块空招牌,共产主义者也只会是一些吹牛家。你们不仅应该掌握知识,而且应该用批判的态度来掌握这些知识,不是用一堆无用的垃圾来充塞自己的头脑,而是用对一切事实的了解来丰富自己的头脑,没有这种了解就不可能成为一个现代有学识的人。如果一个共产主义者不下一番极认真、极艰苦而巨大的功夫,不弄清他必须用批判的态度来对待的事实,便想根据自己学到的共产主义的现成结论来炫耀一番,这样的共产主义者是很可悲的。这种不求甚解的态度是极端有害的。要是知道自己懂得太少,那就要设法使自己懂得多一些,但是如果有人说自己是共产主义者,同时又认为自己根本不需要任何扎实的知识,那他就根本

---

① 指无产阶级文化协会的代表人物。

无产阶级文化协会是苏联早期的群众性文化组织,十月革命前夕在彼得格勒成立。十月革命后在国内各地成立分会。各地协会最多时达1381个,会员40多万。参加协会的有真诚希望帮助苏维埃国家文化建设的青年工人。但是协会的领导为亚·亚·波格丹诺夫及其拥护者所把持。他们在十月革命后仍继续坚持协会的"独立性",从而把它置于同共产党和苏维埃国家相对立的地位。他们否认以往的文化遗产的意义,力图摆脱群众性文教工作的任务,而企图通过脱离实际生活的"实验室的道路"来创造"纯粹无产阶级的"文化。波格丹诺夫口头上承认马克思主义,实际上鼓吹马赫主义这种主观唯心主义的哲学。列宁在《关于无产阶级文化》(见本卷第331—333页)等著作中批判了无产阶级文化派的错误。无产阶级文化协会于20年代初趋于衰落,1932年停止活动。——编者注

不能成为共产主义者。

旧学校培养资本家所需要的奴仆，把科学人才训练成迎合资本家口味来写作和说话的人。因此我们必须废除这样的学校。我们应当废除这样的学校，摧毁这样的学校，但这是不是说，我们就不应当从这种学校里吸取人类所积累起来而为人们所必需的一切呢？这是不是说，我们就不应当去区别哪些是资本主义所需要的东西，哪些是共产主义所需要的东西呢？

我们废除资产阶级社会内违反大多数人的意志而实行的强迫纪律，代之以工农的自觉纪律，工人和农民不但仇恨旧社会，而且有毅力、有本领、有决心团结和组织力量去进行这一斗争，以便把散居在辽阔国土上的分散而互不联系的千百万人的意志统一为一个意志，因为没有这样的统一意志，我们就必然会遭到失败。没有这样的团结，没有这样的工农的自觉纪律，我们的事业就毫无希望。不具备这些条件，我们就不能战胜全世界的资本家和地主。我们就会连基础也不能巩固，更谈不到在这个基础上建成共产主义新社会了。同样，我们否定旧学校，对旧学校怀着完全正当和必要的仇恨心理，珍视那种要摧毁旧学校的决心，但是我们应当了解，废除以前的死读书、死记硬背和强迫纪律时，必须善于吸取人类的全部知识，并要使你们学到的共产主义不是生吞活剥的东西，而是经过你们深思熟虑的东西，是从现代教育观点上看来必然的结论。

列宁：《青年团的任务（在俄国共产主义青年团第三次代表大会上的讲话）》（1920年10月2日），摘自《列宁全集》第39卷，人民出版社1986年版，第298—301页。

7. 我们只能利用旧社会遗留给我们的全部知识、组织和机关，在旧社会遗留下来的人力和物力的条件下建设共产主义

同志们！今天我想讲的题目是：共产主义青年团的基本任务是什么，以及社会主义共和国内青年组织应当是怎样的组织。

这个问题应当讲一讲，尤其是因为从某种意义上可以说，真正建立共产主义社会的任务正是要由青年来担负。很明显，从资本主义社会培养出来的一代工作者所能完成的任务，至多是消灭建筑在剥削上面的资本主义旧生活方式的基础。他们至多也只能建立这样一种社会制度，这种社会制度帮助无产阶级和劳动阶级保持自己的政权，奠定巩固的基础，至于在这个基础上进行建设，那就只有靠在新条件下，在人与人之间的剥削关系已不存在的情况下参加工作的一代人去担负。

如果根据这一点来看青年的任务，就应当说，全体青年的任务，尤其是共产主义青年团及其他一切组织的任务，可以用一句话来表达：就是要学习。

当然，这仅仅是"一句话"，还没有答复主要的和最本质的问题——学习什么和怎样学习。而这里的全部关键就在于：在改造资本主义旧社会的同时，将来要建设共产主义社会的新一代人的训练、培养和教育，就不能再像从前那样了。青年的训练、培养和教育应当以旧社会遗留给我们的材料为出发点。我们只能利用旧社会遗留给我们的全部知识、组织和机关，在旧社会遗留下来的人力和物力的条件下建设共产主义。只有把青年的训练、组织和培养这一事业加以根本改造，我们才能做到：青年一代努力的结果将建立一个与旧社会完全不同的社会，即共产主义社会。因此，我们需要详细论述的问题，就是我们应当教给青年什么；真正想无愧于共产主义青年称号的青年应当怎样学习；以及应当如何培养青年，使他们能够彻底完成我们已经开始的事业。

<blockquote>列宁：《青年团的任务（在俄国共产主义青年团第三次代表大会上的讲话）》（1920年10月2日），摘自《列宁全集》第39卷，人民出版社1986年版，第293—294页。</blockquote>

8. 要善于把旧学校中的坏东西同对我们有益的东西区别开来，要善于从旧学校中挑选出共产主义所必需的东西

资本主义旧社会留给我们的最大祸害之一，就是书本与生活实践完全脱节，因为那些书本把什么都描写得好得了不得，其实大半都是最令人厌恶的谎言，虚伪地向我们描绘了资本主义社会的情景。

因此，单从书本上来领会关于共产主义的论述，是极不正确的。现在我们的讲话和文章，已经不是简单地重复以前对共产主义所作的那些论述，因为我们的讲话和文章都是同日常各方面的工作联系着的。离开工作，离开斗争，那么从共产主义小册子和著作中得来的关于共产主义的书本知识，可以说是一文不值，因为这样的书本知识仍然会保持旧时的理论与实践的脱节，而这正是资产阶级旧社会的一个最令人厌恶的特征。

如果我们只求领会共产主义的口号，那就更危险了。我们若不及时认清这种危险，不用全力来消除这种危险，那么50万至100万男女青年这样学了共产主义之后，将自称为共产主义者，这就只会使共产主义事业遭到莫大的损害。

这样就向我们提出一个问题：为了学习共产主义，我们应该怎样把这一切结合起来？从旧学校和旧的科学中，我们应当吸取一些什么？旧学校总是说，它要造就知识全面的人，它教的是一般科学。我们知道，这完全是撒谎，因为过去整个社会赖以生存和维持的基础，就是把人分成阶级，分成剥削者和被压迫者。自然，贯串着阶级精神的旧学校，也就只能向资产阶级的子女传授知识。这种学校里的每一句话，都是根据资产阶级的利益捏造出来的。在这样的学校里，与其说是教育工农的年青一代，倒不如说是对他们进行符合资产阶级的利益的训练。教育这些青年的目的，就是训练对资产阶级有用的奴仆，使之既能替资产阶级创造利润，又不会惊扰资产阶级的安宁和悠闲。因此在否定旧学校的时候，我们给自己提出的任务是：从这种学校中只吸取我们实行真正共产主义教育所必需的东西。

这里我要谈谈经常听到的人们对旧学校的斥责与非难，从这些话中，往往会得出完全不正确的结论。有人说，旧学校是死读书的学校，实行强迫纪律的学校，死记硬背的学校。这说得对，但是，要善于把旧学校中的坏东西同对我们有益的东西区别开来，要善于从旧学校中挑选出共产主义所必需的东西。

旧学校是死读书的学校，它迫使人们学一大堆无用的、累赘的、死的知识，这种知识塞满了青年一代的头脑，把他们变成一个模子倒出来的官吏。但是，如果你们试图从这里得出结论说，不掌握人类积累起来的知识就能成为共产主义者，那你们就犯了极大的错误。如果以为不必领会共产主义本身借以产生的全部知识，只要领会共产主义的口号，领会共产主义科学的结论就足够了，那是错误的。共产主义是从人类知识的总和中产生出来的，马克思主义就是这方面的典范。

列宁：《青年团的任务（在俄国共产主义青年团第三次代表大会上的讲话）》（1920年10月2日），摘自《列宁全集》第39卷，人民出版社1986年版，第294—298页。

（三）"时间"、"自由时间"、"剩余"的意义及其与艺术的关系

1. "时间"的意义

时间是发展才能等等的**广阔天地**。

> 马克思：《剩余价值理论》，摘自《马克思恩格斯全集》第26卷第3册，人民出版社1974年12月第1版，第281页。

时间是生命本身的尺度，就如重量是衡量金属的尺度一样。（第51—52页）

时间实际上是人的积极存在，它不仅是人的生命的尺度，而且是人的发展的空间。（第532页）

> 马克思：《经济学手稿》（1861—1863年），摘自《马克思恩格斯全集》第47卷，人民出版社1979年10月第1版。

2. 社会发展、社会享用和社会活动的全面性，都取决于时间的节省

如果共同生产已成为前提，时间的规定当然仍有重要意义。社会为生产小麦、牲畜等等所需要的时间越少，它所赢得的从事其他生产，物质的或精神的生产的时间就越多。正象单个人的情况一样，社会发展、社会享用和社会活动的全面性，都取决于时间的节省。一切节约归根到底都是时间的节约。正象单个人必须正确地分配自己的时间，才能以适当的比例获得知识或满足对他的活动所提出的各种要求，社会必须合理地分配自己的时间，才能实现符合社会全部需要的生产。因此，时间的节约，以及劳动时间在不同的生产部门之间有计划的分配，在共同生产的基础上仍然是首要的经济规律。这甚至在更加高得多的程度上成为规律。然而，这同用劳动时间计量交换价值（劳动或劳动产品）有本质区别［Ⅰ—28］。同一**劳动部门**的单个人劳动，以及不同种类的劳动，不仅**在量上**不同，而且**在质上**也不同。物只**在量上**不同的前提是什么呢？是它们的质的同一性。因此，从量上计量劳动，其前提是它们的**质**的同类性，同一性。

> 马克思：《经济学手稿》（1857—1858年），摘自《马克思恩格斯全集》第46卷上册，人民出版社1979年7月第1版，第120页。

3. "自由时间"的意义

社会的自由时间是以通过强制劳动吸收工人的时间为基础的，这样，

工人就丧失了精神发展所必需的空间，因为时间就是这种空间。

    马克思：《经济学手稿》（1861—1863 年），摘自《马克思恩格斯全集》第 47 卷，人民出版社 1979 年 10 月第 1 版，第 344 页。

  时间是人类发展的空间。一个人如果没有自己处置的自由时间，一生中除睡眠饮食等纯生理上必需的间断以外，都是替资本家服务，那么，他就不如一头役畜。他不过是一架为别人生产财富的机器，身体垮了，心智也变得如野兽一般。现代工业的全部历史还表明，如果不对资本加以限制，它就会不顾一切和毫无留情地把整个工人阶级投入这种极端退化的境地。

    马克思：《工资、价格和利润》（1865 年 5 月 20 日—6 月 24 日之间），摘自《马克思恩格斯文集》第 3 卷，人民出版社 2009 年 12 月第 1 版，第 70 页。

  4. 资本主义社会在人与时间关系上的对抗："时间就是一切，人不算什么"

  如果只把劳动量当做价值尺度而不问它的质量如何，那也就是假定简单劳动已经成为生产活动的枢纽。这就是假定：由于人隶属于机器或由于极端的分工，各种不同的劳动逐渐趋于一致；劳动把人置于次要地位；钟摆成了两个工人相对活动的精确的尺度，就象它是两个机车的速度的尺度一样。所以不应该说，某人的一个工时和另一个人的一个工时是等值的，更确切的说法是，某人在这一小时中和那个人在同一小时中是等值的。时间就是一切，人不算什么；人至多不过是时间的体现。现在已经不用再谈质量了。只有数量决定一切：时对时，天对天；但是这种劳动的平均化并不是蒲鲁东先生的永恒的公平；这不过是现代工业的一个事实。

    马克思：《哲学的贫困》（1847 年上半年），摘自《马克思恩格斯全集》第 4 卷，人民出版社 1958 年 8 月第 1 版，第 96—97 页。

  5. "剩余"的意义："人类社会脱离动物野蛮阶段以后的一切发展，都是从家庭劳动创造出的产品除了维持自身生活的需要尚有剩余的时候开始的"

  这种见解中唯一正确的一点是：在任何社会生产（例如，自然形成的印度公社的社会生产，或秘鲁人的多半是人为发展的共产主义）中，总是能够区分出劳动的两个部分，一个部分的产品直接由生产者及其家属用于个人的消费，另一个部分即始终是剩余劳动的那个部分的产品，总是用来满足一般的社会需要，而不问这种剩余产品怎样分配，也不问谁执行这种社会需要的代表的职能。

马克思、恩格斯：《资本论》第 3 卷，摘自《马克思恩格斯文集》第 7 卷，人民出版社 2009 年 12 月第 1 版，第 993—994 页。

人类社会脱离动物野蛮阶段以后的一切发展，都是从家庭劳动创造出的产品除了维持自身生活的需要尚有剩余的时候开始的，都是从一部分劳动可以不再用于单纯消费资料的生产，而是用于生产资料的生产开始的时候开始的。劳动产品超出维持劳动的费用而形成的剩余，以及社会生产基金和后备资金从这种剩余中的形成和积累，过去现在都是一切社会的、政治的和智力的继续发展的基础。在迄今为止的历史中，这种基金都是一个特权阶级的财产，而政治上的统治权和精神上的指导权也和这种财产落到这个特权阶级的手里。

恩格斯：《反杜林论》（1876 年 9 月—1878 年 6 月），摘自《马克思恩格斯文集》第 9 卷，人民出版社 2009 年版，第 202 页。

6. "自由时间"论是马克思剩余价值理论的重要组成部分

在关于剩余价值的部分中，还应考察以下几点：

……（3）产生剩余劳动的资本关系：超出需求的劳动。资本传播文明的作用。劳动时间和自由时间。对立。剩余劳动和剩余产品。因此，归根到底是人口和资本的关系。（第 203 页）

工厂制度的特点是，它本身显示出**剩余价值**的真正本质。在这里，**剩余劳动**，从而**劳动时间**问题成了决定性的东西。但是，**时间**实际上是人的积极存在，它不仅是人的生命的尺度，而且是人的发展的空间。随着资本侵入这里，剩余劳动时间成了对工人精神**生活**和肉体**生活**的侵占。（第 532 页）

马克思：《经济学手稿》（1861—1863 年），摘自《马克思恩格斯全集》第 47 卷，人民出版社 1979 年 10 月第 1 版。

剩余劳动时间的增加。同时并存的工作日的增加（**人口**）。人口可以随着**必要劳动时间**的减少，或者随着活的劳动能力的生产所需要的时间的相对减少而增加。剩余资本和过剩人口。为社会创造自由时间。（第 526 页）

可以自由支配的时间。创造可以自由支配的时间是资本的主要使命。

可以自由支配的时间在资本中的对立形式。

劳动生产率和固定资本的生产（《原因及解决办法》）。

使用和消费。《**经济学家**》。固定资本的**耐久性**。

真正的节约（经济）＝劳动时间的节约＝生产力的发展。自由时间和劳动时间之间对立的扬弃。（第533页）

马克思：《我自己的笔记本的提要》（约1859年2月），摘自《马克思恩格斯全集》第46卷下册，人民出版社1980年8月第1版。

剩余价值的一般概念……

可以自由支配的时间（IV，14）。（第543页）

资本主义生产的自我扬弃的限制。VII，2、3。可以自由支配的时间。VII，3、3。劳动本身转化为社会劳动（同上，4）。**欧文**（VII，5下半页）。

真正的经济。劳动时间的节约。但不是对立的（VII，5）。（第545页）

马克思：《〈政治经济学批判〉第三章提纲草稿》（约1859年2—3月），摘自《马克思恩格斯全集》第46卷下册，人民出版社1980年8月第1版。

7. 工人获得"自由时间"的制度保障：限制、缩短工作日

至于谈到**限制工作日**，在英国像在其他各国一样，向来只靠**立法的干涉**。如果没有工人从外部经常施加压力，这种干涉永远也不会实现。无论如何，这种结果决不是工人和资本家的私人协商所能获得的。这种采取**普遍政治行动**的必要性本身就证明了，资本在其纯粹经济的行动上是比较强有力的一方。

马克思：《工资、价格和利润》（1865年5月20日—6月24日之间），摘自《马克思恩格斯文集》第3卷，人民出版社2009年12月第1版，第75页。

限制工作日是一个先决条件，没有这个条件，一切进一步谋求改善工人状况和工人解放的尝试，都将遭到失败。（第215页）

它不仅对于恢复构成每个民族骨干的工人阶级的健康和体力是必需的，而且对于保证工人有机会来发展智力，进行社交活动以及社会活动和政治活动，也是必需的。（第216页）

马克思：《临时中央委员会就若干问题给代表的指示》（1866年8月底），

摘自《马克思恩格斯全集》第 16 卷，人民出版社 1964 年 10 月第 1 版。

英国工人阶级经过 30 年惊人顽强的斗争，利用土地巨头和金融巨头间的暂时的分裂，终于争得了十小时工作日法案的通过。这一法案对于工厂工人在体力、道德和智力方面引起的非常良好的后果，在工厂视察员每半年一次的报告中都曾指出过，现在已经为大家所公认。

马克思：《国际工人协会成立宣言》（1864 年 10 月 21—27 日之间），摘自《马克思恩格斯文集》第 3 卷，人民出版社 2009 年 12 月第 1 版，第 11 页。

这算是前进了一步，因为它使工人有了较多的自由时间。至于说到产品的缩减，则这很快就得到了补偿：由于机器的改进和工人劳动强度的提高，现在在缩短了的一个工作日里较以前冗长的工作日里做出了更多的活。人们重新担负着过度的劳动，于是，很快就产生了把工作日限制为 8 小时的必要性。

马克思：《卡·马克思关于在资本主义制度下使用机器的后果的发言记录》（1868 年 7 月 28 日），摘自《马克思恩格斯全集》第 16 卷，人民出版社 1964 年 2 月第 1 版，第 640—641 页。

公民马克思不能同意米尔纳的意见，即工作日的缩短将造成生产的减少，因为在实行限制工作日的那些部门里，生产工具较之其余的部门达到了更高的发展水平。工作日的限制引起了机器的更加广泛的使用，进行小生产愈来愈不可能了，而这正是向社会生产过渡所必需的。问题涉及保健方面的情况已经很清楚了。但是缩短工作日之所以必要，还在于要使工人阶级能有更多的时间来发展智力。从法律上限制工作日，这是使工人阶级智力发达、体力旺盛和获得最后解放的第一步。现在，谁也不会否认需要国家来维护妇女和儿童的利益了，而对他们的劳动时间的限制，在大多数场合也会导致男子工作日的缩短。英国首先开始缩短工作日，别的国家不得不在一定程度上仿效英国的做法。在德国已经展开了认真的鼓动工作，人们期待着伦敦的委员会来领导这个运动。这个问题原则上已为以往历次代表大会所解决，现在是采取行动的时候。

马克思：《卡·马克思关于缩短工作日的发言记录（摘自 1868 年 8 月 11 日总委员会会议记录）》（1868 年 8 月 11 日），摘自《马克思恩格斯全集》第 16 卷，人民出版社 1964 年 2 月第 1 版，第 643 页。

8. 艺术与"自由时间"关系论片段摘录

从整个社会来说，创造可以自由支配的时间，也就是创造产生科学、艺术等等的时间。

> 马克思：《经济学手稿》（1857—1858 年），摘自《马克思恩格斯全集》第 46 卷上册，人民出版社 1979 年 7 月第 1 版，第 381 页。

个性得到自由发展，因此，并不是为了获得剩余劳动而缩减必要劳动时间，而是直接把社会必要劳动缩减到最低限度，那时，与此相适应，由于给所有的人腾出了时间和创造了手段，个人会在艺术、科学等等方面得到发展。

> 马克思：《经济学手稿》（1857—1858 年），摘自《马克思恩格斯全集》第 46 卷下册，人民出版社 1980 年 8 月第 1 版，第 218—219 页。

其次是他们支配的自由时间，不管这一时间是用于闲暇，是用于从事非直接的生产活动（如战争、国家的管理），还是用于发展不追求任何直接实践目的的人的能力和社会的潜力（艺术等等，科学）

> 马克思：《经济学手稿》（1861—1863 年），摘自《马克思恩格斯全集》第 47 卷，人民出版社 1979 年 10 月第 1 版，第 215 页。

但是古代人连想也没有想到把剩余产品变为资本。即使这样做过，至少规模也极有限。（古代人盛行本来意义上的财宝贮藏，这说明他们有许多剩余产品闲置不用。）他们把很大一部分剩余产品用于非生产性支出——用于艺术品，用于宗教的和公共的建筑。他们的生产更难说是建立在解放和发展物质生产力（即分工、机器、将自然力和科学应用于私人生产）的基础上。总的说来，他们实际上没有超出手工业劳动。

> 马克思：《剩余价值理论》，摘自《马克思恩格斯全集》第 26 卷第 2 册，人民出版社 1973 年 7 月第 1 版，第 603 页。

同样，在莱文斯顿看来，没有**资本和财产**，就既不会有"舒适品"、机器或奢侈品生产出来，也不会有自然科学的发展，也不会有靠余暇或靠富人从非劳动者那里取得自己"剩余产品"的等价物的欲望才能存在的精神产品。

> 马克思：《剩余价值理论》，摘自《马克思恩格斯全集》第 26 卷第 3 册，人民出版社 1974 年 12 月第 1 版，第 287 页。

本身带来收入的固定资本，已经预先要求有并非来自它**作为**固定资本的规定性的进一步规定。金字塔、方尖碑以及其他非生产性的创造物，在更高程度上具有这种性质——为自己的生产而抽取它们并不补偿的价值。

> 马克思：《〈资本论〉第二册〈资本的流通过程〉（手稿）》（1864 年），

摘自《马克思恩格斯全集》第49卷，人民出版社1982年12月第1版，第408页。

正是由于这种工业革命，人的劳动生产力才达到了相当高的水平，以致在人类历史上破天荒第一次创造了这样的可能性：在所有的人实行明智分工的条件下，不仅生产的东西可以满足全体社会成员丰裕的消费和造成充足的储备，而且使每个人都有充分的闲暇时间去获得历史上遗留下来的文化——科学、艺术、社交方式等等——中一切真正有价值的东西；并且不仅是去获得，而且还要把这一切从统治阶级的独占品变成全社会的共同财富并加以进一步发展。

恩格斯：《论住宅问题》（1872年5月—1873年1月），摘自《马克思恩格斯文集》第3卷，人民出版社2009年12月第1版，第258页。

（四）"自由时间"的种类、形成及性质

1. 两种"自由时间"："闲暇时间"（用于娱乐、休息、消费、享乐等）与"自由发展时间"（用于从事"发展不追求任何直接实践目的的人的能力和社会的潜力"的"自由活动"、"较高级活动"的"自由运用体力和智力的时间"）

自由时间——不论是闲暇时间还是从事较高级活动的时间——自然要把占有它的人变为另一主体，于是他作为这另一主体又加入直接生产过程。

马克思：《经济学手稿》（1857—1858年），摘自《马克思恩格斯全集》第46卷下册，人民出版社1980年8月第1版，第225—226页。

其次是他们支配的自由时间，不管这一时间是用于闲暇，是用于从事非直接的生产活动（如战争、国家的管理），还是用于发展不追求任何直接实践目的的人的能力和社会的潜力（艺术等等，科学），——这一自由时间都是以劳动群众方面的剩余劳动为前提，也就是说，工人在物质生产中使用的时间必须多于生产他们本身的物质生活所需要的时间。

马克思：《经济学手稿》（1861—1863年），摘自《马克思恩格斯全集》第47卷，人民出版社1979年10月第1版，第215页。

工人终生不外就是劳动力，因此他的全部可供支配的时间，按照自然和法律都是劳动时间，也就是说，应当用于资本的自行增殖。至于个人受教育的时间，发展智力的时间，履行社会职能的时间，进行社交活动的时间，自由运用体力和智力的时间，以至于星期日的休息时间（即使是在信

守安息日的国家里）①，——这全都是废话！

马克思：《资本论》第1卷，摘自《马克思恩格斯文集》第5卷，人民出版社2009年12月第1版，第306页。

既然所有**自由时间**都是供自由发展的时间，所以资本家是窃取了工人为社会创造的**自由时间**，即窃取了文明，从这个意义上说，威德认为资本等于文明，又是对的。（第139页）

节约劳动时间等于增加自由时间，即增加使个人得到充分发展的时间……（第225页）

已知劳动人口和工作日长度，即已知同时并存的工作日数并乘以工作日长度，那么，剩余劳动只有通过提高劳动生产力才能相对地增加，而劳动生产力提高的可能性已经包含在人口及其劳动技能的预先的增长中（这样也就为不劳动的、不直接劳动的人口创造出一定的自由时间，也就能够发展智力等等；精神上掌握自然）。（第297—298页）

马克思：《经济学手稿》（1857—1858年），摘自《马克思恩格斯全集》第46卷下册，人民出版社1980年8月第1版。

所有的人都会有6小时"可以自由支配的时间"，也就是有真正的财富，这种时间不被直接生产劳动所吸收，而是用于娱乐和休息，从而为自由活动和发展开辟广阔天地……（雇佣工人的奴隶劳动）为［整个］雇佣工人的社会创造余暇，创造自由时间……所有的人都将有自由时间，都将有可供自己发展的时间。……自由时间，**可以支配的时间**，就是财富本身：一部分用于消费产品，一部分用于从事自由活动，这种自由活动不象劳动那样是在必须实现的外在目的的压力下决定的，而这种外在目的的实现是自然的必然性，或者说社会义务——怎么说都行。

马克思：《剩余价值理论》，摘自《马克思恩格斯全集》第26卷第3册，

---

① 例如，在英格兰，有的农村直到目前为止，工人还常常因为在安息日在自己房前的园圃里干点活，亵渎了安息日而受到监禁的处罚。但是工人如果在星期日不去金属厂、造纸厂或玻璃厂干活，那么即使是出于宗教的癖性，也要违反契约论处。如果对于安息日的亵渎是发生在资本的"价值增殖过程"内，正统教徒的议会就充耳不闻了。伦敦鱼店和家禽店的短工，在一份要求废除星期日劳动的呈文（1863年8月）中说，他们在一星期的前6天，每天平均劳动15小时，星期日劳动8—10小时。从这份呈文还可以看出，这种"星期日劳动"正是埃克塞特会堂的饕餮而伪善的贵族所鼓励的。这些如此热心"追求肉体享受"的"圣徒"，是通过他们容忍第三者的过度劳动、贫困和饥饿来表明自己的基督徒精神的。美餐对他们（工人）是非常有害的。

人民出版社1974年12月第1版，第281—282页。

2. "自由时间"的形成：物质生产中的剩余劳动（时间）—剩余产品（价值）—游离出物质生产

蒲鲁东把**超出**必要劳动而进行**劳动**这一点变为劳动的一种神秘的属性。单单用劳动生产力的提高，是无法说明这一点的；劳动生产力的提高可以使一定劳动时间内的产品增加，但决不能赋予这些产品以剩余价值。劳动生产力在这里所起的作用，仅仅在于它游离出剩余时间，即超过必要劳动的劳动时间。在这里唯一的**非经济**的事实是，人不必把他的全部时间用于生产生活必需品，他在维持生存所必需的劳动时间以外还有空闲时间可以支配，因而也可以把它用在剩余劳动上。但这完全不是什么神秘的东西，因为在原始状态下，他的生活需要和他的劳动力一样是微不足道的。一般说来，雇佣劳动只有在生产力已经很发展，能够把相当数量的时间游离出来的时候，才会出现；这种游离在这里已经是一种历史的产物。

马克思：《经济学手稿》（1857—1858年），摘自《马克思恩格斯全集》第46卷下册，人民出版社1980年8月第1版，第147页。

（e）剩余劳动的性质

只要存在着一些人不劳动（不直接参加使用价值的生产）而生活的社会，那么，很清楚，这个社会的整个上层建筑就把工人的剩余劳动作为生存条件。这些不劳动的人从这种剩余劳动中取得两种东西：**首先**是生活的物质条件，他们分得赖以和借以维持生活的产品，这些产品是工人超过再生产他们本身的劳动能力所需要的产品而提供的。**其次**是他们支配的自由时间，不管这一时间是用于闲暇，是用于从事非直接的生产活动（如战争、国家的管理），还是用于发展不追求任何直接实践目的的人的能力和社会的潜力（艺术等等，科学），——这一自由时间都是以劳动群众方面的剩余劳动为前提，也就是说，工人在物质生产中使用的时间必须多于生产他们本身的物质生活所需要的时间。

不劳动的社会部分的**自由时间**是以**剩余劳动**或**过度劳动**为基础的，是以劳动的那部分人的**剩余劳动时间**为基础的；一方的自由发展是以工人必须把他们的全部时间，从而他们发展的空间完全用于［Ⅲ—105］生产一定的使用价值为基础的；一方的人的能力的发展是以另一方的发展受到限制为基础的。迄今为止的一切文明和社会发展都是以这种对抗为基础的。

因此，**一方面**，同一方的自由时间相应的是另一方的过度劳动时间，受劳动奴役的时间——他们只是作为劳动能力存在和起作用的时间。**另一方面**，剩余劳动不仅在更多的价值中实现，而且在**剩余产品**中，即超出劳动阶级为维持自己本身的生存所需要和消费的产品量的产品剩余部分中实现。

价值存在于使用价值中。因此，剩余价值存在于剩余产品中。剩余劳动存在于剩余生产中，后者构成一切不直接参加物质生产的阶级存在的基础。社会是由于构成社会物质基础的劳动群众得不到发展而发展的。剩余价值完全没有必要用剩余产品来表示。如果2夸特麦子同过去1夸特麦子是同样数量的劳动时间的产品，那么，2夸特麦子的价值并不高于以前1夸特麦子的价值。但是，在生产力的一定的、既定的发展水平的前提下，剩余价值总是表现为剩余产品，也就是说，2小时创造的产品（使用价值）比1小时创造的产品多一倍。

更确切的表述是：剩余劳动时间是劳动群众超出再生产他们自己的劳动能力、他们本身的存在所需要的量即超出**必要劳动**而劳动的时间，这一表现为剩余价值的剩余劳动时间，同时物化为剩余产品，并且这种剩余产品是除劳动阶级外的一切阶级存在的物质基础，是社会整个上层建筑存在的物质基础。**同时，剩余产品把时间游离出来**，给不劳动阶级提供了发展其他能力的自由支配的时间。因此，在一方产生剩余劳动时间，同时在另一方产生**自由**时间。整个人类的发展，就其超出对人的自然存在直接需要的发展来说，无非是对这种自由时间的运用，并且整个人类发展的前提就是把这种自由时间的运用作为必要的基础。可见，社会的自由时间的产生是靠非自由时间的产生，是靠工人超出维持他们本身的生存所需要的劳动时间而延长的劳动时间的产生。同一方的自由时间相应的是另一方的被奴役的时间。

我们这里所考察的剩余劳动的形式（超出必要劳动时间的量），是资本和一切下面这样的社会形式所共同具有的，这些社会形式的发展超出了单纯的自然关系，从而是对抗性的发展，一方的社会发展把另一方的劳动作为其自然基础。

这里所考察的绝对剩余劳动时间在资本主义生产条件下也仍然是基础，尽管我们还要研究剩余劳动时间的另一种形式。

既然我们这里只是谈论工人和资本家的对立，那么，一切不劳动的阶级就必定要和资本家一起分配剩余劳动的产品；所以这些剩余劳动时间不仅创造他们物质存在的基础，而且同时创造他们的**自由时间**，创造他们的发展的范围。

绝对剩余价值即绝对剩余劳动以后也一直是〔资本主义生产的〕占统治地位的形式。

正如植物以土地为生，动物以植物或者以食植物的动物为生一样，社会中占有自由时间（即不被生活资料的直接生产所占去的时间）的那部分人以工人的剩余劳动为生。

我们将看到，经济学家等等是怎样把这种对立作为自然的东西来考察的。因而，财富是自由时间。因为剩余价值首先表现在剩余产品中，而其他一切劳动同生活资料的生产中所使用的劳动时间相比，就已经成为自由时间，所以可以了解，重农主义者为什么说剩余价值以农业中的剩余产品为基础，他们只是错误地把剩余产品看作纯粹的自然恩赐。（第215—217页）

〔Ⅲ—107〕对（e）的补充。

既然在资本主义生产中，资本迫使工人超过他的必要劳动时间劳动，即超过他为满足自己作为工人的生活需要所必需的劳动时间劳动，那么，资本作为过去劳动对活劳动的统治的这样一种关系，创造、**生产剩余劳动**，从而创造、生产**剩余价值**。剩余劳动是工人的劳动，是单个人在他必不可少的需要的界限以外所完成的劳动，事实上是为社会的劳动，虽然这个剩余劳动在这里首先被资本家以社会的名义占为己有了。正如前面所说，这种剩余劳动一方面是社会的自由时间的基础，从而另一方面是整个社会发展和全部文化的物质基础。正是因为资本强迫社会的相当一部分人从事这种超过他们的直接需要的劳动，所以资本创造文化，执行一定的历史的社会的职能。这样就形成了整个社会的普遍勤劳，劳动超过了为满足工人本身身体上的直接需要所必需的时间界限。

当然，很清楚，只要社会建立在阶级对抗的基础上，即一方面生产条件的所有者占统治地位，另一方面被剥夺了生产条件所有权的无产者不得不劳动，不得不以自己的劳动来养活自己和他们的主人，那么，一切统治阶级在一定范围内都实行这种强制（例如，这种强制在奴隶制条件下比雇佣劳动条件下更直接得多），因而都迫使劳动超过单纯身体的需要为它所确定的界限。但是，在**使用价值**占支配地位的一切社会情况下，劳动时间在某种程度上是无关紧要的，因为延长劳动时间只是为了在劳动者自身的生活资料以外，给统治者提供一种宗法式的财富，即一定量的使用价值。相反地，随着**交换价值**日益成为生产的决定要素，劳动时间的延长超过身体上需要的界限，也就越来越具有决定的意义。例如，在商业不发达的民族盛行奴隶制和农奴制的地方，〔III—108〕根本不必去关心过度劳动。因此，在商业民族例如迦太基人那里，奴隶制和农奴制就采取了最令人可恶的形式；而在那些与其他资本主义生产的民族保持着联系而同时又保存着奴隶制和农奴制生产基础的民族那里，奴隶制和农奴制的形式就更为可恶，例如，在美国的南部诸州就是这样。

因为在资本主义生产中交换价值首先支配着社会的全部生产和整个机构，所以，资本对劳动施加的使它超过它的需要的界限的那种强制是最大的。同样，因为在资本主义生产中，一切产品的价值量首先完全由**必要劳动时间**（社会必要劳动时间）决定，所以在这里，首先工人普遍地被迫只用一般社会生产条件下的**必要劳动时间**去生产某种物品，这就使资本主义生产下的劳动强度达到了更高的程度。奴隶主的鞭子不可能提供象资本关系的强制所提供的劳动强度。在后一种情况下，自由的工人为了满足他必要的需要，就必须使他的劳动时间（1）变为**必要的劳动时间**，使它具有一般的社会（通过竞争）决定的强度；（2）必须提供剩余劳动，他才被允许（有可能）在他自己的必要劳动时间内进行劳动。相反地，奴隶象动物一样，已经满足了自己必要的需要，所以现在鞭子等等对他能起多大作用，也就是说，能否充分推动他提供劳动来抵偿这些生活资料，这取决于他天生的素质。工人进行劳动是为了替自己创造生活资料，是为了维持自己的生活。奴隶由别人维持生活，是为了强迫奴隶劳动。

因此，从这个意义上来说，资本关系具有较高的生产效率，——第一，因为在资本关系下，关心的问题是劳动时间本身，是交换价值，而不是产品本身或使用价值；第二，因为自由的工人只有出卖他的劳动，他才能满足他的生活需要，也就是说，迫使他出卖他的劳动的，是他自身的利益，而不是外界的强制。

只有在每一个商品生产者生产这种商品时所花的劳动时间多于他自己

对这一定的商品的需要的情况下，分工才能存在。但是，还不能由此得出结论说，他的劳动时间一般延长到超过他的需要的范围。相反地，他的需要的范围——诚然，这个范围从一开始就将随着分工即行业划分而扩大——将决定他的劳动时间的总数。

例如，一个农民，他自己生产自己的一切生活资料，他不必整天在地里劳动，但他必须把例如12小时分配在田间劳动和各种家务劳动上。如果他现在把他12小时的全部劳动时间都用在农业上，并用这12小时产品的剩余部分去交换即购买别种劳动的产品，那就等于他自己把他的一部分劳动时间用于农业，而把另一部分劳动时间用于其他生产部门。他劳动的这12小时，仍然是为满足他**自己的需要**所必需的劳动时间，是由他的自然的或（确切些说）社会的需要的界限所决定的劳动时间。但是，资本所以迫使劳动者超出劳动时间的这些自然的或传统的界限，是因为资本同时使劳动强度取决于社会所达到的生产发展程度，从而使劳动强度打破了独立生产者或仅仅靠外部强制而劳动的奴隶所遵循的惯例。

如果一切生产部门都变为资本主义的生产，那么，单从剩余劳动——一般劳动时间——的普遍增加就可以得出结论：生产部门会划分得越来越多，劳动和进入交换的商品会越来越多样化。如果在某一生产部门中，100个人劳动的时间，与以前110个人在剩余劳动或总劳动时间较短的情况下劳动的时间一样多，那么就可以把10个人转入其他新的生产部门，过去雇用这10个人所需的那部分资本也是如此。因此，仅仅劳动时间越出即延长到超过它自然的或传统的界限，就将导致在新的生产部门中使用社会劳动。这是因为**劳动时间**被游离出来了；剩余劳动不仅创造了**自由的时间**，而且还把被束缚在某个生产部门中的劳动能力和劳动**游离出来**（这是问题的实质），使之投入新的生产部门。但是，由于人类自然发展的规律，一旦满足了某一范围的需要，[Ⅲ—109]又会游离出、创造出**新的需要**。因此，资本在促使劳动时间超出为满足工人身体上的需要所决定的限度时，也使社会劳动即社会的总劳动划分得越来越多，生产越来越多样化，社会需要的范围和满足这些需要的资料的范围日益扩大，从而使人的生产能力得到发展，因而使人的才能在新的方面发挥作用。但是，如果说剩余劳动时间是自由时间的条件，那么，需要的范围和满足这些需要的资料的范围的扩大是以工人限于必要的生活需要为条件的。[Ⅲ—109]

[Ⅲ—112] 对（e）的补充的补充，第**107**页。

"财富就是可以自由支配的时间而不是别的东西。"（《国民困难的原因及其解决办法》1821年伦敦版第6页）

在资本主义生产中，工人的劳动量比**独立劳动者**的劳动量要大得多，因为工人劳动量的大小绝不是由工人的劳动与**他的需要**的关系决定的，而是由资本对剩余劳动的无限的、无止境的贪求决定的。

例如，农民的劳动"量大得多，因为农民的一定的需要不再是他劳动的依据了"（**约·格·毕希**《从国家经济和商业来看的货币流通》1800年汉堡和基尔增订第2版第1册第90页）[Ⅲ—112]。

[Ⅲ—114] 对（e）的补充，第**107**页。

随着产品数量的增加，剩余劳动为奢侈品的生产创造了条件，使一部分生产有可能转到奢侈品的生产上，或者同样可以说，使一部分产品与奢侈品相交换（通过对外贸易）。

"只要产品有剩余，剩余劳动就一定会用在奢侈品上。必需品的消费是有限的，而奢侈品的消费则没有止境。"（**西斯蒙第**《政治经济学新原理》1827年巴黎第2版第1卷第78页）"只有在靠别人的劳动来购买奢侈的时候，才可能有奢侈；只有在靠不懈的辛勤的劳动可以得到生活必需品，而不是无用的微不足道的东西的时候，才可能有不懈的辛勤的劳动。"（同上，第79页）

因此，**工人**对资本的**需求**是资本家唯一需要的东西，也就是说，对资本家来说，全部问题在于活劳动与物化劳动交换的比例。

"至于**来自劳动的需求**，指的就是以劳动[Ⅲ—115]同商品交换，或者说，——如果你宁愿以另一种形式来加以考察，但结果还是一样，——**以将来增加的额外价值**同**现成的产品**交换……这个额外价值是加到交给工人的一定量材料上去的，这种需求是实际的需求，这种需求的增加对于生产者说来是十分重要的，除了商品增加时彼此造成的日益增长的需求而外，如果还有任何[日益增长的]需求，那就是这种需求了。"（《论马尔萨斯先生近来提倡的关于需求的性质和消费的必要性的原理》1821年伦敦版第57页）

例如，詹姆斯·穆勒说：

"要使社会上很大一部分人能够享受**消遣**，资本必须得到相当巨大的收

入。"（詹姆斯·穆勒《政治经济学原理》1821 年伦敦版第 50 页）

这无非是说：要使许多人有余暇，雇佣工人就得拼命干，或者说，社会上一部分人的自由时间，取决于工人的剩余劳动时间和必要劳动时间的比例。

资本家的任务是"靠所支出的资本〈与活劳动相交换的资本〉来取得**尽量多的劳动量**"（让·古·库尔塞尔—塞纳伊《工商企业、农业企业的理论和实践概论》1857 年巴黎第 2 版第 62 页）。（261）

资本的增殖，即资本所生产的超过自身价值的剩余价值，也就是资本的生产力，包含在被资本占为己有的剩余劳动中，关于这一点，例如，**约·斯·穆勒**说：

"严格说来，**资本**并不具有**生产力**。唯一的生产力是劳动力，当然，它要依靠工具并作用于原料……**资本的生产力**不外是指资本家借助于他的资本所能支配的实际生产力〈劳动〉的数量。"（约·斯·穆勒《略论政治经济学的某些有待解决的问题》1844 年伦敦版第 90—91 页）[Ⅲ—115]

[Ⅲ—117]｛对第 107 页的补充，对（e）的补充的补充。

"企业主总是会竭力节省时间和劳动。"（杜格耳德·斯图亚特《政治经济学讲义》，载于威·汉密尔顿爵士发行的《斯图亚特全集》，1855 年爱丁堡版第 8 卷第 318 页）｝[Ⅲ—117]

[Ⅲ—112] 对（e）的补充，第 104 页。

迫使工人进行剩余劳动的关系，是工人的劳动条件作为资本与他相对立而存在。工人没有受到外部的压力，但是，他要在一个商品由自己的价值决定的世界上生活，就不得不把自己的劳动能力作为商品出售，而超过劳动能力本身价值的价值，却落到了资本手中。所以工人的剩余劳动使生产更加多样化，同时又为别人创造了**自由时间**。经济学家爱把这种关系**看作自然关系或上帝的安排**。关于由资本所产生的勤劳是这样说的：

"用法律来强制劳动，会引起过多的麻烦、暴力和叫嚣，而饥饿不仅是和平的、无声的和持续不断的压力，而且是刺激勤勉和劳动的最自然的动力，会唤起最大的干劲。"（《论济贫法》，一个愿人们幸福的人〈即牧师约·**唐森**先生〉著，1786 年版，1817 年伦敦再版第 15 页）

因为资本关系的前提是，工人被迫出卖他的劳动能力，也就是说，实际上他所能出售的只有自己的劳动能力本身，所以唐森说：

"这似乎是一个**自然规律**,穷人在一定程度上是轻率的,所以,总是有一些人去担任社会上最卑微、最肮脏和最下贱的职务。于是,人类幸福基金大大增加,比较高雅的人们解除了烦劳,可以不受干扰地从事比较高尚的职业等。"(同上,第39页)"济贫法有一种趋势,就是要破坏上帝和自然在世界上所创立的[Ⅲ—113]这个制度的和谐与优美、均称与秩序。"(同上,第41页)

这位唐森牧师虽然不是所谓人口理论的真正的发明者,但是马尔萨斯据为己有的,从而在著作界捞到一大笔资本的那种理论,倒是由唐森牧师第一个提出来的。奇怪的是,除了威尼斯的僧侣奥特斯(《国民经济学》六卷集1744年版,他写得比马尔萨斯要巧妙得多)以外,与"迫不及待的情欲"和"要把邱比特的箭弄钝的各种障碍"(正如唐森所说)相周旋的,主要是英国教会的牧师。与天主教的偏见(唐森所说的"迷信")相反,他们主张教士本身的"滋生繁殖",却又向劳动阶级宣讲终身不婚。

"上帝安排好了,让从事最必需的职业的人生得绰绰有余。"(**加利阿尼**《货币论》,载于《意大利政治经济学名家文集》现代部分,1803年米兰版第3卷第78页)

施托尔希说:社会财富的增长"产生出那个**有用的**社会阶级……它从事最单调、最下贱和最令人讨厌的职业,一句话,它把生活中一切不愉快的、受奴役的事情担在自己的肩上,从而使其他阶级有**闲暇**、有开阔的心境和传统的高贵品性,这些是其他阶级要顺利地从事高雅的劳动所必需的"(**施托尔希**《政治经济学教程,耐萨伊的注释和评述》1823年巴黎版第3卷第233页)。

"在我们这个地带,为了满足需求,就需要有劳动,**因此社会上至少有一部分人必须不倦地劳动。**"(摩尔顿·伊登爵士《贫民的状况,或英国劳动者阶级从征服时期到现在的历史》1797年伦敦版第1卷第1篇第1章[第1页])[Ⅲ—113]

[Ⅲ—114] 对(e)的补充,第104页。

"正是因为一个人劳动,另一个人才休息。"(西斯蒙第《政治经济学新原理》1827年巴黎第2版第1卷第76—77页)[Ⅲ—114](第257—263页)

马克思:《经济学手稿》(1861—1863年),摘自《马克思恩格斯全集》

第 47 卷，人民出版社 1979 年 10 月第 1 版。

3. "自由时间"的性质：游离出"物质生产"、不再被其吸收、不以其为转移

所有的人都会有 6 小时"可以自由支配的时间"，也就是有真正的财富，这种时间不被直接生产劳动所吸收，而是用于娱乐和休息，从而为自由活动和发展开辟广阔天地……

马克思：《剩余价值理论》，摘自《马克思恩格斯全集》第 26 卷第 3 册，人民出版社 1974 年 12 月第 1 版，第 281 页。

但是不管怎样，这个领域（直接的物质生产）始终是一个必然王国。在这个必然王国的彼岸，作为目的本身的人类能力的发展，真正的自由王国，就开始了。但是，这个自由王国只有建立在必然王国的基础上，才能繁荣起来。工作日的缩短是根本条件。

马克思、恩格斯：《资本论》第 3 卷，摘自《马克思恩格斯文集》第 7 卷，人民出版社 2009 年 12 月第 1 版，第 929 页。

关键在于，满足绝对需求所需要的劳动时间留下了**自由**时间（自由时间的多少，在生产力发展的不同阶段有所不同），因此，只要进行**剩余劳动**，就能创造剩余产品。目的是要消除［必要劳动和剩余劳动的］关系本身；这样，剩余产品本身就表现为必要产品了，最后，物质生产也就给每个人留下了从事其他活动的剩余时间。现在这已经是没有什么神秘的了。

马克思：《经济学手稿》（1857—1858 年），摘自《马克思恩格斯全集》第 46 卷下册，人民出版社 1980 年 8 月第 1 版，第 127 页。

在只存在**劳动对资本的形式上的从属**的情况下，对剩余劳动的强制，从而一方面，对创造需要和满足这些需要的手段的强制，以及对创造超过工人传统需要的产品量的强制，——也是创造不以物质生产为转移的用于发展的**自由时间**，——和以往的生产方式下相比，**只是**具有另一种形式，不过这种形式提高劳动的连续性和强度，增加生产，促进**劳动能力**品种的发展，从而促进劳动种类和工资方法的划分，最后，把劳动条件的所有者和工人之间的关系本身变成新的**买卖关系**，并使剥削关系摆脱一切宗法的和政治的束缚。显然，在生产关系本身中，包含着来自资本对并入资本的劳动拥有所有权和来自劳动过程本身性质的**统治和从属**关系。资本主义生产超出这种形式关系的范围越少，这种关系便越不发展，因为这种关系仅

以小资本家为前提，这些小资本家按其构成和职业种类来说和自己的工人的差别不大。

马克思：《经济学手稿》（1861—1863年），摘自《马克思恩格斯全集》第48卷，人民出版社1985年2月第1版，第13—14页。

在劳动对资本的**形式上的**从属下，**对剩余劳动的强制**，——从而这种强制一方面形成了各种需要以及满足这些需要的手段，同样也形成超过工人传统需要量以上的生产量，——这种强制以及与物质生产无关的**自由**发展**时间**的创造，**只不过获得了与以前生产方式中的形式不同的另一种形式**，然而这种形式却提高劳动连续性和劳动强度，增加生产，有利于**劳动能力的差别**的发展，从而有利于劳动方式和谋生方式的分化，最后，这种形式使劳动条件所有者和工人之间的关系本身变为纯粹的**买卖关系**，或者说**货币关系**，使剥削关系从一切家长制的和政治的、或者还有宗教的混合物中**摆脱**出来。当然，**生产关系**本身又要产生出新的**统治和从属关系**（它又生产出自己本身的**政治**表现等）

马克思：《〈资本论〉第一册〈第六章。直接生产过程的结果〉（手稿）》（1863年7月—1864年6月），摘自《马克思恩格斯全集》第49卷，人民出版社1982年12月第1版，第86页。

（五）"自由时间—非自由时间"的对立与资本主义的对抗性

1. "自由时间—非自由时间"的对立是阶级剥削社会"整个上层建筑存在的物质基础"

如果工人需要用他的全部时间来生产维持他自己和他的家庭所必要的生活资料，那么他就没有时间来无偿地为第三者劳动。没有一定程度的劳动生产率，工人就没有这种可供支配的时间，而没有这种剩余时间，就不可能有剩余劳动，从而不可能有资本家，而且也不可能有奴隶主，不可能有封建贵族，一句话，不可能有大私有者阶级。

马克思：《资本论》第1卷，摘自《马克思恩格斯文集》，第585页。

资本家在交换中损失的时间，就其本身来说，并不是劳动时间的扣除。他所以是资本家，即资本的代表，人格化的资本，只是因为他同作为他人劳动的劳动发生关系，占有他人的劳动时间并确立这种时间。所以，只要**流通费用占去资本家的时间**，流通费用就是不存在的。资本家的时间表现为**多余的时间：非劳动时间，不创造价值**的时间，尽管去实现已经创造出来的价值的正是资本。工人必须在剩余时间内也从事劳动，这也就意味着，资本家用不着劳动，因而他的时间表现为非劳动时间，以致他甚至在**必要时间**内也不从事劳动。工人必须在剩余时间内也从事劳动，才有可能使他自身的再生产所必需的劳动时间物化，实现即客体化。所以，从另一方面来说，资本家的**必要劳动时间**也是**自由时间**，并不是维持直接生存的必要时间。既然所有**自由时间**都是供自由发展的时间，所以资本家是窃取了工人为社会创造的**自由时间**，即窃取了文明，从这个意义上说，威德认为资本等于文明，又是对的。

马克思：《经济学手稿》（1857—1858年），摘自《马克思恩格斯全集》第46卷下册，人民出版社1980年8月第1版，第139页。

只要存在着一些人不劳动（不直接参加使用价值的生产）而生活的社会，那么，很清楚，这个社会的整个上层建筑就把工人的剩余劳动作为生存条件。……这种剩余产品是除劳动阶级外的一切阶级存在的物质基础，是社会整个上层建筑存在的物质基础。（第215—216页）

迫使工人进行剩余劳动的关系，是工人的劳动条件作为资本与他相对立而存在。工人没有受到外部的压力，但是，他要在一个商品由自己的价值决定的世界上生活，就不得不把自己的劳动能力作为商品出售，而超过劳动能力本身价值的价值，却落到了资本手中。所以工人的剩余劳动使生产更加多样化，同时又为别人创造了**自由时间**。经济学家爱把这种关系**看作自然关系或上帝的安排**。（第262页）

社会的工业进步越大，社会的物质需要就增长得越多，

"因此，把它们〈生活资料〉生产、制造出来并把它们供给消费者所要耗费的劳动也就越多。但同时，——**这也是上述进步的结果，**——脱离这些体力劳动的**阶级**同另一个阶级相比人数增加了。因此，后一个阶级就必须既向大批人供给一切必需品，又要向其中每个人供给越来越多的和越来越精致的消费品。而且，随着社会的繁荣，也就是说，随着社会在工商业方面的发展和社会人口的增长等等……束缚在某种机械的职业上的人的**自由时间越来越少**。社会越富，**工人的时间越具有更大的价值**〈确切地说，工人的时间就越是更大的价值〉……总之，社会越是前进到繁荣富强的境地，**工人阶级从事学习、脑力劳动和思考的时间就越少**"（同上，第2—4

页）。

这就是说，社会的自由时间是以通过强制劳动吸收工人的时间为基础的，这样，工人就丧失了精神发展所必需的空间，因为时间就是这种空间。（第343—344页）

一方面，资本主义生产不知道在占有别人的劳动时间方面有什么界限，另一方面，在已形成的资本主义生产的条件下，工人们自己不能——如果他们作为一个阶级还不会对国家并通过国家对资本施加影响的话——从资本的贪得无厌中挣得哪怕是他们的生存所必需的自由时间。（第603—604页）

> 马克思：《经济学手稿》（1861—1863年），摘自《马克思恩格斯全集》第47卷，人民出版社1979年10月第1版。

资本的发展不是始于创世之初，不是**开天辟地就有**。这种发展作为凌驾于世界之上和影响整个社会经济形态的某种力量，实际上最先出现于十六世纪和十七世纪。这是它的童年时期。因此，必须回顾一下不久前方才出现的状态。实际上，资本主义生产方式只有随同**大工业**一起才得到充分的发展（虽然还仅仅是散见的发展），因此，它作为某种整体只是从十八世纪后三十年起才开始出现。甚至劳动对资本的单纯**形式上的从属**，即**延长工作日**和把工人阶级的**全部自由时间**都当作归资本所有的时间来占有的这一基础，也只是随着**资本主义生产方式的实际**发展而以相同的程度向前发展的。因而，先前在**奴隶制度**（现代殖民地就是以这种制度为基础，或者古代商业民族或古代人如罗马人都曾实行过这种制度）下，只有当**商品**生产通过地产集中而控制了农业，大规模生产，从而为**出卖**而进行的生产才出现。

> 马克思：《经济学手稿》（1861—1863年），摘自《马克思恩格斯全集》第48卷，人民出版社1985年2月第1版，第120页。

2. 资本主义在"自由时间"上的对抗性：物质生产创造的"自由时间"不是被游离出来而是被重新吸收

工人为了作为工人生活，他所需要的原材料（和劳动资料）的数量只是吸收必要劳动时间（比如说10小时）所需要的数量，而资本家至少还要购买吸收剩余劳动时间所需要的原材料（还有辅助材料等等）。（第211页）

资本的不变趋势一方面是**创造可以自由支配的时间，另一方面是把这些可以自由支配的时间变为剩余劳动**。如果它在第一个方面太成功了，那么，它就要吃到生产过剩的苦头，这时必要劳动就会中断，因为**资本无法实现剩余劳动**。（第221页）

社会的自由时间是以通过强制劳动吸收工人的时间为基础的，这样，工人就丧失了精神发展所必需的空间，因为时间就是这种空间。（第344页）

> 马克思：《经济学手稿》（1861—1863年），摘自《马克思恩格斯全集》第47卷，人民出版社1979年10月第1版。

"其次，资本发展成为一种强制关系，迫使工人阶级超过他们自身生活需要的狭小范围的要求而去完成更多的劳动。资本作为别人勤劳的发生器、剩余劳动的吸收器和劳动力的压榨器，它在精力、贪婪和效率上远远超过以往一切以直接强制劳动为基础的生产制度。"[①]

> 恩格斯：《卡·马克思"资本论"第一卷书评——为"双周评论"作》（1868年5月22日—7月1日左右）引马克思《资本论》第1卷语，摘自《马克思恩格斯全集》第16卷，人民出版社1964年2月第1版，第348—349页。

资本主义生产的限制，是工人的剩余时间。社会所赢得的绝对的剩余时间，与资本主义生产无关。生产力的发展，只是在它增加工人阶级的剩余劳动时间，而不是减少物质生产的一般劳动时间的时候，对资本主义生产才是重要的；因此，资本主义生产是在对立中运动的。

> 马克思、恩格斯：《资本论》第3卷，摘自《马克思恩格斯文集》第7卷，人民出版社2009年12月第1版，第293页。

"**资本使用劳动。**"对工人来说，它们不是生产产品的手段，不论这些产品采取直接生存资料的形式，还是采取交换手段，商品的形式。相反，工人对它们来说倒是一个手段，它们依靠这个手段，一方面保存自己的价值，另方面使自己的价值转化为资本，也就是说，吸收剩余劳动，使自己

---

① 《马克思恩格斯文集》第5卷（人民出版社2009年版）第359页的相关中译文为："其次，资本发展成为一种强制关系，迫使工人阶级超出自身生活需要的狭隘范围而从事更多的劳动。作为他人辛勤劳动的制造者，作为剩余劳动的榨取者和劳动力的剥削者，资本在精力、贪婪和效率方面，远远超过了以往一切以直接强制劳动为基础的生产制度。"——本书编者注

的价值增殖。（第419页）

资本（1）作为强迫进行剩余劳动的力量，（2）作为吸收和占有社会劳动生产力和一般社会生产力（如科学）的力量（作为这些生产力的人格化），它是生产的。（第422页）

资本主义生产过程不仅是**商品**的生产过程，而且是**剩余价值**的生产过程，是剩余劳动的吸收，因而是资本的生产过程。（第438页）

马克思：《剩余价值理论》，摘自《马克思恩格斯全集》第26卷第1册，人民出版社1972年6月第1版。

采用机器的工厂主的资本不会游离出来。这种资本只是另作他用，也就是说，这时它不会象以前那样转化为现已被解雇的工人的工资。它的一部分从可变资本转化为不变资本。即使它有一部分游离出来，那也将被这样的生产领域所吸收，在这些生产领域中，被解雇的工人不可能有**工作**，那里最多只能给本来应该接替他们的人提供一个收容所。

马克思：《剩余价值理论》，摘自《马克思恩格斯全集》第26卷第2册，人民出版社1973年7月第1版，第637页。

社会在6小时内将生产出必要的丰富产品，这6小时生产的将比现在12小时生产的还多，同时所有的人都会有6小时"可以自由支配的时间"，也就是有真正的财富，这种时间不被直接生产劳动所吸收，而是用于娱乐和休息，从而为自由活动和发展开辟广阔天地。（第281页）

马尔萨斯宣扬"富人"必须增加消费，**以便使那部分用来同劳动交换、转化为资本的产品具有很高的价值，带来很多的利润，吸收大量的剩余劳动**，其真正的秘密也就在此。（第264—265页）

财富和价值的对立后来在李嘉图的著作里表现为这样的形式，即纯产品在总产品中占的比例应当尽量的大，而这（又是在这种对立的形式上）意味着，社会上那些虽然享受物质生产成果、但是其时间只有一部分被物质生产吸收或者完全不被物质生产吸收的阶级，与时间全部被物质生产吸收、因而其消费仅仅构成生产费用的一个项目、仅仅构成一种使其充当上层阶级的驮畜的条件的那些阶级比较起来，人数应当尽可能地多。这一点总是意味着期望社会上注定陷入劳动奴隶制即从事强制劳动的部分尽可能地小。这就是那些站在资本主义立场上的人所能达到的最高点。（第282页）

"产品"转化为资本：如果产品在劳动过程中执行劳动条件、生产条件（劳动对象和劳动资料）的职能，就是**在物质上转化**；如果不仅产品的**价值**被保存，而且产品本身还成了吸收**劳动和剩余劳动**的手段，也就是说，产品实际上执行劳动吸收器的职能，那就是**在形式上转化**。（第417页）

马克思：《剩余价值理论》，摘自《马克思恩格斯全集》第26卷第3册，人民出版社1974年12月第1版。

劳动本身创造了使用新的必要劳动所需要的新的基金，或者说维持新的活劳动能力即新的工人所需要的基金，但与此同时，劳动还创造了这样的条件：这种基金只有在剩余资本的其余部分会吸收新的剩余劳动的情况下才能被使用。因此，在劳动所生产的剩余资本——剩余价值中，新的剩余劳动的现实必然性同时也就被创造出来，因而剩余资本本身同时就是新的剩余劳动和新的剩余资本的现实可能性。（第452页）

在另一方面存在的价值或物化劳动，必须是使用价值的足够积累，这种积累不仅要为再生产或保存活劳动能力所必需的产品或价值的生产提供物的条件，而且要为吸收剩余劳动提供物的条件，为［IV—48］剩余劳动提供客观材料……（第461页）

马克思：《经济学手稿》（1857—1858年），摘自《马克思恩格斯全集》第46卷上册，人民出版社1979年7月第1版。

［（4）资本的二重倾向：扩大所使用的活劳动和缩小必要劳动］

因为剩余劳动或剩余时间是资本的前提，所以资本是建立在下面这样的基本前提上的：在维持个人和繁殖其后代所必需的劳动时间以外还有一个余额；例如一个人只需要劳动6小时就能生活1天，或只需要劳动1天就能生活2天等等。随着生产力的发展，必要劳动时间在减少，因而剩余时间在增加。或者也可以说，一个人可以为两个人劳动等等。

（"**财富**就是**可以自由支配**的时间，如此而已。"（《根据政治经济学基本原理得出的国民困难的原因及其解决办法。致约翰·罗素勋爵的一封信》1821年伦敦版［第6页］）"假定一个国家的全部劳动所生产的恰好足够维持全部人口的生活；在这种情况下，很明显，就没有**剩余劳动**，因而也就没有什么东西可以作为资本积累起来。"［第4页］"一个国家只有在使用资本而不支付**任何利息**的时候，只有在劳动6小时而不是劳动12小时的时候，才是真正富裕的。"〔第6页〕"无论资本家得到的份额有多大，他总是只能占有工人的**剩余劳动**，因为工人必须生活。"〔第23页〕）

财产。来源于劳动生产率。"当每一个人的劳动勉强够维持他自己的生活的时候……不可能有财产……如果一个人的劳动能够养活五口人，那么一个从事生产的人就能负担四个有闲者的生活……财产由于生产方法的改良而增加。"（皮尔西·莱文斯顿硕士《论公债制度及其影响》1824年伦敦版〔第11页〕）"财产的增加，维持有闲者和非生产劳动的能力的增长，这就是〔政治经济学上称为〕资本〔的东西〕。"〔第13页〕"使用机器来减少单个人的劳动是很少能成功的，**因为制造机器用掉的时间，比使用机器所节省的时间要多。只有当机器大规模起作用时，当一台机器能帮助成千上万的人劳动时，机器才是真正有用的**。因此，机器总在人口最稠密，失业人数最多的地方使用最多。使用机器不是由于缺少工人，而是为了便于吸引大量工人参加劳动。"〔第45页〕英国不到1/4的人口生产出〔IV—14〕供全体消费的一切东西。例如在征服者威廉一世的统治下，直接参加生产的人数比有闲者多得多。

如果说一方面资本创造了剩余劳动，那么另一方面剩余劳动也是资本存在的前提。创造出可以自由支配的时间是财富整个发展的基础。**必要劳动**时间对**剩余**劳动时间（它从必要劳动的角度来看首先表现为这种剩余时间）的比例在生产力的不同发展阶段上是会变化的。在较原始的交换阶段上，人们交换的不过是自己的**剩余劳动时间**；剩余劳动时间是他们交换的尺度，因而交换也只涉及剩余产品。在以资本为基础的生产中，**必要**劳动时间的存在以创造**剩余**劳动时间为条件。首先，在生产的最低阶段上，人类的需要还很少，因而要满足的需要也很少。就是说，必要劳动时间之所以有限，并不是因为劳动的生产率高，而是因为需要少。其次，在一切生产阶段上都存在着劳动的某种共同性，即劳动的社会性质，等等。以后，社会生产力发展起来，等等。（关于这个问题，以后再谈。）

剩余时间〔首先〕是作为工作日中我们称为**必要**劳动时间的那部分以外的余额而存在的；其次，是作为**同时并存的工作日**的增加即**劳动人口**的增加而存在的。

（剩余时间也可以通过强制地把工作日延长到超过其自然界限的办法，通过把妇女和儿童纳入劳动人口的办法来创造，——不过关于这个问题，在这里只能顺便提一下，它属于工资那一章。）

工作日中的剩余时间对必要时间的最初比例，可以而且也会由于生产力的发展而发生变化，结果是必要劳动限于越来越小的部分。人口的情况相应地说也是这样。比如说，可以把600万劳动人口看作一个600万×12即7200万小时的工作日；因此在这里也可以应用同一规律。

我们已经看到，资本的规律是创造剩余劳动，即可以自由支配的时间；资本只有推动**必要劳动**即同工人进行交换，才能做到这一点。由此产生了资本要尽量多地创造劳动的趋势；同样也产生了资本要把必要劳动减少到最低限度的趋势。因此，资本的趋势是：既增加劳动人口，又把劳动人口的一部分不断地变成过剩人口，即在资本能够利用他们之前先把他们变成无用的人口。（因此，关于过剩人口和剩余资本的理论是正确的。）

资本的趋势是既要使人的劳动过剩（相对来说），只要使人的劳动无限增加。价值只是物化劳动，而剩余价值（资本的价值增殖）只是超过再生产劳动能力所必需的那部分物化劳动而形成的余额。但是，前提总是并且始终是劳动一般，剩余劳动只是和必要劳动相比较而存在，因而只有在必要劳动存在时它才存在。因此，资本必须不断地推动必要劳动，才能创造出剩余劳动；资本必须增加必要劳动（即**同时并存**的工作日），才能增加剩余额；但是，资本同样必须把这种劳动作为必要劳动来扬弃，才能把它变为剩余劳动。

如果就单个工作日来看，过程当然很简单：（1）把工作日一直延长到自然所允许的界限；（2）使工作日的必要部分越来越缩短（因而无限地提高生产力）。但是，如果从空间方面来看工作日，——从空间方面来看时间本身，——那就是**许多工作日同时并存**。资本越是能同时与更多的工作日进行交换，即用**物化劳动同活劳动**相交换，资本**同时**增殖的价值就越大。**在生产力发展的一定阶段上**（这种阶段本身是变化的，但这不会使事情本身有任何改变），资本只有在一个工作日**之外**，同时使用另外的工作日，即从空间方面增加**大量同时并存的工作日**，才能超越一个人的活的工作日所形成的自然界限。

例如，我只能把A的剩余劳动延长3小时，但是，如果我再加上B、C、D等等的工作日，那它就变成12小时。我创造出的剩余时间就不是3小时，而是12小时了。因此，资本要求人口增加，而且减少必要劳动的过程本身使资本有可能使用新的必要劳动（从而剩余劳动）。（这就是说，随着**必要劳动时间**的减少，或者随着**活的劳动能力的生产**所需要的时间的相对减少，**工人的生产**变得便宜了，在同一时间内可以生产出更多的工人了。必要劳动时间的减少和工人的生产变得便宜——这是相同的命题。）

（这还没有把以下情况考虑在内，即人口的增加会使劳动生产力提高，因为这会使劳动的更广泛的分工和结合等等成为可能。人口的增加是劳动的一种不用支付报酬的［IV—15］自然力。从这个观点出发我们把**社会力量**叫作**自然力**。所有**社会劳动的自然力**，本身都是历史的产物。）

另一方面，资本的趋势，象以前考察单个工作日时一样，现在涉及许多同时并存的必要工作日时（这些工作日只就价值来考察时，可以看作**一个工作日**），也是要把必要工作日数减少到最低限度，即把尽可能多的工作日数变成**不必要的**，并且，象以前考察单个工作日时资本的趋势是减少必要劳动小时一样，现在资本的趋势也是要减少必要工作日数对总物化劳动时间的比例。（如果为了生产12个剩余劳动小时需要使用6个工作日，那么资本就会极力设法使之仅仅需要4个工作日。或者，6个工作日可以被看作一个72小时的工作日；如果资本能够把必要劳动时间减少24小时，那就会省去2个必要工作日，即2个工人。）

另一方面，［靠减少必要劳动时间］创造出来的新的剩余资本，只有再同活劳动相交换，才能作为资本来增殖价值。由此，资本同样又有一种趋势：既增加**劳动人口**，又不断减少劳动人口的**必要**部分（资本不断地把劳动人口的一部分重新变为后备军）。增加人口本身就是减少人口的主要手段。

其实，这一切不过是单个工作日中必要劳动和剩余劳动所占比例的应用。因此，这里已经包含着现代人口理论虽然还不理解，但是已经作为矛盾表述出来的全部矛盾。资本作为剩余劳动的肯定，同样并且同时既是必要劳动的肯定又是必要劳动的否定；资本所以存在，只是由于必要劳动既存在而同时又不存在。

｛以下问题虽然不属于这里的范围，但是已经可以在这里提一下：剩余劳动在一方创造出来，与此相适应，负劳动，即相对的懒惰（或者在最好的情况下，是**非生产**劳动）则在另一方创造出来。不言而喻，这首先适用于资本，其次也适用于同资本分享［剩余价值］的其他阶级，因而适用于靠剩余产品过活的需要救济的贫民、侍从、食客等等，总之，一整批仆从；适用于不是靠资本生活，而是靠收入生活的那部分**仆役**阶级。

这种**仆役**阶级同**劳动**阶级之间有本质的区别。从整个社会来说，创造**可以自由支配的时间**，也就是创造产生科学、艺术等等的时间。社会的发展进程决不在于：因为一个人满足了自己的迫切需要，所以才创造自己的剩余额；而是在于：因为一个人或由许多个人形成的阶级被迫去从事满足自己的迫切需要以外的更多的劳动，也就是因为在一方创出**剩余劳动**，所以在另一方才创造出非劳动和剩余财富。

从现实性来看，财富的发展只存在于这种对立之中；从可能性来看，财富的发展正是消灭这种对立的可能性。换句话说，因为一个人只有当他同时满足了**另一个人**的迫切需要，并且为后者创造了超过这种需要的余额时，才能满足**他本人**的迫切需要。在奴隶制度下，这是以粗暴的方式实现的。只有在雇佣劳动的条件下，这才导致了**产业**，导致了**产业劳动**。

因此，马尔萨斯在剩余劳动和剩余资本以外，还要求有只消费而不生产的剩余有闲者，或者说，鼓吹挥霍、奢侈、浪费等等的必要性，他这样做倒也是前后完全一贯的。

马克思：《经济学手稿》（1857—1858年），摘自《马克思恩格斯全集》第46卷上册，人民出版社1979年7月第1版，第376—381页。

工人对它们来说倒是一个手段，它们依靠这个手段，一方面保存自己的价值，另一方面使自己的价值转化为资本，也就是说，吸收剩余劳动，使自己的价值增殖。（第37页）

资本主义生产过程的结果，在这个过程中由资本吸收无酬劳动或剩余劳动的结果，首先就在于产品包含的价值高于资本在进入该过程前所包含的价值。（第65页）

资本新再生产和生产出来的价值部分等于被资本在它的产品中直接吸收的活劳动时间。这些劳动时间的一部分补偿物化在工资中的劳动时间，另一部分是在此以外的无酬的余额，即剩余劳动时间。（第300页）

马克思：《经济学手稿》（1861—1863年），摘自《马克思恩格斯全集》第48卷，人民出版社1985年2月第1版。

(六)"自由时间"与"财富":"财富就是可以自由支配的时间"

1. 在人与人的社会关系中,"财富是两个人之间的一种关系"

最后,生产交换价值的劳动还有一个特征:人和人之间的社会关系可以说是颠倒地表现出来的,就是说,表现为物和物之间的社会关系。只有在一个使用价值作为交换价值同别的使用价值发生关系时,不同个人的劳动才作为相同的一般的劳动相互发生关系。因此,如果交换价值是人和人之间的关系[①]这种说法正确的话,那末必须补充说:它是隐蔽在物的外壳之下的关系。

> 马克思:《政治经济学批判》(1858—1859年),摘自《马克思恩格斯全集》第13卷,人民出版社1962年11月第1版,第22页。

相互的社会关系转变为一种固定的、压倒一切的、把每个个人都包括在内的社会关系,这一点首先就表现在货币中,而且是表现在最抽象的、因而是最无意义、最难捉摸的形式,即扬弃了一切媒介的形式中。况且,这种表现既然是以自由的、不受任何约束的、只是由生产中的相互需要联系在一起的、原子般的各个私人为前提而生长起来的,它也就更加严酷。

> 马克思:《经济学手稿》(1857—1858年),摘自《马克思恩格斯全集》第46卷下册,人民出版社1980年8月第1版,第492页。

2. 在人与物的自然关系中,财富是人"实现他劳动能力的物的条件"

要劳动能力的所有者不得不出卖他的劳动能力这种与所有其他商品(不论它们是以商品形式还是以货币形式存在)不同的特殊商品,而不是出卖物化着他的劳动的商品,就必须具有这样的前提:他没有,即丧失了实现他劳动能力的物的条件,相反地,这些条件,作为财富世界,作为物质财富世界,隶属于他人的意志,在流通中作为商品所有者的财产,作为别人的财产,异化地与劳动能力所有者相对立。

> 马克思:《经济学手稿》(1861—1863年),摘自《马克思恩格斯全集》第47卷,人民出版社1979年10月第1版,第36页。

[①] "财富是两个人之间的一种关系。"……[加利阿尼"货币论",载于库斯托第编"意大利政治经济学名家文集·现代部分"1803年米兰版第3卷第221页]

3. 个人的真正的精神财富完全取决于他的现实关系的财富

至于个人的真正的精神财富完全取决于他的现实关系的财富，这从上面的叙述中已经一目了然。仅仅因为这个缘故，各个单独的个人才能摆脱各种不同的民族局限和地域局限，而同整个世界的生产（也包括精神的生产）发生实际联系，并且可能有力量来利用全球的这种全面生产（人们所创造的一切）。

马克思、恩格斯：《德意志意识形态》（1845—1846 年），摘自《马克思恩格斯全集》第 3 卷，人民出版社 1960 年 12 月第 1 版，第 42 页。

4. 财富从物质上来看只是需要的多样性

历史地自行产生的需要即由生产本身产生的需要，社会需要即从社会生产和交换中产生的需要越是成为**必要的**，现实财富的发展程度便越高。**财富从物质**上来看只是需要的多样性。手工业本身并不表现为必然要和自给自足的农业**相并存**，这种农业是把纺、织等等作为家庭副业来经营的。然而，举例来说，如果农业本身［Ⅴ—22］是建立在科学经营基础上的，如果它需要机器，需要通过贸易得到化肥，需要来自远方国家的种子等等，而且，如果农村的家长制手工业消失了（这一点已经包含在前提中），那么，机器制造厂、对外贸易、手工业等等就成了农业的**需要**。农业或许只有靠输出丝织品才能得到鸟粪。这样，丝织厂就不再是奢侈品的生产部门，而是农业所必要的生产部门了。在这种情况下，由于农业不能再在自己内部自然而然地找到它自己的生产条件，这些条件已作为独立的生产部门存在于农业之外（而且，这种存在于农业之外的部门，连同这个外在的部门具有的那全部错综复杂的联系，都成了农业的生产条件），主要地和基本地是由于这一原因，便发生了下述现象：以前表现为奢侈的东西，现在成为必要的了，而所谓奢侈的需要，例如对于那个自然产生的并完全从自然必要性中成长起来的部门来说，也成为必要性了。

这样把每一生产部门脚下的自然形成的基础抽掉，并把这种生产部门的生产条件转移到它外部的普遍联系中去，——于是，过去多余的东西便转化为必要的东西，转化为历史地产生的必要性，——这就是资本的趋势。一切生产部门的共同基础是普遍交换本身，是世界市场，因而也是普遍交换所包含的全部活动、交易、需要等等。**奢侈**是**自然必要性**的对立面。必要的需要就是本身归结为自然主体的那种个人的需要。生产的发展既扬弃这种自然必要性，也扬弃那种奢侈——当然，在资产阶级社会里，这只是以**对立的形式**实现的，因为这种发展本身又只是规定一定的社会标准来作为必要的标准，而同奢侈相对立。

关于**需要体系**和**劳动体系**这些问题应当放在什么地方讨论？在研究的过程中就会知道。

马克思：《经济学手稿》（1857—1858 年），摘自《马克思恩格斯全集》第 46 卷下册，人民出版社 1980 年 8 月第 1 版，第 19—20 页。

5. 在物质形态上，财富是满足超越必要的自然需要的剩余产品、多余产品

财富的最初的自然发生的形式，是剩余或过剩的形式，是并非作为使用价值而直接需要的那一部分产品，或者说，是对那些其使用价值不属于最需要范围的产品的占有。在研究从商品到货币的过渡时，我们已经知道，在尚未发达的生产阶段上，正是产品的这种剩余或过剩形成商品交换的固有范围。剩余产品变成可以交换的产品即商品。这种剩余的最适当的存在形式是金和银，这是财富被当作抽象的社会财富保存时采取的第一种形式。商品不是只能在金银的形式上被保存，就是说，不是只能在货币材料中被保存，然而金银却是在被保存形式上的财富。每种使用价值本身都是由于被消费，即被消灭而起使用价值的作用。但是，作为货币的金的使用价值，是去充当交换价值的承担者，是作为无定形的原料去充当一般劳动时间的化身。作为无定形的金属，交换价值取得了一种永久的形式。这样作为货币而静止下来的金银就是**贮藏货币**。

马克思：《政治经济学批判》（1858—1859 年），摘自《马克思恩格斯全集》第 13 卷，人民出版社 1962 年 11 月第 1 版，第 116—117 页。

人类社会脱离动物野蛮阶段以后的一切发展，都是从家庭劳动创造出的产品除了维持自身生活的需要尚有剩余的时候开始的，都是从一部分劳动可以不再用于单纯生活资料的生产，而是用于生产资料的生产的时候开始的。劳动产品超出维持劳动的费用而形成的剩余，以及社会生产基金和后备基金靠这种剩余而形成和积累，过去和现在都是一切社会的、政治的和智力的发展的基础。在迄今为止的历史中，这种基金都是一个特权阶级的财产，而政治统治权和精神主导权也和这种财产一起落到这个特权阶级的手里。即将到来的社会变革将把这种社会生产基金和后备基金，即全部

原料、生产工具和生活资料，从特权阶级的支配中夺过来，把它们转交给全社会作为公有财产，这样才真正把它们变成社会的基金。

恩格斯：《反杜林论》（1876 年 9 月—1878 年 6 月），摘自《马克思恩格斯文集》第 9 卷，人民出版社 2009 年 12 月第 1 版，第 202 页。

6. 金、银是多余财富的社会表现

在商品流通的初期，只是使用价值的多余部分转化为货币。这样，金和银自然就成为这种多余部分或财富的社会表现。在有些民族中，与传统的自给自足的生产方式相适应，需要范围是固定有限的，在这些民族中，这种素朴的货币贮藏形式就永恒化了。（第 153—154 页）

按照我们的假设，他必须使用两个工人，才能靠每天占有的剩余价值来过工人那样的生活，即满足他的必要的需求。在这种情况下，他的生产的目的就只是维持生活，不是增加财富；而在资本主义生产下，增加财富是前提。（第 357 页）

马克思：《资本论》第 1 卷，摘自《马克思恩格斯文集》第 5 卷，人民出版社 2009 年 12 月第 1 版。

7. 在时间形态上，真正的财富就是"自由时间"

［（c）小册子作者的功绩及其观点在理论上的混乱。他提出的关于资本主义社会中的对外贸易的作用以及"自由时间"是真正的财富等问题的意义］

这本小册子不是理论性论著。它是对政治经济学家们为当时的贫困和"国民困难"所找到的虚假原因的抗议。因此，它在这里并没有奢望，而且也不能对它提出要求：把剩余价值理解为**剩余劳动**，就要对经济范畴的整个体系进行总的批判。相反，作者以李嘉图体系为依据，只是前后一贯地作出了这一体系本身中所包含的结论，并且为了工人阶级的利益而提出这一结论来反对资本。

可是，这位作者为既有的经济范畴所束缚。就象李嘉图由于把剩余价值同利润混淆起来而陷入令人不快的矛盾一样，他也由于把剩余价值命名为**资本利息**而陷入同样的矛盾。

诚然，他在以下方面超过了李嘉图：首先，他把一切剩余价值都归结为剩余劳动，其次，他虽然把剩余价值叫作**资本利息**，同时又着重指出，他把资本利息理解为剩余劳动的一般形式，而与剩余劳动的特殊形式即地

租、借贷利息和企业利润相区别：

"支付给资本家的**利息**，无论是采取**地租、借贷利息的性质**〈应当说：形式〉，还是采取**企业利润的性质……**"（第23页）

可见，小册子的作者把剩余劳动或剩余价值的一般形式和它们的特殊形式区别开来了，李嘉图和亚·斯密却没有做到这一点，至少是没有有意识地和前后一贯地做到这一点。但是，他还是把这些特殊形式之一的名称——利息，当作一般形式的名称。这就足以使他重新陷入经济学的费解的行话中。

"在一个巩固地建立起来的社会里，资本的不断增长会由借贷利息的下降表现出来，或者同样可以说，会由为使用资本而付出的他人的劳动量的减少表现出来。"（第6页）

这有点象凯里的话。但是小册子的作者认为，不是工人使用资本，而是资本使用工人。既然他把**利息**理解为任何形式的剩余劳动，那末全部问题（即"解决我们的国民困难"）就归结为提高**工资**，因为利息的减少也就是剩余劳动的减少。但他的意思是：在劳动同资本交换的时候，对别人劳动的占有必须减少，或者说，工人从他自己的劳动中占有的必须多些，而资本占有的必须少些。

要求减少剩余劳动可能有两方面的意思：

（1）工人除了再生产劳动能力、创造工资的等价物所必需的时间以外，从事的劳动必须少些；

（2）在**劳动总量中采取剩余劳动**（即工人无代价地为资本家劳动的时间）**的形式**的部分必须少些；从而，在体现劳动的产品中采取**剩余产品**形式的部分必须少些；也就是说，工人从他自己的产品中得到的必须比以前多些，而资本家从这一产品中得到的必须比以前少些。

作者自己对这个问题是不清楚的，这一点也可以从下面一段话——其中实际上包含着他的著作中的结论性东西——看出来：

"一个国家只有在使用资本而不支付任何利息的时候，只有在劳动6小时而不是劳动12小时的时候，才是真正富裕的。财富就是**可以自由支配的时间**，如此而已。"（第6页）

因为这里"利息"被理解为利润、地租、借贷利息，一句话，被理解为任何形式的剩余价值，因为在小册子的作者本人看来，资本只不过是劳动产品,是积累的劳动,用它来交换,不仅能够得到等量劳动,而且能够得到剩余劳动,所以在他看来,"资本不提供利息"这种说法的意思就是没有任何[860]资本存在。产品不转化为资本。既没有**剩余产品**,也没有**剩余劳动**。只有到那时国家才真正富裕。

但是,这一点的意思可能是:**除了**工人的再生产所需要的产品和劳动**以外**,既没有产品,也没有劳动。或者是:工人**自己**占有这个余额,无论是产品的余额,还是劳动的余额。

不过作者所指的**不只是**后面一点,这从以下的事实可以看出:他把"一个国家只有在劳动 6 小时而不是劳动 12 小时的时候,才是真正富裕的","**财富就是可以自由支配的时间,如此而已**"这两个论点和"使用资本而不支付任何利息"这一论点结合起来了。

这可能是这样的意思:

如果所有的人都必须劳动,如果过度劳动者和有闲者之间的对立消灭了,——而这一点无论如何只能是资本不再存在,产品不再提供占有别人**剩余劳动**的权利的结果,——如果把资本创造的生产力的发展也考虑在内,那末,社会在 6 小时内将生产出必要的丰富产品,这 6 小时生产的将比现在 12 小时生产的还多,同时所有的人都会有 6 小时"可以自由支配的时间",也就是有真正的财富,这种时间不被直接生产劳动所吸收,而是用于娱乐和休息,从而为自由活动和发展开辟广阔天地。时间是发展才能等等的**广阔天地**。大家知道,政治经济学家们自己认为雇佣工人的奴隶劳动是合理的,说这种奴隶劳动为**其他人**,为社会的另一部分,从而也为[整个]雇佣工人的社会创造余暇,创造自由时间。

或者这一点也可能有这样的意思:

工人现在除了自己的再生产(**现在**)所需要的以外劳动 6 小时。(不过这大概不会是小册子作者的观点,因为他把工**人现在**所需要的说成是非人道的最低限度。)如果资本不再存在,那末工人将只劳动 6 小时,有闲者也必须劳动同样多的时间。这样,所有的人的物质财富都将降到工人的水平。但是所有的人都将有**自由时间**,都将有可供自己发展的时间。

显然,小册子的作者本人对这一点是不清楚的。不过下面这段话无论如何仍不失为一个精彩的命题:

"一个国家只有在劳动 6 小时而不是劳动 12 小时的时候,才是真正富裕的。**财富就是可以自由支配的时间，如此而已。**"

李嘉图在《价值和财富，它们的特性》一章中也说，真正的财富在于用尽量少的价值创造出尽量多的使用价值，换句话说，就是在尽量少的劳动时间里创造出尽量丰富的物质财富。这里，"可以自由支配的时间"以及对别人劳动时间里创造出来的东西的享受，都表现为真正的财富，但是正象资本主义生产中的一切东西一样，因而正象资本主义生产的解释者所认为的那样，这是以对立的形式表现出来的。财富和价值的对立后来在李嘉图的著作里表现为这样的形式，即纯产品在总产品中占的比例应当尽量的大，而这（又是在这种对立的形式上）意味着，社会上那些虽然享受物质生产成果，但是其时间只有一部分被物质生产吸收或者完全不被物质生产吸收的阶级，与时间全部被物质生产吸收、因而其消费仅仅构成生产费用的一个项目、仅仅构成一种使其充当上层阶级的驮畜的条件的那些阶级比较起来，人数应当尽可能地多。这一点总是意味着期望社会上注定陷入劳动奴隶制即从事强制劳动的部分尽可能地小。这就是那些站在资本主义立场上的人所能达到的最高点。

小册子的作者批驳了这一点。即使交换价值消灭了，**劳动时间也**始终是财富的创造实体和生产财富所需要的**费用**的尺度。但是自由时间，**可以支配的时间**，就是财富本身：一部分用于消费产品，一部分用于从事自由活动，这种自由活动不象劳动那样是在必须实现的外在目的的压力下决定的，而这种外在目的的实现是自然的必然性，或者说社会义务——怎么说都行。

不言而喻，随着雇主和工人之间的社会对立的消灭等等，劳动时间本身——由于限制在正常长度之内，其次，由于不再用于别人而是用于我自己——将作为真正的社会劳动，最后，作为**自由时间**的基础，而取得完全不同的、更自由的性质，这种同时作为拥有自由时间的人的**劳动时间**，必将比役畜的劳动时间具有高得多的质量。

马克思：《剩余价值理论》，摘自《马克思恩格斯全集》第 26 卷第 3 册，人民出版社 1974 年 12 月第 1 版，第 278—282 页。

8. 在主体形态上，"真正的财富是……人"，"真正的财富就是所有个人的发达的生产力"

一方面，社会的个人的需要将成为必要劳动时间的尺度，另一方面，社会生产力的发展将如此迅速,以致尽管生产将以所有的人富裕为目的,所有的人的**可以自由支配的时间**还是会增加。因为真正的财富就是所有个人的发达的生产力。那时,财富的尺度[VII—4]决不再是劳动时间,而是可以自由支配的时间……

真正的经济——节约——是劳动时间的节约(生产费用的最低限度——和降到最低限度)。而这种节约就等于发展生产力。可见,决不是**禁欲**,而是发展生产力,发展生产的能力,因而既是发展消费的能力,又是发展消费的资料。消费的能力是消费的条件,因而是消费的首要手段,而这种能力是一种个人才能的发展,一种生产力的发展。

节约劳动时间等于增加自由时间,即增加使个人得到充分发展的时间,而个人的充分发展又作为最大的生产力反作用于劳动生产力。

> 马克思:《经济学手稿》(1857—1858年),摘自《马克思恩格斯全集》第46卷下册,人民出版社1980年8月第1版,第222—225页。

霍吉斯金认为"流动资本"只不过是不同种类的社会劳动的**并存**("并存劳动"),而积累只不过是社会劳动生产力的积累,所以工人本身的技能和知识(科学力量)的积累是主要的积累,比和它一同进行并且只是反映它的那种积累,即这种积累活动的现存客观条件的积累,重要得多,而这些客观条件会不断重新生产和重新消费,只是名义上进行积累:

"生产资本和熟练劳动……是一个东西……资本和工人人口完全是一个意思。"[《保护劳动反对资本的要求》第33页]

这一切都只是加利阿尼的命题的进一步发展:

"真正的财富是……人"(《货币论》,库斯托第编,现代部分,第3卷第229页)。

整个客观世界,"物质财富世界",在这里不过是作为从事社会生产的人的因素,不过是作为从事社会生产的人的正在消失而又不断重新产生的实践活动而退居次要地位。请把这种"理想主义"同李嘉图的理论在"这个不可相信的修鞋匠"麦克库洛赫的著作中变成的粗野的物质拜物教比较一下,在他的著作中,不仅人和动物的区别不见了,甚至连有生物和物之间的区别也不见了。让人们还去说什么在崇高的资产阶级政治经济学的唯灵论面前,无产阶级反对派所鼓吹的只是以满足鄙俗的需要为目的的粗野的唯物主义吧!

马克思：《剩余价值理论》，摘自《马克思恩格斯全集》第 26 卷第 3 册，人民出版社 1974 年 12 月第 1 版，第 293—294 页。

9. 在活动形态上，财富就是"人的创造天赋的绝对发挥"、"人类力量的全面发展"

李嘉图把资本主义生产方式看作最有利于生产、最有利于创造财富的生产方式，对于他那个时代来说，李嘉图是完全正确的。他希望**为生产而生产**，这是**正确的**。如果象李嘉图的感伤主义的反对者们那样，断言生产本身不是目的本身，那就是忘记了，为生产而生产无非就是发展人类的生产力，也就是**发展人类天性的**财富这种目的**本身**。

马克思：《剩余价值理论》，摘自《马克思恩格斯全集》第 26 卷第 2 册，人民出版社 1973 年 7 月第 1 版，第 124 页。

琼斯曾在海利贝里任政治经济学教授，是**马尔萨斯的继任者**。在这里我们看到，政治经济学这门实际科学是怎样结束的：资产阶级生产关系被看作仅仅是**历史的**关系，它们将导致更高级的关系，在那里，那种成为资产阶级生产关系的基础的对抗就会消失。政治经济学以自己的分析破坏了财富借以表现的那些表面上相互独立的形式。它的分析（甚至在李嘉图那里就已经）进行得如此远了：

（1）**财富的独立的物质形式**趋于消灭，财富不过表现为人的活动。凡不是人的活动的结果，不是劳动的结果的东西，都是自然，而作为自然，就不是社会的财富。财物世界的幻影消逝了，这个世界不过表现为不断消失又不断重新产生的人类劳动的客体化。任何物质上持久的财富都只是这个社会劳动的转瞬即逝的物化，是生产过程的结晶化，生产过程的尺度是时间，即运动本身的尺度。

马克思：《剩余价值理论》，摘自《马克思恩格斯全集》第 26 卷第 3 册，人民出版社 1974 年 12 月第 1 版，第 472—473 页。

[（e）公社制的生产关系的局限性。在古代世界中、在资本主义社会中和在共产主义下的财富]

这里问题的关键从根本上说来如下。在所有这些形式中，土地财产和农业构成经济制度的基础，因而经济的目的是生产使用价值，是在个人对公社（个人构成公社的基础）的一定关系中**把个人再生产**出来——在所有这些形式中，都存在着以下的特点：

（1）对劳动的自然条件的占有，即对**土地**这种最初的劳动工具、实验场和原料贮藏所的占有，不是通过劳动进行的，而是劳动的前提。个人把劳动的客观条件简单地看作是自己的东西，看作是自己的主体得到自我实现的无机自然。劳动的主要客观条件并不是劳动的**产物**，而是自然。[V—2]一方面，是活的个人，另一方面，是作为个人再生产的**客观条件的土地**。

（2）但是，这种把土地当作劳动的个人的财产来看待的关系（因此，个人从一开始就不表现为单纯劳动着的个人，不表现在这种抽象形式中，而是拥有土地财产作为客观的存在方式，这种客观的存在方式是他的活动的**前提**，并不是他的活动的简单结果，就是说，这和他的皮肤、他的感官一样是他的活动的前提，这些器官在他的生命过程中固然被他再生产着和发展着等等，但毕竟存在于这个再生产过程本身之前），直接要以个人作为**某一公社成员**的自然形成的、或多或少历史地发展了的和变化了的存在，要以他作为部落等等成员的自然形成的存在为媒介。

孤立的个人是完全不可能有土地财产的，就象他不可能会说话一样。固然，他能够象动物一样，把土地作为实体来维持自己的生存。把土地当作财产，这种关系总是要以处在或多或少自然形成的，或历史地发展了的形式中的部落或公社占领土地（和平地或暴力地）为媒介的。在这里，个人决不能象单纯的自由工人那样表现为单个点。如果说，个人劳动的客观条件是作为属于他所有的东西而成为前提，那么，在主观方面个人本身作为某一公社的成员就成为前提，他以公社为媒介才发生对土地的关系。他对劳动的客观条件的关系，要以他作为公社成员的身分为媒介；另一方面，公社的现实存在，又由个人对劳动的客观条件的所有制的一定形式来决定。不管这种以公社成员身分为媒介的所有制，究竟是表现为**公有制**（在这种情况下，单个人只是占有者，决不存在土地的私有制）；还是所有制表现为国家所有同私人所有相并列的双重形式（不过在这种情况下，后者被前者所制约，因而只有国家公民才是并且必定是私有者，但另一方面，作为国家公民，他的所有又同时具有特殊的存在）；最后，还是这种公社所有制仅仅表现为个人所有制的补充（在这种情况下，个人所有制表现为公社所有制的基础，而公社本身，除了存在于公社成员的**集会**中和他们为公共目的的联合中以外，完全不存在），——不管怎样，公社或部落成员对部落土地

（即对于部落所定居的土地）的关系的这种种不同的形式，部分地取决于部落的天然性质，部分地取决于部落在怎样的经济条件下实际上以所有者的资格对待土地，就是说，用劳动来获取土地的果实；而这一点本身又取决于气候，土壤的物理性质，受物理条件决定的土壤开发方式，同敌对部落或四邻部落的关系，以及引起迁移、引起历史事件等等的变动。

要使公社本身照老样子继续存在下去，公社成员的再生产就必须在原有的客观条件下进行。生产本身，人口的增长（这也属于生产），必然要逐渐扬弃这些条件，破坏这些条件，而不是加以再生产等等，这样，共同体就同作为其基础的所有制关系一起瓦解了。

亚细亚形式必然保持得最顽强也最长久。这取决于亚细亚形式的前提：即单个人对公社来说不是独立的，生产的范围仅限于自给自足，农业和手工业结合在一起，等等。

单个人如果改变自己对公社的关系，他也就在改变公社，破坏公社，同样也破坏公社的经济前提；另一方面，这种经济前提也由于本身的辩证法而发生变化，如贫困化等等。尤其是由于战争和征服的影响（例如在罗马，这一点本质上属于公社本身的经济条件），作为公社基础的实际联系遭到破坏。

在所有这些形式中，发展的基础都是单个人对公社的**原有**关系（或多或少是自然形成的或历史地产生但已变成传统的关系）的**再生产**，以及他对劳动条件和对劳动同伴、对同部落人等等的关系上的**一定的**、对他来说是**前定的、客观的**存在，——因此，这种基础从一开始就是有**局限**的，而随着这种局限的消除，基础就崩溃和灭亡了。在罗马人那里，奴隶制的发展、土地占有的集中、交换、货币关系、征服等等，正是起着这样的作用，虽然所有这些因素在达到某一定点以前似乎和基础还相符合，部分地似乎只是无害地扩大着这个基础，部分地似乎只是从这个基础中发展出来的恶习。这里，在一定范围内可能有很大的发展。个人可能表现为伟大的人物。但是，在这里，无论个人还是社会，都不能想象会有自由而充分的发展，因为这样的发展是同［个人和社会之间的］原始关系相矛盾的。

［V—3］哪一种土地财产等等的形式最有生产效能，能创造最大财富呢？我们在古代人当中不曾见到有谁研究过这个问题。在古代人那里，财富不表现为生产的目的，尽管卡托能够很好地研究哪一种土地耕作法最有

利，布鲁土斯甚至能够按最高的利率放债。人们研究的问题总是，哪一种所有制形式会造就最好的国家公民。财富表现为目的本身，这只是少数商业民族——转运贸易的垄断者——中才有的情形，这些商业民族生活在古代世界的缝隙中，正象犹太人在中世纪社会中的情形一样。问题在于，一方面，财富是物，它体现在人作为主体与之相对立的那种物即物质产品中；而另一方面，财富作为价值，是对他人劳动的单纯支配权，不过不是以统治为目的、而是以私人享受等等为目的。在所有这一切形式中，财富都以物的形式出现，不管它是物也好，还是以存在于个人之外并偶然地同他并存的物为媒介的关系也好。

因此，古代的观点和现代世界相比，就显得崇高得多，根据古代的观点，人，不管是处在怎样狭隘的民族的、宗教的、政治的规定上，毕竟始终表现为生产的目的，在现代世界，生产表现为人的目的，而财富则表现为生产的目的。事实上，如果抛掉狭隘的资产阶级形式，那么，财富岂不正是在普遍交换中造成的个人的需要、才能、享用、生产力等等的普遍性吗？财富岂不正是人对自然力——既是通常所谓的"自然"力，又是人本身的自然力——统治的充分发展吗？财富岂不正是人的创造天赋的绝对发挥吗？这种发挥，除了先前的历史发展之外没有任何其他前提，而先前的历史发展使这种全面的发展，即不以**旧有的**尺度来衡量的人类全部力量的全面发展成为目的本身。在这里，人不是在某一种规定性上再生产自己，而是生产出他的全面性；不是力求停留在某种已经变成的东西上，而是处在变易的绝对运动之中。

在资产阶级经济以及与之相适应的生产时期中，人的内在本质的这种充分发挥，表现为完全的空虚，这种普遍的物化过程，表现为全面的异化，而一切既定的片面目的的废弃，则表现为为了某种纯粹外在的目的而牺牲自己的目的本身。因此，一方面，稚气的古代世界显得较为崇高。另一方面，古代世界在人们力图寻求闭锁的形态、形式以及寻求既定的限制的一切方面，确实较为崇高。古代世界提供了从局限的观点来看的满足，而现代则不给予满足；凡是现代以自我满足而出现的地方，它就是**鄙俗的**。

马克思：《经济学手稿》（1857—1858年），摘自《马克思恩格斯全集》第46卷上册，人民出版社1979年7月第1版，第482—487页。

（七）资本主义社会和共产主义制度下的自由时间与艺术的自由发展

1. 工作日的缩短、自由时间的增加，是进入自由王国的重要条件

但是不管怎样，这个领域（直接的物质生产）始终是一个必然王国。在这个必然王国的彼岸，作为目的本身的人类能力的发展，真正的自由王国，就开始了。但是，这个自由王国只有建立在必然王国的基础上，才能繁荣起来。工作日的缩短是根本条件。（第929页）

当然，如果我们把工资归结为它的一般基础，也就是说，归结为工人本人劳动产品中加入工人个人消费的部分；如果我们把这个部分从资本主义的限制下解放出来，把它扩大到一方面为社会现有的生产力（也就是工人的劳动作为现实的社会劳动所具有的社会生产力）所许可，另一方面为个性的充分发展所必要的消费的范围；如果我们再把剩余劳动和剩余产品缩小到社会现有生产条件下一方面为了形成保险基金和准备金，另一方面为了按社会需求所决定的程度来不断扩大再生产所必要的限度；最后，如果我们把有劳动能力的人必须总是为社会中还不能劳动或已经不能劳动的成员而不断进行的劳动的量，包括到1. 必要劳动和2. 剩余劳动中去，也就是说，如果我们把工资和剩余价值，必要劳动和剩余劳动的独特的资本主义性质去掉，——那么，剩下的就不再是这几种形式，而只是它们的为一切社会生产方式所共有的基础。（第991—992页）

> 马克思、恩格斯：《资本论》第3卷，摘自《马克思恩格斯文集》第7卷，人民出版社2009年12月第1版。

如果整个工作日缩小到这个必要的部分，那么剩余劳动就消失了，这在资本的制度下是不可能发生的。只有消灭资本主义生产形式，才允许把工作日限制在必要劳动上。但是，在其他条件不变的情况下，必要劳动将会扩大自己的范围。一方面，是因为工人的生活条件将会更加丰富，他们的生活要求将会增大。另一方面，是因为现在的剩余劳动的一部分将会列入必要劳动，即形成社会准备基金和社会积累基金所必要的劳动。

……

在劳动强度和劳动生产力已定的情况下，劳动在一切有劳动能力的社会成员之间分配得越平均，一个社会阶层把劳动的自然必然性从自身上解脱下来并转嫁给另一个社会阶层的可能性越小,社会工作日中用于物质生产的必要部分就越小,从而用于个人的自由活动,脑力活动和社会活动的时间部分就越大。从这一方面来说,工作日的缩短的绝对界限就是劳动的普遍化。在资本主义社会里,一个阶级享有自由时间,是由于群众的全部生活时间都转化为劳动时间了。

马克思:《资本论》第 1 卷,摘自《马克思恩格斯文集》第 5 卷,人民出版社 2009 年 12 月第 1 版,第 605—606 页。

只是由于资本无耻地、无止境地贪求骇人听闻地超越劳动时间的自然界限——而随着生产力的发展,劳动也不知不觉变得强度更大和更加紧张,——只是由于资本的这种无限度的贪欲,才迫使甚至以资本主义生产为基础的社会,也不得不为正常工作日的长度强制规定硬性的界限(其中主要推动因素,自然是工人阶级本身的斗争)。这种情况初次发生在资本主义生产已经经历了它本身不发达、不文明状态而建立起自身物质基础的时期。资本对劳动时间的这种强制限制的回答,是使劳动更加浓缩,而劳动浓缩到一定时间又会导致绝对劳动时间的缩短。这种以提高劳动强度来代替松弛劳动的趋势,只有在生产发展的较高阶段才会出现。这种代替是社会进步的一定条件。这种办法也为工人创造了自由时间,而且一定劳动形式上的强度,决不排除另一方面活动的可能性;相反,这种活动可以是休息,可以起休息的作用。因此,[缩短工作日的]上述过程——如统计学所证明的——对于改善英国工人阶级的体力、道德和智力的状况,产生了非常有利的影响。

马克思:《经济学手稿》(1861—1863 年),摘自《马克思恩格斯全集》第 47 卷,人民出版社 1979 年 10 月第 1 版,第 408 页。

2. "生产资料的生产由于劳动生产率的增长而增长。资本主义社会和共产主义制度下的自由时间"

再从另一方面看,固定资本的发展也表明一般财富发展的程度,或者说资本发展的程度。直接以使用价值为目的的生产,以及直接以交换价值为目的的生产,其对象都是供消费用的产品本身。

生产固定资本的那部分生产既不生产直接的消费品,也不生产直接的交换价值,至少不生产可以直接实现的交换价值。**因此,越来越大的一部分生产时间耗费在生产资料的生产上,这种情况取决于已经达到的生产率**

水平，取决于用一部分生产时间就足以满足直接生产的需要。

这就要求社会能够等待；能够把相当大一部分已经创造出来的财富从直接的享受中，也从以直接享受为目的的生产中抽出来，以便（在物质生产过程本身内部）把这一部分财富用到**非直接生产的**劳动上去。这就要求已经达到的生产率和相对的富裕程度都有高度水平，而且这种高度水平是同流动资本转变为固定资本成正比的。正如**相对剩余劳动的大小取决于必要劳动的生产率**一样，用于**生产固定资本的**劳动时间——活劳动时间和物化劳动时间——的大小也取决于直接用于生产产品的劳动时间的生产率。

过剩人口（从这个观点来看），以及**过剩生产**，是达到这种情况的条件。这就是说，用在直接生产上的时间所取得的成果相对说来必定很大，超出了这些生产部门所使用的资本的再生产的直接需要。**固定资本**带来的直接成果**越少**，越少参与**直接生产过程**，这种相对的**过剩人口**和**过剩生产**就应该越多；因而，修建铁路、运河、自来水、电报等等场合，同制造直接用于直接生产过程的机器的场合相比，过剩人口和过剩生产就应该多些。由此（我们以后将回过来谈这一点）就产生出——通过现代工业中经常生产过剩和经常生产不足的形式——这样一种状态：流动资本向固定资本的转化有时过多有时过少，这种不平衡状态经常波动和痉挛。

在必要劳动时间之外，为整个社会和社会的每个成员**创造大量可以自由支配的时间**（即为个人发展充分的生产力，因而也为社会发展充分的生产力创造广阔余地），这样创造的非劳动时间，从资本的立场来看，和过去的一切阶段一样，表现为少数人的非劳动时间，自由时间。资本还添加了这样一点：它采用一切技艺和科学的手段，增加群众的剩余劳动时间，因为它的财富直接在于占有剩余劳动时间；因为它的**直接目的是价值**，而不是使用价值。

于是，资本就违背自己的意志，成了为社会可以自由支配的时间创造条件的工具，使整个社会的劳动时间缩减到不断下降的最低限度，从而为全体〔社会成员〕本身的发展腾出时间。但是，资本的不变趋势一方面是**创造可以自由支配的时间**，另一方面是**把这些可以自由支配的时间变为剩余劳动**。如果它在第一个方面太成功了，那么，它就要吃到生产过剩的苦头，这时必要劳动就会中断，因为**资本无法实现剩余劳动**。

这个矛盾越发展，下述情况就越明显：生产力的增长再也不能被占有

他人的剩余劳动所束缚了，工人群众自己应当占有自己的剩余劳动。当他们已经这样做的时候，——这样一来，**可以自由支配的时间**就不再是**对立的**存在物了，——那时，一方面，社会的个人的需要将成为必要劳动时间的尺度，另一方面，社会生产力的发展将如此迅速，以致尽管生产将以所有的人富裕为目的，所有的人的**可以自由支配的时间**还是会增加。因为真正的财富就是所有个人的发达的生产力。那时，财富的尺度［VII—4］决不再是劳动时间，而是可以自由支配的时间。**以劳动时间作为财富的尺度，这表明财富本身是建立在贫困的基础上的，而可以自由支配的时间是同剩余劳动时间相对立并且是由于这种对立而存在的**，或者说，个人的全部时间都成为劳动时间，从而使个人降到仅仅是工人的地位，使他从属于劳动。**因此，最发达的机器体系现在迫使工人比野蛮人劳动的时间还要长，或者比他自己过去用最简单、最粗笨的工具时劳动的时间还要长。**|

"假定一个国家的全部劳动所生产的只够维持全部人口的生活，那就不会有**剩余劳动**，因而也就没有什么东西可以作为资本积累起来。假定人们在一年中所生产的足够维持他们两年的生活，那就或者是一年的消费资料必须毁掉，或者是人们必须停止一年的生产劳动。但是，**剩余产品——或者说资本——的所有者**……会把人们的劳动用于**某种不是直接生产的工作**，例如用来安装机器等等。如此反复不已。"（《国民困难的原因及其解决办法》1821年伦敦版第4—5页）

|正如随着大工业的发展，大工业所依据的基础——占有他人的劳动时间——不再构成或创造财富一样，随着大工业的这种发展，**直接劳动本**身不再是生产的基础，一方面因为直接劳动主要变成看管和调节的活动，其次也是因为，产品不再是单个直接劳动的产品，相反地，作为生产者出现的，是社会活动的**结合**。

"当分工发达的时候，几乎每个人的劳动都是整体的一部分，**它本身没有任何价值或用处。因此没有东西工人可以拿来说：这是我的产品，我要留给我222自己。**"（［**托·霍吉斯金**］《保护劳动反对资本的要求》1825年伦敦版第25页）

在直接的交换中，单个的直接劳动实现在某个特殊的产品或产品的一部分中，而它［单个的直接劳动］的共同的、社会的性质——劳动作为一般劳动的物化和作为满足一般需求的［手段］的性质——只有通过交换才被肯定。相反，在大工业的生产过程中，一方面，发展为自动化过程的劳动资料的生产力要以自然力服从于社会智力为前提，**另一方面，单个人的劳动在它［劳动］的直接存在中已成为被扬弃的个别劳动，即成为社会劳动。于是，这种生产方式的另一个基础也消失了。**

在资本的生产过程本身内部，用于生产固定资本的劳动时间和用于生产流动资本的时间的关系，就象**剩余劳动时间和必要劳动时间的关系**一样。为满足直接需要的生产越是具有生产率，就越能有更大的一部分生产用来满足生产本身的需要，换句话说，用来生产生产资料。既然**固定资本**的生产，甚至从物质方面来看，其直接目的不是为了生产直接的使用价值，也不是为了生产资本的直接再生产所需要的价值（即在创造价值的过程中又相对地代表使用价值的价值）；相反地，固定资本的生产是为了生产创造价值的手段，就是说，它不是为了作为直接对象的价值，而是为了创造价值，为了价值增殖的手段这一生产的直接对象（从物质上看，价值的生产在生产对象本身上表现为生产的目的，也就是资本的生产力物化的目的，资本生产价值的能力物化的目的），——既然如此，那么，正是在**固定资本**的生产中，和**在流动资本的生产**中相比，**资本在更高程度上使自己成为目的本身**并作为**资本**发挥作用。因此，从这方面来看，固定资本的规模和固定资本的生产在整个生产中所占的比重，也是以资本生产方式为基础的财富**发展的尺度**。

"工人人数取决于允许工人消费的并存劳动的产品的量，从这个意义上来说，工人人数取决于**流动资本**［的量］。"（［**托·霍吉斯金**］《保护劳动反对资本的要求》1825年伦敦版第20页）

上面从一些不同的经济学家的著作中摘录的引文，都把固定资本看作是固着在生产过程中的那部分资本。

"在巨大的生产过程中，流动资本是被消费的；而固定资本只是被使用。"（《经济学家》1847年11月6日第219期第1271页）

这是错误的，这仅仅适用于本身被固定资本消费的那部分流动资本——辅助材料。如果把"巨大的生产过程"当作直接生产过程来看，那么，在这个过程中被消费的仅仅是**固定资本**。但是生产过程内的消费，事实上就是**使用，磨损**。

其次，**固定资本的较大的耐久性**也不应单纯从物质上来理解。

制造我睡觉的床所用的铁和木材，或者建造我居住的房屋所用的石头，或者装饰宫殿用的大理石雕像，这一切都象用来制造机器的铁和木材等等一样耐久。但是**耐久性**所以是工具、生产资料的条件，这不仅是由于技术上的原因，即金属等等是一切机器的主要材料，而且是由于工具要在不断重复的生产过程中反复地起同一种作用。作为生产资料，它的耐久性，是它的使用价值的直接要求。生产资料越是需要时常更新，费用就越大，就越是需要把更大一部分资本无益地花费在它上面。它的耐久性就是它作为生产资料而存在。它的耐久性就是它的生产力的提高。相反地，流动资本如果不变为固定资本，它的耐久性就同生产行为本身毫无关系，因而就不是概念上所包含的要素。在投入消费储备的各种物品当中，有些物品由于是很缓慢地被消费的，并且能被许多个人轮流消费，因而被规定为**固定资本**，这种情况涉及一些进一步的规定（如租赁代替出售、利息等等），关于这些规定，我们在这里还没有谈到。

［Ⅶ—5］"自从在不列颠的制造业中普遍运用无生命的机器以来，除了少数的例外，人都被当作次要的和附属的机器，对于改善木材和金属等原料远比对于改善人的身体和精神要重视得多。"（**欧文·罗伯特**《论人性的形成》1840年伦敦版第31页）

│真正的经济——节约——是劳动时间的节约（生产费用的最低限度——和降到最低限度）。而这种节约就等于发展生产力。可见，决不是**禁欲**，而是发展生产力，发展生产的能力，因而既是发展消费的能力，又是发展消费的资料。消费的能力是消费的条件，因而是消费的首要手段，而这种能力是一种个人才能的发展，一种生产力的发展。

节约劳动时间等于增加自由时间，即增加使个人得到充分发展的时间，而个人的充分发展又作为最大的生产力反作用于劳动生产力。从直接生产过程的角度来看，节约劳动时间可以看作生产**固定资本**，这种固定资本就是人本身。

此外，直接的劳动时间本身不可能象从资产阶级经济学的观点出发所看到的那样永远同自由时间处于抽象对立中，这是不言而喻的。劳动不可能象傅立叶所希望的那样成为游戏，——不过，他能宣布最终目的不是把分配，而是把生产方式本身提到更高的形式，这依然是他的一大功绩。自由时间——不论是闲暇时间还是从事较高级活动的时间——自然要把占有它的人变为另一主体，于是他作为这另一主体又加入直接生产过程。对于正在成长的人来说，这个直接生产过程就是训练，而对于头脑里具有积累起来的社会知识的成年人来说，这个过程就是［知识的］运用，实验科学，有物质创造力的和物化中的科学。对于这两种人来说，由于劳动要求实际动手和自由活动，就象在农业中那样，这个过程同时就是身体锻炼。

正如资产阶级经济体系在我们面前逐步展开那样，它的自我否定即它的最终结局也是如此。我们现在研究的还是直接的生产过程。如果从整体上来考察资产阶级社会，那么社会本身，即处于社会关系中的人本身，总是表现为社会生产过程的最终结果。具有固定形式的一切东西，例如产品等等，在这个运动中只是作为要素，作为转瞬即逝的要素出现。直接的生产过程本身在这里只是作为要素出现。生产过程的条件和物化本身也同样是它的要素，而作为它的主体出现的只是个人，不过是处于相互关系中的个人，他们既再生产这种相互关系，又新生产这种相互关系。这是他们本身不停顿的运动过程，他们在这个过程中更新他们所创造的财富世界，同样地也更新他们自身。

马克思：《经济学手稿》（1857—1858 年），摘自《马克思恩格斯全集》第 46 卷下册，人民出版社 1980 年 8 月第 1 版，第 220—226 页。

3. "资本作为生产的统治形式随着资产阶级社会的发展而解体"与"自由时间"

劳动时间——单纯的劳动量——在怎样的程度上被资本确立为唯一的决定要素，直接劳动及其数量作为生产即创造使用价值的决定原则就在怎样的程度上失去作用；而且，如果说直接劳动在量的方面降到微不足道的比例，那么它在质的方面，虽然也是不可缺少的，但一方面同一般科学劳动相比，同自然科学在工艺上的应用相比，另一方面同产生于总生产中的社会组织的、并表现为社会劳动的自然赐予（虽然是历史的产物）的一般生产力相比，却变成一种从属的要素。于是，资本也就促使自身这一统治生产的形式发生解体。

因此，如果说，一方面生产过程从简单的劳动过程向科学过程的转化，也就是向驱使自然力为自己服务并使它为人类的需要服务的过程的转化，表现为同活劳动相对立的固定资本的属性，如果说，单个劳动本身不再是生产的，相反，它只有在征服自然力的共同劳动中才是生产的，而直接劳动到社会劳动的这种上升，表现为单个劳动在资本所代表、所集中的共同性面前被贬低到无能为力的地步，那么，另一方面，一个生产部门的劳动由另一个生产部门的并存劳动来维持，则表现为**流动资本**的属性。

在小流通中，资本把工资预付给工人，工人用工资交换他的消费所必需的产品。工人得到的货币所以具有这种力量，仅仅是因为在他以外同时还有他人劳动；而且，仅仅因为资本占有这个工人的劳动，资本才会以货币形式付给他支取他人劳动的凭证。本人劳动和他人劳动的这种交换，在这里不是以他人同时并存的劳动为媒介和条件，而是以资本所作的预付为媒介和条件。工人在生产期间能够实现他的消费所必需的物质变换这件事，表现为转到工人手里的那一部分**流动资本**的属性，并表现为一般流动资本的属性。这一情况不是表现为同时并存的劳动力之间的物质变换，而是表现为资本的物质变换，表现为流动资本的存在。

于是，劳动的一切力量都转化为资本的力量。在固定资本中体现着劳动的生产力，这种生产力存在于劳动之外，并且（客观地）不以劳动为转移而存在着。而在流动资本中，一方面，工人本身有了重复自己劳动的前提条件，另一方面，工人的这种劳动的交换以其他工人的并存劳动为媒介，——这种情况表现为，资本对工人实行预付，另一方面资本又造成各个劳动部门的同时并存。（后面这两个规定其实属于积累。）在流动资本的形式中，资本表现为不同工人之间的媒介。

固定资本在它作为生产资料（机器体系是生产资料的最适当的形式）的规定中，只是从两方面生产价值，即增加产品的价值：（1）由于固定资本具有**价值**，就是说，它本身就是劳动产品，是物化形式上的一定的劳动量；（2）由于固定资本通过提高劳动的生产力，使劳动能在较短的时间内生产出更大量的维持活劳动能力所必需的产品，从而提高剩余劳动对必要劳动的比例。可见，说什么由于资本家利用固定资本（况且，固定资本本身就是劳动的产品，并且不过是被资本占有的**他人劳动**的产品）使工人的劳动减轻了（相反，资本家利用机器使工人的劳动失去了任何独立性和吸引力），或者使工人劳动的时间缩短了，所以工人就和资本家分享劳动产品了，这种说法是极其荒谬的资产阶级滥调。

相反，只有在机器使工人能够把自己的更大部分时间用来替资本劳动，把自己的更大部分时间当作不属于自己的时间，用更长的时间来替别人劳动的情况下，资本才采用机器。的确，通过这个过程，生产某种物品的必要劳动量会缩减到最低限度，但只是为了在最大限度的这类物品中实现最大限度的剩余劳动。第一个方面所以重要，是因为资本在这里——完全是无意地——使人的劳动，使力量的支出缩减到最低限度。这将有利于解放了的劳动，也是使劳动获得解放的条件。

由此可见，罗德戴尔把固定资本说成是和劳动时间无关的、独立的价值源泉，是何等荒谬。固定资本只有从它本身是物化劳动时间来说，并且从它创造剩余劳动时间来说，才是这样的源泉。机器体系本身［VII—2］的采用——见前面莱文斯顿的论述——在历史上要以多余的人手为前提。只是在劳动力过剩的地方，机器体系才出现，以便代替劳动。只有在经济学家的想象中，机器体系才会对单个工人有帮助。只有使用大量工人，机器体系才能发生作用，而对资本来说，工人的集中，正如我们看到的，是资本产生的历史前提之一。机器体系的出现，不是为了弥补劳动力的不足，而是为了把现有的大量劳动力压缩到必要的限度。只有在劳动能力大量存在的地方，机器体系才会出现。（关于这个问题，以后再谈。）

罗德戴尔断言，机器并不增加劳动的生产力，因为它不过是代替了劳动，或者说做那种劳动本身用自己的力量不能做的工作，他认为这是他的伟大发现。而包括在资本概念中的却是：增长了的劳动生产力表现为劳动之外的力量的增长和劳动本身的力量的削弱。劳动资料使工人独立，使他变成所有者。机器体系——作为固定资本——则使工人不独立，使他成为被占有者。机器体系所以发生这种作用，只是由于它变成固定资本，而机器体系所以变成固定资本，只是由于工人是以雇佣工人的身份，而且总的说来，从事活动的个人只是以工人的身份同它发生关系。

如果说，在此以前固定资本和流动资本仅仅表现为资本的不同的暂时的规定，那么，现在它们却硬化为资本的特殊存在方式，并且在固定资本之旁出现流动资本。现在有了资本的两种特殊形式。如果就一定生产部门的一笔资本来看，这笔资本就分成这两个部分，或者说按一定比例分成资本的这两种形式。

生产过程内部的区别，最初本来是劳动资料和劳动材料，最后是劳动产品，现在则表现为流动资本（劳动材料和劳动产品）和固定资本［劳动资料］。资本单纯按其物质方面所作的划分，现在被包括在资本的形式本身中，并且表现为使资本分化的东西。**罗德戴尔**之流认为资本本身离开劳动可以创造**价值**，因而也可以创造**剩余价值**（或利润），对这种观点来说，固定资本，特别是以机器体系为其物质存在或使用价值的资本，是最能使他们的肤浅诡辩貌似有理的形式。同他们的观点相反，例如，在《**保护劳动**》中指出，是道路的修建者，而不是"道路"本身，可以分享道路的使用者所得到的利益。

至于流动资本，既然要以它确实经过不同的阶段为前提，那么即使流通不中断，流通时间的增减，长短，经过不同流通阶段的难易，也会使一定时间内所能创造的剩余价值减少，——这或是**因为再生产[周期]的次数减少了**，或是因为**生产过程中经常使用的资本**量缩减了。在两种情况下，预先存在的价值都没有减少，而是价值增长的速度减慢了。但是，一旦固定资本发展到了一定的规模，——正如过去所指出的，固定资本的这种规模是一般大工业发展的尺度，因而也就随大工业的生产力（固定资本本身是这些生产力的物化，它就是作为预先存在的产品的这种生产力本身）按相同的程度增长，——从这时起，生产过程的任何中断所起的作用都直接使资本本身减少，使资本的预先存在的价值减少。

固定资本的价值只有在生产过程中被消费时，才再生产出来。固定资本不被利用，就丧失它的使用价值，没有把它的价值转移到产品上去。因此，在我们这里所考察的意义上，固定资本发展的程度越高，**生产过程的连续性**或再生产过程的不断进行，就越成为以资本为基础的生产方式的外在的强制性条件。

在机器体系中，资本对活劳动的占有从下面这一方面来看也具有直接的现实性：一方面，直接从科学中得出的对力学规律和化学规律的分析和应用，使机器能够完成以前工人完成的同样的劳动。然而，只有在大工业已经达到较高的阶段，一切科学都被用来为资本服务的时候，机器体系才开始在这条道路上发展；另一方面，现有的机器体系本身已经提供大量的手段。在这种情况下，发明就将成为一种职业，而科学在直接生产上的应用本身就成为对科学具有决定性的和推动作用的要素。

但是，这并不是机器体系产生时一般所经过的道路，更不是机器体系详细改进所走过的道路。机器体系的这条发展道路就是分解——通过分工来实现，这种分工把工人的操作逐渐变成机械的操作，而达到一定地步，机器就会代替工人。（关于**力的节省**问题。）因此，在这里直接表现出来的是一定的劳动方式从工人身上转移到机器形式的资本上，由于这种转移，工人自己的劳动能力就贬值了。由此产生了工人反对机器体系的斗争。过去是活的工人的活动，现在成了机器的活动。所以，带着粗暴情欲同工人对立的是资本对劳动的占有，是"好象害了相思病"似地吞噬活劳动的资本。

活劳动同物化劳动的交换，即社会劳动确立为资本和雇佣劳动对立的形式，是**价值关系**和以价值为基础的生产的最后发展。这种发展的前提现在是而且始终是：直接劳动时间的量，已耗费的劳动量是财富生产的决定因素。但是，随着大工业的发展，现实财富的创造较少地取决于劳动时间和已耗费的劳动量，较多地取决于在劳动时间内所运用的动因的力量，而这种动因自身——它们的巨大效率——又和生产它们所花费的直接劳动时间不成比例，相反地却取决于一般的科学水平和技术进步，或者说取决于科学在生产上的应用。（这种科学，特别是自然科学以及和它有关的其他一切科学的发展，又和物质生产的发展相适应。）例如，农业将不过成为这样的物质代谢的科学的应用，这种物质代谢能加以最有利的调节以造福于整个社会体。

现实财富倒不如说是表现在——这一点也由大工业所揭明——已耗费的劳动时间和劳动产品之间惊人的不成比例上，同样也表现在被贬低为单纯抽象物的劳动和由这种劳动看管的生产过程的威力之间在质上的不成比例上。劳动表现为不再象以前那样被包括在生产过程中，相反地，表现为人以生产过程的监督者和调节者的身份同生产过程本身发生关系。（关于机器体系所说的这些情况，同样适用于人类活动的结合和人类交往的发展。）这里已经不再是工人把改变了形态的自然物作为中间环节放在自己和对象之间；而是工人把［VII—3］由他改变为工业过程的自然过程作为媒介放在自己和被他支配的无机自然界之间。工人不再是生产过程的主要当事者，而是站在生产过程的旁边。

在这个转变中，表现为生产和财富的宏大基石的，既不是人本身完成的直接劳动，也不是人从事劳动的时间，而是对人本身的一般生产力的占有，是人对自然界的了解和通过人作为社会体的存在来对自然界的统治，总之，是社会个人的发展。**现今财富的基础是盗窃他人的劳动时间**，这同新发展起来的由大工业本身创造的基础相比，显得太可怜了。一旦直接形式的劳动不再是财富的巨大源泉，劳动时间就不再是，而且必然不再是财富的尺度，因而交换价值也不再是使用价值的尺度。**群众的剩余劳动**不再是发展一般财富的条件，同样，**少数人的非劳动**不再是发展人类头脑的一般能力的条件。于是，以交换价值为基础的生产便会崩溃，直接的物质生产过程本身也就摆脱了贫困和对抗性的形式。个性得到自由发展，因此，并不是为了获得剩余劳动而缩减必要劳动时间，而是直接把社会必要劳动缩减到最低限度，那时，与此相适应，由于给所有的人腾出了时间和创造了手段，个人会在艺术、科学等等方面得到发展。

马克思：《经济学手稿》（1857—1858 年），摘自《马克思恩格斯全集》
第 46 卷下册，人民出版社 1980 年 8 月第 1 版，第 212—219 页。

七　世界市场、"货币共同体"、"自由人联合体"与"世界文学"及民族文化论

（一）"世界文学"与"世界市场"

1. 资产阶级社会的真正任务是建成世界市场

资产阶级社会的真正任务是建成世界市场（至少是一个轮廓）和确立以这种市场为基础的生产。因为地球是圆的，所以随着加利福尼亚和澳大利亚的殖民化，随着中国和日本的门户开放，这个过程看来已完成。

马克思：《马克思致恩格斯》（1858 年 10 月 8 日），摘自《马克思恩格斯文集》第 10 卷，人民出版社 2009 年 12 月第 1 版，第 166 页。

2. "世界市场"与"世界文学"：民族的片面性和局限性日益成为不可能，于是由许多种民族的和地方的文学形成了一种世界的文学

美洲的发现、绕过非洲的航行，给新兴的资产阶级开辟了新天地。东印度和中国的市场、美洲的殖民化、对殖民地的贸易、交换手段和一般商品的增加，使商业、航海业和工业空前高涨，因而使正在崩溃的封建社会内部的革命因素迅速发展。

以前那种封建的或行会的工业经营方式已经不能满足随着新市场的出现而增加的需求了。工场手工业代替了这种经营方式。行会师傅被工业的中间等级排挤掉了；各种同行业组织之间的分工随着各个作坊内部的分工的出现而消失。

但是，市场总是在扩大，需求总是在增加。甚至工场手工业也不再能满足需要了。于是，蒸汽和机器就引起了工业生产的革命。现代的大工业代替了工场手工业；工业中的百万富翁、一支一支产业大军的首领、现代资产者，代替了工业的中间等级。

大工业建立了由美洲的发现所准备好的世界市场。世界市场使商业、航海业和陆路交通得到了巨大的发展。这种发展又反转过来促进了工业的扩展，同时，随着工业、商业、航海业和铁路的扩展，资产阶级也在同一程度上发展起来，增加自己的资本，把中世纪遗留下来的一切阶级都排挤到后面去。

由此可见，现代的资产阶级本身是一个长期发展过程的产物，是生产和交换方式的一系列变革的产物。

资产阶级这种发展的每一个阶段，都伴随有相应的政治上的进展①。它在封建主统治下是被压迫的等级，在公社②里是武装的和自治的团体，在一些地方组成为独立的城市共和国③，在另一些地方组成君主国中纳税的第三等级④；后来，在工场手工业时期，它是等级君主国⑤或专制君主国中同贵族抗衡的势力，而且是大君主国的主要基础；最后，从大工业和世界市场建立的时候起，它在现代的代议制国家里夺得了独占的政治统治。现代的国家政权不过是管理整个资产阶级共同事务的委员会罢了。

资产阶级在历史上曾经起过非常革命的作用。

资产阶级在它已经取得了统治的地方把一切封建的、宗法的和田园诗般的关系都破坏了。它无情地斩断了把人们束缚于天然尊长的形形色色的封建羁绊，它使人和人之间除了赤裸裸的利害关系，除了冷酷无情的"现金交易"，就再也没有任何别的联系了。它把宗教虔诚、骑士热忱、小市民

---

① "相应的政治上的进展"在1888年英文版中是"这个阶级的相应的政治上的进展"。——编者注

② 恩格斯在1888年英文版上加了一个注："法国新兴的城市，甚至在它们从封建领主手里争得地方自治和'第三等级'的政治权利以前，就已经称为'公社'了。"一般说来，这里是把英国当做资产阶级经济发展的典型国家，而把法国当做资产阶级政治发展的典型国家的。

恩格斯在1890年德文版上加了一个注："意大利和法国的市民，从他们的封建主手中买得或争得最初的自治权以后，把自己的城市共同体称为'公社'。"——编者注

③ 在1888年英文版中这里加上了"（例如在意大利和德国）"。——编者注

④ 在1888年英文版中这里加上了"（例如法国）"。——编者注

⑤ "等级君主国"在1888年英文版中是"半封建君主国"。——编者注

伤感这些情感的神圣发作，淹没在利己主义打算的冰水之中。它把人的个人尊严变成了交换价值，用一种没有良心的贸易自由代替了无数特许的和自力挣得的自由。总而言之，它用公开的、无耻的、直接的、露骨的剥削代替了由宗教幻想和政治幻想掩蔽着的剥削。

资产阶级抹去了一切向来被尊崇和令人敬畏的职业的神圣光环。它把医生、律师、教士、诗人和学者变成了它出钱招雇的雇佣劳动者。

资产阶级撕下了罩在家庭关系上的温情脉脉的面纱，把这种关系变成了纯粹的金钱关系。

资产阶级揭示了，在中世纪深受反动派称许的那种人力的野蛮使用，是以极端怠惰作为相应补充的。它第一个证明了，人类的活动能够取得什么样的成就。它创造了完全不同于埃及金字塔、罗马水道和哥特式教堂的奇迹；它完成了完全不同于民族大迁移和十字军东征的远征。

资产阶级除非对生产工具，从而对生产关系，从而对全部社会关系不断进行革命，否则就不能生存下去。反之，原封不动地保持旧的生产方式，却是过去的一切工业阶级生存的首要条件。生产的不断变革，一切社会状况不停的动荡，永远的不安定和变动，这就是资产阶级时代不同于过去各个时代的地方。一切固定僵化的关系以及与之相适应的素被尊崇的观念和见解都被消除了，一切新形成的关系等不到固定下来就陈旧了。一切等级的和固定的东西都烟消云散了，一切神圣的东西都被亵渎了。人们终于不得不用冷静的眼光来看他们的生活地位、他们的相互关系。

不断扩大产品销路的需要，驱使资产阶级奔走于全球各地。它必须到处落户，到处开发，到处建立联系。

资产阶级，由于开拓了世界市场，使一切国家的生产和消费都成为世界性的了。使反动派大为惋惜的是，资产阶级挖掉了工业脚下的民族基础。古老的民族工业被消灭了，并且每天都还在被消灭。它们被新的工业排挤掉了，新的工业的建立已经成为一切文明民族的生命攸关的问题；这些工业所加工的，已经不是本地的原料，而是来自极其遥远的地区的原料；它们的产品不仅仅供本国消费，而且同时供世界各地消费。旧的、靠本国产品来满足的需要，为新的、要靠极其遥远的国家和地带的产品来满足的需要所代替了。过去那种地方的和民族的自给自足和闭关自守状态，被各民族的各方面的互相往来和各方面的互相依赖所代替了。物质的生产是如此，精神的生产也是如此。各民族的精神产品成了公共的财产。民族的片面性和局限性日益成为不可能，于是由许多种民族的和地方的文学形成了一种世界的文学①。

资产阶级，由于一切生产工具的迅速改进，由于交通工具的极其便利，把一切民族甚至最野蛮的民族都卷到文明中来。它的商品的低廉价格，是它用来摧毁一切万里长城、征服野蛮人最顽强的仇外心理的重炮。它迫使一切民族——如果它们不想灭亡的话——采用资产阶级的生产方式；它迫使它们在自己那里推行所谓的文明，即变成资产者。一句话，它按照自己的面貌为自己创造出一个世界。

资产阶级使农村屈服于城市的统治。它创立了巨大的城市，使城市人口比农村人口大大增加起来，因而使很大一部分居民脱离了乡村生活的愚昧状态。正像它使农村从属于城市一样，它使未开化和半开化的国家从属于文明的国家，使农民的民族从属于资产阶级的民族，使东方从属于西方。

> 马克思、恩格斯：《共产党宣言》（1847年12月—1848年1月底），摘自《马克思恩格斯文集》第2卷，人民出版社2009年12月第1版，第32—36页。

3. "世界市场"与"精神的生产"："个人的真正的精神财富完全取决于他的现实关系的财富"，"仅仅因为这个缘故，各个单独的个人才能摆脱各种不同的民族局限和地域局限，而同整个世界的生产（也包括精神的生产）发生实际联系"

单独的个人随着他们的活动扩大为世界历史性的活动，愈来愈受到异己力量的支配（他们把这种压迫想像为所谓宇宙精神等等的圈套），受到日益扩大的、归根到底表现为**世界市场**的力量的支配；这种情况在过去的历史中也绝对是经验的事实。但是，另一种情况也具有同样的经验根据，这就是：这种对德国理论家们说来是如此神秘的力量，随着现存社会制度被共产主义革命所推翻（下面要谈到这一点），以及随着私有制遭到与这一革命有同等意义的消灭，也将被消灭。同时，每一个单独的个人的解放

---

① "文学"一词德文是"Literatur"，这里泛指科学、艺术、哲学、政治等等方面的著作。——编者注

的程度是与历史完全转变为世界历史的程度一致的。至于个人的真正的精神财富完全取决于他的现实关系的财富，这从上面的叙述中已经一目了然。仅仅因为这个缘故，各个单独的个人才能摆脱各种不同的民族局限和地域局限，而同整个世界的生产（也包括精神的生产）发生实际联系，并且可能有力量来利用全球的这种全面生产（人们所创造的一切）。各个个人的**全面的**依存关系、他们的这种自发形成的**世界历史性**的共同活动的形式，由于共产主义革命而转化为对那些异己力量的控制和自觉的驾驭，这些力量本来是由人们的相互作用所产生的，但是对他们说来却一直是一种异己的、统治着他们的力量。**这种**观点仍然可以被思辨地、唯心地、即幻想地解释为"类的自我产生"（"作为主体的社会"），把所有前后相继、彼此相联的个人设想为从事自我产生这种神秘活动的唯一的个人。这里很明显，尽管人们在肉体上和精神上**互相**创造着，但是他们并不像圣布鲁诺胡说的那样，或者像"唯一者"、"被创造的"人那样创造自己本身。

马克思、恩格斯：《德意志意识形态》（1845—1846 年），摘自《马克思恩格斯全集》第 3 卷，人民出版社 1960 年 12 月第 1 版，第 41—42 页。

4. "世界市场"与"世界历史"：历史在愈来愈大的程度上成为全世界的历史

各个相互影响的活动范围在这个发展进程中愈来愈扩大，各民族的原始闭关自守状态则由于日益完善的生产方式、交往以及因此自发地发展起来的各民族之间的分工而消灭得愈来愈彻底，历史就在愈来愈大的程度上成为全世界的历史。例如，如果在英国发明了一种机器，它夺走了印度和中国的千千万万工人的饭碗，并引起这些国家的整个生存形式的改变，那末，这个发明便成为一个世界历史性的事实；同样，砂糖和咖啡在 19 世纪具有了世界历史的意义，是由于拿破仑的大陆体系所引起的这两种产品的缺乏推动了德国人起来反抗拿破仑，从而就成为光荣的 1813 年解放战争的现实基础。由此可见，历史向世界历史的转变，不是"自我意识"、宇宙精神或者某个形而上学怪影的某种抽象行为，而是纯粹物质的、可以通过经验确定的事实，每一个过着实际生活的、需要吃、喝、穿的个人都可以证明这一事实。

马克思、恩格斯：《德意志意识形态》（1845—1846 年），摘自《马克思恩格斯全集》第 3 卷，人民出版社 1960 年 12 月第 1 版，第 51—52 页。

5. 大工业"首次开创了世界历史",到处"消灭了各民族的特殊性"

资本主义生产的特征是,资本和劳动的灵活性,生产方式的不断变革,从而,生产关系、交往关系和生活方式等方面的不断变革,与此同时,在国民的风俗习惯和思想方式等等方面也出现了很大的灵活性。

马克思:《剩余价值理论》,摘自《马克思恩格斯全集》第26卷第3册,人民出版社1974年12月第1版,第490页。

大工业通过普遍的竞争迫使所有人的全部精力极度紧张起来。只要可能,它就消灭意识形态、宗教、道德等等,而当它不能做到这一点时,它就把它们变成赤裸裸的谎言。它首次开创了世界历史,因为它使每个文明国家以及这些国家中的每一个人的需要的满足都依赖于整个世界,因为它消灭了以往自然形成的各国的孤立状态。它使自然科学从属于资本,并使分工丧失了自然性质的最后一点痕迹。它把自然形成的关系一概消灭掉(只要这一点在劳动范围内可能做到的话);它把这些关系变成金钱的关系。它建立了现代化大工业城市(它们像闪电般迅速地成长起来)来代替从前自然成长起来的城市。凡是它所渗入的地方,它就破坏了手工业和工业的一切旧阶段。它使商业城市最终战胜了乡村。〔它的第一个前提〕是自动化体系。〔它的发展〕造成了大量的生产力,对于这些生产力说来,私人〔所有制〕成了它们发展的桎梏,正如行会制度成为工场手工业的桎梏和小规模的乡村生产成为日益发展的手工业的桎梏一样。在私有制的统治下,这些生产力只获得了片面的发展,对大多数人来说成了破坏的力量,而许多这样的生产力在私有制下根本得不到利用。大工业到处造成了社会各阶级间大致相同的关系,从而消灭了各民族的特殊性。最后,当每一民族的资产阶级还保持着它的特殊的民族利益的时候,大工业却创造了这样一个阶级,这个阶级在所有的民族中都具有同样的利益,在它那里民族独特性已经消灭,这是一个真正同整个旧世界脱离并与之对立的阶级。大工业不仅使工人与资本家的关系,而且使劳动本身都成为工人所不堪忍受的东西。

马克思、恩格斯:《德意志意识形态》(1845—1846年),摘自《马克思恩格斯全集》第3卷,人民出版社1960年12月第1版,第68页。

6. "旧民族性的解体"体现了"机器和分工的破坏作用"之一

这种社会主义非常透彻地分析了现代生产关系中的矛盾。它揭穿了经济学家的虚伪的粉饰。它确凿地证明了机器和分工的破坏作用、资本和地产的积聚、生产过剩、危机、小资产者和小农的必然没落、无产阶级的贫困、生产的无政府状态、财富分配的极不平均、各民族之间的毁灭性的工业战争，以及旧风尚、旧家庭关系和旧民族性的解体等。

> 马克思、恩格斯：《共产党宣言》（1847年12月—1848年1月底），摘自《马克思恩格斯文集》第2卷，人民出版社2009年12月第1版，第56页。

这个博览会是集中力量的令人信服的证明，现代大工业以这种集中的力量到处破坏民族的藩篱，逐渐消除生产、社会关系、各个民族的民族性方面的地方性特点。正当现代资产阶级关系已经各方面遭到破坏的时候，展览会在一个不大的地方展出现代工业积累起来的全部生产力，这同时也就是展示在动荡不定的社会的深层已经创造了的和正在一天天创造的建设新社会的物质。世界资产阶级以这个博览会在现代的罗马建立起自己的百神庙，洋洋自得地把它自己创造的神仙供在这里。它这样就在实践上证明，德国思想家年年反复说的"公民的无力和不满"，只不过是这些先生自己对理解现代运动的无力，自己对这种无力的不满。

> 马克思、恩格斯：《国际述评（三）》（1850年11月1日），摘自《马克思恩格斯全集》第7卷，人民出版社1959年4月第1版，第503页。

7. 现代的工业劳动，使无产者失去了任何民族性

在无产阶级的生活条件中，旧社会的生活条件已经被消灭了。无产者是没有财产的；他们和妻子儿女的关系是同资产阶级的家庭关系再没有任何共同之处了；现代的工业劳动，现代的资本压迫，无论在英国或法国，无论在美国或德国，都是一样的，都使无产者失去任何了民族性。法律、道德和宗教在他们看来全都是掩蔽资产阶级偏见，隐藏在这些偏见后面的全都是资产阶级利益。

> 马克思、恩格斯：《共产党宣言》（1847年12月—1848年1月底），摘自《马克思恩格斯文集》第2卷，人民出版社2009年12月第1版，第42页。

1870年德文版中增加下列字句："而爱国主义的空谈家会安慰他们说，资本无祖国，而工资是由**反爱国主义的、国际主义的**供求规律来调节的。因此，难道工人阶级还不应该表示自己的态度，不再让资产阶级老爷们用**他们的名义来讲话**。"

> 马克思:《国际工人协会总委员会关于普法战争的第二篇宣言》(1870年9月6—9日),摘自《马克思恩格斯全集》第17卷,人民出版社1963年11月第1版,第291页编者注①。

懂得了这一切以后,对于英国工人阶级逐渐变成一种和英国资产阶级完全不同的人,也就不会感到惊奇了。资产阶级和地球上所有其他民族之间的共同点,比起它和它身边的工人之间的共同点来,都要多得多。工人比起资产阶级来,说的是另一种习惯语,有另一套思想和观念,另一套习俗和道德原则,另一种宗教和政治。

这是两种完全不同的人,他们彼此是这样地不相同,就好像他们是属于不同的种族一样。在欧洲大陆上,到现时为止我们还只认得这两种人中的一种,即资产阶级。可是对英国的未来更加重要得多的,恰好是另一种人,即由无产者所组成的那一种人。

> 恩格斯:《英国工人阶级状况》(1844年9月—1845年3月),摘自《马克思恩格斯全集》第2卷,人民出版社1957年12月第1版,第410页。

8. 资本和劳动之间的斗争具有全世界性质

——通讯员问道,那么到目前为止社会主义究竟做了什么?

——做了两件事情。——他回答说——社会主义者证明,资本和劳动之间的斗争是普遍的,无处不有,一句话,具有全世界性质,因此他们力图使各国工人彼此互相了解;这一点尤其必要是因为资本家对工人的雇用越来越具有世界性,不仅在美国,而且在英国、法国和德国,都利用外国工人来对付本国工人。于是各个国家的工人之间就产生了国际联系,这证明社会主义不仅是地方性的问题,而且是国际性的问题,这一问题应该通过工人的国际行动来解决。工人阶级搞运动是自发的,他们意识不到这一运动的最终目标将是怎样的。社会主义者并没有发明运动,而只是向工人说明运动的性质和目标。

> 《卡·马克思同〈芝加哥论坛报〉通讯员谈话记》(1879年1月),摘自《马克思恩格斯全集》第45卷,人民出版社1985年12月第1版,第712页。

9. "世界市场"与"世界革命":共产主义革命将不仅是一个国家的革命

第十九个问题:这种革命能不能单独在某个国家内发生呢?

答:不能。单是大工业建立了世界市场这一点,就把全球各国人民,尤其是各文明国家的人民，彼此紧紧地联系起来，以致每一国家的人民都受着另一国家发生的事情的影响。此外，大工业使所有文明国家的社会发展大致相同，以致无论在所有这些国家，资产阶级和无产阶级都成了社会上两个起决定作用的阶级，它们之间的斗争成了当前的主要斗争。因此，共产主义革命将不仅是一个国家的革命，而是将在一切文明国家里，至少在英国、美国、法国、德国同时发生的革命，在这些国家的每一个国家中，共产主义革命发展得较快或较慢，要看这个国家是否有较发达的工业，较多的财富和比较大量的生产力。因此，在德国实现共产主义革命最慢最困难，在英国最快最容易。共产主义革命也会大大影响世界上其他国家，会完全改变并大大加速它们原来的发展进程。它是世界性的革命，所以将有世界性的活动场所。

>恩格斯：《共产主义原理》（1847年10月底—11月），摘自《马克思恩格斯文集》第1卷，人民出版社2009年12月第1版，第687页。

10. 因为所有的国家都在世界市场上进行竞争，从而彼此互相影响。只有工人阶级的国际性的联盟才能保证工人阶级的最终胜利

一国范围内的工人阶级的组织甚至也可能由于其他国家工人阶级的组织性不强而遭到挫败，因为所有的国家都在世界市场上进行竞争，从而彼此互相影响。只有工人阶级的国际性的联盟才能保证工人阶级的最终胜利。正是由于这种需要，才产生了国际工人协会。国际工人协会并不是某一个宗派或某一种理论的人为的产物。它是无产阶级运动自然发展的结果，而无产阶级运动又是由现代社会自然的和不可抗拒的趋势所产生的。

>马克思：《国际工人协会总委员会第四年度报告》（1868年9月1日），摘自《马克思恩格斯全集》第16卷，人民出版社1964年2月第1版，第365页。

11. 共产主义一般只有作为"世界历史性的"存在才有可能实现

共产主义对我们说来不是应当确立的**状况**，不是现实应当与之相适应的**理想**。我们所称为共产主义的是那种消灭现存状况的**现实**的运动。这个运动的条件是由现有的前提产生的。此外，有许许多多人仅仅依靠自己劳动为生，有大量劳动力与资本隔绝或者甚至连有限地满足自己的需要的可能性都被剥夺，因而它们已经不仅暂时失去作为有保障的生活来源的工作本身，而是一概处于完全不稳定的地位，——所有这一切，都由于竞争的

关系而以**世界市场**的存在为前提。所以无产阶级只有**在世界历史意义上才能存在**，就像它的事业——共产主义一般只有作为"世界历史性的"存在才有可能实现一样。而各个个人的世界历史性的存在就意味着他们的存在是与世界历史直接联系的。

马克思、恩格斯：《德意志意识形态》（1845—1846年），摘自《马克思恩格斯全集》第3卷，人民出版社1960年12月第1版，第40页。

12. "世界市场"与"生产力"的保存："只有在交往具有世界性质，并以大工业为基础的时候，只有在一切民族都卷入竞争的时候，保存住已创造出来的生产力才有了保障"

某一个地方创造出来的生产力，特别是发明，在往后的发展中是否会失传，取决于交往扩展的情况。当交往只限于毗邻地区的时候，每一种发明在每一个地方都必须重新开始；一些纯粹偶然的事件，例如蛮族的入侵，甚至是通常的战争，都足以使一个具有发达生产力和有高度需求的国家处于一切都必须从头开始的境地。在历史发展的最初阶段，每天都在重新发明，而且每个地方都是单独进行的。发达的生产力，即使在通商相当广泛的情况下，也难免遭到彻底的毁灭。关于这一点，腓尼基人的例子①就可以说明。由于腓尼基民族被排挤于商业之外，由于亚历山大的征服以及继之而来的衰落，腓尼基人的大部分发明长期失传了。另外一个例子是中世纪的玻璃绘画术的遭遇。只有在交往具有世界性质，并以大工业为基础的时候，只有在一切民族都卷入竞争的时候，保存住已创造出来的生产力才有了保障。

马克思、恩格斯：《德意志意识形态》（1845—1846年），摘自《马克思恩格斯全集》第3卷，人民出版社1960年12月第1版，第61—62页。

13. 资本的集中对于世界市场的破坏性影响

资本的集中是资本作为独立力量而存在所十分必需的。这种集中对于世界市场的破坏性影响，不过是在大范围内显示目前正在每个文明城市起着作用的政治经济学本身的内在规律罢了。资产阶级历史时期负有为新世界创造物质基础的使命：一方面要造成以全人类互相依赖为基础的普遍交往，以及进行这种交往的工具；另一方面要发展人的生产力，把物质生产

---

① 这里马克思加了一个边注："以及中世纪的玻璃生产。"——编者注

变成对自然力的科学支配。资产阶级的工业和商业正为新世界创造这些物质条件，正像地质变革为地球创造了地球表层一样。只有在伟大的社会革命支配了资产阶级时代的成果，支配了世界市场和现代生产力，并且使这一切都服从于最先进的民族的共同监督的时候，人类的进步才会不再像可怕的异教神怪那样，只有用被杀害者的头颅做酒杯才能喝下甜美的酒浆。

> 马克思：《不列颠在印度统治的未来结果》（1853年7月22日），摘自《马克思恩格斯文集》第2卷，人民出版社2009年12月第1版，第691页。

14. 信用制度加速了世界市场的形成

信用制度加速了生产力的物质上的发展和世界市场的形成；使这二者作为新生产形式的物质基础发展到一定的高度，是资本主义生产方式的历史使命。同时，信用加速了这种矛盾的暴力的爆发，即危机，因而加强了旧生产方式解体的各种要素。

> 马克思、恩格斯：《资本论》第3卷，摘自《马克思恩格斯文集》第7卷，人民出版社2009年12月第1版，第500页。

（二）恩格斯论民族性及所谓"民族原则"

1. 民族性格各有所长

民族性格、历史传统、特别是不同的文化水平，却又造成了许多差异，并形成了各个国家军队所特有的长处和短处。法国人和匈牙利人、英国人和意大利人、俄国人和德意志人——他们在一定条件下都能成为同样优秀和灵巧的兵士；但是，尽管训练方法相同（这好像可以消除一切差异），各国兵士由于自身的条件不同于对手，而仍然各有所长。

> 恩格斯：《欧洲军队》（1855年6月底—9月），摘自《马克思恩格斯全集》第11卷，人民出版社1962年6月第1版，第466页。

2. 把他们并入德国，也就等于抑制波兹南占半数以上的波兰居民的语言和民族性

至于"德国人"住的城市希望合并的问题是这样的：在全波兰，德国人和犹太人是从事工商业的市民的主要核心；他们是那些主要由于宗教迫害而离乡背井的移民的后裔。他们在波兰土地上建立了城市，并且在数百年间和波兰国家同命运共呼吸。这些德国人和犹太人（居民中的极小部分)却企图利用这个国家目前的状况来争夺统治权。他们借口自己是**德国人**,然而他们和美洲的德国人一样,很少象德国人。把他们并入德国,也就等于抑制波兹南占半数以上的波兰居民的语言和民族性,而且受抑制的正好是该省民族起义声势浩大的部分即布克、扎姆特尔、波兹南、奥博尔尼克等州的波兰居民的语言和民族性。

恩格斯:《对波兰的重新瓜分》(1848年6月8日),摘自《马克思恩格斯全集》第5卷,人民出版社1958年11月第1版,第63页。

3. 所谓"民族原则"与波兰问题

一、致"共和国"周报编辑

……

蒲鲁东主义者充当被压迫的波兰的审判官,像斯泰里布雷芝的陪审员一样,宣判波兰是"罪有应得"。他们称赞俄国是未来的伟大国家,是世界上最先进的强国,像美国那样微不足道的国家甚至不值得和它并提。他们责备国际工人协会总委员会,说它抄袭了波拿巴主义的民族原则(Principle of nationalities)①,宣布慷慨的俄国民族(people)不在文明欧洲范围以内,而这是违反世界民主和各民族友好原则的严重恶行。

……

二、致"共和国"周报编辑

有人说,要求波兰独立似乎就意味着承认"民族原则",而民族原则是为支持法国的拿破仑专制所搞出来的一种波拿巴主义的发明。这个"民族原则"究竟是什么呢?

根据1815年的条约划定的欧洲各国的疆界,只符合于外交的要求,主要是符合于当时最强大的大陆国家——俄国的要求。无论是居民的意愿、利益,或者民族区分,都没有加以考虑。于是,波兰被瓜分了,德国被分裂了,意大利被分裂了,至于居住在东南欧的当时还很少为人知道的许多更小的民族(nationalities),就更不用说了。因此,对于波兰、德国和意大利来说,力求恢复民族统一就成了一切政治运动的第一步,因为没有民族

---

① 恩格斯在这篇文章里用了nation、nationality和people三个词。这三个词一般都译"民族",我们在这里同样也译"民族"。但在本文中这三个词的含义是有区别的。为了不致混淆起见,凡原文用nationality和people的地方,我们都附上原文;凡不附原文的地方,则原文都是用nation。——译者注

统一，民族生存只不过是一个幻影。当 1821—1823 年意大利和西班牙的革命尝试被镇压下去以后，以及又在 1830 年法国七月革命以后，文明欧洲大部分地区的激进的政治活动家彼此建立了联系，并试图制定一种类似共同纲领的东西，解放和统一被压迫和被分裂的民族，便成了他们的共同口号。1848 年的情形也是如此，那时，被压迫民族中又增加了一个，这就是匈牙利。关于欧洲每一个大的民族构成体在一切内部事务上有权支配自己的命运而不管它的邻邦这一点，当然不会有两种意见，因为这并不妨害他人的自由。这一权利确实是所有民族内部自由的基本条件之一。例如，当德国还在帮助奥地利直接地、或者通过自己的附庸去奴役意大利的时候，它能不能达到自由和统一呢？要知道奥地利王朝的彻底摧毁是德国统一的最首要的条件！

这种为欧洲民主派所承认的欧洲各个大的民族构成体对政治独立的权利，当然不能不得到特别是工人阶级方面的同样承认。实际上，这也就是承认其他生命力显然很强的大的民族具有那种正是各国工人为自己所要求的独立的民族生存权利。不过，这种承认和对民族愿望的同情，只是同欧洲那些大的、历史上清楚确定了的民族有关；这就是意大利、波兰、德意志和匈牙利。而法国、西班牙、英国和斯堪的那维亚，它们没有被分裂，也没有处在外国的统治之下，所以它们只是间接地同这件事有关；至于说到俄国，它只能说是大量赃物的占有者，到清算那一天，它必须退还这些赃物。

路易·拿破仑，这个"上奉天命、下承民意"的皇帝，于 1851 年 coup d'état〔政变〕以后，不得不为自己的对外政策发明一种民主化了的、通俗的名称。于是就在自己的旗帜上写上"民族原则"——还有什么能比这更好呢？每一个民族（nationality）都应当是自己命运的主宰；任何一个民族（nationality）的每一个单独部分都应当被允许与自己的伟大祖国合并，——还有什么能比这更自由主义呢？不过，请注意，——现在说的已经不是 Nations，而是 nationalities 了。

欧洲没有一个国家不是一个政府管辖好几个不同的民族（nationalities）。苏格兰山区的克尔特人和威尔士人，按其民族（nationality）来说，无疑地有别于英格兰人，然而，谁也不把这些早已消失了的民族（peoples）的残余叫做民族，同样，谁也不会把法国布列塔尼的克尔特居民叫做民族。此外，没有一条国家分界线是与民族（nationalities）的自然分界线，即语言的分界线相吻合的。法国境外有许多人，他们自己的语言是法语，同样，德国境外也有许多人，他们说的是德语，这种情形大概还会继续存在下去。欧洲最近一千年来所经历的复杂而缓慢的历史发展的自然结果是，差不多每一个大的民族都同自己机体的某些末梢部分分离，这些部分脱离了本民族的民族生活，多半参加了其他某一民族（people）的民族生活，已经不想再和本民族的主体合并了。瑞士和亚尔萨斯的德意志人不愿再合并于德国，同样，比利时和瑞士的法兰西人也不愿在政治上再合并于法国。而这种情况最终会带来不小的好处：政治上形成的不同的民族往往包含有某些异族成分，这些异族成分同它们的邻人建立联系，使过于单一的民族性格具有多样性。

　　这样一来，我们可以看出，在"**民族**原则"同民主派和工人阶级关于欧洲各个大的民族有分离的独立的生存权利的旧论点之间，是有差别的。"民族原则"完全不触及欧洲历史上的一些民族（peoples）的民族生存权利这个大问题，如果说它也触及的话，那也只是为了混淆问题。民族原则提出了这样两类问题：第一是关于这些历史上的大的民族（peoples）之间的分界线问题；第二是关于一些民族（peoples）的为数众多的细小残余的民族独立生存权利问题，这些民族（peoples）在历史舞台上曾经或长或短地存在过一个时期，但后来却成为某一个更有生命力因而也能克服更大困难的较强大的民族的组成部分。一个民族（people）在欧洲的重要性，它的生命力，从民族原则的观点看来，是算不了什么的；在它看来，从来没有历史、也没有创造历史所必需的精力的瓦拉几亚的罗马尼亚人，同具有两千年历史并具有坚韧不拔的民族生命力的意大利人，具有同等重要意义；威尔士人和曼恩岛居民，只要他们愿意，他们就能像英格兰人一样地享有独立的政治生存权利，而似乎这不是什么荒谬的看法。但所有这些都是绝顶荒谬的，它被套上一种通俗的形式，好用来迷惑轻信者；所有这些不过是一句便当的空话，需要时利用利用，不需要时就一脚踢开。

　　不管这种发明多么空洞，但是要把它想出来，却需要比路易拿破仑的头脑更加聪明的头脑。民族原则决不是波拿巴主义者为了恢复波兰所搞出来的发明，而**只是俄国人为了灭亡波兰所臆造出来的发明**。正如下面我们就会看到的，俄国在遵守民族原则的借口下吞并了旧波兰的大部分领土。

这种思想已经存在有一百多年了，而现在，俄国正在经常地利用它。泛斯拉夫主义不就是俄国为了自己的利益而把民族原则应用于塞尔维亚人、克罗地亚人、卢西人、斯洛伐克人、捷克人以及其他在土耳其、匈牙利和德国境内的昔日的斯拉夫民族（peoples）的残余吗？甚至就在现在，俄国政府还有许多代理人奔走于挪威北部和瑞典的拉伯兰人中间，为的是在这些游牧的野蛮人当中鼓吹"大芬兰民族（nationality）"的思想，说在欧洲的极北地区应当恢复大芬兰民族，当然，是在俄国的庇护之下。被压迫的拉伯兰人的"绝望的哭声"在俄国报刊上响得很厉害，但这哭声不是出自被压迫的游牧人自身，而是出自俄国的代理人，——要知道，强迫这些可怜的拉伯兰人不只是说他们的野蛮的半爱斯基摩方言，还要他们学文明的挪威语或瑞典语，这的确是一种惊人的压迫啊！只有在东欧，民族原则才能够真正被发明出来，在那里，一千年来亚洲人入侵的浪潮一个接一个涌来，把一大堆一大堆混杂的民族碎片留在岸上，直到现在民族学家也只能勉勉强强把它们区分开来；在那里，十分混乱地杂居着土耳其人、操芬兰语的马扎尔人、罗马尼亚人、犹太人以及近一打斯拉夫部落。这就是制造民族原则的基础，而俄国是怎样把它制造出来的，我们现在来看看波兰的例子。

三、民族理论（Doctrin of nationality）之运用于波兰

在波兰，也同差不多所有其他欧洲国家一样，居住着各种不同民族（nationalities）的人。波兰的大多数居民即它的基本核心，无疑是操波兰语的本地波兰人。可是，自1390年起，波兰本土就已经与立陶宛大公国合并，后者在1794年最后一次瓜分以前曾是波兰共和国不可分割的一部分。在这个立陶宛大公国境内，曾经居住过许多不同的部落。波罗的海沿岸的北部省份由立陶宛人自己管辖，这是一种与他们的斯拉夫邻人操不同语言的民族（people）；这些**立陶宛**人很大一部分曾被日耳曼移民所征服，而日耳曼移民反过来又吃力地防预着立陶宛的大公。其次，在现今的波兰王国的南部和东部，住着**白俄罗斯人**，他们的语言介乎波兰语和俄罗斯语之间，而更接近于俄罗斯语；最后，在南部地区还住着所谓的**小俄罗斯人**，大多数权威人士认为，他们现在的语言与我们通常称之为俄罗斯语的大俄罗斯语完全不同。所以，如果有人说，要求恢复波兰就意味着诉诸民族原则，那只能证明他们不懂他们究竟说了些什么，因为恢复波兰，就是恢复至少由四个不同民族（nationalities）组成的国家。

当旧的波兰国家由于同立陶宛合并而组成时,俄国的情形是怎样的呢?那时,它还处在蒙古征服者的铁蹄之下,而在这以前一百五十年,波兰人和日耳曼人就已经共同努力把蒙古征服者赶回东方,赶过德涅泊河去了。莫斯科的大公们却只是在长期斗争之后,才终于摆脱了蒙古人的羁绊,开始把大俄罗斯的许多公国联合成一个统一的国家。然而,这一成就看来只是助长了他们的野心。当君士坦丁堡刚落入土耳其人之手,莫斯科大公就把拜占庭皇帝的双头鹰添进了自己的国徽,从而宣称自己是他们未来的继承人和复仇者;大家都知道,从那时起俄国人就力求占领沙皇格勒即沙皇城(他们在自己的语言中是这样称呼君士坦丁堡的)。后来小俄罗斯的富饶平原又引起了他们的吞并欲望;可是,波兰人从来就是骁勇的,而且在当时还是一个强大的民族(peoples),他们不仅善于保卫自己的国家,而且还能进攻别的国家;十七世纪初,他们甚至把莫斯科占领了好几年。

当政的贵族的逐渐腐化,资产阶级赖以发展的力量不足,以及耗尽国家元气的连年战争,终于摧毁了波兰的威力。一个顽固地保持着封建社会制度不受侵犯的国家,当它的所有邻邦都在进步,形成了自己的资产阶级,发展了贸易和工业,建立了许多大城市的时候,——这样的国家就注定要衰落。贵族**确实**使波兰衰落了,完完全全衰落了。而在把它弄到这步田地之后,贵族又互相责难,并把自己和自己的国家出卖给外国人。1700年至1772年的波兰历史,不过是俄国人在波兰篡夺政权的编年史,而这种篡夺之所以可能,就是由于贵族的出卖。俄国兵差不多不断地占领着这个国家,波兰国王即使自己并不想做卖国贼,但也愈来愈成为俄国大使手中的玩物。这种把戏耍得那样成功,继续得那样长久,以至于到波兰最后被灭亡的时候,整个欧洲都没有提出一声抗议,而大家感到惊奇的只是:为什么俄国那样慷慨地把那么大一块领土让给了奥地利和普鲁士。

特别值得注意的是实现这次瓜分的方式。当时在欧洲已经存在着一种文明的"舆论"。虽然"泰晤士报"当时还没有着手去制造这种商品,但是已经有这样一种在狄德罗、伏尔泰、卢梭以及十八世纪法国其他作家的巨大影响下形成的舆论。俄国向来就知道尽可能使社会舆论站在自己一边有多么重要,而且它也没有忘记去争取这种舆论。叶卡特林娜二世的宫廷变成了当时有教养的人士、特别是法国人集聚的大本营;这位女皇和她的宫廷声明信奉最文明的原则,她竟然能够把舆论引入这样的迷途,以致伏尔泰和其他许多人都歌颂"北方的塞米拉米达①",宣扬俄国是世界上最进步的国家,是自由主义原则的祖国,是信教自由的维护者。

信教自由——这就是为了消灭波兰所需要的字眼。波兰在宗教问题上从来就是非常自由的;下述事实就是证明:当犹太人在欧洲所有其他国家遭到迫害时,他们在这里却找到了避难所。东部各省的大部分居民信奉正教,而波兰人则是天主教徒。这些正教徒中有很大一部分人在十六世纪时被迫承认罗马教皇的最高权力,因而被叫作东方礼天主教徒,不过他们当中有很多人在各方面仍然保持原先的正教信仰。这主要是农奴,而他们的高贵主人差不多全都是天主教徒;这些农奴按民族(nationality)来说都是小俄罗斯人。可是俄国政府在自己的国家里,除正教而外,不容忍其他任何宗教,它把叛教当作罪行严加惩罚,它征服别的民族,吞并左右邻邦的领土,同时不断加强对俄罗斯农奴的束缚,——就是这个俄国政府,却很快对波兰大肆攻击起来,它借口信教自由,说什么因为波兰压迫正教徒;借口要维护民族原则,因为东部地区的居民是**小俄罗斯人**,需要把他们合并到**大俄罗斯**里去;并且借口革命权利,武装农奴去反对他们的主人。俄国是完全不择手段的。人们在谈到阶级对阶级的战争时,总是把它看做一种非常革命的东西;但是,俄国大约还在一百年以前就在波兰开始了这样的战争,而这是阶级战争的绝妙样品,当时,俄国的士兵和小俄罗斯的农奴一起前进,焚烧波兰贵族的城堡,但只是为了给俄国的吞并作准备;一旦吞并实现,还是那些俄国士兵就又把农奴拖回他们主人的枷锁之下。

所有这一切都是在信教自由的名义下进行的,因为民族原则当时在西欧还不是时髦的东西。不过,那时已有人在小俄罗斯农民面前摆弄这一原则了,而从那时起,它在波兰事务中就开始起着重要的作用。俄国首先的和主要的贪求,就是把所有的俄罗斯部落都统一到沙皇的政权之下,沙皇自称为全俄罗斯其中也包括白俄罗斯和小俄罗斯的专制君主(Samodergetz v seckh Rossyiskikh)。为了证明它的贪求仅止于此,它在三次瓜分的时候都竭力表示自己只关心白俄罗斯地区和小俄罗斯地区合并于俄罗斯的问题,而把居住着波兰人的地方,甚至把小俄罗斯的一部分(东加里西亚)留给自己的同谋者。可

---

① 塞米拉米达是传说中的亚述女王。据希腊历史家说,她在巴比伦建筑了一座被称为"世界七大奇景"之一的"空中花园"。——译者注

是，现在的情形怎样呢？1793年和1794年被奥地利和普鲁士吞并的大部地区，现在却以波兰王国这个名称而处于俄国的控制之下，并且在波兰人中间逐渐唤起一种希望：好像只要他们服从俄国的最高权威，放弃对昔日立陶宛地区的一切要求，他们就可以期望把所有其余的波兰地区统一起来，在以俄国沙皇为国王的条件下恢复波兰。如果在目前情况下普鲁士和奥地利对打起来，那末非常可能是这样一场战争：归根到底将不是使什列斯维希—霍尔施坦归并于普鲁士或威尼斯归并于意大利，而是把奥地利所占领的波兰部分，和至少是把普鲁士所占领的波兰部分归并于俄国。

这就是民族原则运用于波兰事务的情形。

恩格斯：《工人阶级同波兰有什么关系？》（1866年1月底—4月6日），摘自《马克思恩格斯全集》第16卷，人民出版社1964年2月第1版，第171—183页。

（三）列宁、斯大林论民族与民族文化

1. 资产阶级的民族主义和无产阶级的国际主义——这是两个不可调和的敌对口号

谁想为无产阶级服务，谁就应当联合各民族工人，不屈不挠地同"自己的"和别人的资产阶级民族主义作斗争。谁拥护民族文化的口号，谁就只能与民族主义市侩为伍，而不能与马克思主义者为伍。

举个具体例子。大俄罗斯的马克思主义者能采纳大俄罗斯的民族文化这个口号吗？不能。这样的人应当请他到民族主义者那儿去，而不应让他呆在马克思主义者当中。我们的任务是同占统治地位的、黑帮和资产阶级的大俄罗斯民族文化作斗争，完全用国际主义精神并通过同别国的工人结成最紧密的联盟，来培植那些在我国民主工人运动史上出现的幼苗。你的任务是同本国的大俄罗斯的地主和资产者作斗争，反对他们的"文化"，"适应"普利什凯维奇和司徒卢威之流的特点为国际主义而斗争，不是去鼓吹民族文化这一口号，不是让这个口号畅行无阻。

对于最受压迫最受欺凌的民族——犹太民族来说同样如此。犹太的民族文化，这是拉比和资产者的口号，是我们敌人的口号。但是犹太的文化中和犹太人的全部历史中还有别的成分。全世界1050万犹太人中，有一半多一点居住在落后的、半野蛮的加里西亚和俄国境内，这两个国家**用暴力**

把犹太人置于帮会地位。另一半居住在文明世界，那里的犹太人没有帮会式的隔绝。那里犹太文化明显地表现出具有世界进步意义的伟大特征：它的国际主义，它对时代的先进运动的同情（犹太人参加民主运动和无产阶级运动的百分比，任何地方都高于犹太人在居民中所占的百分比）。

谁直接或间接地提出犹太"民族文化"的口号，谁（不管他的愿望多么好）就是无产阶级的敌人，谁就在维护犹太的**旧的**和**帮会的一套**，谁就是拉比和资产者的帮凶。相反，犹太的马克思主义者已经同俄罗斯、立陶宛、乌克兰以及其他民族的工人在国际主义的马克思主义组织之中打成一片，并且为建立工人运动的各民族共同的文化作出自己的贡献（既用俄语又用依地语），也正是这些犹太人不顾崩得的分离主义，继承了犹太人的优良传统，同时反对"民族文化"这一口号。

资产阶级的民族主义和无产阶级的国际主义——这是两个不可调和的敌对口号，这两个同整个资本主义世界的两大阶级营垒相适应的口号，代表着民族问题上的**两种政策**（也是两种世界观）。崩得分子维护民族文化这一口号，并且根据这个口号制定出所谓"民族文化自治"的一揽子计划和实践纲领，因此，他们**实际**上充当了向工人传播资产阶级民族主义的人。

列宁：《关于民族问题的批评意见》（1913年10—12月），摘自《列宁全集》第24卷，人民出版社1990年版，第127—128页。

2. 关于民族主义

关于民族主义，我完全同意您的意见，应当非常认真地研究这个问题。我们这里有一位非常好的格鲁吉亚人正在埋头给《启蒙》杂志写一篇大文章①，他搜集了**一切**奥国的和其他的材料。我们要在这方面加把劲。但是您居然把我们的决议（我就要将这些决议送去付印）骂成是"官样文章、文牍主义"，这是没有根据的。不，这不是官样文章。在我们这里和在高加索，参加社会民主党的格鲁吉亚人＋亚美尼亚人＋糙靶人＋俄罗斯人，在**统一**的社会民主党组织中**共同**工作已经**10多年**了。这不是一句空话，这是无产阶级解决民族问题的办法。唯一的解决办法。在里加也是如此：俄罗斯人＋拉脱维亚人＋立陶宛人；分离出去的**只有分离主义者**——崩得。在

---

① 指斯大林的文章《马克思主义和民族问题》（最初发表时题为《民族问题和社会民主党》，见《斯大林全集》第2卷第289—358页）。——编者注

维尔诺也是如此。

关于民族问题,现在有两本写得很好的社会民主主义的小册子:一本是施特拉塞尔写的,一本是潘涅库克写的。想看吗,要不要我给您寄去?即便您那里能找到,谁替您从德文翻译过来呢?

不,奥地利发生的那种丑事,我们这里**不会发生**。我们不准许!何况在这里我们大俄罗斯人的人数还更多一些呢。我们同工人们都不会准许有"奥地利精神"的。

对于皮亚特尼茨基,我**赞成**起诉。① 没有什么好客气的。温情是不可原谅的。社会主义者绝不反对利用官方的法庭。我们**赞成**利用合法的东西。马克思和倍倍尔**甚至**利用官方法庭去对付反对他们的社会党人。必须懂得**怎样**做到这一点,但必须去做。

皮亚特尼茨基应当严惩,这没有什么可说的。如果您因此而遭到非难,您就对非难者嗤之以鼻。非难的人只会是那些伪君子。向皮亚特尼茨基让步,怕打官司就放过他是不可原谅的。

列宁:《列宁致阿·马·高尔基》(1913 年 2 月 14 日和 25 日之间),摘自《列宁全集》第 46 卷,人民出版社 1990 年版,第 243—244 页。

3. 民族文化的口号是资产阶级的(而且常常是黑帮—教权派的)骗局。我们的口号是民主主义的和全世界工人运动的各民族共同的文化

读者看到,《北方真理报》上的那篇文章通过一个实例即通过全国性的语言问题阐明了自由派资产阶级的不彻底性和机会主义,说明了自由派资产阶级在民族问题上有一只手伸给农奴主和警察。谁都知道,除了全国通用的语言问题外,在其他一系列类似的问题上,自由派资产阶级的表现也很阴险、虚伪和愚蠢(甚至从自由派的利益来看也是如此)。

由此可以得出什么结论呢?结论是:**任何自由派资产阶级的民族主义,都会在工人中起严重的腐蚀作用,都会使自由的事业和无产阶级阶级斗争的事业遭受极大的损失。尤其危险的是,资产阶级的(以及资产阶级—农奴主的)趋向是以"民族文化"的口号作掩护的**。黑帮和教权派以及**一切**民族的资产者,都在大俄罗斯的、波兰的、犹太的、乌克兰的等等民族文

---

① 彼得堡知识出版社社长兼经理康·彼·皮亚特尼茨基在业务上做手脚,引起了马·高尔基的怀疑。但事情最后没有闹到法院去。——编者注

化的幌子下，干反动肮脏的勾当。

如果用马克思主义的观点，即用阶级斗争的观点来观察现代的民族生活，如果把口号同阶级利益和阶级政策加以对照而不是同空洞的"一般原则"、高调和空话加以对照，**那么事实就是如此**。

民族文化的口号是资产阶级的（而且常常是黑帮—教权派的）骗局。我们的口号是民主主义的和全世界工人运动的各民族共同的文化。

于是崩得分子李普曼先生失去克制而大打出手，写了一大段杀气腾腾的话对我大肆攻击：

"凡是对民族问题略知一二的人，都知道各民族共同的（интернациональ—ная）文化并不是非民族的（иннациональная）[①] 文化（没有民族形式的文化）；非民族的文化，即既不应当是俄罗斯的，也不应当是犹太的，更不应当是波兰的，而只应当是纯粹的文化，这种非民族的文化是荒谬的；超越民族的思想只有适合工人的语言、适合工人生活的具体民族条件，才能成为工人阶级所亲近的思想；工人对自己的民族文化状况及其发展不应当漠不关心，因为通过民族文化，而且只有通过民族文化，工人才有可能参加'民主主义的和全世界工人运动的各民族共同的文化'。这是大家早已知道的，然而对这一切，弗·伊·却不愿意知道……"

请仔细考虑考虑这个典型的崩得分子用来驳倒我提出的马克思主义的论点的议论吧。崩得分子先生非常自信，俨然以"了解民族问题"的人自居，把常见的资产阶级观点当作"大家早已知道的"真理奉献给我们。

是的，亲爱的崩得分子，各民族共同的文化不是非民族的。谁也没有否认过这一点。谁也没有宣布过什么既不是波兰的，也不是犹太的，更不是俄罗斯等等的"纯粹"文化，可见你说了一大堆废话只不过是想转移读者的注意力，想用空话来掩盖事情的本质。

每个民族文化，都有一些民主主义的和社会主义的即使是不发达的文化**成分**，因为**每个**民族都有被剥削劳动群众，他们的生活条件必然会产生民主主义的和社会主义的意识形态。但是**每个**民族也都有资产阶级

[①] Интер——在……之间；——非；интернациональный——各民族间的，国际的；иннациональный——非民族的，非国民的，无民族的，无国民的。

的文化（大多数还是黑帮的和教权派的），而且这不仅表现为一些"成分"，而表现为**占统治地位的**文化。因此，笼统说的"民族文化"**就是**地主、神父、资产阶级的文化。崩得分子避而不谈这个对马克思主义者来说是最起码的基本的道理，而"大谈"其空话，这实际上就是**反对揭露和阐明阶级鸿沟**，把阶级鸿沟掩盖起来，使读者看不清楚。**实际上**，崩得分子和资产者的表现一样，因为资产者的整个利益要求散布对超阶级的民族文化的信仰。

我们提出"民主主义的和全世界工人运动的各民族共同的文化"这个口号，**只是从每一个**民族的文化中抽出民主主义和社会主义的成分，我们抽出这些成分**只是**并且**绝对**是为了对抗**每个**民族的资产阶级文化、资产阶级民族主义。任何一个民主主义者，特别是任何一个马克思主义者，都不会否认语言平等，不会否认用母语同"本民族的"资产阶级进行论战、向"本民族的"农民和小市民宣传反教权派的思想或反资产阶级的思想的必要性，这是用不着多说的，但是崩得分子却用这些无可争辩的道理来掩盖争论的问题，也就是掩盖问题的实质。

问题在于：马克思主义者可否直接或间接提出民族文化的口号呢，还是说必须"适应"各地方和各民族的特点，用各种语言宣传工人的**国际主义**口号以**反对**民族文化这一口号。

"民族文化"这个口号的含义，不取决于这位知识分子的诺言或他想"说明"这个口号"是指通过它来推行各民族共同的文化"的善良愿望。这样看问题就是幼稚的主观主义。民族文化这个口号的含义，取决于这个国家同世界各国各阶级的客观相互关系。资产阶级的民族文化就是一个**事实**（而且我还要重说一遍，资产阶级到处都在同地主和神父勾结）。气焰嚣张的资产阶级民族主义麻醉、愚弄和分化工人，使工人听任资产阶级摆布，——这就是当代的基本事实。

列宁：《关于民族问题的批评意见》（1913 年 10—12 月），摘自《列宁全集》第 24 卷，人民出版社 1990 年版，第 124—127 页。

4. 每一个现代民族中，都有两个民族。每一种民族文化中，都有两种民族文化

在谈到无产阶级时，这种把整个乌克兰文化同整个大俄罗斯文化对立起来的做法，就是对无产阶级利益的最无耻的背叛，为资产阶级民族主义效劳。

我们要告诉一切民族的社会党人:每一个现代民族中,都有两个民族。每一种民族文化中,都有两种民族文化。一种是普利什凯维奇、古契柯夫和司徒卢威之流的大俄罗斯文化,但是还有一种是以车尔尼雪夫斯基和普列汉诺夫的名字为代表的大俄罗斯文化。乌克兰同德国、法国、英国和犹太人等等一样,也有**这样两种**文化。如果说多数乌克兰工人处于大俄罗斯文化的影响下,那么我们就确凿地知道了,除了大俄罗斯神父的和资产阶级的文化思想外,还有大俄罗斯的民主派和社会民主党的思想在产生影响。乌克兰的**马克思主义者**在同前一种"文化"作斗争时,总是要把后一种文化区别开来,并且要告诉自己的工人们:"必须用全力抓住、利用、巩固一切机会,同大俄罗斯的觉悟工人相交往,阅读他们的书刊,了解他们的思想,乌克兰的工人运动的根本利益和大俄罗斯的工人运动的根本利益**都**要求这样做。"

一个乌克兰的马克思主义者对大俄罗斯压迫者的仇恨是**完全合情合理的**,但是如果忘乎所以,**以致**对大俄罗斯工人的无产阶级文化和无产阶级事业也仇恨起来,哪怕只有一点儿,哪怕仅仅采取疏远态度,那么这个马克思主义者也就会滚入资产阶级民族主义的泥潭。如果一个大俄罗斯的马克思主义者哪怕只是一分钟忘记了乌克兰人对于完全平等的要求,或者忘记了他们享有建立独立国家的**权利**,那么他同样也会滚入民族主义的泥潭,并且不仅会滚入资产阶级民族主义的泥潭,而且还会滚入黑帮民族主义的泥潭。

只要大俄罗斯和乌克兰的工人生活在一个国家里,他们就应该一同通过组织上最紧密的统一和打成一片,维护无产阶级运动共同的文化或各民族共同的文化,以绝对宽容的态度对待用何种语言进行宣传的问题和在这种宣传中如何照顾一些纯地方的或纯民族的**特点**问题。这就是马克思主义的绝对要求。任何鼓吹把一个民族的工人同另一个民族的工人分离开来的论调,任何攻击马克思主义的"同化"的言论,任何在涉及无产阶级的问题时把某个民族文化当作整体同另一个据说是整体的民族文化相对立等等的行为,都是**资产阶级**民族主义,应该与之作无情的斗争。

列宁:《关于民族问题的批评意见》(1913年10—12月),摘自《列宁全集》第24卷,人民出版社1990年版,第134—135页。

5. 苏维埃政权所发展的苏联各民族的文化，按其内容来说，应当是一切劳动者共同的文化，即社会主义的文化；而按其形式来说，它现在和将来对于苏联一切民族都是不同的文化，即民族的文化，即因苏联各民族的语言和民族特征不同而各有差别的文化

关于民族文化。季诺维也夫在这里发表的一大通关于民族文化的谬论，应当传之后世，好使党知道季诺维也夫是反对在苏维埃基础上发展苏联各民族的民族文化的，知道他实际上是殖民主义的拥护者。

我们过去和现在都认为在多民族的国家里，资产阶级统治时代的民族文化的口号是资产阶级的口号。为什么呢？因为在这种国家里，资产阶级统治时期的民族文化的口号就是要一切民族的劳动群众在精神上服从资产阶级的领导，服从资产阶级的统治，服从资产阶级的专政。

在无产阶级取得政权以后，我们宣布了在苏维埃基础上发展苏联各民族的民族文化的口号。这是什么意思呢？这就是说，我们要使苏联各民族中民族文化的发展符合于社会主义的利益和要求，符合于无产阶级专政的利益和要求，符合于苏联一切民族劳动人民的利益和要求。

这是不是说我们现在反对任何民族文化呢？不，不是这个意思。这只是说，我们现在主张在苏维埃基础上发展苏联各民族的民族文化，发展民族的语言、学校、出版物等等。"在苏维埃基础上"这个附带条件又是什么意思呢？这就是说，苏维埃政权所发展的苏联各民族的文化，按其内容来说，应当是一切劳动者共同的文化，即社会主义的文化；而按其形式来说，它现在和将来对于苏联一切民族都是不同的文化，即民族的文化，即因苏联各民族的语言和民族特征不同而各有差别的文化。关于这一点，大约三年前我在东方劳动者共产主义大学的演说中已经说过了。我们党一直本着这种精神进行工作，鼓励发展民族的苏维埃学校、民族的苏维埃出版物和其他文化机关，鼓励党的机关"民族化"、苏维埃机关"民族化"以及其他等等。

正因为如此，列宁在他写给在各民族区域和民族共和国工作的同志们的信中，号召在苏维埃基础上发展这些区域和共和国的民族文化。

正因为我们在无产阶级取得政权以后一直遵循着这条道路前进，所以我们能建立起世界上前所未有的称为苏维埃社会主义共和国联盟的国际主义大厦。

季诺维也夫现在竟想推翻、抹杀、葬送这一切而向民族文化宣战。他把这种民族问题上的殖民主义谬论也叫做列宁主义！同志们，这岂不可笑吗？

> 斯大林:《八月五日的演说》(1927年),摘自《斯大林全集》第10卷,人民出版社1954年版,第63—64页。

6. 关于提高东方各苏维埃共和国民族文化的问题

什么是民族文化呢?怎样把民族文化和无产阶级文化结合起来呢?难道列宁不是在战争以前就说过我们这里有两种文化——资产阶级文化和社会主义文化,并且说民族文化这个口号是力图用民主文化毒素来毒化劳动意识的资产阶级的反动口号吗?怎样把民族文化的建设,把增设使用本族语言的学校和训练班的工作以及从本地人中间培养干部的工作,和社会主义建设、无产阶级文化建设结合起来呢?这里有没有不可能的矛盾呢?当然没有!我们在建设无产阶级文化。这是完全对的。但是社会主义内容的无产阶级文化,在卷入社会主义建设的各个不同的民族当中,依据不同的语言、生活方式等等,而采取各种不同的表现形式和方法,这同样也是对的。内容是无产阶级的,形势是民族的,——这就是社会主义所要达到的全人类的文化。无产阶级文化并不取消民族文化,而是赋予它内容。相反,民族文化也不取消无产阶级文化,而是赋予它形式。当资产阶级执政的时候,当各民族在资本主义制度保护下巩固起来的时候,民族文化这个口号是资产阶级的口号。当无产阶级执政的时候,当个民族在苏维埃政权保护下巩固起来的时候,民族文化这个口号就成了无产阶级的口号。谁不了解这两种不同情况的原则性的差别,谁就永远不会了解列宁主义,也永远不会了解民族问题的实质。

> 斯大林:《论东方民族大学的政治任务》(一九二五年五月十八日在东方劳动者共产主义大学学生大会上的演说),摘自《斯大林全集》第7卷,人民出版社1958年版,第117页。

7. 谁没有陷进民族主义偏见,谁就不会不把资本主义的民族同化过程看作是极其伟大的历史进步

在世界历史上享有盛名的犹太优秀人物,其中出现过全世界民主主义和社会主义的先进领袖,他们从未高喊过反对同化。只有那些肃然起敬地注视犹太人"后背"[①] 的人才高喊反对同化。

在现代先进的资本主义条件下,民族同化过程的规模一般究竟有多大,

[①] "后背"一词出自圣经中摩西见耶和华只能看到后背的传说(见《旧约全书·出埃及记》第33章)。——编者注

以北美合众国的移民材料为例就可以得出一个大致的概念。1891—1900 这 10 年，欧洲有 370 万人去那里，而 1901—1909 这 9 年，就有 720 万人。根据 1900 年的统计调查，合众国有 1000 多万外国人。而纽约州活象一个磨掉民族差别的磨坊，根据这份统计调查，这里有 78000 多奥地利人，136000 英国人，20000 法国人，480000 德国人，37000 匈牙利人，425000 爱尔兰人，182000 意大利人，70000 波兰人，166000 俄国移民（大部分是犹太人），43000 瑞典人等等。在纽约州以巨大的国际规模发生的过程，现在也在**每个**大城市和工厂区发生了。

谁没有陷进民族主义偏见，谁就不会不把资本主义的民族同化过程看作是极其伟大的历史进步，看作是对各个偏僻角落的民族保守状态的破坏，对俄国这样的落后国家来说尤其如此。

就拿俄国和大俄罗斯人对乌克兰人的态度来说吧。自然，任何一个民主主义者，马克思主义者就更不用说了，都会坚决反对骇人听闻的对乌克兰人的侮辱，都会要求保证他们享有完全平等的权利。但是，如果**削弱**目前存在的乌克兰无产阶级同大俄罗斯无产阶级在一国范围内的联系和联盟，那就是直接背叛社会主义，**甚至**从乌克兰人的资产阶级的"民族任务"来看，这也是愚蠢的政策。

> 列宁：《关于民族问题的批评意见》（1913 年 10—12 月），摘自《列宁全集》第 24 卷，人民出版社 1990 年版，第 131—132 页。

8. 在创立全人类的无产阶级文化的过程中个别民族的同化问题

布里亚特同志提出在创立全人类的无产阶级文化的过程中个别民族的同化问题。毫无疑问，有些民族可能会经受到、恐怕一定要经受到同化过程。这样的过程从前是有过的。但是问题在于，一些民族的同化过程并不排斥许多有生气的和正在发展的民族的强盛和发展这一相反的过程，而是以这一过程为前提，因为个别民族的局部同化过程是民族一般发展过程的结果。正因为如此，某些民族可能发生的同化就不会削弱而会证实下面这个完全正确的论点：全人类的无产阶级文化不是排斥各民族的民族文化，而是以民族文化为前提并且滋养民族文化，正像各民族的民族文化不是取消而是充实和丰富全人类的无产阶级文化一样。

东方各苏维埃共和国的积极工作者的当前任务大体上就是这样。

这些任务的性质和内容就是这样。

斯大林：《论东方民族大学的政治任务》（一九二五年五月十八日在东方劳动者共产主义大学学生大会上的演说），摘自《斯大林全集》第 7 卷，人民出版社 1958 年版，第 118—119 页。

9. 同化政策是马克思列宁主义的武库中绝对不容许有的；因为它是反人民、反革命的政策，是有害的政策

从这些引文中可以看出，你们把社会主义胜利的两个不同的时期混淆起来是不了解列宁，歪曲列宁在民族问题方面的路线，因此不由自主地走上了背离列宁主义的道路。

如果认为在世界帝国主义刚刚失败以后，可以用所谓从上面下命令的方式一下子实现民族差别的消灭和民族语言的消亡，那是不正确的。这种看法是最错误不过的了。企图用从上面下命令的办法。用强迫的办法来实现各民族的融合，——这就是帮助帝国主义者；断送民族解放事业，葬送组织各民族互相合作和兄弟般团结的事业。这样的政策无异于同化政策。

你们当然知道，同化政策是马克思列宁主义的武库中绝对不容许有的；因为它是反人民、反革命的政策，是有害的政策。

此外，大家知道，民族和民族语言的特点是具有非常的稳定性以及对同化政策的巨大抗拒力。土耳其的同化主义者（所有同化主义者中最残酷的一种）蹂躏和摧残巴尔干各民族达几百年，但是他们不仅没有能够消灭这些民族，反而不得不投降了。沙皇俄国的俄罗斯化主义者和普鲁士德国的日耳曼化主义者，其残酷几乎不亚于土耳其同化主义者，他们摧残和蹂躏波兰民族有千百多年，正如波斯和土耳其的同化主义者摧残、蹂躏和戕害阿尔明尼亚民族和格鲁吉亚民族达几百年一样，但是他们不仅没有能够消灭这些民族，反而也不得不投降了。

必须考虑到所有这些情况，以便从世界帝国主义刚刚失败以后民族发展的观点来正确地预见事变可能的进程。

斯大林：《民族问题和列宁主义》（1929 年 3 月 18 日），摘自《斯大林全集》第 11 卷，人民出版社 1955 年版，第 298—299 页。

10. 在无产阶级专政在全世界范围内获得胜利以后，甚至在这以后，民族差别和国家差别还会存在很久

我想米赫里逊同志没有了解我的答复的意思。我所说的我国的"社会主义时期"，是指我国的社会主义建设时期，而不是指社会主义的"最后"

胜利，这种胜利只有在国际范围内即只有当社会主义在世界各国或几个最重要的国家内获得胜利时才能到来。从我在东方劳动者共产主义大学的演说中对整个问题的提法看来，这是很清楚的。是不是可以断言，在我国的社会主义建设时期（"社会主义时期"）内，即社会主义在其他国家胜利以前，我国各民族一定会消失而融合成一个有共同语言的统一民族呢？我想是不可以的。不但如此，在无产阶级专政在全世界范围内获得胜利以后，甚至在这以后，民族差别和国家差别还会存在很久。

列宁说得非常对："各民族间和各国间的民族差别和国家差别……甚至在无产阶级专政在全世界范围内实现以后也还要保持很久很久。"（见《列宁全集》第 4 版第 31 卷第 72 页）

那末，对米赫里逊同志引证列宁所说过的社会主义的目的归根到底就是各民族融为一体这段话应怎样了解呢？我想不应象米赫里逊同志那样去了解这段话。因为从上面所说的可以看出，列宁在这段话中把各民族融为一体看做社会主义的最终任务，这个任务只有"在无产阶级专政在全世界范围内实现以后"过了"很久很久的"时期，由于社会主义在世界各国内获得胜利才能实现。

可见米赫里逊同志没有了解列宁的话。

> 斯大林：《斯大林致玛·依·乌里扬诺娃同志答勒·米赫里逊同志》（1927 年 9 月 16 日），摘自《斯大林全集》第 10 卷，人民出版社 1954 年版，第 130—131 页。

11. 只有采取这种过渡方式，才能使各民族参加全人类文化

米赫里逊同志对我所说的"在社会主义时期"（见上文）这几个字，对我所提的一些民族同化的过程并不等于一般民族的消灭这一论断吹毛求疵，断言斯大林的某些说法会给人以口实，把它们说成是在民族问题上"对列宁主义的修正"。而且他还引证了列宁的一段话："社会主义的目的不只是要消灭人类分为许多小国家的现象和各民族间的任何隔离状态，不只是要使各民族互相亲近，而是要使各民族融为一体。"

首先，我想米赫里逊同志是撇开了布略特的同志们信中的那种问题的提法，而这种提法斯大林在东方劳动者共产主义大学的演说中无论如何是不能撇开的。布略特人指的正是通过民族文化向全人类文化过渡，而且布略特的同志们大概以为起初将是民族文化，然后才是全人类文化。斯大林在答复时反驳了这个看法,指出这种过渡不会是采取布略特人所设想的那种方式,而会是采取民族文化(就形式来说)和全人类文化(就内容来说)在苏联各民族中同时发展的方式,只有采取这种过渡方式,才能使各民族参加全人类文化(见《列宁主义问题》)。

斯大林:《斯大林致玛·依·乌里杨诺娃同志答勒·米赫里逊同志》(1927年9月16日),摘自《斯大林全集》第10卷,人民出版社1954年版,第129—130页。

12. 发展民族文化,广泛地建立使用本族语言的普通教育性质的和职业技术性质的训练班网和学校网,以便从本地人中间培养苏维埃干部、党的干部和有专长的经济干部

如果分析一下东方劳动者大学的成分,那就不能不发觉这个成分的某种两重性。这个大学里有不下五十个东方民族和民族集团的代表。这个大学的学生都是东方的儿女。但是这个定义还没有提供任何明确而完整的概念。因为这个大学的学生是由代表着两种完全不同的发展条件的两个基本部分组成的。第一部分人是从苏维埃东方,从不再有资产阶级政权、已经推翻帝国主义压迫并且已经由工人执政的那些国家来的。第二部分学生是从殖民地和附属国来的,也就是从资本主义仍在统治、帝国主义压迫尚完全保存、还必须赶走帝国主义者以争取独立的那些国家来的。

这样,在我们面前就有两个过着不同生活并且在不同生活条件下发展着的东方。

不用说,学生成分的这种两重性不能不影响东方劳动者大学的工作。这恰恰说明这个大学的一只脚是踏在苏维埃的土地上,另一只脚是踏在殖民地和附属国的土地上。

因此,这个大学有两个工作方针:一个方针就是造就能为东方各苏维埃共和国的需要服务的干部;另一个方针就是造就能为东方各殖民地和附属国的劳动群众的革命要求服务的干部。

因此,在东方劳动者大学面前也就产生了两类任务。

……

——苏维埃东方的积极工作者的当前任务就是:

(一)在东方各苏维埃共和国内建立工业基地,以作为把农民团结在工人阶级周围的基地。你们知道,这项工作已经开始进行,并且将随着苏联经济的发展而向前推进。这些共和国拥有各种原料，这是这项工作将来可以进行到底的保证。

（二）发展农业，首先是兴修水利。你们知道，这项工作也有进展，至少在南高加索和土尔克斯坦是如此。

（三）开展和推进农民和手工业者广大群众的合作化工作，这是把东方各苏维埃共和国纳入苏维埃经济建设总体系的最可靠的方法。

（四）使苏维埃接近群众，使苏维埃的成分民族化，从而建立接近劳动群众并为他们所理解的本民族的苏维埃国家制度。

（五）发展民族文化，广泛地建立使用本族语言的普通教育性质的和职业技术性质的训练班网和学校网，以便从本地人中间培养苏维埃干部、党的干部和有专长的经济干部。

完成这些任务，也就是促进东方各苏维埃共和国的社会主义建设事业。

斯大林：《论东方民族大学的政治任务》（一九二五年五月十八日在东方劳动者共产主义大学学生大会上的演说），摘自《斯大林全集》第7卷，人民出版社1958年版，第113—115页。

（四）民族共同体与血缘（语言）共同体、经济共同体、货币共同体

1. "联合体"或"共同体"可以是"真实的"，也可以是"想象的"、"象征的"

公社成员不是通过创造财富的劳动协作来再生产自己，而是通过为了在对内对外方面保持联合体这种共同利益（想象的和真实的共同利益）所进行的劳动协作来再生产自己。

马克思：《经济学手稿》（1857—1858年），摘自《马克思恩格斯全集》第46卷上册，人民出版社1979年7月第1版，第447页。

古代的巴力斯、中世纪的城市或行会、封建的土地贵族联盟——这一切都有意识形态的附带目的，这些附带目的，它们是奉为神圣的，而在城市望族的血族团体和行会中，则来源于氏族社会的回忆、传统和象征，同古代的巴力斯的情况差不多。

恩格斯：《论未来的联合体》（1884年），摘自《马克思恩格斯全集》第21卷，人民出版社1965年9月第1版，第447页。

2. "血缘共同体"、"语言共同体"、"财产共同体"

一旦人类终于定居下来，这种原始共同体就将依种种外界的（气候的、地理的、物理的等等）条件，以及他们的特殊的自然习性（他们的部落性质）等等，而或多或少地发生变化。自然形成的部落共同体（血缘、语言、习惯等等的共同性），或者也可以说群体，是人类占有他们生活的客观条件和占有再生产这种生活自身并使之物化的活动（牧人、猎人、农人等的活动）的客观条件的第一个前提。

土地是一个大实验场，是一个武库，既提供劳动资料，又提供劳动材料，还提供共同体居住的地方，即共同体的基础。人类素朴天真地把土地看作共同体的财产，而且是在活劳动中生产并再生产自身的共同体的财产。每一个单个的人，只有作为这个共同体的一个肢体，作为这个共同体的成员，才能把自己看成所有者或占有者。（第472页）

[日耳曼的]公社既不是使单个的人只表现为偶然因素的那种实体[象在东方公社中那样]；也不是[象在古代公社中]那样的一般物，那种一般物本身，无论是在单个人的观念中，还是从城市的存在和公社的城市需要不同于单个人的存在和需要来说，或者从公社的城市土地这种特殊存在不同于公社成员的特殊经济存在来说，都是一个存在着的**统一体**。与此相反，日耳曼的公社本身，一方面，作为语言、血统等等的共同体，是个人所有者存在的前提；但另一方面，日耳曼的公社事实上只存在于公社为着公共目的而举行的**实际集会上**，而就公社具有一种特殊的经济存在（表现为共同使用猎场、牧场等等）而言，它是被每一个个人所有者以个人所有者的身分来使用，而不是以国家代表的身分（象在罗马那样）来使用的。这实际上是个人所有者的公共财产，而不是在城市中另有其特殊存在方式而与单个人相区别的那种个人所有者联合体的公共财产。（第482页）

他的财产，即他把他的生产的自然前提看作是属于他的，看作是他自己的东西这样一种关系，要以他本身是共同体的天然成员为媒介。（共同体的抽象，即其成员除语言等等而外几乎毫无共同的东西，甚至语言也不一定是共同的，这显然是晚得多的历史条件的产物。）例如，就单个的人来说，很清楚，他只是作为某一人类共同体的天然成员，才把语言看作是自己的。把语言看作单个人的产物，这是荒谬绝伦的。同样，财产也是如此。

语言本身是一定共同体的产物，正象从另一方面说，语言本身就是这

个共同体的存在，而且是它的不言而喻的存在一样。（第489页）

> 马克思：《经济学手稿》（1857—1858年），摘自《马克思恩格斯全集》第46卷上册，人民出版社1979年7月第1版。

3. "国家"是"虚幻的共同体"，"语言联系"等是现实基础

正是由于私人利益和公共利益之间的这种矛盾，公共利益才以国家的姿态而采取一种和实际利益（不论是单个的还是共同的）脱离的独立形式，也就是说采取一种虚幻的共同体的形式。然而这始终是在每一个家庭或部落集团中现有的骨肉联系、语言联系、较大规模的分工联系以及其他利害关系的现实基础上，特别是在我们以后将要证明的各阶级利益的基础上发生的。这些阶级既然已经由于分工而分离开来，就在每一个这样的人群中分离开来，其中一个阶级统治着其他一切阶级。由此可见，国家内部的一切斗争——民主政体、贵族政体和君主政体相互之间的斗争，争取选举权的斗争等等，不过是一些虚幻的形式，在这些形式下进行着各个不同阶级间的真正的斗争（德国的理论家们对此一窍不通，尽管在"德法年鉴"和"神圣家族"中已经十分明确地向他们指出过这一点）。从这里还可以看出，每一个力图取得统治的阶级，如果它的统治就像无产阶级的统治那样，预定要消灭整个旧的社会形态和一切统治，都必须首先夺取政权，以便把自己的利益说成是普遍的利益，而这是它在初期不得不如此做的。正因为各个个人所追求的仅仅是自己的特殊的、对他们说来是同他们的共同利益不相符合的利益（普遍的东西一般说来是一种虚幻的共同体的形式），所以他们认为这种共同利益是"异己的"，是"不依赖"于他们的，也就是说，这仍旧是一种特殊的独特的"普遍"利益，或者是他们本身应该在这种分离的界限里活动，这种情况也发生在民主制中。另一方面，这些特殊利益始终在**真正地**反对共同利益和虚幻的共同利益，这些特殊利益的**实际**斗争使得通过以国家姿态出现的虚幻的"普遍"利益来对特殊利益进行实际的干涉和约束成为必要。

> 马克思、恩格斯：《德意志意识形态》（1845—1846年），摘自《马克思恩格斯全集》，第37—38页。

4. 迄今存在过的联合体，不论是自然地形成的，或者是人为地造成的，实质上都是为经济目的服务的

迄今存在过的联合体，不论是自然地形成的，或者是人为地造成的，

实质上都是为经济目的服务的，但是这些目的被意识形态的附带物掩饰和遮盖了。古代的巴力斯、中世纪的城市或行会、封建的土地贵族联盟——这一切都有意识形态的附带目的，这些附带目的，它们是奉为神圣的，而在城市望族的血族团体和行会中，则来源于氏族社会的回忆、传统和象征，同古代的巴力斯的情况差不多。只有资本主义商业社会才是完全清醒的和务实的，然而是庸俗的。

未来的联合体将把后者的清醒同古代联合体对共同的社会福利的关心结合起来，并且这样来达到自己的目的。

恩格斯：《论未来的联合体》（1884年），摘自《马克思恩格斯全集》第21卷，人民出版社1965年9月第1版，第447页。

5. 不同的自然条件天然地形成种族差别

任何人类历史的第一个前提无疑是有生命的个人的存在。因此第一个需要确定的具体事实就是这些个人的肉体组织，以及受肉体组织制约的他们与自然界的关系。当然，我们在这里既不能深入研究人们自身的生理特性，也不能深入研究各种自然条件——地质条件、地理条件、气候条件以及人们所遇到的其他条件①。（第23页）

甚至连那些桑乔根本没有谈到的天然产生的类的差别，如种族差别等等，也都能够而且必须通过历史的发展加以消除。（第498页）

马克思、恩格斯：《德意志意识形态》（1845—1846年），摘自《马克思恩格斯全集》第3卷。

6. 在古代，每一个民族都由于物质关系和物质利益（如各个部落的敌视等等）而团结在一起

例如，在古代，每一个民族都由于物质关系和物质利益（如各个部落的敌视等等）而团结在一起，并且由于生产力太低，每个人不是做奴隶，就是拥有奴隶，等等，因此，隶属于某个民族成了人"最自然的利益"（"维干德"第162页），而圣麦克斯却认为，当时是民族这个概念或"民族本质"从自身中第一次产生了这些利益；在近代，自由竞争和世界贸易产生了伪善的资产阶级的世界主义和人的概念，而圣麦克斯认为是恰恰相反，后来的关

---

① 手稿中删去了以下这一段话："但是，这些条件不仅制约着人们最初的、自然产生的肉体组织，特别是他们之间的种族差别，而且直到如今还制约着肉体组织的整个进一步发达或不发达。"——编者注

于人的哲学虚构把上述关系作为人的"启示"（第51页）产生出来。

马克思、恩格斯：《德意志意识形态》（1845—1846年），摘自《马克思恩
格斯全集》第3卷，人民出版社1960年12月第1版，第169—170页。

7. "自然形成的共同体"与土地所有制

在这种土地所有制的第一种形式中，第一个前提首先是自然形成的共同体：家庭和扩大成为部落的家庭，或通过家庭之间互相通婚［而组成的部落］，或部落的联合。因为我们可以设想，**游牧**，总而言之**流动**，是生存方式的最初的形式，部落不是定居在一个固定的地方，而是在哪里找到草场就在哪里放牧（人类不是天生定居的；只有在特别富饶的自然环境里，人才有可能象猿猴那样栖息在某一棵树上，否则总是象野兽那样到处游荡），所以，**部落共同体**，即天然的共同体，并不是**共同占有**（暂时的）**和利用土地的结果**，而是**其前提**。（第472页）

相反，在日耳曼人那里，公有地只是个人财产的补充，并且只有在必须把它当作一个部落的共同占有物来保卫，使之免遭敌对部落侵犯的情况下，它才表现出是财产。不是个人财产表现为以公社为媒介，恰好相反，是公社的存在和公社财产的存在表现为要以他物为媒介，也就是说，表现为独立主体互相之间的联系。实质上，每一个单独的家庭就是一个经济整体，它本身单独地构成一个独立的生产中心（工业只是妇女的家庭副业等等）。（第481页）

在这里，个人土地财产既不表现为同公社土地财产相对立的形式，也不表现为以公社财产为媒介，而是相反，公社只是在这些个人土地所有者本身的相互关系中存在着。公社财产本身只表现为各个个人的部落住地和所占有土地的公共附属物。

某一个共同体，在它把生产的自然条件——土地（如果我们立即来考察定居的民族）——当作**自己的**东西来对待时，会碰到的唯一障碍，就是业已把这些条件当作自己的无机体而加以占据的**另一共同体**。因此**战争**就是每一个这种自然形成的共同体的最原始的工作之一，既用以保护财产，又用以获得财产。（第490页）

马克思：《经济学手稿》（1857—1858年），摘自《马克思恩格斯全集》
第46卷上册，人民出版社1979年7月第1版。

8. 封建土地所有制与"狭隘的民族性"

同样，在封建的土地占有制下，占有者和土地之间还存在着比单纯**实物**

财富的关系更为密切的关系的外观。地块随它的领主而个性化,有它的爵位,即随它的领主而有男爵或伯爵的封号;有它的特权、它的审判权、它的政治地位等等。土地仿佛是它的领主的无机的身体。因此,俗语说:**没有无主的土地**。这句话表明领主的权势是同土地占有结合在一起的。同样,地产的统治在这里并不直接表现为单纯的资本的统治。属于这块地产的人们对待这块地产毋宁说就像对待自己的祖国一样。这是一种狭隘的民族性。

  马克思:《1844年经济学哲学手稿》(1844年4—8月),摘自《马克思恩格斯文集》第1卷,人民出版社2009年12月第1版,第150—151页。

9. 地租是民族性的,利润是世界性的

  地租是保守的,利润是进步的;地租是民族性的,利润是世界性的;地租信奉国教,利润则是天生的非国教徒。1846年废除谷物法,只是承认了一并既成的事实,承认英国市民社会的成分中早已发生的变化,这就是:土地占有的利益服从于金融集团的利益,地产服从于商业,农业服从于工业,乡村服从于城市。

  马克思:《英国的选举。——托利党和辉格党》(1852年8月2日),摘自《马克思恩格斯全集》第8卷,人民出版社1961年10月第1版,第382页。

10. 资本主义"货币共同体"对古代共同体的瓦解:"凡是在货币本身不是共同体的地方,货币必然使共同体瓦解"

  为了把货币本身保存下来,必须吝啬而牺牲掉对于特殊需要对象的一切关系,放弃这一切关系,以便满足货币欲本身的需要。货币欲或致富欲望必然导致古代共同体的瓦解。由此产生了对立物。货币本身就是**共同体**,它不能容忍任何其他共同体凌驾于它之上。但是,这要以交换价值的充分发展,从而以相应的社会组织的充分发展为前提。

  在古代人那里,交换价值不是物的联系①;它只在商业民族中表现为这种联系,而这些商业民族只从事转运贸易,自己不进行生产。在腓尼基

---

  ① "物的联系,联系的基础"——Nexus Rerum。马克思在他1851年写的标题为《货币关系的完成体系》的一本札记中(第41页),把货币说成"物和人的联系"(Nexus Rerum et Hominum)。同时他还引用了第34页。不能确定这段引文与什么问题有关,因为我们没有找到札记的前面那些页。马克思把货币说成"物和人的联系",他指的是人的社会关系中的状况,这种状况是过去占统治地位的一切关系——家长制的、封建的、家族的、宗教的,即被迫让位于"现金"统治的一切关系——解体的结果。——编者注

人和迦太基人等等那里，生产顶多是附带的事情。他们能够生活在古代世界的空隙中，正象犹太人生活在波兰或中世纪的情形一样。不如说，这种世界本身，是这些商业民族的前提。一旦他们和古代共同体发生严重冲突，他们也就灭亡。

在罗马人、希腊人等那里，货币起初自然地出现在作为尺度和作为流通手段这两种最初的规定上，而且在这两种规定上还不很发展。但是，一旦他们的商业等等发展起来，或者象罗马人那样，征服给他们带来大量货币［II—2］——总之，在他们经济发展的一定阶段上，货币必定突然出现在它的第三种规定上，并且货币在这种规定上越发展，就表明他们的共同体越趋于瓦解。我们已经看到，第三种规定上的货币要起生产的作用，就不但必须是流通的前提，而且也必须是流通的结果，并且作为流通的前提，货币本身必须是流通的一个要素，是流通设定的一种东西。在罗马人那里，货币是从全世界掠夺来的，情况就不是这样。

货币的简单规定本身表明，货币作为发达的生产要素，只能存在于**雇佣劳动**存在的地方；因此，只能存在于这样的地方，在那里，货币不但决不会使社会形式瓦解，反而是社会形式发展的条件和发展一切生产力即物质生产力和精神生产力的主动轮。今天单个的个人仍然可以偶然地弄到货币，因而占有货币也会象对古代人的共同体那样，对他起瓦解的作用。但是，在现代社会里，这种个人的瓦解本身，只不过使社会上从事生产的一部分人发财致富。古代意义上的货币占有者已被工业的发展过程所瓦解，他违背自己的意愿而为这种过程服务。瓦解只涉及他本人。作为**一般财富的物质代表**，作为**个体化的交换价值**，货币必须**直接**是一般劳动即一切个人劳动的对象、目的和产物。劳动必须直接生产交换价值，也就是说，必须直接生产货币。因此，劳动必须是**雇佣劳动**。

因为每个人都想生产货币，所以致富欲望是所有人的欲望，这种欲望创造了一般财富。因此，只有一般的致富欲望才能成为不断重新产生的一般财富的源泉。由于劳动是雇佣劳动，劳动的目的直接就是货币，所以一般财富**就成为劳动的目的和对象。（在这方面，必须谈谈刚刚转变为雇佣兵制度的古代军队组织。）**作为目的的货币在这里成了普遍勤劳的手段。生产一般财富，就是为了占有一般财富的代表。这样，真正的财富源泉就打开了。

由于劳动的目的不是为了特殊产品，即同个人的特殊需要发生特殊关系的产品，而是为了货币，即一般形式的财富，所以，首先个人的勤劳是没有止境的；勤劳具有怎样的特殊性都无所谓，它采取可以达到目的的任何形式；在为社会需要等创造新的对象方面，勤劳是富有发明才能的。因此，很清楚，在以雇佣劳动为基础的地方，货币不是起瓦解的作用，而是起生产的作用；而古代共同体本身则已经同作为一般基础的雇佣劳动发生矛盾。只有当每种劳动所生产的都是一般财富而不是特定形式的财富，从而个人的工资也都是货币时，普遍的勤劳才是可能的。否则，只有特殊形式的技艺上的勤劳才是可能的。作为劳动直接产物的交换价值，就是作为劳动直接产物的货币。因此，生产交换价值本身的直接劳动就是雇佣劳动。凡是在货币本身不是共同体的地方，货币必然使共同体瓦解。

古代人可以直接购买劳动，购买奴隶；但是奴隶却不能用自己的劳动购买货币。货币的增加可以使奴隶变贵，但不能使他们的劳动效率提高。**黑奴制**——纯粹的产业奴隶制——必然随着资产阶级社会的发展而消失，它是和资产阶级社会的发展不相容的。黑奴制**以**资产阶级社会**为前提**，如果没有实行雇佣劳动的其他自由国家与黑奴制并存，如果黑奴制是孤立的，那么，实行黑奴制的国家的一切社会状态就会立即转变为文明前的形式。

货币，作为个体化的交换价值，从而作为物体化的财富，曾在炼金术中被人追求。在货币（重商）主义那里，货币就是出现在这种规定上。现代工业社会发展的预备时期，是以个人的和国家的普遍货币欲开始的。财富源泉的真正开辟，作为取得财富代表的手段，似乎是在具有货币欲的个人和国家的背后进行的。在货币不是来自流通而是在实体形式上被发现的地方，如在西班牙，国家变穷了；可是为了从西班牙人那里取得货币而不得不进行劳动的那些国家，则开辟了财富的源泉，因而真正富裕起来了。在新大陆和新的地区勘探和发现金矿，在革命的历史上起了巨大的作用，因为在那里，殖民活动蓬勃展开，就象在温室里生长起来的一样。

到各地追逐黄金使一些地区被发现，使新的国家形成；首先使进入流通的商品的范围扩大，这些商品引起新的需要，把遥远的大陆卷进交换和物质变换的过程。因此，从这个方面来看，作为财富的一般代表，作为个体化的交换价值，货币也是一种双重手段，它使财富具有普遍性，并把交换的范围扩展到整个地球；这样就在物质上和在空间上创造了交换价值的真正**一般性**。但是，在这里所阐述的货币的规定中，隐藏着关于货币性质的幻想，——也就是说，死抱住货币的一种抽象规定，而无视这种规定中所包含的矛盾，——这种幻想在个人的背后赋予货币以这种确实神奇的意义。实际上，货币由于这种自相矛盾的、因而是幻想的规定，由于货币的这种抽象，便在社会生产力的实际发展中成为如此强大的［Ⅲ—3］①工具。

资产阶级社会的基本前提是：劳动直接生产交换价值，从而生产货币；而货币也直接购买劳动，从而购买工人，只要后者在交换中让渡自己的活动。因此，一方的**雇佣劳动**和另一方的**资本**，都只不过是发达的交换价值和作为交换价值化身的货币的另一些形式。所以，货币直接是**现实的共同体**，因为它是一切人赖以生存的一般实体；同时又是一切人的共同产物。但是，正如我们已经看到的，在货币上共同体只是抽象，对于个人只是外在的、偶然的东西；同时又只是单个的个人满足需要的手段。古代共同体以一种完全不同的个人关系为前提。因此，货币在其第三种规定上的发展，破坏了古代共同体。任何生产都是个人的物化。但是，在货币（交换价值）上，个人的物化不是个人在其自然规定性上的物化，而是个人在一种社会规定（关系）上的物化，同时这种规定对个人来说又是外在的。

马克思：《经济学手稿》（1857—1858 年），摘自《马克思恩格斯全集》第 46 卷上册，人民出版社 1979 年 7 月第 1 版，第 172—176 页。

11. 语言的世界性、民族性

它们进行这些投机活动，正如伊萨克·贝列拉所说，是要表明，法国资本比其他资本出色的地方是它的世界性，正如法国语言比其他语言出色的地方是它的世界性一样。

马克思：《经济学手稿》.(1857—1858 年），摘自《马克思恩格斯全集》第 46 卷上册，人民出版社 1979 年 7 月第 1 版，第 61 页。

"事件的进程破坏了能够产生爱尔兰民族性的基础。"爱尔兰人也是由各种人混合而成的，里面的各种成分同英国人一样，只是比例不同……"但是，最重要的、实际上差不多起决定作用的是两个岛的语言相同。"（第 183 页）

---

① 在本页右上角有马克思的如下批注："**物物交换、买卖、商业**——交换的三个阶段（**斯图亚特**）"。——编者注

| 这样说来，两者是同一民族，任何分离都是胡说八道！好象英语没有使爱尔兰人更加是爱尔兰人！|

> 恩格斯：《高德文·斯密斯〈爱尔兰历史和爱尔兰性〉一书札记》（1869年11月），摘自《马克思恩格斯全集》第45卷，人民出版社1985年12月第1版，第130页。

12. 商品就其本身来说是超越一切宗教、政治、民族和语言的限制的。它们的共同语言是价格，它们的共性是货币

货币发展为世界货币，商品所有者也就发展为世界主义者。人们彼此间的世界主义的关系最初不过是他们作为商品所有者的关系。商品就其本身来说是超越一切宗教、政治、民族和语言的限制的。它们的共同语言是价格，它们的共性［Gemeinwesen］是货币。

但是，随着同国家铸币对立的世界货币的发展，商品所有者的世界主义就发展为对实践理性的信仰，而与阻碍人类物质变换的传统的宗教、民族等等成见相对立。如果同一块金，先以美国 eagles［鹰币］的形式在英国登陆，变成索维林，三天后在巴黎当作拿破仑币来流通，几星期后又在威尼斯变成杜卡特币，但是它总是保持着同一个价值，那末，商品所有者就会清楚地看到，民族性《is but the guinea's stamp》［“不过是基尼上的印记而已"］。在他看来，整个世界都融化在其中的那个崇高的观念，就是一个市场的观念，世界市场的观念①。

> 马克思：《政治经济学批判》（1858年8月—1859年1月），摘自《马克思恩格斯全集》第13卷，人民出版社1962年11月第1版，第142—143页。

13. 民族与世界主义

"法国人必然是世界主义者"。是的，在法国的影响，法国的道德、风尚、思想和政治制度占统治地位的世界里，就是这样。在每个民族都习染了法国民族性的特征的世界里，就是这样。然而，其他民族的民主主义者所不赞成的正是这一点。他们已决心抛弃本民族的粗鲁的一面，同时希望

---

① 蒙塔纳里"货币论"（1683年版），载于库斯托第编"意大利政治经济学名家文集。现代部分"第3卷第40页："各民族之间的联系如此遍及全球，几乎可以说全世界变成了一座城，其中举行着一切商品的不散的集市，每个人坐在家里就可以用货币取得别处的土地、牲畜和人的勤劳所产生的一切来供享受。真是一个奇妙的发明。"

法国人也能这样做。他们不满意法国人自称是世界主义者的论断；这样的论断等于强求所有别的人都成为法国人。

我们拿德国来做比较吧。德国是许多发明——例如印刷机——的诞生地。德国产生的卓越思想和世界主义的思想比法国和英国的加在一起还要多得多，这是大家公认的。而在实际上，德国却总是受到侮辱，总是陷于失望。德国比任何别的国家都更能说明，法国的世界主义究竟是什么。法国可以埋怨——这完全正当——英国政策的背信弃义，可是德国也同样领略过法国从路易十一到路易菲力浦的背信弃义的政策。如果我们采用路易·勃朗先生的衡量标准，那么德国人就是真正的世界主义者，然而，他们根本就没有这样的奢望。

> 恩格斯：《法国的改革运动。——第戎宴会》（1847年12月上半月），摘自《马克思恩格斯全集》第42卷，人民出版社1979年9月第1版，第394页。

14. "并非一切民族都有相同的从事资本主义生产的才能"，但是，"资本主义生产，象基督教一样，本质上是世界主义的"

并非一切民族都有相同的从事资本主义生产的才能。某些原始民族，例如土耳其人，既没有这方面的气质，也没有这方面的意向。但这是例外。随着资本主义生产的发展，会形成资产阶级社会的平均水平，与此同时，也会在极不相同的民族之间形成气质和意向的平均水平。资本主义生产，象基督教一样，本质上是世界主义的。所以，基督教也是资本所特有的宗教。在这两个方面只有人是重要的。一个人就其自身来说，他的价值不比别人大，也不比别人小。对于基督教来说，一切取决于人有没有信仰，而对于资本来说，一切取决于他有没有信用。此外，当然在第一种场合还要附加上天命，而在第二种场合要附加上一个偶然因素，即他是否生下来就有钱。

> 马克思：《剩余价值理论》，摘自《马克思恩格斯全集》第26卷第3册，人民出版社1974年12月第1版，第495页。

15. 货币本身是世界主义的

作为贮藏货币和一般支付手段，货币变为世界市场上的一般交换手段；不仅从概念上来说，而且从存在方式来说，它变为一般商品。货币在执行铸币职能时获得的特殊民族形式，在它作为货币而存在时丧失了。货币本身是世界主义的。① 由于金银这种满足致富需要的使用价值，这种抽象的、同特殊需要相独立的财富的介入，甚至只要一个国家 [B′—4] 直接需要另一个国家的使用价值，便会发生某种社会物质变换，正因为这样，金银会在开辟世界市场方面，在使社会物质变换超越一切地方的、宗教的、政治的和种族的区别方面成为异常有力的因素。早在古代人那里，国家的货币贮藏就被看作主要是提供国际支付手段的后备基金，看作歉收时应急的等价物和战时补贴的来源。（色诺芬）美洲的银作为同美洲发生联系的手段起了重大作用，它作为商品从美洲流往欧洲，然后又作为交换手段从欧洲输往亚洲，特别是印度，并且在那里大部分以贮藏货币的形式沉淀下来，正是对这一事实的考察，成了围绕货币主义而展开的科学上的斗争的开端，因为这个事实导致了东印度公司反对英国禁止货币输出。

马克思：《经济学手稿》（1857—1858 年），摘自《马克思恩格斯全集》第 46 卷下册，人民出版社 1980 年 8 月第 1 版，第 435 页。

（五）民族、人类、阶级及个人与"自由人联合体"

1. 国际自由贸易与国际主义

马克思先生继续说道，自由贸易在一个国家的不同阶级之间建立的友爱，也正在地球上各国之间建立起来。只有在资产阶级代表人物的头脑里才能产生这样的想法：把摆脱了民族桎梏的剥削即被提升到世界主义高度的剥削称为普遍友爱。

马克思先生接着回答了自由贸易派的一些诡辩，例如，自由贸易会实现国际分工，在这种分工下，每个国家将根据自己的天然使命进行生产，而且都能在每个生产部门中为自己选择一定的专业，等等。"如果说自由贸易的信徒不懂得一国如何靠牺牲别国而致富，那是不足为奇的。因为这些先生本来就不懂得，在每一个国家内一个阶级是如何靠牺牲另一个阶级而致富的。"

《关于马克思在民主协会会议上的演说的报道》（1848 年 1 月 16 日），摘自《马克思恩格斯全集》第 42 卷，人民出版社 1979 年 9 月第 1 版，第

---

① 货币的这种世界性引起古代人的注视。"他来自哪个国家，哪个民族？他是个富翁。"

480 页。

2. 两种不同的"世界主义（国际主义）"："真正的无产阶级政党现在正在各地提倡各民族的兄弟友爱，用以对抗旧的赤裸裸的民族利己主义和自由贸易的伪善的自私自利的世界主义"

真正的无产阶级政党现在正在各地提倡各民族的兄弟友爱，用以对抗旧的赤裸裸的民族利己主义和自由贸易的伪善的自私自利的世界主义；这种兄弟友爱比德国的一切"真正社会主义"的理论都要宝贵得多。……

最后，各民族的兄弟友爱现在比过去任何时候都更具有纯粹的社会意义。幻想成立欧洲共和国和利用适当的政治组织来保障永久和平，就像空谈靠普遍的贸易自由来保护各族人民的团结一样荒唐可笑；当所有这类多情善感的幻想完全不中用的时候，各国的无产者就开始不声不响地在共产主义民主的旗帜下真正地结成兄弟。也只有无产者才能够真正做到这点，因为每个国家的资产阶级都有他们自己的特殊利益，而且由于他们认为这些利益高于一切，他们无法越出民族的范围。他们的少数几个理论家即使把他们所有那些美妙的"原则"都搬出来也顶不了什么事，因为他们根本不触犯这些互相矛盾的利益和整个现存制度，他们只会说空话。可是全世界的无产者却有共同的利益，有共同的敌人，面临着同样的斗争，所有的无产者生来就没有民族的偏见，所有他们的修养和举动实质上都是人道主义的和反民族主义的。只有无产者才能够消灭各民族的隔离状态，只有觉醒的无产阶级才能够建立各民族的兄弟友爱。……在上述的 8 月 10 日的庆祝会上已经提出了共产主义和世界主义的①原则，除了政治平等的要求，还提出了社会平等的要求，并且会上大家都热情地向各国民主主义者祝贺。

> 恩格斯：《在伦敦举行的各族人民庆祝大会》（1845 年底），摘自《马克思恩格斯全集》第 2 卷，人民出版社 1957 年 12 月第 1 版，第 662—667 页。

3. 民主与国际主义："当国内民主备受压制的时候，怎么能对外实行民主政策呢？"

为了使德国人不再违反德国本身的利益，为压迫其他民族而流血牺牲和浪费金钱，我们就应当争取建立真正的人民政府，彻底摧毁旧的建筑。

---

① "世界主义"一词在这里和在第 668 页里都不应当理解为恩格斯在本篇里所批判的资产阶级世界主义，而应当理解为它的第二个意义，即"没有民族局限性和民族偏见"。——编者注

只有到那时，重新恢复起来的旧制度的血腥而又怯懦的政策才会被国际主义的民主政策所代替。当国内民主备受压制的时候，怎么能对外实行民主政策呢？

> 恩格斯：《德国的对外政策》（1848年7月2日），摘自《马克思恩格斯全集》第5卷，人民出版社1958年11月第1版，第179页。

4. 对否认"民族差别"的"世界主义的自由主义"的批判

条顿狂的这个对立面就是南德意志等级会议的世界主义的自由主义。这种世界主义的自由主义否认民族差别，致力于缔造一个伟大的、自由的、联合的人类。它同宗教唯理论是一致的，并且同出一源，即上一世纪的博爱主义，而条顿狂则最后导致神学上的正统主义，几乎它所有的信徒（阿伦特、斯特芬斯、门采尔）都逐渐走向这样的归宿。世界主义自由思想的片面性常常被它的对手揭露——当然这种揭露也有其片面性，因此，我才有可能扼要地谈谈这个倾向。七月革命最初仿佛是有利于这个倾向的，然而所有的党派都利用了这一事件。条顿狂的真正的消灭，更确切些说，条顿狂的生命力的真正的消灭，始于七月革命并且寓于七月革命。但是同时，世界公民精神也开始瓦解，因为伟大的一周的最重要的意义正在于恢复了法兰西民族作为大国的地位，从而迫使其他民族去争取更巩固的内部团结。（第149—150页）

我是持这样一种观点的——也许这同我在其他方面本来观点一致的许多人正相反，——即对于我们来说，收复讲德语的莱茵河左岸，事关民族荣誉，而已经分离出去的荷兰和比利时的德意志化，在政治上是必要的。难道我们能够容忍德意志民族在这些国家被彻底镇压下去而斯拉夫人在东方却日益强大？难道我们应当以放弃我们最好的省份的德意志特性去换取法国的友谊吗？难道我们应当容忍将近一百年之久的占领，而占领者又不能同化他们所占领的一切？难道我们应当把1815年的条约看作是终审法院对世界精神的判决？

但是，从另一方面来说，只要我们不能给亚尔萨斯人以他们现在所拥有的东西，即在大国范围内的自由的社会生活，我们就对不起亚尔萨斯人。毫无疑问，我们必须同法国再较量一番，那时就会看出，究竟谁有资格得到莱茵河左岸。而在那以前，我们可以安静地让我们的民族性和世界精神的发展去解决问题；在那以前，我们要谋求欧洲各民族之间彼此有充分的了解，并且争取内部的统一，——我们的第一需要和我们的未来自由的基础。只要我们的祖国仍然是分裂的，我们在政治上就等于零，社会生活、完善的立宪制度、出版自由以及我们所要求的其他一切都不过是一些不能彻底实现的虔诚的愿望而已。这是我们应当努力争取的目标，而决不是去消灭法国人！

  恩格斯：《恩斯特·莫里茨·阿伦特》（1840年12月），摘自《马克思恩格斯全集》第41卷，人民出版社1982年12月第1版，第159页。

5. 民族性与阶级性：工人的民族性是"劳动"，"货币是工业家的祖国"

  那么，德国庸人想要干什么呢？他想在国内成为资产者，剥削者，而又不想在国外被剥削。他在国外自我吹嘘为"国家"并且说："我不屈服于竞争的规律，这有损于我的民族尊严；我作为国家，是一个超越买卖之上的存在物。"

  工人的民族性不是法国的、不是英国的、不是德国的民族性，而是劳动、自由的奴隶制、自我售卖。他的政府不是法国的、不是英国的、不是德国的政府，而是资本。他的领空不是法国的、不是德国的、不是英国的领空，而是工厂的天空。他的领土不是法国的、不是英国的、不是德国的领土，而是地下若干英尺。在国内，货币是工业家的祖国。因此，德国庸人想使竞争规律、交换价值规律、买卖的规律在他的国门之外丧失自己的力量！只有当承认资产阶级社会的力量符合他的利益，符合他的阶级利益的时候，他才愿意承认它！他不想成为他要别人为之牺牲、而他自己在国内也为之牺牲的那种力量的牺牲品！在国外他想表明自己是而且被人看成是同他在国内的身份和行为不同的另一个人！他想保存原因而又要消除它的一个结果！我们将向他证明：在国内自我售卖的必然结果就是在国外售卖；竞争在国内使他有力量，但它不能阻止他在国外变得软弱无力；在国内他使国家屈服于资产阶级社会，但是在国外这个国家不能保护他免受资产阶级社会的影响。不管单个资产者同其他资产者进行多么激烈的斗争，资产者作为阶级是有共同利益的；这种共同性，正象它在国内是针对无产阶级的一样，在国外是针对其他国家的资产者的。这就是资产者所谓的他的民族性。

  马克思：《评弗里德里希·李斯特的著作〈政治经济学的国民体系〉》

（1845年3月），摘自《马克思恩格斯全集》第42卷，人民出版社1979年9月第1版，第256—257页。

两个民族的波希米亚工人在当时只是**感觉到的**事情，现在他们**理解到了**；他们理解到：所有这些民族纠纷只是在大封建主和大资本家统治时期才有的，民族纠纷只是为永远保持这种统治服务的，捷克工人和德意志工人有着共同一致的利益，当工人阶级一取得政治统治地位，一切引起民族不和的借口就会消灭。因为工人阶级就其本性来说是国际主义的，**它将在即将来临的五一节这一天再一次证实这一点。**

恩格斯：《五一节致捷克同志们》（1893年4月8日），摘自《马克思恩格斯全集》第22卷，人民出版社1965年5月第1版，第472页。

6. 工人没有祖国

有人还责备共产党人，说他们要取消祖国，取消民族。

工人没有祖国。决不能剥夺他们所没有的东西。因为无产阶级首先必须取得政治统治，上升为民族的阶级，把自身组织成为民族，所以它本身还是民族的，虽然这完全不是资产阶级所理解的那种意思。

随着资产阶级的发展，随着贸易自由的实现和世界市场的建立，随着工业生产以及与之相适应的生活条件的趋于一致，各国人民之间的民族分隔和对立日益消失。

无产阶级的统治将使它们更快地消失。联合的行动，至少是各文明国家的联合的行动，是无产阶级获得解放的首要条件之一。

人对人的剥削一消灭，民族对民族的剥削就会随之而消灭。

民族内部的阶级对立一消失，民族之间的敌对关系就会随之消失。

马克思、恩格斯：《共产党宣言》（1847年12月—1848年1月底），摘自《马克思恩格斯文集》第2卷，人民出版社2009年12月第1版，第50页。

7. 对"狭隘民族主义倾向"的批判："有钱有势的人在没有更好的办法的情况下就用虚假的民族主义口号来诱惑无知识的和被欺骗的人民，唆使他们互相攻击，把他们引入流血的战争"

各国的国务活动家都在全力保持这种状况，进一步使各国工人彼此疏远。为此动用了"民族"和"种族"两个词，为此而写了历史。为此有钱有势的人在没有更好的办法的情况下就用虚假的民族主义口号来诱惑无知识的和被欺骗的人民，唆使他们互相攻击，把他们引入流血的战争。但是这种玩意儿几乎都失败了。统治者的时代快要结束了，人民的时代快要来临了。全世界的工人们——腐朽的现代社会的整个大厦就建筑在他们的愚昧无知和互相疏远上面——正在觉醒，认识到自己的集体力量，而这种力量的第一个表现将把这座破旧的大厦化为灰烬。

恩格斯参与写作：《国际和工会》（1873年4月底—5月初），摘自《马克思恩格斯全集》第44卷，人民出版社1982年5月第1版，第733页。

芬尼亚事件在此期间发生了许多事情。我给布鲁塞尔《国际报》寄去了一封信，也抨击了法国共和派的狭隘民族主义倾向，这封信已经登出来了，而且编辑部宣称本星期内将发表自己的评论。

马克思：《马克思致恩格斯》（1870年3月5日），摘自《马克思恩格斯全集》第32卷，人民出版社1975年2月第1版，第439页。

8. 无产阶级国际主义与民族性的统一："真正的国际主义无疑应当以独立的民族组织为基础"

各爱尔兰支部提出的要求实质上和这一样。如果属于统治民族的国际会员号召被征服的和继续受压迫的民族忘掉自己的民族性和处境，"抛开民族分歧"等等，这就不是国际主义，而只不过宣扬向压迫屈服，是企图在国际主义的掩盖下替征服者的统治辩护，并使这种统治永世长存。这只会加深在英国工人中间流行很广的一种观念：他们比爱尔兰人高一等，对爱尔兰人说来他们是贵族，正如蓄奴州的最堕落的白人认为自己对黑人说来是贵族一样。

在像爱尔兰这样的情况下，真正的国际主义无疑应当以独立的民族组织为基础。爱尔兰人也和其他被压迫民族一样，只有在和统治民族的代表享有平等权利并反对奴役的情况下才能加入协会。所以，各爱尔兰支部的存在不仅是正当的，而且，他们甚至必须在自己章程的导言中宣布，作为爱尔兰人，他们的首要的和最迫切的职责是争取自己的民族独立。在英国，爱尔兰工人和英国工人的对抗，始终是英国的阶级统治赖以维持的最有力的手段之一。

这种对抗使人想起了菲格斯·奥康瑙尔和英国宪章派被爱尔兰人逐出曼彻斯特科学厅这件往事。现在，英国工人和爱尔兰工人第一次有可能协同一致来争取自己的共同解放——这种结果至今英国的任何一次运动都还没有达到。

恩格斯：《关于各爱尔兰支部和不列颠联合会委员会的相互关系》（1872年5月14日左右），摘自《马克思恩格斯全集》第18卷，人民出版社1964年10月第1版，第87页。

工人党对"爱国主义"采取的新立场就其本身而言是很有道理的。国际联合只能存在于国家之间，因而这些国家的存在、它们在内部事务上的自主和独立也就包括在国际主义这一概念本身之中。

恩格斯：《恩格斯致劳·拉法格》（1893年6月20日），摘自《马克思恩格斯全集》第39卷，第84页。

9. 人类的发展高于民族的发展

他们并不想知道，他们称为理论、意识形态或者天晓得是什么的那些东西，早已成为人民的血肉，而且有一部分已经进入生活了；他们并不想知道，在这个问题上，不是我们，而是他们徘徊于理论的乌托邦中。因为，在半个世纪以前的确还曾经是理论的东西，自从革命以来就发展成为国家有机体中的独立因素了。而且，主要的不就是人类的发展高于民族的发展吗？

恩格斯：《恩斯特·莫里茨·阿伦特》（1840年12月），摘自《马克思恩格斯全集》第41卷，人民出版社1982年12月第1版，第154页。

10. 斯拉夫人也只有同别的民族一起深切关心世界利益，才能够在历史上和各民族的自由和睦的家庭中争得"自己的合法地位"

但是，由此不应该得出结论说，这个民族要提出自己的民族性作为"特殊的"原则，那个民族则要提出自己的个性作为"特殊的"原则。它们考虑自己越少，"包含"全人类的"内容"越多，那末，一个民族的民族性和另一个民族的个性就越生气勃勃和越具有意义。（第71页）同样地，斯拉夫人也只有同别的民族一起深切关心世界利益，才能够在历史上和各民族的自由和睦的家庭中争得"自己的合法地位"（第71页）。

马克思：《巴枯宁"国家制度和无政府状态"一书摘要》（1874年—1875年初），摘自《马克思恩格斯全集》第18卷，人民出版社1964年10月第1版，第670页。

11. 凡是民族作为民族所做的事情，都是他们为人类社会而做的事情

（主张每个民族自身都经历这种发展，正象主张每个民族都必须经历法国的政治发展或德国的哲学发展一样，是荒谬的观点。凡是民族作为民族所做的事情，都是他们为人类社会而做的事情，他们的全部价值仅仅在于：每个民族都为其他民族完成了人类从中经历了自己发展的一个主要的使命

（主要的方面）。因此，在英国的工业，法国的政治和德国的哲学制定出来之后，它们就是为全世界制定的了，而它们的世界历史意义，也象这些民族的世界历史意义一样，便以此而告结束。）

马克思：《评弗里德里希·李斯特的著作〈政治经济学的国民体系〉》（1845年3月），摘自《马克思恩格斯全集》第42卷，人民出版社1979年9月第1版，第256—257页。

12. 个人的全面性不是想象的或设想的全面性，而是他的现实关系和观念关系的全面性

我的**普遍**意识不过是以**现实**共同体、社会存在物为**生动**形态的那个东西的**理论**形态，而在今天，**普遍**意识是现实生活的抽象，并且作为这样的抽象是与现实生活相敌对的。因此，我的普遍意识的活动——作为一种活动——也是我作为社会存在物的**理论**存在。

马克思：《1844年经济学哲学手稿》（1844年4—8月），摘自《马克思恩格斯文集》第1卷，人民出版社2009年12月第1版，第188页。

如果从观念上来考察，那么一定的意识形式的解体足以使整个时代覆灭。在现实中，意识的这个限制是同**物质生产力的一定发展程度**，因而是同财富的一定发展程度相适应的。当然，发展不仅是在旧的基础上发生的，而且就是**这个基础本身的发展**。这个**基础本身的最高发展**（这个基础变成的花朵；但这仍然是**这个**基础，是作为花朵的**这株**植物；因此，开花以后和开花的结果就是枯萎），是达到这样一点，这时基础本身取得的形式使它能和**生产力的最高发展**，因而也和个人〔在这一基础的条件下〕的最丰富的发展相一致。一旦达到这一点，进一步的发展就表现为衰落，而新的发展则在新的基础上开始。（第35页）

结果就是：生产力或一般财富从趋势和可能性来看的普遍发展成了基础，同样，交往的普遍性，从而世界市场成了基础。这种基础是个人全面发展的可能性，而个人从这个基础出发的实际发展是对这一发展的**限制**的不断消灭，这种限制被意识到是限制，而不是被当作某种**神圣的界限**。个人的全面性不是想象的或设想的全面性，而是他的现实关系和观念关系的全面性。由此而来的是把他自己的历史作为**过程**来理解，把对自然界的认识（这也表现为支配自然界的实际力量）当作对他自己的现实体的认识。发展过程本身被当作是并且被意识到是个人的前提。但是，要达到这点，

首先必须使生产力的充分发展成为**生产条件**；使一定的**生产条件**不表现为生产力发展的界限。(第36页)

马克思：《经济学手稿》（1857—1858年），摘自《马克思恩格斯全集》第46卷下册，人民出版社1980年8月第1版。

13. "自由联合起来的个人"的发展不同于以"民族"等出发点的自发地进行的发展

由于这种发展是自发地进行的，就是说它不服从自由联合起来的个人的共同计划，因此它是以各个不同的地区、部落、民族和劳动部门等等为出发点的，其中的每一个起初都与别的不发生关系而独立地发展，后来才逐渐与它们发生联系。其次，这种发展是非常缓慢的；各种不同的阶段和利益从来没有得到完全的克服，而只是屈从于获得胜利的利益，并在许多世纪中和后者一起继续存在下去。由此可见，甚至在一个民族内各个个人都有各种完全不同的发展，即使撇开他们的财产关系不谈，而且较早时期的利益，在与之相适应的交往形式已经为适应于较晚时期的利益的交往形式所排挤之后，仍然在长时间内拥有一种表现为与个人隔离的虚幻共同体（国家、法）的传统权力，这种权力归根结底只有通过革命才能打倒。

马克思、恩格斯：《德意志意识形态》（1845—1846年），摘自《马克思恩格斯全集》第3卷，人民出版社1960年12月第1版，第81页。

14. 金钱统治所导致的民族利益以及一切特殊利益的消灭，是"人类走向自由的自主联合以前所必经的最后阶段"

政治改革第一次宣布：人类今后不应该再通过强制即政治的手段，而应该通过利益即社会的手段联合起来。它以这个新原则为社会的运动奠定了基础。……由于利益被升格为普遍原则，这个基督教世界秩序也在另一方面达到了顶点。因为利益实质上是主体的、利己的、单个的利益，这样的利益就是日耳曼基督教的主体性和单一化原则的最高点。利益被升格为人类的纽带——只要利益仍然正好是主体的和纯粹利己——就必然会造成普遍的分散状态，必然会使人们只管自己，使人类彼此隔绝，变成一堆互相排斥的原子……封建奴役制的废除使"现金支付成为人们之间唯一的纽带"……人类分解为一大堆孤立的、互相排斥的原子，这种情况本身就是一切同业公会利益、民族利益以及一切特殊利益的消灭，是人类走向自由的自主联合以前所必经的最后阶段。人，如果正像他现在接近于要做的那样，要重新回到了自身，那么，通过金钱的统治而完成外在化，就是必由之路。

> 恩格斯：《英国状况·十八世纪》（约1844年1月初—2月初），摘自《马克思恩格斯文集》第1卷，人民出版社2009年12月第1版，第94—95页。

15. 只有在实际的世界交往而非想像中才可能"超脱地方局限性"

这些特性怎样发展为多方面的或是地方性的，它们超越地方的局限性还是仍然受地方局限性的拘束，这并不决定于施蒂纳，而是决定于世界交往的发展，决定于他和他所生活的地区在这种交往中所处的地位。这绝对不是因为人们在反思中想像他们似乎消灭了或者在想像中决定要消灭自己的地方局限性，而只是因为他们在自己的经验的实际中以及由于经验的要求造成了世界交往的这一事实，使个别的人在顺利的条件下可能超脱地方局限性。

> 马克思、恩格斯：《德意志意识形态》（1845—1846年），摘自《马克思恩格斯全集》第3卷，人民出版社1960年12月第1版，第297页。

16. 每一个单独的个人的解放的程度是与历史完全转变为世界历史的程度一致的

每一个单独的个人的解放的程度是与历史完全转变为世界历史的程度一致的。至于个人的真正的精神财富完全取决于他的现实关系的财富，这从上面的叙述中已经一目了然。仅仅因为这个缘故，各个单独的个人才能摆脱各种不同的民族局限和地域局限，而同整个世界的生产（也包括精神的生产）发生实际联系，并且可能有力量来利用全球的这种全面生产（人们所创造的一切）。各个个人的**全面的**依存关系、他们的这种自发形成的**世界历史性**的共同活动的形式，由于共产主义革命而转化为对那些异己力量的控制和自觉的驾驭，这些力量本来是由人们的相互作用所产生的，但是对他们说来却一直是一种异己的、统治着他们的力量。

> 马克思、恩格斯：《德意志意识形态》（1845—1846年），摘自《马克思恩格斯全集》第3卷，人民出版社1960年12月第1版，第42页。

17. 狭隘地域性的个人为世界历史性的、真正普遍的个人所代替

这种"异化"（用哲学家易懂的话来说）当然只有在具备了两个实际前提之后才会消灭。要使这种异化成为一种"不堪忍受的"力量，即成为革命

所要反对的力量，就必须让它把人类的大多数变成完全"没有财产的"人，同时这些人又和现存的有钱的有教养的世界相对立，而这两个条件都是以生产力的巨大增长和高度发展为前提的。另一方面，生产力的这种发展（随着这种发展，人们的**世界历史性的**而不是狭隘地域性的存在已经是经验的存在了）之所以是绝对必需的实际前提，还因为如果没有这种发展，那就只会有**贫穷**的普遍化；而在**极端贫困的情况下**，就必须重新开始争取必需品的斗争，也就是说，全部陈腐的东西又要死灰复燃。其次，这种发展之所以是必需的前提，还因为：只有随着生产力的这种普遍发展，人们之间的**普遍**交往才能建立起来；由于普遍的交往，一方面，可以发现在一切民族中同时都存在着"没有财产的"群众这一事实（普遍竞争），而其中每一民族同其他民族的变革都有依存关系；最后，狭隘地域性的个人为**世界历史性的**、真正普遍的个人所代替。不这样，（1）共产主义就只能作为某种地域性的东西而存在；（2）交往的**力量**本身就不可能发展成为一种**普遍的**因而是不堪忍受的力量：它们会依然处于家庭的、笼罩着迷信气氛的"境地"；（3）交往的任何扩大都会消灭地域性的共产主义。共产主义只有作为占统治地位的各民族"立即"同时发生的行动才可能是经验的，而这是以生产力的普遍发展和与此有关的世界交往的普遍发展为前提的。

马克思、恩格斯：《德意志意识形态》（1845—1846年），摘自《马克思恩格斯全集》第3卷，人民出版社1960年12月第1版，第39页。

18. 共同体与"共同活动"、"活动的社会性"、"自我活动"等密切相关

这些特殊利益始终在**真正地**反对共同利益和虚幻的共同利益，这些特殊利益的**实际**斗争使得通过以国家姿态出现的虚幻的"普遍"利益来对特殊利益进行实际的干涉和约束成为必要。受分工制约的不同个人的共同活动产生了一种社会力量，即扩大了的生产力。由于共同活动本身不是自愿地而是自发地形成的，因此这种社会力量在这些个人看来就不是他们自身的联合力量，而是某种异己的、在他们之外的权力。关于这种权力的起源和发展趋向，他们一点也不了解；因而他们就不再能驾驭这种力量，相反地，这种力量现在却经历着一系列独特的、不仅不以人们的意志和行为为转移的，反而支配着人们的意志和行为的发展阶段。

马克思、恩格斯：《德意志意识形态》（1845—1846年），摘自《马克思恩格斯全集》，第38—39页。

活动的社会性，正如产品的社会形式以及个人对生产的参与，在这里表现为对于个人是异己的东西，表现为物的东西；不是表现为个人互相间的关系，而是表现为他们从属于这样一些关系，这些关系是不以个人为转移而存在的，并且是从毫不相干的个人互相冲突中产生出来的。活动和产品的普遍交换已成为每一单个人的生存条件，这种普遍交换，他们的互相联系，表现为对他们本身来说是异己的、无关的东西，表现为一种物。在交换价值上，人的社会关系转化为物的社会关系；人的能力转化为物的能力。交换手段拥有的社会力量越小，交换手段同直接的劳动产品的性质之间以及同交换者的直接需求之间的联系越是密切，把个人互相联结起来的共同体的力量就必定越大——家长制的关系，古代共同体，封建制度和行会制度。

马克思：《经济学手稿》（1857—1858年），摘自《马克思恩格斯全集》第46卷上册，人民出版社1979年7月第1版，第103—104页。

因此，如果上述国民经济学是从表面上承认人、人的独立性、自主活动等等开始，并由于把私有财产移入人自身的本质中而能够不再受制于作**为存在于人之外的本质的私有财产的那些**地域性的、民族的等等的**规定**，从而发挥一种**世界主义的**、普遍的、摧毁一切界限和束缚的能量，以便自己作为**唯一的**政策、普遍性、界限和束缚取代这些规定，——那么国民经济学在它往后的发展过程中必定抛弃这种**伪善性**，而表现出自己**十足的昔尼克主义**。

马克思：《1844年经济学哲学手稿》（1844年4—8月），摘自《马克思恩格斯文集》第1卷，人民出版社2009年12月第1版，第179页。

当然，也可以从与肮脏的买卖利益的观点——现今不仅单个的商人，单个的工厂主，而且工业和商业的国家，也是从肮脏的买卖利益来看待工业的——完全不同的观点来看待工业。工业可以被看作是大作坊，在这里人第一次占有他自己的和自然的力量，使自己对象化，为自己创造人的生活的条件。如果这样看待工业，那就撇开了当前工业从事活动的、工业作为工业所处的环境；那就不是处身于工业时代之中，而是在它之上；那就不是按照工业目前对人来说是什么，而是按照现在的人对人类历史来说是什么，即历史地说他是什么来看待工业；所认识的就不是工业本身，不是它现在的存在，倒不如说是工业意识不到的并违反工业的意志而存在于工业中的力量，这种力量消灭工业并为人的生存奠定基础。

马克思：《评弗里德里希·李斯特的著作〈政治经济学的国民体系〉》（1845年3月），摘自《马克思恩格斯全集》第42卷，人民出版社1979年9月第1版，第256—257页。

19. "自由人联合体"不同于"虚幻共同体（国家等）"

随着阶级的消失，国家也不可避免地要消失。在生产者自由平等的联合体基础上按新方式来组织生产的社会，将把全部国家机器放到它应该去的地方，即放到古物陈列馆去，同纺车和青铜斧陈列在一起。

恩格斯：《家庭、私有制和国家的起源》（1884年3月底—5月底），摘自《马克思恩格斯文集》第4卷，人民出版社2009年12月第1版，第193页。

代替那存在着阶级和阶级对立的资产阶级旧社会的，将是这样一个联合体，在那里，每个人的自由发展是一切人的自由发展的条件。

马克思、恩格斯：《共产党宣言》（1847年12月—1848年1月底），摘自《马克思恩格斯文集》第2卷，人民出版社2009年12月第1版，第53页。

参考文献

一、马克思和恩格斯部分

1. 《马克思恩格斯全集》（第1—50卷），中共中央马克思恩格斯列宁斯大林著作编译局编译，人民出版社1956年12月—1985年12月第1版。

2. 《马克思恩格斯文集》（第1—10卷），中共中央马克思恩格斯列宁斯大林著作编译局编译，人民出版社2009年12月第1版。

二、列宁部分

《列宁全集》（第1—60卷），中共中央马克思恩格斯列宁斯大林著作编译局编译，人民出版社1984年10月—1990年12月第2版。

三、斯大林部分

1. 《斯大林全集》（第1—13卷），中共中央马克思恩格斯列宁斯大林著作编译局编译，人民出版社1953年9月—1956年4月第1版。

2. 《斯大林文选》（1934—1952），中共中央马克思恩格斯列宁斯大林著作编译局编译，人民出版社1962年8月第1版。